# 上海市志

## 社会团体分志

### 1978—2010

上海市地方志编纂委员会　编

上海古籍出版社

1991年10月24日，在《社会团体登记管理条例》颁布两周年之际，上海市召开贯彻《社会团体登记管理条例》新闻发布会，通过广播、电视、报刊等形式广泛宣传《条例》。

1999年8月24日，上海市社会团体管理局成立揭牌，办公地址为黄浦区江西中路215号。

2001年7月19日，上海市社会团体监察总队挂牌成立，民政部副部长姜力（右三）、上海副市长冯国勤（右四）为监察总队揭牌。

2002年10月，上海市副市长冯国勤（右一）参加《社会团体登记管理条例》《民办非企业单位登记管理暂行条例》颁布实施宣传咨询活动。

2002 年 11 月，上海市政府召开"上海市社团进社区经验交流会"。

2002 年 11 月 8 日，民政部副部长姜力（左二）、上海市副市长周太彤（左一）参加在上海举办的"民间组织发展与管理国际研讨会"。

2004年3月，上海市民政局党委书记、局长，上海市社会团体管理局党组书记徐麟（左一）、上海市民政局副局长叶兴华（右一）为全国首家省级民间组织服务中心——"上海市民间组织服务中心"成立揭牌。

2004年6月1日，上海市副市长周太彤（左四）为上海市首批四家非公募基金会颁发登记证书。

2004 年 12 月 9 日，民政部部长李学举（左一）在"全国行业协会成就汇报展览会"上参观上海展厅。

2005 年 6 月 9 日，上海市社会团体管理局举办民间组织预警网络建设经验交流会暨执法工作研讨会。

2005 年 12 月 27 日，上海召开民办非企业单位自律与诚信建设活动总结会。

2006 年 4 月 12 日，部分省市民间组织发展与管理工作研讨会在上海召开，市委副书记王安顺（左四）、民政部民间组织管理局局长孙伟林（左三）等领导参加会议。

2008 年 7 月 4 日，上海召开社会组织规范化建设评估试点工作总结推进会。

2008 年 11 月 25 日，上海召开社区群众活动团队备案工作推进会。

2009 年 3 月 28 日，上海市民政局、上海市社会团体管理局在上海八万人体育场举办社会组织促进大学生就业招聘会。

2009 年 12 月 15 日，民政部副部长姜力（左一）、上海市委常委、浦东新区区委书记徐麟（右一）为浦东公益服务园揭牌。

1978年10月28日，改革开放后上海第一家专业性社会团体——上海市包装技术研究会（1980年更名为上海市包装技术协会）在上海音乐厅召开成立大会。

1985年3月2日至11日，上海包装技术协会在上海展览馆举办上海市第一届包装行业产品交易会，会期10天，参观人数达6万人次，成交金额2000万元以上。

1987年1月5日，上海医药行业协会在上海文艺会堂召开成立大会，航天工业部部长、中国工业经济联合会副会长林宗棠出席成立大会。

1988年6月21日，上海市股份制企业联合会召开"上海股份制理论与实践研讨会"，上海市副市长顾传训（左二）到会讲话。

1995年12月9日，中国人民银行上海分行副行长王华庆（右一）为上海保险同业公会组织的上海首期代理人考试择卷。

1997年1月25日，上海市慈善基金会首次推出"万人捐 帮万家 让特困家庭过好年"活动的募捐主会场。

1998 年 6 月 23 日，上海市拥军优属基金会资助开办上海电视中专武警学校。

1999 年 9 月 17 日，上海中冶职工医院举行成立揭牌仪式。

2001 年 12 月，上海市律师协会在外滩举行新执业律师宣誓仪式。

2003 年 9 月，上海市社会团体管理局局长方国平（右一）为上海首家涉外民办非企业单位——上海蒙妮坦职业培训学校颁发登记证书。

2004年7月,上海内衣行业协会联合江浙沪相关行业协会和19家袜子出口企业以及美国阿迪达斯公司召开"反特保"会议,研究应对之策。并与市工经联、市WTO中心组成工作班子,在《人民日报》等媒体刊登《联合声明》,维护企业权益。

2004年11月,由上海中法公证法律交流培训中心承办的"物权法——为经济发展服务"研讨会上,中国司法部部长张福森,法国司法部部长贝旁出席。

2007年4月，上海根与芽青少年活动中心赴内蒙古开展植树造林活动。

2007年6月，上海中国留学生博物馆在安徽省石台县牯牛降三增小学赠送文具用品，开展公益教学活动。

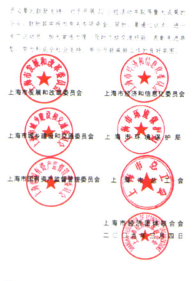

上海市发展和改革委员会
上海市经济和信息化委员会
上海市城乡建设和交通委员会
上海市环境保护局 文件
上海市国有资产监督管理委员会
上海市总工会
上海市经济团体联合会

关于在本市有关重点领域
试点开展节能减排改进小组活动的通知

2008年，上海市经济团体联合会（上海市工业经济联合会）提出开展群众性节能减排小组活动的建议，次年3月4日，市发改委、市经信委等7家单位下发《关于在本市有关重点领域试点开展节能减排改进小组活动的通知》。

2009年5月10日，由上海市体育总会、上海市社会体育管理中心和各项赛事活动相关的11个区联合承办的以"体育，让生活更精彩"为主题的首届中国上海国际大众体育节在上海东方明珠广场开幕。

2010年2月25日，由上海银监局、上海市银行同业公会主办的上海银行业迎世博文明服务誓师大会暨"青春在世博中闪光"活动启动仪式在上海国际会议中心隆重举行。

2010年3月5日，世博安保动员大会召开，上海市新航社区服务总站与上海市社会帮教志愿者协会签订世博安保责任书，上海市新航总站正式启动社工世博安保工作。

# 上海市地方志编纂委员会

（2007.8—2018.6）

## 《上海市志·社会团体分志（1978–2010）》
## 评议专家名单

组　　长　　戴鞍钢

成　　员　　（以姓氏笔画为序）

王克梅　　王正敏　　朱少华　　沈越岭　　何卫平　　张　良

吴　铎　　吴洁民　　徐乃平　　程福财

## 《上海市志·社会团体分志（1978–2010）》
## 审定专家名单

组　　长　　戴鞍钢

成　　员　　（以姓氏笔画为序）

王克梅　　朱少华　　吕瑞锋　　沈越岭　　张　良　　杨仁雷

徐乃平　　高红霞

## 《上海市志·社会团体分志（1978–2010）》
## 验收单位和人员名单

验收单位　　上海市地方志办公室

验收人员　　洪民荣　　姜复生　　黄晓明　　唐长国　　杨军益

业务编辑　　李洪珍

# 序

　　1978—2010 年,是我们党和国家改革开放事业波澜壮阔的发展阶段,也是我国社会组织经历十年曲折和坎坷后迎来繁荣发展的重要时期。"社会组织"也称"民间组织",是指政府和市场组织以外的不以营利为目的的组织形态,主要指在各级民政部门登记的社会团体、民办非企业单位和基金会等,是公众和社会力量参与社会治理的重要载体。社会组织在上海有着逾百年发展历史,新中国成立以来,特别是改革开放以来,在党和政府的关心领导下,在社会各界的呵护支持下,上海社会组织与城市发展同频共振。伴随着上海经济社会的快速发展,上海社会组织改革顺应我国改革开放和现代化建设的时代潮流,解放思想,大胆探索,勇于创新,走过了恢复发展、改革创新、实践再探索的 30 多年不平凡历程。

　　改革开放以来,上海按照党中央、国务院的要求,立足实际,开展社会组织调查统计和摸底工作,为社会组织复查登记、恢复发展打下了坚实基础;在全国率先成立副局级的省(市)级社会团体管理局,列入市政府部门序列,保障了社会组织登记管理的坚强组织领导;在全国率先出台首部省(市)级促进行业协会发展的地方性法规,组建一批新型行业协会,推动行业协会改革发展;在全国率先开展社会组织规范化建设评估,推动社会组织规范化建设发展;探索建立社会组织年金制度和工资基金管理制度,推进社会组织工作专业化、职业化;探索建立社会组织发展支持体系,建成服务社会组织发展的社会组织服务中心和孵化基地;积极推进社会组织参政议政,协调落实在党代会、人代会、政协委员中增加社会组织代表或委员的比例,为上海社会组织规范发展、作用发挥起到了重要的作用。

　　改革开放以来,上海社会组织自身由小及大,数量不断快速增长,从 1981 年 633 家增长到 2010 年底的 9 900 家。同时,涉及领域逐步拓宽,社会参与从点到面,作用地位逐渐凸显,品牌组织日益崛起,积极围绕党和政府的中心工作,融入了上海改革发展治理的方方面面,在促进上海经济发展、繁荣社会事业、参与公共管理、提供公共服务、反映公众诉求、维护社会稳定、开展公益活动和扩大对外交流合作等方面发挥着日益重要的作用。上海社会组织成为人们日常生活中不可或缺的主体,成为上海城市文明进步的亮丽风景线。

党的十八大以来,以习近平同志为核心的党中央高度重视社会组织工作。党的十八大报告提出,要"加快形成政社分开、权责明确、依法自治的现代社会组织体制",首次将社会组织体制作为加强社会建设、加快社会体制改革的重要内容之一。党的十九大报告指出,"打造共建共治共享的社会治理格局","推动社会治理重心向基层下移,发挥社会组织作用,实现政府治理和社会调节、居民自治良性互动",为新时代本市社会组织的发展指明了方向,提供了路径。在建设社会主义现代化国家新征程中,本市社会组织将牢牢把握新发展阶段,贯彻新发展理念,构建新发展格局,不断进取、努力开拓,为本市经济、政治、文化、社会、生态文明建设做出贡献。

"治天下者以史为鉴,治郡国者以志为鉴"。作为国内第一部全面记述上海社会组织发展的资料性文献,《上海市志·社会团体分志(1978—2010)》分6篇26章,客观地记述了改革开放至21世纪第一个十年间上海社会组织改革发展的历程、收获的丰硕成果和各历史阶段的重大事件,全方位展现了上海社会组织成长轨迹,以及上海社会组织广大从业人员攻坚克难、奋发有为的生动画卷,诠释了上海用高起点的社会发展支持经济发展、用高效率的社会培育推动政府职能转变、用高水平的社会参与提升公共服务质量的过程,充分反映了中国特色社会主义社会组织的发展图景。

这是一部由社会组织从业工作者共同书写的社会组织发展的史料文献,凝聚了诸多编撰同志的心血与汗水,力求能为上海社会组织发展留下信史,也为未来社会组织工作留下宝贵经验和精神财富,更求社会各界凝聚共识,不断激励后来者不忘初心、继续前进,在"人民城市人民建,人民城市为人民"的历史长卷中书写社会组织的华彩篇章。

谨向为本志书付出艰苦努力和辛勤劳动的每一位参编人员致以崇高的敬意和真诚的谢意!

# 凡　例

一、本志坚持以马克思主义为指导，遵循辩证唯物主义和历史唯物主义原理，实事求是记述上海市自然、政治、经济、文化和社会的历史与现状。

二、本志为上海市首轮社会主义新方志中《上海通志》《上海市专志系列丛刊》之续，续义不续例，体例方面创新调整，并对首轮志书补缺正误。采用小篇平列体，分别编纂，陆续出版，汇为全志。

三、本志记述地域范围，以2010年底上海市行政区划为准。由上海市辐射至全国其他地区及国外事物，兼及记述。

四、本志记述内容的时限，上起1978年，下迄2010年，反映这一时期上海改革开放全貌。首轮《上海市专志系列丛刊》所缺或记述内容不够丰富的分志、分卷，上溯至事物发端。中国共产党分志、人民代表大会分志、人民政府分志、人民政协分志、民主党派分志，为保持同一届次内容记述的完整性，下延至2010年后的首个换届年份。

五、本志按自然、政治、经济、文化和社会为序设置分志、分卷，事以类从，类为一志，并兼顾当代社会分工的原则。全志除总述外，中国共产党分志、农业分志、工业分志、商业分志、服务业分志、城乡建设分志、金融分志、口岸分志设置综述卷，并设经济综述分志，加强全志整体性。各分志、分卷采用篇章节体，卷首设概述、大事记，以专记、附录、索引殿后。

六、本志体裁以述、记、志、传、图、表、录为主，力求内容与形式统一。

七、本志人物传遵循"生不立传"原则。入传人物排列先后以卒年为序，在世人物以人物简介（排列以生年为序）、人物表（人物录）记载。

八、本志采用规范的语体文、记述体，行文按《〈上海市志（1978—2010）〉行文规范》，力求严谨、朴实、简洁、流畅，以第三人称记述。

九、本志纪年,凡1949年5月27日上海市解放以前的用历史纪年,一般标示朝代、年号、年份,括注公元纪年;1949年5月27日上海市解放后,一律采用公元纪年。

十、本志所记述的地名、机构名称、职称及币种、计量单位,一般按当时称谓。

十一、本志所用统计资料,原则上根据统计部门公布的材料;未列入统计部门统计的,根据部门统计的材料。

十二、本志资料来源于国家档案馆、上海市及有关省市档案馆、部门档案馆(室),以及历史文献、口碑资料、社会调查、部门提供的材料等,均经考证核实,一般不注明出处。

# 编 纂 说 明

一、本分志坚持依法修志和实事求是的编纂原则,主要记述改革开放以来,上海社会组织工作从全面恢复到加速发展的情况。

二、《上海市志·社会团体分志(1978—2010)》是"上海市志(1978—2010)"的系列志书之一。"社会团体"在中国是一个历史范畴,2006年前,涵盖所有民间组织、非营利组织等社会组织;2006年后,与民办非企业单位、基金会同指社会组织的一种类型。本分志尊重历史实际,名称定为"社会团体分志",内容则包括"社会团体""民办非企业单位""基金会"等所有三类社会组织。在行文中,为方便记述,除"社会团体"篇用社会团体外,其他内容概用社会组织。

三、本分志记述内容的上限为1978年,下限为2010年,力求全面、客观地记述1978—2010年上海社会组织改革发展的历程、成果和经验。

四、本分志所记述事件的范围为上海市行政区域范围的社会组织。

五、按照"横排门类、纵述史实"的体例,本分志除图照、序、凡例、编纂说明、概述、大事记、人物附录外,正文设上海社会团体、民办非企业单位、基金会、涉外社会组织、机构与管理、人物等6篇。本分志采用篇、章、节、目、子目编写体例。

六、本分志编撰过程中,遵循上海市地方志编委会下发的"上海市志(1978—2010)"编撰行文规范要求,对数字、计量单位按照《中华人民共和国法定计量单位》《出版物上数字用法(GB/T15835—2011)》的统一规范书写,力求统一、准确、规范。

七、本分志选用的图、照,注重典型性、代表性和资料性,以形象反映上海社会组织改革发展的时代形象和精神风貌。

八、附录收集对上海社会组织改革发展有重要存史价值的原始文献、规范性文件和重要管理制度(或节录)。

九、本分志的文字和图片资料主要来源于上海市民政局的档案资料、编研成果,以及相关单位提供的素材资料。

# 目　　录

# Contents

# 概　述

社会组织也称民间组织,通常是指自然人、法人或者其他组织为满足其成员或者社会需要而自愿发起成立的,从事社会公益和互益活动的非营利性组织,主要包括社会团体、基金会和民办非企业单位,具有民间性、非营利性、自治性和组织性等特征。中华人民共和国成立后,在相当长一段时间内,社会团体代替了社会组织的称谓。1990年7月至1998年中央国家机关机构改革时,将社会团体、基金会和民办非企业单位统称为"民间组织"。2006年10月,党的十六届六中全会通过的《关于构建社会主义和谐社会若干问题的重大决议》首次提出了"社会组织"的概念,并围绕社会组织的培育发展和管理监督进行了系统论述。党的十七大进一步确认了"社会组织"的概念,我国正式将社会组织分为三类,即社会团体、民办非企业单位和基金会。

上海,以其独特的地理位置和交融的海派文化,成为近现代意义上的社会组织的主要发祥地之一。1843年开埠之前,上海就已经出现了行商传技、缔约兴市的各种行会、会馆、商会,因地缘、血缘关系结成的自治公所、同乡会、会馆,乡村共济、邻里互助的各种"合会",崇尚风雅、交流同道的"诗文社""讲学会",以及社会贤达乐善好施、扶贫济困的"善堂""善会"等。开埠之后,随着工商资本的发展,许多行业组织、会馆、公所等逐渐转变为新的社团组织,1902年成立的上海商业会议公所(1904年更名为上海商务总会),是近代中国最早出现的工商业团体,当时有"第一商会"之称。辛亥革命后,原有的行会组织、公所、会所进行重整。比如上海商务总会与上海商务公所合并为上海总商会。五四运动后,各种新兴社团大量涌现,形成了近代中国社团发展的一次高潮。据1948年底上海市社会局公布,上海有各类社团1 320家。1949年8月24日,上海市人民政府民政局成立,并明确社会团体工作由民政局行政处第二科主管。1950年9月,中央人民政府政务院颁布《社会团体登记暂行办法》,为社团工作提供了依据,开始对旧社会遗留下来的社团进行清理整顿。1950年上海市民政局在民政处内设立社团科,负责社团的调查、统计、监督及非法社团的解散取缔、慈善团体募捐的核准等。此后,上海一批新的社团纷纷成立,如1950年成立的上海市文学艺术界联合会、1956年成立的上海市语文学会、1957年成立的中华体育总会上海市体育分会等。1958年以后,由于各种政治运动的影响,上海原有的各种社团大都停止了活动,社团工作基本处于停顿状态。

改革开放后,随着社会主义市场经济的建立与完善、社会结构的分化与发展、政府职能的不断转变,以及社会主义民主政治建设的不断推进,上海社会组织迅速恢复发展,先后经历了1978—1989年的恢复发展、1990—1999年的规范发展、2000—2004年的创新发展,以及2005—2010年的全面发展等四个阶段。

一

从改革开放到20世纪80年代末,上海社会组织重新得到发展,"统一登记、双重管理"的社会组织管理体制也逐步确立,上海成为社会团体的依法登记和监督管理体制确立试行的前沿阵地。

社会组织恢复发展,加强统一审批和登记管理,使社会团体的发展和管理有序化。1978年党的十一届三中全会以后,随着城乡社会生活的日益丰富,学会、研究会、协会、基金会、商会、慈善会以及民办学校、医院、文化设施、福利设施等各类社会组织涌现出来。1978年3月,上海市科学技术协会系统召开"恢复各自然科学专门学会大会",全市40多个自然科学学会恢复活动;同年10月,"上海包装技术研究会"成立,标志着上海社会团体步入恢复发展的进程。上海社会团体发展迅猛,1981年数量为633家,1984年增至2 256家,到1989年已猛增到4 299家,基金会和民办非企业单位也迅速兴起。1985年9月25日,中共中央办公厅、国务院办公厅转发国家体改委《〈关于成立全国性组织的若干规定〉的通知》。根据通知精神,市有关领导召集市有关部门负责同志会议,专题研究社团管理问题。根据国务院有关要求和上海市委、市政府的安排,上海市民政局牵头开展了有关社会团体的调查统计等摸底工作,为社会团体依法登记管理工作奠定了基础。据1985年调查摸底汇总,全市有各类社会团体2 256家,其中,有学术研究团体759家,人民群众团体705家,社会经济团体209家,体育工作团体254家,社会公益团体127家,文艺工作团体89家,宗教团体41家,其他如基金会、校友会、联谊会等团体72家,此外全国性社会团体设在上海并委托有关单位代管的18家。此时,上海社会团体的审批和管理均由业务主管部门或归口部门自行发文成立并实施管理,但全市尚无实施统一的审批和成立登记的主管机构。

　　逐步加大对社会团体登记管理体制的改革和探索,使相关程序和要求法制化。1986年4月3日,中央有关领导同志批示:社团管理可先在北京、上海等地试行。1988年,民政部机构实行"三定",新增设社团管理司。这是中华人民共和国成立以来国家设立的第一个专门承担社团管理职能的政府机构。1988年9月,国务院颁布《基金会管理办法》,将基金会作为社会团体的一部分,加强对基金会的管理,并规定建立基金会由其归口管理的部门报经人民银行审查批准,民政部门登记注册发给许可证,具有法人资格后,方可进行业务活动。1989年,国务院颁布《社会团体登记管理条例》,明确"双重管理"体制,即各级登记管理机关(民政部门)和业务主管单位(与社会组织业务范围相关的党政部门和授权组织)依法分工合作管理。由民政部门负责社会团体的成立登记、变更登记、注销登记并对社会团体的日常活动进行监督管理。同年,根据市领导意见,市民政局在中断社团管理工作近30年后,重新恢复了对全市社会团体的管理工作。自1990年起,市政府规定,凡未经民政部门核准登记的社会团体,都要向民政部门履行登记手续。同年2月7日市民政局设立社会团体管理处(对外称上海市社会团体管理处),并开始着手对全市各类社会团体进行清理整顿和复查登记工作。至此,"统一登记、双重管理"的社会组织管理体制也逐步确立,上海市民政部门对全市社会团体的登记管理依法有序实施。之后,民办非企业单位、基金会相继纳入依法登记管理范畴。随着改革持续深入,上海逐步加大登记管理体制的改革与探索,并在浦东新区率先实行行业协会登记改革试点。

二

　　20世纪90年代,上海社会团体发展迈入了规范、健康、有序的轨道,上海不断完善社会组织发展制度体系,在全国率先成立"社会团体管理局",建立起社会组织管理主阵地。

　　清理整顿社会团体,提高社会团体的整体质量,促进社会团体规范、健康、有序地发展。根据中央的部署和要求,上海分别于1990年7月至1993年1月和1997年7月至1999年底,对社会团体进行了两次清理整顿,对内部机构、名称、业务范围、财务等问题进行专项治理。1990年初,国务院办公厅下发《国务院办公厅转发民政部关于清理整顿社会团体请示的通知》,提出对社会团体进行清理整顿的任务。5月，上海市人民政府发出《关于贯彻实施国务院发布的〈社会团体登记管理条例〉的通知》，宣布成立上海市清理整顿社会团体领导小组。上海市清理整顿社团领导小组召开了第一次全体会议，研究全市社团清理整顿的工作方案，并于7月16日下发《上海市关于开展清理整顿社会团体试点工作的通知》，选择在3个系统（科技、建设、宣传）的5个单位（市科委、市建委、市文化局、市文联、市社联），对700多家社会团体开展清理整顿试点工作。在试点的基础上，1990年11月20日，召开了"上海市清理整顿社会团体动员及试点工作交流会"，全市清理整顿社会团体工作全面铺开。截至1992年12月15日，全市共受理登记2 673家社会团体，其中复查登记的老团体2 407家，新成立的社会团体266家；按市区两级管理来分，市级社会团体为692家，区县级社会团体1 179家；按社会团体性质来分，行业性社会团体85家、专业性社会团体1 220家、联合性社会团体323家、学术性社会团体807家。至此，上海市社会团体清理整顿的登记工作告一段落。1993年1月16日，上海市社会团体清理整顿工作宣布结束。通过这次清理整顿，全市共有1 800家社会团体未予核准登记。清理整顿工作完成后，开展了一次"社团为社会服务"的大型活动。1994年12月，上海市慈善基金会推出"蓝天下的至爱"系列活动，之后成为家喻户晓的慈善文化品牌，引领市民以自己喜爱的方式走进慈善、参与慈善，在全社会形成了支持慈善事业、参与慈善事业的良好氛围。1997年6月23日，上海市委办公厅、市政府办公厅根据国务院有关文件提出的分期、分批对社会团体普遍进行一次检查、清理、整顿的工作要求发出通知，要求根据上海市民政局《关于本市清理整顿社会团体的实施意见》，对全市社团组织再次进行清理整顿，提高已登记社团的内在质量，清除不符合条件的、内部矛盾众多的、名不符实的以及存在种种问题的社会团体，从而推动社会团体健康发展。对清理整顿合格予以保留的社会团体，换发由民政部统一印制的登记证书。这是时隔5年后又一次清理整顿，全市3 200多家社会团体列入清理整顿范围，清理整顿的重点是社会团体在政治方向、业务活动、财务状况、内部管理、遵纪守法等方面的情况。上海社会团体第二次清理整顿工作至1999年底结束，完成了对2 680家社会团体的清理整顿任务，达到了"控制总量、提高质量"的预期目标。通过清理整顿，增强了社会团体法制意识，提高了整体质量，完善了自律机制，促进了社会团体规范、健康、有序地发展。

　　制定完善政策法规，加强社会团体的制度管理，建设社会团体规范的运行管理机制。结合清理整顿，上海在登记改革、综合监管、扶持培育方面出台了一系列政策规定，有力推动了社会组织的健康发展。为加强社会团体的登记管理工作，1990年5月，上海市人民政府下发《关于贯彻实施〈社会团体登记管理条例〉的通知》，由此，上海制定了一系列加强社会团体登记管理的政策法规文件。1991年1月10日，上海市民政局、中国人民银行上海市分行联合下发《关于社会团体开立银行账户有关问题的通知》，就社会团体账户的申请程序、使用规则提出了具体意见。同月26日，上海市民政局、上海市公安局根据民政部、公安部制定的《社会团体印章管理的暂行规定》精神，联合下发《关于印发〈社会团体印章管理的暂行规定〉的通知》，在社会团体中建立印章管理制度。5月27日，上海市委办公厅、上海市人民政府办公厅转发市民政局《关于认定全市性社会团体的业务主管部门的若干意见》，认定了37家市委、市政府的部、委、办、局为社会团体的业务主管部门，同时明确了业务主管部门的"管理范围划分"，上海"双重管理"机制全面建成。12月，上海市民政局、上海市财政局依据国家有关财务规定，共同制定《上海市社会团体财务管理若干规定》和《上海市社会团体会计核算办法》。经过两年多的实践，于1994年10月重新制定和发布《上海市社会团体财务制度》和《上海市社会团体会计制度》。1992年12月19日，上海市民政局下发《关于社会团体年度检查的通知》，由此，上海市、区两级社会团体开始建立年度检查制度。1994年9月16日，上海市人民政府第

76 号令,发布了《上海市社会团体管理规定》。1996 年 12 月 26 日,上海市民政局依照国家相关法规、政策及管理工作要求,制定并颁布了《上海市社会团体组织通则》。1999 年 9 月 17 日,中国人民银行和民政部联合发出《关于做好社团基金会监管职责交接工作的通知》,将基金会的审批和监管职责全部移交民政部门。1999 年 9 月,中共上海市委组织部、市民政局、市社会团体管理局联合印发《关于在社会团体中切实加强党的工作的若干意见(试行)》。2000 年 8 月 30 日,上海市社会组织党建工作指导小组及其办公室正式成立,社会组织中党的建设全面加强。上海的这些地方性法规文件,从外部管理到内部运行机制建设等方面,对社会团体作了规范,进一步完善了社会团体法规政策体系。

将民办非企业单位纳入依法登记和管理的体制轨道。民办非企业单位是在改革开放的大潮下,适应社会主义市场经济体制的要求出现的新型社会组织,是企业事业单位、社会团体和其他社会力量以及公民个人利用非国有资产举办的,从事非营利性社会服务活动的社会组织。1998 年,国务院颁布《民办非企业单位登记管理暂行条例》和修订后的《社会团体登记管理条例》,将民办非企业单位交由民政部门依法统一登记、归口管理,至此,上海市民政局在社会团体登记管理任务的基础上,又增加了民办非企业单位的登记管理任务。为进一步加强统一管理,1998 年 3 月,参照对社会团体年度检查办法,上海依法对民办非企业单位实施年度检查,并逐步建立完善"双重管理"体制。在年度检查之外,上海建立完善包含"执法关""评估关"等内容的"日常监管体系"。

聚焦顶层设计,建立社会组织管理的主阵地,率先成立社会组织的管理机构。为了适应新形势下对社会团体和民办非企业单位的管理和加强对非法社会团体的查处力度,经市委、市政府同意,成立"上海市社会团体管理局"。1999 年 8 月 24 日,上海市社会团体管理局正式挂牌成立,列入市政府部门序列,建立起了社会组织管理主阵地,是全国率先成立的社会组织管理机构。上海市委副书记孟建柱,市委常委、组织部部长罗世谦,副市长冯国勤出席揭牌仪式并讲话。上海市社会团体管理局由上海市民政局领导,机构级别定为副局级,局长由市民政局副局长兼任;内设 5 个处(室),分别为:综合处、社会团体管理处、民办非企业单位管理处、外国人社团管理处和执法监督处。行政编制定为 50 名,其中 15 名由上海市民政局机关划转。上海市社会团体管理局的主要职能是:贯彻执行有关社会团体和民办非企业工作的方针、政策和法律、法规、规章;结合上海实际,研究起草有关法规、规章草案,研究拟定社会团体和民办非企业单位的发展规划和政策。负责社会团体和民办非企业单位的筹备审批、成立审核、年度验检。指导社会团体和民办非企业单位建立、健全各项管理制度,核定社会团体和民办非企业单位的人员额度。协助开展社会团体和民办非企业单位中党组织的建设。监督管理社会团体和民办非企业单位的活动,查处违法行为,实施行政处罚。

随后,上海各区(县)也相继成立了社会团体管理局(办),1999 年 11 月 26 日,长宁区社会团体管理局成为上海市第一家挂牌成立的区(县)社团管理机构;到 2000 年底,上海所有区(县)均成立了社会团体管理局,并在市、区、街镇层面分别成立民间组织服务中心,构建起市—区—街镇—居村委四级"社会组织预警工作网络",畅通社会组织管理与服务的信息渠道。上海市和区县两级登记管理体制的全面形成。

为了探索发挥社会组织在社区建设与管理中的作用,解决社区社会组织的培育与扶持、服务与管理、资金的扶持等问题,推动多元主体共同参与社区治理的途径。1998 年,上海从加强社会管理的角度出发,在全国率先提出了"社团进社区"的工作思路。

# 三

进入 21 世纪,上海坚持创新理念,不断优化社会组织发展的政策环境,理顺执法体制,促进社会组织服务和管理能力双提升,上海社会组织进入提速发展时期。

夯实双重管理体制,成立社会团体的监察执法机构,市区上下联动整合资源力量,全面建成四级预警网络。2000 年上海社会组织仅有 2 555 家社会团体,到 2001 年底,上海社会组织已达 4 651 家,其中社会团体为 2 515 家,基本持平,但是民办非企业单位激增到 2 136 家。随着上海社会组织数量日益增多、涉及领域日趋广泛、活动范围逐步扩大,加强对社会组织的管理显得日益迫切。2001 年,上海市民政局申请、上海市机构编制委员会批准成立上海市社会团体监察总队,同年 7 月 19 日,上海市社会团体监察总队正式挂牌,成为全国首家独立社会组织行政执法机构,隶属于上海市社会团体管理局。2001 年成立之初,其机构性质定为行政事务执行机构,编制 30 名。进入 21 世纪以来,随着上海社会组织在数量上的快速发展,加强社会组织管理的任务也日益繁重。上海市社会监察总队成立后,进一步加强了对社会组织的事中、事后的监管。但是,在市级行政执法力量增强的同时,也存在着市、区两级执法力量不平衡、区域差异明显、法律专业背景人员少、有丰富执法经验的人员少,尤其是区(县)一级行政执法兼职人员比例比较大,一人多岗以及人员流动频繁等问题。市、区两级登记管理机关要求指导和统一规范登记事项、登记程序、案件查处等行政执法事项的要求强烈,积极探索新形势下的社会组织监管工作成为一个需要研究的课题。2002 年,上海市民政局、上海市社会团体管理局多次召开区县民政局(社团局)研讨会,研究决定整合力量,探索搭建一个市、区、街镇、居村会的上海社会组织四级预警网络,为实施对社会组织的监管提供有效的辅助手段。2003 年底,上海社会组织四级预警网络全面建成,为社会组织管理提供了有效的工作载体,为整合社会资源、维护社会稳定开辟了一条新途径。

开展民办非企业单位的复查登记,建章立制、规范管理,建立科学化、法制化、规范化的长效管理机制。2000 年 1 月开始,全市对此前成立的民办非企业单位进行复查登记,认真落实"双重负责、分级管理"的管理体制,狠抓制度规范建设。2000 年 3 月,上海新世纪改革发展研究所经市民政局、市社会团体管理局审查,成为上海正式成立的第一家民办非企业单位。上海抓住复查登记的机会,建章立制,制定了一系列规范化的工作制度,逐步实现了民办非企业单位登记管理工作的法制化、规范化和科学化。先后制定了《上海市民办非企业单位名称管理暂行规定》《关于开展对本市民办非企业单位复查登记工作的实施意见》《上海市民办非企业单位登记实施意见》《上海市民办非企业单位登记管理公开服务项目》等文件。上海的民办非企业单位迅速发展,至 2001 年底,全市 19 个区(县)民办非企业单位复查登记工作已全部通过评估验收,全市共登记民办非企业单位 2 136 家,圆满完成民办非企业单位复查登记工作。2002 年起,按照"培育发展与监督管理并重"的方针,培育发展了一批民办非企业单位,并充分发挥这些单位在促进社会事业发展、推动政府职能转变、创造就业岗位、满足人民群众多样化需求等方面的积极作用,初步建立了科学化、法制化、规范化的长效管理机制。为加强民办非企业单位等社会组织的发展和管理工作,上海先后制定了《关于本市社会团体和民办非企业单位票据及税收管理问题的通知》《关于社会团体和民办非企业单位专职人员社会保险问题的通知》《关于在本市民间组织中实施工资基金管理工作的通知》《关于在本市社会团体、基金会和民办非企业单位中建立年金制度若干问题的通知》等文件,同时将民间组织人事争议的处理纳入《上海市事业单位人事争议处理办法》,解决了民间组织票据使用、专职工作人员养老保险待遇及人事争议处理、专职人员工资审核管理等问题。

加强涉外社会组织管理,对涉外民办非企业单位开展登记试点。在沪外商企业和个人由于联谊、沟通、服务以及维护自身利益的需要,成立涉外社会组织的要求日益迫切,加强涉外社会组织的管理提上了上海社会组织管理工作的重要议事日程。2003年,上海市民政局向民政部和上海市政府请示,对涉外民办非企业单位开展登记试点。同年9月,上海准予登记了首家劳动类涉外民办非企业单位——上海蒙妮坦职业培训学校;2004年,上海准予登记了首家经济类涉外民办非企业单位——上海日本商工俱乐部、首家公益类涉外民办非企业单位——上海根与芽青少年活动中心。

创设"双重管理、三方负责"管理体制,推进行业协会改革与发展,加快与国际经济接轨。在规范管理的同时,上海着力加强政策创制,不断完善社会组织发展的法规和制度。2001年中国加入世界贸易组织(WTO)后,为了加快政府职能的转变,改变多数行业协会由行政机关派生的情况,促进行业协会市场化运作,发挥行业协会"服务、自律、代表、协调"的职能,上海在全国率先开始了行业协会的立法探索。2002年初,上海成立了由市人大财经委、市人大法工委、市体改办、市政府法制办、市民政局和市行业协会发展署等部门组成的起草小组,就行业协会立法问题进行了多次研讨,并在进行了两次较大规模的立法调研后,起草了《发展规定(草案)》及其说明。2002年10月31日,上海市第11届人民代表大会常务委员会第44次会议审议通过了全国第一部关于促进行业协会发展的地方性法规——《上海市促进行业协会发展规定》,自2003年2月1日起施行。《上海市促进行业协会发展规定》是一部创制性的地方性法规,引领行业协会发展。2002年成立了上海市行业协会发展署,在此基础上,2005年成立了上海市社会服务局。《发展规定》明确了行业协会是指由同业企业以及其他经济组织自愿组成、实行行业服务和自律管理的非营利性社会团体。规定了市行业协会发展署、市社团登记管理部门和市政府有关工作部门应当按照各自职责,做好促进行业协会发展的具体工作。对原有的132家行业协会进行了改革调整,按照市场化原则"扩大覆盖面,增强代表性;政会分开;规范内部运作机制;自主落实职能和调整布局结构",明确了行业协会实行政社分开和政府职能转变。提出政府有关工作部门的机构、人事和财务应当与行业协会分开,其工作机构不得与行业协会办事机构合署办公;国家机关工作人员不得兼任行业协会的领导职务。

适应经济社会发展要求,优化行业布局,填补产业领域空白。2002年后,上海在"入世相关、新兴产业和优势产业"等重点领域自发组建了多家行业协会,从2002年的132家,发展为2010年底222家,填补了现代服务业、先进制造业、高新技术产业、现代农业等许多重要领域行业协会的空白,初步形成了与产业结构的战略性调整相伴随、与社会主义市场经济体制的不断完善相匹配、与政府职能转变的进程相呼应的行业协会群。

探索行业协会区域性互动发展机制,促进长三角地区行业协会合作。2005年8月30日,上海市社会团体管理局与江苏、浙江两省民间组织管理局联手为行业协会搭建互动交流平台,举办了首届"长三角民间组织——行业协会与区域经济发展合作交流论坛"。上海市市政工程行业协会代表三地发出了"加强长三角地区行业协会合作交流倡议书",上海市非织造工业协会代表三地非织造企业和相关协会发起"筹建长三角非织造行业协会的动议"。

加强学习交流,更新工作理念,为促进社会组织发展提供创新驱动力。2002年11月,民政部和上海市民政局、上海市社会团体管理局联合举办了"民间组织发展与管理"上海国际研讨会,240多名中外专家、学者展开了深入的交流和讨论,这是中国第一次举办的民间组织发展与管理方面的国际会议。上海市积极引导社会组织特别是民办非企业单位通过竞争,获得政府项目资金,向社会提供有效服务,即"政府向社会组织购买服务"。通过"政府购买服务"这一方式,上海培育发展了一大批社会事业类、社区建设类、协管服务类、科技创新类民办非企业单位。浦东、普陀、静安等区先后制定了政府购买公共服务的综合或单项性政策,逐步建立了购买服务机制。

　　基金会管理条例出台,开展基金会换证登记工作。国务院继颁布《民办非企业单位登记管理暂行条例》和新修订的《社会团体登记管理条例》之后,2004年3月,颁布《基金会管理条例》。社会组织三大条例完备配套,标志着我国社会组织全面纳入依法管理轨道。依据三大条例,上海按照创新驱动发展、经济转型升级的要求,以激发社会组织活力为导向,提出了"以改革社会组织管理制度为主线,健全社会组织服务支持体系和综合监管体系("一条主线、两个体系")"的工作思路,促进社会组织健康有序发展和积极发挥作用。2004年5月28日,上海召开了贯彻实施《基金会管理条例》新闻发布会。重点发展慈善、教育、社会福利、科技、文化、卫生等领域的非公募基金会,6月1日,上海举行了首批非公募基金会成立颁证仪式,向首批获准成立的上海复旦大学教育发展基金会、上海吴孟超医学科技基金会等四家非公募基金会颁发了法人证书。随后,上海出台了《本市基金会换发登记证书的实施意见》,并圆满完成了应参加换证的59家基金会的换证工作。截至2004年底,上海在民政部门登记成立的社会组织共7 029家,其中社会团体2 846家,民办非企业单位4 120家,基金会63家。

　　推进社团进社区建设,探索社区群众活动团队备案制,引导社团在社区建设中发挥积极作用。进入21世纪,社区群众按照不同的需求和兴趣爱好自发形成各类群众活动团队。这些自发形成的群众活动团队组织形式松散,数量规模不一,主要在社区内开展各类健身、娱乐、休闲、公益服务等活动,活动形式五花八门。各类群众活动团队在丰富社区文化生活的同时,也出现因争抢活动场地、活动时影响周边居民生活等各类问题,引起居民的不满。2001年开始,上海市民政局选择长宁区、普陀区和黄浦区等区县先期试点,探索社会组织和社区的联动发展。2002年12月,上海市委办公厅、市政府办公厅印发《关于进一步推进本市民间组织参与社区建设和管理的意见》。2000年12月,上海市委办公厅、市政府办公厅转发《市民政局、市社会团体管理局关于确认本市社会团体和民办非企业单位的业务主管单位的若干意见》的通知中,明确对社区中规模较小、专业性不强的民间组织,区(县)党委和人民政府可授权街道党工委、办事处履行业务主管单位的职责。2002年,上海开展"社团进社区"和"社区民间组织服务中心"创建工作。所谓"社团进社区",就是培育发展社区中的社会团体和民办非企业单位并引导其发挥在社区建设中的作用。普陀区率先成立了上海第一家区级民间组织服务中心。上海市委办公厅、市政府办公厅下发了《关于进一步推进本市民间组织参与社区建设和管理的意见》,要求加快"社团进社区"步伐,积极培育发展社区中的民间组织,并引导其更好地发挥在社区建设和管理中的作用。随即"社团进社区"工作在全市范围内全面推开,培育发展了1 200多家社区民间组织,涉及生活服务、劳动就业、文化教育、市容环境及社会稳定等多个领域。此项工作得到民政部充分肯定,并在全国各地推广。2004年起,上海市民政局、上海市社会团体管理局根据市委、市政府的有关要求,开始探索社区群众活动团队的备案制度。9月16日,普陀区长寿路街道民间组织服务中心登记成立,这是上海首家社区民间组织服务中心,是"社团进社区"工作的重要举措和成果。

　　推进社会组织信息化建设,为管理和服务便利化提供技术支持。在制度改革的同时,上海不断提高管理和服务水平。从2002年开始开展网上年检,市、区两级民政部门和全市近千家业务主管单位全部实现并联审批,并推行网上年检和电子签章,提升办事效率。2003年起,着手推进登记管理信息化建设,建成了上海社会组织法人信息库,上海市社会组织业务管理系统和上海社会组织网,实现系统与网站互联,形成了外网受理——内网办理——外网反馈的登记管理模式;推出了社会组织"一门式"网上办事大厅,设置了社会团体、民办非企业单位、基金会三大业务专栏,并为全市19个区县建设了子网站。

## 四

进入"十一五",按照"党委领导、政府负责,整体规划、有序发展,分类管理、重点扶持,社会协同、公众参与"的原则,通过健全规章政策、转变政府职能、理顺管理体制、创新管理方法、完善党建工作体制等措施,基本形成布局合理、功能明确、政策完善的民间组织发展新体系,基本形成体制顺畅、分工明确、管理高效的民间组织管理新体系。

将社会组织登记、管理、执法监察分离,转变对社会组织的服务和管理模式。为了解决登记管理机关长期存在的"重登记、轻管理"的问题,2005年8月,上海市社会团体管理局对内设机构进行了调整,撤销执法监督处,将社会组织执法监察职能统一归口上海市社会团体监察总队,由登记处负责三类社会组织的登记把关,由社会团体、基金会、民办非企业单位三个管理处分别负责三类社会组织的日常管理,由社团监察总队对违法违规社会组织进行查处,由综合处负责综合协调,实现了登记把关、日常管理、执法监察的分离。2008年,上海市社会团体监察总队列入参照《中华人民共和国公务员法》管理范围,核定编制30名,设总队长1名、副总队长2名,内设综合科及一、二、三支队,机构级别定为正处级。上海市社会团体监察总队负责对全市市级民间组织实施监督检查和违法案件的查处、对其是否按章程自律和规范化建设实施等情况进行监察;对全市区级社会团体、民办非企业单位等民间组织涉嫌重大、复杂或跨区域违法案件予以查处,并指导和监督各区民间组织执法监察工作。上海市社会团体监察总队成立以来,在加大执法力度的同时,还注重整合资源和综合执法体系的建立。先后建立了市、区两级登记管理机关综合执法联席会议制度和联动执法机制,并与公安国保、文化监察等职能部门建立了定期联络、联合执法制度。在市、区、街道(乡镇)层面分别成立民间组织服务中心,以服务促管理;建立了市—区(县)—街道(乡镇)—居(村)委四级社会组织预警工作网络,畅通信息渠道,逐步实现社会组织管理由被动管理向主动管理、由笼统式管理向分类管理、由单一行政管理向政府与社会组织协同管理以及社会组织自我服务与管理的转变。同时,还借助社会组织四级预警网络将社区力量纳入其中,开展对社会组织违法案件的查处。2008年,普陀区长寿路街道"社区民间组织管理体制改革"项目荣获第四届"中国地方政府创新奖"。截至2008年底,全市共有社会组织8 942家,其中社会团体3 412家、民办非企业单位5 435家、基金会95家。上海的社会组织门类齐全、结构合理、发展较快,在承接政府职能转移、充当发挥桥梁纽带、促进社会和谐稳定和对外民间交流合作等方面作用日益凸显。

大力推进政社分开和社会组织职业化进程,全面探索社会组织建设和管理的新措施、新方法。上海社会组织工作依托国际化大都市的区位优势,发挥浦东综合配套改革"先行先试"的政策优势,不断探索创新。在全国率先制定了促进行业协会发展的地方法规,先后制定了行业性、公益性、社区性以及涉农民间组织的政策措施,解决了民间组织专职工作人员的养老保险待遇、财务票据及人事争议处理等具体问题。2005年1月7日,上海市民政局、上海市社会团体管理局出台《关于做好农村专业经济协会登记管理工作的意见(试行)》,推动培育发展农村专业经济协会工作;6月9日,上海市民政局、上海市人事局、上海市社会服务局、上海市社会团体管理局联合组织开展上海市第一届先进民间组织评选工作。2006年,民政部下发《关于同意浦东新区开展行业协会登记改革试点工作的函》,同意上海市社会团体管理局在浦东新区试行行业协会登记及管理模式改革试点,认为开展行业协会登记改革试点,符合党中央提出的按照市场化原则规范和发展行业协会的精神。按照民政部的要求,浦东新区积极探索"行业组织自发组建、登记管理机关依法登记、政府相关部门业务指导、融入全市行业统一协调"的管理模式,推进民间组织业务主管单位向业务指导单位转变,促进和规范行业协会发展。同年,上海选择了市工业经济联合会、市商业联合会和市人事局、市工商局等4家单位和普陀、虹口等2个区,开展社会团体枢纽式管理试点,通过社会组织联合会对一个行业或领域内的社会组织实施服务与管理,加强社会组织的党建工作,促进日常管理工作落实。2007年浦东新区出台了《关于着力转变政府职能,建立新型政社合作关系的指导意见》,提出要合理定位与健全社会组织的基本职能、组织体系和运作机制,政府与社会组织实行"六个分开",即主体、机构、职能、人员、资产、住所分开。探索建立社会组织孵化机制。浦东新区成立了国内第一个对非营利组织进行孵化的机构——浦东新区非营利组织发展中心,应用"政府支持,民间力量兴办、专业团队管理、政府和公众监督、民间公益组织受益"的孵化器模式,对被孵化机构提供包括场地设备、能力建设、注册协助和小额补贴等公益组织创业期最急需的资源,扶助这些初创的公益组织逐渐成长。此外,率先建立社会组织年金制度和工资基金管理制度,推进社会工作的专业化、职业化进程,加强社会工作人才队伍建设;率先开展社会组织规范化建设评估,深化社会组织自律与诚信建设,提高社会组织社会公信力;率先提出构建互动合作的新型政社关系,积极转移政府职能,大力推进政社分离,建立和完善政府购买服务机制;总结提炼把好登记和年检"两关",抓好咨询、筹备、受理、发证"四个环节",结合业务工作推进社会组织党建工作的经验,加强党的领导;探索建立社会组织发展的支持体系,建立了公益组织的孵化基地、能力培训基地等。2008年3月,上海被民政部确定为全国社会组织综合改革创新观察点,全面探索社会组织建设与管理的新措施、新方法。2010年6月30日,上海市、区(县)两级的企业协会政社分开改革顺利完成,上海市、区两级的524家企业协会(市级108家、区(县)416家)在"人员、机构、财务、资产"等方面基本实现了与党政机关的"四分开"。

　　加强民办非企业单位的自律与诚信建设,制定社会团体分类标准,优化社会团体结构,促进民办非企业单位和社会团体的健康有序发展。2005年起,上海根据民政部《关于开展民办非企业单位自律与诚信建设活动的通知》精神,狠抓民办非企业单位自律与诚信建设工作,把2005年定为全市民办非企业单位自律与诚信建设活动年,号召全市民办非企业单位围绕"共铸诚信民非,构建和谐社会"的主题,积极开展"以自律练好内功,以诚信外塑形象,真情回报社会"的系列活动。2005年、2006年,全市民办非企业单位自律与诚信建设活动侧重抓了四个方面的工作:一是规范章程,完善内部管理制度。二是披露信息。相关信息向社会公开,年度收支情况和资金使用状况向理事会进行通报,重大活动和变更事项及时报告管理部门。三是回报社会。引导民办非企业单位开展公益活动,塑造良好社会形象。四是健全财务制度。对全市3 777家民办非企业单位的法定代表人(负责人)和财会人员进行了《民间非营利组织会计制度》培训。

　　2005年11月底印发了《上海市社会团体分类规定(试行)》的通知,规定学术性团体原则上参照《中华人民共和国学科分类国家标准》二级学科设置,行业性社会团体原则上参照《国民经济行业分类》中类标准设置,专业性社会团体原则上参照《国民经济行业分类》小类标准设置。通过制定社会团体分类标准,引导各类社会团体实施科学有效的管理,防止分类过细;优化结构、促进社会团体健康有序发展。在"年检关"方面,严格按规定对社会团体进行年度检查,对于不按规定履行年检手续的社会团体,民政部门先督促,逾期不办理的坚决予以处罚,并且将处罚决定书直接送达社会团体的法定代表人。

　　制定民间组织的规范化建设评估标准和办法,开展评估试点工作,引导社会组织加强自身建设,健康成长。2006年,在虹口、金山、闵行三个区开展备案工作试点,取得了较好的效果。2007年,上海作为全国民间组织评估试点的省级城市之一,在全国率先开展社会组织规范化建设评估试点工作,通过规范化建设,引导社会组织加强自身建设,健康成长。2007年9月,上海市民政局、市社团管理局印发了《上海市民间组织规范化建设评估办法(试行)》,明确了评估工作的试点范围主要是全市的行业协会、社会福利和教育领域基金会。社会组织评估等级结论分为5个等级,由高至低依次为5A、4A、3A、2A、1A级。获得3A级以上等级的社会组织,可以优先接受政府职能转移、优先获得政府购买服务、优先获得政府的奖励。通过"试机制、试办法、试标准",收到良好效果。试点阶段全市共有198家社会组织获得评估等级。试点阶段的做法,得到了国家民间组织管理局的充分肯定。

规范基金会信息公布,开展基金会项目资助,加强对基金会的管理工作。为规范基金会信息公布活动,保护捐赠人及相关当事人的合法权益,促进公益事业发展,2007年8月市社团管理局出台了《上海市基金会信息公布实施办法》。《办法》要求基金会应当向社会公布年度工作报告、组织募捐活动的信息、开展公益资助项目的信息;基金会公布的信息资料应当真实、准确、完整,不得有虚假记载、误导性陈述或者重大遗漏;基金会应当保证捐赠人和社会公众能够快捷、方便地查阅或者复制公布的信息资料。2007年上海市财政局、上海市国家税务局、上海市地方税务局结合上海实际,出台了《关于做好本市公益救济性捐赠机构管理工作的通知》,明确了接受公益救济性捐赠机构的认定管理、公益救济性捐赠票据管理和日常管理等。2008年1月11日,市政府召开基金会发展与管理工作专题会,并下发《上海市民政局关于对上海市慈善基金会等7家社会组织实施项目资助的通知》,决定对上海市慈善基金会等7家社会组织实施福利彩票公益金项目资助。每年从上年度本级福利彩票公益金中支出总额约7000万元的资金,分别用于资助上述7家社会组织。资金按照福利彩票公益金"扶老、助残、救孤、济困"的使用范围,部分用于市民政局指定的民生项目,部分用于按照本组织宗旨和业务范围开展的公益项目。2009年,上海将福利彩票公益金的使用"改拨为招",建立社区公益创投和社区公益服务项目招投标平台,鼓励社会组织发现社区需求,培育服务品牌。先后建立起了17个社会组织孵化基地,为初创社会组织提供办公场所、财务管理项目策划运作等支持。

全面推开社区群众活动团队备案工作,通过规范管理,推动社会组织在经济社会发展中进一步发挥重要作用。为鼓励、扶持社区群众活动团队健康有序发展,整合社区资源,完善社区群众自我服务体系,加强社区党建,增强社区建设合力,促进和谐社区建设,2008年8月,上海市民政局、上海市社会团体管理局印发了《关于开展本市社区群众活动团队备案工作的意见》,在上海全面推开了社区群众活动团队备案工作。2009年11月,上海召开社会建设大会,会上下发了《关于进一步加强本市社会组织建设的指导意见》《关于鼓励本市公益性社会组织参与社区民生服务的指导意见》,推动上海社会组织在经济社会发展中进一步发挥重要作用。

通过33年的发展,上海社会组织已成为社会发展中一支重要力量。在参政议政方面,至2010年底,全市723名社会组织工作人员担任市、区(县)的党代表、人大代表、政协委员。在服务经济方面,上海80%以上的行业协会制定了行规行约或行业争端解决规则,超过60%的示范合同文本由行业协会与工商部门联合制定。

随着我国改革开放步伐的加快和上海实现"四个率先"的不断推进,上海坚持用高起点的社会发展来支持经济发展,用更完善的社会发育来推动政府职能转变,用广泛的社会参与来提高公共服务的质量与水平,社会组织建设与管理工作全面推进,进入了创新发展阶段。上海社会组织数量增长与上海经济社会发展水平相适应,反映出上海持续提升的城市活力和开放度。据统计,截至 2010 年底,上海社会组织共有 9 900 家,其中,社会团体 3 560 家,民办非企业单位 6 225 家(含涉外民办非企业单位 34 家),基金会 115 家。此外,民政部委托上海日常管理的全国性社会团体 23 家。社会组织已经成为党和政府联系人民群众的桥梁和纽带,在促进上海经济发展、繁荣社会事业、参与公共管理、开展公益活动和扩大对外交往以及抵御突发性自然灾害等方面,发挥着日益重要的作用。

# 大 事 记

## 1978 年

8 月　市民政局撤销局革命委员会,下属的各组室恢复处室名称。

10 月 28 日　改革开放后上海第一家专业性社会团体——上海市包装技术研究会(1980 年更名为上海市包装技术协会)在上海音乐厅召开成立大会,外贸部、轻工业部、国务院包装办等领导到会祝贺。

## 1981 年

9 月　上海企业联合会创办《上海企业》(月刊)。

12 月　上海统计有各类社会团体 633 家。

## 1982 年

2 月　改革开放后上海第一家行业性社会团体——上海市食品工业协会(1997 年更名为上海市食品协会)成立。

## 1984 年

11 月 15 日　上海市残疾人福利基金会成立。

12 月 11 日　上海市老年基金会在上海市政协东厅召开成立大会。

12 月　上海有各类社会团体 2 256 家。

## 1985 年

2 月 4 日　市政府布置上海市社会团体登记工作,市民政局指定由民政处专职干部从事社会团体管理工作,重新恢复对社会团体的管理。

3 月 2 日至 11 日　上海包装技术协会在上海展览馆举办上海市第一届包装行业产品交易会,会期 10 天,参观人数达 6 万人次,成交金额 2 000 万元以上。

7 月 17 日　根据市领导的意见,市民政局在中断了社团管理工作近 30 年后,又重新开始进行这方面工作。

8 月　市民政局经过调查摸底,全市有各类社会团体 2 256 家。其中,学术研究团体 759 家,人民群众团体 705 家,社会经济团体 209 家,体育工作团体 254 家,社会公益团体 127 家,文艺工作团体89家,宗教团体41家,其他如基金会、校友会、联谊会等团体72家。此外,全国性社会团体设在上海并委托有关单位代管的18家。

## 1986 年

1月　上海市房地产协会成立,组织举办"搞活房地产市场研讨会",对即将兴起的房地产市场进行研讨,并与中国房地产业协会联合举办"浦东开发投资讨论会"。

4月3日　中央有关领导同志指示,社会团体管理可先在北京、上海等地试行。

5月27日　为纪念宋庆龄(孙中山夫人、前中华人民共和国名誉主席),继承和发展她毕生关心妇女、热爱儿童的精神,联络海内外友好团体和热心人士,发展她亲手创办的中国福利会以及上海地区和中国边远贫困地区的妇幼保健、少年儿童文教福利事业,经中共上海市委办公厅批准,上海宋庆龄基金会成立,汪道涵任主席。

9月19日　上海中青年知识分子联谊会成立,是全国最早成立的具有统战性质的知识分子团体之一。

1986年　上海行政性公司开始进行改革,同时也掀起了组建行业协会的高潮。

## 1987 年

1月5日　上海医药行业协会在上海文艺会堂召开成立大会。

## 1988 年

6月21日　上海市股份制企业联合会召开"上海股份制理论与实践研讨会",副市长顾传训到会讲话。

## 1989 年

4月22日　市民政局对全市各类社会团体全面调查统计,上海共有4 290家社会团体。其中,全市性社会团体907家,区(县)社会团体1 601家,街道(乡镇)社会团体1 670家,在沪全国性社会团体62家。

9月6日　市领导听取市民政局关于上海市社会团体工作情况汇报。会上,明确由市民政局一位副局长专门分管社会团体登记管理工作。

9月　上海科技发展基金会设立"上海市科技精英奖",表彰奖励55周岁以下在推动上海科技进步和社会、经济发展中作出突出贡献的中、青年科技工作者。

10月5日　市民政局批准成立上海市殡葬协会。

10月25日　经国务院第四十九次常务会议通过,国务院颁布《社会团体登记管理条例》。《条例》规定社会团体的成立、变更、注销登记应当经过有关业务主管部门审查同意,开展业务活动应当接受业务主管部门的指导,首次明确了登记管理机关和业务主管单位各司其职、协调配合的双重管理体制。

12月　上海有各类社会团体4 299家。

## 1990 年

1月10日　市民政局、中国人民银行上海市分行联合转发《关于社会团体开立银行账户有关问题的通知》,就社会团体账户的申请程序、使用规则提出了具体意见。

1月16日　市政府办公厅下发《上海市人民政府办公厅转发市财政局等三部门关于社团收费和开支问题的几点意见的通知》。

1月26日　市民政局、市公安局联合转发了民政部、公安部《关于印发〈社会团体印章管理的暂行规定〉的通知》,规范了社会团体的印章管理。

2月7日　市编制委员会批准市民政局设立社会团体管理处,对外称上海市社会团体管理处。

2月26日　中国人民银行上海市分行、市民政局联合转发中国人民银行《关于进一步清理整顿基金会的通知》,明确清理整顿的对象是市、区(县)、街道(乡镇)以及各部门、各单位设立的各类基金会(包括基金),清理整顿的时间从 1990 年 3 月 1 日开始,到 1990 年 3 月 20 日结束。

3月20日　市领导主持召开办公会研究社会团体管理工作,听取市民政局关于上海社会团体工作的情况汇报,确定了上海对社会团体实行"党政共抓、归口、分层双重管理"的原则,同意建立市清理整顿社会团体领导小组。日常协调工作由市民政局负责。

5月25日　市清理整顿社会团体领导小组成立并召开第一次全体会议,研究上海市社会团体清理整顿的工作方案。

6月4日　根据市政府和市编制委员会的回复精神,市民政局给各区、县人民政府,市委、市政府各部、委、办,以及无部、委、办归口的局,下发《上海市民政局关于尽快设立社会团体管理机构的函》,要求各相关部门根据《上海市人民政府关于贯彻实施〈社会团体登记管理条例〉的通知》精神和市编委《关于给各区、县民政部门增加编制的通知》的工作要求,在各区、县民政局内设"社会团体管理科"(对外称社会团体管理办公室),在市编委下达的编制数(区 3 个、县 2 个)的基础上,根据本地区社会团体管理的工作量补充不足部分,并尽快配备干部。

7月16日　市清理整顿社会团体领导小组下发《上海市关于开展清理整顿社会团体试点工作的通知》,选择在 3 个系统(科技、建设、宣传)的 5 个单位(市科委、市建委、市文化局、市文联、市社联),对 700 多家社会团体,开展清理整顿试点工作。

11月20日　"上海市清理整顿社会团体动员及试点工作交流会"召开,上海市清理整顿社会团体工作全面铺开。

12月30日　市民政局、市财政局、市税务局、市物价局联合下发《关于社会团体经费的暂行规定》,对社会团体的个人、团体会费收取标准,以及行政收入、事业性收入、"四技"服务收入、捐助收入、有关拨款收入等作出具体规定。

## 1991 年

1月10日　市民政局、中国人民银行上海市分行联合转发《关于社会团体开立银行账户有关问题的通知》,就社会团体账户的申请程序、使用规则提出具体意见。

1月26日 市民政局、市公安局联合转发《关于印发〈社会团体印章管理的暂行规定〉的通知》,就社会团体印章的尺寸、样式、名称、文字、管理、缴销等作出具体规定,规范社会团体印章管理。

3月6日 市民政局下发《关于转发上海市技术监督局〈关于分配代码区段的函〉的通知》,对经过核准登记的社会团体颁发在全国范围内唯一的永久法定代码标识。

4月10日 市社会团体管理处举行首批社会团体发证仪式,94家全市性社会团体核准登记,取得登记证。

5月27日 市委办公厅、市政府办公厅转发市民政局《关于认定全市性社会团体的业务主管部门的若干意见》,认定首批37个部门为全市性社会团体的业务主管部门。

5月28日 市民政局下发《关于全市性社会团体组织机构、名称和负责人的若干规定》,明确行业性社会团体,一般以行业协会、同业公会、商会命名。

7月24日 市政府办公厅转发《上海市计划委员会、中国人民银行上海分行关于清理全市各类基金会情况及进一步整改的意见》,部署基金会清理整顿工作。

10月9日 市政府协作办公室发布《关于实施外地驻沪单位、人员组成的全市性的联谊性社会团体资格审查工作的规定及管理办法的通知》。

10月24日 上海召开贯彻《社会团体登记管理条例》新闻发布会。

12月15日 上海市社会团体清理整顿登记工作结束,据统计,全市共受理登记2 673家社会团体,其中复查登记的老团体2 407家,新成立的社会团体266家;按市区两级管理来分,市级社会团体为692家,区县级社会团体1 179家;按社会团体性质来分,行业性社会团体为85家、专业性社会团体1 220家、联合性社会团体323家、学术性社会团体807家。

12月 市民政局与市财政局共同制定《上海市社会团体财务管理若干规定》和《上海市社会团体会计核算办法》,就社会团体的财务机构、人员的设置及职责任务、财务收支标准、成本核算、税收和银行账户以及会计科目、会计凭证、会计账簿、会计报表等作出相应规定。

## 1992 年

2月14日 市政府颁布《关于上海市社会团体经费管理暂行规定》。

3月9日 市社会团体管理处、市财政局行政财务处、市审计事务所联合对社会团体财会人员开展专业培训,共有240人接受培训。

12月15日 上海市社会团体清理整顿的登记工作告一段落。全市核准登记的社会团体共计2 673家,其中,全市性社会团体692家,区县性社会团体1 981家。在清理登记中,有1 800家社会团体未予核准登记。

12月19日 市民政局下发《关于社会团体年度检查的通知》,要求凡在1992年6月30日之前经市、区(县)民政部门依法核准登记的社会团体(包括基金会),均应参加1992年度检查,向登记管理机关提交上一年度的年检报告和有关材料。

12月22日 25家中外资金融机构发起成立上海市银行(外汇)同业协会,选举中国银行上海市分行、法国里昂信贷银行上海分行分别为第一届理事会主席行、副主席行。协会秘书处设在理事会主席行内,并由后者指派秘书长。

## 1993 年

1月7日　市民政局和市档案局联合制订《上海市社会团体档案管理暂行办法》，明确社会团体登记管理材料由各级民政部门保管；社会团体的文书材料由各社会团体自行保管；社会团体注销登记后，该社会团体的全部档案应及时向其业务主管部门档案室移交。

1月16日　市政府在上海展览中心友谊会堂召开上海市社会团体工作会议。会议宣布，自1990年5月25日启动的上海市社会团体清理整顿工作基本结束，社会团体工作进入正常登记管理的轨道。

9月　上海市教育发展基金会成立。

12月　《上海社会团体概览》出版，是上海第一部介绍上海各类社会团体的年鉴，载入了依法登记的3000多个社团情况。

1993年　市民政局对上海2200多家社会团体首次进行年度检查，对社会团体的业务活动、制度建设、财务管理、遵纪守法等情况进行检查，查处违法乱纪行为。

1993年　上海市市容环境卫生行业协会受建设部委托，起草《城市环境卫生企业资质管理规定》。

1993年　上海市交通工程学会发起并承办"第一届海峡两岸都市交通学术研讨会"（一年一届），成为海峡两岸民间团体组织历经时间最长、会议规模最大、学术层次最高、跨学科跨部门跨地区最广的系列交通研讨会。

## 1994 年

5月7日　上海市慈善基金会成立。全国政协副主席董寅初，民政部副部长阎明复，上海市政协主席陈铁迪、副市长谢丽娟等出席成立大会。

7月　市民政局制定《社会团体换届审计制度》，规定各类社会团体法人一律实行换届审计，包括社团所属的经济实体的审计。

9月16日　市政府发布《上海市社会团体管理规定》，对社会团体的主管部门、管理原则、成立登记、变更登记、注销登记、活动原则、财产管理、印章管理、档案管理、年度检查以及民政部门的处罚、单位和个人的法律责任、复议和诉讼等作了系统、全面、具体的规定。自1994年12月1日起施行。

10月　市民政局和市财政局重新制定并发布《上海市社会团体财务制度》和《上海市社会团体会计制度》。

12月　上海市慈善基金会首次开展"蓝天下的至爱"系列活动（后一年一度），成为家喻户晓的慈善文化品牌。

## 1995 年

2月10日　上海市工商业联合会举行九届二次执委（扩大）会议暨上海市商会揭牌仪式。

3月　上海金融法制研究会成立，同年举办"完善上海证券市场、发展中国金融事业——上海证券市场法制建设研讨会"。

4月14日　上海市拥军优属基金会成立,是在全国率先建立的省、市一级拥军优属保障基金会。

6月8日至10日　上海医学会、上海医科大学及上海市检疫局联合举办纪念中华医学会成立80周年暨伍连德博士国际学术研讨会。

12月9日　中国人民银行上海分行副行长王华庆为上海保险同业公会组织的上海首期代理人考试择卷。

1995年　在浦东新区政府支持下,上海市浦东新区社会发展基金会、上海基督教青年会、罗山街道办事处共同创办集社区服务、社区教育、社区文化于一体的社区活动设施——"罗山会馆",成为上海最早的市民活动中心。

1995年　上海市教育发展基金会倡议设立并与上海市教委共同实施了"上海高校跨世纪人才培养基金"(即"曙光计划"),主要资助高校40岁以下,高素质、高学历、高职称的教师。

1995年　上海出口商品企业协会承办捷克工业和贸易部在上海主办的"1995捷克产品展暨经贸洽谈会"。

## 1996年

8月　中共中央办公厅、国务院办公厅下发《关于加强社会团体和民办非企业单位管理工作的通知》,第一次出现"民办非企业单位"名称。

12月26日　市民政局制定并颁布《上海市社会团体组织通则》,对社会团体的内部组织方式及组织行为的基本依据和准则进行规范,内容包括社会团体的名称、性质、宗旨、业务范围、入会和退会的原则和手续、组织原则、组织机构及其负责人的职权和产生罢免的程序、终止程序等。

## 1997年

1月1日　上海市民政局颁布《上海市社会组织通则》正式实施。

1月25日　上海市慈善基金会首次推出"万人捐　帮万家　让特困家庭过好年"活动的募捐主会场。

6月23日　市委办公厅、市政府办公厅根据国务院有关文件精神发出通知,决定对全市社会团体再次进行清理整顿。

7月10日　根据市委办公厅、市政府办公厅联合下发的通知精神,为解决社团名称的规范、章程的修改、法人社团财务审计、活动资金、办公场地协议、专职人员设置、党政领导干部兼职等一系列问题,市社会团体管理处召开上海市清理整顿社会团体工作会议,开启上海第二次社会团体清理整顿工作。

## 1998年

6月23日　上海市拥军优属基金会资助开办上海电视中专武警学校。

12月18日　上海市银行(外汇)同业协会召开更名暨"上海市银行同业公会"成立大会,设立公会常设机构——秘书处,并聘任了首任专职秘书长。

## 1999 年

2 月 上海市青少年发展基金会推出"爱心助学"活动,定期在《新民晚报》刊登助学名单,供市民参与助学。

6 月 16 日 市委、市政府正式同意成立上海市社会团体管理局,机构级别定为副局级,列入市政府部门序列,由市民政局领导,局长由市民政局副局长兼任。市民政局副局长谢玲丽担任第一任局长,方雄担任党委书记。

6 月 28 日 市编制委员会正式发文,同意上海市社会团体管理局内设 5 个处,即:综合处、社团管理处、民办非企业单位管理处、外国人社团管理处和执法监督处;行政编制定为 50 名,其中 15 名由上海市民政局机关划转。

8 月 24 日 上海市社会团体管理局正式挂牌成立,是市民政局领导的负责上海市社会团体和民办非企业单位登记管理的行政机构,也是全国第一家以"社会团体"命名的社会团体管理机构。市委副书记孟建柱,市委常委、组织部部长罗世谦,副市长冯国勤出席揭牌仪式并讲话。

9 月 17 日 上海中冶职工医院举行成立揭牌仪式,成为上海第一家民办非营利性医疗机构。后经民办非企业单位复查登记,于 2002 年 3 月 25 日正式获得民办非企业单位法人资格。

9 月 29 日 市委组织部、市民政局、市社会团体管理局下发《关于在社会团体中切实加强党的工作的若干意见(试行)》,明确要求在全市性社会团体(宗教团体除外)中多形式地建立起党组织,有条件的区(县)级社团也要积极建立党组织。

10 月 19 日 市民政局印发《关于变更基金会业务主管单位的通知》,规定全市基金会须在1999 年 11 月 25 日前完成业务主管单位变更工作。

11 月 26 日 上海第一家挂牌成立的区(县)社会团体管理机构——长宁区社会团体管理局正式成立。

12 月 上海第二次社会团体清理整顿工作完成,全市 2 680 家社会团体完成核准登记。

## 2000 年

2 月 市社会团体管理局对 16 个区(县)的 3 166 家民办非企业单位进行抽样调查。

3 月 2 日 上海新世纪改革发展研究所成立,成为《民办非企业单位登记管理暂行条例》颁布后上海成立的第一家民办非企业单位。

3 月 21 日 市民政局印发《上海市民办非企业单位登记实施意见》,对民办非企业单位的登记程序、条件与事项等内容作出规定。

3 月 上海第一家从事公益服务的民办非企业单位——上海慈善捐赠救助物资服务中心完成注册。

4 月 10 日 市民政局、市社会团体管理局印发《关于开展对本市民办非企业单位复查登记工作的实施意见》,决定自 2000 年 4 月至 2001 年 12 月,对全市民办非企业单位进行复查登记。

8 月 30 日 上海市社会团体党建工作指导小组成立,负责协调、指导全市社会团体、民办非企业单位党的工作。

10月22日  市民政局、市社会团体管理局印发《关于对上海市社会团体和民办非企业单位实行双重负责管理的若干意见(试行)》,明确上海市社会团体和民办非企业单位实行登记管理机关和业务主管单位双重负责管理的三项基本原则。

11月6日  市编制委员会印发《关于同意建立上海市社会团体监察总队的通知》,批准建立隶属于上海市社会团体管理局的上海市社会团体监察总队,加大对上海社会团体执法监察工作的力度。

同日  市民政局、市社会团体管理局、市劳动和社会保障局联合下发《关于本市民办技工学校和社会培训机构进行民办非企业单位登记有关事项的通知》,要求经市劳动和保障局批准成立的民办技工学校,以及经市劳动和保障局或区(县)劳动和保障局批准并颁发办学许可证的社会培训机构,应在民政部门进行民办非企业单位登记,取得法人资格。

12月20日  市委、市政府召开加强社会团体党建和管理工作会议,市委副书记孟建柱、副市长冯国勤出席会议并讲话,市委常委、组织部部长罗世谦主持会议。

12月31日  市委办公厅、市政府办公厅转发市民政局、市社会团体管理局《关于确认上海市社会团体和民办非企业单位的业务主管单位的若干意见》,进一步明确社会团体和民办非企业单位的业务主管单位及其管理职责。

## 2001 年

2月5日  市政府决定,成立由市政府体制改革办公室牵头,市政府法制办公室、市政府发展研究中心、市社会团体管理局等有关部门参加的行业协会改革和发展方案工作小组及行业协会立法调研工作小组。经过近10个月调研,决定将推进行业协会的改革与发展作为入世的重要前提和抓手。

5月23日  上海市第一家区级民间组织服务中心——普陀区民间组织服务中心成立。

7月19日  上海市社会团体监察总队正式挂牌成立,民政部副部长姜力、副市长冯国勤为监察总队揭牌并讲话。

11月5日  上海第一家文化类民办非企业单位——上海市银行博物馆登记成立。

11月13日  市民政局、市社会团体管理局印发《全市性社会团体分支机构、代表机构复查登记工作方案》的通知,要求各全市性社会团体业务主管单位召集本单位主管的全市性社会团体,部署全市性社会团体分支机构、代表机构复查登记工作;各区(县)民政局、社会团体管理局参照《方案》,结合实际制定本区(县)社会团体分支机构、代表机构复查登记工作方案,做好社会团体分支机构、代表机构的复查登记工作。

12月  上海市民办非企业单位复查登记工作圆满结束。全市19个区(县)民办非企业单位复查登记工作全部通过评估验收,共登记民办非企业单位2 136家,其中全市性民办非企业单位51家,区(县)性民办非企业单位2 085家。

同月  市社会团体管理局编写完成《上海社团执法案例选》一书,这是自1999年市社会团体管理局成立以来第一本用于指导行政执法人员的案例选。

同月  上海市律师协会在外滩举行新执业律师宣誓仪式。

同月  为贯彻市政府《上海传统工艺美术保护规定》,上海工艺美术行业协会受理上海市传统工艺美术品种和技艺以及大师的申报工作。

## 2002 年

1月10日　市政府发布全国第一部规范行业协会发展的省级政府规章——《上海市行业协会暂行办法》,自 2002 年 2 月 1 日起施行。

1月11日　市政府召开行业协会工作会议及上海市行业协会发展署和上海市市场中介发展署成立揭牌仪式,同时下发《上海市行业协会暂行办法》《关于本市促进行业协会发展的指导意见》和《关于本市经济鉴证类社会中介机构规范管理的若干意见》等 3 个文件,为行业协会改革发展提供了法律保障和规范要求。上海在全国率先掀起行业协会改革发展高潮。会议明确上海市行业协会发展署(市市场中介发展署),负责全市行业协会的总体规划、布局调整、政策制定、协调管理等工作。

3月1日　上海市探索社会团体、民办非企业单位"网上年检",对社会团体、民办非企业单位实行新旧手段并用、网上网下结合的年检方式。根据《民办非企业单位登记管理暂行条例》的规定,对民办非企业单位开展了首次年检工作。

4月25日　上海召开行业协会发展改革交流大会,并为首批新建的 10 家行业协会和 2 家完成改革调整的行业协会揭牌。

7月19日　上海沐浴行业协会经过选举,由民营企业担任会长单位,是上海第一家由民营企业担任会长单位的行业协会。

7月　上海首次举行全市行业协会秘书长培训班,对秘书长进行职业化培训。

8月20日　市财政局、市地方税务局下发《关于本市社会团体和民办非企业单位票据及税收管理问题的通知》,规范上海社会团体、民办非企业单位票据管理和纳税行为。

8月26日　市社会团体管理局"政务网站"开通。

9月16日　上海市第一家社区民间组织服务中心——普陀区长寿路街道民间组织服务中心成立。

10月19日　市政府办公厅转发市体制改革办公室、市民政局《关于本市行业协会业务主管部门管理职责划分和相关工作衔接的意见》,进一步明确行业协会的业务主管单位划分为业务主管单位和行业业务主管单位,并明确各自的管理职责。

10月31日　上海市制定并通过全国第一部规范行业协会发展的省(市)级地方性法规——《上海市促进行业协会发展规定》,对行业协会的职能定位、办会原则、政会分开、购买服务等方面作出规定。

10月　副市长冯国勤参加《社会团体登记管理条例》《民办非企业单位登记管理暂行条例》颁布实施宣传咨询活动。

11月8日至9日　由民政部主办,市民政局、市社会团体管理局承办的"民间组织发展与管理"上海国际研讨会在上海国际会议中心举行,民政部副部长姜力,市委常委、副市长冯国勤,副市长周太彤出席会议并讲话。民政部民间组织管理局局长李本公、市社会团体管理局党组书记、局长谢玲丽分别作主题报告。

11月19日　市社会团体管理局下发《关于加强本市民间组织预警网络建设工作的通知》,明确进一步创新民间组织管理体制和机制,探索通过纵向建立市—区(县)—街道(镇)—居(村)委(社区民间组织服务中心)四级网络,横向建立以社会团体管理局为主,业务主管单位和相关部门协同配合，由民间组织积极参与的框架，形成"服务、协调、管理、预警"四位一体的民间组织网络机制。

11月25日　市民政局、市劳动和社会保障局、市社会团体管理局联合下发《关于社会团体和民办非企业单位专职人员社会保险问题的通知》，对社会团体和民办非企业单位专职工作人员的社会保险作出规定。

11月　市政府召开"上海市社团进社区经验交流会"。

12月31日　市委办公厅、市政府办公厅下发《关于进一步推进上海市民间组织参与社区建设和管理的意见》，提出"探索社区群众活动团队备案工作"思路。

## 2003 年

1月27日　民政部出台《关于异地商会登记有关问题的意见》，具备条件的省、自治区、直辖市可先行试点登记省级异地商会。

2月1日　上海正式实施《上海市促进行业协会发展规定》。

3月31日　市民政局、市社会团体管理局签发《关于印发〈关于在本市街道（乡镇）组建社区民间组织服务中心的实施意见〉的通知》，明确社会组织服务中心六大功能定位，即服务民间组织、党的建设、人力资源管理、监督预警、承担政府委托或转移职能、服务社区居民。

5月9日　市税务局下发《关于增设〈上海市民办非企业单位统一发票〉的通知》，解决民办非企业单位票据问题。

8月　上海在党政机构改革中，同步设立中共上海市社会工作委员会，作为市委的派出机构，并授权负责上海市社会团体、非公经济组织、民办非企业单位党的工作，以及相关的社区党建工作的指导、协调、研究和督查。

9月24日　市社会团体管理局印发《关于做好社会团体分支（代表）机构登记工作若干意见的通知》，明确经市民政部门登记注册的社会团体，根据工作需要和社会团体章程的规定，可以向登记管理机关申请设立分支机构、代表机构。

9月　"上海社会组织"网站开通，提供"中文简体版""中文繁体版"两个版本。

同月　上海首家涉外民办非企业单位——上海蒙妮坦职业培训学校成立。

10月15日　市社会团体管理局完成中国上海门户网站社团子网站改版工作，并开通运行。

12月8日　市政府下发《关于本市促进社会办医发展民办医疗机构的若干意见（试行）》，要求发展公益性医疗机构和经营性医疗机构相结合，逐步形成公益性和经营性医疗机构错位竞争、共同发展，提供多元化和多层次医疗卫生服务的基本格局。

12月31日　民政部下达《关于对上海开展涉外民办非企业单位登记试点工作请示的批复》，正式同意上海市开展涉外民办非企业单位登记试点工作。

12月　上海社会组织四级预警网络全面建成，建立起纵向延伸到社区［市—区（县）—街镇—居村委会四个层面］、横向覆盖到行业（以社会组织登记管理机关为主、业务主管单位和相关部门配合）的综合管理体系。

## 2004 年

1月16日　上海第一家服务于社区青少年的司法类社会组织——上海市阳光社区青少年事务

中心成立。

1月20日　上海第一家服务于社区矫正对象的司法类社会组织——上海新航社区服务总站成立。

1月29日　市政府发函同意市民政局开展涉外民办非企业单位登记试点工作。

1月　"行业协会与市场中介"作为专项统计条目首次在《2003年上海市国民经济和社会发展统计公报》中出现。

2月　上海市对原已设立的行业协会的改革调整工作基本完成。

3月8日　国务院颁布《基金会管理条例》，自2004年6月1日起施行。

3月25日　上海第一家经济类涉外民办非企业单位——上海日本商工俱乐部登记成立。

3月　《上海市行业协会和市场中介组织发展"十一五"规划》列入《上海市国民经济和社会"十一五"专项规划和区县规划的选题方案》。

同月　全国首家省级民间组织服务中心——上海市民间组织服务中心正式运行，上海市民政局党委书记、局长，上海市社会团体管理局党组书记徐麟，上海市民政局副局长叶兴华揭牌。

5月28日　上海市召开贯彻实施《基金会管理条例》新闻发布会。

6月1日　上海向首批获准成立的上海复旦大学教育发展基金会、上海吴孟超医学科技基金会、上海市自然与健康基金会、上海福岛自然灾害减灾基金会等4家非公募基金会颁发法人证书。

6月17日　市社会团体管理局、市组织机构代码管理中心联合下发《关于本市社会团体分支机构、代表机构申请办理组织机构代码等有关事项的通知》，规定社会团体的分支机构、代表机构一般不予赋码，但一些对外业务往来较多确有需要建立银行基本存款账户的分支机构、代表机构，经申请审查同意后可赋码。

7月　市委、市政府再次调整行业协会管理体制，撤销上海市行业协会发展署，成立上海市社会服务局。由市社会服务局、市社会团体管理局、各业务主管单位共同承担行业协会的管理工作。

同月　上海内衣行业协会联合江浙沪相关行业协会和19家袜子出口企业以及美国"阿迪达斯"公司召开"反特保"会议，研究应对之策。并与市工业经济联合会、市WTO中心组成工作班子，在《人民日报》等媒体刊登《联合声明》，维护企业权益。

8月6日　上海成立全国第一家养老评估机构——上海市社会福利评估所。

8月20日　市政府召开上海市行业协会建设推进会。会前，市长韩正会见部分行业协会代表，要求行业协会加快自身建设，发挥服务企业、规范行业、发展产业的作用，坚持走自我管理、自我约束、自我发展的路子，坚持服务市场化、专业化的方向，坚持强化行业自律，不断提高行业协会的公信力。

9月18日至19日　上海市浦东新区政府、上海市期货同业公会、上海市证券同业公会、上海市银行同业公会、上海市保险同业公会和上海国际金融研究中心联合举办"上海期货投资国际论坛"，为国内期货投资者创造了国际交流平台，对推动期货市场的发展起到了积极作用。

9月　上海举办首期行业协会会长研修班。

10月13日　市民政局、市社会团体管理局印发《关于在全市开展群众活动团队调查统计工作的通知》，明确将上海市范围内的群众活动团队作为本次调查统计对象，即在上海市社区内居民自发形成，自愿参加，经常开展各类健身、娱乐、公益等活动的松散型社会组织。

10月19日至12月31日　上海开展全市性群众活动团队调查统计工作。截至2004年底，上海共有各类群众活动团队16 355个，参加人数438 695人。

11月18日　上海第一家公益类涉外民办非企业单位——上海根与芽青少年活动中心登记成立。

11月　上海中法公证法律交流培训中心承办"物权法——为经济发展服务"研讨会,中国司法部部长张福森、法国司法部部长贝旁出席会议。

12月9日至11日　由民政部、国家发展改革委和国资委共同主办的首届"全国行业协会成就汇报展"在北京展览馆举办,上海24家行业协会组团参加了成就汇报展。上海的成就汇报展共分亲切关怀、制度保障、规范发展、服务企业、合作共赢和协会概况等六个部分,集中展示了上海行业协会发展历程和经验成就。

12月10日　民政部下发《关于表彰全国先进民间组织的决定》,表彰500家全国性先进民间组织。上海市慈善基金会、上海市造船工程学会、上海市信息服务业行业协会、上海杉达学院、上海市房产经济学会、上海市生物医药行业协会、上海市青少年发展基金会、上海市建筑材料行业协会、上海市台湾同胞投资企业协会、上海市普陀区长寿路街道民间组织服务中心、上海卢湾区金色港湾老年公寓、上海对外经济贸易企业协会、上海计算机用户协会、上海市计划生育协会等14家民间组织获得全国先进民间组织称号。

## 2005 年

1月7日　市民政局、市社会团体管理局出台《关于做好农村专业经济协会登记管理工作的意见(试行)》,推动培育发展农村专业经济协会工作。

2月25日　市社会团体管理局召开"关于本市开展民办非企业单位自律与诚信建设活动"专题会,发布《关于开展民办非企业单位自律与诚信建设活动的响应书》。

3月1日　上海对社会团体、民办非企业单位、基金会等社会组织全部实行网上填写并下载《年检报告书》,按程序报送的年度检查方式。

3月31日　市社会团体管理局决定将2005年作为"上海市民办非企业单位自律与诚信建设活动年",引导民办非企业单位围绕"共铸诚信民非,构建和谐社会"主题,积极开展"以自律练好内功、以诚信外塑形象、以真情回报社会"的系列活动。

6月9日　市民政局、市人事局、市社会服务局、市社会团体管理局印发《关于开展上海市先进民间组织评选表彰活动的通知》,组织开展上海市第一届先进民间组织评选工作。

同日　市社会团体管理局举办民间组织预警网络建设经验交流会暨执法工作研讨会。

7月　市委、市政府决定由上海市社会服务局与上海市社会团体管理局、各业务主管单位共同负责行业协会的管理工作,由双重管理改为三方负责。

8月30日　市社会团体管理局会同市社会服务局与江苏、浙江两省民间组织管理局在上海国际会议中心举办首届"长三角民间组织——行业协会与区域经济发展合作交流论坛"。论坛签署了"长三角行业协会合作交流倡议书",发起筹建"长三角非织造行业协会",编印首届《长三角民间组织合作交流论坛论文汇编》,建立"长三角民间组织合作交流论坛联席会议"机制。

8月　经市编制委员会批准,市社会团体管理局对内设机构进行调整。新成立登记处和基金会管理处;撤销外国人社团管理处,将外国人社团管理处的职能并入综合处;撤销执法监督处,将执法监督处的职能归口监察总队;调整社团管理处和民办非企业管理处职能。

12月27日　市民政局、市社会团体管理局召开"上海市民办非企业单位自律与诚信建设活动总结会",市民政局党委书记、局长,市社会团体管理局党组书记徐麟到会讲话。

2005年 《上海民间组织年鉴2005》出版,是首部全面介绍上海民间组织概况的大型工具书。全书150万字,收录了本市5 600多家民间组织的详细信息,真实记录了上海民间组织发展的轨迹。

## 2006 年

1月18日 市社会团体管理局创办内部刊物——《上海社会组织》杂志,是一本社会组织领域学术研究与实务运作相结合的期刊,《上海社会组织》为双月刊,由上海市民间组织服务中心承办。

2月9日 民政部召开全国民办非企业单位自律与诚信建设活动表彰会,上海市民政局、浦东新区社会团体管理办公室、闵行区社会团体管理局等3家单位荣获"全国民办非企业单位自律与诚信建设活动最佳组织奖"。上海市普陀区曹杨新村街道民间组织服务中心、上海2007特奥中心、上海安达医院、上海国际金融研究中心、上海海粟美术设计专修学院、上海勤劳劳动保障事务服务中心、上海市长宁区华阳路街道群众团队活动指导站、上海市嘉定区嘉定镇街道夕阳红俱乐部、上海市闵行上锅职业技能培训中心、上海市闸北区临汾路街道社区事务工作站、上海市震旦进修学院、上海松江区朝日进修学校等12家民非荣获"全国民办非企业单位自律与诚信建设先进单位"。

2月22日 市社会团体管理局出台《关于进一步深入开展民办非企业单位自律与诚信建设活动的意见》,对全市民办非企业单位重大事项报告、服务承诺、信息披露等进行规范。

3月 市社会团体管理局首次在市级民间组织中开展网上年度检查。

4月12日 由民政部民间组织管理局、市民政局、市社会团体管理局主办的"部分省市民间组织发展与管理工作研讨会"在上海召开,市委副书记王安顺、民政部民间组织管理局局长孙伟林、上海市民政局党委书记、局长,市社会团体管理局党组书记徐麟等领导参加会议。

4月28日 市教委、市财政局联合印发《上海市促进民办教育发展专项资金管理办法》,进一步明确专项资金的设立目的、资金来源、支持内容、财务管理等内容。

6月2日 市民政局、市社会团体管理局印发《关于办理民办非企业单位迁出迁入变更登记有关问题的通知》,提出简化登记手续的意见,符合条件的民办非企业单位无须先在原登记管理机关注销登记后,再到新登记管理机关申请成立登记,只需先在原登记管理机关办理迁出手续,再到新登记管理机关办理迁入手续。

7月 市社会团体管理局协同有关区县率先探索社区群众活动团队的备案制度,在虹口、金山、闵行三个区开展了社区群众活动团队备案试点。

8月 市编制委员会印发《关于明确民间组织工资基金核定管理部门的意见》,明确上海市社会团体管理局和各区(县)社团局(办)是全市社会组织工资基金管理的职能部门。

10月17日 市社会团体管理局印发《上海市基金会秘书长会议制度》,要求基金会每年召开两次秘书长会议,通过大会交流和小组讨论的形式,加强和密切基金会之间以及上海市社会团体管理局与基金会的交流合作关系,共同应对发展中的新情况、新问题。

11月29日 市民政局、市社会团体管理局印发《上海市社会团体分类规定(试行)》的通知,按照社会团体的性质和任务,将社会团体分为学术性、行业性、专业性、联合性四类。

11月 经市政府批准,市民政局、市人事局、市社会服务局、市社会团体管理局共同组织上海市先进民间组织评选表彰活动。通过广泛宣传、层层推荐、严格评审、媒体公示和反复听取各方意见,上海老新闻工作者协会等198家民间组织获得"上海市先进民间组织"称号。

12月25日　市民政局、市农业委员会、市社会团体管理局印发《关于大力培育和规范发展涉农民间组织的意见》，积极推动涉农民间组织发展。

12月27日　市民政局、市社会团体管理局印发《关于开展上海市民办学校民事主体资格变更登记工作的通知》，指导非法人主体的民办学校办理变更登记。

## 2007 年

1月10日　市民政局、市社会团体管理局、中国人民银行上海分行联合下发《关于在本市民间组织中实施工资基金管理工作的通知》规定民间组织发给专职、兼职工作人员的劳动报酬、津贴、补贴等，属于国家规定的工资总额组成部分的，均纳入工资基金管理范围。

3月　"上海社会组织"网站开通网上办事大厅，市社会团体管理局已公开的审批类事项16项、其他办事类事项4项全部网上办理，并覆盖全市1万多个社会组织和900多个市、区二级委办局。

6月22日　市民政局、市社会团体管理局印发《关于在本市民间组织中开展规范化建设评估试点工作的通知》，决定从6月起在全市部分民间组织中开展规范化建设评估试点工作。试点范围主要是上海市行业协会；社会福利和教育领域基金会；有关委办系统以及浦东、普陀、静安、闵行等区的部分民办非企业单位。

6月28日　市社会团体管理局召开上海市民间组织规范化建设评估试点工作动员会。

6月　上海市被民政部列为全国民间组织评估体系试点城市。

7月30日　市社会团体管理局、市社会服务局印发《关于在本市行业协会中开展规范化建设评估试点工作的通知》，决定从2007年8月起，在全市行业协会中开展社会团体（行业性）规范化建设评估试点工作。

8月16日　市民政局、市社会团体管理局印发《上海市基金会信息公布实施办法》，要求基金会必须主动将年检内容按照民政部要求的格式摘要，将年度工作报告、公募基金会组织募捐活动的信息、基金会开展公益资助项目信息在市级以上各大报刊杂志上披露。

9月14日　市民政局、市社会团体管理局发布《上海市民间组织规范化建设评估办法（试行）》，明确评估原则、组织管理、评估等级和应用、评估方法和程序，试点范围进一步扩大。

11月　"上海市民间组织网"改版工作全面完成，正式启用。

## 2008 年

1月7日　市民政局、市劳动和社会保障局、市社会团体管理局制定《关于在上海市社会团体、基金会和民办非企业单位中建立年金制度若干问题的通知》，规定社会组织实行年金制度后，有条件的社会组织及其工作人员可以缴纳补充养老保险，在规定比例内的缴费，可享受国家有关免税政策。

1月11日　市政府召开基金会发展与管理专题会，下发《上海市民政局关于对上海市慈善基金会等7家社会组织实施项目资助的通知》，决定从2007年开始，暂定两年，每年从上年度本级福利彩票公益金支出总额约7 000万元的资金，用于资助上海市慈善基金会等7家社会组织，资金按照福利彩票公益金"扶老、助残、救孤、济困"的使用范围，部分用于市民政局指定的民生项目，部分用于按照本组织宗旨和业务范围开展的公益项目。

2月23日　市社会团体管理局下发《做好本市民非单位信息公开和承诺服务活动工作的通知》,明确全市民办非企业单位信息公开与承诺服务的主要内容和方式,并提出相关工作要求。

3月1日　上海对社会团体、民办非企业单位、基金会等社会组织全面实行"网上填写、网上报送"的年检方式。

3月4日　市民政局、市社会团体管理局印发《关于成立上海市社会组织规范化建设评估委员会的通知》,委员会由市委组织部、市精神文明办、市社会服务局、市社会团体管理局、市外办、市财政局、市审计局、市公安局、市经委、市社科院社会发展研究院、华东理工大学(上海华夏社会发展研究院)等部门和单位组成,办公室设在市社会团体管理局,并下设社会团体、基金会和民办非企业单位3个评估指导小组,具体负责评估工作的组织实施。市民政局党委书记、局长,市社会团体管理局党组书记马伊里担任主任。

4月14日　市政府办公厅转发市发改委、市社会服务局、市民政局《关于全市进一步支持行业协会商会加快改革和发展实施意见的通知》。

5月12日　汶川大地震发生后,市民政局牵头、上海各民办社工机构积极响应,迅速成立"上海社工灾后重建服务团"。

5月13日　市社会团体管理局印发《关于立即行动起来,积极动员社会组织向地震灾区募捐的紧急通知》和《关于号召全市社会组织向地震灾区募捐的紧急通知》,动员上海市社会组织以实际行动扶助受灾民众。

6月12日　汶川地震发生后的一个月内,上海市45家基金会通过市民政局、上海市慈善基金会、上海市红十字会或其他渠道向地震灾区捐赠款物合计4 000多万元;上海市有14家基金会接受企业和个人等社会力量的捐赠款物,合计5 700多万元。

6月30日　市民政局、市社会团体管理局发布《关于上海市社会组织规范化建设第一批试点单位等级评估的决定》,确定39家社会组织规范化建设评估等级。

7月4日　上海市召开"社会组织规范化建设评估试点工作总结推进会",民政部民间组织管理局局长孙伟林、市民政局党委书记、局长,市社会团体管理局党组书记马伊里到会并讲话。

8月5日　市社会团体管理局召开上海市社会组织年金制度试点工作会议。

8月7日　市民政局、市社会团体管理局印发《关于开展上海市社区群众活动团队备案工作的意见》,明确社区群众团队备案工作的指导思想和基本原则,对备案范围、备案条件、备案部门及备案事项等作出具体规定。

8月18日　市民政局、市社会团体管理局印发《关于在本市区县开展对名存实亡社会组织处置工作的通知》,明确名存实亡社会组织主要是指经依法核准登记的但连续两年以上(包括两年)未参加年度检查,且已无法取得联系的社会组织。该通知要求,"认真清理核查本区(县)名存实亡的社会组织名单,区分不同情况,分类处置""凡已处置完毕的名存实亡社会组织应立即从本市社会组织数据库中予以清除,列入另库备查"。

8月20日　市社会团体管理局召开上海市社会组织信息宣传工作座谈会。

8月29日　市社会团体管理局转发市财政局《关于本市财政票据全面启用全国财政票据监制章的通知》,规范上海市基金会财政票据的使用。

10月26日　市机构编制委员会印发《关于印发〈上海市社会团体监察总队主要职责、内设机构和人员编制规定〉的通知》,上海市社会团体监察总队由此列为参照公务员管理的事业单位。

10月　市委、市政府决定,撤销上海市社会服务局,将其承担的部分管理行业协会的职责划归上海市社会团体管理局。

11月25日　市社会团体管理局召开社区群众活动团队备案工作推进会。

11月　"上海社会组织"网站推出新版,在原有"中文简体版""中文繁体版"两个版本基础上,增加"英文版"和"手机移动版"两个版本。

12月17日　市社会团体监察总队召开上海市社会组织执法监察工作会议,时任民政部民间组织管理局副局长贾晓九出席会议并讲话。

12月　市社会团体管理局向全市近1万多家市、区两级社会组织、900多家市、区两级委办局发放1万余枚电子签章,实现全市社会组织、市、区两级委办局相关业务全部通过电子签章完成网上申报和并联审批。

## 2009 年

3月4日　上海市工业经济联合会提出开展群众性节能减排小组活动的建议,得到市委、市政府和有关部门的支持。市发改委、市经信委等7家单位下发《关于在本市有关重点领域试点开展节能减排改进小组活动的通知》。

3月20日　市民政局、市社会团体管理局印发《关于调整本市部分社会组织业务主管单位的通知》。

3月28日　市民政局、市社会团体管理局主办,上海人才服务行业协会承办,上海市社会组织服务中心协办的上海市社会组织促进大学生就业招聘会在上海八万人体育场举行。

4月　市社会团体管理局印发《关于做好市级社会组织年检工作的若干意见》,进一步规范社会组织年检工作,对社会组织年度检查通知的送达,年检基本合格、不合格社会组织的处理,未在规定时间内参加年检的社会组织的处理,以及年检中发现的社会组织突出问题的处理等作出具体明确的规定。

5月10日　由上海市体育总会、上海市社会体育管理中心和各项赛事活动相关的11个区联合承办的以"体育,让生活更精彩"为主题的首届上海国际大众体育节在上海东方明珠广场开幕。

5月15日　市民政局、市发改委、市教委、市财政局、市人力资源社会保障局、市地税局、市社会团体管理局等7部门联合下发《关于鼓励本市社会组织吸纳大学生就业的指导意见》,对社会组织吸纳大学生就业和提供见习培训等,以及大学生或者社会力量以招聘大学生就业为主创办社会组织的,可以享受十项优惠措施。

5月　市政府办公厅印发通知,调整上海市社会团体管理局主要职责、内设机构和人员编制,将原市社会服务局承担的对行业协会的综合协调和监管服务的职责和行业协会的协会业务管理的职责,一并划入上海市社会团体管理局。同时,增设社会组织服务处,将涉外社会组织管理处并入社会组织服务处。调整后的上海市社会团体管理局,有综合处、登记处、社会团体管理处、基金会管理处、民办非企业单位管理处、社会组织服务处、监察总队等7个业务部门,机关行政编制仍为58个,30个参公事业单位编制。

同月　市民政局主办"上海社区公益创投大赛"的项目征集和评审正式启动,利用电视大赛形式,探索实践"资金投入＋技术管理支持"公益创投理念。

7月8日,上海市规范化建设评估委员会召开第二批社会组织规范化建设评估评审会,对参加本次评估试点的 85 个社会组织的评估等级进行审核。

8 月 22 日　市民政局、市社会团体管理局发布《关于上海市社会组织规范化建设第二批试点单位等级评估的决定》,决定 54 家社会组织评估等级。

9 月 10 日　市人力资源和社会保障局出台《上海市民办职业培训机构审批和管理办法》,要求民办职业培训机构分类登记管理,实行民办职业培训机构办学许可证制度,审批执行"先证后照"制度。

9 月 23 日　市民政局、市社会团体管理局召开上海市新社会组织深入学习实践科学发展观活动动员部署会议。

10 月 16 日　市教委、市财政局、市国税局、市地税局和市民政局联合下发《关于加强民办高等学校学费及政府扶持资金账户管理的通知》,将民办高校的学费和政府专项资金纳入专户管理。

11 月 17 日　上海市社会建设推进大会召开。中共中央政治局委员、市委书记俞正声出席并讲话,市委副书记、市长韩正主持会议,市人大常委会主任刘云耕、市政协主席冯国勤出席会议。大会下发市委办公厅、市政府办公厅《关于进一步加强本市社会组织建设的指导意见》和市政府办公厅《关于鼓励本市公益性社会组织参与社区民生服务的指导意见》两个专题文件。

12 月 11 日　市社会团体管理局召开上海市社会建设大会精神学习专题会暨社会组织专项工作推进会议。

12 月 15 日　民政部副部长姜力,上海市委常委、浦东新区区委书记徐麟为上海市首个公益服务园区——浦东公益服务园在原上海东星手帕厂区(峨山路 613 号)正式揭牌。

## 2010 年

2 月 4 日　《民政部关于表彰全国先进社会组织的决定》授予 595 家社会团体、民办非企业单位和基金会"全国先进社会组织"称号。上海有 16 家社会组织获得全国先进社会组织荣誉称号。

2 月 25 日　由上海银监局、上海市银行同业公会主办的上海银行业迎世博文明服务誓师大会暨"青春在世博中闪光"活动启动仪式在上海国际会议中心隆重举行。

2 月 26 日　市民政局、杨浦区民政局、虹口区民政局被民政部评为"社会组织深入学习实践科学发展观活动指导工作先进单位",上海市信息服务业行业协会、上海市拥军优属基金会、普陀区长寿路街道民间组织服务中心被评为"社会组织深入学习实践科学发展观活动先进单位"。

3 月 4 日　市政府办公厅转发市教委等七个部门联合制定的《上海市推进民办高校落实法人财产权的实施办法》,要求切实落实民办高校的法人财产权。

3 月 8 日　市民政局、市社会团体管理局发布《关于上海市社会组织规范化建设试点单位等级评估的决定》,确定 13 家社会组织规范化建设评估等级。

3 月 25 日　市社会团体管理局印发《关于切实加强上海世博会期间社会组织预警网络工作的通知》,对贯彻落实中央和市委领导关于加强上海世博会安全保卫工作的一系列重要指示并对配合相关部门做好上海世博会期间的安全保卫工作提出工作要求。

4 月 12 日　市社会团体管理局发布《致全市各社会组织的倡议书》,倡议全市社会组织立即行动起来,以"服务世博、关注民生"为主题,积极开展包括扶贫救助、拥军优属、帮老助残、医疗救助、文娱活动、法律援助、关注环保、促进就业等方面的公益活动,全方位展示全市社会组织的风采,为世博会的"成功、精彩、难忘"贡献力量。

6月30日　上海市、区(县)两级的企业协会政社分开改革顺利完成。上海市524家企业协会(市级108家,区县416家)在"人员、机构、财务、资产"等方面基本实现了与党政机关的"四分开"。

7月5日　全国首家由政府、社会组织和企业合作互动,以培育社会组织、解决社会问题、促进社会进步为宗旨的社会创新园区——上海市社会创新孵化园于丽园路501号正式开园。

7月30日　市人大常委会通过修订《上海市促进行业协会发展规定》,自2010年11月1日起施行。

8月13日　市民政局、市社会团体管理局发布《关于上海市社会组织规范化建设评估试点单位等级评估的决定》,确定3家社会组织规范化建设评估等级。

8月24日　上海市社会创新孵化园的三个项目成功注册为民政类民办非企业单位,分别命名为:上海艺途无障碍工作室、上海小笼包聋人协力事务所、上海彩虹桥公益社。

8月30日　市民政局、市社会团体管理局印发《关于授权上海市工商联作为全市性社会团体业务主管单位的通知》,授权上海市工商联作为全市性社会团体业务主管单位。同时强调,市工商联作为社会团体业务主管单位审核社会团体登记时,涉及相关行业主管部门职能的,应事先充分征求有关部门意见。

10月18日　市财政局、市国家税务局、市地方税务局、市民政局转发《财政部、国家税务总局、民政部〈关于公益性捐赠税前扣除有关问题的补充通知〉》和上海市实施意见的通知,进一步明确免税资格的申请流程,规范免税资格管理。

10月20日　市民政局、市社会团体管理局下发《2009—2010年度上海市三八红旗手(集体)的通知》,首次将社会组织女性工作人员纳入上海市三八红旗手(集体)评选范围。

10月22日　市社会团体管理局召开2010年上海市行业协会负责人会议。

12月17日　市社会团体管理局与上海市经济团体联合会召开上海市行业协会发展论坛。

12月　市社会团体管理局编写《社会组织行政执法实务参考》一书,由中国社会出版社印制出版,全国公开发行。该书记述了社会组织成立登记、日常监管、年度检查、案件查处,即社会组织从"生"到"死"的各项工作环节,其中既包含了行政执法的法律依据、工作程序、操作流程,又包含了工作技巧、经验总结、注意事项等,为全国社会组织执法监察工作提供了一本行政执法实务类的参考工具书。

# 第一篇
## 社会团体

社会团体是由中国公民自愿组成,为实现会员共同意愿,按照其章程开展活动的非营利性社会组织,按照宗旨、活动内容和社会功能,可以分为学术性、行业性、专业性和联合性四种类型,一般以协会、学会、研究会、联合会等命名。

社会团体在上海有着悠久的历史和广泛的社会基础,党的十一届三中全会以后,上海社会团体发展迅猛。1981年,全市社会团体仅有633家,到1989年已达4290家。1978年至1989年,社会团体的审批和管理均由业务主管部门或归口部门负责。1989年10月25日,国务院颁布《社会团体登记管理条例》。1990年2月7日,市民政局设立社会团体管理处(对外称上海市社会团体管理处),按照规定对各类社会团体进行清理整顿和复查登记。1990年5月,上海市政府发出《关于贯彻实施国务院发布的〈社会团体登记管理条例〉的通知》,宣布成立上海市清理整顿社会团体领导小组。从此,市民政部门开始依法登记和管理各类社会团体,进入依法管理、有序发展阶段,管理工作坚持培育发展与监督管理并重,分别于1990年7月至1993年1月、1997年7月至1999年底,对社会团体进行清理整顿,对内部机构、名称、业务范围、财务等问题进行专项治理,清理整顿社会团体2680家,基本达到"控制总量、提高质量"的预期目标。同时,通过一系列政府规章及规范性文件,从法律制度上管理、指导、协调社会团体的发展和运行。1991年,市民政局下发《关于转发上海市技术监督局〈关于分配代码区段的函〉的通知》,对经过核准登记的社会团体颁发在全国范围内唯一的永久法定代码标识,为实现计算机自动化管理奠定基础。1994年9月16日,市政府印发《上海市社会团体管理规定》,1996年12月市民政局制定《上海市社会团体组织通则》,对社会团体的内部组织方式及组织行为予以规范。1994年10月,市民政局、市财政局重新制定并发布《上海市社会团体会计制度》《上海市社会团体财务制度》,规范社团财务管理。针对社会团体类型繁多的特点,上海探索和建立分类标准科学管理。市民政局制定社会团体分类标准,引导各类社会团体实施科学有效的管理,防止分类过细;优化结构、促进社会团体健康有序发展。2005年11月底,印发《上海市社会团体分类规定(试行)》的通知,规定学术性团体、行业性社会团体、专业性社会团体分别参照《中华人民共和国学科分类国家标准》二级学科、《国民经济行业分类》中类标准以及《国民经济行业分类》小类标准设置。

进入21世纪后,上海从应对入世挑战,转变政府职能和规范市场经济秩序等需要出发,将行业协会从众多的社会组织中分离出来进行分类管理试点,拉开上海社会组织分类管理探索的序幕。第一阶段,实行"三分开"。2002年1月,上海市政府颁布全国第一部省级规范行业协会发展的政府规章——《上海市行业协会暂行办法》;10月,市人大颁布全国第一部《上海市促进行业协会发展规定》,就行业协会的职能定位、办会原则、政会分开、购买服务等方面做出规定,要求政府有关工作部门在机构、人事、财务等三个方面与行业协会实行"三分开",倡导政会分开,推动完善内部治理,扩大协会覆盖面、代表性、权威性和影响力。当年,全市132家行业协会完成政社分开的改革调整,同时会展、人才中介、通信、电子商务、汽车配件流通、蔬菜加工与出口、多媒体、皮革、建设工程检测和电子制造等一批新型行业协会相继成立。截至2002年底,全市共有行业协会147家,平均每一个行业协会拥有会员企业70家。第二阶段,实行"四分开"。2009年9月,市委、市政府印发《关于推进本市企业协会政社分开工作的实施意见》,要求经济领域内的企业协会在人员、机构、财务、资产等4个方面与党政机关实行"四分开",截至2010年底,524家市、区(县)两级的企业协会[市级108家,区(县)约416家]政社分开改革顺利完成,598名局、处级以及处级以下公务员从企业协会中退出。第三阶段,深化"政社分开"。2010年7月,市人大修订《上海市促进行业协会发展规定》,规定"本市国家机关工作人员不得在行业协会中担任职务",并明确"行业协会办事机构的专职工作人员应当逐步职业化"。严格规定公务员不得在行业协会中担任职务的范围扩大到所有的职务,为进一步推进行业协会的政社分开以及职业化发展提供了法律依据。

在政策扶持和营造良好发展环境的背景下,到2010年,在市民政部门登记注册的社会团体3 560家,占全市登记社会组织的36%,其中市级社会团体1 095家,区(县)级社会团体2 465家。市级社会团体中,行业性社会团体207家,专业性社会团体391家,联合性社会团体171家,学术性社会团体326家。

# 第一章　行业性社会团体

行业性社会团体,主要是指法人组织自愿加入,为密切会员单位与政府的联系,加强行业自律,推动行业和会员单位的健康发展,配合政府部门规范市场行为而开展工作的社团组织。行业性社会团体的主要功能是为会员单位提供服务、反映需求,维护会员单位的合法权益;制定行业标准,进行行业统计,开展行业培训,加强行业协调,促进行业自律;承接政府转移的职能,协助政府部门加强行业管理。行业性社会团体原则上参照《国民经济行业分类》中类标准设置,其分支(代表)机构的设立原则上按小类设立。一般以行业协会、同业公会命名。

上海的行业性社会团体有着悠久的历史,改革开放后上海的行业协会复苏,一批行政性公司改制为行业协会,掀起了组建行业协会的高潮,至 1994 年 8 月,上海共有行业协会 102 家;2002 年中国"入世"后,上海对 132 家行业协会进行改革调整,还推动企业在"入世相关、新兴产业和优势产业"等三个重点领域组建了 48 个行业协会,至 2003 年底,上海共有行业协会 175 家;2002 年上海制定了中国第一部规范行业协会发展的省(市)级法规和规章——《上海市促进行业协会发展规定》和《上海市行业协会暂行办法》,对行业协会的职能、办会原则、政会分开、购买服务等方面进行明确;2004 年 7 月,成立上海市社会服务局,承担全市行业协会的管理工作;2008 年 10 月,撤销上海市社会服务局,将其管理行业协会的职责划归上海市社会团体管理局;2010 年 7 月,市人大常委会通过修订的《上海市促进行业协会发展规定》,推进上海行业协会直接登记。截至 2010 年底,在市社会团体管理局注册登记的市级行业性社会团体 207 家。

## 第一节　沿　革

1978 年以后,国家实行改革开放,上海的行业协会复苏。1982 年 2 月,上海市食品工业协会成立(1997 年更名为上海市食品协会),开创了新时期建立上海行业协会的先河。1982 年至 1985 年,上海相继成立 20 多个行业协会。1986 年,上海行政性公司开始进行改革,同时也掀起了组建行业协会的高潮。到 1989 年,全市新建行业协会 62 个。1989 年 10 月国务院颁布《社会团体登记管理条例》后,上海的行业协会开始进行社会团体登记。1991 年 5 月,市民政局下发了《关于全市性社会团体组织机构、名称和负责人的若干规定》,明确规定:"属于行业性社会团体,一般以行业协会、同业公会、商会命名。"①这是改革开放后全市第一次对行业协会的名称作出规范。到 1994 年 8 月,上海共有行业协会 102 家,其中市经委系统 41 家,占 40%;市财贸办系统 28 家,占 27%;市建委系统 19 家,占 19%;市交通办、市农委、市外经贸委、市科委、市教委办、市人民银行、市旅游局、市新闻出版局、市民政局等系统 14 家,占 14%。全市行业协会拥有企业单位会员 22 000 多个,有专职工作人员近千名,其中具有高级职称的工作人员 229 名。

2002 年起,上海从应对"入世"挑战,转变政府职能和规范市场经济秩序等需要出发,将行业协会从众多的民间组织中分离出来进行分类管理试点,由此,也拉开了上海民间组织分类管理探索的

---

① 在社会团体管理实践中,以商会命名的社会团体并未划入行业性社会团体,而是划入了联合性社会团体。

序幕。2002年1月,上海市政府颁布《上海市行业协会暂行办法》,这是全国第一部规范行业协会发展的省级政府规章。同年10月,上海市人大常委会通过了《上海市促进行业协会发展规定》,这是上海历史上第一部关于促进行业协会发展的地方性法规。《规定》就行业协会的职能、办会原则、政会分开、购买服务等方面作了明确定位。为适应加入WTO的形势,2002年,上海成立了上海市行业协会发展署。发展署遵照上海市委、市政府的要求,对已有的132家行业协会按照"扩大覆盖面,增强代表性;政会分开;规范内部运行机制;自主落实职能和调整布局结构"等市场化原则进行改革调整。通过改革调整,当年的132家行业协会完成了改革任务,同时,还推动企业在"入世相关、新兴产业和优势产业"等三个重点领域组建了48家行业协会。截至2003年底,全市共有行业协会175家。与此同时,通过改革调整,推进行业协会发展的思路日趋清晰;自主设立、自我管理、自律运行、自我发展的机制逐渐形成;行业协会的布局趋向合理;期货、种子等行业协会建立,填补了上海一些重要产业领域行业协会的空白。行业协会管理机制逐步健全,在经济社会建设中的作用日益凸显。

2004年7月,上海市委、市政府再次调整行业协会管理体制,撤销上海市行业协会发展署,成立上海市社会服务局,由市社会服务局承担行业协会的管理工作。同年8月20日,市政府召开行业协会建设推进会,部署加强行业协会建设的有关工作。会前,市长韩正会见了部分行业协会代表,并要求行业协会加快自身建设,发挥服务企业、规范行业、发展产业的作用,坚持走自我管理、自我约束、自我发展的路子,坚持服务市场化、专业化的方向,坚持强化行业自律,不断提高行业协会的公信力。会议提出,行业协会要为上海的产业发展不断作出新的贡献。此次会议,为上海行业协会发展进一步指明了方向。

2005年8月30日,市社会服务局、市社会团体管理局会同江苏、浙江民间组织管理局,在上海国际会议中心举办了首届"长三角民间组织——行业协会与区域经济发展合作交流论坛",沪、苏、浙三地的行业协会代表及三地相关部门的领导和专家共200多人出席。与会各方就长三角行业协会合作交流的理论探索、实践经验、发展展望等问题作了沟通交流,密切了三地行业协会的联系,达到了信息联动、资源共享、互相促进的目的。同年12月9日至11日,全国首届行业协会成就汇报展在北京开幕,各地共有456家行业协会参展,上海24家行业协会组团参加了成就汇报展。上海的成就汇报展共分亲切关怀、制度保障、规范发展、服务企业、合作共赢和协会概况等六个部分,集中展示了上海行业协会发展历程和经验成就。展会期间,中央于12月10日在北京人民大会堂召开首次全国先进民间组织表彰大会,上海市信息服务业行业协会、上海市生物医药行业协会、上海市建筑材料行业协会等3家行业协会获得全国先进民间组织称号。

2006年,上海为了打破行业协会"一市一会"模式,体现创新发展要求,启动探索区县成立行业协会试点工作。市民政局、市社会团体管理局向民政部上报了"在浦东新区开展行业协会登记试点"的请示,得到了民政部大力支持。民政部很快批复并下发了《关于同意浦东新区开展行业协会登记改革试点工作的函》,浦东新区成为全国第一个允许成立行业协会的区县行政区域。上海的这一探索,为全国行业协会在市、区联动发展上提供了经验。

2008年4月,上海市政府办公厅转发了市发改委、市社会服务局、市民政局《关于全市进一步支持行业协会商会加快改革和发展实施意见的通知》,从提高对行业协会改革发展重要性认识、巩固行业协会改革发展成果、推进政府职能转变和支持行业协会改革发展、鼓励行业协会发挥自身职能、加强行业协会自身建设和规范管理等五个方面,提出了具体和详细的工作要求。同年10月,为进一步深化行政审批制度改革,上海市委、市政府决定,撤销上海市社会服务局,将其管理行业协会的职责划归市社会团体管理局。

2010年7月，在全国大力推进行业协会直接登记、推行管理制度改革的形势下，上海市人大常委会对《上海市促进行业协会发展规定》及时进行修正，涉及登记制度、政社分开、政府购买行业协会服务、专职工作人员职业化以及加强对行业协会指导、监管等相关内容，并于是年11月1日起施行。《规定》不仅为上海行业协会深化改革提供更有力的法律支持和制度框架，使上海行业协会的发展获得更大空间，也对加强上海行业协会的有效管理提出更高要求。

# 第二节　选介和名录

## 一、选介

### 【上海市食品协会】

上海市食品协会成立于1982年2月，原名上海市食品工业协会，1997年更名为上海市食品协会，是由全市食品行业企事业单位自愿组成、实行行业服务和自律管理的行业性、非营利性社会团体法人。下设食品机械和食品接触材料专业委员会、调味品与食品配料专业委员会等2个分支机构，以及营销、农副产品流通和生鲜食品、烘焙、调味品、食品机械和接触材料、咖啡、贸易、水产流通等8个代表机构。业务主管单位为上海市商务委员会。到2010年，有各种所有制会员单位457个。

协会业务范围是：行业调研、行业协调、行业培训、会展招商、编辑出版、咨询服务、信息交流、参与标准制定、产品评审推介、组织国内外考察等。

协会主要开展以下几方面工作：

服务会员。协会通过刊物、网站、简报等传递行业信息和政府相关法规政策；面对经济全球化、市场国际化的营销环境，以品牌为导向，提振企业竞争力；组织会员企业参加国内外各类展会，展示新产品、新形象，参与国际合作交流。与韩国东北亚食品园区建立合作框架，参与波兰、希腊、加中贸易理事会等境外企业的业务对接活动；举办"企业家沙龙""海融烘焙俱乐部联谊活动"等。

产业推进。协会发挥市经济信息化委、市商务委服务外包平台单位和上海中小企业公共服务平台等平台作用，及时反映企业诉求，解决企业发展中的实际困难；承担政府相关部门项目评审工作，帮助会员企业申报政府专项扶持资金或项目认定等；为政府相关部门提供产业运行情况、趋势预判和政策建议等课题研究报告，运用行业统计优势，撰写食品行业经济运行分析报告和发布行业社会责任报告；接受政府部门、产业园区委托，开展产业规划研究；组织会员企业参加全国食品工业经济运行发布会暨中国食品工业经济运行指数发布会、中国饮料行业整体运行报告发布会。结合《上海市食品安全条例》宣贯活动，推进国家食品安全示范城市创建；组织专家走访企业，了解企业发展现状，积极反映企业合理诉求，维护企业合法权益；建立与国内外相关协会的对话机制，积极探索合作交流机制，推动业内企业参与国内外合作，争取更大的发展资源和空间；组织会员企业国内外学习考察，通过"走出去"，扩大会员企业视野，建立交流合作网络；承接上海市职业技能中心的培训任务，开展上海市西式西点等专业的中、高级专业技术职务任职资格专业培训。

自身建设。协会积极发挥引领行业发展的作用，会员发展注重质量和结构；加强党的建设，坚持组织生活和学习制度，加强入党积极分子的发现和培养，发挥党员先锋模范作用。

### 【上海奶业行业协会】

上海奶业行业协会成立于1984年9月，是由全市奶牛养殖企业、乳品加工企业等单位以及其他相关经济组织自愿组成、实行行业服务和自律管理的行业性、非营利性社会团体法人。业务主管单位为上海市农业委员会。到2010年,有各种所有制会员单位150个。

协会业务范围是:行业调研、信息发布、技术培训、咨询服务、国内外技术交流、会展招商、产品推介、编辑出版刊物、行业资质评估等。

协会主要开展以下几方面工作:

服务会员。协会编辑出版《长三角奶业》杂志,为会员提供业内各种动态信息,向消费者宣传科学饮奶知识以及产业发展方面的政策法规和国内外产学研发展动态。每日更新协会门户网站信息,向会员发送奶业行动态信息电子简报。依靠行业专家库资源和行业统计信息的优势,积极为企业提供各类技术咨询服务。为企业产品生产提供专家咨询;帮助企业产品研发,提供产学研服务平台;为企业申请名牌产品和著名商标出具证明函;推荐企业家参评上海市工商业领军人物;向政府部门推荐"上海市生鲜乳分等分级"项目;举办各类论坛、研讨会、交流会等,为企业搭建产业信息、技术交流、形象展示和行业间联系的平台;通过举办专题报告会和座谈会,帮助企业及时、准确掌握政府相关扶持政策,全面提升中小企业技术创新能力。

产业推进。协会作为上海奶牛养殖技术和乳品加工专业技术人员继续教育培训基地,上海市奶牛养殖企业、乳品加工企业权益纠纷人民调解工作单位,通过各类服务平台及时反映企业诉求,解决企业发展实际困难;承担政府相关职能部门项目评审工作,帮助会员企业申报政府专项扶持资金或项目认定等工作;针对国家经济形势和奶业产业发展现状与趋势,开展产业发展研究,为政府相关职能部门提供产业运行情况、趋势预判和政策建议等课题研究报告;与江、浙、皖、闽一起建立"四省一市"协会联席会议制度,交流和展示国内外奶业方面的最新研究进展和成果,推动长三角奶业科技创新,为会员企业争取更大的发展空间;组织会员企业到国外学习考察,通过"走出去""请进来"的培训方式,扩大会员企业视野,建立国际国内业务交流,促进奶业健康发展。

人才培育。协会举办"阳光工程"系列讲座,会同上海奶牛研究所、光明乳业市场部开展奶牛养殖技能、奶牛生理特征、生鲜乳质量安全、收奶站管理员等专业技术人员继续教育培训,在提高行业从业人员知识技能和业务水平的同时,为从业人员申报职称和员工业内工作交流提供技能便利。

运作管理。完善民主办会规程,强化内部管理规范,制定协会服务企业、服务政府、促进产业发展所作贡献的量化指标,纳入秘书处日常考核与年终绩效考核;探索协会党建工作,将党建工作与产业发展相结合。

### 【上海市饲料兽药行业协会】

上海市饲料兽药行业协会成立于1984年,是由全市饲料、饲料添加剂、兽药生产与经营企业,饲料机械生产企业以及相关产业的企事业单位自愿组成的非营利性行业性社会团体法人。原名上海市饲料工业协会,2003年更名为上海市饲料行业协会,2010年更名为上海市饲料兽药行业协会。业务主管单位为上海市农业委员会。2010年有各种所有制团体会员单位312个。

协会业务范围是:行业调研、业务培训、编辑出版;会展招商、产品推介;行业统计、技能鉴定;咨询服务、信息交流、资质预审;承担政府部门委托的有关事项。

协会主要开展以下几方面工作:

课题调研。协会开展行业调查研究。完成《上海饲料生产企业原料使用情况的调查报告》《关于本市餐厨垃圾生产饲料情况的调查报告《上海饲料行业推行体系认证的调查报告》《关于"非典"对饲料行业影响的调查报告》《关于饲料原料及配合饲料加工安全生产控制的调研报告》《禽流感对本市饲料兽药生产企业的影响及对策建议》《兽药追溯体系应用实践研究》等调研报告；发挥专业资源优势，每年撰写《上海市饲料和兽药行业发展报告》，总结分析当年行业发展状况，预测未来发展趋势，做好全市饲料企业"饲料工业统计报表"月报、年报的统计上报工作，为政府主管部门制定政策法规提供依据和参考。

人才培育。协会在农业部职业技能鉴定指导中心支持下，设立上海市特有工种职业技能鉴定站，制定职业技能等级培训计划，开展"饲料企业检化验人员、饲料加工设备维修工和饲料厂中央控制室操作工"职业技能鉴定；根据行业发展和会员需求，以提高素质为目标，开展多层次、多形式、多类型培训，举办上海市饲料企业质检人员检测能力提高培训班、饲料工业统计培训班、饲料工业标准化培训班等。

行业自律。协会制定《上海市饲料兽药行业行规行约》，规范行业市场运行次序，倡导企业自觉遵守，建立公平诚信的市场环境，维护会员单位的合法权益；积极配合市畜牧兽医办公室举办"上海市兽药经营企业专业法规培训班"和"上海市饲料生产企业管理人员培训班"等，增强企业质量安全意识、守法生产意识和行业自律意识，规范饲料、兽药的生产经营行为，提升行业整体形象，推进行业健康有序发展；在政府有关部门支持下，开展行业资质认定预审工作，参与制定《饲料生产企业生产许可条件现场审核》等文件，规范预审工作。

对外交流。协会积极扩大行业对外交往，每年组团参加"中国饲料工业展览会暨畜牧业科技成果推介会""中国兽药大会"等会议，交流发展成果；依托市贸促会等平台，鼓励和帮助企业走出国门，组团参加"亚洲国际集约化畜牧展览会""缅甸国际畜牧业、乳业展览会""印度尼西亚国际畜牧业、乳业展览会""马来西亚国际家禽畜牧产业展览会""美国国际家禽展""美国国际猪肉展"等国外行业展览会，以参展、考察、研讨等形式，帮助企业拓展国外市场。

运行管理。协会制定和完善各项规章，建立有《上海市饲料兽药行业协会秘书处人事管理办法》《上海市饲料兽药行业协会财务管理办法》《上海市饲料兽药行业协会秘书处机构设置与岗位职责》《上海市饲料兽药行业协会档案管理制度》等工作制度，完善内部管理，加强专业培训和业务学习，努力提高工作水平和服务能力；及时发布协会信息、行业新闻、政策法规和行业标准以及最新科研成果等各类信息，更好地为会员单位服务。

### 【上海市勘察设计行业协会】

上海市勘察设计行业协会成立于1985年12月，是由全市工程勘察设计单位以及其他相关经济组织自愿组成、实行行业服务和自律管理的行业性、非营利性社会团体法人。下设工程勘察与岩土分会、民营设计企业分会、审图分会等3个分支机构。业务主管单位为上海市城乡建设和交通委员会。到2010年，有各种所有制会员单位526个。

协会业务范围是：行业管理、行业培训、行业调研、质量服务、会展招商、编辑出版、中介咨询服务、国内外信息技术交流。

协会主要开展以下几方面工作：

服务会员。协会编辑出版《上海勘察设计》会刊，每日更新协会网站，每月发送勘察设计信息《简报》为会员提供勘察设计行业发展方面的政策法规和国内外产学研发展动态，倡导和正面宣传行业调整结构、转型升级、创新发展以及规范市场竞争秩序、促进行业自律等，帮助企业及时、准确掌握政府行业政策,及时反映行业诉求;开展行业调研,了解企业改革发展的现状、问题和特点,发掘企业开展业态创新、培育新的经济增长点、实现转型升级的典型经验;组织专家对基坑围护设计方案及施工方案进行评审,服务勘察设计单位和施工单位,并协调解决企业在人才引进、资质管理、项目承接和工程款拖欠等方面的困难;为会员企业提供各类咨询服务。为企业申请国家奖、上海市科学技术奖、行业奖出具证明函,帮助企业在承接外地项目、工程款核算、人才引进、企业资质管理等提供咨询和证明材料。推荐企业家参评建设部和中国勘察设计协会的创新人才、领军人物等;举办各类展览会、论坛、研讨会、交流会等,为企业搭建产业信息、技术交流、形象展示和行业间联系的平台。每年举办"上海国际建筑工程设计与城市规划展览会",举办"CCDI新立方建筑文化论坛"等;开展摄影比赛、"勘察设计杯"桥牌联赛、"兄弟杯"足球联赛等活动,丰富行业职工业余文化生活;开展"上海市优秀工程勘察设计项目评选""上海市交通建设行业十佳勘察设计企业评选""上海市工程建设(勘察设计)QC小组评选"等工作,配合上海市建筑施工行业协会做好鲁班奖和国家优秀工程奖的申报工作。

产业推进。协会协助政府做好行业标准、规范的制订和修改工作,参与政府有关部门制定行业政策、发展规划的讨论,以及勘察设计企业资质动态的核查,勘察设计项目现场质量检查,全国注册建筑师、注册结构工程师考试的考务工作等;承担BIM技术应用推广、企业信息化工作、建设工程设计领域个人执业责任保险制度研究等政府相关部门课题研究,为政府决策提供参考;参与《上海市建筑业行业发展报告》编写,为政府相关部门提供行业运行情况、趋势预判和政策建议等;开展直辖市勘察设计协会之间的工作交流,推进京津沪渝产业合作。

人才培育。协会按照《中华人民共和国注册建筑师条例》《中华人民共和国注册建筑师条例实施细则》《勘察设计注册工程师管理规定》等有关文件要求,组织开展对全市勘察设计行业的注册建筑师、注册结构工程师、注册土木工程师(岩土)的继续教育培训,为单位资质申报、资质升级和扩项以及人员注册提供便利;举办行业"新标准、新规范、新技术"宣贯培训和讲座,促进行业新标准、新规范、新技术的推广和应用。

运作管理。协会建立健全行政管理、人力资源管理、财务管理、固定资产清理、档案管理、信息公开管理、分支机构管理、党支部工作条例、业务管理等内部管理各项制度,根据章程规定,及时召开会员大会、理事会,落实民主选举、民主决策和民主管理的办会原则;每年将会费收入、经费开支、财务运行、负责人变更等信息向会员大会、理事会报告,并在协会网站公布;抓好协会党建工作,围绕建设"学习型、服务型、创新型"基层党组织的目标,发挥先锋模范作用。

**【上海市建筑施工行业协会】**

上海市建筑施工行业协会成立于1985年12月,是由全市二级资质以上从事房屋建筑、市政、安装、装饰施工的大中型骨干企业等单位自愿组成、实行行业服务和自律管理的非营利性社会团体法人。下设工程质量安全专业委员会。业务主管单位为上海市城乡建设和交通委员会。到2010年底,有各种所有制会员单位598个。

协会业务范围是:行业协调、培训、评优、考评、评估、信息、咨询、服务、编辑出版、组织交流与合作、承担政府委托职能。

协会主要开展以下几方面工作:

服务会员。协会定期出版《上海建筑业信息》,依靠行业专家库资源优势,为企业提供各类咨询服务;举办各类座谈会、研讨会、交流会等,为企业搭建信息技术交流、形象展示的平台;通过举办专题报告会和座谈会,帮助企业反馈相关信息,维护企业的合法权益。

产业推进。协会组织全市施工企业 BIM 技术应用大赛,开展优秀项目管理成果评选,搭建行业学习交流的平台;组织开展上海市建设工程"白玉兰奖(市优质工程)"评选活动,并组织"白玉兰观摩工程"观摩活动;组织开展建设工程绿色施工评选活动,召开大中型企业创建工作会议,对绿色施工创建指导思想、目标和工作进行部署,对绿色施工典型案例进行总结提炼,发挥引领示范作用;利用上海建筑施工行业培训中心做好全市岗位培训合格证书核发与全市二级建造师的继续教育工作。

自身建设。协会制定完善内部治理各项制度。出台《关于合规办会、依法办事,严格秘书处内控制度建设的意见》,明确秘书处工作人员分工,建立秘书处每月一次例会、重要工作及时商量等工作制度;加强协会党建工作,明确党支部的工作重点,加强对党员、全体工作人员的政治关心和思想教育,发挥领导核心和先锋模范作用。

### 【上海市水泥行业协会】

上海市水泥行业协会成立于 1985 年 12 月,是由全市水泥、中转散装水泥、混凝土掺合料等水泥类行业同业企业以及其他相关经济组织自愿组成、实行行业服务和自律管理的行业性、非营利性社会团体法人。下设散装水泥中转专业委员会、掺合料专业委员会等 2 个专业委员会。业务主管单位为上海市城乡建设和交通委员会。到 2010 年,有各种所有制会员单位 176 个。

协会业务范围是:行业调研、技术培训、编辑出版、会展招商、产品推介、价格协调、质量诚信考评、中介咨询服务、国内外信息技术交流。

协会主要开展以下几方面工作:

服务会员。协会利用"上海水泥网站"、《上海水泥》(季刊)、《水泥技术经济信息》(月刊)等,为会员单位提供水泥行业的各类信息和国内外科研发展动态及行业发展方面的政策法规;编制上海水泥市场价格信息,并通过相关网站发布行业公允价格,为建设施工管理部门的定额管理、生产企业和用户提供参考;联合中国水泥协会建立和发布"上海水泥价格指数",及时、客观反映上海水泥交易价格水平和变化趋势。引导长三角地区相关企业合理决策,为政府宏观调控提供参考依据。

行业管理。协会受政府有关部门委托,开展水泥类企业《备案证》受理工作,做好水泥授权经销商《备案证》受理工作,并对《备案证》持证会员企业进行质量诚信动态检查;负责《备案证》持证会员企业《上海市建筑材料企业质量诚信手册》(水泥类企业)的登录工作;负责《备案证》持证会员企业使用内容和格式统一的产品质量检验报告(简称"统一质保书")的工作;对《备案证》持证会员企业开展《上海市水泥类企业合格供应商优先推荐》星级企业的质量诚信考评工作。

行业发展。协会编制或参与编制水泥行业发展规划;参与完成"散装水泥发展上海战略研究""上海水泥企业节能减排资源综合利用"等研究课题,举办"水泥行业超低(10 mg)排放应用袋式除尘技术专题研讨会"等;加强与中国水泥协会、兄弟省市和地区水泥协会,及全市相关兄弟协会的联系和合作,谋求区域联动、共同合作的举措和途径;加强和国际同行的交流和合作,谋求行业发展的新思路、新空间。

### 【上海市房地产行业协会】

上海市房地产行业协会成立于 1986 年 1 月,原名上海市房地产业协会,2004 年 7 月更名为上海市房地产行业协会,是由上海市房地产开发企业及相关企事业单位自愿组成、实行行业服务和自律管理的行业性、非营利性社会团体法人。下设建筑智能化专业委员会、建筑节能推广专业委员会、房地产测绘工作委员会、房屋调查测绘专家工作委员会、市场工作委员会等23个分支机构。业务主管单位为上海市住房保障和房屋管理局。到2010年,有各种所有制会员单位1171个。

协会业务范围是:房地产开发经营的行业调研,行业培训,行业评比、优秀住宅评选、会展服务、中介咨询、国内外行业信息交流和编辑出版等。

协会主要开展以下几方面工作:

服务会员。协会编辑出版《上海房协》会刊,建立门户网站,发布最新政策解读、市场调研报告、研究机构专家论文以及各大媒体报道,及时传递协会工作动态、会员企业动态、产品信息、全市和外地房地产开发项目的招商信息等;逢单月组织一次"房地产市场与政策座谈会",邀请政府相关部门与会员企业面对面交流,搭建会员企业与政府沟通的渠道;举办房地产"市场与政策"双月报告会,邀请专家、学者、企业家就会员企业关心的各类问题做报告、答疑解惑。

政策宣传。协会发挥组织优势,加强对国家房地产政策的宣传和引导,从国家和上海市经济发展、社会稳定的大局出发,通过组织论坛、座谈会、发起倡议等形式,宣传国家房地产宏观调控政策,引导会员自觉贯彻国家房地产政策,保持市场持续稳定健康发展。

市场调研。协会针对各个时期房地产业发展进程中遇到的热点和难点问题,主持或参与政府有关部门组织的调研活动,召开研讨会,及时向社会发布调研成果。1986年,组织举办"搞活房地产市场研讨会",对即将兴起的房地产市场进行研讨,并与中国房地产业协会联合举办"浦东开发投资讨论会";2003年,协助有关部门完成《上海房地产行业评比情况的调查报告》《上海房地产市场情况的调研报告》《上海市投资性购房分析报告》,为政府决策提供参考;2008年,通过回顾、梳理、总结上海房地产行业的改革历程,形成并发布了《搞好商品房建设,推进住房制度改革》《为百年建筑十年磨剑》等5份市场调研报告。还结合调控政策导向、市场走势情况等开展调研,先后完成《中国·上海房地产交易会关于市场购房需求问卷调查分析》《第五届"上海市优秀住宅"评选产业现代化应用情况调研报告》《上海房地产行业法规风险实证研究》《租售并举,完善与发展上海住房租赁体系研究报告》《上海房地产市场运行情况的调研报告》等专题调研报告。

产业推进。协会积极协助政府推进住宅产业化。1996年,受政府主管部门委托举办"中国·上海房地产展示交易会",邀请有关专家举办论坛,安排企业观摩交流,召开异地项目推介会等。到2010年底,已成功举办23届交易会。自1999年起,每两年举行一届"上海市优秀住宅"评选活动,除设立楼盘金银奖外,还设立规划建筑、房型设计、绿化景观、全装修、科技应用等单项奖,有力提升了参评企业的社会影响和商品住房竞争力;2007年和2009年,先后两次召开"新建住宅太阳能与建筑一体化技术现场推广会";2008年,组织举办贯彻落实《上海市新建住宅节能省地发展指导意见》部署会,促进房地产健康发展。

协会建设。协会改革组织领导体制,自第七届起选举房地产企业经营者担任会长;按照章程规定召开会员代表大会、常务理事会、理事会,修订秘书处专职工作人员聘用制度,坚持绩效考核和述职;加强党建工作,坚持发挥党组织核心作用。

## 【上海市豆制品行业协会】

上海市豆制品行业协会成立于1986年9月,是由全市豆制品生产、经营企业以及相关单位自愿组成、实行行业服务和自律管理的行业性、非营利性社会团体法人。下设集体商标管理(工作)专业委员会。业务主管单位是上海市商务委员会。到 2010 年,有各种所有制会员单位 68 个。

协会业务范围是:咨询服务、技术培训、行业调查、产品推介、组织交流、推进技术经济合作等。

协会主要开展以下几方面工作:

服务企业,排忧解难。协会发挥政府与企业间的桥梁作用,及时向政府转达企业诉求,协调解决行业难点问题,针对行业发展瓶颈,为政府提供调研报告。1997 年撰写《关于豆制品产销改革的意见》,提出了优胜劣汰、实施品牌战略、实行准产证制度等对策与建议;及时向企业反馈市场需求信息,掌握行业经营状况,为政府出台政策提供科学数据,编制行业的五年发展规划,总结经验,规划未来,引导发展;建立交流活动常态机制,组织厂长经理联谊活动,与日本、美国等同行交流互访,开阔思路,促进合作;编印《豆制品行业动态》,及时传递行业情况、政策法规等信息,开通“上海豆协”官方网站,每日更新网站内容,并在网站上专设“豆制品送货单”追溯窗口,方便社会公众查询、监管;组织学习、操作练兵、技术等级考评等活动,形成行业学技能氛围,培养行业专业人才。1987年,组织编写《豆制品生产工艺》教育读本。1996 年,组建上海市豆制品行业职工生产技术职务考评委员会。1999 年,与上海蔬菜集团教育中心联合成立上海市豆制品行业协会技术培训中心,按照等级工标准要求组织培训。至 2010 年,培训企业领导和员工达 2 000 多人次。

诚信自律,规范行业。协会在广泛深入调研的基础上,1997 年制定了全国首个豆制品地方标准,为制定国家标准提供了基本性材料。积极参与豆制品食品安全国家标准、非发酵豆制品国家标准和 CAC 国际标准等标准的制定修订工作;督促企业提升产品质量,引导企业建立产品化验室,开展质量检测,贯彻上海市政府监管部门 2002 年颁布的《关于统一使用“上海市豆制品送货单”的规定》,负责送货单的印制与发放管理,并于 2002 年以协会名义制定《上海市豆制品卫生管理办法》,全面提升上海市豆制品生产企业的生产准入要求,对全市豆制品生产企业准入进行预审核,使“放心豆制品工作”再上新台阶;组织行业发展研究,推进行业可持续发展。2007 年,组织开展行业节能减排调研,形成并发布《上海市豆制品行业节能减排状况调研报告》。2008 年,在会员企业中发起节能减排活动,企业成立 JJ(节能减排)小组,有力推动行业节能减排工作。

改革创新,发展产业。协会早在 1996 年就提出“开发新产品、开拓新市场,生产机械化、产品包装化、产销冷链化,安全、营养、可口、方便”的“两新三化八个字”科技兴业方针,组织开展行业调查摸底,正面宣传好的企业,同时邀请电视台、报纸等新闻媒体曝光无证无照脏、乱、差生产者;为识别会员企业产品,1998 年将“上海市豆制品工业协会会员厂”的统一标识申请注册集体商标,集体打造行业品牌,经国家工商总局核准,成为全国副食品行业的首枚集体商标。2009年,协会的集体商标被认定为“上海市著名商标”;协会组织企业参与上海名优食品(豆制品)、优质畅销品牌、上海食用农产品品牌企业(豆制品)等评选,2009 年以“迎接世博、繁荣市场、弘扬豆腐文化、造福百姓健康”为主题,组织行业企业参加 2009 年上海市购物节活动;组织开展 HACCP 认证,通过关键控制点的预防性控制保证豆制品质量安全,并引导企业改变传统销售方式,自行开设直销专卖店,开拓市场扩大销售。2000 年,制定《关于加强豆制品直销店经营管理的意见》,2010 年修订完善《豆制品营业员行为礼仪规范》,规范直销专卖店经营行为。

图 1-1-1 上海市豆制品行业协会 1998 年将会员企业的统一标识申请注册为集体商标,集体打造行业品牌,2002 年经国家工商总局核准,成为全国首枚集体商标。

**【上海市建筑材料行业协会】**

上海市建筑材料行业协会成立于 1986 年 12 月,是由全市建材行业同业企业以及其他经济组织自愿组成、实行行业服务和自律管理的行业性、非营利性社会团体法人,下设流通专业委员会、地板专业委员会、建筑陶瓷卫生洁具专业委员会等 9 个分支机构。业务主管单位为上海市城乡建设和交通委员会。到 2010 年,有各种所有制会员单位 1 148 个。

协会业务范围是:行业调研、行业统计、行业评比、技术培训、编辑出版、会展招商、产品推介、中介咨询服务、国内外信息技术交流等。

协会主要开展以下几方面工作:

标准编写。协会参与多项国家标准、行业标准的制订和修订工作,参与制订《蒸压灰砂砖砌体建筑技术规程》行业标准,参与《实木地板》国家标准的修订,主编《上海地面辐射供暖技术规程》,编写民用建筑围护结构节能工程施工工法等;根据行业发展需求,在建筑节能材料、陶瓷卫浴、建筑钢筋、建筑设计、建筑绿化等建材子行业开展调研,为政府相关部门和企业提供决策参考;配合政府有关部门对世博园区特殊空间绿化进行调研,并编写完成《中国 2010 年上海世博会场馆立体绿化》研究报告。

诚信自律。协会制订和发布《上海市建材行业自律公约》《上海市建材企业产品质量诚信承诺书》《上海市建材企业可持续发展倡议书》《履行企业社会责任,推进建材行业发展倡议书》等;组织开展新型墙体和建筑节能材料行业的质量诚信考核,为企业建立质量诚信档案,并向新型墙体和建筑节能行业发放《质量诚信手册》,在市墙体材料交易中推广 IC 卡,完成对节能材料和新型墙体材料产品统一质保书的编制工作。运用现代化手段推进诚信建设,2006 年,协会组织开展全市建筑节能材料质量监督诚信自律备案登记工作,并建立了电子诚信记录平台;2009 年,升级改版上海市建筑节能材料备案登记信息系统;2010 年,开展全市建筑钢筋加工企业质量诚信自律备案工作。编制橱柜、采暖、地板行业产品销售《合同示范文本》,在行业内推广使用。

行业服务。协会建立网站,在服务会员、服务行业的同时,向社会开放。编印《建材行情》会刊和《上海橱柜》《上海地板》《上海采暖》《建筑绿化》等建材子行业会刊,编辑出版《上海建材市场分布图》,编制出版统一的地板、陶瓷、橱柜行业《消费者告知书》。协会配合企业做好上海名牌、上海市著名商标的推荐、初审等工作,启动以"名优工程、精品工程"为重点的扶优推优品牌建设。

培训交流。协会发挥桥梁纽带作用,开展多种形式的交流对接活动,举办多场主题论坛,更好地为会员企业服务;适应行业发展的要求,发挥协会在政策导向、技术资源、专家团队等方面的优势,及时宣传贯彻最新行业政策、标准,为企业培养专业人才,提升企业的综合素质和管理水平。

**【上海橡胶工业同业公会】**

上海橡胶工业同业公会成立于 1986 年 12 月,是由全市橡胶同业企业以及相关经济组织自愿组成、实行行业服务和自律管理的行业性、非营利性社会团体法人。业务主管单位为上海市经济与信息化委员会。到 2010 年,有各种所有制会员单位 93 个。

公会业务范围是:为橡胶行业提供规划、协调、管理、咨询、培训、公信证明等服务。

公会主要开展以下几方面工作:

服务会员。公会每月编辑出版《橡胶同业》,并在公会网站为会员提供国家关于橡胶工业发展方面的政策法规和国内外橡胶工业发展动态,及时报道会员单位经济运营情况、新入会单位介绍等。编辑出版《橡胶同业》近 300 期;积极推进诚信建设,努力在会员单位营造"诚信经营"氛围;为双钱轮胎、回力胶鞋、骆驼输送带、五同同步带等企业在申请名牌产品和著名商标过程中出具证明函,并向中国国际橡胶工业博览会推荐会员项目;发挥公会专家委员会"智囊团"作用,为会员单位解决疑难问题,为会员单位项目建设等提供业务咨询、指导等服务,为会员单位债务、法务纠纷等提供解决方案;协调会员之间、行业之间和社会各相关方面的关系,代表行业内企业或其他经济组织向政府有关部门提出反倾销调查、反补贴调查或采取保障措施的申请,协助完成相关调查和参与反倾销的应诉活动;参与有关行业发展、行业改革以及与行业利益相关的政府决策论证会、听证会,代表行业参与行业性集体谈判和向国家机关反映涉及行业利益的事项,提出经济政策和立法方面的意见和建议;接受政府委托,开展行业统计、行业调查,发布行业信息、公信证明、价格协调等工作,组织行业的各种展销会、博览会、订货会等。

特色工作。助推企业管理。公会推出企业管理"一年一专题"系列活动,2007 年,公会组织召开节能工作现场会,推广照明节能;2009 年,公会牵头组织编制《全钢子午线轮胎成品能效日用手册》,引导和规范行业节能行为。开展评优活动。公会每两年组织一次"上海橡胶行业名优产品"评选活动,将行业产品交社会评价,并向社会公布评优结果。2007 年,12 家企业的 14 个产品被评为行业名优产品;2009 年,10 家企业的 12 个产品被评为行业名优产品。组织海外交流。公会每年接待来自国外和中国台湾地区的访问,组织会员单位"走出去",开阔眼界,拓展发展空间。

运作管理。公会完善民主办会规程,强化内部管理规范;加强党建工作,发挥党员在公会工作中的带头作用,促进公会健康发展。

### 【上海市软件行业协会】

上海市软件行业协会成立于 1986 年,是由全市从事软件及其相关产业的企事业单位自愿组成、实行行业服务和自律管理的非营利性社会团体法人。下设软件质量管理专业委员会、开源软件专业委员会、知识产权保护工作委员会等 3 个分支机构。业务主管单位是上海市科学技术委员会。到 2010 年底,各种所有制会员单位 1 100 多个。

协会业务范围是:行业调研、技术培训、编辑出版、会展招商、产品推介、中介咨询服务、国内外信息技术交流、承接政府有关部门委托的工作等。

协会主要开展以下几方面工作:

服务政府。协会作为上海市软件产业政策落地的支撑服务单位,在全市范围内设立有 3 个服务窗口,分别在徐汇区(上海市科技创业中心)、新静安(毗邻市北工业园区)和浦东新区(市经信委服务窗口)。通过窗口服务、走访企业,多渠道获取会员单位的诉求,及时采取对应的解决方案;作为市经信委政府采购单位,支撑开展全市软件设计人员奖励的网上受理和申报资料审核工作,以及软件企业税收优惠资料整理和初审工作;主动适应全球产业环境变化和软件企业发展的自身要求,在产业发展内外部环境发生变化的情况下,在涉及企业共性问题时,积极发挥行业组织优势,代表行业向政府有关部门及时反映产业发展和企业难题,提出意见建议。

促进发展。协会利用《软件产业与工程》杂志,推出"专家视点"文章,就工业软件、云计算、智慧城市、高端软件、移动互联网、大数据等产业技术热点问题,组织进行讨论和阐述;2009 年起,组织举办"上海软件创新论坛",引领软件产业发展趋势;组织会员企业参加中国国际软件博览会和上海国际信息消费博览会,为企业提供国家级展览展示平台;自 2000 年以来,主持和参与制定国家标准、行业标准,推动国家软件工程领域标准的发展;以制订和实施团体标准的形式,开展软件企业评估和软件产品评估(简称"双软"评估)行业自律服务;牵头制定《软件企业评估规范》和《软件产品评估规范》,积极倡导行业自律,连续发布上海软件行业社会责任报告;规范软件企业研发费用管理,为税务部门落实相关产业政策提供了有力支撑。

人才培养。协会运用公开课形式,持续开展业务培训,每年组织举办的各类培训公开课 20 余场,直接参加培训人数达 2 000 人次以上。

### 【上海涂料染料行业协会】

上海涂料染料行业协会成立于 1987 年 1 月,是由全市从事涂料、涂料原材料、纺织染料、食用色素、油墨、有机颜料、无机颜料、涂料助剂、染料助剂、化工专用机械、大化工及精细化工产品等企事业单位自愿组成、实行行业服务和自律管理的行业性、非营利性社会团体法人。业务主管单位为上海市经济和信息化委员会。到 2010 年,有各种所有制会员单位 159 个。

协会业务范围是:行业调研、技术培训、会展招商、编辑出版、中介咨询服务、国内外信息技术交流等。

协会主要开展以下几方面工作:

服务会员。协会积极为会员企业搭建交流平台。举办"绿色涂料发展论坛""安全生态染料颜料发展论坛""互联网时代有机颜料补短板创新生态圈论坛""海峡两岸互联互通发展大会"等,邀请专家学者进行互动研讨;支持和帮助会员企业实施名牌战略,先后推荐大批有过硬品质和良好市场信誉的产品、商标及其企业获评名牌产品、著名商标、上海名牌企业和中华老字号。承担中国染料工业协会有机颜料专业委员会工作,组织承办"全国有机颜料行业年会暨技贸洽谈会"等。

产业推进。协会协助和配合企业引进外资。促成上海涂料有限公司与德国巴斯夫涂料股份公司合资,成立巴斯夫上海涂料有限公司;建立上海市行业公平贸易工作站,为涂料染料进出口企业开展公平贸易工作提供服务;组团参观国内外各类涂料展、染料展和颜料展,帮助企业拓展国内外市场;发挥《上海染料》公开发行优势,推介科研成果、行业动态、企业信息,为企业管理者和技术人员提供重要参考资料。

人才培育。协会提供青年人才见习实习服务,接收大学生到协会学习锻炼;开展企业工程技术人员、经济管理人员职称申报,以及其他特殊人才培训和招聘服务;每年举办有机颜料技术应用培训班,组织协会专家库专家、教授现场指导培训。

运作管理。协会编印《涂料信息摘编》《染料信息摘编》,每周向会员发送《经济信息》,并通过协会网站,及时发布国家相关法规政策和国内外行业发展动态;开展关爱老同志、敬重老同志活动,坚持每年在传统节日举办老同志联谊活动;加强党组织思想、作风建设,发挥战斗堡垒作用和先锋模范作用。

### 【上海医药行业协会】

上海医药行业协会成立于 1987 年 1 月,是由全市制药工业、生物医药、药品辅料、药品包装材料、制药机械、科研院所等单位自愿组成、实行行业服务和自律管理的行业性、非营利性社会团体法人。下设生物制品专业委员会、抗生素专业委员会、制剂专业委员会、合成药专业委员会、药用玻璃包装专业委员会、行业价格管理专业委员会、制药机械专业委员会等 7 个分支机构。业务主管单位为上海市经济和信息化委员会。到 2010 年,有各种所有制会员单位 210 个。

协会业务范围是:行业调研、编辑出版、专业培训、咨询服务、信息传播、学术会议、学术交流、统计、出具有关证明、产品推介、接受相关部门委托的项目。

协会主要开展以下几方面工作:

服务政府。协会积极向政府有关部门建言献策。提出"关于加快上海医药产业发展的建议""上海外资药企对医改方案的建议""关于吸收协会参加药品招投标机制的请示""上海市基本药物补充目录的意见和建议"等,传递行业企业声音,并对行业、企业普遍关注的药品价格等问题,积极向政府主管部门反映情况,维护企业和消费者正当权益,加大临床短缺药品的供应;受政府有关部门委托,完成《关于上海市生物制药工业污染物排放标准》修改稿的修订、《科技发展基金软科学子项目计划任务书》编制等工作,编制完成"上海医药行业'十一五'、'十二五'发展规划";开展上海医药行业统计工作,向政府有关部门报送产业发展相关统计数据。

服务会员。协会每年组织召开行业技术工作年会,表彰行业技术工作先进企业,交流新品开发、工艺改进、提高质量等工作经验;组织"产学研联合"科技成果转让、新技术推广等活动,加快医药行业产业结构的调整和经济发展方式的转变;编辑出版《上海医药》杂志,定期编印《医药科技》《医药参考》《协会动态》等简讯,介绍国内外医药最新理论、产业发展最新信息及行业信息,组织针对医院用药难点和热点的讨论,架设医和药互联互动的桥梁。

产业推进。协会积极开展制药企业生产质量规范管理培训(GMP 培训),举办专题讲座、报告会,为企业发展建言献策,组织会员企业负责人到医药产业发展较快兄弟省市医药企业考察学习。每两年组织一次行业名优产品评审,提高上海药品知名度,配合政府有关部门做好"上海名牌"申报材料初审,帮助中小企业申报享受"品牌企业""品牌产品"发展优惠政策;主持制定《上海医药行业行规行约》,促进企业公平竞争,建立良好的生产经营秩序;协会网站开辟职称评审专栏,公布职称评审相关政策,及时发布评审信息,帮助中小企业管理人员解决中高级职称评定问题。2010 年,协会联合市食药监局、上海社会科学院举办"首届长三角企业社会责任论坛",围绕医药企业更加自觉履行社会责任、为推动社会和谐作出贡献的主题展开讨论。长三角 8 家企业获评首届"医药企业社会责任奖"。

运作管理。协会建立健全运作管理制度,坚持民主办会、信息公开;加强党支部建设,坚持"三会一课"制度,围绕协会中心工作,开展思想政治工作。

### 【上海医疗器械行业协会】

上海医疗器械行业协会成立于 1987 年 3 月,是由全市医疗器械行业从事生产、经营、流通、服务的企事业单位以及其他相关经济组织自愿组成、实行行业服务和自律管理的行业性、非营利性社会团体法人。下设经营工作委员会、口腔工艺专业委员会、植入介入器材专业委员会等 3 个分支机构。业务主管单位为上海市经济和信息化委员会。到 2010 年,有各种所有制会员单位 665 个。

协会业务范围是:调研规划、科技发展、会展招商、鉴定培训、信息统计、制标定规、中介咨询、合作交流、评先创优、纠纷调解、公平贸易等。

协会主要开展以下几方面工作:

服务会员。协会成立院士专家服务中心。坚持"企业为主体,智力为基础,需求为核心,实效为根本"的基本原则,为会员企业战略发展、人才队伍培养、关键技术研发、科技成果转化应用等提供服务,提高医疗器械生产企业的技术水平、市场竞争力,培养行业高技术人才,形成长效机制;搭建产学研医对接平台,先后组织和参与上海交通大学、复旦大学上海医学院、上海市生物医药科技产业促进中心等产学研医项目对接会。到 2010 年底,累计实现对接项目 200 余个。

产业发展。协会受市商务委委托成立"公平贸易行业工作站"。为行业中小企业"抱团出海"提供有力支撑和保障;以普及法律知识为抓手,以调解纠纷为手段,以化解矛盾为目的,成立上海市医疗器械行业人民调解委员会,免费提供调解服务,为行业提供解决矛盾、化解矛盾的机制和手段。在全国医疗器械行业首创口腔义齿质量信息追溯系统,患者可在网上查证所用义齿的主体材料、生产企业名称、生产地址、注册证和许可证编号等信息,实现来源可查证,去向可追溯,责任可追究的全过程质量信息管控。

人才培育。协会加强师资队伍培养和实训基地建设,建立上海市智慧医疗高技能人才培养基地,努力实现课程设置和教材开发更加符合企业技能人才培养需求;积极探索高技能人才基地培养模式及其管理方式方法,严格执行国家对高技能人才培训的有关政策,完善培训、鉴定和考评制度。

**【上海市咨询业行业协会】**

上海市咨询业行业协会成立于 1987 年 3 月,是由全市从事咨询业的企事业单位以及其他相关经济组织自愿组成、实行行业服务和自律管理的非营利性社会团体法人。原名上海市科技咨询学会,1994 年更名为上海市咨询协会,2004 年 4 月又更名为上海市咨询业行业协会。下设管理咨询专业委员会、技术咨询专业委员会、电子信息技术咨询专业委员会等 3 个专业委员会。业务主管单位为上海市科学技术委员会。到 2010 年底,有各种所有制会员单位 246 个。

协会的业务范围:学术研讨、信息交流、人才培训、咨询服务、行业管理。

协会主要开展以下几方面工作:

服务会员。协会通过网站和《上海咨询信息》会刊,向会员发布行业政策和各类行业动态;每年定期召开咨询工作专题讲座,邀请国内外专家学者介绍咨询业界的新技术、新动态;自 1995 年起,开展"上海信誉咨询企业(机构)"评审活动。至 2009 年第八届共计评出上海信誉咨询企业(机构)604 家次,为企业(机构)在市场竞争中提供信誉保证;自 1996 年起,开展注册咨询专家评审工作,到 2010 年底,通过培训考试答辩,共评审注册咨询专家 2 266 人;2005 年 8 月,根据市人事局和市科委《关于印发〈上海市注册咨询师职业资格认证暂行规定〉》要求,组织专家编写《咨询概论》《经济环境与相关政策法规简论》《市场调研》《管理咨询导读》《技术咨询务实》等系列教材,促进申报上海市注册咨询师和注册咨询专家人员培训规范化;注重发掘青年咨询人才,自 2002 年起,开展上海青年咨询精英评选(每两年一次),到 2010 年,共授予 50 人"上海青年咨询精英"称号,授予 45 人"上海青年咨询精英提名奖"称号。

产业推进。协会积极开展行业调查研究工作。2006 年,组织开展《在沪全国性科技情报研究院所的情况的调研》;2008 年,通过调研编写完成《上海城市可持续发展的二轮非机动车对产业、道路交通、环境、能源的影响与对策》咨询报告,并作为上海市科协提案提交上海市政协会议;2010 年,参加上海市委研究室和上海市商委联合组织的《上海中介服务业发展报告》课题研究,提供行业专题研究报告;编印《2005 年上海市咨询业发展报告》《2007 上海市咨询业年发展报告》等;受市科委委托,每年对全市 4 000 多家科技咨询企业开展年检和换发《上海市科技咨询企业资质证书》工作。

**【上海内衣行业协会】**

上海内衣行业协会成立于 1987 年 5 月,是由全市针织服装、文胸、袜子企业、针织研究所和产业园区等单位自愿组成、实行行业服务和自律管理的行业性、非营利性社会团体法人。业务主管单位为上海市经济和信息化委员会。到 2010 年,有各种所有制会员单位 111 个。

协会业务范围是：行业调研、行业管理、技术培训、会展招商、产品推介、咨询服务、国内外信息经济技术交流。

协会主要开展以下几方面工作：

维护行业权益。协会发挥组织优势，积极维护行业企业的合法权益。2004年，针对美国对中国出口美国袜子实行特保措施事件，联手上海WTO中心，并与浙江和江苏袜业企业一起，召开大型座谈会，发表"致美国袜子委员会公开信"，积极维护中国企业合法权益，《人民日报》《经济日报》《新闻晨报》等媒体相继转发相关事件新闻；2006年，联合浙江商检部门，组织全国袜机专家在杭州召开"意大利胜歌袜机鉴定会"，帮助浙江东方百富公司在与国际品牌袜机公司的国际诉讼案中获得胜诉，为中国企业挽回经济损失1 200多万元；2007年至2010年，协会先后为辉映袜业、嘉兴水山机械、绿珍机械、宜兴艺蝶、古今集团、欣姿芳公司、景兴制衣、帕兰朵公司、恒源祥集团等企业维权，并提供技术、法律等方面的咨询服务。

推进品牌建设。协会积极推进上海内衣行业品牌建设，积极鼓励企业争创名牌，并为企业申报"上海名牌""上海著名商标"和"中国名牌产品"等做好咨询和出具公信证明等各种服务；2002年至2010年，协会组织5次"上海内衣行业名优产品"评比，共有62家企业127只产品被评获"上海内衣行业名优产品"称号；到2010年底，会员单位中已有"中国名牌""中国著名商标"7家，"上海名牌""上海著名商标"13家。

搭建互动平台。协会积极搭建信息互动交流平台，1987年创刊《针织动态》和《针协信息》；1988年成立针织行业经济信息员通讯网；2002年8月建立"上海内衣发展中心"；2003年根据市政府统一部署开展"一业特强"活动，推动区域经济发展；2004年，建立"上海内衣网"；2007年，新辟"技术服务部专讯"。协会积极组织开展信息技术交流，1988年，发布《1988年针织品市场信息与流行趋势》《1988春夏季针织流行趋势》动态信息，召开"针织运动衣生产经营科研信息发布会"，与上海针织联合公司举办"1988年针织物资调剂会"；2005年，召开"时尚内衣趋势发布会"；2010年，召开"内衣市场发展趋势信息发布会"。

促进行业自律。协会积极制订和修订行规行约。1987年，与上海针织联合公司联合制订"针织产品高难度产品目录""针织行业现场管理分档水平"；与上海针织内衣(集团)公司技术部共同编印"上海棉针织内衣企业标准"；1989年，组织调研行业企业管理，总结经验，分析薄弱环节，提出整改措施；1990年，参与中国针织工业协会"关于大中型国有企业经济技术指标的调研"活动，收集整理相关企业统计数据，参与制订企业升级标准和修改企业管理规范等工作；2002年，主持制订《上海内衣行业行规行约》；2003年，举办"内衣市场导向"研讨会；2005年，举办"合作与竞争，保暖内衣发展论坛"，全国21家著名保暖内衣企业及专家学者参会；2008年，组织举办"履行社会责任应对危机挑战经验交流会"。

组织经贸活动。协会积极组织主办和协办行业产品会展。1987年，主办"上海市第一届运动服装订货会""第三届上海针织产品大型展销会"，协办第二届"上海市服装展评会"；1990年，参与举办"迎亚运上海针织产品展销会"；1995年，参与举办"第八届针织产品展销会"；1996年，参与举办"96针织新产品成果展示展销会""庆祝中国针织工业一百周年针织产品展销会""六百针织产品展览会"；1997年，参与举办"第九届针织品新品展示展销会"；2002年，组团参加"全国针织产品展销会"；2003年，参与举办"2003上海内衣国际博览会"；2004年，参与举办"服务老人、为弱势群体献爱心"大型展销会；2006—2010年，参与举办第一至第五届"中国(上海)国际袜业采购交易会"。协会先后组团赴越南、美国、俄罗斯、日本、北欧四国等国家和中国台湾地区进行学习考察。编辑出版《上海针织行业出国考察专辑》等。

### 【上海电机行业协会】

上海电机行业协会成立于 1987 年 5 月,是由全市电机行业企业事业单位以及其他相关经济组织自愿组成、实行行业服务和自律管理的行业性、非营利性社会团体法人。业务主管单位为上海市经济和信息化委员会。到 2010 年,有各种所有制会员单位 108 个。

协会业务范围是:行业调研、行业规划、技术培训、诚信名优、信息服务、会展招商、咨询服务等,推进科技创新,推进高新节能产品,开展国内外技术交流。

协会主要开展以下几方面工作:

产业推进。协会向政府有关部门反映企业发展诉求,帮助解决企业发展中的实际困难;承担政府职能部门委托事项,帮助会员企业申报政府专项扶持资金或项目认定等工作;为政府相关职能部门提供产业运行情况、趋势预判和政策建议等课题研究报告,接受外省市政府部门、产业园区委托,开展产业规划研究;建立与国外行业协会的对话机制,探索合作交流路径,推动企业参与国际合作,拓展行业发展空间。

人才培育。协会携手上海电机学院与会员企业建立校企合作机制,为企业发展输送专业人才,联合开发新项目、新产品;开展电机工程专业技术人员继续教育培训,提高行业从业人员的知识技能和业务水平。

服务会员。协会积极开展信息服务,编辑出版《电机快讯》,为会员提供电机产业发展方面的政策法规和国内外产学研发展动态;依靠行业专家库资源和行业统计信息的优势,为企业提供各类技术咨询服务,为企业产品研发提供产学研服务平台,为企业申请名牌产品和著名商标出具证明函;举办各类论坛、研讨会、交流会等,为企业搭建产业信息、技术交流、形象展示和行业间联系的平台,帮助企业及时、准确掌握政府相关政策。

运作管理。协会强化内部管理规范,制定服务企业、服务政府、促进产业发展的量化指标,纳入日常考核与年终绩效考核;组织会员开展外省市业内学习交流,加强与全市上下游兄弟协会合作,为行业企业延伸和拓展寻求更多机会;探索协会党建工作,将党建工作与产业发展相结合,开展形式多样的党建活动。

### 【上海缝制机械行业协会】

上海缝制机械行业协会成立于 1987 年 7 月,原名上海缝纫机行业协会,是由全市从事缝制机械制造、贸易、科研和教育等企事业单位自愿组成、实行行业服务和自律管理的行业性、非营利性社会团体法人。下设缝纫机科学专业委员会、缝纫机企业管理专业委员会等 2 个分支机构。业务主管单位为上海市经济和信息化委员会。到 2010 年,有各种所有制会员单位 71 个。

协会业务范围是:开展行业调研、国内外合作和交流、咨询服务、业务培训,组织会展招商、产品推介等活动。

协会主要开展以下几方面工作:

服务会员。协会编辑出版《行业动态》,建立门户网站,为会员提供缝制产业发展方面的政策法规和国内外产学研发展动态,收集行业信息,为企业发展提供参考;依靠行业专家库资源和行业统计信息的优势,积极为企业提供各类技术咨询服务;举办各类论坛、研讨会、交流会以及专题报告会、座谈会等,为企业搭建产业信息、技术交流、形象展示和行业间联系的平台,帮助企业及时、准确掌握政府相关政策。

产业推进。协会通过各类服务平台及时反映企业诉求,协助企业解决发展中的实际困难;为政府相关职能部门提供产业运行情况、开展制定产业发展规划,开展科学技术交流参与技术鉴定,组织项目认证,制定技术标准,促进技术进步;承担政府相关职能部门项目评审工作,帮助会员企业申报政府专项扶持资金或项目认定等工作;建立与外省市相关协会的对话机制,积极探索合作交流机制,推动业内企业参与国际合作,争取更大的发展资源和空间;组织会员企业海内外学习考察,参加展会,建立国际交流和合作网络。

人才培育。协会根据制造行业的特点,组织人员培训,开展技能比赛和布艺拼布大赛等,结合职称评审,提高行业从业人员知识技能和业务水平;根据个性化定制的需求,协同有关定制俱乐部组织实施应用性培训。

运作管理。协会完善民主办会规程,强化内部管理规范,制定协会服务企业、服务政府、促进产业发展的相关规定,纳入日常考核与年终绩效考核;探索协会党建工作,根据新时期特征,协会党支部围绕建设"学习型、服务型、创新型"基层党组织目标,将党建工作与产业发展相结合,发挥党员在协会工作中的先锋模范作用。

### 【上海电器行业协会】

上海电器行业协会成立于1987年9月,是由全市电器行业的企事业单位及其他经济组织自愿组成、实行行业服务和自律管理的行业性、非营利性社会团体法人。业务主管单位为上海市经济和信息化委员会。到2010年,有各种所有制会员单位218个。

协会业务范围是:行业调研、行业统计、行业标准制定、成果评审、人员培训、产品推介、出版会刊、会展招商、中介咨询等。

协会主要开展以下几方面工作:

行业服务。协会积极参与行业发展相关工作。1987年,受政府有关部门委托,主持上海电器行业综合生产情况调研。1988年,参与国家低压成套开关设备生产秩序和产品质量整顿工作;为行业发展搭建平台,邀请专家帮助会员单位对技术、产品质量、能耗物损、经济效益、基础管理等各条线的升级工作提供指导,组织科研院所、相关机构的专家作各类政策、市场、管理的专题报告,为企业扩大国内市场、走向国际市场提供服务。

产业推进。协会接受政府主管部门委托,参与编制行业发展规划,先后撰写《上海开关柜行业的现状分析和发展建议》《上海电焊机生产的调查分析》《关于桑塔纳轿车及其变型车的电器配套国产化的情况分析》等专题报告;联系上海各大设计院、电力部门和重大工程项目单位,服务企业科技进步,为企业新产品开拓市场;选派专家参加上海市名牌产品评审,积极为企业申报市著名商标、市名牌产品出具行业推荐材料;向会员单位宣传诚信体系建设意义,增强诚信建设的自觉性。

人才培育。协会邀请专家学者举办政策法规、技术质量和企业管理等专题讲座,组织举办各类培训。1991年组织《班组长管理知识》电视讲座班。面对我国加入WTO后的国际竞争,举办国际贸易知识专题培训。多次举办"3C"认证培训及新旧标准对照培训,举办《产品设计技术文件编制》学习班,配合市物价局开展企业申报《企业价格管理合格证》物价员培训等。

运作管理。协会强化内部管理制度建设,坚持民主办会;加强网站建设,及时报道行业动态,传递行业信息;协会党支部定期开展各项学习和活动;开展与兄弟省市行业协会联谊和交流活动。

**【上海市室内装饰行业协会】**

上海市室内装饰行业协会成立于 1987 年 10 月,是由全市从事室内装饰、室内设计、材料产品、装饰监理、设计研究、质量检测和文化创意等产业的单位自愿组成、实行行业服务和自律管理的行业性、非营利性社会团体法人。下设室内设计专业委员会、装饰材料产品专业委员会、环境陈设艺术专业委员会、装饰监理专业委员会等 4 个分支机构。业务主管单位为上海市经济和信息化委员会。到 2010 年,有各种所有制会员单位 500 余个。

协会业务范围是:室内设计、室内装饰、资质评定、行业调研、行业统计、行业培训、行业评比、编辑出版、会展招商、产品推介、咨询服务、国内外信息技术交流等。

协会主要开展以下几方面工作:

服务会员。协会积极为会员服务,编辑出版《室内装饰》会刊,建立门户网站,为会员提供产业发展方面的政策法规、行业动态、优质工程、创意设计、先进事迹、低碳绿色环保材料以及中国室内设计周、上海国际室内设计节、上海设计之都活动周等信息,反映国家有关政策、法规和行规、行约等,提供国内外产学研发展动态;开展行业资质认证服务。自 1998 年起,按照中国室内装饰协会关于企业资质等级审核、管理和发放的要求,开展对企业资质等级认定、审核工作。自 1999 年起,建立行业施工和设计合同示范文本使用制度,与市工商局共同制订工程装饰、家庭装饰、装饰监理和室内设计等合同示范文本;2007 年,在市经济信息化委、市安监局的支持下,建立"安全生产认定体系",加强企业安全、消防、质量管理,对申报"安全生产认定证书"的企业,开展三级安全培训、专职人员持证上岗、企业安全体系管理等多方面的达标考核。自 2009 年起,开展低碳绿色环保材料在室内装饰中的推广应用工作;组织举办"上海国际室内设计节",加强中外设计产业交流,为企业在产业信息、技术交流、形象展示和行业间联系提供服务;依靠行业专家库资源优势,积极为企业提供各类在设计、工程、材料中的技术咨询服务。企业申报上海市文化创意产业政府扶持项目提供咨询策划、立项申报服务;为企业申请名牌和著名商标提供咨询服务等,向中国室内装饰协会推荐优秀室内设计作品和优秀设计人才。

产业推进。协会提出"设计引领产业"的发展战略,开辟教学应用基地,增强企业内生动力,帮助中小企业提升设计水平;推进"绿色低碳环保",制定"室内装饰低碳环保施工规范"和"室内装饰绿色环保产品应用规范";推进"校企一体合作",在大型企业中设立示范基地;拓展对外交流,推进产业合作,建立与国际相关行业协会的对话机制,推动业内企业参与国际合作;组织设计师国外学习考察,扩大会员企业视野,建立国际交流和合作网络;开展行业设计文创活动,举办创意设计作品展,为企业搭建文创成果的平台。

人才培育。协会坚持开展中、高级室内设计师、项目经理、监理师、造价师以及特殊工种、工匠人才等紧缺型人才培训,为室内设计师提供职称资格认定培训,开展设计师继续教育大课堂讲座,邀请中外设计名师来沪授课,为设计师提供国际先进的设计理念,提升设计国际化水平。

运作管理。协会完善民主办会规程,强化内部管理规范,制定协会服务企业、服务政府、促进产业发展的量化指标,纳入日常考核与年终绩效考核;发挥各专业委员会作用,加强组织建设和机制建设;建立健全内部治理各项管理制度,提升协会服务能力水平;探索协会党建工作,将党建工作与行业服务相结合,发挥党员先锋模范作用。

**【上海市家用纺织品行业协会】**

上海市家用纺织品行业协会成立于 1987 年,原名上海市纺织行业协会,1992 年 12 月更名为上海市家用纺织品行业协会,是由全市家用纺织品企业、科研院所等单位自愿组成、实行行业服务和自律管理的行业性、非营利性社会团体法人。下设床上用品专业委员会、毛巾专业委员会、制线织带专业委员会等3个分支机构。业务主管单位为上海市经济和信息化委员会。到2010年,有各种所有制会员单位116个。

协会业务范围是:行业调研、行业管理、信息情报、技术培训、会展招商、产品推介、咨询服务、国内外信息经济技术交流。

协会主要开展以下几方面工作:

服务会员。协会利用《上海家纺》和门户网站,为会员提供产业发展方面的政策法规和国内外产学研发展动态;介绍融资机构给有需求的企业,帮助解决融资困难;提供职称评审信息,为专业人才申报职称服务;为企业提供法律培训和法律咨询,帮助维护企业合法权益;开展知识产权保护咨询服务;及时向政府部门反映企业在品牌建设、知识产权保护、完善市场环境、降低生产要素成本等方面的诉求和建议,发挥政府和企业之间的桥梁纽带作用。

品牌建设。协会组织会员企业开展申报国家工信部和市经济信息化委备案的重点培育品牌企业工作,组织开展品牌建设培训和研讨交流等,及时传递上海名牌和上海著名商标评审、品牌专项资金申请等信息;组织会员企业参加对接政府扶持政策活动,为会员企业出具推荐函等证明材料;组织会员企业参加设计、流行趋势论坛以及相关大奖赛,并为企业与大专院校、研发设计平台合作对接牵线搭桥;组织企业参加国内国际展览会,推进品牌形象提升和品牌走出国门。

行业调研。协会开展行业发展状况的调查研究,每月向政府部门上报重点企业主要经济指标,每季度上报行业经济运行情况和发展趋势,每半年和全年编报《上海家纺行业经济运行情况分析》报告,并适时向社会发布;开展多项调研活动:企业转型升级调研、品牌质量情况调研、外贸情况调研、中小企业知识产权保护调研等,承接政府委托项目研究;组织会员企业参加行业交流大会和参观考察活动,帮助企业拓展市场,为上下游企业及外省市家纺企业对接牵线搭桥。

行业自律。协会结合行业发展形势,制定完善行规行约,检查会员企业行规行约执行情况,对会员企业在经营中的不正当竞争行为,积极予以制止。

### 【上海市计算机行业协会】

上海市计算机行业协会成立于1988年5月,是由全市计算机行业企事业单位自愿组成、实行行业服务和自律管理的行业性、非营利性社会团体法人。下设市场营销专业委员会、耗材专业委员会、技术服务专业委员会等3个分支机构。业务主管单位为上海市经济和信息化委员会。到2010年,有各种所有制会员单位159个。

协会业务范围是:行业调研、专业培训、人才交流、编辑出版、会展招商、标准制订、中介咨询、国内外信息技术交流等。

协会主要开展以下几方面工作:

服务会员。协会通过网站和会刊,及时发布行业新闻热点、关注行业最新动态,保持信息时时更新;为会员单位申请上海市名牌产品、上海市著名商标出具行业推荐意见;开展中高级专业技术人员培训,邀请行业专家为会员单位从业人员开展专业培训;与韩国贸易投资振兴公社共同主办"韩国最新科技成果上海展示会"。

行业自律。协会积极落实市经济信息化委《关于加强全市"打印耗材再制造"行业管理工作的通知》,修订管理办法,召开再生耗材生产企业备案登记工作部署大会,做好年审工作;参加"办公室

JJ小组活动",推动打印耗材再制造;与中国电信上海理想信息产业(集团)公司联合,共同建立"上海市计算机维修服务示范平台",促进上海计算机维修服务市场的规范化。

政企交流。协会积极搭建政府与企业联系的桥梁。与市财政、市政府采购部门沟通,推动打印机再生耗材列入市政府采购目录;召开公平贸易工作研讨会,邀请市知识产权局、市商务委、市进出口检验检疫局等政府部门对行业公平贸易工作进行指导;承接市科委"上海市信息技术外包(ITO)服务的研究",为上海市信息技术外包业的发展采集数据,提出建议;加入"上海研发公共服务平台",为企业寻找行业发展的公共资源。

服务社会。2009年成立上海市计算机行业协会司法鉴定所,为IT类领域内企业或个人间的矛盾纠纷提供仲裁依据或法庭裁决依据;2009年,与上海市华侨事业发展基金会共同发起"再生电脑公益行"项目,运用协会的行业资源,发挥侨资的企业优势,结合公益事业推广循环经济理念;2010年,受中国扶贫基金会"信息扶贫专项基金"的邀请,向江西井冈山老区捐赠"爱心电脑";2010年世博会期间,帮助会员单位联系落实上海世博会运维人员,并组织中国电信上海理想信息产业(集团)有限公司、联想(上海)有限公司、长江计算机(集团)公司等会员单位保障上海世博会数据处理、通讯系统的安全、畅通,为世博会作贡献。

### 【上海桑塔纳轿车共同体】

上海桑塔纳轿车共同体成立于1988年7月,原名上海桑塔纳轿车国产化共同体,2000年10月更名为上海桑塔纳轿车共同体,由上海市市长朱镕基倡议成立。共同体是由上汽大众汽车有限公司和其各重点零部件供应商、轿车销售公司及相关的维修站、大专院校和科研单位自愿组成、实行行业服务和自律管理的行业性、非营利性社会团体法人,是围绕上汽大众轿车产品开发、物流采购、质量管理、成本控制、市场营销、售后服务等整个产业链的利益和命运共同体。成立时,会员单位121个,其中包括105家零部件配套企业,以及上海交大、同济、清华、吉林工大等6所高等院校,中科院上海分院、上海材料研究所等7所科研院所,中国银行、交通银行和工商银行在上海的3家分行。业务主管单位为上海市经济和信息化委员会。到2010年,有各种所有制会员单位204个。

共同体业务范围是:协调服务、技术和经验交流、沟通信息、组织培训、表彰奖励、反映成员意见。

共同体主要开展以下几方面工作:

服务会员。共同体根据会员需求,组织市场拓展,发布市场信息,推介行业产品或者服务,提供咨询服务;利用会员的专业优势和丰富经验,对产品进行分析研究,挖掘散件国产化、原材料国产化、结构优化、工艺改进等国产化和成本优化方案,协助联系进口配套需要的关键零件,短缺原材料、工艺装备及设备,协助聘请国内外专家和联系国外考察、培训;协助会员开拓销售市场,不断提高市场占有率;促进共同体内大专院校、科研单位与企业之间的联系和合作,解决汽车配套零部件中的关键技术问题,增强新产品开发能力;协助会员健全各种质量保证体系、环境管理体系等管理体系,组织学习宣传贯彻国际先进的技术标准,推动会员落实具体措施,组织经验交流;通过组织观摩活动,加深对世界先进生产管理制度和经验的理解;加强信息交流,编印刊物,介绍在新产品开发、老产品改进、提高产品质量、降低成本、做好售后服务、市场营销和企业管理等方面的实践经验和发展趋势;发挥专业人员、专业组织的专长,为会员提供专业化的服务,提高在经营管理等各方面的能力和技巧。

产业推进。共同体参与有关行业发展、行业改革以及与行业利益相关的政府决策论证,参加政府部门举办的听证会,提出有关经济政策和立法的建议;参与制订本行业的行规行约,向政府有关部门提出制订有关技术标准的建议或者参与有关技术标准的制订;及时反映在优惠政策、会员技术改造、流动资金、外汇、能源和原材料等方面存在的问题,并协助解决;在国产化项目布点、资金融通、中外合作、建立质量保证体系、攻克国产化技术难点等方面提供指导服务;协助政府部门加强行业管理和行业协调,处理好会员之间、供需之间在产品质量、价格、供货数量、市场营销等方面的问题;查处市场假冒伪劣零配件,积极配合全国各地执法部门对侵犯会员知识产权所采取的行动,切实维护会员合法权益;通过开展国产化奖励办法、优秀供应商评选、质量工作会议等活动,对为上汽大众配套、销售做出优异成绩的会员进行表彰和奖励。

运作管理。共同体落实民主办会规程,强化内部管理规范,遵循自主办会原则,做到工作自主、人员自聘、经费自筹;发挥平台作用,联合创办《上海大众新闻》,提供产业信息,反映会员发展动态;开展多媒体合作,在不同的版面开设"桑塔纳共同体"宣传专栏,以新闻、故事的方式来体现会员在产品开发、质量提升、成本控制、营销服务等方面的成绩;每年举办质量能力、成本、采购等方面的培训,运用理论讲解、案例分析、图片展示、互动问答等多种形式,进一步提升会员的整体能力,保持会员的竞争优势。

**【上海市电梯行业协会】**

上海市电梯行业协会成立于1988年9月,是由全市电梯整机、配件、安装维保等企业自愿组成、实行行业服务和自律管理的行业性、非营利性社会团体法人。业务主管单位为上海市城乡建设和交通委员会。到2010年,有团体会员单位236个。

协会业务范围是:行业调研、科技开发、技术交流、信息服务。

协会主要开展以下几方面工作:

服务会员。协会编辑出版《上海电梯》,为企业市场拓展、技术发展和管理提升提供信息参考;开设中英文两个网站,中文网站主要反映中国电梯行业的走势、企业经营信息、行业重大事件及与电梯密切相关的中国房地产动态等;英文网站主要为海内外企业搭建信息交流、产品介绍、互通往来的服务平台,已经与美国、德国、英国、意大利等国的电梯行业、协会建立联络与合作;协会依靠行业专家库资源和行业统计信息的优势,为企业提供产品生产专家咨询,新产品鉴定服务平台,为企业申请名牌产品和著名商标出具证明函等各类服务;协会举办各类论坛、研讨会、交流会,为企业搭建产业信息、技术交流、形象展示和行业间联系的平台,帮助企业及时、准确掌握政府相关政策。

产业推进。协会围绕行业发展和社会中心工作,推进产业发展。2010年,协会以服务上海世博会为重点,组织召开为上海世博会提供电梯设备相关企业的座谈会,邀请上海三菱电梯公司介绍"爱心维保大行动"公益活动,引导全行业为世博作贡献;参与编写世博电梯应急处置预案,帮助各相关企业完成世博电梯保障体系,协助各企业落实"日检周保"和应急响应时间减半等要求;参与组织世博电梯企业进行"电梯突发事件应急处置"的演练;利用长三角区域电梯联席会议平台,发起"安全电梯让世博更美好"的倡议,确保世博园区近千台电梯和中心城区数万台电梯设备安全运行;参加世博电梯专题协调会并召开相关企业电梯保驾护航专题会议,为世博园区电梯保驾护航献计献策。推进区域行业发展,建立泛长三角区域电梯行业联动机制,启动南北区域性合作,先后与江苏海安、浙江湖州就进一步拓展区域电梯产业园区规模发展和产业联动进行具体研讨,并于2010年主导签署《泛长三角区域电梯行业联席会人力资源战略合作协议》;配合政府有关部门制定和完善行业标准和规范,稳步推进电梯行业整体发展。组织进行企业节能降耗摸底调查,为政府有关部门决策提供参考;发挥专业委员会的作用,加强企业与产业链行业协会的合作交流。

人才培育。协会积极发挥人才库和人才培育功能,自2008年起,开展以招收贫困地区学生为主的联合办学,至2010年底已开办6期,学员达350余人,学员毕业后就业于上海、浙江、江苏等30多家电梯企业,就业率达100%;复制江苏建湖联合办学模式,与建湖二职中、无锡金城职业学校、常熟理工学院、句容市职业教育中心、江西南昌轻工技校等签约,扩大行业联合办学成果;加强人才培养基础建设,组织编写《电梯使用技术》,参与编写《电梯主要部件判废标准》《电梯定期检验自检报告》《电梯安装自检报告》《电梯使用规范管理实务手册》等标准和教材;开设《电梯定期检验自检报告》《电梯安装自检报告》讲座,举办电梯安装工程监理复训班以及一级建造师考前辅导班,并根据企业需要量身定制员工培训策划书。

运作管理。协会完善民主办会规程,强化内部管理规范,制定了协会服务企业、服务政府、促进产业发展的量化指标,纳入日常考核与年终绩效考核;探索协会党建工作,围绕建设"学习型、服务型、创新型"基层党组织目标,以"形式固化、内容强化、理念提升、党性增强、作用发挥"为核心,实现党建工作与协会发展的有机结合。

## 【上海交电家电商业行业协会】

上海交电家电商业行业协会成立于1988年10月,是由全市从事家用电器制造、流通、服务、回收利用和处置等企业自愿组成、实行行业服务和自律管理的非营利性社会团体法人。下设空调销售专业委员会、厨卫电器专业委员会、手机销售专业委员会、维修服务专业委员会、平板电视专业委员会等5个专业委员会。业务主管单位为上海市商务委员会。到2010年底,有各种所有制会员单位371个。

协会业务范围是:行业管理、政策建议、市场调查、咨询服务、教育培训、国际合作、会展招商、产品推介、组织会员企业经营开发、承办政府委托事项。

协会主要开展以下几方面工作:

服务行业。协会发挥桥梁纽带作用,向会员企业传达国家有关政策;出具相应行业发展情况报告,为政府决策提供参考;承接政府购买服务,协助国家政策的传达落实,包括家电下乡、家电以旧换新、节能空调惠民工程等;作为行业代表,在事关行业整体利益问题上,向事件相关方发声,维护行业利益,促成问题顺利解决;协助市质监局执法总队创新监管模式,组织空调企业就除菌净化型空调器性能问题发出集体承诺等。

促进发展。协会作为主要起草单位参与起草制定变频空调能效标准、家电维修企业经营服务规范、家电专业店经营规范、平板电视三包暂行规定等行业标准规范,为国家级标准出台积累经验;积极推动环保型、节能型产品的市场推广,利用多种形式推动行业从数量粗放型向质量可持续型转型。组织变频空调推广联盟促进行业正确认识变频空调产品,参与策划家电产品节能领跑榜项目,向社会科学发布产品节能性能指标,组织举办绿色家具家电产品体验展,推广绿色节能新产品等。发挥协会平台优势,为政府有关部门、会员单位以及研究机构提供从宏观到微观的统计数据、从业经验、前景预测等服务,向会员发布月度各类产品销售月报。销售旺季前向社会发布各类产品市场动态,在年底行业高峰论坛上发布年度市场概览及前景预测等;利用行业技能竞赛、公众投票评选以及专家小组审定等形式,评选行业先进个人、团队以及企业,包括年度各类十佳品牌、年度优秀经理人、年度服务能手以及年度经营案例等,以业内通报、社会公示以及事迹简报等形式进行宣传。

管理培训。协会开展资质项目认定,包括中央空调(商、家用)安装及维修企业资质、家用电器电子产品维修企业资质以及家用空调安装企业资质等资质认定;与相关职业技校、大专院校合作,开展各类专业人才培训工作,促进专业人才队伍素质提高。

## 【上海洗染业行业协会】

上海洗染业行业协会成立于1988年12月,是由全市洗染行业的企事业单位以及相关单位自愿组成、实行行业服务和自律管理的行业性、非营利性社会团体法人。下设布草洗涤专业委员会、干洗连锁专业委员会、宾馆洗衣房专业委员会等3个分支机构。业务主管单位为上海市商务委员会。到2010年,有各种所有制会员单位90余个。

协会业务范围是:对洗染业进行中介服务、自律管理、业务指导、技术培训、信息发布、行业统计、考评、交流、协调、咨询。

协会主要开展以下几方面工作:

服务会员。协会为会员提供国内外洗染业业务动态和信息,通报协会工作、会员单位、员工培训、洗涤知识等方面信息;开展衣物洗涤质量检测工作,完成2795份洗涤衣物质量鉴定报告,为协调洗衣争议纠纷提供有效依据;组织会员单位参加国内外各类展会、论坛、技术交流研讨会,学习交流,开阔视野,发挥协会在信息技术交流、形象展示和行业间联系的作用;帮助企业了解掌握行业发展新动向、新业态、新工艺、新技术,加快企业提升洗涤技术的创新能力。

产业推进。协会加强行业调研。2008年受市经济信息化委、市环保局委托,联合市日用化学品行业协会开展全市洗衣粉、洗涤剂生产及使用无磷化调研,对洗染业30余家企业进行使用洗衣粉及洗涤剂的状况调查,为政府实施无磷环保决策提供依据;受市经委委托,制订洗染业《迎世博三年行动计划》,组织开展优美环境、优良服务、优异质量"三优服务";推进品牌建设,提升服务理念,引导行业走品牌促效益的经营之路。培育上海正章为"中华老字号"、上海卡柏为"上海著名商标"以及上海正章、上海象王等企业为"上海名牌""全国知名品牌";组织开展洗衣师技能等级培训和上海洗染业职业技能竞赛,并组团参加全国洗染业职业技能竞赛,促进企业交流技术提高技艺。

行业自律。协会受中国商业联合会洗染专业委员会委托先后起草、修改《全国洗染业管理办法》《全国洗染业开业标准》《全国洗染业经营等级标准》《国家级洗衣师等级标准》以及《洗染业服务质量要求》《洗染业服务经营规范》《洗染店(厂)分等级规定》《西服、西裤熨烫质量要求》《洗染业术语》等行业标准,以及《上海洗染业服务质量规范》等地方标准,促进洗染业健康有序发展;制定"上海洗染业洗、烫、染、织、上光五个项目的质量标准""上海洗染业统一的取衣凭证""顾客须知""上海洗染业行规公约"等行业规范;与市工商局联合制定发布《上海市高档衣物经洗服务合同》,与市消协共同制定发布《上海洗染业消费争议处理意见》等。

## 【上海纺织品商业行业协会】

上海纺织品商业行业协会成立于1989年1月,是由全市纺织品行业同业企业以及其他相关经济组织自愿组成、实行行业服务和自律管理的行业性、非营利性社会团体法人。业务主管单位为上海市商务委员会。到2010年,有各种所有制会员单位98个。

协会业务范围是:调查研究、行业管理、会展、信息、技术交流、中介、咨询、产品推介。

协会主要开展以下几方面工作:

服务会员。协会编印《纺织信息》,建立门户网站,为会员提供纺织品产业发展方面的政策法规和国内外产学研发展动态;依靠行业专家库资源和行业统计信息的优势,为企业提供各类技术咨询服务;举办各类论坛、研讨会、交流会等,为企业搭建产业信息、技术交流、形象展示和行业间联系的平台,帮助企业及时、准确掌握政府相关政策。

推进产业。协会为政府相关部门提供产业运行情况、趋势预判和政策建议等课题研究报告,及时反映企业诉求,帮助企业解决发展实际困难,向政府有关部门建言献策;承担政府相关部门项目评审工作,帮助会员企业申报政府专项扶持资金或项目认定等;挑选有创业创新的企业与上海东华大学合作,推荐会员企业建立大学生和研究生实习基地,促进产、学、研有机结合。引导会员企业依托大学科研优势资源,促进企业创新发展;建立国内外行业协会的对话机制,探索行业合作交流,推动业内企业参与国际合作,争取更大的发展资源和空间;组织会员企业国外参展、观展,建立国际交流和合作网络。

运作管理。协会完善民主办会规程,强化内部管理规范,以章程为依据,规范协会日常运作;探索协会党建工作,将党建工作与协会工作和产业发展相结合,发挥党组织核心作用。

### 【上海数字印刷行业协会】

上海数字印刷行业协会成立于1989年2月,原名上海轻印刷行业协会,2009年10月,更名为上海数字印刷行业协会。是由全市数字印刷与印刷、印后设备,耗材供应商以及其他相关联经济组织自愿组成、实行行业服务和自律管理的行业性、非营利性社会团体法人。业务主管单位为上海市商务委员会。到2010年,有各种所有制会员单位247个。

协会业务范围是:数字印刷标准化及工价指导、行业规范、行业服务、行业调研、技术培训、编辑出版、会展招商、产品推介、中介咨询、国内外信息技术交流等。

协会主要开展以下几方面工作:

服务会员。协会编辑出版《数字印刷》会刊,建立门户网站,为会员提供数字印刷发展的政策法规和国内外数字印刷动态,以及交流信息的渠道;依靠专家资源,积极为企业提供各类技术咨询服务,如:为企业参加相关展览提供专业信息,推荐产品参评上海、全国乃至国际的比赛;举办各类论坛、研讨会、交流会以及专题报告会、座谈会等,为企业搭建产业信息、技术交流、形象展示和行业间联系的平台,帮助企业及时、准确掌握政府相关政策。

产业推进。协会通过各类服务平台及时反映企业诉求,帮助企业解决发展实际困难,为会员企业申报政府专项扶持资金提供信息等;主持编制年度《上海数字印刷行业发展报告》,为企业了解全行业状况和政府制定相关政策提供基础资料;积极承接政府部门购买服务项目,完成浦东新区政府委托的"凸版(柔版)印刷、胶版印刷、数字印刷三种生产工艺挥发性有机物排放情况及治理办法"的课题报告;举办"数字印刷发展现状及趋势展望"研讨会,为企业共建产业信息、技术交流、形象展示的平台;建立与国际、港澳台相关行业协会的对话机制,积极探索合作交流,推动业内企业参与国际合作,争取更大的发展资源和空间;组织会员企业国外学习考察,扩大会员企业视野。

人才培育。协会与上海新闻出版教育培训中心联合,为上海职业技术中心组织开发有关数字印刷业的考核题库,为行业从业人员开展专业培训,同时,为行业从业人员参加等级工考试搭建平台;积极开展校企人才培育合作,配合学校组织学生参加企业实践教学,为相关专业学生毕业后就业提供便利。

### 【上海电子元器件行业协会】

上海电子元器件行业协会成立于1989年5月,是由全市电子元器件企业、科研院所和高等院校等单位自愿组成、实行行业服务和自律管理的行业性、非营利性社会团体法人。业务主管单位为上海市经济和信息化委员会。到2010年，有各种所有制会员单位142个。

协会业务范围是：调研、培训、交流、会展、统计、编辑出版、公信证明、准入审核、产品推介、中介咨询、行业自律与协调等。

协会主要开展以下几方面工作：

服务会员。协会积极开展信息服务，每月编辑出版《电子元器件》，为会员提供电子元器件产业发展方面的政策法规和国内外产学研发展动态，每日更新协会门户网站，每周向会员发送电子元器件电子简报；依靠行业专家库资源和行业统计信息的优势，积极为企业提供各类技术咨询服务；举办各类论坛、研讨会、交流会等，为企业搭建产业信息、技术交流、形象展示和行业间联系的平台，帮助企业及时、准确掌握政府相关政策。

产业推进。协会通过各类服务平台及时反映企业诉求，承担政府相关职能部门项目评审工作，帮助会员企业申报政府专项扶持资金或项目认定等工作，为政府相关职能部门提供产业运行情况、趋势预判和政策建议等课题研究报告；接受外省市政府部门、产业园区委托，开展产业规划研究；组织电子元器件行业、科研院所和高等院校的专家、教授为企业解决技术难题，促进核心电子元器件研究的产业化；建立与国际相关行业协会的对话机制，组织会员企业国外学习考察，积极探索合作交流机制，推动业内企业参与国际合作，争取更大的发展资源和空间。

人才培育。协会举办"电子元器件"系列讲座，开展上海市电子元器件工程专业技术人员继续教育培训，提高行业从业人员知识技能和业务水平，为申报中高级职称提供便利，同时，指导企业开展中高级职称评审工作。

运作管理。协会完善民主办会规程，强化内部管理规范，制定协会服务企业、服务政府、促进产业发展的量化指标，纳入日常考核与年终绩效考核；探索协会党建工作，发挥共产党员的先锋模范作用。

## 【上海市再生资源回收利用行业协会】

上海市再生资源回收利用行业协会成立于1989年6月，原名上海市废旧物资回收利用行业协会，2009年12月更名为上海市再生资源回收利用行业协会，是由全市再生资源回收利用行业同业企业以及其他相关经济组织自愿组成、实行行业服务和自律管理的行业性、非营利性社会团体法人。业务主管单位为上海市商务委员会。到2010年，有各种所有制会员单位1 122个。

协会业务范围是：提供指导、咨询、协调，培训业务技术人才。

协会主要开展以下几方面工作：

行业自律。协会贯彻落实《上海市废旧金属收购管理规定》，积极配合公安部门对生产性废旧金属收购开展整治，与生产性废旧金属收购企业经营者签订《生产性废旧金属回收经营责任书》，明确责任主体，要求建立健全凭证收购登记、可疑情况报告等安全防范制度；为市政公用废旧金属物资指定处置企业制定"行规公约"和运输签证管理规范，与政府有关部门一起编制《市政公用废旧金属物资处置合同（示范文本）》和《市政公用废旧金属设施目录》，进一步规范经营者收购行为；根据市政府统一部署和要求，积极配合商务、公安、工商等有关部门开展治安、消防、守法经营等方面的安全检查和取缔无证经营摊点的专项整治活动，并通过召开会议、与会员企业签订《告知承诺书》、举办培训班等形式，加强对行业职工宣传教育；对行业中发生的重大突发事故及时进行通报，并组织相关人员认真开展查原因、查漏洞、纠违规活动，规范经营者行为。

行业培训。协会制定行业统一培训的总体方案和系统培训提纲,对培训的组织、讲授、考核、发证等作出明确规定。到2010年底,共举办培训班20余期,会员企业法人代表、经营负责人、业务骨干和收购人员等1 500余人次接受培训,1 460人取得协会统一颁发的合格证书。

行业监管。协会配合市商务委做好《再生资源回收管理办法》(商务部令2007年8号)的贯彻落实工作,制定《上海市再生资源回收经营者备案规定》等配套文件。并以全面贯彻实施“管理办法”为切入点,通过新闻媒体和协会网站、会刊等多种途径进行宣传,提高民众的资源意识和环保意识,引导、鼓励全社会理解、支持、参与再生资源回收利用工作;编制《上海市再生资源回收指导目标》,明确再生资源的回收种类、回收方式、回收规范、利用指引等内容,按照再生资源的不同特点,加强分类指导,切实做好资源回收工作;积极配合政府有关部门对辖区再生资源回收企业集中开展治安、消防、守法经营等方面的检查和整治,督促回收企业建立健全凭证收购登记、可疑情况报告等各项治安防范制度;受市商务委委托,具体负责有关再生资源回收经营者备案申请受理工作。到2010年底,已对1 506家再生资源回收经营企业办理了备案登记。

产业推进。协会积极支持、参与和推进“在线收废”网络建设,协助市商务委动员广大会员单位参与“在线收废”网络建设。到2010年底,全市基本实现“在线收废”全覆盖;挖掘、引导、培育一批有经营规模、市场竞争力强、管理团队素质高的行业龙头企业,支持相关企业利用和整合现有再生资源回收渠道,积极参与全市分拣加工中心建设。在全市范围内逐步形成以社区回收站点、分拣中心为基础,加工利用为目的的再生资源回收体系。配合市商务委做好回收企业的项目申报工作。到2010年底,全市共有1 940家回收站、5个分拣加工中心得到国家财政补贴,扶持金额达2 540万元。针对会员反映的问题和诉求,及时与政府部门进行沟通,寻求解决途径,呼吁政府尽快制定回收行业税收优惠政策;在建立和完善回收市场经营秩序方面,督促有关方面按照有关规定,加大对无证照或超范围经营行为的查处力度;切实加强对流动收购人员的管理,采取有效措施,改变无证回收“游击队”与合法回收企业争夺社会资源的不公平竞争现象;在回收网点的设置布局方面,建议政府从规划和具体制度安排上解决因市政动迁或旧区改造导致回收网点灭失的问题。

课题调研。协会围绕“循环经济”“资源节约”与“再生资源回收”等,开展行业税收政策、回收体系建设以及废纸、废塑料、废玻璃等专项调研,参与政府有关部门政策法规、准入标准的制定,为政府制定行业发展规划和决策提供参考;参与《废纸分类分选质量管理技术规范》地方标准的起草等各项工作;受中国再生资源回收利用协会委托,撰写《理性对待、稳妥操作,切实调整完善废旧物资税收政策》的研究报告;参与市供销合作总社组织的“平台建设”调研,撰写《全市再生资源回收利用行业基本情况》调研报告;与上海第二工业大学城市建设与环境工程学院、上海废弃物管理处等单位联合,开展《世博园循环经济与废弃物资回收》专项课题调研;参与市政府法制办制定《上海市再生资源回收管理办法》。参与国家再生资源增值税政策调研、市政府实事项目建设的审计调研、循环经济立法调研等一系列调研活动。

信息交流。协会根据行业发展需要,将《回收行业通讯》会刊改名为《上海再生资源》,对门户网站的页面和内容进行更新和扩充,加强与会员单位联系,了解、掌握行业动态,发布和报道行业信息,宣传、交流、展示“窗口”形象,不断提升行业社会影响力;向新闻媒体“借力”,借助媒体“发声音”。借助《文汇报》两周一次的“两新”组织专版,适时发布行业信息和专题报道;加强与外省市同行的交流互动,通过与江苏、浙江、贵州、安徽、山西、沈阳、南京等省市以及中国再生资源回收利用协会的联系,开展行业信息、业务管理和办会经验等多方面交流。

自身建设。协会加强秘书处队伍建设,调整秘书处工作人员年龄结构使之趋于年轻化;加强秘书处工作人员学习,提高政策水平、办事能力和业务水平;建立健全各项规章制度,明确工作人员的分工和岗位责任;建立协会党支部,充分发挥党组织的政治核心和党员先锋模范作用。

### 【上海日用杂品商业行业协会】

上海日用杂品商业行业协会成立于1989年7月,是由全市日用品行业同业企业以及其他相关经济组织自愿组成、实行行业服务和自律管理的行业性、非营利性社会团体法人。下设酒店用品专业委员会和香烛分会等2个分支机构。业务主管单位为上海市商务委员会。到2010年,有各种所有制会员单位103个。

协会业务范围是:行业调研、技术培训、编辑出版、会展招商、产品推介、中介咨询服务、发展横向联系、疏通经销渠道、国内外信息技术交流等。

协会主要开展以下几方面工作:

服务会员。协会编辑出版《日用品行业协会信息》,建立门户网站,为会员企业提供日用品行业发展方面的政策法规和国内外日用品行业的发展趋势;依托行业专家资源优势,积极为企业提供各类技术咨询服务。为企业参与经营招标提供专家组意见,为企业申请名牌和著名商品出具证明函,推荐企业或企业家参加上海商业先进集体或个人的评选,向上海商业杂志推荐企业创新发展的体会及做法等;组织各类讲座、培训、交流会以及专题报告会、座谈会等,为企业搭建供求信息、资源信息、工作交流、形象展示和行业间联系的平台,帮助企业及时、准确掌握政府相关扶持政策。

行业推进。协会通过各类服务平台及时反映企业诉求,解决企业发展实际困难,为政府相关职能部门提供运行情况、趋势预判和政策建议等;与外省市有关协会合作,组织会员企业"走出去"学习考察等,扩大会员企业的视野;接受国内外客商的合作咨询,并与美国相关协会合作,组织会员企业参加国际酒店用品展,拓宽会员企业发展思路。

教育培训。协会举办有关电子商务、企业信用、诚信建设等的讲座和培训,与上海交电家电商业行业协会联合开展员工"上门服务证"培训;与黄浦区人才培训中心合作,开展高级营销员培训等;组织开展行业"规范服务示范"争创活动,不提升行业零售企业"从业人员规范、店容店貌规范、业务经营规范"水平。

运作管理。协会完善民主办会规程,强化内部管理规范,制定内部管理制度,并纳入日常考核和全年考核;建立网络员队伍,搭建协会与会员企业的信息沟通平台;协会党支部围绕"学习型、服务型、创新型"基层党组织建设目标,积极发挥核心作用。

### 【上海市家禽行业协会】

上海市家禽行业协会成立于1989年7月,是由全市家禽生产、加工、流通及相关企事业单位自愿组成、实行行业服务和自律管理的行业性、非营利性社会团体法人。业务主管单位为上海市农业委员会。到2010年,有各种所有制会员单位68个。

协会业务范围是:行业调研、技术培训、中介咨询服务、编辑出版、产品推荐、会展招商以及国内外信息、技术、人员交流与合作、行业自律与协调等。

协会主要开展以下几方面工作:

服务会员。协会编辑出版《禽业资讯》,为会员提供家禽产业发展方面的政策法规和国内外产学研发展动态,反映行业诉求;依靠行业专家资源和行业统计信息的优势,积极为企业提供各类技术咨询服务。为企业生产提供专家咨询,为企业申请名牌产品和著名商标出具证明函,推荐企业家参评上海市名牌产品、上海市名牌商标,向中国畜牧业协会推荐项目等;举办各类论坛、研讨会,为企业搭建产业信息、技术交流、形象展示和行业间联系的平台;通过举办专题报告会和座谈会,帮助企业及时、准确掌握政府相关扶持政策,全面提升企业技术创新能力。

产业发展。协会指导帮助会员单位做好标准化生态养殖基地的建设工作;开展家禽业生产研究,为相关政府部门提供决策参考;每年举办主题论坛,探讨家禽产业发展,架起互动沟通的桥梁;参与调研并起草《上海市种禽买卖合同示范文本》《上海市肉禽买卖合同示范文本》《上海市禽类产品买卖合同示范文本》等三个合同示范文本。

人才培育。协会组织对技术人员进行"HACCP管理体系培训""良好农业规范认证"等培训;对认证实践过程中碰到的具体问题给予帮助,提高企业形象建设水平。

### 【上海仪器仪表行业协会】

上海仪器仪表行业协会成立于1989年8月,是由全市仪器仪表企业、科研院所等单位自愿组成、实行行业服务和自律管理的行业性、非营利性社会团体法人。业务主管单位为上海市经济和信息化委员会。到2010年,有各种所有制会员单位120个。

协会业务范围是:调研统计、技术培训、信息服务、编辑出版、会展招商、中介咨询、公信证明、国内外信息技术交流,承担政府部门委托班里的事项。

协会主要开展以下几方面工作:

服务会员。协会积极开展信息服务,编辑出版《上海仪器仪表》杂志,为会员提供仪器仪表产业发展的政策法规和国内外产学研发展动态,及时更新协会门户网站,每月发布上海仪器仪表简讯和价格信息(电子版);依靠行业专家库资源和行业统计信息的优势,积极为企业提供各类技术咨询服务。为企业产品生产提供专家咨询,为产品研发提供产学研服务平台,为申请名牌产品和著名商标出具证明函,向中国国际工业博览会推荐项目等;举办各类论坛、研讨会、交流会等,为企业搭建产业信息、技术交流、形象展示和行业间联系的平台;通过举办专题报告会和座谈会,帮助企业及时、准确掌握政府相关扶持政策,全面提升技术创新能力。

产业推进。协会通过各类服务平台及时反映企业诉求,解决企业发展实际困难,为政府相关部门提供产业运行情况、趋势预判和政策建议等课题研究报告;承担政府相关部门项目评审工作,帮助会员企业申报政府专项扶持资金或项目认定等;探索合作交流机制,推动业内企业参与国际合作,争取更大的发展资源和空间。组织会员企业国外学习考察,建立国际交流和合作网络。

运作管理。协会完善民主办会规程,强化内部管理规范,制定了协会对服务企业、服务政府、促进产业发展所作贡献的量化指标,纳入日常考核;推进协会党建工作,将党建工作与产业发展相结合,开展形式多样的党员教育活动。

### 【上海中药行业协会】

上海中药行业协会成立于1989年12月,是由全市中药企业以及其他相关经济组织自愿组成、实行行业服务和自律管理的行业性、非营利性社会团体法人,下设中药饮片专业委员会、制药专业委员会、参茸专业委员会等3个分支机构,以及技术咨询服务部和职业技能培训中心。业务主管单位为上海市经济和信息化委员会。到2010年,有各种所有制会员单位1 074个。

协会业务范围是:制定标准、开展调研、技能培训、信息服务、出版期刊、诚信建设与行业自律。

协会主要开展以下几方面工作:

服务会员。协会主持编辑出版国家专业类核心期刊《中成药》杂志,建立门户网站,为中医药行业提供中药科技及临床领先的学术思想,为会员企业提供中医药发展方面的政策法规、产业发展动态信息以及行业简讯;参与编制《上海中药饮片炮制规范》,利用行业专家库资源和优势为企业产品生产经营等提供服务平台。开展中药技术学术交流活动,组织中药饮片企业参加全国中药材种植基地共建共享联盟,引导建立中药材采购质量可追溯性流程;邀请相关部门对行业各类企业进行政策辅导、实施要点和操作技巧的讲解,对会员企业特殊需求采取"一对一"服务;每年举办产业发展、传承创新、专业知识和市场营销等交流学习,组织参观考察全国优秀中药企业,赴中药材种植基地进行考察交流,前往全市优秀大企业进行学习交流,组织行业内企业间的互动学习等;定期进行中药行业名优产品的申报和评选,提高中药产品的市场美誉度和社会影响力。

产业推进。协会加强行业调研,了解和掌握企业在应对市场变化中遇到的问题、发展的瓶颈以及有关政策诉求,对政府出台的医改政策、质量标准、行业管理、实施细则等提出行业意见和建议;协助政府有关部门帮助企业逐步适应市场变化,通过咨询、培训、交流等形式,促进中药行业繁荣和发展,配合政府有关部门在制定产业规划、行动纲要、配套措施等政策时提供相关行业发展数据参考;积极开展中药传统文化活动:"腊八节""端午香囊节""膏方节"等,弘扬中医药文化;会同会员企业开展中药制作技艺传承人活动,梳理行业各派系的中药炮制技术,挖掘传统中药制作技艺,在全市和全国范围宣传"六神丸"第六代传承人的微丸制作技艺等。

行业自律。协会先后主持制定《上海中药行业定制膏方管理规范》《上海中药行业中药煎药质量管理规范》《上海中药行业精制配方饮片质量标准》《上海市枫斗商品规格等级标准》《上海中药名牌产品申报评审管理办法》等,规范行业生产和经营;依据《药品生产质量管理规范》《药品经营质量管理规范》以及协会行规公约和行业标准规范,定期或不定期组成行业联合检查组对会员企业生产、经营行为进行抽查、飞检,对问题企业实施口头整改意见、书面整改意见、约谈企业经营者等措施,确保药品质量安全;协同市消费者权益保护委员会定期开展中药知识讲座,组织会员企业参与每年的3·15活动,宣传名贵药材及中药饮片鉴别方法,现场为民众进行鉴别服务。

人才培育。协会承担"中药调剂员""中药购销员"等专业人员的职业技能培训工作,每两年举办一届上海中药行业职业技能大赛,为行业及会员企业的人才培养、人才选拔提供平台,并推荐优秀人才参加全国中药行业职业技能大赛;定期进行GSP培训、中药师系列培训、定制膏方制作及中药煎药规范化培训等,不定期组织相关人员进行中药饮片及名贵药材鉴定、中医坐堂门诊部管理等中医药专业知识培训,促进行业专业人才成长。

自身建设。协会坚持和完善民主办会规程,强化内部管理规范,制定服务会员、服务行业、服务政府,促进中药产业发展的有关管理制度和人员岗位职责,并纳入日常考核;投资开发上海中药工业统计、零售药店中药饮片医保统计、中医坐堂门诊统计、各类培训统计等信息化管理软件;推进协会党建工作,加强党建工作与中药产业发展相结合,发挥党组织堡垒作用和党员先锋模范作用。

## 【上海市燃气行业协会】

上海市燃气行业协会成立于1989年,原名上海城市煤气协会,2007年10月更名为上海市燃气行业协会,是由全市燃气行业同业企业以及其他经济组织自愿组成、实行行业服务和自律管理的行业性、非营利性社会团体法人。下设科学技术专业委员会、安全管理专业委员会、管道施工专业委员会、工程造价专业委员会等4个专业委员会和燃器具分会、液化石油气分会等2个分会。业务主管单位为上海市城乡建设和交通委员会。到 2010 年,有各种所有制会员单位 132 个。

协会业务范围是:行业调研、技术培训、编辑出版、会展招商、产品推介、中介咨询服务、国内外信息技术交流等。

协会主要开展以下几个方面工作:

安全宣传。协会每年开展常态化安全宣传活动。2007 年,开展"燃气安全进学校"活动。2008 年,开展"保安全、迎奥运"主题宣传活动。2009 年,联合举办"燃气行业迎世博、保供应安全用气百日活动",并确定每年 11 月 7 日为"上海市燃气安全宣传日"。2010 年,组织全市燃气行业开展"第二届百日安全用气"宣传活动。

规范建设。协会依据《上海市燃气管理条例》有关规定,2008 年与市工商局共同研究制定《上海市民用管道燃气供用气合同》示范文本,2009 年制定《上海市居民瓶装液化气供用气合同》,并组织编写《液化石油气(居民用户)安全使用手册》;编制《水平定向钻进敷设燃气管道工程施工及验收规程》和《管线施工定额》,规范地下管线施工,提高施工质量。

节能减排。协会积极贯彻环保理念,开展节能减排工作。2008 年,受市政府机关事务管理局委托,实施某大厦厨房燃气设备节能改造试点,为食堂节能减排改造进一步推广积累了经验。2010 年,协会依据商用燃气器具国家标准和地方标准,制定《上海市燃气行业商用燃气器具能效和环保优质产品评定办法》《上海市燃气行业商用燃气器具能效和环保优质产品评定规则(试行)》,并组织开展商用厨房燃气器具能效和环保优质产品的评定活动。

行业协调。协会开展行业调研和制度机制建设,建立"调整燃气专用材料价格"的备案制度,为燃气施工企业工程施工建立定额价格调整机制,并每月安排专人汇总燃气专业材料市场价格,向上海市建筑建材业市场管理总站报送价格信息;针对行业难点、热点问题开展课题研究。2009 年,以中国城市燃气协会名义起草《关于呼请国家建立城市燃气上游天然气价格联动机制的紧急报告》,上报国家发改委。2010 年,协会联手上海市价格协会开展全市液化气市场经营状况的调研,并向政府主管部门报送调研报告,协会组织行业专家参与上海市燃气"十二五"发展规划编制工作;举办各类论坛、研讨会,帮助会员单位及时、准确掌握政府相关政策,与外省市兄弟协会开展交流会,为会员单位搭建联系合作的平台。

行业培训。协会积极参与行业人才培养。2008 年,协会以《液化石油气操作人员复训教材》《社区安检培训讲义》《液化石油气送瓶工培训教材》《液化石油气调瓶工培训教材》为内容,组织各级、各类培训班 45 期,培训七类岗位人员 2 517 人。2009 年,在围绕迎世博、贯彻《燃气服务质量规范》主题组织开展专业技能比赛的基础上,还组织了 61 个班次共计培训 5 792 人,还为郊县企业送教师上门培训共计 1 265 人。2010 年组织会员单位参加"首届全国城市燃气企业职业技能竞赛"以及"燃气行业领军人才"评选活动。

自身建设。协会完善内部管理制度,由会员大会无记名投票决定会费收取标准及管理办法;加强党组织建设,发挥支部和党员作用,促进行业协会发展。

## 【上海生猪业行业协会】

上海生猪业行业协会成立于 1989 年,是全市郊区生猪生产行业自愿组织的社会组织。原名上海市养殖协会,2003 年 3 月更名为上海生猪业行业协会。业务主管单位为上海市农业委员会。到 2010 年,有团体会员单位 173 个。

协会业务范围是:行业调研、技术培训、会展招商、编辑出版、国内外技术经济信息交流等。

协会主要开展以下几方面工作:

课题调研。协会围绕生猪业规模化、集约化生产转变、种养结合生产合作社建立、标准化生态养殖基地建设、生猪价格波动、沼气化粪污处理环境保护建设、生猪品牌创业建设、生猪养殖、科学化屠宰、市场化销售一条龙产业链建设等课题,开展深入调研,形成调研报告,供政府有关部门参考;每年撰写《郊区年度生猪业生产发展报告》,为政府有关部门决策提供依据。

专业培训。协会每年春秋两季组织生猪生产饲养人员、管理人员进行业务培训,邀请国内外著名专家、大型养殖场业务高管、兽医专家等专业人员讲授科学饲养管理、精细化饲料生产、规模化养殖、废弃物综合利用、生态环保、疾病防疫、市场化经营等方面知识及实用技术,到2010年,共计培训1 000余人次,科学养殖,母猪产仔率、仔猪成活率、育肥猪出栏率、饲料料肉比、科学育种等指标明显提高。

信息服务。协会编辑出版《生猪业信息》和《猪业论坛》,免费赠送会员单位和有关部门,与兄弟省市交流,促进信息交流、传授实用技术、提高现代化管理知识等。

运作管理。协会加强制度建设和管理,通过会员大会、理事会例会制度,专家委员会例会制度、专业培训班、先进典型交流会、颁布专项制度等,规范生猪业生产行为,确保饲料生产的安全、生猪养殖过程的安全、出栏上市的肉猪安全;加强协会秘书处工作人员的学习提高,努力为会员服务,真正发挥政府与企业的桥梁与纽带作用;加强党的领导,充分发挥党建工作的积极作用。

### 【上海塑料行业协会】

上海塑料行业协会成立于1990年2月,是由全市塑料企业、科研院所等单位自愿组成、实行行业服务和自律管理的行业性、非营利性社会团体法人。下设工程塑料专业委员会、包装专业委员会等3个分支机构。业务主管单位为上海市经济和信息化委员会。到2010年,有各种所有制会员单位207个。

协会业务范围是:行业调研、名优推介、诚信创建、出版会刊、设专业网站、会展招商、中介咨询、技术交流等。

协会主要开展以下几方面工作:

服务会员。协会利用《上海塑料网》《上海塑料通讯》等,宣传国家重大方针政策和市委、市政府相关政策文件,发布国内外塑料业界专业信息、塑料市场行情等;依靠行业专家库资源和行业统计信息的优势,为业内企业提供各类生产、技术等咨询服务,为企业产品开发提供业务咨询,利用协会各类平台为会员单位服务,为企业申请名牌产品和著名商标出具证明函等;举办各类论坛、研讨会、交流会以及专题报告会、座谈会等,为企业搭建产业信息、技术交流、形象展示和行业间联系的平台,帮助企业及时、准确掌握政府相关政策。

产业推进。协会作为市经济信息化委高新技术产业服务体系成员单位、市商务委服务外包平台单位和上海技术性贸易措施公共服务平台,通过各类服务平台及时反映企业诉求,帮助企业解决发展实际困难;开展行业调研,深入业内企业进行面对面的沟通,了解企业生产经营、技术进步、节能减排、产品结构调整等情况,分析产业发展现状与趋势,编制塑料行业发展规划,为政府相关部门提供产业运行情况、趋势预判和政策建议等研究报告;建立与国际相关协会的对话机制,组织会员企业国外参展和学习考察,积极探索合作交流机制,推动业内企业参与国际合作,建立国际交流和合作网络,争取更大的发展资源和空间。

人才培育。协会制定《上海塑料行业技术人员职称认证办法》,建立评审委员会,调整充实工作组、专家组成员,组织做好申报、预审、评审等工作;开展塑料加工技术研讨和专业人员培训,提高从业人员业务素质;并与上海特有工种鉴定站联合,探索塑料成型加工等级工培训及考评工作。

运作管理。协会健全管理结构,建立完善18项内部管理制度,并在日常工作中严格执行;加强与全市相关协会、长三角地区协会及全国塑料业比较发达的省市协会之间的交流联系,互通信息,共同推进塑料产业发展;探索协会党建工作,发挥党组织核心作用。

**【上海市市容环境卫生行业协会】**

上海市市容环境卫生行业协会成立于1991年7月,原名上海市环境卫生协会,2000年8月更名为上海市市容环境卫生协会,2004年9月更名为上海市市容环境卫生行业协会,是由全市从事废弃物收集、运输、处置及资源回收利用,环境保洁,建(构)筑物清洗保洁,机动车车容保洁,市容环卫设施设备生产、经营、维修,水域市容环境卫生管理、清洁作业等企事业单位以及其他经济组织自愿组成,实行行业服务和自律管理的行业性、非营利性社会团体法人,下设水域市容环境卫生专业委员会、废弃物资源回收利用专业委员会、环卫设备专业委员会、机动车车容保洁专业委员会、渣土管理专业委员会、建(构)筑物清洗保洁专业委员会、清洁作业专业委员会等7个分支机构。业务主管单位为上海市绿化和市容管理局。到2010年,有各种所有制会员单位687个。

协会业务范围是:行业调研、行业培训、咨询服务、产品推介、信息交流、行业管理、承担政府部门委托的有关事项。

协会主要开展以下几方面工作:

课题调研。1993年,对征收城市生活废弃物处置费问题组织社会调查,形成《征收城市生活废弃物处置费研究》调研报告,供政府有关部门决策参考;1995年,编制《生活垃圾水陆联运集装化试验线可行性研究报告》;1996年,会同上海城市经济学会联合开展《市场经济体制下的环卫事业运行机制研究》《环卫作业市场化问题研究》,结合环卫事业的性质、特点,提出环卫事业管理监督机制、投资机制、作业经营机制、价格机制、竞争机制等一整套运行机制,促进了环卫事业的改革,课题成果入选《共和国五十年改革与建设》文集,并被评为二等奖;1996年,完成《上海市普陀区生活垃圾焚烧厂可行性研究报告》;1997年,完成《上海市闸北区生活垃圾焚烧厂可行性研究报告》;1999年,受市政府发展研究中心委托,组织开展上海农村垃圾处置调研,提出了理顺管理体制、落实责任制、编制垃圾处理专项规划等政策建议,还为建设部城建司起草《关于城市市容和环境卫生改革的情况调研》专题报告,在宏观分析全国城市市容环卫事业的发展、改革情况和主要问题的基础上,对深化改革提出了总体思路、框架设计、配套政策和实施意见;2001年,受市容环卫局委托,组织对市、区、县和城镇农村河道整治和保洁管理状况的全面调研,撰写《上海市水域环境卫生管理发展趋势研究》报告,提出了加强水域市容环境卫生管理的目标和措施及相关政策建议;先后完成《生产(流通)领域(单位与集市)生活垃圾收运量与成分调查研究报告》(2004年)、《上海市城市保洁管理规划研究》(2005年)、《上海世博园区水域环境保洁作业研究报告》(2007年)、《上海市机动车清洗保洁业现状和发展研究》(2008年)、《上海市加油站和物业小区设立机动车清洗点调研报告》(2009年)、《上海市居住小区及社会停车场机动车保洁服务调研报告》(2010年)等。

人才培育。协会制定职业技能等级培训计划,争取市职业技能鉴定中心的支持,开发建构筑物清洗保洁工职业技能等级培训项目,开展建构筑物清洗保洁、水域保洁作业、渣土运输、汽车美容装潢、生活垃圾压缩站等企业一线从业人员的上岗培训,开展对基层管理人员培训,举办建(构)筑物项目经理培训班、渣土工程建设施工运输单位专管员培训班等;按照职业培训的要求,建立了上海申杰、地铁、电通、紫晶、华靓和环境学校等6所职业培训基地,为行业职业培训提供基础保障;2009年,适应上海世博园区环境保洁服务质量需要,组织编写世博园区《环境服务人员通识》《公厕保洁服务人员培训教材》《水域保洁服务人员培训教材》《废弃物收运人员培训教材》《陆域保洁服务人员培训教材》《建(构)筑物保洁服务人员培训教材》等6本培训系列教材。自2007年开始,每两年组织举办一次行业职业技能竞赛活动,在激励、选拔、推荐专业人才中发挥作用;2009年,组织开展上海市绿化市容工程系列专业技术职务资格评审。

资质认定。协会在政府有关部门支持下,开展行业资质认证工作。2007年,参与制定了《上海保洁企业资质管理办法》《上海市保洁企业资质管理实施意见》等文件,并组织建(构)筑物外墙清洗企业开始试行等级认定;2008年,组织制定了《建构筑物内保洁企业资质等级标准》《水域环境作业养护企业资质等级标准》和《陆域环境作业养护企业资质等级标准》等文件,并在建(构)筑物清洗保洁、陆域和水域环境作业养护企业中开展企业资质评审认定。

行业自律。协会组织制订《上海市市容环境卫生行业公约》,规范行业市场运行秩序、建立公平诚信市场环境、维护会员单位合法权益,倡导会员自觉遵守;编制《上海市建筑物清洗保养质量标准》《上海市建筑垃圾和工程渣土处置作业标准及操作规程》《上海市建(构)筑物清洗保洁业一次性服务项目统一收费标准》《上海市机动车辆车容整洁标准》《上海市机动车清洗站设置技术规范》《上海市水域环境卫生作业服务规范》《废弃物填埋场防渗系统工程施工管理规范(试行)》《上海市建筑渣土运输专营与加盟管理暂行规则》《生活垃圾填埋场防渗系统工程技术规范》等标准和规范,引导行业自律,促进会员单位提高技术和规范服务行为。

建言献策。协会发挥专业资源优势,积极参与行业科学化管理和法治化建设,向政府有关部门建言献策。1993年,受建设部委托,起草《城市环境卫生企业资质管理规定》;1994年,受建设部委托,会同上海市环卫局起草《城市环境卫生质量标准》;1995年,受建设部委托,起草《城市建筑垃圾管理规定》,并于1996年颁布实施;1998年,组织并完成《上海市生活垃圾管理立法研究》总报告,以及《上海市生活垃圾管理立法现状和借鉴》《上海市生活垃圾源头管理立法研究》《上海市生活垃圾收集、运输(中转)管理立法研究》《上海市生活垃圾处理及资源回收管理立法研究》《上海市生活垃圾收集、运输、中转、处理、回收利用设施建设和管理立法研究》等5个分报告;2000年,为浦东新区水域环卫管理署编制《上海市浦东新区水域环境卫生管理办法》和《上海市浦东新区张家浜景观河道管理暂行办法》两个规范性文件;2002年,编制《废弃塑料管理立法研究》,并荣获市依法治市办公室2002年课题研究一等奖;2003年,编制完成《上海市市容环境卫生劳动定额》标准,成为行业中劳动管理的法定标准;2009年,受市绿化市容局委托,负责编制"道路清扫保洁""公共厕所管理保洁""生活垃圾(粪便)清运""市管水域保洁"等4个大类30个子项目的作业养护预算定额;2010年,完成"道路清扫保洁""公共厕所管理保洁"等2个大类16个子项目作业养护预算定额。协会还组织地区性或专项性的环卫规划编制工作,先后编制《黄浦区建筑垃圾中转站规划》《浦东国际机场江镇、施湾两小区环境卫生专业规划》《金桥开发区环境卫生规划》《上海市郊县(区)生活垃圾收集、运输、处置规划方案》等,并受浦东新区农村发展局委托,会同上海同济大学编制《浦东新区农村地区环境卫生事业发展规划》《浦东张江开发区环境卫生发展规划》《浦东六里开发区环境卫生专业规划》,以及《闵行区环境卫生设施专业规划》《浦江镇环境卫生发展规划》等。

自身建设。协会制定和完善各项规章规程和工作制度,如《上海市市容环境卫生行业协会会议制度》《上海市市容环境卫生行业协会正、副会长、秘书长职务分工制度》《加强专业委员会管理的规定》《上海市市容环境卫生行业协会组织机构工作职责岗位责任制》《上海市市容环境卫生行业协会工作人员工资分配暂行办法》《关于秘书处工作人员考核工作实施意见(试行)》《上海市市容环境卫生行业协会关于加强信息工作的实施意见》《关于聘用退休干部管理暂行规定》等,制定和完善财务管理、资产管理、文书档案管理、计算机网站管理等内部规章制度,逐步完善了行业协会办事机构内部管理,成立秘书处、办公室、市场管理部、教育培训部和财务部,规定各部门的职能,抓好专业委员会建设,逐步建立一支由专业委员会和会员单位专人组成的信息员队伍,及时发布协会信息、行业新闻、政策法规和行业标准等各类信息,为会员单位服务搭建平台;加强党建工作,2006年11月9日成立协会党支部,建立党支部工作制度,充分发挥党建工作在行业协会中的作用。

**【上海果品商业行业协会】**

上海果品商业行业协会成立于1992年10月,是由全市果品行业中的国有、集体、民营、合资、外资等多种所有制形式企业自愿组成、实行行业服务和自律管理的行业性、非营利性社会团体法人。下设对外联络工作委员会、进口水果专业委员会、电商连锁专业委员会、产业链服务专业委员会、苹果专业委员会、品牌专业委员会等6个分支机构。业务主管单位为上海市商务委员会。到2010年,有各种所有制会员单位300多个。

协会业务范围是:从事果品行业的业务指导、会展招商、产品推介、产品标准制定、开展行业统计、行业调查,发布行业信息,国际交往,咨询、服务、协调等。

协会主要开展以下几方面工作:

服务会员。协会每月出版《上海果品信息》,免费发放到各会员单位和政府相关部门;利用"上海果品网"每天发布果品动态信息和果品行业新闻事件,每周发布各大水果批发市场平均价格,每年向社会发布果品行业市场报告;聘请律师事务所为协会常年法律顾问,为企业、会员单位提供法律咨询;举办各类产销对接会、推介会、交流会等,搭建产业信息、技术交流、形象展示和行业间联系的平台,为本地及外地果品协会(商会)或企业在沪进行非商业交流合作活动提供服务。

产业推进。协会引领会员以市民果盘子保供稳价和帮助果农销售为目标,做到市场供应货源充足、品种丰富、品质优良、价格平稳,吸引国产水果、进口水果等更多进场交易;以市场化运作为导向,引导会员单位创建经营品牌,实现专业化、规模化、标准化、品牌化、冷链化的经营之路;帮助会员单位到产地建立商品供应基地,与全国相关水果主产区共同举行产销对接。

运作管理。协会完善民主办会规程,强化内部管理规范,制定协会对服务企业、服务政府、促进产业发展所作贡献的量化指标,纳入日常考核与年终绩效考核;引导各会员单位积极致力于公益化事业,提升行业形象。

**【上海船舶工业行业协会】**

上海船舶工业行业协会成立于1993年7月,是由全市及中国沿海和华东地区从事船舶(艇)及其技术设备的研究、设计、制造、修理、经贸、教学等各类单位自愿组成、实行行业服务和自律管理的行业性、非营利性社会团体法人。业务主管单位为上海市经济和信息化委员会。到2010年,有各种所有制会员单位114个。

协会业务范围是:提供信息、咨询服务、行业协调、专业培训、举办展览、调研、规划、内外合作交流等。

协会主要开展以下几方面工作:

行业推进。协会受政府有关部门委托,从事行业政策研究、行业规划编制、行业统计和行业标准编制,承担国家和地方政府的专项调研课题,如《中国船舶工业全行业基本情况调查》《上海黄浦江河口建闸对大型船厂影响及对策研究》《上海船舶工业发展战略研究》《中国游艇工业发展战略规划》等;发挥决策咨询和技术支撑作用,收集整理相关资料、数据,汇总、统计和分析,形成专题报告和建议意见,提交政府有关部门。

架设桥梁。协会积极架设企业与政府有关部门沟通的桥梁,代表会员单位向政府有关部门反映行业困难和问题,推进新技术、新工艺、新材料开发、应用等;围绕信息推动工业化IT技术为核心,开展以生产流程控制为主体的技术、管理咨询服务;开展专业人员以及技术与管理复合型人才和高级MBA的人才培训。

搭建平台。协会作为中国国际船艇及其技术设备展览会的主办单位,组织开展中外技术报告会、研讨会、产品介绍会、贸昌洽谈会,推进中国游艇及水上健身娱乐业的技术推广和产业合作;与英国RINA、中国造船工程学会高性能学术委员会等联合举办中国国际高速、高性能船舶学术报告会;编辑出版行业相关技术资料、文献和《船舶行业信息》;结合行业特点,组织上海船舶工业行业企业管理现代化创新成果研讨,运用现代科学管理思想及理论,借鉴国内外先进管理经验,在企业制度、管理理念、组织形式、经营机制、经营模式、管理方式、方法和手段以及文化建设等方面开展探讨和研究,帮助企业激发创新活力和动力;组织会员企业参与世博会期间芬兰馆、意大利馆、波兰馆的"芬兰船舶日""意大利游艇产业论坛""中波船舶技术交流论坛"等多项主题交流活动,为拓展会员单位国际发展空间服务。

### 【上海市保险同业公会】

上海市保险同业公会成立于1994年2月,是由全市保险行业企事业单位自愿组成、实行行业服务和自律管理的行业性、非营利性社会团体法人。下设财产保险专业委员会、人寿保险专业委员会、公估专业委员会、经纪专业委员会、代理专业委员会、经费审查专业委员会、反保险欺诈专业委员会、同业宣传专业委员会等8个分支机构。业务主管单位为中国保险监督管理委员会上海监管局。到2010年,有各种所有制会员单位256个,其中,财产保险会员单位46个,人寿保险会员单位63个,保险中介会员单位147个。

公会业务范围是:行业交流、协调自律、技术培训、统计调研、编辑出版业内刊物、咨询服务、国内外信息技术交流等。

公会主要开展以下几方面工作:

行业自律。公会督促会员依法合规经营,调研、制定行规公约,防止和约束不正当竞争行为,维护公平有序的市场环境;受政府有关部门委托,组织制定行业质量标准、技术规范、服务标准,探索建立行业信用评价体系,统一违纪违规报送标准和流程,强化从业人员轨迹查询;开展会员自律管理,对于违反公会章程、自律公约、自律规则和管理制度,损害投保人和被保险人合法权益、参与不正当竞争等致使行业利益和行业形象受损的会员及其单位,按章程、自律公约和自律规则的有关规定,实施自律性惩戒,涉嫌违法的提请监管部门或其他执法部门予以处理。

行业维权。公会组织开展保险业发展现状与趋势研究,参与行业改革发展以及与行业利益相关的政策论证,提出相关建议,为政府相关部门提供保险业运行情况、趋势预判和政策建议等研究报告;建立与监管部门、政府有关部门及其他行业的联络沟通机制,协调处理业内各类矛盾,接受和办理委托办理事项,为政府相关部门政策出台提供依据;建立保险合同纠纷调解委员会,配合处理投诉热线12378接报事宜;建立"打击保险诈骗情报交流会商机制""区域打击保险欺诈情报交流会商及司法案件协作机制""保险业驻点参与道交事故损害赔偿机制""保险合同纠纷诉调对接机制"等。

行业服务。公会组织行业完成相关渠道数据分析,提供专项数据交流服务,开展保险公司经营评价工作并向社会公示等;及时向监管部门和政府有关部门反映保险市场存在的风险与问题,提出意见和建议;积极探索在公共服务领域搭建服务平台、承接政府职能转移等保险市场化机制,维护保险活动当事人的合法权益;根据行业需求,协调培训资源,大力开展从业人员技能类及团队建设类等培训,并承接中国保险行业协会委托的培训任务,提升行业整体服务水平。

行业交流。公会建立信息通联工作机制,编辑出版信息交流刊物,开办网站,根据授权,汇总保险市场信息,提供行业数据服务,实现信息共享;加强与其他相关行业协会的沟通与协调,促进行业对外交流;举办各类论坛、研讨会、交流会等,为会员搭建行业信息、技术交流、形象展示和行业间联系的平台;搭建国际交流平台,建立与国际相关行业协会的对话机制,积极探索合作交流机制,引导行业拓宽国际视野,拓展保险对外合作领域和空间;组织参加国际会议和有关活动,服务行业,学习、借鉴国外先进保险技术和经验。

行业宣传。公会整合宣传资源,制定宣传规划,组织开展行业性的宣传和咨询活动;组织落实"守信用、担风险、重服务、合规范"的保险行业核心价值理念,推动行业文化建设,树立行业正气,营造良好形象;关注保险业热点、焦点问题,正面引导舆论宣传,普及保险知识,利用多种载体开展公众宣传,引导消费者树立正确的保险消费理念,防范保险消费风险,切实保障消费者权益。

运作管理。公会强化规范化运作和管理,完善民主办会规程,强化内部管理规范,健全组织架构、健全工作制度、加强人才培训,制定公会服务会员、服务政府、促进行业发展的量化指标,纳入日常考核与年终绩效考核;加强党建工作,加强作风管理和工作考核,发挥党的基层堡垒作用。

**【上海市报纸行业协会】**

上海市报纸行业协会成立于1994年4月,是由全市报业经济领域内同业企业以及其他相关经济组织自愿组成、实行行业服务和自律管理的行业性、非营利性社会团体法人。下设计划财务专业委员会、信息技术专业委员会、印刷物资专业委员会、广告专业委员会、发行专业委员会、经济研究专业委员会等6个分支机构。业务主管单位为上海市新闻出版局。到2010年,有会员单位66个。

协会业务范围是:接受政府委托,开展行业统计、行业调查、信息发布、价格协调等工作。

协会主要开展以下几方面工作:

服务会员。协会协调解决经营难题,积极帮助会员单位解决经营中遇到的问题、困难;举办多种形式的社会活动,策划和举办"中国农村财富论坛";承办"中国创业与资本论坛";签署"帮助西藏民营企业走进上海、走进长三角"的合作协议;在政府有关部门支持下组织实施"上海报纸进世博"活动,15种报纸免费提供给世博园区供人们阅读;组织会员单位参与国内和国际举办的报纸品牌研讨和管理等活动,扩大上海报业的品牌影响和辐射力。

宣传先进。协会积极宣传行业先进典型,推进行业改革创新发展。与市新闻出版局联合召开专业报、行业报及生活服务类报纸研讨会和上海市报业改革与发展经验交流会,宣传《申江服务导报》按照市场化原则办报,主动寻求和利用社会资源,成功实现上海零售市场迅速铺点的成功经验;宣传推荐《新闻晨报》在广告经营中首创"广告总代理制"的经验;总结宣传《上海星期三》以市场化运作手段来拓展媒体经营,与扬州日报等多家报社联手打造"星期三大家庭"的先进经验。

建言献策。协会组织专家对上海报业改革发展、广告经营、财务、发行、报社品牌等进行专题调研,撰写"一业一策"的行业报告,向政府有关部门建言献策。2009年,受市新闻出版局委托,围绕上海报纸评估与退出机制、上海报刊发行市场现状等问题进行调研,形成20多万字的两份课题研究报告,为政府有关部门的管理工作提供了丰富的现实依据;2010年,完成《上海市报纸综合评估实施办法(试行稿)》,对报纸转制创新和报业发展开拓提出了建议和对策。

互动交流。协会积极组织"走出去""请进来"的交流学习,1998年至2010年,先后组织10批70多人次赴外省市学习交流。学习借鉴浙江日报财务结算中心经验;学习借鉴四川报业集团的报社直销报纸、借壳上市、品牌创建、股份制建厂等"绝招";学习借鉴天津报业集团、河北报业集团创新发行体制的工作经验等;与浙江省报业协会建立定期学习交流机制,共同探讨报业改革难点、发展趋势以及如何在新形势下做好报纸协会工作等问题。

### 【上海医药商业行业协会】

上海医药商业行业协会成立于1995年11月,是由全市药品流通行业及相关领域内的企事业单位自愿结成、实行行业服务和自律管理的行业性、非营利性社会团体法人,下设药品零售连锁专业委员会、医疗器械(经营企业)专业委员会、化学试剂玻璃仪器专业委员会、医药物流专业委员会等4个分支机构。业务主管单位为上海市商务委员会。到2010年,有各种所有制会员单位2 838个,覆盖全市医药商业87%的企业。

协会业务范围是:行业调研、价格管理、质监管理、统计分析、教育培训、信息交流、咨询服务、国内外交流合作等。

协会主要开展以下几方面工作:

服务会员。协会每月编辑出版《上海医药商业信息》、每季编印《上海医药商业统计简讯》。建立门户网站,发送《每日经济信息》电子简报和《会长专刊》,为会员企业提供药品流通行业发展方面的政策法规,提供宏观经济形势、政策解读和行业数据分析等;组织编写作业规程,建立行业管理标准,编印《上海医药商业企业员工行为礼仪规范》《上海零售药店药学服务规范评价标准(试行稿)》《医保非处方药目录》《上海市医保定点零售药房政策文件汇编学习材料》《医药法律法规汇编》等;举办各类论坛、研讨会、交流会、信息沙龙等活动,为企业搭建产业信息、技术交流、形象展示和行业间联系的平台,帮助企业及时、准确掌握政府相关政策;加强与苏浙两省医药商业的交流,组织零售企业与外省市零售企业的互动,积极探索合作交流机制,推动业内企业参与国际合作,组织会员企业国外学习考察,扩大视野,了解先进的经营和管理模式,建立国际交流和合作网络。

产业推进。协会积极向政府有关部门建言献策。2009年,就医改方案的讨论和修改,提出"发挥现有药品流通资源效能,完善社区卫生服务功能"的建议;针对药品电子监管码实施过程中出现的具体问题,组织开展专项调研,提出"在全国范围内协调综合解决"的建议举措,得到政府相关部门的认可;结合上海零售药店处方药管理和非药类产品管理的现状和特征,提出建立"统一控制标准、建立预警机制、加强行业自律"的零售药店药品分类管理模式。2010年,参与《医药物流服务规范》《药品流通企业分级评估标准》《中国医药商业企业社会责任报告指南》等国家标准及规程的编撰;完成《上海市零售药店分类与陈列管理指导原则(不含中药饮片)》的起草工作,向上海市全行业正式发布;完成国家商务部下达的《药品流通行业岗位规范》的起草工作;开展对行业内药学技术人员结构及分布情况的调研,形成《加快药技人员培养提升药学该服务能力》的调研报告,报送政府有关部门,为决策提供参考;参与全市医保定点零售药店的扩展和考核工作,承担行业经济成果的统计与分析;组织举办行业从业人员的教育培训。

行业自律。协会积极参与企业 GSP 认证,协助建立 GSP 长效管理机制,做好零售药店 GSP 管理、药品分类管理、非药类产品营销管理等工作,开展零售药店药学规范服务评价;发挥协会的督查功能,开展药品质量、价格、药学服务、知识产权保护及行风等方面的自查自纠活动,指导企业建立、健全品种专项控制程序,加强药品流通环节的仓储运输管理;组织会员企业参加商业系统"销售真品真牌,保护知识产权"承诺活动,增强企业遏制假冒、预防侵权的管理能力,降低经营风险;围绕"健康商品、健康消费"理念,结合医药商业行业的特征和药品特殊性,参与"3.15"消费者权益保护大型宣传咨询、上海购物节活动;组织开展"清理家庭小药箱""百家药店进社区"便民惠民等活动。

人才培育。协会结合行业发展和企业需要,开展 GSP 培训、医药商品购销员培训、执业药师、药师(考前)培训、价格管理员业务技能培训和物价管理系统程序操作培训、药店经理培训、首席药师培训、"学三语"(普通话、英语和手语)和"学礼仪"等各类培训,提高行业从业人员知识技能和业务水平;协助做好流通行业药学专业人员高级职称咨询和申报工作;1996 年,发起并组织"'华氏杯'上海医药商业行业职工技能大赛",搭建企业提高素质、发现人才、展现形象的平台,成为上海医药商业行业品牌项目,至 2010 年已举办八届。

运作管理。协会完善民主办会规程,强化内部管理规范,制定了服务企业、服务政府、促进产业发展的量化指标,纳入日常考核与年终绩效考核;发挥各专业委员会的作用,强化服务、协调、指导功能,通过专委会平台,形成协会专业化、现代化的优势;推进协会党建工作,围绕建设"学习型、服务型、创新型"基层党组织目标,健全党支部正常工作秩序与组织生活秩序,实现党员教育的经常化、党建工作的规范化,搭建企业党组织书记联谊会平台,通过定期推送学习材料、举办形式报告会、学习交流、联谊活动等,与会员企业党组织形成良性互动,增强行业党建的社会活力。

### 【上海市摩托车行业协会】

上海市摩托车行业协会成立于 1995 年 12 月,是由全市从事研制、生产、销售摩托车的企事业自愿组成、实行行业服务和自律管理的行业性、非营利性社会团体法人。业务主管单位为上海市经济和信息化委员会。到 2010 年,有各种所有制会员单位 54 个。

协会业务范围是:开展行业协调、市场调研分析咨询、情报编辑、讯息交流、培训,接受政府委托开展行业统计等。

协会主要开展以下几方面工作:

服务会员。协会收集行业信息,定期向会员单位提供《摩托车行业信息》通讯,介绍协会动态、行业热点、统计分析、职业培训、政策法规等信息;建立协会专家组,为会员单位提供技术咨询和技术服务。为企业产品生产提供专家咨询,为企业产品研发提供产学研服务平台,为企业申请名牌产品和著名商标出具证明函;接受政府有关部门转移或委托承担的行业评估论证、技能资质考核、行业统计调查等;举办各类论坛、研讨会、交流会等,为企业搭建产业信息、技术交流、形象展示和行业间联系的平台,帮助企业及时、准确掌握政府最新法规政策。

产业推进。协会协助政府有关部门对行业进行管理、指导和服务,承担政府有关部门委托的各项任务;制订《摩托车和轻便摩托车噪声限值》《摩托车和轻便摩托车燃油消耗量限值》《摩托车和轻便摩托车道路试验方法》《摩托车和轻便摩托车操纵件、指示器及信号装置的图形符号》《四轮全地形车通用技术条件》《摩托车和轻便摩托车燃油箱安全性能要求和试验方法》《摩托车和轻便摩托车转向锁止防盗装置》等技术标准;根据国家法律法规,代表行业内相关企业进行反倾销、反补贴、反垄断等方面的工作:调查、确认、诉讼或者向政府提出调查申请等;开展行业调查研究,参与行业发展规划的制定，代表行业对涉及行业利益的事项，向有关国家机关提出经济政策和立法方面的意见和建议；组织会员企业出国考察交流和参加有关展销博览会，积极发展与国内外同行的联系，为会员企业开展经济合作提供平台。

人才培育。协会组织行业培训工作和资质审评工作，开展行业评优活动和经验交流，为会员单位举办有关国家强制性认证政策以及安全、环保、能源等各类业务培训，提高行业从业人员知识技能和业务水平。

运作管理。协会制定行规行约，规范行业行为，对损害行业整体形象的会员，采取相应的行业自律措施；探索协会党建工作，围绕建设"学习型、服务型、创新型"基层党组织的目标，将党建工作与产业发展、协会发展相结合，提升协会服务行业、服务企业的能力。

### 【上海工艺美术行业协会】

上海工艺美术行业协会成立于1996年2月，是由全市工艺美术生产、经营、科研、教育、设计及服务行业企事业单位自愿组成、实行行业服务和自律管理的行业性、非营利性社会团体法人，下设旅游纪念品（工艺礼品）专业委员会、红木雕刻专业委员会等2个分支机构。业务主管单位为上海市经济和信息化委员会。到2010年，有各种所有制会员单位202个。

协会业务范围是：行业管理、技术咨询、人才培训、信息交流、行业调查、接受委托。

协会主要开展以下几方面工作：

行业服务。协会编辑出版《上海工艺美术》杂志和《工艺美术》简报，梳理上海工艺美术产业发展的政策法规和境内外产、学、研发展动态，为行业提供工艺美术产业信息服务；受市经济信息化委的委托，发挥工艺美术行业专家库资源优势和行业统计信息资料的作用，为行业企业提供各类技术咨询服务；举办工艺美术类论坛、研讨会、交流会以及专题报告会、座谈会等，为行业企业搭建产业信息、技术交流、形象展示和行业间联系的平台，帮助企业及时、准确掌握政府相关政策，全面提升行业发展能力。

产业推进。协会作为市经济信息化委都市产业、创意与设计产业服务体系的成员单位，市经济信息化委服务外包平台单位和"上海旅游纪念品产业发展中心"等公共服务平台的监事单位，以及上海工艺美术职业学院、上海视觉艺术学院的工艺美术业务指导单位，通过各类服务平台及时反映行业企业诉求，帮助企业解决发展中遇到的困难；承担政府相关职能部门委托的工艺美术项目评审工作，帮助会员单位申报政府关于工艺美术、旅游纪念品（工艺礼品）专项扶持资金或项目；为政府相关职能部门提供工艺美术产业运行情况、

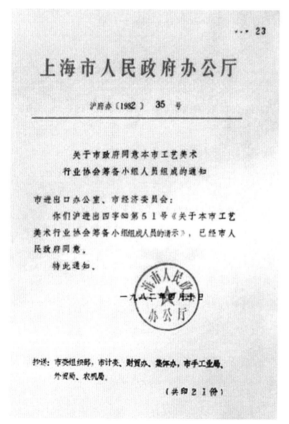

图 1-1-2　上海市政府办公厅关于增补、调整、合并、组成工艺美术协会机构领导成员的通知

趋势预判和政策建议等课题研究报告,接受外省市政府部门、产业园区委托,开展工艺美术产业规划研究;建立与"世界手工艺理事会"、境外相关协会的联络机制,积极探索合作交流活动的载体,推动业内企业参与国际间工艺美术合作交流;组织会员单位赴国外学习考察,通过"走出去"扩大会员单位的视野,探索建立国际间、地区间工艺美术的交流和合作网络。

人才培育。协会开展"上海市工艺美术初、中级职业资格"培训和考试;与上海工艺美术职业学院联合开展面向市民和居民的社区工艺美术教育和培训,组织上海工艺美术大师参加高层次的研修班。

运作管理。协会完善民主办会规程,强化内部管理规范,探索服务政府、服务企业、规范行业、促进产业发展的量化指标,纳入日常考核与年终绩效考核;探索党建工作,发挥协会党支部的战斗堡垒作用、党组织的政治核心作用、共产党员的先锋模范作用。

### 【上海市公园行业协会】

上海市公园行业协会成立于1996年5月,是由全市公园行业企事业单位自愿组成、实行行业服务和自律管理的行业性、非营利性社会团体法人。业务主管单位为上海市绿化和市容管理局。到2010年,有各种所有制会员单位131个。

协会业务范围是:公园管理、协助行政、组织学术研讨、经验交流。

协会主要开展以下几个方面工作:

整合资源。协会积极整合行业资源,开展园艺文化活动,协调上海市属、区属公园等会员单位,开展系列园艺活动:梅花展、郁金香花展、樱花展、牡丹花展、杜鹃花展、月季花展、菊花展等专题活动;组织举办园艺知识讲座,在全市直属公园和部分区重点公园设立教学点,讲授家庭养花、插花艺术、花园管理、盆景赏析、绿化科普等园艺知识;组织"五一""十一"等大型节庆花坛花境展示评选,促进园艺建设水平提高。

规范行业。协会在市公园管理部门的支持下,组织行业专家对全市在册公园进行管理服务工作质量的检查和考核评价,并根据主管部门要求,督促公园进行整改;开展公园日常管理巡查工作,巡查涉及园艺养护、经营服务、园容卫生、基础设施、安全保卫等方面,促进管理水平和服务质量提高;组织开展公园游乐设施安全巡查,采取日常普遍巡查与重点事项检查相结合,加强对各公园游艺机安全运行的监督检查,严格落实国家关于公园游乐设施管理的有关规定,确保公园游乐设施安全运行。

教育培训。协会组织开展一系列绿化养护技术培训和技能操作比武活动,培养和锻炼高水平、专业化的园艺养护队伍,提高绿化养护的技能水平;受市绿化市容局委托,举办园长培训,帮助公园园长确立公园管理新理念,拓展工作思路,提升管理能力;举办文明行业创建工作培训,明确新形势下文明行业创建工作的新要求,交流做好文明行业创建活动的新经验,不断提高公园行业整体素质。

### 【上海市汽车行业协会】

上海市汽车行业协会成立于1996年8月,是由全市从事汽车与零部件制造及其相关链的单位和科研、院校等自愿组成、实行行业服务和自律管理的行业性、非营利性社会团体法人。下设汽车电子/电器专业委员会、专用车和改装车专业委员会等2个专业委员会,以及汽车铸造分会、汽车制造业服务分会等2个分会。业务主管单位为上海市经济和信息化委员会。到2010年,有各种所有制会员单位 316 个。

协会业务范围是：调研、培训、交流、统计、编辑出版、产品推介、专家咨询、行业自律与协调等。

协会主要开展以下几方面工作：

服务会员。协会编辑出版《汽车汽配界》杂志，为会员提供汽车和汽配产业发展方面的政策法规和国内外产学研发展动态，提供全国及上海汽车市场的产销分析、趋势预测等；依托上汽集团信息公司的优质资源，整合更新协会网站，及时发布市场信息、企业动态、行业热点、政策环境和协会动态等；依托专家委员会为全市汽车行业中长期发展战略、规划和各项目的决策提供咨询服务、提出评估和建议等；自 2004 年起，承担全市整车及部分零部件企业的产、销、存及订货情况的统计汇总，进行会员单位经济运行数据的收集和分析，同时为会员单位提供经济运行状况分析；举办各类论坛、研讨会、交流会、专题报告会、座谈会等活动，为企业搭建产业信息、技术交流、形象展示和行业间联系的平台，帮助企业及时、准确掌握政府相关政策。

产业推进。协会承担"决策咨询、行业评估认证、资格认证、技能资质考核、行业调查、行业统计"等政府转移职能，推进"上海进出口公平贸易汽车行业工作站"的工作，完善进出口数据统计网络体系，加强产业损害预警分析，帮助企业了解出口动态，健全反倾销、反补贴的应对措施，提高出口企业风险防范意识；建立与国际相关协会的对话机制，积极探索合作交流机制，推动业内企业参与国际合作，争取更大的发展资源和空间，组织会员企业"走出去"，赴国外学习考察，扩大会员企业视野，建立国际交流和合作网络。

人才培育。协会依托上海汽车工业（集团）总公司培训中心开展培训业务，同时与一批国内外知名的企业集团、高校和咨询培训机构，与通用汽车、大众汽车、清华大学、上海交大、同济大学、国际汽车工程师协会、上海汽车工程学会、上海汽车工业教育基金会等建立长期、广泛的合作关系；为会员单位和从业人员培训汽车行业的高级人才和专业人才提供服务。培训基地被评为"上海市职工素质工程培训基地示范单位"，被国家人力资源和社会保障部确定为"国家高技能人才培训基地（机电项目）"，被上海市人力资源和社会保障局认定为"上海汽车工程师研修基地"。

运作管理。协会以"行业服务、行业自律、行业代表、行业协调"为准则，加强自身管理，制定完善规章制度，形成健全、规范化的工作管理体系；逐步完善协会工作目标责任制和考核制度，确保各项工作有安排、有进度、有要求、责任到人；积极发挥党支部的战斗堡垒作用和共产党员的先锋模范作用，为协会健康发展提供保证。

【上海市照明电器行业协会】

上海市照明电器行业协会成立于 1996 年 10 月，是由全市从事照明电器研发、设计、生产、经营、照明工程服务、对外交流的企业和其他相关经济组织自愿组成、实行行业服务和自律管理的行业性、非营利性社会团体法人。业务主管单位为上海市经济和信息化委员会。到 2010 年，有各种所有制会员单位 105 个。

协会业务范围是：调研、培训、交流、会展、统计、编辑出版、公信证明、准入审核、产品推介、中介咨询、行业自律与协调等。

协会主要开展以下几方面工作：

服务会员。协会积极开展信息服务。每月编辑出版《简报》，及时更新协会门户网站信息，为会员提供照明电器行业发展方面的政策和国内外产学研发展动态；依靠行业专家库资源和行业经济发展相关统计信息的优势，积极为企业提供各类技术咨询服务，为企业产品研发、设计、生产、工程服务、对外交流提供行业技术专家咨询,为产品研发及产学研提供服务平台,为企业申请名牌产品和著名商标出具证明函,推荐企业参评全国及上海市相关照明展会及有公信力的照明产品设计、优质产品、优秀照明工程的评奖;举办各类活动、研讨会、交流座谈会等,为企业搭建产业信息、技术交流、形象展示和行业间联系的平台,帮助企业及时、准确掌握相关政策,全面提升技术创新能力。

产业推进。协会通过各类服务平台及时反映企业诉求,承担政府相关部门项目评审工作,帮助会员企业申报政府专项扶持资金或项目认定等,为政府相关职能部门提供照明电器产业运行情况分析、趋势预判和政策建议等课题研究报告;建立和保持与中国照明电器协会及国际相关协会联系,积极探索合作交流机制,推动照明行业参与国际、国内的合作,争取更大的发展资源和空间。

人才培育。协会举办各类"照明设计、应用、工程服务"等系列讲座,为照明电器产品制造、照明工程设计的专业技术人员培训相关的照明设计和工程施工专业知识,促进行业从业人员知识技能和业务水平提高。

运作管理。协会完善民主办会规程,强化内部管理规范;制定服务企业、服务政府、促进产业发展的量化指标,纳入日常考核与年终绩效考核;按协会章程,推进协会党建工作,发挥党组织核心作用。

### 【上海市房地产经纪行业协会】

上海市房地产经纪行业协会成立于 1996 年 12 月,是由全市从事房地产居间介绍、代理营销、房屋租赁、咨询策划、金融服务、信息服务等机构和相关企事业单位依法自愿组成的全市性行业组织,是实行行业服务和自律管理、具有法人资格的非营利性社会团体。原名上海市房地产经纪人协会,2004 年 10 月,更名为上海市房地产经纪行业协会。业务主管单位为上海市住房保障和房屋管理局。到 2010 年底,有各种所有制团体会员单位 230 个。

协会业务范围是:行业管理、教育培训、行业调研、诚信建设、行业评比、创新服务、自身建设等。

协会主要开展以下几方面工作:

行业管理。协会受政府有关部门委托,主持制订《上海市房地产经纪行业(试行)规则》和中介、营销代理企业的各类规范、办法与房地产经纪合同文本,发布《上海市代理经租企业开展"租金贷"业务的行业标准》;按照政府有关部门要求,开展"三资"经纪企业备案、全国房地产经纪人、房地产协理登记及其执业信息变更等工作;发起成立"上海市房地产经纪行业诚信服务自律联盟",主办"房屋租赁行业诚信联盟成立大会",号召、引领、规范申城房地产中介市场,加强行业自律,规范房地产经纪行为,促进房地产经纪行业健康发展;设立上海市房地产经纪行业纠纷调解中心,公正、便捷、高效解决当事人之间房屋买卖纠纷,及时有效地化解矛盾,保护消费者和房地产经纪人及经纪机构的合法权益。

行业调研。协会受政府有关部门及企业委托,进行行业发展现状及基础建设等相关问题的调查研究。到 2010 年,完成《上海市房地产经纪行业发展与管理研究》《上海房地产经纪行业发展战略研究》《上海市房地产经纪机构的资信评价体系和管理研究》《进一步完善本市住房交易流程和监管机制的研究》《本市房地产交易中心场所安全管理研究》《对利用互联网从事房地产经纪模式的监管制度研究》《嘉定区住房租赁市场调研》《进一步加强房地产中介行业监管和诚信平台建设的研究》《非居住存量建筑改造租赁住房课题》等研究课题,为政府决策和行业发展提供参考。

教育培训。协会组织开展岗前培训、店长培训、诚信教育、商品房销售人员继续教育、房地产经纪专业人员继续教育等教育培训活动;组织编写《房地产经纪基础教程》《房地产经纪实务》《房地产经纪概论》《房地产经纪人的职业操守》《房地产经纪人执业能力》《房地产经纪业务基本流程》《房地产经纪企业风险防范》《房地产基础知识》《房地产经纪基础》《房地产经纪门店店长执掌》以及《房地产经纪合同管理与投诉处理》等培训教材;举办报告会、讲座、研讨会、交流会,帮助会员了解形势、理解政策;密切关注市场发展趋势及行业发展动态,帮助企业把握市场机遇,学习成功经验,提升执业水平。

**【上海市证券同业公会】**

上海市证券同业公会成立于1997年1月,原名上海市证券业协会,2003年7月更名为上海市证券同业公会,是由全市证券业相关单位自愿组成、实行行业服务和自律管理的行业性、非营利性社会团体法人。业务主管单位为中国证券监督管理委员会上海监管局。到2010年,有各类单位会员544个,其中证券类单位会员504个,投资咨询类单位会员13个,外资代表处单位会员27个。

公会业务范围是:自律管理、协调调解、研究咨询、考察培训、学术交流及法律法规允许的其他业务。

公会主要开展以下几方面工作:

自律管理。公会强化证券营销人员自律管理,制订《上海地区证券经纪人执业自律规则》《上海地区证券营销人员(证券经纪人)信息备案系统管理办法》,加大执行力度,不断完善相关信息平台建设,制定有关信息平台管理制度,举办信息平台专题培训,并向社会开放信息平台,接受社会监督,维护证券经纪业务市场秩序;根据中国证券业协会要求,制定《上海地区证券营业部客户服务和证券交易佣金管理检查工作方案》,加强对客户服务和佣金自律管理工作的现场检查,要求各证券营业部自查自纠,规范经营行为。

服务会员。协会努力当好行业代言人,就会员关心的热点问题、共性问题,认真开展调研,积极协调解决。对上海地区证券网点应急保电、证券营业部网点、证券从业人员等情况进行普查,协调网点进入应急保电系统,将网点调研报告和从业人员普查数据报送相关部门,为政府有关部门加强规划、管理提供决策支撑。到2010年底,有346家证券营业部加入应急保电系统,占总数的73%;与上海市质量协会共同研究制定上海地区证券行业窗口服务标准,在上海世博会举办期间,全体理事、监事单位向全市证券业发出倡议:以迎世博为契机,以高度责任心和使命感投入到世博金融服务工作中,服务世博,奉献世博。

教育培训。公会开展种类多样的行业培训。证券公司主管专题培训;营销人员信息平台专题培训;证券经纪人在线岗前培训;证券公司董事、监事、高管人员培训;异地证券公司在沪营业部负责人培训;上海地区证券投资咨询机构专题培训等;配合中国证券业协会开展基金经理培训班、证券从业人员资格证书年检、代理发放证券经纪人资格证书专业水平证书,以及各类证券从业资格考试的巡考工作等;动员行业人员开展多种形式的宣传活动、各类证券业务义务咨询活动、证券纠纷调解活动等公益服务。

搭建平台。公会积极搭建会员沟通交流平台。与浦东新区政府、上海期货同业公会共同举办"投资中国——2007上海证券期货国际论坛",搭建国内外金融界人士深入交流的平台;组织会员参加"上海—巴黎欧洲金融市场论坛""澳中金融界高峰论坛""低碳经济与期货市场论坛""期货机构投资者论坛""中国国际金融论坛"以及"理财博览会"等各种论坛和专题会议;主办以"会员自律管理与服务"为主题的华东地区证券业协会联席会议,组织参加长三角协会间沟通交流;组织会员单位开展援疆活动;组织会员单位赴外省市协会考察交流。2010年,网站浏览量达74.8万人次,日均2千多人次,全年刊发文章5 869篇。

运作管理。公会加强内部管理,制订理事会议事规则和各项内部管理规章制度,以及工作人员绩效考核办法等;探索党建工作,将党建工作与行业发展相结合,定期召开组织生活会和民主生活会,发挥党组织核心作用。

### 【上海市化工行业协会】

上海市化工行业协会成立于1997年6月,是由全市化工行业同业企业以及其他相关经济组织自愿组成、实行行业服务和自律管理的行业性、非营利性社会团体法人。业务主管单位为上海市经济和信息化委员会。到2010年,有各种所有制会员单位223个。

协会业务范围是:行业管理、"四技"服务、咨询、培训、编辑刊物、组织合作交流交往。

协会主要开展以下几方面工作:

服务企业。协会维护企业合法权益,协调企业关系,反映企业要求,为政府提出政策、立法方面的建议;组织企业进行经营管理的经验交流,开展各种研讨活动和论文、成果评选工作;培训管理人员,指导、帮助企业改善经营管理,推行现代化管理技术,促进管理优化,提高企业素质;帮助会员企业开拓国内外市场,开展节能减排活动,举办行业的各种展销会、推介会、订货会,组织评选名优产品和诚信企业,提高行业产品的市场竞争力和占有率;组织会员到国内外考察市场,举办贸易洽谈会,推动化工外向型经济发展;与上海化工科技情报研究所联合编辑出版《上海化工》刊物,建立协会网站,为会员提供石化产业发展方面的政策法规和国内外石化产业发展动态,提供石化产业最新管理、科技等方面的信息。

服务行业。协会开展行业统计、行业调查,组建信息网络,搜集、整理国内外有关科技、经济、管理等信息资料,及时掌握国内外同行业的动态,进行市场分析预测,为会员提供国内外技术经济情报、市场信息和咨询服务;组织和参与制订、修改行业技术、质量管理标准,开展行检、行评工作,并主持制订本行业职业道德准则、行规行约,开展行业自律,维护行业形象;协助政府有关部门做好生产许可证和业务许可证发放的前期审查工作;组织重大科研项目、新产品的成果鉴定和推广,并按规定申报评奖;组织技术咨询、技术培训、技术交流、技术协作、技术攻关,促进行业技术进步和科技创新;组织对本行业通用工种、特殊工种培训、考核和颁发资格证书;组织开展国内外同行业间的交流与合作,推动形成合作机制;协调行业内供需关系,组织同行评议,制止价格垄断和行业内不正当竞争行为。

服务政府。协会承接政府职能部门有关行业改革发展的课题研究,对行业发展战略目标、行业布局和发展方向等,提出意见建议;协助市政府主管部门落实行业产业结构、产品结构、企业结构和布局结构的调整,促进行业发展方式的转变;对行业重大投资项目、新办企业的布局和老企业的兼并、改制、合资、租赁、拍卖、破产等提出论证意见,积极建言献策;协助政府有关部门指导对化工行业有毒有害、易燃易爆、高温高压和强腐蚀等危险化学品进行特殊性管理,协助政府有关部门加强对易制毒化学品的监管;承接政府有关部门委托,开展上海市石化行业经济运行情况分析,撰写上海化工产业报告,预测年度化工市场情况等。

服务社会。协会承接由中国人民保险、太平洋保险、平安保险、安信农业保险等共保体单位委托的"上海市危险化学品防灾防损技术服务项目",开展危化品生产经营防灾防损工作;履行社会第三方服务职能,开展全市易制毒化学品管理和培训工作;开展大数据库建设,发挥信息传递、数据集成和调研分析功能,向行业和社会传递化工行业经济运行和产品信息。

运行管理。协会坚持制度办事、民主办会、情感办会,营造和谐工作氛围,充分调动和发挥各类人员主观能动性。在思想建设上,强化把工作当作事业干的理念,大力弘扬主人翁精神、奉献精神;在作风建设上,积极倡导反应及时敏捷,办事积极主动,提高工作效率;在能力建设上,鼓励一岗多职、一岗多能,提高工作能力和服务水平;在党的建设上,要求党员修身律己,在推进协会发展中发挥先锋模范作用。

### 【上海市城市规划行业协会】

上海市城市规划行业协会成立于1999年8月,是由全市城乡规划行业企事业单位及相关单位自愿组成的跨部门、跨所有制的行业性社会团体法人。业务主管单位为上海市规划和国土资源管理局。到2010年底,有各种所有制会员单位152个。

协会业务范围是:行业调研、技术培训、学术交流、编辑出版、成果推介、咨询服务、国内外信息技术交流等。

协会主要开展以下几方面工作:

服务会员。协会坚持推进行业改革发展,坚持履行"服务、自律、代表、协调"职能,积极发挥政府和会员单位之间桥梁纽带作用,开展信息服务,每月出版"会讯",为会员提供城乡规划行业方面的政策法规、新技术应用、会员单位业务信息等动态,及时反映行业诉求;更新协会门户网站,为会员单位提供行业信息查询;搭建行业信息技术交流平台,举办各类专业论坛和学术报告会、召开行业座谈会等,帮助企业了解行业发展现状,反映行业诉求,从一定程度上解决企业所面临的问题。

行业服务。协会组织城乡规划编制成果评优,每两年开展一次全市优秀城乡规划成果评选活动,组织专家进行评选,推进行业整体水平提升;通过政府购买服务,配合行业管理,接受业务主管部门委托,配合政府主管部门对城乡规划设计单位资质进行预审;推进建设项目规划审批告知承诺制的实施;针对上海城乡规划重点、热点问题,组织开展课题研究和行业调研工作。

人才培育。协会受中国城市规划协会、上海市规划和国土资源管理局委托,承担上海市注册城乡规划师注册、继续教育培训、考试报名等相关工作,促进专业人才队伍建设。

### 【上海市新材料协会】

上海市新材料协会成立于2000年12月,是由全市新材料领域企事业单位以及其他相关经济组织自愿组成、实行行业服务和自律管理的行业性、非营利性社会团体法人。下设无机材料专业委员会、降解材料专业委员会、改性塑料专业委员会等3个专业委员会和粉末冶金分会、硬面技术分会、青浦新材料产业基地分会等3个分会。业务主管单位为上海市经济和信息化委员会。到2010年,有各种所有制会员单位302个。

协会业务范围是:调研、培训、交流、会展、统计、编辑出版、公信证明、准入审核、产品推介、中介咨询、行业自律与协调等。

协会主要开展以下几方面工作:

服务会员。协会编辑出版《新材料》杂志,建立协会网站,编制新材料产业发展简报、论文集、年鉴等,为会员提供新材料产业发展方面的政策法规和国内外产学研发展动态;制定新材料产品技术、质量行业标准,组织和参与新材料产品鉴定,推荐名牌产品,开展经济技术咨询、培训、交流、攻关,促进产业体制和技术创新;依靠行业专家库资源和行业统计信息的优势,积极为企业提供各类技术咨询服务。为企业产品生产提供专家咨询,帮助企业产品研发提供产学研服务平台,为企业申请名牌产品和著名商标出具证明函,向中国国际工业博览会推荐项目等;每年举办各类新材料专业论坛、研讨会、交流会以及专题报告会、座谈会等,为企业搭建产业信息、技术交流、形象展示和行业间联系的平台,帮助企业及时、准确掌握产业发展趋势以及政府相关扶持政策。

发展产业。协会坚持向政府有关部门提出年度新材料产业发展建议和工作报告,根据先进制造业等重点产业和重大工程的市场需求,提出科技攻关和科研成果产业化建议,制定《上海市新材料统计指导目录》等,为政府制定产业政策和发展指南提供参考;组织专家拜访用户、访问企事业单位,编制《光电和信息行业用人工晶体》《能源、航空、汽车、电子行业用新材料制备技术》《航空航天领域关键新材料发展战略研究》等专题报告,发挥新材料领域科研、试制、生产的优势,推进产学研用结合,加快科研成果转化;每年举办产业政策和创新人才培训系列讲座,授课内容涵盖了标准、专利、产业发展政策、中小企业扶持政策解读以及融投资等诸多方面;承担政府相关部门项目评审工作,帮助会员企业申报政府专项扶持资金或项目认定、企业技术职称评定等;大力支持分支(代表)机构开展形式多样的服务企业工作:粉末冶金分会通过成立"上海市粉末冶金汽车材料工程技术研究中心",增强全市粉末冶金行业汽车材料的自主创新能力;硬面技术分会关心和支持会员单位参与国家 863 火炬计划活动;降解材料专委会与同济大学合作举办"生物基与生物分解材料技术和应用国际研讨会";无机新材料专委会为企业提供技术、标准和应用方面的服务;青浦产业基地分会对会员单位加强创新引导,并在企业融合、培育产业集群方面取得成效;改性塑料专委会建立"上海市改性塑料技术创造战略联盟",为企业交流、合作、创新搭建平台。

合作交流。协会积极参与产业区域合作活动,协助上海郊区和江苏、浙江等长三角地区的工业园区进行招商,组织会员企业和产业园区开展两地考察交流活动,探讨实施企业梯度转移的可行性;接受外省市政府部门、产业园区委托,应邀到北京、东北、宁夏、新疆等地,开展产业规划研究;探索与国际相关协会的对话机制,建立国际交流和合作网络,组织企业赴美国、欧洲、澳大利亚、新西兰、日本等国家和中国台湾地区参观世界 500 强企业和有关材料研究院等,为企业加强与国外同行的学术与技术交流搭桥牵线。

运作管理。协会强化规范化管理,完善民主办会规程,按照章程规定,每年召开理事会和会员大会;制定和完善协会内部各项管理制度,明确协会对服务企业、服务政府、促进产业发展业绩与贡献的考核指标;推进协会党建工作,将党建工作与产业发展相结合,发挥支部战斗堡垒作用和党员先锋模范作用。

## 【上海市信息服务业行业协会】

上海市信息服务业行业协会成立于 2001 年 1 月,是由全市信息服务业企业自愿组成、实行行业服务和自律管理的行业性、非营利性社会团体法人。下设移动互联网专业委员会、金融信息服务专业委员会、企业信息化应用推广工作委员会、社区信息化应用推广工作委员会、数码互动娱乐专业委员会、动漫产业专业委员会、网络教育专业委员会、数字内容专业委员会、数字出版专业委员会等 9 个分支机构,上海市互联网违法和不良信息举报中心、上海信息服务业人才培训中心、上海市数字内容产业促进中心、上海市数字健康信息中心等 4 个中心,以及中国数字化营销与服务产业联盟、上海移动互联网产业发展联盟、上海市电子书产业发展联盟、上海市严肃游戏产业发展联盟、反盗号绿色联盟等 5 个联盟。业务主管单位为上海市经济和信息化委员会。到 2010 年,有各种所有制会员单位 523 个。

协会业务范围是：信息中介服务、行业统计、调研、信息发布、公信证明、价格协调、国内外经济技术合作交流。

协会主要开展以下几方面工作：

服务会员。协会与会员单位建立有快捷便利的信息沟通渠道，及时将各类信息传达全体会员单位，提供上海市中小企业发展专项资金，上海市社会信用体系建设专项资金，上海市信息化发展专项资金和上海市软件和集成电路产业发展专项资金等项目的政策咨询及申请；向会员单位提供职业资格提升、企业内劳动职业技能竞赛等培训服务，并向企业免费开放使用互联网在线教育平台；通过上海市互联网违法和不良信息举报中心，接受社会举报，并移交和协调相关职能部门处理。

产业推进。协会为政府相关部门提供产业运行情况、行业发展趋势和政策建议等课题研究报告；通过编写产业报告、制定行业标准、企业资质认定、组织行业交流、研究政策建议、设计产业规划等工作，引领行业规范；积极组织行业展示活动，每年承办上海市婚恋博览会，通过线上及线下平台的整体联动，把现代化信息服务的理念及手段与婚介行业传统的服务模式有机嫁接整合，规范网络交友的信息服务。

运作管理。协会完善民主办会规程，强化内部管理规范，制定协会服务企业、服务政府、促进产业发展的量化指标，纳入日常考核与年终绩效考核；推进党建制度建设，2006年6月成立党委，坚持党委会、支部书记季度例会制度，坚持重大事项由党委会讨论决定，充分发挥党委核心作用，努力将从严治党落到实处，推进协会健康发展。

## 【上海市工程设备监理行业协会】

上海市工程设备监理行业协会成立于2001年3月，是由全市从事设备监理企业自愿组成、实行行业服务和自律管理的行业性、非营利性社会团体法人。业务主管单位为上海市质量技术监督局。到2010年，有团体会员单位81个。

协会业务范围是：对机构资质预审，组织工程设备监理工程师登记注册，工程设备监理培训与交流，行业管理，工程设备监理咨询服务。

协会主要开展以下几方面工作：

行业管理。协会组织参与行业相关规范的制定工作，制定并发布《设备监理通用规范》《上海市设备监理收费规定（参照标准）》《上海市工程设备监理服务合同（示范文本）》等行业规范，为规范全市设备监理服务、设备监理服务收费及设备监理服务合同提供依据；2005年10月10日，被中国设备监理协会批准为国家设备监理师注册登记机构，并积极开展注册登记工作；发挥专业资源优势，开展资质预审，到2010年底，协助上海市质量技术监督局完成81家设备监理单位的资质预审工作，其中具有甲级资质的单位56家。

培训教育。协会协助上海市质量技术监督局和上海市职业能力考试院，积极做好年度上海市工程设备监理工程师资格考试组织工作及考前培训。根据《上海市工程设备监理从业人员管理办法》要求，规范设备监理人员队伍管理，对获得设备监理从业资格证书人员进行继续教育培训。2006年3月，被中国设备监理协会批准为全国设备监理培训机构之一，并同时认定13名设备监理培训讲师。

行业宣传。协会主办《上海工程设备监理》行业交流资料，作为宣传工程设备监理的重要窗口；协助上海市质量技术监督局对全市年度做出突出贡献的设备监理单位、人员及优秀设备监理项目、论文进行评选表彰，扩大行业先进单位和个人的社会影响力。

**【上海水产行业协会】**

上海水产行业协会成立于 2001 年 5 月,是由全市远洋渔业、海洋捕捞、水产养殖、水产加工、海洋药业、水产品流通、批发市场、进出口企业、休闲渔业、水族观赏鱼、科研机构、大专院校、渔业管理部门等企事业单位自愿组成、实行行业服务和自律管理的行业性、非营利性社会团体法人。下设水族专业委员会和海味干果分会等 2 个分支机构。业务主管单位为上海市商务委员会。到 2010 年,有各种所有制会员单位 231 个。

协会业务范围是:行业自律、行业协调、行业调研、业内外合作交流、提供信息、咨询、培训、会展推介。

协会主要开展以下几方面工作:

服务会员。协会每月编辑出版《上海水产行情》,以上海水产品交易流通行情、价格信息为特色,突出报道协会的工作动态、各项活动、政策规定和会员风采;每日更新协会门户网站;依靠行业专家库资源和行业统计信息的优势,积极为企业提供各类技术咨询服务。为从事水产加工的会员企业申请上海市著名商标的有关证明,为流通贸易会员企业的出口产品品种、原料产地等出具证明;举办各类论坛、研讨会、交流会等,为企业搭建产业信息、技术交流、形象展示和行业间联系的平台;通过举办专题报告会和座谈会,帮助企业及时、准确掌握政府相关扶持政策,提升中小企业技术创新能力。

产业推进。协会帮助指导会员企业在产品优势、精深加工、质量标准、市场需求等方面探索培育水产品牌建设,并通过各种渠道宣传推荐会员企业品牌。自 2003 年起,连续举办上海名优食品(水产类)评选活动;自 2008 年起,每两年开展一次上海十大水产加工品牌评选推荐活动;参与水产标准化制修订和地方标准立项等工作,调研、汇总、分析全市水产行业的概况,当好政府主管部门的助手;通过多种渠道,注重加强与各国驻沪机构的联系,了解海外水产发展趋势和进出口信息,推荐会员参与国际间交流合作,捕捉进出口商机。

运作管理。协会参加政府有关部门组织的培训、会议和活动,把发展壮大会员队伍作为一项重要工作;加强会员会籍档案管理,做好会员登记备案;加强协会党支部建设,参加上级党委布置的各项活动,着力提升协会工作人员的政治思想素质和业务能力。

**【上海市集成电路行业协会】**

上海市集成电路行业协会成立于 2001 年 5 月,是由全市从事集成电路的生产、设计、科研教学、开发、经营、应用的同业企业以及其他相关经济组织自愿组成、实行行业服务和自律管理的行业性、非营利性社会团体法人。下设设计专业委员会、制造专业委员会、测试封装专业委员会、智能卡专业委员会、设备材料专业委员会等 5 个分支机构。业务主管单位为上海市经济和信息化委员会。到 2010 年,有各种所有制会员单位 442 个。

协会业务范围是:行业调研、产品评测、会展、技术培训、交流、合作,编辑出版、咨询服务,承担政府授权的职能。

协会主要开展以下几方面工作:

建言献策。协会配合市政府有关部门制定落实国家政策法规的配套政策,积极向政府有关部门反映会员企业诉求。报送《关于请求切实解决集成电路行业技术人员享受自主知识产权奖金个调税优惠政策的报告》《关于鼓励集成电路设计企业在国内代工下单的支持政策》等专题报告;参与政府相关部门的协调会,专题研究对上海重点设计企业开展加工贸易的政策突破和具体操作方案;

与市国税局就"符合条件的集成电路封装、测试、关键专用材料企业以及集成电路专用设备相关企业给予企业所得税优惠"政策的享受对象、范围和条件等,进行具体沟通协调;组织会员企业召开贯彻相关政策的宣传会,邀请政府机关的相关负责人作政策宣讲;配合政府主管部门参与编制《上海市推进战略性新兴产业——大规模集成电路专项工程实施方案》;承担政府有关部门委托的专项课题调研,参与市经济信息化委编写出版《上海集成电路产业发展研究报告》;参与市政协《加快上海物联网发展建议研究》;参与市经济信息化委主持的《上海集成电路产业"十二五"发展规划预研究》《集成电路各国(或地区)产业政策比较分析及研究》《上海半导体设备材料业的"十二五"发展思路》《中国大陆集成电路设计公司90—65 nm的设计水平调研及其发展思考》等多项研究;完成市发改委委托的《加快发展芯片设计业及上海国资在集成电路布局研究》、市商务委委托的《我国集成电路产业扶持政策与公平贸易问题研究》、市质监局委托的《RFID区域产业技术路线图研究》《2008年和2009年上海电子标签(RFID)年度发展报告》、浦东新区发改委委托的《浦东新区新一代信息技术产业发展的重点领域和政策研究》、张江园区委托的《集成电路产业发展深层次机制研究》《张江战略性新兴产业(集成电路)重点发展领域研究》《优化张江集成电路设计业发展环境,创新集成电路产业链保税监管模式》等课题的研究任务。

服务产业。协会推进数字电视及配套产品芯片设计与整机企业交流合作,推动芯片设计与新一代移动通信、数字家电、汽车电子企业的联动发展,推进产业链深度交流与合作,组织以芯片制造企业为主,带动芯片设计、设备材料和封装测试产业链上下游发展的产业链合作;与上海市交通电子行业协会合作,组织来自上海市汽车电子设计、制造、模块应用领域的汽车电子产业链上下游企业进行交流,推进形成汽车电子芯片产业链;开展行业统计,梳理和分析行业统计情况,及时向政府部门报送、向会员企业发布;建立"上海集成电路产业统计分析及损害预警服务平台"和"上海公共研发服务平台—集成电路行业协会工作站";与海关、税务、商检、外资委、外汇管理局等部门进行协调、沟通或出具证明,帮助企业解决在进料加工、设备进口免税、外汇核销、税收减免等方面的困难和问题;协会积极助推行业人才成长,组织举办全国集成电路产业链发展高级研修班、各类讲座以及"集成电路产业校企合作高级研讨会"等;举办"上海高科技人才招聘会""大学生专场招聘会";与上海仪电工程系列仪表电子专业评委联络沟通,探索为行业内广大科技人员的职称评审提供服务,解决业内专业技术人员无处申报评审职称等问题;组织上海市集成电路设计企业开展集成电路布图保护的登记工作,截至2010年底,行业企业申请的、已受理并公开的专利10 570件,专利授权数5 678件。

政企交流。协会协助海关总署为全国加工贸易处级干部进行集成电路单耗标准方面的培训,为上海关区现场审价员集成电路基本知识培训,为上海机场海关、浦东、北京地区海关科、处级干部进行集成电路专业知识培训;协助上海海关价格信息处、归类中心,提供有关集成电路行业及产品的咨询,对企业33种产品进行认定;组织对行业内主要集成电路芯片制造、封装测试和配套企业进行调研,对集成电路关税和税目调整提出建议,并将汇总情况上报国家海关总署;协会发挥认定机构的资源优势,认真开展集成电路设计企业年审及认定工作,并协助企业做好国家和上海市、区级的各类专项、基金、技改项目的推荐申报工作;完成国家工信部、国家海关总署下达的《超大规模集成电路晶圆加工贸易单耗标准》《引脚类单芯片、球栅阵列单芯片集成电路封装加工贸易单耗标准》《晶体管加工贸易单耗标准》《刚性智能卡加工贸易单耗标准》《二极管加工贸易单耗标准》《三极管加工贸易单耗标准》等标准文本的起草工作;完成国家工信部《危险化学品电子标签标识应用技术规范》的起草工作;协助中国电子工业标准化技术协会进行单晶炉、扩散炉、网带炉能源消耗等三个行业标准的审查;受海关总署委托,对"多元件集成电路"(MCO)类产品给国家关税和产业发展带来的影响进行研究,协助财政和海关组织企业进行"海关税则征求意见"工作。

对外合作。协会积极开展行业交流、研讨等活动。2010年,经国台办批准,协会赴中国台湾地区举办"2010年海峡两岸(台北)集成电路产业合作发展论坛",增进两岸在集成电路领域的交流协作;承办由世界半导体理事会(WSC)和中国半导体行业协会委托的"2010年世界半导体理事会环保学术会议暨国际高科技产业环境、安全与卫生学术会议";与中国半导体行业协会合作举办"中国国际半导体博览会暨高峰论坛(IC China)"。协会协助SEMI每年在上海举办"SEMICON China"展会和论坛;组织各类沙龙、报告会、研讨活动,组织会员企业赴外地参加各类专业展会。

自身建设。协会每年召开会员大会、理事会、常务理事会以及各专业委员会会议,每年举办新春和中秋两次会员联谊活动,对上海市一系列集成电路行业的先进企业和人物进行表彰;每年编写行业简报12期,合作出版集成电路应用专业期刊50期;加强协会网站建设,开办"国产集成电路电子元器件公共服务平台"《会员产品》栏目,免费展示企业的主要产品、特色工艺及服务体系等,帮助企业拓展市场。

## 【上海市信息家电行业协会】

上海市信息家电行业协会成立于2002年3月,是由全市信息家电行业企事业单位自愿组成、实行行业服务和自律管理的行业性、非营利性社会团体法人。下设数字家庭应用专业委员会。业务主管单位为上海市经济和信息化委员会。到2010年,有各种所有制会员单位103个。

协会业务范围是:行业管理、行业调研、业务培训、会展招商、标准制定、中介咨询、信息交流。

协会主要开展以下几方面工作:

服务会员。协会建立门户网站、编辑《上海信息家电》会刊,及时发布国家相关行业政策、产业重大新闻事件、展示会员风采、协会工作动态等信息,为会员单位提供便捷、丰富的信息服务;综合协调多方资源,形成集检验检测、科技查新、企业资质/商标认定、知识产权维权、贸易摩擦应对等各类综合性服务平台,为会员单位提供一站式服务。依托市质检院成立检验检测认证平台;依托中科院查新中心成立科技查新和情报服务平台;建立知识产权服务平台、智能电视应用示范基地和上海市信息家电创新创业基地;推荐会员单位申报社会荣誉,承接相关政府部门人才选拔的推荐工作,积极推荐信息家电行业领域优秀企业和人才申报参评社会荣誉,帮助企业提升品牌知名度和发掘人才资源。

推进产业。协会通过实地走访、座谈交流、问卷调查等多种形式开展行业研究,主动了解企业发展情况,广泛听取企业对产业政策、行业发展、协会工作的意见和建议,及时向政府有关部门反映问题和困难,提出意见建议,为会员企业发展创造良好条件;主持制订并发布行业标准,《居住区信息系统网络互联技术规程》《数字电视终端接收设备技术规范》《高端彩色电视机的分类规范》等上海地方管理标准,《家用和类似用途联网控制器、传感器及类似设备的安全与电磁兼容要求》等信息家电产品安全标准。到2010年,共制订各类标准20余部,推动行业健康发展;编制产业年度发展报告,分析产业发展现状,研究产业发展趋势,为解决产业发展瓶颈问题建言献策;针对国家和上海市出台的各项相关政策,组织举办政策宣贯培训会,邀请政府相关部门负责人宣讲,为企业答疑解惑;组织召开各类专题研讨会、座谈会,举办系列信息家电沙龙。2008年,发起并举办"信息家电发展论坛",每年举行一届,打造行业发展研讨平台;加强与行业知名会展组织的联系和合作,积极组织会员企业参展、观展,为企业开拓市场、扩大品牌影响力提供服务。

党建工作。协会加强党建工作,定期召开党组织活动,积极探索党建新思路,激励党员将攻坚克难、兢兢业业精神融入协会各项工作,充分发挥党组织战斗堡垒作用和党员的先锋模范作用。

### 【上海人才服务行业协会】

上海人才服务行业协会成立于 2002 年 4 月,是由全市人力资源服务机构行业企事业单位自愿组成的跨部门、跨所有制的行业性社会团体法人,前身为上海人才中介行业协会,由上海市人才服务中心、上海市青年人才交流服务中心、上海创价人才有限公司、中国四达国际经济技术合作公司上海分公司、上海市浦东新区人才服务中心、上海经营者人才公司共同发起成立,2008 年 6 月更名为上海人才服务行业协会。业务主管单位为上海市人力资源和社会保障局。到 2010 年底,有各种所有制会员单位 311 个。

协会业务范围是:维护会员的合法权益,制定行规行约,监督行业经营,提供行业信息和培训,提供行业咨询服务。

协会主要开展以下几方面工作:

服务行业管理。协会配合政府出台的相关政策,搭建行业服务平台,架设会员单位与政府联系沟通的桥梁。与市人力资源和社会保障部门、市工商监察部门等政府有关部门建立长期沟通、协调机制,在加强政府沟通、反映会员单位诉求及协助政策制定等方面,积极开展工作。2007 年,《劳动合同法》(草案)在全国范围内征询意见,为了把握其中关于"劳动力派遣"的规定,协会领导多次前往北京,与国家相关部门沟通,提出修改意见建议,并组织业内代表和法律专家召开专题研讨会,将综合意见呈交相关立法部门,有力发挥建言献策作用;2008 年 2 月,《劳动合同法》正式实施后,积极组织参与《劳动合同法实施条例》《劳动合同法修正案》《劳务派遣行政许可管理办法》《劳务派遣暂行规定》等法规、政策的调研讨论,并组织发动业内机构开展研讨、培训,举办《劳动合同法》及《劳动合同法实施条例》专题培训 12 次。2009 年 11 月,组织召开"中国人力资源服务业发展研讨会",邀请国家人社部、全国人大法工委及上海人社局领导参加,与人力资源服务机构、用工单位进行零距离交流,共同研究法律政策信息,探讨产业发展动向和战略,为政府制定政策提供依据;牵头编制人才派遣、人才培训、高级人才中介(猎头)、网络招聘、固定市场招聘会和人才测评 6 个行约行规,为行业规范运作提供依据,在业内产生积极影响;参与国家标准《高级人才寻访服务规范》制订工作,并在全国率先推出人力资源派遣行业地方标准《人力资源派遣服务规范》。

开展行业调研。协会积极开展行业调研,2006 年初,协调人力资源服务机构的派遣员工办理《上海市居住证》问题,多次组织会员单位召开会议讨论,组织派遣专业小组起草《关于人才派遣机构为派遣员工申请上海市居住证诚信自律公约》,并将相关情况向政府部门反映;2008 年全球金融危机期间,参与市人力资源和社会保障局开展行业调研,实地了解金融危机时期会员单位运营情况,帮助有困难的机构迎危度难,解决实际问题;2009 年,参与市商委组织的外包调研,了解上海人力资源服务外包发展状况,起草完成《上海市人力资源服务外包企业走访调研报告》;同年,配合市决策咨询委员会,参与"国际人才在沪发展瓶颈问题及人才落户门槛太高问题研究"课题,为上海大力引进海内外各类人才提供实践依据;积极配合并参与政府有关部门完成《上海市人才队伍建设中长期规划纲要(2009—2020 年)编制工作方案》中"人力资源服务业人才队伍建设研究"课题编制、国家人力资源和社会保障部《关于推进人力资源服务业发展的意见》初稿起草、《全国人才流动中心 2011—2015 年发展规划》编制、上海市人力资源和社会保障局《关于加快推进上海人力资源服务业发展的意见》起草等工作;配合市委组织部、张江管委会、上海公共行政与人力资源研究所等单位和部门,开展行业全方位调研工作,推动政府与市场信息对称;配合市社团管理局,研究编制"行业协会专职工作人员培训体系策划方案"及"行业协会专职工作人员胜任力模型",联手同济大学共同参与"上海市行业协会能力建设研究"课题,就行业协会的人力资源管理制度进行研究分析,形成《上海人才服务机构从业人员情况报告》等;研究业态发展,出版行业书籍,组织业内专家和企业负责人编写出版《上海人才服务行业发展蓝皮书》《上海人才服务行业实战案例汇编》《上海人才服务业培训目录》《上海人才服务行业论文集》等系列书籍,解读行业发展现状,预测行业发展趋势。

推动行业交流。协会寻求行业发展商机,推动行业交流合作,根据会员单位需求,定期组织会员活动,寻找和扩大会员与会员、会员与协会、会员与政府、会员与市场、会员与全国、会员与全球的商机;定期召开行业发展座谈会,成立专业小组,建立会员交流的长效机制;2007年11月,配合中国人才交流协会、上海市人事局和上海市浦东新区人民政府联合举办"2007中国人才服务业博览会",展示改革开放以来人才服务业取得的巨大成就,并就"全球人才服务业发展的趋势及借鉴""金融人才开发、汽车产业人才开发""网络招聘服务及技术的发展""人才战略咨询及高级人才寻访服务""人事外包服务发展趋势""人才派遣的优势与策略""新劳动法律体系下人才派遣业务的变革""跨区域人才服务合作与发展""人才服务事业与产业"等专题进行交流探讨,共同分享人力资源开发与管理的经验和研究成果;推进全国同行交流合作,接待并组织会员单位参与包括中国南方人才市场、杭州人社局、广州人力资源服务协会等在内的外省市政府、社会组织以及企业来访,组织或邀请会员单位参加天津滨海、重庆、常熟、杭州、嘉兴等人力资源服务产业园的招商工作,推动会员单位拓宽国内市场、搭建合作桥梁。协会作为全国省级人力资源(人才)服务行业协会联席会的秘书处,每年组织"全国省级人力资源(人才)服务行业协会联席会",为会员单位拓展全国交流的渠道搭建服务平台。积极搭建国际化交流平台,定期组织会员单位赴国外考察交流,接待怡赛人力、天仕创、艾萨肯等国际知名人力资源服务机构来华访问,积极拓展与欧商会、美商会、荷比卢商会、南南全球技术交易所等国际组织的交流,不断推进会员单位的国际合作。

履行社会职责。协会积极承担社会责任,服务大学生就业。在市人社局支持下,自2004年起,开展包括网络招聘进校园、招聘会进校园、实训基地进校园、职业测评进校园、培训项目进校园、"特色活动"进校园等活动板块在内的"人才服务进校园"系列活动。到2010年底,现场及在线共发布2万多个岗位招聘信息,帮助大学生在进入职场前做好充分准备。作为人才中介职业资格考试报名点,自2002年至2010年,为793人次提供中介师员考前培训报名服务,为5 890人次开展继续教育培训服务。自2009年起,每季度举办"人力资源大讲坛"课程,为会员单位和从业人员解读最新政策信息,开展实务操作培训,吸引全国人才服务从业人员踊跃参加,提升行业顾问水平,至2010年底,累计培训1 100人次。关注行业热点,定期组织派遣、猎头、人力资源法律法规等课程培训。到2010年底,举办派遣培训班9期,参加培训850人次;猎头培训班8期,参加培训800人次;人力资源法律培训班2期,参加培训700人次。

图1-1-3 上海人才服务行业协会的LOGO

### 【上海市会展行业协会】

上海市会展行业协会成立于2002年4月,是由全市从事会议、展览及相关业务的企事业单位自愿组成的跨部门、跨所有制、非营利性的行业性社会团体法人。下设展示工程企业专业委员会、主承办机构专业委员会等2个专业委员会。业务主管单位为上海市商务委员会。到2010年底,有团体会员单位498个。

协会业务范围是:行业调研,信息、咨询、培训、认证、评估、统计服务,承担政府部门委托等有关事项。

协会主要开展以下几方面工作:

服务政府。协会积极为政府建言献策。2005年,参与制订《上海市展览业管理办法》,与市工商行政管理局、市外经贸委共同制订《上海市展览场地租赁合同示范文本》;2007年8月,组织发起《推进上海会展品牌建设倡议书》;2008年1月,组织制定《上海市会展业组展机构依法办展、诚信服务公约》;2009年4月,制订《上海市展览业行为公约(草案)》;参与上海会展业"十二五"发展研究课题,起草编制并完成上海会展业"十二五"发展规划;2006年起,参与由市商务委、市工商局、市公安局、市容环卫局、市知识产权局、市消防局等部门联合组成的"上海展览专项整治联合小组"工作,截至2010年底,共受理投诉案件50余起,经协调基本得到较好解决,有力维护上海会展行业发展环境;自2007年至2010年,开展上海会展业发展调研论证工作,先后向政府有关部门提交《上海会展业的发展对场馆需求的调研报告》《加快发展国际会展城市是上海建设国际金融航运中心的突破口》《加快发展会展业,将上海建成国际会展中心城市》《关于加快推进上海会展业发展的意见》《关于上海急需建造50万平方米展览馆的报告》《关于建议成立大型会展设施专家组的报告》《上海建造特大型场馆的必要性和可能性》《新建场馆可行性分析》等课题研究报告。

促进发展。协会致力于行业规范建设。2005年,组织全市国际展览会评估工作,共对118个国际展览项目进行评审,评出一批上海国际展览会品牌展;自2007年和2009年,分别开展展示工程企业和主承办机构资质认证工作,强化行业资质认证和规范化建设,到2010年底,认证评出上海市会展行业展示工程一级资质单位26家、二级资质单位28个、三级资质单位24家;评出主承办机构一级资质单位14家;2005年8月,与华东师范大学联合组建华师大上海会展学院,编辑出版《会展实务》《会展管理概论》《会展英语》《会展策划》等系列教材,为行业人才培训奠定基础;与上海市职业能力考试院联合,对会展人才开展职业水平认证,到2010年底,通过会展管理高级认证人员66名、中级122名,有力促进专业人才队伍建设。

专业交流。协会积极开展国内外交流,举办国内外各类"沙龙活动",为加强长三角地区城市会展业交流与合作,促进区域会展业健康发展,组织举办长三角现代服务业合作与发展论坛暨首届服务业产品展示会、世博会与长三角合作论坛暨项目推介交流会等活动,提升上海会展行业在长三角和全国业内的影响和地位;创办"上海会展论坛"系列活动、举办"会议展览场馆服务与运营""会展教育与人才需求""展示工程的科技与创新""会展与低碳公共建筑可持续发展""放大世博效应,促进会展发展"等专业会议,受到业界广泛赞誉;加强对外交流合作,先后与韩国、泰国、港澳台等国家和地区会展机构签署友好合作协议,并组团赴意大利、西班牙、日本、泰国、中国台湾、中国澳门、中国香港等境外地区进行考察交流;组织国际展览与项目协会(IAEE)中国座谈会、落实CEPA补充协议(四),推动沪港服务业互动合作推介会、沪港展览业交流圆桌会议等,拓展会员单位国际交流合作空间;2009年3月,受泰国会议展览局委托,协会秘书处设立泰国会议展览局(上海)代表处,增进上海与泰国会展业交流;2010年9月,与亚洲展览会议协会联盟(AFECA)签署合作协议,并在协会秘书处设立亚洲展览会议协会联盟海外中国地区唯一办公室。

服务会员。协会努力提升秘书处服务能力。2005年初,启动对国际展览会相关指标统计工作。

自2006年起,增加对国内展览会、国际会议、节事活动相关指标统计,完善行业统计数据,为大会展服务;2002年开始编辑《上海会展资讯》,2007年起编辑《上海会展业发展报告》,2009年编辑出版《上海国际展览会精粹》等书籍,供行业内交流参考;积极推荐会员企业参与上海世博会建设,组织发动展示工程企业参与上海世博投标,有36家企业中标,获得上海世博会服务供应商和受援国服务供应商资格,共承接99个国家馆、21个省区市馆、44个企业综合馆的深化设计、布展搭建和运营工作。

### 【上海市电子商务行业协会】

上海市电子商务行业协会成立于2002年4月,是由全市从事电子商务的企事业单位以及其他相关经济组织自愿组成、实行行业服务和自律管理的行业性、非营利性社会团体法人。下设物流与信息应用技术专业委员会、电子支付专业委员会、制造业专业委员会、移动电子商务专业委员会、贸易专业委员会等5个分支机构。业务主管单位为上海市经济和信息化委员会。到2010年,有各种所有制会员单位200余个,涉及与电子商务相关的金融保险、电子支付、跨境电商、商贸流通、物流配套、交易服务、安全认证、消费资讯、教育培训、技术支持等细分行业。

协会业务范围是:技术交流、咨询培训、中介服务、举办会展、出版资料、承接政府购买服务和其他事项。

协会主要开展以下几方面工作:

服务会员。协会编辑出版《电子商务资讯》,为会员提供电子商务发展方面的政策法规和国内外产学研发展动态,及时介绍行业新情况;组织会员单位开展"产业对接"活动,为会员单位提供信息沟通对接、业务推介对接、商务寻找对接、技术交流对接的专题活动,搭建会员单位互动平台;协调会员单位的企业与政府间、企业与企业间、企业与顾客间的关系,回应会员单位诉求,解决纠纷和矛盾;依靠行业专家库资源和统计信息的优势,为企业提供各类技术咨询服务;举办各类论坛、研讨会、交流会,为企业搭建产业信息、技术交流、形象展示和行业间联系的平台,帮助企业及时、准确掌握政府相关政策。

能力建设。协会不断完善中小企业服务平台建设,组织专为中小电商企业服务的专题活动,解决他们发展中的实际问题和困难;受政府有关部门委托,参与开展中小企业第三方评估工作和政府资金支持项目评审等工作;充分发挥专业委员会在专业领域的特长,定期组织专业论坛、体验活动、行业峰会,与相关单位合作,举办电商职业技能培训和电商服务认证内审员培训等。

对外交流。协会与国家、上海市政府相关委办、研究机构、质检部门、院校等合作,参与上海电子商务环境的健康发展和标准制定;与上海交通大学法学院合作,承接"电子商务领域经营者集中反垄断实践指引"项目,完成指导教材的编制工作;与上海市第二工业大学共同组成体系标准编写团队,共同编制完成《电子商务企业信用评价体系建设》项目;与国内外驻沪机构、中外资企业沟通,组织会员企业参加对外合作交流、论坛、商品展等活动,为会员企业拓展国内外市场搭建平台。

社会责任。协会组织会员参加政府部门组织的各类座谈会、专题汇报会,及时反映行业发展状况、企业诉求和行业的意见建议;承接政府购买服务项目,组织会员参加"移动支付助力智慧e生活"走进社区主题日活动;组织编撰《上海市电子商务发展报告(两年版)》,参与有关行业标准的制定;加强行业自律,组织会员企业开展诚信专题培训和宣传教育活动,引导会员企业依法规范经营。

### 【上海电子商会(上海电子制造行业协会)】

上海电子商会(上海电子制造行业协会)成立于2002年4月,是由全市从事电子业制造、服务、采购经销的企业以及其他相关经济组织自愿组成、实行行业服务和自律管理的行业性、非营利性社会团体法人。业务主管单位为上海市经济和信息化委员会。到2010年,有各种所有制会员单位168个。

商会业务范围是:行业管理、项目咨询、国际合作、技术培训、信息交流、会展招商及承办政府委托事项。

商会主要开展以下几方面工作:

服务会员。商会每月编辑出版《上海电子信息》,为会员报道电子信息产业发展的国内外产学研发展动态。每日更新协会门户网站,报道商协会最新活动及会员单位动态;发挥专家库资源和行业统计信息的优势,积极为企业提供各类技术咨询服务;举办各类论坛、研讨会、交流会等,为企业搭建产业信息、技术交流、形象展示和行业间联系的平台。

产业推进。商会通过各类服务平台及时反映企业诉求,承担政府相关部门项目评审工作,帮助会员企业申报政府专项扶持资金或项目认定、申报高新技术企业等工作;为政府相关职能部门提供产业运行情况、趋势预判和政策建议等课题研究报告,接受政府部门、产业园区委托开展产业规划研究;组织会员企业学习考察,参展、参观、参加各类展览会、研讨会,通过"走出去"扩大视野,建立广泛交流和合作网络。

人才培育。商会做好上海电子信息类技能人才需求的调研,举办上海市电子信息专业技术人员继续教育培训,促进行业从业人员知识技能和业务水平提高;开展上海电子与信息技术等专业的中、高级专业技术职称的申报与评选等。

运作管理。商会完善民主办会规程,强化内部管理规范,制定了协会服务企业、服务政府、促进产业发展的量化指标,纳入日常考核与年终绩效考核。

### 【上海市多媒体行业协会】

上海市多媒体行业协会成立于2002年5月,是由全市从事多媒体制作、制造、研究以及相关业务领域的同业企业以及其他相关经济组织自愿组成、实行行业服务和自律管理的行业性、非营利性社会团体法人,下设主题娱乐专业委员会、游戏开发者专业委员会、多媒体终端专业委员会等5个分支机构。业务主管单位为上海市科学技术委员会。到2010年,有各种所有制会员单位387个。

协会业务范围是:行业调研、国际交流、品牌会展、资质认证、中介咨询、创业扶持、行业自律与协调等。

协会主要开展以下几方面工作:

服务会员。协会每月以电子邮件方式推送《MIA简报》,每日更新协会门户网站,为会员提供多媒体行业相关的活动、国内外多媒体行业动态和会员新闻;依靠行业专家库资源和行业统计信息的优势,积极为企业提供各类政策和行业信息咨询服务,为企业出具产品和技术证明函;举办或协办各类展会、论坛、沙龙、对接会以及专题报告会、座谈会等,为企业搭建产业信息、技术交流、形象展示和行业间联系的平台,帮助企业及时、准确掌握市场、技术以及政府相关信息;与上海市及长三角地区,科技、文化创意类园区保持着长期的合作关系,为企业争取办公场地、财务税收、政府补贴、融资贷款等提供咨询服务,并帮助初创企业提供从企业战略制订、企业注册,到税收优惠政策办理、商务办公空间租用以及投融资等多方面的政策咨询建议。

服务产业。协会承担"中国多媒体工程系统集成资质"认证工作,对多媒体产业内的企业资本实力、创新能力、工程管理能力、抗风险能力、信用状况等进行评审和认定;为政府相关部门提供产业运行情况、趋势预判和政策建议等课题研究报告;建立国际间的对话机制,与加拿大、澳大利亚、韩国、日本等近十个国家的多媒体企业和机构保持长期沟通,主办或参与上海 VR/AR 产业联盟中德企业交流会、国际游戏商务大会、世界移动大会、以色列企业对接会等活动,推动业内企业参与国际合作,建立国际交流和合作网络。

服务政府。协会组织学习传达政府对多媒体产业的各项规定,提高行业企业的自律性,积极为产业发展做贡献;为政府有关部门建言献策,接受政府部门委托,为政府工程项目分析评估,提供解决方案。

## 【上海汽车配件流通行业协会】

上海汽车配件流通行业协会成立于 2002 年 5 月,是由全市汽车配件和用品有形市场、汽车配件以及汽车美容装潢用品等汽车相关产品的生产制造、研发、流通、服务等企业自愿组成,实行行业服务和自律管理的行业性、非营利性社会团体法人。业务主管单位为上海市商务委员会。到 2010 年,有各种所有制会员单位 402 个。

协会业务范围是:行业调研、技术培训、编辑出版、会展招商、产品推介、中介咨询服务、国内外信息技术交流、组织访问考察。

协会主要开展以下几方面工作:

服务会员。协会编辑出版《汽车汽配界》会刊,为会员提供汽车行业相关政策法规和国内外行业动态等资讯;每日更新协会门户网站;2008 年,联合组建"汽车配件价格采集中心",每年对全市市场上车型保有量较大的配件价格进行数据采集并进行统计,为行业发展走向、市场价格波动提供依据;定期邀请专家为会员举办与企业管理、团队建设相关的讲座,每年邀请相关律师事务所免费为会员企业提供"知识产权""劳动合同""物流风险管控"等方面的法律咨询服务;每年为会员企业争创上海市中小企业品牌、上海市著名商标、上海市品牌产品、高新技术企业、专精特新企业等项目的申报、立项、资质认证提供政策咨询服务;通过"上海市汽车配件用品行业协会院士专家服务中心",邀请业内专家和学者、企业家和工程技术人员,利用产学研结合的优势,研究、分享中国汽车后市场的最新趋势和研究成果,为汽车后市场企业提供相关服务;每年举办各类高峰论坛、研讨会、产业基地对接会等,组织会员企业国内外考察,参加各类行业展会,为企业搭建产业信息、技术交流、形象展示和行业间联系的平台。

产业推进。协会协调会员与会员、会员与行业非会员、会员与其他行业经营者或消费者及其他社会组织的关系,运用"快速解决汽车消费质量纠纷专家鉴定站"和"上海经贸仲裁中心仲裁三部"仲裁平台,协调产业链上下游之间关系;制定行业标准化长期发展规划,开展行业信用体系建设,帮助企业建立诚信档案,为企业提供购销合同示范文本,开展"遵规守信推荐采购单位"等评选活动;开发汽车配件溯源平台,推广使用"汽车配件溯源标识",推进著名商标审核推荐工作。

运作管理。协会完善民主办会规程,强化内部管理规范,制定了协会服务企业、服务政府、促进产业发展的量化指标,纳入日常考核与年终绩效考核,促进协会持续健康发展。

## 【上海市装饰装修行业协会】

上海市装饰装修行业协会成立于 2002 年 6 月,是由全市建筑装饰企业、家庭装潢企业、建筑幕墙企业、建筑遮阳企业、装饰材料企业、装饰设计企业、环境艺术企业等单位自愿组成,实行行业服务和自律管理的非营利性社会团体法人。下设建筑装饰专业委员会、住宅装饰专业委员会、建筑幕墙专业委员会、建筑遮阳专业委员会、装饰材料专业委员会、装饰设计专业委员会、环境艺术专业委员会、历史建筑修缮专业委员会、信息委和专家委等专业委员会等9个专业委员会。业务主管单位为上海市城乡建设和交通委员会。到2010年底,有各种所有制会员单位1 476个。

协会业务范围是:受法律法规授权、政府委托、管理装饰装修行业,开展咨询、行业调研,技能培训、会展、中介服务,国内外信息技术交流服务。

协会主要开展以下几方面工作:

行业管理。协会积极开展行业管理,积极宣传、贯彻有关装饰装修行业的法律法规、规章制度、技术标准和技术规程。自2003年起,组织开展规范服务达标创建活动,并主持制定《住宅装饰装修验收标准》等一系列标准、规范,建立质保金管理制度;自2004年起,配合市、区两级建设主管部门开展既有玻璃幕墙建筑专项整治工作,组织既有幕墙应急处置调度,落实专业抢险队伍和相关设备等,为社会公共安全保驾护航;紧跟国家创新发展战略布局,建立多个研发基地和培训基地,提高全行业新技术、新材料研发和应用能力;组织开展装饰装修信得过企业评选,打造具有影响力和公信力的品牌评选项目。

服务会员。协会出版《上海装饰》会刊,帮助会员企业解读行业政策、了解行业动态,并通过门户网站向外界展示行业形象、为会员企业提供行业信息服务;建立建筑幕墙行业信息服务、优信家装惠、设计汇等多个行业信息服务平台,建立一支以行业专家、高校教师为主体、理论与实践相结合的专兼职师资队伍,培训行业所需实用型人才;推动郊区住宅装饰企业发展,补齐行业自律短板,为中小微企业提供差别化服务,打造"接地气"的家装服务进社区,举办青浦首届春季家博会、春节助老维修服务等惠民活动;举办行业设计大赛,以及跨产业、跨行业的考察技术交流会,组织会员参与各类展会和论坛活动,开阔会员视野,提升专业水平;代表行业进行与其他行业或组织的行业性协调与谈判,调解会员之间、会员与非会员以及消费者之间因行业经营活动产生的争议,接受、调解、处理消费者的投诉,促进装饰装修行业和市场持续健康发展。

### 【上海蔬菜食用菌行业协会】

上海蔬菜食用菌行业协会成立于2002年6月,原名为上海蔬菜加工与出口行业协会,2006年4月更名为上海蔬菜行业协会,2010年4月再次更名为上海蔬菜食用菌行业协会,是由全市从事蔬菜食用菌生产、加工、出口以及相关业务的企事业单位自愿组成、实行行业服务和自律管理的行业性、非营利性社会团体法人。业务主管单位为上海市农业委员会。到2010年,有各种所有制会员单位87个。

协会业务范围是:调研、培训、交流、会展、统计、编辑出版、公信证明、准入审核、产品推介、中介咨询、行业自律与协调等。

协会主要开展以下几方面工作:

服务会员。协会每月编辑出版《蔬菜简讯》,为会员提供蔬菜食用菌产业发展方面的政策法规和国内外产学研发展动态,及时反映行业诉求;每日更新协会门户网站,每周向会员发送蔬菜简讯电子简报。依靠行业专家库资源和行业统计信息的优势,积极为企业提供各类技术咨询服务,为企业生产提供专家咨询,帮助企业产品研发提供产学研服务平台,为企业申请名牌产品和著名商标出具证明函等。举办各类论坛、研讨会、交流会等,为企业搭建产业信息、技术交流、形象展示和行业间联系的平台;通过举办专题报告会和座谈会,帮助企业及时、准确掌握政府相关扶持政策。聘请常年法律顾问,免费为会员提供有关劳动法、合同法、公司法等方面的法律咨询和法律援助。

产业推进。协会从2007年开始,每年开展上海蔬菜行业产销调研,调研报告提供市农委和有关部门作决策时参考,并为政府相关部门提供产业运行情况、趋势预判和政策建议等课题研究报告。2008 年,通过对蔬菜行业重大问题调研,提出上海要有 30 万亩最低菜田保有量等工作建议,受到市政府有关部门肯定;在行业内组织开展"重食品安全,守行业信用"活动,会员单位通过农业网、东方城乡报、蔬菜信息、简报等方式向社会公布"守信"承诺书,帮助企业深化"诚信守诺"重要性的认识;建立与国际相关协会的对话机制,积极探索合作交流机制,推动业内企业参与国际合作,组织会员企业国外学习考察,通过"走出去",扩大会员企业视野。

人才培育。协会组织举办蔬菜生产技术培训、出口蔬菜质量培训以及蔬菜安全管理等系列讲座,免费为会员单位、专业合作社企业发放蔬菜栽培技术手册,食用菌栽培技术等书籍,并为会员企业提供法律援助、技术咨询和技术服务;与上海数十名农业专家及国外农药公司保持经常性联系,为企业提供专题技术培训、咨询和服务。

运作管理。协会完善民主办会规程,强化内部管理规范,制定服务企业、服务政府、促进产业发展所作贡献的量化指标,纳入日常考核与年终绩效考核;探索协会党建工作,发挥党组织核心作用。

## 【上海市生物医药行业协会】

上海市生物医药行业协会成立于 2002 年 12 月,是由全市生物医药企业、科研院所和产业园区等单位自愿组成、实行行业服务和自律管理的行业性、非营利性社会团体法人。下设精准医疗专业委员会、生物制品专业委员会等 2 个分支机构。业务主管单位为上海市经济和信息化委员会。到 2010 年,有各种所有制会员单位 202 个。

协会业务范围是:调研、培训、交流、会展、统计、编辑出版、公信证明、准入审核、产品推介、中介咨询、行业自律与协调等。

协会主要开展以下几方面工作:

服务会员。协会编辑出版《生物技术产业》,为会员提供生物医药产业发展方面的政策法规和国内外产学研发展动态;每日更新协会门户网站,每周向会员发送医药信息电子简报;依靠行业专家库资源和行业统计信息的优势,积极为企业提供各类技术咨询服务。为企业产品生产提供专家咨询,帮助企业产品研发搭建产学研医服务平台,为企业申请名牌产品和著名商标出具证明函,向中国国际工业博览会推荐项目等。举办各类论坛、研讨会、交流会等,为企业搭建产业信息、技术交流、形象展示和行业间联系的平台,帮助企业及时、准确掌握政府相关政策。2008 年,创办的"谈家桢生命科学奖",被科技部批准为生命科学技术国家级奖项,成为中国生命科学领域最具影响力的奖项之一。

产业推进。协会通过各类服务平台及时反映企业诉求,解决企业发展实际困难;承担政府相关部门项目评审工作,帮助会员企业申报政府专项扶持资金或项目认定等,为政府相关部门提供产业运行情况、趋势预判和政策建议等课题研究报告;接受外省市政府部门、产业园区委托,开展产业规划研究;建立与国际相关行业协会的对话机制,积极探索合作交流机制,推动业内企业参与国际合作,争取更大的发展资源和空间;组织会员企业国外学习考察,通过"走出去",扩大会员企业视野,建立国际交流和合作网络。

人才培育。协会举办"生物医药大讲堂"系列讲座,联合开展上海市生物医药工程专业技术人员继续教育培训,促进行业从业人员知识技能和业务水平提高;承接上海市科技创业中心培训任务,开展上海市工程系列生物与医药、电子与信息技术等专业的中级专业技术职务任职资格专业培训;组织和承担上海市智慧医疗高技能人才培养基地工作。

运作管理。协会完善民主办会规程,强化内部管理规范,制定服务企业、服务政府、促进产业发展的量化指标,纳入日常考核与年终绩效考核;积极推进党建工作,协会党支部围绕建设"学习型、服务型、创新型"基层党组织目标,以"形式固化、内容强化、理念提升、党性增强、作用发挥"为核心开展活动。

### 【上海市信息安全行业协会】

上海市信息安全行业协会成立于2003年3月,是由全市信息安全行业同业企业以及其他相关经济组织自愿组成、实行行业服务和自律管理的行业性、非营利性社会团体法人,下设商用密码专业委员会。业务主管单位为上海市经济和信息化委员会。到2010年,有各种所有制会员单位91个。

协会业务范围是:咨询和中介服务,组织行业调研、交流、合作、培训、举办会展、论坛和编辑出版等,以及承担政府委托的事项。

协会主要开展以下几方面工作:

服务会员。协会编印《行业动态选编》,为会员单位提供国家相关政策法规和行业发展动态,为会员单位在《9682000信息与安全》专刊中免费提供栏目页面,介绍会员单位的新技术、新产品和解决方案;及时传达政府职能部门的相关政策,对企业相关项目的申报情况及政府部门的审批情况进行实时跟踪服务。

产业推进。协会积极开展产业调研及产业推进服务。在上海世博会开幕前,完成《上海市信息安全分类应急处置专家队伍及产品资源库》建设工作,以及《上海市民信息安全手册》发放工作;世博会期间,积极配合市网安办参与"安全世博"各项活动,为世博会的信息安全保障体系建设提出建议,并支持会员企业参与世博会信息安全规划和建设工作。积极参与行业发展规划,完成市科委委托的《上海市信息安全十二五科技规划需求与建议调研》课题、市经济信息化委委托的《2009年高新技术产业化推进情况》汇总、《2010上海市信息安全企业年鉴》资料收集与采编;完成市经济信息化委重点关注企业年度资料收集与上报和行业内《人才引进和居转户相关政策》企业推荐工作等。开展全市信息安全产品的相关调研,形成《上海市信息安全产品认证收费调研报告》《信息安全企业所缴营业税(安全服务类)调研统计》《动态口令产品物理检测设备需求分析报告》等调研成果,报政府相关部门参考;开展行业标准制订等软课题研究,牵头编制《时间型动态口令类产品标准规范》,促进动态口令类产品的序列号编码规则、口令算法、物理特性指标和检验方法等标准化;参与《上海市信息安全"十二五"科技规划》编写工作,完成《信息安全行业知识更新研究》《信息安全从业人员信用管理研究》等软课题研究;举办"2010中国信息安全技术与应用展览会暨2010中国信息安全高峰论坛""2010上海市信息安全技能竞赛"等,促进行业人才成长;组织行业交流。2010年组织"启明星辰""三零卫士"等企业与浙江省经济信息化委、浙江省电子产品检测所就两地信息安全产业发展进行交流沟通,还与来访的韩国信息通信振兴协会就信息安全产品、信息安全企业发展等进行国际交流。

### 【上海市光电子行业协会】

上海市光电子行业协会成立于2003年6月,是由全市光电子企业、科研院所和产业园区等单位自愿组成、实行行业服务和自律管理的行业性、非营利性社会团体法人,下设平板显示专业委员会、半导体照明专业委员会、光纤光缆光器件专业委员会等3个分支机构。业务主管单位为上海市经济和信息化委员会。到2010年,有各种所有制会员单位98个。

协会业务范围是:咨询服务、中介、行业标准制定、组织展览、培训、交流、政府委托的工作及其他相关业务。

协会主要开展以下几方面工作：

服务会员。协会定期编辑出版《上海光电》，定期更新协会网站，向会员发送电子简报，为会员提供光电子产业发展方面的政策法规和国内外产学研发展动态；依靠行业专家库资源和行业统计信息的优势，为企业提供各类技术咨询服务，为企业产品生产提供专家咨询，为企业产品研发提供产学研服务平台，为企业申请名牌产品和著名商标出具证明函，向中国国际工业博览会推荐项目等。举办各类论坛、研讨会、交流会和专题报告会、座谈会等，为企业搭建产业信息、技术交流、形象展示和行业间联系的平台，帮助企业及时、准确掌握政府相关政策。

产业推进。协会通过各类服务平台及时反映企业诉求，帮助企业解决发展实际困难，承担政府相关职能部门项目评审工作，帮助会员企业申报政府专项扶持资金或项目认定等工作，为上海市政府相关职能部门提供产业运行情况、趋势预判和政策建议等课题研究报告；接受外省市政府部门、产业园区委托，开展产业规划研究；建立与国际相关行业协会的对话机制，积极探索合作交流机制，推动业内企业参与国际合作，并组织会员企业国外学习考察，通过"走出去"扩大会员企业视野，建立国际交流和合作网络，争取更多的发展资源和更大的发展空间。

人才培育。协会参与成立上海市光电子人才实训基地，为广大在职光电子专业技术人员提供继续教育培训，促进行业从业人员知识技能和业务水平提高。

运作管理。协会完善民主办会规程，强化内部管理规范，制定了服务企业、服务政府、促进产业发展的量化指标，纳入日常考核与年终绩效考核；探索党建工作，将党建工作与产业发展、协会发展相结合，促进协会健康发展。

**【上海木材行业协会】**

上海木材行业协会成立于2003年10月，是由全市从事木材流通、加工的企事业单位以及其他相关经济组织自愿组成、实行行业服务和自律管理的行业性、非营利性社会团体法人。下设红木专业委员会、多层实木地板专业委员会、楼梯专业委员会、针叶材专业委员会、营销分会等5个分支机构。业务主管单位为上海市经济和信息化委员会。到2010年，有各种所有制会员单位400多个。

协会业务范围是：行业调研、技术培训、编辑出版、会展招商、投诉处理、纠纷协调、行标制订以及中介咨询、国内外交流等。

协会主要开展以下几方面工作：

服务会员。协会编辑出版专业期刊《中国木材》以及行业报纸《上海木业》，丰富信息、宣传、广告、市场、知识、技术等方面的内容；为会员及时提供全国及各主要港口的木材进出口数据和主要木制品产量价格信息；发挥协会专职咨询投诉机构的作用，接受社会各界的投诉和咨询服务，每年为会员企业以及社会调解各类投诉与售后服务问题数百起；为会员企业积极推介产品，为企业申请名牌产品和著名商标出具推荐函、证明函；为会员企业提供申报专利服务。

产业推进。协会是市商务委授予的"上海市进出口公平贸易行业工作站"，通过各类服务平台及时反映企业诉求，解决企业发展实际困难；承担政府相关职能部门项目评审工作，帮助会员企业申报政府专项扶持资金或项目认定等工作；起草行业标准《中国主要木材流通商品名称》；举办各类论坛、研讨会、交流会，与国家级及全市各质量管理机构进行广泛合作，与国内各级林木业专业机构建立战略合作关系。

人才培育。协会获得国家林业局授予的国家级职业技术鉴定站（上海）资格，培训木材行业国家高级职称专业人员。截至2010年底,已累计培训国家高级木材检验员129人。

运作管理。协会完善民主办会规程,强化内部管理规范,制定了协会内外管理的各项规章制度;举办上海地板诚信单位评选,帮助企业提升行业品牌;完善协会党组织建设,发挥党员先锋模范作用。

### 【上海市汽车销售行业协会】

上海市汽车销售行业协会成立于2003年10月,是由全市汽车销售行业企业自愿组成、实行行业服务和自律管理的行业性、非营利性社会团体法人。业务主管单位为上海市经济和信息化委员会。到2010年,共有各种所有制会员单位191个。

协会业务范围是:行业调研、技术培训、编辑出版、会展招商、中介咨询服务、国内外信息技术交流、组织评选活动等。

协会主要开展以下几方面工作:

服务会员。协会每月编辑出版《汽销行业》会刊,为会员提供全市及国内外汽车产销行业发展方面的政策法规和行业发展的最新动态,每日更新协会门户网站,每季度向会员发送《季度销售统计分析》报告;依靠行业统计信息等优势,积极为企业提供各类咨询服务,为企业提供专家咨询、法务咨询和"三包"咨询,推荐行业内企业参评全国性和全市行业评选等活动,推荐"上海名牌""上海著名商标"、商业优质服务先进集体和先进个人等项目的评审;开展会员企业、兄弟省市、国内外同行之间的学习考察与交流,举办各类论坛、研讨会和交流会等,为企业搭建交流、展示和联系的平台,帮助会员企业及时、准确掌握政府相关政策,全面提升会员企业的规范经营能力。

产业推进。协会通过各类服务平台及时反映企业诉求,帮助企业解决发展过程中的实际困难,承担政府相关部门的相关项目评审工作,为政府相关部门提供行业统计分析、趋势预判和政策建议等课题研究报告;接受政府部门委托,完成《上海加快汽车销售业发展的对策与研究》、编制《上海汽车销售业"十二五"发展规划》;组织会员参加"中国泛长三角汽车流通业商、协会联谊会"活动,赴国外学习考察,为会员企业拓展长三角市场和在国际上寻找商机,发展跨区域合作奠定基础;组织会员单位参加每年度与上海市购物节同期举办的上海市汽车销售服务节,提高行业影响力和参会会员的知名度和美誉度;制定并组织《上海市汽销服务从业人员行为礼仪规范》培训,提高汽车营销人员的职业道德水平,并对汽车销售的行为进行规范,推进行业"诚实守信"工作。

运作管理。协会完善民主办会规程,强化内部管理规范,做好服务协调;探索协会党建工作,围绕建设"学习型、服务型、创新型"基层党组织目标,将党建工作与协会工作相结合,促进协会健康发展。

### 【上海锅炉压力容器行业协会】

上海锅炉压力容器行业协会成立于2003年12月,是由全市从事锅炉压力容器设计、研究、制造、安装、咨询服务等企事业单位自愿组成、实行行业服务和自律管理的行业性、非营利性社会团体法人。业务主管单位为上海市经济和信息化委员会。到2010年,有各种所有制会员单位79个。

协会业务范围是:行业调研、技术培训、技术比赛、刊物出版、会展招商、产品推介、中介咨询服务、国内外信息、技术交流等(涉及行政许可证,凭证许可证开展业务)。

协会主要开展以下几方面工作:

服务会员。协会编辑出版《信息简报》,为会员单位提供行业发展最新动态、政府相关政策法规等信息;设立行业信息联络员,加强协会与企业之间的沟通交流,建立向政府部门反映社情、企情、民情的主渠道;结合行业发展特点和企业需求,开展行业培训;依靠行业专家库的资源和行业统计信息的优势,积极为企业提供各类技术咨询服务,为企业产品生产提供专家咨询和提供服务平台,为企业申请名牌产品和著名商标出具证明函,推荐企业家参评上海市工商业领军人物,参与中国国际工业博览会会展和推荐项目等;成立行业法律咨询部,免费为会员单位提供涉及企业发展的知识产权、劳动人事、商务谈判、投融资计划、财务和预防经济犯罪等方面的法律咨询。

促进发展。协会受政府有关部门委托,开展电站锅炉、工业锅炉、压力容器等方面的行业规划调研,为政府有关部门提供行业统计数据运行情况、趋势预判和政策建议等;组织会员单位围绕企业发展进行项目评估、课题考证和实地考察,引入产业发展新技术、新理念、新模式,助推行业健康发展。

规范运行。协会健全完善办会规程,强化内部管理规范,制定了服务企业、服务政府、促进行业发展的系列制度,纳入日常考核与年终绩效考核;协会党支部发挥党员先进模范作用,始终把服务会员放在首位,改进协会工作。

## 【上海起重运输机械行业协会】

上海起重运输机械行业协会成立于2004年2月,是由全市起重运输机械科研院校、设计制造、安装维修等企事业单位自愿组成、实行行业服务和自律管理的行业性、非营利性社会团体法人。业务主管单位为上海市经济和信息化委员会。到2010年,有各种所有制会员单位102个。

协会业务范围是:行业调研、技术培训、会展招商、产品推介、技术咨询服务、国内外技术信息交流等。

协会主要开展以下几方面工作:

服务企业。协会编辑出版《行业通讯》,及时更新网站,为会员提供起重运输机械产业发展趋势、政策法规和国内外产学研发展动态;依靠行业上下游的专家和行业统计信息的优势,积极为企业提供各类知识产权和技术咨询服务;帮助企业产品研发搭建产学研服务平台,为企业申请名牌产品和著名商标出具证明函,向起重机械领域推荐企业智能、自控项目等;举办各类论坛、研讨会、交流会等,为企业搭建产业信息、技术交流、形象展示和行业间联系的平台,每年举办的散货机械技术论坛和主题峰会,帮助企业及时、准确掌握政府相关政策和行业发展趋势。

推进产业。协会是作为市商务委认定的市进出口公平贸易工作站,积极开展进出口公平贸易的宣传、培训工作,向企业介绍知识产权、海内外维权的程序和技巧,维护企业在国际竞争中的利益;承担政府相关部门项目评审工作,帮助会员企业申报政府专项扶持资金或项目认定等工作,为政府相关部门提供产业运行情况、趋势预判等课题研究报告;接受市内外部门、企业委托,开展起重机械产业规划研究和项目实施;建立与相关协会和科研院校的对话机制,积极探索合作交流机制,推动业内企业参与国内、国际合作;组织会员企业国内外学习考察,通过"走出去、请进来",扩大会员企业视野,建立国际交流和合作网络;开展上海市工程专业技术人员继续教育培训和行业内专业技术职务任职资格培训和评审,承接起重运输机械领域各种专业理论和实践的培训任务。

规范管理。协会完善民主办会规程,强化内部管理规范,制定服务企业、服务政府、促进产业发展的量化指标;做好协会党建工作,协会党支部围绕建设"学习型、服务型、创新型"基层党组织目标开展党建活动。

### 【上海市瓜果行业协会】

上海市瓜果行业协会成立于 2004 年 3 月,原名上海市西甜瓜行业协会,2010 年 8 月更名为上海市瓜果行业协会。是由全市瓜果生产企业为主要成员,联合相关企事业单位、院校、研究机构及瓜果行业知名人士自愿组成、实行行业服务和自律管理的行业性、非营利性社会团体法人,下设葡萄专业委员会、柑桔专业委员会、种苗专业委员会等 3 个分支机构。业务主管单位为上海市农业委员会。到 2010 年,有各种所有制会员单位 160 个。

协会业务范围是:市场调研、产销协调、中介服务、技术咨询、项目论证、信息交流、产品评比、业务培训、展示展销、出版内部刊物等。

协会主要开展以下几方面工作:

服务会员。协会通过“上海瓜果网”为会员提供瓜果产业发展方面的政策法规和国内外产学研发展动态;依靠行业专家库资源和行业统计信息的优势,积极为企业提供各类技术咨询服务;为企业制定生产标准提供专家咨询服务,为企业申请名牌产品和著名商标出具证明函,推荐企业参加上海市政府组织农业博览会和亚果会等;举办各类论坛、研讨会、交流会等,为企业搭建产业信息、技术交流、形象展示和行业间联系的平台;通过举办专题报告会和座谈会,帮助企业及时、准确掌握政府相关扶持政策,全面提升瓜果企业技术创新能力。

产业推进。协会通过各类服务平台及时反映企业诉求,帮助会员企业申报政府专项扶持资金等工作;开展行业调研,完成《上海市瓜果行业发展报告》《上海瓜果产业机械化应用程度调查研究》《上海市瓜果行业自律诚信体系建设相关标准建设情况报告》《上海市涉及瓜果行业的农业政策情况调研报告》《关于上海市瓜果行业组织化经营成本投入与效益分析的调研报告》等 30 余篇行业调研报告,为政府相关职能部门提供产业运行情况、趋势预判和政策建议。

人才培育。协会承接上海市农业委员会“上海市农业从业人员培育”培训任务,聘请行业内经验丰富的专家进行授课,每年累计培训达 3 000 余人次,促进了行业从业人员知识技能和业务水平的提高。

运作管理。协会完善民主办会规程,强化内部管理规范,制定了协会对服务企业、服务政府、促进产业发展所作贡献的量化指标,纳入日常考核与年终绩效考核;联合上海市农业技术推广服务中心、上海市果品行业协会联合开展上海地产果品评优推优活动,提升品牌形象;协会联合党支部将党建工作与产业发展相结合,发挥核心和先锋模范作用。

### 【上海市食品添加剂行业协会】

上海市食品添加剂行业协会成立于 2004 年 4 月,是由全市食品添加剂行业企事业单位自愿组成、实行行业服务和自律管理的行业性、非营利性社会团体法人。下设复配食品添加剂专业委员会、香精香料专业委员会、食品添加剂与食品安全专家委员会等 3 个分支机构。业务主管单位为上海市经济和信息化委员会。到 2010 年,有各种所有制会员单位 109 个。

协会业务范围是:行业调研、技术培训、编辑出版、会展招商、产品推广、中介咨询服务,国内外信息技术交流等。

协会主要开展以下几方面的工作:

服务会员。协会编印行业简讯,建立门户网站,向会员单位和政府相关部门、兄弟省市协会等介绍行业动态和各类信息,向食品添加剂应用单位和广大食品消费者正面宣传食品添加剂的功能、作用和国家的相关法规;依托专家委员会的优势,积极为会员企业提供各类产品开发、法律法规、技术改造等咨询服务,为会员单位申请上海市名牌产品和著名商标提供咨询服务;举办"食品安全和食品添加剂研讨会",围绕"食品安全与食品添加剂"主题,研讨"食品与食品添加剂的安全性""我国食品监管中食品安全评估的内容和方法""加强上海地区食品安全监管综合措施"等。

产业推进。协会协助政府部门开展行业资质考核工作,并在会员企业中开展培训,对一些条件差的企业,组织专家上门指导,帮助企业落实生产许可证和卫生许可证资质考核指标;配合市质量技监局对全市食品生产监管人员进行有关标准、法规和食品添加剂知识培训,帮助执法人员和食品添加剂生产企业准确理解、掌握标准内容;配合市食品生产监督所对全市 250 家食品添加剂生产企业质量管理人员和技术人员进行培训;协助开展行业内部技术职称评定工作,先后完成行业内 50 多家企业 104 人申请中高级职称的培训考核工作。

行业自律。协会 2008 年主持制订《上海市复合食品添加剂行业生产管理自律公约》《有关解决上海地区食品香精香料行业存在一些问题的建议》等行业自律公约,指导和规范上海地区复合食品添加剂生产企业的食品添加剂生产经营。印制《复合食品添加剂生产企业自查情况表》,要求各企业严格按照 15 条自查标准对照检查落实;2009 年,协会发起《食品安全宣言》活动,与广大会员共同向社会承诺维护食品安全,大力强化企业法制观念和道德观念,强化企业诚信自律,切实承担食品安全的企业主体责任。

科普宣传。协会积极做好科普宣传工作。2007 年,编印《老百姓身边的食品添加剂》4 万册,向社区免费发放;2008 年,编撰《食品安全:传统食品必须现代化》,经"上海第一财经"报道后,被国内外 20 多家知名报刊和网站转载;2010 年,编印《食品安全与食品添加剂》《何食为安——食品安全宣传手册》,通过居委会以及相关展览会等活动向广大群众免费赠阅;积极参与由市委宣传部、市质量技术监督局等 11 个委办局在全市联合开展的以"共铸质量安全、同迎精彩世博"为主题的"质量月"活动,宣传有关食品安全和食品添加剂等方面的知识。

**【上海市期货同业公会】**

上海市期货同业公会成立于 2004 年 4 月,是由全市期货行业的同业企业以及其他相关经济组织自愿组成、实行行业服务和自律管理的行业性、非营利性社会团体法人,下设培训专业委员会、诚信自律专业委员会、投资者教育与保障专业委员会、技术保障专业委员会、创新研究发展专业委员会、清算财务专业委员会、风险管理子公司专业委员会等 7 个分支机构。业务主管单位为中国证监会上海监管局。到 2010 年,有团体会员单位 222 个,其中期货公司会员单位 33 个,期货分公司会员单位 29 个,期货营业部会员单位 128 个,风险管理子公司会员单位 21 个,银行会员单位 7 个,软件公司会员单位 4 个。

公会业务范围是:自律管理、协调调解、研究咨询、考察培训、学术交流及法律法规允许的其他业务。

公会主要开展以下几方面工作:

服务会员。公会通过举办各类研讨会、交流会、专业培训会以及专题报告会、交流会等活动,为会员单位搭建交流、展示和行业间联系的平台,及时传递政策信息;建立"上海地区期货公司首席风险官联席会"和"上海地区期货公司信息技术负责人联席会",研究探讨行业内的热点问题,互相交流经验;及时更新门户网站,发送辖区期货经营机构数据,编印《上海期货》,为会员单位提供行业信息,展示会员单位企业文化、特色和风采;组织开展"上海地区期货行业趣味运动会",活跃企业业余文化生活,提高从业人员综合素质。

产业推进。公会每年主办"期货机构投资者年会",探讨期货行业如何与各金融机构实体企业等领域的密切合作,已成为上海地区期货行业最具影响力的品牌活动;落实上海证监局、中国期货业协会相关要求,每年开展 3·15 投资者保护活动,统一制作宣传材料并设立活动宣传点,接受现场咨询,帮助投资者提高风险防范意识;每年联合上海期货交易所举办"12·4"国家宪法日暨全国法制宣传日活动,邀请金融行业专业律师和相关法律专家开展相关法律咨询,加深会员单位员工和投资者对期货法律知识的了解;依托 12386 热线,架设监管部门与期货机构、期货机构与投资者之间的沟通桥梁;组织期货公司编制"上海期货公司社会责任报告",记述期货公司在公司治理、社会责任、经济责任、环境责任等方面的履行情况,并组织在公会网站以及期货日报等财经媒体上发布;编制"上海证券期货经营机构电子地图",为投资者提供查询官方机构地理位置的正规途径,打造经营机构阳光公开经营环境和展示宣传自律规范的平台。

人才培训。公会联合中国期货业协会、上海期货交易所、郑州商品交易所、大连商品交易所等,开展各类技能培训,根据行业不同岗位、不同层次的从业人员、各业务知识以及人才培育方面不同需求,针对性开设培训课程,提升会员单位人员业务服务水平;参与组织"建设上海国际金融中心—金融职工""制度创新、服务争优、技能提升"为主题的立功竞赛活动,鼓励会员单位通过申报各类创新制度、创新业务流程、合理化建议、金点子以及优秀工作方法等,帮助会员提升业务服务水平。

运作管理。公会坚持民主办会,严格各项规章制度;探索党的建设,公会党支部围绕建设"学习型、服务型、创新型"基层党组织目标,将党建工作与会员服务相结合,发挥政治核心作用。

### 【上海市印刷行业协会】

上海市印刷行业协会成立于 2004 年 4 月,是由全市从事出版物、包装装潢印刷品和其他印刷品印刷经营活动以及相关的印刷机械、设备、器材生产经营和印刷教育、科研等企事业单位自愿组成、实行行业服务和自律管理的行业性、非营利性社会团体法人。下设闸北区办事处、嘉定区办事处 2 个代表机构。业务主管单位为上海市新闻出版局。到 2010 年,有各种所有制会员单位 532 个。

协会业务范围是:调研、培训、会展、统计、编辑出版、公信证明、资质审核、产品推介、中介咨询、行业自律与协调等。

协会主要开展以下几方面工作:

产业发展。协会创办"中国(上海)国际印刷周",打造印企印品、创意艺术设计展示、交流、贸易的国际平台;举办纸上创意艺术展,建立设计师数据库和创意作品图像数据库,实现实体作品和设计人才系统数据的整合对接,为印刷包装企业向创意设计融合发展提供数据共享;推进绿色印刷,推广柔性版水墨印刷市场与应用,使柔印教材从实验阶段进入规模化生产;助力绿色印刷新技术、新材料研发,宣传绿色印刷标准及国家政策;与环保机构合作,举办绿色印刷标准、政策培训班,帮助印刷企业通过中国环境标志认证;参与编制行业大气治理技术指南,推介环保治理新技术、新工艺,提高企业环境治理综合效率;构建国际印刷综合贸易平台,组织企业参加香港国际印刷包装展,参评国际业界最高奖项——美国印刷大奖;引导企业对接资金市场,强化自身实力,为企业拓宽融资渠道。

人才培育。协会自主研发并创办职业技能教育培训平台——印刷微课堂,完成平版印刷、印品整饰、平版制版等主要工种的课件拍摄编辑,上线培训;跨界举办《高级印刷电子商务师》《高级包装设计师》《高级平面设计师》等技能培训班,为行业转型升级提供智力支持;举办行业职业技能竞赛,促进行业技能人才队伍结构不断优化；开展"上海印刷人奖""上海印刷新人奖"评选表彰活动，表彰行业楷模，传承印刷精神。

自身建设。协会建立信息中心，自编行业视频新闻和专题片，传递协会工作动态及行业企业信息；推进协会党建工作，协会党支部定期召开组织生活会和民主生活会，增强党性和服务意识，努力建设"学习型、创新型、服务型"党支部，发挥党员先锋模范作用。

## 【上海市眼镜行业协会】

上海市眼镜行业协会成立于 2004 年 11 月，是由全市眼镜零售、生产、批发企业、大专院校、科研院所等单位自愿组成、实行行业服务和自律管理的行业性、非营利性社会团体法人。下设眼镜验配分会。业务主管单位为上海市商务委员会。到 2010 年，有各种所有制会员单位 260 个。

协会业务范围是：调研、培训、交流、会展、统计、编辑出版、公信证明、准入审核、产品推介、中介咨询、行业自律与协调等。

协会主要开展以下几方面工作：

服务会员。协会编辑出版《上海眼镜》会刊，建立门户网站，为会员提供眼镜产业链发展方面的政策法规和国内外眼镜产业高科技发展和新产品研发动态，反映眼镜行业动态、时尚潮流发布，提供行业企业最新动态；依靠行业专家库资源和行业统计信息的优势，积极为企业提供各类技术咨询服务；为企业产品研发、生产、企业标准制定等提供专家咨询，为企业申请名牌产品、著名商标和产品出口出具证明函，推荐企业参加市级相关评比项目，向中国国际眼镜展览会推荐项目等；举办各类论坛、研讨会、交流会以及专题报告会、座谈会等，为企业搭建产业链信息、技术交流、形象展示和行业间联系的平台，帮助企业及时、准确掌握政府相关政策；举办专业技术培训、行业标准宣贯和政策法规培训，以标准化建设规范企业经营行为，全面提升行业整体技能水平；建立与国际相关协会的对话机制，积极探索合作交流机制，组织会员企业国外学习考察，推动业内企业参与国际合作，争取更大的发展资源和空间，建立国际交流和合作网络。

规范自律。协会按照"政府推动，市场引导，行业指导，企业为主，国际接轨"的工作方针，围绕"标准营造公平竞争环境、标准构建统一市场规则"的标准，编制了《验光配镜技术服务规范》《眼镜专业专卖店(柜)标准》《儿童验光配镜技术服务规范》等 3 部地方标准，构建符合法律法规的眼镜企业长效管理机制，树立上海眼镜行业标准化管理和服务理念，提升国际大都市窗口形象；开展全行业标准宣贯，建立、健全眼镜验配标准管理体系，配合市区两级市场监管部门，开展眼镜验配服务标准化示范试点的达标评估和检查活动，推动企业自查自律，规范眼镜市场秩序。

行业发展。协会通过各类服务平台及时反映企业诉求，为会员企业排忧解难，承担政府相关部门调研和评估项目，帮助会员企业申报政府专项资金或项目认定等工作；为政府相关部门提供眼镜行业不同门类商品的质量和政策调研、行业运行和发展、趋势预判和政策建议等课题调研报告；发挥专家团队的技术优势，承担教材开发、题库编写、眼视光技术实训室、耗材采购和委托管理、眼镜商品的产品调研和质量提升、上海名牌申报和推荐、上海市首席技师和技能大师工作室的推荐和申报等项目。

人才培养。协会开展验光员、定配工国家职业资格证书培训，技师继续教育、名师带高徒等专项培训，提高行业从业人员知识技能和业务水平，为申报中高级职称提供便利；举办上海市验光配镜职业技能比武大赛，为高技能人才培养提供绿色通道，为行业输送视光专业高技能专业人才；承接上海市政府相关部门的政策法规培训任务，开展上海市光学工程师系列光学、光机电一体化等专业的中级专业技术职务任职资格专业培训和申报。

社会公益。协会开展"'送光明、送美丽、送爱心'大型社会公益活动"，为贫困、优秀大中学生、社区老人、公安交警、世博卫士、航天英雄、白内障眼病患者等免费验光配镜、捐赠太阳镜；联合会员企业走进校园、走进社区，举办"爱眼巡讲堂"大型系列社会公益宣传活动；开展对消费者眼镜验配标准化流程、产品质量、爱眼护眼视力健康的宣传教育，提高消费者对眼镜行业的认知度。

运作管理。协会完善民主办会规程，强化内部管理规范，制定对服务企业、服务政府、服务会员、促进行业发展的量化指标，纳入日常考核与年终绩效考核；推进协会党建工作，将党建工作与行业发展相结合，发挥党组织核心作用。

**【上海市电力行业协会】**

上海市电力行业协会成立于2004年11月，是由全市电力行业企事业单位自愿组成、实行行业服务和自律管理的行业性、非营利性社会团体法人。业务主管单位为上海市经济和信息化委员会。到2010年，有各种所有制会员单位152个。

协会业务范围是：行业调研、技术培训、编辑出版、会展招商、产品推介、中介咨询服务、国内外信息技术交流等。

协会主要开展以下几方面工作：

课题研究。协会配合政府部门围绕行业改革发展开展调研活动，制定的《上海市保护电力设施和维护用电秩序规定》《上海市电网建设管理办法》被有关部门采用，成为地方性法规；制定的《上海市常规燃煤发电机组单位产品能源能耗限额标准》，成为上海市地方性标准；制定的《用户高压配电装置安全运行管理规范》，成为上海电力行业标准；另有《上海电网优化发电方式的研究》《上海市外来电未提供辅助服务的经济补偿研究》《上海市关停小火电机组发电量指标转让办法》《上海电网节能减排发电调度研究》《上海市天然气发电机组发电量指标转让暂行办法》等研究成果；承担的《上海市电力公司法律风险防范对策》《上海电网大用户安全管理规定》等调研课题，已成为行业或相关企业的重要规范。

行业平台。协会积极搭建专业会议平台，鼓励行业培训基地建设，组织上海市电力教育培训单位联席会议，沟通师资力量、课件编写、教学能力、教学设备和实训基地等软、硬件设施的建设，促进教育培训资源和成果共享；协会组织发电、电建主要企业安全工作负责人信息交流会、发电企业厂长联谊会、企业人力资源部门负责人研讨会等多样化会议，开展发电和基建等行业质量管理小组的培训和成果发布、交流、评审活动；举办焊工和电试工技术比武大赛、大机组值班工技术竞赛，提高业内员工技能水平；指导和协调企业开展行业统计，定期发布统计信息，促进统计信息交流、推动统计资源成果共享。

服务会员。协会联合上海电力行业设备供需双方，就建设规划、设备需求、使用情况和设备生产、经营研发、市场开拓等进行交流，帮助供需双方牵线搭桥，共谋发展；受企业委托，对上海电力股份有限公司所属电厂开展经济活动分析，提出经济调度模式研究报告；参与编制上海市电力公司营销作业指导书，为营销岗位工作人员安全、规范和文明作业提供指导；组织专家对上海市电力公司科技创新项目进行评估，促进企业自主技术开发；开展行业技术、产品交流的专题推广活动，定期协办上海国际电力设备及技术展览会、电力技术装备研讨会；举办上海支持企业"走出去"的政策和案例、中国新能源发展趋势、我国电力发展趋势、上海能源规划报告等专题讲座，与相关机构合办中欧能源、电力自动化新技术论坛和上海输配电设备制造业发展座谈会，拓展企业发展空间。

**【上海重型装备制造行业协会】**

上海重型装备制造行业协会成立于2004年12月,是由全市从事重型装备研发与制造的企业、科研院所等自愿组成、实行行业服务和自律管理的行业性、非营利性社会团体法人。业务主管单位为上海市经济和信息化委员会。到2010年,有各种所有制会员单位85个。

协会业务范围是:行业调研、技术培训、编辑出版、会展招商、产品推介、中介咨询服务、国内外信息技术交流等。

协会主要开展以下几方面工作:

服务会员。提供信息服务。协会利用网站、每月二期的《协会简讯》等媒体渠道,为企业提供行业相关信息服务;开展"重型装备制造行业协会科技服务站网络建设",与上海研发公共服务平台对接,为企业提供科技文献查阅、数据检索、仪器设备共享、专业技术预订、专家咨询以及中小企业知识产权、资金、企业运作和市场拓展等信息咨询绿色通道。提供平台服务。协会举办各类论坛、研讨会、交流会等,为企业搭建产业沟通、技术交流、形象展示和行业间联系的平台;通过举办专题报告会和座谈会,帮助企业及时、准确掌握政府相关政策;组织协调企业与上海第二工业大学、上海大学、上海应用技术学院等高校的产学研互动、项目合作、人才培训、课题研究、科研成果转化、技术攻关等服务工作;协助会员单位做好国际重型装备行业的信息传递、人员交往、项目洽谈、技术交流和国际商务考察服务。提供咨询服务。协会为企业做好技术、工艺、标准、检测、产品开发、操作规范等现场服务与咨询;开展会员企业国内外市场的信息交流和业务对接、上下游产业链的构建工作;与会员单位联合建立"推广CAE软件的使用,促进装备制造业结构升级"专项活动平台,促进工业化与信息化融合。

产业推进。协会开展"上海市名牌产品""上海市著名商标""自主创新品牌""全国驰名商标"推荐工作,参与名牌评审,参与质量月组织活动和政府质量奖申报工作;承担"上海市进出口公平贸易行业工作站"工作,开办公平贸易知识讲座,帮助会员单位按照国际通行规则管理企业,协助企业开展进出口公平贸易工作;开展企业技术人员、经济管理人员职称申报评定,以及其他特殊人才培训、人才招聘等的服务工作;开展上海市重型装备制造行业的统计工作,为政府、行业、企业提供相关行业发展数据服务;每两年举办一次上海国际重型装备技术展览会、上海国际冶金工业技术展览会;与上海市奉贤区投资管理服务中心、上海市浦东新区市民中心等合作,为企业进入装备制造工业园区服务。

运作管理。协会按照国家和全市社团管理的相关法律法规和政策文件的要求,不断健全和完善民主办会规程,强化内部管理程序,确保协会内部运作高效透明、合法合规;推进协会党建工作,发挥党支部政治核心作用,结合协会党支部和秘书处的自身建设,不断增强协会内部基础管理,积极为行业发展作贡献。

**【上海市茶叶行业协会】**

上海市茶叶行业协会成立于2005年1月,是由全市茶叶行业企事业单位自愿组成、实行行业服务和自律管理的行业性、非营利性社会团体法人。业务主管单位为上海市商务委员会。到2010年,有各种所有制会员单位121个,包括茶叶进出口企业、茶叶专业连锁企业、茶具茶器专业销售企业、茶叶批发市场(茶城)、茶楼以及包装设计等相关企业。

协会业务范围是:开展行业调研、技术培训、技术服务、编辑出版、咨询及中介服务、交易会展、专业推介、国内外信息技术交流等。

协会主要开展以下几方面工作:

举办国际茶博会。协会每年春季(5月份)和秋季(11月份)举办上海国际茶博会,吸引各地茶叶生产商、供货商携带优质茶品前来上海参展,与沪上采购商和销售商面对面交流、交易。到2010年,已成功举办5届春季茶博会和3届秋季茶博会,为中外茶企搭建产销交流、合作和交易平台。

服务会员和市民。协会每年编写《茶情通报》,为会员茶商按市场需求、组织货源和为市民购买茶叶提供信息服务;开展茶叶茶品展销活动,包括斗茶大赛、茶文化节等,向社会宣传优质好茶;每年组织会员茶企深入产区参观考察,引导会员深入社区街道,宣传、展示茶文化和茶知识,拉近茶企与消费者的距离;不定期地开展业务培训,请专家学者讲课,介绍茶知识和经营之道。

开展市场调研。协会开展市场调研,内容包括各产茶区各类茶叶在上海市场的投放和销售情况、所占比例、受欢迎程度、对质量和价格的反映、投诉状况、茶城的现状和功能、茶市和茶商的销售模式等,提供给政府主管部门、会员企业和有关茶业机构。

加强产销对接。协会策划和联系沪上茶商组团去产地考察,支持沪上采购商与产地供货商直接对接,以此作为服务会员和加大对产地帮困扶贫的工作举措。到2010年底,已先后组团赴广西、贵州、云南等产地参加各类茶业博览会、"产业扶贫、项目路演对接会"、藏茶节等活动,考察各产地的主要生产企业,与多家当地茶企达成了采购经销意向,促进上海市政府对口帮困扶贫工作。

拓展对外交流。协会探索跨地域、跨界合作之路,召开"长三角茶业合作(上海)组织圆桌会议",加强与浙江、江苏、安徽、江西等长三角产茶区的合作交流;与斯里兰卡茶叶局保持经常性联系,互相参加对方举行的茶事活动,促进双方的合作;与上海市其他协会加强联系沟通,探索跨界合作之路。

### 【上海市润滑油品行业协会】

上海市润滑油品行业协会成立于2005年6月,是由全市润滑油、脂的生产、研发、质检、销售、服务和润滑油添加剂生产等企事业单位自愿组成、实行行业服务和自律管理的行业性、非营利性社会团体法人。下设添加剂专业委员会。业务主管单位为上海市经济和信息化委员会。到2010年,有各种所有制会员单位84家个。

协会业务范围是:行业调研、技术培训、编辑出版、会展招商、产品推介、中介咨询、信息交流等。

协会主要开展以下几方面工作:

服务会员。协会每月定期出版《上海润滑油信息》会刊,及时介绍政府的有关法令、法规与政策,刊登有关国内外润滑油、脂及相关添加剂的研制开发、生产应用、经营管理的工作经验,及时反馈会员企业和润滑油应用行业对协会专业性服务的需求;注重会员走访,在新会员发展、企业面临转型、协会重点工作开展的不同阶段,分批深入会员单位,从不同层面开展调研、指导和技术咨询;经常召开会员企业区域座谈会,开展服务工作问卷调查和评估,广泛听取会员单位的意见、建议和要求;参与协调会员企业产品纠纷、标准矛盾等问题;注重发挥行业专家的作用,开展技术咨询服务,为业内企业或会员单位的研发、生产、质检、经营、销售服务提供专业性的意见及建议,为关联行业、企业提供准确择油、适度用油、推荐先进选用的依据和缘由,为部分相关会员企业转型发展提供意见及建议,为会员单位之间项目对接、商机寻觅、互联合作搭建平台。

产业发展。协会制定"行业注册认证办法",开展注册化验员、注册润滑质量工程师的认证工作,帮助会员企业提高人员素质、提升分析化验能力和质量管理水平;开展实验室数据比对活动,检验参评会员企业实验室能力和水平,为中、小企业提供学习的机会;建立第三方检测基地,通过树立行业检测标杆,加大行业和企业产品质量的监督管理,提升行业企业检测知名度;帮助会员企业组织、推荐申报"名牌产品""著名商标",探索开展行业内"推荐应用产品"的认证工作;开展产业调研,先开展"上海地区电力、电梯、汽车维修、市政建筑行业市场用油情况调研""润滑油添加剂生产企业情况统计""中国润滑油市场研究"等课题调研活动,组建添加剂专业委员会为润滑油行业发展、产业链优势互补、上下游资源配套,以及基础研究和标准应用等提出意见建议;主办润滑油及相关技术"高峰论坛",协办中国国际润滑油品及应用技术展览会,举办"推动与加快产业互补与服务""金属加工技术交流活动"等沙龙活动,促进行业交流和产业发展。

行业培训。协会根据会员单位的实际需求,利用油品分析化验、润滑质量工程、润滑油添加剂等3个专家组以及8个培训实验基地的优势,联合市其他协会、大专院校和培训机构,为会员企业提供油品化验分析、润滑质量工程等系列培训,促进行业专业人才的培养和发展。

运作管理。协会完善民主办会规程,严格按照协会《章程》,每年召开会员大会、理事会,重大事项均由理事会决策并审定;强化内部管理规范,日常工作纳入绩效考核;探索协会党建工作,围绕建设"学习型、服务型、创新型"基层党组织目标,坚持抓好党员组织生活,开展各种教育活动,发挥党员先锋模范作用。

### 【上海市信用服务行业协会】

上海市信用服务行业协会成立于2005年6月,是由全市从事信用服务的同业企业及其他相关经济组织自愿组成、实行行业服务和自律管理的行业性、非营利性社会团体法人。下设信用培训工作委员会。业务主管单位为上海市经济和信息化委员会。到2010年,有各种所有制会员单位60个。

协会业务范围是:行业调研规划、标准制定、学术研究、信息交流、咨询服务、培训及从业人员资质认定。

协会主要开展以下几方面工作:

服务会员。协会通过网站和简报等宣传平台,发布国家有关信用服务的政策法规,交流各方面信息及行业动态,宣传会员单位品牌;组织会员单位参与网上论坛,交流探讨上海社会诚信体系建设和上海信用服务行业发展的相关问题;加强与会员单位联系,掌握业内动态,协助解决矛盾和问题;举办各类论坛、研讨会、交流会等,为会员单位搭建产业信息、技术交流、形象展示和行业间联系的平台,2006年、2007年,两次召开以"信用服务领域商账追收业务开展的外部环境、政府扶持、行业自律"为主题的座谈会;2009年,联合上海师范大学金融学院举办"房地产企业信用体系建设及信用风险控制研讨会",帮助企业及时、准确掌握政府相关政策,了解行业信息,全面提升会员单位竞争力。

行业推进。协会积极参与推进行业发展的调查研究、建言献策等工作,承担或参与大量研究课题。承担《上海市政府部门和公用事业单位信用信息公开研究》《商务信用信息开发利用机制研究》等课题;参与《上海信用服务行业统计指标体系》《上海信用服务行业发展白皮书》《行业发展纲要研究》《行业规范和自律研究》《从业人员专业技术水平认证研究》《企业集团评价基准性标准研究》等课题;参与"上海市现代服务业'十二五'发展规划""浦东新区陆家嘴建设国际金融中心的信用服务体系建设"以及上海市《关于进一步促进全市中介服务业发展的若干意见》等文件的研讨,积极建言献策;建立与其他相关协会的对话机制,积极探索合作交流机制。2005年,协办"第二届中国国际信用和风险管理大会";2007年,参与"第二届企业全面风险管理高峰论坛",协办"后 ECFA 迎接两岸信用管理新挑战——2010 两岸信用管理论坛"等。协会充分发挥信用培训工作委员会的资源优势,整合上海立信会计学院、上海第二工业大学、上海金融学院、上海师范大学等四所设有信用管理专业高校的资源,组织编写《信用管理概论》《企业信用管理》《信用风险管理》《银行信贷与信用管理》等信用管理专业教材,培养高层次专业人才。

行业自律。协会开展"行业规范和自律"的调研,组织订立《上海市信用服务行业自律公约(试行)》《上海市信用服务行业从业人员职业道德规范(试行)》等行业自律守则,开展行业诚信档案管理,制订《上海市信用服务行业诚信档案实施办法》《信用服务行业质量控制基本规范》等,在行业内形成激励诚信服务、约束失信行为、引导信用服务行业从业机构和从业人员规范自律的良好氛围;会同业内相关征信机构制定上海市联合企业标准《商业征信准则》和《中小企业信用评估准则》,促进全社会信用水平提升。

自身建设。协会坚持按章程办会,加强制度建设,在理事会的领导下,完善各项内部管理制度,积极开展工作,并接受政府有关部门的监督管理。

### 【上海印制电路行业协会】

上海印制电路行业协会成立于 2005 年 9 月,是由全市从事印制电路行业企事业单位自愿组成、实行行业服务和自律管理的行业性、非营利性社会团体法人。业务主管单位为上海市经济和信息化委员会。到 2010 年,有各种所有制会员单位 105 个。

协会业务范围是:行业调研、培训、编辑出版、会展招商、推介咨询、对外交流、资质认证(依政府授权)、科技成果评估鉴定等。

协会主要开展以下几方面工作:

服务会员。协会编辑出版《印制电路信息》,为会员提供印制电路行业发展方面的行业新闻、政策法规以及国内外行业的发展动态;依靠行业专家库资源和行业统计信息的优势,积极为企业提供各类技术咨询服务。为企业产品生产与研发提供服务平台,为企业新产品新技术提供科技成果评估鉴定,为企业申请名牌产品和著名商标出具证明函等;每年举办各类论坛、研讨会、交流会等,为企业搭建产业信息、技术交流、形象展示和行业间联系的平台;每年组织行业企业参加春、秋两季"国际 PCB 技术/信息论坛会",通过论坛展示企业的技术创新成果和企业风采,帮助企业参与技术交流,提升技术水平。2008 年,承办首次在发展中国家举办的"第十一届世界电子电路大会",大会围绕"环境与创新技术的挑战"主题,举办 89 场演讲和 30 余场揭示板演讲,全球共有千余人参加此次盛会。

产业推进。协会通过各种服务平台及时反映企业诉求,帮助企业解决发展的实际困难,为政府相关部门提供产业运行情况、趋势预判和政策建议等课题研究报告;承担政府相关部门项目评审工作,帮助会员企业申报政府专项扶持资金或项目认定等;关注全球经济技术发展最新动向,加强与专业行业分析公司合作,每月定期监测上海地区印制电路产业的发展动向;举办"国际电子电路展览会(CPCA SHOW)",通过展会促进行业企业与国内外的交流与合作,建立与国际相关协会的对话机制,组织会员企业国外学习考察,建立国际交流和合作网络,推动会员企业参与国际合作,争取更大的发展资源和空间;加强与国内各地区 PCB 协会间的交流,参加"全国地方印制电路行业协会秘书长联席会"活动。

人才培育。协会积极开展行业培训,提升人才知识水平,推动行业印制电路生产技术提高,并编辑出版《印制电路技术丛书》(共七册),供印制电路产业员工系统学习;拟制 PCB 产业发展和人才发展规划,坚持每年举办两期印制电路检验员(中级)技术培训班和印制电路设计与 CAM(中级)培训班,满足企业对人才多元化的需求。

运作管理。协会完善民主办会规程,强化内部管理规范,制定了协会服务企业、服务政府、促进产业发展的量化指标,纳入日常考核与年终绩效考核;推进协会党建工作,实现党建工作与产业发展的有机结合。

### 【上海市汽车维修行业协会】

上海市汽车维修行业协会成立于 2005 年 12 月,是由全市国有汽修企业、民营汽修企业等单位自愿组成、实行行业服务和自律管理的行业性、非营利性社会团体法人。业务主管单位为上海市交通运输和港口管理局。到 2010 年,有各种所有制会员单位 308 个。

协会业务范围是:行业规范、调研,技术培训、编辑出版、会展招商、产品推介、咨询服务、国内外技术交流等。

协会主要开展以下几方面工作:

服务会员。协会每月编辑出版《上海车辆维修》,为会员提供汽车维修产业发展方面的政策法规和国内外产学研发展动态;依靠行业专家库资源和行业统计信息的优势,积极为企业提供各类技术咨询服务;举办各类研讨会、交流会和专题报告会和座谈会等,为企业搭建产业信息、技术交流、形象展示和行业间联系的平台,帮助企业及时、准确了解汽修行业相关服务规范。

产业推进。协会通过各类服务平台及时反映企业诉求,帮助企业解决发展实际困难;承担政府相关职能部门安全评审工作,为相关职能部门提供产业运行情况、趋势预判和政策建议等课题报告;接受交通部委托,开展产业规划研究;建立与香港地区相关协会的对话机制,探索合作交流机制,推动业内企业参与合作,争取更大的发展资源和空间。

人才培育。协会根据政府相关职能部门的通知精神,接受委托组织开展职业技能竞赛活动,为校企合作牵线搭桥,为行业维修人才培养和职教发展做好服务。

运作管理。协会完善民主办会规程,强化内部管理规范和工作程序,健全构架,建立责任制,完善以章程为核心的内部管理制度;探索协会党建工作,开展形式多样的各类活动,完善行业党建活动网络,推进行业党建工作上新台阶。

### 【上海市音像出版制作行业协会】

上海市音像出版制作行业协会成立于 2006 年 3 月,是由全市从事音像制品出版复制经营活动的企事业单位以及其他相关经济组织自愿组成、实行行业服务和自律管理的行业性、非营利性社会团体法人。业务主管单位为上海市新闻出版局。到 2010 年,有团体会员单位 39 个。

协会业务范围是:行业自律规范、行业调研培训、信息交流、咨询服务、编辑出版会刊、会展招商、产品推介、法律援助及承办政府相关部门委托的事项。

协会主要开展以下几方面工作:

服务会员。协会每月以邮件或专函的形式,为会员发送行业政策、重大选题、最新动态以及和行业相关的文创信息,建立信息共享及传递渠道;依靠行业专家委员会和中国音像数字协会与上海市新闻出版局对行业统计信息的优势,积极为会员提供各类有关音像和数字制作出版的咨询服务;为企事业单位在出版、生产、发行等环节提供专家咨询,为会员在选题评判、发行渠道等方面提供充分的咨询,为会员申请版权保护等方面出具证明函,推荐企事业单位参加国际性的行业博览会,引进相关的优秀项目等;举办各类论坛、研讨会、交流会以及专题报告会、座谈会,为会员搭建产业信息、技术交流、形象展示和行业间联系的平台,帮助会员及时、准确掌握政府相关政策。

产业推进。协会组织行业发展项目和活动。组织实施上海书展"环球影音馆"主题馆运营建设主体工作;组织业务研讨,为会员提供咨询、音视频工程和电竞服务;组织法律保障和版权引进与原创音视内容交流工作等;开展行业调研,完成《音像制作出版行业评估报告和应变措施》,分析行业存在问题以及应对措施,为推进行业发展建言献策;发挥行业专家作用,建立与国际相关协会的对话机制,积极探索合作交流机制,推动业内会员参与国际合作,争取更大的发展资源和空间。

人才培育。协会深入各文化产业园,组织会员参加"文化创意产业辅导讲座",举办新作品出版分享会、发布会,联合上海文化创意产业办公室开展行业内文创项目的申报培训,促进行业从业人员知识技能和业务水平提高;引进专业或资深音乐人才加盟协会工作,为会员单位培养新人提供人力资源服务;与上海出版培训中心合作,开展技术职务任职资格专业培训,并筹备建立音像与数字出版制作技能人才培养基地。

运作管理。协会完善民主办会规程,强化内部管理规范,制定服务企业、服务政府、促进产业发展的量化指标,纳入日常考核与年终绩效考核;依托龙头企业,推行精准化、目标化规范管理;推进协会党建工作,将党建工作与产业发展相结合,发挥党员的创造力、凝聚力和战斗力。

## 【上海日用化学品行业协会】

上海日用化学品行业协会成立于2006年3月,是由全市化妆品、洗涤用品、香精香料、口腔护理用品企业、科研院所等企事业单位自愿组成、实行行业服务和自律管理的行业性、非营利性社会团体法人。业务主管单位为上海市经济和信息化委员会。到2010年,有各种所有制会员单位260个。

协会业务范围是:调研、培训、交流、会展、统计、编辑出版、公信证明、产品推介、中介咨询、行业自律与协调等。

协会主要开展以下几方面工作:

服务会员。协会接受政府相关部门委托,开展行业统计、行业调查、发布行业信息、出具相关公信证明等工作;依靠行业专家库资源和行业统计信息的优势,积极为企业提供各类技术咨询服务;为企业产品生产提供专家咨询,为企业产品研发提供产学研服务平台,为企业申请名牌产品和著名商标出具证明函,向中国香精香料化妆品协会推荐最佳民族品牌、劳动模范,向中国质量协会等部门申请中国顾客满意奖项和上海市政府部门对企业升级创新、技术改造项目等;接受企业委托,开展化妆品、食品相关产品(餐具洗涤剂)市场准入咨询工作,开展产品技术、质量法规、监督抽查整改等咨询工作,接受消费者有关产品质量法规咨询工作等;举办各类论坛、研讨会、交流会,以及专题报告会、座谈会等,为企业搭建产业信息、技术交流、形象展示和行业间联系的平台,帮助企业及时、准确掌握政府相关扶持政策。

产业推进。协会通过各类服务平台,及时反映企业诉求,帮助企业解决发展实际困难;承担政府相关职能部门项目评审工作,帮助会员企业申报政府专项扶持资金或项目认定等;为政府相关职能部门提供产业运行情况、趋势预判和政策建议等课题研究报告,接受外省市政府部门委托开展产业规划研究;举办化妆品质量检验员实务知识培训和化妆品专业法规等系列讲座,联合开展上海市化妆品专业技术人员继续教育培训,加快人才培育;组织会员企业国外学习考察,扩大会员企业视野,建立与国际相关行业协会的对话机制,积极探索合作交流机制,推动业内企业参与国际合作,争取更大的发展资源和空间。

运作管理。协会完善民主办会规程,强化内部管理规范,制定了协会对服务企业、服务政府、促进产业发展的量化指标,纳入日常考核与年终绩效考核;协会党支部围绕建设"学习型、服务型、创新型"基层党组织的目标,积极发挥战斗堡垒作用。

### 【上海温室制造行业协会】

上海温室制造行业协会成立于 2006 年 10 月,是由全市从事温室技术研发、温室产品制造、配套资材经营以及温室使用等企事业单位自愿组成、实行行业服务和自律管理的行业性、非营利性社会团体法人,是我国首家温室制造行业的地方性行业协会。业务主管单位为上海市农业委员会。到 2010 年,有各种所有制会员单位 53 个。

协会业务范围是:制订行业规范,进行行业统计,发布行业信息,开展技术培训与咨询服务等。

协会主要开展以下几方面工作:

产业推进。协会组织技术人员制定了全市统一的 GP－C622、GP－C832、GP－L630 和 GSW8430 等四种推荐产品的《制造与安装技术规范》,推进行业产品标准化管理;为提升行业管理水平,协会组织技术人员对上海及长三角地区温室企业、温室拥有量和质量开展调查,向政府部门提交调研报告,并提出行业发展的相关政策建议;组织技术专家针对温室制造、安装、管理中存在的问题,开展咨询服务,提供解决方案;组织会员企业组团参展新疆国际农业博览会、上海国际花卉博览会,邀请国内外专家、学者为会员企业作"花卉产业与温室发展战略"和"我国温室行业现状和发展"等专题技术讲座。

行业自律。协会每年与市、区两级政府部门签订菜田设施建设质量监管政府购买服务合同,组织技术人员对温室建设工程中进行零部件和施工安装等全程质量监督检查,参与项目评估、验收,提出质量检查报告和整改措施,强化对会员企业的质量监控,保证温室工程建设质量;编制温室企业内部管理规范化 9 大类、52 项评价指标体系,对会员企业进行年度考评;紧密结合行业实际,制定了 15 项行规行约,强化会员行为自律,保障温室市场公平竞争。

培训和技术交流。协会举办"温室工程监理""温室工程施工安装"和"温室结构设计"等技术培训班,邀请国内专家为会员企业技术人员、菜田设施建设管理人员进行专业技术授课;加强交流服务,每年组织 2—3 次国内技术考察活动,扩大会员与全国同行企业之间的业务技术交流;与海南省三亚市农科院、新疆农科院签订技术合作协议,为三亚市设计适应海南种植用的 GSW6430 型连栋温室,为新疆地区温室建设提供技术服务。

自身建设。协会制定服务、会议、资产管理、档案管理、秘书处管理等 12 项内部管理制度,规范工作程序和考核机制,提升制度化管理水平;针对会员企业特点,围绕"服务会员,服务三农"方针,处理好会员、理事、秘书处之间关系,提高协会规范化管理水平。

### 【上海农业废弃物利用行业协会】

上海农业废弃物利用行业协会成立于 2006 年 11 月,是由全市商品有机肥生产企业、农业技术服务单位、科研单位及废弃物利用加工设备单位自愿组成、实行行业服务和自律管理的行业性、非营利性社会团体法人。业务主管单位为上海市农业委员会。到 2010 年,有各种所有制会员单位 52 个。

协会业务范围是:咨询服务、技术培训、课题研究、考察评选交流、进行行业统计、发布行业信息等。

协会主要开展以下几方面工作:

服务会员。协会及时反映企业诉求。2007年,多次向政府有关部门提出全行业免征增值税的申请报告,被国家税务总局采纳,2008年底全行业实现免征增值税的优惠;协会帮助企业规范经营。2007年,为企业制定示范性合同文本《上海市有机肥料买卖合同》(2007版),自2008年起,统一印刷后供各会员单位免费使用,实现示范性合同文本行业内使用覆盖率达100%;2010年,根据市农委政府购买服务的要求,制定《产能核定工作实施方案》,对全市44家具有"二证"的企业进行产能核定;协会组织市场拓展交流,组建"异地市场拓展研究"专业组,自2007年起,每年开展异地市场拓展研究,组织企业赴浙江安吉白茶产区、江西赣州脐橙产区、江苏阳山水蜜桃产区等地考察和展销,实现销售总量重大突破。

行业建设。协会积极开展行业调研。2007年,根据市农委部署完成《近阶段(2008至2010年)有机肥产业的发展目标及行业协会主要的工作任务》的调研报告,编制《有机肥生产地点和企业人数统计表》《有机肥生产主辅料统计表》《粉状有机肥生产成本调查表》《有机肥企业生产条件调查表》《有机肥销售数量统计表》等5份表格,配合"商品有机肥推广使用"的市政府实事工程;积极参与行业自律建设,组建了诚信自律小组,在行业内开展了有机肥生产企业"诚信自律"竞赛,自2007年起,在行业内开展生产档案建设,并定期对《原材料台账》《发酵温度监控记录》《销售台账》等档案进行分析,提升企业经营管理成效。协会积极开展行业拓展活动。2007年编写了《畜禽粪有机肥料生产技术规程》《畜禽粪有机肥料生产操作规程》;2009年编撰完成《上海畜禽粪有机肥产业发展简史》,举办"华葵杯"水稻有机肥大奖赛等。

人员培训。协会积极举办行业业务培训。2007年,联合上海蔬菜行业协会开展有机肥加工和有机肥施用培训;2008年,联合上海肥料农药行业协会开展现代农业与肥料的关系培训;2009年,根据市农委要求,举办质量管理行业培训。

运作管理。协会制定内部多项管理制度;在财务方面,严格执行《民间非营利组织会计制度》,资金使用上做到公开,透明;在档案、证章管理方面,做到专人保管、专柜保存,严格按章程规定执行;探索协会党建工作,根据上级党委统一部署,积极参加一系列活动,为协会业务工作开展发挥保障作用。

### 【上海市图书馆行业协会】

上海市图书馆行业协会成立于2007年1月,是由全市各级公共图书馆、高等院校图书馆、科研机构图书馆、党校/行政学院图书馆、中小学图书馆、专门图书馆等各级各类图书馆自愿组成、实行行业服务和自律管理的行业性、非营利性社会团体法人。业务主管单位为上海市文化广播影视管理局。到2010年,有各系统会员单位51个,其中公共图书馆会员单位27个、高校图书馆会员单位21个、党校系统图书馆会员单位1个、科研系统图书馆会员单位2个。

协会业务范围是:行业评估、行业培训、编辑出版、信息咨询、会展以及服务推广宣传等。

协会主要开展以下几方面工作:

助推行业发展。协会借助网络等通信手段,通过讲座、会展、研讨会等方式,对国家关于图书馆事业发展的各项方针、政策、法律法规进行宣传,构筑会员与行业、政府的沟通和联结;通过参与全市文明创建行业服务规范,调研和制定、指导行业内文明创建工作,并对相关工作进行监督考核,助推行业内各级图书馆文明创建、服务规范水平提高;发挥行业专家智库作用,开展与公共文化发展相关的课题调研,参与政府对图书馆行业决策,参与图书馆行业发展、行业改革以及行业利益相关的政府决策论证和系列课题调研,提出相关政策和立法建议;通过构建平台,加强政府和图书馆、各级图书馆之间的联结,推进新技术在行业内应用、新理念在行业内实践以及优秀服务案例的推广宣传,推动行业内图书馆网络化、数字化、标准化发展,实现文献信息资源共享;发挥行业资源优势,在市民阅读推广活动中成为政府部门与各类型各系统图书馆联结的引线人和参与者,为全市营造全民阅读的良好氛围;举办市民阅读系列推广活动,深入基层和社区惠及全市各类人群,关注城市青少年阅读行为和阅读引导。

规范行业服务。协会建立图书馆行业自律机制,制定并监督执行图书馆行业行规行约,对违反图书馆行规行约、损害行业整体形象的会员,采取相应的行业自律措施;制定图书馆行业争议处理的规则和程序,协调会员单位之间、会员单位与非会员单位之间、会员单位与社会之间及其他社会组织的关系,维护行业整体利益和用户权益,提升行业服务质量;通过法律法规授权、政府委托,承担全市各级公共图书馆的业务评估定级工作,通过业务评定以及相关评定标准的制定,助推图书馆服务质量升级。

服务会员单位。协会组织业界资深专家开展以文明服务、基础业务、知识管理与创新技术等为内容的各类岗位培训,方便各馆从业人员对于图书馆基础知识和实务的掌握,并将培训推送至基层;每周以电子简报的形式将最新的法规政策、业界对于公共文化新政的解读、业界优秀的服务案例、理论动态以及技术前沿等信息推送给会员;注重对于市、区、街镇三级公共图书馆经费使用、馆藏建设、文献借阅流通、数字化建设、阅读活动等业务指标的搜集整合,从动态数据中分析公共图书馆的发展现状及存在问题与不足,为图书馆行业发展提供决策借鉴。

## 【上海市河蟹行业协会】

上海市河蟹行业协会成立于2007年8月,是由全市从事河蟹养殖、加工、销售的相关企业以及其他相关经济组织自愿组成、实行行业服务和自律管理的行业性、非营利性社会团体法人。业务主管单位为上海市农业委员会。到2010年,有各种所有制会员单位120个。

协会业务范围是:咨询服务、技术培训、课题调研、产品推介展览、考察交流、编辑出版信息资料等。

协会主要开展以下几方面工作:

服务会员。协会每季编辑出版《蟹协通讯》,为会员提供河蟹产业发展的政策法规和国内外产学研发展动态;依靠行业专家库资源和行业统计信息的优势,积极为企业提供各类技术咨询服务。为企业产品生产提供专家咨询,帮助企业技术研发提供产学研服务平台,为企业申请名牌产品和著名商标出具证明函,推荐企业家参评各类评优评先,向有关部门或单位推荐项目等;举办各类论坛、研讨会、交流会等,为企业搭建产业信息、技术交流、形象展示和行业间联系的平台;通过举办专题报告会和座谈会,帮助企业及时、准确掌握政府相关扶持政策。

产业推进。协会结合产业发展方向,坚持推广河蟹生产种养结合,调整养殖结构,创新养殖模式,提高土地利用率和湖泊资源利用率;每年组织对具有一定规模的生产基地和河蟹产品质量进行监管检测,制订"长江水系中华绒螯蟹养殖技术规范",规范蟹农的养殖行为;每年赴市内外河蟹养殖基地考察调研,到外省市考察调研,为上海市河蟹产业发展和养蟹企业蟹农营造良好的生产环境,在崇明、北京、安徽等地成功举办河蟹推介会、河蟹苗种产销对接会。

人才培育。协会组织举办"养蟹技术"系列讲座,联合上海海洋大学和上海水产研究所开展上海市养蟹专业技术人员继续教育培训,提高行业从业人员知识技能和业务水平。

运作管理。协会完善民主办会规程,强化内部管理规范;每年组织养殖单位参加全国河蟹大赛评比活动,以典型引领带动,推动行业规模化生产、标准化养殖、规范化管理、品牌化经营;探索协会党建工作,促进党建工作与协会业务协调发展。

## 二、名录

根据 1989 年、1998 年国务院《社会团体登记管理条例》和 2002 年《上海市促进行业协会发展规定》,截至 2010 年底,在市社会团体管理局注册登记的市级行业性社会团体 207 家。

表 1-1-1　2010 年上海市市级行业性社会团体一览表

| 序号 | 单 位 名 称 | 业 务 主 管 单 位 | 登 记 日 期 | 办 公 地 址 |
|---|---|---|---|---|
| 1 | 上海市市容环境卫生行业协会 | 上海市绿化和市容管理局 | 1991-01-25 | 谈家渡路 69 号北楼 |
| 2 | 上海市建筑材料行业协会 | 上海市城乡建设和交通委员会 | 1991-03-16 | 普安路 128 号东楼 1601 室 |
| 3 | 上海市勘察设计行业协会 | 上海市城乡建设和交通委员会 | 1991-03-16 | 石门二路 503 号北 4 楼 |
| 4 | 上海市燃气行业协会 | 上海市城乡建设和交通委员会 | 1991-03-16 | 汉口路 193 号 308 室 |
| 5 | 上海市市政公路行业协会 | 上海市城乡建设和交通委员会 | 1991-03-16 | 汉口路 193 号 318 室 |
| 6 | 上海市建筑施工行业协会 | 上海市城乡建设和交通委员会 | 1991-03-20 | 海宁路 55 号 12 楼 |
| 7 | 上海日用杂品商业行业协会 | 上海市商务委员会 | 1991-04-01 | 复兴东路 248 号 1807 室 |
| 8 | 上海市再生资源回收利用行业协会 | 上海市商务委员会 | 1991-04-01 | 山西南路 350 号 1405 室 |
| 9 | 上海市旅游行业协会 | 上海市旅游局 | 1991-04-02 | 金陵东路 2 号 505 室 |
| 10 | 上海肥料农药行业协会 | 上海市经济和信息化委员会 | 1991-04-03 | 斜土路 2354 号 1 号楼 4 楼 |
| 11 | 上海交电家电商业行业协会 | 上海市商务委员会 | 1991-04-03 | 大田路 129 号 A 幢 9 楼 F 座 |
| 12 | 上海棉纺织工业行业协会 | 上海市经济和信息化委员会 | 1991-04-03 | 东余杭路 627 号 215 室 |
| 13 | 上海市供水行业协会 | 上海市水务局(上海市海洋局) | 1991-04-03 | 江西中路 484 号 |
| 14 | 上海市软件行业协会 | 上海市科学技术委员会 | 1991-04-03 | 钦州路 100 号 1 号楼 7 楼 |
| 15 | 上海糖烟酒茶商业行业协会 | 上海市商务委员会 | 1991-04-03 | 大木桥路 620 号 |
| 16 | 上海文化用品行业协会 | 上海市商务委员会 | 1991-04-03 | 曲阜路 130 号 3 楼 1333 室 |
| 17 | 上海五金商业行业协会 | 上海市商务委员会 | 1991-04-03 | 九江路 445 号 6 楼 |
| 18 | 上海百货商业行业协会 | 上海市商务委员会 | 1991-04-04 | 西藏中路 725 弄 41 号 |

（续表）

| 序号 | 单 位 名 称 | 业务主管单位 | 登记日期 | 办 公 地 址 |
|---|---|---|---|---|
| 19 | 上海电器行业协会 | 上海市经济和信息化委员会 | 1991 - 04 - 04 | 愚园路 1395 号 |
| 20 | 上海电线电缆行业协会 | 上海市经济和信息化委员会 | 1991 - 04 - 04 | 海防路 228 号 8 楼 C 座 |
| 21 | 上海纺织品商业行业协会 | 上海市商务委员会 | 1991 - 04 - 04 | 新闸路 945 号 312 室 |
| 22 | 上海缝制机械行业协会 | 上海市经济和信息化委员会 | 1991 - 04 - 04 | 中山南一路 210 号 205 室 |
| 23 | 上海市殡葬行业协会 | 上海市民政局 | 1991 - 04 - 04 | 武夷路 28 号 |
| 24 | 上海毛麻纺织行业协会 | 上海市经济和信息化委员会 | 1991 - 04 - 04 | 平凉路 1398 号 721A 室 |
| 25 | 上海涂料染料行业协会 | 上海市经济和信息化委员会 | 1991 - 04 - 04 | 马当路 357 弄 8 号 |
| 26 | 上海医疗器械行业协会 | 上海市经济和信息化委员会 | 1991 - 04 - 04 | 肇嘉浜路 446 弄 2 号 701 室 |
| 27 | 上海医药行业协会 | 上海市经济和信息化委员会 | 1991 - 04 - 04 | 福州路 107 号 2 楼 |
| 28 | 上海内衣行业协会 | 上海市经济和信息化委员会 | 1991 - 04 - 04 | 制造局路 584 号 C 楼 203 室 |
| 29 | 上海电机行业协会 | 上海市经济和信息化委员会 | 1991 - 04 - 05 | 泰兴路 567 号 101 室 |
| 30 | 上海市建设机械行业协会 | 上海市城乡建设和交通委员会 | 1991 - 04 - 05 | 中山南二路 777 弄 1 号 6 楼 |
| 31 | 上海市书刊发行行业协会 | 上海市新闻出版局 | 1991 - 04 - 08 | 北苏州路 360 号 875 室 |
| 32 | 上海市包装技术协会 | 上海市科学技术协会 | 1991 - 05 - 17 | 南昌路 47 号 3319 室 |
| 33 | 上海电子元器件行业协会 | 上海市经济和信息化委员会 | 1991 - 05 - 27 | 昭化路 54 号 |
| 34 | 上海市饲料兽药行业协会 | 上海市农业委员会 | 1991 - 05 - 29 | 常德路 1265 号 712 室 |
| 35 | 上海市咨询业行业协会 | 上海市科学技术委员会 | 1991 - 05 - 29 | 南昌路 47 号 2 号楼 2407 室 |
| 36 | 上海港口行业协会 | 上海市交通运输和港口管理局 | 1991 - 05 - 31 | 黄浦路 110 号 408 室 |
| 37 | 上海家用电器行业协会 | 上海市经济和信息化委员会 | 1991 - 05 - 31 | 石门一路 315 弄 1 号 |
| 38 | 上海沐浴行业协会 | 上海市商务委员会 | 1991 - 05 - 31 | 福州路 107 号 305 室甲 |
| 39 | 上海生猪业行业协会 | 上海市农业委员会 | 1991 - 05 - 31 | 顾戴路 2199 弄 634 号 |
| 40 | 上海通信广播电视行业协会 | 上海市经济和信息化委员会 | 1991 - 05 - 31 | 巨鹿路 395 弄 19 号 |
| 41 | 上海市出租汽车暨汽车租赁行业协会 | 上海市交通运输和港口管理局 | 1991 - 05 - 31 | 河南南路 612 弄 28 号 306 室 |
| 42 | 上海市房地产行业协会 | 上海市住房保障和房屋管理局 | 1991 - 05 - 31 | 虹桥路 2188 弄 29 号 |
| 43 | 上海市玩具行业协会 | 上海市经济和信息化委员会 | 1991 - 05 - 31 | 中兴路 1055 号 6 楼 |
| 44 | 上海数字印刷行业协会 | 上海市商务委员会 | 1991 - 05 - 31 | 福州路 107 号 314 室 |
| 45 | 上海洗染业行业协会 | 上海市商务委员会 | 1991 - 05 - 31 | 福州路 107 号 322 室 |
| 46 | 上海仪器仪表行业协会 | 上海市经济和信息化委员会 | 1991 - 05 - 31 | 曹杨路 1008 号 605 室 |
| 47 | 上海印染行业协会 | 上海市经济和信息化委员会 | 1991 - 05 - 31 | 平凉路 988 号 1 号楼 601 室 |

（续表）

| 序号 | 单 位 名 称 | 业务主管单位 | 登记日期 | 办 公 地 址 |
|---|---|---|---|---|
| 48 | 上海市道路运输行业协会 | 上海市交通运输和港口管理局 | 1991-06-07 | 公兴路88号 |
| 49 | 上海市工具行业协会 | 上海市经济和信息化委员会 | 1991-06-07 | 天目中路258号308室 |
| 50 | 上海市交通运输行业协会 | 上海市城乡建设和交通委员会 | 1991-06-07 | 黄陂北路9号15楼 |
| 51 | 上海中药行业协会 | 上海市经济和信息化委员会 | 1991-06-07 | 福州路107号228室 |
| 52 | 上海冷冻空调行业协会 | 上海市经济和信息化委员会 | 1991-06-14 | 共和新路1346号1503B室 |
| 53 | 上海铝业行业协会 | 上海市经济和信息化委员会 | 1991-06-14 | 西康路1018号806室 |
| 54 | 上海摄影业行业协会 | 上海市商务委员会 | 1991-06-14 | 福州路107号326室 |
| 55 | 上海市豆制品行业协会 | 上海市商务委员会 | 1991-06-14 | 延安东路1号 |
| 56 | 上海市室内装饰行业协会 | 上海市经济和信息化委员会 | 1991-06-14 | 普安路189号5楼C座 |
| 57 | 上海教学仪器装备行业协会 | 上海市教育委员会 | 1991-07-12 | 宝山路251号甲609室 |
| 58 | 上海服装鞋帽商业行业协会 | 上海市商务委员会 | 1991-09-03 | 香港路111号322室B座 |
| 59 | 上海南北货食品行业协会 | 上海市商务委员会 | 1991-09-03 | 复兴东路248号1213室 |
| 60 | 上海餐饮行业协会 | 上海市商务委员会 | 1991-09-03 | 四川南路26号712室 |
| 61 | 上海市副食品行业协会 | 上海市商务委员会 | 1991-09-03 | 福州路17号206室 |
| 62 | 上海市家用纺织品行业协会 | 上海市经济和信息化委员会 | 1991-09-03 | 平凉路1398号202室 |
| 63 | 上海塑料行业协会 | 上海市经济和信息化委员会 | 1991-09-03 | 长寿路295弄8号8E室 |
| 64 | 上海市玻璃纤维玻璃钢行业协会 | 上海市城乡建设和交通委员会 | 1991-09-24 | 幸福路137号2楼C座 |
| 65 | 上海市化学建材行业协会 | 上海市城乡建设和交通委员会 | 1991-09-24 | 延安东路110号610室 |
| 66 | 上海市建筑五金门窗行业协会 | 上海市城乡建设和交通委员会 | 1991-09-24 | 大统路938弄7号2001室 |
| 67 | 上海市水泥行业协会 | 上海市城乡建设和交通委员会 | 1991-09-24 | 北京东路255号302室 |
| 68 | 上海市食品协会 | 上海市商务委员会 | 1991-11-18 | 延安东路1号3楼 |
| 69 | 上海美发美容行业协会 | 上海市商务委员会 | 1991-11-21 | 福州路107号325室 |
| 70 | 上海市安装行业协会 | 上海市城乡建设和交通委员会 | 1991-12-11 | 天宝路1091号3楼 |
| 71 | 上海市金属结构行业协会 | 上海市城乡建设和交通委员会 | 1991-12-11 | 水电路839号4楼 |
| 72 | 上海市混凝土行业协会 | 上海市城乡建设和交通委员会 | 1991-12-27 | 营口路578号1号楼1605室 |
| 73 | 上海市自行车行业协会 | 上海市经济和信息化委员会 | 1991-12-27 | 中山北路3620弄2号606室 |

（续表）

| 序号 | 单 位 名 称 | 业务主管单位 | 登记日期 | 办 公 地 址 |
|---|---|---|---|---|
| 74 | 上海橡胶工业同业公会 | 上海市经济和信息化委员会 | 1991-12-27 | 福州路 107 号 201 室 |
| 75 | 上海保健品行业协会 | 上海市经济和信息化委员会 | 1991-12-31 | 汉口路 455 弄 23 号（北门） |
| 76 | 上海市计算机行业协会 | 上海市经济和信息化委员会 | 1991-12-31 | 江场三路 238 号 601 室 |
| 77 | 上海服装行业协会 | 上海市经济和信息化委员会 | 1992-01-24 | 延安西路 2299 号 6C66 |
| 78 | 上海市家禽行业协会 | 上海市农业委员会 | 1992-04-23 | 石龙路 33 弄 49 号 602 室 |
| 79 | 上海市房屋修建行业协会 | 上海市城乡建设和交通委员会 | 1992-06-06 | 江宁路 906 弄 4 号 201 室 |
| 80 | 上海劳动保护用品行业协会 | 上海市商务委员会 | 1992-07-07 | 香港路 111 号 309 室 |
| 81 | 上海贸易信托商业行业协会 | 上海市商务委员会 | 1992-07-07 | 共和新路 4719 弄 135 号 |
| 82 | 上海市国际货运代理行业协会 | 上海市商务委员会 | 1992-07-07 | 甘河路 8 号 17 楼 B 座 |
| 83 | 上海奶业行业协会 | 上海市农业委员会 | 1992-08-15 | 洛川中路 816 号 303 室 |
| 84 | 上海市果品商业行业协会 | 上海市商务委员会 | 1992-10-07 | 外马路 820 号 510 室 |
| 85 | 上海市环境保护工业行业协会 | 上海市经济和信息化委员会 | 1992-11-11 | 南阳路 154 号 602 室 |
| 86 | 上海粮油行业协会 | 上海市商务委员会 | 1992-12-01 | 张杨路 88 号 1006A 室 |
| 87 | 上海市银行同业公会 | 中国银监会上海监管局 | 1992-12-09 | 浦东南路 379 号 11 楼 A 座 |
| 88 | 上海市电梯行业协会 | 上海市城乡建设和交通委员会 | 1993-01-04 | 中山北路 198 号 1308 室 |
| 89 | 上海市仓储行业协会 | 上海市商务委员会 | 1993-06-18 | 四川中路 133 号 701 室 |
| 90 | 上海船舶工业行业协会 | 上海市经济和信息化委员会 | 1993-07-19 | 青海路 118 号 26 楼 |
| 91 | 上海市家具行业协会 | 上海市经济和信息化委员会 | 1994-01-12 | 盛泽路 8 号宁东大厦 13 楼 |
| 92 | 上海市保险同业公会 | 中国保险监督管理委员会上海监管局 | 1994-01-22 | 中山南路 1228 号 8 楼 |
| 93 | 上海市报纸行业协会 | 上海市新闻出版局 | 1994-04-26 | 汉口路 309 号 306 室 |
| 94 | 上海市冷冻食品行业协会 | 上海市商务委员会 | 1994-07-16 | 四川中路 49 号 102 室 |
| 95 | 上海市纺织机械器材行业协会 | 上海市经济和信息化委员会 | 1994-07-22 | 凯旋路 554 号 406 室 |
| 96 | 上海市物业管理行业协会 | 上海市住房保障和房屋管理局 | 1994-11-03 | 复兴中路 1333 弄 7 号 |
| 97 | 上海市模具行业协会 | 上海市经济和信息化委员会 | 1994-11-23 | 河南北路 441 号 1403 室 |
| 98 | 上海市拍卖行业协会 | 上海市商务委员会 | 1995-03-07 | 斜土路 1111 弄 1 号楼 308 室 |
| 99 | 上海市蛋品行业协会 | 上海市商务委员会 | 1995-04-07 | 四川中路 49 号 101 室 |
| 100 | 上海市摩托车行业协会 | 上海市经济和信息化委员会 | 1995-12-22 | 安亭镇于田南路 68 号 |

(续表)

| 序号 | 单 位 名 称 | 业务主管单位 | 登记日期 | 办 公 地 址 |
|---|---|---|---|---|
| 101 | 上海医药商业行业协会 | 上海市商务委员会 | 1995 - 12 - 26 | 淮海中路 833 弄 4 号 |
| 102 | 上海市钟表行业协会 | 上海市经济和信息化委员会 | 1996 - 01 - 19 | 番禺路 50 号 3 楼 |
| 103 | 上海工艺美术行业协会 | 上海市经济和信息化委员会 | 1996 - 03 - 20 | 汾阳路 79 号 |
| 104 | 上海市公园行业协会 | 上海市绿化和市容管理局 | 1996 - 05 - 06 | 建国西路 156 号 |
| 105 | 上海市汽车行业协会 | 上海市经济和信息化委员会 | 1996 - 08 - 14 | 威海路 489 号 |
| 106 | 上海市肉类行业协会 | 上海市商务委员会 | 1996 - 09 - 24 | 四川中路 49 号 104 室 |
| 107 | 上海照明电器行业协会 | 上海市经济和信息化委员会 | 1996 - 11 - 04 | 中山北路 3500 号 408 室 |
| 108 | 上海市国际服务贸易行业协会 | 上海市商务委员会 | 1996 - 12 - 03 | 雁荡路 107 号雁荡大厦 3E室 |
| 109 | 上海市文化娱乐行业协会 | 上海市文化广播影视管理局（上海市文物局） | 1996 - 12 - 17 | 河南北路 485 号 15 楼 A 座 |
| 110 | 上海黄金饰品行业协会 | 上海市商务委员会 | 1996 - 12 - 31 | 丽水路 88 号 409 室 |
| 111 | 上海市房地产经纪行业协会 | 上海市住房保障和房屋管理局 | 1997 - 03 - 13 | 长乐路 786 号 |
| 112 | 上海市证券同业公会 | 中国证券监督管理委员会上海监管局 | 1997 - 04 - 30 | 襄阳北路 97 号 501 室 |
| 113 | 上海市化工行业协会 | 上海市经济和信息化委员会 | 1997 - 07 - 08 | 徐家汇路 560 号 1503 室 |
| 114 | 上海新能源行业协会 | 上海市经济和信息化委员会 | 1998 - 09 - 16 | 中山西路 1525 号 1012 室 |
| 115 | 上海印章行业协会 | 上海市经济和信息化委员会 | 1999 - 01 - 13 | 民和路 220 号 2 楼 |
| 116 | 上海市租赁行业协会 | 上海市商务委员会 | 1999 - 02 - 26 | 江场三路 238 号 809 室 |
| 117 | 上海市城市规划行业协会 | 上海市规划和国土资源管理局 | 1999 - 03 - 25 | 南丹东路 25 号 |
| 118 | 上海市公共交通行业协会 | 上海市交通运输和港口管理局 | 1999 - 07 - 08 | 建国东路 525 号 1601 室 |
| 119 | 上海钢管行业协会 | 上海市经济和信息化委员会 | 1999 - 12 - 31 | 中山北路 831 弄 5 号 2004 室 |
| 120 | 上海市新材料协会 | 上海市经济和信息化委员会 | 2000 - 09 - 14 | 漕宝路 36 号和信楼 505 室 |
| 121 | 上海桑塔纳轿车共同体 | 上海市经济和信息化委员会 | 2000 - 10 - 13 | 中山西路 1545 号三楼 |
| 122 | 上海市创业投资行业协会 | 上海市发展和改革委员会 | 2000 - 12 - 18 | 南丹东路 60 号 504 室 |
| 123 | 上海市信息服务业行业协会 | 上海市经济和信息化委员会 | 2001 - 03 - 01 | 东方路 8 号良丰大厦 28B |
| 124 | 上海水产行业协会 | 上海市商务委员会 | 2001 - 03 - 01 | 昆明路 596 号 206 室 |
| 125 | 上海市工程设备监理行业协会 | 上海市质量技术监督局 | 2001 - 04 - 05 | 长乐路 1227 号 602 室 |
| 126 | 上海市停车服务业行业协会 | 上海市交通运输和港口管理局 | 2001 - 05 - 08 | 溧阳路 249 号 1 号楼 104 室 |
| 127 | 上海市集成电路行业协会 | 上海市经济和信息化委员会 | 2001 - 05 - 10 | 张江碧波路 500 号 209 室 |

| 序号 | 单 位 名 称 | 业务主管单位 | 登记日期 | 办 公 地 址 |
|---|---|---|---|---|
| 128 | 上海钻石行业协会 | 上海市经济和信息化委员会 | 2001 - 05 - 10 | 漕溪路 270 号 411 室 |
| 129 | 上海有色金属行业协会 | 上海市经济和信息化委员会 | 2002 - 01 - 30 | 中山北一路 82 号 |
| 130 | 上海市信息家电行业协会 | 上海市经济和信息化委员会 | 2002 - 04 - 05 | 碧波路 518 号 105 室 |
| 131 | 上海人才服务行业协会 | 上海市人力资源和社会保障局 | 2002 - 04 - 29 | 浦东南路 1036 号 1402 室 |
| 132 | 上海市建设工程检测行业协会 | 上海市城乡建设和交通委员会 | 2002 - 04 - 29 | 中山南二路 777 弄 1 号 17 层 |
| 133 | 上海市通信行业协会 | 上海市通信管理局 | 2002 - 04 - 29 | 延安东路 1200 号 1724 室 |
| 134 | 上海市通信制造业行业协会 | 上海市经济和信息化委员会 | 2002 - 04 - 29 | 金藏路 258 号 703 单元 |
| 135 | 上海市会展行业协会 | 上海市商务委员会 | 2002 - 05 - 22 | 江场三路 238 号 723 室 |
| 136 | 上海市电子商务行业协会 | 上海市经济和信息化委员会 | 2002 - 05 - 23 | 四川北路 1666 号 28 楼 |
| 137 | 上海电子商会（上海电子制造行业协会） | 上海市经济和信息化委员会 | 2002 - 05 - 24 | 斜土路 1638 号 2 楼 231 室 |
| 138 | 上海皮革行业协会 | 上海市经济和信息化委员会 | 2002 - 05 - 29 | 中山北二路 1705 号 808 室 |
| 139 | 上海市多媒体行业协会 | 上海市科学技术委员会 | 2002 - 05 - 30 | 长宁路 1027 号 1004 室 |
| 140 | 上海市汽车配件流通行业协会 | 上海市商务委员会 | 2002 - 05 - 30 | 曹安路 1926 号 4 楼 |
| 141 | 上海市装饰装修行业协会 | 上海市城乡建设和交通委员会 | 2002 - 06 - 04 | 万航渡路 888 号 14 楼 C 座 |
| 142 | 上海蔬菜食用菌行业协会 | 上海市农业委员会 | 2002 - 06 - 21 | 斜土路 2451 号 406 室 |
| 143 | 上海炒货行业协会 | 上海市商务委员会 | 2002 - 10 - 24 | 中山西路 1538 号 706 室 |
| 144 | 上海市生物医药行业协会 | 上海市经济和信息化委员会 | 2002 - 11 - 28 | 碧波路 500 号 305 室 |
| 145 | 上海市石材行业协会 | 上海市商务委员会 | 2003 - 01 - 11 | 浦电路 489 号 910 室 |
| 146 | 上海市信息安全行业协会 | 上海市经济和信息化委员会 | 2003 - 03 - 13 | 张衡路 200 号 |
| 147 | 上海市光电子行业协会 | 上海市经济和信息化委员会 | 2003 - 03 - 21 | 张江碧波路 518 号 205 室 |
| 148 | 上海市肉鸽行业协会 | 上海市农业委员会 | 2003 - 03 - 21 | 铜川路 1615 弄 2 号 1206 室 |
| 149 | 上海市二手车行业协会 | 上海市商务委员会 | 2003 - 04 - 24 | 墨玉南路 1000 号 |
| 150 | 上海市园林绿化行业协会 | 上海市绿化和市容管理局 | 2003 - 08 - 05 | 制造局路 130 号 16 楼 1605 室 |
| 151 | 上海市社会福利行业协会 | 上海市民政局 | 2003 - 08 - 13 | 宛平南路 465 号 |
| 152 | 上海市专利代理行业协会 | 上海市知识产权局 | 2003 - 09 - 24 | 昌平路 710 号 501 室 |
| 153 | 上海市特种养殖业行业协会 | 上海市农业委员会 | 2003 - 09 - 28 | 天山路 780 号 506 室 |
| 154 | 上海木材行业协会 | 上海市经济和信息化委员会 | 2003 - 10 - 27 | 唐山路 923 号 3 楼 |
| 155 | 上海纸业行业协会 | 上海市经济和信息化委员会 | 2003 - 10 - 27 | 武夷路 477 号 |
| 156 | 上海市机动车驾驶员培训行业协会 | 上海市交通运输和港口管理局 | 2003 - 10 - 28 | 江场三路 238 号 621 室 |

(续表)

| 序号 | 单 位 名 称 | 业务主管单位 | 登记日期 | 办 公 地 址 |
|---|---|---|---|---|
| 157 | 上海市汽车销售行业协会 | 上海市经济和信息化委员会 | 2003 - 12 - 12 | 共和新路 3550 号 11 幢 203 室 |
| 158 | 上海种子行业协会 | 上海市农业委员会 | 2003 - 12 - 18 | 天山路 780 号 307 室 |
| 159 | 上海锅炉压力容器行业协会 | 上海市经济和信息化委员会 | 2004 - 01 - 19 | 中山南二路 777 弄 1 号楼 1006 室 |
| 160 | 上海起重运输机械行业协会 | 上海市经济和信息化委员会 | 2004 - 02 - 05 | 斜土路 1480 弄 33 号 206 室 |
| 161 | 上海市瓜果行业协会 | 上海市农业委员会 | 2004 - 03 - 25 | 惠南镇卫星东路 5 号 |
| 162 | 上海市食品添加剂行业协会 | 上海市经济和信息化委员会 | 2004 - 04 - 12 | 天目中路 258 号 202 室 |
| 163 | 上海市乐器行业协会 | 上海市经济和信息化委员会 | 2004 - 04 - 24 | 张扬路 1254 号 315 室 |
| 164 | 上海液压气动密封行业协会 | 上海市经济和信息化委员会 | 2004 - 04 - 24 | 莘朱路 2188 号 |
| 165 | 上海市期货同业公会 | 中国证券监督管理委员会上海监管局 | 2004 - 04 - 26 | 浦电路 500 号 2201 室 |
| 166 | 上海宝玉石行业协会 | 上海市经济和信息化委员会 | 2004 - 05 - 12 | 南京东路 388 号 403B 座 |
| 167 | 上海市建设工程咨询行业协会 | 上海市城乡建设和交通委员会 | 2004 - 05 - 12 | 西藏南路 765 号 A 座 1903 室 |
| 168 | 上海市印刷行业协会 | 上海市新闻出版局 | 2004 - 06 - 11 | 河南北路 451 号 3 楼 |
| 169 | 上海典当行业协会 | 上海市商务委员会 | 2004 - 08 - 06 | 香港路 111 号 305 室 |
| 170 | 上海婚庆行业协会 | 上海市商务委员会 | 2004 - 09 - 18 | 福州路 107 号 309 室 |
| 171 | 上海市眼镜行业协会 | 上海市商务委员会 | 2004 - 11 - 18 | 川大路 555 号 1 号楼 305 室 |
| 172 | 上海市电力行业协会 | 上海市经济和信息化委员会 | 2004 - 11 - 30 | 北京东路 239 号 2 楼 |
| 173 | 上海重型装备制造行业协会 | 上海市经济和信息化委员会 | 2005 - 01 - 31 | 恒丰路 600 号 1442 室 |
| 174 | 上海市宠物业行业协会 | 上海市农业委员会 | 2005 - 03 - 09 | 龙吴路 51 号 1 号楼 306 室 |
| 175 | 上海市酒类流通行业协会 | 上海市商务委员会 | 2005 - 03 - 09 | 江宁路 777 号 15 楼 A 座 |
| 176 | 上海市茶叶行业协会 | 上海市商务委员会 | 2005 - 03 - 15 | 张扬路 655 号 1501 室 |
| 177 | 上海市排水行业协会 | 上海市水务局(上海市海洋局) | 2005 - 04 - 18 | 厦门路 180 号 |
| 178 | 上海市润滑油品行业协会 | 上海市经济和信息化委员会 | 2005 - 04 - 18 | 浦城路 439 号 1704 室 |
| 179 | 上海市音像制品分销行业协会 | 上海市新闻出版局 | 2005 - 04 - 30 | 武定路 555 号 |
| 180 | 上海市信用服务行业协会 | 上海市经济和信息化委员会 | 2005 - 09 - 20 | 东方路 1359 号 2 号楼 6 楼 B |
| 181 | 上海市工程咨询行业协会 | 上海市发展和改革委员会 | 2005 - 11 - 06 | 永嘉路 718 弄 2 号 |
| 182 | 上海印制电路行业协会 | 上海市经济和信息化委员会 | 2005 - 12 - 29 | 莘庄水清路 588 弄 27 号 102 室 |
| 183 | 上海市民用航空运输销售代理行业协会 | 上海市商务委员会 | 2006 - 01 - 12 | 虹桥路 2550 号民航华东管理局大楼 |

（续表）

| 序号 | 单位名称 | 业务主管单位 | 登记日期 | 办公地址 |
|---|---|---|---|---|
| 184 | 上海市汽车维修行业协会 | 上海市交通运输和港口管理局 | 2006-01-25 | 新村路50弄4号206室 |
| 185 | 上海市道路危险货物运输行业协会 | 上海市交通运输和港口管理局 | 2006-03-02 | 中山北路198号1304室 |
| 186 | 上海市音像出版制作行业协会 | 上海市新闻出版局 | 2006-03-08 | 零陵路800号19层 |
| 187 | 上海日用化学品行业协会 | 上海市经济和信息化委员会 | 2006-03-17 | 肇嘉浜路376号B楼208室 |
| 188 | 上海邮轮、游船、游艇业行业协会 | 上海市交通运输和港口管理局 | 2006-06-28 | 中山东一路13号227室 |
| 189 | 上海市危险化学品行业协会 | 上海市经济和信息化委员会 | 2006-08-02 | 汶水路301号2楼 |
| 190 | 上海市室内环境净化行业协会 | 上海市经济和信息化委员会 | 2006-09-19 | 江场三路238号615室 |
| 191 | 上海市饮品行业协会 | 上海市经济和信息化委员会 | 2006-09-19 | 新闸路831号6J室 |
| 192 | 上海温室制造行业协会 | 上海市农业委员会 | 2006-10-11 | 沪北路185号A-3-111 |
| 193 | 上海农业废弃物利用行业协会 | 上海市农业委员会 | 2006-11-03 | 吴中路628号110室 |
| 194 | 上海市图书馆行业协会 | 上海市文化广播影视管理局（上海市文物局） | 2007-01-05 | 永福路265号8253室 |
| 195 | 上海市演出行业协会 | 上海市文化广播影视管理局（上海市文物局） | 2007-01-12 | 胶州路699号2102B室 |
| 196 | 上海市互联网公共上网服务行业协会 | 上海市文化广播影视管理局（上海市文物局） | 2007-03-14 | 昌平路68号611室 |
| 197 | 上海市心理咨询行业协会 | 上海市科学技术协会 | 2007-03-15 | 唐山路215号307室 |
| 198 | 上海市担保行业协会 | 上海市经济和信息化委员会 | 2007-04-17 | 大木桥路108号212室 |
| 199 | 上海市河蟹行业协会 | 上海市农业委员会 | 2007-08-03 | 城桥镇寒山寺路186号 |
| 200 | 上海市因私出入境服务行业协会 | 上海市公安局 | 2007-12-28 | 中州路133弄2号705室 |
| 201 | 上海市快递行业协会 | 上海市邮政管理局 | 2008-01-29 | 愚园路309号1016室 |
| 202 | 上海市交通电子行业协会 | 上海市经济和信息化委员会 | 2008-07-31 | 江场三路238号811室 |
| 203 | 上海市家庭服务业行业协会 | 上海市妇女联合会 | 2009-02-13 | 钱仓路1号13D |
| 204 | 上海市保安服务行业协会 | 上海市公安局 | 2009-03-10 | 庆达路145号 |
| 205 | 上海泵阀压缩机行业协会 | 上海市经济和信息化委员会 | 2009-05-05 | 翔殷路128号5楼112室 |
| 206 | 上海市动漫行业协会 | 上海市文化广播影视管理局（上海市文物局） | 2010-01-28 | 祖冲之路1559号3楼3028 |
| 207 | 上海市基金同业公会 | 中国证券监督管理委员会上海监管局 | 2010-12-28 | 世纪大道1600号1115室 |

# 第二章　专业性社会团体

专业性社会团体,主要是指单位会员和个人会员自愿加入,围绕相关领域的专业知识开展活动,发挥专业人员、专业组织的专长为经济、社会服务的社团组织。专业性社会团体的主要功能,是为单位会员提供专业化的相关服务,并提高个人会员在科学技术、教育、文化、艺术、卫生、体育等方面的能力和技巧。按照上海社会团体的设立标准,专业性社会团体原则上参照《国民经济行业分类》小类标准设置,其分支(代表)机构的设立,原则上按小类以下标准设立,一般以协会命名。

上海的专业性社会团体的发展,从总体上说,可以改革开放为界线,分为前、后两个大的阶段。1949 年上海解放后,遵循中央人民政府政务院 1950 年 9 月 29 日公布的《社会团体登记暂行办法》,上海开始组建和成立专业性社团。例如,1953 年底新成立的中华全国文艺工作者联合会上海分会,就下设有文协、美协、音协、戏剧协、影协、舞协、译协等 7 个专业性社团。这些专业性社团在丰富繁荣发展新中国社会主义文化中发挥了重要作用。1978 年党的十一届三中全会召开以后,与改革开放的历史进程相适应、相伴随,上海的专业性社会团体迅速发展。随着社团管理规范化、法治化不断深入,上海的专业性社会团体茁壮成长。到 2010 年,上海的专业性社会团体主要包括由各个委、办、局主管的经济领域专业性社会团体,以及由上海市文学艺术界联合会主管的文学艺术系统专业性社会团体、上海市体育总会主管的体育系统专业性社会团体。截至 2010 年底,在市社会团体管理局注册登记的市级专业性社会团体有 391 家。

## 第一节　经济领域专业性社会团体

经济领域社团组织,除行业协会外,还有专业性企业协会。通常意义上的企业协会,是指以企业或经济类社团为主要会员的专业协会。改革开放以来,上海经济领域专业性社会团体服务产业发展、服务政府管理、服务专业进步,发挥了积极作用。在改革发展历程中,最突出的成就是完成了企业协会政社分开工作。

推进企业协会政社分开,是自 2002 年上海市行业协会政社分开以来的又一次重大改革,涉及专业性社会团体 500 多家。企业协会政社分开的主要任务,是实现企业协会与党政机关人员、机构、财务、资产的“四分开”。“人员分开”,就是凡现职党政机关公务员和参照公务员法管理的事业单位人员,一律不得在企业协会中任职或兼职;“机构分开”,就是企业协会应当具有独立的办公场所,不得与党政机关合署办公;“财务分开”就是企业协会应当财务独立,拥有独立账号和具有专业资格的会计人员,不得与党政机关财务合账;“资产分开”,就是企业协会与党政机关之间应当产权明晰,党政机关不得占用企业协会的资产,党政机关将资产出租或出借给企业协会使用的,应当按照国资监管的有关规定办理手续。

实施企业协会政社分开改革,历经三个阶段:第一阶段为动员部署阶段,主要是制定实施方案,明确相关部门的职责分工,召开全市推进企业协会政社分开动员大会进行部署;第二阶段为自查整改阶段,主要是各业务主管单位和所属企业协会按照政社分开的任务要求进行对照检查,明确工作重点,有计划、有步骤地实施政社分开工作;第三阶段为验收检查阶段。

按照三个阶段的工作部署,各管理层面进行了任务细化。市级登记的企业协会,由市推进企业协会政社分开联席会议组织成员单位实施检查验收;区县登记的企业协会,由各区(县)组织相关部门实施检查验收。为了加强协同协作,形成工作合力,实施分类指导,成立了由副市长胡延照担任召集人,由市民政局、市委组织部、市公务员局、市财政局、市国资委、市监察局(市纠风办)等单位分管负责人为成员的"市推进企业协会政社分开联席会议"。市民政局(市社会团体管理局)负责联席会议办公室日常工作,主要做好企业协会政社分开工作的组织协调、信息汇总和相关变更登记工作;市委组织部负责监督指导现职局级以上党政机关干部在企业协会任职或兼职者的清理工作;市公务员局负责监督指导现职党政机关公务员和参照公务员法管理的事业单位人员在企业协会任职或兼职者的清理工作;市财政局负责监督指导党政机关做好企业协会资产权属界定和完善国有资产出租或出借手续,并督促、指导企业协会执行《民间非营利组织会计制度》,实现财务独立;市国资委负责指导区(县)国资管理部门做好区(县)企业协会资产权属界定和完善国有资产出租或出借手续;市监察局(市纠风办)负责企业协会政社分开监察工作。各相关业务主管单位和党政机关负责指导、督促所属企业协会按照要求完成政社分开工作任务,妥善做好政社分开后退出公务员序列的人员安置等工作。各区(县)根据工作需要,成立相应的工作机构,落实相关工作责任。各级政府部门在推进企业协会政社分开时,围绕"坚持科学发展观,促进企业协会完善内部治理"为主题,突出"增强企业协会自主办会能力和增强企业协会社会公信力"两个重点,抓好"动员部署阶段、自查整改阶段、检查验收阶段"三个环节,落实"调查摸底、责任分工、检查督促、跟踪指导"四项工作,确保了企业协会政社分开改革工作的顺利推进。

到2010年6月底,市、区(县)两级的企业协会政社分开改革顺利完成。全市524家企业协会[市级108家,区(县)416家]在"人员、机构、财务、资产"等方面基本实现了与党政机关的"四分开",其中人员分开244家,机构分开117家,财务分开60家,资产分开68家,已有335名处级及处以上领导干部和243名处以下公务员从企业协会中退出。企业协会真正成为按章自律、独立运作、民主决策、规范有序的社会团体。市长韩正在《本市基本完成企业协会政社分开改革工作》情况专报上批示:"很好,完善机制,巩固成果。"

企业协会政社分开改革后,内部治理结构得到明显改善,其自身能力和社会公信力得到显著增强,基本形成"入会自愿、会务自理、经费自筹"的自主办会机制,实现了从"政府附属"向"企业联盟"的角色转变。为巩固企业协会政社分开的改革成果,建立常态化的服务管理工作机制,2010年7月,市人大常务委员会关于修改《上海市促进行业协会发展规定》的决定中,将"以企业为会员的协会、商会"列入参照适用本规定范围。

实行政社分开后,各业务主管单位和党政机关主动关心企业协会的发展,依法维护企业协会的自主权,支持其按章开展活动、民主选举领导人和自主聘用工作人员,防止利用行政手段干预其内部管理事务。同时,通过转移职能、项目委托、购买服务等措施,加大对企业协会的扶持力度。一些有条件的单位,采取无偿借用、低偿租赁等形式,为企业协会提供办公用房、场地和设施等方面的支持;并且,有条件的区(县)建立专项基金,为企业协会健康发展提供资助。

# 一、选介

## 【上海市电子电器技术协会】

上海市电子电器技术协会成立于1970年7月,是由全市从事电子电器国有企业、民营企业和股份制等单位自愿组成的专业性、非营利性社会团体法人,业务主管单位为上海市科学技术协会。到2010年,有各种所有制会员单位18个,个人会员665人。

协会业务范围是:电子、电器、交流、声、光、仪、机电一体化自动化成套工程等科技服务。

协会主要开展以下几方面工作:

服务会员。协会推广新技术、新工艺、新材料、新设备的应用,组织技术合作、开发,解决技术关键,促进企事业单位技术进步,提高产品质量、管理水平和经济效益;开展国内外学术交流活动,组织报告会、研讨会、年会等学术会议,加强与兄弟省市间学术往来,发展同国外科技团体、科技工作者的友好联系;提供咨询和科技评价,对接受委托的科技项目进行论证、对科技成果组织鉴定等,积极向政府有关部门建言献策;深入街道、基层单位开展科学普及工作,关心青少年科技活动,组织编写电子电器技术专业的科技书籍以及科普读物,开办"享受科技·享受生活"现代家电科普网。

产业推进。协会通过各类服务平台,及时反映企业诉求,接受企业技术委托,促进企业改造传统工艺、开发高新技术、应用新产品;承担政府相关部门项目评审鉴定工作,参与上海市学科、产业(行业)技术与社会事业发展研究项目;全面推进国家创新体系建设,举行"电子、电器领域产学研对接会",积极引导高等院校、科研院所参与产学研结合新机制,推动高新技术产业发展;举行技术项目发布会,搭建供、需、服务等各方现场交流和洽谈平台;建立与国际相关行业协会的对话机制,积极探索合作交流机制,推动业内企业参与国际合作,争取更大的发展资源和空间,提升国际竞争力。

人才培育。协会举办"家用电器技术教育"系列讲座,开展工程专业技术人员继续教育培训,促进行业从业人员知识技能和业务水平提高;组织燃煤、燃气电厂的仿真机培训和专业课程培训。

运作管理。协会完善民主办会规程,强化内部管理规范,制定服务企业、服务政府、促进产业发展的量化指标,纳入日常考核与年终绩效考核;加强党的建设,发挥党组织核心作用。

### 【上海市标准化协会】

上海市标准化协会成立于1981年4月,是由全市标准化工作者、企事业单位自愿组成的专业性、非营利性社会团体法人。下设化工专业委员会、轻工专业委员会、纺织专业委员会、有色金属专业委员会、机电专业委员会、情报专业委员会、宇航专业委员会、航空专业委员会、仪电专业委员会、能源专业委员会、船舶专业委员会、汽车专业委员会、包装专业委员会、信息专业委员会、医药专业委员会、蔬菜专业委员会、饲料专业委员会、水产专业委员会、粮油专业委员会、种植专业委员会、花卉苗木专业委员会等21个专业委员会,以及组织工作委员会、咨询工作委员会、技术工作委员会、学术科普工作委员会、教育培训工作委员会等5个工作委员会。业务主管单位为上海市科学技术协会。到2010年,有团体会员单位178个,个人会员1000余人。

协会业务范围是:学术研讨、标准制修订、标准宣贯、科普宣传、教育培训、四技服务、评价认证、交流协作、刊物出版。

协会主要开展以下几方面工作:

搭建平台。协会自2001年起,连续举办"工博会科技论坛—标准化国际研讨会",瞄准国际前沿,聚焦国家战略,邀请国内外行业领域的专家出席演讲,与标准化工作者深入交流,推进全市标准国际化步伐;推进"长三角"标准化学术研究,创新标准化工作理论,编印《"长三角"标准化学术论文集》;举办各类论坛、研讨会、标准化创新讲座,为企业搭建产业信息、技术交流、行业间及跨行业的联系平台;围绕每年国家节能周宣传主题,开展节能技术—标准化专题研讨会;以知识竞赛、展板宣传、标准解读等形式,联合街道、学校开展"节能—标准化进社区、标准进校园、标准进园区绿色发展"公益活动;承担编辑《上海市标准化优秀成果奖申报指南》任务,组织对申报项目相关材料汇总、分类及审查;组织专家对上海市标准化优秀成果进行评审;为企业提供标准制修订"一站式"服务、产品标签认可服务、标准化示范试点咨询服务、建立标准体系和标准化法律法规咨询服务、企业产品标准自我声明系列服务等。

教育培训。协会举办各类岗位培训和继续教育培训,以及监督检查岗位人员标准化业务知识培训;承接市技术质量监督局委托的培训任务,开展标准化工程师资格考试专业培训;组织开展服务标准、节能管理、食品安全、化妆品等重要国家标准、行业标准的宣贯;开展标准法律法规、标准制定实务知识的培训等。

服务会员。协会组织会员进行标准化学术研讨、现场交流和学习考察活动,帮助会员了解最新的标准化动态,获得更多的标准化信息;通过举办报告会和座谈会等形式,帮助企业及时掌握国家相关法规和政策;出版专业期刊《质量与标准化》和《上海市标准化通讯》,为会员提供国内外标准化发展动态,国家政策法规和协会工作情况;及时更新门户网站,发送标准化信息简报。

运作管理。协会完善内部管理,强化制度规范,把标准化工作指标量化到人,注重制度的落实检查,不断提升内部管理水平;积极探索党建工作,坚持以"凝聚、创新、服务、发展"为核心,聚焦"学习型、服务型、创新型"基层党组织建设目标,发挥党建独特优势和党员先锋模范作用。

**【上海市质量协会】**

上海市质量协会,原名上海市质量管理协会,成立于 1982 年 9 月,是由全市致力于质量管理与质量创新事业的企事业单位自愿组成的专业性、非营利性社会团体法人。业务主管单位为上海市经济和信息化委员会。到 2010 年,有各种所有制会员单位 1 200 余个。

协会业务范围是:质量培训、调查研究、学术交流、用户服务与评价、质量咨询、推荐质量管理奖、质量技术奖、优秀 QC 小组等。

协会主要开展以下几个方面工作:

质量推进。协会深入开展质量宣传教育活动,大力普及质量管理知识。20 世纪 80 年代初,配合市经委举办"局长质量管理学习班",开办"职工全面质量管理知识电视讲座",组织近 200 万人次的全面质量管理知识普及教育;1983 年,编辑出版《上海质量》杂志,宣传国家的质量方针,交流质量建设的理论与实践成果;推进六西格玛管理,设立"上海市质量协会质量技术奖",推荐"上海市质量管理奖",开展质量奖励工作,引导企业实施卓越绩效模式;广泛推进群众性质量管理活动,提升现场管理能力,会同市总工会、团市委、市妇联等单位共同推进 QC 小组活动,举办"上海市 QC 小组成果擂台赛",截至 2010 年已成功举办 10 届,共 1 542 个 QC 小组近 5 000 名代表参与比赛交流,1 268 个小组获"全国优秀质量管理小组"称号;组织开展"质量振兴宣传服务大篷车""质量志愿者区县行"等质量月宣传活动,深入居民社区和中小企业开展质量服务;举办"我与质量"少儿绘画比赛活动、"上海少年儿童质量夏令营",编写《娃娃话质量》读物等,引导少年儿童从小树立质量观念。

认证服务。协会引入 ISO 管理体系标准,积极服务经济社会发展。1992 年 12 月正式成立国内第一家体系认证机构——上海质量体系审核中心,倡导实施 ISO9000 质量管理体系标准,配合市经委开展贯标培训,组织 60 家企业开展贯彻 ISO9000 系列标准试点,并向上海汽轮机厂颁发第一张国家认可的质量管理体系认证证书;不断拓展管理体系认证新领域,相继在制造、建筑、科技服务、商贸、教育、展览和金融、保险、医疗乃至慈善服务等行业开展认证,还率先开展 HACCP 食品管理体系认证、信息安全管理体系认证等;搭建上海企业社会责任发布平台,引导企业履行社会责任,翻译 ISO26000《社会责任指南》国际标准,编制上海市经团联《企业社会责任指南》标准,举办企业社会责任培训"企业社会责任论坛"等活动。

人才培训。协会在全面推进和普及质量管理知识的同时,大力促进质量人才队伍建设,1992年,成立审核员培训机构,举办审核员培训班;开展质量专业人员(质量工程师)注册资格考试培训;配合有关部门培训取得职业资格和上岗证书的食品企业检验员等;全方位开展质量素质提升活动,推出"百千千万"中小企业质量公益服务计划;受市总工会委托,开展企业班组建设现状调研,编写《班组长岗位资格培训教程》,开展全市"班组长岗位资格"培训,有效提升企业班组骨干素质。

科研建设。协会跟踪国际质量科研前沿,发挥质量科研领先优势。1999年,成立国内第一家质量与管理综合性科研机构——上海质量管理科学研究院,打造高素质的研究团队;承担并完成一批国家重大研究课题,包括科技部重大科技专项、国家自然科学基金项目、上海市科技进步奖等,逐步确立在质量科学研究领域的学术地位;采用"走出去,请进来"方式,搭建中外交流平台,组织举办"上海国际质量研讨会",1994年以来已成功举办 7 届,成为国际质量界有影响力的科研品牌活动;组织质量管理先进企业参加美国、加拿大、日本、欧洲等地的各类国际质量会议和考察活动,开阔眼界,促进质量管理理论与方法的研究和发展。

公共服务。协会发挥质量专业优势,提升社会公共服务水平。2007 年,组织专家为特殊奥运会提供技术支持,建立涉及 29 个部门的质量管理框架,制定质量管理规范,获得特殊奥运会组委会高度评价;2010 年,组织承担世博园区物业服务的企业召开研讨会,共同研讨世博物业服务质量管理,为上海世博会的成功举办作出贡献;开展质量热点公益性调查活动,围绕城市交通、旅游、超市、物业管理、社区卫生服务、义务教育、服务热线等领域,开展社会公益性的满意度调查,调查近 50 万人次,收集 1 600 余万条,为政府有关部门准确掌握民情、企业持续改进产品和服务质量提供依据。

## 【上海市铸造协会】

上海市铸造协会成立于 1984 年 1 月,是由全市铸件生产企业、铸造原辅料生产供应企业、铸造设备生产经营企业、铸件加工企业、与铸造相关的科研院校机构等单位自愿组成的专业性、非营利性社会团体法人,下设铸钢专业委员会、铸铁专业委员会、精密铸造专业委员会、有色金属铸造专业委员会、压铸专业委员会等 5 个专业委员会。业务主管单位为上海市经济和信息化委员会。到2010 年,有各种所有制会员单位 368 个。

协会业务范围是:行业规划、行业协调、行业自律、行业服务,咨询、交流和培训,编辑出版刊物,反映行业意见和建议,承办政府委托事项。

协会主要开展以下几方面工作:

服务会员。协会做好服务会员的工作,1990 年至 2004 年,受市经委、市计委委托对上海市铸造生产企业实施"生产许可证"考核,并会同有关部门对全市铸造生产单位审核发放《上海市铸造生产许可证》;1995 年至 2008 年,承办全市铸造生产企业增值税先征后返行业优惠政策的审核申报工作;编印《上海铸造通讯》,建立门户网站,为会员提供铸造产业发展方面的政策法规和国内外产学研发展动态,及时反映行业诉求,并以各种会议、论坛、研讨会等形式向会员企业发布行业数据和信息;发挥行业专家库资源和行业统计信息的优势,积极为企业提供各类技术咨询服务,帮助企业产品研发提供产学研服务平台;为企业申请认定"四新"产品、引进国外先进设备、新项目设立等提供专业审核和鉴定;推荐优秀企业家、能工巧匠等参评"上海工匠""中国铸造行业风云人物""中国铸造行业巾帼英雄""中国铸造行业青年企业家"等。

产业推进。协会开展产业研究,积极建言献策,为政府相关职能部门提供产业运行情况、趋势预判和政策建议等课题研究报告;承担行业标准制定工作,协助政府有关部门拟定能耗标准;开展"铸造行业准入公告"和企业清洁生产审核等工作,推进企业规范化发展和绿色发展;开展技术培训和研讨交流,举办各类技术培训、论坛、研讨会、交流会等,为企业搭建产业信息、技术交流和行业间联系的平台,帮助企业及时、准确掌握政府有关产业政策、能耗和清洁能源替代政策、鼓励中小企业技术创新的扶持政策等;组织企业参加中国铸造协会主办的"中国国际铸件展览会"、德国汉诺威展览公司主办的"国际铸件展览会"等大型铸件展会,拓展行业发展商机,提高市场竞争力;加强与中国铸造协会、"长三角"地区等省市兄弟协会和行业组织的交流,构建经常性互动机制,取长补短,相互促进;加强行业自律,推进企业的节能减排、环保治理和安全生产。

运作管理。协会强化规范化运作和管理,完善法人治理结构和民主办会规程,建立一系列制度和规范;积极探索党建工作,将党建工作与协会工作、行业发展相结合,发挥党员先锋模范作用。

## 【上海市电镀协会】

上海市电镀协会成立于 1984 年 6 月,是由全市电镀企业、科研院所和产业园区等单位自愿组成的专业性、非营利性社会团体法人。业务主管单位为上海市经济和信息化委员会。到 2010 年,有各种所有制会员单位 289 个。

协会业务范围是:行业达标、政策指导、技术创新、自律与协调等规范、资讯、统计、培训、交流、宣传、编辑出版等。

协会主要开展以下几方面工作:

服务会员。协会编辑出版《上海电镀》杂志,建立门户网站,为会员提供电镀行业发展方面的政策法规和国内外产学研发展动态,以及咨询、论证、诊断服务;编印《上海市电镀发展史》《行业剧毒化学品从业人员培训教材》《清洁生产案例》《电镀行业安全生产汇编》《环保技术操作工培训教材》《预防环境污染犯罪宣传手册》;依靠行业专家库资源和行业统计信息的优势,为企业提供各类技术咨询服务;加强研讨交流,举办各类论坛、研讨会、交流会等,为企业搭建行业信息、技术交流、产业对接平台;通过举办专题报告会和座谈会,帮助企业及时、准确掌握政府相关政策;组织会员企业到国外学习考察,扩大会员企业视野,建立国际交流和合作网络,推动业内企业参与国际合作,争取更大的发展资源和空间。

产业推进。协会承担专项调查研究,为政府相关职能部门提供产业运行情况、趋势预判和政策建议等课题研究报告;参与对行业内重大技术改造、技术引进、投资与开发项目等工作的前期论证,组织科技成果的鉴定;组织制订和修订国家标准、行业标准,制订行规行约,开展行业自律;组织举办和协办各类展览会,联合荷兰会展公司每年举办国际性水处理展览会;举办 ECPA 印制电路展览、污染废弃物利用展览、节能减排展览等;开展与国内外相关社会团体和组织的交往活动,组织企业参加有关国际会议、展览考察等活动,促进行业对外技术合作和交流;组织举办电镀行业专业技术、操作工、化学分析工、电镀上岗、危险化学品人员等继续教育培训,提高行业从业人员知识技能和管理能力。

运作管理。协会完善民主办会规程,强化内部管理规范,制定服务企业、服务政府、促进产业发展的量化指标,纳入日常考核与年终绩效考核;推进党建工作,将党建与协会工作、行业发展相结合,发挥党组织核心作用。

**【上海市锻造协会】**

上海市锻造协会成立于1984年6月,是由全市锻造企业及锻压设备制造、加热设备制造、相关工艺技术、原辅材料研究开发等相关企业及大专院校、科研院所自愿组成的专业性、非营利性社会团体法人。业务主管单位为上海市经济和信息化委员会。到2010年,有各种所有制会员单位210个。

协会业务范围是:收集交流信息,制订审查规划,组织活动和对外合作。

协会主要开展以下几方面工作:

服务会员。协会开展信息服务,编印会刊,建立门户网站,为会员提供锻造行业及相关方面的政策法规和国内外产学研发展动态等;依托专家资源优势,为会员企业提供大型锻件、精密锻件、有色金属、特种工艺、企业管理等方面技术咨询服务;为企业申请名牌产品和著名商标出具证明函;举办各类研讨会、交流会以及专题报告会、座谈会等,为企业搭建产业信息、技术交流和行业间联系的平台,帮助企业及时、准确掌握政府相关政策。

产业推进。协会开展上海市行业结构调整途径的研究,了解行业基本情况、存在问题,提出深化调整的方向、目标和主要措施,为政府有关部门建言献策;收集企业能耗情况,掌握生产企业耗能变化,帮助企业进行分析诊断,改进锻造工艺,深化节能减排,促进企业经济效益提高;制定和完善行业相关标准,制定《上海市锻造行业行规行约》《关于在上海市锻造行业中继续开展诚实守信活动的倡议》《上海市锻造企业基本生产条件》等;按照《上海市锻造企业基本生产条件》标准,组织企业评审,促进企业达标管理。

运作管理。协会强化规范化运作和管理,完善民主办会规程,强化内部管理规范,细化内部管理制度;积极探索党建工作,确保党组织生活的正常开展,发挥党员先锋模范作用。

**【上海市节能协会】**

上海市节能协会成立于1985年3月,是由全市使用能源、生产及转换能源、生产节能产品和节能减排服务等企业单位,能源管理、科研、设计、教育、信息等事业单位自愿组成的专业性、非营利性社会团体法人,下设分布式供能专业委员会、电气行业工作委员会等2个分支机构。业务主管单位为上海市经济和信息化委员会。到2010年,有各种所有制会员单位800个。

协会业务范围是:开展节能咨询、宣传培训、课题研究,出版杂志(含广告)、开办网站,并受委托制定标准、评审节能产品等。

协会主要开展以下几方面工作:

服务会员。协会开展信息服务,编辑出版《上海节能》杂志,建立门户网站,为会员提供节能、减排、环保、绿色、低碳的政策法规、先进技术和国内外信息动态,反映行业诉求,发送协会电子简报;围绕节能低碳绿色发展主题,举办各类论坛、研讨会、交流会、知识竞赛等,为企业搭建产业信息、技术交流、形象展示和行业间联系的平台,通过举办专题报告会和座谈会等,帮助企业及时、准确掌握政府相关政策;发挥行业专家库资源和行业统计信息的优势,积极为企业提供各类技术咨询服务;架设政府与企业间的桥梁,为会员单位排忧解难。

产业推进。协会承接政府、企业急需完成、与协会专长契合度高的项目,采取联手攻关、合作共赢举措,优化项目成果质量。2008年,完成"能源审计""电池储能电站规程编制"等项目;2009年,完成"合同能源实施障碍和对策研究"项目;2010年,完成"国际大都市采暖制经验研究"项目;组织开展《燃气分布式供能系统运行与维护技术规程》《上海市分布式供能发展路径与政策研究》等课题研究,为政府相关部门提供政策建议;联合黄浦区有关部门举办"黄浦区楼宇能源培训"和"黄浦区重点用能单位节能培训"等,提升从业人员知识技能和业务水平;拓展对外交流,推进外部合作,瞄准国际、国内先进前沿技术和管理,以新思路、新模式打造交流新平台。

运作管理。协会发挥桥梁纽带作用,根据专业化性质和分布领域宽泛特点,主动联系在节能减排领域有重要地位和作用的企业加入协会,形成覆盖面广、凝聚力强的会员队伍;加强思想工作,不断提升党建水平。

## 【上海市设备管理协会】

上海市设备管理协会成立于 1986 年 5 月,是由全市从事各类设备生产、使用、维修、流通、研究等企事业单位自愿组成的专业性、非营利性社会团体法人,下设仪电、化工、医药、纺织、轻工、宝钢、船舶、电气、维修、调剂、状态检测、金山等 12 个工作委员会或代表处。业务主管单位为上海市经济和信息化委员会。到 2010 年,有各种所有制会员单位 676 个。

协会业务范围是:学术研究与调研、会员交流与协调、行业发展与自律、技术咨询与推广、专业培训与信息服务等。

协会主要开展以下几方面工作:

服务会员。协会开展信息服务,编辑出版《上海设备管理》,建立门户网站,为会员提供设备工程和维修管理方面的政策法规,介绍国内外和全市各行业设备管理经验、维修新技术及国内外设备管理与维修的发展方向,提供设备供求、闲置设备处置等信息,及时反映行业诉求;依靠行业专家库和"维修企业专长信息库"等资源,为企业提供各类技术咨询服务、设备评估和技术鉴定、设备更新改造方案的论证;联手金融机构,为小微维修企业提供量身定做的金融服务项目,帮助会员单位解决融资难等;加强研讨交流,通过开展全市设备管理先进表彰活动、举办各类交流研讨会议、考察和论文比赛等活动,交流推广设备管理的新理念、新方法;为企业搭建产品和服务信息、技术交流、形象展示和行业间联系的平台;通过举办专题报告会和座谈会,帮助企业及时、准确掌握政府相关政策,帮助会员单位与政府对接。

行业发展。协会协助政府部门制定有关产业政策,积极参与全市产业结构调整中有关行业和产品目录的制定,促进产业结构调整和优化升级;开展全市重点耗能设备、二手设备电机能耗、引进设备的使用状况、设备专业维修服务发展等调研和专题课题研究;推进专业维修行业自律与规范发展,通过对维修企业能力评价、诚信体系建设等促进行业自律,为需求企业的设备维修与技术改造提供优质服务资源和规范化专业服务,推动全市设备维修行业健康发展;开展行业统计和调研,建立行业统计指标体系和报送流程,编纂和发布行业年度发展报告,并为政府相关部门提供行业运行情况、趋势预判和政策建议等报告;开展对外交流,拓展合作渠道,组织会员单位赴欧洲参加专业展览会和国际专业技术学术交流活动,帮助会员单位开拓进口二手设备的交流渠道,扩大与国外同行的交流和业务合作空间。

人才培育。协会根据现代化设备的特点和企业需求,举办"设备管理岗位""设备状态监测""设备诊断技术""无损检测技术""点检技术""机电液一体化维修技术"等培训;组织编纂和出版《设备工程》《设备维修工程实务》等教材,为提高企业设备管理与维修人员的技术水平提供基础支持。

运作管理。协会完善规范化运作和管理,坚持民主办会理念,完善民主运行机制,健全内部管理制度,将服务企业、服务政府、促进行业发展的各项工作纳入日常考核与年终绩效考核;积极探索党建工作,加强党支部自身建设,采用多种形式做好党员的日常教育管理工作和发展党员工作,发挥党支部的政治核心作用和党员的先锋模范作用。

### 【上海市焊接协会】

上海市焊接协会成立于 1986 年 7 月，是由全市焊接企业和相关科研院所等单位自愿组成的专业性、非营利性社会团体法人。下设产业信息专业委员会、行业规划专业委员会、培训技术咨询专业委员会、企业管理专业委员会、学术交流专业委员会、组织专业委员会等 6 个分支机构以及焊接专家工作组。业务主管单位为上海市经济和信息化委员会。到 2010 年，有各种所有制会员单位 107 个。

协会业务范围是：编制规划、四技服务、培训、出版刊物、国内外交流。

协会主要开展以下几方面工作：

服务企业。协会编辑出版《上海焊接》杂志，为会员提供焊接技术发展方面的科研成果及国内外产、学、研发展动态，及时反映行业诉求；发挥人才、技术资源优势，为会员企业提供技术咨询、工艺评定、项目攻关、现场指导、工程监督等各种形式的服务，帮助企业解决生产加工、产品出口、新产品研发、重点项目和重大工程中的关键焊接技术；举办各类论坛、研讨会、交流会以及报告会、座谈会等，为企业提供各种国内外最新国际焊接技术、焊接产品的发展趋势和市场要求的信息平台，帮助企业及时、准确掌握政府相关政策。

技术培训。协会组织建立培训基地，先后取得各种焊工技术培训、发证资质，形成因企施教、教考分离的管理制度，年均培训各类技术标准的焊工 2 000 余名；开展评选行业工匠活动，加快打造高素质的蓝领队伍。

服务政府。协会受上海市经济信息化委委托，先后编制上海焊接行业"十五"和"十一五"规划；完成市经济信息化委委托的《上海焊接行业产品结构调整优化升级研究》等课题；配合政府推进节能减排工作，开展上海节能减排 JJ 小组活动；成立行业专业技术职称评定评审委员会，开展焊接行业焊接工程师评审，帮助中小企业特别是民营企业解决评定技术职称难题。

内部建设。协会实行重大工作集体决策、分工负责制，将各项工作纳入法治化、制度化、规范化轨道；积极发展新会员单位，增强协会的影响力、凝聚力和辐射力；积极开展党建工作，发挥党员先锋模范作用。

### 【上海市注册会计师协会】

上海市注册会计师协会成立于 1986 年 10 月，是由全市会计师事务所和注册会计师自愿组成的专业性、非营利性社会团体法人，下设专业技术委员会、惩戒委员会、申诉维权委员会、《上海注册会计师》编辑委员会、教育培训委员会、注册管理委员会、财务委员会、信息化委员会、保险职业责任委员会等 9 个委员会。业务主管单位为上海市财政局。到 2010 年，有团体会员单位 274 个，个人会员 16 376 人。

协会业务范围是：贯彻准则、组织进修、参与交往、协调关系。

协会主要开展以下几方面工作：

行业服务。协会组织全市会计师事务所和注册会计师开展关系行业发展方向的课题调研活动，提出促进行业发展的对策和建议；积极促进行业诚信建设，制定《上海市注册会计师协会会员诚信档案管理实施办法》，全面加强对个人会员和团体会员诚信档案的基本信息、提示信息和警示信息的采集和转换工作，为维护行业诚信提供有力保障；制定并实施行业建设公约，组织会计师事务所及注册会计师进行集中签约;结合注册会计师岗前培训班,举行新任职注册会计师诚信宣誓活动,增强注册会计师职业荣誉感和历史使命感;组织开展注册会计师任职资格检查,做好对拟新设事务所合伙人(股东)、增补合伙人(股东)业务档案的检查工作,严把源头管理关;开展执业质量检查工作,制定《上海市注册会计师协会关于执业质量检查人才库管理办法(试行)》《会计师事务所执业质量检查手册》《上海市注册会计师协会会员执业违规行为惩戒及处理办法》等制度规范,为规范行业自律监管行为提供制度支撑;开展分类管理考核评审工作,制定《上海市会计师事务所分类管理实施办法(试行)》,对会计师事务所的人力资源管理、财务管理、质量控制等内部治理各方面确定量化指标,对会计师事务所进行全面评审考核,加强分类指导力度,提升行业自律水平。

人才培养。协会建立人才培养制度规范,制定《上海市注册会计师协会行业人才培养管理办法(试行)》,设立人才培养专项基金,为人才培养和事业发展提供制度保障和资金;开展职业教育,拓展职业教育渠道,分层、分类举办主任会计师专题培训班、注册会计师岗前培训班、助理审计人员培训班等培训,组织落实注册会计师全国考试(上海考区)工作;探索开展网络教育培训模式,扩大对非执业会员和在事务所工作的一般从业人员的培训;启动行业优秀人才选拔培养专项工作,积极发挥行业优秀人才在规范会计服务市场、促进行业全面发展中的作用。

服务会员。协会免费向全体会员开放专业法律法规数据库,实现资源共享,增加注册会计师和会计师事务所的信息来源,提高整体的执业效率和效果;引导、鼓励、支持和帮助会计师事务所拓展新业务领域;编制《小型企业审计工作底稿指导意见(试行)》,从专业技术方面及时解决注册会计师在实务工作中遇到的困难;积极拓展对外交流渠道,吸收借鉴国外先进注册会计师行业的执业和管理经验,组织会员积极参与国际交往合作;建立行业党建工作管理体制,制定下发《关于加快全市会计师事务所党组织建设工作的通知》《关于加强基层党组织建设的指导意见》等文件,全面推进行业党组织建设。

## 【上海出口商品企业协会】

上海出口商品企业协会成立于 1987 年 7 月,是由全市具有自营进出口权的生产企业为主体,出口商品生产企业及其他相关企业自愿组成的专业性、非营利性社会团体法人。业务主管单位为上海市经济和信息化委员会。到 2010 年,有各种所有制会员单位 700 个。

协会业务范围是:提供咨询培训、信息交流、指导服务。

协会主要开展以下几方面工作:

调查研究。协会加强对行业现状及其发展的调研,完成《上海出口商品企业产业如何转型升级》课题等;组织各种研讨会,邀请政府有关部门为企业讲解国家和上海市有关方针政策,帮助企业提高产品出口竞争力;协助组织工业企业申请自营进出口权的初审工作,为工业自营进出口企业提供服务;加强国家有关政策研究解读,编辑出版《上海企业跨国经营初探》等书籍,撰写发表中国企业跨国经营的系列文章,引导行业发展。

搭建平台。协会组织会员企业参加各种经贸洽谈会、国内外展览会,为出口企业搭建展示的平台。1989 年,主办"让我们的商品走向世界——上海经济区出口、名优商品(部分)展评会";1995 年,承办捷克工业和贸易部在上海主办的"1995 捷克产品展暨经贸洽谈会";每年组织会员企业参加商务部和上海市政府主办的"中国(上海)国际跨国采购大会";2008 年起,每年组织会员企业参加在福州举办的"海峡两岸经贸交易会"和"消费品全球采购交易会";组织会员企业参加国际工业博览会,以及世界各国和地区或机构在上海举办的商贸投资研讨会;先后与上海跨国采购中心、中国出口信用保险公司上海分公司建立长期战略合作关系,帮助会员企业与国内外银行和金融机构建立联系,解决融资需求。

业务培训。协会积极组织行业业务培训。与中国科技大学研究生院、中国管理科学研究院合作举办"中国出口商品企业家经济管理高级研究班";与上海师范大学合作举办企业家学历教育班;与上海大学商学院合作举办"出口商品企业高级经理国际商务培训班";还组织会员参加"进出口贸易实务""进出口商品海关关税介绍""证券知识"等相关政策业务培训。

### 【上海市外商投资企业协会】

上海市外商投资企业协会成立于1988年3月,是由全市外商投资企业、台港澳投资企业和其他有关组织联合组成的非营利性的社会团体法人,下设地区总部工作委员会、物资工作委员会、商业工作委员会、涉外咨询工作委员会、研发中心工作委员会、房地产工作委员会、航运工作委员会、金融服务工作委员会等8个委员会,以及HR经理俱乐部、公关(媒体)经理俱乐部、财务总监俱乐部、法务总监俱乐部和上海外企志愿服务联盟等。业务主管单位为上海市商务委员会。到2010年,有各种团体会员单位2300个。

协会业务范围是:维护会员合法权益,增进会员企业之间、企业和政府机构之间的沟通与交流;反映企业诉求;解读政府政策;促进企业发展。

协会主要开展以下几方面工作:

课题调研。协会通过发放调查问卷、举办专题座谈会等形式,了解企业在生产、经营中的问题及诉求,深入企业第一线,倾听企业呼声;编辑《情况反映》专报,反映营商环境、贸易便利化、环境保护等方面的问题和建议,得到政府有关部门肯定;配合市委、市政府有关部门调研,及时反映有关政府人才关爱、税收政策和营商环境等方面的建议;受市商务委委托,完成相关课题调研,为政府有关部门掌握外企动向、制定相关政策提供翔实的数据支持与参考。

助推发展。协会积极配合政府做好服务企业工作,每年组织会员企业组成上海交易团最大的参展分团——外企分团,参加在上海举办的华东进出口商品交易会和春秋两季在广州举行的中国进出口商品交易会,组织外企参加上海商品展览会、南宁东盟博览会,参观上交会和工博会等;组织会员企业参加联合年报专题培训,做好外企年度"四个百强"发布与表彰工作,推荐会员企业外籍高管参加上海市"白玉兰奖"评选;开展专项服务工作,配合市商务委做好上海市高级经济师(国际商务)评审、上海市优秀企业家评选、外籍非法人董事长身份确认等工作;参与政府办事大厅外企窗口接待工作,每年接受电话和现场咨询5000多人次;加强对外合作,组织企业代表参加淮安、扬州、嘉兴、舟山、宁波、南通、西安、张家港等地来沪投资推介活动,组织企业高管赴南通、舟山等地考察投资环境,沟通交流招商活动信息。

人才培养。协会充分利用资源优势,加强人才培养,各专业委员会积极开展工作,打造品牌项目,如商业分会组织成员单位走进星巴克旗舰店,观摩创艺工坊;研发中心分会开展跨行业交流,举办"科技承载梦想,创新成就未来"为主题的外资研发论坛;法务总监俱乐部围绕风险防范主题,举办"企业合规审查与中美贸易争端""知识产权与专利法""国内及国际商业结算风险"等专题圆桌会;HR经理俱乐部举办法规政策培训、人力资源总监和经理研修、财务等管理类等培训班,组织HR高级经理人聚享会、HR讲师团管理实践经验系列讲座等活动等;开展联谊互动,举办中外人士参与的中秋联谊会、名品特卖会、外企看松江讲好上海故事等互动交流活动。

**【上海市计算机用户协会】**

上海市计算机用户协会成立于1991年9月24日,是由全市计算机系统用户为主体,吸收计算机系统研制、生产、经营、技术及第三方服务等企事业单位的代表和个人自愿组成的科技类的非营利性的社会团体法人。业务主管单位为上海市科学技术委员会。到2010年底,有各种所有制会员单位4 000个。

协会业务范围是:开展技术咨询、交流;培训、标准规范;课题研究、成果推广;维修服务;对信息化厂商产品信誉评议;对用户有价值的其他相关服务。

协会主要开展以下几方面工作:

服务会员。协会开展资讯类服务,更新、优化网站的行业新闻、会员服务、协会介绍等板块,并通过网络、线下社群和相关活动等渠道,为会员提供计算机行业发展方面的政策法规、最新技术和行业发展趋势、会员权益及申请、活动报名资讯等多方面信息,并及时反映和解决会员单位的诉求;加强研讨交流,举办各类论坛、研讨会、交流会等,为企业搭建产业信息、技术交流、形象展示和行业间联系的平台,并通过举办专题报告会和座谈会,帮助企业及时、准确掌握政府相关政策,全面提升企业的技术创新能力和信息化应用能力;积极扩大品牌影响力,通过挖掘优秀典型,扩大媒体宣传,树立行业示范,促进IT生态圈健康发展、共同发展、可持续发展;主办上海市计算机用户协会年度会员代表大会,为广大会员搭建交流学习平台。

产业对接。协会邀请市国有资产监督管理委员会、市教育委员会、市邮政管理局、市商务委员会等政府有关部门举办各类活动,通过组织相关研讨活动,建立政府与企业间、企业之间交流合作网络;主办网络安全(中国)论坛,了解网络安全形势和相关政策,交流数字化转型经验和最新行业应用案例;组织沙龙交流活动,共同探讨新技术的应用及实践;组织IT背包客活动,在轻松愉快氛围中增进会员与专家、CIO的交流和沟通;还与国内其他相关行业协会建立友好合作关系,与中国计算机用户协会、大连CIO协会、广东省CIO协会联合走访有关企业,为会员争取更大的发展资源和空间。

运作管理。协会强化规范化运作和管理,完善民主办会规程,强化管理规范,完善各种运营管理制度;建立理事会沟通机制,打造互动生态圈;扩大对外宣传,优化网站内容,不断扩大社会影响力。

**【上海安全防范报警协会】**

上海安全防范报警协会成立于1991年10月,是由全市从事安全防范产品管理、科研、开发、生产、经营、推广应用、技术培训、信息服务,安全防范工程设计、施工、维修等技术服务和安防行业宣传教育、出版、印刷等企事业单位以及其他相关经济体自愿组成的专业性、非营利性社会团体法人。业务主管单位为上海市公安局。到2010年,有各种所有制会员单位430个。

协会业务范围是:行业统计;制定、宣贯标准;方案论证、竣工验收;"四技"服务;书版会刊;展览、交流、考察等。

协会主要开展以下几方面工作:

服务会员。协会编印《保安与技防》,建立门户网站,为会员提供安防行业发展方面的政策法规和国内外产学研发展动态,及时反映行业诉求;依靠行业专家库资源和行业统计信息的优势,为企业提供各类技术咨询服务;组织专家团队参与地方标准修订、技术规范起草工作,编写技防从业人员培训教材并开展业务培训,开展重大技防项目技术咨询,参与技防项目评审验收等;举办各类论坛、研讨会、交流会以及报告会、座谈会等,为企业搭建产业信息、技术交流、形象展示和行业间联系的平台,帮助企业及时、准确掌握政府相关政策。

产业推进。协会通过走访、调研、下发行业统计报表等手段及途径,建立适合全市安防行业发展的统计工作标准与制度化管理;通过行业统计,掌握上海安防行业整体发展现状及行业发展趋势,为政府有关部门决策提供参考;贯彻公安部科信局《关于取消安防工程检验机构授权有关问题的通知》精神,引导全市具备条件的检验机构参与全市安防工程检测工作;通过各类服务平台及时反映企业诉求,帮助企业解决发展实际困难;承担政府相关部门项目评审工作,帮助会员企业申报政府专项资金或项目认定;组织相关单位、专家参与上海市地方标准的制修订和全市安防行业技术规范起草,组织《重点单位重要部位安全技术防范系统要求(第21部分:养老机构)》的编写,为全市养老服务提供了安防技术标准和规范;建立与国际相关行业协会的对话机制,组织会员企业国外学习考察,推动业内企业参与国际合作,扩大会员企业视野,建立国际交流和合作网络,争取更大的发展资源和空间。

**【上海市物流协会】**

上海市物流协会成立于1992年12月,原名上海物资流通行业协会,2007年4月更名为上海市物流协会,是由全市从事物流服务的企事业单位自愿组织的专业性、非营利性社会团体法人。业务主管单位为上海市经济和信息化委员会。到2010年,有团体会员单位2 460个。

协会业务范围是:行业调研、教育培训、咨询服务、会展招商、举办论坛、考察交流、编辑刊物、法律援助、推荐名优产品、信息技术交流等。

协会主要开展以下几方面工作:

产业推进。协会认真贯彻国家和市政府关于发展物流产业的各项方针、政策和法规,接受政府委托,开展物流行业统计和调查、发布行业信息、行业准入资格资质审核,以及行业评估论证、职称认证、行业发展规划和有关技术标准的制订和评审等工作;参与有关物流业发展改革以及与物流业利益相关的政府决策论证,研究物流业发展中出现的问题,向政府提出有关产业政策、经济立法方面的意见和建议;协助政府加强物流行业管理,向政府有关部门反映涉及产业利益的事项和企业的正当愿望及合理要求;组织开展产学研究,举办现代物流经济理论与实务研究、学术研究和交流,为全市和国家相关职能部门提供行业运行情况、趋势判断和政策建议等课题报告,促进现代物流经济理论水平的提高;拓展与加强与全国及国际物流业的交流与合作,发挥上海的地域优势和物流资源优势,建立各自对话机制,立足上海,联合长江三角洲地区,辐射全国,走向世界;参与制定行业规范、质量规范、服务标准,加强行业自律,提高行业素质和职业道德水准,保障行业之间的公平竞争,维护会员和企业的合法权益。

服务会员。协会开展信息服务,通过建立门户网站等各种信息网络、编辑行业会刊、年鉴、指南、资料和专业书籍等,开发信息资源,及时反映与物流行业有关的政策法规、行情动态、科技发展、企业诉求等,为会员提供服务;提供行业咨询、技术咨询、信用建设、法律援助、信息交流、会展招商以及推介行业产品和服务品牌等服务活动,积极吸纳国内外先进的物流技术和管理经验,促进与国内外物流行业的交流合作,为会员提供国内外市场商机;组织调研交流,通过市场调查,举办各种论坛、研讨等活动,分析市场形势,促进行业经济发展,为全市商贸流通和现代物流产业的发展提供服务;参与评先创优工作,推荐名优企业和名优品牌,推进企业改革与产业发展。

人才培育。协会积极培养物流人才,组织开展各类专业培训活动,举办培训、讲习、实习、研讨等,提升物流从业人员专业水平;促进人才培训基地建设,汇聚高水平的物流师资,为行业发展培养和输送更多高素质人才。

运作管理。协会根据章程,按时召开会员大会、理事大会、会长会议和常务理事会议,按时进行协会的换届工作,在指导行业发展上发挥更大作用;规范秘书处日常工作的运作,完善部门设置,优化人员组合,规范运作管理,制定协会各项规章制度,促进秘书处工作的有序开展;加强党的领导,将党建工作与协会发展结合起来,发挥党组织的核心领导作用。

### 【上海工业设计协会】

上海工业设计协会成立于 1993 年 3 月,前身是上海工业设计促进会,2004 年 8 月更名为上海工业设计协会,是由全市工业系统从事产品设计的企事业单位自愿组成的专业性、非营利性社会团体法人,下设装备设计专业委员会、交通工具专业委员会、家具设计专业委员会、陶瓷设计专业委员会、青年设计师专业委员会、交互设计专业委员会、3D 打印专业委员会、视觉设计专业委员会、国际合作专业委员会等 9 个专业委员会,以及上海创意产业中心、上海设计创意中心等 2 个中心。业务主管单位为上海市经济和信息化委员会。到 2010 年,有各种所有制会员单位 226 个,个人会员548 人。

协会业务范围是:人才培训、信息交流、业务咨询、专业服务、设计成果评比及展览、考察。

协会主要开展以下几方面工作:

服务会员。协会加强会员的信息服务,为会员提供工业设计行业发展方面、最新政策法规、国内外产学研发展动态等,帮助会员开阔视野、拓展市场、扩大知名度;依靠行业专家库资源和行业统计信息的优势,积极为企业提供各类技术咨询服务,对会员单位申报相关上海文创产业扶持资金和上海现代服务业引导资金工作进行积极指导;支持会员单位举办的各类活动;搭建平台,加强与政府、企业、院校以及相关行业与专业机构等方面的沟通联系,建立"一起读书会"等载体,加强互动交流;积极举办各类论坛、交流会、研讨会等,为企业搭建产业信息、技术交流、形象展示和行业间联系的平台;举办"会员沙龙大会",让会员分享最具设计创新的成果及产品。

产业推进。协会充分发挥各专业委员会的作用,推进产业发展,青年设计师专委会连续 9 年举办"晒上海概念设计展";利用资源优势,帮助政府、机构、社会组织等开展宣传、推荐等工作,积极配合"上海设计之都活动周""上海青年高端创意人才促进计划""上海市巾帼建功标兵暨优秀女设计师""中国优秀工业设计奖"等活动,参与项目推荐和评选工作;为政府相关部门提供产业运行情况、趋势预判和政策建议等课题研究报告,积极建言献策,协助有关部门落实相关措施;拓展对外交流,促进产业合作,积极搭建国际交流平台、"长三角"地区交流平台等,推动企业参与国内国际合作,争取更大的发展资源和空间。

人才培育。协会充分利用平台优势,组织专业人才培训,邀请专家学者以及行业领军人士讲课。组织举办"我们创造改变"为主题的创意设计人才培训等;举办各种展览,为高校毕业生提供作品展示平台,举办"上海高校设计创意优秀毕业作品展",与上海电气集团中央研究院共同主办"'上海电气杯'工业设计作品大赛"等,促进工业设计人才脱颖而出。

### 【上海市计量协会】

上海市计量协会成立于 1993 年 4 月,是由全市计量专业技术应用领域中的单位,计量器具制造商、计量器具销售商、计量器具进口商,计量器具使用单位、计量检定机构、计量校准机构、经计量认证认可的检验检测机构,计量技术服务机构以及开展计量工作的相关部门自愿组成、实行全市计量服务和自律管理的专业性、非营利性社会团体法人。下设法制专业委员会、联合专业委员会、出租汽车计价器专业委员会、电力专业委员会、衡器专业委员会、汽车工业专业委员会、水表电能表煤气表专业委员会、建设工程质量检测专业委员会、交通专业委员会、冶金专业委员会、电磁兼容专业委员会、公共卫生专业委员会、机动车检测专业委员会、实验室管理和技术专业委员会、流量专业委员会、有色金属专业委员会、压力与物位专业委员会、纺织专业委员会、铁路专业委员会、商贸专业委员会、国防专业委员会、青浦区代表处、黄浦区代表处等23个分支机构。业务主管单位是上海市经济和信息化委员会。到2010年,有各种所有制会员单位699个。

协会业务范围是:培训、咨询、调研,计量技术交流及产品推介、计量法律、法规宣贯以及发布协会社团标准及计量信息。

协会主要开展以下几方面工作:

服务政府。协会发挥计量专家与团队优势,积极承担或参与国家、上海市以及行业计量检查和项目的研究工作;组织和派出能源计量专家对用能单位进行评估或检查,提供改进建议和方案,培养、评定和树立能源计量标杆示范单位;建立智能化能源计量数据信息平台,以满足能源计量发展的需要;依靠各专业委员会的专家智库,为政府以及相关行业提供科学、前瞻性的顶层设计以及策略和建议,开展课题研究,积极建言献策。

服务企业。协会开办各种培训班,提升全市计量人员的技术和技能水平。开办"计量岗位专业人员培训班""计量器具检验/校准人员培训班""能源计量/计量管理人员培训班"等;组织对各级企事业单位、会员单位、检测或校准机构的计量管理人员、专业技术人员的培训工作,并组织计量检定员专业考核;组织会员企业参加"国际衡器展览会""中国(南京)计量测试技术及衡器产品展览会"等活动,开阔视野,推广产品;开展计量咨询服务,1998—2010年先后服务近400家企业。

自律管理。协会建立和完善"会员代表大会制度""理事会制度""专业委员会主任工作会议制度""秘书工作会议制度""财务制度""用印制度""考勤制度"等各项制度;积极开展公益活动,积极做好会员服务。

## 【上海市公证协会】

上海市公证协会成立于1993年9月,是由全市公证处和公证员自愿组成的专业性、非营利性社会团体法人。下设行业发展委员会、业务指导委员会、公证员权益委员会、争议调处委员会、惩戒委员会、宣传工作委员会、信息化建设委员会、女公证员委员会、财务资产委员会等9个委员会。业务主管单位为上海市司法局。到2010年,有各种所有制会员单位21个。

协会业务范围是:培训、研讨,出版刊物,立法研究,对外交流,咨询,维权服务,职业监督。

协会主要开展以下几方面工作:

推进发展。协会围绕社会经济大局,加强行业发展的分析,建立行业网络监控质量体系;立足公证服务职能,推动行业发展,积极协调相关部门、拓展公证法律服务领域。2007年,与房地产部门沟通,组织全市公证机构统一参与全市土地使用交易的"招、拍、挂"活动;2008年,积极为上海世博会场馆建设、上海虹桥交通枢纽中心等重大工程项目提供服务;做好对公证机构自身体制的建设调查,密切与各职能部门的沟通协调,解决好公证办证中的有关核查工作,营造行业良好的外部执业环境;加强与社会各界广泛联系,邀请社会人士参与行业监督工作;发挥各委员会作用,做好研究、规范、监督、维权等工作;参与抗雪灾、抗震救灾等街道、社区志愿者活动,通过各种途径向灾区人民捐款捐物;积极参加行业文明创建活动,荣获"上海市第六届文明行业"称号。

培育人才。协会加强专业队伍建设,举办各类论坛、研讨会、交流会等,营造良好的职业学习研究氛围;加强对公证人员职业道德、执业能力的培训,开展公证理论征文活动,推动行业的学习研究;组织举办青年公证员沙龙活动,积极支持青年公证员对行业发展建言献策;精心策划、努力探索公证文化建设的方式方法,多举措深入开展公证文化活动,提升行业凝聚力;组织各类兴趣活动小组,拓宽沟通渠道,组织公证员赴外省市和境外与同行交流,共同探讨公证制度,学习切磋公证业务。

运作管理。协会强化规范化运作和管理,加强秘书处机构服务职能,提高服务能力;健全工作体系,制定工作职责,规范工作人员的考核制度。

## 【上海连锁经营协会】

上海连锁经营协会成立于 1994 年 4 月,前身是上海自选商场协会、上海自选经营协会和上海连锁商业协会,是国内连锁经营企业最早设立具有法人资格的区域性社会团体。下设超市专业委员会、便利店专业委员会、特许经营专业委员会、企业防损专业委员会等 4 个专业委员会,以及教育培训中心、会展服务中心、信息资讯中心等 3 个中心。业务主管单位为上海市商务委员会。到 2010年,有各种所有制团体会员单位 296 个。

协会业务范围是:咨询服务、培训、合作交流、出版刊物、会展推介、承接相关部门委托的事项。

协会主要开展以下几方面工作:

促进行业发展。协会发挥资源优势,加强行业规范指导,促进行业发展。积极开展调查研究,起草相关行业政策,先后开展"超市商品条码使用和经营情况调查""上海市大型超市免费班车调查""超市布局和商圈集中度调查""上海超市食品安全研究""零供合作状况调查""商业特许经营品牌及合规性调查""超市员工素质、经营要素配置、统一管理状况调查""连锁经营管理人员需求调查""连锁经营企业防损和资产保护调查""便利店主要经营企业的调查"等专题调查研究,为政府制订政策、加强监管提供行业总体情况和实践依据;积极配合政策落地,协助解决超市、便利店有关经营书刊、卷烟、音像制品、常用药品和代收公用事业费等经营许可问题,解决生鲜食品示范超市推进和资助问题,解决连锁商场节能改造试点与补贴问题等;结合商业转型升级,运用多种方式,组织营销方式创新、新媒体推广、线上线下融合、供应链建设、精细化管理、移动支付应用等专题交流,提供先进经验和典型案例分享,促进行业创新发展;开展检查、测评,推进服务水平提升,参与市文明办窗口行业文明指数测评工作,举办"市民信任的连锁店""金锁店长"推荐评定、"标杆采购经理人"评定、"最具影响力特许品牌"推荐评定。

加强行业管理。协会接受政府委托,组织听证、承接备案等工作,协助主管部门履行大型零售商业网点听证职能,建立申请、调查、征询、反馈、专家评审等完整工作流程,通过公开、公平、公正的听证制度,避免大型超市等大型商业网点重复建设和无序竞争;承担上海市特许加盟备案工作,规范特许加盟经营,根据备案要求,制定工作程序,确定专人负责,审核备案材料,加强现场核查,跟踪企业诚信信息,并协同政府有关部门督促企业整改。协会主持制定行业行规,强化行业自律规范,牵头组织《商业零售业态规范》《超市商品质量管理规范》《生鲜食品超市经营与管理规范》《便利店服务规范》《超市服务管理规范》《大型超市免费班车营运规范》《零售商业重点部位安全防范规范》及《上海市商业特许经营合同示范文本》等地方标准制订,制订发布《上海超市和自选商场服务规范》《便利店经营规约》《规范企业行为,发展连锁经营》等行规行约和格式合同文本,积极推进标准化服务工作;配合政府主管部门开展高污染货运车治理工作,配合商务委、物价局开展商超行业"售预付卡签合同""重点民生产品晒价比价""价格诚信承诺上墙"等社会诚信践行活动,组织会员单位参加"上海市企业诚信创建""百家超市低碳行动示范点节能宣传",推动行业整体服务水平提升。

积极服务会员。协会发挥资源优势,强化服务会员功能,组织国家新方针政策的解读,帮助企业规范经营,邀请市食药监局专业人员向大卖场、超市、便利店、食品、餐饮等会员企业解读《预包装冷藏膳食生产经营卫生规范》《即食食品现制现售卫生规范》等食品安全地方标准,邀请市质监局专家解读化妆品生产、销售相关法规及监管要求,还举办《上海市食品安全追溯管理办法》宣贯讲座;组建专家学者组成的智囊团,结合企业转型过程中的个性发展需求,进行专门辅导解惑,在经营业态跨界延伸、异地企业并购选配、台资特许加盟大陆扩容、购物中心招商品牌遴选等方面,取得明显成效;在市统计局和市商委支持下,建立会员单位经营状况和主要财务指标定期统计报表制度,积累连锁主要业态的销售、网点、商品品类、经营效益、社会贡献等统计数据和信息资料,为政府和企业决策提供参考依据;组织举办培训、比赛,提升行业员工岗位技能,依托大型连锁企业和院校资源力量,举办连锁店店长岗位培训、连锁经营管理与超市实践讲座、特许经理人岗位资格证书辅导班、消防法规知识和技术培训;联合上海商学院编辑制作《现代零售业态展示平台》视教宣传集;组织理货员、收银员操作技能大赛等。

搭建交流平台。协会搭建行业合作交流平台,促进行业内外交流,举办专业展会,加强行业技术交流,先后举办超市商品和技术展览会、连锁业信息化管理和物流技术交流会、电子商务商业设备和商业空间设计展,协办国际零售业设计与设备展、亚洲生鲜配送展、高端食品与饮料展、物流与物联网技术应用展等;创办的"上海(零售)连锁业大会",成为商务部和市商务委肯定的品牌商务论坛;连续举办多年的"上海连锁加盟展览会",已在大众创业、万众创新中发挥重要的平台作用;组织专业论坛,研讨市场发展趋势及对策,先后主办两岸连锁业产业合作高峰论坛、沪港零售业品牌建设暨服务管理研讨会、智慧零售高峰论坛、连锁餐饮供应链创新高峰论坛,还参与协办电子商务、人力资源等专项主题论坛,为上海连锁业发展拓宽视野;积极组织产销对接,牵线搭桥供应链建设,组织会员企业赴浙江、江西洽谈农超对接;组织企业参加湖北、贵州、云南、山西等省地产品入沪活动;会同韩国、马来西亚、新加坡、斯洛伐克、保加利亚、瑞典等国驻沪领事馆及中国台湾地区贸易机构举办入境商品交流洽谈、签署备忘录等。

## 【上海市台湾同胞投资企业协会】

上海市台湾同胞投资企业协会成立于1994年8月,是以吸纳在沪台资企业为会员主体的专业性、非营利性社会团体法人。下设黄浦区工作委员会、静安区工作委员会、徐汇区工作委员会、长宁区工作委员会、普陀区工作委员会、闸北区工作委员会、杨浦区工作委员会、虹口区工作委员会、浦东新区工作委员会、闵行区工作委员会、嘉定区工作委员会、宝山区工作委员会、松江区工作委员会、青浦区工作委员会、奉贤区工作委员会、金山区工作委员会等16个区工作委员会,以及会员拓展部、会员服务部、大型活动部、经济企划部、交流接待部、公共关系部、教育训练部、妇幼工作部、法律咨询部和爱心委员会等工作部门。业务主管单位为上海市人民政府台湾事务办公室。到2010年,有各种所有制会员单位929个。

协会业务范围是:维护会员合法权益,提供商情、商机,举办讲座、联谊、交流活动。

协会主要开展以下几方面工作:

服务会员。协会举办、与相关单位合办或应邀参与各类产业政策说明会等重要专题活动,以及实务讲座、研讨会、沪台经贸论坛等;与上海专业机构、台湾各相关公会及专业辅导机构等单位合作举办辅导讲座,借助专业机构的资源优势,聘请有资质的专家顾问,帮助企业及时适应经济发展改革步伐,积极引导和支持创新要素向企业集聚,推动会员中小企业转型升级;支持和鼓励地区及行业工作委员会为会员开展专业和创新的服务活动,发挥各行业的专业优势,为会员企业发展提供新的空间;倡导区工委会与所在区职能部门定期联络、加强互动,为服务会员、协调台资企业纠纷建立相关管道;积极发挥各工作部专项职能:会员发展部完善会员发展激励机制、会员服务部建立各区信息员制度、法律服务部坚持提供常年义务法律咨询、爱心委员会热心领衔公益项目等,多角度、多渠道、多形式服务会员,满足不同会员需求,搭建完善的服务平台;协会定期开展多种多样的联谊交流活动,迎春活动、高尔夫球联谊赛、会员职工羽毛球赛、篮球赛等联谊竞赛、周年庆典晚会等,为女企业家举办"三八妇女节"联谊活动;组织开设舞蹈、插花、油画等兴趣班,为在沪台商企业家子女、眷属举办"迎六一亲子游园"活动;发挥协会大型活动部、教育训练部、妇幼工作部等工作部专项职能,不断丰富台商生活,提升会员归属感、幸福感;发挥协会社团优势,强化桥梁纽带作用,搭建交流沟通平台,推动两岸民间交流;组织会员赴相关省市专题对接考察交流,接待大陆多个省市台办及台协会组团来沪交流考察;组织上海台商联系对接投资项目,提供投资信息,帮助台资企业开辟新的投资发展阵地;接待中国台湾地区有关大学、商会、基金会等团组,发挥民间团体桥梁纽带作用;协助解决在沪台商子女求学问题,为部分会员企业申领增额生产运输车辆通行证;与相关商业银行及金融机构共同探索对台金融合作,促进沪台两地经贸往来与金融合作,提升对在沪台商企业的金融服务水平,积极推进小微企业信贷专营体系建设。

产业推进。协会建设台商与相关单位的沟通平台,积极参加市人大、市政协等政府部门台胞联络组成员专题座谈会,针对不同主题沟通交流,建言献策,构建新型政商关系;接待全市及大陆各省市、台湾地区等有关单位来访及专题调研活动,多层次多方位反映上海台商投资现况,切实保障台胞合法权益;推动台商融入全国和上海发展大局,着力突出上海台协在两岸经贸文化交流发展中独特地位,为两岸关系和平发展和沪台交流合作贡献智慧力量;积极开展各类社会公益活动,完善扶贫帮困、赈灾救助机制,组织台商为 1998 年华东水灾、1999 年台湾 9·21 大地震、2003 年抗击非典、2006 年云南普洱地震、2008 年汶川地震、2009 年"莫拉克"台风等赈灾济困捐款、捐物;援建四川双流县中学、云南希望小学、金山小学、贵州学校等希望工程;自 2008 年起,每年帮扶捐助浦东新区万祥镇万隆村发展生产及公益项目建设;发挥扶贫济难传统,有效整合多方公益资源,部委联动组织会员积极投身两岸公益活动,为增强社会友爱提供正能量;协调安排台湾岛内政要和知名人士来沪访问和交流,不断扩大协会在台商、台胞中的感召力和影响力。

人才培育。协会注重台湾青年工作,加强青年干部培养,吸引台商二、三代及青年台商参与协会工作,为协会工作注入新的活力;鼓励协会青年骨干创新立意、博采众长,通过多种方式帮助青年骨干快速成长;结合青年工作特点,协同各区工委会举办丰富多样的青年交流特色活动,鼓励年轻人全面发挥自身特长,扩大青年服务工作触角,尽可能地为青年干部成长提供更多展示风采的机会。

运作管理。协会积极推进规范运行,依据协会章程,召开会员代表大会、常务理事会、理事会以及各类工作会议,骨干精诚团结,分工合作,强化督办,跟踪落实,推进协会工作不断取得新进展;积极推进落实新会员发展工作,运用现代网络手段简化入会手续、加大考核与督办等综合措施,增强协会发展活力和会员覆盖面;充分运用现代化互联网联络手段,与下属工作委员会、工作部通报信息,交流工作;积极探索党建工作,发挥中共党员先锋模范作用。2004 年,协会荣获民政部授予的

"全国先进民间组织"荣誉称号。

### 【上海机械工业质量管理协会】

上海机械工业质量管理业协会成立于1994年9月,是由全市机电工业行业企业以及上海市质量监督检验技术研究院所等单位自愿组成的专业性、非营利性社会团体法人。业务主管单位为上海市经济和信息化委员会。到2010年,有各种所有制会员单位113个。

协会业务范围是:学术研究、培训教育、服务、编辑出版书刊资料。

协会主要开展以下几方面工作:

服务会员。协会依靠会员单位,深入调查研究质量管理的现状和趋势,探索社会主义市场经济下机械行业质量管理的新理念、新途径和新方法,积极发挥政府与企业联系的桥梁和纽带作用;积极为会员单位提供各类信息服务,翻印出版质量管理等学术资料,编印《机电质量信息》《机电质量》期刊,组织编写《机电产品可靠性培训教材》及"可靠性案例"等资料;组织业内专家编写和修订质量工作规范,编辑出版《质量管理案例集》;加强研讨交流,主办或协办各类论坛、研讨会、交流会等,为企业搭建质量信息、质量技术交流、形象展示和行业间联系的平台;受上海市质量技术监督局委托,组织技术质量专家开展"上海名牌"机电类产品的初审工作,推进机电产品名牌建设;组织开展质量管理人员培训,开办计量管理人员培训班和质量统计技术培训班等,为会员企业培养人才服务。

推进管理。协会倡导质量管理工作的群众性,推动企业QC小组活动开展,组织企业参加"上海市QC小组活动擂台赛"和中国机械工业质量管理协会的"双代会",做好活动指导,自2006年起,共辅导QC小组3千多个、2.5万人次,协会被评为全国机械工业群众性质量管理活动优秀组织单位。

自身建设。协会加强自身建设,强化内部规范管理,努力提高工作人员素质和专业业务能力;加强对企业质量管理现状的调查研究,把握企业不同需求;坚持党的领导,为企业发展提供更多更好的服务。

### 【上海市科技统计协会】

上海市科技统计协会成立于1994年12月,是由全市从事科技活动的各类研究与开发机构、企事业单位自愿组成的专业性、非营利性社会团体法人。业务主管单位为上海市统计局。到2010年,有各种所有制会员单位216个。

协会业务范围是:统计调研、学术交流、咨询培训、编辑出版刊物等。

协会主要开展以下几方面工作:

服务会员。协会利用门户网上"工作动态",发布协会要闻、专题活动、重要发文等各类信息;开设会员通道,提供科技统计资源信息,包括最新国内国际行业动态、统计分析和数据共享、形势政策研究等;组织专题活动,加强会员联系与交往,提升协会交流功能;为会员单位提供统计法规、统计知识等政策咨询,科技统计最新动态以及行业发展趋势等;组织开展技术和管理培训,依托中国科技指标研究会以及上海市统计局等资源,开设专业能力培训基础班(A班)和提高班(B班),帮助专业人员获得相关资质证书;开展针对科研机构年报和国家计划项目年报进行的专项培训,促进专业水平提高;加强与兄弟省市的工作交流,实现信息共享,开阔科技统计工作视野。

业务推进。协会积极开展科技统计调查,完成上海市独立科技机构统计调查、国家级科技计划执行和跟踪项目统计调查、第一次全国R&D资源清查(2000年)、第二次全国R&D资源清查

(2009年)等科技统计项目;围绕经济发展和科技管理决策中的热点和重点问题,精心策划与科技统计相关的统计分析议题,积极组织有关统计人员开展统计分析,加强对重点问题研究,完成《上海市科技节能减排现状及重点行业的调查分析》《上海市科技进步监测报告》《上海市高新技术企业创新调查分析》《上海市创业风险投资行业调查报告》《2008年度上海市科技成果与奖励年度统计分析研究》《上海市主要科技指标数据库及查询系统建设》等研究项目;组织统计工作者撰写《上海技术合同统计与分析》《上海"863"计划项目绩效分析》《外资 R&D 机构研究中若干问题的思考》《科研所经济运行分析系统研究》《上海市科技论文统计分析》等各类科技统计分析报告;编辑出版《上海科技统计简讯》《上海科技统计年鉴》《上海科技统计数据手册(一)(二)》,为科技管理、科技统计工作人员和广大读者服务。

运作管理。协会加强组织职能建设,健全理事长办公会议制度,建立常务理事例会制度,落实秘书处工作职责,提高协会凝聚力。

**【上海市质量检测协会】**

上海市质量检测协会成立于1996年5月,是由全市从事质量检验检测服务活动及相关管理活动的检验检测机构、科研机构、大专院校、企事业单位及其他相关经济组织自愿组成的专业性、非营利性社会团体法人,下设纺织分会、机动车分会、化工分会等3个分支机构。业务主管单位为上海市经济和信息化委员会。到2010年,有团体会员单位219个。

协会业务范围是:组织有关产品质量检测、仲裁、鉴定、检查、验货、咨询、培训、中介服务等。

协会主要开展以下几方面工作:

服务会员。协会开展对质检机构实验室能力验证试验比对活动,提升检测机构检测能力;加强机动车安检机构管理工作,开展检验人员岗位培训,组织编写《机动车检测网络维修》教材;举办质检机构法律教育培训班、管理工作培训班,宣传贯彻《上海市产品质量监督抽查通用规范》等,提升管理人员和专业技术人员素质。

服务政府。协会开展专题调研,完成"检测机构对新能源产品的检测能力和现状调研""建立新能源公共服务平台、提供共性技术开发服务思考与对策调研""上海市机动车安全检验机构证后监管方法""上海市机动车安全检验机构能力验证(比对试验)方法和方案研究"以及"机动车安全检验的能力验证有效方式"等研究课题;组织执法人员培训,对食品监管执法人员、食品安全审查员进行专题培训;组织专业技能竞赛,承办"食品质量检验员"竞赛等。

服务社会。协会组织开展质量鉴定和质量技术咨询服务,与企业签订服务协议,进行产品质量跟踪服务;与上海市节能协会建立长期合作伙伴关系,对全市企业申报的节能产品进行审查和技术评定,派出专家参加技术咨询,为企业节能减排工作服务;加强消费者权益保护工作,为消费者提供技术保障。

运作管理。协会抓机构建设,设立质量鉴定部、咨询部和培训部,并根据专业需要先后成立3个专业委员会;抓组织建设,按章程程序发展新会员;抓制度建设,建立"财务管理制度""会议制度""印章管理制度""人员聘用管理制度""分配管理制度""专业委员会管理条例"等;抓工作质量,建立、完善专家数据库,完善质量鉴定工作流程和细则,工作更规范、更严密。

**【上海高新技术人才交流协会】**

上海高新技术人才交流协会成立于1996年5月,是由全市高新技术企业事业单位和其他相关单位自愿组成的专业性、非营利性社会团体法人。业务主管单位为上海市人力资源和社会保障局。到 2010 年,有各种所有制会员单位 183 个。

协会业务范围是:从事高新技术人才流动、信息沟通、咨询培训等业务。

协会主要开展以下几方面工作:

服务会员。协会积极协助企业招聘急需人才,与上海市人才服务中心共同举办"人才招聘会""上海高新技术人才交流洽谈会",举办各类专题讲座、培训与报告会;自 1997 年开始,在常规高新技术人才市场设立"委托招聘处""高中级人才信息登记处"等,向用人单位有针对性地推荐人才;组织会员单位参加高校毕业生招聘会等各类人才交流活动;为会员单位提供各类咨询服务及政策指导,以解决会员单位人才引进、夫妻分居和子女随迁就读等方面的难题;探索人事人才整体服务模式,为会员单位有针对性地提供包括从办理人才引进、上海市居住证、档案托管、户籍挂靠、政策咨询、代缴四金、人才招募到职称评审、商业保险代理、技术管理人员培训、党组织关系挂靠等全面指导与协助;依托市人才中心服务平台,协助会员单位办理人才引进、留学回国人员安置等;指导和帮助会员单位评聘专业人才技术职称;组织会员单位赴各地高新技术开发区与人才市场进行考察与交流,开阔视野;向会员发送人才信息、简报、会讯等,宣传人事劳动政策法规以及协会工作。

学术研究。协会加强对人力资源和人事制度改革研究,积极建言献策。1996 年,针对高新技术企业中人才流失严重的情况,会同上海市委办公厅有关部门及漕河泾开发区等,对高新技术企业人才流动状况进行调研,形成《全市部分高新技术企业人才流失的情况和建议》调研报告,被列为市委市政府主要领导参阅件;1998 年,与上海市科技协会联袂组织调研小组,进行"关于发展上海民营科技企业若干对策"的调研,以《关于发展上海民营科技企业若干对称的调研报告》为题,形成总报告和 11 份分报告,上送市委市政府;组织举办上海高新技术人才开发与应用理论研讨会。

运作管理。协会坚持民主办会规程,加强内部管理,遵守法律法规,与时俱进地服务会员单位;秘书处在日常工作中不断加强学习,提高业务能力,严格落实财务制度,保证协会运作更加规范。

### 【上海市资产评估协会】

上海市资产评估协会成立于 1996 年 10 月,是由全市从事资产评估的企事业单位自愿组成的专业性、非营利性社会团体法人,下设惩戒专业委员会、维权专业委员会、教育培训专业委员会、质量技术指导专业委员会等 4 个分支机构。业务主管单位为上海市财政局。到 2010 年,有团体会员单位 54 个,个人会员 1 916 人,其中执业会员 875 人,非执业会员 1 041 人。

协会业务范围是:业务培训、行业交流、咨询服务等。

协会主要开展以下几方面工作:

服务会员。协会遵照注册资产评估师管理和行业会员管理等制度,做好资产评估师注册、会员年检、转所转会和信息变更等日常工作,完善评估机构和人员的信息管理统计,协助做好评估机构评价、业务报备等工作;加强行业自律监管工作,完善和改进自律监管的方式和手段,组建检查队伍,每五年对评估机构轮检一遍,树立行业监管权威;建立全市评估机构和评估师数据库,建立评估机构和评估师"诚信档案",实现机构和人员的动态管理;依靠质量技术指导委员会等专家资源,积极为团体和个人会员提供各类专业技术咨询及指导服务,为各类执业准则的修订提供专业反馈意见;对评估机构承接的项目提出具有实际操作意义的建议和风险提示;应相关当事人要求为其出具的报告提供专业分析意见;为新设立机构提供评估师登记情况审核表及股东无不良执业记录证明;为参与中介机构选聘入围和项目招投标的评估机构出具相关无不良执业记录证明等;向团体会员发送《上海资产评估信息》简报,为会员提供资产评估行业相关的政策法规以及协会党建和工作动态;开通门户网站,发布最新政策、执业准则、通知公告及行业动态等重要信息,增加行业沟通渠道。

行业交流。协会组织召开机构负责人座谈会,探讨分析全市行业面临的形势,研究机构内部治理和做优、做强、做大的方略,交流机构管理等方面的先进经验做法;推动涉及行业人才引进、行业品牌建设、推进行业发展、专业类评估实施方法等方面的课题研究,组织会员积极参与各类行业和专业论文征集活动,提升行业影响力;参与国内外各类评估、金融和发展论坛,加强对外交流,探索与其他行业间的协同发展,拓展国际化视野,推动国际化合作,增加会员参与国际型项目的机会。

人才培养。协会通过教育培训委员会组建师资队伍、专家库,研究培训工作思路,组织实施培训课程;利用远程教育平台,对从业人员进行专业知识和最新政策等培训;依托上海国家会计学院资源对机构法人、总评估师等行业带头人和高级技术骨干进行前沿信息和管理技能等培训,完善培训内容和手段,提高培训针对性和实效性。

运作管理。协会建立以章程为核心、独立自主、权责明确、程序规范、运转协调、制衡有效的法人治理结构;加强制度建设,规范运作管理,先后制定《常务理事会议事规则》《会长办公议事规则》《秘书处会议制度》《专门(业)委员会的工作规则》等制度规则43项,不断推进制度化、科学化、规范化运作;积极开展党建,加强核心作用,充分发挥党组织的战斗堡垒作用和党员的先锋模范作用。

### 【上海市资源综合利用协会】

上海市资源综合利用协会成立于1997年1月,是由全市从事资源综合利用生产企业、科研院所等单位自愿组成的专业性、非营利性社会团体法人,下设冶金渣专业委员会、粉煤灰专业委员会、集中供热热电联产专业委员会、资源综合利用发电专业委员会、船舶专业委员会等5个专业委员会。业务主管单位为上海市经济和信息化委员会。到2010年,有各种所有制会员单位168个。

协会业务范围是:协调专业组织,提供咨询服务,调研信息动态,开展专业培训,协助项目攻关,参与市场开发,评审认定证书等。

协会主要开展以下几方面工作:

专业服务。协会开展各类咨询服务,开展资源综合利用、循环经济技术示范工程项目和工业再制造项目的申报、评审,做好资源综合利用政策认定管理和工业再制造认定,节能与资源综合利用产品评审等工作;承担全市企业资源综合利用政策认定管理的年度认定和复审,以及全市资源综合利用发电企业工艺(产品)认定工作,对列为统计来源单位的资源综合认定(复审)企业进行经济数据统计及运行分析,向相关方面通报资源综合利用认定情况,向政府有关部门提出意见建议;组织专家制定《认定实施工作细则》,完善资源综合利用企业(产品)申报、审核、认定操作程序及办法,编制《上海市资源综合利用企业认定申报样本》;加强对资源综合利用认定企业的监管,推动全市资源综合利用行业资源化水平不断提高,整体保持较快增长;建立信息平台,向会员单位及时提供国内外行业发展信息,技术创新最新成果,产业化推进成效,及时传递国家和全市针对资源综合利用产业的最新财税政策、项目扶持政策,以及政府部门产业结构调整、产业空间布局、产业技术创新等信息。

专项调研。协会围绕资源综合利用产业重点领域、重点企业发展,接受政府有关部门委托,开展重大事项调研和课题研究,撰写为政府相关部门提供产业运行分析、趋势预判和政策建议的研究报告。2010年,参与上海市发改委调研并制订《上海市循环经济发展和资源综合利用专项扶持办法(修订)》;完成"上海市'城市矿产'开发利用产业化研究""城市矿产资源开发利用产业化研究"

"资源综合利用指标体系研究"等课题项目;完成上海外高桥第三发电有限公司对外供热的资质调研及评估研究报告等;围绕大宗工业固体废弃物和"城市矿产"资源等重点议题,组织召开"废弃动植物油资源综合利用""电子废弃物资源综合利用""汽车发动机及零部件再制造""集中供热热电联产""高炉煤气发电"等专题研讨会。截至 2010 年,共开展专题调研、课题研究、撰写专题报告 110 余项。

产业推进。协会承担编制《上海市资源综合利用行业"十二五"规划》;推进工业固废等大宗废弃物深化利用、高效利用,拓展再生能源、废旧电子电器产品拆解利用、废旧机电产品再制造以及城市生活垃圾的资源再生利用;组织宝钢发展、中冶、海笠工贸等企业,联合上海大学等科研院所,开展技术攻关,研发钢渣微粉利用产业化、复合矿物特种砂浆在水泥和混凝土中大掺量应用、脱硫石膏和粉煤灰改性用于建材等项目,以及在宝山地区建立固体废弃物资源化循环利用产业基地建设等;组织伟翔公司、市交投中心、森蓝公司、打印机耗材协会等重点单位召开专题研讨会,研究探讨产业化示范基地建设、回收网络体系和信息平台建设、产品标准化建设和市场准入管理、产业分工和产业链衔接等项目;组织重点企业开展专题研讨,就产品标准、市场准入、进出口贸易、市场规范等进行研究分析,拟定推进全市再造产业的推进重点、标准化建设、再制造认定等方案;鼓励资源综合利用企业向高附加值、高技术含量、高市场占有率方向发展,推进资源综合利用产业规范化、规模化发展,并组织会员企业参加评选优秀成果和节能产品活动;参与举办上海市工业节能工作推进会,组织编辑"上海市资源综合利用案例汇编""上海市资源综合利用政策汇编"。

协会建设。协会强化自身建设,规范化运作,科学化管理,先后制定文印管理、档案管理、财务管理、聘用管理、专委会管理、会员单位管理,以及部门工作职责、岗位工作职责、专委会工作职责等规章制度;加大形象宣传力度,提高协会凝聚力。

## 【上海进出口商会】

上海进出口商会成立于 1997 年,是全市从事进出口业务的企业和与进出口相关的单位、团体依法自愿组成的专业性、非营利性社会团体法人,原名上海对外经济贸易企业协会,2009 年初,上海国际贸易货主协会和上海贸易效率协会先后并入上海对外经济贸易企业协会,同年 11 月,上海对外经济贸易企业协会更名为上海进出口商会。下设纺织分会、五矿化工分会、轻工工艺品分会等 3 个分会和公平贸易与法律工作委员会、民营企业进出口工作委员会、品牌与知识产权工作委员会等 3 个工作委员会。业务主管单位为上海市商务委员会。到 2010 年,有各种所有制团体会员单位6 300 个。

商会业务范围是:政策解读、信息服务、业务咨询,资质培训、调查研究,法律支援、品牌建设,展销组织、对外交流、行业协调等。

商会主要开展以下几方面工作:

服务会员。商会开展政策法规服务,举办各类政策法规通报会、解读会、沙龙活动,及时通报最新外贸政策,内容涵盖出口退税、进出口商检、海关通关、加工贸易、配额许可证、知识产权等方面;开展贸易实务服务,宣传并帮助会员企业争取有关中小企业开拓国际市场补贴资金,进口贴息资金,申报国家级文化产品出口重点企业和重点项目,跨境贸易人民币结算试点资格等扶持政策;为会员企业培育出口品牌进行指导、推介;组织反倾销、反补贴培训,为会员企业对外应诉活动提供法律和政策的支持;开办"上海外贸网",开展信息资讯服务,紧跟外贸形势,抓住外贸热点,反映经贸动态,提供市场信息,指导经贸实务;开展融资担保服务,与建设银行、中国银行、工商银行等银行合作,为会员企业推介和提供融资产品、理财产品;与中国出口信用保险公司上海分公司、平安保险公司等机构合作,推介出口信用保险和货物运输险,共同推进中小外贸企业融资担保业务发展。

促进发展。商会积极搭建贸易平台,帮助外贸企业开拓市场,针对企业在了解市场,扩展视野,捕捉商机等方面的需求,主办或与相关机构合办国外市场报告会、推介会,向外贸企业广泛介绍具有开发和开拓潜力的国家和地区的市场情况及贸易投资政策;为克服金融危机带来的困难,帮助外贸企业产品内销,促进内外贸企业对接,推动内外贸融合发展,2009年下半年,协助市商务委搭建外贸企业产品内销订货平台,承办"上海外贸产品内销订货会";搭建外贸产品购销信息平台,以协会"上海外贸网"为基础,开发"外贸产品购销信息网(浦江网)";开展行业调研,提出政策建议,改善贸易发展环境,通过各种渠道、各种方式积极反映会员企业呼声,到2010年,通过《情况反映》《外贸调研》等上报《民营外贸企业成长中的几个突出问题》《关于鼓励扩大进口的意见和建议》《金融危机的影响与外贸企业的呼声》《上海建设国际贸易中心要研究十大问题》《小微外贸企业期待政策阳光普照》等各类调研报告60多篇;积极做好政府委托事项,促进行业发展,配合市商务委开展外经贸发展专项资金审核工作,管理和维护市商务委"上海市外贸进出口调查监测系统",撰写"外贸动态监测上海市外贸进出口调查监测系统综合统计分析月度报告和季度报告",做好市商务委委托的许可证窗口工作,进行"中华人民共和国非机电类自动进出口许可证""农产品关税配额许可证""化肥关税配额证明"和国富安电子钥匙发放等工作,协助承担广交会、华交会上海交易团委托的工作,负责上海参展企业组织、管理和服务,承担上海交易团知识产权保护工作。

对外交往。商会与各国驻沪商会等机构合作,开展中外企业贸易配对洽谈会、国际市场推介会等活动,组织会员企业出境参展、商务考察、贸易洽谈等,为会员企业提供便捷的信息渠道和经贸通道。与近20个国家(地区)驻沪领馆或相关机构建立联系,到2010年,先后与土耳其对外经济关系委员会、希腊企业联合会、法国巴黎大区工商会、欧盟商会、保加利亚中小企业促进署、香港贸发局、马来西亚—中国总商会、韩国(财)京畿中小企业综合支援中心上海代表处、印尼国际事务委员会/印尼国际商务委员会、加中贸易理事会、波中经贸投资商会和巴西坎皮纳斯进出口商会等近30家签署合作协议。

人才培训。商会贴近企业需求,组织各类培训,帮助外贸企业提升素质和能力,从各类外贸企业实际需要出发,举办外贸新企业领导人、外贸会计、外贸业务等培训班;根据专项工作需要,举办贯标认证内审员、出口企业品牌建设等专业培训;应对国际通行规则的变化,针对国际贸易摩擦增多的新情况、新问题,举办反倾销应诉等培训;受高级国际商务师评审委员会委托,协助组织高级国际商务师申报材料收缴、整理工作,并组织材料申报和论文撰写培训班;受中国外经贸企业协会委托,组织上海地区国际商务单证员资格培训考试,并承担持证人员的继续教育工作。

运作管理。商会严格按章程规范运作管理,民主办会,注重制度建设,规范员工述职考核,严格财务管理;注重商会文化建设,形成"真心、热心、细心办好企业之家,新风、和风、清风拓宽服务之路,正气、朝气、大气树立商会形象"商会文化;充分发挥党组织作用和党员模范作用。

## 【上海市执业经纪人协会】

上海市执业经纪人协会成立于2001年2月,是由全市房地产、产权、技术、体育、二手车、农村、航运、职业介绍、人才中介、文化、道路运输配载、消费品和融资等经纪门类人员自愿组织的专业性、非营利性社会团体法人。下设产权专业委员会、技术经纪专业委员会等2个分支机构,以及杨浦区联络处、静安区联络处、松江区联络处、长宁区联络处、宝山区联络处、青浦区联络处、虹口区联络处、黄浦区联络处、闸北区联络处、金山区联络处、闵行区联络处、普陀区联络处、徐汇区联络处、嘉定区联络处等14家代表机构。到2010年,有各种所有制会员单位169个,个人会员34 308人。业务主管单位为上海市工商行政管理局。

协会业务范围是:宣传政策、制定准则,资格考核、业务培训,理论研究,受理投诉、调解纠纷,评比交流。

协会主要开展以下几方面工作:

行业管理。协会紧紧围绕上海经济社会发展的需要,发挥资源优势,不断拓宽行业发展新领域,加强经纪人(经纪组织)诚信体系建设,创建网络经纪可信交易平台,在市工商局领导下,积极组织"创建网络经纪可信交易平台",以信用手段和行业自律,协助政府行政部门做好事中、事后监管,探索规范网络经纪活动的可行路径;服务"科创中心,做好技术转移培育",根据技术经纪、知识产权经纪特点,开展业务培训工作,举办技术经纪人讲座、法律基础知识讲解、技术经纪实务以及技术合同、知识产权、无形资产评估、国际技术贸易、技术商品营销、科技金融等基本课程,推动上海技术经纪与技术转移人才培育、专业化队伍建设和"科创中心"建设;助推国资国企改革,建立多层次产权资本市场服务体系,积极做好规范服务与发展工作,通过组织开展经纪业务模式转型课题研究,积极为新兴技术企业增值扩股寻找投资人服务,进一步激发市场活力;根据融资租赁行业人才短缺实际,建立多层次人才培养机制,加强融资租赁经纪从业培训,建成融资租赁经纪执业交易服务平台,为各类融资租赁项目、资产交易提供执业交易平台及专业服务;支持融资经纪行业制定收费指导标准和诚信评价指标体系、诚信档案管理办法、"黑名单"管理办法等管理制度,建立融资租赁经纪综合信用信息平台,为客户选择可信赖经纪人员合作提供参考依据。

诚信建设。协会高度重视诚信体系建设,从多角度开展诚信经纪创建活动,赢得经纪业界广泛认可,围绕构建"诚信上海"战略目标,开展"诚信经纪创建企业"活动,树立116家"诚信经纪"标杆企业,"诚信经纪"已经成为企业做大做强不可或缺的无形资产;加强交流、促进信息共享,在办好《工作简报》基础上,丰富"上海经纪人"(www.jjrxh.cn)网站,提高行业社会影响力。

运作管理。协会依法办会,按章程办事,创新地开展特色工作,先后制定队伍建设、财务管理、印章档案管理、会议管理、办公用品采购管理、民主决策、工作例会等多项制度,充分调动会员积极性、能动性;坚持政治引领,推动党建与业务工作融合融入,发挥党组织政治核心作用和党员先锋模范作用。

## 【上海市互联网协会】

上海市互联网协会成立于2002年6月,是以促进上海市互联网健康发展、服务于社会发展和经济建设为目标的由全市互联网企业、科研院所和产业园区等单位自愿组成的跨部门、跨所有制的专业性、非营利性社会团体法人。到2010年底,有各种所有制会员单位138个。业务主管单位为上海市通信管理局。

协会业务范围是:沟通协调、研究探讨、信息交流,网络与信息安全,国际合作,承办政府委托事项。

协会主要开展以下几方面工作:

产业服务。协会积极开展产业服务,推进互联网产业发展。2005年3月,与上海徐汇软件基地合作成立"上海数字娱乐中心",打造数字内容产业链创新、创业服务平台,为数字内容产业发展提供培训、版权、资源交易等上下游产业链对接服务,中心于2007年8月被科技部批准为"国家数字媒体技术产业基地";同年,成功承办"第三届中国国际数码互动娱乐产品及技术应用展览会(CHINA JOY)"的专区展览;自2007年起,与上海市通信行业协会、上海市通信学会一起,联合江苏、浙江相关协会,每年举办长三角互联网与通信产业跨界对接大型活动;加强信息服务,2002年开通协会网站,2004年与电信科学技术第一研究所合作主办《电信快报》。2005年11月起编制《移动瞭望》信息期刊,2010年起编辑发布《上海市互联网发展报告》;组织开展专业人员技术培训,包括互联网企业信息安全岗位持证上岗培训、企业信息安全认证工作培训、互联网增值服务培训班、互联网著作权保护培训班、信息安全技术应用培训班等。

合作交流。协会积极组织和开展合作交流。2002年12月,联合中国互联网协会在上海举办"首届中国互联网大会",全国人大常委会副委员长、中国科协主席周光召院士给大会发贺词,信息产业部吴基传部长出席并讲话,文化部、国务院新闻办、国务院信息化工作办公室、中国科学院、中国工程院、上海市人民政府等领导出席,全国各地互联网业界代表、ITU等有关国际组织及日本、韩国等国家和地区互联网行业组织的代表共1000余人参加大会,此后每年组织上海互联网企业参加年度"中国互联网大会",与国内外业界同行开展信息交流并促进合作;2005年6月,承办首届"全国各省市互联网协会工作交流会议",建立与中国互联网协会和各省级互联网协会合作共享平台,在中国互联网大会、产业互联网、行业研究、资源和信息共享、建章立制等方面开展合作;2005年11月,接待日本宽带协会代表团,为中日两国业界合作搭建桥梁;2005年12月,主办以"开创数字内容未来,建立合作共赢模式"为主题的"数字内容产业发展论坛";2006年10月,与上海数字娱乐中心联合主办"互联网创新研讨会",邀请国际无线互联网创始人演讲"硅谷数字化革命和美国风险投资"并讨论中国互联网发展和机遇;2008年10月,主办"互联网技术应用创新与国际金融危机对策论坛",探讨中小企业应用互联网寻求新型赢利模式。

安全管理。协会积极开展网络净化管理。2003年,协会启动"青少年上网导航工程",向"上海青少年动漫竞赛"赠送绿色上网软件,通过市、区(县)少科站推广绿色上网软件,为青少年营造安全、健康、知识、趣味的网络环境;2006年5月,启动"阳光·绿色网络工程"主题系列活动,并在每年后续的活动中集聚行业力量,遏制网上低俗之风,净化网络环境,共同构建绿色网络;同年7月,与市通信管理局、市新闻办联合开展"优秀绿色手机文化"征集活动,评选上海十大"优秀绿色手机文化"企业;2007年6月,发起"绿色短信伴我行"倡议活动,用"绿色短信"引导群众,服务上海经济社会建设;自2008年起,在市网宣办、市通信管理局指导下,联合相关单位开展"上海市文明网站"评选和"群众乐见优秀短信栏目"评选活动,深化"绿色网络"建设;注重信息安全管理,自2003年起,积极配合政府有关部门开展信息安全检查,督促企业自律,维护互联网经营发展秩序;2004年5月,举办"反垃圾邮件专家论坛",推进政府管理、行业自律、技术保障、社会监督等多方面对垃圾邮件的综合治理;2006年5月,成立"垃圾邮件举报受理中心",开通举报电话和举报邮箱,受理垃圾邮件举报,并与中国互联网协会全国垃圾邮件处理平台对接;2010年,成立"12321网络不良与垃圾信息上海市举报受理中心",受理来自固定电话、移动手机、邮箱、短信、网站等对不良与垃圾信息的公众举报,并与国家和市有关管理部门实现网上数据对接,建立多部门联动协查、处理举报信息工作机制。

诚信自律。协会积极组织开展行业诚信自律建设。2002年10月,组织全市近200家互联网企业参加上海互联网行业自律公约签约活动,共同签署《中国互联网行业自律公约》;2004年10月和2006年6月,分别组织开展全市范围的自律公约签约单位网站信息内容自查互查,上海东方网、上海热线等网站被评为优秀履约单位,并向中国互联网协会推荐评为中国互联网大会的"自律贡献奖";2007年4月,上海40多家从事短信息服务的SP单位组建上海市互联网协会移动信息服务分会,签署实施《上海市移动信息服务行业自律公约》,促进移动短消息服务行业健康发展;2008年,中国互联网协会授权成立中国互联网企业信用等级评价中心上海分中心,并依据《中国互联网行业企业信用评价实施方案》开展评价工作,经"企业申报、企业访谈、专家评审、社会公示"等程序,上海东方网、上海热线、上海携程、上海铁路文广等11家企业获得A级以上信用等级,有力推进上海网络诚信体系建设。

运作管理。协会制定并践行《上海市互联网协会章程》,建立并完善各项规章管理制度,先后建立《上海市互联网协会理事会、秘书处职务分工制度》《上海市互联网协会工作例会制度》《上海市互联网协会分支机构管理办法》《上海市互联网协会岗位及薪资标准方案》《上海市互联网协会新闻信息采编、发布审核管理办法》以及财务管理、资产管理、文书档案管理、协会网站管理等制度;坚持在党和政府领导下,牢牢把握服务政府监管、服务行业发展、服务社会进步的协会工作方向。

### 【上海市开发区协会】

上海市开发区协会成立于2002年9月,是由全市开发区以及从事开发区规划设计、土地厂房开发、信息沟通、环境建设、招商引资、对外交流、投资融资和中介服务等活动的单位发起成立的专业性、非营利性社会团体法人,原名上海市工业开发区协会,2004年3月更名为上海市开发区协会。下设招商工作专业委员会和科创园区专业委员会2个专业委员会。到2010年底,有团体会员单位146个。业务主管单位为上海市经济和信息化委员会。

协会业务范围是:信息发布、政策研讨、产业咨询、教育培训、招商服务、合作交流、人才推荐、商务会展和政府委托的事宜。

协会主要开展以下几方面工作:

信息服务。协会开展园区经济统计及评介工作,形成工业区每月经济运行统计、排名与分析简报;完成产业用地调查和园区评价工作;开展行业信息发布和宣传工作,编辑反映上海开发区发展动态刊物《上海开发区》;建立上海开发区信息管理服务平台《上海开发区》网站和《上海产业园区》公众号,每日更新网站和微信公众号信息;编制《上海市开发区统计年报》和《上海市开发区发展报告》等。

发展研究。协会开展园区创新发展研究工作,主持园区转型升级规划编制,开展全市产业园区主导产业定位及布局研究工作。到2010年底,已完成产业园区功能定位与规土环保保障机制研究、工业园区存量土地二次开发研究等一系列研究课题,为上海开发区创新发展献计献策;举办各类论坛、研讨会、交流会、专题报告会等,开展专项培训和交流考察活动。为会员搭建产业信息、技术交流、形象展示和园区间联系的平台,帮助会员及时、准确掌握政府相关政策,促进园区创新发展。

专业培训。协会开展园区管理的各类专项培训活动,针对开发区的建设运行、交通配套、人才资源、安全管理、科技创新、物业管理、精神文明建设、党建工作等,开展一系列培训,促进园区建设管理人才素质提升。

### 【上海市信息化培训协会】

上海市信息化培训协会成立于2003年2月,是由全市从事信息化培训的机构自愿组成的专业性、非营利性社会团体法人。业务主管单位为上海市经济和信息化委员会。到2010年,有各种所有制会员单位 82 个。

协会业务范围是：现状调研、项目开发、资格认证、学术交流、引智引才、资源整合等。

协会主要开展以下几方面工作：

服务会员。协会开展信息服务,举办各类论坛、研讨会、交流会、培训和参观考察等,为会员业务合作、技术更新、师资资源共享搭建平台,帮助会员准确掌握政府部门的相关政策,了解信息技术发展的最新动态和趋势,提升会员的技术能力和市场竞争力;加强对外交流合作,积极探索全方位的交流合作机制,向外省市相关机构推荐会员的产品和服务,同时关注国外先进的课程、先进的培训模式,组织会员学习借鉴,探索与境外培训机构合作开展专业培训途径。

人才培养。协会除了面向会员开展专业培训外,还承担专业技术人员继续教育、上海首席信息官联盟专题培训、上海对口支援地区干部信息化培训,以及全市市民信息化普及教育培训等。

运作管理。协会加强完善民主办会规程,不断完善各项内部管理的规章制度,强化规范化运作和管理;积极探索党建工作,引领党员发挥模范带头作用。

### 【上海市无线电协会】

上海市无线电协会成立于 2003 年 12 月,是由全市从事无线电管理、研究、设计、生产,及运用的企事业单位自愿组成的专业性、非营利性社会团体法人。业务主管单位为上海市经济和信息化委员会。到 2010 年,有团体会员单位 125 个。

协会业务范围是：普及推广无线电技术,开展交流研讨活动,提供咨询服务,承担委托事项。

协会主要开展以下几方面的工作：

行业管理。协会加强行业管理,从设备的生产、销售和使用等全方位入手,完善诚信体系,建立诚信档案,纳入《全市企业联合征信系统》,接受社会监督;开展评比和推优活动,评选“销售无线电发射产品规范企业”“行业诚信企业”“无线电通信网络设计资质”等;做好无线电安全保障工作,协助上海市无线电管理局以“伪基站”“黑电台”等非法设台为监测重点,充分发挥监测设备和技术力量优势,按频段和区域开展日常监测,打击整治各类非法无线电台站;排查各类无线电干扰,维护和优化电磁环境,加强干扰排查团队建设,开展电磁环境测试服务,开拓测试业务范围,提升测试水平;为企业提供频率、台站方面的技术和政策咨询服务,协助企业获得合法的频率使用和台站设置许可;做好各类重大考试“无线电考试保障”工作,防止高科技作弊;立足未来全新频率的用频需求,积极开展无线电技术和业务培训,全面提升无线电管理水平。

交流服务。协会开展无线电管理宣传、培训和技术交流,加强门户网站建设,打造公开政府信息、传播行业最新动态和前沿技术信息、促进会员积极互动的多功能平台;举办行业论坛、沙龙等活动,组织开展多形式、多渠道、多角度的行业新技术、新产品和新应用交流,实现行业信息推广和共享,创建多方共赢机制;完善微信公众平台,及时传递无线电管理的方针政策以及重要的行业信息、市场动态等;加强会员间的横向沟通,为会员单位做大做强提供切实可行的服务。

自身建设。协会全面推动规范化、制度化管理,积极完善各项规章制度,提高管理水平和工作人员的业务能力;积极探索党建工作,密切联系协会工作和自身建设实际开展活动,努力扩大协会影响力。

### 【上海长三角非织造材料工业协会】

上海长三角非织造材料工业协会成立于 2004 年 2 月,前身为上海非织造材料工业协会,2006

年 10 月更名为上海长三角非织造材料工业协会,是由长三角地区非织造材料企业、科研院所等单位自愿组成的专业性、非营利性社会团体法人。业务主管单位为上海市经济和信息化委员会。到 2010 年,有各种所有制会员单位 157 个。

协会业务范围是:信息服务、四技服务、科技创新、专业培训、质量评定、编辑出版、会展招商等。

协会主要开展以下几方面工作:

服务会员。协会加强对行业内重点企业的调研,了解在结构调整中企业面临的挑战,向政府有关部门反映企业的困难与诉求;编印《非织造通讯》,建立门户网站,为会员提供非织造产业发展方面的政策法规和国内外产学研发展动态,传递政府相关部门的信息、行业与企业发展趋势以及结构调整、技术创新、新产品与新技术、相关专利等信息;依靠行业专家库资源和行业统计信息的优势,积极为企业提供各类技术咨询服务,为企业产品生产提供专家咨询,为企业产品研发提供产、学、研服务平台,为企业申请名牌产品和著名商标出具证明函等;举办各类论坛、研讨会、交流会以及专题报告会、座谈会等,举办"非织造材料创新及产业应用发展论坛""新型纤维材料及非织造新技术、新材料产业链研讨会"等,为企业搭建产业信息、技术交流、形象展示和行业间联系的平台,帮助企业及时、准确掌握政府相关政策。

产业推进。协会承担政府有关部门应对危机、振兴产业的战略研究报告撰写工作,为产业用非织造材料的发展出谋划策,完成《上海及长三角非织造材料产业技术创新、产业化及产业结构调整研究项目》项目书;完成《上海纺织工业发展白皮书(2009 年)》有关产业用非织造材料及产业用纺织品分报告;积极建言献策,为政府相关部门提供产业运行情况、趋势预判和政策建议等课题研究报告,开展产业规划研究;拓展对外交流,推进产业合作,建立与国际相关行业协会的合作交流机制,推动业内企业参与国际合作,协助组织参加 IDEA 举办的美洲非织造材料展览会、EDANA 举办的欧洲非织造材料展览会、GNS 全球非织造材料工业企业家高峰会、亚洲过滤与分离工业展览会暨中国国际过滤与分离工业展览会等,扩大会员企业视野,建立国际交流和合作网络,争取更大的发展资源和空间。

人才培育。协会推进区域内人才培育战略,进行行业专业技术人员的培训和资格认证工作,以重点推进长三角地区非织造产业的技术进步,满足中、小规模非织造企业急需人才的热点、难点问题,提高企业培养技术人才的积极性和专业技术工作人员的积极性;组织举办专业人才专题培训讲座,提高从业人员知识技能和业务水平。

运作管理。协会强化规范化运作和管理,完善民主办会规程,强化内部管理规范;积极探索党建工作,发挥党员先锋模范作用。

## 【上海硅酸盐工业协会】

上海硅酸盐工业协会成立于 2004 年 2 月,是由全市从事陶瓷、玻璃、晶体、宝石、耐火材料、无机生物和环保材料、无机涂层及膜材料生产、检测、设备制造企业以及大专院校、科研、设计、咨询机构等自愿组成的专业性、非营利性社会团体法人。下设陶瓷材料专业委员会、玻璃材料专业委员会、窑炉与机械设备专业委员会、晶体与生物材料专业委员会等 4 个分支机构。业务主管单位为上海市经济和信息化委员会。到 2010 年,有各种所有制会员单位 40 个。

协会业务范围是:组织技术培训、咨询、会展、调查、论证以及产品标准的制定、准入资格、信息交流、国际商务等。

协会主要开展以下几方面工作：

服务会员。协会编印《上海硅酸盐工业》会刊，为会员提供行业发展方面的政策法规和国内外产学研发展动态，传递新技术发展和市场需求信息，及时反映行业诉求；依靠行业专家库资源和行业统计信息的优势，积极为企业提供各类技术咨询评估鉴定服务，为企业产品生产提供专家咨询；帮助企业产品研发提供产学研服务平台；为企业申请名牌产品和著名商标出具证明函；推荐企业申报高新技术企业和国家级、市级项目；企业专利、标准申请制定等；举办各类论坛、研讨会、交流会以及专题报告会、座谈会等，为企业搭建产业信息、技术交流、形象展示和行业间联系的平台，帮助企业及时、准确掌握政府相关政策，全面提升中小企业技术改造升级能力；开展行业专业技术职称申报评审，为企业工程专业技术人员进行技术及管理培训，提高行业从业人员知识技能和业务水平。

产业推进。协会开展产业研究，积极建言献策，为政府相关部门提供产业及专业运行情况、趋势预判和政策建议等课题研究报告；建立与国际和国内相关行业协会的多渠道联系，积极探索合作交流机制，推动业内企业参与国际合作，组织会员企业国内外参展学习考察，扩大会员企业视野，争取更大的发展资源和空间。

运作管理。协会强化规范化运作和管理，完善民主办会规程，制定内部管理规范，规范秘书处、财会、技术评审等相关服务管理。

### 【上海市企业清算协会】

上海市企业清算协会成立于 2004 年 2 月，是由上海市清算中介机构和清算师及从事与清算工作有关的单位和人士自愿组成的专业性、非营利性社会团体法人。业务主管单位为上海市经济和信息化委员会。到 2010 年，有各种所有制会员单位 44 个。

协会业务范围是：协调、服务、监督、信息咨询、交流培训。

协会主要开展以下几方面工作：

服务会员。协会通过简报、网站等，为会员提供企业破产、清算、强制清算等各类清算、重整等国际国内的信息，及时反映行业诉求；依靠专家和顾问，积极为会员提供各类咨询服务，帮助和保护会员企业正常运作和公平竞争，并为会员申请破产管理人向上海市高级人民法院出具证明函等；举办各类培训研讨会、交流会，为企业搭建行业信息、业务交流、形象展示的平台，帮助会员及时、准确掌握政府和法院的相关政策、法律和法规。

人才培育。协会加强专业队伍素质建设，开展清算师岗位资格培训和清算师岗位能力培训，颁发"清算师"证书；组织会员单位参加"中国破产法论坛""东亚破产与重整研讨会""国际破产协会破产与重整研讨会"等，提升专业人员理论水平；组织会员参加国内外学习考察，扩大视野，建立国内、国际交流合作网络。

运作管理。协会强化规范化运作和管理，完善民主办会规程，强化内部管理规范；加强党建工作，坚持党的领导，发挥党员的模范带头作用。

### 【上海市机电设备招标投标协会】

上海市机电设备招标投标协会成立于 2004 年 8 月，是由全市从事机电设备招标投标活动单位自愿组成的专业性、非营利性社会团体法人。业务主管单位为上海市经济和信息化委员会。到 2010 年，有团体会员单位 41 个。

协会业务范围是：组织调研、信息服务、专业培训、咨询服务,依法保护招投标当事人的合法权益,经验交流和国内外交流与合作。

协会主要开展以下几方面工作：

服务会员。协会编印《机电设备招投标通讯》,为会员提供国内经济要闻、机电设备招投标行业发展方面的政策法规和国内招投标行业资讯、及时反映会员动态以及招投标实务学习交流;依靠行业专家资源和机电设备招投标专业优势,积极为企业提供政策法规咨询,为企业采购提供招标采购方案,为招标代理机构提供优质高效的招标项目案例等;举办研讨会、交流会以及专题讲座、座谈会等,为企业搭建招投标信息、技术交流、形象展示和会员间联系的平台,帮助企业及时、准确掌握国家招投标相关政策法规,全面提升企业依法规范招投标工作能力。

行业推进。协会联系政府部门,服务企业发展,积极架设政企互动沟通桥梁,2009 年,承担上海市重大工程立功竞赛设备分赛区推优活动,为市重大建设工程项目服务,并为企业更好发展提供帮助;承担全市机电设备国内招投标年度交易数据统计与分析,为政府有关部门依法监管提供支持;开展行业研究,促进行业自律,2008 年,编制《机电设备国内招标文件(范本)》,在全市相关代理机构推广使用;受政府相关部门委托,对全市机电设备国内招投标发展进行专题研究;拓展外省市相关行业交流与合作渠道,组织会员外省市学习考察,建立与相关行业协会对话机制,推动业内企业跨地区、跨行业合作,建立交流和合作网络,争取更大的发展资源和空间。

人才培育。协会举办招标投标专业知识培训班、政策法规讲座,促进从业人员知识技能和业务水平提高;承担"全国招标师职业能力水平考试"辅导培训工作,培育造就招投标专业人才队伍。

运作管理。协会强化规范化运作和管理,完善民主办会规程,落实管理规范,制定协会服务企业、服务政府、促进行业发展的工作指标,纳入日常考核与年终绩效考核;强化服务意识,改进工作作风,深入企业,反映会员单位诉求,着力解决企业发展"瓶颈"及工作难题;积极探索协会党建工作,将党建工作与服务企业、服务政府、促进行业发展相结合,发挥党员先锋模范作用。

## 【上海市企业法律顾问协会】

上海市企业法律顾问协会成立于 2004 年 10 月,是由全市企业法律顾问、相关法律工作人员及有关单位自愿组成的专业性、非营利性社会团体法人。业务主管单位为上海市经济和信息化委员会。到 2010 年,有各种所有制会员单位 102 个。

协会业务范围是:法律培训、实务研究、法制宣传、法律服务、纠纷协调、权益维护、合作交流、业务咨询、承担政府部门委托的各项工作等。

协会主要开展以下几方面工作:

服务行业。协会以依法治企的需求和问题为导向,精心组织安排培训活动,邀请专家学者授课、交流互动,促进会员法律专业知识水平和实际操作能力提高;积极支持和帮助企业内部的有关法律培训工作,量身定制个性化的培训方案,提供优质师资服务;参与"上海市中小企业服务互动平台"建设,针对中小企业法务群体需求,免费举办法治专题报告会和法治培训讲座,强化业务开拓知识和法律风险防范意识;编印《企业法律顾问》《业务学习资料》等读物,为企业了解行业动态、掌握最新法律资讯提供方便。

服务政府。协会充分发挥政府和企业之间的桥梁纽带作用,找准定位,积极作为,认真完成政府委托的各项工作,开展普法宣传工作,举办《人民调解法》宣传讲座等;受上海市中小企业发展服务中心委托,围绕中小企业法律风险防范,开设系列培训课程,邀请全市相关领域的专家学者担任讲师;承担市经委委托"关于上海市产业和信息化法治建设'十二五'规划"的调研工作,为政府推进法制工作建言献策;承担企业法律顾问执业资格注册工作,参与上海市中小企业法律人才培训基地建设,编辑出版《工业和信息化政策法规汇编》。

自身建设。协会根据章程规定,制定内部管理制度,完善工作制度,严格财务管理,明确职责,提高工作人员积极性和服务质量;加强党建工作,发挥党员先锋模范作用。

**【上海信息化发展研究协会】**

上海信息化发展研究协会成立于 2004 年 11 月,是由全市从事信息化发展咨询、研究、评估机构、信息技术企事业单位以及信息主管、专家等个人自愿组成的专业性、非营利性社会团体法人。业务主管单位为上海市经济和信息化委员会。到 2010 年,有各种所有制会员单位 60 个,个人会员9 人,聘任各类资深信息化专家 50 余人。

协会业务范围是:开展信息化发展战略规划的研究、咨询、评估和课题研究。

协会主要开展以下几方面工作:

产业服务。协会致力于信息化领域最新技术应用、信息产业发展等跟踪和研究,承担上海市"十一五""十二五"信息化和智慧城市发展规划编制,完成张江科技服务信息产业园和上海汽车电子产业园区规划编制等;承接完成"数字鄂尔多斯"建设总体规划、鄂尔多斯市煤炭业务管理信息系统规划、重庆市渝中区电子商务发展规划等外地相关发展规划的编制;完成上海市"十五"信息化执行情况评估、"十一五"信息化规划执行情况中期评估以及"十一五"信息化规划执行情况评估;围绕信息化领域标准建设,承担市、区相关行业领域数十项标准规范的编制,《上海市信息服务外包企业技术与管理规范》《个人信息保护规范》《移动通信室内信息覆盖系统设计与验收规范》《住宅小区移动通信配套设施设计规范》《有线数字电视信息互动服务规范》《城市无线宽带工程设计规范》《软件外包项目合同文本规范》等,以及《内蒙古自治区鄂尔多斯市法人、人口与空间地理等基础信息数据系统规范》编制工作;开展课题研究,"上海市'十五'信息化规划评估指标体系研究""上海市企业信息化推进措施研究""上海市'一区一业'信息化改造项目研究""上海市深化智慧城市建设基本思路研究""市级机关信息化现状分析研究""上海市信息化部分指标研究"等信息化及相关领域近百项课题研究,以及"创新杨浦区产学研体系建设、知识输出及企业应用的研究""上海市信息产业园发展模式与竞争力研究""互联网金融体验服务中心建设思路研究""上海市软件和信息服务业产业园评价指标体系研究""上海创意产业发展的思路目标重点及对策研究""上海智能家居产业发展优势分析及发展重点研究""上海金融领域灾难备份与恢复调研报告""互联网教育对现有教育模式的影响研究"等课题研究。

工作推进。协会依靠丰富的行业专家库资源和专业的信息化研究经验优势,在专业培训、人才培养、活动组织等方面持续推进信息化工作,面向 CIO 会员开展以最新信息技术发展及应用、企业信息化发展战略及规划、CIO 角度定位及作用等为主题的专业培训;围绕智慧城市、电子政务、智慧助残、智慧交通等领域为用户单位提供培训服务;加强人才培养,从人才源头把关、后期培养、工作激励等环节,助推专业人才成长;组织开展年度优秀 CIO 评选活动与 CIO 年会活动,高层次、全方位传播最新信息技术、宣传优秀产品和解决方案、推动专业人才交流,提升 CIO 在企业及行业中的影响力。

运作管理。协会强化规范化运作、制度化管理,建立符合自身特点的项目管理制度、客户服务制度、信息安全制度、成果编制标准、业务拓展与合作机制、薪酬及奖惩制度等,规范协会日常运作,调动工作人员积极性;加强党建工作,强调党建工作与业务发展相结合,发挥党员先锋模范作用。

**【上海市创意产业协会】**

上海市创意产业协会成立于2005年8月,是由全市创意企业、创意园区、研究机构、高等院校、传媒集团等自愿组成的专业性、非营利性社会团体法人。下设文化艺术专业委员会、影视制作专业委员会、商业房地产专业委员会、创意旅游专业委员会、城市景观专业委员会、创意产品专业委员会、创意儿童专业委员会、知识产权专业委员会、新媒体专业委员会、创意农业专业委员会等18个分支机构。业务主管单位为上海市经济和信息化委员会。到2010年,有各种所有制会员单位288个。

协会业务范围是:合作交流、咨询培训、中介服务、会展招商、出版发行、承办政府等有关部门委托的事项。

协会主要开展以下几方面工作:

产业研究。协会针对创意产业是无边界产业的特点,进行专业归类与集中,解决"跨界"与"专业"的和谐;参与上海市文化创意产业"十二五"发展规划研究,完成杨浦区创意产业现状与发展方向、张江集团文化创意产业调查及建议咨询、上海旅游业与文化创意产业融合发展的思路和对策、发展上海创意农业研究、推动上海创意产业发展的思考、关于抓住世博重大机遇加快上海"创意城市"建设若干建议等区县政府、企业集团委托课题;主办上海创意产业国际论坛,推进全市创意产业领域的高端国际交流以及专家智库建设;举办涉及创意人才、创意城市、世博机遇、设计之都、转型发展、创意园区等多个主题的论坛,推动上海创意产业理论研讨和实践创新;编辑出版"创意产业系列丛书",全国第一部创意产业理论著作《创意产业导论》,获全球文化产业学术专著"思想驱动奖"的《创意改动中国》,首次全面探讨创意产业领域的知识产权问题的《创意产业知识产权管理》,以及《从种子到森林——上海创意产业国际论坛集锦》等。

产业推进。协会积极组织论坛、展会、大赛等,推进产业发展,参加中日韩艺术交流展、市民生活创意作品大赛、上海世界创意经济峰会国际论坛、上海国际3D打印智造展览会暨高峰论坛、上海创意手工DIY(国际)特展、上海动漫同人展暨版权交易会、全球联合办公(GCUC)国际峰会、主题乐园及游乐设备展、儿童产业联盟发展论坛、上海创意产业博览会暨全球供应链创新平台(硬蛋)智能硬件展、亚洲数字营销创新论坛暨中国移动互联网视听营销展、上海国际艺术节青年创想周板块、上海莎士比亚国际论坛,等等,活跃城市创意文化氛围;开通创意产业知识产权服务热线,为社会各界提供专业细致的知识产权咨询服务。

跨界合作。协会打造"走出去"的辐射战略,与吉林长春市、辽源市,江苏省南京市、常州市、徐州市、镇江市,浙江省嘉兴市、宁波市、上虞市,安徽省芜湖市、铜陵市等地区建立文化创意产业战略合作伙伴关系;发挥人才优势和区位优势,向外省市输出文化创意产业管理运营、规划设计、品牌营销和商业模式等服务,开展人才培训、联合规划园区、相互推介企业等;联合外地同行举办多种活动,举办沪镇(江)文化创意产业合作论坛、中国古村落保护与开发论坛、创意长春论坛、上虞国际电子竞技论坛、辽源市创意园区建设规划、宁波镇海区文化创意产业发展规划等;开展国际合作交流,组织会员单位到英国、瑞典、日本、新加坡、韩国等国家和台湾、香港、澳门等地区交流学习。

**【上海市气体工业协会】**

上海市气体工业协会成立于 2007 年 2 月,是由全市从事气体生产、储运和经营、相关仪器仪表、附件和设备制造,科研、工程设计、教育培训、检测的机构、社会团体和大专院校等相关企事业单位自愿组成的专业性、非营利性社会团体法人。业务主管单位为上海市经济和信息化委员会。到 2010 年,有各种所有制会员单位 101 个。

协会业务范围是:会员协调、技术服务、鉴定评审、试验检测、调研咨询、教育培训、标准编写、出版刊物、信息服务、会议展览、技术推广和交流合作等。

协会主要开展以下几方面工作:

行业服务。协会积极参与我国特种设备安全技术行业法规及标准的起草制定工作,负责起草修订国家相关法规 1 部,参与起草修订 4 部;组织起草和参与完成铁路罐车、汽车罐车、罐式集装箱和低温容器等产品标准以及安全附件和低温性能检测等相关标准共计 37 部,其中国家标准 32 部、行业标准 4 部,空气产品安全与节能地方标准 1 部;负责气体行业使用环节的标准落实,保证特种设备的安全运行,并通过提升危化品储运及装备领域的核心技术,建立健全行业技术标准体系,形成危化品储运行业健康发展的产业生态价值链条;开展移动容器和低温容器相关企业标准评审服务,以及移动容器和深冷容器等相关产品的技术评审服务,提升我国特种设备技术规范水平。

科研推进。协会积极承担和参与各级主管部门的科研项目和研究课题,2008 年至 2010 年,共承担或者参与国家、地方、部委、央企和研究机构的科研项目 18 项,多项科研成果获国家或地方科学技术奖;受国家质检总局委托,主持建设全国带泵罐车定点卸液监控信息服务平台和应变强化深冷容器制造信息公共服务平台,并承担平台的运行管理工作;受国家质检总局委托,与上海交通大学及国家石油钻采炼化设备质量监督检验中心合作,开展低温性能型式试验与测试业务;受上海市质量技术监督局委托,承担上海市气瓶充装、移动式压力容器充装许可的鉴定评审工作。

机构建设。协会从事我国气体相关储运装备的标准化、信息化、行业技术管理及会员服务工作;作为全国锅炉压力容器标准化技术委员会移动式压力容器分技术委员会(SAC/TC262/SC4,简称移动分会)和全国锅炉压力容器标准化技术委员会低温容器工作组秘书处(SAC/TC262/WG1,以下简称移动分会)的秘书处所在单位,作为我国移动式压力容器和低温容器行业标准化和技术支持机构,积极开展工作,推进行业数字化、网络化和智能化建设,搭建公共服务平台,解决我国物流智能配送、安全风险预警与防控,实现危险品的安全运输,确保社会公共安全。

**【上海空调风管清洗协会】**

上海空调风管清洗协会成立于 2007 年 4 月,是由全市从事空调通风系统运营、运行、维修、维护、清洗、杀菌、治理、净化、消毒、检测服务与相关设备、产品生产、经营以及技术研究开发的企事业单位自愿组成的专业性、非营利性社会团体法人,下设集中空调通风系统运维清洗专业委员会、空调水处理专业委员会、新风净化专业委员会、分体空调清洁治理专业委员会等 4 个分支机构。业务主管单位为上海市经济和信息化委员会。到 2010 年,有各种所有制会员单位 196 个。

协会业务范围是:行业调研、技术咨询、标准制定、课题研究、信息发布、业内调解、办会招展、人员培训、能力评定、人才推荐、质量控制、评选表彰。

协会主要开展以下几方面工作:

服务会员。协会编印《空调服务》,及时发布产业政策、行业动向、专题访谈、技术探讨等信息,争取空调节能、减排、环保、卫生效果最大化,通过微信公众号、服务在线、微博等媒体,开展互动交流;依靠行业专家库资源和行业技术的优势,积极为企业提供技术咨询服务;举办各类论坛、研讨会、交流会以及专题报告会、座谈会等,为企业搭建产业信息、技术交流、形象展示和行业间联系的平台,帮助企业及时、准确掌握政府相关政策、行业最新动态资讯。

产业推进。协会联系政府部门,服务企业发展,在政府网网上政务公共卫生栏目建立信息平台,作为卫生监督机构与社会联系的纽带和对外宣传的窗口,通过信息平台的导向作用,引导企业加强自律管理,增强责任意识,提高服务质量;制定行业标准,细化国家标准和地方标准的相关要求,明确具体技术措施,更贴近行业发展;拓展对外交流,推进企业合作,与关联行业的行业协会进行定期交流,积极探索合作交流机制,共同合作举办各类论坛、研讨会、交流会等,为行业企业争取更多合作资源和扩大发展空间,进行企业多元化发展。

人才培育。协会参与空调清洗操作工政府技能培训项目,提高操作人员的技术水平和空调清洗服务的规范化水平;组织举办空调清洗技术人员和水处理技术人员技术科普培训,提高行业从业人员知识技能和业务水平。

运作管理。协会强化规范化运作和管理,完善民主办会规程,强化内部管理规范,服务企业、服务政府、促进产业和企业健康发展;积极探索党建工作,巩固党的工作基础,增强党的社会基础,激发行业青年活力,发挥党员先锋模范作用。

## 【上海市国防科技工业协会】

上海市国防科技工业协会成立于2007年5月,是由上海地区的中央军工企事业单位、地方民口军工配套企事业单位为主体,有志于为我国国防科技工业事业发展作贡献的社会企事业单位自愿组成的专业性、非营利性社会团体法人。业务主管单位为上海市经济和信息化委员会。到2010年,有各种所有制会员单位125个。

协会业务范围是:产业研究,咨询培训,会议展览,合作交流,宣传报道,年鉴编纂,军民技术成果转化,高新技术推介,项目建议书、研究报告的编制。

协会主要开展以下几方面工作:

服务会员。协会编印《上海国防科技工业》,建立门户网站,为会员单位提供国防科技工业发展方面的政策法规和国内外产学研发展动态,及时反映行业诉求;承担上海地区相关单位军工保密工作的审查培训、军工生产许可培训、军工统计培训等专业的培训工作,并承担上海地区民口军工配套月报统计;积极为企业提供专业、专门咨询服务,承担上海市高新工程专项资金项目申报受理预审工作;承办中国国际工业博览会空间产业暨北斗导航技术应用展览会,举办《浦江论道——空间产业发展系列沙龙》,举办行业内的交流会等,为企业搭建产业信息、技术交流、形象展示和行业间联系的平台,帮助企业及时、准确掌握政府相关政策,全面提升上海空间产业发展能力。

产业推进。协会联系政府部门,连接部队,服务企业,通过沟通平台,加强横向联系,疏通技术和产业间的隔阂,提供企业发展实际需求,帮助会员企业申报政府专项资金或项目预审等;针对国防科技工业发展和军民深度融合趋势,为政府相关部门提供产业发展情况、趋势研究和人才发展规划等课题研究报告,积极建言献策;建立与军代表、部队的对话机制,积极推进合作交流,组织会员单位到部队现场观摩,扩大企业视野,参与国防建设,建立军民融合发展新模式,争取更大的发展空间;组织空间产业展览会评奖工作,推进空间产业发展。

运作管理。协会加强规范化运作和管理,完善民主办会规程,注重内部管理,制定各项规章制度;根据协会工作特性,建立保密工作领导小组,制定涉密工作系列规章制度,认真做好保密管理工作;完成相关部门交办的各项工作。

## 【上海市健康产业发展促进协会】

上海市健康产业发展促进协会成立于 2007 年 12 月,是由全市从事医疗、卫生、保健、健康管理机构、体检中心、健康养生、健康产业科研开发及相关领域的企事业单位自愿组成的专业性、非营利性社会团体法人。下设健康产业标准化专业委员会、健康食品专业委员会、健康教育专业委员会、移动健康专业委员会、健康居家专业委员会、健康抗衰老专业委员会、健康旅游专业委员会,健康养生专业委员会、健康文化传播专业委员会和自然健康进社区工作委员会等 10 个分支机构。业务主管单位为上海市经济和信息化委员会。到 2010 年,有各种所有制会员单位 136 个。

协会业务范围是:实务研究和对外交流,发布信息和业务培训,会务会展和咨询服务,编印刊物和资料,产品和新技术推广。

协会主要开展以下几方面工作:

行业服务。协会配合政府有关部门规范会员单位诚信自律,组织会员单位开展健康产品消费知识案例展示、企业诚信宣誓、老年人法律咨询、群众文艺演出等"3·15"国际消费者权益日主题公益活动;开展日常宣传、督导工作,处理消费者投诉及维权事宜;加强与国内外相关组织的交流和合作,与中国市长协会、世界城市日事务协调中心等单位联合主办"健康城市论坛",从普及健康生活、优化健康服务、完善健康保障、建设健康环境、发展健康产业等多视角设置论坛议题;举办上海健康产业品牌博览会以及专业主题论坛,组织国内外厂商积极参展,引导企业开拓市场,为企业搭建对外合作的信息与服务平台;帮助健康产业单位开展培训,积极培育高级营养保健师、商品营业员、公共营养师、养老护理员等专业人才。

知识普及。协会积极普及科学健康知识,帮助民众养成良好的自我保健习惯,与上海市老龄事业发展中心共同举办"健康进社区"系列讲座,组织德高望重、专业精湛的专家教授深入社区宣讲,向民众传播自我保健知识;与国际自我保健基金(ISF)、中国非处方药物协会(CNMA)、中辰养老服务事业发展中心、上海市健康促进中心等共同主办"7-24 国际自我保健日活动",运用多种形式宣传中国传统医学"不治已病治未病"的保健理念,倡导民众通过自我保健改进生活方式,关注自我和家人健康。

运作管理。协会强化规范化运作和管理,完善民主办会规程,制定内部管理规范,发挥服务政府、服务企业、服务消费者的桥梁和纽带作用;积极做好党建工作,加强协会党支部建设,增强党组织的凝聚力、影响力。

## 二、名录

根据 1989 年、1998 年国务院《社会团体登记管理条例》和 2002 年《上海市促进行业协会发展规定》,截至 2010 年底,在市社会团体管理局注册登记的市级经济领域专业性社会团体 117 家。

表 1-2-1　2010 年上海市市级经济领域专业性社会团体一览表

| 序号 | 单 位 名 称 | 业务主管单位 | 登记日期 | 办 公 地 址 |
|---|---|---|---|---|
| 1 | 上海市外商投资企业协会 | 上海市商务委员会 | 1991-04-23 | 娄山关路 55 号 615 室 |
| 2 | 上海电子产品维修服务协会 | 上海市经济和信息化委员会 | 1991-05-27 | 恒丰北路 100 号 3 楼 |
| 3 | 上海市标准化协会 | 上海市科学技术协会 | 1991-05-27 | 长乐路 1219 号 902—904 室 |
| 4 | 上海市质量协会 | 上海市经济和信息化委员会 | 1991-05-27 | 泰安路 74 号 |
| 5 | 上海市安全生产协会 | 上海市安全生产监督管理局 | 1991-05-29 | 大沽路 100 号 |
| 6 | 上海市广告协会 | 上海市工商行政管理局 | 1991-05-31 | 长安路 1001 号 |
| 7 | 上海市卫生系统后勤管理协会 | 上海市卫生局 | 1991-06-13 | 斜土路 1175 号景泰大厦 1803 室 |
| 8 | 上海市设备管理协会 | 上海市经济和信息化委员会 | 1991-06-14 | 天目中路 240 号 3 楼 |
| 9 | 上海市微波技术应用协会 | 上海市经济和信息化委员会 | 1991-06-14 | 冠生园路 227 号 |
| 10 | 上海出版社经营管理协会 | 上海市新闻出版局 | 1991-07-12 | 冠生园路 393 号 |
| 11 | 上海市注册会计师协会 | 上海市财政局 | 1991-07-12 | 肇嘉浜路 789 号 36 楼 |
| 12 | 上海市烹饪协会 | 上海市商务委员会 | 1991-07-12 | 福州路 107 号 313 室 |
| 13 | 上海市酿酒专业协会 | 上海市商务委员会 | 1991-09-03 | 大木桥路 620 号 |
| 14 | 上海市糖制食品协会 | 上海市商务委员会 | 1991-09-03 | 大木桥路 620 号 |
| 15 | 上海市退(离)休高级专家协会 | 上海市人力资源和社会保障局 | 1991-09-03 | 梅园路 77 号 1809 室 |
| 16 | 上海市计算机用户协会 | 上海市科学技术委员会 | 1991-09-24 | 常德路 812 弄 3 号 602 室 |
| 17 | 上海交通设备管理协会 | 上海市交通运输和港口管理局 | 1991-10-15 | 平江路 139 号 11 楼 |
| 18 | 上海安全防范报警协会 | 上海市公安局 | 1991-10-18 | 常德路 1256 号 7 楼 |
| 19 | 上海出口商品企业协会 | 上海市经济和信息化委员会 | 1991-11-21 | 荣华东道 80 弄 1 号 403 室 |
| 20 | 各省市自治区和中央各部驻沪办事处经济合作协会 | 上海市人民政府合作交流办公室 | 1991-12-11 | 南苏州路 175 号 227 室 |
| 21 | 上海市电子电器技术协会 | 上海市科学技术协会 | 1991-12-11 | 南昌路 47 号 3319 室 |
| 22 | 上海市私营企业协会 | 上海市工商行政管理局 | 1991-12-11 | 长安路 1001 号 |
| 23 | 上海冷藏库协会 | 上海市商务委员会 | 1991-12-31 | 许昌路 1273 号 |
| 24 | 上海泉州侨乡开发协会 | 上海市人民政府合作交流办公室 | 1992-01-24 | 宛平南路 99 弄 2 号楼 1002 室 |
| 25 | 上海市乡镇企业协会 | 上海市经济和信息化委员会 | 1992-01-27 | 广顺路 33 号 D 北座 2 楼 |
| 26 | 上海市律师协会 | 上海市司法局 | 1992-01-31 | 肇嘉浜路 789 号 33 楼 |
| 27 | 上海市节能协会 | 上海市经济和信息化委员会 | 1992-02-21 | 中山北一路 121 号 A1 楼 718 室 |
| 28 | 上海市普教校办产业协会 | 上海市教育委员会 | 1992-03-30 | 宝山路 251 号(甲)501 室 |

（续表）

| 序号 | 单 位 名 称 | 业务主管单位 | 登记日期 | 办 公 地 址 |
|---|---|---|---|---|
| 29 | 上海世界贸易中心协会 | 上海市商务委员会 | 1992 - 06 - 06 | 金陵西路 28 号 |
| 30 | 上海中小企业国际合作协会 | 上海市经济和信息化委员会 | 1992 - 09 - 21 | 中山东二路 22 号 324 室 |
| 31 | 上海市物流协会 | 上海市经济和信息化委员会 | 1992 - 12 - 01 | 江西中路 406 号 |
| 32 | 上海市商业企业管理协会 | 上海市商务委员会 | 1992 - 12 - 09 | 北京东路 356 号 815 室 |
| 33 | 上海工业设计协会 | 上海市经济和信息化委员会 | 1993 - 02 - 24 | 达尔文路 88 号 3 幢 102 室 |
| 34 | 上海市计量协会 | 上海市经济和信息化委员会 | 1993 - 04 - 15 | 长乐路 1219 号 |
| 35 | 上海高校校办产业协会 | 上海市教育委员会 | 1993 - 07 - 05 | 宝山路 251 号（甲） |
| 36 | 上海市化工安全技术协会 | 上海市经济和信息化委员会 | 1993 - 07 - 19 | 福州路 107 号 137 室 |
| 37 | 上海市工业合作协会 | 上海市经济和信息化委员会 | 1993 - 07 - 23 | 云南南路 293 号 512—514 室 |
| 38 | 上海市环境保护产业协会 | 上海市环境保护局 | 1993 - 08 - 29 | 愚园路 838 弄 7 号 |
| 39 | 上海市公证协会 | 上海市司法局 | 1993 - 09 - 16 | 胶州路 699 号 12 楼 C、D 室 |
| 40 | 上海市工程建设质量管理协会 | 上海市城乡建设和交通委员会 | 1994 - 03 - 21 | 朱家角镇漕平路 23 号 |
| 41 | 上海市企事业生活后勤协会 | 上海市总工会 | 1994 - 04 - 04 | 吉林路 2 号 |
| 42 | 上海连锁经营协会 | 上海市商务委员会 | 1994 - 04 - 07 | 新闸路 945 号 309A 室 |
| 43 | 上海市台湾同胞投资企业协会 | 上海市人民政府台湾事务办公室 | 1994 - 08 - 09 | 剑河路 780 弄 7 号 4 楼 |
| 44 | 上海市职业技术教育校办产业协会 | 上海市教育委员会 | 1994 - 08 - 31 | 浦东商城路 1980 号 |
| 45 | 上海机械工业质量管理协会 | 上海市经济和信息化委员会 | 1994 - 09 - 01 | 蒙自路 360 号 4208 室 |
| 46 | 上海商界同仁协会 | 上海市商务委员会 | 1994 - 09 - 01 | 陆家浜路 914 号 |
| 47 | 上海版权保护协会 | 上海市新闻出版局 | 1994 - 11 - 03 | 绍兴路 5 号东楼 503 室 |
| 48 | 上海市科技统计协会 | 上海市统计局 | 1994 - 12 - 05 | 中山西路 1525 号 305 室 |
| 49 | 上海市电镀协会 | 上海市经济和信息化委员会 | 1995 - 03 - 20 | 中兴路 960 号 6 号楼 |
| 50 | 上海市锻造协会 | 上海市经济和信息化委员会 | 1995 - 03 - 20 | 中兴路 960 号 6 号楼 |
| 51 | 上海市焊接协会 | 上海市经济和信息化委员会 | 1995 - 03 - 20 | 中兴路 960 号 6 号楼 |
| 52 | 上海市热处理协会 | 上海市经济和信息化委员会 | 1995 - 03 - 20 | 中兴路 960 号 6 号楼 |
| 53 | 上海市铸造协会 | 上海市经济和信息化委员会 | 1995 - 03 - 30 | 中兴路 960 号 6 号楼 |
| 54 | 上海市卫生系统企业协会 | 上海市卫生局 | 1995 - 05 - 09 | 虹桥路 1440 号 26 号楼 |
| 55 | 上海市残疾人集中就业企业协会 | 上海市民政局 | 1995 - 07 - 18 | 新华路 272 弄 10 号 |
| 56 | 上海市商标协会 | 上海市工商行政管理局 | 1995 - 07 - 25 | 长安路 1001 号 |
| 57 | 上海高新技术人才交流协会 | 上海市人力资源和社会保障局 | 1996 - 05 - 10 | 宜山路 822 号 304 室 |

(续表)

| 序号 | 单 位 名 称 | 业务主管单位 | 登记日期 | 办 公 地 址 |
|---|---|---|---|---|
| 58 | 上海市质量检测协会 | 上海市经济和信息化委员会 | 1996-05-29 | 长乐路 1219 号 901 室 |
| 59 | 上海市资产评估协会 | 上海市财政局 | 1996-10-24 | 威海路 128 号 609 室 |
| 60 | 上海市呼叫中心协会 | 上海市通信管理局 | 1996-11-20 | 四川北路 1666 号 28 楼 01 室 |
| 61 | 上海市资源综合利用协会 | 上海市经济和信息化委员会 | 1997-02-21 | 中山北一路 121 号 |
| 62 | 上海市退休职工企业协会 | 上海市总工会 | 1997-02-26 | 北京西路 1068 号 9 楼 |
| 63 | 上海市进口食品企业协会 | 上海市商务委员会 | 1997-03-04 | 斜土路 2669 号 1702 室 |
| 64 | 上海进出口商会 | 上海市商务委员会 | 1997-03-25 | 江宁路 445 号 6 楼 |
| 65 | 上海市房地产估价师协会 | 上海市住房保障和房屋管理局 | 1997-05-04 | 肇嘉浜路 159 号 6 楼 |
| 66 | 上海漕河泾新兴技术开发区企业协会 | 上海市经济和信息化委员会 | 1998-10-13 | 宜山路 900 号 A112 室 |
| 67 | 上海市建设安全协会 | 上海市城乡建设和交通委员会 | 1998-11-04 | 西藏南路 1090 弄 2 号 |
| 68 | 上海市报关协会 | 上海海关 | 1999-02-02 | 长阳路 235 号 407—410 室 |
| 69 | 上海出入境检验检疫协会 | 上海市商务委员会 | 2001-02-19 | 斜土路 2669 号 |
| 70 | 上海市执业经纪人协会 | 上海市工商行政管理局 | 2001-03-09 | 长安路 1001 号 1 号楼 5 楼 |
| 71 | 上海都市型工业协会 | 上海市经济和信息化委员会 | 2001-04-06 | 肇嘉浜路 376 号 B 楼 301 室 |
| 72 | 上海市互联网协会 | 上海市通信管理局 | 2002-07-30 | 中山南路 508 号 604 室 |
| 73 | 上海市开发区协会 | 上海市经济和信息化委员会 | 2002-10-24 | 建国中路 10 号 8311 室 |
| 74 | 上海市婚姻介绍机构管理协会 | 上海市民政局 | 2002-12-05 | 漕溪路 258 弄 27 号 2 号楼 |
| 75 | 上海市信息化培训协会 | 上海市经济和信息化委员会 | 2003-01-11 | 虹江路 1000 号聚源大厦 804—805 室 |
| 76 | 上海市注册税务师协会 | 上海市地方税务局 | 2003-04-03 | 淮海中路 200 号 18 楼 |
| 77 | 上海市信息系统质量技术协会 | 上海市经济和信息化委员会 | 2003-10-28 | 宛平南路 88 号 1409 室 |
| 78 | 上海市特种设备管理协会 | 上海市质量技术监督局 | 2003-12-10 | 金沙江路 915 号 |
| 79 | 上海市无线电协会 | 上海市经济和信息化委员会 | 2003-12-18 | 淮海中路 1329 号 2307 室 |
| 80 | 上海市机动车船污染控制协会 | 上海市城乡建设和交通委员会 | 2004-01-04 | 仓桥欣玉路 528 号 |
| 81 | 上海长三角非织造材料工业协会 | 上海市经济和信息化委员会 | 2004-02-02 | 平凉路 1398 号商务楼 617 室 |
| 82 | 上海硅酸盐工业协会 | 上海市经济和信息化委员会 | 2004-02-11 | 新华路 365 弄 6 号楼 209 室 |
| 83 | 上海市企业清算协会 | 上海市经济和信息化委员会 | 2004-03-08 | 福州路 107 号 710 室 |
| 84 | 上海市国际股权投资基金协会 | 上海市商务委员会 | 2004-03-19 | 娄山关路 83 号 1604 室 |

（续表）

| 序号 | 单 位 名 称 | 业务主管单位 | 登记日期 | 办 公 地 址 |
|---|---|---|---|---|
| 85 | 上海市消毒品协会 | 上海市经济和信息化委员会 | 2004 - 04 - 24 | 中原路 60 弄 1 号 801 室 |
| 86 | 上海石油产品开发与贸易协会 | 上海市商务委员会 | 2004 - 05 - 19 | 沪闵路 8075 号虹梅商务大厦 505A |
| 87 | 上海市机电设备招标投标协会 | 上海市经济和信息化委员会 | 2004 - 08 - 09 | 长寿路 285 号 17 楼 |
| 88 | 上海市绿色建筑促进会 | 上海市城乡建设和交通委员会 | 2004 - 09 - 02 | 宛平南路 75 号 |
| 89 | 上海市生殖健康产业协会 | 上海市人口和计划生育委员会 | 2004 - 10 - 11 | 长寿路 393 号 601 室 |
| 90 | 上海防静电工业协会 | 上海市经济和信息化委员会 | 2004 - 11 - 15 | 东方路 3409 号 3 号楼 |
| 91 | 上海市企业法律顾问协会 | 上海市经济和信息化委员会 | 2004 - 12 - 08 | 宜山路 900 号 |
| 92 | 上海信息化发展研究协会 | 上海市经济和信息化委员会 | 2004 - 12 - 21 | 高邮路 44 号 |
| 93 | 上海购物中心协会 | 上海市商务委员会 | 2004 - 12 - 31 | 汉口路 422 号 657 室 |
| 94 | 上海市企业信用互助协会 | 上海市经济和信息化委员会 | 2004 - 12 - 31 | 长寿路 295 弄 2302 室 |
| 95 | 上海市医药质量与安全协会 | 上海市食品药品监督管理局 | 2005 - 09 - 02 | 福佑路 8 号 10 楼 |
| 96 | 上海市公共厕所协会 | 上海市绿化和市容管理局 | 2005 - 12 - 15 | 石龙路 345 弄 11 号 |
| 97 | 上海中华老字号企业协会 | 上海市商务委员会 | 2006 - 01 - 03 | 宜川路 363 号 3 楼 |
| 98 | 上海市创意产业协会 | 上海市经济和信息化委员会 | 2006 - 01 - 27 | 华山路 630 号 |
| 99 | 上海广告设备器材供应商协会 | 上海市经济和信息化委员会 | 2006 - 06 - 27 | 盛泽路 8 号 18 楼 1809 室 |
| 100 | 上海水晶经营企业协会 | 上海市商务委员会 | 2006 - 08 - 24 | 福佑路 333 号 2 楼 204 室 |
| 101 | 上海市气体工业协会 | 上海市经济和信息化委员会 | 2007 - 02 - 03 | 广元西路 309 号 304 室 |
| 102 | 上海空调风管清洗协会 | 上海市经济和信息化委员会 | 2007 - 07 - 12 | 东方路 8 号 17H |
| 103 | 上海市国防科技工业协会 | 上海市经济和信息化委员会 | 2007 - 07 - 12 | 雁荡路 107 号 19 楼 D 座 |
| 104 | 上海钢铁服务业协会 | 上海市经济和信息化委员会 | 2007 - 08 - 03 | 殷高西路 101 号 1706 室 |
| 105 | 上海市股份合作制企业协会 | 上海市经济和信息化委员会 | 2008 - 02 - 25 | 昌平路 363 号 203 室 |
| 106 | 上海市健康产业发展促进协会 | 上海市经济和信息化委员会 | 2008 - 02 - 25 | 学前街 77 号 2 楼 |
| 107 | 上海市康复器具协会 | 上海市民政局 | 2008 - 08 - 19 | 新华路 272 弄 10 号 204 室 |
| 108 | 上海服装设计协会 | 上海市经济和信息化委员会 | 2009 - 08 - 26 | 泰康路 200 号 |
| 109 | 上海市食品化妆品质量安全管理协会 | 上海市质量技术监督局 | 2009 - 09 - 25 | 苍梧路 381 号 |
| 110 | 上海小额贷款公司协会 | 上海市金融服务办公室 | 2009 - 10 - 13 | 四川中路 276 号 407 室 |
| 111 | 上海股权投资协会 | 上海市金融服务办公室 | 2009 - 11 - 18 | 四川中路 276 号 410 室 |
| 112 | 上海市学校后勤协会 | 上海市教育委员会 | 2009 - 12 - 17 | 瞿溪路 350 号 |

(续表)

| 序号 | 单 位 名 称 | 业务主管单位 | 登记日期 | 办 公 地 址 |
|---|---|---|---|---|
| 113 | 上海市认证协会 | 上海市质量技术监督局 | 2009 - 12 - 24 | 长乐路 1219 号 603—606 室 |
| 114 | 上海市社会医疗机构协会 | 上海市卫生局 | 2010 - 02 - 02 | 大渡河路 1933 号 201 室 |
| 115 | 上海市校外教育协会 | 上海市教育委员会 | 2010 - 02 - 23 | 延安西路 64 号 |
| 116 | 上海市网络文化协会 | 中共上海市委宣传部 | 2010 - 03 - 26 | 斜土路 2567 号 |
| 117 | 上海市信息网络安全管理协会 | 上海市公安局 | 2010 - 04 - 26 | 东湖路 7 号 A 座 102 室 |

# 第二节　文学艺术领域专业性社会团体

文学艺术领域专业性社团,是指单位会员和个人会员自愿加入,围绕文学、艺术、娱乐、收藏、新闻、媒体、出版等相关领域的专业知识开展活动,发挥专业人员、专业组织的专长为经济、社会服务的专业性社会团体。其主要功能是为单位会员提供专业化的服务,提高个人会员在文化、艺术等方面的能力和技巧,在繁荣上海文艺事业、传播社会主义核心价值观等方面发挥了积极作用,成为上海文化艺术领域的重要补充。文学艺术领域专业性社会团体业务主管单位主要分布在中共上海市委宣传部、上海市文化广播影视管理局、上海市新闻出版局、上海市文学艺术界联合会(简称“上海市文联”)等部门。

上海素有“文化大码头”之称,作为一个移民城市,海纳百川、中西交融的文化特质突出,文学艺术领一时风气之先——有全国最早的交响乐团、最早的电影制片厂、最早的芭蕾舞剧、最早的流行音乐,以及一批享誉全国的作家、画家、艺术家,包括出版家、编辑家、经纪人等。上海还是不少地方戏的发源地和发祥地,甚至可与京剧发源地平分秋色。上海市文联创立于 1950 年 7 月,由夏衍、巴金、于伶、贺绿汀、冯雪峰、梅兰芳、周信芳等为发起人。“文化大革命”开始,上海市文联及各协会被迫停止活动。至 1978 年 2 月,中共上海市委宣传部召开上海文艺界座谈会,宣布上海市文联和各协会恢复活动。

1978 年,上海音乐家协会等恢复举办“上海之春”音乐会。1986 年 11 月 11 日,由上海市摄影家协会举办的第一届上海国际摄影艺术展览在上海展览中心开幕,是全国第一个由省市举办的国际性摄影艺术展览,开辟了对外文化艺术交流的先河。1987 年 12 月 21 日,由上海市美术家协会与中国美术家协会油画艺委会联合主办的《中国油画展》在上海展览中心开幕。该展为期 19 天,观众多达 12 万余人次,展品 440 件,是新中国成立以来第一次全国性的大型油画艺术展。

1990 年,为贯彻执行《国务院办公厅转发民政部关于清理整顿社会团体请示的通知》和上海市有关清理整顿社会团体试点工作的精神,上海市文联作为试点单位之一,设立了社团登记办公室,登记工作由时任上海市文联党组副书记、代秘书长乐美勤负责牵头。到 1993 年 3 月 31 日止,上海音乐家协会、上海市美术家协会、上海市戏剧家协会、上海电影家协会、上海市舞蹈家协会、上海市曲艺家协会、上海市书法家协会、上海市摄影家协会、上海市杂技家协会、上海民间文艺家协会、上海电视艺术家协会等 11 家上海市文联所属协会完成清理整顿工作,并经上海市民政局核准,进行了复查登记。文学艺术领域专业性社会团体的登记审批,采用登记管理机关、业务主管单位和市委宣传部三方共同审批的方式,确保以社会主义意识形态引领文化事业类民非单位前进方向和发展道路。

2000 年 5 月,上海市文联党组决定成立上海市文联挂靠社团管理小组。2001 年 9 月,上海市文化局和上海市广播电影电视局合并,组建上海市文化广播影视管理局,承担公共文化领域专业性社会团体的业务管理工作。2002 年 9 月,上海市文联党组下发了《关于"在文联挂靠社团中切实加强党的工作"的通知》。2006 年 8 月,上海市文联颁发了《上海市文学艺术界联合会关于对所属社团管理的规定》,涵盖申请登记、党建工作和思想政治工作、组织机构、业务活动开展等 8 个章节内容。2009 年 7 月,上海市文联党组经研究决定,建设上海市文联社团建设推进工作委员会,时任上海市文联党组副书记、专职副主席何麟担任委员会主任。2009 年底,上海市文联制定了《上海市文联主管社团"达标创优"活动实施意见》(试行),并于 2010 年 10 月向各主管社团发布。至 2010 年底,市级文学艺术领域专业性社会团体共有 53 家,主要由上海市文学艺术界联合会、上海市文化广播影视管理局(上海市文物局)主管。上海较为典型的文学艺术领域专业性社会团体,主要有文艺家协会、文艺工作者协会、民间国际文化交流协会、文艺爱好者协会等。

## 一、选介

### 【上海音乐家协会】

上海音乐家协会成立于 1949 年 8 月,是由全市音乐家自愿组成的专业性、非营利性社会团体法人。会员包括上海地区各音乐领域内优秀的专家学者、表演艺术家、作曲家、评论家、群众音乐工作者等。协会下设音乐创作工作委员会、音乐理论工作委员会、民族音乐工作委员会、表演艺术工作委员会、社会音乐教育工作委员会和策划宣传工作委员会,另有所属的钢琴专业委员会、管乐专业委员会、古筝专业委员会、琵琶专业委员会等 17 个专业委员会。业务主管单位是上海市文学艺术界联合会。到 2010 年底,有个人会员 2 200 余人。

协会业务范围是:促进学术、艺术交流,提高创作水平,加强与海内外的联系。

协会以"联络、协调、报务"为工作出发点,通过各种方式,促进和加强音乐界的团结,繁荣上海地区的音乐事业;积极组织音乐创作,发现培养和扶持音乐人才;积极听取和反映音乐家的意见、建议和要求,依法维护会员的合法权益。协会每年举办"上海之春"音乐节,并开展各种创作、比赛、研讨、演出、考级等活动。先后编辑出版《上海音乐》《音乐创作》《上海歌声》《上海音讯》等内刊及公开出版物,与上海歌剧院和上海音乐学院合办《歌剧艺术》等刊物,与上海音乐出版社等单位合作出版了朱践耳、吕其明等作曲家的作品集。

### 【上海市美术家协会】

上海市美术家协会前身是"华东美术家协会",成立于 1954 年 4 月 21 日,1955 年 2 月更名为"中国美术家协会上海分会",1991 年 12 月更名为"上海市美术家协会",是由全市美术家自愿组成的专业性、非营利性社会团体法人。下设海墨中国画、水彩画、粉画、版画、漫画、城市环境艺术·壁画艺术、书籍装帧等七个工作委员会。业务主管单位为上海市文学艺术界联合会。到 2010 年,有个人会员 1 355 人,分属中国画、油画、水彩(粉)画、版画、雕塑、漫画、艺术设计、连年儿童美术和美术理论 9 个专业组,各专业组设立艺术委员会。

协会业务范围是:美术创作、学术交流、评论评奖、业务培训、专业比赛、推荐人才、出版书籍、联谊活动。

协会主要开展以下几方面工作:

服务会员。通过组织学习、深入生活、艺术创作、学术研讨、推优评选、成果展示、调查研究、人才培训、对外交流和权益保护等方面的工作促进中国特色社会主义美术事业的建设和发展;积极发展美术队伍,培养良好的职业精神、职业道德,积极推进美术创新,表彰奖励优秀美术和美术作品,发现、培养和扶持美术人才。

培育展示。举办多种形式的展览,不断推出新人新作,并承担着为国家一级的美术展览组织、选拔、推荐上海美术作品的任务。参与主办、承办的全国性美术展示如《首届中国油画展》《第九届全国美展油画展》《第六届全国水彩、粉画展》《西部风——全国雕塑巡回展》《第十届全国美展设计艺术作品展》《第十一届全国美展中国画展》等都在上海及全国赢得关注和好评。组织美术家与日本、韩国、法国、美国、新加坡、澳大利亚等国的美术团体进行的艺术交流持久而活跃。

加强宣传。协会创办会刊《上海美术》,作为联络会员、宣传协会的一个窗口,积极推介上海美术家及其作品,开展学习研讨和争鸣,加强与会员的沟通交流,成为上海美术界创作研究、艺术交流的平台。

打造品牌。自2001年起,协会与上海市文联联合创办两年一届的"上海美术大展",增强精品意识,推进竞争机制,扩大了上海美术在全国的影响。至今上海美术大展已成功举办了五届,是上海老中青美术家交流的平台,涌现出一批在全国及上海美展中屡次获奖的青年艺术家。自第五届上海美术大展起,设立了上海美术界最高奖项"白玉兰美术奖"。协会自1986年开始举办"海平线绘画雕塑联展",以中青年为主力,对上海中青年美术力量的发现和培养起到了很好的推动作用,参加过联展的300多位画家如今成长为上海画坛的骨干力量、精英力量。

## 【上海市戏剧家协会】

上海市戏剧家协会成立于1956年8月,是上海戏剧工作者自愿组成的专业性、非营利性社会团体法人。个人会员包括上海戏剧界从事戏剧艺术的编剧、导演、演员、舞台美术工作者、戏剧音乐工作者,从事戏剧理论研究、戏剧评论、戏剧教育、戏剧管理和戏剧书刊编辑、翻译工作者,以及戏剧记者,公共文化领域戏剧骨干等。团体会员包含上海京剧院、上海昆剧团、上海沪剧院、上海越剧院、上海淮剧团、上海话剧艺术中心、中国福利会儿童艺术剧院、上海歌剧院、上海木偶剧团、上海滑稽剧团、宝山沪剧团、长宁沪剧团、上海人民滑稽剧团、上海青艺滑稽剧团、上海戏剧学院和上海戏曲学校等。业务主管单位为上海市文学艺术界联合会。到2010年,有个人会员1700余人、团体会员16家。

协会业务范围是:组织学术活动、创演培训、国际交流。

协会主要开展以下几方面工作:

服务会员。协会以联络、协调、服务为工作出发点,促进会员间思想、业务工作的联络和交流,推动和加强戏剧界的团结。

戏剧创作。鼓励和组织戏剧工作者深入生活,创作反映现代生活的剧目,不定期举办戏剧青年编导班,组织开展具有示范性、实验性的戏剧创作和舞台实践活动,并创办新剧本朗读会,孵化戏剧剧目创作,积极发现和大力扶植戏剧新人。

理论研究。组织开展戏剧作品研讨以及戏剧理论研究活动,组织发表大量戏剧评论及研究文章。开展与国内外戏剧团体的艺术及学术交流,扩大上海戏剧的影响,推动国际间的戏剧交流。

传承传播。创办"小戏小品主题创作征集比赛""大学生话剧节""中学生校园戏剧节"等戏剧活动,运用协会资源,为校园戏剧、社区戏剧和军营戏剧提供有力的支持和业务辅导;组织"白玉兰戏剧奖""梅花奖"演员深入基层、边远地区,为人民群众送去优秀的戏剧演出,为丰富人民群众的文化生活,弘扬民族戏剧文化,保护传承非物质文化遗产作出了显著的成绩。

优秀人才、作品的评奖推荐。协会坚持秉承公平、公正、公开的原则,严格遵守各项评选规则,认真开展中国戏剧节、中国戏剧梅花奖、中国少儿戏曲小梅花荟萃等评选工作,向全国性戏剧舞台推荐优秀的上海戏剧人才。

**【上海电影家协会】**

上海电影家协会成立于1957年12月,是由全市电影艺术家、电影技术家和电影事业家等从事电影的工作者自愿组成的专业性、非营利性社会团体法人。业务主管单位为上海市文学艺术界联合会。到2010年,有个人会员2300人。

协会业务范围是:鼓励创作、扶持新人、观摩研讨、联络交流、业务协调、服务会员、保障权利。

协会主要开展以下几方面工作:

服务会员。保障会员正当权利,保证会员从事创作、技术、学术研究和国际电影文化交流的自由;定期组织会员业务学习电影观摩活动;通过各种方式鼓励和表彰优秀影片的创作、技术、研究等方面的杰出成果;鼓励和组织电影工作者采取各种方式深入生活,举行采风活动,了解上海及国家建设的新发展、人民群众的新面貌,创作出更多丰富多彩、反映时代精神的优秀电影,以满足广大人民群众的文化生活需要。

推动发展。团结上海的电影工作者,同心同德,繁荣发展电影事业。鼓励创作生产更多的优秀电影,以优秀的作品鼓舞人,为物质文明、精神文明、政治文明建设贡献力量;在"二为"方向和"双百"方针的指导下,组织关于电影艺术、技术和事业的理论探讨,促进电影各片种的不同形式、不同风格、不同流派的发展;协同有关方面积极组织、调查、研究有关电影改革和协会工作改革方面的活动,以利于电影事业和协会工作得到新的发展;协助上海市有关政府部门采取各种形式积极发现、扶持新生力量的发展。

加强交流。同全国各省、市、自治区电影工作者联系交流、互相学习,共同为繁荣我国电影事业而努力,努力加强增进与台湾、香港、澳门电影界的交流和友谊;开展国际间电影文化交流活动。

**【上海市书法家协会】**

上海市书法家协会成立于1961年4月,是全市书法家自愿组成的专业性、非营利性社会团体法人。业务主管单位为上海市文学艺术界联合会。到2010年,有个人会员1132人。下设教育专业部(包括青少年书法委员会和上海市书法家协会研究中心)、上海市书法家协会篆刻委员会、上海市书法家协会老年书法专业委员会。

协会业务范围是:组织交流、举办展览、书法培训、学术研究、对外交流、维护会员的合法权益。

协会主要开展以下几方面工作:

服务会员。上海市书法家协会坚持围绕中心、服务大局的工作理念,在举办展览、学术研究、队伍建设、培养人才、教育培训和对外交流等方面开拓进取,继承创新,使书法界的凝聚力不断增强,在构建和谐社会中的地位作用得到明显的提升,通过努力,使书法在上海的文化建设中发挥着越来越重要的作用。

　　打造品牌。自2001年起,协会和市文联每两年举办一次大型书法篆刻展览,展示上海书法艺术的最新最高成果,推动上海书法创作和理论繁荣发展。通过展览,关注中青年优秀作者的发展和培养。该展览已经成为上海书法篆刻作者和爱好者最为关注的艺术活动。此外,协会举办系列主题活动,2007年举办海派书法晋京展,并于同年举办海派书法晋京展上海汇报展,出版《上海当代书法篆刻精品集》和《海派代表书法家系列作品集》十卷本,该系列图书获得国家图书奖;2008年举办"海派书法国际研讨会"并出版论文集;2009年举办《平复帖》暨"二陆"文化研讨会并出版论文集;2010年开展了世博园区中国书法主题展设计活动、迎世博——上海书法篆刻精品展、"世博诗赋"展、"世博翰墨"展等一系列活动。

　　考级培育。协会举办的书法考级工作向常规化、专业化、系统化发展,同时将书法考级与培养新人的工作结合起来,使之成为培养上海书法篆刻创作人才系统工程的一个重要组成部分。

图1-2-1　2003年11月1日,上海书法家协会举办庆国宝《淳化阁帖》回归·书法帖学之夜。

### 【上海市曲艺家协会】

　　上海市曲艺家协会成立于1962年4月,是全市曲艺家自愿组成的专业性、非营利性社会团体法人,下设上海说唱专业委员会。业务主管单位是上海市文学艺术界联合会。到2010年,有个人会员500多人。

　　协会业务范围是:组织创作、演出、培训、比赛评奖、学术研讨、编辑书刊及对外交流,维护会员的合法权益。

　　协会主要开展以下几方面工作:

　　人才培育。协会以"曲苑芬芳"品牌活动为抓手,融合社会各方资源,为培育曲艺人才提供磨炼的舞台;协会积极组织推荐优秀人才参与中国曲艺牡丹奖、中国曲艺节等全国曲艺比赛;协会注重青少年曲艺人才建设,积极组织、参与各类少儿曲艺比赛,并邀请曲艺名家召开讲习班,传授经验;

坚持高质量地"引进来"与"走出去",通过组织、参与对外交流活动,增强艺术交流,培育多元化人才。

作品孵化。协会积极推出的"曲苑文坛"品牌,包括曲艺创作笔会、文化讲座、曲艺新作研讨会等系列活动。通过对艺术家经验、曲艺历史进行总结和回顾,对艺术流派、新作品、现状等进行分析研讨,积极孵化优秀作品;坚持曲艺创作扎根人名、扎根生活,举办文化采风活动,实地调研活动。

服务会员。协会通过召开新传联欢会、关心老艺术家生活、帮助老艺术家进行艺术总结、采风、赠送生日贺卡等活动凝聚会员向心力;积极借助曲协青年志愿者力量搭建新老会员交流平台;协会重视行风建设和职业道德建设,通过一年一度的会员新春联欢活动,表彰优秀会员,宣传先进事迹,树立曲艺榜样;为会员提供维权服务信息渠道,进一步提升了协会服务水平。

### 【上海市摄影家协会】

上海市摄影家协会成立于1962年5月,是由全市摄影家、摄影理论研究者以及与摄影有关的工作者自愿组成的专业性、非营利性社会团体法人,业务主管单位是上海市文学艺术界联合会。到2010年底,协会下设专业委员会20个,有个人会员2 300余人。

协会的业务范围是:组织创作、展览比赛、观摩研讨、联络协调、内外交流、服务指导、专业培训、权利保障。

主要开展以下几方面工作:

服务会员。协会建立门户网站,发布协会资讯,为会员提供国内外摄影发展动态,设置"在线影展""会员佳作"栏目,刊登优秀作品,展示会员风采,提升会员摄影水平;举办摄影论坛、研讨会、交流会等,对提升会员摄影理念、拓宽视野起到了积极作用;推评年度十佳摄影家,了解会员获奖动态,激发会员荣誉感。

品牌建设。先后主办了10届上海国际摄影节、7届上海市摄影艺术展览、13届中国上海国际摄影器材博览会等有重要影响力的品牌展览,注重展览的品质和内涵,力争全面激发多层次展览展示平台的潜力。积极加强各类主旋律摄影活动的开展与实践,注重研究摄影艺术创作与重大、重要题材的结合,引领广大摄影人积极践行文艺核心价值观,树立民族自豪与文化自信。

人才培养。通过协会举办的北京摄影函授学院上海分院和上海摄影职业培训中心两个平台,开设函授、初、中、高级摄影师及技师班,在推动摄影创作和人才培养等方面发挥了积极的作用。编印《上海摄影》杂志,聚焦社会热点,反映都市生活,发现、挖掘、推出新人,推动上海摄影的进步。

### 【上海民间文艺家协会】

上海民间文艺家协会成立于1980年1月,原名"中国民间文艺研究会上海分会"。1989年,更名为"上海民间文艺家协会",是全市民间文艺工作者自愿组成的专业性、非营利性社会团体法人。下设理论、民歌、故事、工艺美术及民俗收藏五个专业委员会。业务主管单位为上海市文学艺术界联合会。到2010年,个人会员400余人,汇集了民间理论、歌谣、故事、工艺美术、民俗收藏等方面的文艺工作者。

协会业务范围是:组织开展民间艺术研讨、展演、普及培训、民间文化抢救保护等工作,为三民文化的传播和非物质文化遗产的挖掘、保护工作作出自己的努力。

协会主要开展以下几方面工作:

服务会员。协会以"会员是协会的主人"为办会理念,明确"将协会办成广大民间文艺工作者与爱好者之家"的办会目标,提出"民间文艺要回娘家"、服务于社会基层的工作方向。

举办民间文化活动。长期以来,协会致力于组织、策划、举办各类民间文化活动,创立了"非物质文化遗产保护论坛""上海市优秀童谣征集大赛""故事创作、演讲大赛""少儿能说会道比赛""原创纸艺大展""民间艺术进校园、进社区"等品牌活动。

注重文化传承。开展民间艺术及民俗的考察、调研、采集、保护、传承,积极参与实施中国民间文化遗产抢救工程;帮助、指导各区县民间文艺组织工作,创建民间文艺之乡、民间文艺基地。

### 【上海市舞蹈家协会】

上海市舞蹈家协会成立于1980年9月,是由全市的舞蹈家和具有独立法人资格的专业舞蹈院团(校)自愿组成的专业性、非营利性社会团体法人。业务主管单位是上海市文学艺术界联合会。到2010年,个人会员约900人,集中了舞蹈创作、表演、教育、理论、出版及舞蹈管理等领域的专家。

服务会员。上海市舞蹈家协会以"联络、协调、服务"为职责,积极发挥党和政府与舞蹈界之间的桥梁和纽带作用。团结、组织全市舞蹈家和舞蹈工作者,通过组织学习、深入生活、艺术创作、学术研讨、推优评选、人才培训、对外交流和权益保护等工作,为繁荣上海舞蹈艺术,构建和谐社会作出贡献。

推动发展。协会曾主办"上海之春"音乐舞蹈节,推出舞蹈展演、歌舞晚会等多种形式的舞蹈演出。为推动华东地区专业舞蹈的发展和繁荣,1982年协会发起举办"首届华东六省一市舞蹈汇演",1984年第二届后中断,2008年在上海恢复举办,并更名为"华东六省一市专业舞蹈比赛"。围绕着上海的创作和演出,协会主承办系列学术研讨活动,如1984年"全国舞剧研讨会"、1988年"上海现代舞研讨会"等。创办专业性刊物《上海舞蹈艺术》,2008年改版为《上海舞蹈报》。

培育人才。协会本着"推新人,展新作",推进上海舞蹈编创水平,培养上海本土编导为目的,2009年起,创办"上海舞蹈新人新作展演",集中展示上海舞蹈创作新成果;同时发起"上海舞蹈青年编导系列培训",从舞蹈论坛、编创讲座、艺术观摩、民间采风、实验剧场等多角度、多形式的活动着手,培养上海舞蹈界的年轻编导。上海市舞蹈家协会与国内外舞蹈家和舞蹈团体,有着广泛密切的联系和交往,通过组织专家"走出去、请进来"等方式,积极开拓舞蹈市场,不断加强与全国、世界各地的交流与合作。

### 【上海市出版工作者协会】

上海市出版工作者协会成立于1981年1月,是由全市出版单位、发行单位、印刷单位、出版教育单位以及中央出版单位在上海分支机构自愿组成的专业性、非营利性社会团体法人。业务主管单位为上海市新闻出版局。到2010年,有团体会员单位57个。

协会业务范围是:开展学术交流和出版专业论证,组织专业培训,奖先评优,加强会员自律,维护会员合法权益,推进出版文化交流。

协会主要开展以下几方面工作:

服务会员。协会编印《上海版协通讯》,发布协会工作动态;依靠行业专家库资源,为出版企业提供专家咨询;为企业申请著名商标出具证明函;为企业维护版权提供证明函等;加强学术研讨交流,为会员单位提供交流和学习的平台;组织各类主题研讨,为上海出版企业谋求出版发展、突破出版瓶颈出谋划策;举办各类经营管理研讨会、"社长沙龙"和"财务管理研讨班""财务管理学习班",召开"社会主义出版社模式"研讨会、编辑业务管理研讨会、经营工作研讨会等。

搭建平台。协会坚持正确政治导向,搭建学习、研讨、交流平台。2004 年,受市委宣传部和市新闻出版局委托,组成"上海出版行业三项学习教育领导小组",举办大型讲座、组织参观考察、召开"学习发扬韬奋精神"座谈会、开展征文和知识竞赛等活动;举办传承出版精神的纪念活动:与市新闻出版局民主党派共同组织举行近代著名出版家章锡琛先生一百周年诞辰纪念会;与中国韬奋基金会、上海新闻工作者协会、韬奋纪念馆等多家单位联合举行"纪念邹韬奋同志逝世 50 周年座谈会";与市委宣传部等 6 家单位联合举办纪念邹韬奋同志诞辰 100 周年的"韬奋思想研讨会";与上海古籍出版社联合召开"上海资深出版人出版精神"座谈会;与上海译文出版社联合举办"上海资深翻译出版人出版精神"座谈会等。

助推产业。协会积极为产业发展服务,自 2005 年起,完成《上海出版行业从业人员及领导班子情况调查》《网络时代的上海音像出版业》《构造与时俱进的出版文化高地》《建设上海文化大都市工程选题备录》《标志性出版工程的运作模式》《上海出版社校对状况》以及《上海图书出版从业人员职业道德状况》等专题报告;与外省市出版协会共同举办出版主题研讨;组织会员单位赴外省出版集团考察学习;为促进海峡两岸的出版合作与发展,与台湾图书出版事业协会签订建立合作机制与交流平台的协议书,2010 年分别在两岸联合举办题为"沪台合作出版论坛·2010 上海——中华文化与出版合作"及"沪台合作出版论坛·2010 台北——合作框架的出版模式"的主题交流;主办"经典3.0——两岸文化名家讲座系列"活动,邀请两岸著名作家学者结合亲身的阅读经历,阐述阅读中外经典名著的价值及对人生的意义,新浪网读书频道、北京《新京报》、上海电视台纪实频道、《文汇报》《解放日报》《东方早报》、香港《明报》《亚洲周刊》、台湾《中国时报》等新闻媒体均作了报道;编辑出版《上海出版界学术论文集》《上海出版人书画作品集》等。

人才培养。协会积极开展人才培养活动。举办"宗教与民族知识"系列讲座、"全国少年儿童读物编辑培训班""幼儿读物编辑培训班"、《中华人民共和国著作权法》学习班、科技教育书刊校对培训班、"专有出版权与出版合同研讨会""出版与版权学习班"等;组建青年出版人全国书博会考察培训班,通过行前动员、现场考察、总结交流等环节,让青年出版人全面了解出版动态、行业发展趋势并对自身工作岗位进一步认知;配合"韬奋杯"全国出版社青年编校大赛,进行上海地区青年编校人员培训和选拔工作;参与业内和市级奖项的评选,与市新闻出版局联合举办两年一度的"上海市优秀图书评选""上海优秀书籍装帧设计作品评选"活动,与上海市编辑学会联合举办"上海市优秀中青年编辑"评选活动;2000 年组织举办"上海出版人奖",截至 2010 年,已成功举办五届,2003 年组织举办"上海出版新人奖",截至 2010 年,已成功举办三届;推荐上海出版人参加"韬奋出版人奖""全国百佳出版工作者评选""新中国 60 年百名优秀出版人物"评选活动等。

## 【上海市杂技家协会】

上海市杂技家协会(原名上海杂技艺术家协会)成立于 1981 年 12 月,是由全市杂技家自愿组成的专业性、非营利性社会团体法人。下设魔术专业委员会。业务主管单位为上海市文学艺术界联合会。到 2010 年,有个人会员 500 余人。

协会业务范围是:开展学术研究,组织创作、演出、培训、比赛评奖,及对外交流、维权工作。

协会主要开展以下几方面工作:

打造品牌活动。积极创办多层次赛事并组织专业学术研讨活动,如上海市少儿魔术比赛、上海大学生魔术比赛、魔术进校园等活动,推动魔术普及;举办"金手杖"奖魔术比赛,面向全国,扶植青年人才成长,在业内产生广泛影响;举办上海魔术节,成为中国上海国际艺术节"节中节"固定项目,节目新、艺术性强、水准高、比赛规范、组织有序,在亚洲和国内具有领先和示范意义;举办上海国际杂技教育论坛,为国内外杂技交流搭建平台,碰撞观念、启迪思想、共谋发展,为推动中国杂技艺术事业发展发挥着极其重要的作用。

培养人才队伍。组织专业和表演培训等,推荐新人新作,组织参加全国各层级杂技比赛和奖项评比。举办采风、研讨会,组织魔术沙龙,加强杂技理论研究。出版相关论文集,每年度编辑刊印《上海杂技大事记》。

加强思想道德建设。组织"十佳优秀杂技工作者"评选表彰活动,起到引领示范作用。

开展公益性艺术活动。发挥行业协调作用,创造条件为艺术家深入基层、贴近群众,汲取创作营养、服务反馈社会,为会员开展维权服务等。

### 【上海电视艺术家协会】

上海电视艺术家协会成立于1985年7月,是由全市电视艺术家和电视艺术工作者组成的专业性、非营利性社会团体法人。业务主管单位为上海市文学艺术界联合会。到2010年,有个人会员1 200多名。

协会业务范围是：开展电视文艺学术交流、专业比赛、联谊活动、评论评奖活动、业务培训和出版书籍等。

协会主要开展以下几方面工作：

服务会员。开展信息服务,每月编印一期《视协信息》,刊登协会及电视行业重要信息和理论文章,并为过生日的会员送上生日祝福,团结凝聚会员。每月组织会员观摩学习优秀影片,提升会员艺术水平。每年组织开展冬送温暖夏送清凉活动和会员新春联谊活动,为电视艺术工作者送上温暖和关爱。

组织活动。把握正确导向,做好各类评奖评优工作,发掘培育优秀电视人才。举办上海"德艺双馨电视艺术工作者"评选表彰活动,推动上海电视文艺队伍健康发展。发挥专业协会的特点和优势,结合"新农村电视艺术节"和"农村小康电视节目工程"活动,加强对区级广播电视台电视专题片的创作扶持和服务力度。积极开展下基层活动,充分发挥协会联络、协调功能,从业务培训、资源共享等方面为基层广播电视台做好服务。加强与中国视协和兄弟省市电视艺术家协会之间的联系和交流,积极拓展电视文化交流渠道。

规范管理。强化自身建设和内部管理,依法依章开展工作。严格执行各项财务管理制度。按照协会章程定期召开理事会和主席团会议。积极探索建立学习型党组织,以党建引领带动各项工作开展。

### 【上海翻译家协会】

上海翻译家协会成立于1986年3月,是由全市翻译家及从事外语教学、出版、咨询服务及其他与翻译相关的机构、公司自愿组成的专业性、非营利性社会团体法人。协会下设口译专业委员会和上海世博翻译进修学院。承办《东方翻译》期刊。业务主管单位为上海市文学艺术界联合会。到2010年,有个人会员623人,语种涉及英、俄、法、德、日、西班牙、阿拉伯、朝鲜语等十余种。

协会的业务范围：翻译创作、学术研讨、咨询服务、培训认证、对外交流、权益维护和比赛评奖等。

协会主要开展以下几方面工作：

　　服务会员。开展年度品牌活动"金秋诗会";历年来举办草婴文学翻译学术研讨会、钱春绮文学翻译研讨会、托尔斯泰逝世 100 周年纪念、普希金中译纪念系列活动、《外国文学鉴赏辞典大系》出版座谈会、马克·吐温逝世一百周年学术研讨会、"专业翻译人才需求与培养"高峰论坛、世界诗歌现状暨杰曼诗研讨会等各类活动;每年开展各语种学组活动;出版内部刊物《上海翻译家》(一年四期),开办"上海翻译家协会"官方网站;每年冬夏两季走访慰问著名老翻译家。

　　培养青年。举办"卡西欧"杯翻译竞赛(全国性)和青年翻译家沙龙。

　　加强交流。为打造学术平台,加强学术交流,2009 年 9 月协会推出融合翻译与文化的学术类期刊《东方翻译》,传播翻译研究、翻译活动和翻译教学的最新理念,探讨翻译在当今世界政治、经济、文化活动中的作用、意义和价值。

## 【上海市语言文字工作者协会】

　　上海市语言文字工作者协会成立于 1986 年 7 月,是由全市热心于国家和上海语言文字事业的各行业人士自愿组成的专业性、非营利性社会团体法人。业务主管单位为上海市社会科学界联合会。到 2010 年,有个人会员 296 人。

　　协会业务范围是:开展语言文字应用研究和政策研究,组织相关学术交流活动;组织开展语言文字类社会宣传和咨询活动;实施语言文字类社会培训和测试;组织语言文字类评估、评比和监测等活动。

　　协会主要开展以下几方面工作:

　　调研活动。协会根据主管部门的要求,对上海市语言文字工作面临的重点和热点问题,以及语言文字的现状和发展趋势,充分运用专家资源,以及会员分布社会各行业的优势,组织开展社会调查和政策调研:上海制定语言文字地方法规的立法调研;全市大中小学生上海话能力调查;区县语委机构、人员建设情况专题调研;语言文字工作评估、社会语言文字应用监测等行政措施的必要性、可行性调研,为政府决策提供咨询服务。

　　交流平台。协会围绕提高国民语言文字应用能力和传承弘扬中华优秀传统文化的主题,开展各项推广和规范使用国家通用语言文字、科学保护上海语言资源、规范公共场所外文使用的群众性监测工作和交流活动;组织开展各项语言文字方面的比赛和考级活动,组织举办全国推广普通话宣传周活动;举办"我爱祖国语言美"普通话比赛;魅力汉语青少年语言文字应用能力比赛;上海、台北、香港、澳门青少年朗诵比赛;全国语言文字规范化知识大赛。自 2009 年起,组织开展朗诵水平等级考试,推动中华民族优秀传统文化的传承和弘扬。

　　应用普及。协会通过举办讲座、开展各项群众性的竞赛、评测、教育活动,推进全社会语言文字应用能力提高;在对提高学生口语交际能力问题进行专题研究的基础上,将课题的研究成果《少儿口语交际》转化为上海市中小学拓展型课程的教材;为了保护和传承上海话,培养少年儿童的多种语言能力,在幼儿园开展上海话体验活动;举办面向社会的各类语言文字讲座、普通话测试培训班、朗诵艺术辅导班等,以提高社会不同层次人员的语言文字应用能力。配合市行政执法局,举行行政执法人员语言文字法律法规和规范标准培训;为在全市进一步普及朗诵艺术、提高一线语文教师的普通话朗读和朗诵水平,连续举办上海市中小学语文教师朗诵培训班。

　　运作管理。协会注重规范化管理,牢固树立了依法治会、依法办会、依法兴会的理念,充分发挥会员的创造力和积极性,努力开展各项有利于语文事业的工作;做好语言文字队伍的建设和培育工作,团结、凝聚社会各界热心语言文字工作的人士,为语言文字可持续发展提供人才支撑;编写工作动态、建立门户网站、发行《魅力汉语》刊物,扩大社会影响。

### 【上海市外事翻译工作者协会】

上海市外事翻译工作者协会成立于 1987 年 1 月,是由全市外事翻译工作者为主体从事翻译工作、学术研究并为社会提供翻译咨询服务的专业性、非营利性社会团体法人。业务主管单位为上海市人民政府外事办公室。到 2010 年底,有个人会员 1 000 人。

协会的业务范围是:国内外学术研讨,编印刊物,提供翻译服务,举办讲座和培训班等。

协会主要开展以下几方面工作:

服务政府。为市高级人民法院、市中级人民法院、市检察院、市公安局出入境管理局、市公安局车辆管理局和市婚姻(收养)登记中心等单位推荐翻译机构;积极参与上海重大外事活动的口/笔译工作,如 APEC 会议、"上海合作组织"会议、2010 上海世博会申办工作、亚洲开发银行年会、国际艺术节、全球扶贫大会等。

服务社会。从事中外企业的各种合同、业务单证、产品介绍、技术资料、各类法律文本以及各种出入境文件的翻译,并为社会各界提供国际会议、商务洽谈、访问考察及参观游览等方面的同声传译和交替传译。

业务研讨。组织举行各种形式的专业研讨会,并积极参加全国性和地区性学术活动,研究探讨翻译理论、技巧与实践;编撰《译友》《译讯》等刊物,积极服务社会、服务外事、服务会员,得到社会认可,赢得多方赞誉。

### 【上海老新闻工作者协会】

上海老新闻工作者协会成立于 1987 年 5 月,是由全市从事新闻工作的老工作者自愿组成的专业性、非营利性社会团体法人。业务主管单位为中共上海市委宣传部。到 2010 年,有个人会员 1 600 余人。

协会业务范围是:开展新闻传播理念、知识、方法、技能的学习研究,组织专业培训和专题咨询,编辑出版相关丛书,并根据本会特点开展其他相关服务和活动。

协会主要开展以下几方面工作:

服务会员。协会根据会员需求,开展各项活动,组织大型时事政治报告会:2001 年,组织举办"上海经济形势报告""国际形势报告""美国'9·11'事件后国际形势"等报告;2002 年,组织举办"上海的城市规划与建设""理论动态"等报告和中共十六大精神宣讲;2003 年,组织举办"国际形势报告"等;2009 年,组织举办"全球金融危机爆发原因及我国应对之策"的报告;2010 年,组织举办"谈谈愉快的人生"报告等;围绕国内外发生的一些重大事件组织学习讨论:1999 年,组织会员声讨以美国为首的北约轰炸中国驻南联盟使馆的暴行,并向受害新闻工作者单位和家庭发慰问电;2009年,是新中国成立 60 周年和上海解放 60 周年,也是中共上海市委机关报《解放日报》创刊 60 周年,组织会员举行座谈会、撰写诗词和文章、雕刻篆刻等,纪念庆典;组织文体活动,开办健康舞蹈操辅导员培训班、太极拳辅导员培训班,组织参观访问和旅游;自 1989 年起,为 60 岁以上的会员举行"逢十"祝寿活动;参加各省市老记协举办的"全国省、市、自治区老记协联谊会",相互学习,交流经验。

服务社会。协会发挥会员的资源优势,积极服务社会:自 1989 年起,先后与闸北区教育学院、上海氯碱总厂、江南造船厂、上海石化总厂等联合举办新闻讲习班,由协会会员担任老师,向培训学员传授采访、写作、办报等经验;受上海市老龄问题委员会委托,从1992年至1995年接办《上海老年报》;抢救新闻史料,撰写回忆录《我们的脚印》,截至2009年,已编辑出版7辑,收录文章600多篇,200多万字,记录了老一辈新闻工作者的甜酸苦辣,为年轻一代新闻工作者提供全面、深刻的历史借鉴。

运作管理。协会为方便老新闻工作者参加活动,以分片区形式开展活动;设立公关服务部、文体联络部、金旋律艺术团、老记摄影沙龙等,丰富活动内容;编印《新闻老战士》会刊,架设沟通信息、交流情况、介绍经验、增进友谊的桥梁。

### 【上海中华书画协会】

上海中华书画协会成立于1987年10月,是由全市和全国书画爱好者自愿加入的专业性、非营利性社会团体法人,下设上海文化生活技艺专修函授学校。业务主管单位为上海市文化广播影视管理局。到2010年,有个人会员1 800余人。

协会业务范围是:弘扬书法绘画艺术、学术交流、书画艺术水平考级、推广书画段位制、举办大赛、兴办学校、编辑会刊。

协会主要开展以下几方面工作:

服务会员。协会开展信息服务,编印《书画之友》会刊,设立"会员天地",传递书画界以及协会的重要信息,刊登会员书画作品,刊载书画艺术理论文章,发表会员学习心得体会,展示会员风采,提升会员艺术水平;开展"会员之家"活动,召集会员举行笔会,互相切磋技艺,组织外出交流,扩大视野,丰富会员精神生活;打造文化品牌,组织举办"文明杯"书画大赛和展览,开展书画考级和评段活动和作品点评活动,组织专业老师对会员作品进行点评;利用自身优势,开展书画知识讲座,并把讲座与培训结合起来,提高会员书画技艺和理论水平;编写《书画教材》和《考级丛书》,大力培育书画人才。

规范管理。协会完善民主办会规程,强化内部管理,明确会员权利和义务,建立工作例会制度;每年召开一次全体会员大会,总结当年工作,布置下年任务;积极探索学习型党组织建设,强化党员党性观念,发挥党员模范作用。

### 【上海市农民书画协会】

上海市农民书画协会成立于1992年12月,是由全市热爱、支持农民书画事业的团体,农村书画工作者、爱好者、研究者自愿组成的专业性、非营利性社会团体法人。业务主管单位为上海市文化广播影视管理局。到2010年,有个人会员150人。

协会业务范围是:举办书画等各种学习班,开展咨询,布置展览。

协会主要开展以下几方面工作:

服务会员。协会重视领导班子自身的思想建设、组织建设、制度建设和作风建设,加强政治学习,保证各项工作正常开展;加强内部交流,同时积极促进与其他省市协会交流;倡导创作反映农民高尚情操、生活气息和时代精神风貌的作品,组织会员挖掘、整理、研究、传播我国民间书画艺术成就,不断提高创作水平;推荐优秀书画人才以及优秀作品,扩大上海农民画作影响。

服务"三农"。协会配合全市农村建设中心任务开展书画展览。举办"上海农民书画展览""全国农民书画展览";与上海美术家协会、解放日报、上海群艺馆联合举办上海"江南之春"画展,截至2010年已成功举办11届;组织农民书画作者参加"上海·山东农民书画联展";鼓励和指导农口系统爱好书画艺术的老同志开展活动,组织举办老干部书画展。

研讨培训。协会举办各类论坛、研讨会、交流会等,为会员以及各区县书画爱好者搭建的互动平台;组织举办"八省市农民书画协会美术培训班""上海市农民书画协会书法培训"等书法、农民画等各项艺术类专业学习班;加强国内外书画团体的联系和交流,传播信息。

### 【上海计算机音乐协会】

上海计算机音乐协会成立于1996年10月,是由上海音乐学院、上海艺术研究所、上海交通大学等单位自愿组成的专业性、非营利性社会团体法人。下设技术与设备专业委员会、远程音乐教育专业委员会、社会音乐艺术专业委员会、音乐科技教育专业委员会、现代音乐教育专业委员会、计算机音乐学术专业委员会等6个专业委员会。业务主管单位为上海市文化广播影视管理局。到2010年,有团体会员单位5个,个人会员133人。

协会业务范围是:推广计算机音乐专业交流、培训、演出、评奖、比赛等活动。

协会主要开展以下几方面工作:

服务会员。协会建立门户网站,为会员提供国内外行业发展的政策法规和产学研发展动态,及时反映国内外行业信息和动向;依靠行业专家库资源和行业学术信息等优势,积极为社会提供各类技术咨询服务。为相关产业产品生产提供专家咨询;帮助企业产品研发提供学术研究和服务;为企业推荐项目等;举办各类论坛、研讨会、交流会以及专题报告会、座谈会等,为计算机音乐搭建产业信息、技术交流、形象展示和行业间联系的平台,及时、准确掌握政府相关文艺扶持政策,全面提升我国计算机音乐和电子音乐的技术创新能力;打造大学—中学—小学从娃娃抓起的"社会教学链"。

行业推进。协会联系政府部门,服务计算机音乐行业发展,通过服务平台及时反映行业诉求,解决行业发展实际困难;承担政府相关职能部门项目之评审工作,帮助会员单位申报政府专项扶持资金或项目认定等;开展产业研究,积极建言献策,为政府相关部门和大专院校相关系科提供运行情况、趋势预判和政策建议等课题研究报告,并接受外省市政府部门、产业园区委托,开展行业推广研究;组织会员企业国外学习考察,建立与国际相关行业协会的对话机制,积极开展合作交流活动,建立国际交流和合作网络,推动业内企业参与国际合作,争取更大的发展资源和空间。

人才培育。协会举办计算机音乐系列讲座,联合开展专业技术人员继续教育培训,承接上海市计算机音乐培训任务,开展电子与信息技术等专业培训;组织和承担上海市文广系统人才培养工作,推广计算机音乐技术;进行计算机音乐学科的国际、国内学术交流;举办相关专业内容的资质认证、考级活动;举办各种形式的计算机音频、视频以及多媒体的演示、演出活动;根据社会其他单位、部门在艺术活动中的需求,进行计算机音乐创作、计算机音频、视频以及多媒体的协助指导、培训与合作;举办计算机音频、视频以及多媒体等各种比赛。

运作管理。协会完善民主办会规程,强化内部管理规范,制定服务企业、服务政府、促进产业发展的量化指标;积极探索协会与社会联系的渠道,与有关的高校专业进行横向联系,协助实现校际交流和举办音乐会演出、举办比赛和展览等活动;探索党建工作,发挥党组织核心作用。

### 【上海市期刊协会】

上海市期刊协会成立于1997年3月,是由全市期刊社、期刊编辑部自愿组成的专业性、非营利性社会团体法人。下设文化综合文学艺术类专业委员会、政法社科类专业委员会、经济类专业委员会、教育少儿类专业委员会、科技技术类专业委员会、科技学术类专业委员会、社科综合科普类专业委员会等 7 个专业委员会。业务主管部门为上海市新闻出版局。到 2010 年,有团体会员单位 425 个。

协会业务范围是:调查研究、技术服务、出版会刊、会展招商、产品推介、咨询培训、国内外信息业务交流等。

协会主要开展以下几方面工作:

业务研讨。协会促进办刊经验交流,提高期刊质量,举办期刊交流、研讨活动:2003 年,组织举办"学习十六大精神,促进上海期刊业发展研讨会";2004 年,组织举办"期刊经营管理研讨会",与上海市新闻出版局联合举办"国际视野、东方神韵　国际期刊研讨会";2006 年,组织举办"期刊自主创新和科学发展研讨会";2009 年,组织举办"学习实践科学发展观,做强做大期刊行业"研讨会等;积极开展培训活动:举办"期刊编校质量培训班""期刊新编辑培训班""上海期刊编辑赴澳大利亚培训班"等。

服务会员。协会加强对会员单位的服务工作。自 2001 年以来,每年组团参加全国书市和上海图书交易会;2007 年,组织 30 多家期刊参加"海峡两岸图书交易会期刊展销"活动;积极联系多种发行渠道,努力帮助会员单位扩大发行量;维护会员单位正当权益,与律师事务所合作,免费为会员单位提供法律咨询;开展行业调研,积极向政府有关部门反映行业情况和呼声,组织完成"上海期刊行业人才队伍建设调查""上海期刊竞争力综合评价指标体系研究""上海期刊的数字化进程及发展战略""上海期刊行业领军人才现状、对策及测评指标体系研究""期刊工作者评职称难问题"等课题研究;举办上海市期刊优秀工作者评选表彰活动,并受上海市新闻出版局委托,做好中国期刊奖上海社科类期刊初评、全国百佳出版工作者上海期刊界候选人、上海出版人奖候选人的推荐工作;重视上海市期刊争创上海市著名商标的工作,推荐《故事会》等 8 家期刊获得上海市著名商标称号。

同行交流。协会加强与国内外同行交流。2003 年组团赴西安、兰州,2005 年组团赴东三省,2006 年组团赴武汉、重庆,2008 年组团赴广州等地与同行学习访问交流;接待江西省、江苏省期刊访问团,台北市杂志商业同业公会访问团等国内同行;接待和参与接待以色列、英国、美国、日本、国际期刊联盟等国际同行来访;2002 年,与台北市杂志商业同业公会、上海外文图书公司联合举办"2002 年台湾期刊展(上海)",成为两岸分隔 50 多年后台湾期刊的"破冰之旅",产生重大影响。

### 【上海市社会经济文化交流协会】

上海市社会经济文化交流协会成立于 2004 年 1 月,是由全市文化艺术界的知名人士、文化团体自愿组成的专业性、非营利性社会团体法人。业务主管单位为上海市文学艺术界联合会。到 2010 年,有会员单位 110 个。

协会业务范围是:在社会经济文化领域中的社会调研、文化交流、人才培训、艺术展演等活动。

协会主要开展以下几个方面工作。

行业服务。协会积极服务社会经济和行业发展,反映行业发展情况,架设沟通桥梁,帮助上海思威保健品有限公司增加产品品种、扩大销售渠道、融通流动资金和物色合作伙伴等;协调上海新家园实业(集团)有限公司非营利性综合性医院——"上海永健医院"建设;协调上海旺家根雕艺术馆选址建设上海根雕艺术馆;组织会员考察长三角地区,华东地区,为会员单位拓展外省市业务提供信息和服务;举办"经济沙龙",推介投资信息,为经济文化项目牵线搭桥。

文化交流。协会积极组织以文化发展与传承为主题的各项活动,打造"民族民俗民间博览会"

品牌,每年举办 2—3 个小型专题展会;组织不同形式、不同规格、不同内容的演唱会和书画展活动,与上海戏剧学院等单位联合主办"迎世博,扬国粹,京昆新秀演唱会";与上海老干部活动中心、上海市老干部大学东方艺术学院共同主办"企盼——迎世博"书画展;与上海市美术家协会联合主办"迎世博《人文江南》长三角油画展";举办"庆世博,沪、港、台、侨中秋京剧联谊会",海峡两岸暨香港及侨界京剧艺术爱好者和京剧表演艺术家近 20 位登台演出;与台湾中华黄埔四海同心会、上海将军书画院、上海增珉文化传播有限公司、上海市黄埔军校同学会等单位联合,主办《纪念戴安澜将军诞辰 105 周年海峡两岸书画交流邀请展》;开展文化普及活动,主办"京剧艺术进社区"活动;承办"昔日少儿新苗,今日菊花坛红星"京剧专场演出;与上海戏剧院戏曲学校联合主办"上海沪剧名家新苗迎新演唱会",为新秀提供舞台和展示机会;拓展对外交流,为会员企业搭建产业信息、文化艺术的交流平台和行业对话机制,联络菲律宾诺威集团,邀请上海企业家前往菲律宾考察,促进上海企业拓展海外市场。

运作管理。协会按章程规范运作和管理,重视工作规范化和制度化,完善会议制度、联系会员制度、文档管理制度、财务制度等;积极探索党建工作,加强政治思想工作,发挥党的工作小组的核心作用,保证协会工作有序有效开展。

### 【上海中山文化交流协会】

上海中山文化交流协会成立于 2007 年 1 月,由上海市民主党派成员中从事经济金融、法律和社会、史学、文教、艺术、体育、卫生等及相关人士自愿组成的专业性、非营利性社会团体法人。业务主管单位为中共上海市委统战部。到 2010 年,有个人会员 50 人。

协会业务范围是:海外及海峡两岸的经济金融、法律服务、社会服务、学术研究、文教艺术、体育卫生、社会福利等领域中的文化交流。

协会主要开展以下几方面工作:

服务会员。协会为会员提供交流平台,组织与中央、外省市的中山文化交流协会交流沟通,建立业务和信息联系;为组团赴境外交流的会员提供相应资质证明;举办专题报告会和座谈会,帮助会员及时、准确了解两岸形势。

文化交流。协会积极推进两岸青年交流,组织台湾学生"中华文化寻根夏令营"、暑期到会员企业实习等活动,在台湾同学心中埋下"寻根"的种子,传承中华文化,感受上海发展巨变;组织举办各类论坛、研讨会、交流会、图片展等,搭建海外及海峡两岸经济金融、法律服务、社会服务、学术研究、文教艺术、体育卫生、社会福利等领域的文化交流平台;利用传统佳节组织涉台婚姻关系会员及其家人座谈,共享中华民族传统文化。

友好来往。协会秉持"两岸一家亲"理念,广泛联系台湾各界,促进祖国统一,在民革市委的指导和支持下,结合自身优势,尊重台湾现有的社会制度和台湾同胞生活方式,同台湾同胞分享大陆发展的机遇;组团赴台交流,发挥市委对外联谊交流的平台作用;热情接待境外拜访,增进合作共识,继承和弘扬孙中山爱国、革命和不断进步精神,团结和广泛联系海内外各界人士,服务改革开放和经济建设,建立国际交流和合作网络。

人才培育。协会借助专家力量,组织举办报告会、座谈会、研讨会和论坛,举办祖国统一工作学习班、涉台参政议政研修班等各类培训班,培养党内祖国统一人才,成为民革市委祖国统一骨干人才培育的重要平台。

## 二、名录

根据 1989 年、1998 年国务院《社会团体登记管理条例》和 2002 年《上海市促进行业协会发展规定》,截至 2010 年底,在市社会团体管理局注册登记的市级文学艺术领域专业性社会团体 53 家。

表 1 − 2 − 2　2010 年上海市市级文学艺术领域专业性社会团体一览表

| 序号 | 单 位 名 称 | 业务主管单位 | 登记日期 | 办 公 地 址 |
|---|---|---|---|---|
| 1 | 上海市杂技家协会 | 上海市文学艺术界联合会 | 1991 − 03 − 16 | 延安西路 238 号 202 室 |
| 2 | 上海艺术摄影协会 | 上海市文化广播影视管理局（上海市文物局） | 1991 − 03 − 18 | 中山西路 1551 号 201 室 |
| 3 | 上海电影家协会 | 上海市文学艺术界联合会 | 1991 − 03 − 20 | 北京东路 2 号 |
| 4 | 上海民间文艺家协会 | 上海市文学艺术界联合会 | 1991 − 03 − 20 | 延安西路 200 号 |
| 5 | 上海市曲艺家协会 | 上海市文学艺术界联合会 | 1991 − 03 − 20 | 延安西路 238 号 |
| 6 | 上海市书法家协会 | 上海市文学艺术界联合会 | 1991 − 03 − 20 | 延安西路 238 号 202 室 |
| 7 | 上海市出版工作者协会 | 上海市新闻出版局 | 1991 − 04 − 01 | 绍兴路 5 号 403 室 |
| 8 | 上海市民间艺人协会 | 上海市文化广播影视管理局（上海市文物局） | 1991 − 04 − 01 | 控江路 1029 号 1 号楼 603 室 |
| 9 | 上海老文化艺术工作者协会 | 上海市文化广播影视管理局（上海市文物局） | 1991 − 04 − 01 | 天平路 42 号 201 室 |
| 10 | 上海市插花花艺协会 | 上海市绿化和市容管理局 | 1991 − 04 − 04 | 制造局路 130 号 1604 室 |
| 11 | 上海爱乐协会 | 上海市文化广播影视管理局（上海市文物局） | 1991 − 06 − 07 | 延安西路 501 号 307 室 |
| 12 | 上海民族音乐爱好者协会 | 上海市文化广播影视管理局（上海市文物局） | 1991 − 06 − 07 | 新华路 336 号 |
| 13 | 上海市盆景赏石协会 | 上海市绿化和市容管理局 | 1991 − 06 − 07 | 绍兴路 62 号 |
| 14 | 上海江南丝竹协会 | 上海市文化广播影视管理局（上海市文物局） | 1991 − 06 − 14 | 山花路 65 弄 18 号 101 室 |
| 15 | 上海市摄影家协会 | 上海市文学艺术界联合会 | 1991 − 06 − 14 | 华山路 351 弄 3 号 |
| 16 | 上海音乐家协会 | 上海市文学艺术界联合会 | 1991 − 06 − 14 | 延安西路 238 号 |
| 17 | 上海交响乐爱好者协会 | 上海市文化广播影视管理局（上海市文物局） | 1991 − 07 − 12 | 湖南路 105 号 |
| 18 | 上海市戏剧家协会 | 上海市文学艺术界联合会 | 1991 − 07 − 12 | 延安西路 238 号 |
| 19 | 上海吴昌硕艺术研究协会 | 上海市文化广播影视管理局（上海市文物局） | 1991 − 07 − 12 | 南京西路 456 号办公区二楼 |
| 20 | 上海中日儿童文学美术交流协会 | 上海市作家协会 | 1991 − 07 − 12 | 延安西路 1538 号 |
| 21 | 上海市科普作家协会 | 上海市科学技术协会 | 1991 − 07 − 27 | 南昌路 47 号 |

（续表）

| 序号 | 单 位 名 称 | 业务主管单位 | 登记日期 | 办 公 地 址 |
|---|---|---|---|---|
| 22 | 上海中华书画协会 | 上海市文化广播影视管理局（上海市文物局） | 1991 - 08 - 08 | 文庙路 120 号 |
| 23 | 上海电视艺术家协会 | 上海市文学艺术界联合会 | 1991 - 09 - 03 | 北京东路 2 号 |
| 24 | 上海市美术家协会 | 上海市文学艺术界联合会 | 1991 - 12 - 27 | 延安西路 238 号 |
| 25 | 上海市作家协会 | 中共上海市委宣传部 | 1991 - 12 - 31 | 巨鹿路 675 号 |
| 26 | 上海市语言文字工作者协会 | 上海市社会科学界联合会 | 1992 - 01 - 24 | 陕西北路 500 号 |
| 27 | 上海市大学书法教育协会 | 上海市教育委员会 | 1992 - 02 - 21 | 桂林路 100 号 117 室 |
| 28 | 上海市外事翻译工作者协会 | 上海市人民政府外事办公室 | 1992 - 03 - 09 | 北京西路 1277 号 1607 室 |
| 29 | 上海市舞蹈家协会 | 上海市文学艺术界联合会 | 1992 - 03 - 09 | 延安西路 238 号 301 室 |
| 30 | 上海市华侨摄影协会 | 中共上海市委统战部 | 1992 - 03 - 18 | 延安西路 129 号 1001 室 |
| 31 | 上海中外文化艺术交流协会 | 上海市文学艺术界联合会 | 1992 - 10 - 28 | 肇家浜路 798 号 602 室 |
| 32 | 上海市农民书画协会 | 上海市文化广播影视管理局（上海市文物局） | 1992 - 12 - 01 | 虹桥路 2270 号 |
| 33 | 上海市新闻工作者协会 | 中共上海市委宣传部 | 1993 - 08 - 02 | 汉口路 300 号 1315 室 |
| 34 | 上海老新闻工作者协会 | 中共上海市委宣传部 | 1993 - 08 - 12 | 汉口路 274 号 |
| 35 | 上海市徐悲鸿艺术研究协会 | 上海市文化广播影视管理局（上海市文物局） | 1993 - 10 - 25 | 复兴东路 464 号 203 室 |
| 36 | 上海市国际标准舞协会 | 上海市文化广播影视管理局（上海市文物局） | 1994 - 04 - 26 | 云南南路 261 号 206 室 |
| 37 | 上海故事家协会 | 上海市新闻出版局 | 1994 - 07 - 08 | 绍兴路 74 号 |
| 38 | 上海市火花艺术协会 | 上海市文化广播影视管理局（上海市文物局） | 1995 - 07 - 18 | 安化路 76 号 |
| 39 | 上海市吉他艺术协会 | 上海市文化广播影视管理局（上海市文物局） | 1996 - 01 - 30 | 绍兴路 74 号 |
| 40 | 上海计算机音乐协会 | 上海市文化广播影视管理局（上海市文物局） | 1996 - 11 - 14 | 汾阳路 112 弄 2 号 |
| 41 | 上海市期刊协会 | 上海市新闻出版局 | 1997 - 04 - 30 | 徐汇区肇嘉浜路 366 号 9 楼 E 座 |
| 42 | 上海市老年书画会 | 上海市文化广播影视管理局（上海市文物局） | 1997 - 05 - 26 | 长宁区水城路 689 号 505 室 |
| 43 | 上海市书场工作者协会 | 上海市文化广播影视管理局（上海市文物局） | 1997 - 09 - 09 | 国和路 1013 号 |
| 44 | 上海翻译家协会 | 上海市文学艺术界联合会 | 2001 - 03 - 13 | 延安西路 200 号 |
| 45 | 上海市文学艺术著作权协会 | 上海市文学艺术界联合会 | 2002 - 03 - 25 | 延安西路 238 号 |
| 46 | 上海市社会经济文化交流协会 | 上海市文学艺术界联合会 | 2004 - 01 - 13 | 新闸路 218 号 10 楼 |

| 序号 | 单位名称 | 业务主管单位 | 登记日期 | 办公地址 |
|---|---|---|---|---|
| 47 | 上海市中国陶瓷艺术家协会 | 上海市文学艺术界联合会 | 2004 - 03 - 19 | 南苏州路 1305 号 205 室 |
| 48 | 上海市打击乐协会 | 上海市文学艺术界联合会 | 2004 - 11 - 08 | 延平路 340 弄 4 号 3 楼 |
| 49 | 上海市收藏鉴赏家协会 | 上海市文学艺术界联合会 | 2006 - 01 - 17 | 南丹东路 300 弄 3 号 103 室 |
| 50 | 上海中山文化交流协会 | 中共上海市委统战部 | 2007 - 01 - 12 | 陕西北路 128 号 1307 室 |
| 51 | 上海市地铁卡集藏协会 | 上海市文化广播影视管理局（上海市文物局） | 2007 - 07 - 12 | 沪闵路 8075 号 3 楼 |
| 52 | 上海海派玉雕文化协会 | 上海市文化广播影视管理局（上海市文物局） | 2008 - 10 - 22 | 福州路 542 号 2F02 室 |
| 53 | 上海市创意设计工作者协会 | 上海市文学艺术界联合会 | 2010 - 10 - 13 | 延安西路 238 号新楼 405 室 |

# 第三节　体育领域专业性社会团体

体育领域专业性社团主要集中在上海市体育总会。上海市体育总会于 1957 年 7 月成立,原名中华体育总会上海市体育分会,1990 年 3 月,在上海市体育分会第四届代表大会上正式更名为"上海市体育总会"。经上海市体育运动委员会审查同意,1991 年 4 月 1 日由上海市社会团体管理局核准登记为社会团体。到 2010 年,上海市体育总会已成为拥有 84 家市级单项体育协会、31 家民办非企业单位、2 家基金会,共计 117 家体育组织的履行行业管理职能的体育社会组织。

上海市体育总会是上海市体育工作者和体育爱好者及热心支持体育的团体、个人自愿组成的专业性、非营利性体育社会团体,是全市各市级单项运动协会、民办非企业单位、基金会的联合会及管理枢纽。主要职责是对市级体育社团及民办非企业体育单位进行业务指导、监督和管理;配合及协助市体育局有关职能部门做好诸如党建、赛事监管及人才队伍建设与管理等相关工作。按照《上海市体育总会章程》的要求,上海市体育总会以加快体育事业发展为主要任务,依据民间组织特性、体育社团特点,深入开展工作。拓展社团功能,参与体育社会管理与社会服务;加强自身建设,提升体育社团整体管理水平;增强服务意识,加强与区县体育总会、单项体育协会的合作;加强党的领导,规范社团组织的健康发展。随着改革的日趋深入,市体育总会的政府职能转移力度逐步加大,通过渐进式的改革,逐渐实现政事分开、事企分开、管办分离,政府将把主要精力放到规划、政策、法规的制定和宏观调控上来,实行领导、监督、协调等"管"的职能,执行性、操作性等"办"的事务则更多地由民间组织利用社会资源去完成,多方采取措施鼓励各单项体育协会尽快进入市场、开辟市场、适应市场。

上海市体育总会成立以来,协助上海市体育行政管理部门——上海市体育局,积极指导和推进上海各体育竞技类的专业性社团规范健康发展,积极指导和推进上海社会群众体育健身类的专业性社团发展,为深入开展全民健身运动,提高市民体质,推动上海体育事业的发展发挥了积极作用。上海市体育总会积极推进"全民健身计划"和"奥运争光计划"工作,积极倡导"体育生活化、生活体育化"理念,完成了《上海体育社团实体化研究报告》《上海体育社团发展纲要》《上海体育社团评估体系》等调研课题,探索在新形势下的发展路径;先后成立体育用品协会、极限运动协会、电子竞技运动协会等10家单项协会,出台《关于加强体育协会管理的若干意见》,加强组织建设,规范体育社团管理;引导鼓励体育社团深入社区指导市民科学健身,广泛开展群众喜闻乐见的体育健身活动,积极打造体育公共服务平台。自2003年以来,总会和各单项体育协会举办有较大影响的国际赛事达160次之多,国内赛事200余次,群众性体育赛事450余次。在2006年第三届全国体育大会上,市体育总会组队参赛,取得了27金、25银、25铜的好成绩,金牌、总分均列全国第二,同时获得体育道德风尚奖,取得精神文明和运动成绩的"双丰收"。在上海市体育总会的指导下,上海众多单项体育专业性社团和群众体育专业性社团积极开展活动,繁荣体育氛围,努力推动运动员在许多竞技类的体育赛事和综合性体育赛事中,取得很好成绩,为上海增光添彩。

# 一、选介

## 【上海市足球协会】

上海市足球协会成立于1957年,是由全市从事足球运动的组织和个人自愿结成的专业性、非营利性社会团体法人。下设竞赛委员会、青少年委员会等10个分支机构。业务主管单位为上海市体育局。到2010年,有各种所有制会员单位146个,个人会员13人。

协会业务范围是:比赛、训练、培训、咨询、交流、会务、统计、调研、准入审核、行业自律与协调等有关全市足球的所有业务。

协会主要开展以下几方面工作:

服务会员。协会开展信息服务,通过门户网站和公众号,为会员提供足球方面的政策法规和国内外足球行业发展动态,在全市推广足球运动,吸纳会员;依靠行业专家库资源和行业统计信息的优势,积极为会员提供各类技术咨询服务;为青少年办训机构提供专家咨询;为校园足球,提供教练员、裁判员及专业管理人员服务平台;为会员单位申报行业资质出具证明函等;举办各类论坛、研讨会、交流会以及报告会、座谈会等,加强研讨交流,帮助会员及时、准确掌握政府相关政策,为会员搭建产业信息、技术交流、形象展示和行业间联系的平台;通过各类服务平台及时反映会员诉求,解决会员发展中的实际困难;帮助会员申报政府专项扶持资金或项目认定等。

产业推进。协会联系政府部门,推进足球产业发展,承担上海市足球事业发展公共管理职能,负责管理上海区域内的足球事务;开展足球产业研究,为政府相关部门提供产业运行情况、趋势预判和政策建议等课题研究报告,积极建言献策;拓展对外交流,推进全面合作,开展与国际足球发达国家和地区的全面合作,积极探索合作交流机制,推动会员参与国际合作,争取更大的发展资源和空间,组织会员国外学习考察,通过"走出去",扩大会员视野,建立国际交流和合作网络;创新宣传方式,强化足球新闻管理、网络信息和舆论引导工作,弘扬海派足球文化,营造健康的观赛氛围,丰富广大市民精神生活。

人才培育。协会加大运动员、教练员、裁判员及专业办赛等工作人员的培训力度,通过推动体教深度融合等举措,畅通运动员成才之道;组织教练员、裁判员等级培训班、继续教育培训班等,壮大专业人才队伍,注重专业办赛等工作人员的专业知识培训,提高专业技术人员知识技能和业务水平;承接国际足联、亚足联及中国足协等有关国内外足球组织的培训工作。

运作管理。协会强化规范化运作和管理,完善民主办会规程,强化内部管理规范;指导区级足球协会进行机构调整,完善内部组织建设、竞赛组织、技术发展等;支持全市职工、公安、金融等系统建立市级行业足球协会组织,广泛开展足球赛事活动;面向全市广泛吸纳足球类社会组织、社会办训机构和足球办赛机构等加入协会,制定和规范各类足球组织的准入、建设标准,做好运动员、教练员、裁判员、比赛监督和管理人员等各类个人会员的注册服务工作;积极探索协会党建工作,围绕建设"学习型、服务型、创新型"基层党组织目标,发挥党组织核心作用。

**【上海市围棋协会】**

上海市围棋协会成立于 1957 年,是由全市围棋运动员、教练员、裁判员、爱好者、俱乐部及热心支持围棋运动的个人和团体等愿组成的专业性、非营利性社会团体法人。业务主管单位为上海市体育局。到 2010 年底,有个人会员 70 人。

协会业务范围是:负责全市围棋等棋类项目的普及与提高工作,相关的竞赛工作;进行国内外交流活动;承担政府赋予的有关工作及事项等。

协会主要开展以下几方面工作:

赛事管理。协会协助举办或承办全国和国际性围棋比赛,协助主管部门做好优秀运动员注册、参赛工作;参加有关部门主持的外事接待活动。

人才培养。协会组织运动员、教练员、裁判员、研究人员学习党的体育方针政策,举办各种学术讲座、学术讨论会、报告会和经验交流会等活动,不断提高运动员技术水平,以及教练员、裁判员的教学训练和裁判业务水平;对选拔优秀运动员、教练员、裁判员和研究人员提出意见建议,并协助有关部门审查和考核各级教练员和裁判员;推荐优秀教练员、裁判员和研究人员参加全国和国际性竞赛训练和科研工作。

普及宣传。协会大力宣传和指导开展围棋活动,促进群众性的围棋活动广泛开展,不断提高围棋技术水平;积极开展围棋研究工作,收集、编写围棋各级业余训练教学大纲、教材及有关参考资料。

**【上海市射击运动协会】**

上海市射击运动协会成立于 1957 年 12 月,是由全市从事射击运动的场馆和个人自愿组成的专业性、非营利性社会团体法人。业务主管单位为上海市体育局。到 2010 年,有团体会员单位 17 个,个人会员 80 人。

协会业务范围是:协调全市射击运动的开展,推动群众性普及活动和提高运动技术水平。

协会主要开展以下几方面工作:

推广宣传。协会宣传、推动群众性的射击运动,研究射击运动技术和训练方法,组织市、区射击项目教研活动,促进射击运动水平提高。组织中小学师生参观上海市射击射箭运动中心,观摩专业运动员训练;组织全国和全市社会性、群众性及其他形式的射击竞赛活动,积极配合举办各级各类竞赛工作,如上海市射击冠军赛、上海市射击锦标赛、上海市学生运动会射击比赛、全国各级别射击项目比赛(含飞碟)等;依托项目训练中心的优势和影响力,开发体育产业渠道,为项目发展提供保障。

人才培养。协会举办与射击运动项目有关的各类学习培训班,培养高水平的裁判员和营业性射击场馆的工作人员、安全员;负责运动员、教练员、裁判员的各类技术申报和营业性射击场馆工作人员、安全员的上岗资格认定;邀请国家队知名教练员针对青少年训练的基础问题、训练计划安排等内容进行讲演;组织各区县部分教练员参加相关项目竞赛等,了解先进理念,学习成功经验,开阔视野;发挥桥梁和纽带作用,联系和吸纳社会各界爱好射击运动的团体和个人。

服务社会。协会负责全市新建、改扩建射击场馆技术、设备、安全评审,为体育行政主管部门和公安主管部门提供审批依据;对各区县射击单位进行安全大检查,督促落实安全措施,为射击运动项目可持续发展提供必要的安全保障;组织召开上海市枪弹工作会议,协助公安部门对全市私人有证民用枪支进行技术安全鉴定(年检),指导全市"民用枪、弹配售中心"的工作,保证民用枪支的技术安全。

### 【上海市射箭协会】

上海市射箭协会成立于1958年,是由全市从事射箭运动的场馆和个人自愿组成的专业性、非营利性社会团体法人。业务主管单位为上海市体育局。到2010年,有团体会员单位14个,个人会员60人。

协会业务范围是:协调全市射箭运动的开展,推动群众性普及活动和提高运动技术水平。

协会主要开展以下几方面工作:

推进发展。协会组织开展射箭运动技术和训练方法研究,邀请射箭国家级教练员针对青少年训练的基础问题、训练计划安排等内容进行讲演;组织参加全国青少年射箭训练大纲培训,组织各区县部分教练员参加射箭奥运会选拔赛等;积极配合举办各级各类竞赛,如上海市射箭冠军赛、上海市射箭锦标赛、上海市学生运动会射箭比赛、华东区射箭锦标赛等;参与射箭世界杯赛上海站赛事的前期准备及竞赛组织工作,得到国际箭联、国家体育总局射箭运动管理中心及市体育局领导的肯定。

人才培养。协会有计划地开展市、区级射箭教研活动,组织教研组研讨,抓好项目教研组工作;做强一线主教练的中心教研组,完善一、二、三线运动队之间的沟通与衔接机制;利用公开课、跟训、观摩国际国内比赛等形式,组织教练员开展学术研究、交流教学经验,为解决训练难点创造条件;重视裁判员队伍建设,举办裁判学习班,提高裁判员业务水平;做好运动员、教练员、裁判员的各类技术申报工作。

### 【上海市体操协会】

上海市体操协会成立于1958年,是由全市从事体操和艺术体操工作的人员自愿组成的专业性、非营利性社会团体法人。业务主管单位为上海市体育局。到2010年,有个人会员150人。

协会业务范围是:组织全市体操、艺术体操、训练、竞赛、培训、交流、器材、服装用品指导、科研、裁判审核等工作。

协会主要开展以下几方面工作:

搭建平台。协会积极承办协办各类赛事,组织运动员参加高质量的比赛,更好地锻炼队伍,协助中国体操协会、上海市青少年训练管理中心、上海市体操运动中心承办和协办国际、全国和上海市的体操、艺术体操比赛。2007年举办体操世界杯上海站比赛、全国体操锦标赛暨奥运会选拔赛、全国艺术体操锦标赛、全国艺术体操冠军赛等;通过"请进来、走出去",组织与国内外友好城市和地区运动队的互访,与相关俱乐部的双边交流,拓宽教练员、运动员视野,提高专业水平,组织与国内外高水平队伍的业务交流。

人才培养。协会加强队伍建设,着力培养业务骨干,指导开展业务训练,为国家培养优秀的体操、艺术体操选手;按照中国体操协会和上海市体操运动中心工作要求,培养后备人才,做好体操、艺术体操后备力量储备工作;在区县组织开展体操、艺术体操项目业余训练,选派有经验的项目专家深入基层进行业务指导,推荐退役的优秀运动员到各区少体校担任教练,充实基层专业年轻教练员队伍;健全训练督导反馈等管理办法,选派资深教练员组成专家督导组,深入各区少体校,通过传、帮、带,为上海市体操事业储备优秀苗子;开展教练员、裁判员培训工作,形成结构合理的专业人才梯队。

普及推广。协会组织开展"快乐体操"活动,在普及传统体操的基础上,在幼儿园和中小学推行"快乐体操"教育,转变体操教育模式;参与上海市体育局、上海市青少年训练管理中心主办的"上海市幼儿快乐操"比赛,落实"快乐体操"进校园,推进全民健身。

协会建设。协会按照章程和规范化工作要求,着重基础管理,加强科学管理,完善相关制度,推进标准化,不断探索走向市场道路;整合社会各方资源,在为全民健身提供专业指导和服务等方面发挥积极作用,提高服务会员、服务社会的效果。

## 【上海市航海模型协会】

上海市航海模型协会成立于1978年,是由全市广大航海、建筑模型爱好者及热心支持海建模运动的个人和团体自愿组成的专业性、非营利性社会团体法人。业务主管单位为上海市体育局。到2010年,有团体会员单位30余,个人会员100余人。

协会业务范围是:组织训练、竞赛、表演、展览、培训交流讲座,研制推广模型器材、资料。

协会主要开展以下几方面工作:

服务会员。协会总结推广国内外航海模型先进技术和经验,有计划地举办各种知识讲座、学术交流、技术培训、模型表演和展览等活动,为会员和广大爱好者提供航海模型信息、资料、咨询和服务;加强与团体会员单位和区县、学校体育协会的联系,沟通信息,交流经验,指导工作,培养骨干。

业务推进。协会根据国家体育方针、政策和有关法规以及中国航海模型运动协会、上海市体育局、上海市体育总会有关规定,统一组织、协调全市航海模型活动,举办全市性航海模型竞赛;向有关部门提出全国、国际活动及有关事项的建议,研究和制定全市航海模型运动项目的发展规划、管理规章和训练竞赛制度以及竞赛规程、规则、裁判等有关规定;加强协会、俱乐部之间的联系与交流,增进航海模型运动员、教练员和爱好者之间的团结和友谊;协同教育、科技等有关部门广泛宣传和普及航海模型活动,组织广大市民和青少年积极参加航海模型活动;组织与各国和各地区航海模型协会的友好交往;研制推广模型器材、教材等,开拓模型活动市场,为航海模型事业发展积累资金。

人才培养。协会组织全市航海模型教练员、运动员、裁判员、社会体育指导员的培训考核,开展对教练员、运动员、裁判员、社会体育指导员等技术等级的审查,以及对运动员参赛资格的审查和登记注册;积极向全国海模竞赛推荐优秀裁判员;组织协调上海队集训和参加全国青少年航海模型竞赛的归口管理,协同有关部门做好模型活动特色传统学校审查及推荐工作。

## 【上海市乒乓球协会】

上海市乒乓球协会成立于1985年,是由全市从事乒乓球运动项目工作者和爱好者自愿组成的公益慈善类的专业性、非营利性社会团体法人。业务主管单位为上海市体育局。

协会业务范围是:对全市乒乓球运动的开展,进行指导、管理和监督;举办各类乒乓球竞赛活动;组织教练员、裁判员等各种专业培训;开展对外交流与合作;承办政府委托事项。

协会主要开展以下几方面工作:

搭建平台。协会举办各级各类乒乓球赛事,为培育乒乓球人才和发展乒乓球运动搭建平台,增加乒乓球赛事活动的有效供给,提高乒乓球服务目标人群的精准度,构建更完善的服务体系;满足不同年龄、不同层次的乒乓球爱好者的需求,每年主办、承办、协办社区街道乒乓赛、中小学生乒乓赛、企业职工乒乓赛、公务员乒乓赛、俱乐部乒乓赛,以及驻沪部队指战员乒乓赛、在沪外国友人乒乓赛等赛事40余项次;2005年起主办"新民晚报红双喜杯"迎春乒乓赛,成为品牌赛事;支持各区乒协、基层社区街道等举办乒乓球活动,营造良好的乒乓球运动氛围;积极发挥社会人士、企事业单位的作用,共同为发展乒乓球事业作贡献。

人才培育。协会关注上海乒乓球队竞技水平的提高和后备人才的培养,通过搭建竞技舞台、运用竞赛杠杆,提高上海乒乓球运动的核心竞争力;以普及青少年乒乓球运动为重点,大力培养乒乓球优秀后备人才,协助上海市青少年乒乓球训练中心,举办上海市青少年体育十项系列赛、上海市中小学生乒乓球冠军赛、"东方体育日报杯"学生暑期乒乓球赛、"熊猫杯"部分省市青少年乒乓球邀请赛等,促进青少年乒乓球运动员成长;注重裁判员队伍建设,举办裁判员专项培训,让年轻裁判员在重大比赛中挑重担,担任裁判长、副裁判长和编排长等,通过实践检验和提高执裁水平。

服务会员。协会加强与各区乒协的联系和合作,搭建和基层协会沟通的桥梁,积极扶持和帮助区乒协参与完成重大乒乓球赛事。建立门户网站,发布乒乓球运动和竞赛的各类信息,为会员和广大乒乓球爱好者提供交流平台。

运作管理。协会强化规范化运作和管理,完善民主办会规程,强化内部管理规范,重大问题集体讨论;积极探索党建工作,发挥党组织核心作用。

**【上海市门球协会】**

上海市门球协会成立于1987年,是由全市门球爱好者、体育工作者、运动员、教练员、裁判员和关心支持门球事业发展的单位及个人自愿组成的专业性、非营利性社会团体法人,下设竞赛裁判部、教练技术部、市场发展部等部门。业务主管单位为上海市体育局。到2010年,有团体会员单位338个。

协会业务范围是:组织门球竞赛,培训教练员、裁判员,协调全市门球活动的开展,推动国内外交流。

协会主要开展以下几方面工作:

服务会员。协会开展信息服务,为会员及时提供上海、全国乃至世界门球的赛事信息,通过新闻媒体发布赛事活动、重大工作等信息;举办各类赛事,培育品牌活动,为上海广大门球爱好者搭建交流切磋平台。主办"三八妇女节"女子门球锦标赛、上海市门球锦标赛、上海市门球争霸赛、上海市门球百队大赛、上海市门球冠军赛等;加强对外交流,组队参加全国性及外省市举办的大型赛事活动,积极为参赛队做好后勤保障及服务性工作。

业务推进。协会积极组织开展门球运动,普及门球知识,扩大门球参与人群;每年定期举办市级门球比赛活动,帮助和支持区、街、镇、乡、居村委组织和进行的门球比赛;组织举办第三届亚洲门球锦标赛和第十一届世界门球锦标赛;举办各区裁判员培训班,提升裁判员的执裁能力;组织教练员、运动员开展理论研讨和战例分析,提高职业精神和技战术水平;开展"全国门球之乡""门球传统学校"评选活动,促进门球运动发展繁荣;积极与社会各界联系和协调沟通,争取社会各方力量对门球运动的支持;建立与全国各省、市、区门协及国际相关门球组织的联系平台和对话机制,积极探索门球活动的交流合作形式,引导推动全市门球人"走出去",开阔视野,参与全国及国际门球竞赛交流活动,建立全国和国际交流合作网络。

人才培育。协会加大对青少年参加门球运动的培养力度,健全青少年门球运动人才培育机制,选拔、推荐具备有一定竞技水平的队伍参加全国门球青少年比赛和门球夏令营活动,并积极开展各省市青少年门球运动交流、比赛;积极扶持和帮助学校门球队伍建设,赠送运动器械和装备,给予技术力量支持,组织指导培训等;严格全市门球裁判员管理,造就一支政治素养合格、执裁水平过硬的裁判员队伍。

运作管理。协会坚持规范化运作和管理,贯彻民主办会方针,完善内部规范管理;积极探索党建工作,注重党建工作与协会发展相结合,发挥党员先锋模范作用。

### 【上海市台球协会】

上海市台球协会成立于1987年5月,是由全市热心台球运动的企事业单位和个人自愿组成的专业性、非营利性社会团体法人。下设世界九球中国公开赛委员会、竞赛裁判委员会、青少年教练委员会、老年委员会、对外交流及宣传委员会等5个委员会。到2010年底,有各类会员单位88个。业务主管单位为上海市体育局。

协会业务范围是:开展台球活动,加强对台球场地、器材、竞赛以及台球房管理。

协会主要开展以下几方面工作:

赛事管理。协会以全民健身目标和台球运动普及提高为出发点,注重社会效应,积极参与市民大联赛、市民运动会、城市业余联赛等重大活动,认真组织落实,以丰富多彩的形式和内容,促进各种赛事活动蓬勃开展,先后组织上海市普尔八球让局积分赛、上海市台球俱乐部联赛(斯诺克)、上海市斯诺克排名赛、上海市斯诺克让分赛、上海市青少年台球锦标赛、上海市青少年斯诺克邀请赛、上海市高校台球锦标赛、台球趣味挑战等基础性、娱乐性赛事,活动特色鲜明,群众参与度高,为上海台球运动发展创造有利环境范围。

对外交流。协会注重对外多元化交流,在网络媒体兴起的大趋势下,创办自媒体刊物《上海台球报》;坚持多年组织九球中国赛中外明星下基层、进学校等活动,已形成对外交流品牌;世青赛期间,组织中国少数民族文化展示、汉服表演、诗歌朗诵、书法等极具中国特色的文化活动,赢得世界各国和地区选手一致赞誉。

人才建设。协会注重人才梯队全面化建设,向中台协各级各类赛事外派裁判员155人次,在上海主办的各级各类赛事中派遣裁判员365批次,累计执裁2 150人次,均获得各方好评;组织台球教练团队深入市内中小学提供教学服务,受到一致赞誉;关注运动员成长,上海注册运动员成绩优异,在全国乃至世界台球运动中保持着良好竞争力。

### 【上海市木兰拳协会】

上海市木兰拳协会成立于1988年10月,是由全市木兰拳专业人员和爱好者组建的专业性、非营利性社会团体法人。业务主管单位为上海市体育局。到2010年,有团体会员单位108个,个人会员2 000人。

协会的业务范围是:组织开展木兰拳比赛、学术讨论、培训、咨询、编写出版木兰拳系列资料等。

协会主要开展以下几方面工作:

专业管理。协会发挥专业管理作用,针对参与木兰拳人数多、分布面广、年龄差异大、文化层次不均的特点，加强科学管理，采取按地区、按单位、按参加协会时间先后，每20名会员以上独立组成一个木兰拳辅导站。因地制宜，以所在街道、公园、学校、机关、企业等为基础，组建基本单位，保持每一个木兰拳单位组织的稳定性和开展活动的经常性、规律性，为有序发展提供保证。

业务发展。协会组织开展多样化的比赛交流，到2010年，已成功组织举办29届上海市木兰拳比赛，9届国际木兰拳邀请赛，5届国际木兰拳理论研讨会；参加全国八运会、全国农运会、东亚运动会、上海市运动会以及各种庆典活动等开幕式的大型展示演出；举办迎奥运、迎世博以及一些其他庆典的千人大会操、万人大会操活动；创新提高业务水平，将太极气功、舞台艺术造型、体操基本功、武术基本功、民族音乐等有机融入木兰拳套路中，创编出6套长拳、4套简化比赛套路、3套全国木兰拳竞赛规定套路、5套展示表演套路等多种套路的木兰拳，有力促进木兰拳的宣传、推广、普及，木兰拳运动已成为全民健身运动中一道绚丽多彩的体育文化风景线。

人才培养。协会积极打造木兰拳核心团队，为木兰拳项目提供人才保障。加强木兰拳教练员、裁判员队伍建设，严格选拔教练员，对已获得教练员资格的拳技人员，开展培训和建立提升、降免的动态管理制度；对教练员、裁判员进行注册登记，建立教练员、辅导站站长每月一次的例会制度，学习研究有关政策和专业知识。到2010年，协会特聘教练员近千名，在木兰拳运动中发挥了骨干作用。

## 【上海市摔跤柔道协会】

上海市摔跤柔道协会成立于1989年9月，是由全市在摔跤、柔道运动行业、学科领域内具有一定影响、从事摔跤、柔道运动发展事业的积极分子自愿组成的专业性、非营利性社会团体法人，下设摔跤柔道竞赛委员会，柔道裁判委员会；柔道教练委员会、国际式摔跤裁判委员会、国际式摔跤教练委员会、中国式摔跤教练裁判委员会、柔术项目委员会等7个委员会，以及对外事务发展部、网络媒体部、国际交流部等3个工作机构。业务主管单位为上海市体育局。到2010年，有团体会员单位30个，个人会员395人。

协会业务范围是：推动、促进群众性、竞技性摔跤、柔道运动的发展和提高，组织全市各类竞赛，加强和扩大对外交往。

协会主要开展以下几方面工作：

组织服务。协会开展信息服务，定期发布信息公告，更新门户网站，为运动员和广大运动爱好者提供摔跤、柔道、柔术等体育事业发展方面的政策法规和国内外发展动态，及时反映诉求；举办各类论坛、研讨会、交流会等，加强研讨交流，为体育事业搭建产业信息、技术交流、形象展示和协会间联系的平台，帮助会员及时、准确掌握政府相关政策；组织运动员、裁判员参与各项国内外重大赛事，加强赛事交流，巩固赛事成果，提高比赛经验；规范摔跤、柔道、柔术运动训练与管理，为运动员做好保障与服务。

产业推进。协会开展摔跤、柔道、柔术相关课题的探讨，为有关部门课题研究提供基础性数据采集和材料整理；积极举办体育赛事活动，宣传摔跤、柔道、柔术项目文化；组织相关专项训练技术和训练方法研究，提高运动员训练、比赛中的运动安全水平；拓展对外交流，推进体育合作，积极沟通国际相关行业协会，探索合作交流机制，组织选手观摩并参与国际比赛交流、学习考察，通过"走出去"，扩大视野。

人才培育。协会建立并完善教练员、裁判员培养体系，定期组织裁判员的学习培训；积极支持基层青少年基础训练，支持恢复区县级青少年训练功能，健全和完善竞技体育后备人才培养体系；

以优秀教练员为引领,加强对基层教练员和管理人员的培训,提升教练员执教能力和水平;做好新一轮国家高水平体育后备人才基地认定和管理工作;创新"体教结合"的管理体制和运行机制,激发内在活力和发展动力,发挥在青少年体育人才、国家竞技体育人才培养中的积极作用。

运作管理。协会强化规范化运作和管理,完善民主办会规程,强化内部管理规范,明确各分支机构的职责任务,形成推进落实的合力;探索协会党建工作,发挥政治核心作用。

## 【上海市游泳救生协会】

上海市游泳救生协会成立于1991年5月,是由从事游泳救生的专业人员自愿组成的专业性、非营利性社会团体法人。前身为1979年成立的上海市游泳协会游泳救生委员会。业务主管单位为上海市体育局。到2010年,有个人会员3 500人。

协会业务范围是:组织举办国际国内的各项救生训练、比赛、业务交流及技术咨询。

协会主要开展以下几方面工作:

救生培训。协会每年在夏季开放高峰来临之前,组织各区(县)游泳教练、游泳考官进行学习培训,熟悉并熟练掌握规则,深化业务技能水平;开展新救生员专业培训和老救生员业务培训,组织救生员技能等级合格考试;1998年、2004年、2005年承办全国高级救生员培训班,2009年承办全国首期游泳救生员教师培训班;坚持为上海公安、水上公安、特警、消防、武警等单位培训具有游泳救生专业技能的人员;组织专业人员编写培训教材,编辑《上海市等级救生员培训讲义》《中国救生员培训教材》《上海市救生员工作手册》《上海市等级救生员考试手册》等。

开展年检。协会为确保救生安全,在每年夏季开放高峰之前,对全市救生员进行年审,年审合格后才能上岗,每年参加年审的人数均在5 000人左右;在开放高峰期间,挑选救生专业骨干人员组成督查小组,赴全市500余家游泳池馆开展巡视督查,巡视检查各游泳场馆开放管理工作情况,及时了解掌握救生一线工作人员资料,确保人员到岗、值岗到位、工作到位,并针对开放期间存在问题进行重点跟踪,加强督导力度,确保泳池安全。

技能竞赛。协会注重通过竞赛锻炼队伍,开阔眼界,提高技能,每年在游泳开放高峰之前组织举办一次上海市游泳救生锦标赛,作为全市游泳救生人员的实战演练,各区(县)约300多名救生员参加,展示技艺,争夺锦标,交流学习;每年组队参加全国游泳救生锦标赛,每两年一次组队参加世界游泳救生锦标赛,展示上海救生队伍实力,扩大上海救生队伍在全国影响。

## 【上海市船艇运动协会】

上海市船艇运动协会成立于1991年7月,是由全市从事赛艇、皮划艇、帆船、帆板、龙舟、划船器、摩托艇、运动游艇等水上运动项目为主体的单位和个人自愿组成的专业性、非营利性社会团体法人,下设秘书处办公室、裁判管理/培训部、竞赛/群体活动部和财务部等4个机构。业务主管单位为上海市体育局。到2010年,有团体会员单位30个,个人会员73人。

协会业务范围是:开展水上运动专业培训,组织承办各项水上项目、体育竞赛,培养专业人员,促进竞技体育与群众体育的发展。

协会主要开展以下几方面工作:

服务会员。协会组织承办行政管理部门下达的各类水上项目体育竞赛任务;提供举办水上项目体育比赛的场地设施、船艇器材、教练裁判、水上救护、竞赛组织等服务保障和水上体育培训等各项服务。

产业推进。协会组织上海市青少年水上体育业余训练和群众性水上体育全民健身;发挥教练队伍的人才资源优势,帮助区县组建青少年水上项目业余训练队;利用寒、暑假,组织各种形式的青少年水上运动夏令营、冬令营;创办上海企业龙舟赛,帮助全市 30 多家机关、企事业单位进行龙舟培训和组织比赛;组织举办中国划船器公开赛,已成为国内新型时尚全民健身品牌赛事;创办"上海苏州河世界杯皮划艇马拉松赛""上海黄浦江世界名校赛艇赛",产生广泛的溢出效应和社会影响。

人才培育。协会组织开展教练员、裁判员培训,提高执教、执裁能力;组织各区县少体校教练员培训和观摩活动,聘请外籍高水平教练员和体育科研专家进行培训、举办科学讲座;组织安排上海裁判员参加国家体育总局水上运动管理中心举办的赛艇、皮划艇、帆船帆板国家级裁判培训、考核,推荐参加国内、国际赛事裁判工作,提供业务学习机会,开阔实践视野,提高理论水平和执裁能力。

**【上海市游泳协会】**

上海市游泳协会成立于 1991 年 7 月,是由全市从事游泳运动的单位和个人自愿组成的专业性、非营利性社会团体法人。下设游泳教练委员会、游泳教员委员会、游泳竞赛(裁判)委员会、中小学委员会、冬泳委员会等 5 个委员会以及海神俱乐部。业务主管单位为上海市体育局。到 2010 年,有团体会员单位 20 个,个人会员 75 人。

协会业务范围是:推动、促进群众性、竞技性游泳运动的发展和提高,加强和扩大对外交往。

协会主要开展以下几方面工作:

搭建平台。协会研究制定上海游泳运动发展规划、各项管理制度、训练竞赛制度和其他各项管理制度。主办、承办市级各类游泳比赛,积极组织开展业余训练和青少年游泳竞赛:上海市青少年十项系列赛的游泳比赛、上海市青少年游泳锦标赛、上海市中小学生游泳比赛、全国少儿游泳比赛选拔赛,以及上海市"民立杯"中小学生游泳锦标赛和冠军赛、"敬业杯"中学生游泳比赛、"育苗杯""六一娃娃杯""浦游杯"等青少年游泳传统赛事;注重青少年游泳运动的普及和提高,与市体育局联合在全市近百家游泳场所设立"人人运动,学会游泳"指定场所,推动游泳运动进校园,帮助中小学生学会游泳技能。

人才培育。协会指导和服务全市各类游泳培训、游泳教员培训、游泳裁判员培训等,采取"走出去、请进来"方式,邀请国内外专家为一线教练员授课,创造条件学习国际游泳先进理念与教练方法,促进教练业务执教能力、选材能力的提高;组织裁判员培训考核,聘请专家授课,帮助裁判员了解最新的国内国际游泳比赛规则和执裁方法,提高裁判员业务能力;开展游泳教员的培训工作,举办上海市游泳教员初级和中级培训班,聘请专业人士授课;对已有游泳教员证的教员,每年组织进行年审。

公益服务。协会积极宣传游泳健身知识,组织策划社会大众游泳健身的各类活动;派专业人员巡查、指导全市各游泳场所做好面向民众的开放服务工作,参加上海市各类群众游泳竞赛活动;面向体育记者、新上海市民子女等各类群体,开办免费游泳培训班,派专业教练指导训练;积极参与公益事业,以关心和服务各类游泳工作者和游泳爱好者为己任,关心和服务社会各界人士。

**【上海市网球协会】**

上海市网球协会成立于 1992 年 1 月,是由全市从事网球运动的单位和个人自愿组成的专业性、非营利性社会团体法人。业务主管单位为上海市体育局。到 2010 年,有单位会员 17 个,个人会员 236 人。

协会业务范围是：开展网球运动,组织网球竞赛,提高教练员、裁判员的业务素质。

协会主要开展以下几方面工作:

服务赛事。协会积极加强赛事服务。抓住上海举行网球大师杯赛的契机,致力上海的网球文化融入世界氛围,积极配合大师杯赛的宣传,协助大师杯组委会进行大师杯球童选拔服务工作;组织与大师近距离、面对面交流活动,推出球迷互动签名会、球迷见面会、"ATP青少年网球训练营"等活动,促进上海网球大师赛的推广;积极开展国际国内网球交流竞赛,举办中国网球高峰论坛、东亚元老赛、中日中韩网球文化交流、全国水井坊杯中国大城市业余网球团体赛、京津沪三地网球协会交流等,推动网球跨域交流;举办老年网球活动。

服务改革。协会积极促进上海网球专业化改革,与上海市体育局宣教中心合作,举办社会体育(网球)指导员项目上岗证书初级培训;推进上海网球社会化普及,依靠上海网球123推广计划平台,推出运行团队及个人会员推广发展计划;与《解放日报》《文汇报》《新民晚报》《新闻晚报》《青年报》等媒体合作,宣传推广网球运动;运用ITN国际网联网球等级测评系统和PTR上海业余网球排名积分系统,加强科学专业管理,实施个性化服务,为业余网球发展系统化、规范化提供技术支撑;积极支持高校网球运动推广和发展,举办高校阳光体育活动网球项目,为全国高校网球联赛提供借鉴;深入中小学推广网球文化,联手全市各区(县)青少年体育俱乐部开展网球动感体验活动。

### 【上海市高尔夫球协会】

上海市高尔夫球协会成立于1992年5月,是由上海地区高尔夫球爱好者及热心支持高尔夫球运动的团体和个人自愿组成的专业性、非营利性社会团体法人。业务主管单位为上海市体育局。到2010年底,有各种所有制会员单位23个,个人会员98人。

协会业务范围是：组织竞赛、培训人才、科研交流、业务咨询、行业管理。

协会主要开展以下几方面工作:

组织竞赛。协会积极组织举办、协办、承办市级、全国和国际比赛,协调在上海举行比赛的各项活动,组织运动员参加国内和国际间有关比赛和友谊交流活动;1997年,发起推广运作代表上海地区业余高尔夫球选手最高水平的上海市高尔夫球业余公开赛;自2003年起,举办高尔夫职业类"上海高尔夫球巡回赛",提升上海、江浙地区乃至全国球员职业化和专业化水准;自2007年起,打造专属于团体会员单位会员的"麦卡伦杯"巡回赛;2008年,创办"上海市青少年高尔夫球巡回赛",成为上海青少年高尔夫运动的"育苗园";向政府有关部门提出培养选拔优秀运动员、教练员、裁判员的意见建议,会同有关部门审查和考核各级运动员、教练员和裁判员,推荐优秀运动员、教练员、裁判员和科研人员参加全国和国际竞赛、训练和科研交流等活动。

普及宣传。协会积极宣传和指导全市高尔夫运动发展,组织广大群众和青少年积极参加高尔夫运动,增强体质,提高运动技术水平;组织专业人员学习,举办各种训练班、学术讨论会、经验交流会;将业余高尔夫球教练员培训与比赛相结合,以讲座、公开课等方式进行专业培训,并通过比赛检验培训成果;积极扩大培训对象范围,除组织业余高尔夫球教练员培训外,还面向所有职业运动员、青少年选手及高尔夫从业人员开放培训课程,提高专业知识素养;积极组织开展联谊活动,增进高尔夫运动工作者、运动员、爱好者之间友谊,2003年牵头华东六省一市高尔夫球协会共同组建"高尔夫球协会联谊会",并每年开展一次交流活动,促进华东地区高尔夫的普及提高。

调研活动。协会组织对高尔夫俱乐部建设及经营管理的调研、经验交流等活动,协助各团体会员单位改善经营管理,及时向政府有关部门反映会员单位在发展中的问题,为会员单位排忧解难,做好政府与会员单位之间的桥梁纽带工作;开展科研工作,收集编印技术资料和教材。

运作管理。协会积极开展与高尔夫运动相关的业务活动,为高尔夫事业发展积累资金,为达到自负盈亏目的,主动适应市场发展环境,走市场化和社会化发展道路,吸收热心高尔夫事业的企业主为理事会成员,以社会资源推动和发展高尔夫球运动,以专业化的服务回馈企业主及团体会员单位,实现可持续发展。

## 【上海市体育舞蹈运动协会】

上海市体育舞蹈运动协会成立于 1992 年 7 月,是由全市体育舞蹈机构、体育舞蹈专业院校自愿组成的专业性、非营利性社会团体法人。业务主管单位为上海市体育局。到 2010 年,有团体会员单位 3 个,个人会员 87 人。

协会业务范围是:指导、管理和监督全市体育舞蹈运动的开展;举办体育舞蹈竞赛活动;组织体育舞蹈的培训及考级;开展对外交流;承办政府委托事项。

协会主要开展以下几方面工作:

搭建平台。协会以竞赛为抓手,打造安全优质的赛事平台,组织市级比赛活动,借助上海城市业余联赛,扩大和推动体育舞蹈项目的宣传影响力;支持和扶持区(县)协会、学校、俱乐部等组织举办各类赛事活动,对基层的优质赛事给予一定的经济支持;参与承办“中国体育舞蹈公开赛(上海站)”“永业杯 WDSF 大奖赛总决赛暨中国体育舞蹈精英赛”等全国、国际体育舞蹈赛事。

人才培育。协会抓好教育培训,全面提升行业从业人员队伍基本素质和能力水平,组织举办专业培训班,邀请国际级的教师、裁判担任理论和专业技术授课老师及考官,实行专业理论和专业技术双项考试;加强教师、裁判管理规范化、制度化,整合教师、裁判培训和证书发放办法,促进素质能力提升;组织开展技术等级考核工作,促进青少年体育舞蹈运动健康发展。

运作管理。协会抓好内部建设,完善各项管理办法和规定,细化工作内容和岗位职责;建立门户网站和微信公众平台,加强与会员及广大体育舞蹈爱好者信息沟通,联系社会各界力量;深入各区协会和基层教学机构开展调研,实地考察走访、观摩教学和赛事,帮助和支持各单位开展相关工作和活动;完善协会内部机制,打造宣传推广体育舞蹈运动的桥梁和纽带。

## 【上海市中学生体育协会】

上海市中学生体育协会成立于 1994 年 12 月,是由全市普通中等学校和致力于上海市普通中等学校体育工作发展的相关人员自愿组成的专业性、非营利性社会团体法人。下设篮球分会、田径分会、足球分会、排球分会、乒乓球分会、健美操分会、手球分会、游泳分会等 8 个分会。业务主管单位为上海市体育局。到 2010 年,有各种所有制团体会员单位 71 各,个人会员 77 人。

协会业务范围是:开展全市普通中等学校体育教学、训练、竞赛、科研、群体活动和国内外交流工作。

协会主要开展以下几方面工作:

服务会员。协会推动和开展学校体育教育改革,总结交流教改经验,提高体育教学质量;运用校内外体育资源,举办和开展群众性体育活动,增强学生体质,提高学生健康水平;推动和开展学校体育科研及实践交流活动;组织与中学生体育活动相关的业务拓展、信息技术、保障服务等。

活动推进。协会组织或协办全市中(小)学生运动会、单项体育比赛和其他体育活动;加强与中国中学生体育协会、区县中小学校体育协会以及市级单项体育协会等相关组织的沟通联络,开展学校体育交流合作活动;构建多维品牌宣传架构,营造阳光校园舆论氛围,与上海电视台合力打造"阳光校园"品牌电视节目;组织实施上海市年度最佳校园体育活力园丁系列奖主题活动;打造数字化管理平台和自媒体宣传平台等。

人才培育。协会依靠科学管理模式、出色的组织管理团队以及雄厚的学生群体基础,积极培育体育后备人才,组织多类别的中学生单项体育赛事;积极承办上海市各项中学生体育赛事;打造校园体育文化交流大平台,积极推动和开展学校运动队课余训练以及体育教师专项培训活动等。

## 【上海市风筝协会】

上海市风筝协会成立于 2005 年 9 月,是由全市风筝爱好者自愿组成的群众性、非营利性社会团体法人。到 2010 年底,有团体会员 30 个,个人会员 500 人。业务主管单位为上海市体育局。

协会业务范围是：举办全国、全市、国际比赛,学术交流和技术咨询服务,组团参加国内外风筝竞赛及交流活动。

协会主要开展以下几方面工作：

赛事承办。协会每年承办风筝锦标赛、运动风筝锦标赛、盘鹰风筝锦标赛、郊区风筝邀请赛、城市风筝邀请赛,上海市风筝精英赛等市级比赛;每年承办全国运动风筝锦标赛、上海市旅游风筝会、国际友人风筝会、全国风筝制作技艺大赛等全国及国际级风筝邀请赛;组织会员参加全国及国际风筝放飞比赛,组织全市学生龙文化风筝赛等。

推广培训。协会组织全国运动风筝集训班,推广运动风筝放飞技术;自 2013 年起,每年举办学生传统风筝制作培训班、运动风筝放飞培训班,组织会员积极参加外省市风筝类培训班;组织裁判员培训班,到 2010 年,协会有国家一级裁判 45 名,各区(县)经过培训成长出一批国家二级、三级裁判员。

运作管理。协会强化规范化运作和管理,完善民主办会规程,强化内部管理规范,制定协会财务管理制度、招商引资制度、运动员等级制度、裁判员等级制度、业务委员会考核制度等;每年组织进行优秀裁判员、先进集体、先进个人评比,激励运动员、裁判员和各委员单位勇于进取、提高业务及管理水平;努力做好协会党务工作,根据协会特色,积极发挥党员先锋模范作用。

## 【上海市极限运动协会】

上海市极限运动协会成立于 2006 年 7 月,是由全市极限运动员、教练员、裁判员、爱好者、俱乐部及热心支持极限运动的个人和团体等自愿组成的专业性、非营利性社会团体法人。到 2010 年底,有各种所有制会员单位 7 个。业务主管单位为上海市体育局。

协会业务范围是：推广普及极限运动,培养中国极限运动人才,举办全国和国际性的比赛和活动。

协会主要开展以下几方面工作：

行业推进。协会研究制定上海极限运动发展规划、管理法规和训练竞赛制度,以及全市竞赛计划、规则和规程,并组织实施;举办或协同有关单位联合举办全市、全国及国际性比赛活动;协助完成业务主管单位交办的工作任务,培训极限运动员、教练员和裁判员;组织参加国际极限协会组织的有关活动,开展国际交往和技术交流。

普及推广。协会广泛开展极限运动宣传,推动群众性极限运动开展,大力促进极限运动社会化、实体化发展;总结、推广先进经验和技术,研究改进极限运动器材;根据国家体育方针、政策和有关法规,统一组织、协调上海市极限运动的群众性普及活动,促进运动技术水平提高。

运行管理。协会按照核准的章程开展公益性、非营利性活动;民主办会,建立民主决策、民主选择和民主管理制度;遵循"自主办会"原则,工作自主,人员自聘,经费自筹。

**【上海市龙舟协会】**

上海市龙舟协会成立于2008年12月,是由全市各区(县)、高校以及爱好和开展龙舟运动的单位或个人自愿组成的专业性、非营利性社会团体法人。下设教练委员会、裁判委员会、发展和促进委员会3个委员会。业务主管单位为上海市体育局。到2010年,有各种所有制会员单位52个,个人会员20人。

协会业务范围是:组织全市、全国、国际性竞赛和活动;培训运动员、裁判员;参加国内外龙舟活动。

协会主要开展以下几方面工作:

服务会员。协会编辑出版《龙舟新语》,建立门户网站,及时发布龙舟运动的信息和赛事情况;指导全市龙舟运动开展,为会员单位购买龙舟活动相关器材;举办教练员、裁判员培训班,以及为基层龙舟队培训舵手和划手,形成一支能举办国际龙舟比赛的裁判员队伍和高水平的舵手和划手运动员;举办各类论坛、研讨会、座谈会,为会员单位发展龙舟运动、挖掘龙舟文化搭建平台,推动会员单位的训练、比赛,提高龙舟运动技术水平。

赛事开展。协会积极组织龙舟赛事,形成品牌,如来自世界四大洲国家和地区龙舟队参加的"世界华人龙舟邀请赛""苏州河国际城市龙舟邀请赛",来自"长三角"龙舟队参加的"长三角城市龙舟邀请赛",以及"上海市民龙舟大赛""上海市学生龙文化全能赛"等。

对外交流。协会加强与世界各国和地区同行的交流,与中国台湾地区同行加强业务合作,与台湾新北市签订互访协议,定期与该市龙舟选手交流切磋,增进友谊,架设两岸互助合作桥梁。

## 二、名录

根据1989年、1998年国务院《社会团体登记管理条例》和2002年《上海市促进行业协会发展规定》,截至2010年底,在市社会团体管理局注册登记的市级体育领域专业性社会团体79家。

表1-2-3 2010年上海市市级体育领域专业性社会团体一览表

| 序号 | 单 位 名 称 | 业务主管单位 | 登记日期 | 办 公 地 址 |
|------|------------|------------|----------|------------|
| 1 | 上海市击剑协会 | 上海市体育局 | 1991-04-01 | 老沪闵路750号2号楼501室 |
| 2 | 上海市拳击协会 | 上海市体育局 | 1991-04-01 | 东体育会路119弄37号301室 |
| 3 | 上海市射击运动协会 | 上海市体育局 | 1991-04-01 | 金都路3028号 |
| 4 | 上海市射箭协会 | 上海市体育局 | 1991-04-01 | 金都路3028号 |
| 5 | 上海市体育总会 | 上海市体育局 | 1991-04-01 | 南京西路150号 |
| 6 | 上海市粽子球运动协会 | 上海市体育局 | 1991-04-01 | 学前街135号 |
| 7 | 上海市足球协会 | 上海市体育局 | 1991-04-04 | 零陵路800号6楼 |

（续表）

| 序号 | 单 位 名 称 | 业务主管单位 | 登记日期 | 办 公 地 址 |
|---|---|---|---|---|
| 8 | 上海市农民体育协会 | 上海市体育局 | 1991 - 04 - 05 | 大沽路 100 号 3016 室 |
| 9 | 上海市棒球协会 | 上海市体育局 | 1991 - 05 - 17 | 水电路 176 号 |
| 10 | 上海市保龄球协会 | 上海市体育局 | 1991 - 05 - 27 | 大渡河路 1860 号 |
| 11 | 上海市游泳救生协会 | 上海市体育局 | 1991 - 05 - 27 | 东江湾路 444 号 |
| 12 | 上海市手球协会 | 上海市体育局 | 1991 - 05 - 31 | 古羊路 900 号 |
| 13 | 上海市篮球协会 | 上海市体育局 | 1991 - 06 - 07 | 瑞金一路 100 号 |
| 14 | 上海市轮滑运动协会 | 上海市体育局 | 1991 - 06 - 07 | 延安东路 300 号西 9 楼 920 室 |
| 15 | 上海市体育场馆协会 | 上海市体育局 | 1991 - 06 - 14 | 漕溪北路 1111 号 |
| 16 | 上海市田径协会 | 上海市体育局 | 1991 - 06 - 14 | 莘庄镇莘东路 589 号 |
| 17 | 上海市围棋协会 | 上海市体育局 | 1991 - 06 - 14 | 南京西路 591 弄 4 号 |
| 18 | 上海市羽毛球协会 | 上海市体育局 | 1991 - 06 - 14 | 水电路 176 号 |
| 19 | 上海市蹦床技巧协会 | 上海市体育局 | 1991 - 07 - 12 | 百色路 1333 号 |
| 20 | 上海市船艇运动协会 | 上海市体育局 | 1991 - 07 - 12 | 盈朱路 289 号 |
| 21 | 上海市蹼泳协会 | 上海市体育局 | 1991 - 07 - 12 | 东方绿舟体育训练基地 |
| 22 | 上海市汽车摩托车运动协会 | 上海市体育局 | 1991 - 07 - 12 | 广中路 444 号 |
| 23 | 上海市摔跤柔道协会 | 上海市体育局 | 1991 - 07 - 12 | 水电路 176 号 |
| 24 | 上海市水球协会 | 上海市体育局 | 1991 - 07 - 12 | 曹建路 161 号 301 室 |
| 25 | 上海市体操协会 | 上海市体育局 | 1991 - 07 - 12 | 百色路 1333 号 402 室 |
| 26 | 上海市跳水协会 | 上海市体育局 | 1991 - 07 - 12 | 漕溪北路 1111 号 |
| 27 | 上海市无线电运动协会 | 上海市体育局 | 1991 - 07 - 12 | 淮海中路 1329 号 23 楼 2307 室 |
| 28 | 上海市象棋协会 | 上海市体育局 | 1991 - 07 - 12 | 南京西路 595 号 412 室 |
| 29 | 上海市游泳协会 | 上海市体育局 | 1991 - 07 - 12 | 枫林路 329 号 |
| 30 | 上海市自行车运动协会 | 上海市体育局 | 1991 - 07 - 12 | 莘东路 589 号 |
| 31 | 上海市举重协会 | 上海市体育局 | 1991 - 08 - 08 | 莘东路 589 号 |
| 32 | 上海市门球协会 | 上海市体育局 | 1991 - 12 - 16 | 南京西路 591 弄 3 号 |
| 33 | 上海精武体育总会 | 上海市体育局 | 1991 - 12 - 31 | 四川北路 1702 弄 30 号 |
| 34 | 上海市航海模型协会 | 上海市体育局 | 1991 - 12 - 31 | 广中路 444 号 225 室 |
| 35 | 上海市航空、车辆模型协会 | 上海市体育局 | 1991 - 12 - 31 | 广中路 444 号 |
| 36 | 上海市乒乓球协会 | 上海市体育局 | 1991 - 12 - 31 | 建国西路 135 号三号楼 116 室 |
| 37 | 上海市网球协会 | 上海市体育局 | 1992 - 01 - 24 | 仙霞网球中心虹桥路 1885 号 |
| 38 | 上海市武术协会 | 上海市体育局 | 1992 - 01 - 24 | 南京西路 595 号 |
| 39 | 上海中华武术会 | 上海市体育局 | 1992 - 01 - 31 | 上南路 3886 号 |

（续表）

| 序号 | 单 位 名 称 | 业务主管单位 | 登记日期 | 办 公 地 址 |
|------|-----------|------------|----------|-----------|
| 40 | 上海市木兰拳协会 | 上海市体育局 | 1992-02-21 | 大田路 129 号 A 栋 3D |
| 41 | 上海市信鸽协会 | 上海市体育局 | 1992-04-23 | 航校路 1 号 |
| 42 | 上海市高尔夫球协会 | 上海市体育局 | 1992-05-22 | 凯旋路 3131 号 2205 室 |
| 43 | 上海市排球协会 | 上海市体育局 | 1992-07-07 | 南京西路 150 号 414 室 |
| 44 | 上海市中等专业学校体育协会 | 上海市体育局 | 1992-07-07 | 常德路 1344 弄 6 号 |
| 45 | 上海市体育舞蹈运动协会 | 上海市体育局 | 1992-07-16 | 常德路 1344 弄 2 号 110 室 |
| 46 | 上海市练功十八法协会 | 上海市体育局 | 1992-07-24 | 汝南街 64 号 204 室 |
| 47 | 上海市残疾人体育协会 | 上海市体育局 | 1992-07-31 | 水电路 176 号 |
| 48 | 上海鉴泉太极拳社 | 上海市体育局 | 1992-09-25 | 复兴中路 1295 弄 5 号 |
| 49 | 上海市钓鱼协会 | 上海市体育局 | 1993-04-14 | 南京西路 595 号 |
| 50 | 上海市垒球协会 | 上海市体育局 | 1993-05-24 | 水电路 176 号 |
| 51 | 上海市球迷协会 | 上海市体育局 | 1993-08-06 | 中山南二路 1500 号 614 室 |
| 52 | 上海市少数民族体育运动协会 | 上海市体育局 | 1993-09-28 | 新闸路 1031 号 |
| 53 | 上海市大学生体育协会 | 上海市体育局 | 1994-03-16 | 岳阳路 45 号 1 楼 203 室 |
| 54 | 上海市中学生体育协会 | 上海市体育局 | 1994-12-01 | 中山西路 1245 弄 1 号 |
| 55 | 上海市职业培训学校体育协会 | 上海市体育局 | 1994-12-29 | 天山路 1800 号 |
| 56 | 上海市特奥委员会 | 上海市体育局 | 1995-04-18 | 普育西路 105 号 |
| 57 | 上海市跆拳道协会 | 上海市体育局 | 1995-12-26 | 南京西路 150 号 |
| 58 | 上海市航空运动协会 | 上海市体育局 | 1997-05-23 | 航校路 1 号 |
| 59 | 上海市台球协会 | 上海市体育局 | 1999-07-12 | 南京西路 595 号 |
| 60 | 上海市桥牌协会 | 上海市体育局 | 2001-03-09 | 中山南二路 1500 号 2118 室 |
| 61 | 上海市健身气功协会 | 上海市体育局 | 2003-03-05 | 南京西路 591 弄 3 号 |
| 62 | 上海市社会体育指导员协会 | 上海市体育局 | 2003-11-06 | 南京西路 591 弄 3 号 |
| 63 | 上海市健美协会 | 上海市体育局 | 2004-10-18 | 南京西路 150 号 417 室 |
| 64 | 上海市青少年体育训练协会 | 上海市体育局 | 2005-03-25 | 龙吴路 51 号 1 号楼 |
| 65 | 上海市风筝协会 | 上海市体育局 | 2006-01-03 | 南京西路 591 弄 3 号 |
| 66 | 上海市龙狮协会 | 上海市体育局 | 206-01-03 | 南京西路 591 弄 3 号 101 室 |
| 67 | 上海市体育用品协会 | 上海市体育局 | 2006-02-24 | 中山南二路 1500 号 1809 室 |
| 68 | 上海市极限运动协会 | 上海市体育局 | 2006-10-18 | 淞沪路 2100 号一楼 |
| 69 | 上海市场地高尔夫球协会 | 上海市体育局 | 2007-07-12 | 恒通路 360 号 C1301 室 |
| 70 | 上海市电子竞技运动协会 | 上海市体育局 | 2007-08-29 | 零陵路 800 号 1501 室 |
| 71 | 上海市马术协会 | 上海市体育局 | 2008-01-29 | 朱泾镇金廊公路 6300 号 |

（续表）

| 序号 | 单 位 名 称 | 业务主管单位 | 登记日期 | 办 公 地 址 |
|------|-------------|--------------|----------|-------------|
| 72 | 上海市登山运动协会 | 上海市体育局 | 2008 - 04 - 09 | 漕溪北路 1111 号 |
| 73 | 上海市滑冰协会 | 上海市体育局 | 2008 - 04 - 30 | 赤峰路 630 号 702 室 |
| 74 | 上海市体能协会 | 上海市体育局 | 2009 - 03 - 10 | 百色路 1333 号 |
| 75 | 上海市板球协会 | 上海市体育局 | 2009 - 03 - 12 | 四平路 1239 号 |
| 76 | 上海市龙舟协会 | 上海市体育局 | 2009 - 04 - 22 | 南京西路 150 号 405 室 |
| 77 | 上海市曲棍球协会 | 上海市体育局 | 2009 - 05 - 11 | 莘庄镇莘东路 540 号 |
| 78 | 上海市健美操协会 | 上海市体育局 | 2009 - 08 - 21 | 百色路 1333 号 |
| 79 | 上海市剑道运动协会 | 上海市体育局 | 2010 - 06 - 28 | 龙吴路 1500 号 2 幢 B217 室 |

# 第四节　其他专业性社会团体

其他专业性社会团体，是指除经济领域、文化艺术系统、体育系统以外的围绕相关领域的专业知识开展活动，发挥专业人员、专业组织专长为社会服务的社团组织。伴随着上海经济社会发展，上海的各类专业性社会团体迅速成长，涉及教育、卫生、科技、文化、劳动、民政等领域，这些专业性社会团体紧紧围绕市委、市政府的中心工作，充分发挥桥梁纽带作用，承接政府转移职能，与体制机制改革创新相结合，发挥智力、经验等方面的独特优势，在为政府提供决策咨询、服务企业创新发展、集成各种生产要素、创新信息化手段、履行社会责任、促进国际交流与合作等方面发挥积极作用，积极为上海经济建设、科技创新和社会发展做贡献。截至 2010 年底，全市登记注册的其他专业性社会团体 140 个。

## 一、选介

**【上海市卫生工作者协会】**

上海市卫生工作者协会成立于 1952 年，是由全市基层卫生机构、社会办医疗机构、企事业单位保健服务机构和所属医务人员自愿组成并提供服务和管理的专业性、非营利性社会团体法人，下设老年护理（医）院工作委员会、社区卫生服务机构管理专业委员会、社区卫生全科医学专业委员会、社区卫生老年保健与临终关怀专业委员会、社区卫生财产资产管理专业委员会、社区卫生财产资产管理专业委员会、社区卫生中医药服务专业委员会、社区卫生康复医学专业委员会、社区卫生影像医学专业委员会、社区卫生慢性病管理专业委员会、社区卫生检验医学专业委员会、社区口腔病防治专业委员会、社区眼初级保健专业委员会、社区卫生药事和药物治疗学专业委员会、社区卫生护理专业委员会、社区妇女儿童保健专业委员会、社区伦理专业委员会等 17 个专业委员会，以及社区卫生服务主任联盟。业务主管单位为上海市卫生局。到 2010 年，有各种所有制会员单位 308 个。

协会业务范围是：开展宣传教育、课题调研、业务培训、学术交流、编辑出版、咨询服务等活动，承接政府部门委托的事项。

协会主要开展以下几方面工作：

专业调研。协会积极参与社区卫生服务和老年护理等有关政策的调研、咨询和论证工作，为政府有关部门决策提供依据和参考；落实社区卫生和老年护理各项政策，促进上海社区卫生服务和老年护理工作有序、健康发展；受卫生行政管理部门委托，协助制定管理规范、技术标准，探索建立社区卫生服务和老年护理机构评审制度，开展社区卫生服务和老年护理机构效果评价及绩效考核工作；组织会员单位开展社区卫生服务和老年护理项目科研，积极参与有关部门的课题研究，促进科技成果转化，在社区卫生服务和老年护理等机构中推广应用。

行业服务。协会开展社区卫生服务和老年护理等相关专业继续教育，组织社区卫生服务和老年护理管理人员及其他专业技术人员岗前培训、岗位培训和规范化培训，提高各类人员的专业水平；加强行业自律和维权，积极向政府有关部门反映关于社区卫生服务和老年护理工作的意见建议，维护社区卫生服务和老年护理机构及工作者的合法权益，努力营造和谐、有序工作氛围；建立社区卫生服务和老年护理信息平台，组织编写、出版全科医学、社区卫生服务和老年护理的学术期刊、教材、图书、信息资料及音像制品，开展相关咨询服务；受卫生行政部门委托，开展优秀社区卫生服务和老年护理机构及卫生工作者评选表彰工作，总结推广社区卫生服务和老年护理的成果经验。

合作交流。协会促进社区卫生服务和老年护理机构之间的团队合作，促进社区卫生服务和老年护理机构与社会各界和人民群众间的联系，促进社区卫生服务和老年护理机构与其他医疗机构、科研单位、高等院校及社会团体间的联系与协作，动员社会力量和社会资源支持社区卫生服务和老年护理等工作；开展与国内外社区卫生服务和老年护理同行的交流合作，传播社区卫生服务和老年护理管理的新理论、新知识、新技术、新经验，不断更新观念，提高队伍整体素质。

## 【上海市佛教协会】

上海市佛教协会成立于1954年12月，是上海佛教徒联合的爱国团体和教务组织。业务主管单位为上海市民族和宗教事务委员会。

协会业务范围是：协助党和政府贯彻落实党的宗教工作基本方针，团结、带领上海佛教四众弟子爱国爱教、正信正行。

协会主要开展以下几方面工作：

场所建设。自1979年6月恢复正常工作后，市佛教协会紧紧依靠党和政府的领导，积极开展落政平反、收回庙产、恢复开放工作。截至2010年，上海佛教恢复开放寺院近百所。全市佛教场所荣获上海市文明和谐寺观教堂五星称号数量，在上海五大宗教中名列前茅。2010年12月，在首届全国和谐寺观教堂评选活动中，玉佛禅寺、嘉定区佛教协会等单位被评为先进集体，慧明、光慧、世良、玄洪、圣缘等人被评为先进个人。

教务管理。加强教职人员的政治教育、法治教育、文化教育、宗教教育，提高教职人员综合素质；加强教风建设，健全教职人员奖惩机制和准入、退出机制；依法管理佛教教产，指导各场所依法开展经济自养活动，警惕和防范佛教界的商业化倾向。

教制建设。制定团体工作人员管理制度；指导全市各佛教团体、场所成立管理组织，完善内部管理制度；规范宗教活动和财务管理；指导区级团体和场所协商产生场所主要教职人选，并对担任或离任场所主要教职的人员进行审核；根据实际需要，依法申请设立佛教活动场所。

弘扬正法。恢复上海佛学书局，创办《上海佛教》会刊，支持所属寺院开展形式多样的弘法文化活动；举办反邪教宣讲活动，进一步增强广大佛教徒抵御邪教的自觉性；开展"知荣辱、讲文明、树新风"系列讲座,积极为和谐社会建设服务;联合市道教协会召开"生态文化论坛",大力倡导生态文明建设。

人才培养。恢复举办上海佛学院,兴办其他佛教教育事业,大力培养佛教人才。截至2010年,上海佛学院已累计培养僧尼人才360余名,分布于上海乃至全国各地佛教寺院和团体。同时,与社会高校合作开展教职人员国民教育课程学习,累计培养大专以上学历僧尼人员近200名,有效提升了上海佛教教职人员队伍的整体素质。

公益慈善。全市各寺院团体,本着慈悲济世的大乘菩萨精神,在赈灾济贫、赡老抚幼、帮困助残、希望工程等社会公益和慈善事业方面,作出了不懈努力。据不完全统计,截至2010年,上海佛教界的慈善捐款金额已超亿元。与此同时,全市佛教界还积极参与上海对口帮扶地区及经济薄弱地区的公益慈善项目,努力为经济社会发展作贡献。

对外交流。本着"阿弥陀佛加友好"的对外交往原则,上海佛教界大力开展海外联谊交流活动,积极宣传我国的宗教信仰自由政策,展示我国改革开放的发展成就和上海佛教界的沧桑巨变。北京奥运会和上海世博会举办期间,上海佛教各寺院团体认真做好来宾接待工作,为奥运会和世博会的成功举办贡献力量。

图1-2-2 1982年上海市佛教协会创办《上海佛教》会刊。

## 【上海市基督教三自爱国运动委员会】

上海市基督教三自爱国运动委员会成立于1955年4月,是上海市基督教界人士自愿组成的非营利性社会团体法人。业务主管单位为上海市民族和宗教事务委员会。

委员会业务范围是:团结全市基督徒,同心合意,办好我国独立自主、自治、自养、自传的教会。

委员会主要开展以下几个方面的工作:

爱国教育。委员会组织教职人员参加"红色之旅",举办"'三自'爱国及宗教法规学习培训班",

每年举行"宗教法规学习月",专门制定具体学习方案,邀请有关法律专家向全体教职人员进行教育,不断增强社会主义法制观念;华东神学院每年组织学生进行爱国主义教育,增强爱国情感。

思想建设。委员会支持和参与各区(县)基督教"两会"教职人员的讲道交流工作,以及华东神学院师生神学思想研讨活动,采取市、区(县)两级基督教会之间联动、与高校学者之间互动等形式,推动神学思想建设;为配合神学思想研讨和讲台事工交流,出版上海市基督教教职人员讲道集《所信之道》等书刊;每年举行各类主题研讨会和退修会,特别邀请内地和香港教会的教职人员,就有关神学和教牧灵修等内容举行讲座。

团体建设。委员会按照《上海市基督教三自爱国运动委员会章程》规定,举行工作务虚会、会务会、常委会和全体委员会会议,制定和完善会议举行、教牧人事、圣职按牧等制度,认真做好教职人员身份认定和财务监督管理"两个专项"工作,做好核定发放《中国基督教教职人员证》和年审复核备案工作,并对各区(县)基督教"两会"的财务工作加强指导和检查;对教职人员应邀外出讲道、外省市教职人员来沪培灵、讲道以及聘用非上海市户籍教职人员等制度做调整,完善和实施内部人员的工作职责和奖惩办法,促进教会管理正规化;关心各区(县)基督教两会工作,指导相关堂点讲台和教牧工作,进一步做好私设聚会点信徒的团结引导,支援各区(县)基督教"两会"教堂的修建重建;积极参与上海市民族和宗教事务委员会创建"文明宗教活动场所"活动,开展工作测评与检查,召开文明场所管理经验现场交流会,推进堂点文明水平提高。

人才培养。委员会制定人才培养的长远规划和近期培训计划,采取"请专家讲课"和"现场观摩学习"等形式,对妇女事工、青年聚会、文字通讯、档案管理、财务管理、涉外礼拜等进行培训,为教职人员提供学习深造机会,为广大义工创造培训机会;华东神学院自开办至今,圣乐科面向全国招生,聘请外教,师资队伍充实,为有效培养教会合用人才创造条件;对基层教职人员给予关心,特别对患重病和生活困难的教职人员给予经济帮助。

对外交流。委员会加强与外省市教会的往来,就教职人员认定、按牧、培训、管理等教会事工进行广泛交流,取长补短,推进工作;为宣传自己、了解对方、增进友谊、交流事工,加强与海外和境外教会及基督教团体的友好往来,并就"教会管理""婚姻家庭""社会服务""城市牧养"等课题进行研讨。

社会服务。委员会重视社会公益事业,专门设立社会服务事工组,开展相关社会公益工作;发动各区基督教"两会"积极参与各项赈灾、扶贫、助学活动,努力践行基督大爱;特别关注社会老年事业,组织相关人员赴社会敬老院考察学习,同时加强敬老院制度建设、人员配备和业务管理,不断提升服务水平。


【上海市天主教爱国会】

上海市天主教爱国会成立于1960年4月,是由全市天主教神长教友自愿组成的爱国爱教的非营利性社会团体法人。业务主管单位为上海市民族和宗教事务委员会。

爱国会业务范围是:爱国爱教、荣主益人、投身四化、服务人群。

爱国会主要开展以下几方面工作:

学习教育。爱国会组织市、区(县)教职人员、教友学习中国共产党和国家的重要会议精神,帮助神长教友进一步明确团体在国家和社会中的任务与作用;组织教职人员、教友开展爱国主义教育实践活动,帮助神长教友坚定走爱国爱教、独立自主自办教会道路的信心;举办形势讲座和法律法规讲座,如,每年举办2—3次大型形势讲座,帮助教职人员、教友分析国际国内形势,宣传中国和上海改革开放政策和经济建设成果,解读我国的宗教政策、法律法规。

人才培养。爱国会坚持办好中青年教友培训班,每年制定专门的培训计划,每月组织开展培训,持续多年,为市、区(县)两级爱国会培养了一批骨干力量;注重基层爱国会驻会人员培训,每年组织一次,各基层爱国会驻会主任、副主任等人员参加,促进驻会人员综合素质提高;指导基层爱国会加强对委员、常委的学习培训,明确要求、提供资料等,推动基层爱国会队伍建设水平提高;指导基层爱国会协助堂区及神父做好管理工作、安全工作和服务工作。

自身建设。爱国会认真贯彻教会民主办教原则,坚持市天主教团体负责人联席会议制度,与市天主教教务委员会、天主教上海教区、市天主教知识分子联谊会一起,按照"集中领导、民主管理、相互协商、共同决策"的原则,共同讨论涉及上海天主教发展的重大事项,协同其他团体,指导推动基层堂区贯彻民主管理原则,鼓励各堂区教职人员和爱国会一起共商大事,为完善教堂管理发挥积极作用;协助做好大型宗教活动的组织、管理和服务工作,认真主动做好"四大瞻礼""佘山朝圣"等活动的服务工作,确保宗教活动依法、正常、有序进行;指导基层爱国会开展学习、完善制度、规范工作、加强后备人才建设等;为基层爱国会提供财力保障,有计划地为基层爱国会添置办公设备,帮助基层爱国会缓解经费困难;搭建基层爱国会学习交流平台,鼓励参与市爱国会举办的大型活动,加强基层爱国会之间的团结协作;与国内各地区、以及按照"互不隶属、互不干涉、互相尊重"的原则与港澳地区的天主教界人士开展广泛、友好的交往与交流,共同谋划中国天主教未来蓝图,着力推动中国天主教事业蓬勃发展。

社会公益。爱国会热心开展社会慈善活动,坚持每年向基层爱国会下拨帮困救助专款,资助困难家庭教友和社区中的贫困学生;鼓励引导基层爱国会投身各类社会慈善活动,彰显天主大爱,体现社会价值;在中国共产党和国家重大活动中,积极配合做好各类宣传、服务工作,体现天主教服务社会的精神。

## 【上海教育国际交流协会】

上海教育国际交流协会成立于 1983 年 3 月,是由一些教育界专家、学者和有关方面代表共同发起建立的对外教育交流的专业性社会团体法人,下设项目及师生交流部、政府及院校服务部 2 个专业机构,协会秘书处同时兼任上海市联合国教科文组织协会、上海市高校外事工作委员会、上海市(区县)基础教育外事工作委员会秘书处。业务指导单位为上海市教育委员会。到 2010 年,有团体会员 54 个。

协会业务范围是:与国际民间教育相关的组织及教育界人士开展交流合作;介入留学中介、中外合作办学、社会力量办学等国内外教育资源整合工作。

协会主要开展以下几方面工作:

服务政府。协会在市教委国际交流处直接指导下开展工作,同时也是中国教育国际交流协会会员单位,国家"汉办"在沪接待单位之一,承担部分政府协议的教育交流与合作项目,在沪开展具体执行工作;支持和配合政府及相关部门,完成政府相关部门交办的各项任务;协助教育部每年在沪举办 2 个国际教育展览;发挥专业优势,接待国外教育行政官员、学者、教师、学生等团组和个人来上海访问、学习、研修和考察。

平台服务。协会做好平台搭建工作,发挥桥梁纽带作用,依托资源优势,与各国驻沪领事馆、各国或地区驻沪办公室、境外高校等合作,组织各种不同层次、学科的国际性竞赛和教育交流活动,为学校师生创造对外交流学习的机会;组织中小学生参加国(境)外夏(冬)令营和长期(学年)文化交流项目;为教师提供赴国(境)外考察、访问和培训机会;积极为全市中小学校及高校牵线搭桥,建立姐妹校或合作关系,引进或输出优质教育资源。

人才服务。协会面向社会提供专业化教育人才引进服务,常年为各级各类学校及教育机构引进外国专家、外籍教师,进行长期或短期来华任教,帮助办理入境等相关手续;并与国内外相关组织和机构合作,筹集资金捐赠教育事业。

### 【上海继续工程教育协会】

上海继续工程教育协会成立于1986年,是由全市热心继续教育事业和专业技术人才队伍建设工作的组织、团体和个人自愿组成的专业性、非营利性社会团体法人,下设企业工作委员会、高校工作委员会、地区工作委员会、卫生分会等4个分支机构。业务主管单位为上海市人力资源和社会保障局。到2010年,有团体会员单位103个。

协会业务范围是:组织、推动、研究和服务继续教育工作,促进专业技术人才队伍建设。

协会主要开展以下几方面工作:

理论研究。协会参与和配合市委组织部开展全市职后教育调研,对规范人才培训市场,建立人才培训行业组织和促进人才培训市场健康发展等问题,提出意见建议;承担《上海市人才继续教育的针对性与实效性研究》子课题研究,围绕加强继续教育制度建设、构建培训市场的法制秩序、建立继续教育投入保障机制、建立继续教育市场化运行机制和建立质量保障机制等方面,提出了对策和建议;受政府有关部门委托,会同上海师范大学、华东政法学院等高校,组织继续教育法制建设工作调研,开展全市继续教育立法可行性专项课题研究,编制《全市继续教育立法研究报告》,为制定继续教育相关政策规章提供咨询意见;会同离退休专家协会开展《全市工程技术人员继续教育现状、问题和对策研究》课题研究,为政府制定政策法规提供咨询建议。

整合资源。协会开发继续教育课程,促进培训资源整合与共享,参与审计、会计、司法、水务等多个专业科目指南的课程开发与设计,承担经济专业课程开发及培训实施工作,采取以名家讲座为主的授课形式;组织开展知识产权继续教育公需科目课程开发和教材编写,建立专家讲师团,组织实施培训;会同机电、纺织等行业举办全国高级专业技术人员继续教育研修班;承担新疆建设兵团委托的现代管理、新型工业化等高研班项目;协调组织实施信息技术、现代管理、农业、水务、林业等领域专业技术人员的专项培训项目,接受培训的专业技术人员累计超过15万。

基地建设。协会创建工程师研修基地,创新工程技术人才培训新渠道,参与汽车、装备制造、化工、纺织、生物医药和信息技术工程师研修基地的框架设计策划等筹备工作,为重点领域工程技术人员知识更新搭建新平台、提供新渠道,打造具有上海特点的继续教育新模式。参与电气集团装备制造业工程师研修基地建设,参与电气集团承担的核电、轨道交通等六个重大攻关项目。与有关大学联合攻关,以工程项目为研修主题,采取课题研究、工程实践、专家带教、研讨讲座、学术报告、授课培训等多种方式,促进工程技术人员专业能力、实践能力、创新能力和综合素质的提高。

公益活动。协会组织举办公益性讲座,推动社会组织开展继续教育。与浦东新区工程师学会共同举办"工程师面向国际、知识结构重组"系列讲座,帮助工程师拓宽视野、开阔思维、填补知识缺口,提高基本素养和实践能力;支持各行业部门的专业人才继续教育培训,参与社会各项培训活动,根据市场化、社会化培训需求,为满足各类专业技术人员的继续教育新需求,参与上海紧缺人才培训工程的项目策划、组织与实施工作;配合政府部门,直接参与计算机应用能力、通用外语水平及中高级外语口译考等项目的培训组织与实施,为推进社会化培训,缓解全市急需紧缺人才做贡献;发挥上海人力资源优势,参与区域人才合作,推进与兄弟省市继续教育协会的合作交流。

服务会员。协会积极做好服务会员工作,为会员单位免费提供继续教育信息,组织继续教育工作业务培训、课程开发、组织管理等专题研讨,主动为会员单位中的企业、高校和科研单位之间的交流沟通与合作提供服务;积极发展新会员,充实协会力量,改善结构,增强凝聚力,扩大影响力。

自身建设。协会始终把自身建设放在首位,加强思想建设、组织建设和制度建设,完善内部管理,进一步提高协会的工作质量和水平,扩大协会的社会影响和辐射功能,促进上海继续教育工作全面、健康发展。

### 【上海日本技术研修者协会】

上海日本技术研修者协会成立于1987年10月,是由上海市赴日本研修生自愿组成的专业性、非营利性社会团体法人。业务主管单位为上海市经济和信息化委员会。到2010年,有个人会员329人。

协会业务范围是:举办讲座、培训班、学术会、推荐和派遣研修生、咨询服务、组织与国外相关团体的交往活动。

协会主要开展以下几方面工作:

服务企业。协会围绕上海经济工作重点、服务企业人才培养。自1980年起,推荐和派遣学员赴日本、欧洲培训,开展海外研修和专业讲座、函授教育、日语培训、巡回讲座、咨询服务、外事接待等工作;1993年至2003年,与日本海外技术者研修协会合作开办函授教育,培训近1万名企业经营生产骨干;协助日本海外技术者研修协会在上海、苏州、广州举办各种生产管理方面的培训,截至2010年共培训企业现场管理人员6 970人;承接市经济信息化委的海外培训任务,帮助企业中高级管理及专业人员,拓宽视野,开拓思路,提升业务素养。

对外交流。协会加强对外交流与合作,积极开展研修生推荐派遣、组织海外研修会等活动,促进中日企业之间的文化交流、商务合作;开展与世界各国学友会的交流活动,通过日本WNF基金项目平台,与印度和巴西学友会建立合作交流关系,成为上海市对外人才合作交流的重要窗口。

服务会员。协会加强会员信息梳理,制作会员名册,方便会员间交流;为会员提供技术与信息服务,帮助会员及其企业与外方企业的互访、调查、咨询、商务对接等活动;积极做好回国学员培训效果及回国后情况的调查,制作和组织填写培训情况反馈表,召开回国学员回访座谈会,举办专题研讨会、交流会等,为回国学员及其企业搭建产业信息、技术交流的平台。

运作管理。协会强化规范化运作和管理,完善民主办会规程,发挥对外培养优秀人才与交流平台的作用,服务企业、服务政府、促进产业发展;探索党建工作,发挥专职人员、会员尤其是理事会人员中党员的先锋模范作用。

### 【上海市企事业单位治安保卫协会】

上海市企事业单位治安保卫协会成立于1987年12月,是由全市从事治安保卫的相关单位自愿组成的专业性、非营利性社会团体法人。下设水上工作委员会、医药工作委员会、机场工作委员会等3个工作委员会。业务主管单位为上海市公安局。到2010年,有团体会员单位409个。

协会业务范围是:维护企业政治稳定,搞好内部治安保卫,推行治安承包责任制,促进内保工作。

协会主要开展以下几方面工作:

服务会员。协会编印《上海内保》，报道专业信息，指导内保工作；督促重点单位设置专职保卫机构，配齐配强专职保卫人员，严格落实治安责任，满足单位内部安全防范工作需求。帮助和督促供电、供水、供气、通信、军工、医药、金融等系统 2 000 多家重点单位建立治安保卫机构，支持专职治安保卫人员培训，促进全市单位内部治安保卫体系全覆盖。

职业培训。协会组织修订《保卫人员职业标准》，编写涵盖五个等级的《保卫人员职业培训计划和大纲》。新编教材、建立题库，开创全国保卫职业教育培训先例，填补了国内职业化序列的空白。

自身建设。协会创新"网络构架、条块建设"的发展模式，支持并指导区（县）协会依据章程全面开展工作，构建层层落实的警企联动大平台；印发《关于加强全市企保协会工作的指导意见》，就加强协会组织领导、配备专职工作人员、定期召开理事会议、建立联席会议制度、开展安保服务活动等方面提出具体要求，推动协会的规范化、制度化建设。

## 【上海市技师协会】

上海市技师协会成立于 1992 年 11 月，是由全市技师、高级技师等高技能人才自愿组织的专业性、非营利性社会团体法人。业务主管单位为上海市人力资源和社会保障局。到 2010 年，有团体会员单位 44 个，个人会员 10 000 余人。

协会业务范围是：开展有关高技能人才工作的培养服务、技术交流、舆论宣传、评优表彰、学术研究等。

协会主要开展以下几方面工作：

人才建设。协会促进高技能人才培养，积极开展"高师带徒"工作，配合市人力资源和社会保障局等有关部门，在企业推行"首席技师工作制度"和"技能大师工作室"等；组织高技能人才竞赛，参与市级一类、承办市级二类竞赛，以及行业或企业组织的职业技能竞赛活动，承担赛事组织、裁判、鉴定等工作，积极推动下属分会积极参与本行业、本单位组织的职业技能竞赛活动；接受市人力资源和社会保障局等部门委托，开展高技能人才评优工作；组织开展首席技师三年行动计划、上海市技能大师工作室、上海市杰出技术能手、上海市技术能手、高技能人才培育突出贡献个人（集团）等项目的评审；参与由市委组织部、市委党校、市人社局联合举办的高技能人才研修班学员推荐和班级管理工作；加强职业培训基础管理，接受政府有关部门委托开展民办职业培训机构高级及以上培训专业资质的备案评估工作、民办培训机构教师上岗证审核工作、培训机构管理人员继续教育培训工作，以及新职业开发和鉴定题库维护的监理工作、技师继续培训项目完善及过程管理等。

平台服务。协会搭建信息宣传平台，创办"上海市技师协会"网站、《上海技师》报，介绍优秀高技能人才事迹、高招绝活和高技能人才工作、学习等情况，加强媒体宣传，营造有利于高技能人才成长的社会氛围；举办职业资格晋升班、继续教育班等，组织各类参观、讲座活动，为技师职业晋升创造条件；强化技术创新攻关，组织技师会员开展技术创新、技术攻关等项目活动，为企业生产经营作贡献；倡导会员发挥技术专长，为社会提供广泛服务。

对外交流。协会倡导建立苏浙沪技师协会联谊会制度，积极组织和参与联谊活动，与苏州、杭州、徐州、舟山、常熟等地技师协会建立良好的协作关系，开展工作交流和人才资源共享。

## 【上海市中小学心理辅导协会】

上海市中小学心理辅导协会成立于 1993 年 2 月，是由全市幼儿园、中小学、中职校等普教系统的心理工作者自愿组成的专业性、非营利性社会团体法人。下设青年心理教师专业委员会、中等职业学校心理健康教育专业委员会、幼儿心理健康教育专业委员会、中小学心理健康教育专业委员会等4个专业委员会。业务主管单位为上海市教育委员会。到2010年,有各种所有制会员单位310个。

协会业务范围是:课题研究、讲习培训、考察交流、心理咨询、心理测量、心理训练、出版发行研究成果和有关书刊。

协会主要开展以下几方面工作:

学科研究。协会组织会员开展心理辅导的理论与实践研究。1991年,组织开展"初中学习困难学生教育的研究";1996年,组织开展"中小学心理健康教育运行系统研究""中小幼发展性心理辅导"等研究;2006年,组织开展"学生生存与发展能力研究——中小学生抗逆力现状、特点和培养的研究"等,取得系列研究成果;指导学校心理健康教育,倡导和支持"心理健康教育实验校""心理健康教育示范校"等特色学校建设,推广特色学校的经验做法,发挥示范辐射效应。

培训交流。协会积极组织开展专业培训。举办"家庭心理辅导班""科研方法学习班""个案心理辅导学习班""如何开展心理辅导活动课教学"等,通过讲习培训,提高老师等人员的心理辅导专业水平;组织理事沙龙、特殊学校沙龙、工读学校沙龙、九年一贯制沙龙等,开展形式多样的学术研讨交流各种学术活动;组织开展心理辅导活动课大奖赛,提升优秀青年心理教师的专业能力,表彰和激励更多学校和心理教师开拓创新心理健康工作,为广大中小幼学生提供更好的心理健康教育服务。

信息服务。协会编印《心理辅导》学术交流材料,介绍普教心理健康教育的实践经验、理论动态、特点问题、课题教学、个案研究等信息,为会员提供论文、经验、研究成果交流的平台和机会。

### 【上海市老年教育协会】

上海市老年教育协会成立于1993年9月,是由全市热心老年教育事业、在老年教育工作中有一定成绩的个人和单位组成的专业性、非营利性社会团体法人。业务主管单位为上海市教育委员会。到2010年底,有团体会员单位163个。

协会业务范围是:协助政府主管部门对老年教育进行指导和管理;积极开展调查研究、理论研究、经验交流、评估等工作。

协会主要开展以下几方面工作:

宣传教育。协会举办讲座、报告会,开展老年宣传教育。到2010年,举办"老龄工作形势和老年教育""学习中央关于素质教育决定的体会及有关老年教育信息""上海教育'十五'发展规划""上海老年教育机构设置的暂行规定贯彻执行的有关问题的解读""WTO与老年教育""申博成功与上海发展""学习型社会建设中的老年教育"等多场报告会,以及"老年学与老年教育系列讲座"。

学习培训。协会开展老年工作业务培训。2005年,举办校长业务培训系列讲座,内容有"积极应对老龄化及上海老年人参与社会现状""上海老年教育发展研究"等;根据上海养老机构发展要求,与市老龄事业发展中心等单位联合,对养老机构干部组织培训,规范养老机构办老年学校要求;与市老年教育工作小组办公室等单位联合,举办"科技助老"老年教师师资进修班,指导社区老年学校教师采取适合老年人的教学方法,使老年人尽快掌握电脑操作技能;协助市老年教育教材编写委员会,组织编写统一的老年教育教材——"新世纪老年课堂"系列教材,到2010年,公开出版的教材有《钩针编织》《瓷绘工艺》《布艺画制作》《理财入门》《法律与维权》《老年心理健康》《健康饮食》《常用英语200句》《数码摄影》《老年钢琴实用教程(第1—4册)》等,教材贴近老年人实际,受到广泛欢迎;2005年起,参与市老年教育工作小组办公室开展"我心中的好老师"推荐活动,到2010年,共评出108位"我心中的好老师"老年教育老师;自2008年起,与市老年教育工作小组办公室开展创建示范性老年大学(学校)评估工作,截至 2010 年,共评出示范性老年大学(学校)51 所,特色老年大学(学校)30 所。

艺术活动。协会组织文艺演出,自 2006 年起,与市老年教育工作小组办公室联手,每年围绕一个主题,举办上海老年教育艺术节,宣传老年教育工作,展示老年学员艺术风采,2006 年首届艺术节综合展示文艺汇演和老年书法、摄影、工艺等作品;2007 年艺术节以京剧、越剧、沪剧会演为主,全市 157 个街道(乡、镇)和 196 所老年大学(学校)举办近 200 场戏剧会演;2008 年艺术节以"与奥运同行,老年教育健身操(舞)展示"为主题,组织健身操(舞)演出 246 场,参与人数近 40 万人次;2009 年艺术节以"颂祖国、迎世博、唱和谐"为主题,举行"上海老年教育艺术节合唱展演",共展演 126 场,参与者近 12 万人次;2010 年艺术节以文艺汇演和艺术作品展示为主题,参与的老年学员达 50 多万人次;创办并承办"上海老年教育艺术作品展示厅",展出老年学员摄影、书法、剪纸、丝网花、瓷盆画、编织等艺术精品,展示厅于 2010 年 9 月正式对外开放,为社会了解老年教育成果开辟重要窗口。

对外交流。协会积极参与国际交流活动,筹备并参加"94'上海国际友好城市老年教育问题研讨会""第四届老年教育国际研讨会""中、韩、日老年福利、老年教育研讨会";参加东亚地区高龄教育学术研讨会,扩大上海老年教育工作的国际影响。

### 【上海青年志愿者协会】

上海青年志愿者协会成立于 1995 年 5 月,是由志愿从事社会公益与社会服务事业的各界青年和青年组织组成的专业性、非营利性社会团体法人,是中国青年志愿者协会团体会员。业务主管单位为共青团上海市委员会。到 2010 年,有团体单位会员 99 个,个人会员 138 人。

协会业务范围是:开展青年志愿者的培训、交流、评选、表彰等管理工作;组织开展国内外合作与交流活动。

协会以奉行"奉献、友爱、互助、进步"的志愿者精神为准则,以"快乐志愿,随手公益"为核心理念,以"制度化、国际化、社会化"为发展方向,主要任务是培养青年的公民意识、奉献精神和服务能力,为城市发展、社区服务、抢险救灾以及大型社会活动等公益事业提供志愿服务;为具有特殊困难,需要帮助的社会成员及贫困地区提供志愿服务;引领广大青少年自觉参与社会治理,投身志愿公益,壮大志愿者队伍,深化服务品牌,打造志愿文化,促进志愿公益行动常态化、长效化发展。

协会主要围绕赛会服务、民生服务和援外服务"三大领域"开展青年志愿服务活动:

赛会服务。协会在市委、市政府领导和共青团上海市委指导下,负责八运会、上海特奥会、北京奥运会、北京残奥会、上海世博会、亚信峰会等数百项大型体育赛事、重大国际会议、文化艺术和商贸交流活动提供各类志愿服务。到 2010 年底,累计组织青年志愿者服务 150 余万人次。2010 年,协会被中共中央、国务院授予"中国 2010 年上海世博会先进集体"称号。

民生服务。协会积极关注和对接社区民生需求,动员青年志愿者团队走进社区,开展环保服务、医疗服务、法律服务、心理辅导、专业技能服务、家庭服务、关爱特殊人士、传播文明风尚等多种类型的志愿服务。

援外服务。协会认真贯彻落实市委、市政府和团中央的工作部署,开展上海市大学生志愿服务西部计划、研究生支教团、上海赴滇服务接力计划等服务项目,选派青年志愿者远赴中西部地区开展外援服务;承接海外服务计划,实施中国青年志愿者赴老挝服务项目,第一次让中国青年志愿精神走出国门,在世界打造上海青年志愿者最美名片。

**【上海市刑事科学技术协会】**

上海市刑事科学技术协会成立于 1996 年 8 月,是由全市公安系统、司法系统、公安政法院校以及相关企业单位和相关研究机构等单位会员,以及从事刑事科学技术的管理人员、专业技术人员、研究人员、教官、教师和从事刑事技术产品的技术人员等自愿组成的专业性、非营利性社会团体法人,下设文检专业委员会、痕检专业委员会、微量物证检验专业委员会等 3 个分支机构。业务主管单位为上海市公安局。到 2010 年,有会员单位 10 家,个人会员 428 人。

协会业务范围是:从事理论研究、学术交流、技术检验、成果推广、咨询培训、出版刊物、表彰奖励。

协会主要开展以下几方面工作:

专业研究。协会积极开展理论与应用技术研究,鼓励会员在现场勘查技术、物证发现与提取技术、分析与检测判断技术、疑难物证检验鉴定技术等方向申请课题,并将研究成果应用于实战,解决疑难案件问题,为案件侦破、起诉和审批提供可靠、科学的依据;积极参与信息化系统建设,在指纹、痕迹、毒化、理化、DNA 等专业建成专业信息化数据库,为实战服务;与国内大学院校、中科院系统研究所、公安院校、产业研究院所等合作,加强共建联合实验室建设,联合科技攻关;利用行业内专家资源优势,积极为所属刑事技术部门提供疑难案件的现场勘查、检验鉴定、信息化数据利用等各类专业技术咨询。

技术交流。协会依托挂靠单位参与举办各类论坛讲座、学术研讨会、技术交流会等,为会员单位和刑事技术人员搭建最新信息、技术交流、产品展示和同行间的联系平台,帮助刑事技术专业人员及时、准确地掌握刑事技术的发展趋势,了解最新的刑事技术专业知识和相关的技能,全面提升上海刑事技术的创新能力;积极参与物证鉴定的质量控制和人员监督,保证质量体系活动的规范运行和物证检验鉴定的质量;组织会员参加国内、外专业学术报告和技术交流会,拓展会员视野,建立国际交流和合作机制,加强与国内各单位间的纵向和横向联系,向外省市同行推广科研成果,组团赴国外进修和国内先进单位实地学习、考察观摩,取长补短。

人才培养。协会各专业会员强化对分县局刑事技术人员的工作指导和业务培训,如毒品检测要求培训、现场勘查培训、物证提取与送检工作流程培训等;各专业技术专家积极为职能部门推荐专业技术职称评定、岗位任职资格、上海刑侦专业人才——刑事科学技术子库专家会员的考评工作,协助分局刑科所向公安部申报等级技术室工作;承担有关院校研究生和本科生实习的人才培养基地工作;办好《上海市刑事技术》刊物,为刑事技术专业人员提供业务学习与交流平台。

运作管理。协会强化规范化运作和管理,严格按照章程规定运行,完善民主办会规程,强化内部管理规范,制定财务管理、业务指导与培训、检验鉴定服务等规章制度;积极探索党建工作,将党建工作与刑事技术发展相结合,发挥党员先锋模范作用。

**【上海高校心理咨询协会】**

上海高校心理咨询协会成立于 2003 年 7 月,前身是上海市高等学校心理咨询研究会,是由全市高校心理健康教育和心理咨询工作者及有关单位自愿组成的专业性、非营利性社会团体法人。业务主管单位为上海市教育委员会。到 2010 年,有团体会员单位 69 个,个人会员 358 人。

协会业务范围是:高校心理健康教育及心理咨询工作规划、业务培训、督导、评估、科研、学术活动、职业道德监督、政府委托的有关工作及社会服务等。

协会主要开展以下几方面工作:

服务会员。协会提供信息服务,建立门户网站和会员邮箱群,及时发布有关国家政策法规、政府文件、学术交流、业务培训、研究课题、专业活动及协会动态等信息;搭建会员交流与沟通平台,举行学术交流年会,组织会员开展国内外学术交流和工作交流与研讨,积极参与并推动海峡两岸暨香港、澳门大专院校心理健康教育高峰论坛;组织会员赴北京、天津、江苏、福建等地考察交流心理健康教育工作等,邀请国内外专家学者来沪开展学术交流和举办业务讲座,开阔会员眼界;将会员研究成果结集出版。

业务推进。协会参与上海教育委员会有关学校心理健康教育一系列文件的制定工作,积极建言献策,组织专家参与制定《上海教委关于进一步加强上海高校大学生心理健康教育的若干意见》;努力当好政府的桥梁、助手和参谋,定期向市教委德育处报告高校心理健康教育情况;定期召开全市高校心理咨询中心负责人专题会议,探索政府主管领导和第一线工作负责人的对话互动机制;组建专家宣讲团,开列心理健康教育专题宣讲清单;组织在高校开展"五月心理健康宣传教育活动月",以心理健康讲座、学术活动、朋辈互助活动、各类素质拓展训练等为内容,将心理健康教育融入大学校园文化;组织举办上海市高校青年教师心理健康教育课程大赛,促进课程建设和师资人才成长;采取多样化方式吸引大学生参与心理健康教育活动,举办大学生心理情景剧邀请赛、"上海市大学生朋辈心理互助组织发展论坛""阳光总在风雨后"大型心理健康征文活动等;积极推动上海高校心理健康教育和心理咨询工作,创造性地开展活动,与同济大学共同承办中国心理卫生协会大学生心理咨询专业委员会学术年会;组织并指导同济大学和华东师范大学成立上海东片、西片心理辅导工作站;参与举办第一次全市学校心理健康教育工作研讨会等。

服务社会。协会积极开展科普工作,举行各种咨询活动,利用各种媒体,宣传心理健康知识,组织专家学者到东方大讲坛宣讲;与上海妇女联合会合作,推出面向社会的"白玉兰家园"心理健康讲座;开展心理援助服务,勇于承担社会责任,2003年"非典"期间,公开心理咨询中心电话号码;汶川地震后,组织咨询师参加心理援助志愿者队伍,组织专家赴汶川和都江堰开展心理援助相关培训,举办"点亮希望之光——灾后重建进程中的社会工作和心理援助专家研讨会"等。

运作管理。协会坚持管理规范化、制度化,认真实行民主集中制的工作决策原则和制度,重大事项请示报告;探索党建工作机制,发挥党支部战斗堡垒作用。

## 二、名录

根据1989年、1998年国务院《社会团体登记管理条例》和2002年《上海市促进行业协会发展规定》,截至2010年底,在市社会团体管理局注册登记的市级其他领域专业性社会团体142家。

表1-2-4 2010年上海市市级其他领域专业性社会团体一览表

| 序号 | 单 位 名 称 | 业务主管单位 | 登记日期 | 办 公 地 址 |
|---|---|---|---|---|
| 1 | 上海市老科学技术工作者协会 | 上海市科学技术协会 | 1984-06-15 | 新疆路445号105室 |
| 2 | 上海市有线电视协会 | 上海市文化广播影视管理局(上海市文物局) | 1990-02-10 | 东台路277号B座903室 |
| 3 | 上海市海外交流协会 | 上海市人民政府侨务办公室 | 1991-03-12 | 延安西路129号 |
| 4 | 上海发明协会 | 上海市科学技术委员会 | 1991-03-20 | 中山西路1525号12楼 |

（续表）

| 序号 | 单 位 名 称 | 业务主管单位 | 登记日期 | 办 公 地 址 |
|---|---|---|---|---|
| 5 | 上海市伊斯兰教协会 | 上海市民族和宗教事务委员会 | 1991-04-04 | 河南南路西仓桥街 117 号 |
| 6 | 上海市金属切削技术协会 | 上海市科学技术协会 | 1991-05-29 | 南昌路 47 号 3311 室 |
| 7 | 上海市道路交通安全协会 | 上海市公安局 | 1991-05-31 | 太阳山路 38 号 811 室 |
| 8 | 上海市野生动植物保护协会 | 上海市绿化和市容管理局 | 1991-05-31 | 制造局路 130 号 1806 室 |
| 9 | 上海市粘接技术协会 | 上海市科学技术协会 | 1991-05-31 | 南昌路 47 号 3317 室 |
| 10 | 上海市公共关系协会 | 中共上海市委统战部 | 1991-06-07 | 威海路 511 号 1301 室 |
| 11 | 上海市模具技术协会 | 上海市科学技术协会 | 1991-06-07 | 打浦路 90 弄 1 号 601 室 |
| 12 | 上海市压铸技术协会 | 上海市科学技术协会 | 1991-06-07 | 南昌路 47 号 3304 室 |
| 13 | 上海市珠算心算协会 | 上海市科学技术协会 | 1991-06-07 | 澳门路 698 弄 7 号 101 室 |
| 14 | 上海市抗癌协会 | 上海市科学技术协会 | 1991-06-13 | 零陵路 399 号 |
| 15 | 上海市道教协会 | 上海市民族和宗教事务委员会 | 1991-06-13 | 大境路 259 号 |
| 16 | 上海市佛教协会 | 上海市民族和宗教事务委员会 | 1991-06-13 | 安远路 160 号 |
| 17 | 上海市天主教爱国会 | 上海市民族和宗教事务委员会 | 1991-06-13 | 漕溪北路 88 号 1504 室 |
| 18 | 上海市基督教三自爱国运动委员会 | 上海市民族和宗教事务委员会 | 1991-06-14 | 西藏中路 328 号 |
| 19 | 上海基督教教务委员会 | 上海市民族和宗教事务委员会 | 1991-06-14 | 西藏中路 328 号 |
| 20 | 天主教上海教区 | 上海市民族和宗教事务委员会 | 1991-06-14 | 蒲西路 120 号 |
| 21 | 上海市天主教教务委员会 | 上海市民族和宗教事务委员会 | 1991-06-14 | 蒲西路 120 号 |
| 22 | 上海市计划生育协会 | 上海市人口和计划生育委员会 | 1991-06-14 | 陕西南路 122 号 5 楼 |
| 23 | 上海市麻风防治协会 | 上海市科学技术协会 | 1991-06-14 | 共和新路 4650 号 |
| 24 | 上海市皮革技术协会 | 上海市科学技术协会 | 1991-06-14 | 南塘浜路 116 号 4 号楼 3 楼 |
| 25 | 上海头脑奥林匹克协会 | 上海市教育委员会 | 1991-06-14 | 长宁路 491 弄 36 号 210 室 |
| 26 | 上海市消防协会 | 上海市科学技术协会 | 1991-06-14 | 黄浦区河南中路 280 号 |
| 27 | 上海国际人才交流协会 | 上海市人力资源和社会保障局 | 1991-07-12 | 大木桥路 123 号 308 室 |
| 28 | 上海市消费者协会 | 上海市工商行政管理局 | 1991-07-12 | 肇嘉浜路 301 号 18 楼 |
| 29 | 上海市红十字会 | 上海市卫生局 | 1991-07-12 | 北京西路 1400 弄 |
| 30 | 上海市灾害防御协会 | 上海市科学技术协会 | 1991-07-27 | 兰溪路 87 号 1 号楼 |

（续表）

| 序号 | 单 位 名 称 | 业务主管单位 | 登记日期 | 办 公 地 址 |
|---|---|---|---|---|
| 31 | 上海市成人教育协会 | 上海市教育委员会 | 1991-09-03 | 四川南路 37 号 |
| 32 | 上海市防痨协会 | 上海市科学技术协会 | 1991-09-03 | 中山西路 1380 号 8 号楼东 204 室 |
| 33 | 上海市有害生物防制协会 | 上海市卫生局 | 1991-09-03 | 江宁路 1306 弄 12 号 604 室 |
| 34 | 上海市环境工程技术协会 | 上海市科学技术委员会 | 1991-10-18 | 密云路 588 号 |
| 35 | 上海教育国际交流协会 | 上海市教育委员会 | 1991-11-21 | 江宁路 245 号 |
| 36 | 上海市月季花协会 | 上海市绿化和市容管理局 | 1991-11-21 | 皋兰路 2 号甲复兴公园内 |
| 37 | 上海市职工文化体育协会 | 上海市总工会 | 1991-12-27 | 中山东一路 14 号 |
| 38 | 上海市职工疗休养协会 | 上海市总工会 | 1991-12-27 | 中山东一路 14 号 307 室 |
| 39 | 上海市高校工程训练教育协会 | 上海市教育委员会 | 1991-12-31 | 漕宝路 120 号 |
| 40 | 上海市企事业卫生保健管理协会 | 上海市卫生局 | 1991-12-31 | 胶州路 358 弄 1 号 605 室 |
| 41 | 上海市职工医院管理协会 | 上海市卫生局 | 1991-12-31 | 汉口路 223 号 203 室 |
| 42 | 上海药膳协会 | 上海市卫生局 | 1991-12-31 | 芷江中路 274 号 |
| 43 | 上海市传统医学工程协会 | 上海市卫生局 | 1992-01-24 | 外青松公路 5088 号 2 号楼 305—306 室 |
| 44 | 上海市化工防腐蚀技术协会 | 上海市经济和信息化委员会 | 1992-01-24 | 马当路 357 弄 8 号 105 室 |
| 45 | 上海科研仪器与技术协会 | 上海市科学技术委员会 | 1992-02-21 | 岳阳路 319 号 25 号楼 |
| 46 | 上海市劳动模范协会 | 上海市总工会 | 1992-02-21 | 中山东一路 14 号 221 室 |
| 47 | 上海市控制吸烟协会 | 上海市卫生局 | 1992-03-18 | 胶州路 358 弄 B 楼 407 室 |
| 48 | 上海市卫生工作者协会 | 上海市卫生局 | 1992-03-18 | 大田路 129 弄 1 号 22 层 |
| 49 | 上海市托幼协会 | 上海市教育委员会 | 1992-03-18 | 石门二路 199 弄 1 号 404 室 |
| 50 | 上海市花卉协会 | 上海市农业委员会 | 1992-03-30 | 沪太路 975 号 |
| 51 | 上海继续工程教育协会 | 上海市人力资源和社会保障局 | 1992-04-30 | 梅园路 77 号 621 室 |
| 52 | 上海市企事业单位治安保卫协会 | 上海市公安局 | 1992-04-30 | 武胜路 333 号 |
| 53 | 上海市退休教育工作者协会 | 上海市教育委员会 | 1992-06-06 | 陕西南路 202 号 304 室 |
| 54 | 上海市集邮协会 | 上海市交通运输和港口管理局 | 1992-06-16 | 共和新路 3014 号 507、510 室 |
| 55 | 上海市心理康复协会 | 上海市卫生局 | 1992-07-16 | 徐汇区延庆路 130 号 |
| 56 | 上海市信息协会 | 上海市发展和改革委员会 | 1992-08-10 | 华山路 1076 号 |
| 57 | 上海日本技术研修者协会 | 上海市经济和信息化委员会 | 1992-09-10 | 江西中路 181 号 306 室 |
| 58 | 上海市中小学德育研究协会 | 上海市教育委员会 | 1992-10-07 | 广东路 615 号老大楼 23 室 |

（续表）

| 序号 | 单 位 名 称 | 业务主管单位 | 登记日期 | 办 公 地 址 |
|------|-----------|-------------|---------|-----------|
| 59 | 上海市技师协会 | 上海市人力资源和社会保障局 | 1992 - 11 - 11 | 天山路 1800 号 7 号楼 406 室 |
| 60 | 上海市突出贡献专家协会 | 上海市科学技术协会 | 1993 - 01 - 08 | 高安路 19 号 302 室 |
| 61 | 上海市陶行知研究协会 | 上海市教育委员会 | 1993 - 01 - 15 | 桂林路 100 号 67 号楼 113 室 |
| 62 | 上海市性教育协会 | 上海市人口和计划生育委员会 | 1993 - 01 - 15 | 陕西南路 122 号 |
| 63 | 上海市社会工作者协会 | 上海市民政局 | 1993 - 02 - 05 | 浦东大道 2601 号 1209 室 |
| 64 | 上海市中小学心理辅导协会 | 上海市教育委员会 | 1993 - 02 - 09 | 茶陵北路 21 号 |
| 65 | 上海总工程师协会 | 上海市科学技术委员会 | 1993 - 02 - 09 | 延长路 149 号 |
| 66 | 上海市工业美术设计协会 | 上海市科学技术协会 | 1993 - 03 - 17 | 汾阳路 79 号 |
| 67 | 上海市海事交流协会 | 上海市城乡建设和交通委员会 | 1993 - 06 - 08 | 田林 14 村 25 号 1503 室 |
| 68 | 上海市女法官协会 | 上海市妇女联合会 | 1993 - 06 - 21 | 肇嘉浜路 308 号 |
| 69 | 上海市建设协会 | 上海市城乡建设和交通委员会 | 1993 - 07 - 19 | 四平路 827 弄 1 号楼 805 室 |
| 70 | 上海市高校青年教师协会 | 上海市教育委员会 | 1993 - 07 - 30 | 漕宝路 121 号 |
| 71 | 上海市健康教育协会 | 上海市卫生局 | 1993 - 07 - 30 | 胶州路 358 弄 B 楼 408 室 |
| 72 | 上海市优生优育科学协会 | 上海市卫生局 | 1993 - 08 - 12 | 延安西路 379 弄 3 号 |
| 73 | 上海市老年教育协会 | 上海市教育委员会 | 1993 - 09 - 01 | 南塘浜路 117 号 |
| 74 | 上海市机关事务工作协会 | 上海市机关事务管理局 | 1993 - 09 - 09 | 人民大道 200 号 |
| 75 | 上海计算机开放系统协会 | 上海市科学技术委员会 | 1993 - 09 - 28 | 钦州南路 79 号 7F707 室 |
| 76 | 上海市警察协会 | 上海市公安局 | 1993 - 09 - 28 | 武宁南路 128 号 |
| 77 | 上海市分析测试协会 | 上海市科学技术委员会 | 1993 - 12 - 03 | 宜山路 716 号 |
| 78 | 上海市科技社团专职工作者协会 | 上海市科学技术协会 | 1993 - 12 - 08 | 南昌路 47 号 3211 号 |
| 79 | 上海国际经济技术合作协会 | 上海市商务委员会 | 1994 - 01 - 03 | 江宁路 445 号 6 楼 C 座 |
| 80 | 上海市旅游文化协会 | 上海市旅游局 | 1994 - 02 - 19 | 延安西路 2529 号 |
| 81 | 上海市青年企业家协会 | 共青团上海市委员会 | 1994 - 08 - 05 | 虹桥路 2266 号 203 室 |
| 82 | 上海产学合作教育协会 | 上海市教育委员会 | 1994 - 08 - 12 | 仙霞路 350 号 |
| 83 | 上海市社区教育协会 | 上海市教育委员会 | 1994 - 09 - 09 | 茶陵北路 21 号 402 室 |
| 84 | 上海市职工保障互助会 | 上海市总工会 | 1994 - 10 - 22 | 北京西路 1068 号 5—7 楼 |
| 85 | 上海市计算机基础教育协会 | 上海市教育委员会 | 1994 - 11 - 23 | 赤峰路 53 号 2 号楼 4 楼 |
| 86 | 上海市国际文化传播协会 | 中共上海市委宣传部 | 1995 - 06 - 02 | 娄山关路 55 号 203 室 |
| 87 | 上海青年志愿者协会 | 共青团上海市委员会 | 1995 - 06 - 30 | 东湖路 17 号 |

(续表)

| 序号 | 单 位 名 称 | 业务主管单位 | 登记日期 | 办 公 地 址 |
|---|---|---|---|---|
| 88 | 上海市日本研究交流协会 | 上海市人民政府外事办公室 | 1995-07-13 | 巨鹿路 845 弄 1 号 |
| 89 | 上海市观赏石协会 | 上海市文化广播影视管理局（上海市文物局） | 1995-11-23 | 福州路 550 号 2 楼 |
| 90 | 上海市人民调解协会 | 上海市司法局 | 1995-12-15 | 吴兴路 225 号 |
| 91 | 上海市性病艾滋病防治协会 | 上海市卫生局 | 1995-12-29 | 北京西路 1477 号 1105 室 |
| 92 | 上海市学校国防教育协会 | 上海市教育委员会 | 1996-03-05 | 延安西路 1882 号 |
| 93 | 上海市法官协会 | 上海市司法局 | 1996-04-01 | 肇嘉浜路 308 号 |
| 94 | 上海市中小学影视教育协会 | 上海市教育委员会 | 1996-08-22 | 陕西南路 370 弄 3 号 |
| 95 | 上海市刑事科学技术协会 | 上海市公安局 | 1996-09-03 | 中山北一路 803 号 |
| 96 | 上海市职工技术协会 | 上海市总工会 | 1996-12-26 | 中山北二路 1800 号 10 楼 |
| 97 | 上海市检察官协会 | 上海市司法局 | 1997-03-04 | 建国西路 648 号 |
| 98 | 上海市女检察官协会 | 上海市妇女联合会 | 1997-03-07 | 建国西路 648 号 |
| 99 | 上海粮油食品工程技术协会 | 上海市科学技术委员会 | 1997-03-14 | 中山南路 1228 号 D303 室 |
| 100 | 上海市企业家协会 | 上海市经济和信息化委员会 | 1997-05-21 | 淮海中路 2054 号（乙） |
| 101 | 上海市教育技术协会 | 上海市教育委员会 | 1997-06-06 | 大连路 1541 号 |
| 102 | 上海市女企业家协会 | 上海市妇女联合会 | 1997-12-28 | 天平路 245 号 |
| 103 | 上海德利清场有限公司职工持股会 | 上海市交通运输和港口管理局 | 1998-07-15 | 浦东南路 3843 号 |
| 104 | 中化浦东贸易有限公司职工持股会 | 上海市商务委员会 | 1998-09-01 | 中山北一路 1230 号 |
| 105 | 上海上市公司董事会秘书协会 | 中国证券监督管理委员会上海监管局 | 1999-11-23 | 世纪大道 1500 号 3066 室 |
| 106 | 上海国防交通协会 | 上海市交通运输和港口管理局 | 2000-05-10 | 汉口路 193 号中楼 11 号门 |
| 107 | 上海市社会帮教志愿者协会 | 上海市司法局 | 2000-08-09 | 西康路 757 号 610 室 |
| 108 | 上海市轻工科技协会 | 上海市科学技术协会 | 2000-08-29 | 余姚路 607 弄 19 号 502 室 |
| 109 | 上海市反邪教协会 | 上海市科学技术协会 | 2001-04-30 | 南昌路 47 号 2301 室 |
| 110 | 上海市内部审计师协会 | 上海市审计局 | 2002-01-22 | 陆家浜路 1388 号 409 室 |
| 111 | 上海国际人力资源发展跨文化研究协会 | 上海市人力资源和社会保障局 | 2002-02-11 | 浦东新区浦东南路 500 号 17 层 18 室 |
| 112 | 上海市非开挖技术协会 | 上海市城乡建设和交通委员会 | 2002-05-23 | 徐家汇路 579 号 |
| 113 | 上海市执业药师协会 | 上海市食品药品监督管理局 | 2002-09-19 | 柳州路 615 号 2 号楼 |
| 114 | 上海市街镇工作协会 | 上海市民政局 | 2002-12-26 | 番禺路 953 号 |
| 115 | 上海市建设和交通青年人才协会 | 共青团上海市委员会 | 2003-01-15 | 东湖路 17 号 502 室 |

| 序号 | 单 位 名 称 | 业务主管单位 | 登记日期 | 办 公 地 址 |
|---|---|---|---|---|
| 116 | 上海市信息法律协会 | 上海市经济和信息化委员会 | 2003 - 04 - 01 | 定西路 1118 号 708 室 |
| 117 | 上海市企业科协管理协会 | 上海市科学技术协会 | 2003 - 05 - 17 | 南昌路 47 号 4509 室 |
| 118 | 上海市科学技术普及志愿者协会 | 上海市科学技术协会 | 2003 - 07 - 15 | 南昌路 59 号 |
| 119 | 上海高校心理咨询协会 | 上海市教育委员会 | 2003 - 09 - 24 | 四平路 1239 号和平楼 227 室 |
| 120 | 上海市职业教育协会 | 上海市教育委员会 | 2004 - 04 - 24 | 雁荡路 80 号 |
| 121 | 上海市教育评估协会 | 上海市教育委员会 | 2004 - 06 - 02 | 陕西南路 202 号 |
| 122 | 上海市民间组织服务协会 | 上海市民政局 | 2004 - 08 - 05 | 江西中路 215 号 |
| 123 | 上海市中西美术融合协会 | 上海市文学艺术界联合会 | 2004 - 09 - 02 | 虹莘路 2288 弄 122 号 402 室 |
| 124 | 上海市信息化青年人才协会 | 共青团上海市委员会 | 2004 - 11 - 08 | 东湖路 17 号 |
| 125 | 上海科技企业孵化协会 | 上海市科学技术委员会 | 2005 - 01 - 31 | 钦州路 100 号 |
| 126 | 上海市民办中小学协会 | 上海市教育委员会 | 2005 - 05 - 24 | 万源路 55 号 |
| 127 | 上海市教育人才交流协会 | 上海市教育委员会 | 2005 - 06 - 09 | 延安西路 900 号 3 楼 307 室 |
| 128 | 上海市民办高等教育协会 | 上海市教育委员会 | 2005 - 06 - 16 | 茶陵北路 21 号 |
| 129 | 上海市爱犬协会 | 上海市农业委员会 | 2005 - 11 - 21 | 虹中路 535 号 |
| 130 | 上海市志愿者协会 | 上海市精神文明建设委员会办公室 | 2006 - 10 - 23 | 高安路 18 弄 20 号 |
| 131 | 上海市三八红旗手协会 | 上海市妇女联合会 | 2006 - 11 - 03 | 天平路 245 号 3 号楼 |
| 132 | 上海市老教授协会 | 上海市教育委员会 | 2007 - 03 - 01 | 南塘浜路 117 号 |
| 133 | 上海市纳米技术协会 | 上海市科学技术委员会 | 2007 - 05 - 21 | 嘉川路 245 号 3 号楼 2 楼 |
| 134 | 上海市医院协会 | 上海市卫生局 | 2008 - 02 - 25 | 巨鹿路 807 号 |
| 135 | 上海市禁毒志愿者协会 | 上海市禁毒委员会办公室 | 2008 - 05 - 30 | 建国西路 619 弄 |
| 136 | 上海市礼仪协会 | 上海市科学技术协会 | 2009 - 07 - 31 | 桂林路 100 号 2 号楼 207 室 |
| 137 | 上海半导体照明工程技术协会 | 上海市科学技术委员会 | 2009 - 10 - 20 | 郭守敬路 351 号 2 号楼 |
| 138 | 上海模特协会 | 上海市商务委员会 | 2010 - 04 - 19 | 建国西路 283 号 1 号楼 1123 室 |
| 139 | 上海市社会建设青年人才协会 | 共青团上海市委员会 | 2010 - 06 - 22 | 东湖路 17 号 302 室 |
| 140 | 上海市司法鉴定协会 | 上海市司法局 | 2010 - 07 - 15 | 衡山路 283 号 3 楼 |
| 141 | 上海市射频识别工程技术协会 | 上海市科学技术委员会 | 2010 - 10 - 26 | 浦东新区张东路 1388 号 |
| 142 | 上海市技术市场协会 | 上海市科学技术委员会 | 2010 - 12 - 09 | 徐汇区中山西路 1525 号 1308 室 |

# 第三章　联合性社会团体

　　联合性社会团体主要是指相同或不同领域的法人组织或个人为了横向交流而自愿组成的联合体。其主要功能是对内联合法人组织或个人,研究产业政策、协调行业关系,促进相关产业、行业或个人的交流和合作;对外代表他们与其他会员组织进行协商,以维护其利益和实现其诉求。联合性社会团体一般分为联谊类社会团体和联合类社会团体两种。联合类社会团体根据相同或不同领域法人组织的需求设置,原则上参照《国民经济行业分类》门类标准设置,一般以联合会、促进会、商会命名;联谊类社会团体根据相同人群的需求设置,是相同领域或不同领域的个人为了共同的兴趣、爱好等组成的非营利性社会团体,一般以联谊会命名。随着市场经济的发展,以地域为特征的企业为维护共同利益而自愿组成了一种新型联合性社会团体——异地商会。

　　上海解放初期,一些新型的工会、农会、青年、妇女、工商等团体纷纷建立,其中有上海市民主青年联合会、上海市民主妇女联合会、上海市工商业联合会等。1978年后,上海社会团体发展迅速,至1984年,取名"校友会""联谊会"的社会团体有72家。上海改革开放特别是浦东开发开放以来,各地企业纷纷来沪投资发展,中央有关部委和兄弟省市也在上海设立了各级驻沪办事机构。各省、自治区、直辖市政府驻沪办事机构作为在沪企业的"娘家人",在经派出地政府办公厅(室)批准同意,并经上海市有关政府职能部门审批后,纷纷牵头组建本派出地的商会或企业协会等社会组织,由此,上海的各类异地商会逐渐发展壮大起来。截至2010年底,在市社会团体管理局注册登记的市级联合性社会团体有171家。

## 第一节　异　地　商　会

　　异地商会,是以地域为特征的企业为维护共同利益而自愿结成的联合性社会团体。新时期的异地商会,不同于旧上海的商会,是随着社会主义市场经济的发展而诞生、成长的。上海改革开放特别是浦东开发开放以来,各地企业纷纷来沪投资发展,中央有关部委和兄弟省市也在上海设立了各级驻沪办事机构。各省、自治区、直辖市政府驻沪办事机构作为在沪企业的"娘家人",在经派出地政府办公厅(室)批准同意,并经上海市有关政府职能部门审批后,纷纷牵头组建本派出地的商会或企业协会等社会组织,由此,上海的各类异地商会逐渐发展壮大起来。

　　为了加强对外地驻沪单位、人员所组成的全市性以异地商会为主要形式的联谊性社会团体的管理,1991年10月9日,上海市政府协作办公室发布了《关于实施外地驻沪单位、人员组成的全市性的联谊性社会团体资格审查工作的规定及管理办法的通知》。并随《通知》下发了上海市政府协作办公室制定的《关于外地驻沪单位、人员组成的全市性、联谊性社会团体资格审查工作的暂行规定》(以下简称《暂行规定》)和《关于外地驻沪单位、人员组成的全市性、联谊性社会团体管理的暂行办法》(以下简称《暂行办法》)两个文件。《暂行规定》明确:凡外省、自治区、直辖市、国务院各部驻沪单位、人员成立全市性的联谊性社会团体,均应向上海市政府协作办公室提出书面申请,通过资格审查后,到上海市社会团体管理处办理登记手续。《暂行规定》提出了成立联谊性社会团体的基本条件:一是必须有利于发展横向经济联系与协作,有利于沟通信息、促进社会进步;二是在一个省或部范围内,原则上只能在沪设立一个联谊性社会团体;三是社会团体在沪必须有相当于省、自治区、直辖市、国务院各部驻沪办事处或以上级别的单位作为挂靠单位;四是社会团体必须具备开展活动的经费、固定的办公用房及常设办事机构。《暂行办法》明确了上海市政府协作办公室的主要管理职责,规定:上海市政府协作办公室是外地驻沪单位、人员组成的全市性的联谊性社会团体的业务主管单位,对所有相关社团进行资格审查、业务指导和日常管理,并授权相关社团主办(挂靠)单位承担部分资格审查和业务指导工作,以及承担相应的行政责任。

随着全国异地商会的不断发展,2003年,民政部发出《关于异地商会登记有关问题的意见》,指出,异地商会的发展对开展省际间经济合作、加强对异地经商人员的管理,起到了积极作用。为了进一步规范异地商会的发展,《意见》针对存在的问题提出,异地商会的登记工作应坚持"登记在省,试点先行"的政策。上海积极落实民政部《意见》,加强异地商会登记管理。

异地商会作为上海与兄弟省市自治区、中央在沪企业合作交流大系统中的一支重要力量,在帮助企业组团发展,促进异地经贸合作;发挥社团组织优势,维护企业合法权益;发挥桥梁纽带作用,营造良好的企业发展环境;依托办事机构作用,增强企业与政府之间的联系沟通等方面,都发挥着重要作用。

## 一、选介

### 【上海市浙江商会】

上海市浙江商会成立于1986年3月,是由来自浙江的法人或自然人在上海市注册(或登记)设立的企业自愿发起组成,联合性、非营利性社会团体法人。2006年,时任浙江省委书记的习近平同志向商会成立二十周年发来贺信,明确指出商会要以"开放、合作、创新、发展"为根本宗旨。2007年,习近平同志又在接见在沪浙商时指出,商会要以"立足上海,反哺浙江,融入长三角,服务全国"为目标,建设成为一个具有国际影响力的社会组织。业务主管单位为上海市人民政府合作交流办公室。到2010年,有各种所有制会员单位10 000余个。

商会的业务范围是:联络协调会员企业单位,开展企业间的合作及经济联系服务。

商会主要开展以下几方面工作:

合作交流。商会始终坚持服务好在沪浙商发展,坚持"大浙商、大联合、大发展",着力协调商会与政府、企业的关系、帮助解决生存与发展矛盾等困惑,积极创新发展理念、角色定位、组织结构、服务方式、服务体系和文化。整合商会内部资源和外部资源,通过主题论坛、专题考察、项目对接、合作推介等形式,发现商机,促进会员之间、会员与国内、国际其他机构之间的业务合作。

信息共享。加强与政府部门、社会团体、其他商会组织等社会各界的联系,收集整理产业政策、园区规划、城市发展、功能扶持等各类信息,为会员企业提供信息咨询、信息交流和信息共享服务。

宣传推广。通过《新浙商》杂志、商会网站等自有媒体宣传平台,借助外部宣传资源,不断扩大商会影响力,帮助会员企业宣传企业形象,提高企业知名度。

交流联谊。注重从健全组织体系、优化服务平台、整合社会资源、丰富活动载体和树立商会品牌等五方面入手,在弘扬上海浙商精神、凝聚上海浙商力量、塑造上海浙商形象、宣传上海浙商文化上做了大量工作。组织开展丰富多彩的文化体育活动,促进会员间的相互了解,培育独特的商会文化。

社会公益。组织多层次的公益活动,承担社会责任,提升会员企业价值和社会形象。

**【上海市福建商会】**

上海市福建商会成立于 1988 年 11 月,是由福建籍乡亲以及在福建出生、工作或生活过的非福建籍贯人士在沪投资兴办的各类企业、福建省企事业单位驻沪机构及福建省其他有关部门驻沪机构组成的联合性、非营利性社会团体法人,原名福建省在沪企业协会,2002 年 11 月更名为上海市福建商会。下设纺织服装分会、水产分会、建筑工程与设备租赁分会等 8 个分支机构,下辖福州联络委员会、泉州联络委员会、漳州联络委员会、三明联络委员会、宁德联络委员会、莆田联络委员会、长乐联络委员会、金融证券行业联络委员会等 8 个联络委员会。业务主管单位为上海市人民政府合作交流办公室。到 2010 年,有团体会员单位 4 888 个。

商会业务范围是:促进闽沪经济、科技、文教、卫生等领域的协作,开展信息交流,开展培训和咨询服务,开展社会公益活动。

商会主要开展以下几方面工作:

服务会员。商会重视会员服务,发挥平台优势,利用多种渠道,为会员排忧解难,扶持会员发展,支持会员在沪依法开展经营活动,帮助会员企业协调解决经营发展过程中遇到的难题,积极维护会员合法权益;重视闽商宣传,办好《上海闽商》会刊和"闽商网",及时为会员提供市场动态、商贸、经济信息等咨询服务,提供法律法规及政策、企业管理等培训和咨询服务,积极宣传企业,引导会员企业增强品牌意识,加大品牌建设力度。

交流合作。商会重视交流合作,加强同行业会员的业务联系,引导会员强强联合、以强带弱,提升会员的核心竞争力,推动和促进会员间合作发展;加强与其他相关社会团体交流,积极做好闽沪两地有关部门的联系和协调工作,为闽沪经济共同发展构建平台,促进两地之间的经贸往来、经济协作和科教文卫等领域合作,促进和扩大两地之间的适时信息交流。

回馈桑梓。商会组织会员开展捐资助学、扶贫济困等公益慈善活动,积极承担社会责任,为社会公益事业做出应有贡献。

队伍建设。商会重视人才队伍建设,不断完善机构设置,逐步规范商会运行机制,使商会工作更适应经济形势发展和内、外部环境变化需要;吸收具有较高学历文化的中青年企业家充实理事会,补充新鲜血液,提升在沪闽商的整体形象;把思想政治工作放在首位,组织会员学习贯彻党的路线、方针、政策,敦促会员遵守国家和上海市有关法律法规政策,促进企业全面和谐可持续发展。

**【上海市四川商会】**

上海市四川商会成立于 1992 年 10 月,是由四川籍的法人或自然人在上海市注册登记的企业自愿组成的联合性、非营利性社会团体法人。下设建筑建材专业委员会、法律专业委员会、生产制造专业委员会等 3 个专业委员会,以及东、南、西、北、中 5 个分会。业务主管单位为上海市政府合作交流办公室。到 2010 年,有各种所有制会员单位 280 个,涉及能源化工、房地产、建筑、物流、现代农业、商贸、餐饮等行业。

商会业务范围是:开展信息沟通、合作交流、法律咨询等服务、企业培训,组织各类经贸洽谈会和学习考察推进川沪合作。

商会主要开展以下几方面工作:

回报家乡。商会开展"致富思源、不忘桑梓"活动,积极倡导支持家乡建设,响应四川省政府提出的"川商返乡创业"的号召,组团赴四川多个地市州进行商务考察,会员企业在成都、南充、眉山、绵阳、巴中、内江、自贡、宜宾等地的多个投资项目中成功中标;协助四川各地市州来沪开展招商推介活动,让更多在沪优秀企业了解四川的发展方向、优惠政策、投资环境;组织川籍企业家与四川贫困地区困难学生结对资助,会员单位东方希望集团在四川多地捐建希望学校,明泉企业集团在南充蓬安县捐建王云学校并设立王云助学基金等;与泛长三角地区的四川商会共同发起成立"扶助乡村教师基金",至2010年底,捐助资金总计达600多万元。

搭建平台。商会先后搭建了市场、金融、信息、宣传、沙龙等平台,为会员提供专业化服务;建立内贸、外贸团队,促进行业上下游产业链对接,共同开发外部市场,先后组织会员企业赴美国和欧洲进行市场商务考察,寻找商机;积极对中小会员企业提供多种金融服务,投资成立川之骄子投资服务公司,为会员企业短期、小额资金周转提供服务;帮助搭建商务信息平台,与浦发银行、民生银行、韩亚银行、江苏银行等多家金融机构建立战略合作关系,为会员提供便捷的金融服务;通过网站、杂志、内刊等,宣传国家的各项经济政策,介绍家乡经济社会发展情况,宣传川商在上海创业发展的拼搏精神,以及会员企业建设发展的优秀成果;举办"川风堂"系列沙龙讲座,传播和培育现代川商文化,搭建川沪两地沟通桥梁。

商会建设。商会根据会员企业所在上海的地理位置,将一定范围内的企业划归在一个分会,按照行业进行划分,培养一批热心商会工作的骨干,每一位会员都积极融入商会大家庭中。

### 【上海市广东商会】

上海市广东商会成立于1995年2月,是由广东籍的法人或自然人在上海市注册登记的房地产企业、建筑企业、陶瓷洁具、五金建筑材料、餐饮等单位自愿组成的联合性、非营利性社会团体法人。下设商贸分会。业务主管单位为上海市人民政府合作交流办公室。到2010年,有各种所有制会员单位283个。

商会业务范围是:组织交流信息、促进发展、政企协调、培训联谊、提供服务。

商会主要开展以下几方面工作:

服务会员。商会积极帮助会员解决来沪创业、生活等方面的困难,为会员提供经营信息和法律咨询援助,维护会员企业正当权益;积极协调工商银行、广东发展银行等金融机构,为会员企业提供金融服务;积极与上海市人民政府合作交流办公室、上海市教育委员会等政府部门沟通协调,先后为会员企业员工115名子女解决就学难题。

服务政府。商会着眼实效,一手抓为广东招商引资服务,一手抓助推广东产品内销;响应广东省委、省政府号召,鼓励会员投身"双转移""广货全国行""乡贤反哺工程"等系列活动;致力于团结新一代在沪粤商,引导他们成为上海打造"四个中心"和社会主义现代化国际大都市的优秀建设者、实践者和推动者。

运作管理。商会完善民主办会规程,巩固和加强组织建设,健全内部治理各项制度,增强商会凝聚力;依托广东,立足上海,放眼全球,积极融入长三角、珠三角,服务全国。

### 【上海市安徽商会】

上海市安徽商会成立于2004年7月,是在1992年组建的安徽省在沪企业协会的基础上,由安徽省在沪工商企业、经济、服务组织(含国有、民营、股份制企业,安徽企业在上海的派出机构)自愿组成的联合性、非营利性社会团体法人。业务主管单位为上海市人民政府合作交流办公室。到2010年,有各种所有制会员单位600余个。

商会主要开展以下几方面工作:

服务会员。商会重视会员服务,发挥平台优势,为会员排忧解难,扶持会员发展,支持会员在沪依法开展经营活动,帮助会员企业协调解决经营发展过程中遇到的难题,积极维护会员合法权益;重视徽商宣传,办好《上海徽商》会刊和"商会网站",及时为会员提供市场动态、商贸、经济信息等咨询服务,提供法律法规及政策、企业管理等培训和咨询服务,积极宣传企业,引导会员企业增强品牌意识,加大品牌建设力度。

交流合作。商会重视交流合作,加强同行业会员的业务联系,引导会员强强联合、以强带弱,提升会员的核心竞争力,推动和促进会员间合作发展;加强与其他相关社会团体交流,积极做好沪皖两地有关部门的联系、交流与合作,特别是积极响应上海市合交办组织各省在沪商会企业家走进上海区县活动,不仅为会员企业在沪发展创造机会,也为上海区县招商引资作出贡献,荣获上海市商会区县行活动优秀组织奖,为沪皖经济共同发展构建平台,促进两地之间的经贸往来、经济协作和科教文卫等领域合作,促进和扩大两地之间的适时信息交流。

回馈桑梓。商会组织会员开展回乡考察、投资和捐资助学、扶贫济困等公益慈善活动,积极回报家乡和承担社会责任,为家乡经济社会发展做出应有贡献。

队伍建设。商会重视人才队伍建设,不断完善机构设置,逐步规范商会运行机制,使商会工作更适应经济形势发展和内、外部环境变化需要;吸收具有较高学历文化的中青年企业家充实理事会,补充新鲜血液,提升在沪徽商的整体形象;把思想政治工作放在首位,组织会员学习贯彻党的路线、方针、政策,敦促会员遵守国家和上海市有关法律法规政策,促进企业全面和谐可持续发展。

## 【上海市江西商会】

上海市江西商会成立于 2005 年 11 月,是在 1985 年组建的江西驻沪企业协会基础上、由江西籍的法人或自然人在上海市注册登记的企业自愿组成的联合性、非营利性社会团体法人。下设建筑智能化、园林、窗业、女企业家、水产、建筑业等 6 个分会。业务主管单位为上海市人民政府合作交流办公室。到 2010 年,有各种所有制会员单位 750 个。

商会业务范围是:加强江西在沪企业相互联系,传递信息,协调解决具体困难。

商会主要开展以下几方面工作:

服务会员。商会编印《赣商》会刊,建立门户网站,为会员提供商会动态、商会发展等方面的政策法规和国内外经济发展动态,反映会员诉求;走访商会会员企业,了解企业现状、倾听企业诉求,倾听会员心声,帮助会员企业解决困难,助推企业发展;组织各类联谊会、研讨会、论坛、交流等活动,为会员企业搭建产业信息、技术交流、形象展示和行业间联系的平台,帮助企业及时、准确掌握政府相关政策;积极组织多种形式的学习、培训、考察、企业路演等活动,提升会员经营能力。

桥梁作用。商会针对会员企业投资意向以及外地来沪招商项目情况,进行认真梳理和筛选,广泛发布投资信息,有针对性的向对口会员单位发出参会及考察邀请,搭建招商桥梁;与长三角省级江西商会共同建立秘书长联席会议机制,与全国各省级江西商会、全国各省级异地驻沪商会加强友好交流,学习借鉴,实现信息互通、资源共享,为会员单位搭建合作平台;建立与国际相关行业协会的对话机制,推动企业参与国际合作,争取更多的资源和更大的发展空间,定期组织会员企业到国外和台湾地区学习考察,通过"走出去",扩大会员企业视野,建立友好国际交流和合作网络。

回馈桑梓。商会注重在沪赣商情感联结,组织开展资助江西籍在沪贫困大学生,为山区孩子捐赠生活费等慈善活动,强化会员企业社会责任,凸显商会"家"的温暖。

商会建设。商会加强制度建设和管理,商会党支部定期召开组织生活会和民主生活会。

**【上海市江苏商会】**

上海市江苏商会成立于 2009 年 10 月,是由江苏籍的法人或自然人在上海市注册登记的企业自愿组成的联合性、非营利性社会团体法人。业务主管单位为上海市人民政府合作交流办公室。到 2010 年,有会员单位 1 200 个。

商会业务范围是:沟通信息、合作交流、招商引资、经贸合作、产品推介、举办会展、咨询培训、维护会员合法权益(涉及行政许可的、凭许可证开展业务)。

商会主要开展以下几方面工作:

服务会员。商会编印商会简报、建立门户网站,帮助会员企业掌握当前经济动态、最新政策及与企业发展相关信息,及时传递最新市场信息,帮助会员企业拓展市场;坚持主办主题活动,宣传商会和会员企业,密切商会与会员之间的联系和交流;牵头会员单位中的律师事务所、商标、知识产权事务所、公证处等专业人才组成志愿者服务团队,为有需求的会员企业提供一条龙全程跟踪服务;与江苏银行、民生银行等金融机构牵线搭桥,帮助会员单位解决融资问题;把互联网＋商会模式运用在商会平台,把会员企业数千种产品和服务分类集中起来,扩大苏商产品和服务的影响力;推动条件较好的企业在上海股票交易所和新三板挂牌,与上海联合产权交易所、上海股权托管交易中心签订合作协议,进一步扩大企业的融资渠道和市场空间。

服务社会。商会积极组织会员企业向国家和上海市、江苏省两地政府建言献策,搭建沪苏两地合作发展的桥梁,促进在沪苏商和各省市政府、各地江苏商会、其他社会组织的沟通和经贸交流,鼓励引导在沪苏商参与上海和江苏的经济建设;配合江苏和全国各省、市政府在上海举办的各类经贸合作活动,组织会员企业积极参与,并组织会员企业"走出去",到江苏和各地考察,了解当地投资环境。

回馈桑梓。商会积极举办各类公益和慈善活动,每年举办"千人大会和苏商高峰论坛",服务社会;鼓励在沪苏商反哺家乡,积极为江苏发展做贡献。

图 1-3-1　2009 年 10 月 20 日下午,上海市江苏商会成立大会在浦东
紫金山大酒店隆重举行,上海省级异地商会增至 19 家。

党建工作。商会建立党组织,严格按照上级党委要求开展工作,加强了党组织对商会工作的领导,确保商会工作规范有序开展。

## 二、名录

根据 1989 年、1998 年国务院《社会团体登记管理条例》和 2002 年《上海市促进行业协会发展规定》,截至 2010 年底,在市社会团体管理局注册登记的市级异地商会 23 家。

表 1 - 3 - 1　2010 年上海市市级异地商会一览表

| 序号 | 单 位 名 称 | 业务主管单位 | 登记日期 | 办 公 地 址 |
|---|---|---|---|---|
| 1 | 上海市福建商会 | 上海市人民政府合作交流办公室 | 1991 - 04 - 04 | 江宁路 168 号 1605 室 |
| 2 | 上海市浙江商会(浙江省驻沪企业协会) | 上海市人民政府合作交流办公室 | 1991 - 04 - 04 | 浦东大道 900 号 |
| 3 | 上海市江西商会 | 上海市人民政府合作交流办公室 | 1992 - 05 - 22 | 华开路 50 号 301 室 |
| 4 | 深圳市在沪企业协会 | 上海市人民政府合作交流办公室 | 1992 - 12 - 01 | 余庆路 146 弄 11 号 104 室 |
| 5 | 安徽省在沪企业协会(上海市安徽商会) | 上海市人民政府合作交流办公室 | 1992 - 12 - 07 | 中山北路 2052 号振源大厦 26 楼 2702 室 |
| 6 | 上海市湖南商会(湖南省在沪企业协会) | 上海市人民政府合作交流办公室 | 1994 - 06 - 10 | 中山北路 2668 号 15 楼 |
| 7 | 上海市广东商会 | 上海市人民政府合作交流办公室 | 1995 - 02 - 11 | 曲阳路 801 号 905 室 |
| 8 | 上海市天津商会 | 上海市人民政府合作交流办公室 | 1996 - 10 - 18 | 长阳路 325 号 |
| 9 | 辽宁省在沪企业协会(上海市辽宁商会) | 上海市人民政府合作交流办公室 | 2000 - 03 - 16 | 中山北路 2668 号 2804 室 |
| 10 | 上海市吉林商会 | 上海市人民政府合作交流办公室 | 2000 - 08 - 01 | 中山北路 2668 号 2005 室 |
| 11 | 重庆市在沪企业协会(上海市重庆商会) | 上海市人民政府合作交流办公室 | 2001 - 03 - 11 | 中山北一路 1250 号 3 号楼 2007 室 |
| 12 | 上海内蒙古商会(上海内蒙古经济开发促进会) | 上海市人民政府合作交流办公室 | 2001 - 06 - 25 | 浦东大道华开路 50 号 406 室 |
| 13 | 上海市河北商会 | 上海市人民政府合作交流办公室 | 2002 - 06 - 17 | 中山北路 2668 号 2701 室 |
| 14 | 山东省驻沪单位协会(上海市山东商会) | 上海市人民政府合作交流办公室 | 2004 - 05 - 26 | 华开路 50 号 405 室 |
| 15 | 河南省驻沪企业协会(上海市河南商会) | 上海市人民政府合作交流办公室 | 2004 - 08 - 16 | 大连路 919 弄 7 号 1302 室 |
| 16 | 山西省驻沪企业协会(上海晋商会) | 上海市人民政府合作交流办公室 | 2005 - 01 - 07 | 江宁路 1306 弄 12 号 901 室 |
| 17 | 上海市湖北商会(湖北在沪企业协会) | 上海市人民政府合作交流办公室 | 2006 - 06 - 27 | 中山北一路 1250 号 3 号楼 12 楼 |
| 18 | 上海市新疆商会 | 上海市人民政府合作交流办公室 | 2007 - 04 - 20 | 曲阳路 775 号新疆驻沪办事处 2 楼 212 室 |

（续表）

| 序号 | 单 位 名 称 | 业务主管单位 | 登记日期 | 办 公 地 址 |
|---|---|---|---|---|
| 19 | 上海陕西商会 | 上海市人民政府合作交流办公室 | 2008 - 02 - 25 | 延安中路 658 号陕西大厦 1916 室 |
| 20 | 上海市广西商会 | 上海市人民政府合作交流办公室 | 2008 - 04 - 15 | 中宁路 176 号 1 楼 108 室 |
| 21 | 上海市贵州商会 | 上海市人民政府合作交流办公室 | 2008 - 08 - 08 | 中山北路 2668 号联合大厦 1412 室 |
| 22 | 上海潮汕商会 | 上海市人民政府合作交流办公室 | 2010 - 01 - 28 | 徐家汇路 550 号（宝鼎大厦）8 楼 D 座 |
| 23 | 上海市江苏商会 | 上海市人民政府合作交流办公室 | 2010 - 03 - 08 | 富城路 99 号震旦大厦 7 楼 |

# 第二节　联谊类社会团体

联谊类社会团体，是相同领域或不同领域的个人为了共同的兴趣、爱好等组成的非营利性社会团体。作为联谊类社会团体，开展联谊活动，是其活力的体现。

上海的联谊类社会团体，以校友会居多。校友会，即是为联络校友、服务校友、搭建校友与学校之间、校友与校友之间沟通交流平台而建立的社会团体。校友会的基本功能是增进校友之间的团结和友谊，增强母校的凝聚力，共谋母校的发展大计，共同为母校的发展贡献力量；服务广大校友，支持广大校友的事业发展。上海的校友会（同学会）历史悠久，早在 1905 年 7 月，上海就成立了寰球中国学生会；1919 年 6 月，上海欧美同学会成立；同年 8 月，上海又成立了中华欧美同学会。新的历史时期，对申请成立校友会，国家有明确规定：报省级民政部门审核同意后按程序办理登记手续，以实现"控制数量、提高质量、合理布局"的工作目标。对于少数历史悠久、有一定国际声誉、并在国外有相当数量校友的学校，学校为了联络海外校友，增进海外校友对祖国的感情和对母校的关心，可以出面组织校友会或可赞同校友出面成立校友会，但必须按学校隶属关系报经国务院有关部委或省级人民政府批准。对校友会的监督管理，应积极引导校友会严格在法律法规许可的范围内开展活动，努力为祖国的建设和繁荣昌盛服务。

上海市比较有影响力的校友会组织，如上海市欧美同学会，是上海市留学归国人员自愿组织的民间团体，也是一个覆盖面较广的高层次人才团体。1984 年 9 月 3 日，上海市欧美同学会恢复活动。为了适应新世纪新阶段留学人员工作的需要，在保持同学会优良传统的同时最大限度地团结海内外广大留学人员，上海市欧美同学会于 2007 年 12 月 29 日举行第八届会员代表大会，会议决定，上海市欧美同学会增冠"上海市留学人员联合会"新会名。

## 一、选介

### 【上海市老年人体育协会】

上海市老年人体育协会成立于 1982 年 4 月，是全市老年人体育联合性、非营利性社会团体法人。下设田径项目委员会、游泳项目委员会、足篮排项目委员会、木兰拳项目委员会、民间体育项目委员会等 29 个项目委员会。业务主管单位为上海市体育局。到 2010 年,有团体会员单位 72 个。

协会业务范围是:组织、指导和发展全市各级老年人体育组织工作;组织开展全市老年人体育健身、体育旅游和体育联谊活动;会同有关部门组织进行老年人体育健身的科学研究和推广;培训老年人健身骨干,指导并服务老年人健身活动的开展;组织参加和举办国际、港澳台地区,以及全国和全市老年人的体育健身比赛、展示与交流。

协会主要开展以下几方面工作:

公共服务。协会根据老年体育工作特点,按照就近、方便、小型、多样原则,组织老年人进行各项比赛活动,满足不同层次老年人健身的需求,每年组织市级赛事 70 余场次,组织代表队参加中国老年人体育协会主办的各类全国性比赛活动;开展老年体育骨干培训,根据体育健身竞赛项目的不同设置,培训赛事组织者和裁判等,为老年人体育健身规范有序开展创造条件;加强老年人体育人才队伍建设,加大对民间健身领军示范人物的发掘和扶持力度,发挥在推动老年人体育健身中的作用;探索"体旅"结合,不断开辟新线路,采取与赛事活动相结合、与项目培训相结合、与对口交流相结合,丰富老年人体育活动内容;关心为国家体育事业作出贡献的老运动员、老教练、老体育工作者"三老"人员,利用节庆日组织召开茶话会、登门探望等,把党的温暖和组织的关怀带给老同志。

交流推广。协会积极组织基层团队参加国内外比赛交流活动,分层分类引导运动项目发展,丰富老年人健身活动;创新开发适合不同人群、不同区域和不同行业特点的运动项目;通过"请进来、走出去"的比赛和交流活动,开阔老年人视野,增进相互友谊,愉悦老年人身心;积极引导老年体育健身项目的创新和推广,鼓励、扶持和引导各区(县)老体协、各项目委员会不断创新,每年组织开展老年体育健身项目创新展示交流活动,促进传统项目推陈出新,注重竞技性和观赏行、功能性和趣味性相结合,吸引更多老年人参加到体育健身活动中来。

健全管理。协会建立健全管理机制,实现市、区(县)、街(镇)、社区两级组织、四级网络运作模式;项目委员会为老年人体育健身进行培训、辅导,深怀爱老之心,恪守为老之责,多办利老之事,引领健老之路,认真做好为老年人体育健身的各项服务工作,有力促进老年体育事业不断发展。

## 【上海市黄埔军校同学会】

上海市黄埔军校同学会成立于 1985 年 3 月,是由在上海市定居的黄埔军校同学组成的爱国群众团体法人,下设宣教专业委员会、联络专业委员会等 2 个分支机构。业务主管单位是中共上海市委统战部。到 2010 年,有个人会员 205 人。

同学会的活动宗旨是:宣传、贯彻党和政府的对台方针政策,弘扬"爱国、革命"的黄埔精神,宣传黄埔军校爱国师生在各个历史时期对国家、民族的贡献;及时向党和政府反映上海市黄埔军校同学会会员的意见、建议和要求;团结海内外黄埔军校同学,调动他们在统一祖国、振兴中华方面的积极性,发挥黄埔军校同学在祖国统一大业中的特殊作用;负责联络海内外黄埔军校同学和组织,做好黄埔军校同学第二、三代工作,深化两岸黄埔军校同学以及各界民众的交往交流;负责接待海内外黄埔军校同学来访,为海内外黄埔军校同学来祖国大陆举行各项交流活动、开展经贸活动牵线搭桥,提供咨询服务;加强网上阵地建设,拓宽舆论宣传引导工作覆盖面,为工作对象知情明政、建言献策、反映诉求等提供便捷服务;密切与黄埔军校同学会和各省区市黄埔军校同学会的业务联系,交流工作经验,提高业务水平,改进服务方式。

同学会主要开展以下几方面工作:

服务广大会员。同学会以会员需求为导向,不断健全完善服务体系,开展"新春送温暖""高温送清凉""中秋国庆重阳送关爱"等慰问活动;契合时间节点,开展"国际劳动妇女节"慰问黄埔军校女兵、"建校日"慰问黄埔军校校友等慰问活动;健全并完善机关工作人员联系服务会员制度,机关工作人员每月至少深入基层联系服务会员一次;坚持并完善会员生病住院补助、看望住院同学会理事、定期与黄埔军校同学所居住养老院联系制度,打造"送温暖、显关爱、聚人心"的服务会员品牌。

开展纪念活动。同学会突出黄埔军校特色,组织举办纪念黄埔军校建校、抗日战争爆发和胜利、中国远征军入缅抗战、昆仑关大捷、东征誓师等主题活动,每年11月12日和3月12日分别举行活动纪念孙中山先生诞辰和逝世,讲述黄埔军校故事,宣传黄埔军校历史,密切黄埔情缘,弘扬黄埔精神,进一步增强历史认同、民族认同、情感认同;充分利用区位优势和社会力量,以"铭记抗战历史、弘扬黄埔精神"为主题,打造和深耕纪念"八一三"淞沪抗战品牌活动。

促进祖国统一。同学会开展对台工作和反"独"促统工作,以争取台湾地区民心为主线,以"黄埔情、同学情、同胞情"为纽带,扩大深化对台交流交往,促进两岸同胞情感融通与心灵契合;以重要纪念活动为载体,邀请台湾黄埔军校组织等社团来沪开展体验式交流;组团访问台湾地区,深化与台湾地区退役军人组织和退役将领的联系,保持并扩大同学会在做台湾地区退役军官工作中的鲜明特色和独特优势,并借助台湾地区黄埔军校组织的基层网络,将工作领域延伸到台湾地区中南部地区,加强与中南部眷村二三代以及广大中下阶层民众的接触交流,加强与促进岛内民众对"爱国革命"黄埔精神的认同、传承和发扬,推动形成有利统一的民众心理、民意基础、民心走向;建立和健全海外工作联系机制,加强与海外统促会的经常性联系,组团出席"全球华侨华人促进中国和平统一大会",与当地统促会、华侨华人社团及负责人交流沟通,搭建交流平台,不断提高海外统促会各界人士对上海、对祖国建设发展的关注度和参与度,引导他们把自身事业发展与上海、祖国建设发展紧密结合。

宣传教育。同学会出版《上海黄埔》杂志,大力宣传中共中央和国家的对台方针政策,全方位报道同学会工作动态,向社会各界充分展示同学会精神风貌;开展口述历史和文史资料编撰工作,出版《上海市黄埔军校同学会文史资料选辑》(1—6册),记录黄埔军校同学为民族独立、社会主义建设、统一战线事业所做的点滴贡献;坚持利用全国"两会"精神传达会议、台情报告会、座谈会等形式开展政治学习,引导会员和亲属后代牢固树立中国特色社会主义共同理想,自觉坚持中国共产党领导,坚定走中国特色社会主义道路的信心,共同为推动祖国和平统一大业和中华民族伟大复兴事业尽献心力。


**【上海市收藏协会】**

上海市收藏协会成立于1986年6月,是由全市各类收藏爱好者、鉴赏者、研究者及收藏品制作者自愿组成的联合性、非营利性社会团体法人,下设集报专业委员会、月票花专业委员会、钟表专业委员会、中医秘方专业委员会、旅游文化专业委员会、扑克专业委员会、连环画专业委员会、股票专业委员会、大铜章专业委员会等16个分支机构。业务主管单位为上海市文化广播影视管理局。到2010年,有个人会员4 454人。

协会业务范围是:弘扬中华民族文化,开展民间收藏活动,促进中外文化交流。

协会主要开展以下几方面工作:

服务会员。协会编辑出版《上海收藏家》,建立门户网站,为会员提供国内收藏界动态,及时发布行业信息,反映广大会员诉求,及时更新协会信息;举办各类专业活动,为会员提供展示、培训、研讨等服务;主动对接有特色收藏的会员,特别是对接创办收藏馆的会员,及时给予指导和扶助,促成全市百余座各类收藏馆的建立。

服务文博。协会以歌颂红色文化、爱国主义精神、时代精神为宗旨,推进文博事业发展,为中华人民共和国成立六十周年、上海世博会等举办专题系列展览;积极推进传统文化与非遗文化的传承与保护工作,创办"海上年俗风情系列展"等,打造沪上文化品牌活动;发挥人才资源优势,加强与古玩城合作,开展市民收藏鉴赏免费培训活动,普及文物知识,提升市民的文物保护意识;发挥收藏专业人员优势,引导与帮助提升收藏课题研究水平,《元青花》《古典家具》等一大批收藏著作问世。

服务社会。协会积极为社会做贡献,2007年,举办"收藏不忘慈善,真情回报社会"活动,370多位收藏人员捐资在革命老区江西省上饶市横峰县钱家村创办"上海收藏希望小学";积极参与各类慈善活动,组织汶川大地震、舟曲泥石流、西南六省旱灾等赈灾募捐活动;利用收藏资源,积极主办各类收藏展,深入社区、营区、校区、商区,弘扬民族优秀文化。

### 【上海中青年知识分子联谊会】

上海中青年知识分子联谊会成立于1986年9月,是由全市各界党外中青年知识分子代表人士组成的、具有统战性、知识性、民间性的联合性、非营利性社会团体法人,下设专业人士分会、外企分会等2个分会。业务主管单位为中共上海市委统战部。到2010年,有个人会员392名。

联谊会的业务范围是:开展各项统战性的学习宣传、咨询服务和联情联谊等活动。

联谊会主要开展以下几个方面工作:

学习培训。联谊会结合无党派人士特点,开展专题学习活动和主题教育活动,举办专题学习会、报告会和形势传达会等,及时组织会员学习重要会议和文件精神;创设"复兴论坛",邀请国内外知名专家学者等作专题报告;组织无党派代表人士和党外知识分子开展国情考察;推荐会员参加中共中央统战部、中共上海市委统战部等举办的无党派人士理论培训班、党外中青年干部培训班等,帮助党外知识分子提升政治素质和理论素养;选派优秀党外人才开展挂职锻炼,提升综合能力。

建言献策。联谊会支持担任各级人大代表、政协委员的会员积极履职,通过议案、提案等形式积极反映有关国家和上海发展的意见建议,为党和政府决策提供参考;承接市发改委、市委决策咨询委课题任务,开展自选课题调研,部分课题成果转化为建言献策专报报送政府有关部门;联合江苏、浙江知联会举办苏浙沪知联会主题论坛,打造集三地党外知识分子之力的平台,为国家和长三角地区经济社会发展出谋划策。

服务社会。联谊会积极参加社会公益活动,支援云南、贵州等地希望小学,自1999年起,分别与云南费侠九年制学校、糯布小学、既比小学等建立对口援建关系,帮助修建教学楼、师生宿舍、食堂、改造运动场等,向贫困学生发放助学款、赠送学习用品,并在当地开展智力扶贫服务活动等。

### 【上海市癌症康复俱乐部】

上海市癌症康复俱乐部成立于1989年,是由全市癌症患者、志愿为癌症康复事业奉献的非癌症患者及有关单位自愿组成的联合性、非营利性社会团体法人。业务主管单位为上海市民政局。到2010年,有个人会员16 000人。

俱乐部的业务范围是:为癌症患者提供心理康复、医疗咨询、康复讲座、文化娱乐、体育活动、康复旅游、健康教育、保健养生服务。

俱乐部主要开展以下几方面工作:

康复教育活动。俱乐部开展形式多样的康复活动,截至2010年底,共举办康复营100期、短期爱心夏令营 236 期、各类培训班 90 期,有 3 万多人次参加学习、10 多万人次参加兴趣小组,累计受益人群超过 20 万人;打造郭林气功、心理辅导、明星讲述、整肤疗法、音舞疗法、我的希望、赞美大师、评选抗癌明星等具有特色的健康教育,从国外引进圈鼓音乐和最新的戏剧疗愈,开设家庭护理以及生命临终关怀等康复课程;在上海慈慧基金会资助下,实施"健康教育进社区工程",选择 100 个社区块站,在俱乐部会员中招募 1 000 名康复志愿者,深入到社区块站对万余名新患者和家属进行抗癌防癌健康教育和生命关怀;创新康复教育形式,先后摄制 10 余部电视专题片和综艺节目,在中央电视台、上海电视台播出,出版 3 本书、6 本宣传册、120 多期《康复通讯》,建立网站、录制光盘,扩大康复教育受众面和提高康复教育效果。

特色志愿服务。俱乐部组织开展志愿者服务,1 000 多名康复患者成为注册志愿者,组建 13 个病种康复指导中心、5 个病人资源中心和展望生命艺术团以及 16 个兴趣活动小组,开展"千人进病房,新年送阳光"等形式多样的志愿服务活动;在中山医院、瑞金医院、胸科医院、东方肝胆医院、肺科医院、长海医院等三甲医院及 10 余家区级医院建立"癌症病人资源中心";成立"病种康复指导中心",现已建立有乳腺、胃、肝、肺、肠、造口、妇科、血液、泌尿、无喉、甲状腺、鼻咽、肝移植等 13 个"病种康复指导中心";开展"志愿者培训",通过培训提高志愿者工作能力、方法和技巧,为会员提供更好的服务。

社会资源整合。俱乐部与上海市慈善基金会、增爱公益基金会、慈慧公益基金会、恩德基金会、上海健康教育协会、上海展望集团、福寿园、恒寿堂、上海方心健康科技发展股份有限公司等社团和企业建立跨界合作,服务广大患者,与增爱公益基金会等合作,举办《万名癌症患者新春大联欢》;由生活在上海的外籍太太资助的《姐妹帮姐妹》项目,款项专用于乳腺癌会员的患教;在世纪公园开展慈善慢跑、慈善午宴、康复疗养旅游、十月的粉红丝带等活动;与福寿园合作,建立生命园、希爱林;与国内外各大院校联合,开展科研学术活动:与美国哈佛大学医学院脂类研究中心联合开展"营养对癌症康复的干预研究";与美国伊利诺丽大学及上海体育学院联合开展"运动对癌症康复的干预研究";与复旦大学公共卫生学院联合开展"万名癌症患者生命质量及其影响因素研究";与华东理工大学联合开展《癌症患者幸福指数调查》等。

运作建设管理。俱乐部完善民主办会,制定各项规章制度;探索党建工作,根据党章规定的基层党组织的职责任务,结合社团特点,发挥党组织的政治核心作用;坚持以科学理论指导群体抗癌实践,保证康复工作的科学性;营造学科学、讲文明、重健康的康复环境,形成宽领域、多角度的康复新格局。

## 二、名录

根据 1989 年、1998 年国务院《社会团体登记管理条例》和 2002 年《上海市促进行业协会发展规定》,截至 2010 年底,在市社会团体管理局注册登记的市级联谊类社会团体 86 家。

表 1-3-2 2010 年上海市市级联谊类社会团体一览表

| 序号 | 单 位 名 称 | 业务主管单位 | 登记日期 | 办 公 地 址 |
|---|---|---|---|---|
| 1 | 上海市侨界知识分子联谊会 | 上海市人民政府侨务办公室 | 1991-03-20 | 延安西路 129 号 1211-A 室 |
| 2 | 上海市老年人体育协会 | 上海市体育局 | 1991-04-01 | 零陵路 858 号 |

| 序号 | 单 位 名 称 | 业务主管单位 | 登记日期 | 办 公 地 址 |
|---|---|---|---|---|
| 3 | 上海文化联谊会 | 上海市文化广播影视管理局（上海市文物局） | 1991－05－27 | 四川中路 276 号 8 楼 |
| 4 | 上海市欧美同学会 | 中共上海市委统战部 | 1991－05－27 | 陕西北路 128 号 |
| 5 | 上海市黄埔军校同学会 | 中共上海市委统战部 | 1991－05－31 | 陕西北路 128 号 |
| 6 | 上海市天主教知识分子联谊会 | 上海市民族和宗教事务委员会 | 1991－06－13 | 重庆南路 270 号 |
| 7 | 上海海外联谊会 | 中共上海市委统战部 | 1991－09－24 | 复兴西路 46 号 |
| 8 | 上海市收藏协会 | 上海市文化广播影视管理局（上海市文物局） | 1991－10－18 | 中山南路 1551 号（三山会馆旧址） |
| 9 | 上海化工海外联谊会 | 中共上海市委统战部 | 1991－10－18 | 徐家汇路 560 号 2001 室 |
| 10 | 上海市房地产海外联谊会 | 上海市住房保障和房屋管理局 | 1991－11－18 | 淮海中路 1502 号 3 楼 |
| 11 | 上海医药卫生海外联谊会 | 上海市卫生局 | 1991－11－21 | 汉口路 223 号 |
| 12 | 上海二九联谊会 | 上海市科学技术委员会 | 1991－12－16 | 船厂路 99 号 |
| 13 | 上海潮汕联谊会 | 上海市人民政府合作交流办公室 | 1991－12－31 | 武定西路 1398 弄 5 号底楼 1B 室 |
| 14 | 上海国际京剧票房 | 上海市文化广播影视管理局（上海市文物局） | 1992－01－24 | 陕西北路 128 号 2009 室 |
| 15 | 上海中青年知识分子联谊会 | 中共上海市委统战部 | 1992－01－24 | 复兴西路 46 号 |
| 16 | 生活·读书·新知三联书店上海联谊会 | 上海市新闻出版局 | 1992－06－06 | 淮海中路 624 号 |
| 17 | 上海振兴湖南经济联谊会 | 上海市人民政府合作交流办公室 | 1992－07－07 | 光复西路 211 弄 3 号 202 室 |
| 18 | 清华大学上海校友会 | 上海市教育委员会 | 1992－09－10 | 茂名南路 144 号 |
| 19 | 上海第二医科大学校友会 | 上海市教育委员会 | 1992－09－25 | 重庆南路 280 号 |
| 20 | 上海沪江大学校友会 | 上海市教育委员会 | 1992－09－25 | 西藏南路 123 号 204 室 |
| 21 | 上海立信会计学院校友会 | 上海市教育委员会 | 1992－09－25 | 中山西路 2230 号 1112 室 |
| 22 | 上海叔蘋奖学金得奖同学会 | 上海市教育委员会 | 1992－10－07 | 中山西路 753 号 |
| 23 | 上海中华职业学校校友会 | 上海市教育委员会 | 1992－10－07 | 陆家浜路 918 号 |
| 24 | 上海中华职业学校校友会 | 上海市教育委员会 | 1992－10－07 | 陆家浜路 918 号 |
| 25 | 上海光华大学校友会 | 上海市教育委员会 | 1992－11－06 | 中山北路 3663 号 |
| 26 | 之江大学上海校友会 | 上海市教育委员会 | 1992－11－18 | 西藏南路 123 号 204 室 |
| 27 | 暨南大学上海校友会 | 上海市教育委员会 | 1992－12－01 | 延安中路 632 弄 4 号 |
| 28 | 岭南大学上海校友会 | 上海市教育委员会 | 1992－12－01 | 京江路 145 号 201 室 |
| 29 | 上海复旦大学校友会 | 上海市教育委员会 | 1992－12－01 | 万航渡路 623 弄 1 号中行商务中心 4 楼 |

（续表）

| 序号 | 单 位 名 称 | 业务主管单位 | 登记日期 | 办 公 地 址 |
|---|---|---|---|---|
| 30 | 上海木棉校友会 | 上海市教育委员会 | 1992-12-01 | 四川北路 1702 弄 32 号 |
| 31 | 上海圣约翰大学校友会 | 上海市教育委员会 | 1992-12-01 | 延安东路 29 号 |
| 32 | 上海邮电海外联谊会 | 中共上海市委统战部 | 1992-12-09 | 北苏州路 276 号 324 室 |
| 33 | 北京大学上海校友会 | 上海市教育委员会 | 1993-02-05 | 肇嘉浜路 777 号 917 室 |
| 34 | 上海吴淞商船专科学校校友会 | 上海市教育委员会 | 1993-02-05 | 浦东大道 1550 号 |
| 35 | 上海市星期日工程师联谊会 | 上海市科学技术协会 | 1993-02-09 | 南昌路 47 号 |
| 36 | 上海市建筑师与建材企业家联谊会 | 上海市城乡建设和交通委员会 | 1993-02-09 | 瑞金南路 458 弄 19 号 1802 室 |
| 37 | 上海电视大学校友会 | 上海市教育委员会 | 1993-02-24 | 大连路 1541 号 |
| 38 | 上海市高等院校海外交流联谊会（上海市海峡两岸教育交流促进会） | 中共上海市委统战部 | 1993-02-24 | 四平路 999 号致远楼 213 室 |
| 39 | 金陵大学上海校友会 | 上海市教育委员会 | 1993-02-24 | 蒲西路 166 号 604 室 |
| 40 | 上海税务专门学校校友会 | 上海市教育委员会 | 1993-02-24 | 仙霞路 335 号 225 室 |
| 41 | 上海市癌症康复俱乐部 | 上海市民政局 | 1993-03-05 | 共和新路 1405 号 405 室 |
| 42 | 上海同济大学校友会 | 上海市教育委员会 | 1993-03-17 | 四平路 1239 号 |
| 43 | 中央大学上海校友会 | 上海市教育委员会 | 1993-03-19 | 永嘉路 420 号 |
| 44 | 上海客家联谊会 | 上海市人民政府侨务办公室 | 1993-04-08 | 宜山路 520 号中华门大厦 803 室 |
| 45 | 北京航空航天大学上海校友会 | 上海市教育委员会 | 1993-05-06 | 淮海中路 222 号力宝广场 2701 室 |
| 46 | 上海市女工程师协会 | 上海市妇女联合会 | 1993-05-06 | 天平路 245 号 409 室 A |
| 47 | 上海市女律师联谊会 | 上海市妇女联合会 | 1993-05-06 | 肇嘉浜路 789 号均瑶国际广场 33 楼 |
| 48 | 东吴大学上海校友会 | 上海市教育委员会 | 1993-05-24 | 淮海中路 622 弄 7 号 322（乙）室 |
| 49 | 上海市女科学家联谊会 | 上海市妇女联合会 | 1993-07-05 | 天平路 245 号 |
| 50 | 上海法学家企业家联谊会 | 中共上海市委统战部 | 1993-07-23 | 长顺路 11 号 1210 室 |
| 51 | 上海政协之友社 | 上海市政协办公厅 | 1993-10-25 | 北京西路 860 号 |
| 52 | 上海大同大学校友会 | 上海市教育委员会 | 1994-01-03 | 南车站路 353 号 |
| 53 | 上海市博士后联谊会 | 上海市人力资源和社会保障局 | 1994-02-08 | 高安路 19 号 |
| 54 | 上海中华工商专科学校校友会 | 上海市教育委员会 | 1994-03-24 | 雁荡路 80 号 |
| 55 | 上海市科技启明星联谊会 | 上海市科学技术委员会 | 1994-05-13 | 四平路 1239 号同济大学 |

(续表)

| 序号 | 单 位 名 称 | 业务主管单位 | 登记日期 | 办 公 地 址 |
|---|---|---|---|---|
| 56 | 集美航海学院上海校友会 | 上海市教育委员会 | 1994 - 06 - 08 | 复兴东路 701 弄 2 号楼 1501 室 |
| 57 | 上海市女医师协会 | 上海市妇女联合会 | 1994 - 08 - 02 | 天平路 245 号 801 室 |
| 58 | 上海雷士德工学院校友会 | 上海市教育委员会 | 1994 - 09 - 01 | 东长治路 503 号 205 室 |
| 59 | 上海市民办前进进修学院校友会 | 上海市教育委员会 | 1994 - 12 - 05 | 瞿溪路 801 号 M 层 06 室 |
| 60 | 上海旅游高等专科学校校友会 | 上海市教育委员会 | 1995 - 06 - 27 | 奉贤东门港一号桥 |
| 61 | 天津大学上海校友会 | 上海市教育委员会 | 1995 - 12 - 31 | 浦建路 1149 号 |
| 62 | 洛阳外国语学院上海校友会 | 上海市教育委员会 | 1996 - 02 - 13 | 延安中路 810 号 |
| 63 | 南开上海校友会 | 上海市教育委员会 | 1996 - 03 - 19 | 龙水北路 871 号 803 室 B |
| 64 | 上海中医药大学校友会 | 上海市教育委员会 | 1996 - 04 - 18 | 蔡伦路 1200 号 415 室 |
| 65 | 上海市留学人员联谊会 | 上海市人力资源和社会保障局 | 1996 - 07 - 26 | 大木桥路 123 号 308 室 |
| 66 | 上海援藏联谊会 | 上海市人民政府合作交流办公室 | 1996 - 08 - 14 | 中山北路 2668 号 32 楼 06 室 |
| 67 | 上海医科大学校友会 | 上海市教育委员会 | 1996 - 12 - 06 | 医学院路 138 号 |
| 68 | 上海青年专家联谊会 | 中共上海市委组织部 | 1997 - 12 - 30 | 高安路 19 号 |
| 69 | 上海评弹国际票房 | 上海市文化广播影视管理局（上海市文物局） | 1998 - 07 - 09 | 北京西路 860 号 |
| 70 | 上海杰出青年协会 | 共青团上海市委员会 | 1999 - 08 - 25 | 虹桥路 2266 号 114 室 |
| 71 | 上海基督教女青年会 | 上海市民族和宗教事务委员会 | 2000 - 06 - 15 | 西藏南路 123 号 |
| 72 | 上海基督教青年会 | 上海市民族和宗教事务委员会 | 2000 - 06 - 15 | 西藏南路 123 号 |
| 73 | 上海市华东师范大学校友会 | 上海市教育委员会 | 2002 - 04 - 29 | 中山北路 3663 号 |
| 74 | 上海国际昆曲联谊会 | 上海市文化广播影视管理局（上海市文物局） | 2002 - 09 - 19 | 白玉路 98 弄 7 号 1402 室 |
| 75 | 上海市戏迷协会 | 上海市文学艺术界联合会 | 2004 - 05 - 10 | 延安西路 238 号 |
| 76 | 上海录音师协会 | 上海市文化广播影视管理局（上海市文物局） | 2004 - 07 - 24 | 虹桥路 1376 号 |
| 77 | 上海国际友好联络会 | 上海市人民政府外事办公室 | 2005 - 04 - 21 | 兴国路 318 弄 26 号 |
| 78 | 上海演艺工作者联合会 | 上海市文学艺术界联合会 | 2005 - 09 - 06 | 静安区康定路 211 号 801 室 |
| 79 | 上海社会科学院校友会 | 中共上海市委宣传部 | 2007 - 08 - 03 | 黄浦区淮海中路 622 弄 7 号上海社会科学院内 |
| 80 | 南京大学上海校友会 | 上海市教育委员会 | 2008 - 04 - 30 | 蒲西路 166 号 |
| 81 | 上海"华仔天地"影音文化发展促进会 | 上海市文化广播影视管理局（上海市文物局） | 2008 - 07 - 03 | 陕西北路 1438 号 725 室 |

（续表）

| 序号 | 单 位 名 称 | 业务主管单位 | 登记日期 | 办 公 地 址 |
|------|------------|------------|----------|------------|
| 82 | 上海新沪商联谊会 | 上海市经济和信息化委员会 | 2008 – 08 – 19 | 延安中路 839 号 20F |
| 83 | 浙江大学上海校友会 | 上海市教育委员会 | 2009 – 04 – 10 | 黄浦区南塘浜路 117 号教学楼 403A 室 |
| 84 | 中国人民大学上海校友会 | 上海市教育委员会 | 2010 – 05 – 26 | 张衡路 1000 弄张江润和国际总部园 6 号楼一楼 |
| 85 | 华中师范大学上海校友会 | 上海市教育委员会 | 2010 – 06 – 22 | 浦电路 438 号双鸽大厦 806 室 |
| 86 | 上海物流企业家协会 | 上海市商务委员会 | 2010 – 07 – 02 | 庙泾路 66 号 1559 室 |

# 第三节　联合类社会团体

　　联合类社会团体是指相同或不同领域的法人组织为了共同的利益进行横向交流而自愿组成的非营利性社会组织，主要参照《国民经济行业分类》门类标准设置，一般以联合会、促进会命名。

　　上海比较知名的联合类社会团体主要是上海市工业经济联合会和上海市商业联合会等。上海市工业经济联合会成立于 1991 年 3 月，从 2008 年 9 月起，同时使用"上海市经济团体联合会"的名称，是由上海经济类行业协会、专业性协会、经济团体联合组织，以及相关的企业、经济研究单位、大专院校和经济界知名人士等自愿组成的联合性的非营利性的社会团体法人。上海市商业联合会成立于 1992 年 8 月，是由全市流通类社会团体组织和从事商品分销业、餐饮业、服务业和企事业单位及专家学者自愿联合组成的社会团体法人。

　　联合类社会团体通过积极探索，推动行业协会的党建工作。2002 年 2 月，上海市工业党委批准成立了上海市工业经济联合会党委，加强了全市工业行业协会专职队伍党的建设和思想政治工作。市委副书记孟建柱对此赞扬说："上海第一个社团党委——市工业经济联合会党委宣告成立，从此行业协会有了自己的社团党委，这是行业协会建设史上的一件大事。"

　　针对民间组织数量日益增多、政府管理力量不足和双重管理存在的薄弱环节，2003 年，副市长周太彤在听取工作情况汇报时，即提出了民间组织管理要"条成捆、块成面"的思想，要求加强"以民管民""以非对非"的思考和探索。在总结市工业经济联合会和市商业联合会实践的基础上，提出了"枢纽式管理"的工作思路，通过民间组织联合会对一个行业或领域内的民间组织实施服务与管理，加强民间组织的党建工作，促进日常管理工作落实。

　　2005 年，市委、市政府提出要开展民间组织枢纽式管理的试点，2006 年，市委组织部、市社会团体管理局等部门联合下发《关于加强民间组织发展与管理试点工作的意见》，探索对民间组织实施枢纽式管理，并选择市工业经济联合会、市商业联合会等作为枢纽式管理的试点单位。

## 一、选介

### 【上海市企业联合会】

上海市企业联合会成立于 1979 年 8 月，前身为上海市企业管理协会，2000 年更名为上海市企业联合会,是由全市各种所有制和各行业企业自愿组成的联合性、非营利性社会团体法人。业务主管单位为上海市经济和信息化委员会。到2010年,有各种所有制会员单位2 000余个。

联合会的业务范围是:开展劳动关系协调,学术研究、咨询服务、教育培训、编辑出版及国内外交流。

联合会主要开展以下几方面工作:

协调劳动关系。联合会与市总工会、市人力资源社会保障局、市工商联组成上海市协调劳动关系联席会议,共同贯彻落实国家协调劳动关系各项工作任务,研究上海社会经济发展对劳动关系影响,对劳动关系法律法规与政策贯彻落实提出意见和建议,对劳动关系领域带有全市性、倾向性的重大问题进行协商,每年就上海市最低工资调整、工资增长指导线调整等与市总工会、市人力资源社会保障局、市工商联开展协商,为政府有关部门决策提供参考;开展和谐劳动关系示范企业创建活动,总结推广和谐企业先进经验;推动劳动合同制度、集体合同制度、劳动争议调处机制建设,指导各区企业联合会开展劳动关系协调工作。

"百强"发布活动。联合会自2005年起,举行上海企业100强发布活动,撰写上海企业100强研究报告,为政府和社会提供上海企业在经济社会发展中作用的案例;推荐全国优秀企业家候选人,宣传优秀企业家先进事迹,在推动企业家队伍建设、保护企业家合法权益、塑造与维护企业家良好社会形象、培育新时代优秀企业家精神等方面发挥作用。

服务企业发展。联合会根据章程为企业提供培训、咨询等服务,引导企业遵纪守法,自觉维护市场经济秩序,倡导企业诚信经营,促进企业承担社会责任;开展跨地区企业合作交流,为企业开拓市场提供平台;通过《上海企业》《上海企业家》杂志,宣传企业经验,传播经济政策,引导企业依法经营;总结交流新形势下企业文化建设的趋势和特点,召开宣讲会、研讨会传播优秀企业文化,发挥企业文化在引领和支撑企业转型升级、创新发展中的作用。

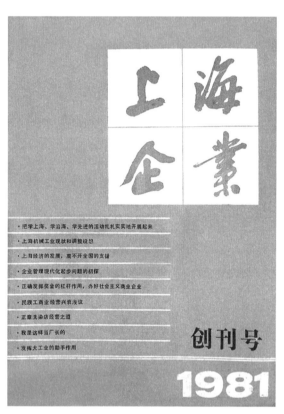

图1-3-2 1981年9月,上海企业联合会创办《上海企业》(月刊),该刊物从1992年起被连续评为"中国经济类核心期刊""工业经济类核心期刊";2010年获评"全国优秀企业报刊"。

## 【上海市工业经济联合会(上海市经济团体联合会)】

上海市工业经济联合会成立于1991年3月,2008年9月,同时使用"上海市经济团体联合会"名称,是由全市行业性社会团体、专业性社会团体、经济团体联合组织,以及相关的企业、经济研究单位、大专院校和经济界知名人士等自愿组成的联合性、非营利性社会团体法人。业务主管单位为上海市经济和信息化委员会。至2010年,有团体会员单位317个,其中,经济类行业协会和专业性协会团体会员单位167个、企业团体会员单位150个。

联合会的业务范围是：宣传政策、调查研究、提出建议；指导会员自律管理、文化建设、行业标准制定、职称评定、教育培训；编辑出版会刊、会讯、提供信息；组织国内外合作交流、咨询；举办论坛、研讨会、品牌推荐、成果评审等。

联合会主要开展以下几方面工作：

推进产业进步。从"八五"开始，联合会组织编制上海行业发展五年规划建议，先后组织开展《上海工业及信息化系统"十一五"规划最初几年实施情况》调研（2008年），牵头组织44家行业协会完成49份行业发展总结报告（2010年），为政府相关部门制定上海"十二五"产业发展规划提供重要参考依据。从1993年起，联合会积极推进品牌战略的实施，提出振兴上海名牌产品的建议；2005年，组织"上海品牌战略研讨会"，为上海品牌发展出谋划策。推进企业科技自主创新，联合37家行业协会调研，提出"'十一五'上海工业行业自主创新规划建议"；2007年起组织开展"上海市装备制造业与高新技术产业自主创新品牌"评选活动，促进上海装备制造业与高新技术产业高端品牌快速成长；2008年，与市科促会、上海高校技术市场联手，联合探索推进产学研新模式。

服务企业发展。从1991年起，联合会参与和推动国有企业改革发展，先后参与上海无线电三厂转换经营机制方案、上海毛纺二厂现代企业制度的试点方案制订；举办首批113家改革试点企业培训班，研讨"深化企业改革，转换经营机制"问题；对国企体制、经营者的激励机制建立、企业解困、国有企业投资效益等问题进行调研，其中，对上海工业企业加强企业管理典型经验的调研报告（1997年），得到时任国家经贸委主任的充分肯定。制定和实施行规行约，推进行业规范发展，组织开展"年度诚信企业"评选活动。全市近150家行业协会成立"诚信企业创建办公室"，搭建行业诚信建设网络管理平台，联合90家行业协会发出"万家企业诚信倡议书"。搭建服务会员企业平台，如成立"上海仲裁委员会驻上海市经济团体联合会仲裁中心""上海市知识产权服务中心"，为企业经济纠纷仲裁、知识产权培训、管理和保护等工作服务；编辑《市工经联》杂志、《专报》、《经济信息摘编》等，向政府有关部门和会员单位传递各种信息；搭建国内外合作交流服务平台，加大对外交流合作工作力度等。

研讨培训交流。联合会组织高层论坛和研讨会，先后举办"沪台经济发展研讨会"（1998年）、"WTO与行业协会的国际研讨会"（2002年）、中国国际工业博览会行业发展高层论坛（2007年至2010年）；组织开展品牌兴业战略宣传培训，与市商联会联合举办四期"品牌战略管理"培训班，700多名企业品牌管理人员参加培训；开展长三角产业合作交流活动，2004年，发起沪、苏、浙、赣等省共同建立"'长三角'工经联联席会议"制度，形成以行业协会民间组织为主体、推动"长三角"产业联动发展的运作机制，至2010年，共举办50余场次恳谈会、招商会、产业对接会等活动。

行业协会建设。联合会重视对行业协会发展的调查研究，撰写《行业协会功能研究》等多篇调研报告，为政府推进行业协会发展提供参考依据；2005年，围绕行业协会自身建设和10项职能落实，组织16家行业协会试点，促进行业协会在行业统计、行业技术标准制定、技能培训、诚信建设、职称认定的前期工作及开展国内外合作交流等方面取得较为明显的突破；2010年，成立行业协会发展研究委员会，制定《行业协会发展研究委员会工作条例》，召开"行业协会发展研究委员会工作会议"；与上海市社会团体管理局共同举办"上海市行业协会发展论坛"，共同探讨新形势下加强行业协会内部治理方法和增强行业协会创新活力的途径；探索行业协会党建枢纽式管理，建立党建工作长效机制，制定下发《关于加强行业协会党建工作的意见》等文件，指导行业协会党建工作，发挥基层党支部战斗堡垒和党员先锋模范作用。

**【上海市商业联合会】**

上海市商业联合会成立于1992年8月,是由上海市商贸流通类社会团体和商贸、流通、餐饮、服务业企事业单位,以及相关专家、学者、商界知名人士等自愿组成的联合性、非营利性社会团体法人,下设商业法制专业委员会、城乡专业委员会、健康养生专业委员会、农产品流通专业委员会等4个专业委员会,区(县)联络委员会、食品药品联络委员会等2个联络委员会,以及1个专家咨询委员会。2005年,根据上海市委、市政府关于开展社会组织枢纽式管理试点的精神,联合会被列入全市3家枢纽式管理试点单位之一。2007年,正式成立上海市商业联合会党委,负责管理会员中市属商业行业协会的党建工作。到2010年底,有会员单位271个,其中市属商业行业协会63个,区商业联合会15个,大中型商贸流通企业及相关地产、金融、通信、电子科技、养老企业193个。业务主管单位是上海市商务委员会。

联合会业务范围是:服务、指导、协调行业协会工作,开展调研、中介咨询、行业培训、会展招商、产品推介、品牌评优、组团出访,国内外信息技术交流及经济合作等。

商联会主要开展以下几方面工作:

产业发展。联合会组织上海的餐饮、零售、服务、教育等业态的主流品牌企业参加上海购物节;组织会员企业研讨产业发展重点、转型难点和消费热点等问题;配合市知识产权局开展"双真"承诺活动,推进商业领域知识产权保护;开展商务诚信体系建设,完善行业规范和标准体系;搭建会员之间、行业之间交流协作平台,帮助会员企业实现优势互补、资源共享;推进商业企业创先争优,打造商业品牌建设。

服务会员。联合会举办专题会议、讲座、沙龙、信息交流等,解析商业宏观政策和发展方向,解读发展前沿问题,注重收集梳理行业热点、难点问题,为行业企业出谋划策,向政府主管部门反映行业诉求、提出意见建议;发挥联合会党组织的枢纽功能,探索和实践党建工作对社会组织的引领作用,推进商业系统行业协会、会员企业的党建工作覆盖。

自身建设。联合会成立专家咨询委员会,围绕上海市商务工作重点,积极参与承接政府购买服务项目,为政府部门决策出谋划策;开展商业从业人员培训和信息技术交流,通过开展"加强知识产权保护,规范商业经营管理""商铺作业专项职业能力""食品安全管控专项职业能力"等培训,增强商业从业人员职业水平。

**【上海市科技企业联合会】**

上海市科技企业联合会成立于1993年6月,是由全市科技企业主要是民营科技企业、高新技术企业、科研院所转制企业自愿组成的联合性、非营利性社会团体法人。业务主管单位为上海市科学技术委员会。到2010年,有各种所有制会员单位4 000个。

联合会的业务范围是:政策宣传、科技创新、信息交流、业务合作、法律援助和会员活动等。

联合会主要开展以下几方面的工作:

服务会员。联合会编印《上海科技企业信息》《科技服务信息快递》,为企业提供科技信息和政策法规和国内国际信息,通报联合会活动情况;为会员企业提供高新技术企业申报、创新基金申报、科技成果转化等政策宣传、专业培训、信息服务;配合上海科学院等单位,做好上海市产研工作推进大会的组织落实工作,根据上海市产业分布情况,举办"上海创新智造高峰论坛""生物医药产业发展高峰论坛""新材料产业发展论坛""新能源产业发展论坛""航空航天产业发展论坛""电子信息产业发展论坛"等产业论坛;为会员企业提供法律援助,帮助企业解决实际问题。

搭建平台。联合会搭建科技政策宣传平台,根据企业需求,分类举办各种专业培训、交流等活动;以高峰论坛为抓手,以聚焦企业发展为目标,发挥各区联合会的作用,加强交流,开展服务企业的活动;落实"科技信息服务企业技术创新项目",实现专利配送一条龙服务,合法使用国外科技信息,节约企业研发时间,降低企业研发成本,提升企业技术创新能力,提高产品市场占有率和市场竞争力。

人才培训。联合会举办"创新创业总裁大讲堂"系列活动;联合上海市科技创业中心做好专业技术职称的培训,开展上海市工程系列生物医药、电子与信息技术等专业的中级专业技术职称任职资格培训;为企业专业人员提供人才引进、落实户口等方面的业务辅导;2002 年起举办"上海市科技企业创新奖",截至 2010 年底,已成功举办八届,评选出一批能代表上海市的名牌企业,13 500 余家企业获得"上海市科技企业资质认证"证书。

## 【上海市工商业联合会(上海市商会)】

上海市工商业联合会与上海市商会,是两块牌子一套班子。工商业联合会是中国共产党领导的非公有制经济人士为主体的人民团体和商会组织。1993 年 11 月,中共上海市委"关于召开上海市工商业联合会第九届会员代表大会的批复"中指出"上海市工商业联合会可同时称上海市商会"。1995 年 2 月 10 日,市工商业联合会举行九届二次执委(扩大)会议暨上海市商会揭牌仪式。联合会下设"一室六部一中心",即:办公室、会员工作部、经济工作部、联络工作部、调研工作部、宣传教育工作部、组织人事工作部和信息中心。到 2010 年,有企业会员 34 081 个,个人会员 444 人。

联合会的职能是:在非公有制经济人士思想政治工作中的引导作用;在非公有制经济人士参与国家政治生活和社会事务中的重要作用;在政府管理和服务非公有制经济中的助手作用;在行业协会商会改革发展中的促进作用;在构建和谐劳动关系中的积极作用。

联合会主要开展以下几方面工作:

教育引导。联合会引导、教育会员自觉遵守国家的法律法规和政策,促进非公有制经济健康发展、非公有制经济人士健康成长,保证非公有制经济的正确政治方向。2003 年,创建"上海工商联讲坛",截至 2010 年底,举办国企国资改革、非公经济政策、知识产权保护、金融融资、土地政策等议题的讲座 26 场次;2004 年起,与市委组织部、市社会工作党委、市委党校联合,把非公有制经济人士政治培训列入市委党校领导干部和高层次人才培训体系,每年举办一期"民营企业家研修班"。截至 2010 年,已举办 7 期,培训非公经济代表人士 320 名;组织开展"关爱员工,实现双赢"活动,评选"关爱员工的民营企业家"和"热爱企业的优秀员工";组织开展协助边远地区经济开发活动,派出经济咨询服务队分赴宁夏、云南、新疆等地,培训当地专业技术和经营管理人才,参与贵州毕节试验区改善民生工程项目等;2008 年,支援汶川抗震救灾工作,捐款捐物 6.75 亿元;2010 年,民营企业会员向玉树地震灾区捐款 9 103.99 万元。

参政议政。联合会积极参加政治协商、民主监督,会员通过在各级人大和政协会议上提交议案和提案,建言献策,参政议政。《关于设备管理和维修工作意见和建议》《扶持和振兴中药事业》《关于恢复和发展上海传统食品的建议》等建议,得到中央领导和国家有关部委的重视和采纳;《创新药研究应纳入国家固定的中长期科技战略》《三角债是商品经济发展中的拦路虎》等提案,被评为全国政协优秀提案;《关于上海私营经济发展的对策措施》《培养和扶植规范的市场中介组织的建议》《关于加强市级工业区总体规划的建议》《上海"超市"应走规范化、集约化、网状化道路的若干建议》等意见建议,对上海经济发展和政府决策提供重要参考;在市政协会议上提交的《关于出台上海市〈中小企业促进法〉实施办法的建议》《推进金融创新，多渠道解决本市民营企业融资难的建议》《关于出台本市〈营业税差额征税管理办法实施细则〉，促进上海现代化服务业发展的建议》等，获上海市政协提案特别优秀奖和优秀奖。

服务发展。联合会围绕经济发展搞好服务。2003年，针对非公有制企业发生纠纷情况较多的现象，成立法律工作委员会，为会员企业提供法律服务；2005年起，组织开展"民营企业招聘周"活动，为大中专院校毕业生、技能人才、下岗失业人员和其他劳动者就业或再就业服务；发起并与苏、浙两省共同举办"'长三角'与民营经济发展论坛"，促进两省一市政界、学界和企业界的沟通，加强长三角区域经济合作，挖掘和抓住商机，实现共同发展；组织企业赴东北老工业基地、中西部地区合作，促进地区间经济联动发展。

海外联络。联合会拓展商会服务功能、完善管理服务职能，依靠国家和上海市一系列支持非公经济发展的政策，扩大对外交往，帮助私营企业申办境外企业资格认证，推动会员企业实施"走出去"战略；组织会员企业参加来自世界各国和地区经贸代表团的洽谈活动，举办投资说明会、项目推介会、企业对口洽谈会及经贸考察活动，引导、帮助会员企业巩固欧美日等传统市场，开辟东欧、拉美、中东等新兴国家市场，在发达国家建立研发和销售网络，向发展中国家转移生产，开展跨国经营；发挥民间外交、经贸合作的优势，开拓海外联系网络，与国外主流商会、各国驻沪领事馆建立紧密合作，与45家海外商会签订友好合作协议，国际交往遍及亚洲、非洲、欧洲、美洲等。

## 【上海市残疾人事业新闻宣传促进会】

上海市残疾人事业新闻宣传促进会成立于1995年，是由全市有关宣传文化单位等自愿组成的联合性、非营利性社会团体。到2010年，有团体会员单位60个。业务主管单位为中共上海市委宣传部。

促进会业务范围是：开展残疾人宣传文化工作研究、评选；举办残疾人文化艺术培训、展览展示、演出和作品出版活动。

促进会主要开展以下几方面工作：

扶残助残服务。促进会积极营造扶残助残良好社会氛围，以残疾人"社会保障体系和服务体系"全面建设等工作为抓手，充分发挥媒体舆论引导作用，精心策划、统筹实施，团结和动员各会员单位，深入残疾人事业的各项业务领域，围绕每年"全国助残日""国际残疾人日"和一些重大活动，组织媒体发挥自身优势，多角度多形式宣传残疾人事业，增强社会大众对残疾人事业的关注；2000年第五届残运会、2007年世界夏季特奥会、2008年北京残奥会、2010年上海世博会期间，多次组织媒体集体采访报道，用生动实例展示党和政府重视人权保障、支持残疾人事业发展的场景，展现残疾人乐观自信的生活态度和顽强拼搏的奋斗精神；2009年起，推出"新闻媒体沙龙"，不定期举行媒体专家和记者座谈会，介绍扶残助残工作情况，让媒体记者从新闻角度捕捉、挖掘残疾人工作的热点和残疾人自强模范、助残事例典型，进行更有深度和力度的残疾人事业发展成果宣传报道，增强残疾人事业宣传舆论的导向性和感召力。

搭建宣传平台。促进会推进残疾人事业宣传阵地建设，到2010年，建成的市级宣传平台主要有：市残联官方微博、官方网站、上海电视台新闻综合频道《时事传真》手语节目、新民晚报《阳光天地》专刊、内刊《灵芝草》等；各区（县）有线电视台相继开设手语新闻栏目；充分发挥残疾人专题、专刊宣传窗口作用，开展系列重点宣传报道，弘扬残疾人自强拼搏精神；构建以区（县）残联宣传干部为主的通讯员队伍，定期为专刊提供基层残疾人工作的新闻稿件，增加信息来源渠道，提升宣传质量效果。

促进文化融合。促进会积极促进残疾人宣传文化融合发展，举办各类残疾人新闻奖项评选活动，并推荐优秀作品参加全国评选；策划各种残疾人文化活动，促进残疾人事业宣传文化工作融合发展；举办"好新闻奖"评选活动，并推荐优秀作品参加中国残疾人事业好新闻奖评选；举办"区（县）有线台手语（字幕）双语节目评选展播活动"，举办"共享世博，共享欢乐"中外残疾人艺术交流展演、盲人触觉艺术展览会，组织"阳光·生命礼赞"庆祝中华人民共和国成立60周年残疾人文艺演出、"艺术人生梦想"展演、"绽放生命　共享世博"中外残疾人艺术作品展等文化活动；积极参与和推进"残疾人文化月活动"，展示残疾人艺术才艺，制作推出无障碍电影光盘，在部分商业影院开设无障碍电影专场，在全国首创残疾人进电影院观看无障碍电影的新模式；组织残疾人读书活动，先后开展以"阅读，让我们放飞""说句话儿给党听""我读书、我阳光、我快乐"等主题系列读书活动，全面带动和提升残疾人读书学习热情。

### 【上海华夏文化经济促进会】

上海华夏文化经济促进会成立于1995年12月，是由全市经济界和文化界著名单位及知名人士组成的联合性、非营利性社会团体法人。业务主管单位为上海市政协办公厅。到2010年，有各种所有制会员单位202个。

促进会的业务范围是：开展文化经济领域的交流研讨、中介咨询、访问考察，以及书刊资料和信息的交换。

促进会主要开展以下几个方面工作：

搭建平台。促进会以增进台港澳同胞、海外侨胞和海内外经济界、文化界人士的了解和友谊，推动文化经济交流与合作，促进上海文化、经济发展和社会繁荣为宗旨，开展各种交流、研讨、中介咨询、访问考察等活动。1998年，组织上海市工商、金融界知名人士赴台湾地区进行经济考察，探讨和交流海峡两岸对亚洲金融危机的看法及其对策，并与中华台北工商经济征信协会等民间组织建立联系；2002年，组织赴台湾地区考察中介机构和行业协会，对台湾地区的中介机构和行业协会的现状、性质、功能、权限、运作等情况作初步了解；2003年，应法国苏浙同乡会邀请，在"元宵节"期间组织会员单位赴巴黎在联合国教科文组织总部大厅举行名为"东方妙韵　华夏情"的多剧种戏曲音乐会；2004年，组织会员单位赴菲律宾访问菲律宾上海江苏浙江联谊会、菲律宾中华总商会等工商组织，并与菲律宾工商总会签订友好合作备忘录；2005年，应加拿大方面邀请，组织会员单位的上海演艺界著名演员、企业家一行对加拿大温哥华进行友好访问，并举办三场演出、三场经济论坛等活动；2005年10月，为庆祝中华人民共和国成立56周年和中菲建交30周年，应菲律宾上海江苏浙江联谊会邀请，组织促进会文化艺术团赴马尼拉为当地华人华侨及各界人士献上一台具有浓郁中国民族特色的演出；2006年，应香港特区政府邀请，组织评弹系列新篇《四大美人》在香港会议中心举行公演，应日本吉本兴业株式会社友好团体邀请，组织上海大型滑稽戏《七十二家房客》剧组赴日本交流演出。

文化交流。促进会举办"华夏情""华夏杯"等系列文化交流活动，2005年9月，在上海奥林匹克俱乐部举办"航星电器杯"海峡两岸暨香港、澳门桥牌友谊赛，来自台港澳地区和上海等四地的桥牌爱好者组成10支参赛队参赛；11月，参与举办"东方金秋"文化艺术系列活动，主办"海峡两岸暨香港、澳门书画交流活动""中华文化凝聚力研讨会""邓丽君经典歌曲演唱会"等；2007年3月，与世界凤凰文化基金会（台湾）在上海图书馆联合举办"华夏神韵"上海—台北两地美术展，并于9月赴台北展出；2008年4月，与上海市文广局、上海电视台戏曲频道共同举办"评弹金榜—江浙沪优秀青年评弹电视大赛",7月,与上海市作家协会、上海市海外交流协会联合举办"华夏情—海外华人华侨画家与上海作家笔墨交流展";2008年,与上海市文史研究馆、世界凤凰文化基金会(台湾)、台湾中华弘道书学会在上海市文史研究馆共同举办"华夏情—沪台两地书法交流展";2009年,与上海市宁波经济建设促进协会、上海市档案局(馆)、上海楹联学会在上海大剧院画廊共同举办《美哉·上海,共和国60年礼赞——上海"十字街头"巨变》摄影楹联书法展;2010年,与上海市宁波经济建设促进协会在上海大剧院画廊共同举办"回眸世博·精彩难忘"摄影展。此外,组织举办"华夏杯"赛系列活动,2008年,举办华夏"新航星杯"迎奥运乒乓球团体赛;2009年,举办"华夏科维杯"海峡两岸暨香港、澳门桥牌友谊赛和"电信杯"迎世博海峡两岸暨香港、澳门乒乓球邀请赛;2010年,举办"上海通用汽车杯"迎世博龙舟赛等。

友好交流。促进会结合会员需求,开展友好城市间的交流活动。2008年4月,为庆祝上海—釜山缔结姐妹城市15周年,组织丰富多彩的节目与釜山市立歌舞团同台演出,5月,应韩国首尔市政府邀请,组织会员单位上海武术院、上海民族乐团、上海歌剧院舞剧团和上海杂技团等演员赴韩交流演出;2009年7月,组织上海南汇一中、二中学生赴韩国釜山开展中韩青少年交流活动;2010年,组织上海戏剧学院舞蹈分院文化交流团赴釜山交流访问。

## 【上海市光彩事业促进会】

上海市光彩事业促进会成立于1997年8月,是由全市非公有制企业和在上海投资的港澳企业、非公有制经济人士等工商界人士自愿组成,履行社会责任,实施社会扶贫的联合性、非营利性社会团体法人。业务主管单位为中共上海市委统战部。到2010年,有会员单位121个。

促进会的业务范围是:提供信息、协调关系、开展技术、资金投资等经济合作、培训人才。

促进会主要开展以下几方面工作:

扶贫支援。促进会配合国家西部大开发、振兴东北地区等老工业基地、促进中部崛起和社会主义新农村建设等重大发展战略,引导、组织非公有制经济人士投身扶贫开发和对口支援,在革命老区、少数民族地区、边疆地区和贫困地区兴办投资项目,1988年至1993年,在智力支边、科技扶贫、帮助老、少、边、穷地区脱贫致富,振兴地方经济服务等工作中,先后派出320人次,到宁夏、广西、云南、贵州、青海、新疆等20多个省、自治区,为服装、食品、纺织、日用化工、皮革等行业的100多个企业900多个项目提供咨询服务,培训当地技术管理人员400多人,开发新产品600余种;组织、动员、引导民营企业开展以"三农"问题为主要内容的对口支援工作,从民营企业的特点和实际出发,制定工作计划,调动参与主体积极性,形成有企业特点的运作模式和机制,取得良好效果。

促进就业。促进会积极开展促进就业活动,推动就业和再就业工程,参与就业和社会保障先进民营企业表彰,加强同政府相关部门联系合作,参与由市劳动和社会保障局、市总工会、市企业联合会(市企业家协会)建立的劳动关系三方协调机制;响应全国工商联号召,参与举办"民营企业招聘周"活动;通过举办法律讲座,推动《劳动合同法》《就业促进法》《劳动争议调解仲裁法》等国家法律贯彻实施;组织编写《〈劳动合同法〉与企业用工管理实用手册》,加强普法教育,为民营企业遵守国家法律提供具体实在的参照依据。

社会公益。促进会积极动员、组织非公有制经济人士参加扶危济困、抗震救灾、捐资助学等社会公益事业。2003年,抗击非典期间,参与组织1805家民营企业捐款捐物共计人民币1.1亿元;2008年汶川地震后,参与组织民营企业家捐款捐物达6.59亿元和200万港币,还通过培训医生、捐资助学、闲置灾后人员就业等多种方式支援抗震救灾;2010年,组织企业向甘肃省舟曲县泥石流受灾区捐赠 1 100 万元,为青海玉树地震灾区捐款 9 100 多万元,捐物价值 368 万余元;引导广大非公有制经济人士投身"感恩行动",至 2010 年底,共结对老党员 1 045 人、革命老前辈 362 人、老劳动模范 974 人,帮扶军烈属、原工商业者、老统战人士、困难家庭、贫困学生等 7 261 人,资助金额 1 838 万多元,捐赠 122 万元实物,实施惠民项目 23 个,到位资金近 1 000 万元。

光彩活动日。促进会建立"光彩事业活动日",自 2003 年起,每年围绕一个主题,组织一次光彩事业日活动。至 2010 年,所开展的活动主题有"创造更多就业岗位、关爱身边困难群体""推动合作交流、参与社区建设""和谐社会与光彩事业""和谐社会与新农村建设""光彩精神与社会责任""心系灾区、携手共建""逆势飞扬促发展　相扶相携添光彩""与世博同行、展民企风采"等,活动集中展示和宣传民营企业家参与"光彩事业"的感人事迹,弘扬"光彩事业"的理念和精神。

### 【上海市各地在沪企业(商会)联合会】

上海市各地在沪企业(商会)联合会成立于 1997 年 12 月,是由全国各地在上海的企业和商会组成的联合性、非营利性社会团体法人。业务主管单位为上海市人民政府合作交流办公室。到 2010 年,有团体会员单位 300 余个。

联合会的业务范围是:信息交流、咨询服务、业务培训,以及为各地在沪企业服务的各种中介服务。

联合会主要开展以下几方面工作:

交流合作。联合会每年组织和参与各省市在沪举办的招商推介会,与长三角地区、上海对口支援地区等地开展交流活动,组织企业前往上海市对口支援地区考察交流、对口帮扶;为外地来沪企业提供咨询服务,帮助企业与政府对接,组织企业走进区县,考察项目资源,了解相关政策与规划,促成企业项目落沪;组织企业国外学习考察,扩大企业家视野,建立国际交流合作网络;举办中外合作报告宣讲会,邀请国外嘉宾解读经济形势与国外投资环境,帮助企业"走出去"。

服务会员。联合会根据国家政策与经济形势,依托企业家资源以及行业支持,组织开展各类专题研讨会、项目培训等活动,提升企业的综合实力以及核心竞争力;发挥政企桥梁纽带作用,促进企业与政府间交流,建立良好的政企关系;整合优质资源,通过成立各产业分会,为会员提供专业化的行业平台和专业服务;为企业解决高管户籍、在沪职工子女就学、健康顾问等实际困难;组织健康跑步、乒乓球比赛、书法培训、文化月、艺术沙龙等形式文体活动,陶冶企业家情操,增进企业间的交流和友谊。

党建工作。联合会通过举办联合党课、异地商会党建培训等活动,以"授课＋活动"的形式,探索党建工作,发挥引领和促进作用,先后组织党内外成员赴红色革命基地古田、山东沂蒙山革命老区、太行山等地考察学习,缅怀革命先烈,弘扬民族精神;通过在会员单位中征文,编写民营企业党建工作案例精选《腾飞的翅膀》系列书籍,通过宣传党建工作优秀经验事例、先锋模范典型,积极发挥示范作用。

### 【上海市绿色工业促进会】

上海市绿色工业促进会成立于 1998 年 5 月,是由全市各有关工业控股(集团)公司、相关企业以及其他相关经济组织的工程技术人员、专业研究和管理人员等自愿组成的联合性、非营利性社会团体法人。业务主管单位为上海市经济和信息化委员会。到 2010 年,有各种所有制会员单位 60 个。

促进会的业务范围是:有关绿色工业、清洁生产、产业发展、结构调整、工业园区产业升级咨询的服务,培训、信息交流、招商引资及国际合作。

促进会主要开展以下几方面工作:

服务会员。促进会积极开展服务会员的工作,为上海华谊集团、太平洋生物有限公司和宝钢股份普钢分公司、特殊钢分公司、不锈钢分公司等企业编制清洁生产和循环经济发展规划,完成宝钢集团委托《高炉喷吹用废塑料资源可获取性调研咨询报告》。

政府服务。促进会承担工信部委托《关于上海推进新型工业化的研究》重大课题研究,提出上海以科技创新、要素集约、结构优化、效益优先、低碳生产的新型工业化发展模式,并按照工信部、科技部、财政部《关于资源节约型、环境友好型企业创建工作要求及试点企业名单(第一批)通知》要求,为上海外高桥造船有限公司、上海焦化有限公司、上海建筑材料集团水泥有限公司创建方案的编制提供咨询;受市经济信息化委委托,负责上海市"十二五"清洁生产规划的研究和编制工作,并协助市经济信息化委、市环保局召开上海市推进清洁生产工作会议;收集上海市发展循环经济和推进清洁生产及建设节约型社会的动态信息,编写《上海市清洁生产试点示范企业清洁生产案例选》;组织市清洁生产试点示范企业清洁生产内审员培训。

交流合作。促进会根据欧盟 EMACS 项目计划,组织有关企业参加"慕尼黑第十五届国际环保、能源和资源综合利用博览会(IFAT 2008)"、英国水务协会组织的"欧洲水处理研讨会";组织相关企业与欧盟、泰国专家开展《适合中国市场先进环保设备———一体化系统商务模式研究》专题交流和考察。

运作管理。促进会建立完善管理责任驱动和利益驱动相结合的新型管理机制,在细化 A—B 角责任制的基础上,逐步形成新的考核机制。

### 【上海市科普教育基地联合会】

上海市科普教育基地联合会成立于 2000 年 9 月,是由上海市科普教育基地等成员单位自愿组成的联合性、非营利性社会团体法人,下设科普教育专业委员会、科普活动专业委员会、科普网络专业委员会等 6 个分支机构。业务主管单位为上海市科学技术委员会。到 2010 年,有各种所有制会员单位 322 个。

联合会的业务范围是:研究科教运行机制、科普基地管理建设规划、出版简报刊物、培训专业人员、促进合作交流。

联合会主要开展以下几方面工作:

服务会员。联合会开展调查研究,向政府有关部门提供科普基地行业运行情况、趋势发展和政策建议等调研报告;通过科普互动、多措并举优化科普教育,推动展教同步开发与科普过程教育的创新发展;坚持以培养、服务科普人才为发展思想和工作导向,开展继续教育培训和技能竞赛,培养政治坚定、业务精湛的科普人才队伍,推动科普教育基地的科学传播能力。

搭建平台。联合会利用门户网站,向社会公开科普信息、科普基地发展动态,成为社会大众以及会员了解科普工作动态和行业发展动态的窗口;编辑出版《上海科普教育》杂志,发挥会员研究科普发展动态、促进综合能力提高平台作用;利用科普专家资源优势,为会员提供科普政策、科普基地建设、科普展示技术、科普讲解、科普活动、科普产品开发等咨询服务;举办各类论坛、研讨会、交流会等,为会员搭建管理运营、展览展示新技术、科普能力建设等服务平台。

运作管理。联合会以服务为桥梁和纽带,成为联结政府、社会、会员的绿色通道;严格遵循《章程》,完善各类规章制度,建立健全会员年度检查、秘书处年度测评等组织机构管理体系,提高工作决策的民主性、规范性,提升透明度、参与度;积极推进党建工作,把党的工作融入各项工作,加强政治引领和示范带动,确保联合会发展的正确方向。

**【上海国际商会】**

上海国际商会成立于 2003 年 3 月,是由全市从事国际商业活动的相关企事业单位、经济团体组成的联合性、非营利性社会团体法人,前身是 1988 年中国国际商会上海商会与中国国际贸易促进委员会上海市分会合并的一个机构。商会在各区(县)设立有代表机构,到 2010 年底,拥有团体会员单位 887 个。业务主管单位为上海市商务委员会。

商会业务范围是:在宏观政策、法律咨询、商贸信息交流、商务展览与考察、人才培训、刊物出版、国际交流与合作等领域提供专业性的服务,积极提高会员企业的国际竞争力,促进上海和长三角地区的社会和经济发展。

商会主要开展以下几方面工作:

搭建平台。商会积极发挥促进国际贸易交流的平台作用。1990 年 5 月,组织经贸代表团赴沙特阿拉伯吉达市举办中国国际贸易展,达成 2 200 万美元交易,并签订劳务输出合同;同年 6 月,组团前往韩国汉城参加韩国贸易展,成交额达 380 万美元,并配合上海市政府宣传上海浦东新区规划及优惠政策,推动韩国客商来沪考察投资;同年,还邀请台湾 468 位工商界人士来沪访问,促进台海经贸往来和交流;1991 年 9 月,承办首届海峡两岸经贸洽谈会,与会台商 400 余人,大陆 25 个省市代表 520 人参会,入场洽谈人数多达 1 500 人,洽谈达成 200 多个意向项目,现场签约 12 项,投资额达 2.6 亿美元;1997 年 4 月,承办国际商会第 32 届世界大会,来自 60 多个国家和地区的 1 000 余名代表参会;1993 年至 2010 年底,先后与韩国釜山商工会议所、波兰坦尼亚工商会、以色列亚洲商会、英国利物浦商工所、爱尔兰贸易局、俄罗斯圣彼得堡工商会、印度工商会、美国大西雅图商会等 104 家海外商(协)会签订友好合作协议书。

商务交流。商会认真做好商务接待,为国际贸易架设桥梁,每年都接待 30 多个国家或地区 50 余批次近千人次的国外商(协)会代表团来中国考察、访问、交流,组织百余场次经贸论坛、研讨会和洽谈会等各类国际、国内会议,组织上海及周边地区企业代表团赴海外进行投资商务考察。到 2010 年底,商会已与世界五大洲 160 多个国家和地区的近 800 个经贸团体和全球著名跨国公司、财团、重要企业建立商务联系。

**【上海科技成果转化促进会】**

上海科技成果转化促进会成立于 2003 年 9 月,是一个具有"政协特色、社团特征、科技特点"的联合性、非营利性社会团体法人。业务主管单位为上海市政协办公厅。到 2010 年,有团体会员单位 275 个。

促进会的业务范围是:信息发布、展览展示、专业培训、交流合作、中介咨询等促进科技成果转化的服务工作。

促进会主要开展以下几方面工作:

促进会成立以来,整合科技、教育、经济、金融、科技中介等资源,搭建政产学研合作平台,构建"联盟计划""助推计划"、专家智库、"大手牵小手"、投融资合作联盟、技术转移实践区、上海产学研合作优秀项目奖和专业网站等十余个服务载体,在产学研合作互动发展、科技成果转化上发挥积极推动作用。

"联盟计划"活动。促进会开展"联盟计划——难题招标专项活动",通过一系列服务平台,联合高校、科研院所实现产学研合作,帮助中小企业解决在发展过程中遇到的技术难题;"联盟计划"活动,每年组织举办一次,向全市中小企业征集在发展过程中提出的技术难题,组织公开招标,并协调组织高校和科研院所等单位接标,用已有的技术基础或成果帮助中小企业解决技术难题;组织专家对招标对接成功的项目进行评审,并对通过评审的项目给予一定的资助;"联盟计划"活动使促进会找到了推动产学研合作的有效服务载体,也使高校、科研院所实现了技术转移,找到了施展才华的用武之地。

"助推计划"活动。促进会实施"助推计划——高校科技成果转化专项活动",通过服务平台,促进高校科技成果向企业转化和产业化;组织对高校科技成果项目进行征集、遴选分类、整理汇总,组织专家进行项目评估并确定年度"助推计划"项目,架设校企项目对接、洽谈、签约桥梁,并实施项目跟踪服务,促进高校科技资源优势充分发挥,为中小企业科技创新、转型发展创造条件;同上海市教育发展基金会和上海市促进科技成果转化基金会共同设立"上海产学研合作优秀项目奖",组织承办优秀项目奖评选活动。

建言献策服务。促进会专家智库汇聚科技、教育、企业、法律、金融、经济、管理等不同领域的300多名专家,其中有22位两院院士,促进会充分发挥资源优势,服务政府、服务政协、服务中小企业、服务高校院所科技成果转化;拓展服务社会的范围和途径,开展软课题调查研究,形成调研报告,积极建言献策。

### 【上海市侨商会】

上海市侨商会成立于2003年12月,是由海外华侨、华人、港澳同胞在上海市投资的企业单位组成的联合性、非营利性社会团体法人,到2010年,有来自美国、加拿大、英国、德国、法国、意大利、澳大利亚、巴西、新加坡、菲律宾、日本、中国香港、中国澳门等29个国家和地区的会员300人。业务主管单位为上海市人民政府侨务办公室。

商会业务范围是:组织商务及考察、会议、展览、展销、研讨、讲座等各种经济交流及推广活动,促进经济交流合作。具体业务包括:组织会员开展商务经济考察、交流等活动,促进经济合作;为会员及其企业人员举办各种专业讲座、业务培训等,提高企业管理水平和人员素质;设立会员专用网站,为会员推广业务及产品提供信息咨询服务;组织各种专业人员,包括律师、会计师、审计师以及经济、技术专家等,为会员推荐各种专业服务;组织各种健康文化娱乐活动,丰富会员业余生活服务;加强与政府主管部门的联系和沟通,为上海经济建设献计献策,依法保护会员合法权益,为会员排忧解难;开展有利于完成本会宗旨的各种其他活动和服务。

商会坚持"诚信、团结、创新、共赢"宗旨,致力于成为沟通企业与政府联系的桥梁,以及成为推动企业合作与进步的纽带,为企业排忧解难的帮手,在理事会带领下,依靠全体会员共同努力,积极维护和争取会员合法权益;帮助会员协调与政府有关部门关系和致力配合政府改善投资环境;广泛联系海内外工商企业及经济组织,促进与会员间的经济交流;提高企业管理水平和技术进步,实现创新发展、产业转型,推动上海和全国经济建设和社会发展。商会多次荣获上海市统战系统先进集体、上海市先进社会团体等称号。

### 【上海国际时尚联合会】

上海国际时尚联合会成立于2004年8月,是由全市与时尚产业相关的社会团体、企事业单位及时尚产业从业者个人自愿组成的联合性、非营利性社会团体法人，下设演艺文化专业委员会、时尚美妆专业委员会、现代艺术专业委员会、时尚品牌专业委员会、设计师专业委员会、时尚传媒专业委员会、高级定制专业委员会等7个分支机构。业务主管单位为上海市商务委员会。到2010年，有各种所有制会员单位44个，个人会员62人。

联合会的业务范围是：学术研究、工作协调、专业培训、资质认证、业务咨询、信息服务、专业评比、会展招商、生活方式推介、国内外合作与交流。

联合会主要开展以下几方面工作：

搭建平台。联合会举办各类时尚活动，拓展新媒体联络形式，整合团体会员、个人会员及行业专家顾问资源，搭建良好合作、供需平衡、信息互通的平台；致力于与海内外知名时尚机构、时尚集团、各相关时尚行业协会、驻沪领事文化处、商业处以及学术科研机构的联络，建立紧密的沟通联系，信息互通，征询时尚品牌企业及个人的需求，定向策划、组织开展各类国内外学术交流和商业推广活动，为国内时尚品牌企业开通国际交流、合作和营销的有效渠道；及时传递政府关于产业导向和支持的最新政策，通过门户网站、组织会员主题沙龙等形式，协助中小型企业及时了解政府支持方式，协助国际品牌及设计师了解国内行业政策规范等。

产业推进。联合会保持与国际时尚联合会、时尚品牌机构及设计师的信息互通，了解他们在进入市场策划、推广和销售各环节中遇到的问题和实际需求，征询行业顾问和专家的建议，向政府相关部门提出提案，力求实现政府产业政策导向与行业实际需求紧密结合与匹配；利用会员聚集优势，对产业发展情况进行调研，配合政府相关部门，与中欧工商学院合作开展时尚产业相关数据的搜集、整理、分析，协助政府和行业及时掌握产业发展动态；开展针对企业与机构的各类市场调研，利用平台资源为国内时尚品牌企业和设计师的市场发展提供专业顾问咨询；为企业的品牌营销和推广制定系统、专业的媒体计划，包括国内外相关媒体投放、市场推广活动中的媒体邀请、挖掘、提炼及引导媒体关注点，等等；为国外有意向进入中国销售终端的时尚品牌及设计师提供中国市场考察、调研服务，因地制宜地提供符合中国市场需求的方案。

人才引荐。联合会针对我国时尚创意领域人才匮乏的现状，利用国际时尚联合会的资源优势，开展人才挖掘、孵化以及相关推选活动，结合企业岗位实际需求，在行业内外跨界合作，为企业调配人才资源进行推荐，协助会员单位优化人才引进、完善激励机制。

## 【上海市轻工业协会】

上海市轻工业协会成立于2007年6月，是由全市轻工企事业单位以及其他相关社会组织自愿组成的联合性、非营利性社会团体法人。下设科技创新工作委员会、品牌创优工作委员会等2个分支机构。业务主管单位为上海市经济和信息化委员会。到2010年，有团体会员单位208个，涵盖上海轻工全部17个大类行业。

协会业务范围是：从事规划、政策建议，举办展销会、培训、职称评审、中介咨询、品牌培育、国内外交流和政府委托或授权任务。

协会主要开展以下几方面工作：

服务政府。协会积极做好服务政府的工作，宣传国务院《轻工业调整和振兴规划》，协助市经济信息化委起草上海市的《实施方案》；协助政府部门开展行业性重大问题研究，配合市委研究室就"双鹿"现象到企业调研，撰写《关于重组上海轻工老品牌的调查报告》，召开"双鹿品牌重新崛起的启示座谈会"等；编制完成《上海市轻工产业发展研究》《上海轻工品牌战略研究》等课题报告，撰写

《上海市轻工业"十二五"发展规划建议》,完成《上海轻工业产业结构调整和优化升级的研究》等课题。

服务会员。协会整理《技术创新服务项目指引》,为企业提供相应的服务;组织开展"上海'轻工杯'生活用品时尚创意设计大赛""上海'轻工杯'钟表创意设计大赛",协助开展上海名牌、上海市著名商标推荐评审工作;举办"上海轻工新品、名品展示展销会",组团参加"中国(大连)轻工商品博览会"、广交会和华交会,帮助出口企业申报"上海新浦江轻工产品出口创新基地";开展行业信息统计工作,撰写《上海轻工业质量分析报告(白皮书)》。

人才培育。协会与上海轻工业工会联合会联合举办"伴随共和国的彩虹——上海轻工60年风采展暨2009年上海'轻工杯'生活用品时尚创意设计大赛成果展";参编中国轻工业联合会《中国轻工业辉煌60年》大型图文专辑;参与全国轻工业劳动模范、先进集体的评选表彰工作;与上海轻工业工会联合会共同建立上海轻工行业和谐劳动关系促进委员会,发布《关于推进行业性工资集体协商工作的指导意见》,促进和谐劳动关系建设。

运作管理。协会按照章程规范运作,履行章程规定的职责,建立健全秘书长联席会议制度等各项工作制度;积极探索党的建设,创新党建机制,发挥党员先锋模范作用。

### 【上海纺织协会】

上海纺织协会成立于2008年12月,是由全市纺织服装行业的企事业单位及相关单位自愿组成的联合性、非营利性社会团体法人。下设时尚产业分会、产业用纺织品分会、毛纺织分会等3个分会。业务主管单位为上海市经济和信息化委员会。到2010年,有团体会员单位250个。

协会业务范围是:纺织产业规划、政策建议,举办论坛、展览(销)会、培训、咨询、品牌培育、国内外交流,招商引资,统计和政府委托或授权任务。

协会主要开展以下几方面工作:

行业服务。协会整合各方资源,建设以纺织服装质量和品牌研究、培育、传播、推广为核心的服务平台,实施质量信息传递、开展质量培训、推进品牌培育等工作,增强上海纺织产品在消费者心目中的美誉度;加强行业调查研究和统计分析,及时了解行业发展动态,为政府加强宏观调控和企业落实发展战略当好参谋和助手;编制完成《上海纺织产业结构调整十二五规划》《上海纺织印染行业结构调整方案》《上海纺织技术对策研究》等;健全行业质量基础数据库、著名品牌动态数据库、规模以上企业经济运行数据库,将综合统计和行业统计数据、重点企业和区域信息等有机结合,确保数据及时、准确;通过对相关市场形势和变化趋势的研究,超前预测行业经济运行走势,依靠行业专家库资源,参与对上海86个著名纺织服装品牌和76个知名纺织服装老品牌进行深入调研、梳理,形成《上海市加强品牌建设、推动产业升级的若干意见》,促进创新发展;帮助企业产品研发提供产学研平台服务,为企业申请名牌产品和著名商标创造条件。

对外交流。协会积极推动建立"长三角"纺织行业联动机制,启动区域性集聚、协调、合作和交流,努力推进行业互动共赢,承办"'长三角'纺织产业协同创新论坛";协办"中国传统轻纺转型发展高峰论坛";主办"第四届纺织采购交流洽谈会"和"上海时装周走进'王江泾'暨嘉兴中国南方纺织城交易会"系列活动;发布国际面料流行趋势和举行《面料流行趋势手册》首发式;举办江苏常州湖塘镇产业转型升级研讨会等;加强国际交流合作,与土耳其纺织进出口商会签署全面合作框架协议,组织会员单位参加双方企业对接会;帮助会员单位成功对接德国HEIMTEXTILE集团;与英国总领馆、英国贸易投资署联合举办中英纺织企业商务洽谈会;组织召开中巴时尚研讨会,就巴西产品进入中国市场进行交流;协办中意纺织服装新型战略研讨会;组织企业参加"非洲中西部棉花生产商和出品商买家——卖家见面会";与美国 IFAI 国际产业用纺织品协会建立友好合作关系。

　　规范管理。协会完善运行机制,努力做到坚持管理制度化、规范化,完善协会的内部各项制度和办事流程;坚持民主办会,按时召开秘书长联席会议;坚持建设特色协会,在为企业和政府的服务中提升能级等"三个坚持";建立门户网站,及时发布行业资讯、行业经济运行分析、国内外纺织行业发展动态、知名品牌展示等信息。

## 二、名录

　　根据 1989 年、1998 年国务院《社会团体登记管理条例》和 2002 年《上海市促进行业协会发展规定》,截至 2010 年底,在市社会团体管理局注册登记的市级联合类社会团体 62 家。

表 1-3-3　2010 年上海市市级联合类社会团体一览表

| 序号 | 单 位 名 称 | 业务主管单位 | 登记日期 | 办 公 地 址 |
|---|---|---|---|---|
| 1 | 上海市企业联合会 | 上海市经济和信息化委员会 | 1979-08-23 | 共和新路 2623 号 |
| 2 | 上海市工业经济联合会 | 上海市经济和信息化委员会 | 1991-03-13 | 江西中路 181 号 |
| 3 | 上海市股份公司联合会 | 上海市发展和改革委员会 | 1991-04-04 | 零陵路 635 号爱博大厦 3B |
| 4 | 上海市宁波经济建设促进会 | 上海市人民政府合作交流办公室 | 1991-04-04 | 南汇路 69 号 |
| 5 | 上海市少数民族联合会 | 上海市民族和宗教事务委员会 | 1991-05-27 | 江宁路 777 号 702 室 |
| 6 | 上海市个体劳动者协会 | 上海市工商行政管理局 | 1991-06-07 | 长安路 1001 号 |
| 7 | 各省市区、中央部委驻上海单位信息协会 | 上海市人民政府合作交流办公室 | 1991-06-14 | 曲阳路 775 号天山宾馆 907 室 |
| 8 | 上海经济文化促进会 | 上海市民族和宗教事务委员会 | 1991-08-08 | 银城东路 139 号 1301 室 |
| 9 | 上海市献血促进会 | 上海市卫生局 | 1991-11-21 | 虹桥路 1191 号 8 号楼 |
| 10 | 上海市文学艺术界联合会 | 中共上海市委宣传部 | 1991-12-04 | 延安西路 238 号 |
| 11 | 上海市郊区经济促进会 | 上海市农业委员会 | 1991-12-27 | 斜土路 1277 弄 14 号 208 室 |
| 12 | 上海市海外经济技术促进会 | 上海市归国华侨联合会 | 1992-02-21 | 肇嘉浜路 446 弄 2 号楼 303 室 |
| 13 | 上海振兴江西促进会 | 上海市人民政府合作交流办公室 | 1992-03-09 | 余姚路 417 号 410 室 |
| 14 | 上海安徽经济文化促进会 | 上海市人民政府合作交流办公室 | 1992-03-30 | 平武路 31 弄 1 号 101 室 |
| 15 | 上海海峡两岸学术文化交流促进会 | 上海市社会科学界联合会 | 1992-04-25 | 淮海中路 1555 号 1440 室 |
| 16 | 上海市商业联合会 | 上海市商务委员会 | 1992-08-10 | 新闸路 945 号 315 室 |
| 17 | 上海对外交流促进会 | 上海市人民政府外事办公室 | 1992-12-01 | 南京西路 1418 号 105 室 |

(续表)

| 序号 | 单 位 名 称 | 业务主管单位 | 登记日期 | 办 公 地 址 |
|---|---|---|---|---|
| 18 | 上海市城市美学促进会 | 上海市文学艺术界联合会 | 1992-12-01 | 延安西路 376 弄 36 号 |
| 19 | 上海市科学技术研究所协会 | 上海市科学技术协会 | 1993-01-04 | 中山西路 1525 号 1401 室 |
| 20 | 国务院各部委各省市自治区驻沪办事机构联合会 | 上海市人民政府合作交流办公室 | 1993-03-17 | 长乐路 191 号 58260 室 |
| 21 | 上海甘肃经济促进会 | 上海市人民政府合作交流办公室 | 1993-03-17 | 中山北路 2210 号 605 室 |
| 22 | 上海市科技企业联合会 | 上海市科学技术委员会 | 1993-05-24 | 钦州路 100 号 1 号楼 912 室 |
| 23 | 上海市职工爱好者组织联合会 | 上海市总工会 | 1993-09-28 | 西藏中路 120 号 509 室 |
| 24 | 上海行知教育促进会 | 上海市教育委员会 | 1994-01-03 | 陕西北路 128 号 1003 室 |
| 25 | 上海市学生营养与健康促进会 | 上海市卫生局 | 1994-10-20 | 斜土路 2094 号 |
| 26 | 上海市社会团体促进会 | 上海市民政局 | 1994-10-22 | 江西中路 215 号 |
| 27 | 上海市青年文学艺术联合会 | 共青团上海市委员会 | 1995-02-11 | 虹桥路 2266 号 211 室 |
| 28 | 上海颜文樑艺术促进会 | 上海市文化广播影视管理局（上海市文物局） | 1995-06-02 | 华山路 1399 号 2 楼 |
| 29 | 上海口岸联合会 | 上海市口岸服务办公室 | 1995-07-12 | 复兴东路 248 号 15 楼 |
| 30 | 上海市残疾人事业新闻宣传促进会 | 中共上海市委宣传部 | 1995-08-30 | 龙阳路 189 号 |
| 31 | 上海市家庭文化建设促进会 | 上海市妇女联合会 | 1995-09-17 | 天平路 245 号 405 室 |
| 32 | 上海华夏文化经济促进会 | 上海市政协办公厅 | 1995-12-31 | 北京西路 860 号 406 室 |
| 33 | 上海市青年体育联合会 | 共青团上海市委员会 | 1996-06-21 | 西藏南路 1 号 |
| 34 | 上海市各地在沪企业（商会）联合会 | 上海市人民政府合作交流办公室 | 1997-12-28 | 威海路 128 号 709 室 |
| 35 | 上海企业集团促进会 | 上海市发展和改革委员会 | 1998-02-09 | 东长治路 777 号南五楼 205 室 |
| 36 | 上海绿色工业促进会 | 上海市经济和信息化委员会 | 1998-05-18 | 宝庆路 20 号 4 号楼 1F |
| 37 | 上海长江开发沪港促进会 | 上海市人民政府发展研究中心 | 1998-06-22 | 新闸路 831 号 19 楼 B 室 |
| 38 | 上海市中小学生读书活动促进会 | 上海市教育委员会 | 1999-06-02 | 瑞金二路 272 号 |
| 39 | 上海市光彩事业促进会 | 中共上海市委统战部 | 2000-09-26 | 延安东路 55 号 |
| 40 | 上海市科普教育基地联合会 | 上海市科学技术委员会 | 2000-11-27 | 虹桥路 2216 号 205 室 |
| 41 | 上海市高校毕业生就业工作促进会 | 上海市教育委员会 | 2003-02-25 | 延安西路 900 号 |
| 42 | 上海软件对外贸易联盟 | 上海市商务委员会 | 2003-03-05 | 龙漕路 299 号 4 号楼 1 楼 |

（续表）

| 序号 | 单 位 名 称 | 业务主管单位 | 登记日期 | 办 公 地 址 |
|---|---|---|---|---|
| 43 | 上海国际商会 | 上海市商务委员会 | 2003 - 03 - 16 | 金陵西路 28 号 518 室 |
| 44 | 上海市振兴京剧促进会 | 上海市文化广播影视管理局（上海市文物局） | 2003 - 07 - 01 | 莲花路 211 号 |
| 45 | 上海市企业海外发展联合会 | 上海市经济和信息化委员会 | 2003 - 09 - 16 | 东大名路 815 号 302 室 |
| 46 | 上海科技成果转化促进会 | 上海市政协办公厅 | 2003 - 11 - 04 | 北京西路 860 号 |
| 47 | 上海市侨商会 | 上海市人民政府侨务办公室 | 2004 - 03 - 08 | 愚园路 168 号 2201 室 |
| 48 | 上海国际时尚联合会 | 上海市商务委员会 | 2004 - 08 - 16 | 世纪大道 88 号金茂大厦 3404 |
| 49 | 上海市合同信用促进会 | 上海市工商行政管理局 | 2004 - 09 - 15 | 长安路 1001 号 1 号楼 401—405 室 |
| 50 | 上海市商会 | 中共上海市委统战部 | 2004 - 10 - 11 | 延安东路 55 号 |
| 51 | 上海船东协会 | 上海市城乡建设和交通委员会 | 2005 - 03 - 15 | 东大名路 700 号 |
| 52 | 上海市残疾人康复协会 | 上海市残疾人联合会 | 2005 - 09 - 06 | 临沂北路 265 号 |
| 53 | 上海现代服务业联合会 | 上海市商务委员会 | 2005 - 12 - 19 | 滨江大道 2525 弄 5 号 A 幢 |
| 54 | 上海东北经济文化发展促进会 | 上海市人民政府合作交流办公室 | 2006 - 11 - 03 | 控江路 1555 号 A 座 242 室 |
| 55 | 上海市轻工业协会 | 上海市经济和信息化委员会 | 2007 - 09 - 20 | 肇嘉浜路 376 号 17 楼 |
| 56 | 上海市侨界企业家协会 | 上海市人民政府侨务办公室 | 2007 - 11 - 29 | 延安西路 129 号 1008 室 |
| 57 | 上海少儿读物促进会 | 上海市新闻出版局 | 2008 - 05 - 26 | 延安西路 1538 号 |
| 58 | 上海市海峡两岸交流促进会 | 上海市人民政府台湾事务办公室 | 2008 - 08 - 14 | 剑河路 780 弄 7 号 |
| 59 | 上海纺织协会 | 上海市经济和信息化委员会 | 2009 - 02 - 13 | 杨树浦路 2893 号 |
| 60 | 上海军民两用科学技术促进会 | 上海市科学技术委员会 | 2009 - 02 - 13 | 中山西路 1525 号 813 室 |
| 61 | 上海金融业联合会 | 上海市金融服务办公室 | 2009 - 07 - 02 | 四川中路 276 号 4 楼 |
| 62 | 上海市技术经纪促进会 | 上海市科学技术委员会 | 2009 - 12 - 24 | 中山西路 1525 号 8 楼 |

# 第四章　学术性社会团体

　　学术性社会团体,是指以学术研究和交流为主,在有关科学研究的共同意愿和结社宗旨驱动下,按不同的研究领域与兴趣,自发和自愿组成的从事自然科学和社会科学某一领域或学科研究的社会团体。学术性社会团体通常分为自然科学及工程技术和人文社会科学两大类,简称科学技术类社会团体和社会科学类社会团体。在我国,学术性社会团体通常以"学会"或"研究会"为组织命名。按照上海社会团体设立的基本标准,学术性社会团体原则上参照《中华人民共和国学科分类标准》二级学科设置,对符合学科标准的,一般以学会命名;对未达到学科标准的,则以研究会命名。

　　学术性社会团体分为自然科学类社会团体和社会科学类社会团体。我国有据可考的最早的自然科学社会团体诞生于明末,兴起于19世纪末,上海作为中国近代开埠最早的城市和"西学东渐"重要的中转站,是我国较早出现自然科学类社会团体的城市,也是自然科学类社会团体最为集中的城市。从1886年在上海成立的中国博医会,到晚清时期在求变图强思想指导下创办的农学会、中国医学会,再到辛亥革命后发展起来的中国科学社、中华学艺社、中国工程师学会、中华医学会等,上海自然科学类社会团体在历史的曲折推进中波涛迭起,留下了爱国、自强、民主、智慧的足迹;中华人民共和国成立后,上海社会科学类社会团体的发展历程,与科学技术类社会团体相比,因作用不同而稍有区别。改革开放以来,上海的学术性社会团体在推动学科发展、造就专门人才和拔尖创新人才、创建学习型组织、维护会员合法权益、推进产业科技进步、承担社会化服务职能、发展科技中介服务、提高公众科学素质、增强民间外交等方面,发挥了积极且独特的作用。截至2010年底,在市社会团体管理局注册登记的市级学术性社会团体326家。

## 第一节　自然科学领域社会团体

　　1978年改革开放后,党中央召开全国科学大会,提出了"科学技术是生产力""知识分子是工人阶级一部分""四个现代化关键是科学技术现代化"等著名论断,并向全国发出"向科学技术现代化进军"的号召。上海自然科学类社会团体的发展迎来了科学的春天。1978年3月4日,市科协召开"恢复各自然科学专门学会大会",推动了各自然科学专门学会的全面恢复。

　　1988年,邓小平进一步鲜明地提出"科学技术是生产力,而且是第一生产力"。这些论断,提示了科学技术对当代生产力发展和社会经济发展第一位的变革作用,对我国社会主义现代化建设具有重要而深远的意义,给我国知识分子以巨大鼓舞。在这个大背景下,上海自然科学类社会团体的数量有了大幅度增长。截至1992年,市科协系统已有市级学会、协会、研究会155家,会员20.9万人;全市324个街道、乡镇建有科普协会,郊县还有394家专业技术研究会。

　　20世纪90年代,上海自然科学类社会团体在结合上海大力推进改革开放,发挥独特优势的同时,也在不断进行理论创新和实践探索。1992年2月7日,市委办公厅下发了《中共上海市委办公厅转发市科协党组〈关于加强党对科协工作的领导进一步发挥科协作用的意见〉的通知》,进一步促进和规范了上海自然科学类社会团体的发展。到2001年,市科协所属学会、协会、研究会162家,其中团体会员单位 7 245 个,个人会员达 20 余万人。

2007 年,市有关部门制定了《上海市科学技术协会事业发展规划(2007—2011)》。至 2008 年,市科协已拥有市级学会、协会、研究会 181 家,其中团体会员 13 360 个,个人会员约 19 万人;所属分科学会 934 家。

# 一、选介

## 【上海市护理学会】

上海市护理学会成立于 1923 年,是全市护理科技工作者及企事业单位自愿组成的学术性、非营利性社会团体法人。学会下设心理卫生专业委员会、肿瘤专业委员会、儿科专业委员会、妇产科专业委员会、外科专业委员会、内科专业委员会、重症监护专业委员会、教育专业委员会、管理专业委员会、护理标准专业委员会、静脉输液专业委员会、手术室专业委员会、医院感染控制专业委员会、老年专业委员会、传染病专业委员会、眼耳鼻喉专业委员会、口腔专业委员会、中医(中西医结合)专业委员会、门急诊专业委员会、编辑工作委员会、护理伦理工作委员会、志愿服务工作委员会、社区卫生工作委员会、科技开发工作委员会、科普工作委员会、学术工作委员会、组织工作委员会、思想研究工作委员会、郊区县工作委员会等 29 个分支机构。业务主管单位为上海市科学技术协会。到 2010 年,有单位会员 149 个,个人会员 20 633 人。

学会业务范围是:学术交流、继续教育、科普宣传、出版刊物、科技评价、科技咨询与展览。

学会主要开展以下几方面工作:

组织建设。学会加强委员会建设,根据护理学科发展的实际需要,不断明确专业委员会和工作委员会的目标责任,激发委员会工作活力;做好会员服务,举办各类免费讲座,年均培训人数在 4 000 人次以上;加强信息化建设,开通刊授网络答题平台、继续教育电子注册签到系统、网上支付系统,努力提高服务质量。

专业推进。学会打造品牌学术会议,举办的"上海国际护理大会暨护理技术与用品展示会""东方造口伤口失禁护理论坛""东方静疗实践高峰论坛"等;充分利用有关资源优势,加强与国内外同行的交流,提升对外交流活动内涵;编辑出版《上海护理》杂志,发挥杂志作为中国科技核心期刊、中国科技论文统计源期刊的功能。

激励创新。学会开展护理科研课题立项,在政府有关部门大力支持下,积极组织护理课题研究,并优选部分项目参评上海市卫生计生委级科研课题;利用获得上海市科协科技评价机构资格的条件,开展护理科技评价,组织护理科技成果鉴定,举办护理器具创新成果展示与评选,并自 1994 年起,承担上海护理科技奖评审工作;开展行业调研,组织撰写《老年护理技术发展报告》《上海市专科护理门诊发展报告》《上海市专科护理队伍发展现状与趋势》等调研报告。

人才培养。学会积极开展专科护理岗位培训,培训领域涉及重症监护、急诊急救、手术室护理、肿瘤护理、PICC 护理、血液净化、产科护理、造口伤口失禁护理等,培养具有专业拓展能力的更高层次的专科护士,为临床护理人员提供更高的职业发展平台;加强护理管理人员培训,开设护士长适任班,专项管理培训内容涉及护士岗位管理、基于品管圈危重症护理质量管理、重症监护护理风险管理、临床护理安全管理等,受到各级管理人员欢迎。

科普宣传。学会大力弘扬南丁格尔精神,2009 年,倡导成立了上海市红十字南丁格尔志愿护理服务队,至 2010 年,志愿队已发展到 42 支分队,来自各级医院临床护理一线的志愿者 834 名;积极鼓励各专业委员会和广大会员参与各种世界性或全国性的健康日活动,并组织举办各种形式的义诊,开展科普宣传。

### 【上海市纺织工程学会】

上海市纺织工程学会成立于1930年4月,是一个有着悠远历史的社会团体,是由全市纺织企业、相关科研院所及高校等单位自愿组成的跨部门、跨所有制的学术性、非营利性社会团体法人。学会下设棉纺专业委员会、织造专业委员会、染整专业委员会、化纤专业委员会、毛麻专业委员会、丝绸专业委员会、针织专业委员会、家纺专业委员会、服装专业委员会、非织造专业委员会、纺机纺器专业委员会、电子信息专业委员会、节能环保专业委员会等13个分支机构。业务主管单位为上海市科学技术协会。到2010年,学会有各种所有制会员单位45个。

学会业务范围是:围绕纺织行业发展及会员需求,开展学术交流、科普宣传、技术咨询与评估、继续教育等专业活动。

学会主要开展以下几方面工作:

服务会员。学会开展信息服务,编印《纺织学会通讯》,为会员提供纺织产业发展政策导向和产学研研发信息,及时反映行业科技动态;依靠行业专家资源和行业信息优势,积极为企业提供各类技术咨询服务,为企业研发、生产与管理水平提升提供专家咨询;为企业创新成果评审表彰提供鉴定意见,出具证明函;推荐优秀科技工作者参加市级、部级个人先进奖项评比;加强学术研讨交流,组织举办各类论坛、研讨会、交流会以及专题报告会、座谈会等,帮助企业及时、准确掌握行业最新科技动态,提升中小企业技术创新能力和管理水平。

产业推进。学会定期主办"长三角"纺织科技成果发布会,围绕不同主题组织并遴选优秀科研成果参加发布与交流,发挥推进区域性产业科技创新与进步的积极作用;开展"东纺明珠奖"评审活动,积极推进上海市纺织行业产学研条线科技进步和人才推荐工作;针对纺织行业科技发展的"瓶颈"问题,采取确立、实施软课题的方式,开展行业调研,形成研究报告,积极为政府有关管部门或企业建言献策。

人才培育。学会举办"工程系列纺织专业初中级专业技术人员继续教育"培训班,结合集聚行业人才优势和现有平台,配合市有关部门开展纺织工程专业技术人员继续教育培训工作,为行业输送具有最新专业知识的工程类技术人才。

运作管理。学会强化规范化运作和管理,完善民主办会规程,强化内部管理规范,明确服务会员、服务企业、服务政府决策、促进产业发展的工作职责,纳入绩效考核;组织专业委员会星级评比,表彰先进,树立标杆,在各专业委员会之间形成相互学习、相互促进、共同提高的氛围;积极探索学会党建工作,党支部以建设"学习型、服务型、创新型"基层党组织为目标,以"形式固化、内容强化、理念提升、党性增强、作用发挥"为要求,通过常态化制度化学习教育,加强党员队伍建设,发挥先锋模范作用。

### 【上海市硅酸盐学会】

上海市硅酸盐学会成立于1948年12月,是由全市科研单位、大专院校,以及长三角地区一些国有、私营和合资企业自愿组成的跨部门、跨所有制的学术性、非营利性社会团体法人。学会下设特种无机材料专业委员会、普通无机材料专业委员会、晶体和宝石专业委员会、窑炉与设备专业委员会、分析与测试专业委员会、无机生物环保材料专业委员会、玻璃灯工技术专业委员会、无机新能源材料专业委员会等8个专业委员会,以及学术交流委员会、科普工作委员会、组织工作委员会等3个工作委员会。业务主管单位为上海市科学技术协会。到2010年,有团体单位会员36个,个人会员1981人。

学会业务范围是:开展学术交流,人才培养,出版刊物,举办展览会,提供科技咨询服务。

学会主要开展以下几方面工作:

服务会员。学会开展信息服务,定期编印《上海市硅酸盐学会简报》,为会员提供行业发展方面的政策法规和国内外产学研发展动态,传递新技术发展和市场需求信息,及时反映行业诉求;依靠行业专家库资源和行业统计信息的优势,积极为相关行业提供各类技术咨询、评估鉴定服务,为项目、产品生产提供专家咨询评估;为企业产品研发提供产学研服务平台;为企业申请名牌产品和著名商标出具证明函;推荐院士候选人、优秀人才评选,推荐企业申报高新技术企业和国家级、市级项目;协助企业专利申请、标准制定等方面的工作;加强研讨交流,举办各类论坛、研讨会、交流会以及专题报告会、座谈会等,搭建产业信息、技术交流、形象展示和行业间联系的平台,帮助科研人员和企业及时、准确掌握政府相关政策。

产业推进。学会开展产业研究,积极建言献策,为政府相关职能部门提供产业及专业运行情况、趋势预判和政策建议等课题研究报告;拓展对外交流,推进行业合作,建立与国际和国内相关行业学会的多渠道联系,积极探索合作交流机制,推动业内人士参与国际合作,交流前沿信息,组织会员国内外参展学习考察,扩大会员视野,组织主办"国际先进陶瓷材料与设备展览会";与中国硅酸盐学会合作举办"国际玻璃工业技术展览会";承担"国际固态离子学术大会""国际晶体生长大会"相关会务工作等。

人才培育。学会职称评审委员会开展无机材料行业专业技术职称申报评审;为企业工程专业技术人员进行技术及管理培训,提高行业从业人员知识技能和业务水平。

运作管理。学会强化规范化运作和管理,制定相关服务管理文件;积极探索党建工作,确保党工小组活动常态化、制度化;与相关企业和高校基层党组织开展联谊活动,丰富党建内容与形式。

## 【上海市气象学会】

上海市气象学会,成立于1951年3月,原名中国气象学会上海分会,1959年更名为上海市气象学会,为全市从事气象研究的专业技术人员自愿组成的学术性、非营利性社会团体法人。学会下设天气与大气动力专业委员会、气候与应用气象专业委员会、大气探测与电子技术专业委员会、教育与智力开发专业委员会、影视专业委员会等12个分支机构。业务主管单位为上海市气象局。到2010年,有团体会员单位30个,个人会员953人。

学会业务范围是:气象科学技术交流、气象科普、气象科技咨询和技术服务、气象科技培训、项目论证与评估,接受委托开展成果鉴定及执业资格评审和认定工作。

学会主要开展以下几方面工作:

专业宣传。学会通过举办各类讲座和活动,向社会宣传气象事业发展成果;利用每年"世界气象日"举办大型气象咨询活动,邀请专家学者作报告,宣传气象专业知识等;举办市民接待日活动,邀请市民与气象爱好者进市气象局参观。

学术交流。学会积极开展学术交流活动,自2004年起,每年举办"'长三角'气象科技论坛",围绕相关主题进行学术研讨交流;积极组织协调会员单位和会员参加各种学术活动,如"中国气象学会年会""中国科学技术协会年会""中国湖泊论坛"等活动。

人才培养。学会通过多种途径,举荐会员单位和广大会员参加"全国优秀青年科技工作者""全国气象科普先进工作者"等先进人物评选活动,助推气象科技人才成长。

科普活动。学会积极组织会员参加全国科技周和"上海科技节"活动;举办全国气象夏令营(上海营);组织气象防灾减灾宣传志愿者中国行(上海队);建立"气象志愿者"队伍,让气象爱好者能够直接参与学会组织的活动。

## 【上海市中医药学会】

上海市中医药学会成立于1952年7月,是由全市中医药科技工作者和管理工作者自愿组成的学术性、非营利性社会团体法人。业务主管单位为上海市科学技术协会。到2010年,有团体会员单位23个,个人会员4 660人。

学会的主要业务范围是:开展国内外学术研究和学术交流;组织开展医学继续教育项目和服务咨询;出版学术刊物、报纸;组织申报、评审、表彰上海中医药科技奖;开展第三方科技评价、促进科技成果的转化推广以及承接上海市中医住院医师规范化培训等政府转移职能。

学会主要开展以下几方面工作:

学术交流。学会注重打造学术品牌,举办"上海中医药国际论坛"等学术活动,加强中医流派建设,组织成立学术流派分会,汇聚各流派传承人定期举办中医流派学说系列论坛,搭建资源整合和学术交流的平台,各分会重视流派学术研究工作,妇科、儿科、肾病、心病等分会建立有相应的流派工作室,编辑出版了《全国中医妇科流派研究十年回眸》《徐小圃学术经验集》《海派中医·夏氏伤科》《孟河丁氏流派学术经验传承》《海派中医特色诊疗技术研究》等学术著作。

人才培育。学会创办"上海中医药科技奖",得到全国同行专家认可,成为全国中医药品牌奖项;承担继续教育项目,发挥名老中医和学科带头人的优势资源,举办中医临床各科、中医经典、中药、名老中医学术思想、管理、中医药时事政策等内容的继续教育培训班;主办有60多年历史的学术期刊《上海中医药》,创办《上海中医药报》,面向专业人员和社会宣传中医药研究成果和普及中医药科学知识。

服务政府。学会承接政府有关部门委托、交办的各项工作和任务;组织中医药专家对中医药政策法规、发展战略、科技政策和管理决策进行论证;发挥获得科技评价机构资格证书优势,承接中医药卫生(含中西医结合)第三方科技评价任务,承接上海中医住院医师规范化培训任务;与政府有关部门以及中医药大学、培训基地、教学基地等单位分层分工、协同合作、多位一体,打造中医药专业人才毕业后的医学教育平台;主持制定《中医住院医师规范化培训实施办法》《中医住院医师规范化培训和考核管理办法》《中医住院医师规范化培训细则》等规范性文件,参与相关机构培养住院医师。

## 【上海市微生物学会】

上海市微生物学会成立于1953年5月,是由全市从事微生物学科研、教学、医疗、生产等科技工作者自愿组成的学术性、非营利性社会团体法人。下设环境微生物专业委员会、病毒专业委员会、工业微生物及生物工程专业委员会、海洋微生物学专业委员会、食品微生物学专业委员会、医学真菌学专业委员会、临床微生物学专业委员会、工业与生物工程专业委员会、基础微生物专业委员会、医学专业委员会、兽医专业委员会等12个专业委员会,以及咨询工作委员会、教育与普及工作委员会、学术工作委员会、组织工作委员会等5个工作委员会。业务主管单位为上海市科学技术协会。到2010年,有团体会员单位22个,个人会员559人。

学会业务范围是:国内外学术交流,普及微生物学科学技术知识,微生物学相关技术的开发、转让、咨询、服务等"四技"服务。

学会主要开展以下几方面工作:

学术交流。学会及各专业委员会经常性举办各类国内外学术研讨会、年会、论坛、讲座等活动,邀请国内外专家与会员开展学术交流;编印《今日微生物学信息》,为会员提供学科发展和学术活动的信息。

科学普及。学会积极组织专家学者深入中小学校和社区,开展微生物学科学知识的普及工作,编撰科普书籍、积极配合电视台等媒体开展大众科学教育;设立青少年科技辅导站、实验站,辅导青少年科技创新课题;充分利用门户网站平台,向会员和社会大众介绍微生物学知识和最新的科技进展。

科技服务。学会加强产学研结合,为政府、社会、企业出谋划策;面向生产、临床第一线的工作人员举办各类技术和技能培训;开展标准制定、技术咨询、成果评估等科技评价工作,为社会和企业服务。

人才培育。学会设立青年科技工作委员会,定期举办"微生物学青年工作者论坛"系列活动,把优秀青年科技工作者推向学术活动第一线,发现并向有关部门推荐人才。

运作管理。学会严格按照国家有关法规和学会章程开展活动,理事会设立党的工作小组,对学会的重大事项进行讨论和决策;加强与中国微生物学会的联系,努力提高上海市微生物学会在全国的影响力。

**【上海市建筑学会】**

上海市建筑学会成立于1953年7月,是由全市建筑技术工作者自愿组成的学术性、非营利性社会团体法人。学会下设建筑设计、城市设计与规划、建筑结构、建筑施工、建筑电气、建筑暖通、建筑给水排水、建筑动力、市政交通、建筑经济、室内外环境设计、绿色建材和节能、历史建筑保护、村镇建设、情报信息、生态建设、商业地产、地下空间与工程、养老建筑研究、既有建筑改造、文教建筑、BIM、建筑幕墙、隔震及消能减震、工业化建筑、建筑摄影等26个专业委员会,以及建筑创作学术部、咨询、组织、宣传、青年等5个工作委员会;此外,还有注册建筑师分会、女设计师分会2个分会。业务主管单位为上海市科学技术协会。到2010年,有团体会员196个,个人会员3 080人。

学会业务范围是:在城市建设、建筑工程有关的规划、设计、科研、施工、建材、运营管理等方面开展课题研究、学术交流、资格资质认证、业务培训、成果评估、技术开发、科技咨询、科学普及、专业评奖、展览考察等活动。

学会主要开展以下几方面工作:

服务会员。学会举办社会热点研讨会和各类学术活动,贴近行业前沿发展,增进学术交流;加强国际科技交流与合作,与美国建筑学会(AIA)、皇家特许测量师学会(RICS)、日本建筑师协会、匈牙利国家建筑师学会等多国和地区的建筑学术团体保持长期合作交流,还与日本、韩国创建了"亚洲建筑师足球联盟";加强与国内兄弟协会、学会交流,与江苏、浙江、安徽建筑学会组成"长三角建筑师联盟",多边合作,资源互补;开展信息服务,编辑出版《上海建筑》《建筑设计作品年鉴》,并通过门户网站及时通报信息,服务会员。

社会服务。学会开展科技咨询和课题研究,为政府和行业提供项目评估、科技评价、课题研究、标准编制、技术咨询、重大项目评选等多方面的专业服务,完成建设部"中国传统建筑解析与传承——上海卷"等课题,主编和参编有关专业技术国家标准规范;开展科学普及,举办"大师讲堂"、校园科普讲座等公益活动,组织"行走·发现·参与——公众参与视角下的城市微空间修复计划"活动;组织举办"上海市建筑学会建筑创作奖",开展"'互联网'绿色建筑培训",为从业人员提供学习交流平台;与上海市创意产业协会联合打造"上海市建筑艺术众创平台",孵化小微创意设计工作室。

运作管理。学会加强管理制度规范化建设,制定会员管理和服务工作细则、专业委员会发展的指导意见、档案管理制度等规章制度;加强组织建设,建立党的工作小组,成立了监事会,统领、指导和监督学会工作。

### 【上海市土木工程学会】

上海市土木工程学会成立于1953年7月12日,是由全市土木工程专业相关单位自愿组成的跨部门、跨所有制的学术性、非营利性社会团体法人。学会下设岩土力学与工程专业委员会、地下工程专业委员会、工程结构专业委员会、管理专业委员会、桥梁专业委员会、铁道工程专业委员会、道路与交通专业委员会、材料专业委员会、给排水专业委员会、燃气专业委员会、计算机应用专业委员会等17个分支机构。业务主管单位为上海市科学技术协会。到2010年,有团体会员单位142个,个人会员1 950人。

学会业务范围是:学术研讨、交流合作、科学普及、专业培训、科技咨询、评审认证、举荐优秀、书刊编著、学会联谊等。

学会主要开展以下几方面工作:

服务会员。学会积极开展信息服务,依托骨干会员单位已有情报资源和公开发行科技类杂志的资源优势,合作开发学会网站,增加学会电子版杂志的信息发布质量和技术创新内容,发挥会员单位之间技术交流的桥梁作用和枢纽作用;引导会员重点关注"城市地铁安全施工技术、地下空间非开挖技术、海绵城市建设与管理、城市地铁运维与保障、土木工程全生命期BIM平台化技术及大数据技术、土壤污染物治理及修复技术、清洁能源综合利用与节能、新材料(超高性能混凝土)开发与应用"等技术领域的科技创新信息,为提升行业知名度和创新能力创造条件;充分利用会员单位资源,加强科技评价建设,积极扩大科技评价服务范围,并在"推行技术总监负责制、引进高层次技术专家、加强科技评价成果规范化、实施积极的业务拓展策略"的基础上,达成"强化科技评价能力建设、提升科技评价公信力"的发展目标;推进科普进"进课堂、进弄堂"工程,发挥科普工作"服务上海科创中心建设、促进会员单位协作"的作用,形成科普管理长效机制,提升科普工作规范化运作,结合会员单位的地铁博物馆、隧道博物馆等科普平台资源,积极推进优秀科普作品进课堂、进弄堂,扩大社会影响力。

技术推进。学会发挥骨干单位技术优势,加强规范标准制定领域技术合作,组织编写《上海土木学会技术标准推荐指南》,承接技术规范编制工作,提升科技评价报告权威性;充分发挥同济大学、上海交通大学、上海大学等高等院校的学术优势,依托大型企业集团的技术优势,组织并举办"国际桥梁和隧道工程技术大会""国际隧道技术年会""中国地下空间技术大会""江浙沪皖工程结构技术研讨会""院士论坛""新技术众创空间""专家讲堂"等具有国际影响力和行业导向作用的重大技术交流活动,拓展会员视野,挖掘、培育和宣传一批"四新"技术,促成成果落地形成产业化;扩大国际学术交流,建立国际交流和合作网络,探索国际合作交流机制,争取更大的发展资源和空间。

人才培育。学会与会员单位联合开展知识竞赛、技能比武等多种形式的竞赛活动,为优秀人才脱颖而出搭建平台;结合新技术应用和新规范标准的施行,每年开展技术培训,形成标准化培训模式;着力打造"工程师之家",开展包括讲座、交流、考察、培训等多种形式的活动,项目评审(科研成果、科技奖、技术方案等)、技术交流(对内对外)、技术咨询、专家建言、学术考察、学术(含科普)讲座等有效途径,提升专家队伍的活跃度和广大工程技术人员的参与度。

运作管理。学会强化规范化运作和管理,加强总体规划和专业委员会工作的计划性与有效性,提升学会对会员单位的服务水平,引导各专业委员会走协作发展模式;积极探索学会党建工作,党支部以"形式固化、内容强化、理念提升、党性增强、作用发挥"为内容,将党建工作与学会发展相结合,落实组织制度,发展堡垒和先锋模范作用。

## 【上海市园艺学会】

上海市园艺学会成立于 1956 年 10 月,是由全市园艺科技工作者自愿组成的学术性、非营利性社会团体法人。学会下设蔬菜专业委员会、西甜瓜专业委员会、果树专业委员会、食用菌专业委员会、设施园艺专业委员会、绿化专业委员会、采后保鲜专业委员会、观光园艺专业委员会、虫艺专业委员会等 9 个专业委员会,以及学术工作委员会、科普工作委员会、组织工作委员会、咨询工作委员会等 4 个工作委员会。业务主管单位为上海市科学技术协会。到 2010 年,有团体会员单位 21 个,个人会员 509 人。

学会业务范围是:学术交流、继续教育和技术培训、科普宣传、咨询服务、项目评估和成果鉴定等。

学会主要开展以下几方面工作:

服务会员。学会编印《果树农事与信息》和《上海市园艺学会简讯》,为会员提供国内外园艺产业发展的新动态;组织各专业委员会利用专业优势,积极开展学术研讨交流,促进园艺产业科技创新,各专业委员会经常深入郊区田间地头开展科普培训和新技术指导,还为市民进行科普讲座。

产业推进。学会参与举办以促进本地优质林果产品供需对接为目的的"乡土有约"公益宣传活动;搭建科技兴农平台,组织科技项目考察,参与农产品质量监管与溯源系统建设;协调产业市场建设,积极推进园艺产业生产基地和市场建设,保护行业利益和规范自律行为。

人才培养。学会举办各种不同类型的园艺生产技术系列讲座和现场示范活动,组织行业从业人员参加安全生产上岗培训以及各类研讨会、学术交流活动等。

运作管理。学会完善民主办会规程,强化内部管理规范,督促并指导各专业委员会制定服务企业、服务政府、促进产业发展的量化考核指标;围绕建设"学习型、服务型、创新型"基层党组织目标,积极探索党建工作。

## 【上海市红外与遥感学会】

上海市红外与遥感学会成立于 1973 年,前身为上海市红外技术交流队,1979 年 9 月 18 日更名为上海市红外与遥感学会,是由全市红外与遥感科技工作者自愿组成的学术性、非营利性社会团体法人。学会下设红外应用专业委员会、材料与器件专业委员会、遥感技术专业委员会、情报与信息专业委员会、咨询专业委员会等 5 个分支机构。业务主管单位为上海市科学技术协会。到 2010 年,有团体会员单位 60 个,个人会员 510 人。

学会业务范围是:学术交流、科学普及、国际交往、"四技"服务、技术培训、技术开发。

学会主要开展以下几方面工作：

服务会员。学会编印《红外遥感简讯》，为会员和全市科技工作者提供学术交流、科学普及、技术培训、技术服务、信息交流的园地和平台；建立学会网站，刊登学会各项信息、学术论文和科普资料等。

学术交流。学会积极组织开展学术交流活动，截至 2010 年底，举办学术年会 18 次，举办全国性会议 40 余次，组织开展学术交流活动 3 000 余场次，参加人数达 20 余万人；同全国各省市相关学会一起主办、联办和协办"全国渔业遥感应用讨论会"以及第一届至第四届华东地区遥感协作中心学术交流会、第一届至第七届全国红外应用技术交流会、第六届至第十八届省(市)光学学术会议等全国性学术会议；积极开展国际学术交流活动，举办"小卫星研制与应用小型国际研讨会"，协办"首届亚洲及太平洋地区国际遥感会议""第二届国际先进光电子材料创新会议""无铅高性能压电材料国际研讨会"等国际性学术会议，邀请美国、法国、澳大利亚、英国、日本、德国等国的著名专家学者举行专题讲座。

科学普及。学会举办"红外物理与遥感技术"系列电视讲座、拍摄科教电影"远红外加热技术"电视片"上海兴起红外热"、编印《红外辐射加热》等书籍；举办全国光电技术与产品展销会、全国红外加热技术与产品展览会、"2010 国际测绘仪器及 3S 技术展览会"，协办"2004 年国际燃气应用与技术装备展览会"；组织举办神舟三号飞船飞行试验情况报告会、风云一号 C 星气象卫星报告会等科普系列报告会、遥感应用科普系列报告会、年度科普综合报告会、科普系列讲座等。

人才培训。学会发挥自身人才优势，组织举办亚毫米波学习班、红外气体分析技术与仪器学习班、远红外加热技术节能培训班、红外辐射测温技术与仪器学习班、远红外加热技术应用学习班、红外光谱傅里叶变换学习班、拉曼光谱及其在化学上的应用学习班、红外热释电探测器学习班、计算机在红外光谱中应用、原子光谱与分子光谱学习班、数据站故障诊断维修及应用学习班、实用红外光谱学学习班、红外报警与消防学习班、气相色谱与液相色谱函授班等 40 多次全国性和 70 次全市性红外技术学习班、各类培训班和函授班，近万人次经学会培训。

"四技"服务。学会 1982 年成立技术咨询服务部，帮助企业解决红外技术应用中的技术难题，完成"四技"服务项目 300 余项，展览会义务咨询 500 余项；自 1988 年起，与上海丝绸公司合作对该公司所属厂和研究所女职工进行乳房肿瘤普查；组织会员用红外热像仪对新安江水力发电厂 24 小时满发试验中使用的主要设备的各电气连接部分的温度进行全面检测，确保了该厂电网和主要电气设备在满发运行时的安全；2002 年，完成黑陶瓷红外功能技术开发项目，为陶瓷在红外保健和环保方面应用开辟了一条新的道路；与 10 多家医院合作用红外热像仪开展疾病诊断，有力推动了医学红外热像技术发展。

建言献策。学会主持制订有关远红外加热元器件的国家标准；制订上海市红外加热技术"七五"规划；配合上海市技术监督局开展对红外产品的国标检测；完成上海市人民法院和上海市科技咨询中心委托受理的多项咨询工作；完成国家科委下达的多项研究课题。

自身建设。学会加强规范化运作和管理，完善民主办会规程，强化内部管理规范，制定和健全学会各项规章制度；已成功举办 6 届学会活动积极分子评选工作；探索协会党的建设，发挥党组织核心作用。

## 【上海市航海学会】

上海市航海学会成立于 1978 年 6 月 28 日，是由全市航运企业、海事机构、相关科研院所、航运交易、航道勘测、救助打捞、远洋渔业、船舶工业等单位自愿组成的跨部门、跨所有制的学术性、非营利性社会团体法人。学会下设船舶驾驶专业委员会、机电专业委员会、通讯导航专业委员会、电子计算机专业委员会、水运管理专业委员会、海事法律专业委员会、危险品运输专业委员会、环保和防污染专业委员会、航运信息和教育培训专业委员会、船舶安全质量体系专业委员会等10个分支机构。业务主管单位为上海市科学技术协会。到2010年，有各种所有制会员单位68个，个人会员1 855人。

学会业务范围是：开展航海及相关专业的学术、科普、咨询和出版活动。

学会主要开展以下几方面工作：

学术交流。学会充分利用学术平台，积极开展国内外交流活动，1988年，主办"苏浙闽沪"三省一市航海学会学术研讨会，后发展成为"苏浙闽粤桂沪"五省（区）一市航海学术交流机制；共建上海城市与交通科学学会联盟，拓展与港澳台地区以及国际交流渠道，邀约香港和台湾地区集装箱运输专家在上海举办研讨会，与英国航海学会、日本创价学会波涛会建立会际联系，2010年与英国皇家船舶经纪人协会（ICS）共同举办上海国际航运研讨会。

技术服务。学会围绕企业的需求、行业的发展、政府职能的转变和社会第三方资质论证的地位的逐步确立，开展多渠道、多类型的科技咨询、资质认证、海事评估、磁罗经校正、专业培训等技术服务工作，为政府决策、重大建设项目、海事处理、生产经营等提供研究成果和解决方案，1987年，承接并完成延安东路过江隧道江底地球物理调查工作，为过江隧道工程扫清"拦路虎"，该课题荣获市科协系统1983—1986年度科技咨询服务优秀项目二等奖；2008年，完成"上海世博会水上（客运）交通组织与管理方案"课题项目；1986年开始，受中国航海学会委托，承担全国范围的罗经师和校正师培训班，并组织资格认证考试等工作；1987年，经上海市科协批准，学会成立上海市科技咨询中心航海分中心，从事海事技术评估和司法鉴定工作，在20多年的实践中，打造了特色鲜明的海事司法鉴定平台。

科普教育。学会在发扬传统、提升科普工作社会影响的基础上，积极探索航海科普教育深入社区、学校、基层单位的途径，自1986年起，坚持举办上海市青少年航海科普夏令营活动，成为一项制度性、常态化科普工作；1987年，开展纪念郑和下西洋600周年系列活动，参与举办中国"航海日"庆祝活动，参与中瑞友好使者"哥德堡号"与上海国际海洋文化节的建设，协办以"'哥德堡'号与海洋文化"为主题的名家科普讲坛；编辑出版《世界港口》《国际航运中心建设丛书》《长江上海段船舶定线制规定、上海黄浦江通航安全管理规定、上海洋山港区及其附近水域通航安全管理规定百题问答》《航运公司安全管理内部审核培训教程》《船舶通讯导航设备实用手册》《英文航海日志记载要义》《上海港引航实用手册》等系列指导生产实践的科技书籍，其中《世界港口》（十册），成为我国航海界第一部系统的中文版世界港口指南；发挥1979年1月创刊的我国航海界第一本科普刊物《航海》的作用，搭建传播航海知识和文化、向社会各界普及航海科学、交流信息、沟通感情的平台。

学会建设。学会注重为航海科技工作者服务，提供多样化交流平台，扩大学术交流和专题研讨的受众面，开展年度优秀论文评比，提供海洋船舶系列高级职称评审申报服务；学会网站收集、汇总、分析各类航运政策、经济、法规、技术等信息，供会员学习参考；组织会员开展各类活动，如参加中国航海日、世界海事日等；建立健全联络员联系制度，加强沟通，共谋发展。

## 【上海市自动化学会】

上海市自动化学会成立于1978年9月，是由全市自动化领域科技工作者和团体自愿组成的跨部门、跨所有制的学术性、非营利性社会团体法人。学会下设自动化理论、自动化应用、自动化仪表及应用、计算机应用、智能自动化、模式识别、电气自动化等7个专业委员会。业务主管单位为上海市科学技术协会。到2010年,有个人会员1 321人。

学会业务范围是:开展国内外自动化技术学术交流,人才培训,"四技"服务等。

学会主要开展以下几方面工作:

服务会员。学会信息服务。1979年创办《电气自动化》杂志,为会员提供自动化产业发展方面的政策法规和国内外产学研发展动态,及时反映行业诉求,先后获中文核心期刊、科技核心期刊、上海市优秀期刊、华东地区优秀期刊、中国期刊方阵双效期刊等各类荣誉;同时,积极与中国国际图书贸易集团有限公司合作,开拓海外市场,杂志被美国国会图书馆、代顿ITS公司、墨尔本大学、悉尼大学、法国国防部、牛津大学、日本国会图书馆、新加坡国家图书馆馆订阅,在业内享有很高声誉;依靠行业专家库资源和行业统计信息的优势,积极为会员单位提供各类技术咨询服务,2010年,主持召开由同济大学承担的教育部委托项目"面向职业教育的远程共享实训平台的研究与开发"成果鉴定会,推进职业教育深化改革现实性、前瞻性和战略性结合。

学术交流。学会举办各类论坛、研讨会、交流会以及专题报告会、座谈会等,为企业搭建产业信息、技术交流、形象展示和行业间联系的平台,帮助企业及时、准确掌握政府相关政策;专业委员会举办多种形式学术、技术研讨等交流活动,推动科技创新,促进自动化科学技术的发展和应用;召开"青草沙水源地原水工程五号沟泵站综合自动化系统和青草沙集控中心监控系统建设项目专题介绍会",服务上海经济社会发展。

产业推进。学会积极推进自动化产学研合作,协调复旦大学、广茂达、上海交通大学、上海电机学院在上海世博会最佳实践区"沪上生态家"对先进机器人技术进行集中展示,成为"沪上生态家"和上海电气对外宣传的一大亮点;开展技术交流,组织宝信软件、宝钢检测与上海大学围绕钢铁企业排放物循环再利用进行交流,就连退线加热炉辐射管热负荷优化模型、冷轧酸再生系统盐酸雾排放自动监测和控制技术、锅炉等重点污染源的大气排放自动监测和控制技术开展讨论;加强自动化产学研基地建设,联合工业自动化国家工程研究中心和上海电气,共同成立工业自动化国家工程研究中心上海分中心,与上海大学、英国女王大学、上海自动化仪表股份有限公司和上海宝信软件股份有限公司联合成立的"能源与自动化联合实验室"。

人才培育。学会结合产业实际需求,开展工程专业技术人员继续教育培训活动,提高行业从业人员知识技能和业务水平,举办"自动化集成架构"和"新老DCS、PLC控制系统的互联、互通和互操作"交流活动,"流量、物位测量技术及控制阀应用的新进展"技术论坛;在上海工业自动化仪表研究所举办"储运自动化技术学习(研讨)班"。

运作管理。学会强化规范化运作和管理,完善民主办会规程,制定相关工作制度,从经费管理、主办(协办)申请、差旅费报销,到会员管理、理事成员管理、成果鉴定等操作实务,都建立实施细则;积极探索党建工作,学会党的工作小组结合学会工作实际、以创新思维开展工作,发挥党员先锋模范作用。

## 【上海市环境科学学会】

上海市环境科学学会成立于1978年,是由全市环境科学、环境工程、环境管理、环境教育及科普等专家、科技工作者、关心支持环保科技工作的产业界人士、社会工作者以及相关企事业单位自愿组成的学术性、非营利性社会团体法人。学会下设水环境专业委员会、大气环境专业委员会、环境声学专业委员会、固体废弃物专业委员会、辐射专业委员会、环境监测专业委员会、环境医学专业委员会、环境管理专业委员会、环保产业专业委员会、环境生态与自然保护专业委员会等 10 个专业委员会,以及环境影响评价分会、放射源探伤分会、土壤和地下水分会等 3 个分会。业务主管单位为上海市科学技术协会。到 2010 年,有团体会员单位 31 个,个人会员 982 人。

学会业务范围是:学术交流,科技培训,科技咨询服务,科技普及推广和出版刊物。

学会主要开展以下几方面工作:

学术交流。学会以构筑"品牌活动"为抓手,为会员及环保科技工作者搭建多学科、综合性、开放式的学术交流平台;举办新标准、政策宣传贯彻培训和工作难点交流研讨会,组织会员参加国内环保展和学术交流;积极开展对外交流合作,与德国、意大利、美国、奥地利、瑞士、英国、以色列、法国、澳大利亚等国家政府及民间组织合作开展互访考察、技术交流、学术研讨、人才培训、项目合作等,并与中国台湾、澳门以及日本、丹麦、加拿大等多个地区和国家建立长期合作机制。

科学普及。学会利用资源优势开展科普讲座、科普展览、知识竞赛等活动,发放科普宣传手册;联合会员单位建立科普基地,建立青少年环境科学与工程领域"科学种子辅导站";建设"互联网＋科普"平台。

科技服务。学会完善智库建设,建立院士专家工作站,成立人才推选部门;开展相关领域技术培训,特别是辐射安全与防护培训;发挥科技评价资质功能,开展环保项目、设备、活动等科技评价,利用清洁生产审核资质,为企业开展清洁生产审核,承担市区两级环境主管部门环境影响技术评估工作;为上海市环评报告表、环境保护竣工验收报批前网上公示以及清洁生产企业信息公开提供网络平台;为企业提供环保监测、应急预案、环保管家"一站式"服务等。

自身建设。学会改革会员发展方式,拓展会员种类,大力发展学生会员,提高基层一线科技工作者在学会领导机构中的比例;完善各项规章制度,管理规范化、制度化;建立会员动态管理机制,提升网站建设能力,加强网络渠道与会员的沟通联系;成立学会办事机构党支部,开展各项党建活动,充分发挥机构党支部和党员服务社会的模范带头作用。

## 【上海市腐蚀科学技术学会】

上海市腐蚀科学技术学会成立于 1979 年 4 月,是由全市腐蚀与防护科技工作者自愿组成的学术性、非营利性社会团体法人。学会下设防腐蚀工程专业委员会、阴极保护专业委员会等 2 个分支机构。业务主管单位为上海市科学技术协会。到 2010 年,有团体会员单位 34 个,个人会员 238 人。

学会业务范围是:学术交流、技术咨询、成果评审、成果推广、科学普及、出版专业书刊。

学会主要开展以下几方面工作:

服务会员。学会开展信息服务,向会员发放《腐蚀会讯》,为会员提供腐蚀与防护方面的政策法规和国内外产学研发展动态;依靠行业专家库资源和行业统计信息的优势,积极为企业提供各类技术咨询,帮助企业产品研发,提供产学研用服务平台等;开展团体会员单位科技成果总结与推广活动。

产业推进。学会联系政府部门,服务企业发展,通过各类服务平台及时反映企业诉求,帮助会员企业申报政府专项扶持资金或项目认定等工作;开展产业研究,积极建言献策,为市政府相关部门提供产业运行情况、趋势预判和政策建议等课题研究报告;拓展对外交流渠道,建立与国际相关行业协会的对话机制,推动业内企业参与国际合作,争取更大的发展资源和空间。

学术交流。学会加强行业专业研讨,举办各类论坛、研讨会、交流会等,为企业搭建产业信息、技术交流、形象展示和行业间联系的平台,组织"复合材料在腐蚀与防护领域应用技术交流研讨会"

"新材料、新技术及其应用研讨会""防腐蚀工程专题论坛"等多层次、多形式、有影响力学术交流活动;参加中国创新科技成果交流会,努力展示创新科技成果。

科学普及。学会组织举办燃气管道阴极保护技术及日常维护技术培训,开设电镀专业函授培训班,开展节能降耗科学知识普及系列科普活动。

运作管理。学会完善民主办会规程,强化内部管理规范,制定学会对服务企业、服务政府、促进产业发展的量化指标,纳入日常考核与年终绩效考核;积极探索党建工作,努力建设"学习型、服务型、创新型"基层党组织。

## 【上海市石油学会】

上海市石油学会,成立于 1979 年 6 月,是由全市石油、天然气、石油化工及相关科学技术工作者自愿组成的学术性、非营利性社会团体法人。学会下设石油勘探开发专业委员会、石油炼制和石油化工专业委员会、石油经济专业委员会、石油工程专业委员会、石油储运专业委员会等 5 个专业委员会,以及学术工作委员会、科学普及工作委员会、技术咨询工作委员会等 3 个工作委员会。业务主管单位为上海市科学技术协会。到 2010 年,有各种所有制会员单位 14 个,个人会员 1 004 人。

学会业务范围是:学术交流、科学普及、技术咨询和科技论证。

学会主要开展以下几方面工作。

学术活动。学会坚持围绕上海石油工业的发展和科技创新,把搭建学术交流平台、推动科技工作者之间的交流作为基本职能,在石油勘探开发、石油炼制和石油化工、生产过程自动化、石油工程、石油机械等领域开展形式多样、内容丰富的学术研讨和技术交流;积极组织系列化、精品化学术活动,构筑省市际学术交流平台;积极组织大型国际化学术交流会议,与国外一些企业和团体开展技术交流活动。

科普活动。学会坚持弘扬科学精神、传播科学思想,将提高公众的科学素质作为义不容辞的社会责任,设立科普工作委员会,组织青少年夏令营活动,到胜利油田、江苏油田等地参观;组织专家到中小学校向学生作石油、天然气方面的科普报告;参加上海科技节活动,宣传科普知识。

技术咨询。学会充分发挥人才技术优势、学术机构中介优势,面向企业、行业和社会,积极开展技术咨询、技术服务和专题调研等,积极为企业出谋划策和为政府有关部门建言献策,得到政府部门、企业和同行的认可。

组织建设。学会坚持民主办会、依法办会,竭诚为会员服务,架起与会员沟通的桥梁,为科技工作者办实事,努力增强学会的凝聚力和吸引力,努力为青年技术人员搭建施展才华的舞台;建立党的工作小组,为学会健康发展提供政治保证。

## 【上海市宇航学会】

上海市宇航学会成立于 1979 年 8 月,前身是上海市航空宇航学会,1987 年 6 月更名为上海市宇航学会,是由全市从事宇航学科及其相关专业技术的科技工作者自愿组成的学术性、非营利性社会团体法人。学会下设导弹总体、运载总体、卫星总体、载人航天、空间能源、空间应用、推进技术、特种装备、自动控制、电子技术、工艺技术、可靠性技术、计算机技术、金属材料、非金属材料、仪器仪表、建筑技术等 17 个专业委员会,以及学术、科普、组织等 3 个工作委员会。业务主管单位为上海市科学技术协会。到 2010 年,有团体会员单位 52 个,个人会员 1 418 人。个人会员中,有中国科学院和中国工程院院士 10 人、国际宇航科学院院士 4 人;具有高级技术职称的会员达到 55%,超过

90％的会员具有大学本科及以上学历。

学会业务范围是：围绕航天科技及相关领域开展学术交流，科普教育，决策咨询，"四技"服务，继续教育，专业评奖，出版刊物等活动。业务覆盖航天、航空、电子、机电、冶金、化工、生物、环保、建筑、物资、物业、教育、中国科学院和国防领域的科研院所、企事业单位、学校、部队等。

学会主要开展以下几方面工作：

搭建学术平台。学会着眼于航天科技的最新成果和前瞻性研究的科技热点、学术亮点、工程难点、发展重点，组织举办综合性和专业性等各种学术活动和国际性学术交流，2005年，创办"上海航天科技论坛暨上海市宇航学会学术年会"，成为区域性和市科协系统影响力较大、知名度较高的学术品牌项目；自2007年起，每年举办一期"博士沙龙"，发挥独家协办的航天科技学术刊物《上海航天》、内部期刊《空天防御》和《宇航会讯》等的学术平台作用。

开展科普教育。学会以社会公众需求为基本前提、以青少年科技素质教育为主要对象、以推广航天科技知识为基本内容、以科普形式创新为运作机制，积极发挥科技优势和人才优势，进社区、下基层、到学校、赴部队，开展多样性的航天科普（系列）活动，组织编撰发行各类航天科普书籍15本（部）；承担"中华青少年航天科普网上海地区活动站""全国少年宇航技师考核培训站"职能，积极开展多样性科普活动。

国际交流合作。学会不断探索国际交流合作的新方法、新途径，2006年至2010年，以民间互访方式，组织"走出去"和"接进来"的对外交流活动30多个批次、近2 000人次，其中包括：美国宇航员、美国宇航学会休斯敦分会代表、美国宇航学会高级代表团、荷兰代尔夫特理工大学代表团访沪考察活动、国际空间推进技术研讨会、国际先进航天技术报告会、俄罗斯航天专家科技报告会、中国"俄罗斯年"上海站活动、首届世界月球会议上海站活动、中国—俄罗斯、中国—新加坡、中国—印度尼西亚青少年航天科普交流活动等。学会利用与"美国宇航学会（AIAA）休斯敦分会""新加坡Speed Ed"等的合作伙伴关系，拓展国际交流空间。

建言献策服务。学会积极开展决策咨询服务，为政府部门和相关产业单位建言献策，2005年至2010年，先后完成上海市国防科工办、上海市经委、上海市科委、上海市发改委、上海市科协、浦东新区科协及上海科学院、上海航天局等立项和委托课题成果12项，提交的9项"科技建言"被选为向市委、市政府的专报；发挥"上海市科学技术协会首批科技评价机构""'311学会建设工程'首批（十家）入选学会"的优势，广泛开展社会服务。

积极举荐人才。学会积极发挥科技社团组织的人才库作用，到2010年，学会负责举荐或参与推荐25名会员，分别当选"国际宇航科学院通讯院士""全国优秀科技工作者""上海市科技精英"或"提名奖""上海青年科技英才""上海市优秀科研院所长""上海市大众科学奖"或"提名奖""上海市优秀科普志愿者""上海市科普志愿者先进个人"等。

1991年至2010年，学会先后荣获全国、省市部和上海市科协系统的各类重大荣誉表彰，1993年及2005年至2010年被评为"全国省级学会之星"；2007年至2010年被评为"全国50佳学术交流省级学会"；2009年、2010年被评为"全国50佳科技服务省级学会"；2009年被评为"中国社会组织评估等级5A级"；2010年被评为"全国先进社会组织"。

### 【上海市科学技术情报学会】

上海市科技情报学会成立于1979年10月，是由全市科技情报工作者自愿组织的学术性、非营利性社会团体法人。学会下设学术专业委员会、组织科普专业委员会、企业情报专业委员会、信息技术专业委员会、知识产权专业委员会等5个分支机构。业务主管单位为上海市科学技术协会。到2010年,有团体会员单位39个,个人会员398人。

学会业务范围是:学术研讨、编辑刊物、咨询服务、业务培训、科普教育。

学会主要开展以下几方面工作:

业务研究。学会着力打造4大重点业务:一是科技查新,编辑出版《科技查新:研究与实践》工具书,拥有一支涵盖机电、化工、生物、医药、信息等各学科领域、以硕博高学历人士为主的查新团队;二是专利情报研究,参与多个知识产权评估项目,并在培训方面形成了专利特色系列品牌;三是竞争情报,作为国内最早的研究机构,拥有该领域国内唯一一本专业期刊《竞争情报》,每两年举办一次竞争情报国际论坛;四是服务决策,作为上海市相关规划的主要参与者,承接市经济信息化委、市商委、市科委多项课题项目研究,为市委市政府提供内参简报,撰写战略新兴产业年度报告。

学术交流。学会作为国内最大最活跃的省级产学研情报联社会组织,除会员单位活动外,每年组织举办1次国际论坛、1次学术年会、1次科技周、1次科技情报周、8次以上国内会议、10余个专题讲座、专题培训班等近40场次学术活动;与加拿大西安大略大学等建立学术合作关系,定期组织会员参加SCIP等国际会议,承担接待欧美等国科研机构信息研究专家来访任务。

社会服务。学会积极发挥"汇视研究(MIRU)""ISTIS情报咨询""上图专递"等品牌的社会效益,出版的报告、著作、简报等情报产品得到政府、企业、高校等各层次客户的信任与青睐,获得良好声誉。

组织建设。学会牵头成立上海行业情报联盟,联盟成员从最初的上海单位已经发展到全国各地单位的加盟,成为各行业情报相关单位的全国性联盟团体,初步呈现出以学会为中心、情报联盟和专利情报研究中心为两翼的"中心带动、两翼齐飞、互促发展、整体推进"格局。

### 【上海市交通工程学会】

上海市交通工程学会成立于1979年12月,是由全市交通科技工作者以及从事综合交通运输的企事业单位和相关团体自愿组成的学术性、非营利性社会团体法人。学会下设有交通规划专业委员会、交通工程与环保专业委员会、公共交通运营与管理专业委员会、轨道交通专业委员会、交通法规与管理专业委员会等5个分支机构。业务主管单位为上海市科学技术协会。到2010年,有团体会员单位40余个,个人会员1 200人。

学会业务范围是:组织学术研究与科普活动,出版刊物,开展国际学术交流及咨询服务。

学会主要开展以下几方面工作:

学术交流。学会坚持举办学术年会,开展丰富多彩的学术活动,积极推进智慧城市构建中智能交通的建设,组织举办《城市高架道路交通实时信息采集与发布》《浮动车辆数据在城市智能交通中的应用》《基于大范围、固定与移动方式相结合交通信息采集技术研发及工程示范》等专题报告;积极组织有关专家就推广排水降噪沥青路面技术等问题进行研讨,并举办"轨道交通运营安全与预警应急""上海公共租赁自行车发展与管理"研讨会,为建设低碳、绿色交通建言献策,供政府有关部门参考;加强对外交流,1992年,会同内环高架建设指挥部列出"高架道路规划与几何设计""高架道路结构设计和施工工艺""高架道路通车后管理与收费"等3方面10个专题清单,邀请日本工学会专家来沪召开"中日高架道路研讨会";1999年,邀请世界著名交通专家学者参加"构建上海城市一体化交通体系国际学术研讨会";2008年,会同上海市城市综合交通规划研究所联合召开"中英拥堵道路收费研讨会";2009年,与有关单位联合召开"第一届交通运输研究(上海)论坛暨第六届中日交通运输双边学术会议";与美国旧金山城市规划研究协会(SPUR)建立长期学术交流合作;积极开展与中国台湾地区同行合作,1993年,发起并承办"第一届海峡两岸都市交通学术研讨会"(一年一届),成为海峡两岸民间团体组织历经时间最长、会议规模最大、学术层次最高、跨学科跨部门跨地区最广的系列交通研讨会;与台北市交通安全促进会共同召开"上海—台北'双城交通论坛'";加强学术协作,协助市科协组建"上海城市与交通科学促进会",共同研究城市与综合交通领域的重大问题;与市汽车工程学会联合举办"汽车城市交通与信息化研讨会";与市航空学会、市消防协会联合组织"直升机在城市的应用研讨会";与市气象学会联合开展"灾害性气象条件下城市交通防灾减灾"课题研究和研讨会;与市土木工程学会联合召开"城市交通节能减排技术交流会";与市政工程规划设计研究院共同承办"道路规划与交通论坛";与市市政工程管理处、市公路处联合承办"以人为本的道路交通科技论坛"等。

科学普及。1985年,学会成立伊始编印的《上海交通工程》更名《交通与运输》,成为公开出版发行的科普季刊;1987年,《交通与运输》改版为双月刊;2001年8月,《交通与运输》由国内公开发行扩大到国内外公开发行,并被列为国家新闻出版总署"中国期刊方阵(双效期刊)";2004年,被纳入"中国核心期刊(遴选)数据库""中文科技期刊数据库""中国期刊全文数据库"收录期刊;2009年,《交通与运输》荣获"上海市期刊编校优秀奖";成立"现代交通科普知识丛书"编委会,编辑出版《城市轨道交通》《国外公共交通》《智能交通》《快速公交系统》《世博客流组织》等系列科普丛书,编写《城市生活与智能交通》读物,作为青少年课外辅导教材;组织举办会展,主办或协办"中国上海公路水运交通技术与设备展览会""中国上海国际道路交通技术设备展览会""2008上海国际智能交通论坛暨设备展览会""2009上海国际市政设备及新材料展览会""2009上海国际城市公共安全展览会暨高层论坛""2010上海国际智能交通论坛暨技术和应用展览会""中国上海公路水运交通技术与设备展览会""中国上海国际道路交通技术设备展览会"等展会,展示上海国际大都市的独特魅力;举办"上海隧道技术的昨天、今天和明天"科普讲座,为中小学校科技教师讲解交通法规和现代交通知识;积极参与"上海科技活动周""上海科技节"各项活动,多次荣获市科协"科技活动周暨上海科技节组织奖"。

咨询服务。学会组织开展课题研究,承担《新建住宅区与公共交通》《大型体育赛事交通组织》《重大工程施工期间交通组织》《上海市中心区主次干道功能与建设方案深化研究》等课题研究,其中《重大工程施工期间交通组织》课题获上海市科技进步三等奖;学会组织专家对上海轨道交通基本成网、"三横三纵"主干道和高架道路系统进行研究,提出了"主干道专用、次干道扩容"等建设策略和优化方案,最大限度地发挥路网的综合通行能力,该课题获上海市政府决策咨询研究政策建议奖一等奖;积极开展"四技"服务,1986年,成立咨询服务部,开展技术咨询、技术服务、技术转让和技术培训,自1997年以来,咨询服务部蝉联"信誉咨询企业(单位)"荣誉称号;2010年,取得市科协首批核准的科技项目立项评审和课题研究成果评审资质。

组织建设。学会建立会员资料数据库和交通专家数据库,规范内部管理,组建学会工作志愿者队伍;探索党组织建设,积极开展组织活动,发挥党组织核心作用;重视科学道德和学风建设,按照关于星级学会的标准和要求,积极创建星级学会。2005年,被评为"上海市先进民间组织";2009年,被评"中国社会组织评估等级4A级社会组织"。

## 【上海市中西医结合学会】

上海市中西医结合学会成立于1981年,原名中国中西医结合研究会上海分会,是由全市中西医结合科技工作者及相关医疗卫生科教机构自愿组成的学术性、非营利性社会团体法人。学会下设妇产科专业委员会、虚证与老年医学专业委员会、肿瘤专业委员会、外科专业委员会、骨伤科专业委员会、皮肤病专业委员会、四证专业委员会、活血化瘀专业委员会、儿科专业委员会、呼吸病专业委员会、肝病专业委员会、消化专业委员会、区县基层工作委员会、神经科专业委员会、药物专业委员会、心血管病专业委员会、肾病专业委员会、肛肠科专业委员会、管理专业委员会、耳鼻喉科专业委员会、眼科专业委员会、精神病专业委员会、周围血管病专业委员会、血液学专业委员会、男性科专业委员、影像学专业委员会、风湿病专业委员会、器官纤维化专业委员会、全科医学专业委员会、心身医学专业委员会、内分泌代谢病专业委员会、脊柱医学专业委员会、消化内窥镜专业委员会、生殖医学专业委员会、灾害医学专业委员会、循证医学专业委员会、脑心同治专业委员会、社区医学专业委员会、胸外科专业委员会、护理学专业委员会、伦理医学专业委员会、乳腺病专业委员会、介入医学专业委员会、整形与美容医学专业委员会、肿瘤微创专业委员会、疼痛与麻醉专业委员会、检验医学专业委员会、创伤医学专业委员会等 48 个分支机构。业务主管单位为上海市科学技术协会。到 2010 年,有团体会员单位 19 个,个人会员 5 195 人。

学会业务范围是:开展学术交流、继续教育、技术培训、科普宣传、成果推广、科技咨询等。

学会主要开展以下几方面工作:

服务行业。学会搭建学术交流平台,每年组织市级学术活动 90 余场次,还组织多场次全国性和国际性学术会议,2009 年,创始发起首届苏浙沪中西医结合高峰论坛,会议发表《江浙沪关于共同推进中西医结合学术发展的合作宣言》,形成苏浙沪两省一市中西医结合学会每年轮流举办论坛的学术交流机制;组织科技奖评审,2008 年,创立"上海中西医结合科学技术奖";推进国际交流合作,与海外中西医结合(整合医学)团体、专家建立对话机制,与美国加州大学洛杉矶分校(UCLA)东西方医学中心、日本统合医疗学会等定期交流、合作,共同推进结合医学发展。

服务会员。学会加强信息服务,编辑出版《中西医结合学报》《神经病学与神经康复学》专业性杂志,编辑出版医学专业书籍、医学科学普及读物、科教音像制品;开展教育培训。每年举办 4—6 个班次的国家级医学继续教育项目,年参加培训人次超过 1 000 人;面向基层临床医师举办各类系列讲座,受训人次超过 4 000 人;组织的"中西医结合临床新理论新技术内科高级讲座",获上海市科学技术协会继续教育优秀项目。

服务社会。学会开展行业调研,围绕中西医结合发展中的热点和难点问题,组织进行"上海市中西医结合医学学科发展"的课题调研,梳理上海市中西医结合发展脉络和现状,并以调研报告、决策咨询建议等形式向政府相关部门建言献策;各专业委员会充分发挥自身优势,通过撰写科普文章、举行科普讲座等形式,普及科学知识,深入社区提供医疗咨询服务。

### 【上海市工程图学学会】

上海市工程图学学会成立于 1981 年,是由全市工程图学领域教育、科研及工程技术领域的专家、学者和科技工作者自愿组成的跨部门、跨所有制的学术性、非营利性社会团体法人。学会下设现代设计与图学教育专业委员会、数字化设计与制造专业委员会、数字媒体专业委员会、工业设计专业委员会、土木建筑与设计专业委员会、工程技术培训专业委员会等 6 个分支机构,以及学术工作委员会、组织工作委员会、科技服务工作委员会、青年工作委员会等 4 个工作机构。业务主管单位为上海市科学技术协会。到 2010 年,有单位会员 55 个,个人会员 1 192 人。

学会业务范围是:学术交流、专业培训、科技咨询、科技开发、技术转让、科技服务、国际交流、人才培养、文献期刊编撰、参与项目论证和成果鉴定、承接政府委托的相关事项。

学会主要开展以下几方面工作:

打造品牌。学会经过多年努力,形成了"两大赛事""一项国际展"的品牌:"'上图杯'先进成图技术与创新设计大赛",是上海市教育委员会委托学会具体承办的大学生学科竞赛项目,大赛为全市各高校工科设计类教师与学生、企业工程技术人员提供一个互相学习交流的平台,已成功举办七届,参赛人数1 000余人;"上海市职工二维工程图识图技能竞赛",是上海市总工会下属上海市职工技术协会委托承办的、面向一线技术工人的识图技能培训及竞赛项目,已成功举办四届,吸引了上海地区生产制造企业的广大青年技术工人积极参赛。学会主办的"国际大学生艺术设计作品展",作为国内外艺术类学生展示设计作品的国际性交流平台,吸引了世界各地大学生的关注与参与,具有一定的国际影响力;大展每两年举办一届,已成功举办三届。

学术交流。学会组织各类学术报告、讲座和专项活动,邀请美国、日本、意大利、韩国、俄罗斯等国学者作学术报告;每年定期举行学术年会和学术报告会,与行内专家进行切磋交流。

人才培养。学会重视事业传承,及时发现和培养年轻人才,定期举行各种形式活动,为高校学生开设现代设计方法及CAD技能证书培训班;深入生产制造企业送教上门,培训辅导一线技术工人;与生产企事业单位合作科研、联合攻关,帮助企业解决实际问题。

服务会员。学会组织会员联谊,联系会员、服务会员,组织会员参观上海航天设备制造总厂、上汽大众汽车有限公司等著名企业,近距离接触先进制造企业生产第一线;努力打造学会"会员之家"范围,为推动上海地区及全国工程图学学科发展积极贡献力量。


【上海市计算机学会】

上海市计算机学会成立于1984年6月,是由全市计算机和信息技术科技领域的高校、企业、科研院所等单位以及个人自愿组成的学术性、非营利性社会团体法人。学会下设人工智能专业委员会、生物信息学专业委员会、协同与信息服务专业委员会、多媒体专业委员会、存储专业委员会、网络专业委员会、系统结构专业委员会、物联网专业委员会、软件工程专业委员会、信息安全专业委员会、理论计算机科学专业委员会、普适计算与嵌入式专业委员会、数据库专业委员会等13个专业委员会,以及学术、科学普及、咨询、国际交流、组织、教育、青年7个工作委员会。业务主管单位为上海市科学技术协会。到2010年,有各种所有制会员单位58个,个人会员1 240人。

学会业务范围是:开展学术交流、培训、"四技"活动,举办展览会、出版科普书籍及杂志等。

学会主要开展以下几方面的工作:

学术交流。学会自成立以来,一直以加强学术建设为重点,以学术立会,积极搭建形式多样、层次丰富的学术交流平台,打造学术交流精品,提高学术交流水平,组织举办学术论坛、研讨会、座谈会等学术活动达1 200场次,"上海市计算机学会学术年会""上海市IT青年前沿交流论坛"等已经成为学术品牌活动;自2008年起,与上海科学院等单位共同联手主办"中国国际嵌入式大会暨展览会"大型国际性学术活动;发挥《计算机应用与软件》会刊和《计算机工程》杂志的作用,为会员和广大计算机科技工作者提供先进计算与数据处理、体系结构与软件技术、移动互联与通信技术、安全技术、人工智能及识别技术、图形图像处理、多媒体技术及应用、开发研究与工程应用等学术研究成果。

科普活动。学会利用专业人才优势和经验优势,以青少年科技素质教育为主要内容,深入开展计算机科普系列活动,形式多样地组织学生科普、社会科普、基层科普,还与其他学会、单位横向合作,通过开放学术活动带动推广科普教育项目,创新科普运作方式,增强科普宣传效果。2001年,与香港电脑学会联合创办沪港台青少年IT夏令营系列活动;与少先队上海市工作委员会办公室、上海市科技信息中心、中国福利会少年宫联合主办"少先队雏鹰竞飞青少年信息技术大赛",积极与有关中学合作建立科普特色学校,定期安排知名专家教授进学校义务进行科普宣讲;针对中小学生开设入门和进阶的"Python语言培训班",提升中小学生计算机科学技术素养和能力。

决策咨询。学会积极承担政府有关部门委托的课题,承接《上海计算机产业发展战略建议》《加速发展上海软件产业战略研究》《智能感知技术的发展机遇与对策研究》《网络空间安全与人工智能战略研究》等研究课题,为政府决策建言献策;利用科研和技术资源优势,承接高校、研究院所、企业等委托课题,为高校、企业(尤其是两新企业)发展提供帮助;发挥专家资源和组织协调功能,开展信息技术类第三方科技评价,支持社会相关项目的可行性分析和科技成果鉴定。

组织建设。学会认真做好会员服务,确保会员及时了解学会动态;学会成立上海市计算机学会产学研用促进中心,建立会企联合实验室、企业专家工作站等,搭建高校、企业、科研机构、用户的平台,促进产学研用融合,提升科技成果孵化、转化水平;学会党的工作小组围绕建设计算机科技工作者之家的理念,对学会重大决议和事项先审先议,为学会发展保驾护航。

**【上海市系统工程学会】**

上海市系统工程学会成立于1985年3月,是由全市系统科学和系统工程科学技术工作者自愿组成的跨部门、跨所有制的学术性、非营利性社会团体法人。下设学术专业委员会、环境资源与安全专业委员、普及与教育专业委员会、咨询服务专业委员会、金融与投资专业委员会、系统理论专业委员会等6个分支机构。业务主管单位为上海市科学技术协会。到2010年,学会有团体会员35个,个人会员495人。

学会业务范围是:学术研究、国内外学术交流,科普活动,出版科技文章,技术咨询服务,举办专业培训。

学会主要开展以下几方面工作:

服务会员。学会加强对会员的信息服务。通过网站等信息化手段,为会员提供系统科学和系统工程最新发展和国内外学术研究发展动态,及时反映会员诉求;依靠专家库资源和大专院校的优势,积极为会员和社会企事业单位提供各类管理咨询服务;举办各类论坛、研讨会、交流会等,为会员和企事业单位搭建信息、学术、培训、创新的平台,通过举办专题报告会和座谈会,帮助会员和企事业单位及时、准确掌握系统科学和系统工程最新研究动态,全面提升会员和企事业单位管理水平和技术创新能力。

学科推进。学会开展行业认证、科普、课题研究等活动,与国外著名大学合作举办海外学历资质认证的高端人才培训班,定期举行大型科普讲座;为全市大专院校、企事业单位和政府相关职能部门提供国内外系统科学和系统工程研究信息、趋势预判和政策建议等课题研究报告;搭建学术平台,每年组织十来场次由国内外学者主讲的学术报告会,举办"系统科学和系统工程大讲堂"系列讲座和研讨活动;建立与国际相关大学和科研机构的对话机制,积极探索合作交流,推动企事业单位参与国际合作,争取更大的发展资源和空间;组织会员和企事业单位国外学习考察,通过"走出去、请进来",扩大会员和企事业单位视野,建立国际交流和合作网络。

人才培育。学会组织开展专业人才培训,联合高校和科研机构开展上海市系统科学和系统工程专业技术人员继续教育培训,承接上海市科技创新培训任务,开展上海市系统科学和系统工程专业技术培训;组织会员举行学术年会,评选优秀论文,出版论文专辑,促进专业人才成长。

运作管理。学会推行规范化管理,完善民主办会规程,强化内部管理规范,制定学会服务会员、服务企事业单位、服务政府、促进学术交流和教育培训的量化指标,纳入日常考核与年终绩效考核;加强党建工作,完善组织生活制度,发挥党组织核心作用和党员先锋模范作用。

### 【上海市服饰学会】

上海市服饰学会成立于 1985 年 6 月 24 日,原名上海市服饰协会,1991 年 7 月,更名为上海市服饰学会,是由从事服装服饰及相关领域的企业与高等院校、从事服装服饰及相关领域的企业管理、设计人才与高等院校的专业人员、热诚开拓推进研究服装服饰及相关领域事业发展的人才、专业科技工作者、企业家联合组成的学术性、非营利性社会团体法人。学会下设旗袍专业委员会、纤维艺术专业委员会、拼布艺术专业委员会等 3 个分支机构。业务主单位为上海市科学技术协会。到 2010 年,有团体会员单位 43 个,个人会员 560 人。

学会业务范围是:开展学术交流,科学普及,科技咨询,设计评比,人才培训,新产品推广,出版服饰刊物。

学会主要开展以下几方面工作:

学术交流。学会积极开展国内外学术交流,组织各种学术研讨,与美国、法国、英国、荷兰、丹麦、韩国、俄罗斯、日本、非洲联盟以及中国香港、台湾等国家和地区的著名设计师、专家、教授等都有广泛的交流和合作;举办学术年会、服装服饰推介会、专业研讨会、海内外服饰文化交流会等,为科研单位和企业提供交流平台,活跃学术思想,拓宽专业视野;举办各类论坛、研讨会、交流会以及专题报告会、座谈会等,为企业搭建产业信息、技术交流、形象展示和行业间联系的平台,帮助企业及时、准确掌握政府相关政策。

图 1-4-1　1985 年 6 月 24 日上海市服饰学会成立大会现场。

服务会员。学会开展信息服务,发布《服饰信息》,为会员提供服饰产业发展方面的政策法规和国内外产学研发展动态,通过门户网站,报道国内外服饰领域及相关时尚界新动态;举办联谊会、座谈会,组织参观学习交流等形式多样的会员活动,凝聚会员和科技工作者,积极发挥学会纽带桥梁作用。

人才培育。学会开展继续教育、推荐优秀人才,为社会各界举办不同层次、多种形式的专业培训班,推动国内服装与服饰设计水平的提高和专业人才的培养。

科技评价。学会积极倡导和推动"上海旗袍高级定制"项目评定工作。2009年,组织召开高层领导碰头会,掀开科技评价发展崭新一页,建立科技评价专家库,组织专家制定评价标准、程序等细则,并在旗袍高级定制推广宣传的基础上,开始西服高级定制工作的探索。

运作管理。学会强化规范化运作和管理,完善民主办会规程,重大事宜理事会讨论、会员代表大会审议;积极探索党建工作,建立党的工作小组,成立党支部,做好服务会员、服务社会工作。

## 【上海市细胞生物学学会】

上海市细胞生物学学会成立于1985年,是由全市细胞生物学工作者自愿组成的学术性、非营利性社会团体法人。业务主管单位为上海市科学技术协会。到2010年,有团体会员单位2个,个人会员643人。

学会业务范围是:学术研究、科普交流、咨询服务和继续教育。

学会主要开展以下几方面工作:

学术交流。学会自成立以来,积极组织国际性、全国性和上海市等高水平、多层次学术会议,为广大会员搭建学术交流的平台,努力推进上海市细胞生物学科的发展,组织"第11届中国细胞生物学学术大会暨西安细胞生物学国际会议""第21届国际生物化学与分子生物学联盟学术大会暨第12届亚洲大洋洲生物化学家与分子生物学家学术大会""全国神经细胞生物学前沿研讨会""首届中国干细胞研究年会"等,"全国神经细胞生物学前沿研讨会"被列入2010年上海市重点学术交流项目;协助上海市科学技术协会举办"2007中英青年科学家论坛",并组织会员参加"海峡两岸细胞生物学研讨会";积极培育品牌学术会议,2005年创立"上海市细胞生物学青年论坛",每年举办一次,为培养上海地区细胞生物学青年学子、激励青年学子展示学习研究成果、促进同龄人之间交流提供条件。

科学普及。学会履行普及科学知识的社会责任,2004年,开展"生命科学与我们的未来"科普开放日活动,邀请专家通过实验室开放、报告会等形式,为青少年及基层优秀教师进行科普,缩短青少年与科学家之间的距离;2005年,开展"用聚合酶链式反应(PCR)鉴定鸟类性别"科普活动,邀请中学生参与实验,培养青少年对认识自然及参与科研的兴趣,提高动手能力。

人才培育。学会积极培育人才,自2006年起,举办全国医学细胞生物学骨干教师培训班,通过前沿讲座、学生实验、卫星讲座,以及教材与教学方法研讨等多种形式,提高我国医学院细胞生物学专业的教学与科研水平,该培训班连续被评为"上海市科协继续教育示范项目";2010年,联合中国细胞生物学学会等单位共同组织首届"走向前沿——IFCC国际高级生化和分子细胞生物学夏令营",运用课堂授课、小组讨论、学员研究项目案例分析和室内外娱乐体育活动等形式,上课学习讨论,课后多彩活动,让学生潜移默化接受专门科学知识。

建言献策。学会发挥服务政府功能,积极奉献社会,2009年,联合其他学会共同承担"上海市生物医药产业技术发展研究"项目,为生物医药产业发展建言献策。

运作管理。学会通过制定各类规章制度,强化规范化运作和管理,加强民主办会、民主管理;开展形式多样的"会员日"活动,让会员体验"家"的感觉;成立党的工作小组,积极发挥党工组的政治核心、思想引领作用,积极探索党建工作与学会业务工作相结合的有效机制。

### 【上海市电影电视技术学会】

上海市电影电视技术学会成立于 1986 年 1 月 20 日,是由全市电影电视、多媒体声像技术的企事业单位、科研院所和产业园区等单位自愿组成的跨部门、跨所有制的学术性、非营利性社会团体法人。学会下设组织专业委员会、学术专业委员会、普及专业委员会 3 个分支机构。业务主管单位为上海市科学技术协会。到 2010 年,有各种所有制会员单位 16 个,个人会员 650 余人。

学会业务范围是:开展影视、声像技术领域的学术活动、科技评价工作、科普活动与四技服务。

学会主要开展以下几方面工作:

服务会员。学会编辑出版《影视技》杂志和《学会简报》,为会员提供影视、多媒体技术产业发展方面的政策法规和国内外新技术、新系统、新产品的发展动态。学会还利用技术人才优势,组织专家为会员单位进行技术鉴定。

知识普及。学会通过简报和网站,宣传国家广电总局的影视技术政策和发展战略,先后介绍了有线电视双向改造、数字电视、高清电视、3D 电视(电影)、4K 电视、数字影院等等影视新技术、新系统。

研讨交流。学会结合影视技术的发展,特别是数字化、网络化、信息化技术迅猛发展,举办各类论坛、研讨会、交流会等。2008 年至 2010 年,学会参与组织每年一度的上海电视节国际影视技术研讨会和上海国际电影节技术论坛,为企业搭建产业信息、技术交流和行业间联系的平台。

"四技服务"。学会从 2005 年开始,受政府部门委托,对新建影院进行放映技术测试和声学、光学、影院设施等技术检测,为政府部门发放放映许可证提供技术依据。此项工作从未出现差错,受到政府部门和用户的好评。

课题研究。学会注重专项课题研究,2009 年,承担《上海电视产业的现状与发展报告》项目研究;2010 年,与上海世博比利时展馆共同举办"影像瓦隆:影视尖端科技研讨会",参加法国罗纳阿尔卑斯大区在世博会展馆举办的"文化影像产业活动周"等活动,针对世博科技信息提出"3D 让世博更精彩"的研究报告。

对外合作。学会借助于上海电视节和上海国际电影节的广阔平台,积极参与行业内外和海内外的交流合作,与国际相关行业协会建立对话机制,积极探索合作交流机制,推动业内企业参与国际合作,争取更大的发展资源和空间;加强与上海图形图像学会、上海软件行业协会、中国电影电视技术学会、美国电影电视工程师协会等交流合作,扩大视野,促进转型,增强学会活力。

人才培育。学会组织中青年优秀科技论文评选活动,促进年轻科技人才有论文、有奖项、有作为,有地位,培育一批在全国有影响的高端技术人才,有的获得广电技术突出贡献人才称号。

运作管理。学会加强规范化建设,制定 20 多项管理制度,强化规范化运作和管理;学会党的工作小组加强对学会工作的指导监督,促进学会健康发展。

### 【上海市有色金属学会】

上海市有色金属学会成立于 1987 年 3 月,是由全市各大高等院校的材料学院、中科院所属有关研究院所、科技人员集中的有色金属领域知名企业和有色金属相关领域的专家学者、中高级工程技术人员自愿组成的跨部门、跨所有制的学术性、非营利性社会团体法人。学会下设半导体材料专业委员会、粉末冶金专业委员会、有色金属冶金专业委员会、材料科学与工程专业委员会、冶金设备专业委员会、环保专业委员会、理化检测专业委员会和铝基复合材料分会等 8 个分支机构。业务主管单位为上海市科学技术协会。到 2010 年，有各种所有制团体会员单位 36 个，个人会员 2 100 人。

学会业务范围是：学术活动，培训人才，出版刊物，咨询服务。

学会主要开展以下几方面工作：

服务会员。学会积极开展信息服务，与上海理工大学合作主办和编辑出版《有色金属材料与工程》期刊，为会员及广大有色金属材料研究、制造和应用领域的单位和科技工作者提供有色金属材料科技研究、产业发展和应用拓展等方面的政策法规和国内外产学研发展动态，及时反映产业和行业诉求，还通过网站和简报等向会员发送学会动态等信息；依靠专家库资源和科技信息的优势，积极为企业提供各类技术咨询服务和产学研平台服务；举办各类论坛、研讨会、交流会等，为高校、研究单位和企业搭建产业信息、技术交流、形象展示和行业间联系的平台。

产业推进。学会通过多种平台反映会员单位诉求，解决会员单位发展实际困难，帮助会员单位申报政府专项项目等；学会积极建言献策，为政府相关部门提供有色金属材料科技进步、产业转型发展和政策建议等课题研究报告，接受委托，开展产业规划研究等；拓展对外交流合作，建立与国内相关学会、行业协会的联系，积极探索国际合作交流机制，推动会员单位参与交流合作，争取更大的发展资源和空间。

人才培育。学会积极促进专业人才成长，通过举办"有色金属材料智能制造"等各类讲座，提高会员单位科技人员知识技能和业务水平。

运作管理。学会不断完善内部管理制度，落实民主办会规程，制定了学会对服务企业、服务政府、促进产业发展所作贡献的量化指标，纳入日常考核与年终绩效考核。学会建立党的工作小组，将党建工作与学会工作和学会发展相结合，发挥核心和先锋模范作用。

### 【上海市汽车工程学会】

上海市汽车工程学会成立于 1987 年，是全市汽车工程技术领域内的专家学者、专业工作者和热心支持学会工作人士自愿组成的学术性、非营利性社会团体法人。学会下设国际交流工作委员会、汽车动力总成专业委员会、环保专业委员会、汽车制造专业委员会、组织工作委员会、科普工作委员会、汽车标准测试专业委员会、汽车电子技术专业委员会、技术经济研究专业委员会、汽车商用车与专用车专业委员会、学术工作委员会、汽车质量专业委员会、拖拉机专业委员会、汽车应用与维修专业委员会、摩托车专业委员会、节能与材料专业委员会、汽车安全专业委员会、车用空调专业委员会、计算机应用专业委员会等 19 个专业委员会。业务主管单位为上海市科学技术协会。到 2010 年，共有团体会员单位 85 个，个人会员 1 387 人。

学会业务范围是：学术交流、技术咨询服务、培训、科普活动、编辑出版学术和科普刊物、国内外技术活动。

学会主要开展以下几方面工作：

服务会员。学会加强信息服务，编辑出版《上海汽车》，为会员提供汽车行业最新技术信息；并定期更新学会门户网站；发挥专家资源和行业权威性优势，为会员提供市场调查、新产品项目和技改项目等专家评审意见等；举办各类论坛、研讨会、交流会等，为会员单位搭建产业信息、技术交流和行业间联系的平台，同时组织举办计算机辅助设计及工程分析培训和竞赛、汽车造型创意设计大赛,为汽车人才成长搭建平台。

产业推进。学会积极构建政府与企业桥梁,配合市政府质量管理部门推荐评审年度汽车及零部件行业上海名牌产品,帮助企业就产品质量管理工作及名优产品推荐工作上台阶;积极建言献策,为市政府、中国海关制定政策及相关规定提供技术支持、研究数据及分析报告;推进产业合作,积极探索合作交流机制,推动企业争取更大的发展资源和空间。

人才培育。学会开展工业4.0系列培训,新能源汽车鼓励政策解读培训,进出口设备与技术海关政策培训,人工智能及互联网汽车知识培训,环保法及汽车涂装排放标准、排放技术、余热回收培训以及节能减排技术与装备知识培训等专业培训。

运作管理。学会完善民主办会规程,强化内部管理规范,制定服务企业、服务政府、促进产业发展的量化指标;对专业委员会项目申报、项目完成率、经费管理、委员管理、宣贯培训等方面定期进行考核,提高工作能力和水平;积极探索学会党建工作,成立党的工作小组,定期召开党员组织生活会,发挥先锋模范作用。

## 【上海市公路学会】

上海市公路学会成立于1988年6月18日,是由全市公路交通企事业、科研院所等单位科技工作者自愿组成的跨部门、跨所有制的学术性、非营利性社会团体法人。学会下设工程经济专业委员会、高速公路专业委员会、交通运输与安全专业委员会、工程安全与质量专业委员会、科普工作委员会、桥梁与隧道工程专业委员会、公路专业委员会、道路工程专业委员会、学术专业委员会、交通工程与信息技术专业委员会等12个分支机构。业务主管单位为上海市科学技术协会。到2010年,有各种所有制会员单位52个,个人会员1 220人。

学会业务范围是:各种公路交通科学技术、学术活动。

学会主要开展以下几方面工作:

学术交流。学会举办各类论坛、研讨会、报告会等,为会员单位、会员和科技工作者搭建行业信息、技术交流和行业间联系的平台。

科普教育。学会建有上海桥梁病害陈列馆、上海隧道科技馆、上海松江道桥文化展示馆三个科普教育基地;学会围绕"全国科技活动周""全国科普日"和上海市科技节等,开展贴近基层群众的科普活动,组织"我爱公路——青少年夏令营""上海市公路科技工作者科普主题日"等。

技术服务。学会积极开展技术服务工作,服务于行业企事业单位和会员单位;成立科技咨询服务部,每年组织专家对公路工程、公路桥梁、技术方案等工程项目进行评审,为工程项目顺利实施提供技术支撑。

人才举荐。学会全力做好行业科技人才举荐工作,推荐科技人才参评中国公路青年科技奖、全国公路百名优秀工程师和上海市科技精英等;向中国公路学会、上海市科协推荐(申报)优秀项目等;举办"上海市公路学会科学技术奖"评选活动。

建言献策。学会针对上海公路建设、运营管理中的热点、难点问题,开展课题调研,为政府有关部门决策提供有价值、可操作的建议。

对外交流。学会建立与香港公路学会的交流机制,每年举办一次沪港道路交通科技论坛,为促进沪港两地道路交通科技发展起到了推动作用。

服务会员。学会积极开展信息服务,每季出版《上海公路》杂志;为会员提供公路(道路)工程、桥梁工程、交通工程、材料与试验等方面和国内外产学研发展动态,每日更新学会门户网站;依靠行业专家库资源,积极为企事业单位提供公路有关技术标准、法规等方面的培训服务。

运作管理。学会完善民主办会规程,民主决策重大工作事项,强化内部管理规范,制定了学会秘书处工作管理制度、工作人员岗位职责、专业委员会管理办法等;党支部围绕创建"两新组织"先进党支部目标,坚持党建工作与学会发展相结合,并与会员单位开展党建联建活动,实现优势互补、资源共享。

## 【上海市预防医学会】

上海市预防医学会成立于1988年10月,原名中华预防医学会上海分会,1992年10月更名为上海市预防医学会,是由全市预防医学科技工作者和管理工作者自愿组成、依法成立的科技类学术性的非营利性社会团体法人。学会下设职业卫生与职业病、环境卫生、流行病学、营养与食品安全、儿少卫生、卫生统计、卫生毒理、环境病理、消毒、社会医学、妇幼保健、公共卫生教育、卫生检验、健康促进与健康教育、微生态、基层预防保健、艾滋病性病防治、慢性非传染性疾病控制、卫生安全评价、公共卫生管理、公共卫生法制、病媒生物预防与控制等22个专业委员会,以及学术交流、科普与出版、教育与培训、科技与开发、公共卫生标准与规范建设、组织与财务等6个工作委员会。业务主管单位为上海市科学技术协会。到2010年底,有团体单位会员65个,个人会员1 299人。

学会业务范围是:开展国内外学术交流;普及科学知识;出版刊物;组织继续教育和"四技"服务。

学会主要开展以下几方面工作:

学术交流。学会根据预防医学、公共卫生科技的新变化和发展趋势,充分发挥在公共卫生领域中专业优势,创建以"申江健康论坛"和学术年会为载体的学术品牌,搭建多形式、多层次的国内外学术交流平台;每年组织各类高学术水平的论坛、研讨会、交流会等,每两年召开一次学术年会,汇聚各领域专家力量,开展综合性学术研讨,为在疾病预防控制面临的挑战和机遇中赢得主动而发挥专业作用,2003年3月至4月,积极主动配合有关部门做好"非典"防控防治工作,及时举办"非典防治"学术研讨会,由知名院士、教授就"非典"的流行病学、预警、临床诊断治疗、实验室诊断、疫苗研究等前沿课题进行专题研讨;2008年,以"预防医学会——健康人生"为主题,召开学会成立20周年庆祝大会暨第三届学术年会,并出版年会论文集;2009年,协助上海市科协举办"2009上海国际城市公共安全展览会暨高层论坛",展示学会专家、会员作为上海城市公共卫生安全卫士的风采;组织以学术研讨会、专业人员培训会的形式探讨,交流新产品、新技术,为企业新产品开发、产品改进等提供科技咨询服务和人员培养支持。

科普活动。学会发挥预防疾病、促进健康的专业优势,依托各专委会、有关防治专业机构力量,围绕政府卫生工作重点和市民关注的健康需求,开展形式多样的科普活动,不断提升公众健康素养,结合"卫生防病日(周)"组织开展面向广大民众的心脑血管、肿瘤、高血压、糖尿病防治,食品安全及艾滋病、流感防治等大型系列科普宣传活动;深入社区、企业、学校和农村,举办贴近百姓生活的科普讲座、现场咨询等科普宣教和公益服务活动,传播健康新理念,倡导健康文明生活方式,促进全民科学素质整体提升;组织专家及时回应公众关切和社会热点,引导公众科学认识疾病,2006年至2010年,共举办各类科普讲座400多场次,编制发送宣传资料数十万份,印制55万份卫生防病和健康宣教知识问答折页送入家庭;配合国家有关部门及市政府在上海举办"2009国际健康生活方式博览会""国际疫苗大会"等大型科普活动。

服务政府。学会围绕公共卫生主要任务,主动服务政府决策,紧扣专业特点,积极申报并组织开展政府有关部门委托的科研课题研究、市科协决策咨询、学科产业发展项目研究等,制订卫生标准,积极建言献策,2000年,与市科协、市医学会和市疾控中心联合举办"新世纪疾病预防控制策略"专题研讨会,并整理形成"科学家建言"专报,为政府有关部门决策提供参考;2009年,协办以"甲型H1N1流感影响与科学防控"为主题的"新思维头脑风暴学术沙龙",并就加强上海人畜共患疾病研究和筹建"上海人畜共患病研究中心"提出建议;到2010年,完成《上海市职业病防治工作现状与发展对策研究》《上海市健康促进与健康教育学科现状与发展规划研究》《上海市传染病流行病学学科发展报告》等项目调研,主持或参与制订和修订多项卫生标准;依托专委会专家和学术资源服务企业,积极开展"会企合作",在企业和专家之间架起科技咨询与服务桥梁,促进产、学、研、用结合,在服务科技工作者、政府、社会中培育强大的发展生命力。

人才培养。学会根据继续医学教育有关规定及不同层次和专业人才队伍建设的需求,发挥学会专家人才优势,以传播新知识、新技术、新理论和新方法为主要手段,组织多层次、全方位的继续医学教育,开展项目培训、岗位培训、专业培训等,促进人才队伍建设,2006年至2010年,举办国家级、省市级继续医学教育项目班共251个,参与培训专业人员3万余人次;根据社区卫生发展新形势和人才队伍建设需求,申报与承担市政府第二轮公共卫生三年行动计划项目"社区卫生服务团队公共卫生知识与技能培训",组织专家编写教材,建立师资队伍,深入区(县),共举办培训班20期,培训3 642人;主办《上海预防医学》期刊,立足上海,面向沪苏浙预防医学科技工作者和公共卫生人员,发行逾3万册,促进专业建设和人才培育。

运作管理。学会坚持健全自主治理、决策科学、权责明确、运转协调、制衡有效的理事会工作机制,努力构建由理事会领导、广大会员与专家共同参与、学会常设办事机构经常性互动的规范化管理模式;坚持依法依章程民主办会,强化制度建设和规范化管理,努力联系服务会员和科技工作者;积极探索党建工作,充分发挥党的领导在学会建设发展中的政治核心、思想引领和组织保障作用。

## 【上海市造船工程学会】

上海市造船工程学会成立于1991年5月14日。前身是中国造船工程学会上海分会,于1951年2月25日由中国造船工程学会与中国船舶修造工作者协会联合成立;1958年11月,中国造船工程学会上海分会更名为上海市造船工程学会;1966年,学会停止活动;1978年1月15日,学会正式复会。是由上海地区船舶与海洋工程科学技术工作者自愿组成的学术性、非营利性社会团体法人。学会下设流体力学专业委员会、结构力学专业委员会、船舶设计专业委员会等16个分支机构,以及学术工作委员会、科普工作委员会、组织工作委员会、国际交流委员会、高级顾问委员会、编辑出版工作委员会、财务管理委员会、学生会员工作委员会、老科技工作者委员会、斯奈密国际海事技术交流中心等10个工作机构,外设上海外高桥造船有限公司会员联络处和江南造船(集团)有限责任公司会员联络处等2个代表机构。业务主管单位为上海市科学技术协会。到2010年,有团体会员单位75个,个人会员5 200余人。

学会业务范围是:船舶与海洋工程及其设备的交流、展示、科普、编辑出版和科技咨询。

学会主要开展以下几方面工作:

学术研究。学会围绕建设造船强国和海洋强国战略目标,紧扣船舶与海洋工程产业发展热点和难点,每年组织开展学术活动数十项,参加人数达数千人次,交流论文200余篇,评出优秀论文30多篇,培育出"综合学术年会""中国国际工业博览会科技论坛""长三角地区船舶工业发展论坛""外高桥造船(SWS)发展论坛""江南创新论坛""船舶科技沙龙"等学术品牌;组织各专业学术委员会顶尖力量对船舶行业技术发展状态进行系统研究,为国家和上海市有关部门制定船舶科技发展规划提供决策依据;2000年,组织高质量完成"关于上海船舶工业国际竞争力问题的研究"课题;"16 000吨多用途货船和11 000吨滚装船技术攻关"科研项目荣获2002年中国科协和国家经贸委颁发的"千厂千会协作行动"优秀成果奖。

国际合作。学会的国际交流活动,可以追溯到20世纪50年代,早在1957年,就与当时的苏联造船工程学会建立了友好合作关系,双方商定互换出版刊物、互派代表参加重大学术会议等;1991年,与英国皇家造船师学会暨轮机工程师学会香港联合会签署了合作备忘录;此后,又与日本、韩国、英国、美国、新加坡、德国等国家和地区的12个境外友好学会签订了合作协议,定期开展双边、多边的学术交流与合作;组织力量译制国际同行的刊物,与英国皇家造船师学会等合作出版《造船师》《船舶推进》和《液货船航运与贸易》杂志中文版;2006年、2007年,与美国造船工程学会达成合作协议,相互推荐优秀论文在各自刊物上发表;2002年,与韩国、日本、中国香港等国家和地区的造船学会发起成立了泛亚海事工程学会联合会(PAAMES);2004年,作为泛亚海事工程学会联合会(PAAMES)的第一任主席学会,成功组织举办首届PAAMES会议和第四届国际新型船舶与海事技术学术会议(简称New S-Tech 2004);2006年、2008年和2010年,分别协助韩国造船学会、日本造船师和海洋工程师学会、新加坡造船工程学会举办第二、第三、第四届PAAMES会议和同期召开的先进海事工程国际学术会议(AMEC);1981年,组织首创集学术、展览、贸易于一体的中国国际海事会展,成为我国造船工业史和造船学会发展史上一个重要转折点,至2010年,中国国际海事会展已连续举办15届,成为亚洲最具规模和影响力的海事会展。

科学普及。学会以"全国科技活动周"和"上海科技节"两大活动为主线,面向企业、学校和社区,以普及船舶及海洋工程科学技术知识为特色,开展科普教育,参加学会组织的科普活动人数达50余万人次,荣获"上海科技节"组织委员会颁发的优秀组织奖;还每年与科技特色共建学校和社区合作,开展"船文化"系列科普教育活动。

党建工作。学会党的工作小组充分发挥政治核心作用和事业引领作用,围绕中心、服务大局,支持学会按照章程依法开展各项工作,为促进学会的改革、发展和稳定提供坚强有力的政治保障。办事机构党支部认真落实"三会一课"制度,严格组织生活,加强对党员的教育和管理,形成党建工作与事业发展、学会工作相互促进的良好局面。

## 【上海市科技期刊学会】

上海市科技期刊学会成立于1991年7月12日,是由上海地区科技期刊出版单位的团体及个人自愿组成的学术性、非营利性社会团体法人。业务主管单位为上海市科学技术协会。到2010年,有团体会员单位325个,个人会员455人。

学会业务范围是:国内外学术交流、技术咨询、科学普及、教育培训。

学会主要开展以下几方面工作:

服务会员。学会开展信息服务,以网站为信息交流的主要平台,及时向会员单位提供与期刊相关的最新重要信息,包括政策、法规、培训、大小会议活动、业务交流、人才流动信息等;开展各种类型的学术交流,每年举办"'长三角'科技期刊论坛""京津沪渝主编研讨会",以及每两年举办一次"医学期刊年会";举办各种类型的专题报告会和座谈会,搭建多种平台,为会员服务。

人才培训。学会坚持举办科技期刊编辑业务培训班,围绕出版和科技方面的方针政策法规、国际期刊出版现状和发展趋势、期刊出版国家标准和国际规范、科技期刊工作中出现的热点和难点问题等内容,精心组织,深受学员欢迎,成为上海市科学技术协会"示范项目";组织举办"上海市科技期刊编辑技能大赛",促进编辑素质和水平提升;组织开展与兄弟省市科技编辑(包括科技期刊编辑和科技图书编辑)同行学习交流活动。

运作管理。学会强化内部规范,按章办事;积极探索党建工作,党的工作小组将党建工作与学会具体业务工作发展相结合,履行从严治党主体责任,发挥政治核心和引领作用。

## 【上海市农学会】

上海市农学会成立于 1991 年 7 月 12 日,为全市农业科学及相关学科科技工作者及企事业单位自愿组成的学术性、非营利性社会团体法人。学会下设兰花专业委员会、食药用菌专业委员会、观赏鱼专业委员会、蜂产品专业委员会、现代农业专业委员会、农产品安全专业委员会、农耕文化专业委员会等 7 个分支机构。业务主管单位为上海市科学技术协会。到 2010 年,有团体会员单位 34个,个人会员 800 余人。

学会业务范围是:开展学术交流、普及科学知识、出版学术刊物、科技咨询服务、举办专业培训和国内外专业展览。

学会主要开展以下几方面的工作:

学术交流。学会与华东地区农学会、上海市有关学会等联动,举办学术研讨会、"长三角科技论坛""上海现代都市农业科技发展论坛"等学术活动;各专业委员会发挥行业专家团队的专业优势,组织专业技术人员与国内外同行交流学习,提升专业技术人员的业务水平,促进农业科技创新发展。

科普活动。学会充分发挥自身优势,开展"农业科技四季服务行动",每年组织专家参加上海市"科技、文化、卫生三下乡"活动;联合市农科院信息所、畜牧兽医研究所开展科技期刊下乡活动,向郊县乡镇的农业服务中心免费赠送《上海农业学报》《上海农业科技》《上海蔬菜》《食用菌科技》《上海畜牧科技》《国外畜牧通讯》等期刊;深入郊区开展科普培训,深入田间地头进行新技术指导培训,举办科普讲座。

课题研究。学会承担"上海低碳农业发展战略研究"、《农业生产技术与风险评估基础知识》专著、"上海农业技术推广队伍建设情况调研""基于生命周期评价的稻米生产碳足迹研究发展报告""食品辐照质量控制最佳实践国际研讨会""上海国家现代农业示范区技术支持体系构建研究""中国意境菜研究""关于食用菌的食品安全科普培训系列活动""浦东新区农业发展集团十年发展规划""现代庭院与阳台绿化植物配置与养护技术科普示范""推进上海城乡一体化发展的路径研究——基于江浙模式的启示"等项目和课题研究,积极为政府有关部门和农户出谋划策,获得广泛好评。

运作管理。学会完善民主办会规程,强化内部管理规范,督促并指导各专业委员会按照学会章程开展活动;强化会员服务,为会员提供国内外农业科技发展的新动态;加强党的建设,重大事项均报党的工作小组审议,发挥党的工作小组核心作用。

## 【上海市寄生虫学会】

上海市寄生虫学会成立于 1991 年 9 月,是由在沪高等院校、疾控机构、科研院所及医疗机构等单位从事寄生虫(病)学研究和控制的相关研究人员、教师及防治人员自愿组成的学术性、非营利性社会团体法人。学会下设临床药物学专业委员会、蠕虫学专业委员会、兽医寄生虫学专业委员会、疾病预防学专业委员会等4个分支机构。业务主管单位为上海市科学技术协会。到2010年,有团体会员单位14个,个人会员206人。

学会业务范围是:学术交流、技术咨询、专业培训、宣传普及。

学会主要开展以下几方面工作:

服务会员。学会搭建学习交流平台,积极组织不同主题不同形式的学术活动;鼓励青年学者开辟青年论坛,支持青年研究人员展示自己的学术成果,提高青年学者的学术水平;组织寄生虫病诊断技术培训,邀请世界卫生组织专家授课,提高诊断水平和业务理论水平;积极鼓励专业委员会开展活动,组织小范围、专业性强的学术交流与论坛沙龙;与各类相关学会合作,成立交叉研究会与寄生虫学联盟,建立交流平台;组织国际学术交流,出访西班牙、英国、泰国、美国、墨西哥、马来西亚、澳大利亚、土耳其等国家,在各类国际会议上报告学术研究成果,提升国际影响力。

产业推进。学会组织专家制定完成三种常见食源性寄生虫病食品中病原检测方法的行业标准或地方标准,并立项发布;利用挂靠单位中国疾病预防控制中心寄生虫病所的专业优势,促进产学研结合,面向全国各地的医疗、疾控寄生虫病防治人员,举办寄生虫病专业培训班,提高寄生虫病诊断水平和防治能力;积极参与寄生虫病应急处置工作,应对输入性寄生虫发病率逐年上升趋势,创新看血片、查虫卵等诊查流程,挽救寄生虫病病人生命。

人才培育。学会举办各类寄生虫病专业培训班;建立长期交流与合作的平台,召开长三角地区高端论坛,建立长三角地区寄生虫专家联盟,提升江浙沪三地寄生虫学研究与交流等方面的整体学术水平;召开学术交流研讨会,促进专业人员在免疫学与寄生虫学方面更多课题合作;团结全市寄生虫学科技工作者,为繁荣、发展、提高全市寄生虫学科技事业多出成果、多出人才。

运作管理。学会强化规范化运作和管理;根据《上海市科协科技社团党的工作小组组建、换届、人员调整的工作规程(试行)》规定,成立党的工作小组;严格遵守法律法规和国家各项政策;认真落实上海市科协要求,按时完成市科协布置的各项工作。

### 【上海市医学会】

上海市医学会成立于1991年,是由全市医学科学技术工作者自愿组成、依法登记成立的学术性、公益性、非营利性社会团体法人,学会的历史可以追溯到1917年。1917年4月2日,上海成立"中华医学会上海支会";1932年,"中华医学会上海支会"更名为"中华医学会上海分会";1991年,"中华医学会上海分会"更名为"上海市医学会"。业务主管单位为上海科学技术协会。到2010年,有团体单位会员280余个,个人会员20 000余人。

学会业务范围:学术交流、出版刊物、继续教育;医疗服务标准、制定、技术鉴定、论证和评审;科技咨询及医学图书情报等。

学会主要开展以下几方面工作:

学术交流。学会全方位、多层次展现和发挥医学学术交流平台作用,致力于为学术菁英与全国乃至世界顶尖专家之间搭建沟通交流平台,每年组织召开多种类型高端会议和国际论坛,自2007年起,精心打造"东方"品牌系列会议,与美国、韩国、日本、德国、英国等十余个国家或地区开展高端学术交流,1995年,组织召开上海国际颅脑伤学术研讨会;1996年,组织召开国际农村全科医学学术会议;2005年,组织召开第一届亚洲创伤研讨会;2007年,组织召开首届东方心脏病学会议;2008年,组织召开首届东方内分泌糖尿病论坛;2010年,组织召开中国—FIGO妇科肿瘤学术会议;同年组织召开的第四届东方心脏病学会议,参会人数达到4 300人,成为亚太地区有良好影响力的品牌会议。各专科分会积极主办、承办各类全国会议、华东地区会议、长三角地区会议和上海市年会,会议规模不断扩大,影响与日俱增,2001年,组织承办中华医学会第七届全国耳鼻咽喉科学术会议;2002年,组织承办中华医学会血液学分会第七次全国学术会;2005年,组织承办第六届全国感染性疾病及抗微生物化疗学术会议;2007年,组织承办中华医学会第十三次全国病毒性肝炎及肝病学术会议;2009年,组织承办全国白血病、淋巴瘤学组会议;2010年,组织承办第六届华夏内分泌大会等。

服务政府。学会承接政府职能,聚焦社会服务职能,努力加强自身建设,积极提升自身能力,较好地完成市发展和改革委员会、市干部保健局、市卫生和计划生育委员会等政府部门委托的医疗技术临床应用能力评估、医疗价格集体审议、大型医用设备配置论证、高端医疗设备论证、国家临床重点专科建设项目评估和上海市医务职工科技创新星光计划评选等各项工作;截至2010年底,承担政府课题包括:《全国医疗技术临床应用管理现状调研报告》《上海市住院/专科医师规范化培训及考核办法研究》《上海市创伤院内急救运行模式调查》《上海市居民慢性疼痛患病和治疗的现状及其策略研究》《健康教育差异度对社区居民慢性肾脏病认知影响的调查和研究》《上海市卫生行业科技社团组织现状与发展研究报告》《上海市骨质疏松症认知度及高危人群防治现状调查》《上海市医疗事故技术鉴定发展状况调研》《上海市医疗技术临床应用管理研究报告》《上海市医疗服务卫生标准体系研究》《健康管理学科现状及行业发展》等;成立上海市医学会医疗事故技术鉴定办公室(医鉴办),上海市医疗服务标准化技术委员会,在承接政府职能转移工作中,逐步开拓服务领域,创新服务方式,提高服务水平,使学会真正成为能负责、能问责、接得住、担得起、干得好的科技社团。

科普宣传。学会以"满足人们需求,提高国民健康素质"为目标,充分发挥科普优势作用,持续推进科普公益活动,年均开展各类科普宣教活动100余场次,惠及民众万余人次;积极打造"健康方向盘"系列科普活动,"架起彩虹桥"系列医教帮扶活动,组织专家进社区、入校园、去基层、助老区、走西部,将上海的优势学科健康医学知识和技术向相对薄弱地区传播,1999年,组织市各大医院儿科专家团赴奉贤进行讲学、查房、学术交流等活动;2003年,举办大型肝病讲座和义诊活动;2007年,举行"纪念九十大庆,服务人民大众"的大型医疗咨询活动;2008年,组织95家各级医疗机构参加"大医精诚——全国统一义诊"活动,接受咨询达25 000人次;2009年,积极响应"送医送教到基层"号召,儿科、耳鼻喉科专科分会举行"科普三下乡"活动,到农村、郊区举办科普讲座,并与当地医务工作者进行经验交流,受到民众热烈欢迎。

人才培养。学会倡导和支持专科分会发挥整体优势,根据自身特点和需要,借助各种形式的学术年会、专题研讨会、疑难病例讨论会等学术活动,深入推进继续医学教育,以基层、郊县及青年医师为重点,以继续教育和日常学术活动相结合、继续教育与大型学术会议相结合、继续教育与住院医师规范化培训相结合等方式,积极开展继续教育活动,1983年,举办传染病与寄生虫病学习班;1990年,举办中华医学会上海分会高压氧治疗训练班;2003年,举办上海市全国泌尿科第27届学习班;2009年,基本上海市基层医疗机构抗菌药物临床合理应用培训等;学会主办、承办的综合性和专业性医学学术期刊、医学科学普及期刊,作为在学科和专业领域内有较强影响力和专业辐射力的精品科技期刊,发挥着培养专业人才的重要作用;2002年组织设立面向全市医药卫生行业的科技奖,成为上海卫生行业中最权威的奖项。

## 【上海市人类居住科学研究会】

上海市人类居住科学研究会成立于1993年9月,是由全市从事人类学、社会科学、心理学、城市规划学、建筑学、工程学、环境科学、城市生态学、城市经济学、住宅学、房地产开发学、物业管理学、园林绿化学、环境卫生学、市政工程学、公用事业学等研究的政府管理部门、科学技术研究单位和工程技术人员或科研人员自愿组成的学术性、非营利性社会团体法人。业务主管单位为上海市科学技术协会。到2010年,有团体会员单位31个,个人会员390余人。

研究会业务范围是:从事人类居住科学的课题研究、技术咨询、服务和国内外技术交流考察。

研究会主要开展以下几方面工作:

服务会员。研究会加强信息服务,向会员和相关部门编送《会讯》,传递人居环境建设的国内外科技信息,让会员及时了解住房保障、旧区改造、市容绿化、交通建设、生态环境等人居科学研究成果;召开会员代表大会和学术年会,举办专题学术交流研讨会等学术会议,并组织相关会员单位开展专题学术研究,参加上海市科学技术协会举办的各种系列活动。

学术研究。研究会分层分群组织会员开展人居科学理论研究调研,承接社会化服务职能项目,吸收在校研究生参与相关专业课题组调研活动,深入研究上海城市宜居城区建设等问题,向政府等部门报送课题成果,历年完成的重大课题成果有:1992年,完成"八五"重点科研项目、上海市建设委员会委托课题《上海市居住区建设研究》,其中包括七个分课题;1996年,完成上海市建设委员会委托课题《面向21世纪初居住区建设研究——兼论上海市居住实验园区的研究》,其中包括九个分课题;1998年,编辑出版《上海市居住区建设图集》,《图集》荟集40多年来上海居住区建设的精华;1999年,完成《上海住区的可持续发展研究》课题;2001年,完成《上海新建住区环境优化研究》暨《上海万里城——生态保健住区的探索和实践》(图集),主课题包括六个分课题;2003年,完成《崇明岛21世纪绿色生态理念和实验区规划研究》课题,本课题获市第六届决策咨询研究成果二等奖;2004年,完成《庄行生态型城镇的理念、规模和特色研究》课题;2009年,完成《应对上海老龄化趋势——改善"居家养老"居住环境的对策研究》《上海市人居环境报告的研究》等课题,并编辑出版《迎世博人居创意论坛》文集。此外,通过人大代表建议和市政府专家建言等形式,向政府相关部门积极建言献策;开展专题论文征集和优秀论文评选活动,建立学术研究交流评价和表彰机制。

运作管理。研究会坚持会员代表大会制度,定期召开理事会工作会议,落实会员权力;利用微信、网络等开展科学道德与学风建设宣传,防止学术不端行为;加强事务管理,严格财务制度和财经纪律,坚持勤俭节约原则;成立党的工作小组,在党的工作小组领导下,弘扬科学精神,营造良好学术生态,促进学科融合发展。

## 二、名录

根据1989年、1998年国务院《社会团体登记管理条例》和2002年《上海市促进行业协会发展规定》,截至2010年底,在市社会团体管理局注册登记的市级自然科学领域社会团体158家。

表1-4-1  2010年上海市市级自然科学领域社会团体一览表

| 序号 | 单 位 名 称 | 业务主管单位 | 登记日期 | 办 公 地 址 |
|------|------------|--------------|----------|------------|
| 1 | 上海市通信学会 | 上海市科学技术协会 | 1980-03-29 | 南昌路47号3209乙室 |
| 2 | 上海市系统工程学会 | 上海市科学技术协会 | 1985-09-03 | 南昌路47号科学会堂3号楼3113室 |

（续表）

| 序号 | 单 位 名 称 | 业务主管单位 | 登记日期 | 办 公 地 址 |
|---|---|---|---|---|
| 3 | 上海市航空学会 | 上海市科学技术协会 | 1988-01-12 | 广顺路 33 号 8 幢 1 楼 1477 室 |
| 4 | 上海市知识产权研究会 | 上海市科学技术协会 | 1991-03-20 | 南京西路 580 号南证大厦 B 座 10 楼 |
| 5 | 上海电源学会 | 上海市科学技术委员会 | 1991-04-03 | 浦东大道 1550 号上海海事大学综合楼 501 室 |
| 6 | 上海市工程图学学会 | 上海市科学技术协会 | 1991-04-15 | 延安西路 1882 号 |
| 7 | 上海市机器人学会 | 上海市科学技术协会 | 1991-04-15 | 延长路 149 号 |
| 8 | 上海市真空学会 | 上海市科学技术协会 | 1991-05-14 | 江宁路 1165 号 1109 室 |
| 9 | 上海市传感技术学会 | 上海市科学技术协会 | 1991-05-14 | 长宁路 865 号 2226 室 |
| 10 | 上海市地球物理学会 | 上海市科学技术协会 | 1991-05-14 | 四平路 1239 号同济大学海洋楼 509 室 |
| 11 | 上海市烟草学会 | 上海市科学技术协会 | 1991-05-14 | 许昌路 1061 号 |
| 12 | 上海市化学化工学会 | 上海市科学技术协会 | 1991-05-14 | 南昌路 203 号 |
| 13 | 上海市航海学会 | 上海市科学技术协会 | 1991-05-14 | 长阳路 1441 号 712 室 |
| 14 | 上海市能源研究会 | 上海市科学技术协会 | 1991-05-14 | 南昌路 47 号 3203 室 |
| 15 | 上海市测绘学会 | 上海市科学技术协会 | 1991-05-14 | 武宁路 419 号 410 室 |
| 16 | 上海市土木工程学会 | 上海市科学技术协会 | 1991-05-14 | 新闸路 249 号 4 号楼 210 室 |
| 17 | 上海市食品学会 | 上海市科学技术协会 | 1991-05-14 | 吴中东路 513 号 605 室 |
| 18 | 上海市体育科学学会 | 上海市科学技术协会 | 1991-05-14 | 吴兴路 87 号 303 室 |
| 19 | 上海市神经科学学会 | 上海市科学技术协会 | 1991-05-14 | 岳阳路 320 号脑科所内 |
| 20 | 上海市微生物学会 | 上海市科学技术协会 | 1991-05-14 | 南昌路 47 号 3 号楼 209 室 |
| 21 | 上海市水利学会 | 上海市科学技术协会 | 1991-05-14 | 南昌路 47 号 |
| 22 | 上海市地质学会 | 上海市科学技术协会 | 1991-05-14 | 灵石路 930 号 |
| 23 | 上海市造船工程学会 | 上海市科学技术协会 | 1991-05-14 | 江宁路 495 号 2101 室 |
| 24 | 上海市内燃机学会 | 上海市科学技术协会 | 1991-05-14 | 华山路 1954 号西大楼 410 室 |
| 25 | 上海市汽车工程学会 | 上海市科学技术协会 | 1991-05-14 | 威海路 489 号 901 室 |
| 26 | 上海市生物医学工程学会 | 上海市科学技术协会 | 1991-05-14 | 江宁路 77 号 |
| 27 | 上海市制冷学会 | 上海市科学技术协会 | 1991-05-14 | 南昌路 47 号 3313 室 |
| 28 | 上海市电子学会 | 上海市科学技术协会 | 1991-05-14 | 南昌路 47 号 3215 室 |
| 29 | 上海市照明学会 | 上海市科学技术协会 | 1991-05-14 | 南昌路 47 号 3 号楼 3215 室 |
| 30 | 上海市植物生理学会 | 上海市科学技术协会 | 1991-05-14 | 岳阳路 319 号 31 楼 |
| 31 | 上海市铁道学会 | 上海市科学技术协会 | 1991-05-14 | 天目东路 80 号 |
| 32 | 上海市仪器仪表学会 | 上海市科学技术协会 | 1991-05-14 | 南昌路 47 号 3319 室 |
| 33 | 上海市畜牧兽医学会 | 上海市科学技术协会 | 1991-05-14 | 虹井路 855 弄 30 号 |

（续表）

| 序号 | 单位名称 | 业务主管单位 | 登记日期 | 办公地址 |
|---|---|---|---|---|
| 34 | 上海市遗传学会 | 上海市科学技术协会 | 1991－05－14 | 南昌路 47 号 3 号楼 205 室 |
| 35 | 上海市电气工程设计研究会 | 上海市科学技术协会 | 1991－05－14 | 江西中路 246 号 1122 室 |
| 36 | 上海市激光学会 | 上海市科学技术协会 | 1991－05－14 | 南昌路 47 号 3107 室 |
| 37 | 上海市计划生育与生殖健康学会 | 上海市科学技术协会 | 1991－05－14 | 斜土路 2140 号新大楼 601 室 |
| 38 | 上海市红外与遥感学会 | 上海市科学技术协会 | 1991－05－14 | 南昌路 47 号 3111 室 |
| 39 | 上海市焊接学会 | 上海市科学技术协会 | 1991－05－14 | 南昌路 47 号 3 号楼 3311 室 |
| 40 | 上海市宇航学会 | 上海市科学技术协会 | 1991－05－14 | 河南中路 541 弄 20 号 |
| 41 | 上海市计量测试学会 | 上海市科学技术协会 | 1991－05－14 | 长乐路 1227 号 |
| 42 | 上海市电影电视技术学会 | 上海市科学技术协会 | 1991－05－14 | 虹桥路 1386 号文广大厦 1910 室 |
| 43 | 上海市农业机械学会 | 上海市科学技术协会 | 1991－05－14 | 南昌路 47 号 |
| 44 | 上海市工业与应用数学学会 | 上海市科学技术协会 | 1991－05－14 | 邯郸路 220 号 600 号楼 626 室 |
| 45 | 上海市科学学研究会 | 上海市科学技术协会 | 1991－05－14 | 南昌路 47 号 |
| 46 | 上海市纺织工程学会 | 上海市科学技术协会 | 1991－05－14 | 胶州路 941 号 13 楼 |
| 47 | 上海市科学技术情报学会 | 上海市科学技术协会 | 1991－05－14 | 淮海中路 1555 号 |
| 48 | 上海市造纸学会 | 上海市科学技术协会 | 1991－05－14 | 常德路 545 弄 72 号 |
| 49 | 上海市工程热物理学会 | 上海市科学技术协会 | 1991－05－14 | 华山路 1954 号 |
| 50 | 上海市热处理学会 | 上海市科学技术协会 | 1991－05－14 | 南昌路 47 号 3311 室 |
| 51 | 上海市力学学会 | 上海市科学技术协会 | 1991－05－14 | 南昌路 47 号 3107 室 |
| 52 | 上海市植物保护学会 | 上海市科学技术协会 | 1991－05－14 | 吴中路 628 号 1305 室 |
| 53 | 上海市生态学学会 | 上海市科学技术协会 | 1991－05－14 | 邯郸路 220 号 |
| 54 | 上海市交通工程学会 | 上海市科学技术协会 | 1991－05－14 | 汉口路 193 号 335 室 |
| 55 | 上海市微量元素学会 | 上海市科学技术协会 | 1991－05－14 | 南昌路 47 号 |
| 56 | 上海市核学会 | 上海市科学技术协会 | 1991－05－14 | 南昌路 47 号 |
| 57 | 上海市生理科学会 | 上海市科学技术协会 | 1991－05－14 | 重庆南路 280 号 3 号楼 407 室 |
| 58 | 上海市海洋湖沼学会 | 上海市科学技术协会 | 1991－05－14 | 东塘路 630 号 |
| 59 | 上海市太阳能学会 | 上海市科学技术协会 | 1991－05－14 | 华山路 1954 号交大 1 舍 311、411 室 |
| 60 | 上海市自然辩证法研究会 | 上海市科学技术协会 | 1991－05－14 | 邯郸路 220 号文科大楼 516 室 |
| 61 | 上海市植物学会 | 上海市科学技术协会 | 1991－05－14 | 国和路 325 号 |
| 62 | 上海市药理学会 | 上海市科学技术协会 | 1991－05－14 | 国和路 325 号 510 室 |
| 63 | 上海市生物物理学会 | 上海市科学技术协会 | 1991－05－15 | 曹杨路 500 号 809 室 |
| 64 | 上海市金属学会 | 上海市科学技术协会 | 1991－05－17 | 南昌路 47 号 3201 室 |
| 65 | 上海市声学学会 | 上海市科学技术协会 | 1991－05－17 | 四平路 1239 号 |

（续表）

| 序号 | 单 位 名 称 | 业务主管单位 | 登记日期 | 办 公 地 址 |
|---|---|---|---|---|
| 66 | 上海市管理科学学会 | 上海市科学技术协会 | 1991-05-17 | 南昌路 47 号 3119-A |
| 67 | 上海市细胞生物学学会 | 上海市科学技术协会 | 1991-05-17 | 岳阳路 320 号 |
| 68 | 上海市图书馆学会 | 上海市科学技术协会 | 1991-05-27 | 淮海中路 1555 号 |
| 69 | 上海市有色金属学会 | 上海市科学技术协会 | 1991-05-29 | 长安路 1001 号 1 号楼 1101 室 |
| 70 | 上海市微型电脑应用学会 | 上海市科学技术协会 | 1991-05-29 | 华山路 1954 号 |
| 71 | 上海市气象学会 | 上海市科学技术协会 | 1991-05-29 | 蒲西路 166 号 1001 室 |
| 72 | 上海市腐蚀科学技术学会 | 上海市科学技术协会 | 1991-05-29 | 南昌路 47 号 |
| 73 | 上海市植物病理学会 | 上海市科学技术协会 | 1991-05-31 | 东川路 800 号 2-401 室 |
| 74 | 上海市分子科学研究会 | 上海市科学技术协会 | 1991-05-31 | 上大路 99 号 |
| 75 | 上海市计算机学会 | 上海市科学技术协会 | 1991-06-07 | 南昌路 47 号 3 号楼 303 室 |
| 76 | 上海市环境科学学会 | 上海市科学技术协会 | 1991-06-07 | 成都北路 500 号 2504—2505 室 |
| 77 | 上海市石油学会 | 上海市科学技术协会 | 1991-06-14 | 南昌路 47 号 3 楼 3203 室 |
| 78 | 上海市机械工程学会 | 上海市科学技术协会 | 1991-06-14 | 江川路 690 号 |
| 79 | 上海市数学会 | 上海市科学技术协会 | 1991-06-14 | 邯郸路 220 号 |
| 80 | 上海市城市科学研究会 | 上海市科学技术协会 | 1991-06-14 | 国康路 15 号 4 号楼 7 楼 |
| 81 | 上海市动物学会 | 上海市科学技术协会 | 1991-06-14 | 中山北路 3663 号 |
| 82 | 上海市颗粒学会 | 上海市科学技术协会 | 1991-06-14 | 军工路 516 号 |
| 83 | 上海市公路学会 | 上海市科学技术协会 | 1991-07-12 | 曹杨路 1040 弄 2 号 25 楼 |
| 84 | 上海市林学会 | 上海市科学技术协会 | 1991-07-12 | 沪太路 1053 弄 7 号 501 室 |
| 85 | 上海市现代设计法研究会 | 上海市科学技术协会 | 1991-07-12 | 东川路 800 号 |
| 86 | 上海市服饰学会 | 上海市科学技术协会 | 1991-07-12 | 延安西路 1882 号 |
| 87 | 上海市硅酸盐学会 | 上海市科学技术协会 | 1991-07-12 | 定西路 1295 号 |
| 88 | 上海市净水技术学会 | 上海市科学技术协会 | 1991-07-12 | 南昌路 47 号 3 号楼 3311 室 |
| 89 | 上海市物理学会 | 上海市科学技术协会 | 1991-07-12 | 南昌路 47 号 3111 室 |
| 90 | 上海市青少年科普促进会 | 上海市科学技术协会 | 1991-07-12 | 南昌路 47 号 3117 室 |
| 91 | 上海市电机工程学会 | 上海市科学技术协会 | 1991-07-12 | 南昌路 47 号 3315 室 |
| 92 | 上海市水产学会 | 上海市科学技术协会 | 1991-07-12 | 军工路 334 号 |
| 93 | 上海市科技期刊学会 | 上海市科学技术协会 | 1991-07-12 | 淮海中路 1555 号 1408 室 |
| 94 | 上海市农学会 | 上海市科学技术协会 | 1991-07-12 | 南昌路 47 号 3 号楼 201-B 室 |
| 95 | 上海市显微学学会 | 上海市科学技术协会 | 1991-07-12 | 翔殷路 800 号 |
| 96 | 上海市建筑学会 | 上海市科学技术协会 | 1991-07-27 | 南昌路 47 号 3213 室 |
| 97 | 上海市园艺学会 | 上海市科学技术协会 | 1991-07-27 | 南昌路 47 号 3 号楼 207-B |

（续表）

| 序号 | 单 位 名 称 | 业务主管单位 | 登记日期 | 办 公 地 址 |
|---|---|---|---|---|
| 98 | 上海市自动化学会 | 上海市科学技术协会 | 1991 - 09 - 03 | 华山路 1954 号 1419 室 |
| 99 | 上海市天文学会 | 上海市科学技术协会 | 1991 - 09 - 03 | 南丹路 80 号 |
| 100 | 上海市昆虫学会 | 上海市科学技术协会 | 1991 - 09 - 03 | 枫林路 300 号 |
| 101 | 上海市未来研究会 | 上海市科学技术协会 | 1991 - 09 - 03 | 南昌路 47 号 3306 室 |
| 102 | 上海市地理学会 | 上海市科学技术协会 | 1991 - 09 - 03 | 东川路 500 号 |
| 103 | 上海市寄生虫学会 | 上海市科学技术协会 | 1991 - 09 - 03 | 瑞金二路 207 号 |
| 104 | 上海市营养学会 | 上海市科学技术协会 | 1991 - 09 - 03 | 南昌路 47 号 |
| 105 | 上海市科学技术史学会 | 上海市科学技术协会 | 1991 - 09 - 03 | 华山路 1954 号 |
| 106 | 上海市土壤肥料学会 | 上海市科学技术协会 | 1991 - 09 - 03 | 北翟路 2901 号 |
| 107 | 上海市解剖学会 | 上海市科学技术协会 | 1991 - 09 - 03 | 医学院路 138 号 |
| 108 | 上海市稀土学会 | 上海市科学技术协会 | 1991 - 09 - 24 | 桂林路 100 号 8 号楼 107 室 |
| 109 | 上海市法医学会 | 上海市科学技术协会 | 1991 - 09 - 24 | 中山北路 2790 号 1001 室 |
| 110 | 上海市塑料工程技术学会 | 上海市科学技术协会 | 1991 - 09 - 24 | 云南南路 293 号 4 楼 |
| 111 | 上海市食疗研究会 | 上海市科学技术委员会 | 1991 - 10 - 18 | 南昌路 47 号 2413 室 |
| 112 | 上海市中西医结合学会 | 上海市科学技术协会 | 1991 - 10 - 18 | 北京西路 1623 号 |
| 113 | 上海市生物化学与分子生物学学会 | 上海市科学技术协会 | 1991 - 10 - 18 | 岳阳路 319 号 31B 楼 108 室 |
| 114 | 上海市药学会 | 上海市科学技术协会 | 1991 - 10 - 18 | 北京西路 1623 号 |
| 115 | 上海市免疫学会 | 上海市科学技术协会 | 1991 - 10 - 18 | 南昌路 47 号 3 号楼 3311 室 |
| 116 | 上海市护理学会 | 上海市科学技术协会 | 1991 - 10 - 18 | 北京西路 1623 号 |
| 117 | 上海市作物学会 | 上海市科学技术协会 | 1991 - 10 - 18 | 望园路 1150 号 11 号楼 515 室 |
| 118 | 上海市医学会 | 上海市科学技术协会 | 1991 - 10 - 18 | 北京西路 1623 号 |
| 119 | 上海市中医药学会 | 上海市科学技术协会 | 1991 - 10 - 18 | 北京西路 1623 号 |
| 120 | 上海市创造学会 | 上海市科学技术协会 | 1991 - 11 - 21 | 赤峰路 65 号 2 号楼 104 室 |
| 121 | 上海市粮油学会 | 上海市科学技术协会 | 1991 - 12 - 16 | 南苏州路 1455 号 2 号楼 |
| 122 | 上海市针灸学会 | 上海市科学技术协会 | 1991 - 12 - 16 | 北京西路 1623 号 110 室 |
| 123 | 上海市科技翻译学会 | 上海市科学技术协会 | 1991 - 12 - 27 | 四川北路 2071 号 603 室 |
| 124 | 上海市康复医学会 | 上海市科学技术协会 | 1991 - 12 - 27 | 延安西路 221 号 |
| 125 | 上海市康复医学工程研究会 | 上海市科学技术协会 | 1991 - 12 - 27 | 南昌路 47 号 3 号楼 3209 乙室 |
| 126 | 上海科研工程研究会 | 上海市科学技术委员会 | 1992 - 02 - 21 | 岳阳路 319 号 22 号楼 107 室 |
| 127 | 上海古陶瓷科学技术研究会 | 上海市科学技术委员会 | 1992 - 03 - 18 | 定西路 1295 号 4 号楼 103 室 |

（续表）

| 序号 | 单　位　名　称 | 业务主管单位 | 登记日期 | 办　公　地　址 |
|---|---|---|---|---|
| 128 | 上海市心理卫生学会 | 上海市科学技术协会 | 1992 - 04 - 02 | 宛平南路 600 号 |
| 129 | 上海市环境诱变剂学会 | 上海市科学技术协会 | 1992 - 05 - 22 | 中山西路 1380 号 |
| 130 | 上海市茶叶学会 | 上海市科学技术协会 | 1992 - 08 - 10 | 大木桥路 620 号 3 楼 |
| 131 | 上海市预防医学会 | 上海市科学技术协会 | 1992 - 10 - 28 | 中山西路 1380 号 8 号楼 2 楼 |
| 132 | 上海市超声医学工程学会 | 上海市科学技术委员会 | 1993 - 02 - 24 | 宜山路 600 号门诊楼 3 楼超声医学科 301 室 |
| 133 | 上海市振动工程学会 | 上海市科学技术协会 | 1993 - 03 - 29 | 东川路 800 号 |
| 134 | 上海复印科学与工程学会 | 上海市科学技术协会 | 1993 - 05 - 06 | 中华路 63 号 2 楼 203 室 |
| 135 | 上海市图像图形学学会 | 上海市科学技术协会 | 1993 - 05 - 12 | 东川路 800 号电信楼 5 - 405 室 |
| 136 | 上海市人类居住科学研究会 | 上海市科学技术协会 | 1993 - 09 - 22 | 人民路 879 号 206 室 |
| 137 | 上海市生物工程学会 | 上海市科学技术协会 | 1993 - 10 - 25 | 岳阳路 319 号 |
| 138 | 上海市非线性科学研究会 | 上海市科学技术协会 | 1993 - 12 - 08 | 邯郸路 220 号 |
| 139 | 上海市质量技术应用统计学会 | 上海市科学技术协会 | 1994 - 10 - 22 | 西藏南路 1332 号 1202 室 |
| 140 | 上海市风景园林学会 | 上海市科学技术协会 | 1994 - 12 - 01 | 制造局路 130 号 1803 室 |
| 141 | 上海市复合材料学会 | 上海市科学技术协会 | 1995 - 04 - 21 | 延安西路 1882 号 |
| 142 | 上海市水力发电工程学会 | 上海市科学技术协会 | 1995 - 09 - 08 | 逸仙路 388 号 4 楼 |
| 143 | 上海市惯性技术学会 | 上海市科学技术协会 | 1995 - 11 - 20 | 宜山路 710 号育贤楼 104 室 |
| 144 | 上海市系统仿真学会 | 上海市科学技术协会 | 1996 - 08 - 15 | 四平路 1239 号 |
| 145 | 上海市工程翻译协会 | 上海市科学技术委员会 | 1997 - 02 - 21 | 北京西路 1400 弄 2 号 101 室 |
| 146 | 上海市实验动物学会 | 上海市科学技术协会 | 2002 - 02 - 16 | 重庆南路 280 号 6 号楼 102 室 |
| 147 | 上海市金融工程研究会 | 上海市科学技术协会 | 2003 - 03 - 16 | 华山路 1954 号中院 208 室 |
| 148 | 上海市心理学会 | 上海市科学技术协会 | 2003 - 10 - 27 | 华东师范大学文科大楼 1525 室 |
| 149 | 上海市农业工程学会 | 上海市科学技术协会 | 2003 - 12 - 10 | 四平路 1239 号同济大学科技园 2 号楼 302 室 |
| 150 | 上海市运筹学会 | 上海市科学技术协会 | 2004 - 12 - 21 | 梅陇路 130 号华东理工大学理学院 |
| 151 | 上海市科技传播学会 | 上海市科学技术协会 | 2005 - 03 - 09 | 南昌路 57 号科学会堂思南楼 101 室 |
| 152 | 上海市生物信息学会 | 上海市科学技术协会 | 2005 - 08 - 09 | 钦州路 100 号 12 楼 |
| 153 | 上海市工程师学会 | 上海市科学技术协会 | 2005 - 12 - 15 | 南昌路 47 号 |
| 154 | 上海市健康管理研究会 | 上海市科学技术协会 | 2005 - 12 - 19 | 平江路 139 号三航大厦 6B 甲室 |
| 155 | 上海市科学与艺术学会 | 上海市科学技术协会 | 2006 - 03 - 21 | 南昌路 47 号 4 号楼 4411 室 |
| 156 | 上海市景观学会 | 上海市科学技术协会 | 2006 - 04 - 13 | 定西路 1300 号 1 号楼 5 楼 |

（续表）

| 序号 | 单位名称 | 业务主管单位 | 登记日期 | 办公地址 |
|---|---|---|---|---|
| 157 | 上海市口腔医学会 | 上海市科学技术协会 | 2009-07-15 | 制造局路639号10号楼8楼805室 |
| 158 | 上海市人工智能学会 | 上海市科学技术协会 | 2009-09-25 | 曹安公路4800号同济大学嘉定校区电信大楼616室 |

# 第二节　社会科学领域社会团体

改革开放后,上海社会科学领域社会团体迎来了一个崭新的蓬勃发展期,呈现出数量大量增加;学科领域进一步拓宽;地区分布更广阔;社会影响力进一步提升;服务的形式更加多样化等特点。上海社会科学类社会团体不再是单一"官办",而是呈现官办、民办、民办官助等齐头并进的多元化格局;既有新兴学科、边缘学科的学会,也有研究机构、大专院校、党政机关、党校干校讲师团和工矿企业的社科团体,有力促进了上海社会科学领域社会团体的繁荣和发展。

1989年,上海按照中央统一部署,对社会团体进行清理整顿,上海的社会科学类社会团体进入调整时期。1998年3月,江泽民总书记为上海市社会科学界联合会成立40周年题词:"发挥社联作用,繁荣社会科学。"肯定了上海市社会科学界联合会为促进理论和社会科学研究同改革实践的密切结合、为推进两个文明建设所做的大量有益工作和取得的成绩,为上海乃至全国社会科学类社会团体的健康发展指明了方向。

2010年3月30日,在上海市社会科学界联合会第六次代表大会上,市委书记俞正声肯定了社会科学的繁荣发展是上海城市综合实力的重要体现,也在一定程度上代表着上海城市发展的精神高度;并要求各级党委和政府要认真贯彻中央和市委关于繁荣发展哲学社会科学的有关意见精神,积极为哲学社会科学发展提供必要保障和有利条件,更加重视和支持上海市社会科学界联合会的工作,帮助解决发展中存在的突出问题;在各项重大决策中更多地听取社会科学界的意见和建议。

## 一、选介

### 【上海市经济学会】

上海市经济学会成立于1950年8月,是由全市经济科学工作者和热心于经济研究的实际工作者自愿组成的学术性、非营利性社会团体法人。学会下设中国特色社会主义经济理论专业委员会、经济理论教学专业委员会、区域经济研究专业委员会、能源经济研究专业委员会、城市发展研究专业委员会、《资本论》研究专业委员会、社会主义市场经济研究专业委员会、所有制结构研究专业委员会、第三产业研究专业委员会、工业经济研究专业委员会、现代营销理论专业委员会、证券市场研究专业委员会、城建经济研究专业委员会等13个分支机构。业务主管单位为上海市社会科学界联合会。到2010年,有团体会员单位11个,个人会员670人。

学会业务范围是:学术研究、应用与交流、编辑书刊资料、咨询、培训、科学普及。

学会主要开展以下几方面工作:

服务会员。学会积极开展学术活动,充分发挥平台功能,为学术研究和理论创新提供条件;充分聚合各种资源,积极组织跨单位的相关研究领域专家学者参与学术交流研讨、学术评价推介活动,研究宣传中国特色社会主义经济理论以及国家重大战略、方针政策,促进经济科学的发展创新;组织相关著作的出版发布,举办会员学术征文活动,编辑出版《中国特色社会主义政治经济学》等;加强学术信息交流和传播工作,建立门户网站,开通微信公众平台和会员短信服务,保证相关信息及时、准确发送到所有会员。

学科推进。学会发挥汇聚全市经济学界众多专家学者的特点和优势,不断强化智库功能,把发挥建言献策作用作为工作重点,紧紧围绕改革发展热点、难点问题开展战略研究和科学考察,积极为政府有关部门、企事业单位提供智力服务;积极参与决策咨询课题研究,承接中宣部、上海市社会科学联合会等部门的多项课题,为科学决策提供智力支持,为上海创新驱动、转型发展做贡献;积极开展科学普及活动,组织专家学者参加上海市社会科学普及活动,与街道社区等联合举办讲座,围绕居民的理财等相关需要,普及宣传科学的理财理念和实践策略等。

人才培育。学会高度重视青年学者培养,设立专门的青年学者工作部,自 2006 年起,与市政府发展研究中心等单位联合,每年举办一届上海青年经济学者论坛,还积极吸纳具有博士学位或副高以上职称的青年学者入会,改善会员年龄结构,提升学会活力。

运作管理。学会完善领导机构工作机制,实行项目分工负责制,加强党的工作小组领导的核心作用,形成良好的民主团结氛围;推进各专业委员会健康发展,组织专业委员会交流经验,提出工作要求,各专业委员会结合自身专业优势,积极开展学术研讨、撰写专著、社科普及、课题研究、咨询服务等活动。

## 【上海市外文学会】

上海市外文学会成立于 1957 年 2 月,是由全市外语工作者、教育研究人员及相关的单位机构、团体自愿组成的学术性、非营利性社会团体法人。学会下设高职高专外语教学专业委员会。业务主管单位为上海市社会科学界联合会。到 2010 年,有团体会员单位 22 个,个人会员 460 人。

学会业务范围是:外国语言文学和外语教学研究、国内外学术交流、翻译咨询、专业培训、编印学术文集、科学普及等。

学会主要开展以下几方面工作:

服务会员。学会开展信息服务,建立门户网站,为会员提供外国语言文学发展方面的政策法规和国内外学科发展动态,发送学科最新动态信息;举办各类论坛、研讨会、交流会等,为高校搭建产业信息、技术交流、形象展示和行业间联系的平台,帮助高校及时、准确掌握政府相关扶持政策,全面提升科研创新能力。

学科推进。学会服务学科建设,组织、协调和支持各有关单位对外国语言文学、外语教学、外语教材、中外文翻译理论和实践、国际贸易法规等领域的研究,提高学科学术水平;积极为政府相关部门提供课题研究报告,接受政府和有关部门委托提供会议口译和笔译、各类学术论文和文件的中外文互译,提供有关涉外问题的咨询和社会服务;拓展对外交流,建立与国际相关专业学会的对话机制,积极探索合作交流机制,扩大会员企业视野,建立国际交流和合作网络,争取更大的发展资源和空间。

人才培育。学会就外国语言文学学科的最新发展动向举办系列讲座,编写书刊,积极提高会员的专业水平与科研能力;举办“上海市外语人物评选”与“上海市外语终身成就奖评选”活动,充分展示上海市外语教育发展成就,树立标杆与榜样,激发广大学界同仁献身外语教育的热情,推进上海外语教育发展。

运作管理。学会完善民主办会规程,强化内部管理规范;积极探索党建工作,将党建工作与学科专业发展相结合,发挥领导核心和先锋模范作用。

### 【上海市新四军暨华中抗日根据地历史研究会】

上海市新四军暨华中抗日根据地历史研究会,简称上海市新四军历史研究会,成立于 1980 年 11 月,是由原新四军老战士和有志于研究新四军和华中抗日根据地历史、宣传和弘扬革命优良传统的人员自愿组成的学术性、非营利性社会团体法人。研究会下设军部分会、文化教育分会、后勤分会、一师(苏中)分会、二师(淮南)分会、三师(苏北)分会、四师(淮北)分会、五师(鄂豫皖)分会、六师(苏南)分会、七师(皖江)分会、浙东浙南分会等 11 个分会,以及大专院校专业委员会和大江南北杂志社、历史丛刊社、老战士合唱团等直属机构。业务主管单位为上海市社会科学界联合会。到 2010 年,有个人会员 5 270 人。

研究会业务范围是:研究革命历史,开展学术交流,编辑出版书刊,组织培训咨询,宣传优良传统,服务文明建设。

研究会主要开展以下几方面工作:

研讨宣讲。研究会积极组织开展研究和纪念宣讲活动,团结一批新四军老战士和研究党史、军史的专家学者,研究革命历史,宣传革命传统,每年都举办十几场次纪念会、宣讲会、演唱会等,在社会上产生较大影响,尤其是老战士们的宣讲活动,对青年人有着巨大的影响力和感染力;收集整理史料,组织全市大专院校 170 多位教师,运用走访座谈等形式,向新四军老战士收集"活材料",进行筛选加工,陆续编辑出版 10 辑《华中抗日斗争回忆》,以及一批有较高质量的《回忆录》和《历史资料》,还采用录音、录像等形式,请新四军老战士口述历史,截至 2010 年,先后采访 30 多位新四军老战士;围绕"新四军的组建与发展""华中抗日根据地的建立""上海地下党与新四军"等专题开展学术研究,缅怀党和新四军的领导人的丰功伟绩;开展形式多样的学术研究活动,召开各种大型研讨会、座谈会 88 次,收集论文 964 篇,编辑出版论文、回忆文章 589 篇,出版各类书籍 145 种,六师分会挖掘整理的系列广播节目《新四军中的浦江儿女》,被中国人民解放军档案馆和中央档案馆作为史料收藏;建设刊物平台,1985 年 8 月创办的《大江南北》杂志,坚持正确的政治方向,坚持宣传新四军、宣传革命历史和革命传统,弘扬爱国主义精神,受到广大读者的欢迎。

服务社会。研究会把开展向青少年、向社会进行革命传统教育作为服务社会的一项重要工作,与学校、社区、部队、机关单位建立共建关系,努力当好革命历史的讲解员、优良传统的宣传员、思想教育的辅导员,并与 40 多个单位签订了共建活动协议,与长宁区机关工委合作,成立了革命传统宣讲报告团和"马列主义读书会",组织大型宣讲报告会,开展老干部带新干部的"带教活动"和挽救失足青年的"帮教活动",形成品牌效应,自 1990 年成立以来,宣讲 1 300 余场,听众达 29 万多人次;"马列主义读书会"举办读书活动 18 期,先后讲课 130 多场,吸引 6 万多人次参加;与失足青少年"结对子",开展"一对一"帮教活动,促进消极因素转化为建设社会的新力量;与晋元中学联手开展"光荣的新四军"考察活动,根据新四军的战斗历程,编制了苏北、苏中、苏南、皖南、皖东、浙东等 6 条考察路线,将新四军战斗业绩考察与欣赏人文历史、自然风光结合起来,让学生从一次活动中多方面受益。

社会宣传。研究会发挥成立于 1985 年的老战士合唱团、成立于 1990 年的江海歌舞团和成立于 1995 年新旅艺术团等 3 支以老战士为主体的文艺团体的作用,利用文艺形式宣传新四军光荣传统,各文艺团体围绕重大纪念活动,赴机关、部队、学校、企事业单位和街道社区以及老区农村演出

494 场,观众超过 50 万人次;利用网络平台宣传新四军光辉历史,2004 年,与《东方网》联合,开设《新四军研究》网站,陆续将研究会编辑出版的有关新四军的 100 多部、680 多万字的文献史料上网,取得良好社会效果;协助中央电视台和上海电视台,拍摄反映新四军抗战历史的电视文献纪录片《铁的新四军》、反映皖南事变的电视剧《在他们的青春岁月里》、反映抗美援朝的电视文献纪录片《回眸抗美援朝》、反映解放上海战斗的历史文献纪录片《太阳从这里升起》等,协助上海人民广播电台制作大型系列纪实广播《新四军中的浦江儿女》,还与上海电视台综合频道合作摄制 27 集《将士风采》;2005 年与福寿园合作,建立"新四军广场",每年 10 月 12 日新四军成立纪念日,组织举行大型纪念活动,"新四军广场"已成为瞻仰先贤、缅怀革命前辈的纪念场所,成为传播革命传统、弘扬伟大民族精神的教育基地,成为融合人文景观和自然景观为一体的红色旅游基地。

**【上海市金融学会】**

上海市金融学会成立于 1980 年 4 月,是由全市研究金融学的专业人士和金融单位自愿组成的学术性、非营利性社会团体法人。业务主管单位为上海市社会科学界联合会。到 2010 年,有各种所有制会员单位 86 个,个人会员 846 人。

学会业务范围是:组织金融学术研究活动,编辑出版金融书刊,提供金融决策咨询和科学普及等服务。

学会主要开展以下几方面工作:

学术交流。学会积极组织全市金融业和社会金融研究力量开展学术交流活动,1994 年,举办上海国际金融中心建设研讨会;1997 年,承办海峡两岸第四次金融学术研讨会;2000 年,协办海峡两岸"金融研习班";2002 年,举行"新世纪上海国际金融中心建设"高层研讨会;还举办各种讲座、学术报告会和学术年会,邀请专家学者讲解经济金融形势与改革发展现状,解读金融政策,提高会员的金融研究水平。

决策咨询。学会组织会员单位和专家学者围绕上海国际金融中心建设和各单位金融工作实际,开展课题研究,并将研究成果提供给有关单位和部门决策参考,1981 年,组织主持编辑《关于中央银行制度问题》一书,推动了我国中央银行的制度建设;1983 年,与《金融研究》编辑部合作编写《票据承兑与贴现》一书,推动全市银行进行票据承兑和贴现的试点工作;1986 年,在课题研究中提出设立金融票券公司建议,促成上海工商银行短期资金市场成立;1988 年,与人民银行上海市分行合作,拟订《上海市票据暂行规定》,并经上海市人民政府批准正式施行,成为新中国第一部地方性票据法规,为我国"票据法"的制定创造了条件;1991 年,组织对证券理论与实务有较深研究的会员撰写出版一套 10 本《通俗证券知识丛书》,被《经济日报》评选为"全国十佳经济读物";2002 年,组织编辑出版《论新世纪上海国际金融中心建设》一书,为上海建设国际金融中心提供理论支撑;2006 年至 2010 年,组织出版《科学发展观与金融业改革》《当前金融改革开放中的若干问题研究》,以及"上海金融论丛 2010"等。

科普服务。学会积极组织参与上海市社会科学普及活动周活动,并组织编辑出版《上海金融服务指南》《世博金融之旅》等一系列科学普及读物;承担编史修志工作,完成《上海改革开放二十年(金融卷)》《上海社会主义建设五十年(金融卷)》和《上海通志(金融卷)》;负责编写的第一部《上海金融志》于 2003 年 7 月正式出版发行;自 2001 年起编辑出版的《上海金融年鉴》,是一部具有权威性的大型资料性工具书,发挥存史、资政、宣传、教育的功能。

人才培养。学会注意吸收年龄较低、学历较高、有很强创新意识和研究能力的青年学者入会,加强对重点课题和会员研究成果的转化利用,汇编《上海金融论丛》,推进丛书的编纂、出版、宣传工作,发挥丛书在上海金融发展中的思想库作用;组织会员参与各类专题研讨会、报告会、年会、论文和征文等学术活动,提高会员金融研究水平;2010年,举办"青年金融论坛",激发青年专业人员对金融前沿问题的关注和研究热情,锻炼和培育青年人才。

## 【上海市人口学会】

上海市人口学会成立于1980年12月,是由全市人口理论工作者和热心于人口理论研究的实际工作者自愿组成的学术性、非营利性社会团体法人。业务主管单位为上海市社会科学界联合会。到2010年,有团体会员单位32个,个人会员318人。

学会业务范围是:人口理论学术研究、人口政策决策咨询、人口知识专业培训、人口科学宣传普及。

学会主要开展以下几方面工作:

学术交流。学会积极组织各种学术活动,积极参加上海市社联学术活动月的学术活动,和市老年学学会、市劳动和社会保障学会、市卫生经济学会、市妇女学学会合作,组织上海市社会科学界联合会跨学会论坛;组织会员和理事积极参加中国人口学会的学术活动,积极在会员中做好宣传发动、论文征集、专家发言推荐等组织工作;坚持举办学术年会,根据形势任务的不同,确定会议主题;坚持办好一年一度的"'世界人口日'报告会",向全社会宣传人口意识,普及人口理论,讨论人口问题;围绕上海社会发展热点举办上海户籍新政研讨会、上海市人口规模调控专题研讨会、"完善我国生育政策"专题研讨会、"特大型城市人口调控和社会治理研究"论坛等活动;参与上海市政协主办"人口与发展论坛";开展国际学术交流,2004年,与中国人口学会、上海市人口和计生委联合主办"人口与可持续发展战略国际研讨会"。

项目研究。学会组织专家学者集体开展人口科学重大项目研究,1996年,完成上海市哲学社会科学重点项目"九十年代的人口发展与上海面临的挑战"课题;2009年,完成上海市委宣传部组织的《辉煌60年》项目之一《辉煌60年:人口与人口学》;2000年,完成上海市人口计生委委托课题《上海人口负增长与人口发展前景展望》;2005年,完成国家人口计生委委托项目《上海市关于逐步调整完善生育政策的研究》。学会鼓励会员积极建言献策,近年来向有关部门提供的课题项目有:2009年完成的《上海市医保统筹经费的研究》;2010年完成的《计划生育特殊家庭情况调查》和《家庭计划指导的国家经验和借鉴应用》,以及《上海市失独家庭的社会扶助与支持》等。

科普活动。学会每年为计生系统和企事业单位干部开展有关生殖健康、人口理论、人口与计划生育的知识讲座和政策培训;面向群众和社会团体提供咨询服务,推广科学育儿知识、关爱弱势群体;组织人口学工作者深入基层,了解人口管理工作的实践,为广大基层干部和群众提供计划生育、社区人口管理、外来人口管理、两地婚姻等工作指导与服务。

## 【上海市伦理学会】

上海市伦理学会成立于1980年,是由全市伦理学、思想道德教育和精神文明建设工作者自愿组成的学术性、非营利性社会团体法人。学会下设道德教育专业委员会、经济伦理专业委员会、教育伦理专业委员会、青年伦理学者专业委员会、基础课程与教学伦理专业委员会、比较伦理专业委员会等6个分支机构。业务主管单位为上海市社会科学界联合会。到2010年,有个人会员101人。

学会业务范围是：学术研究、学术交流、学科普及、专业培训、社会调研、决策咨询等。

学会主要开展以下几方面工作：

搭建平台。学会认真办好上海市社联学术活动月的学术年会，与兄弟学会联合开展学术研讨，形成了跨学科会议品牌。与上海市哲学学会、上海市宗教学会联合举办"三学会"学术研讨会；与炎黄学会、历史学会等学会联合举行"多学科视野"学术研讨会；与医学伦理学会、美学学会、信用经济研究会联合分别举办研讨会，开拓新形势下学术研究协同创新的新形式；举办国际学术研讨会和高层论坛，邀请海内外著名伦理学专家进行演讲和交流；依托国家社科基金重大项目开展经济伦理、公民道德、慈善伦理、教育伦理、社会主义核心价值观等紧扣时代主题的学术研讨；专业委员会积极开展活动，通过分众化方式，将伦理学研究以特定学术共同体为单元加以落实，道德教育专业委员会致力于道德教育理论和实践问题研究，进行道德教育伦理学普及教育与专业培训；基础课程与教学伦理专业委员会重在关注学校教育关系、教育与生活的关系，推动品格塑造、教师评价、教育目标研究；教育伦理学专业委员会强调教育学与伦理学的结合，研究重心为核心价值引领、师德研究与评价、建立实践和创新基地；经济伦理专业委员会致力于经济伦理理论和实践问题研究，为促进中国特色社会主义市场经济与和谐社会发展提供伦理支撑；青年学者专业委员会通过举办青年论坛，引领追踪学术前沿，回应社会重大关切，助力青年学者学术成长；比较伦理专业委员会坚持伦理学的哲学性，借助中西伦理学资源进行对话，开展道德哲学研究；打造"伦理学理论研究前沿""青年论坛""道德哲学高层论坛"，"基础课程与课程伦理"等学术研究品牌平台。

培养青年。学会高度重视伦理学青年学者队伍的培养工作，采取多种鼓励措施，帮助青年伦理学者尽快成长，举行"主编作者面对面"交流会；成立上海市伦理学会青年委员会；创办"青年论坛"；设立青年优秀论文奖等。

社科普及。学会与上海市精神文明办、上海市妇联、上海市教委以及媒体联合举行系列研讨会，普及学术研究成果，举办"家训家风"学术研讨会、"教学伦理与教育价值"主题论坛、"民族复兴与社会风气——'八项规定'的伦理意义"学术研讨会、上海志愿服务文化与实践研究、全国第一届体育伦理研讨会等，积极在社会上普及伦理学知识，为政府部门提供决策依据和建议；积极回应时代的要求，高扬社会伦理精神价值，不仅探讨紧扣时代主题的重大问题，而且关注现实提出的伦理学基础理论问题，对公民道德、经济伦理、生物技术和医学伦理、教育伦理等前沿和成为社会热点的应用伦理问题，展开跨学科多视角研究，开展一系列学术普及活动，努力发挥学术团体与学术界、与社会公众、与政府管理者之间的纽带和桥梁作用。

## 【上海市房产经济学会】

上海市房产经济学会成立于1981年5月，原名上海市房产经济研究会，1985年1月5日，更名为上海市房产经济学会，是由全市从事房地产经济理论研究、房地产教育科研以及行业管理、经营管理的单位及专业人员自发组成的学术性、非营利性社会团体法人。学会下设科教专业委员会、会计专业委员会、金融专业委员会、老年用房专业委员会等4个专业委员会和房地产企业工作委员会。业务主管单位为上海市社会科学界联合会。到2010年，有团体会员单位79个，个人会员4 029人。

学会业务范围是：研讨房地产经济理论和政策，开展咨询活动，为政府有关部门和社会服务。

学会主要开展以下几方面工作：

政策研究。学会围绕住房商品化、住房制度改革、培育和发展上海房地产市场以及住房保障4

大主题组织开展研究,20 世纪 80 年代初,针对计划经济体制下福利分房制度的种种弊端,组织会员研究并提出,住房不仅具有居住使用功能,同时具有商品属性,在全国最早提出住房商品属性观点;组织研究形成的《关于住宅商品属性问题的理论和实践》《住房的商品属性和福利政策》和《上海住房问题调查(10 篇)》等研究成果,为上海乃至全国住房制度改革奠定了理论基础;20 世纪 90 年代,将研究内容集中在对房地产市场培育的研判上,并对房地产市场发展阶段、分期特征、市场跟踪及其房地产一、二、三级市场架构的理论界定等,展开研究并取得系列成果;进入 21 世纪,针对房地产市场出现需求不断增长、房价大幅提高的情况,组织完成《"十五"期间上海房地产供需量预测》《上海市住宅建设及房地产业可持续发展研究》《上海房地产波动规律研究》《房地产泡沫问题研究》《上海房地产发展趋势报告》《上海市住宅市场的消费需求结构及发展趋势研究》《入世对中国(上海)房地产业的影响及应对策略研究》《上海房地产指数体系研究》等一系列研究课题;还针对上海房地产发展中出现的新情况新问题,开展《上海房地产业"十一五"发展规划前瞻性研究》《上海新农村建设中房地产业发展研究》《城市旧区改造的模式创新试点研究》《宏观调控下上海房地产市场供求关系研究》《上海房地产指数体系研究》《住房公积金长效管理与风险控制机制研究》等课题研究,提出相关的政策建议;组织进行的《中外住房保障法规比较》研究,对我国住房保障法规框架体系提出了建设性的意见建议。

对外交流。学会积极搭建港澳台以及国际交流平台,1985 年,邀请国际住宅合作社与储金协会联盟特别顾问依里克·卡尔森来沪讲学;1993 年,与泛太平洋房地产学会、中国对外开放沿海港口城市房地产业协会、市房地产业协会联合在沪举行"93 泛太平洋房地产业合作会议",美国、加拿大、巴西、澳大利亚、日本等国家和中国香港、台湾地区的代表出席,主办单位在会上还签订了互换资料、互派学者、举行学术交流的"协议书";1999 年,与市房地产行业协会、市房地产经纪人协会、上海海峡交流公司等单位共同组织,邀请台北市不动产仲介经纪商业同业公会来沪作房地产营销谋略系列专题演讲;2004 年,学会和东方房地产学院共同接待韩国居住环境学会会长文永基教授率领的韩国访华团一行。

会刊建设。学会会刊《上海房地》,创刊于 1982 年 2 月,1987 年 5 月国内公开发行,为行业及广大读者提供房地论坛、市场纵横、热点聚焦、住房保障、视野专稿等方面的研究成果,在促进产业持续健康发展中发挥作用。

### 【上海市农村金融学会】

上海市农村金融学会成立于 1981 年 12 月,是由中国农业银行股份有限公司上海市分行及有关政府部门、高校、科研机构、金融机构的个人自愿组成的从事城乡金融理论研究的学术性、非营利性社会团体法人。业务主管单位为上海市社会科学界联合会。到 2010 年,有个人会员 948 人。

学会业务范围是:推动农村金融科研与实务,咨询、项目评估、验资,书刊发行。

学会主要开展以下几个方面的工作:

课题研究。学会积极组织开展专题研究,2006 年至 2010 年,先后开展"农业银行与新郊区新农村建设""上海农行服务世博经济""商业银行全面风险管理""上海农行经营战略转型""金融支持中小企业研究""参与上海'两个中心'建设"等课题调研,形成了《上海农行服务新郊区新农村建设的思考》《银行信贷缓解科技型小企业融资难的调查与建议》等论文成果和《上海农行服务世博经济的研究》等研究报告;参与上海市金融服务办、人民银行上海总部、上海银监局等有关部门以及中国农村金融学会和上海市金融学会组织的研究活动与课题招标,先后提交各类研究成果 25 项,得到相关领导部门的肯定,其中,2007年参加中国农村金融学会"商业银行精细量化管理系列"研究成果《外币贷款定价风险:从个案到群体的经验分析》和《房地产贷款集中度分析与信用风险评估》,分获中国农村金融学会重点课题研究一等奖和三等奖;2008年,参与中国农村金融学会"蓝海战略与农业银行转型"课题研究成果《开拓投行业务的价值"蓝海"》获得三等奖;2009年提交的《中国农业产业投资基金操作方案》,在中国农村金融学会"中国农业产业基金发展模式研究"课题研究活动中获得一等奖;学会发挥中青年研究骨干作用,通过建立中青年研究小组,组织多种形式的调研座谈会和培训、交流活动,鼓励不同实践经历、不同岗位、不同专业背景、不同知识结构的中青年研究骨干组成研究团队,进行相关课题的调研和联合攻关;每年围绕中心,组织开展群众性征文活动,先后举办"农村金融改革与发展""新农村、新金融、新探索""新形势下金融企业战略与发展""2009:创新与发展"等主题征文活动,研究成果得到广泛肯定;不定期召开座谈会,交流信息,推动群众性研究活动深入开展,还积极参与中国农村金融学会和中国农业银行总行团委每年联合主办的"青年论坛"征文活动,促进青年人才成长。

成果交流。学会组织一年一度优秀论文评奖活动,并将优秀论文汇编成集,供学习交流和促进成果转化;举行优秀论文报告会,既集中展示学会研究成果,又在交流中分享理论创新的收获;参与中国农村金融学会、上海市金融学会和上海市社会科学联合会组织的各种课题研究、征文和评奖活动,让学会研究成果在更大范围推广;积极发挥学会刊物传媒作用,1982年3月创办《上海农村金融研究》,1986年改名为《上海农村金融》。2006年《上海农村金融》改版,进一步成为学会展示城乡金融研究成果和会员机构良好形象的重要窗口、广大会员群众的良师益友。

自身建设。学会重视加强思想、作风和组织建设,不断推进各项工作深入发展,2006年以来,围绕"达标创优"目标要求,进一步完善工作机制,加强工作交流,积极发挥服务会员的桥梁作用。

## 【上海市婚姻家庭研究会】

上海市婚姻家庭研究会成立于1982年5月,是由全市热心婚姻家庭问题研究的专家学者、实际工作者以及其他社会各界人士组成的学术性、非营利性社会团体法人。研究会下设学术委员会。业务主管单位为上海市社会科学界联合会。到2010年,有团体会员单位38个,个人会员359人。

研究会业务范围是:组织婚姻家庭问题的社会调查,开展婚姻家庭理论的学术研究活动,举办各类婚姻家庭理论学术讲座、培训和咨询活动,进行国际之间的交流和出版理论成果的书籍和刊物。

学会主要开展以下几方面工作:

理论研究。研究会开展婚姻家庭领域的基础理论研究和重大现实问题调查,组织《家庭动态社会调查(四)》以及"大众创业、万众创新的家庭支持系统研究""两孩家庭的生活压力现状和对策研究""家庭幸福指数研究""社会组织介入妇女维权和社会维稳工作探讨""家庭需求与家政服务业现状及发展趋势研究"等重点课题研究;举办"促进创新发展,共享和谐幸福"理论研讨会、"保护儿童权益　预防儿童性侵"专题研讨会、"女性职业发展与家庭建设"和"比翼双飞,和谐发展——上海市教师家庭文化建设"论坛等;举办《我们梦中的羊》《甄嬛传》等剧评专题论坛,从理论上研究和引导妇女树立正确的社会主义价值观、人生观、婚恋观、家庭观、儿童观等;举办《上海妇女实话实录》系列活动,荣获"上海市社会科学学会特色活动奖"。

建言献策。研究会坚持理论研究与社会公共政策研究相结合,重点关注全国人大关于《预防和制止家庭暴力法》的立项论证、《〈婚姻法〉司法解释(三)》实施后对妇女权益产生的影响,在上海女性网上推出"社会转型期的都市婚姻家庭观"系列网络调查,传播优秀的家庭道德理念成果,吸引社会大众关注和参与婚姻家庭理论研究;通过上海市妇联向市人大、市政协提交《关于提高上海婚检率的几点建议》《关于在城镇规划中规定"在公共场所建立母婴哺乳室"的建议》《关于支持家庭育儿政策发展的建议》等有关保障妇女儿童权益、平衡工作与家庭、回应妇女民生问题、促进婚姻和家庭发展等内容的提案、议案、书面意见 60 份,"'失独家庭'社会支持研究""爱心暑班"等被市政协评为优秀提案。

对外交流。研究会与德国艾伯特基金会联合召开"家庭护理与职业发展"专题研讨会;参与复旦大学社会性别与发展研究中心举办的"第一届中美婚姻与家庭治疗会议";与美国驻上海总领事馆举办的"消除对妇女暴力行为"的可视电话研讨会;与驻沪领馆、各高校妇女/性别研究中心召开"探索：性别平等推进策略"学术活动等,从国际视角获取知识,拓展发展空间。

运作管理。研究会充分发挥党的工作小组的作用,建立理事联席会议制度,从决议、实施、总结上循环有序地推进研究会的发展,保证党的工作小组和理事会对研究工作的领导,保障日常工作的正常开展,不断提高管理水平;运用上下联动机制,推动学术研究社会化,在复旦大学、上海工程技术大学分别成立"妇女和家庭公共政策研究基地"和"家庭发展和妇女权益保障研究基地",发挥智库作用。

### 【上海市辞书学会】

上海市辞书学会成立于 1982 年 7 月,是由全市辞书编纂、出版、教学和理论研究人员及有关单位自愿组成的学术性、非营利性社会团体法人。学会下设综合组、双语词典组、语文词典组、专科词典组、百科全书组、辞书理论组等 6 个专业组。业务主管单位为上海市社会科学界联合会。到 2010 年,有团体会员单位 10 个,个人会员 200 多人。

学会业务范围是：研究辞书学理论和辞书编纂方法,举办学术会议,交流辞书编纂经验,开展辞书编纂人员培训,以及其他与辞书相关的活动。

学会主要开展以下几方面工作：

学科建设。学会依托上海辞书出版社定期出版双月期刊《辞书研究》,探讨辞书学理论、总结工具书编纂经验、介绍国内外辞书学前沿理论等,先后出版《辞书论集》《辞书论集二》《中国辞书学论文索引》等,为辞书学理论学习和研究提供论文索引指导;联合相关出版社和相关高校,定期组织大型辞书学学术研讨会和纪念活动,并将这些学术研讨成果结集成册出版,留存和发扬光大辞书学界的重要理论成果。

研讨交流。学会积极组织开展关于辞书学理论和辞书编纂出版的学习和研究活动,举办多种形式的学术会议,为辞书学的研讨交流提供丰富的学术资源和高水平的学术平台;会同中国辞书学会、各地方辞书学会及与辞书学有关的其他学会或组织,进行学术研讨交流,联合举行学术活动,还同海外辞书机构、组织、团体等交流,在引进与介绍国外先进辞书学前沿理论同时,将中国的前沿辞书学理论和编纂方法介绍到海外,鼓励会员扩大国际学术视野,建立国际合作网络;定期组织会员单位进行交流,争取更大的发展资源和空间;开展多种形式的辞书知识普及工作,通过上海书展等大型社会活动,积极推广辞书学事业。

人才培育。学会通过多种形式,输送辞书编纂人才,举办中青年辞书沙龙,促进更多的中青年辞书编纂者、出版者和高校科研院所从事辞书学理论和实践研究的学者能脱颖而出;依托《辞书研究》平台,推举优秀会员文章,积极向有关方面推荐优秀论著,促进从业人员知识技能和业务水平提高;定期组织各种形式的辞书编纂出版培训活动,为会员提供学习和交流平台。

运作管理。学会完善民主办会规程,强化内部管理规范,加强组织建设,不断优化组织结构;积极探索学会党建工作,推行"固定的学习主线、固定的学习时间,固定的学习时限"的"三个固定"学习要求;遵循"灵活的学习内容、灵活的学习形式、灵活的学习载体"的"三个灵活"的学习思路;注重"落实到理想信念上、落实到严明纪律上、落实到争先创优上"的"三个落实"的学习效果,实现党建工作与辞书研究、与辞书出版有机结合、同步发展。

### 【上海市统一战线理论研究会】

上海市统一战线理论研究会成立于 1983 年 12 月,是由全市统一战线理论工作者和实际工作者自愿组成的学术性、非营利性社会团体法人。业务主管单位为上海市社会科学界联合会。到 2010 年,有团体会员单位 82 个,个人会员 1 028 人。

研究会业务范围是:宣传党的统战方针政策,调查研究统战工作实际问题,交流、研讨统战工作理论和经验,为市委、市政府提供决策咨询服务。

研究会主要开展以下几方面工作:

搭建平台。研究会围绕贯彻落实党的统一战线方针政策精神和重大历史事件纪念活动,通过研讨会、纪念会、座谈会、学术论坛、学术年会、科普活动等形式,宣传解读政策,凝聚政治共识;坚持基础性理论研究与实践性应用研究并举,在推进统战理论研究创新的同时主动关注重大实践问题,开展有针对性、前瞻性、实效性的学术研讨;编辑出版会刊,为会员学习了解多党合作、民族、宗教、非公有制经济、新的社会阶层和港澳台侨等统战各领域前沿问题提供交流平台。

服务决策。研究会开展统一战线学的研究对象、基本问题、基本范畴等方面的基础理论研究,开展统一战线学的理论基础、知识体系、逻辑建构、学术价值和学术目标方面的理论研讨,开展统战学与政治学、社会学等学科的比较研究;围绕市委、市政府的中心工作,针对新时代统一战线出现的新情况新问题,组织专家学者开展调研、研讨,形成有深度、有对策的专题报告或政策建议;按照服务统一战线重大决策、贴近市委中心工作、聚焦重点难点问题的原则,向社会发布课题,鼓励招标人以课题研究为纽带进行协同调研,打造统一战线理论研究共同体。

服务会员。研究会立足于巩固和发展最广泛的爱国统一战线,充分发挥统一战线包容性强、联系面广的独特优势,聚群英之才,凝众贤之智,积极反映会员合理诉求,维护会员合法权益,最大限度地团结一切可以团结的力量,调动一切可以调动的积极因素,增强改革发展的动力,形成改革发展的合力。

运作管理。研究会突出党工组的领导作用,凡重大问题决策和年度工作方案都提交党工组审议讨论;健全会议制度,完善工作制度,规范工作程序,提高研究会管理工作标准化、程序化水平。

### 【上海市基本建设优化研究会】

上海市基本建设优化研究会成立于 1985 年 5 月,是由全市投资单位、设计单位、建筑安装单位,房地产单位和物业单位等有志于基建优化研究的个人和单位自愿组成的学术性、非营利性社会团体法人。研究会下设房地产学术专业委员会、投资建设教育专业委员会等 2 个分支机构。业务主管单位为上海市社会科学界联合会。到 2010 年,有各种所有制会员单位 128 个,个人会员 1 258 人。

研究会业务范围是:从事基建优化科学研究,促进基建投资效益提高。

研究会主要开展以下几方面工作:

学术研究。研究会定期举办基本建设优化学术年会,开展基建优化学术交流,内容包括:固定资产投资经济与管理、基本建设技术经济与管理、建筑技术经济与管理、房地产技术经济与管理、建设工程设计与施工等;组织参加全国基本建设优化研究会学术交流,介绍上海的学术研究成果;办好学术会刊《基建管理优化》杂志。

人才培养。研究会坚持组织开展"八五定额"培训,自1985年5月开始,以《上海市建筑工程预算定额》(1985新版)为蓝本,举办"八五定额"培训班,参加培训的人员有时一期超过1 000人,取得良好社会效果;参与研究生教育:自1998年开始,与上海理工大学联合举办国民经济学研究生课程班,研究方向涵盖投资经济、基建经济、建筑经济、市政经济和房地产经济等,1999年,与上海理工大学联合组建成立了投资与建设学院,探索产学研联合办学新模式,2002年至2007年,学院学生中有97人获得MBA学位,8人获得经济学硕士学位。

服务社会。研究会充分利用科技人才聚集的优势,1989年,成立上海市基本建设优化咨询部和上海基建优化联合公司,1992年,成立上海基本建设优化研究所,专门从事基建优化科技咨询和服务;从1998年起,与上海理工大学商学院联合组织编纂"沪江商学丛书",到2010年,已落实选题近80个,出版54部;2003年开始,与上海立信会计学院联合组织编纂"立信投资与建设丛书",到2010年,已落实选题近40个,出版19部;2005年开始,组织编纂"新世纪经济管理博士丛书",到2010年,有75位来自北京大学、清华大学、复旦大学、上海交通大学等国内著名高校的经济与管理博士和博士后的著作入选,有70部已经出版;另外,研究会还组织编纂出版非丛书类著作、教材、工具书28部,取得良好社会效益。研究会还为企业提供专项服务,2005年12月成立房地产学术委员会,深入开展房地产优化研究,先后出版《全国房地产研究文集》2部;2007年1月,与上海立信会计学院联建上海立信会计学院投资建设研究中心,探索产、学、研联会办学新体制,研究中心与有关企业、科研单位紧密联合,建立科研基地,促进产业、教学、科研密切结合,相得益彰。

组织建设。研究会在日常管理中,始终坚持民间、民办、民主的"三民"特色,执行社团管理的规章制度,坚持每年召开年会,优化理事会工作,加强党的建设,免费向会员赠阅《基建管理优化》杂志和有关学术书籍、资料等。

## 【上海市日本学会】

上海市日本学会成立于1985年9月,是由全市各高校、科研机构等单位从事对日研究和对日交流的个人自愿组成的学术性、非营利性社会团体法人。业务主管单位为上海市社会科学界联合会。到2010年,有个人会员280人。

学会业务范围是:调研、交流、咨询和编辑出版等。

学会主要开展以下几方面工作:

日本研究。学会始终致力于活跃学术研究,提高上海日本研究水准,紧跟形势,不定期召开学术研讨会、演讲会和座谈会,针对日本政治、经济和中日关系的新动向,组织有关学者进行跟踪研究;鼓励会员通过各级智库和媒体等渠道,就日本政治、经济中日关系走向进行研判和提出有关政策建议,有些建议得到中央有关部门采纳;鼓励会员利用报章杂志和新媒体,就日本政治、经济和中日关系走向进行客观、务实的分析和阐述,解疑释难,化解心结,传递正能量;推动横向交流,鼓励广大会员破除门户之见,积极参加其他高校和科研机构的学术活动,创建日本研究和日语教育两支力量相互交流的特色平台,用日本研究的最新成果拓展日语教师的视野,提升日语教师的水准,同时,以高质量的日语教育为日本研究队伍不断地提供新鲜血液。

中日交流。学会深入开展中日学术交流,促进两国的相互理解与友谊,每年都要接待多批日本学者和民间友好人士来访。2010年,与日中协会、日中未来之会、日本东亚共同体协议会等联合举行学术研讨会。

人才培育。学会注意挖掘和培养青年人才,大力发展新会员,尤其是刚刚学成归国的留日学人及学术领域崭露头角的新星;每年都要遴选几名年轻会员进入理事会;举办青年论坛,请崭露头角的青年才俊现身说法,请外交部资深人士演讲,激励青年人的"精气神"。

运作管理。学会强化内部管理规范,制定了《上海市日本学会会议制度》《上海市日本学会印章管理办法》《上海市日本学会财务管理办法》等制度,每年向会员代表大会或理事会扩大会议报告学会工作,落实民主监督;设立党的工作小组,重大事项由党的工作小组确定后再提交理事会审议通过,坚持党组织的领导核心地位。

### 【上海市固定资产投资建设研究会】

上海市固定资产投资建设研究会成立于1985年,前身是上海市基本建设研究会,是由全市投融资、建设、交通、勘察设计、施工、监理、科研等有关单位和部门从事固定资产投资建设研究的领导、专家、学者、实际工作者自愿组成的学术性、非营利性社会团体法人。业务主管单位为上海市社会科学界联合会。到2010年,有各种所有制会员团体会员单位37个,个人会员270余人。

研究会业务范围是:学术研究、决策咨询、专业培训、会议交流、科学普及、书刊编写等。

研究会主要开展以下几方面工作:

学术研讨。研究会始终以固定资产投资建设领域的理论、政策和体制改革研究为主要任务,致力于结合上海城市发展实际,围绕主业,组织开展一系列具有时代特征、行业特色、专业特点的研讨活动,每年根据政府、社会、企业所关注的重大议题,确定专题学术研讨活动,组织专题学术研讨会;结合培养青年学者的需要,专门创设了青年学者论坛,发挥学会学术研讨平台、舞台、讲台作用,联合有关学(协)会举办"上海城市发展创新论坛",已成为上海社会科学研讨的品牌论坛;针对社会热点问题,邀请有关专家学者举办专题学术报告会,积极组织团体会员和个人会员参加上海市委宣传部、市社会科学界联合会等组织的学术征文活动,给予专家、学者和实际工作者特别是青年骨干学者提供展示研究成果的机会,多次获"优秀组织奖"。

课题研究。研究会按照"围绕中心、服务大局"的要求,立足于为政府、社会和企事业单位服务的宗旨,依托专业资源优势,积极承担和认真开展各类课题研究,组织专业人员专题调研并提出相应的对策方案和政策建议,努力当好政府的智囊和参谋;承接社会课题,围绕上海市重大工程建设,组织研究人员针对企事业单位在实际工作中提出的紧迫问题,深入研究,出谋划策,为企事业单位决策提供智力支持。

科普活动。研究会以社会关注的热点和市民关心的身边事为主题,举办"上海市民应当怎么做"社会科学系列普及活动,向市民宣传如何安全出行、文明出行、绿色出行等常识;结合世界环境日,宣传保护环境理念,取得良好社会效果。

运作管理。研究会依规强化内部管理规范,制定严密的工作流程和管理制度,坚持依法依规办会;积极吸收有行业影响、注重理论研究且意愿参加学会活动的企事业单位为会员单位,保持研究会的生机活力;坚持开门办会,采用"走出去"与"请进来"相结合,不定期召开会员单位座谈会,听取意见建议,不断增强研究会的凝聚力。

### 【上海市妇女学学会】

上海市妇女学学会成立于1986年8月，是由全市热心于妇女研究的专家学者、妇女工作者及其他各界社会人士组成的学术性、非营利性社会团体法人。学会下设学术委员会。业务主管单位为上海市社会科学界联合会。到2010年，有团体会员单位38个，个人会员446人。

学会业务范围是：组织妇女问题的社会调研、开展妇女理论学术研究和理论研讨活动、举办有关学术讲座、培训和咨询活动、进行国际之间的学术交流、出版研究成果的书籍和刊物等。

学会主要开展以下几方面工作：

学术交流。学会开展妇女儿童理论研究工作，为政府决策提供咨询，联合上海社会科学院专家团队，从女性人才角度切入开展研究，加强妇联组织参与创新社会治理研究；与上海市政府发展研究中心联合，开展"上海建设具有全球影响力科创中心背景下的女性人才机制研究""社会组织中女性创业者研究"等课题研究；在上海市社会科学院性别与发展研究中心成立"女博士工作室"，开展前沿课题研究和学术研讨会；以"实话实录"的形式，组织开展"女人一定要有钱？""男女平等价值观"等系列专题研讨，为专家学者提供公共话语空间，发掘青年研究人才。

成果转化。学会注重课题研究成果转化，推进研究成果转化为优化上海妇女发展的社会公共政策。相继向市人大、市政协提交《女职工生育保障应尽快出台》《关于推进"医养护融合"，进一步完善城市养老体系的建议》《关于将乳腺癌靶向治疗药物纳入上海市医保范围的建议》《关于在本市试点开展性别预算工作的建议》等90余份书面意见建议和提案议案；借助专家学者和各妇女研究中心资源优势，共同推进妇女/性别理论研究和现实问题调查研究，完成1990年、2000年、2010年第一、第二、第三次中国妇女社会地位调查，并出版三本"上海妇女社会地位研究"汇编；在上海市10多所高校开展学科建设，推出的"视觉文化与社会性别""性别研究导论""性别社会学""女性学""女性心理与修养""女性心理素质提升""女性文学研究""女性职业生涯规划"等女性学学科课程；与上海市各区妇联团体开展"男女平等基本国策教育课程"进中学、小学和幼儿园进行讲解和展演，组织出版《社会性别概论》《改革开放30周年与女性创新人才培养》《上海女性成才的心路历程》系列丛书等；组织举办"妇女发展与社会公共政策""纪念改革开放30周年上海妇女理论研讨会""平等、发展、和谐——纪念三八国际劳动妇女节100周年理论研讨会""妇联组织参与社会治理的理论、方法、实践"等妇女理论研讨会，举办以"行动谋求发展与和平"为主题的上海妇女发展国际论坛。

运作管理。学会建立推进各妇女/性别研究中心自主活动、自我发展、自律管理的有效运行机制，从组织人事、政策制度、资金和服务上保障运作；每年制定和发布"上海市妇女儿童理论研究课题指南"，加强对各妇女/性别研究中心、区县妇联理论调研工作的指导，保证课题研究工作有序进行；加强人才队伍建设，探索跨学科、跨部门的妇女研究、培训和学科建设的管理机制；增强自身建设能力，充分发挥党的工作小组的作用，主动寻找妇联组织、学会和会员之间的结合点，在围绕大局、服务中心中发挥作用。

### 【上海市生态经济学会】

上海市生态经济学会成立于1986年10月，是由全市致力于生态经济理论研究和实践的专家、学者及相关企事业单位等自愿组成的学术性、非营利性社会团体法人。业务主管单位为上海市社会科学界联合会。到2010年，有团体会员单位3个，个人会员90余人。

学会业务范围是：普及生态经济学科知识，开展学术交流和考察活动，为政府部门和企业等承担生态、环境、能源类政策咨询课题。

学会主要开展以下几方面工作：

服务会员。学会加强信息服务，编印《生态经济与可持续发展动态》，向会员与合作伙伴传播最新的环境政策与技术信息，建立门户网站，让会员和社会民众第一时间了解环境类政策、技术前沿信息和学会工作动态；积极为会员单位发展提供咨询服务，连续多年为中石化上海石化集团有限公司编写社会责任报告，树立产业界绿色发展的标杆；举办各类论坛、研讨会等，为来自政府机关以及产学研各界的会员提供交流平台；与上海社会科学院生态与可持续发展研究所联合，承办六届“世界中国学论坛生态环境分论坛”，给海内外生态经济学界提供对话渠道和交流平台，共同打造具有世界影响力的生态经济学术共同体；与上海社会科学院生态所共同邀请国外知名学者来沪举办讲座或交流会，举办“碳税对经济结构及碳排放的影响”“中国和世界的环境风险与机遇”“蓝色经济”等专题报告会，拓展学术平台。

服务社会。学会积极建言献策，与上海社会科学院生态所联合承接上海市有关部门课题“全球城市环境战略转型比较研究”“长三角一体化背景下环境治理协作重点研究”“上海低碳城市建设发展目标与路径研究”和“崇明自然资源资产负债表编制研究”等，积极参与2020—2050年上海发展战略大讨论，所取得的研究成果被政府相关部门采纳，提出推进可持续发展的建议，发布《上海资源环境发展报告》；与WWF合作开展“太湖流域工业园区水环境绩效评价研究”等课题研究，为苏州盛泽、常州西夏墅等地的行业水管理出谋划策；承接国家社科重大课题“我国省级层面环境绩效管理体系研究”，承接国家社科重点课题“主要国家能源战略调整及中国新能源产业发展和制度建设研究”，为关于区域大气污染防治的全国“两会”提案提供智力支持；积极组织会员“走出去”，参加各种学术会议，出席第二届全球智库峰会等，学习和传播国内外最前沿的环保理念和成功的环保经验。

拓展合作。学会密切联系政府部门和重要学术机构，加强交流互动，拓展与政府部门、企事业单位合作，在组织重大会议和推进重大研究项目过程中，与华东师范大学、四川大学等高校和国家发改委能源研究所、环保部环境规划院以及联合国环境规划署等国内机构和国际组织建立良好的合作关系，与世界自然基金会合作赴“长三角”各地开展工业园区水管理研究，并与新华社上海分社、中国金融信息中心、《中国环境报》等机构建立长期合作关系。

运作管理。学会依法依规办会，坚持制度化、规范化，加强财务、纳税管理，建立会员档案管理制度；坚持党的领导，发挥学会党工组的政治核心作用和政治导向作用。

## 【上海市教师学研究会】

上海市教师学研究会成立于1986年，是由全市大、中、小、幼各级各类学校教师自愿组成的学术性、非营利性社会团体法人。研究会下设青年语文教师专业委员会、语文教师专业委员会、英语教师专业委员会、历史教师专业委员会、学前教育教师专业委员会、教育心理教师专业委员会、教育管理专业委员会、政治德育专业委员会、数学教师专业委员会、物理教师专业委员会、化学教师专业委员会、音体美教师专业委员会、综合学科教师专业委员会、中小学(幼)校(园)长专业发展委员会、区(县)教师进修学院院长专业发展委员会等15个分支机构。业务主管单位为上海社会科学界联合会。到2010年，有团体会员单位21个，个人会员460人。

研究会业务范围是：教师学学术研究，教师教育、教学经验交流与推广，教师读书，教师联谊等。

研究会主要开展以下几个方面工作：

理论研究。研究会组织会员开展理论研究,1999年,组织撰写出版国内第一部系统论述现代教师学的专著《现代教师学概论》,组织编写"现代教师自我发展"丛书(共18分册);2004年,组织一线教师和部分家长300余人撰写出版《心灵对话——献给教师和家长的心灵读本》;2006年,举办以"面向现代化,教师的专业成长与发展"为主题的征文活动,并精选百篇出版论文集;积极承担国家和上海市委托课题,完成《上海市普教系统教师职业感受状况的调查与研究》《以合作为基础的教师专业发展》《民族精神教育与语文教学以及师资培训》等课题研究;2010年,受上海市教委委托,开展上海市教师专业发展暨师范生实习基地的调研和评审工作,形成教师专业发展学校和师范生实习基地的标准、职责、任务等3个文本,为政府决策以及基地建设提供依据。

人才培育。研究会积极为教育人才成长搭建平台,1993年和1995年,举办两届上海市小学语文教师发展战略研讨会暨小学青年语文、数学教师新星竞赛活动;1999年,围绕全面推进素质教育,多次组织以"培养创造性思维"为主题的语文课堂教学改革探索实践活动;2000年,组织全市400多位骨干教师在杨浦、徐汇、普陀等区举行多场次课堂教学活动;2001年,组织在徐汇教育学院开展"深化课堂教学改革"研讨活动;2005年,在《上海教师》杂志开展"于漪茶座"专栏,探讨教育热点;2006年,结合第二期课程改革,在"民族精神教育纲要"和"生命教育指导纲要"指导下,编写出版《民族精神教育与语文课堂教学》等专集;至2010年,以"教育的生命力在于教师的成长与发展"为主题的"上海市中青年语文教师论坛",已经连续举办6届,并作为品牌学术活动获上海市社会科学界联合会特色活动奖;举办"名师讲坛",推举语文、数学、英语等各学科的"新星""新秀"开坛讲课,促进青年教师成长发展;连续举办11届"上海市教师书画篆刻展览",出版《上海百名教师书画精品集》,促进艺术类学科教师成长。

服务乡镇。研究会积极推进上海基础教育优质均衡发展,受市教育委员会委托,全面开展面向乡镇学校校长和骨干教师的培训工作。至2010年,共培训乡镇中小学校长、幼儿园园长和骨干教师634名;持续开展服务乡镇教育的"送教上门"活动,组织专家团队、特级教师利用双休日、寒暑假到乡镇学校传、帮、带,促进大批"种子教师"在农村生根、开花、结果;与上海唐君远教育基金会联合,举办"上海市农村学校教师优秀教学工作'君远奖'"评选活动,对获得"君远奖"的教师,组织他们集中再培训,帮助他们进一步提升素质,提高业务水平。

对外交流。研究会积极开展各种对外交流活动,不断提升研究会的辐射效应,2005年,组团赴成都,参加"海峡两岸暨港澳地区学术研讨会";2006年,组织讲师团赴新疆克拉玛依市,为该市1500多名中小学教师举办暑期培训;2008年,与市教委教研室、《语文学习》编辑部联合举办"'长三角'中学语文教学论坛",苏、浙、皖、沪四省市500余名代表出席,并发表"'长三角'中学语文教学论坛成立宣言";还与《语文报》合作,协办《语文报》上海高中版、初中版,为上海一线语文教师开辟新的对外学术交流的平台和渠道。

运作管理。研究会加强规范运作管理,努力创建优秀学会;成立党的工作小组,党工组紧紧把握政治方向,深入一线服务,发挥政治核心作用。


### 【上海蔬菜经济研究会】

上海蔬菜经济研究会成立于1987年5月,是由全市蔬菜系统的生产、销售、科研、教育专业工作者和蔬菜经营的企事业等单位自愿组成的跨部门、跨所有制的学术性、非营利性社会团体法人。研究会下设学术研究专业委员会、产业支撑专业委员会等2个分支机构。业务主管单位为上海市社会科学界联合会。到2010年,有各种所有制会员单位103个。

研究会业务范围是：调查研究、学术交流、技术培训、信息沟通、咨询服务、编辑出版、科普教育。

研究会主要开展以下几方面工作：

服务会员。研究会依托"一刊一网一报"信息服务平台，为上海蔬菜经济信息工作提供全方位的综合信息服务，报道蔬菜产业发展中的科技新成果、新技术、新经验、新方法、蔬菜科技知识，国内外蔬菜科技发展动态等，为决策者提供参考、为生产者提供技术、为经营者提供信息，全面服务蔬菜产业；组织编著凝聚老中青几代蔬菜产业工作者集体经验与智慧的《都市蔬菜产业与经济发展研究》系列丛书。至2010年已出版3册，为上海的"菜篮子"工程建设和蔬菜产业经济理论研究积极作贡献；依靠蔬菜行业专家库资源和行业统计信息的优势，积极为农业企业提供各类技术咨询服务。通过走访理事和会员单位实地调研，共同探讨上海城市蔬菜供给问题、蔬菜产业生产和流通、蔬菜农业机械化等一系列反映上海蔬菜产业发展的热点话题，为政府相关部门提供蔬菜产业运行趋势预判和政策建议等课题研究报告；举办"上海蔬菜生产与流通专题"研讨会、"都市蔬菜供给保障体系的现状与优化"座谈会、"蔬菜组织产销能力提升"座谈会、"蔬菜营销能力提升现场会"等，为上海蔬菜生产与流通出谋划策，为企业搭建产业信息、技术交流、形象展示和行业间联系的平台。

社会服务。研究会通过"宣传科普知识创导绿色生活""绿色蔬菜点靓生活""绿色蔬菜健康生活新理念""宣传普及科学知识推动蔬菜绿色发展"等科普活动，向市民宣传绿色蔬菜的理念，并组织"科普进社区"结对共建活动，开展科普大讲堂，普及蔬菜安全食用知识，提高居民食品安全意识和自我保护能力；积极发挥和政府以及与其他社会团体间的桥梁纽带作用，组织会员单位参加大型蔬菜产销对接和交流活动，在江苏省常熟市举行的中国蔬菜产业博览会、在石家庄、济南和大理召开的中国蔬菜产业大会；参加了第二届、第三届、第四届中国兰陵（苍山）国际蔬菜产业博览会；研究会积极牵线，促成上海—哈尔滨蔬菜产销对接协议的签订；积极参加"健康中国行，频道进万家"活动，为会员单位搭建宣传企业经营和文化的平台，会员单位上海享农果蔬专业合作社与市妇联的巾帼园进行长期合作，作为巾帼园的"科技务农基地"，并与侨园养老集团开展长期合作，奉献公益事业。

人才培育。研究会积极创办青年学者学术交流平台，举办主题为"加快转变上海绿叶菜生产发展方式""上海绿叶蔬菜生产发展方式研讨会""都市蔬菜产销创新与发展""加强科技创新助推蔬菜产业发展"等青年论坛，为上海蔬菜产业的发展提出思考和建议，促进上海蔬菜产业领域青年人才的培养。青年学者论坛已成为研究会品牌活动，连续五年获得市社联"学会学术活动月"优秀组织奖。

运作管理。研究会强化规范化运作和管理，坚持以会员发展与服务为基础，以提升服务能力为宗旨，强化组织建设，完善民主办会规程，推进研究会稳步发展；加强团队组织管理，充分发挥党组织的领导核心作用。

### 【上海市宏观经济学会】

上海市宏观经济学会成立于1987年7月，原名上海市计划学会，2009年8月6日更名为上海市宏观经济学会。是由全市从事宏观经济研究和与宏观经济业务相关的单位和个人自愿组成的学术性、非营利性社会团体法人。学会下设专家委员会。业务主管单位为上海市社会科学界联合会。到2010年，有团体会员单位65个，个人会员246人。

学会业务范围是：组织课题研究，组织学术研讨，举办专题讲座，开展业务培训，开展信息交流,提供咨询服务。

学会主要开展以下几方面工作：

咨询服务。学会围绕上海发展与改革主题,发挥专业人才集聚优势,组织一系列大型活动。针对区县发展中一些瓶颈性问题,与有关区县政府联合举办"区域发展专题调研活动",组织专家团队深入区县实地考察,提出对策建议；组织宏观经济领域专家以"学术沙龙"方式,围绕宏观经济形势、金融体制改革、城镇化建设、房地产发展、人口调控等问题进行交流；针对一些重点和敏感问题,召开专家座谈会,出谋献策,为有关部门决策提供参考依据。

特色研究。学会紧扣影响上海长远和全局的重大课题开展研究,形成研究特色。聚焦上海城市发展长远规划研究,参与上海市国民经济和社会发展规划纲要的编制和讨论；聚焦上海发展重要节点和重点问题研究,与上海市发展改革委员会、市发展改革研究院等联合举办上海"四个中心"白皮书发布暨专家研讨会,组织专家对"四个中心"建设出谋划策；聚焦"低碳、绿色"研究,与市发展改革研究院、世界自然基金会联合举办"低碳城市发展——长三角低碳之路高峰论坛",对可持续发展城市规划和实践的设计理念、发展思考、规划介绍、案例分析等作出分析阐述。

系列活动。学会根据会员不同特点和需求,逐步形成包括高端论坛、专家研讨等小型活动,以及学术讲座、专题报告会、专题调研活动会等较大规模活动的系列化会员活动框架,以全体会员为对象的专题报告会,每年举办2—3次；以企业单位会员和区县发展改革委为主的专题调研活动,每年举办1—2次；鼓励会员根据自身研究特长加强专题研究,形成了一批高质量到学术研究成果,参与上海市发展改革委、市决策咨询委等关于"十一五"规划实施情况、"十二五"上海发展动力机制、"十二五"规划指标体系等课题研究,在全市经济和社会发展的前瞻性、综合性、战略性研究中,积极建言献策。

跨域合作。学会针对宏观经济研究"辐射面宽、综合性强"的特点,发挥综合研究优势,通过"融合、渗透、集聚",实现与相关政府部门、与有关研究机构、与有关企业集团、与市内及"长三角"相关学会、与国际相关研究团体的"五个合作"；学术活动,有自办、也有配合政府有关部门举办,有与区县合办、也有与兄弟学会联办,有力推进与相关学科之间的学术协作；与美国能源基金会建立合作研究机制,并作为能源基金会在上海项目的综合研究单位,推进该基金会在沪20多个项目研究成果的交流共享,为市领导提供决策参考建议；通过与苏、浙、皖相关学会的联系,建立起信息交流和学术成果共享的渠道。

运作管理。学会加强内部建设,配强日常工作力量,每月一次的办公会议或党工组会议,组织驻会人员学习,落实重要事项,把握活动方向；建立了9项内部工作制度,严格落实岗位责任制；发挥党工组的政治核心作用,促进学会工作健康发展。

## 【上海食文化研究会】

上海食文化研究会成立于1991年1月,是由全市热爱食文化研究的专家学者、餐饮企业家、烹饪大师以及餐饮企业等自愿组成的学术性、非营利性社会团体法人。研究会下设素食专业委员会、食材专业委员会、团餐专业委员会、中外名厨专业委员会、食疗营养专业委员会和学术专业委员会(筹)等6个分支机构,以及菜品研发中心。业务主管单位为上海市社会科学界联合会。到2010年,有各种所有制单位会员55个,个人会员296人。

研究会业务范围是：开展国内外食文化研讨、交流、展示、培训、咨询,编辑出版食文化系列书刊等。研究会的宗旨是：团结海内外热心食文化研究的各界人士,共同研究和弘扬中华民族的优秀食文化。研究会主要开展以下几方面的工作：

服务会员。研究会组织专家学者及烹饪大师进行相关专题巡访，深入会员单位了解总结菜肴创新、经营创新、服务创新等方面经验，举办书面或现场交流活动；利用门户网站、微信平台和会刊，积极向会员、会员单位传播专业信息，交流成果；定期举办食材推介会，把卫生的、安全的、无污染的绿色食材和有机食品推荐给会员单位和广大市民；定期举办大师高端菜品培训班，组织各大流派的烹饪大师进行现场实操展示和培训，弘扬"工匠"精神，开展菜肴品牌评选，提高上海菜肴质量和餐饮企业的知名度。

服务社会。研究会发挥会员中专家、学者的业务专长，利用东方论坛等媒体，以及深入社区、企事业单位，开展科普活动，组织科普讲座和咨询服务。研究会还积极推广食文化研究成果，提高市民的食育水平。

搭建平台。研究会每年组织年度学术研讨会和学术年会，交流食文化研究成果；积极组织"传承与发扬中国美食文化研讨会""迎世博，弘扬中国优秀食文化"学术研讨会、"世博后上海餐饮业发展方向"学术研讨会、"食品安全社会共治研讨会""建立中国特色食育文化体系"学术研讨会等食文化研讨会；注意食文化研究的层次性、地域性、规范性、人民性和阶段性，促进中华传统食文化发扬光大。

打造品牌。研究会组织专家顾问和烹饪大师参加东方卫视《顶级厨师》专题节目制作，使该节目成为国内首部大型的美食才艺秀；发挥丰富翔实的学术资料优势，组织专家为上海老饭店本帮菜撰写国家申遗报告，获得成功；成功主办以珍爱松江鲈为主题的"松江四鳃鲈烹饪技艺传承和创新文化研讨会"，让在四鳃鲈身上沉淀的厚重历史文化得到传承；倡导并组织的"上海——西藏万里素骑行"活动，开创了宣传、提倡素食餐饮的新里程碑。

规范运作。研究会充分发挥领导班子的作用，定期召开秘书长工作会议，总结经验，部署工作；研究会围绕建设"学习型、服务型、创新型"基层党组织的目标，完善自身建设，创新工作方法，拓宽服务内容，惠及会员和广大人民群众。

## 【上海宋庆龄研究会】

上海宋庆龄研究会成立于1991年7月，是由热心推动和繁荣上海地区宋庆龄纪念、宣传、研究工作的人士自愿组成的学术性、非营利性社会团体法人。业务主管单位为上海市社会科学界联合会。到2010年，有个人会员210人。

研究会业务范围是：史料征集、学术研究、研讨交流、编写著作、出版刊物、宣传教育、决策咨询。

研究会主要开展以下几方面工作：

宋庆龄相关史学研究。研究会组织学术研讨交流，制定研究计划，广泛联合国内外有关机构和专家、学者，契合年度重要纪念活动，举办宋庆龄相关主题学术研讨会、交流会、座谈会等各类学术会议，内容涉及宋庆龄生平、主要事业及成就、伟大精神、家族成员及相关人员研究；开展史料征集与文物保护，结合上海地区孙中山、宋庆龄遗留史料优势，主持或参与《宋庆龄书信集（续编）》《上海孙中山宋庆龄文物图录》《宋庆龄年谱长编（1893—1981）》《孙中山宋庆龄文献与研究》学术专刊等史学资料和成果的征集、编辑、出版工作，积极向宋庆龄同时代人和海内外机构开展宋庆龄档案文献资料搜集，参与桃江路45号宋庆龄旧居和东余杭路宋氏祖居的保护工作，举办宋庆龄相关文物展览，协助中国福利会进行档案文献整理，为全面启动《宋庆龄全集》编纂工作做出贡献。

宋庆龄纪念宣传工作。研究会积极筹办或参与重要纪念活动,联合上海地区孙中山、宋庆龄故居纪念馆等机构,筹办或参与每年的宋庆龄、孙中山重要纪念仪式,主办百年诞辰和诞辰一百一十周年大型系列活动,在抗日战争胜利五十、六十周年,辛亥革命九十周年等重要纪念年份,相继围绕宋庆龄举办主题展览或学术研讨会、座谈会;依托《孙中山宋庆龄研究动态》会刊,结合"孙中山宋庆龄资讯网",向社会各界及时传播学界最新成果和社会有关信息,先后出版《宋庆龄在上海》《孙中山》等大型画册,《宋庆龄与二十世纪》《孙中山》《宋庆龄》大众普及读物等多种书籍,并参与上海电视台、广东电视台等专题片的拍摄,多角度展现和宣传宋庆龄伟大光辉的一生;加强海外交流,充分发挥孙中山、宋庆龄"历史名片"的号召力、凝聚力,广邀日本、美国等海外学者参与学术研讨,增进国内外学术交流;积极同台湾地区相关纪念馆沟通交流、联合办展,并同海外宋氏家族后人增进联络,共同举办学术类、纪念类活动。

宋庆龄思想普及教育。研究会联合中国福利会、上海孙中山故居纪念馆、上海宋庆龄故居纪念馆、宋庆龄陵园管理处等多家机构,积极参加上海市社会科学界联合会每年的"上海市社会科学普及活动周"和"学会学术活动月",走入社区、学校、文化中心和公共场所,为会员和社会各界举办孙中山、宋庆龄伟大事迹的专题报告和包括妇女、幼儿健康知识在内的图片及文物展览、主题讲座、教育参观咨询等多种类型教育活动。

研究会规范管理。研究会制定并完善章程,强化内部管理规范,严格依章依规进行工作;成立党的工作小组,积极探索融合党建工作与研究会主体业务有机结合模式,发挥党组织核心领导作用。

### 【上海金融法制研究会】

上海金融法制研究会成立于1995年3月,是由全市金融法制理论工作者、实务工作者、支持者自愿组成的学术性、非营利性社会团体法人。研究会下设金融检察工作委员会。研究会成立之初,业务主管单位为上海市人民检察院,1999年7月6日,业务主管单位调整为上海市社会科学界联合会。到2010年,有团体会员单位29个,个人会员335人。

研究会业务范围是:学术研究、法律咨询、决策咨询、专业培训、社会科学普及、学术著述出版。

研究会主要开展以下几方面工作:

学术活动。研究会主办和协办一系列学术研讨活动,为金融机构、金融监管部门、司法机关、立法部门的决策咨询提供了一系列有价值的参考意见和建议。如先后举办"完善上海证券市场、发展中国金融事业——上海证券市场法制建设研讨会"(1995年)、"防范金融风险对策研讨会"(1997年)、"面向21世纪的金融发展和金融安全"大型研讨会(2000年)、"入世上海保险业法制建设"研讨会(2001年)、"建设国际金融中心,优化上海金融法治环境"大型研讨会(2004年)、"改革开放进程中的中国金融变迁"研讨会(2008年)、"国际金融中心软环境建设"研讨会(2010年)等。

课题研究。研究会承接大量课题研究任务。先后承接市政府金融服务办委托的"上海国际金融中心建设法制环境"专项课题;承接受市仲裁委委托的"上海加快发展金融仲裁"调研课题,并直接推动成立上海金融仲裁院;之后还开展了"构建与上海市推进国际金融中心建设条例相关配套法规政策框架体系研究"和"构建上海离岸金融市场法制保障研究"等课题;2010年,受市人大财经委委托,参与完成《上海市促进国际贸易中心建设条例》课题报告。

编辑出版。研究会注重研究成果的积累和推介。1997年,编辑《中国金融法制若干问题探讨》,由上海社会科学院出版社出版;2008年,与市金融纪工委、市人大立法所编辑出版《忧思录,转型期金融犯罪》;1995 年至 2010 年,将所举办研讨会的研讨成果汇编出版,供研究人士学习借鉴。

社科普及。研究会注重金融法律、金融司法实务方面的普及工作,1995 年至 2010 年,先后与最高人民检察院、中央电视台、上海电视台、上海东方电视台等单位合作,开展一系列科普活动。研究会拍摄四集专题片《证券市场规范化》和法制教育警示片《骄子—囚徒》,分获中央电视台节目金奖和广电部、司法部联合主办的第四届"金剑奖"法制题材专题片三等奖;与市普法领导小组办公室、市人民银行、东方电视台、上海法制报共同在东方电视台《法律与道德》专栏举办"上海首届金融法制知识竞赛"专题节目;并在《上海法治报》《国际金融报》《上海金融报》开辟金融法制专版、专栏,普及金融法律知识。

对外交流。研究会积极开展对外交流,通过"走出去""请进来"等形式,建立与国际相关金融机构、高等院校、金融监管部门、执法机关的沟通合作机制。先后邀请香港廉政公署、香港警署、香港证券及期货监管委员会等出席"惩治与预防金融欺诈高级研讨会";邀请美国联邦储备银行纽约分行、华盛顿证券行业联合会有关专家学者组成美中关系全国委员会"反洗钱专家访华团"出席"反洗钱国际研讨会"交流研讨。先后组团赴美考察美国金融法制、金融监管情况;赴法国巴黎、意大利罗马等地区,与当地司法工作者交流防范与惩治"洗钱"活动方面制定的法律法规和实践操作情况;赴澳大利亚考察证券监管、反洗钱方面情况,与悉尼大学亚太中心签署《合作协议书》。

人才培育。研究会成立青年工作领导小组,加强对青年人才培训。先后与市检察院联合举办金融知识(证券)培训班;与中央金融纪工委驻上海金融系统特派办、金融系统监察局驻上海金融系统监察专员办公室、市政法委、市检察官培训中心联合举办上海金融司法专业人才高级研讨班;与上海法学会、市人大立法所共同就"查处与防范金融案件"和"治理商业贿赂,维护金融安全"主题,举办金融、司法干部专题研讨班;并组织举办"纵论上海金融法治环境建设暨《上海市推进国际金融中心建设条例》实施周年回顾青年沙龙"活动。

运作管理。研究会强化规范化运作和管理,领导机构的产生和重大事项决策,须经集体讨论;设立学术委员会,对组织开展学术科研活动提出设想、建议、计划等;设立财务监督小组,对内部财务工作情况进行监督检查;积极探索学会党建工作,将党建与学术活动相结合,发挥党组织政治核心和党员先锋模范作用。

## 二、名录

根据 1989 年、1998 年国务院《社会团体登记管理条例》和 2002 年《上海市促进行业协会发展规定》,截至 2010 年底,在市社会团体管理局注册登记的市级社会科学领域社会团体 168 家。

表 1 - 4 - 2　2010 年上海市市级社会科学领域社会团体一览表

| 序号 | 单 位 名 称 | 业务主管单位 | 登记日期 | 办 公 地 址 |
|---|---|---|---|---|
| 1 | 上海市基本建设优化研究会 | 上海市社会科学界联合会 | 1985 - 05 - 01 | 军工路 516 号 |
| 2 | 上海食文化研究会 | 上海市社会科学界联合会 | 1991 - 01 - 30 | 福州路 107 号 3 楼 |
| 3 | 上海市企业发展促进研究会 | 上海市社会科学界联合会 | 1991 - 03 - 18 | 淮海中路 622 弄 7 号 |
| 4 | 上海市经济史学学会 | 上海市社会科学界联合会 | 1991 - 04 - 04 | 淮海中路 622 弄 7 号 503 室 |
| 5 | 上海市城市经济学会 | 上海市社会科学界联合会 | 1991 - 04 - 04 | 石门二路 483 号 |

(续表)

| 序号 | 单 位 名 称 | 业务主管单位 | 登记日期 | 办 公 地 址 |
|---|---|---|---|---|
| 6 | 上海市固定资产投资建设研究会 | 上海市社会科学界联合会 | 1991-04-04 | 人民路 875 号 1605 室 |
| 7 | 上海市医学伦理学会 | 上海市社会科学界联合会 | 1991-04-04 | 世博村路 300 号 4 号楼 901 室 |
| 8 | 上海市统一战线理论研究会 | 上海市社会科学界联合会 | 1991-04-04 | 天等路 465 号 |
| 9 | 上海市农村金融学会 | 上海市社会科学界联合会 | 1991-04-04 | 徐家汇路 599 号 |
| 10 | 上海市俄罗斯东欧中亚学会 | 上海市社会科学界联合会 | 1991-04-04 | 中山北路 3663 号(华师大国际所内) |
| 11 | 上海市钱币学会 | 上海市社会科学界联合会 | 1991-04-04 | 陆家浜路 285 号 1407—1409 室 |
| 12 | 上海市投资学会 | 上海市社会科学界联合会 | 1991-04-04 | 浦东陆家嘴环路 900 号世界金融大厦 29 楼 |
| 13 | 上海市逻辑学会 | 上海市社会科学界联合会 | 1991-04-04 | 淮海中路 622 弄 7 号 413-3 室 |
| 14 | 上海市土地学会 | 上海市社会科学界联合会 | 1991-04-04 | 金陵东路 396 号 6 楼 |
| 15 | 上海蔬菜经济研究会 | 上海市社会科学界联合会 | 1991-04-04 | 望园路 1150 号 3 号楼 408 室 |
| 16 | 上海科学社会主义学会 | 上海市社会科学界联合会 | 1991-04-04 | 淮海中路 622 弄 7 号 |
| 17 | 上海市宏观经济学会 | 上海市社会科学界联合会 | 1991-04-04 | 肇嘉浜路 301 号 2006 室 |
| 18 | 上海市工商行政管理学会 | 上海市社会科学界联合会 | 1991-04-05 | 长安路 1001 号长安大厦 1 号楼 5 楼 |
| 19 | 上海市农垦经济学会 | 上海市社会科学界联合会 | 1991-05-24 | 华山路 263 弄 7 号 |
| 20 | 上海市统计学会 | 上海市社会科学界联合会 | 1991-05-27 | 四川中路 220 号 806 室 |
| 21 | 上海市犯罪学学会 | 上海市社会科学界联合会 | 1991-05-27 | 万航渡路 1575 号 |
| 22 | 上海市审计学会 | 上海市社会科学界联合会 | 1991-05-27 | 陆家浜路 1388 号 1009 室 |
| 23 | 上海市房产经济学会 | 上海市社会科学界联合会 | 1991-05-29 | 江西中路 170 号 3 楼 |
| 24 | 上海市民防协会 | 上海市社会科学界联合会 | 1991-05-29 | 复兴中路 593 号 1411 室 |
| 25 | 上海市新学科学会 | 上海市社会科学界联合会 | 1991-05-29 | 淮海中路 622 弄 7 号 511 室 |
| 26 | 上海市法学会 | 上海市社会科学界联合会 | 1991-05-29 | 昭化路 490 号 |
| 27 | 上海市金融学会 | 上海市社会科学界联合会 | 1991-05-31 | 陆家嘴东路 181 号银都大厦 811 室 |
| 28 | 上海市卫生经济学会 | 上海市社会科学界联合会 | 1991-05-31 | 北京西路 1400 弄 21 号 |
| 29 | 上海市妇女学学会 | 上海市社会科学界联合会 | 1991-05-31 | 天平路 245 号 401(A)室 |
| 30 | 上海市渔业经济研究会 | 上海市社会科学界联合会 | 1991-05-31 | 军工路 334 号综合楼 201 室 |
| 31 | 上海市价格学会(协会) | 上海市社会科学界联合会 | 1991-05-31 | 四平路 710 号 8 楼 |
| 32 | 上海市保险学会 | 上海市社会科学界联合会 | 1991-05-31 | 中山南路 1228 号 8 楼 |
| 33 | 上海市物流学会 | 上海市社会科学界联合会 | 1991-05-31 | 北京东路 255 号 |
| 34 | 上海市劳动和社会保障学会 | 上海市社会科学界联合会 | 1991-05-31 | 安远路 45 号 2 号楼 5 楼 |

| 序号 | 单 位 名 称 | 业务主管单位 | 登记日期 | 办 公 地 址 |
|---|---|---|---|---|
| 35 | 上海市工人运动研究会 | 上海市社会科学界联合会 | 1991-05-31 | 中山东一路14号419室 |
| 36 | 上海市经济学会 | 上海市社会科学界联合会 | 1991-05-31 | 淮海中路622弄7号2楼 |
| 37 | 上海市生态经济学会 | 上海市社会科学界联合会 | 1991-05-31 | 淮海中路622弄7号526室 |
| 38 | 上海市教育学会 | 上海市社会科学界联合会 | 1991-05-31 | 淮海中路622弄7号 |
| 39 | 上海中山学社 | 上海市社会科学界联合会 | 1991-05-31 | 陕西北路128号1308室 |
| 40 | 上海市商业经济学会 | 上海市社会科学界联合会 | 1991-05-31 | 北京东路356号813室 |
| 41 | 上海市老年学学会 | 上海市社会科学界联合会 | 1991-06-07 | 巨鹿路892号2楼 |
| 42 | 上海市经济法研究会 | 上海市社会科学界联合会 | 1991-06-07 | 人民大道200号1503室 |
| 43 | 上海市国际贸易学会 | 上海市社会科学界联合会 | 1991-06-07 | 古北路620号 |
| 44 | 上海人才研究会 | 上海市社会科学界联合会 | 1991-06-07 | 高安路25号 |
| 45 | 上海市行为科学学会 | 上海市社会科学界联合会 | 1991-06-14 | 法华镇路535号新大楼 |
| 46 | 上海市毛泽东思想研究会 | 上海市社会科学界联合会 | 1991-06-14 | 淮海中路622弄7号 |
| 47 | 上海市古典文学学会 | 上海市社会科学界联合会 | 1991-06-14 | 瑞金二路272号 |
| 48 | 上海市政治学会 | 上海市社会科学界联合会 | 1991-06-14 | 淮海中路622弄7号(乙) |
| 49 | 上海市社会心理学学会 | 上海市社会科学界联合会 | 1991-06-14 | 外青松公路7989号 |
| 50 | 上海市数量经济学会 | 上海市社会科学界联合会 | 1991-06-14 | 淮海中路622弄7号 |
| 51 | 上海市编辑学会 | 上海市社会科学界联合会 | 1991-06-14 | 建国西路384弄11号甲 |
| 52 | 上海市会计学会 | 上海市社会科学界联合会 | 1991-06-14 | 中山西路2230号1315室 |
| 53 | 上海市经济体制改革研究会 | 上海市社会科学界联合会 | 1991-06-14 | 威海路128号7楼 |
| 54 | 上海市预算会计研究会 | 上海市社会科学界联合会 | 1991-06-21 | 岳阳路195弄6—8号 |
| 55 | 上海市美学学会 | 上海市社会科学界联合会 | 1991-07-12 | 淮海中路622弄7号 |
| 56 | 上海宋庆龄研究会 | 上海市社会科学界联合会 | 1991-07-12 | 姚虹路680号 |
| 57 | 上海市历史学会 | 上海市社会科学界联合会 | 1991-07-12 | 淮海中路622弄7号251室 |
| 58 | 上海市宗教学会 | 上海市社会科学界联合会 | 1991-07-12 | 淮海中路622弄7号587室 |
| 59 | 上海市世界史学会 | 上海市社会科学界联合会 | 1991-07-12 | 淮海中路622弄7号 |
| 60 | 上海市秘书学会 | 上海市社会科学界联合会 | 1991-07-12 | 虹漕南路200号 |
| 61 | 上海市档案学会 | 上海市社会科学界联合会 | 1991-07-12 | 仙霞路326号 |
| 62 | 上海市外文学会 | 上海市社会科学界联合会 | 1991-07-12 | 淮海中路622弄7号 |
| 63 | 上海市中共党史学会 | 上海市社会科学界联合会 | 1991-07-12 | 淮海中路622弄7号 |
| 64 | 上海市国际关系学会 | 上海市社会科学界联合会 | 1991-07-12 | 淮海中路622弄7号413室 |
| 65 | 上海市青年运动史研究会 | 上海市社会科学界联合会 | 1991-07-12 | 西江湾路574号 |
| 66 | 上海市社会学学会 | 上海市社会科学界联合会 | 1991-07-12 | 上大路99号A502室 |

（续表）

| 序号 | 单 位 名 称 | 业务主管单位 | 登记日期 | 办 公 地 址 |
|---|---|---|---|---|
| 67 | 上海市比较文学研究会 | 上海市社会科学界联合会 | 1991-07-12 | 中山北一路 295 号 1002 室 |
| 68 | 上海市哲学学会 | 上海市社会科学界联合会 | 1991-07-12 | 淮海中路 622 弄 7 号（乙） |
| 69 | 上海市世界经济学会 | 上海市社会科学界联合会 | 1991-07-12 | 淮海中路 622 弄 7 号 131 室 |
| 70 | 上海市广播电视协会 | 上海市文化广播影视管理局（上海市文物局） | 1991-07-12 | 虹桥路 1376 号广播大厦 2206 室 |
| 71 | 上海市教师学研究会 | 上海市社会科学界联合会 | 1991-07-27 | 陕西北路 500 号 4 楼 109 室 |
| 72 | 上海市人口学会 | 上海市社会科学界联合会 | 1991-07-27 | 陕西南路 122 号 7 楼 |
| 73 | 上海市写作学会 | 上海市社会科学界联合会 | 1991-08-08 | 梅陇路 130 号 |
| 74 | 上海市伦理学会 | 上海市社会科学界联合会 | 1991-08-08 | 淮海中路 622 弄 7 号 413-1 室 |
| 75 | 上海市服务经济研究会 | 上海市社会科学界联合会 | 1991-11-21 | 福州路 107 号 320 室 |
| 76 | 上海国际战略问题研究会 | 上海市社会科学界联合会 | 1991-12-04 | 田林路 195 弄 15 号 |
| 77 | 上海市新四军暨华中抗日根据地历史研究会 | 上海市社会科学界联合会 | 1991-12-11 | 中山南二路 777 弄 1 号楼 1503 室 |
| 78 | 上海市台湾研究会 | 上海市社会科学界联合会 | 1991-12-25 | 永福路 251 号 |
| 79 | 上海管理教育学会 | 上海市社会科学界联合会 | 1991-12-27 | 宛平南路 99 弄 2 号楼 1002 室 |
| 80 | 上海财务学会 | 上海市社会科学界联合会 | 1991-12-31 | 中山北一路 369 号 |
| 81 | 上海市思想政治工作研究会 | 上海市社会科学界联合会 | 1991-12-31 | 高安路 17 号 401 室 |
| 82 | 上海市监察学会 | 上海市社会科学界联合会 | 1992-01-24 | 宛平路 7 号 |
| 83 | 上海欧洲学会 | 上海市社会科学界联合会 | 1992-01-24 | 威海路 233 号 803 室 |
| 84 | 上海市农村经济学会 | 上海市社会科学界联合会 | 1992-01-24 | 仙霞西路 779 号 1 号楼附 2F 楼 |
| 85 | 上海市语文学会 | 上海市社会科学界联合会 | 1992-02-21 | 淮海中路 622 弄 7 号 |
| 86 | 上海市刑事侦查学学会 | 上海市社会科学界联合会 | 1992-02-25 | 中山北一路 803 号 1406 室 |
| 87 | 上海市粮食经济研究会 | 上海市社会科学界联合会 | 1992-03-18 | 张杨路 88 号 1006B 室 |
| 88 | 上海市供销合作经济研究会 | 上海市社会科学界联合会 | 1992-04-23 | 大木桥路 247 弄 2 号 2 楼 |
| 89 | 上海城市金融学会 | 上海市社会科学界联合会 | 1992-05-22 | 浦东大道 9 号 24 楼 |
| 90 | 上海社会科学普及研究会 | 上海市社会科学界联合会 | 1992-05-28 | 淮海中路 622 弄 7 号 417 室 |
| 91 | 上海市群众文化学会 | 上海市社会科学界联合会 | 1992-05-28 | 古宜路 125 号 |
| 92 | 上海市对外经济贸易会计学会 | 上海市社会科学界联合会 | 1992-06-06 | 汉中路 158 号 1123、1124 室 |
| 93 | 上海市商业会计学会 | 上海市社会科学界联合会 | 1992-06-06 | 新闸路 945 号 3 楼 309B 室 |
| 94 | 上海市终身教育研究会 | 上海市社会科学界联合会 | 1992-06-16 | 大连路 1541 号 1105 室 |
| 95 | 上海交通会计学会 | 上海市社会科学界联合会 | 1992-07-07 | 黄浦路 110 号 609 室 |
| 96 | 上海市地方史志学会 | 上海市社会科学界联合会 | 1992-07-07 | 西康路 1369 号 4 楼 |

（续表）

| 序号 | 单 位 名 称 | 业务主管单位 | 登记日期 | 办 公 地 址 |
|---|---|---|---|---|
| 97 | 上海市市场学会 | 上海市社会科学界联合会 | 1992 - 07 - 16 | 武东路 100 号上海财经大学工商楼 324 室 |
| 98 | 上海邮电经济研究会 | 上海市社会科学界联合会 | 1992 - 07 - 24 | 北苏州路 276 号 305 室 |
| 99 | 上海市民俗文化学会 | 上海市社会科学界联合会 | 1992 - 08 - 31 | 天山西路 201 号 417 室 |
| 100 | 上海市辞书学会 | 上海市社会科学界联合会 | 1992 - 09 - 10 | 陕西北路 457 号 |
| 101 | 上海市家庭教育研究会 | 上海市社会科学界联合会 | 1992 - 09 - 25 | 天平路 245 号 |
| 102 | 上海国际友人研究会 | 上海市人民政府外事办公室 | 1992 - 11 - 11 | 南京西路 1418 号 |
| 103 | 上海市集体经济研究会（上海市合作经济研究会） | 上海市社会科学界联合会 | 1993 - 01 - 04 | 周家嘴路 786 弄 67 号 |
| 104 | 上海庭院经济与文化研究会 | 上海市社会科学界联合会 | 1993 - 02 - 24 | 大木桥路 600 弄 26 号 102 室 |
| 105 | 上海工艺美术学会 | 上海市社会科学界联合会 | 1993 - 03 - 17 | 汾阳路 79 号 |
| 106 | 上海市华侨历史学会 | 上海市社会科学界联合会 | 1993 - 04 - 15 | 延安西路 129 号 1005 室 |
| 107 | 上海股份制与证券研究会 | 上海市社会科学界联合会 | 1993 - 05 - 12 | 南京东路 61 号 11 楼 1101 室 |
| 108 | 上海市远距离高等教育学会 | 上海市社会科学界联合会 | 1993 - 06 - 08 | 法华镇路 535 号主楼 302 室 |
| 109 | 上海市行政管理学会 | 上海市社会科学界联合会 | 1993 - 06 - 11 | 高安路 19 号 |
| 110 | 上海市总会计师工作研究会 | 上海市社会科学界联合会 | 1993 - 07 - 23 | 陆家浜路 1060 号 1 号楼 14 楼 |
| 111 | 上海市成本研究会 | 上海市社会科学界联合会 | 1993 - 07 - 23 | 华山路 1954 号 246 幢 |
| 112 | 上海戏曲学会 | 上海市文学艺术界联合会 | 1993 - 08 - 02 | 华山路 630 号综合楼 205 室 |
| 113 | 上海市党的建设研究会 | 中共上海市委组织部 | 1993 - 08 - 02 | 高安路 19 号 201 室 |
| 114 | 上海市婚姻家庭研究会 | 上海市社会科学界联合会 | 1993 - 09 - 28 | 天平路 245 号 401（B）室 |
| 115 | 上海市地名学研究会 | 上海市社会科学界联合会 | 1993 - 09 - 28 | 南丹东路 25 号 311 室 |
| 116 | 上海国际商务法律研究会 | 上海市社会科学界联合会 | 1993 - 10 - 06 | 淮海中路 622 弄 7 号 436 室 |
| 117 | 上海市建设交通系统思想政治工作研究会 | 上海市社会科学界联合会 | 1993 - 10 - 23 | 徐家汇路 579 号金丽大厦 446 室 |
| 118 | 上海市太平洋区域经济发展研究会 | 上海市社会科学界联合会 | 1993 - 10 - 25 | 华山路 1954 号 |
| 119 | 上海市研究生教育学会 | 上海市社会科学界联合会 | 1993 - 12 - 03 | 茶陵北路 19 号 227 室 |
| 120 | 上海炎黄文化研究会 | 上海市社会科学界联合会 | 1993 - 12 - 03 | 漕溪北路 28 号 17 楼 C 室 |
| 121 | 上海科技系统思想政治工作和人才管理研究会 | 上海市社会科学界联合会 | 1994 - 01 - 12 | 南昌路 57 号 304 室 |
| 122 | 上海中西哲学与文化比较研究会 | 上海市社会科学界联合会 | 1994 - 01 - 12 | 中山北路 3663 号文科大楼 1012 室 |
| 123 | 上海文物博物馆学会 | 上海市社会科学界联合会 | 1994 - 02 - 08 | 人民大道 201 号 |
| 124 | 上海现代企业经营管理研究会 | 上海市社会科学界联合会 | 1994 - 02 - 25 | 江宁路 838 号 6 楼 C 座 |

(续表)

| 序号 | 单 位 名 称 | 业务主管单位 | 登记日期 | 办 公 地 址 |
|---|---|---|---|---|
| 125 | 上海林风眠艺术研究协会 | 上海市文化广播影视管理局(上海市文物局) | 1994 - 04 - 20 | 岳阳路 197 号 |
| 126 | 上海市退休职工管理研究会 | 上海市社会科学界联合会 | 1994 - 06 - 08 | 北京西路 1068 号 9 楼 |
| 127 | 上海市演讲学研究会 | 上海市社会科学界联合会 | 1994 - 07 - 25 | 东川路 500 号 |
| 128 | 上海市形势政策教育研究会 | 上海市社会科学界联合会 | 1994 - 08 - 19 | 淮海中路 622 弄 7 号 |
| 129 | 上海市当代人物研究会 | 上海市社会科学界联合会 | 1994 - 11 - 23 | 陕西南路 202 号 |
| 130 | 上海诗词学会 | 上海市作家协会 | 1994 - 12 - 29 | 多伦路 153 号 |
| 131 | 上海市民营经济研究会 | 上海市社会科学界联合会 | 1995 - 01 - 12 | 延安东路 45 号 |
| 132 | 上海海外华人经济研究会 | 上海市社会科学界联合会 | 1995 - 02 - 24 | 淮海中路 622 弄 7 号 251 室 |
| 133 | 上海市少先队工作学会 | 共青团上海市委员会 | 1995 - 03 - 07 | 东湖路 17 号 |
| 134 | 上海通俗文艺研究会 | 上海市文学艺术界联合会 | 1995 - 03 - 07 | 中兴路 1111 号 3 楼 |
| 135 | 上海电影评论学会 | 上海市文学艺术界联合会 | 1995 - 03 - 07 | 永福路 52 号 |
| 136 | 上海金融法制研究会 | 上海市社会科学界联合会 | 1995 - 03 - 22 | 罗阳路 388 号 |
| 137 | 上海市青少年教育协会 | 共青上海市委员会 | 1995 - 05 - 04 | 虹桥路 2266 号 |
| 138 | 上海市邓小平理论研究会 | 上海市社会科学界联合会 | 1995 - 06 - 27 | 永福路 265 号 4 号楼 8361 室 |
| 139 | 上海市高等教育学会 | 上海市社会科学界联合会 | 1996 - 01 - 12 | 陕西北路 500 号 3 号楼 201 室 |
| 140 | 上海舞台美术学会 | 上海市文学艺术界联合会 | 1996 - 07 - 25 | 华山路 630 号 |
| 141 | 上海生产力学会 | 上海市社会科学界联合会 | 1997 - 07 - 08 | 法华镇路 535 号 |
| 142 | 上海市社区发展研究会 | 上海市社会科学界联合会 | 1997 - 07 - 23 | 淮海中路 622 弄 7 号 408 室 |
| 143 | 上海市共青团建设研究会 | 共青上海市委员会 | 1997 - 08 - 05 | 虹桥路 2266 号 206 室 |
| 144 | 上海未来亚洲研究会 | 上海市社会科学界联合会 | 1998 - 02 - 12 | 同丰路 656 号 1 层 |
| 145 | 上海市监狱学会 | 上海市社会科学界联合会 | 1999 - 01 - 07 | 长阳路 111 号 4802 室 |
| 146 | 上海市劳动教养学会 | 上海市社会科学界联合会 | 1999 - 03 - 09 | 吴淞路 333 号 1009 室 |
| 147 | 上海舒同书法艺术研究会 | 上海市文学艺术界联合会 | 1999 - 05 - 26 | 延安西路 719 号 602 室 |
| 148 | 上海人类学学会 | 上海市社会科学界联合会 | 1999 - 10 - 10 | 邯郸路 220 号 |
| 149 | 上海市世界语协会 | 上海市社会科学界联合会 | 1999 - 10 - 11 | 淮海中路 622 弄 7 号 |
| 150 | 上海市马克思主义研究会 | 上海市社会科学界联合会 | 1999 - 12 - 30 | 虹漕南路 200 号 |
| 151 | 上海市日本学会 | 上海市社会科学界联合会 | 2000 - 02 - 24 | 桂林路 100 号教苑楼 701 室 |
| 152 | 上海市美国学会 | 上海市社会科学界联合会 | 2000 - 03 - 10 | 淮海中路 622 弄 7 号乙楼 603 室 |
| 153 | 上海海关学会 | 上海海关 | 2000 - 05 - 19 | 中山东一路 13 号 733 室 |
| 154 | 上海市年鉴学会 | 上海市社会科学界联合会 | 2002 - 09 - 28 | 西康路 1369 号 411 室 |
| 155 | 上海市法治研究会 | 上海市社会科学界联合会 | 2002 - 10 - 29 | 三源路 175 号 A 楼 501 室 |
| 156 | 上海楹联学会 | 上海市文学艺术界联合会 | 2003 - 01 - 11 | 延安西路 719 号 507 室 |

（续表）

| 序号 | 单　位　名　称 | 业务主管单位 | 登记日期 | 办　公　地　址 |
|---|---|---|---|---|
| 157 | 上海国资企业思想政治工作研究会（上海国资企业文化促进会） | 上海市社会科学界联合会 | 2004-01-19 | 万航渡路 767 弄 20 号 |
| 158 | 上海市财政学会 | 上海市社会科学界联合会 | 2004-04-24 | 岳阳路 195 弄 6 号 |
| 159 | 上海巴金研究会 | 上海市作家协会 | 2004-04-24 | 巨鹿路 675 号 102 室 |
| 160 | 上海国际金融中心研究会 | 上海市金融服务办公室 | 2004-05-19 | 大沽路 100 号 2317 室 |
| 161 | 上海市领导科学学会 | 上海市社会科学界联合会 | 2004-07-02 | 新华路 345 号 |
| 162 | 上海市信息学会 | 上海市社会科学界联合会 | 2004-07-23 | 四平路 1239 号同济大学信息馆 208 室 |
| 163 | 上海市信访学会 | 上海市社会科学界联合会 | 2006-07-07 | 福州路 666 号 8 楼 A1 室 |
| 164 | 上海市延安精神研究会 | 上海市社会科学界联合会 | 2007-04-17 | 军工路 334 号上海水产大学 34 号楼 210 室 |
| 165 | 上海市人民政协理论研究会 | 上海市社会科学界联合会 | 2008-03-07 | 北京西路 860 号 |
| 166 | 上海城市规划学会 | 上海市社会科学界联合会 | 2008-12-23 | 铜仁路 331 号 7 楼 704 室 |
| 167 | 上海东方青年学社 | 上海市社会科学界联合会 | 2008-12-26 | 康平路 66 号华康大楼 108 室 |
| 168 | 上海廉政研究会 | 上海市社会科学界联合会 | 2010-05-20 | 建国西路 506 弄 34 号 3 楼 |

# 第二篇
## 民办非企业单位

民办非企业单位是在改革开放的大潮下、适应社会主义市场经济体制的要求出现的新型社会组织，是企业事业单位、社会团体和其他社会力量以及公民个人利用非国有资产举办的，从事非营利性社会服务活动的社会组织。

1978 年以后，特别是 20 世纪 90 年代末，非营利性机构逐步被政策研究者和决策制定者视为改革事业单位激励机制的一种替代性选择。多元主体举办社会事业的积极性大大增强。除政府举办的事业单位以外，企事业单位、社会团体和其他社会力量以及公民个人也参与到科技、教育、文化、卫生等社会事业的供给中去，出现了民办非企业单位的雏形。起初，对这类机构没有确切的法定概念，一些规范性文件按照事业单位的逻辑称之为"民办事业单位"。1996 年之前，此类机构没有实现统一归口登记管理，由各个挂靠单位和业务主管单位自行审批，管理较为混乱。1996 年，民办非企业单位的名称第一次出现在中共中央办公厅、国务院办公厅下发的《关于加强社会团体和民办非企业单位管理工作的通知》中。

1998 年 10 月，国务院颁布《民办非企业单位登记管理暂行条例》，首次明确民办非企业单位作为一类社会组织统称的法律地位，并将民办非企业单位交由民政部门依法统一登记、归口管理。1999 年上海市社会团体管理局成立，新设民办非企业单位管理处，负责全市性民办非企业单位的登记管理。上海民办非企业单位从小到大、从少到多，先后经历 2000—2001 年复查登记、2002—2010 年规范发展两个阶段。

2000 年 3 月，经市民政局、市社团管理局审查，上海新世纪改革发展研究所成立，成为《民办非企业单位单位登记管理暂行条例》颁布后上海市正式成立的第一家民办非企业单位。3 月，上海慈善捐赠救助物资服务中心完成注册，成为上海第一家从事公益服务的民办非企业单位。4 月，正式启动民办非企业单位复查登记，同时，下发《上海市民办非企业单位登记实施意见》《关于开展对本市民办非企业单位复查登记工作的实施意见》《上海市民办非企业单位名称管理暂行规定》《上海市民办非企业单位登记管理公开服务项目》等一系列配套文件，为复查登记的启动、业务培训、试点等工作奠定基础。2001 年 12 月底，上海完成民办非企业单位复查登记工作，共准予登记民办非企业单位 2 136 家。

2002 年后，上海民办非企业单位步入规范发展阶段。按照"培育发展与监督管理并重"的方针，上海培育发展公益性、服务性民办非企业单位，尤其是重点发展了一批居家生活料理、慈善救助、捐助服务、促进就业、帮教矫治、戒毒等方面民办非企业单位，充分发挥这些单位在促进社会事业发展、推动政府职能转变、创造就业岗位、满足人民群众多样化需求等方面的积极作用。同时，上海加强对民办非企业单位依法管理的制度供给，先后制定《关于本市社会团体和民办非企业单位票据及税收管理问题的通知》《关于本市社会团体和民办非企业单位专职人员社会保险问题的通知》《关于在本市民间组织中实施工资基金管理工作的通知》等文件，初步建立了科学化、法制化、规范化的长效管理机制。2004 年，上海以政府购买服务为依托，整合社区资源，吸纳民间资本，共培育 200 多家居家养老服务机构，并成立全国首家养老评估机构——上海市社会福利评估所；在收容遣送制度废止后，探索以民办非企业单位为组织载体、改进对流浪乞讨人员的救助管理方式，在浦东和静安等区试点成立慈善救助服务社，随后逐步在全市推广；为构建预防和减少犯罪工作体系，配合有关部门成立了禁毒、社区矫正和青少年管理等方面的民办非企业单位。2006年，市社团管理局出台《关于进一步深入开展民办非企业单位自律与诚信建设活动的意见》，对全市民办非企业单位重大事项报告、服务承诺、信息披露等进行规范。之后结合上海实际，出台《关于办理民办非企业单位迁出迁入变更登记有关问题的通知》《关于开展本市民办学校民事主体资格变更登记工作的通知》，进一步完善民办非企业单位的变更事项。2008年1月7日，市民政局、市劳动和社会保障局、市社会团体管理局下发《关于在本市社会团体、基金会和民办非企业单位中建立年金制度若干问题的通知》，以促进社会组织完善社会保障机制。2009年后，上海大力推进社会组织孵化基地建设和公益创投招投标工作，全市民办非企业单位积极参与，建立17个孵化基地，投入资金1.8亿元。

　　到2010年，在上海市民政部门登记注册的民办非企业单位6 225家（含涉外34家），占全市登记社会组织的62%，其中，市级民办非企业单位355家，区（县）级民办非企业单位5 870家。行业涉及教育领域、卫生领域、文化领域、科技领域、体育领域、劳动领域、民政领域、社会中介服务领域、法律服务领域、其他领域等领域，在促进社会事业发展、推动政府职能转变、创造就业岗位、满足人民群众多样化需求等方面发挥积极作用。

# 第一章　教育领域民办非企业单位

教育领域民办非企业单位，一般是指经县级以上地方人民政府和县级以上地方人民政府教育行政部门审批设立的，由企业事业组织、社会团体及其他社会组织和公民个人，利用国家非财政性教育经费，面向社会举办的学校及其他教育机构。2001 年 10 月 19 日，民政部、教育部发布《教育类民办非企业单位登记办法》，为教育领域民办非企业单位的发展指明了方向。上海的教育领域民办非企业单位严格遵守国家法律法规和上海市政策规定，为服务上海教育事业做出历史性贡献。

20 世纪 90 年代，随着国家民办教育事业的蓬勃发展，上海民办教育体制和办学方式也在不断改革创新，市政府将全市民办教育事业纳入国民经济和社会发展规划，不断加大投入力度，极大提高了上海多元主体兴办教育事业的积极性和活力。市教委正式成立民办教育管理处，与中共上海市民办高校党工委办公室合署办公，市民政局和市教委对全市民办高校实行联合年检，经市政府批准，建立上海市民办教育联席会议制度，共同推进上海民办教育事业健康发展。到 2010 年，上海民办高校及其他教育领域民办非企业单位共登记 29 家，民办学校在校生规模近 30 万人。

## 第一节　沿　　革

上海教育领域民办非企业单位的发展，与我国民办教育事业的发展息息相关。随着改革开放的深入和教育思想的解放，20 世纪 90 年代以来，我国民办教育事业已经有较大发展。2002 年 12 月 28 日，第九届全国人大常务委员会第三十一次会议通过《中华人民共和国民办教育促进法》，以国家立法的形式明确民办教育机构的法律地位，提出民办教育事业属于公益性事业，是社会主义教育事业的组成部分，国家对民办教育实行积极鼓励、大力支持、正确引导、依法管理的方针，各级人民政府应当将民办教育事业纳入国民经济和社会发展规划；同时，民办学校应当遵守法律、法规，贯彻国家的教育方针，保证教育质量，致力于培养社会主义建设事业的各类人才。2004 年 4 月 1 日，国务院颁布《民办教育促进法实施条例》，规定，允许每个民办教育机构明确选择它是否要求取得"合理回报"。随着各地政府一系列支持教育领域民办非企业单位的政策出台，多元主体兴办教育事业的积极性空前高涨。

20 世纪 90 年代，随着上海教育体制和办学方式的不断改革创新，民办教育机构也获得大发展。民办学校在办学过程中，以很好的教学质量和教育服务质量，赢得社会广泛的信任和支持，人民群众多元化的教育需求，为民办教育的进一步发展提供广阔空间和根本动力，初步形成公办、民办教育共同发展的格局，民办教育已成为上海教育事业不可分割的重要组成部分。到 2010 年，全市市级教育领域民办非企业单位共登记 29 家，民办学校在校生规模近 30 万人，其中，本专科在校生9.52 万人，占 18.6%；民办高中在校生 1.9 万人，占 10.8%；民办初中在校生 6.3 万人，占 14.7%；民办小学在校生 3.4 万人，占 6.1%；民办幼儿园在园儿童 7.4 万人，占 20.9%。另外，有以招收农民工子女为主的民办小学 150 余所，共有在校生 11.7 万人。除此之外，全市每年还有 1 000 多万人次在民办非学历教育机构接受教育培训。新世纪，上海应对新时期教育发展需要，全面推进民办教育事业，民办学校已逐步进入内涵建设与转型发展期，教育类民办非企业单位跨入以质量提升为核心的内涵式发展新阶段。

上海对教育领域民办非企业单位的管理,是与全市教育事业的总体谋划和总体布局相联系的。2005年,上海市人民政府发布《上海市实施〈中华人民共和国民办教育促进法〉,〈中华人民共和国民办教育促进法实施条例〉若干问题的暂行规定》,明确提出,市和区(县)政府应当把民办教育事业纳入国民经济和社会事业发展规划。自2005年起,市民政局和市教委对全市民办高校实行联合年检。同年,上海民办高等教育协会和上海市民办中小学协会正式成立,两个协会和上海市工商联民办教育协会共同搭建起民办学校与政府相关部门、民办学校之间沟通交流、互相促进的平台,对加强行业自律、促进民办教育健康发展发挥重要作用。2007年,上海开展派驻民办高校督导专员的试点工作。2009年6月,市教委正式成立民办教育管理处,与中共上海市民办高校党工委办公室合署办公,负责上海民办教育政策及管理制度的制定。与此同时,一些区(县)教育局也相应成立民办教育管理科。2009年12月,经市政府批准,建立上海市民办教育联席会议制度,由市发展和改革委员会、市财政局、市国家税务局、市地方税务局、市审计局、市住房保障房屋管理局等单位共同联席,统筹解决民办教育发展中的重大问题,共同推进上海民办教育事业健康发展。

在加强对民办教育机构管理的同时,市、区(县)两级政府实施多项对民办教育的鼓励扶持政策。具体包括以下方面:

建立公共财政投入扶持制度。2005年,上海第一次召开上海市民办教育工作会议,设立民办教育政府专项资金,并制定专项资金的使用管理办法,区(县)政府也相应建立教育专项发展基金。市政府每年拨出4 000万元,用于建立上海市民办教育发展政府专项资金,促进民办教育健康发展。其中,2 000万元用于民办基础教育,2 000万元用于民办高等教育,重点扶持有特色、高质量的民办学校,做大做强优质民办学校。2006年4月28日,市教委、市财政局共同印发《上海市促进民办教育发展专项资金管理办法》,进一步明确专项资金的设立目的、资金来源、支持内容、财务管理等内容,区(县)也进一步加强民办教育专项资金支持力度。嘉定区于2005年设立"嘉定区民办教育扶持和奖励基金",每年投入100万元;浦东新区于2006年设立"浦东新区民办教育发展政府专项资金",每年投入1 000万元,用于扶持所在区域民办教育发展。2008年和2009年,市财政两次增加民办教育发展专项资金,民办高校按照生均1 000元/学年的额度进行资助,2009年市财政当年拨付民办高校专项扶持资金达到9 400多万元。2009年,市教委、市财政局联合印发《关于加强扶持民办中小学发展的通知》,强调加大对民办中小学的扶持力度,当年市级财政用于民办中小学扶持资金达3 000万元。上海公共财政对民办教育的扶持,始终坚持公共财政的公共性和公益性原则,投向民办学校的专项资金,主要用于学科专业建设、师资队伍建设、国际化建设、信息化建设和安全技防建设等主体建设方面,根据民办高校依法规范办学和落实法人财产权情况,核定专项资金的项目和额度,有效引导和促进民办学校坚持教育公益性,依法规范办学,加强内涵建设和发展。2010年,召开上海市民办教育工作第二次会议,会议要求进一步加大民办教育政府专项资金扶持力度,进一步加强配套管理措施。同时,探索不同类型的民办学校在产权归属、法人属性、财务制度、退出机制、招生收费、政府资助以及税收等方面的不同优惠和配套政策。2005年至2010年,市级财政对各类民办教育机构的扶持投入累计近7亿元。

确立和保障同等权利。上海在依法保障民办学校同等权利方面,做到民办学校招生与公办学校招生同批次录取;民办学校的学历学位证书与公办学校具有同等效力;民办学校在各类评奖评优中与公办高校一样依法享有同等地位。同时,公共财政用于在校生的各项经费资助和相关政策,也做到民办学校与公办学校一视同仁、公平对待。义务教育阶段以及高中阶段的困难家庭学生资助等政策,已覆盖全市所有民办中小学学生;在享受困难补助、奖学金、医疗保险、就业指导等政策上,民办高校学生和公办高校学生依法享有同等权利。此外,市教委经过不断探索和实践,已将民办学校教职工人事代理关系纳入统一管理范畴,切实保障民办学校教师在职务职称评审、奖励表彰、科研资助、培训培养等方面,依法享有与公办学校教师同等权利。

实施民办学校强师工程。在保障民办学校教师权益的同时,上海加强民办学校师资队伍建设,实施"强师工程"。一方面,大力加强对教师和管理人员专业教学和管理能力的培训培养,支持教师积极开展科研,提高科研水平;另一方面,通过政府扶持资金奖励的方式,推动学校建立教职工年金制度,确保教师队伍稳定。此外,加强民办学校党政负责干部素质能力建设,建立和完善学习培训制度,促进办学管理水平提高。自2005年起,上海在全国率先开展民办高校依法自主招生改革,积极探索高等教育入学考试等方面工作。到2010年,参与此项改革的民办高校已达13所,分别占全市民办高校和当年自主招生高职(专科)院校的2/3;自主计划招生12 370人,实际录取12 139人,比上年增加2 157人。

上海坚持依法从严治教方针,从20世纪90年代起,围绕民办教育事业管理,共制定发布涉及各类各级民办教育机构设置标准、人事评估、收费、财务管理等方面的政策文件29项。2002年《中华人民共和国民办教育促进法》颁布后,根据法制统一原则,市教委对涉及民办教育的29项文件进行梳理。2005年3月召开的上海市第一次民办教育工作会议,对民办学校的同等地位、设立审批、内部治理结构、收费及资产管理、民办教育发展专项资金等内容,进行明确规定。为切实规范和加强民办学校资产与财务管理,2009年,市教委等部门相继印发民办高校和民办中小学财务管理制度及会计核算办法等四个文件。2009年10月,市教委、市财政局、市国税局、市地税局和市民政局联合下发《关于加强民办高等学校学费及政府扶持资金账户管理的通知》,将民办高校的学费和政府专项资金纳入专户管理;2010年3月,市政府办公厅转发市教委等七个部门联合制定的《上海市推进民办高校落实法人财产权的实施办法》,要求切实落实民办高校的法人财产权。到2010年,全市有15所民办高校完成或部分完成资产过户,为上海民办高校健康科学可持续发展创造重要的前提条件。

公共财政对民办学校投入力度的加大,给民办学校的资金资产管理提出更高要求;民办教育改革发展的不断深入,也暴露出民办学校财务制度中的问题。在此背景下,上海自2009年起,依据国家法律法规和综合改革试点的要求,根据民办学校财务管理的实际情况,以《民办非企业单位会计制度》为基础,制定《上海市民办高等学校财务管理办法》《上海市民办高等学校会计核算办法》《上海市民办中小学财务管理办法》《上海市民办中小学会计核算办法》等规定,规范民办学校会计核算行为。

为了加强政府专项资金和学费的管理,要求民办学校设立学费专户和政府扶持资金专户,建立民办学校财务监管平台和民办学校学费收入信息管理系统。同时,对民办非学历教育机构,要求建立学费专户,将学费收入纳入专户管理,接受有关部门监管。此外,加大对民办学校专项审计和专项监管力度,对民办学校所接受的政府扶持资金和收取的费用,实行过程管理和实时监控,为财政继续加大对民办学校的支持力度,开展营利性和非营利性民办学校的分类管理奠定基础。

上海加强民办教育信息管理系统建设,探索建立管理信息、系统数据共享平台、网上联合年检等管理机制,积极推进信息公开制度落实。公众通过查询信息资料库、行政审批平台等,构架起民办学校与政府、与公众之间信息互动和管理桥梁,营造学校自律、政府依法管理、社会监督的良性氛围。同时,为职能部门联合依法行政,提高政务信息共享水平打下良好基础。

2008年,市教委组织各区(县)教育部门开展民办非学历教育"政府公共政策、法规制度和公共信息发布、公告和公示"平台建设情况调研,完成全市1 495个办学机构的信息登录,调整和完善全市民办非学历教育机构办学基本状况信息公开系统,并向社会提供民办非学历教育机构办学基本状况、社会评价和评估信息、培训市场供需信息等方面的网上发布和查询。2009年,组织编制和出版《上海市民办非学历教育院校(机构)2007年学年度资讯大全》,免费向社会各界提供使用,畅通全市社会办学信息资源渠道。

为了加强信息管理系统建设工作的统筹协调,市有关部门组织成立民办学校信息化专项协作组,在管理思路、管理目标和技术支持上形成统一的认识和标准,统筹完善许可证管理、财务和学费管理、资产管理、政府专项资金管理、专职教职工管理等信息平台,联通各个信息系统,通过管理制度的信息化、标准化建设,提高管理的效率,促进信息公开和信息共享。发挥民办教育信息管理系统在各级各类民办学校办学许可证申领和换发复核中的作用,根据各区(县)管理部门和各民办学校的实际需求,在信息管理系统中添加变更模块,细化复核程序,加快复核速度,严格管理标准,提高民办学校办学许可证管理和行政审批的效率。

上海坚持以评促建、以评促改,推进民办学校健康发展。如,2006年9月,市教委对全市民办高校举办的非学历教育和培训进行清查整顿,并对高校举办的各类研究生课程进修班进行登记备案;同年11月和12月,市教委委托市教育评估院对上海东海职业技术学院和上海济光职业技术学院的人才培养工作进行评估。2007年,市教委专门成立民办高等教育课题研究小组,开展派驻民办高校督导专员试点工作,向6所参与试点的民办高校派驻督导专员;组织开展对民办高校建设情况进行年度检查;建立民办非学历教育机构设置校外教学点的审核备案制度,规范社会办学机构的学校宣传和招生广告的备案与管理。同时,在全市范围内进行民办中小学依法办学专项评估。2009年,市教委对各区(县)民办非学历教育管理工作开展专项调研和督导,就区(县)履行准入和变更审批管理职能,落实审批责任追究制度,对违规办学现象的查处和监管等情况,开展专项调研和督查。在此基础上,市教委还制定了上海市民办非学历教育院校办学评估办法,探索建立全市民办非学历教育办学状况评价制度,旨在以评促建、以评促改,促进民办非学历教育的健康规范发展。

上海教育类民办非企业单位的发展,在补充社会急需的教育资源、缓解政府公共财政压力的同时,在相当程度上满足了公众对教育服务的多样化需求,推动上海教育事业在教育理念、培养目标、教育内容、教育技术、教育模式、教育管理等方面的创新和突破,为实现上海教育现代化作出积极贡献。具体表现在:

促进教育创新转型。教育类民办非企业单位增加和民办教育的发展,有力促进上海办学体制以及公办学校的改革,激发教育系统的生机和活力。民办教育积极探索"委托管理""教育集团办学""公私合作伙伴"等不同体制办学模式,为上海教育领域形成多元化的办学新格局作出贡献。与此同时,民办教育的发展,在客观上促进上海教育管理体制的改革和政府管理职能的转变,民办学校的相对自主性,促使政府更加注重加强在监管规划与引导方面的职能,改变政府优先管理公办教育的传统思维,更加重视和着力建设对公办、民办学校一视同仁的制度安排及政策环境。此外,民办教育的发展,催生一大批教育科研、教育评价、教育认证、管理咨询等行业组织和中介机构,促进教育理念、教育模式和教育管理的科学化、现代化。

助推教育及社会发展。近年来,上海各级各类民办学校和其他教育机构,为社会提供近5万个以上的教职员工就业岗位,承担大量基础教育任务,大约12万名进城务工人员随迁子女在民办小学、民办幼儿园和随迁子女看护点就学,解决进城务工人员随迁子女教育问题的后顾之忧,为上海城市建设吸引大规模稳定的劳动力。同时,民办教育的发展,特别是民办高校的发展,为上海高等教育普及化起到巨大的推动作用,为上海区域经济建设提供有力的智力支持和人才资源的保障。

拓展教育资源渠道。教育领域民办非企业单位增加和民办教育的发展,改变了政府统一拨款的单一办学模式,促进教育投融资体制改革,使教育投资主体多元、融资渠道多样、教育资源扩大,吸引大量的社会资金,有效弥补政府教育经费不足。按以 2009 年全市实际生均教育经费为基准计算,仅 2009 年,民办学校就为政府节约教育经费 50 亿元以上,同时非学历教育机构所带动的社会性教育经费投入达 100 亿多元。到 2010 年,上海各级各类民办教育机构所形成的固定资产近 130 多亿元,为城市教育发展积累了大量宝贵的非公教育资源。民办教育的发展壮大,使原本因为教育资源不足而导致的教育机会短缺的历史难题,得到较好的解决。社会教育资金的投入,使政府公共资金惠及更多人群。

满足多样化教育需求。随着上海现代化进程的推进,人民生活水平不断提高,人民群众对教育尤其是优质教育的选择性需求日趋旺盛。民办教育适应社会需要,积极深化课堂教学改革和实施特色办学,不断优化教育资源配置,较好地满足社会对多样化教育的需求,也为自身发展提供巨大的生存和发展空间。中小学民办学校的办学质量和办学效益得到社会公认。2010 年,上海有 15 所民办中小学申报中国民办教育协会中小学专业委员会的特色建设课程,并得到立项确认。在非义务教育领域,民办高中、高职学校充分发挥自身所具有的贴近市场、办学灵活、运作高效等体制机制优势,在专业设置上适应社会需要,通过与行业企业深度合作,推行"订单式"培养等方式,努力开发城乡新的劳动力资源。在打造适用专业、构建富有特色的人才培养体系方面,开展大量卓有成效的工作;在高级应用型人才培养上,坚持面向社会,服务服从于社会经济建设需要,突出应用能力,为社会输送一大批紧缺新型实用人才。

2010 年,上海与教育部签订部市共建国家教育综合改革实验区的战略合作协议,提出"改善民办教育发展的政策环境""促进民办教育健康发展"的要求,并作为教育综合改革试验的重要内容,列入 2010 年教育重点工作之一,对"建立民办学校财务、会计和资产管理制度,完善政府公共资助体系"开展试点。上海教育类民办非企业单位和民办教育,迎来新的发展契机。

# 第二节 选 介 和 名 录

## 一、选介

### 【上海建桥学院】

上海建桥学院由上海建桥(集团)有限公司出资举办,原名"上海建桥职业技术学院",主要从事专科高等职业教育。2001 年 4 月注册登记为民办非企业单位。业务主管单位为上海市教育委员会。

2003 年,学校列入上海市 11 所示范性高职院校建设单位之一。2005 年 9 月,经上海市人民政府批准、教育部备案,同意在"上海建桥职业技术学院"的基础上建立"上海建桥学院",学校也由从事专科高等职业教育逐步转变为以本科层次教育为主的全日制普通高等学校,并成为教育部全国应用技术大学联盟成员单位。2006 年 9 月,首批本科学生报到入学。2010 年 7 月,学校获批为学士学位授予单位。到 2010 年,学校已经有新闻学、微电子学、电子商务、工程管理等本科专业 30 个,专科专业 12 个,专业涵盖经济学、文学、工学、管理学、艺术学等多个学科门类;全日制在校生

16 564 人,其中本科生 13 956 人,专科生 2 608 人。学校是上海市第一所获得留学生招生资质的民办高校,2010 年在校留学生 70 人。

学校实行董事会领导下的校长负责制,学校董事会始终坚持公益性办学方针,确保学费收入绝大部分用于日常运行,为学校内涵提升、健康发展提供强有力的经费保障。学校主动适应上海乃至全国经济社会发展对人才的需求,坚持校企合作办学模式,先后与中兴通讯、东方网、解放日报、百联汽车、汉堡王、上海迪士尼等百余家企业建立不同形式的合作关系。学校加强校际合作,先后与东华大学、上海海洋大学、江西财经大学等高校签署联合培养硕士研究生协议,开展联合培养专业硕士研究生合作;学校加入由上海交通大学、华东师范大学等 19 所高校在内的上海市西南片高校联合办学,参与上海高校课程资源共享中心建设等,为在校本科生争取更多的跨校共享资源。学校毕业生就业率始终稳定在 98% 以上。学生“毕业即就业,上岗即上手,发展可持续”,深受用人单位欢迎。

【上海杉达学院】

上海杉达学院是由上海交通大学、北京大学、清华大学部分教授发起创办的全日制民办大学。经上海市高等教育局批准筹建,经国家教育委员会批准正式建校,原校名为“杉达大学”;2001 年 2 月 16 日,经上海市社会团体管理局复查登记后,取得民办非企业单位法人登记证书;2002 年 3 月,经教育部批准设置为全日制普通本科院校,校名变更为“上海杉达学院”。业务主管单位为上海市教育委员会。

上海杉达学院是上海市第一所本科民办高校。学院业务范围是:大学本、专科学历教育(含普通、成人)及非学历教育培训。学校建有上海浦东、浙江嘉善 2 个校区,总占地面积 808 亩,校舍总建筑面积 30 万平方米,运动场馆面积 10.4 万平方米,教学仪器设备总值 1.7 亿元,图书馆纸质图

图 2-1-1　2005 年 10 月,上海杉达学院举行首届本科生毕业典礼暨学士学位授予仪式。

书 122 万册。到 2010 年,学校设有胜祥商学院、管理学院、信息科学与技术学院、外语学院等多个二级学院;设有经济学、法学、文学、理学等 9 个学科门类,34 个本科专业、6 个专科专业;有专任教师 700 余人,其中具有副高级以上职称的教师占 44.5%,具有硕士研究生以上学历的教师占 84.5%;全日制在校生 1.4 万余人,其中本科生 1.3 万余人。建校以来,培养 4 万余名各级各类人才。

学校围绕行业资格框架,逐步形成与大中型企业合作成立二级学院、与企业合作开展教学培训与毕业设计、与企业共建实践教学基地等教学模式,完成 80 余个学科专业内涵建设项目,拥有各类专业教学实验室 150 余个;先后与 16 个国家和地区的近 60 所大学建立校际合作交流协议与合作项目。

学校以"共建杉达,共享杉达"为价值目标,恪守公益性、非营利性办学原则,坚持"以诚信对待社会,以严谨的教育管理取信于社会,以较高的教育质量回报社会"的办学理念,学生不仅在各级各类学科竞赛中成绩突出,获得一大批国家级和省市级比赛奖项,而且毕业后广泛受到用人单位欢迎和好评。

### 【上海东海职业技术学院】

上海东海职业技术学院于 2001 年 3 月复查登记后,获得民办非企业单位法人,是上海市最早由教育部批准获得颁发国家学历文凭资格的全日制民办高校之一,招生计划纳入国家统招计划。业务主管单位为上海市教育委员会。

上海东海职业技术学院作为上海市市级特色高职院校和上海市示范性民办高校,到 2010 年,已有经管学院、艺术学院、机电学院、护理学院、商学院、传媒学院、航空学院等 7 个二级学院,基础教学部和社会科学部 2 个教学部以及继续教育学院,共 28 个专业;有 15 个教学实训中心和 85 个实训室;专任教师 298 人,其中副高以上高级职称 87 人,"双师素质"教师占 40%;外聘教师主要来自上海交通大学、华东师范大学、上海师范大学、东华大学、上海大学等本科院校。

学校注重内涵建设,面向全国 20 多个省市自治区投放招生计划,紧紧瞄准市场需求设置专业,其中,会计、报关与国际货运、国际金融、机电一体化技术和影视动画等专业为国家级骨干专业,国际经济与贸易、护理、空中乘务和环境艺术设计等专业为上海市骨干专业,教学质量和社会声誉不断提高。学校积极开拓教育资源,拓展教育渠道,加强与国际高校沟通,先后与美国瓦尔帕莱索大学、日本沟部学园、美国西伊利诺伊州立大学、日本京都情报大学院大学、日本多摩大学、澳大利亚悉尼 TAFE 学院、德国手工业协会(HWK)、德国东巴工程技术大学等国外高校建立交流合作机制。学校坚持教学与实践相结合,加大实习实训投入力度,精心培养学生的实践操作能力,毕业生一次就业率达 98.65%,受到用人单位广泛欢迎。

### 【上海震旦职业学院】

上海震旦职业学院筹建时名为震旦进修学院,2003 年由上海市民政局登记为民办非企业单位。业务主管单位为上海市教育委员会。

1903 年,我国著名教育家马相伯立志教育救国、毁家办学、在上海创办中国第一所私立大学——震旦学院。1905 年,震旦学院改名为震旦大学。1984 年,张惠莉女士有志于传承老震旦的教育理念,提出创办"震旦教育",并从震旦进修学院起步,举办高等学历教育。2005 年 9 月,震旦进修学院受让上海东方文化职业学院举办权。同年 11 月,经上海市人民政府批准,上海东方文化职业学院更名上海震旦职业学院,属国家计划内全日制普通高校,学制三年,专科学历,注册资金600万元。业务主管单位为上海市教育委员会,学院举办者为上海震旦教育发展集团有限公司。学校业务范围是:全日制高等职业教育。

学校地处宝山区罗店镇,占地220亩,建筑总面积10万余平方米;拥有教学仪器设备总值超过5 900万元,图书馆馆藏纸质图书42余万册、中文纸质专业期刊近200种以及电子专业期刊6 500种;拥有完善的校园网、多媒体教室、语音教室;建有400米标准化田径场、室内篮球场以及1 200座大礼堂、100余座实验剧场、影视观摩厅、体育艺术活动中心;还有文化长廊、教育超市、咖啡吧、面包房和生活服务一条街等。

学校坚持以综合素养为基础,以职业能力为本位,以就业为导向,推动专业设置与社会需求对接,到2010年,有公共卫生与护理、机电工程、传媒艺术、经济管理、东方电影艺术、教育等6个二级学院,25个专业,还设有国际交流学院、继续教育学院和思政教学部、基础教学部、体育教学中心、音乐舞蹈中心;建有2个中央财政支持实训中心,有食品营养与检测实训中心、机电实训中心、国际商务实训中心、新闻演播实训中心等4个上海市教委教学高地。拥有一支稳定的、德才兼备的教师队伍,有专任教师200余人,其中具有副高级职称占30%以上,"双师素质"教师占50%以上。学校重视实训、实验基地建设,建有17个实验中心、99个实训室,涵盖所有专业;食品营养与检测、护理、药学、传媒艺术、国际商务、机电一体化技术、建筑工程技术、教育学院、东方电影学院等实训中心得到上海市专项经费支持。

学校实施国际化发展战略,着力培养具有国际视野、通晓国际规则的技术技能人才。到2010年,已与美国、英国、德国、爱尔兰、土耳其、日本、韩国、新西兰等国家的10多所高等院校及教育机构建立交流合作关系。

## 【上海医药职工大学】

上海医药职工大学2004年2月转制后登记为民办非企业单位,是经上海市人民政府批准为医药卫生事业培养应用型高级专业人才的高等专科学校。业务主管单位为上海市教育委员会。

学校业务范围是:成人高等专科学历教育。

学校的学历教育分全日制高等职业技术教育和成年人业余教育两部分,成年人业余教育开设有药学、药剂(高职)、制药工艺(高职)、生物医药(高职)、药物分析、中药、医用电子仪器设备调试维修、医药贸易等专业,担负着上海地区执业药师的考前培训和以后的继续教育工作,是医药行业中、高级专业技术人员培训基地,也是国家药品监督管理局指定的执业药师培训中心之一。学校拥有图书馆、阅览室、实验室、语音室、微机房、多媒体教室和学术演讲厅。

建校70余年来,在长期的教学实践中,学校形成"加强基础教学、强化能力培养、注重实践、学风严谨"的办学特色,为上海乃至全国医药和卫生事业培育和输送一批又一批优秀人才。

## 【上海师范大学天华学院】

上海师范大学天华学院于2003年12月经教育部批准筹办,校名为"上海师范大学天华学院";2005年4月,经教育部批准正式建校,由上海师范大学、上海天华教育文化投资有限公司和上海天贤教育后勤服务有限公司合作创办,为全日制民办大学。同年,取得民办非企业单位法人登记证书。业务主管单位为上海市教育委员会。

学院业务范围是:高等本科教育。

学校总占地面积 310 372.6 平方米,校舍总建筑面积 101 727.85 平方米,运动场馆面积 31 240 平方米,教学仪器设备总值 8 336 万元,图书馆纸质图书 76.5 万册。学校设有工学院、管理学院、教育学院、艺术设计学院、语言文化学院、健康学院、通识学院 7 个二级学院,设有经济学、文学、理学、工学等 7 个学科门类、26 个本科专业,全日制在校生 9 236 余人。到 2010 年,有专任教师 461 余人,其中具有副高级以上职称占 31.2%,硕士研究生以上学历占 78.3%。

学校围绕行业资格框架,逐步形成与大中型企业合作成立二级学院、与企业合作开展教学培训与毕业设计、与企业共建实践教学基地等的教育模式,完成 5 个学科专业内涵建设项目,拥有各类专业教学实验室 70 余个,先后与美国和德国 6 所大学建立校际合作交流协议与合作项目。

建校以来,学校以“为做人而学习”为校训,恪守公益性、非营利性办学原则,坚持“诚信、责任”的办学理念,学生在各级各类学科竞赛中成绩突出,获得一大批国家级和省市级比赛奖项。

### 【复旦大学上海视觉艺术学院】

复旦大学上海视觉艺术学院(SIVA)于 2005 年 4 月经教育部批准正式成立,是在上海文化创意产业大发展急需大量创新型、复合型文化创意艺术人才的背景下,由复旦大学联合上海申教投资有限公司、上海文化广播影视集团、文汇新民联合报业集团、上海精文投资有限公司、上海精文置业(集团)有限公司等国有企事业单位共同投资创建,后吸收部分社会资本,是一所混合所有制的民办学院和新型艺术类本科院校。2005 年 5 月,取得民办非企业单位法人登记证书。业务主管单位为上海市教育委员会。

学院业务范围是:普通大学本科高等教育。

学院位于上海市松江大学园区,占地面积 49.21 万平方米,校舍面积 14.27 万平方米。截至 2010 年底,校园建设和固定资产投入逾 6 亿元。到 2010 年,学院有设计学院、新媒体艺术学院、时尚设计学院、美术学院、表演艺术学院、文化创意产业管理学院、基础教育学院 7 个专业学院;院务部、教务部、科研部、产业发展部 4 个管理部门;实训管理中心、图文信息中心和国家艺术交流中心 3 个业务中心。共有教职工 295 人,其中专任教师 168 人;在校学生 3 695 人。

学院确立“努力建设以创意为灵魂,以艺术教育与技术教育相融合为特色,面向文化产业发展好社会需求的应用型视觉艺术学院”的办学定位,按照“人无我有、人有我新、人新我特、人特我精”的十六字办学方针,根据社会经济文化发展,特别是上海文化创意产业发展的要求,参照上海和国内同类院校专业布局状况,以“原创性、艺术性、实践性、前瞻性”“四性统一”的办学理念,对接城市文化创意产业发展,确定学校的学科和专业设置,适应培养创新型、应用型艺术人才的需要。到 2010 年,学校开设“艺术设计”“工业设计”“数字媒体艺术”“绘画”“文化产业管理”“会展艺术与技术”“摄影”“动画”“雕塑”“表演”“播音与主持”“广播电视编导”等 13 个艺术类专业,共 26 个专业方向;并确立“包装传播设计”“室内与景观设计”“产品设计”“玻璃与陶瓷设计”“文物修复”和“文化产业管理与策划”等 7 个重点建设学科专业方向,进一步优化学科布局和专业结构,明确办学重点和办学特色。学院还积极联合有关单位合办二级学院或重点专业,先后与上海广播电视台合办新媒体艺术学院,与上海油雕院合办美术学院,与上海博物馆、上海图书馆合作创办“文物保护与修复”专业,共同培养适应社会需要和行业需求的艺术专业人才。

学院不断创新教学模式,拓展教学渠道。经教育部批准,学校从 2008 年开始参照国内 31 所独立设置艺术院校专业招生办法招生,成为全国首家获得此招生资质的民办高校。同年 8 月,经上海市教育委员会批准,学校开始招收外国留学生。2009 年 6 月,学校迎来首届毕业生毕业,毕业生就业率超过 97%。学校鼓励教师和学生积极参加国内外各项专业赛事,并获得多个奖项。2010 年,学校承担上海世博会主题馆、中国馆、世博中心三个馆室外永久雕塑项目,学院老师设计的上海世博会门票,被确定为正式门票。

### 【上海市对外教育交流中心】

上海市对外教育交流中心 2001 年 3 月复查登记后,获得民办非企业单位法人登记证书,是开展上海与世界各国教育交流与合作的非营利性组织。业务主管单位为上海市对外文化交流协会。

中心业务范围是:开展各类教育项目的对外合作与交流;组织各类人员的对外考察、互访、培训、进修、实习、学习和涉外咨询服务。

中心自成立以来,积极开展各类教育项目的对外合作与交流,组织各类人员的对外考察、互访、培训、进修、学习、实习等,同欧美及亚太各国及地区的组织和个人建立良好的合作伙伴关系,是上海及周边地区颇具影响的国际教育交流组织。中心顺应中国教育改革大势,积极拓展对外教育交流的深度和广度,努力为上海各类院校、广大师生和机关企事业单位提供优质化、专业化的国际教育交流项目,通过考察和引进海外先进的教育理念与模式,输出和推广中国优秀的教育文化资源,促进上海教育事业的发展及各国人民之间的友好合作。

到 2010 年底,中心已经拥有一只业务精湛、素质一流的员工队伍,与复旦大学、上海交通大学、上海师范大学、中医药大学等几十所大、中学校,以及与上海市领导科学学会、上海教育国际交流协会、上海市校外教育协会等众多社会组织,与上海汽车工业集团、上海临港集团、上海化工等众多著名企业建立有良好的合作关系,为上海及周边地区的教育文化事业发展作出贡献。

## 二、名录

根据 1998 年国务院《民办非企业单位登记管理暂行条例》界定,截至 2010 年底,在市社会团体管理局注册登记的市级教育事业领域民办非企业单位共 29 家。

表 2 - 1 - 1　2010 年上海市市级教育领域民办非企业单位一览表

| 序号 | 单 位 名 称 | 业务主管单位 | 登记日期 | 办 公 地 址 |
|---|---|---|---|---|
| 1 | 上海建桥学院 | 上海市教育委员会 | 2000 - 06 - 26 | 沪城环路 1111 号 |
| 2 | 上海质量技术监督教育培训中心 | 上海市质量技术监督局 | 2000 - 12 - 28 | 长乐路 1219 号 16 楼 |
| 3 | 上海济光职业技术学院 | 上海市教育委员会 | 2001 - 02 - 15 | 水产路 2859 号 |
| 4 | 上海杉达学院 | 上海市教育委员会 | 2001 - 02 - 16 | 金海路 2727 号 |
| 5 | 上海东海职业技术学院 | 上海市教育委员会 | 2001 - 03 - 13 | 虹梅南路 6001 号 |
| 6 | 上海工商学院 | 上海市教育委员会 | 2001 - 03 - 28 | 香港路 59 号 |
| 7 | 上海欧华职业技术学院 | 上海市教育委员会 | 2001 - 06 - 22 | 田林路 418 号 |
| 8 | 上海震旦职业学院 | 上海市教育委员会 | 2001 - 07 - 06 | 罗店镇市一路 88 号 |
| 9 | 上海邦德职业技术学院 | 上海市教育委员会 | 2001 - 12 - 04 | 锦秋路 299 号 |
| 10 | 上海中侨职业技术学院 | 上海市教育委员会 | 2002 - 02 - 07 | 张堰镇漕廊公路 3888 号 |

（续表）

| 序号 | 单 位 名 称 | 业务主管单位 | 登记日期 | 办 公 地 址 |
|---|---|---|---|---|
| 11 | 上海民远职业技术学院 | 上海市教育委员会 | 2002-02-25 | 唐陆路 3892 号 |
| 12 | 民办华夏学院（筹） | 上海市教育委员会 | 2002-03-04 | 中山北路 3663 号 |
| 13 | 上海工商职业技术学院 | 上海市教育委员会 | 2002-04-28 | 外冈镇冈峰公路 68 号 |
| 14 | 上海市进网作业电工培训中心 | 上海市经济和信息化委员会 | 2002-08-09 | 江宁路 100 号五楼 |
| 15 | 上海工商外国语职业学院 | 上海市教育委员会 | 2002-09-26 | 惠南镇观海路 505 号 |
| 16 | 上海立达职业技术学院 | 上海市教育委员会 | 2002-11-28 | 车亭公路 1788 号 |
| 17 | 上海兴伟学院 | 上海市教育委员会 | 2003-02-26 | 南汇科教园勤奋路 1 号 |
| 18 | 上海中华职业技术学院 | 上海市教育委员会 | 2003-04-04 | 金汇镇大叶公路 5225 号 |
| 19 | 上海电影艺术职业学院 | 上海市教育委员会 | 2003-05-07 | 达尔文路 188 号 |
| 20 | 上海医药职工大学 | 上海市教育委员会 | 2004-02-04 | 愚园路 1088 弄 48 号 |
| 21 | 上海思博职业技术学院 | 上海市教育委员会 | 2004-04-21 | 城南路 1408 号 |
| 22 | 上海外国语大学贤达经济人文学院 | 上海市教育委员会 | 2004-06-17 | 东体育会路 390 号 |
| 23 | 复旦大学太平洋金融学院 | 上海市教育委员会 | 2004-07-02 | 惠南镇拱北路 168 号 |
| 24 | 上海师范大学天华学院 | 上海市教育委员会 | 2005-04-28 | 胜辛北路 1661 号 |
| 25 | 复旦大学上海视觉艺术学院 | 上海市教育委员会 | 2005-05-11 | 文翔路 2200 号 |
| 26 | 同济大学同科学院 | 上海市教育委员会 | 2006-07-23 | 中山北路 727 号 |
| 27 | 上海亚太地区经济和信息化人才培训中心 | 上海市经济和信息化委员会 | 2007-11-29 | 淞沪路 161 号中环国际大厦 7F |
| 28 | 上海公民警校 | 上海市公安局 | 2010-11-19 | 崇景路 100 号 |
| 29 | 上海市对外教育交流中心 | 上海市对外文化交流协会 | 2010-11-26 | 瑞金二路 118 号内商务楼 6301 |

# 第二章　卫生领域民办非企业单位

卫生领域民办非企业单位,主要是指民办医疗机构,又称"民营医疗机构""私立医疗机构"等,是相对于政府(或集体)兴办的公有制医疗机构而言,且根据医疗机构设置准入条件由社会资金投资兴办的医疗机构。通常来说,民办医疗机构可分为营利性和非营利性两大类。根据《上海市城镇医疗机构分类管理实施办法(试行)》规定,非营利性医疗机构是不以营利为目的,其收入不用于经济回报,而用于弥补医疗服务成本,实际运营中的收支结余只用于自身的发展。卫生领域民办非企业单位主要指提供基本医疗服务、在民政部门登记的非营利性、社会办(民办)公益性医疗机构。

20世纪80年代,我国开始允许个体开业行医,上海也开始出现非公有制医疗机构。90年代民办医疗机构进一步崛起。进入21世纪,国家进一步改革城镇医疗卫生体制,医疗机构分为非营利性医疗机构和营利性医疗机构,非营利性医疗机构的性质、社会功能及其承担的任务,与营利性医疗机构形成错位发展。2000年开始,对社会力量兴办的非营利性医疗机构明确应登记为民办非企业单位。新成立的非营利性医疗机构,须首先在卫生行政部门领取《医疗机构执业许可证》,再到同级民政部门进行民办非企业单位登记。2005年,上海将民营公益性医疗机构纳入医保定点,同时鼓励非公有资本兴办公益性医疗卫生机构。上海民办非营利性医疗机构进一步得到发展。

## 第一节　沿　　革

改革开放以来,随着我国经济水平的不断增长和人民生活质量的逐渐提升,人民群众对医疗卫生服务的需求也发生较大变化,呈现出层次多样性。经济的快速发展和国家政策的扶持,为社会兴办医疗机构提供强大的市场和发展空间。1982年,国务院批准卫生部《关于允许个体开业行医的请示》,由此打破我国自1958年以来基本没有非公有制医疗机构的格局,一批私人诊所逐步兴起,上海也开始出现非公有制医疗机构。

1992年,党的十四大确立建立社会主义市场经济体制的目标,同年,卫生部下发《关于深化卫生改革的几点意见》提出,要打破计划经济体制下卫生事业发展模式,"从政府卫生投入走向社会多方投入"。在这一精神指引下,民办医疗机构进一步崛起。1994年9月,国务院颁布《医疗机构管理条例》,明确国家鼓励多种形式举办医疗机构。1997年,党中央、国务院作出《关于卫生改革与发展的决定》,提出"举办医疗机构要以国家集体为主,其他社会力量和个人为补充"。《决定》为社会兴办卫生医疗事业提供有力的政策支持。

2000年2月,国务院办公厅转发国务院体改办等八部门《关于城镇医疗卫生体制改革的指导意见》,明确将医疗机构分为非营利性医疗机构和营利性医疗机构,并建立分类管理制度。具体来说,国家根据医疗机构的性质、社会功能及其承担的任务,制定并实施不同的财税、价格政策;非营利性医疗机构在医疗服务体系中占主导地位,享受相应的税收优惠政策;政府举办的非营利性医疗机构,由同级财政给予合理补助,并按扣除财政补助和药品差价收入后的成本制定医疗服务价格;其他非营利性医疗机构不享受政府补助,医疗服务价格执行政府指导价。同时,允许营利性医疗机构按照"自主定价、自主经营、自负盈亏、照章纳税"的原则,以获取投资回报为目的进行经营。《关于城镇医疗卫生体制改革的指导意见》的出台,进一步打开民间资本进入医疗领域大门。

依据《关于城镇医疗卫生体制改革的指导意见》,2000年7月,卫生部等四部委下发《关于城镇医疗机构分类管理的实施意见》,进一步明确非营利性医疗机构在我国医疗服务体系中的主体和主导地位,并提出医疗机构性质划分依据的原则:政府举办的承担基本医疗任务、代表区域性或国家水平的医疗机构,经同级政府根据经济发展和医疗需求予以核定,可继续由政府举办,定为非营利性医疗机构;其余的可自愿选择核定为其他非营利性医疗机构或转为营利性医疗机构;社会捐资兴办的医疗机构,一般定为非营利性医疗机构;企事业单位设立的为本单位职工服务的医疗机构,一般定为非营利性医疗机构,如对社会开放,则由其自愿选择并经当地卫生行政等部门核定为非营利性医疗机构或转为营利性医疗机构;社会团体和其他社会组织举办的医疗机构,由其自愿选择并经卫生行政等部门核定为非营利性医疗机构或转为营利性医疗机构;城镇个体诊所、股份制、股份合作制和中外合资合作医疗机构,一般定为营利性医疗机构;国有或集体资产与医疗机构职工集资合办的医疗机构(包括联合诊所),由其自愿选择并经卫生行政和财政部门核准可改造为股份制、股份合作制等营利性医疗机构,也可转为非营利性医疗机构。此外,政府举办的非营利性医疗机构,不得投资与其他组织合资合作设立非独立法人资格的营利性"科室""病区""项目"。国家对非营利性医疗机构采取不同的财政、税收等政策和会计制度。

2000年11月,上海积极贯彻落实《关于城镇医药卫生体制改革的指导意见》,市卫生局、财政局、物价局、医疗保险局印发《上海市城镇医疗机构分类管理实施办法(试行)》,进一步细化全市医疗机构分类管理相关要求。随着医疗机构分类管理的实施,上海进一步完善非营利性医疗机构管理相关制度。加强非营利性医疗机构国有资产监管,非营利性医疗机构的国有资产未经卫生行政部门和财政部门同意,不得自行处置、转移、出租或变更用途;非营利性医疗机构转变成营利性医疗机构,涉及的国有资产,必须经财政部门批准,确保国有资产不流失;从营利性医疗机构中退出的国有资产和非营利性医疗机构解散后的国有资产,经卫生行政部门商财政部门后可继续用于发展卫生事业。又如,进一步规范非营利性医疗机构职工工资等收入的分配办法,政府举办的非营利医疗机构可在执行事业单位工资制度和工资政策的基础上,根据国家核定的工资总额,自主确定各类人员的内部分配办法;其他非营利性医疗机构在坚持工资总额增长幅度低于经济效益增长幅度,职工实际平均工资增长幅度低于本单位劳动生产率增长幅度原则的前提下,确定工资分配办法;将管理要素、技术要素、责任要素等纳入分配因素确定岗位工资,按岗定酬,并将工资待遇计入医疗服务成本。

在实施医疗机构分类管理中,上海积极探索医疗机构管理体制改革,各级卫生行政部门按照转变职能、政事分开的要求,建立权责明晰、富有生机的医疗机构组织管理体制。在医疗机构推行管理委员会、理事会、董事会等管理形式,促进医疗机构真正成为自主管理的法人实体,有力推动民办医疗机构管理水平提升。

2000年起,非营利性民办医疗机构明确应登记为民办非企业单位。民政部、卫生部联合下发《关于城镇非营利性医疗机构进行民办非企业单位登记有关问题的通知》,通知要求,对社会力量兴办的非营利性医疗机构,以民办非企业单位形式进行法人登记。通知明确,社会捐赠兴办的非营利性医疗机构、社会团体和其他社会组织举办的非营利性医疗机构、企事业单位设立的对社会开放且其总财产中的非国有资产份额占三分之二以上的非营利性医疗机构、国有或集体资产与医疗机构职工集资合办且其总财产中的非固有资产份额占三分之二以上的非营利性医疗机构,以及自然人举办的合伙或个体非营利性医疗机构等,纳入民办非企业单位登记范围。通知还对非营利性医疗机构登记为民办非企业单位,做出程序规定:非营利性医疗机构应首先获得经由卫生行政部门审查同意的《医疗机构执业许可证》,再到同级民政部门办理民非单位法人登记。其中:(一)对于通知下发之前已经取得《医疗机构执业许可证》的非营利性医疗机构,应当按照民政部《关于开展民办非企业单位复查登记工作的意见》的要求,参加民办非企业单位复查登记,由非营利性医疗机构向原颁发《医疗机构执业许可证》的卫生行政部门提出复查登记申请,经卫生行政部门审查同意后,到同级民政部门办理民办非企业单位登记手续;(二)对于新成立城镇非营利性医疗机构,须首先在卫生行政部门领取《医疗机构执业许可证》,再到同级民政部门进行民办非企业单位登记。

上海积极贯彻落实《关于城镇非营利性医疗机构进行民办非企业单位登记有关问题的通知》精神,做好对全市非营利性医疗机构进行民办非企业单位登记管理工作。2001年,市民政局、市卫生局联合下发《关于转发民政部、卫生部〈关于城镇非营利性医疗机构进行民办非企业单位登记有关问题的通知〉的通知》,强调凡核定为非营利性医疗机构的非政府举办的医疗机构,须进行民办非企业单位登记。有关医疗机构进行民办非企业单位登记时,应持卫生行政部门颁发的《医疗机构执业许可证》到同级民政部门办理民办非企业单位登记手续。同时要求,获得民办非企业单位登记证书的医疗机构,应遵循有关法律、规章及医疗、财务规定开展执业活动,加强执业道德规范建设和医疗质量管理,确保医疗安全和服务质量。

上海市社团管理局2000年2月对全市民办非企业单位在十大社会领域中的分布情况抽样调查显示,上海卫生领域民办非企业单位数量仅次于教育类民办非企业单位,排在第二位。到2006年6月,上海民办医疗机构发展至479所,其中,民办医院143所,民办门诊部336所,是2001年登记数量的4倍。民办医院占全市医院总数的22.6%;民办医疗机构核定床位数5 868张,占全市核定床位数的5.7%。在民办医疗机构中,非营利性医疗机构61家,占民办医疗机构的12.7%,其他登记为营利性医疗机构。到2010年底,全市登记注册的卫生领域民办非企业单位120家,其中,市级卫生领域民办非企业单位9家。总体来说,上海的民办医疗机构、特别是非营利性医疗机构,规模普遍较小,服务领域较为狭窄,无论是技术、规模上,还是服务水平上,都缺乏明显优势,发展呈现出分化的趋势。

上海的卫生领域民办非企业单位,尤其是非营利性民办医院,有相当一部分是由公立医疗机构转制而来,举办资金多少不等,范围差异较大,有的10余万元,有的达3亿元。非营利性民办医院在负责人安排上,与营利性医院不同,往往是法人兼任医院负责人(院长等);在医务人员配备上,本地人员多于外地来沪从业人员;在医院资产和收入上,各医院的差异也较大,业务总收入较多的基本上都是医保定点单位。

为了进一步促进多元化办医格局的形成,推动公益性医疗机构与经营性医疗机构错位竞争,上海出台一系列鼓励社会资金投入举办公益性医疗机构的政策。2003年12月,上海市政府下发《关于本市促进社会办医发展民办医疗机构的若干意见(试行)》,意见明确"社会办医"是指除各级政府用财政经费举办的医疗卫生机构之外的其他社会化办医形式,重点是民办医疗机构。意见要求,发展公益性医疗机构和发展经营性医疗机构相结合,逐步形成公益性和经营性医疗机构错位竞争、共同发展,提供多元化和多层次医疗卫生服务的基本格局;盘活存量和发展增量相结合,鼓励基本医疗服务主体框架以外的政府所办医疗机构改制为民办医疗机构,吸引社会资金多形式投资兴办医疗机构;社会效益和经济效益相结合,鼓励社会投入服务于卫生事业和人民健康,保护社会投资者的合理经济利益。与此配套上海出台促进民办医疗机构发展的相关政策。在税收、发票管理方面,社会办医疗机构依法享受国家规定的税收优惠政策;在内部运行制度、资产、土地政策,医保定点政策和其他政策方面,社会办公益性医疗机构自用的房产、土地、车辆等税费方面,享受与政府所办医疗机构同等优惠政策,凡符合区域卫生规划要求,提供基本医疗服务的社会办医疗机构,其医保定点资格与政府所办医疗机构同等对待;社会办公益性医疗机构的投资者拟提取收益的,可在扣除办医成本、预留发展基金以及按照国家有关规定提取其他必需的费用后,从办医盈余中适当提取。

2005 年,上海将民营公益性医疗机构纳入医保定点。2005 年 4 月,上海市医疗保险局根据《上海市城镇职工基本医疗保险定点医疗机构管理暂行办法》有关规定,颁布《推进民营(社会办)医疗机构纳入医保定点工作的试行意见》,明确民营公益性医疗机构纳入医保定点的基本原则和基本要求:(一)原则上每个街道(乡镇)应有一所社区卫生服务中心作为医保定点医疗机构;(二)各区(县)每 30—50 万户籍人口应有一所医保定点区级医疗中心,所在区域符合条件(核定床位数在 500 张左右)的民办(社会办)公益性综合性医疗机构,其医疗质量和医疗收费与同等医保定点医疗机构相比具有竞争优势的,经审核可纳入医保定点;(三)大型综合性医疗机构(核定床位数在 500 张以上)和大型专科医疗机构,在医保定点上不受区域限制,具备先进的硬件设备、诊疗技术、服务质量、管理水平和价格优势的民办(社会办)公益性医疗机构,经审核可纳入医保定点。随着民办(社会办)非营利性医疗机构进入医保工作的深入开展,逐步营造公平竞争的环境,促进医保定点医疗机构的合理布局,提高医疗卫生资源的利用效率,同时也为民营医疗机构的发展增添契机。到 2005 年 6 月,全市民营医疗机构被纳入医保定点的有 25 家,其中,医院 23 所,门诊部 2 所,除 1 家为营利性民营医院外,都是非营利性民营医院和门诊部。

2005 年,市政府下发《上海市人民政府关于贯彻〈国务院关于鼓励支持和引导个体私营等非公有制经济发展的若干意见〉的实施意见》,进一步明确,鼓励和支持非公有资本进入医疗卫生领域,包括:允许非公有资本采用多种形式参与基本医疗服务主体框架外的公立医疗机构的改制,兴办公益性或经营性医疗机构;引导和鼓励非公有资本投资兴办老年护理、康复、精神类医疗卫生机构以及可提供高端服务的经营性医疗卫生机构;对地域范围广阔、医疗卫生资源配置相对薄弱的街道(乡镇),在确保政府办好社区卫生服务平台的同时,可鼓励和支持非公有资本兴办社区卫生服务机构,运用政府和医保购买服务的方式,为居民提供社区医疗卫生服务;非公有资本兴办公益性医疗卫生机构的,可依据有关规定获得合理回报等。政策的大力支持,有力促进上海民办非营利性医疗机构稳步发展。

上海不仅始终把加快发展民办非营利性医疗机构作为完善医疗服务体系、深化医药卫生体制改革的一项重要任务来推进,而且按照"培育发展与监督管理并重"的方针,加大民办非营利性医疗机构培育发展力度,培育扶持一批卫生领域民办非企业单位先进典型,在促进上海医疗卫生事业和社会发展中发挥积极作用。

放宽行业准入。市和区(县)政府简政放权,优化医疗机构设置审批,为社会办非营利性医疗机构发展提供更好的发展环境。对社会资本举办非营利性医疗机构,经卫生部门审查符合医疗机构设置规划后,由相关部门实行并联审批。相关部门不得擅自设置前置或附加条件,不得设置地区壁垒和部门壁垒。政府有关部门在制定和调整大型医用设备配置规划时,充分考虑社会办非营利性医疗机构的发展需要,合理预留空间,在同等条件下优先核准或审批。审批社会办非营利性医疗机构及其开设的诊疗科目时,对其执业范围内需配备的大型医用设备一并审批,符合配置标准和使用资质的,不得限制配备。优化社会办非营利性医疗机构的准入程序,加大审批标准和程序的信息公开力度。

优化发展环境。上海在积极落实鼓励和促进社会办医发展各项政策同时,完善监管机制,为社会办非营利性医疗机构营造公开、公平的发展环境。将社会办非营利性医疗机构的监管纳入全市统一监管体系,围绕基础管理、执业范围、医务人员聘用、医疗技术应用、规范诊疗等内容,开展日常监督检查,对医疗美容、母婴保健技术、医疗广告等领域,开展有针对性的专项监督检查,对查处的违法违规行为,严格按照法律法规予以处罚。同时,加大社会公示力度,将处罚信息和不良执业行为记分在网上公示。

推行政府购买服务。上海积极引导社会办非营利性医疗机构通过竞争,获得政府项目资金,向社会提供有效服务。鼓励采取招标采购等办法,选择符合条件的社会办非营利性医疗机构承担公共卫生服务以及政府下达的医疗卫生支农、支边、对口支援等任务,按照其提供基本公共卫生服务成本,在考核评估的基础上,由政府按照规定予以补助。并且,将符合条件的社会办非营利性医疗机构,纳入120急救绿色通道定点医院。通过政府购买服务方式,培育发展一批卫生事业类民办非企业单位。

# 第二节 选介和名录

## 一、选介

### 【上海中冶职工医院】

上海中冶职工医院经民办非企业单位复查登记后,于2002年3月25日成立,是一所集医疗、预防、保健、康复、急救、教学、科研于一体的二级综合性医院,核定床位702张。业务主管单位为上海市卫生和计划生育委员会。

医院业务范围是:预防保健科、内科、外科、妇产科、儿科、儿童保健科、眼科、口腔科、耳鼻咽喉科、皮肤科、传染科、急诊医学科、康复医学科、麻醉科、医学检验科、病理科、医学影像科、中医科。医院拥有全身螺旋CT、数字减影造影系统(DSA)、1 000 mA数字胃肠X光机、DR、乳腺钼靶X光机、彩色多普勒心动超声诊断仪、心脏负荷平板运动测试系统、24小时动态心电、血压监护系统、无创动脉检测仪、全自动生化仪、电子胃肠支气管系列内窥镜、阴道镜、宫腔镜、腹腔镜、关节镜、体外反搏治疗仪、骨密度测定仪等大型进口医疗设备。

医院主要开展以下几方面工作:

依靠技术创新推动业务发展。医院坚持"以提高社会效益促进品牌建设,以提升质量安全强化竞争能力"原则,稳步提升康复、手外、骨科、消化内科等专业科室业务能力,发挥学科群体优势,支持技术创新,培育潜能科室;以重点科室为龙头,带动各学科建设,康复医学儿童康复专科成为宝山区医学特色专科;手外科以手指离断再植、手指缺损全形再造、手指部分缺损微型瓣、修饰性再造、穿支皮瓣在手外伤中的应用为特色,开展断指(肢)再植、断指再造、微型皮瓣手术等,每年手术量600余例;骨科已形成脊柱外科、关节外科、创伤外科、手足外科、小儿骨科5个三级学组,特别在高龄老人骨折手术、微创手术、关节镜乃至小关节镜、椎间孔镜等方面积累经验。此外,还有中医骨伤科的小针刀、消化内科的无痛胃肠镜与PEG技术、心血管内科的体外反搏、泌尿外科的震波碎石和输尿管镜与钬激光、儿科的哮喘治疗等特色。

积极参与公益性活动。2008年9月,医院签约加入上海交通大学医学院附属第三人民医院(原宝钢医院)社区卫生服务集团,接受上级医院帮助和指导,同时承担对社区卫生服务中心的业务指导、人员培训、病人转诊、质控管理和医师派遣等义务,积极为社区居民提供服务;与宝山区残联共同举办"助残送医"康复咨询服务活动，为区残联更好地做好残疾人康复治疗提供科学依据；积极参与地方政府对口支援、扶贫支农等系列活动，每年派医护人员前往云南贫困地区进行对口医疗援助，到宝山区农村开展巡回医疗、健康教育和医护培训等。

构建和谐医患关系。医院加强医德医风教育，充实医院文化内涵，强化医院文化建设，努力营造团结温馨、爱岗敬业、积极向上、务实进取的文化氛围，引导医护人员及职工保持昂扬向上的心态，为广大患者服好务，为上海医疗事业做贡献。

### 【上海国际旅行医疗保健门诊部】

上海国际旅行医疗保健门诊部成立于 2003 年 7 月，由上海国际旅行卫生保健中心出资设立。业务主管单位为上海市卫生和计划生育委员会。

门诊部业务范围是：预防保健科、内科、外科；普通外科专业、妇产科；妇科专业、儿科、眼科、耳鼻咽喉科、口腔科、皮肤科；性传播疾病专业、精神科；临床心理专业、医学检验科；临床体液、血液专业；临床微生物学专业；临床化学检验专业；临床免疫、血清学专业/医学影像科；X 线诊断专业；超声诊断专业；心电诊断专业。

门诊部主要开展以下几方面工作：

移民签证健康评估。门诊部的移民签证健康评估工作稳步发展，2008 年取得美国移民局授权的赴美移民体检和预防接种资质，之后相继取得了英、澳、加、新西兰等国移民局授权的移民签证体检和结核病痰液检查资质。后续又新增了赴韩签证结核筛查、赴美 EB3 劳工签证体检等新业务。先后接受了美国驻广州总领馆、英国结核病专家和边境公共卫生部门、美国 CDC 及国际难民组织专家及上海市临床体检质量控制中心的检查，获得业务水平和工作质量的高度评价。

国际旅行咨询和预防接种。门诊部为国际旅行者根据各国接种要求和疫情发展情况，提供旅行前咨询服务和预防接种服务。门诊部相继取得美国 CDC 和美领馆指定的华东地区唯一一家移民体检中心；澳大利亚授权成为赴澳签证指定体检点；英国移民局指定为赴英签证体检点等资格，取得加拿大、新西兰、韩国及安提瓜和巴布达等国家签证体检授权。同时，经国际移民组织（IOM）香港办公室授权，开始承担华东地区赴美外籍难民体检工作。此外，门诊部内设的国际预防接种部接待数量逐年增长，在日常业务中，不仅为旅行医学咨询和预防接种，还延伸到为满足不同人群需求提供的健康评估以及其他相关医疗服务，包括健康保险体检、公司入职体检、收养儿童父母体检等。

### 【上海杨思医院】

上海杨思医院成立于 2007 年 1 月 5 日，举办者为上海维康投资管理有限公司。业务主管单位为上海市人口和计划生育委员会。

医院业务范围是：开展医疗、预防保健、社区卫生服务、家庭病床和保健体检等业务工作。到 2010 年，医院有预防保健科、全科医疗科、内科、外科、妇产科、儿科、眼科、耳鼻咽喉科、口腔科、皮肤科、医疗美容科、精神科、传染科、结核病科、肿瘤科、急诊医学科、临终关怀科、麻醉科、医学检验科、病理科、医学影像科、中医科、中西医结合科等 24 个一级科室。员工共 881 名，其中一线医护技人员 624 名，其中高级职称 105 名。

医院主要开展以下方面工作：

重点学科建设。医院积极开展二、三类项目建设，经上海市卫生局批准的二、三类准入项目有

20项,包括高强度聚焦超声刀、临床基因扩增检验实验室技术、人工关节置换手术、肿瘤介入消融技术、口腔种植诊疗技术、白内障超声乳化手术、妇科内镜诊疗技术、输尿管镜及碎石术、外科PPH技术、直肠癌根治性切除技术、呼吸内镜诊疗技术、内镜逆行胰胆管造影诊疗技术(ERCP)、体外冲击波碎石技术/经输尿管镜碎石取石术、腹腔镜技术、三级泌尿外科内镜诊疗技术、三级鼻科内镜诊疗技术、三、四级消化内镜诊疗技术、肿瘤深部热疗和全身热疗技术(射频)、超声弹性成像定量检测、医用高压氧治疗技术等,涵盖二级医院全部主要项目,其中有些项目达到三级医院准入标准。医院骨科、消化科、口腔科、内分泌科、泌尿外科被评为上海市社会医疗机构优势学科;肝肿瘤介入专科、口腔种植被评为上海市社会医疗机构特色专病。

社区卫生工作。医院获得政府购买服务,为杨思地区5万常住居民和10万流动人口提供预防保健及基本医疗卫生服务,送医、送药到社区、到家庭。开展上门诊疗护理项目有:查房、心电图、抽血、输液、针灸推拿、褥疮换药、导尿管和胃管置管冲洗等。医院灵活的工作机制,贴心的上门服务,视患者为家人的精神,受到政府和社区群众的称赞。在历年社区卫生工作质量考核中均获优秀,受到卫生部嘉奖。

医疗环境建设。医院作为一家综合性医院,科室设置齐全,医疗设备精良。医院拥有全套GE、西门子放射、超声设备,完备的检验、内镜、电生理、病理、康复设施;核磁共振、128排CT为心脏冠脉病人治疗提供保障;拥有9间手术室,4间百级层流;大型DSA、介入手术室。此外,设美容专用手术室2间、妇产科专用手术室1间,为不同需求患者提供全面保障。

### 【上海超声医学研究所】

上海超声医学研究所成立于2009年7月,举办者为上海市第六人民医院,是以上海市第六人民医院超声医学研究室和超声医学科为基础,以Med－X研究院、上海交通大学医学院研究生院为主要依托,联合上海知名院校及研究机构举办的学科交叉性研究平台。2008年8月,经上海市科学技术委员会批准筹办;2009年7月,注册登记取得民办非企业单位法人登记证书。业务主管单位为上海市科学技术委员会。

研究所业务范围是:超声基础研究,超声新技术开发的基础研究与应用研究,超声新技术的推广、专业人才培训、专业咨询和评估等。研究所的主要任务是:开展以临床医学为导向,以疾病为研究所,以医学难点问题为重点的超声基础研究和应用研究,加强医工、医理学科渗透、交叉,联合攻关,加强转化型医学研究力度,培育关键性新技术支撑点和增长点,提升获取市级和国家级的课题资助能力,促进所与所、所与院、所与科研人才的合作培养,增强创新团队的建设。到2010年,研究所有专家委员20余人;研究人员中研究生学历占95％;以第一承担人负责在研国家级课题12项,包括科技部数字诊疗研发项目,国家自然科学基金国际合作项目等。

研究所主要开展以下几方面工作:

科研学术交流。研究所强化超声基础研究、超声新技术开发的基础研究和应用研究等特色科研,举办一系列学术交流活动。2010年2月,研究所举办"超声前沿技术论坛",邀请重庆医科大学超声影像学研究所、同济大学声学研究所等专家学者一起,围绕"超声造影剂分子生物学""超声造影微泡动力学"以及"超声前沿新技术对超声学科的挑战"展开研讨;7月,研究所主办"超声微泡成像的基础研究及其进展研讨会";9月,研究所联合南京军区超声学术分会、上海交通大学附属第六人民医院联合主办"百胜医疗设备有限公司协办的激光消融新技术研讨展示会(Workshop on Laser Ablation Technology)"。

专业人才培训。研究所作为上海市超声医学人才培训中心,承担"运动医学超声学习班""彩色超声新进展学习班""泌尿超声学习班"等多项国家级继续教育培训项目,为全国培养临床超声人才;研究所作为上海交通大学医学院重点学科、上海交通大学的博士后流动站点和上海交通大学博士硕士授予点,带教研究生取得一批科研成果。研究所承接国家任务,主办国家级继续教育项目共计18项。积极服务政府,受上海市经信委委托,开展上海10个社区的远程超声会诊诊断及培训。

打造实验品牌。研究所建设有低频超声检测实验室、造影剂制备及检测实验室、磁声调控实验室、高强度聚焦超声实验室、超声转化医学实验室、超声分子影像研究室等,在腹部超声泌尿系超声、运动医学超声、盆底三维超声、介入超声等技术方面逐步形成特色,尤其是在包括子宫肌瘤、骨肿瘤HIFU治疗及癌性止痛、肾/前列腺/甲状腺穿刺及消融、脐血管穿刺等介入超声方面,已经形成特色品牌效应。

## 二、名录

根据1998年国务院《民办非企业单位登记管理暂行条例》的界定,截至2010年底,在市社会团体管理局注册登记的市级卫生领域民办非企业单位共9家。

表 2 - 2 - 1　2010 年上海市市级卫生领域民办非企业单位一览表

| 序号 | 单 位 名 称 | 业 务 主 管 单 位 | 登 记 日 期 | 办 公 地 址 |
|---|---|---|---|---|
| 1 | 上海中冶职工医院 | 上海市卫生和计划生育委员会 | 2002 - 03 - 25 | 春雷路 456 号 |
| 2 | 上海国际旅行医疗保健门诊部 | 上海市卫生和计划生育委员会 | 2003 - 07 - 22 | 金浜路 15 号 |
| 3 | 上海市中医药科技服务中心 | 上海市卫生和计划生育委员会 | 2004 - 03 - 19 | 瑞金二路 156 号 |
| 4 | 上海杨思医院 | 上海市卫生和计划生育委员会 | 2007 - 01 - 05 | 杨新东路 28 号 |
| 5 | 上海超声医学研究所 | 上海市科学技术委员会 | 2009 - 07 - 02 | 宜山路 600 号 |
| 6 | 上海世济临床检验所 | 上海市卫生和计划生育委员会 | 2010 - 06 - 14 | 周家嘴路 3805 号 3 楼、5 楼、401 室 |
| 7 | 上海东方介入影像研究所 | 上海市科学技术委员会 | 2010 - 10 - 13 | 宜山路 600 号 |
| 8 | 上海东方耳鼻咽喉科研究所 | 上海市科学技术委员会 | 2010 - 10 - 13 | 宜山路 600 号 7 号楼 |
| 9 | 上海广济康复医学门诊部 | 上海市卫生和计划生育委员会 | 2010 - 11 - 19 | 临沂北路 265 号 |

# 第三章　文化领域民办非企业单位

文化领域民办非企业单位,是指企事业单位、社会团体和其他社会力量以及公民个人利用非国有资产举办的,从事文学、艺术、娱乐、收藏、新闻、媒体、出版等方面的非营利性文化服务活动的社会组织。文化类民办非企业单位是繁荣发展文化事业的一支重要社会力量,在社会文化建设、文化创意产业发展和满足人民群众日益增长的精神文化需求方面,具有独特的作用。文化领域民办非企业单位业务主管单位主要分布在中共上海市委宣传部、上海市文广局、新闻出版局、文物局、文联等部门。

改革开放以来,上海的文化领域民非单位百花齐放、百家争鸣,呈现出繁荣的发展态势。特别是1998年民非单位开放注册至今,越来越多的社会力量投入到文化事业中来,成为国有文化机构的有力补充。文化领域民非单位的成立登记审批,从一开始就实行登记管理机关、业务主管单位和市委宣传部三方共同审批的方式,确保以社会主义意识形态引领文化事业类民非单位前进方向和发展道路。2001年9月,上海市文化局和上海市广播电影电视局合并,组建上海市文化广播影视管理局,承担公共文化领域民非单位的业务管理工作。2008年11月,上海市文化广播影视管理局挂上海市文物局牌子,增加了非营利性民办博物馆的业务主管职能。截至2010年底,全市共有文化领域民办非企业单位219家,其中,市级登记的82个,区(县)级登记的137家。

## 第一节　沿　　革

依据国务院《民办非企业单位登记管理暂行条例》,文化领域民办非企业单位按其所从事的业务范围可以划分为从事舞台艺术创作、演出和传统艺术整理、加工和保护的民办艺术表演团(队),从事艺术人才培养和教育的民办艺术院(校),从事老年文化活动、辅导、培训的老年文化大学,从事文化艺术辅导及丰富群众文化生活业务的民办文化馆或活动中心(站),从事图书、资料、文献情报借阅及社会教育工作的民办图书馆(室),从事文物宣传、保护、展览等活动的民办博物馆(院),从事艺术收藏、展览及交流的民办美术馆(室)、书画雕塑馆(室)、名人纪念馆、名人故居纪念馆、收藏馆(室),从事艺术发掘、整理、研究、咨询及艺术科技开发的民办艺术研究院(所),从事文化传播、交流的文化网络中心(站),从事文化艺术活动的其他民办非企业单位等类型。

上海较为典型的文化领域民办非企业单位,主要有民办博物馆、民办艺术团、民办美术馆等,其发展的基本情况如下:

民办博物馆。上海的民办博物馆,是改革开放以来的新生事物,经过几十年的发展,与国有博物馆一起,承担着弘扬传承优秀传统文化的重任,弥补国有博物馆在收藏展示上的不足,更容易被游客和观众所接受,是文化传承中不可缺失的一环;同时,也是促进文化大发展、大繁荣,建设和谐社会的一支重要力量,是城市文化的一个坐标,在国际文化交流中发挥不可替代的作用。到2010年,上海的博物馆、纪念馆、陈列馆总数达到114座,其中,民办博物馆17座,占全国正式注册的456座民办博物馆的3.7%。上海最具代表的一批民办博物馆有展示上海纺织史发展的上海纺织博物馆、传承上海非物质文化遗产的上海工艺美术博物馆、展示中国传统笔墨历史文的上海周虎臣曹素功笔墨博物馆、反映上海近代银行发展史和中国钱币发展史的上海市银行博物馆等。

民办艺术团。上海形式多样的民办艺术团体，在上海文化领域民办非企业单位中，所占比例最高。到2010年，全市注册登记的民办艺术团45个，占文化领域民办非企业单位20.5%。上海民办艺术团的发展，呈现层次较高、类型多样的特点。全市45个民办艺术团，基本上是以市、区（县）两级文广（化）局为业务主管单位，其中，市级19个，占42.2%；区（县）26个，占57.8%。广大民办艺术团根植于大众艺术，发起于百姓的文化需求，呈现出百花齐放、各具特色的风貌。从机构名称来看，大都为艺术团、乐团、剧团、歌舞团、合唱团、艺术中心等；从艺术领域来看，涉及民族乐器、管弦乐、交响乐、合唱、传统戏曲、音乐剧、木偶、动漫等；从成员主体来看，既有面向儿童的艺术团，如小苹果艺术团、爱乐儿童合唱团等，也有老年艺术团队，如银发艺术团、乐龄文化艺术中心等，还有针对残疾人等特殊群体的艺术团，如东方明珠残疾人艺术团、浦东新区残疾人艺术团等。

民办美术馆。上海的民办美术馆在深化改革开放中逐步兴起。到2010年，全市依法登记的民办美术馆共19家，其中，17家登记为文化领域民办非企业单位，2家登记为企业。17家登记为民办非企业单位的民办美术馆，其举办方来自多个行业，涉及珠宝业、文化创意产业、个人出资者、事业单位转制、银行、房地产等，其中有9家民办美术馆的举办者是房地产企业。17家民办美术馆，在市中心城区有10家，位于市郊的有7家。处于市区的民办美术馆，优越的地理位置能够带来良好的示范效应。但位于市郊的民办美术馆，不仅可以节约成本、规避风险，还可以扩大美术馆影响的辐射面，丰富当地民众的文化生活，提升审美情趣。

上海文化领域民办非企业单位的迅速发展，是在进入21世纪以后。2001年11月，上海第一家文化类民办非企业单位——上海市银行博物馆登记成立。市委、市政府贯彻落实国家鼓励社会力量参与文化建设方针政策，丰富文化建设主体，积极培育社会组织参与文化建设，社会组织参与文化建设的热情日益高涨，文化类民办非企业单位数量也呈高速增长的趋势，2008年至2010年，文化类民办非企业单位年均增长率超过10%。2001年，上海只有工艺美术博物馆、连环画博物馆2个民办博物馆。自2004年起，伴随着中国当代艺术品价格不断上扬，拉开各种艺术力量扩张的序幕，形成一波大企业集团出资建设民办美术馆的热潮，半岛美术馆、壹号美术馆、喜马拉雅美术馆等相继成立，并逐步专业化、规范化。2008年的世界性经济危机，不但没有影响兴建民办美术馆的热情，一些金融机构甚至斥巨资大举进入民办美术馆领域，民生现代美术馆以民生银行设立的企业公益基金为启动资金，并以每年不少于2 000万元的额度追加投入。2010年4月，民生现代美术馆在"中国当代艺术三十年历程"的开幕展上，展出总估价超过1亿元的展品，引起业内轰动，也成为上海文化领域民办非企业单位发展历程上的标志性一幕。

上海始终坚持培育发展和监督管理并重原则，在文化领域民办非企业单位日常监管和业务指导中，发挥登记管理机关和业务主管单位两个积极性。具体开展的工作有：

推进规范化建设评估工作。坚持"以评促管、以评促建、以评促律、以评促育"的原则，自2009年起，对全市文化领域民办非企业单位开展规范化建设评估工作，引导其规范有序发展。

建立完善公众监督机制与社会组织管理信息化建设相配套，建立文化领域民办非企业单位信息披露制度，特别是及时公布政府购买服务以及扶持资金的相关信息，接受公众监督，积极回应公众关切。同时，建立健全政府购买社会组织文化服务及专项扶持资金第三方跟踪评估制度，形成公开、公平、公正的购买服务环境，加强对政府购买服务项目的资金及专项扶持资金监督，引导文化领域民办非企业单位逐步增强社会服务能力,提高政府购买服务项目的效益。

加强党组织建设引领。按照中央和市委组织部关于加强社会组织党建工作的要求,文化领域民办非企业单位在申请成立之时,必须同步建立党的基层组织。通过基层党组织,引领单位坚持组织的公益性质,按照组织宗旨和章程开展活动,发挥基层党组织在单位建设和发展中的重要作用,并以党员的先锋模范作用带动全体人员服务大局、服务社会、服务民生。

针对文化领域民办非企业单位在发展壮大过程中面临挑战和存在的问题,上海出台一系列扶持政策,推动文化类民办非企业单位成长壮大,更好地发挥作用。

营造有利发展环境。从政策法规上明确文化领域民办非企业单位在城市公共文化服务中的功能定位,降低准入门槛,简化审批手续;制定有利于文化类民办非企业单位发展的服务标准和评价体系,创新和丰富公共文化服务社会化、专业化管理模式;推进公共文化服务举办主体化、建设运营市场化、融资渠道多样化,通过载体运行,使公共文化服务更加符合社会文化福利的公平原则。搭建宣传展示平台,树立先进典型,通过在主流媒体发布表彰公告、上海之春及上海国际艺术节、上海市民文化节等平台,展示文化类民办非企业单位风采,为其发展创造良好的外部环境和舆论氛围。

设立专项扶持资金。建立"政府引导、社会力量兴办、专业团队运作、政府公众监督、社会民众受益"的管理模式,设立文化领域民办非企业单位专项扶持资金,以项目补贴、项目奖励等方式,扶持文化领域民办非企业单位发展。市文物局在"上海市民办博物馆扶持资金"中专门设置"免费开放"项目补贴,鼓励民办博物馆等自发免费开放,免除由于免费开放影响运行经费收入的后顾之忧。

加大政府购买力度。推进政府购买文化类民办非企业单位文化服务的制度化、规范化建设,按照权利公平、机会公平、规则公平的原则,以公开透明、公平竞争的方式,制定和公布政府购买文化服务的项目名录,逐步扩大向购买服务的领域和范围,将文化服务事项和一些事务性管理职能有序规范地转移给有能力、有资质的文化类民办非企业单位承担。

加强人才队伍建设。引导文化领域民办非企业单位制定人才发展规划,通过委托专业机构培训、举办专题研讨活动等方式,分层、分级、分类实施从业人员培训;市社团管理局明确,文化领域民办非企业单位骨干人员每年参加集中培训时间应不少于 3 天,培训时间纳入年检考核指标,从而带动业务水平整体提高。

随着文化领域的大发展、大繁荣,上海文化领域民办非企业单位覆盖面从传统的书画、收藏、音乐、戏曲等领域,扩展到民俗文化、工艺美术等大文化领域,以及新媒体、动漫等新兴文化领域。与此同时,文化领域民办非企业单位的主体作用日趋凸显,丰富公共文化服务的主体和内容,满足公共文化服务多层次多样化的需求。

上海针对文化领域民办非企业单位在体制和机制上所具有的社会及市场弹性和适应性特点,加强培育工作,促进其健康发展。发挥文化领域民办非企业单位在非物质文化传承方面的独特优势,加强一些艺术团古琴艺术、江南丝竹、码头号子、昆曲等艺术形态的推广和交流,填补上海甚至国家在某些艺术领域和品种上的缺失。引导民办文化艺术团坚持公益理念,努力为民众提供低价、优质的文化产品,并积极满足特殊困难群体的文化需求,组织各种形式的公益演出。上海东方儿童艺术团坚持到郊区演出;上海小主人木偶剧团克服各种困难,坐着公交车,背着表演道具去幼儿园、托儿所为小朋友进行公益演出。

# 第二节 选介和名录

## 一、选介

### 【上海市银行博物馆】

上海市银行博物馆于 2000 年由中国工商银行发起创办,2001 年 11 月正式注册登记,业务主管单位为上海市文广影视管理局。

博物馆业务范围是:接待参观,承办展览;组织学术交流;收购与调剂藏品;代办纪念品等。

博物馆有两个馆区,总展览面积 5 000 平方米,展示各类金融历史文物 5 000 余件,藏品 3 万余件。展览以中国近代银行发展史为主线,全景再现中国百年金融风云,典藏深厚的金融文化底蕴。

在收藏保管方面,博物馆以传承银行历史、弘扬先进的金融文化为宗旨,不断收藏和保存大量见证中国银行业发展的史料和文物。馆藏文物有三大特色:一是门类齐全,藏品涵盖中国历代货币和银行业相关的各类票据、机器、用具、刊物、礼品等,全面反映中国银行业发展的流金岁月;二是藏品量大,馆藏 3 万余件展品,百年金融历史遗珍尽收馆中;三是珍罕稀有,有近千件文物为目前存世的孤品和极为罕见的大珍。馆藏金融类文物无论是数量还是质量,在国内、国际的同类型博物馆中,皆首屈一指。

在学术研究方面,博物馆长期致力于银行历史和文物方面的学术研究,成果丰硕。10 年来,编辑出版《银行博物珍赏》《金融历史的馈赠》等系列大型画册;编辑出版《近代中国银行业机构人名大辞典》,这是中国首部系统整理近代银行机构人物的专门工具书。此外,基于馆藏展品,先后出版《银行老照片》《银行老股票》《银行老存单》等"老银行"系列学术作品,将馆藏文物进行系统专题梳理。

在展览陈列方面,博物馆定期更新常设展览,新的常设展览空间更大、展期更长、手段更新、展品更精、功能更全,被评为"上海市十大陈列精品"。常设展览之外,博物馆还不定期举办"全国储蓄书画专题展""上海国际书法邀请展"等专题临时展览。博物馆还走出去,到境外举办展览。2007 年,在香港举办"从钱庄到现代银行"展览;在台湾举办"汇通天下——两岸金融文物展",为宣传金融文化做贡献。博物馆不断发展创新,到 2010 年,已成为国家三级博物馆、上海市科普教育基地、上海市爱国主义教育基地,连续多年获上海市科普教育先进单位荣誉称号。

### 【上海工艺美术博物馆】

上海工艺美术博物馆成立于 2002 年 8 月。博物馆是在上海工艺美术研究所的基础上建立,该所成立于 1956 年,是为保护传统工艺美术而实施的一项重要举措。业务主管单位为上海市文物局。

博物馆业务范围:展示、收藏、鉴定、研究上海地区近、现代工艺美术发展历史和文物史料,开展咨询与培训及交流活动。

博物馆主要开展以下工作:

非物质文化遗产保护项目。自 2007 年起向有关方面申报了"海派剪纸""海派面塑""海派黄杨木雕"和"何克明灯彩"等四项非物质文化遗产保护项目。同时对这四个项目进行了技艺总结和学术研究工作,取得了良好成果。这四项优秀传统工艺美术都被列入上海市级和国家级的非物质文化遗产保护名录。博物馆申报的"海派绒绣""海派编结""海派细刻"等项目,都被列入上海市级非遗名录,其中"海派绒绣"被列入国家级的非遗名录。

传统工艺美术保护。对博物馆十多项传统工艺美术专业进行分析,制定负有盛名的上海"海派四刻"(砚刻、竹刻、象牙细刻和瓷刻)、上海象牙细花雕刻、上海炉瓶玉雕、上海绢花、上海绒绣、海派手绣、上海漆器(包括镶嵌、勾刀和刻漆)、上海小件红木雕刻和上海绒线编结等传承方案。成功申报了11位上海市非遗代表性传承人,其中有两位国家级的传承人。

举办工艺美术展览。举办了"徐宝庆黄杨木雕艺术展""王子淦剪纸艺术展""王建中、赵子平、奚小琴剪纸艺术联展""现代绒绣艺术展""海峡两岸竹刻交流展""海峡两岸漆器艺术联展"等上百个观摩展览会。举行相应的学术研讨会,出版了《王子淦剪纸艺术》《竹刻艺韵》《收藏工艺》《上海当代工艺美术》《两岸竹刻艺术》《何克明灯彩传承展》《上海面塑艺术传承展》和《上海工艺美术博物馆藏品选》等十多册专业书籍和画册。承办全国唯一公开发行的专业工艺美术刊物《上海工艺美术》。

2008年,博物馆与上海工艺美术研究所一起,被上海市文化广播影视管理局认定为"上海市非物质文化遗产传承基地"。同年被上海市文物管理委员会(现上海文物局)认定为国家三级博物馆。

### 【上海纺织博物馆】

上海纺织博物馆2003年注册筹建,2009年1月建成开馆,是由上海纺织集团全资建设的一家地域性行业博物馆。博物馆位于苏州河南岸、澳门路北侧、昌化路东面、长寿路桥西北翼,原上海申新纺织第九厂旧址,业务主管单位为上海市文物局。

博物馆户外展示面积1 500平方米,室内展示面积4 480平方米。主要开展展示、收藏、鉴定、研究上海地区近现代纺织发展的历史和文物资料,咨询、培训及交流等活动。通过实物、资料、场景、图文、模型、多媒体等,展示上海地区纺织业发展的历史文脉,演绎上海纺织六千多年的产业历史和文化。

博物馆作为中国博物馆协会民族博物馆专业委员会副主任单位,积极利用全国民族文博资源,以借展的方式开设"中华民族服饰系列展",弥补馆藏局限,丰富展示内容,传播民族风情,系统演绎各民族服饰文化。

到2010年,博物馆已成为全国科普教育基地、全国纺织精神文明建设示范基地、中国博物馆协会团体会员单位、社会组织规范化建设评估4A级单位、全国民族团结进步教育基地、全国职工教育培训示范点、中科协优秀科普教育基地。馆内常设徒手编织中国结教学和DIY手工扎染教学免费课程,首创面向公众的纤维实验室,助推上海市民终身教育活动和上海中小学课改项目,促进中华民族民俗文化和非物质文化遗产走向世界。

### 【上海银发艺术团】

上海银发艺术团成立于2001年10月,是由上海市退休职工管理委员会创办的群众文艺团体。2001年12月,经业务主管单位上海市文化广播影视管理局批复同意;2003年8月,正式注册登记为民办非企业单位法人。业务主管单位为上海市文化广播影视管理局。

艺术团业务范围是:组织文艺讲座,提高文艺骨干艺术水平;参加文艺演出比赛,展示艺术团队风采和海内外文化艺术考察交流;为老年文艺爱好者提供信息服务。

艺术团坚持"为老服务"宗旨,利用节庆及各类公益活动,积极组织安排老年人开展文艺创作、交流、演出、比赛等活动。参加"上海之春"国际音乐节、上海国际艺术节"天天演"活动;深入基层、街道、敬老院进行慰问演出;与上海电视台、东方电视台等多家媒体在"越唱越年轻""全球华人乐龄才艺大赛"等大型系列活动中开展广泛深入合作。艺术团加强对外多方位文化交流,访问美国、日本、韩国、越南、马来西亚等国家及香港、澳门地区,受到中外宾客热烈欢迎。到2010年,艺术团先后荣获首届全国老年文艺调演金奖、上海市首届广场中老年健身舞蹈汇演一等奖、CCTV《相约夕阳红》文艺大赛一等奖、中国长三角地区踢踏舞邀请赛金奖、"畅享和谐"全国中老年春节电视联欢晚会"金牡丹奖"、中国合唱节合唱比赛金奖;上海市无伴奏合唱比赛金奖;九九关爱重阳歌会金奖。被上海市文广局授予"公共文化先进集体"。

## 【上海海上水墨画院】

上海海上水墨画院于2004年2月经注册登记为民办非企业单位法人,业务主管单位为上海市文化广播影视管理局。

画院业务范围是:从事收集整理;理论探讨,展示交流,编辑出版刊物;专业培训;装裱等。画院弘扬中国特有的"植物文化",积极开展形式多样的书画活动。与上海市少年宫、上海刘海粟美术馆联合举办以青少年为主的写生画大赛;联络上海市著名画院举办联展,搭建艺术交流平台;组织外地省级画院来沪进行交流展等。

2006年,画院机构调整,主营策划各类书画文化活动。与上海滨江森林公园联合组织配合反腐倡廉的"松风,竹节,梅韵"画展;与上海绿化指导站合作组织对上海古树名木的写生及展览;组织"江南画派"参加苏浙沪交流展;组织代表上海参加全国画派交流展等。2006年7月,联络人民日报社神州书画院、新华社等单位,组织由全国20个专业画院参加的"庆祝中国共产党诞辰85周年书画院邀请展",拓展画院社会联系,扩大画院社会影响。

## 【上海爱乐少儿合唱团】

上海爱乐少儿合唱团成立于2004年10月,是专门从事少儿音乐基础教育、童声合唱的启蒙与引导,培养合唱音乐人才和具有专业水准的少儿合唱队伍的民办非企业单位。业务主管单位为上海市文化广播影视管理局。

合唱团业务范围是:合唱艺术表演,中外合唱艺术交流,合唱艺术讲座和培训。到2010年,已初步形成视唱初级、视唱中级、视唱高级、演出预备队、演出团队的教学架构。

合唱团主要开展以下几方面工作:

培养少年音乐人才。合唱团坚持提供高质量的音乐素养培训,为小团员建立起一个正确的、良好的声音状态和方法,加强音乐理论的训练,如节奏训练、音乐知识的学习。同时,通过音乐欣赏培训,让小团员增加对音乐的直观的感受,了解音乐的各种表现形式,学会歌曲的演唱和处理等。

参加交流演出。合唱团积极拓展对外交流与演出渠道,提供小团员舞台实践的机会。与美国夏威夷少儿合唱团在上海少年宫同台演出;带领部分小团员赴台湾参加"音乐、戏剧、舞蹈营"活动。通过交流演出,开阔小团员的视野,了解国外少儿合唱的水平。

开展技能考核。合唱团组织小团员参加全市少儿声乐等级考试,树立小团员的自信,提高对音乐兴趣;特邀"上海爱乐合唱团"艺术总监及其他声乐专业老师到合唱团进行专业技能考核,为团员们评分,促进小团员技能提高。

开展公益活动。合唱团以业务活动促进公益活动开展。制定公益活动中长期规划,明确公益活动方向及具体要求,实行"亲子教育",开办"公益讲堂";组织对外学习交流活动,参加义唱义演以及专场观摩汇报演出活动；免费开办系列专题讲座，普及和提高少儿合唱艺术。

### 【上海中国留学生博物馆】

上海中国留学生博物馆于 2004 年 9 月筹建，2005 年 1 月 31 日登记取得民办非企业单位法人登记证书，是在中共上海市委组织部指导下、由留学生企业捐建的非国有博物馆。业务主管单位为上海市文物局。

博物馆业务范围是：整理、收集、保存、研究及陈列展出中国留学生历史事迹的图片、实物及其他相关资料；开展国内外交流活动，展示留学生群体的独特风采；创作和撰写留学生群体的文艺作品以及其他宣传资料；提供咨询服务、会展场地服务。

博物馆以"传承留学生文化、弘扬留学生精神"为己任，通过收藏、研究及展出留学生历史文物，搭建留学生"寻根、报恩、交流"平台，是迄今为止全国唯一一座综合性留学生博物馆。博物馆设置有"天下归心""祖国记忆""留学生祠堂""留学生之家""中国留学生论坛"等展馆，"天下归心"为常设展馆；"祖国记忆"为专题展馆；"留学生祠堂"是留学生的寻根平台；"留学生之家"则是为留学生搭建的"报恩"平台；"中国留学生论坛"是交流平台。

博物馆以"为留学生服务"为宗旨，牢记"天下归心、留根铸魂"使命，受到社会各界充分肯定，成为中国博物馆协会团体会员、华侨博物馆专业委员会成员单位、松江区科普教育基地、致公党中央"致公党党员学习教育基地"、致公党上海市委"致公党传统教育基地"、上海外国语大学"出国留学培训教育基地"等。博物馆为留学生搭建的"寻根、报恩、交流"三大平台服务体系被命名为"桐欣模式"。

### 【上海美特斯邦威服饰博物馆】

上海美特斯邦威服饰博物馆于 2003 年筹建，由上海美特斯邦威服饰股份有限公司发起设立。2005 年 5 月正式注册登记取得民办非企业单位法人证书；同年 12 月，博物馆正式建成并对外开放。业务主管单位为上海市文物局。

博物馆业务范围是：服饰展览，藏品征集；课题研究，编辑馆刊及有关书刊资料等。

博物馆展厅面积 2 000 余平方米，展陈分为清代宫廷袍服，民国服装，少数民族服饰、少数民族饰品，帽子、大风衣、熨斗，沈从文先生手稿等五大板块八个内容。博物馆坚持服饰展陈与研究相结合，以展陈带动保管和研究工作的深化，促进经典服饰的保管和服饰文化的宣传普及。博物馆在建设实体展厅的同时，致力于数字化展厅建设，2007 年 9 月博物馆官网正式上线。

2006 年，博物馆被授予国家级"全国工业旅游示范点"称号；2009 年，博物馆被评为"上海市工业旅游景点服务质量达标单位"。

### 【上海曹鹏音乐中心】

上海曹鹏音乐中心成立于 2005 年 7 月。业务主管单位为上海市文物局。

中心业务范围是：国际音乐比赛、演出，艺术节，音乐夏令营；乐队、培训；录制音像制品。

中心以音乐普及和公益服务为己任，2005 年组建中国内地第一家——由著名指挥家曹鹏担任乐团指挥和艺术总监的非职业交响乐团——上海城市交响乐团，乐团由来自上海及其周边的中外音乐爱好者组成；2008 年，与上海市慈善基金会共同创办"天使知音沙龙"免费公益项目，为患有自闭症的儿童服务，通过义务音乐培训的形式，帮助自闭症儿童走出孤独、融入社会。

中心主要开展以下几方面工作：

帮助筹建各类乐团。中心除组建有上海城市交响乐团外,还免费为广大音乐爱好者筹办各类乐团组织。承办上海市教育委员会委托的上海学生交响乐团项目;与黄浦区教育局共同组建上海城市青少年交响乐团;为上海中学组建管乐团;与上海市卫生局医务工会创办管乐团与民乐团;为江阴市兴澄钢铁集团公司组建管乐团。

开展音乐展演普及。中心秉承"交响音乐无业余"的理念,开展系列音乐展演和普及活动,坚持高标准、严要求为社会提供高雅艺术精品。举办星广会、东方市民音乐会、知识改变命运音乐会、爱在城市关爱自闭症慈善音乐会、中等职业学校交响乐普及音乐会、城市景观交响音乐会、"音乐净化心灵,艺术提升境界"青浦监狱草地音乐会等;参与每年的上海夏季音乐节、上海国际艺术节演出。主办和承办多种大型文艺活动:2007年,主办世界非职业交响乐团联盟上海年会闭幕音乐会;2009年,策划承办电视直播的黄河流域22 000人参与的黄河大合唱活动;2010年,携手世界非职业交响乐团联盟聚集26个国家和地区1 500多位国际音乐爱好者组成史无前例的交响乐演奏团相聚上海世博会,举办"世博强音、世纪交响"音乐会。中心还受邀出访美国、英国、意大利、古巴、日本、波兰和毛里求斯等国。

打造"天使知音沙龙"品牌。中心倡导"音乐为慈善公益服务",积极参与并组织大量慈善活动。"天使知音沙龙"成立后,每周举行一次沙龙活动,让自闭症儿童在旋律与节奏中打开心灵窗户,养成与外界交流的能力。沙龙义工大队的人员,以上海城市交响乐团200多名年轻志愿者为主体。中心"'爱在城市'关爱自闭症专场音乐会",不仅为自闭症儿童提供展示学习成果的舞台,更向社会发出爱的号召。到2010年底,中心已向自闭症儿童提供服务逾万人次。

图2-3-1 2010年7月17日,上海曹鹏音乐中心、上海市城市交响乐团受上海市世博局邀请,与世界业余交响乐团联盟、上海广播电视台等联合举办大型世博文化主题"世博强音、世纪交响——千人交响合唱音乐会"。老艺术家曹鹏指挥近300人大型管弦乐团和千余名中外合唱团员唱响世博园区中心演艺大厅。

## 【上海眼镜博物馆】

上海眼镜博物馆于2005年筹建,2006年4月登记注册为民办非企业单位,6月6日第十一届

"全国爱眼日"正式开馆,是一家由社区主办的行业类专题性博物馆,由宝山路街道主办。业务主管单位为上海市文物局。

博物馆业务范围是:举办展览,接待社会公众参观,宣传、普及爱眼、护眼知识,提供纪念品、报刊、图书服务。

博物馆全馆面积为 2 000 平方米,其中展馆面积 1 500 平方米,共分"眼睛的世界""眼镜光学""眼镜材料与检测""眼镜的历史""眼镜产业""眼镜的设计与文化"等 6 大板块,各展区以图片、实物和三维动画等形式介绍眼睛与眼镜的关系、眼镜自身的科技和眼镜的发展历史,揭示眼镜背后的科技知识和文化内涵,展示中国乃至世界眼镜行业发展历史、现状和前景,普及保护眼睛的科学知识。

博物馆开展各类特色活动,在"5·18 国际博物馆日""6·6 爱眼日"上海科技周等特色组织免费参观、科普大讲坛、爱眼护眼咨询等活动;寒暑假期间举办亲子游、夏令营、关爱独居老人等科普专场活动;还组织开展"小小践行家——博物馆里学知识"、博物馆进校园等系列科普活动,取得良好社会反响。博物馆是上海市科普教育基地、上海市拓展中小学课程资源的科普教育基地、上海市学生社会实践基地。

### 【上海口琴会】

上海口琴会于 1935 年由中国著名口琴艺术家陈剑晨先生创办,是我国成立最早、持续活动最久、人数规模最多的口琴团体。2006 年 11 月注册登记为民办非企业单位。业务主管单位为上海市文化广播影视管理局。

口琴会业务范围是:推广普及口琴音乐;开办口琴培训、训练班;开展公益性演出;进行口琴艺术交流等。口琴会宗旨是:普及和发展口琴音乐,提高口琴吹奏技术,培养口琴演奏人才,繁荣口琴音乐事业。

口琴会主要开展以下几方面工作:

参加业界交流。口琴会积极参与国际、国内和地区间口琴艺术交流,不断扩大口琴音乐的影响力,提高我国口琴团体在国内外的地位和水平。邀请中国香港、台湾及日本、新加坡、马来西亚、法国、美国等著名口琴演奏家及团体举办专场音乐会及讲座;与东方广播电台联合主办"上海、台湾口琴专场交流演奏会"等活动。积极参加国内外各类口琴赛事,参加马来西亚"第九届亚太国际口琴节",荣获老年组金奖;参加"第十届亚太地区国际口琴艺术节",荣获老年组重奏、小合奏比赛冠、亚军;参加北京"首届华夏口琴艺术节",荣获成人组大合奏冠军。

开展公益活动。口琴会除定期举办"百姓进剧场、文化大家享"专场公益性演出外,还组织口琴小分队深入养老院、福利院办班、巡演,向老年人传授口琴吹奏技巧和音乐赏析,深入街道社区、学校、部队、企业等做公益性口琴讲座和赏析交流。到 2010 年,累计到养老院送教、送爱心 80 余场次,受益老人达 1.5 万余人次;社会公益讲座惠及 20 余万人次,深受各方好评。

### 【上海周虎臣曹素功笔墨博物馆】

上海周虎臣曹素功笔墨博物馆成立于 2008 年 11 月,举办者为上海新世界(集团)有限公司。业务主管单位为上海市文物局。

博物馆业务范围是:收藏、展示、研究传统品牌笔、墨及传统工艺等,具体包括:陈列、征集和保护中国传统文具毛笔、书画墨和文房四宝相关的传统工具、原材料,以及书法、绘画作品等;开展笔墨及其他文房四宝的文化、收藏品和技艺研究、交流和宣传;提供文房四宝及书画的收藏咨询和中介及书画防伪服务;组织社会各界书画家交流和书画爱好者培训。

上海是近代中国传统毛笔和书画墨生产及集散的重地,创始于1667年的"曹素功"和创始于1694年的"周虎臣"两个老字号,以及"周虎臣毛笔制作技艺"和"曹素功墨锭制作技艺"已列入国家级非物质文化遗产名录。博物馆坐落于上海福州路文化街,展厅分笔、墨两大展区,分别以实物、图版等形式,介绍笔墨历史、品种、原料、分类和有关文史知识。毛笔展区展示有:毛笔的发展历史、制笔所用的各种动物毛、笔杆材料等;镇馆之宝——用黄鼠狼尾毛制成的稀世珍品长锋狼毫对笔,以及上海开埠后江南制笔名家云集沪上形成的海派毛笔发展史料;近代名人、名家定制所需毛笔时与周虎臣的往来信笺、毛笔实物;海派书画家所用过的旧毛笔;清末学者李瑞清书写的"海上制笔者,无逾周虎臣"匾额;赵朴初题笔赞誉的大小"兰竹";程十发手书赞誉的"小精工";吴湖帆定制的"梅景书屋";张大千定制的"大千选用笔";李天马定制的"希逸斋用笔";李可染定制的"师牛堂";黄冑定制的"黄冑选用笔"等等。墨锭展区的陈列有:中国悠久的制墨简史图版、唐宋至明清的墨锭演变形态以及明清时代的墨模;清代康熙、乾隆年间御制的"耕织图""星宿图"等古墨;中华人民共和国成立后外交部作为国礼定制的"雨中岚山"套墨;冯玉祥、于右任、蔡元培、郭沫若等55位书画家联名赞誉曹素功墨锭的签名介绍启等。展厅内还设置视频区,播放笔墨资料片。

博物馆实行免费开放,为公众提供公益性社会服务与活动,发挥公共文化资源的宣传和教育职能,使更多人了解和走近中国传统的书写绘画工具笔墨文化。

## 二、名录

根据1998年国务院《民办非企业单位登记管理暂行条例》界定,截至2010年底,在市社会团体管理局注册登记的市级文化领域民办非企业单位共82家。

表 2-3-1　2010年上海市市级文化领域民办非企业单位一览表

| 序号 | 单位名称 | 业务主管单位 | 登记日期 | 办公地址 |
|---|---|---|---|---|
| 1 | 上海市银行博物馆 | 上海市文物局 | 2001-11-05 | 浦东大道9号7楼 |
| 2 | 上海周小燕歌剧中心 | 上海市文化广播影视管理局 | 2001-12-26 | 汾阳路20号407室 |
| 3 | 上海演出家艺术团 | 上海市文化广播影视管理局 | 2002-01-07 | 胶州路699号恒森广场25层塔楼 |
| 4 | 上海越剧艺术研究中心 | 上海市文化广播影视管理局 | 2002-01-07 | 复兴西路10弄4号2楼 |
| 5 | 上海东方儿童艺术团 | 上海市文化广播影视管理局 | 2002-01-11 | 中山北路3856弄2号1010室 |
| 6 | 上海东方国乐团 | 上海市文化广播影视管理局 | 2002-01-29 | 东新民路115号374室 |
| 7 | 上海文慧沪剧团 | 上海市文化广播影视管理局 | 2002-03-21 | 虹梅路3337号1号楼203室 |
| 8 | 上海小主人木偶剧团 | 上海市文化广播影视管理局 | 2002-05-29 | 洞泾镇洞凯路335号 |
| 9 | 上海市小苹果艺术团 | 上海市文化广播影视管理局 | 2002-07-18 | 国达路25号 |
| 10 | 上海工艺美术博物馆 | 上海市文物局 | 2002-08-09 | 汾阳路79号 |
| 11 | 上海中华笛文化研究所 | 上海市文化广播影视管理局 | 2002-09-12 | 陆家浜路650号1号楼201室 |
| 12 | 上海牡丹画院 | 上海市文化广播影视管理局 | 2002-10-11 | 长寿路181弄2号2305室 |

（续表）

| 序号 | 单 位 名 称 | 业务主管单位 | 登记日期 | 办 公 地 址 |
|---|---|---|---|---|
| 13 | 上海琉璃艺术博物馆 | 上海市文物局 | 2002-10-16 | 泰康路 25 号 |
| 14 | 上海楚天书画院 | 上海市文化广播影视管理局 | 2002-12-31 | 黄兴路 2005 弄 1 号 12D |
| 15 | 上海霞芳中华服饰研究交流中心 | 上海市文化广播影视管理局 | 2003-01-24 | 丽园路 889 号 D-1 |
| 16 | 上海东方文化传播中心 | 上海市文化广播影视管理局 | 2003-01-24 | 四川北路 1999 弄 1—4 号 221 室 |
| 17 | 上海现代人剧社 | 上海市文化广播影视管理局 | 2003-05-07 | 仙霞路 650 号 207 室 |
| 18 | 上海东方文化发展中心 | 中共上海市委宣传部 | 2003-06-05 | 石龙路 395 号 |
| 19 | 上海纺织博物馆 | 上海市文物局 | 2003-07-25 | 澳门路 128 号 |
| 20 | 上海银发艺术团 | 上海市文化广播影视管理局 | 2003-08-28 | 北京西路 1068 号 802 室 |
| 21 | 上海银都影视文化艺术研究所 | 上海市文化广播影视管理局 | 2003-08-29 | 延安西路 1355 弄 2 号楼 1-B 室（银都公寓） |
| 22 | 上海互动儿童探索馆 | 上海市文化广播影视管理局 | 2003-12-16 | 宋园路 61 号 |
| 23 | 上海春天少年艺术团 | 上海市文化广播影视管理局 | 2004-01-20 | 常熟路 100 弄 10 号甲 704 室 |
| 24 | 上海海上水墨画院 | 上海市文化广播影视管理局 | 2004-02-23 | 都会路 1555 号 3 幢 |
| 25 | 上海明圆文化艺术中心 | 上海市文化广播影视管理局 | 2004-03-16 | 复兴中路 1199 号 2803 室 |
| 26 | 上海乐团 | 上海市文化广播影视管理局 | 2004-04-23 | 延安东路 45 号裙房 4 楼 403 室 |
| 27 | 上海好小囡少儿合唱团 | 上海市文化广播影视管理局 | 2004-04-26 | 金陵东路 358 号恒源祥大厦 618 室 |
| 28 | 上海春之声合唱团 | 上海市文化广播影视管理局 | 2004-07-02 | 中山北路 3323 号 1505 室 |
| 29 | 上海半岛美术馆 | 上海市文化广播影视管理局 | 2004-07-09 | 西康路 1518 弄 13 号 2 楼 |
| 30 | 上海半岛瓷艺馆 | 上海市文化广播影视管理局 | 2004-07-09 | 军工路 1436 号 21 号楼 101 室 |
| 31 | 上海市劳动模范文化交流中心 | 上海市总工会 | 2004-07-27 | 控江路 1500 弄 1—10 号 7 号楼 |
| 32 | 上海爱乐合唱团 | 上海市文化广播影视管理局 | 2004-10-11 | 延安东路 45 号裙房 402 室 |
| 33 | 上海爱乐少儿合唱团 | 上海市文化广播影视管理局 | 2004-10-11 | 湖南路 105 号 |
| 34 | 上海爱乐手风琴乐团 | 上海市文化广播影视管理局 | 2004-10-11 | 延安东路 45 号裙房 401 室 |
| 35 | 上海爱乐女子合唱团 | 上海市文化广播影视管理局 | 2004-10-11 | 延安西路 501 号 |
| 36 | 上海爱乐民乐团 | 上海市文化广播影视管理局 | 2004-10-11 | 延安西路 503 号 3 号楼 101 室 |
| 37 | 上海中国留学生博物馆 | 上海市文物局 | 2005-01-31 | 练塘镇太北村林家草 287 号 |
| 38 | 上海晋风书画院 | 上海市文化广播影视管理局 | 2005-01-31 | 茸梅路 1177 弄 7 号 |
| 39 | 上海市民外语交流中心 | 上海市精神文明建设委员会办公室 | 2005-02-08 | 斜土东路 158 弄 3 号 4 楼 |
| 40 | 上海市文联艺术品鉴定中心 | 上海市文学艺术界联合会 | 2005-04-21 | 延安西路 200 号 3 号楼 207 室 |

（续表）

| 序号 | 单 位 名 称 | 业 务 主 管 单 位 | 登记日期 | 办 公 地 址 |
|---|---|---|---|---|
| 41 | 上海美特斯邦威服饰博物馆 | 上海市文物局 | 2005-05-11 | 康桥东路 800 号 |
| 42 | 上海曹鹏音乐中心 | 上海市文化广播影视管理局 | 2005-07-06 | 光复西路 2899 弄 10 号 A 幢 105 室 |
| 43 | 上海城市交响乐团 | 上海市文化广播影视管理局 | 2005-11-06 | 光复西路 2899 弄 10 号 A 幢 104 室 |
| 44 | 上海城市雕塑艺术中心 | 上海市规划和国土资源管理局 | 2006-01-03 | 淮海西路 570 号 |
| 45 | 上海明心文化艺术俱乐部 | 中共上海市委宣传部 | 2006-01-27 | 梅园路 77 号 1602 室 |
| 46 | 上海大家文化艺术中心 | 中共上海市委宣传部 | 2006-01-27 | 番禺路 396 号 3 楼 |
| 47 | 上海眼镜博物馆 | 上海市文物局 | 2006-04-20 | 宝昌路 533 号 |
| 48 | 上海哈哈电视俱乐部 | 上海市文化广播影视管理局 | 2006-10-18 | 东方路 2000 号 |
| 49 | 上海电线电缆博物馆 | 上海市文物局 | 2006-11-09 | 漕廊公路 2888 号 |
| 50 | 上海时代陶瓷文化研究院 | 上海市文化广播影视管理局 | 2006-11-09 | 长宁路 347 号 319 室 |
| 51 | 上海口琴会 | 上海市文化广播影视管理局 | 2006-11-09 | 茂名北路升平街 41 弄 42 号 101 室 |
| 52 | 上海农垦博物馆 | 上海市文物局 | 2006-12-07 | 海湾镇随塘河路 1677 号内香樟南路 1 号楼 1 层 |
| 53 | 上海市儿童艺术教育研究中心 | 上海市妇女联合会 | 2007-01-05 | 金藏路 51 号 3009 室 |
| 54 | 上海市职工文艺创作中心 | 上海市总工会 | 2007-03-14 | 西藏中路 120 号 511 室 |
| 55 | 上海市阳光艺术中心 | 上海市残疾人联合会 | 2007-03-14 | 洛川东路 201 号 |
| 56 | 上海中国紫檀文化研究院 | 上海市文化广播影视管理局 | 2007-08-03 | 芦潮港渔港路 446 号 |
| 57 | 上海党建文化研究中心 | 上海市社会科学界联合会 | 2007-09-20 | 梅陇路 161 号 8 号楼 505 室—509 室 |
| 58 | 上海蔡伯昌老彩票博物馆 | 上海市文物局 | 2007-12-28 | 张江镇沔北路 58 弄 188-1 号 |
| 59 | 上海翰林匾额博物馆 | 上海市文物局 | 2008-02-25 | 朱家角镇东井街 122 号 |
| 60 | 上海香梅画院 | 上海市文化广播影视管理局 | 2008-03-07 | 江桥华江路 668 弄 188 号 |
| 61 | 上海天艺书画院 | 上海市文化广播影视管理局 | 2008-03-07 | 中山北一路 1108 号北 503 室 |
| 62 | 上海全华水彩艺术馆 | 上海市文化广播影视管理局 | 2008-07-31 | 朱家角镇西井街 121 号 |
| 63 | 上海玻璃博物馆 | 上海市文物局 | 2008-07-31 | 长江西路 685 号 |
| 64 | 上海联合动漫产业发展中心 | 上海市文化广播影视管理局 | 2008-10-09 | 上大路 668 号海纳大厦 206 室 |
| 65 | 上海市浦江社区文化艺术交流中心 | 上海市文化广播影视管理局 | 2008-10-22 | 广中路 698 号 |

（续表）

| 序号 | 单 位 名 称 | 业务主管单位 | 登记日期 | 办 公 地 址 |
|---|---|---|---|---|
| 66 | 上海周虎臣曹素功笔墨博物馆 | 上海市文物局 | 2008-11-25 | 福州路 431 号 2 楼 |
| 67 | 上海新概念动漫剧团 | 上海市文化广播影视管理局 | 2008-12-23 | 张江路 91 号 6 幢 407 室 |
| 68 | 上海市华侨书画院 | 上海市人民政府侨务办公室 | 2008-12-23 | 大境路 269 号 |
| 69 | 上海南社纪念馆 | 上海市文物局 | 2009-01-07 | 张堰镇新华路 139 号 |
| 70 | 上海华东电视技术协作中心 | 上海市文化广播影视管理局 | 2009-03-10 | 老沪太路 203 号 701、707 室（广视大厦） |
| 71 | 上海东方法治文化研究中心 | 上海市社会科学界联合会 | 2009-05-20 | 江场西路 299 弄 1 号 911 室 |
| 72 | 上海吴昌硕纪念馆 | 上海市文物局 | 2009-05-20 | 陆家嘴东路 15 号 |
| 73 | 上海海派红木艺术博物馆 | 上海市文物局 | 2009-07-31 | 万祥镇万灵路 99 号 |
| 74 | 上海民族民俗民间文化创意推广中心 | 上海市文化广播影视管理局 | 2009-11-05 | 小南码头路 5 号 7 幢 1 楼 101 房间 |
| 75 | 上海东方青少年国际文化交流中心 | 上海市文化广播影视管理局 | 2010-01-14 | 志丹路 260 弄 5 号 103 室 |
| 76 | 上海新时代文化交流中心 | 上海市文化广播影视管理局 | 2010-01-14 | 中山南二路 1007 号 1310 室 |
| 77 | 上海东方公共文化评估中心 | 中共上海市委宣传部 | 2010-03-15 | 中山西路 1610 号 932 室 |
| 78 | 上海中国现代国之宝艺术馆 | 上海市文化广播影视管理局 | 2010-04-09 | 长阳路 368 号 |
| 79 | 上海动漫博物馆 | 上海市文物局 | 2010-04-26 | 张江路 69 号 |
| 80 | 上海三百书画院 | 上海市文化广播影视管理局 | 2010-05-20 | 联杨路 3888-1 号 |
| 81 | 上海华韵中欧文化交流中心 | 上海市文化广播影视管理局 | 2010-12-02 | 南汇路 69 号 501 室 |
| 82 | 上海徐悲鸿艺术中心 | 上海市文化广播影视管理局 | 2010-12-28 | 国顺东路 800 号 |

# 第四章 科技领域民办非企业单位

科技领域民办非企业单位,包含了自然科学科技领域和社会科学领域这两类民办非企业单位。自然科学领域的民办非企业单位是指主要利用非国有资产举办,不以营利为目的,专门从事科学研究与技术开发、成果转让、科技咨询与服务、科技成果评估以及科学技术知识传播和普及等业务的民办非企业单位。随着科学技术在社会生产和生活中的广泛应用,科学技术工作已经得到全社会的重视和支持,科技类民办非企业单位开始大量涌现,成为科技服务体系的重要组成部分和推进社会科技进步的重要力量,在推动社会经济建设和社会进步中发挥着不可替代的重要作用。社会科学领域的民办非企业单位是指由社会力量举办,以战略问题和公共政策为主要研究对象,以服务党和政府科学民主依法决策为宗旨的民办社科研究机构。从其所研究的细分领域来看,可以初步划分为哲学社会科学(如上海华夏社会发展研究院)、经济(如上海易居房地产研究院)以及其他类领域等三种类型。

2000 年 5 月,科技部、民政部联合制定《科技类民办非企业单位登记审查与管理暂行办法》,规范科技领域民办非企业单位的登记审查和管理工作。因此,上海科技领域民办非企业单位在进入21 世纪之后,开始快速生长。这些科技类民办非企业单位主要的业务活动范围包括但不限于基础研究、应用研究、技术开发、产品生产/成果应用、技术交易服务、科技咨询与评估、科技金融服务、技术扩散推广、分析检验测试、自然/科技资源共享、科技信息服务,等等。类型丰富多样,囊括了科学技术研究院(所、中心);科学技术转移(促进)中心;科技咨询中心(部)、技术服务中心(部)和技术培训中心(部);科技评估事务中心(所);科技普及(传播)中心等。上海民办非企业单位研发的科研成果,提升了上海经济社会发展的科技含量,优化了上海产业和行业结构,促进了上海经济社会快速增长。

## 第一节 沿 革

上海的科技领域民办非企业单位,在 21 世纪之前数量极其有限。2000 年 2 月市社团管理局对全市民办非企业单位抽样调查发现,在十大社会领域的分布中,科技领域民办非企业单位仅占总数的 0.57%。这一现状,与科教兴国国策、与上海城市地位、与社会经济发展的要求都极不相称。在市委、市政府的关注和一系列政策的引导下,新世纪上海科技类民办非企业单位迅速发展。2006年,全市科技领域民办非企业单位发展到 83 个;2009 年,全市科技领域民办非企业单位总资产达到8 497.4 万元;到 2010 年底,总资产上升到 9 629.45 万元,比上年增长 13.44%。截至 2010 年底,全市登记注册科技领域民办非企业单位 161 家,其中,市级登记注册 47 家,专职工作人员 366 人,净资产达 7 341.9 万元。

进入 21 世纪,上海自然科学领域民办非企业单位迅速发展,得益于相对灵活宽松的管理政策和各级政府对科技领域社会组织的大力扶持。调查显示,全市自然科学类社会组织的主要业务,有32.99%来源于政府机构和事业单位。自然科学领域民办非企业单位广泛开展丰富多样的公益活动,大体包括:基础研究、应用研究、技术开发、产品生产/成果应用、技术交易服务、科技咨询与评估、科技金融服务、技术扩散推广、分析检验测试、自然/科技资源共享、科技信息服务等,活动类型基本囊括科技创新服务体系的全部内容。2009年到2010年,全市自然科学领域民办非企业单位组织公益活动项目114个,活动277次,在上海科技领域的活跃度迅速提高。自然科学领域民办非企业单位努力进行科技开发和转化工作,并积极与经济实体联姻,促进科研成果及时转化为创新型产品。民办非企业单位研发的大量科研成果,改善了上海经济的科技含量,优化了产业结构,促进了经济快速增长。

为规范自然科学领域民办非企业单位的登记审查和管理工作,指导和监督其业务活动,保护其合法权益,根据国务院《民办非企业单位登记管理暂行条例》和民政部《民办非企业单位登记暂行办法》,2000年5月,科技部、民政部联合制定《科技类民办非企业单位登记审查与管理暂行办法》,清晰定义科技领域民办非企业单位的法律地位,并对登记、监督管理、处罚等做出明确规定。按照《科技类民办非企业单位登记审查与管理暂行办法》规定,此类民办非企业单位的业务范围和活动领域属于自然科学领域范畴,其类型大致分为:主要从事科学研究与技术开发业务的科学技术研究院(所、中心);主要从事科技成果转让与扩散业务的科学技术转移(促进)中心;主要从事科技咨询、服务和培训业务的科技咨询中心(部)、技术服务中心(部)和技术培训中心(部);主要从事科技成果评估业务的科技评估事务中心(所);主要从事科学技术知识普及业务的科技普及(传播)中心等。设立自然科学领域民办非企业单位的最低开办资金,个体单位不得少于1万元,合伙单位不得少于3万元,法人单位不得少于5万元。

上海贯彻落实科技部、民政部联合制定的《科技类民办非企业单位登记审查与管理暂行办法》。首先,严格登记条件,要求自然科学领域民办非企业单位必须符合《民办非企业单位管理暂行条例》和《民办非企业单位登记管理办法》规定,提交相应材料;同时具备与业务范围和业务量相当的科技人员,关键业务岗位主要负责人必须由科技人员担任,以及具备必要的科研设施和条件。其次,强化科技行政管理部门职责,自然科学领域民办非企业单位的设立,必须经科技行政管理部门审查,向科技行政管理部门提交从业人员中主要科技人员的专业技术资格证明材料,包括学历证明、工作简历、在科学技术活动中作出的主要贡献和能够体现科技水平的其他证明材料等,以及场所使用权证明材料和与开展业务相关的设备清单等科技行政管理部门要求提供的其他材料。第三,严格财务制度,要求参照科学事业单位财务制度,在接受、使用捐赠、资助时,在实际占有、使用前向科技行政管理部门报告有关情况,包括向社会公布的方式和内容等情况。登记审查与管理,推动上海自然科学领域民办非企业单位成长与发展。

随着自然科学领域民办非企业单位成为新型科研组织机构的重要组成,对其管理提出更高要求。上海积极探索对非营利性科研机构的管理工作。非营利性科研机构,是指主要从事应用基础研究或向社会提供公共服务,无法得到相应经济回报的社会公益类科研机构,主要从事社会公益为主的科学研究、技术咨询与社会服务活动。2000年,科技部、中编办、财政部、税务总局等四部门制定《关于非营利性科研机构管理的若干意见》(试行),对非营利性科研机构管理提出专门意见。上海着重从两个方面细化管理:一方面,要求非营利性科研机构建立内部决策及管理制度。科研机构主管部门(单位)逐步将直接领导转为通过参加理事会参与科研机构决策,对科研机构赋予自主权,最终实现非营利性科研机构经营管理的社会化。同时,非营利性科研机构要积极探索理事会决策制、院(所)长负责制、科学技术委员会咨询制和职工代表大会监督制度:理事会负责面向社会公开选聘和推荐院所长,审定发展规划、年度工作计划和财务收支计划,监督业务和管理活动的合法性;理事会成员由主管部门(单位)代表、本单位代表、行业专家代表、有关出资方代表组成;院(所)长是法人代表,执行理事会决议,负责科研业务和日常管理工作,对理事会负责;科学技术委员会负责对重大科学技术问题提出咨询意见;职工代表大会负责监督。另一方面,明确规范非营利性科研机构发展资金的获得来源和渠道。主要是:政府资助,国家对非营利性科研机构的正常运行、设备购置、基本建设等给予一定的资金支持;承担政府、企业、其他社会组织和个人的委托项目;社会捐赠;为社会提供有偿服务;其他合法收入。非营利性科研机构向社会提供有偿服务的收入按国家规定留给单位的部分,必须全部用于自身发展。同时,任何机构和个人不得以任何方式从非营利性科研机构获取投资回报。

在细化管理的同时,政府相关部门还加强对非营利科研机构的监督,深化科研体制改革,要求每年向主管部门(单位)和科技行政管理部门报送工作报告,接受业绩考核;定期组织财政等部门对其运行绩效进行评估考核,增强为经济建设和社会发展服务的活力。

从自然科学领域民办非企业单位成长实践来看,相关法律政策的支持对其发展至关重要。上海在自然科学领域民办非企业单位相关税收政策扶持上,进行有益探索。

2001年,财政部、国家税务总局印发《关于非营利性科研机构税收政策的通知》,规定非营利性科研机构从事技术开发、技术转让业务和与之相关的技术咨询、技术服务所得的收入,按有关规定免征营业税和企业所得税;非营利性科研机构从事与其科研业务无关的其他服务所取得的收入,如租赁收入、财产转让收入、对外投资收入等,应当按规定征收各项税收;非营利性科研机构从事上述非主营业务收入用于改善研究开发条件的投资部分,经税务部门审核批准可抵扣其应纳税所得额,就其余额征收企业所得税;非营利性科研机构自用的房产、土地,免征房产税、城镇土地使用税;社会力量对非关联的非营利性科研机构的新产品、新技术、新工艺所发生的研究开发经费资助,经主管税务机关审核确定,其资助支出可以全额在当年度应纳税所得额中扣除,当年度应纳税所得额不足抵扣的,不得结转抵扣。

改革开放特别是党的十三届四中全会以来,上海社会科学事业呈现出繁荣发展的良好局面,一些民办社科研究机构(社会科学领域的民办非企业单位)也逐渐产生,这些机构绝大多数是由上海市社会科学界联合会作为业务主管单位,实施双重管理。自2000年起,本市探索加强对民办社科研究机构培育和管理。截至2006年,民办社科研究机构共有9家,到2010年底,社会科学领域民办非企业单位达到22家。

2004年10月18日,中共中央办公厅、国务院办公厅印发《关于加强民办社科研究机构管理工作的意见》,要求各级党委和政府重视和加强对民办社科研究机构的领导,实行"控制发展、从严管理"的方针。明确了民办社科研究机构作为企业事业单位、社会团体和其他社会力量以及公民个人利用非国有资产举办的从事哲学社会科学研究活动的非营利性社会组织,属于民办非企业单位,其管理应纳入《民办非企业单位登记管理暂行条例》的管理范围。实行由省、自治区、直辖市人民政府民政部门和社科联双重负责的属地化管理体制。省、自治区、直辖市人民政府民政部门是民办社科研究机构登记和管理的职能部门,省、自治区、直辖市社科联是民办社科研究机构的业务主管单位。

上海自2005年初进一步加强对民办社科研究机构活动、人员管理。比如,要求民办社科研究机构在举办面向社会的研讨会、报告会、讲座、论坛等业务活动以及开办互联网站等时,须报经业务主管单位同意后按有关规定办理;同时,要定期向民政部门和业务主管部门报告业务活动情况;党政机关工作人员不得到民办社科研究机构兼职;高校、党校、社科院、行政学院系统的专家学者和人民团体、事业单位的工作人员及国有企业的职工,到民办社科研究机构兼职,须经所在单位批准。

社会科学领域民办非企业单位积极开展各类科研学术活动。纵观各机构近几年的实践,决策咨询研究成为各机构的"主业"和强项。他们紧紧围绕党和政府的工作重点、社会关注的热点,特别是上海的发展实际,组织专家开展决策咨询研究。从不同层面及时提供的研究成果,反映的各种情况,受到有关部门高度评价,同时也扩大了自身的影响,树立起民办社科研究机构良好的社会形象。各机构先后完成有关上海 21 世纪文明社区建设、现代化文明社区指标体系、上海科教综合评价指标体系等课题研究,以及有关"迎世博文明行动计划"、城市法治治理项目研究等决策咨询课题,积极向上级有关部门提供各类专报、内刊及机构内部通讯,为各级领导和有关部门提供决策参考。

社会科学领域民办非企业单位还注重开展对外交流与合作,聘请国外著名学者担任顾问、海外华人学者任特邀研究员。各机构举办的交流活动,既活跃了学术环境,又扩大了机构影响,获得了较好的社会效益。据统计,仅在 2002—2004 年,各机构共举办学术研讨会、学术讲座、学术座谈会和其他各类学术活动 98 次,共计 10 390 人次参加。

# 第二节　选介和名录

## 一、选介

### 【上海东亚研究所】

上海东亚研究所成立于 2000 年 4 月 18 日。研究所坚持以基础研究为根基,以运用研究为方向,以课题研究为牵引,以战略研究为目标,以政策建议为目的,通过《东亚动态》《东亚专报》和课题报告等形式为有关部门提供研究成果和政策建议。业务主管单位为上海市社会科学界联合会。

业务范围:对两岸关系、亚太地区国际关系进行专题研究、专业咨询、学术交流。

研究所主要开展以下几方面的工作:

开展课题研究。在研究领域,主要开展对台湾社会、政治、经济以及民意和两岸关系等问题的研究,及时反映台湾重大政治事件,密切跟踪台湾重大事件。同时开展对台湾问题中的国际因素,特别是美国因素与日本因素的研究,并加强对香港问题与澳门问题的研究。完成了国台办和市政协下达的多项课题研究,包括《两岸大交流、大合作、大发展回顾与思考》《两岸关系发展阶段研究》《两岸洽签经济合作框架协议及对香港的影响》等。

组织参与学术交流活动。在交流合作方面,主要与清华大学、厦门大学、上海国际研究院、上海社科院、复旦大学等高校合作,实现资源共享,优势互补。另外,与台湾铭传大学、政大、香港政策研究所等机构保持制度化合作机制。此外,研究所平均每年参加近百场课题专题研讨会、两岸关系研讨会等学术研讨活动。

咨政建言。研究所撰写了一批探索性的学术论文。编报《东亚专报》《东亚动态》,研究报告被市台办参阅件和其他部门采用,发挥了智库作用。组织开展海上安全课题等研究,为有关部门提供政策参考。

### 【上海中信国健生物技术研究院】

上海中信国健生物技术研究院成立于 2001 年 4 月。研究院业务主管单位为上海市科学技术委员会。

研究院业务范围是:生物技术和方法研发、生物工程制品及相关产品的研发、生物技术服务。研究院拥有细胞库、细胞培养室、纯化工艺实验室、制剂实验室、分析测试中心和公共实验室,并配备国家领先的抗体药物研发和检测设备,能够同时进行数个抗体新药的高表达细胞株的构建和筛选。

研究院主要开展如下几方面工作：

生物技术和方法研发。研究院积极开展研究和开发工作，包括生物芯片、PCR、基因克隆、生物大分子理化性质分析、转基因、基因剔除、动植物克隆、生物信息学、生物分析计算机软件等相关学科的研发、基因防伪与鉴定。

生物制品及产品开发。研究院积极开发生物工程制品、制剂、药品、保健品、营养品、食品和添加剂、诊断用品、经济动植物、海洋药物、天然药物、环保产品、司法鉴定等相关产品，并进行相关仪器设备的设计、研制和开发。

提供生物技术服务。研究院的生物技术服务包括：GLP实验主设计、研究项目咨询、产品中试开发、专业人才培训、生物学鉴定报告、生物计划专利申请等。

此外，研究院积极引进国内外优秀人才，加强学术交流合作，积极组织开展多种形式的学术交流活动。

### 【上海转基因研究中心】

上海转基因研究中心成立于2001年9月7日，由上海杰隆生物工程股份有限公司举办。业务主管单位为上海市科学技术委员会。

中心业务范围是：转基因、克隆、治疗性克隆等生物医药技术的基础研究、应用开发、技术服务与转让；实验用羊的饲料收购；试剂研制等。中心围绕转基因山羊制备与产业化开发，下设有基因工程部、蛋白工程部、胚胎工程部、实验羊牧场部、转基因安全评价部、药物工程部和科研管理部等部门，实验仪器设备齐全，是上海市研发公共服务平台加盟单位。与同济大学、华东师范大学、复旦大学、中科院等单位合作，建立从本科生、硕士与博士研究生、博士后的多层次人才培养体系。到2010年，有各类研发人员52人。

中心始终致力于转基因动物生物反应器、动物克隆与分子育种的研究、技术服务和科技成果产业化，承担包括国家转基因新品种培育科技重大专项、国家"863"、科技部、农业部以及市科委、市农委等在内的科研项目20余项。中心应用基因编辑、基因打靶等现代分子生物学技术手段，构建完善、高效的转基因动物新品种培育技术体系；结合传统药物研发技术，构建基于转基因动物来源药物的管控措施和技术开发工艺，申报新药证书；借鉴传统育种手段，建立具有重大产业化价值的转基因家畜的核心种群选育技术；建立转基因家畜的通用安全评价体系，按农业部要求，完成转基因山羊的安全评价过程，取得安全证书；开放转基因羊新品种培育的技术平台，为国内外相关单位提供技术服务；通过中心的开发研究实践，为社会培养和输送高素质的转基因家畜研制和产业化开发的工程技术人才。

中心转基因羊研发始终走在国内前列。在市区两级政府的大力支持下，中心在浦东新区老港镇孙桥种源基地内新建"转基因奶山羊核心种源培育基地"，基地设计存栏规模7 000头，集成包括TMR加工饲喂技术、信息化管理技术，机械挤奶技术、自动哺乳技术和疫病防控技术等先进的奶山羊养殖和管理技术，提高转基因山羊乳腺生物反应器的研制和产业化的推进效率。经过多年攻关，中心已经建立良种快速扩繁、显微注射、体细胞克隆羊、体细胞克隆介导的转基因山羊制备、定点打靶转基因山羊制备技术等技术平台，整合建成一套通用、高表达、定点整合的转基因山羊制备技术，保证转基因的单一位点整合和高效表达，该成果获得国际专利。中心转基因山羊研制平台技术日臻完善，人溶菌酶转基因山羊、人乳铁蛋白转基因山羊、人血清白蛋白转基因山羊等进入安全评价的生产性试验阶段,抗"瘙痒症"PrP基因敲除山羊进入中间试验阶段,研制获得的朊蛋白(PrP)双等位基因敲除奶山羊已完成转基因安全评价中间试验阶段的研究内容。中心还自主研发两种人源化治疗性抗体基因转基因山羊生物反应器,新生羔羊4头。

中心在扎实推进转基因山羊产业化同时,积极开展技术服务和转基因科普宣传工作,向成为国内第一家实现转基因家畜产业化单位迈进。

图2-4-1　2005年,上海转基因研究中心获得乳汁中高表达2.5克/升的人溶菌酶转基因山羊,扩繁第8代共158头,经农业部批准进行转基因动物安全评价的生产性试验,申请发明专利6项,其中3项已获授权。

### 【上海市针灸经络研究中心】

上海市针灸经络研究中心成立于2001年12月28日,为非营利性质的、具有独立法人资格的民办非企业单位,理事会由来自上海市科委、复旦大学、上海中医药大学、上海市针灸经络研究所等单位的理事组成。业务主管单位为上海市科学技术委员会。

中心业务范围是:经络针灸领域的基础研究、临床应用、技术研发、咨询服务、培训和对外交流、成果转让及产业推广。下设经穴结构与功能实验室、针灸经络系统生理学实验室、细胞电生理实验室和针刺分子神经病学实验室;拥有膜片钳、电压钳、动物行为学、分子生物学、显微手术镜、整体电生理记录、冰冻切片、石蜡切片、无菌细胞房、荧光显微镜、超低温冰箱等实验设备,具备开展各类动物、细胞、分子实验的条件。

中心集合中医学、西医学、生理学、细胞学、生物化学、生物物理学、生物力学、生物医学工程学的多方面国际人才,开展大量的针灸基础科学研究。承担国家及省市级科研项目,为企事业单位提供科研技术服务,并对自主成果进行成果转化。中心在对穴位启动机制的系列研究中,发现穴位处密集肥大细胞,肥大细胞表达有机械敏感性蛋白,针刺刺激引起穴位处胶原纤维的缠绕,激活肥大细胞,肥大细胞脱出颗粒物质引起穴位局部微环境的改变,形成有效的穴位启动信号,形成针刺效应。围绕该项研究成果发表学术论文 30 余篇,在学界产生广泛影响。

### 【上海华夏社会发展研究院】

上海华夏社会发展研究院成立于 2002 年 3 月 15 日。前身是 1994 年 12 月 17 日成立的浦东华夏社会发展研究院,由浦东新区社会发展局和华东理工大学专家学者联合发起举办。业务主管单位为上海市社会科学界联合会。

研究院业务范围是:承接国家、上海经济管理和人文社科、社区等各类课题研究;开展以信息经济和管理的咨询与技术服务、人才培训,开展应用软件、网站建设、数据库开发等。研究院坚持"立足社会、研究社会、服务社会、奉献社会"理念,从社区研究到社会研究,从社会哲学研究到社会发展研究,从现实研究到网络虚拟社会的研究,形成聚焦三个"可持续"发展领域研究的特色。

聚焦中国城镇化可持续发展研究。研究院注重乡村考察,1995 年,开展浦东农村千户农民生活方式调查;1997 年,研究浦东城镇化进程中的农民问题;1998 年,研究浦东百家乡镇企业,并集中剖析由由集团从乡镇企业成长为集团企业的意义,同时完成国家社科基金项目《城市化与农民的现代化问题研究——浦东农村 23 个镇的考察》。

聚焦中国大城市、特大型城市可持续发展研究。研究院开展城市社区研究。1998 年,研制卢湾区文明社区测评指标体系;2000 年,开展上海文明社区建设研究,制定的上海文明社区测评体系是全国最早的有关"文明创建类"指标体系,实现城市化理论研究向测评指标的转化,成果获上海市哲学社会科学二等奖;2002 年,承担中央文明办委托上海市文明办的全国文明城市测评体系研制,列入 2002 年度国家社科基金特别委托项目,2003 年 8 月 25 日中央精神文明建设指导委员会正式发文,将研究院研制的《全国文明城市测评体系》作为评选表彰全国文明城市的标准,此标志全国文明城市、文明城区评选表彰真正走上科学化轨道;2008 年,按照中央文明办要求,研究院对《全国文明城市测评体系》进行部分修改,形成 2008 版。

聚焦中国社会现代化可持续发展研究。研究院自 1998 年聚焦中国现代化研究,既有当代社会发展导论研究,又有中国特色可持续社会现代化研究,还有社区研究报告和中国社会建设指数研究。到 2010 年,形成并出版"华夏智库丛书"《社会现代化模式比较研究》《资本速度与社会转型研究》《中国特色国有企业与中国特色社会主义现代化》《大数据时代的网络社会》等 10 种,展示研究院在不同时间、不同层面对社会现代化研究的成果。

### 【上海金融与法律研究院】

上海金融与法律研究院成立于 2002 年 11 月 1 日。业务主管单位为上海市社会科学界联合会。

研究院业务范围是:金融与法律方面的研究、咨询、培训和会务研讨。研究院以金融和法律视角,关注变化中的中国与世界,倡导法治的市场经济,致力于为转型社会提供有效率的解决方案,以专业分析影响公共决策,推动社会进步,并逐步形成三大学术活动品牌。

研究院主要开展如下几方面工作:

"鸿儒论道"双周论坛。研究院努力搭建凝聚各方共识、沟通政商学、传播各界智慧、推动金融创新与发展的高端、专业的公益论坛平台,形成"鸿儒论道"双周论坛。论坛由研究院与鸿儒金融教育基金会联合举办,香港东英金融集团和上海淳大集团联合支持,双周定期举行,邀请国内外知名专家主讲、评议人,包括国内主要的投行首席经济学家、高校学科带头人、企业高管和政府官员等。吸引了来自上海最著名的金融界、业界和学界的人士参与。国内《财新网》《中国经贸聚焦》《中国证券报》《第一财经日报》《上海经济评论》《福布斯中文网》等数十家重要媒体进行报道。

"镜鉴与前瞻"年会。研究院努力提升年会质量,就中国与世界未来发展中遇到的新挑战新议题展开高层次思想对话,形成"镜鉴与前瞻"年会品牌。到2010年,分别以"谋局改革新篇""再启开放的力量""新阶段·新改革·新常态""寻找增长的动力"等年度经济金融及社会热点为主题,召开年会;年会思想对话涉及"城市化路径与化解地方债务风险""上海自贸区与新一轮改革开放""国际货币体系改革""全球主权债务危机""新常态下的中国经济增长""经济停滞与持续增长""新型城镇化的实现路径""互联网金融"等话题,将年会办成聚智大会。

### 【上海数字化城市与交通研究所】

上海数字化城市与交通研究所成立于2002年12月25日,是国内最早开展数字城市、智能交通、城市发展评估、城市文化战略编制的研发咨询机构之一,由国家发计委机电轻纺司、上海市经济委员会、上海交通大学联合发起设立。业务主管单位为上海市经济与信息化委员会。

研究所业务范围是:各类交通工具、方式、管理数字化技术应用、开发、成果产业化;城镇数字化与现代交通技术的应用研究、成果开发、技术转让;技术培训;"八技服务"。

研究所主要开展以下几方面工作:

承担委托项目。研究所依托相关发起单位优势,积极承担政府及社会各方面项目。承担上海市城市总体规划战略议题研究项目《上海智慧城市规划发展目标与路径研究》;深圳宝安区大空港新城办委托项目《深圳宝安区大空港新城智慧空港规划项目实施建议方案》;参与上海市智慧城市建设促进中心《上海市智慧村庄信息服务平台研究》;参与上海交通大学《长三角城市群四维文化体验创意与图像支持系统研究》《交大模式智慧校园规划前期策划研究》《"智慧石门"建设总体规划方案》;主持上海斐讯数据通信技术有限公司《上海交大斐讯智慧城市研究中心系列委托研究课题》;承担上海市徐汇区市政和水务管理署、上海杰汇信息科技有限公司《大都市中心城区静态交通分享式停车与诱导式停车系统》研究等。

开展基础研究。研究所围绕提出的"人文型智慧城市"理念,开展基础理论研究,形成《智慧城市建设更应追求"真善美"》《以人文引领智慧城市建设新常态》《新城新区建设要用好"智慧"这张牌》《智慧城市促进产城融合发展》《人文型智慧交通:一种势在必行的建设取向》《智能城市离我们有多远》《智慧城市不能"没文化"》《智慧城市亟须顶层设计》《标准化视角下智慧城市建设面临的问题及发展路径研究》《新常态下的智慧城市建设探析》《"人文城市"理念为智慧城市建设解围》《以人文城市和智慧城市引领新型城镇化》《基于"大数据"战略的信息化与新型城镇化发展》等研究成果,在《人民日报》《文汇报》《中国城市报》《金融时报》《瞭望东方周刊》《中国经济社会论坛》《学术界》等报刊上发表,引起强烈反响。

举办高端论坛。研究所以智慧城市规划建设为关切点,举办高层次学术会议。发布的《中国智慧城市发展报告》《智慧城市全球发展态势研究报告》等,在学术界和业界产生重要影响。研究所《专家呼吁加强互联网金融监管模式创新,实现从传统静态向新型动态转型》的研究报告,得到国务院领导的肯定和批示。研究所提供智慧城市架构设计和咨询服务整体解决方案,在实践中产生良好成效。

## 【上海科学公共政策研究中心】

上海科学公共政策研究中心成立于 2003 年 4 月 14 日,是由复旦大学、交通大学等高校与研究机构学者发起,上海与长三角洲地区各地政府部门和公共管理机构中的实际工作者积极参与的独立研究咨询机构。业务主管单位为上海市科学技术委员会。

中心业务范围是:公共政策、公共管理的研究与咨询,科研成果转让、培训、对外交流。主要活动内容是:公共政策和公共管理的研究与咨询,相关科研成果转让、培训以及对外交流。中心立足上海,服务全国,主要从事地方政府层面的公共政策和公共管理的研究、咨询、培训和国内外交流。中心积极承接上海市委、市政府以及长三角地区各地方政府下达的关于公共政策与管理方面研究和措施等方面的课题,帮助有关政府机构熟悉公共政策与管理,为市委、市政府及各委办局提供咨询服务;为企业提供应对公共政策与管理的咨询工作;组织人员培训,开展国际间公共政策研究的交流活动。

## 【上海市工业合作经济研究所】

上海市工业合作经济研究所成立于 2003 年 6 月 12 日,由上海市工业合作联社出资发起设立。业务主管单位为上海市经济信息化委员会。

研究所业务范围是:开展有利于集体(合作)经济、中小企业发展运行研究和咨询服务。理论政策研究、管理咨询、调查建议、业务培训、经验交流、对外合作交流等。

研究所主要开展以下几方面工作:

课题调研。研究所在承担中国合作经济网资讯更新维护、《上海集体经济》《合作经济调研》《城镇合作经济信息》编辑出版任务外,承接大量课题调研。2010 年 7 月起,研究所参加国家工信部有关"集体经济发展和改革"课题,为推进多种形式集体经济发展,提供决策咨询意见。

组织研讨。研究所围绕上海创新驱动,转型发展的中心工作,与上海市集体经济研究会合作,自 2005 年起,组织以改革发展创新为主题的研讨会,并以发布会形式,开展"五个一"系列活动,集中展示研究成果。研究所与其他单位合作组织的"上海集体经济改革发展论坛",获得上海市社会科学联合会"特色活动"奖。

开展公益活动。研究所积极参加市社联、协会组织的公益活动。协助上海市集体经济研究会每年举办科普周活动;与研究会合作为社区居民开展中医保健讲座、为企业提供税务等政策咨询;参加城乡助学帮困;为企业联社和集体企业改革改制提供免费咨询;组织工作人员参加交通志愿者活动等。

## 【上海现代城市与区域发展规划研究院】

上海现代城市与区域发展规划研究院成立于 2004 年 2 月。原名上海现代城市与区域发展研究院,2005 年 11 月更名为上海现代城市与区域发展规划研究院。业务主管单位为上海市科学技术委员会。

研究院业务范围是:城市与区域科学的研究和咨询、培训、对外交流。

研究院主要开展以下几方面工作:

服务政府和社会。研究院以全面建成小康社会是"中国梦"的具体实践为己任,以全球化视野开展中国城市经济、社会、文化与管理的综合研究,为中央和上海政府出谋划策。到 2010 年,组织撰写各类专报近 200 篇,近 30 篇得到中央和省部级领导批示,关于"建设亚太供应链中心"的建议得到中央主要领导重视。研究院专家学者基于对某些领域的深入研究,在城镇商业规划方面形成自己的特点和优势,将城镇商业规划、项目推进、融资平台搭建融为一体,为城镇发展提供更加科学、具有操作性的解决方案。强调面向二、三线城市与区域发展,坚持走理论与资本、智库资源融合道路,服务于政府、企业与社会。

开展合作与交流。研究院加强国内和国际合作交流,以现代管理理念实行"小机构、大网络"模式,与上海著名智库和上海城市公共安全研究中心、上海商业发展研究院、上海中科数据信息技术有限公司等机构进行战略合作,充分发挥人才及人脉资源优势,以全球化视野开展中国城市经济、社会、文化与管理的综合研究,聚焦城市指数、小城镇发展战略和规划、区域经济等研究领域。组建大数据库工作团队,与中科院、哈工大合作,对消费者行为中的数据挖掘建立分析基础数据库,进行商业分析,为政府、企业乃至个人提供决策支持、业务流程优化、市场营销等咨询服务。深化国际交流,海外合作逐渐增多,如引进美国创新领导力中心、与柬埔寨王家科学院等合作创建柬埔寨国际化研究中心,增强研究院国际学术影响力。

参与社会公益活动。研究院以履行社会公德为己任,发扬光大志愿者精神。作为东方大讲堂的讲师队伍成员,每年组织人员下部队、进社区举办讲座;免费为奉贤区启承众创空间作商业模式规划;帮助中创集团组建中创学院;深入云南保山智力扶贫。

### 【上海管理科学研究院】

上海管理科学研究院成立于 2004 年 7 月 9 日,其前身是中国管理科学研究院上海分院,成立于 1987 年。研究院业务主管单位是上海市社会科学界联合会。院长由中国著名经济学家刘吉教授担任,院学术委员会主任由夏禹龙教授担任。研究院下设三个研究部门和一个基金管理部。现有在职人员 6 名,兼职人员 8 名。

研究院业务范围是:组织召开学术研讨会,出版并发行学术著作;举办讲座及管理技术的培训,为企业经营管理决策提供咨询;参加上海及全国的社科和管理理论项目的投标;资助民间的社科和管理研究课题。

研究院主要开展以下几方面工作:

组织学术研讨。出版并发行学术著作,组织举办学术研讨活动。2010 年学院学术委员会和《解放日报》理论评论部、《文汇报》理论部共同主办第十二届全国学术征文活动"如何切实有效地推进改革开放",《解放日报》《文汇报》对此活动做了详细的报道。

开展学术课题研究。研究院承接和完成学术研究课题,包括受国家发改委小城镇研究中心委托,完成课题《中国小城镇可持续发展研究报告》,受上海市社团管理局委托,完成研究课题《本市民办非企业单位能力建设问题研究报告》。受上海市社会工作党委委托,完成重大社会问题对策研究课题《新经济组织社会稳定的路径选择研究报告》。学院和南京大学合作完成课题《转变经济增长方式和产业结构调整——长三角篇》。和社科院部门所合作完成课题《后金融危机与中国应对之策》。

学院实行管理委员会领导下的院长负责制。作为上海最早从事社科理论研究的民办研究机构之一,从组织架构、决策程序、内部治理结构、项目立项、学术品牌、基金运作及争取社会资助等方面不断完善发展,并逐步打造成为具有特色的民间第三方独立社科研究能力的市级民办非企业单位。

### 【上海易居房地产研究院】

上海易居房地产研究院成立于 2005 年 9 月 13 日。研究院业务主管单位为上海市社会科学界联合会。

研究院业务范围是：科学研究、人才培训、投资咨询、技术开发等科技服务。研究院以产学研结合为指导理念，把研究院打造成为专业领先、资源密集、社会公认的先导性、规模化、一流的房地产应用性研究专业机构和创新性智库。

研究院主要开展以下几方面工作：

举办研讨论坛。研究院积极组织开展研究活动，形成"易居论坛"品牌。论坛以行业、企业和社会热点问题为主要切入点，通过与高校学者、行业专家和企业代表广泛合作，从专业深度挖掘解读热点问题，加强论坛的应用价值，提高论坛的影响力。到2010年，举办大、中、小型论坛100余场次，主题涉及"两会后的政策变化与楼市走向""完善住房保障和市场供应体系""新型城镇化与房地产业发展""房地产调控长效机制建设""城市更新与工业用地再开发"等内容，产生广泛社会影响。

开展专题研究。研究院注重加强专题研究、市场分析和行业评论等，完成《"新常态"下，房地产将回归本源》《土地"零增长"下的资源整合》《新型城镇化是未来中国经济发展重点》《反思楼市十年成果，调控应建立长效机制》《工业地产"二次开发"宜因势利导》《解读三中全会后楼市走势，房地产六大热点引关注》等研究成果。研究院与新华社、人民网、中央电视台、中央广播电台、第一财经、《经济日报》《解放日报》《文汇报》《中国证券报》《上海证券报》《青年报》《房地产时报》《东方早报》《21世纪》、新浪网等全国各大媒体合作，及时发布宣传研究成果。

兴办网站报刊。研究院建立有门户网站和官方微博，报道研究院动态，展示研究成果。出版发行《易居研究》《易居快报》，纸质版《易居研究》每月定期发往上海和全国其他省市自治区相关政府部门以及专家学者和研究机构。电子版《易居快报》及时、全面、系统为行业和社会解读市场行情，受到读者广泛欢迎，进一步扩大研究院的社会影响力。

图2-4-2　2008年7月15日，上海易居房地产研究院主办主题为
"中国房地产形势解读与未来趋势预判"的易居论坛。

## 【上海企业竞争力研究中心】

上海企业竞争力研究中心成立于 2008 年 1 月 29 日,由同济大学、东华大学、上海商学院、上海社会科学院、上海贸促会、上海市企业家协会、上海市工业经济联合会、上海市商业联合会等 8 家单位联合发起举办。中心业务主管单位为上海市经济信息化委员会。

中心业务范围是:竞争力理论研究和测评、咨询、展览会务、资料制作、培训、软件开发、网站建设、刊物出版、品牌和资产评估等。

中心拥有一批商业经济、微观经济、企业管理、市场营销、管理工程、系统开发、信息资源利用等方面的专业技术队伍,同时在各大高校、科研机构外聘各类专家 103 名。中心依靠专业技术整合优势,以理论研究、市场调查和管理咨询为立足点,以工具开发为基础,通过课题研究、市场调研、咨询、测评、发布、讲坛等多种形式,为政府和广大企业提供各项服务。到 2010 年底,中心承担完成市经信委《上海市隐形冠军企业发展现状和培育对策》、市人大《上海国际贸易中心建设定位和措施》、市商务委《上海商务诚信建设问题研究》、市世博局《世博特许商品品牌研究》等 30 余项课题。

中心开展直接服务各类企业工作。出版《企业竞争力研究》杂志和编辑发送《企业竞争力》电子周刊;开发企业竞争力、市场占有率、用户满意度计算机测评报告系统,为企业提供市场占有率、用户满意度、企业竞争力测评服务;开展行业调查、市场营销、团队建设、企业文化、战略决策、财务分析、风险管理等企业竞争力管理相关的调研、咨询;组织举办上海家居市场金楹大联展、金樽酒品推广活动、诚信经营示范等商务活动,帮助企业开展市场拓展和品牌宣传;开展上海企业竞争力调查,召开企业竞争力论坛,发布年度上海企业竞争力调查报告,受到政府好评和企业欢迎。

## 二、名录

根据 1998 年国务院《民办非企业单位登记管理暂行条例》的界定,截至 2010 年底,在市社会团体管理局注册登记的市级科技领域民办非企业单位共 47 家。

表 2-4-1　2010 年上海市市级科技领域民办非企业单位一览表

| 序号 | 单 位 名 称 | 业务主管单位 | 登记日期 | 办 公 地 址 |
|---|---|---|---|---|
| 1 | 上海东亚研究所 | 上海市社会科学界联合会 | 2000 - 04 - 18 | 汉中路 158 号 701 室 |
| 2 | 上海环太国际战略研究中心 | 上海市社会科学界联合会 | 2000 - 07 - 15 | 武定路 1135 弄 1 号 804 室 |
| 3 | 世界贸易组织上海研究中心 | 上海市商务委员会 | 2000 - 09 - 14 | 古北路 620 号 |
| 4 | 上海国防战略研究所 | 上海市社会科学界联合会 | 2000 - 12 - 06 | 江苏路 488 号 |
| 5 | 上海国际金融研究中心 | 上海市社会科学界联合会 | 2000 - 12 - 08 | 新华路 543 号 1 号楼 5023 室 |
| 6 | 上海市流通经济研究所 | 上海市人民政府发展研究中心 | 2001 - 03 - 28 | 延安西路 1754 号 |
| 7 | 上海中信国健生物技术研究院 | 上海市科学技术委员会 | 2001 - 04 - 05 | 张江高科技园区李冰路 399 号 |
| 8 | 上海博星基因芯片研究所 | 上海市科学技术委员会 | 2001 - 04 - 26 | 国泰路 11 号 705 室 |
| 9 | 上海转基因研究中心 | 上海市科学技术委员会 | 2001 - 09 - 07 | 蔡伦路 88 号 |
| 10 | 上海市影像医学研究所 | 上海市科学技术委员会 | 2001 - 12 - 10 | 枫林路 180 号 |

(续表)

| 序号 | 单 位 名 称 | 业务主管单位 | 登记日期 | 办 公 地 址 |
|---|---|---|---|---|
| 11 | 上海市针灸经络研究中心 | 上海市科学技术委员会 | 2001-12-28 | 郭守敬路 199 号 |
| 12 | 上海华夏社会发展研究院 | 上海市社会科学界联合会 | 2002-03-15 | 浦建路 1288 弄 10 号 102 室 |
| 13 | 上海东方研究院 | 上海市社会科学界联合会 | 2002-07-01 | 衡山路 696 弄 2 号 301 室 |
| 14 | 上海金融与法律研究院 | 上海市社会科学界联合会 | 2002-11-01 | 长柳路 100 号 |
| 15 | 上海数字化城市与交通研究所 | 上海市经济和信息化委员会 | 2002-12-25 | 古宜路 99 弄 8 号一楼 |
| 16 | 上海市东方中介咨询产业研究中心 | 上海市科学技术委员会 | 2003-01-17 | 延安西路 2633 号 A 幢 |
| 17 | 上海科学公共政策研究中心 | 上海市科学技术委员会 | 2003-04-14 | 宁夏路 366 弄 4 号 |
| 18 | 上海世界观察研究院 | 上海市社会科学界联合会 | 2003-05-08 | 柳营路 305 号 |
| 19 | 上海国健生物技术研究院 | 上海市科学技术委员会 | 2003-06-05 | 郭守敬路 351 号海泰楼 |
| 20 | 上海市工业合作经济研究所 | 上海市经济和信息化委员会 | 2003-06-12 | 周家嘴路 786 弄 67 号 |
| 21 | 上海现代城市与区域发展规划研究院 | 上海市科学技术委员会 | 2004-02-06 | 沪宜公路 1188 号 24 幢 |
| 22 | 上海社会经济文化发展研究中心 | 上海市社会科学界联合会 | 2004-07-02 | 淮海中路 622 弄 7 号 308 室 |
| 23 | 上海中科大高等科技研究院 | 上海市科学技术委员会 | 2004-07-02 | 秀浦路 99 号 |
| 24 | 上海管理科学研究院 | 上海市社会科学界联合会 | 2004-07-09 | 斜土路 1221 号 901 室 |
| 25 | 上海南方农药研究中心 | 上海市科学技术委员会 | 2004-11-08 | 徐泾镇双浜路 333 号 |
| 26 | 上海电子商务教育研究所 | 上海市商务委员会 | 2004-11-08 | 桂林路 2 号楼 |
| 27 | 上海系统科学研究院 | 上海市科学技术委员会 | 2005-04-26 | 军工路 516 号 |
| 28 | 上海市博康生殖健康与不孕不育研究所 | 上海市科学技术委员会 | 2005-06-09 | 斜土路 2120 号 |
| 29 | 上海易居房地产研究院 | 上海市社会科学界联合会 | 2005-09-13 | 延长路 149 号信息楼 |
| 30 | 上海知识产权研究所 | 上海市社会科学界联合会 | 2005-12-19 | 陆家嘴环路 958 号 31 楼 A 座 |
| 31 | 上海太平洋国际战略研究所 | 中共上海市委宣传部 | 2006-01-27 | 番禺路 396 号 |
| 32 | 上海实业综合研究院 | 上海市社会科学界联合会 | 2006-05-26 | 淮海中路 98 号 21 楼 |
| 33 | 上海远东中医药研究所 | 上海市科学技术委员会 | 2006-08-15 | 沪宜公路 1188 号 24 幢 116 室 |
| 34 | 上海市慈善癌症研究中心 | 上海市科学技术委员会 | 2006-08-15 | 瑞金二路 197 号 |
| 35 | 上海防灾安全策略研究中心 | 上海市科学技术协会 | 2006-10-18 | 华昌路 144 号 |
| 36 | 上海市 UFO 探索研究中心 | 上海市科学技术协会 | 2006-10-18 | 赵高路 958 号 30 栋 201 室 |
| 37 | 上海普华废弃物发电技术研究中心 | 上海市科学技术协会 | 2006-12-27 | 场中路 1905 弄 |
| 38 | 上海市脑病预防康复研究中心 | 上海市科学技术协会 | 2007-01-24 | 张杨路 88 号 302 室 A 座 |

（续表）

| 序号 | 单 位 名 称 | 业务主管单位 | 登记日期 | 办 公 地 址 |
|---|---|---|---|---|
| 39 | 上海长庚生殖医学研究所 | 上海市科学技术协会 | 2008-01-10 | 凉城路 555 号 |
| 40 | 上海企业竞争力研究中心 | 上海市经济和信息化委员会 | 2008-01-29 | 浦电路 489 号 |
| 41 | 上海联合健康管理研究院 | 上海市科学技术协会 | 2008-01-29 | 宛平南路 75 号 |
| 42 | 上海人口与发展研究院 | 上海市卫生和计划生育委员会 | 2008-03-07 | 莘北路 181 号 |
| 43 | 上海实验动物资源中心 | 上海市科学技术委员会 | 2008-04-09 | 金科路 3577 号 |
| 44 | 上海干细胞再生角膜组织与材料研究中心 | 上海市经济和信息化委员会 | 2008-06-17 | 伊敏河路 61 号 |
| 45 | 上海普华煤燃烧技术研究中心 | 上海市科学技术协会 | 2008-08-14 | 剑川路 1115 号 |
| 46 | 上海东方脑科学研究所 | 上海市科学技术委员会 | 2009-01-07 | 临沂北路 265 号 |
| 47 | 上海浦江造纸技术中心 | 上海市科学技术协会 | 2009-05-27 | 汇联路 1739 号 |

# 第五章　体育领域民办非企业单位

体育领域民办非企业单位，是指主要利用非国有资产举办，不以营利为目的，专门从事体育健身、指导、人才培养等业务的民办非企业单位。一般来说，体育领域民办非企业单位的业务范围往往比较宽泛，涉及体育健身的技术指导和服务；体育娱乐与休闲的技术指导、组织、服务；体育竞赛的表演、组织、服务；体育人才的培养与技术培训等。截至 2010 年底，全市登记注册的市级体育领域民办非企业单位 33 家，在满足群众健身需求、体育后备人才培养和落实政府转移职能等方面，发挥着重要的促进作用。

改革开放以来，全市体育类社会团体数量不断增长，1998 年 12 月，《民办非企业单位登记管理暂行条例》出台。自 2000 年起，上海先后制定并实施《上海市全民健身实施计划》《上海市全民健身发展纲要（2004—2010）年》出台，提出全民健身发展战略，建立政策法规促进机制，制定社区公共运动场、全民健身苑点的建设、运作和管理规定；建立资金持续投入机制，许多体育俱乐部、体育发展促进中心以及原来的区级体育社团、健身队伍登记为法人单位，社区体育健身俱乐部和一批社区体育中介组织也迅速发展。上海的体育事业领域民办非企业单位也随之兴起。

## 第一节　沿　　革

发展体育运动，增强人民体质，是新中国成立后党和人民政府始终坚持的体育工作方针。但是，在计划经济体制下，政府体育行政部承担着从宏观到微观几乎全部的体育事务，基本上没有给体育类社会组织留下发挥作用的空间。改革开放之后，随着人们对体育类社会组织作用认识的不断深化，其在发展社会体育运动中的地位逐步得到重视。在这一背景下，上海的体育领域社会团体数量迅速增加，种类不断增多。到 2008 年，市级体育社会团体超过了 80 个，区级体育社团、社区体育健身团队近万支。这些社会团体在发展城市体育和社区建设中发挥着积极作用。自 2000 年起，上海先后制定并实施《上海市全民健身实施计划》《上海市全民健身发展纲要（2004—2010）年》《上海市民"人人运动"计划》等体育工作文件，提出全民健身发展战略，建设健康城市的规划和目标；积极贯彻执行国家法律法规，建立政策法规促进机制，制定社区公共运动场、全民健身苑点的建设、运作和管理规定；建立资金持续投入机制，初步形成市、区两级财政对体育公共服务的投入机制，每年从体育彩票公益金中拿出 3 000 多万元用于体育公共服务体系的建设；利用社会资源，改进公共服务方式，建立社区体育指导站 96 个，社区体育健身俱乐部和一批社区体育中介组织迅速发展。上海的体育类民办非企业单位也随之兴起。

2000 年，上海相继颁发《关于切实加强本市民间组织管理工作的通知》《上海市民办非企业单位登记实施意见》《关于对本市社会团体和民办非企业单位实行双重负责管理的若干意见（试行）》等文件。市民政局、市体育局还联合发出《关于对全市青少年体育俱乐部进行注册登记的通知》等，上海的体育领域民办非企业单位在年均增幅上呈现出快速发展的趋势。2004 年开始，国家重视体育俱乐部在城市居民开展体育活动中的作用，上海积极响应，加强社区体育健身俱乐部、青少年体育俱乐部投入建设，数量迅速增长。到 2008 年底，上海青少年体育俱乐部共 103 家，其中依托学校的有 63 家,依托区(县)体育场馆的 4 家,依托市属体育场馆的 12 家;团体会员 1 200 个,个人会员近 10 万人。青少年体育俱乐部正逐渐成为上海青少年参与体育的新型实体。与此同时,社区健身团队也迅速发展,全市登记在案的社区健身团队 9 518 支,参与健身活动的人数达 30 余万人。民办非企业单位性质的社区体育健身俱乐部不断增加,其在社区体育公共服务中的作用不断提升。

上海的体育领域民办非企业单位,有的以会员制的形式经营,组织会员内部比赛以及其他体育活动,同时也吸引一些体育爱好者以及周围社区居民参与。曹燕华乒乓球俱乐部、春晖台球俱乐部等除定期组织会员训练比赛外,也面向社会组织一些比赛,吸引更多的民众参与。有的以兴趣爱好者为服务对象,搭建交流平台,虽然也收取一定的费用,但其价格远远低于商业体育俱乐部。键强青少年射击俱乐部、赛艇船艇俱乐部、全动自行车俱乐部等主要是为兴趣爱好者提供一个交流平台。体育领域民办非企业单位大都建有自己的网站,在开拓市场的过程中,会对自己进行包装,通过网站、报纸、电视、杂志等手段进行宣传,吸引更多的人关注,同时满足广大民众体育生活的多样化需求。

上海的体育领域民办非企业单位,公益性特色明显,因此受政府资助扶持力度较大,其经费来源中政府资助平均占筹资比例的 71.1%。2008 年,对全市 26 个体育领域民办非企业单位办公场所调查显示,由主管部门提供或者同主管部门在同一场所办公的约占 32%;单位自身租赁场所和办公室的约占 64%;拥有自身办公场所的约占 4% 左右;体育领域民办非企业单位的收入主要由社会募捐、个人赞助、企业提供资助和项目经费、政府提供财政拨款和补贴、经营性收入等构成,其中自身经营收入约占 35%;政府提供财政拨款和补贴约 20%;企业提供资助约 21%;社会募捐及个人募捐约占 14%;其他收入约占 10%。

上海注重体育领域民办非企业单位的管理。2008 年启动规范化评估工作,由上海市体育局授权委托上海市体育总会具体实施。2008 年 2 月,制定《上海市体育社团组织规范化建设评估办法》。2008 年 10 月,开始评估试点。评估的基本程序是:自评,将评估指标体系通过电子邮件或者信件投递的方式发给试评估组织,由参与试评估的民办非企业单位根据指标体系进行自我评估,填写评估表格,提交自评报告以及相关材料;数据采集,采集和验证评估数据,核对参与试评估民办非企业单位提供的证明材料并现场考察加以检验;专家评议,邀请相关领域专家对评估结果进行审核,给出评估专家意见;结果公布,对试评估结果以电子邮件或信件方式反馈给参与试评估的民办非企业单位,但是并不对外公开公布;结果确认,如果出现对结果有异议,则进行复审;如无异议则确认评估结果,同时将结果通知参与试评估的单位。体育领域民办非企业单位在满足群众体育生活需求、培养体育后备人才等方面发挥着积极的作用。

# 第二节　选介和名录

## 一、选介

### 【上海国际象棋小世界棋艺俱乐部】

上海国际象棋小世界棋艺俱乐部原名"上海国际儿童广场弈园俱乐部",为全国第一家国际象棋专业俱乐部,复查登记后,2001 年 6 月更名为"上海国际象棋小世界棋艺俱乐部",是专注于国际象棋运动的推广、棋艺培训和文化交流的市级民办非企业单位,由中国国际象棋协会秘书长林峰提议发起、静安区体委国际象棋教练李昂联手上海荣联房产公司国际儿童广场创办。业务主管单位为上海市体育局。

俱乐部业务范围是：主办国际象棋各级培训和比赛，组织棋手参赛，进行相关文化交流，代办棋具服务。

俱乐部成立以来，坚持"以棋育人、以棋会友、以棋修身、以棋益智"理念，以"培养和造就具有坚韧不拔的意志品质的高素质人才"为育人目标，开设启蒙、初级至高级以及国际精英各级教学班次，是闵行、徐汇、黄浦、浦东、嘉定等区(县)近20所校园指定的专业培训服务单位。到2010年，培训学生累计15万余人。

俱乐部举办和承办各种比赛，与中国国际象棋协会、上海棋牌运动管理中心合作主办"小世界杯"国际象棋公开赛；与上海棋牌运动管理中心联合承办"映美杯"中国国际象棋甲级联赛(上海站)国际象棋小世界专场；2001年2月承办我国少儿国际象棋最高级别"李成智杯"分龄组锦标赛，参赛1 270人，创我国国际象棋参赛人数历史之最。

### 【上海赛艇船艇运动俱乐部】

上海赛艇船艇运动俱乐部成立于2005年5月24日，是组织滑水、帆船、帆板、手划艇、龙舟、快艇等水上运动训练和比赛的民办非企业单位，上海市水上运动中心和上海市船艇运动协会负责日常管理。业务主管单位为上海市体育局。

俱乐部业务范围是：举办各类水上运动项目的培训；举办各类水上运动项目的比赛；各类船艇驾驶的培训；青少年水上运动夏令营；代办水上运动器材及相关产品。

俱乐部地理位置优越，交通便捷，设施符合国际A级比赛场地标准，可承办世界性大型赛艇、皮划艇、龙舟等赛事。自成立以来，俱乐部多次承办国内国际重大赛事，第一届东亚运动会赛艇比赛；2004年亚太地区奥运会资格赛；2004年第五届世界龙舟锦标赛；2007年特奥会水上运动项目；第五届、第八届全国运动会比赛；第二届、第六届亚洲赛艇锦标赛；以及一年一度"淀山湖杯"上海国际赛艇邀请赛、上海龙舟国际邀请赛等。受到国内外体育界、船艇界一致好评和赞扬。

### 【上海市曹燕华乒乓球俱乐部】

上海市曹燕华乒乓球俱乐部成立于2008年3月7日，是由上海市体育运动学校和上海曹燕华乒乓培训学校合作创办民办非企业单位，业务主管单位为上海市体育局。

俱乐部业务范围是：开展乒乓球业余、专业训练；举办乒乓球培训班、提高班；组织和承办各类比赛。

俱乐部以奥运战略为目标、以合作共赢为原则、以科学训练为支撑、以市场化运作为补充，形成全新的合作模式，在每个年龄段及连续衔接上形成一套持续发展的训练教育体系，即：半专业阶段迅速增长球技，完成由业余到专业的关键一跃；专业队继续发展给予精雕细琢，因材施教，形成尽展所长、特点鲜明的技术风格和打法类型。俱乐部拥有市体育局批准的一线专业队16名编制和二线运动队50名编制。到2010年，俱乐部向上海及其他省市自治区专业队输送优秀人才20余人，向国家队输送许昕、尚坤、赵子豪等优秀运动员6人，其中许昕获得世乒赛、世界杯、奥运会等多个世界冠军；俱乐部运动员获得世界杯冠军等国际比赛冠军56项，全国冠军30余项，上海市冠军100余项。俱乐部还输送优秀运动员出国留学或打球，遍及五大洲20多个国家和地区的乒乓爱好者、运动员、教练员来俱乐部交流学习。

## 二、名录

根据 1998 年国务院《民办非企业单位登记管理暂行条例》的界定,截至 2010 年底,在市社会团体管理局注册登记的市级体育领域民办非企业单位共 33 家。

表 2 - 5 - 1　2010 年上海市市级体育领域民办非企业单位一览表

| 序号 | 单 位 名 称 | 业务主管单位 | 登记日期 | 办 公 地 址 |
|---|---|---|---|---|
| 1 | 上海体育事业发展服务中心 | 上海市体育局 | 2000 - 12 - 20 | 南京西路 150 号 4 楼 |
| 2 | 上海敏之体育文化交流中心 | 上海市体育局 | 2001 - 02 - 02 | 零陵路 858 号 3 楼 |
| 3 | 上海国际象棋小世界棋艺俱乐部 | 上海市体育局 | 2001 - 07 - 04 | 莘松路 958 弄瀑布弯道 18 号 |
| 4 | 上海市明天青少年体育舞蹈俱乐部 | 上海市体育局 | 2002 - 07 - 31 | 常德路 1344 弄 2 号 110 室 |
| 5 | 上海市苗苗青少年体育俱乐部 | 上海市体育局 | 2002 - 07 - 31 | 南京西路 150 号 |
| 6 | 上海市普中青少年体育俱乐部 | 上海市体育局 | 2002 - 08 - 09 | 大渡河路 1860 号 |
| 7 | 上海市申武青少年体育俱乐部 | 上海市体育局 | 2002 - 08 - 09 | 南京西路 595 号 |
| 8 | 上海市芸海青少年模型运动俱乐部 | 上海市体育局 | 2002 - 09 - 12 | 新同心路 318 号 225 室 |
| 9 | 上海市环球青少年无线电运动俱乐部 | 上海市体育局 | 2002 - 09 - 12 | 广中路 444 号 |
| 10 | 上海市春晖青少年台球俱乐部 | 上海市体育局 | 2002 - 11 - 28 | 南京西路 595 号 |
| 11 | 上海市中原青少年游泳俱乐部 | 上海市体育局 | 2002 - 12 - 31 | 开鲁路 518 号 |
| 12 | 上海郎傲赛车运动俱乐部 | 上海市体育局 | 2002 - 12 - 31 | 佘山镇沈砖公路 3000 号 |
| 13 | 上海市健强青少年射击俱乐部 | 上海市体育局 | 2003 - 03 - 21 | 金都路 3028 号 |
| 14 | 上海时代名人排球俱乐部 | 上海市体育局 | 2004 - 04 - 02 | 武定路 476 号 |
| 15 | 上海长征体育俱乐部 | 上海市体育局 | 2004 - 05 - 19 | 淮海中路 1273 弄 9 号甲 |
| 16 | 上海市东亚青少年足球运动俱乐部 | 上海市体育局 | 2004 - 05 - 31 | 天钥桥路 666 号 |
| 17 | 上海赛艋船艇运动俱乐部 | 上海市体育局 | 2005 - 05 - 24 | 朱家角盈朱路 289 号 |
| 18 | 上海市燎申杨瑞华乒乓球俱乐部 | 上海市体育局 | 2005 - 06 - 09 | 沪闵路 373 号 |
| 19 | 上海祝嘉铭格致排球俱乐部 | 上海市体育局 | 2005 - 09 - 13 | 广西北路 66 号(上海市格致中学内) |
| 20 | 上海拓恒普汽车运动俱乐部 | 上海市体育局 | 2005 - 09 - 16 | 真北路 988 号 3 号楼 422 室 |
| 21 | 上海名星体育俱乐部 | 上海市体育局 | 2005 - 09 - 29 | 肇嘉浜路 128 号 |
| 22 | 上海许建东将棋俱乐部 | 上海市体育局 | 2006 - 01 - 03 | 恒通路 360 号 A 座 1001 室 |
| 23 | 上海市申童青少年棋类俱乐部 | 上海市体育局 | 2007 - 10 - 25 | 南京西路 595 号 410 室 |
| 24 | 上海会众壁球俱乐部 | 上海市体育局 | 2008 - 03 - 07 | 宜山路 888 号新银大厦 1306 室 |
| 25 | 上海市曹燕华乒乓球俱乐部 | 上海市体育局 | 2008 - 03 - 07 | 水电路 176 号 |
| 26 | 上海市华美踢踏舞运动俱乐部 | 上海市体育局 | 2008 - 07 - 31 | 华池路 58 弄 1 号新体育广场 1230 室 |

（续表）

| 序号 | 单 位 名 称 | 业务主管单位 | 登记日期 | 办 公 地 址 |
|---|---|---|---|---|
| 27 | 上海市精英青少年体育俱乐部 | 上海市体育局 | 2008－07－31 | 水电路 176 号 |
| 28 | 上海裕泰房车运动俱乐部 | 上海市体育局 | 2009－07－31 | 万源路 2800 号 N170 室 |
| 29 | 上海动感之屋电子竞技俱乐部 | 上海市体育局 | 2009－10－13 | 武宁路 955 弄 1 号 2607 室 |
| 30 | 上海维阿匹赛鸽俱乐部 | 上海市体育局 | 2009－10－13 | 老沪闵路 1156 号 |
| 31 | 上海跨步羽毛球俱乐部 | 上海市体育局 | 2010－03－26 | 城桥镇湄洲路 2051 号 |
| 32 | 上海高尔夫球训练中心 | 上海市体育局 | 2010－04－13 | 张杨北路 2700 号 |
| 33 | 上海钱祥卿体育舞蹈运动俱乐部 | 上海市体育局 | 2010－04－26 | 愚园路 218 号 305 室 |

# 第六章　劳动领域民办非企业单位

　　劳动领域民办非企业单位,是指经县级以上地方各级人民政府劳动和社会保障行政部门审批设立的,由企业事业单位、社会团体及其他社会组织和公民个人,利用国家非财政性教育经费,面向社会举办实施以劳动职业技能为主的职业资格培训、技术等级培训的教育机构。社会力量举办的职业培训机构,是上海职业培训的主要供给主体之一,涵盖初级、中级、高级、技师职业资格培训和其他适应性培训等层次,培训类别包括学历教育、技能培训、电脑培训、外语培训、资格认证、家教中心、才艺健身留学移民、企业管理、少儿培训等多种。到 2010 年,上海市级劳动领域民办非企业单位有 11 家。

　　21 世纪初,上海对民办技工学校和社会力量举办的社会培训机构开始实行民办非企业单位登记管理,即经市劳动保障局批准成立的民办技工学校,经市劳动保障局或区(县)劳动局批准并已发给办学许可证的社会培训机构,均应在市民政局登记取得法人资格。2001 年 9 月,民政部、劳动部出台办法详细规定民办的非营利性职业培训机构登记和管理事项,上海也在 2005 年 10 月发布《上海市民办职业培训机构审批和管理暂行办法》,2009 年 9 月,进一步出台了《上海市民办职业培训机构审批和管理办法》,要求民办职业培训机构分类登记管理,实行民办职业培训机构办学许可证制度,审批执行"先证后照"制度。在法规规范和政策扶持下,到 2010 年,上海已经初步建立一套立体的培训咨询和培训服务体系。

## 第一节　沿　　革

　　2000 年,市民政局、市社会团体管理局、市社会劳动和保障局联合发出《关于本市民办技工学校和社会培训机构进行民办非企业单位登记有关事项的通知》,对全市民办技工学校和社会力量举办的职业培训机构的登记管理作出规定,指出对于经市劳动保障局批准成立的民办技工学校,应在市民政局进行民办非企业单位登记,取得法人资格;对于经市劳动保障局或区(县)劳动局批准并已发给办学许可证的社会培训机构,也应在民政部门进行民办非企业单位登记,取得法人资格。

　　2001 年 9 月,民政部、劳动部制定的《职业培训类民办非企业单位登记办法》出台,办法详细规定民办的非营利性职业培训机构登记和管理事项,主要包括:(一)职业培训机构成立首先要获得《社会力量办学许可证》,再到同级民政部门进行登记。须按《社会力量办学条例》的规定审批设立,由县级以上地方各级人民政府劳动和社会保障行政部门发给《社会力量办学许可证》后,到同级民政部门进行登记。(二)登记管理机关和综合管理机关分别是劳动和社会保障部门以及各级民政部门。按照《社会力量办学条例》的规定,国务院劳动和社会保障行政部门负责职业培训机构的综合管理。县级以上地方人民政府规定的职责,负责有关职业培训机构的管理工作。各级人民政府民政部门是职业培训机构的登记管理机关(以下简称登记管理机关)。县级以上地方各级人民政府民政部门负责同级劳动和社会保障行政部门审批设立的职业培训机构的登记工作。(三)职业培训机构申请登记需向登记管理机关提交的文件材料:包括登记申请书、章程草案、拟任法定代表人或负责人的基本情况、身份证明、办学许可证(副本)和其他材料。登记管理机关对依法登记的职业培训机构颁发相应的民办非企业单位登记证书。(四)职业培训机构变更登记事项程序,应当向劳动和社会保障行政部门提出书面申请,申请书上应当载明变更事项、原因和方案等。修改章程的,应当附原章程和新章程草案;变更法定代表人或负责人的,应出具变更后法定代表人或负责人的身份证明及《民办非企业单位登记暂行办法》第六条第六款规定的其他材料;变更资金的,应当提交有关资产变更证明文件等。劳动和社会保障行政部门同意变更后,由登记管理机关核准变更登记,民办非企业单位应当交回民办非企业单位登记证书正副本,由登记管理机关换发新的登记证书。(五)职业培训机构申请注销登记需向登记管理机关提交的材料,包括(1)法定代表人签署并加盖公章的注销登记申请书,法定代表人因故不能签署的,还应提交不能签署的理由的文件;(2)劳动和社会保障行政部门审查同意的文件;(3)清算组织出具的清算报告;(4)民办非企业单位登记证书(正、副本);(5)民办非企业单位的印章和财务凭证以及其他文件。

　　上海积极落实中央关于鼓励、支持、引导和依法管理民办职业培训机构的方针,为了规范培训机构的设立,形成稳定和高质量的培训供给方市场,于2005年10月发布《上海市民办职业培训机构审批和管理暂行办法》,对民办培训机构在用工制度、机构规模等方面作出相应规定。2009年9月,上海市人力资源和社会保障局制定《上海市民办职业培训机构审批和管理办法》,办法对"民办职业培训机构"进行明确界定,是指市行政区域内国家机构以外的社会组织或者个人,利用非国家财政性教育经费,面向社会举办的职业技能培训机构,其中包括民办的非营利性职业培训机构,即劳动类民办非企业单位。同时,详细规定登记管理的具体事项:一是民办职业培训机构分类登记管理。办法指出,申请高级职业技能培训的民办职业培训机构在市级人力资源和社会保障部门进行登记;设立以初级、中级职业技能培训为主的民办职业培训机构在区(县)人力资源和社会保障行政部门审批,报市人力资源和社会保障行政部门备案,并报同级教育行政部门备案。明确市/区两级人力资源和社会保障行政部门职责。市级部门负责实施对民办职业培训机构的统筹规划、宏观管理和综合协调;审批管理以高级职业技能培训为主的民办职业培训机构;指导和监督各区(县)人力资源和社会保障行政部门实施民办职业培训机构审批、管理工作;组织开展对全市民办职业培训机构的评估、检查工作。区(县)人力资源和社会保障行政部门负责对本辖区内以初级、中级职业技能培训为主的民办职业培训机构的统筹规划和审批管理工作;对本区(县)审批设立的民办职业培训机构的教育教学等工作进行指导、管理和服务;开展对本区(县)审批设立的民办职业培训机构的督导、评估、检查等工作。二是实行民办职业培训机构办学许可证制度。办法明确,人力资源和社会保障行政部门颁发的《民办学校办学许可证》,是民办职业培训机构办学的合法证件。对批准设立的民办职业培训机构,由审批机关发给《办学许可证》正、副本。《办学许可证》正、副本具有同等法律效力。三是设置建立民办职业培训机构应当具备的基本条件。办法规定的基本条件包括:应有组织机构和章程;有与办学规模相适应的培训场所;具有满足教学和技能训练需要的教学、实训设施和设备;配备符合任职条件的专职负责人;根据办学规模配备专职教务长和财会人员,以及相应的教学管理人员;配备与办学规模和办学层次相适应、结构合理的专兼职教师队伍;具有与培训项目相对应的教学计划、大纲和教材;建立健全各项管理制度;必备的办学资金和稳定的经费来源。应当符合国家和上海人力资源和社会保障行政部门颁布的民办职业培训机构设置标准及相应的职业(工种)设置标准。四是规定民办职业培训机构审批执行"先证后照"制度。办法指出,培训机构必须先拿到《办学许可证》后再进行法人登记。民办职业培训机构申请人的申请被受理后,申请人应向相应登记机关提出核名申请,并取得《校名核准通知书》。取得《办学许可证》后,到政府相关行政管理部门办理法人登记和税务登记等手续。以上手续完成后,才能开展办学活动。五是规定民办职业培训机构的变更与终止事项。办法指出,对应当办理变更登记的变更事项,民办职业培训机构或举办者应当按规定在登记机关办理相关变更登记,并向原审批机关备案后实施。办学许可证被吊销或有效期届满未延续的,应当终止。六是规定按属地化原则进行管理。办法指出,应当实行民办职业培训机构资产与举办者资产相分离,依法落实法人财产权,并建立健全民办职业培训机构资产和财务管理制度。民办职业培训机构可以结合培训需求在原批准的注册地址外设立分教学点,并向原审批机关事前备案;跨区(县)设立分教学点的,应当分别向原审批机关和拟设分教学点所在区(县)人力资源和社会保障行政部门事前备案。七是建立民办职业培训机构办学质量和诚信等级评估制度。办法指出,民办职业培训机构办学质量和诚信等级分为 A 级(优秀)、B 级(良好)、C 级(达标),等级有效期为三年。由市和区(县)人力资源和社会保障行政部门负责各自职责范围内的民办职业培训机构等级评估工作。《办学许可证》有效期与民办职业培训机构办学质量和诚信等级相挂钩。A 级民办职业培训机构许可证有效期为三年,B 级民办职业培训机构许可证有效期为两年,C 级民办职业培训机构许可证有效期为一年,新设立民办职业培训机构的许可证有效期为一年。

在明确法律规范的同时,上海对职业培训一直推行政府补贴政策。根据劳动力市场的供求比例和需求情况,市劳动保障局每年定期发布政府补贴培训的职业(工种)目录,凡是享受政府培训费用补贴的对象参加目录中的培训项目鉴定合格后,将享受政府 50%—100% 不等的培训费用补贴。2005 年 4 月起,政府在培训补贴中,推行个人自选新模式,符合补贴条件的个人可自行选择培训机构,使广大民众参加职业培训有了更大的选择空间。

在法规规范和政策扶持下,上海的劳动领域民办非企业单位培训层次不断提高,优质资源更为集中。随着培训渐成产业,民办培训机构也呈现出"优胜劣汰"竞争格局,到 2010 年,上海已经初步建立一套立体的培训咨询和培训服务体系。随着就业竞争的加剧以及对劳动者素质要求的提高,上海民办非营利性职业培训逐渐呈现出欣欣向荣的景象:培训对象向高学历、年轻化转变;培训层次向中高层次发展;新的培训项目不断涌现;培训市场逐步规范;培训质量管理更具实效;培训信息和培训平台建设更为方便快捷;培训手段多样化,培训服务个性化;优质培训机构迈向品牌化建设阶段。2004 年,为了加快新职业开发工作,上海市劳动保障部门专门成立职业培训专家咨询委员会,政府部门主办的培训机构、行业企业主办的培训机构以及各类民办培训机构多头并进。民办非企业单位通过职业培训和介绍,直接或间接提供大量就业机会,在一些社区,已经初步形成"民间组织促进会整合就业资源、职业介绍所介绍推荐就业、民办职业学校培训就业人员技能、社区企业及民间组织吸纳就业人员"的促进就业链条。上海的这种"政府主导、民间组织运作、社会广泛参与"的促进就业模式,得到中央有关部门肯定。

## 第二节　选介和名录

### 一、选介

**【上海市妇女就业促进中心】**

上海市妇女就业促进中心成立于 1999 年 8 月 26 日,是大力促进妇女就业创业,致力于为全市女性就业、创业,构建女性创业的服务链,扶持女性再就业典型,积极营造促进女性就业创业良好环境的市级民办非企业单位。业务主管单位为上海市妇女联合会。

中心业务范围是：协调、指导、扶持典型；提供就业咨询、择业指导、政策咨询；组织各类专业人员的业务培训等。

中心主要开展以下几方面工作：

促进妇女就业创业。中心开展各类促进女性就业创业活动，免费举办职业培训班，为创业女性举办创业培训班，提供创业应具备的基础知识；为家政员举办老年康复培训班；与上海消防学校合作为下岗人员提供消防专业岗位培训；送教下乡，为郊区培训家政员。坚持每年举办创业大赛，举办赛前培训班，为参赛者完善参赛方案等。组织举办"编织大赛""女性创业大赛""女性创业方案大赛""上海阿姨"评选、"创业妈妈"评选等全市性大型活动。开展培训基地建设，在上海市妇女联合会领导下，围绕党的中心工作，在支持女性创业、服务妇女就业方面已建成女青年见习基地、女性创业实训基地，并形成专家指导员、女性创业带头人等多支队伍。

提供就业创业信息服务。中心定期发布适合女性创业的项目信息，举办专场女性招聘会并为女性创业提供一定的资金扶持。联合洗衣行业协会推出"洗衣项目"，资助干洗机，帮助创业女性开店开业，受到广大妇女就业者欢迎。

积极开展慈善活动。中心组织"慈善·世博·和谐·帮老助洁"义工活动，为上海世博会建设者提供家政服务。

### 【上海卢技安全技术培训中心】

上海卢技安全技术培训中心登记成立于2004年12月，是从事特种作业人员安全技术培训的民办非企业单位。实行理事会领导下的主任负责制。业务主管单位为上海市安全生产监督管理局。

中心业务范围是：特种作业；起重司索指挥；金属焊接、切割作业；有关安全生产方面的各类教育培训。

中心成立以来，积极开展专业培训，承接市安监局委托的特种作业人员"金属焊接切割"培训、"生产经营单位负责人"培训、"安全生产管理人员"培训、"农民工安全生产技术"培训；市技监局委托的特种设备"起重机械指挥"培训；上海市总工会委托的"企业班组长"培训、"初级工商管理(EBA)"培训，以及有关安全生产方面的各类教育培训。在承担市总工会委托的培训任务中，集中围绕"劳动保护"和"安全生产"两大内容，培训基层工会分管主席和小组长，突出工会对安全生产管理工作的协调与监督。

### 【上海市杨浦安全技术培训中心】

上海市杨浦安全技术培训中心成立于2004年12月，是为全区生产经营企业提供全方位服务的安全技术培训民办非企业单位，中心实行理事会领导下的主任负责制，内设行政、财务、教务3个部门，专职教师6名。业务主管单位为上海市安全生产监督管理局。

中心业务范围是：特种作业安全技术培训(企业内机动车辆驾驶、起重司索指挥)；生产经营单位主要负责人、安全生产管理人员安全培训；从业人员培训以及其他安全生产技术培训等。

中心主要开展以下几方面工作：

职业技术培训。中心落实《上海市安全生产条例》关于生产经营单位的主要负责人和分管安全生产的负责人以及安全生产管理人员均需参加安全培训、特种作业人员必须持证上岗的规定，中心积极组织开展职业技术培训，精心计划，合理安排，开办安全生产、电焊作业、危化作业等培训班，配强师资力量,提高培训效率,为生产经营单位安全人员提供素质保障。

农民工安全知识教育。中心受市、区安监局委托,对区域内农民工开展安全知识教育培训,帮助农民工掌握安全生产法律、法规、规章制度和安全操作规程,全面提高农民工安全素质和安全生产技能,有效保障农民工生命安全和身体健康,促进安全生产。针对建筑行业安全生产高危特点,开展"送安全到工地"活动,讲授建筑安全知识,发放《建筑工地安全生产知识读本》,提高建筑施工人员安全意识和安全技能,防止发生生产安全事故。到 2010 年,接受安全教育培训的农民工共计15 125 人。

社区公益安全宣传活动。中心采取"走出去"方式,进企业、进工地、进学校、进社区、进人员集中场所,宣传"安全发展理念"和安全知识,组织社区相关人员集中进行安全、消防知识培训。中心利用自身优势服务社会公众,主动承担社会责任,救助弱势群体,与杨浦区江浦路街道残联三阳机构开展"扬起希望之帆,共建和谐社区"结对共建活动。

### 【上海思成轻工安全职业技能培训中心】

上海思成轻工安全职业技能培训中心登记成立于 2005 年 7 月,是以特种作业企业和员工为主要培训对象的民办非企业单位。实行理事会领导下的主任负责制,内设行政、财务、教务 3 个部门。业务主管单位为上海市安全生产监督管理局。

中心业务范围是:特种作业中企业内机动车辆驾驶培训;生产经营单位主要负责人、安全生产管理人员安全资格培训;从业人员安全培训;其他安全技术培训。

中心主要开展以下几方面工作:

特种作业培训。中心自成立以来,在市安全生产监督管理局领导下,按照章程规则开展各项业务活动,贯彻"安全第一、预防为主"的方针和"服务社会、服务企业"的理念,以符合国家和社会公共利益为准则,组织安全技术职业培训,开展生产经营单位负责人、安全管理干部培训,厂(场)内机动车辆、电焊作业人员的特种作业上岗培训等,开办安全生产、电焊作业、厂(场)内机动车作业等安全培训班。

农民工安全知识培训。中心接受政府委托项目——农民工安全知识培训,为外来务工人员办实事,宣传安全知识,提高安全意识。根据市、区两级政府实事项目中关于农民工安全培训的要求,通过对农民工安全生产知识培训,帮助其掌握安全生产的法律、法规、规章制度和安全操作规程,全面提高农民工安全素质和安全生产技能,有效保障农民工生命安全和身体健康,促进区域安全生产。

### 【上海申立安全技术培训中心】

上海申立安全技术培训中心登记成立于 2005 年 11 月,是进行施工升降机驾驶、金属焊接、切割作业等特种作业安全技术培训和考核的民办非企业单位,注册地址:上海市建国西路 154 号。中心实行理事会领导下的主任负责制,内设办公室、教务科 2 个部门,专职教师 6 名。业务主管单位为上海市安全生产监督管理局。

中心业务范围是:特种作业安全技术(施工升降机驾驶、金属焊接、切割作业)的培训和考核;生产经营单位主要负责人、安全生产管理人员以及其他安全生产技术人员的培训和考核。

培训中心自成立以来,始终按照章程规则开展各项业务活动,组织实施安全技术方面的职业技术培训,开展生产经营单位负责人、安全生产管理人员培训;金属焊接、切割作业人员和施工升降机驾驶作业人员的特种作业上岗培训等。中心承接市政府实事项目——上海市农民工安全生产培训工作,为外来务工人员办实事,宣传安全知识,提高安全意识。中心主动承担社会责任,利用自身优势服务企业。中心在市民政局、市社团管理局和市安监局的领导下,加强内部管理,规范运作机制,提升业务水平,加大服务力度,工作成效显著。

## 二、名录

根据 1998 年国务院《民办非企业单位登记管理暂行条例》的界定,截至 2010 年底,在市社会团体管理局注册登记的市级劳动领域民办非企业单位共 11 家。

表 2 - 6 - 1　2010 年上海市市级劳动领域民办非企业单位一览表

| 序号 | 单 位 名 称 | 业务主管单位 | 登记日期 | 办 公 地 址 |
|---|---|---|---|---|
| 1 | 上海市妇女就业促进中心 | 上海市妇女联合会 | 1999 - 08 - 26 | 天平路 245 号 104 室 |
| 2 | 上海中小企业合作交流促进中心 | 上海市中小企业发展服务中心 | 2001 - 03 - 13 | 国权北路 1688 弄 |
| 3 | 上海市技师进修服务中心 | 上海市人力资源和社会保障局 | 2003 - 06 - 23 | 天山路 1800 号 |
| 4 | 上海吴泾特种作业安全培训站 | 上海市安全生产监督管理局 | 2004 - 12 - 20 | 龙吴路 4699 号 |
| 5 | 上海卢技安全技术培训中心 | 上海市安全生产监督管理局 | 2004 - 12 - 23 | 徐家汇路 358 号 |
| 6 | 上海市杨浦安全技术培训中心 | 上海市安全生产监督管理局 | 2004 - 12 - 23 | 平凉路 2691 号 |
| 7 | 上海纪杰职业安全技术培训中心 | 上海市安全生产监督管理局 | 2005 - 02 - 08 | 进贤路 172 号 |
| 8 | 上海粮储特种作业培训中心 | 上海市人力资源和社会保障局 | 2005 - 03 - 15 | 龙吴路 2050 号 |
| 9 | 上海思成轻工安全职业技能培训中心 | 上海市安全生产监督管理局 | 2005 - 04 - 18 | 新闸路 1970 号 |
| 10 | 上海申立安全技术培训中心 | 上海市安全生产监督管理局 | 2005 - 11 - 07 | 建国西路 154 号 |
| 11 | 上海通用机械技工职业介绍所 | 上海市总工会 | 2006 - 01 - 03 | 杨树浦路 471 弄 |

# 第七章 民政领域民办非企业单位

民政领域民办非企业单位,是指业务领域与民政事业密切相关,主要由民政、残联等部门作为业务主管单位的民非单位。民政事业类民办非企业单位包含各类老年福利机构、残疾人福利机构、儿童福利机构、社工机构、慈善救助机构、婚姻服务机构、殡葬服务机构等等,其中较为典型的类别有:民办婚介机构,一般使用"婚姻介绍所""婚姻服务中心""交友中心"等名称;民办养老机构;民办社工机构,服务领域涵盖社会福利、社会救助、社区服务、民族宗教、婚姻家庭、司法矫正、信访维稳、青少年帮教、妇女儿童、残疾人帮扶和外来人口服务等方面。

上海的民政领域民办非企业单位起步较早,清初,上海出现诸如会馆、公所、善堂一类的慈善机构,例如乾隆十年(1745年)建立的"同善堂"、道光二十二年(1842年)建立的"辅元堂"等。咸丰五年(1855年)同仁堂与辅元堂合并更名为同仁辅元堂。光绪九年(1883年)在南京路虹庙附近设文明局(后改名为中和局)主办施诊给药、恤贫、恤嫠,到光绪十四年举办留婴局的仁济善堂,等等。辛亥革命以后,慈善机构继续有所发展,并有部分善团、善堂走向联合。其中最具代表性的有1911年由中国著名的实业家、慈善家陆伯鸿先生建立的"新普育堂",致力于收养孤儿辅育及医治孤寡病残等弱势群体,成为20世纪二、三十年代远东地区最大的留养类慈善机构。到民国38年(1949年),在上海市政府社会局登记备案的慈善机构共有126个。上海解放以后,原有的慈善机构,有的解体,有的自动终止,有的经人民政府清理改造后组成新的机构。解放初,公益慈善机构还有117家。1953年底,四明公所、德本善堂等49家机构分别自办或联办7家残老院和3家医疗机构、1家收尸掩埋站开展新的业务。此后,对旧有慈善机构继续进行清理,大部分予以解散。历次政治运动和"文化大革命"期间,此类机构的活动也处于停滞状态。改革开放以后,民政事业类民非单位迎来新一轮大发展,1981年,上海有公益慈善类机构127家,截至1989年底增长至380家。1998年《民办非企业单位登记管理暂行条例》颁布至今,上海开始依法登记管理各类民非单位。截至2010年底,全市共有民政领域民办非企业单位1 425家,其中市级登记的21家,以支持型、平台型机构为主,大量的民政领域民办非企业单位在区(县)登记。

## 第一节 沿 革

民政领域民办非企业单位由于与主管单位之间的天然联系,在发展初期,主要扮演行政辅助的角色,围绕婚姻、殡葬、社会福利、救济救灾、优抚双退、社区建设与服务等民政业务条线成立,机构负责人一般由行政事业单位负责人兼任,主要经费来源于政府资助或购买服务,个别机构还承担着行政规章赋予的行政管理职能,官办色彩浓厚,体制机制僵化,业务工作缺乏活力。

2006年,上海市民政局决定,设立中共上海市民政局局属民间组织党工委、上海市民政局民间组织管理工作小组,统一对市民政局作为业务主管单位的社会组织进行管理。上海市民政局民间组织管理工作小组的基本职责包括:向当事人提供咨询、指导,筹备申请、成立登记、变更登记、注销登记之前初审;监督、指导局属民间组织遵守法律法规和政策,依据章程开展活动,对人、财、物进行监管;审核境外捐赠;组织开展局属民间组织业务交流和法律法规、能力建设培训,推进局属民间组织规范化建设和能力建设;协调、组织局属民间组织参与民政事业发展的有关业务活动;负责局属民间组织年度检查的初审;协助查处局属民间组织违法违规活动;会同有关部门指导民间组织清算事宜。开展和推进局属民间组织党建、党务工作和政社分开工作。从此,民政系统各业务处室多头承担业务主管职能的局面宣告结束,也为上海民政领域民办非企业单位发展创造了条件。

2008年,上海民间自发设立的民政领域民办非企业单位开始萌芽,这些民政事业类民办非企业单位从运作模式、人才职业化水平、涉及业务领域等方面,都出现新变化。专职人员专业化、职业化水平更高,同时吸纳大量青年志愿者,以期减低成本及获得更多劳动力。在公益事业界定上,开始突破传统"安老助幼、扶贫济困、助学助医、救灾减灾"等"好人好事"慈善领域,除了关注慈善领域中未被覆盖的项目外,向更广义的公益领域拓展,逐步向人口福利、性别平权、社会建设、残障人士就业培训、社区服务、非营利组织支持平台等等一切与公众生活相关的项目延伸,以一种更广泛、更直接、更迅速反应、更多公众参与的形式来做公益。民政事业类民办非企业单位还引入经济、金融、企业管理、信息技术等诸多理念,取得不少探索性的进步。

上海的各类民政领域民办非企业单位,在其发展沿革中,呈现出各自不同的特色:

民办婚介机构。2001年,上海出台《上海市婚姻介绍机构管理办法》(市政府令第112号),规定设立婚介机构必须先取得民政部门颁发的《婚姻介绍机构服务许可证》,如果是由工会、共青团、妇联、残联等人民团体举办的婚姻介绍机构,应当自取得许可证之日起30日内,依法办理民办非企业单位登记;非人民团体举办的婚姻介绍机构,应当自取得许可证之日起30日内,到工商行政部门办理登记注册手续。2002年11月,《国务院关于取消第一批行政审批项目的决定》明确,取消设立婚姻介绍机构的前置许可,设立婚介机构可直接办理民办非企业单位或企业登记。作为民办非企业单位登记的婚介机构,全部为非营利组织。这些婚介机构在成立之初,就通过章程、出资承诺书等形式确认:开办资金的捐赠性质,举办者对出资的财产不保留、不享有任何财产权利、不要求回报;单位的资产必须用于章程规定的业务范围和事业的发展,除符合规定的支出外,财产及其孳息不得用于分配,增值部分不得分红;注销时剩余财产必须用于公益性或者非营利性目的等。

民办养老机构。上海的养老福利始于新中国成立之初,直至1997年的40多年间,养老福利投入和服务全部由政府承揽,养老机构主要服务于失去家庭依托的城镇"三无"和农村"五保"等特定边缘老年群体。到1997年底,全市养老机构发展到300多个,养老床位达到1.65万张。1998年,市政府颁布《上海市养老机构管理办法》,对一批规模过小、不规范、不合格的养老机构进行"关、停、并、改",扶持和促进养老机构规范化发展,推动养老床位迅速增长。到2005年底,养老床位净增3.35万张。同年,上海"十一五"发展规划纲要提出:"至2010年,享受社会养老服务人数占全市户籍老年人口10%以上,其中,社区居家养老服务人数约占届时户籍老年人口的7%以上,养老机构床位约占届时户籍老年人口的3%以上。"在市政府"9073"养老服务格局发展思路的引导下,全市民办养老机构迅速发展。政府不断加大对民办养老机构的财力投入,倡导公建民营,以政府投入为主,培育民间机构连锁化管理,并形成产权,保证民办养老机构的公益性和可持续性。推进民办公助,由政府予以一定的资助,保证公益性和可持续发展。推行养老服务补贴、养老护理补贴等,提高老年人特别是中低收入、身体需要照顾老年人的支付能力。到2010年底,全市共建成社区老年人日间服务机构303个,社区老年人助餐服务点404个,养老床位总数达10万张,社区居家养老服务覆盖25万老年人。"9073"养老服务格局基本形成,初步建立起以家庭为基础、社区为依托、机构为支撑、居家养老和机构养老相结合的养老服务体系。

民办社工机构。20世纪90年代以来,上海经济社会快速发展,人民生活水平逐步提高,与此同时各种社会问题不断显现、社会矛盾集中凸显,人民群众对福利保障、社会服务等方面的要求也越来越高。社会工作作为一项重要的管理和服务方式,被上海引入并得到蓬勃发展。伴随着社会工作的发展,作为凝聚社工人才资源,提供专业服务平台和载体的民办社会工作机构也获得良好的发展契机,呈现出多领域共同推进的良好态势。上海市民政局先后与市政法委、市妇联、市统战部、市残联等 10 多个部门联合发文,共同推动社会工作发展,鼓励购买社工机构的专业服务或成立社会工作机构。2008 年汶川大地震发生后,上海市民政局牵头、上海各民办社工机构积极响应,迅速成立"上海社工灾后重建服务团",在没有统一规划和制度安排的情况下,各方力量本着高度的专业使命感和社会责任感,第一时间深入灾区开展社会工作服务,在介入地震灾害救援、哀伤辅导和灾后恢复重建方面发挥不可磨灭的作用。这次社会工作者参与抗震救灾,在我国尚属首次尝试,也是上海社会工作领域一个标志性事件,为全市民办社工机构积累实务经验、培养人才队伍、形成服务模式提供重要契机。政府加大对民办社工机构的扶持力度,不断完善支持社工机构发展的制度体系,相继出台职业资格、注册管理、继续教育、岗位轮训等制度规范。2009 年 3 月,市民政局发布《关于在本市培育发展专业社会工作机构的通知》,对培育发展专业社工机构的意义、成立条件、工作领域、培育措施做了具体性的规定,为社工机构发展提供政策支持。积极探索以需求为导向、多样化的社工机构培育途径。在推动民办社会工作机构发展的进程中,注意避免急躁冒进、全面开花,采取以需求为导向、积极稳妥地推进策略。鼓励各区(县)以实际需求为导向,坚持实事求是、循序渐进的原则,既顺势而为,又量力而行,稳步培育发展专业社工机构,初步形成政府直接组织(如阳光、自强、新航)、社工支持机构孵化培育(如 NPI 孵化上海知行社工师事务所、浦东社工协会孵化乐耆等社工机构)、区校合作培育(如华东理工大学与闸北区合作成立春晖社工师事务所、复旦大学与杨浦区合作成立复馨社工师事务所等)、项目发展培育(即通过申请公益项目获取资金支持,等逐步运作成熟之后,再独立注册为社工机构)等多种社工机构培育途径。到 2010 年,上海成功培育民办社工机构 58 个,其中,直接提供一线社工服务的专业社会工作服务机构 43 家;提供社工及社工机构知识培训、督导评估、能力建设等服务的专业社工支持机构 5 家;社会工作专业性行业组织 10 家。民办社工机构功能互补,正逐渐形成多样化、多生态的社会工作机构格局。

上海坚持培育发展与监督管理并重的原则,在促进民政领域民办非企业单位规范发展中采取一系列监督管理举措。依法开展登记、年检等行政审批工作。在登记时,对成立动机、发起人背景、资质条件、组织制度建设等方面进行审查把关,把握民政事业类民办非企业单位的方向;在年检时,严格民政领域民办非企业单位运作情况、组织建设以及财务管理等情况的审查,及时发现问题,及时进行整改。开展能力建设培训。委托上海浦东非营利组织发展中心举办以能力建设为核心的民政领域民办非企业单位负责人、相关工作人员培训,开设"非营利组织战略规划""非营利组织财务管理"等专题,提升民政事业类民办非企业单位人员素质和整体运营能力。2010 年,上海市民政局民间组织管理工作小组发布《上海市民政局关于试行局属社会组织重大事项报告管理制度的通知》,进一步规范民政领域民办非企业单位的业务活动。

在民政领域民办非企业单位的培育发展中,上海始终坚持分类指导、分类管理的原则,用多元化的手段和方法加以扶持引导,并针对重点培育发展的民办非企业单位制定相应的扶持政策,优化发展环境,促进健康有序发展。2010 年 7 月,全国首家由政府、社会组织和社会企业合作互动,以培育社会组织、解决社会问题、促进社会进步为目标的社会创新园区——上海市社会创新孵化园正式开园。上海市社会创新孵化园由上海市民政局立项,福利彩票公益金提供资金支持,委托浦东非营利组织发展中心运作管理。孵化园旨在培育社会创新项目,孵化社会创新组织,探索社会创新的机制、模式和方法。孵化园致力于创建新型政社合作互动机制,通过搭建政府、公益性社会组织和社会企业的协作平台,推动跨界合作,共同应对社会问题,进而实现社会创新,促进社会进步。孵化园致力于培育一批具有可持续发展能力的公益性社会组织,集聚一批具有公益使命意识的社会创业领军人物,打造一批创新高效的公益服务项目,同时促进社会组织之间的沟通与合作,帮助社会组织完成从创新方案到创新成果的能力建设。同时,孵化园致力于通过具体案例传播合作共赢、环保、低碳、可持续发展等社会进步理念,通过孵化园的项目文化扩大对社会的正面影响。开园伊始,孵化园着眼于解决残疾人就业这一现实社会问题,通过政府、社会组织和社会企业的跨界互动合作,探索解决残疾人就业的全新方案,为建立社会创新机制提供实践经验。2010年8月24日,孵化园的三个项目成功注册为民政领域民办非企业单位,分别命名为:上海艺途无障碍工作室、上海小笼包聋人协力事务所、上海彩虹桥公益社。

# 第二节　选介和名录

## 一、选介

### 【上海慈善物资管理中心】

上海慈善物资管理中心成立于2000年6月7日。中心受上海市民政局和上海市慈善基金会委托,负责对海内外社会各界捐赠的慈善物资进行募集、储运和处置,以及全市经常性社会捐助接收点的后续服务与管理指导。业务主管单位为上海市民政局。

中心业务范围:根据上海市民政局以及上海市慈善基金会等机构、组织的委托,接受海内外社会各界物资捐赠;对接受的捐赠物资进行储备、管理和按照相关机构、组织的委托或授权,对相关物资进行处置。

中心在"依靠社会办慈善、办好慈善为社会"的方针指引下,始终秉承"物尽其用,造福于民"的服务宗旨下,中心工作主要围绕几项重点工作展开,形成三大知名度较高、影响力较大的慈善品牌项目:

"点亮心愿"慈善义拍。自2000年运作以来,已成功举办10届。该活动由张瑞芳、秦怡、叶慧贤等31位社会名流发起,旨在帮助申城贫困白内障老人及先心病儿童康复。如2010年以世博物资拍卖为主题,通过大力宣传拍品和积极寻找落实买受人,进一步扩大了世博后续利用、放大世博效应的良好的效果。

"温暖送三岛"慈善品牌活动。帮困崇明、长兴、横沙三岛地区的贫困家庭。为了更好服务三岛群众,中心每年到三岛实地调研,逐步推动"温暖送三岛"活动项目化运作,力争做到全年储备,按需劝募。

"高校慈善爱心屋"慈善品牌活动。在上海市各高校内开展的一项慈善育人活动。项目成立以来,中心与各高校积极合作,开展了"7C"人才培训,"一心一艺"等公益项目,并定期与各高校举办慈善沙龙交流会,积极交流慈善育人工作经验。高校慈善爱心屋目前已成为提高高校学生综合素质、构建和谐校园、和谐社会的一个基地。"高校爱心屋"入选2008年度市民政系统"十佳服务品牌",2009年荣获"中华慈善突出贡献项目奖"。

### 【上海市社会组织服务中心】

上海市社会组织服务中心成立于2000年8月,原名上海市民间组织服务中心,2008年11月更名为上海市社会组织服务中心,是一家从事非营利性社会服务活动的民办非企业单位法人。中心实行理事会领导下的中心主任负责制,中心下设综合开发部、咨询服务部、培训评估部、信息宣传部、财务部等5个部门,并设有监事会。业务主管单位为上海市民政局。

中心业务范围是:为全市社会组织提供咨询、评估、培训、合作交流、指导和服务;承担政府委托办理事务性、服务性工作。

中心成立以来,忠实地履行"服务社会组织、服务政府部门、服务社会公众"宗旨,在实践中不断探索、创新发展,得到行业主管部门和登记管理机关以及广大社会组织的充分肯定。编辑出版《上海社会组织》期刊,宣传全市社会组织的各类先进典型,探讨研究社会组织工作,发挥引导全市社会组织发展的作用,深受广大社会组织欢迎;搭建社会组织各类培训平台,从全市范围内精选培训讲师,先后组织社会组织专职人员上岗培训、法人治理结构和内部治理运作规范培训、秘书长能力建设培训、财会人员岗位培训、规范化建设培训、自律诚信和信用建设培训、公益创投和公益招投标培训等各类培训班。到2010年,共举办210多期,参加培训4万多人次,为全市社会组织的能力建设作出积极贡献;开展社会组织规范化建设评估的探索工作,组织承担《上海社会组织规范化建设评估指标》的修订工作,并对全市近600家社会组织进行规范化建设等级评估,促进全市社会组织健康发展;承接市级社会组织咨询接待、登记业务的代理代办、工资基金申报审核、业务档案的整理归档和查询利用、业务档案电子化等服务工作,较好地发挥政府相关部门"助手"的作用。

### 【上海市福利彩票服务中心】

上海市福利彩票服务中心成立于2001年12月,是由上海市福利彩票发行中心发起并举办民办的非企业单位法人。到2010年,中心有职员工32人,其中3人为专职管理人员。业务主管单位为上海市民政局。

中心业务范围是:福利彩票销售管理;代销站点规划设置、督查、宣传、业务培训等服务;提供劳务、信息咨询等中介服务。

中心为上海市福利彩票发行中心提供彩票销售管理服务、彩票款结算服务、兑奖服务、站点巡查服务等、仓储及固定资产实物管理服务、配送管理服务、销售终端设备维修服务、数据统计及市场分析、宣传策划、培训、车辆租赁服务等。上海市福利彩票发行中心按实际服务内容,经市财政预算批复,支付中心服务费。截至2009年底,中心合作销售福利彩票128亿元,筹集社会福利资金约43.5亿元,为推动社会福利事业发展做出积极贡献。

中心完善内部管理,加强内部制度建设,分别制定《服务中心薪酬发放办法》《服务中心财务管理制度》《财务报销付款规定》《固定资产实物管理办法》《合同(协议)管理办法》《印章管理规定》《文件档案管理规定》等规章制度;并与上海市福利彩票发行中心成立联合党支部和联合工会,推进中心职工思想政治工作和党风廉政建设,以及职工民主管理、精神文明创建等。2008年8月,中心获得"社会组织规范化评估4A信用等级"。

### 【上海市社会福利用品服务中心】

上海市社会福利用品服务中心成立于2002年8月,是从事非营利性社会服务活动的民办非企业单位法人,由上海市社会福利中心举办,实行理事会领导下的主任负责制。业务主管单位为上海市民政局。

中心业务范围是:开展社会福利用品的展示、咨询、推荐、调剂、调查、论证评估中介服务;为社区老年活动室配置相关设施和用品。

中心以接受政府各类委托服务为主要形式,信守职业道德,遵守诚实信用、公平竞争原则,竭诚为全市各类福利机构、广大老年人、残疾人服务。根据民政部"社区老年福利服务星光计划"的有关精神,受上海市"星光计划"实施办公室委托,为社区老年活动室配置相关设施和用品。在收领养孤残儿童咨询和服务中,与相关部门积极沟通,注重拓展交流合作,提升服务质量。

### 【上海市新航社区服务总站】

上海市新航社区服务总站成立于2004年1月20日,是从事社区矫正、安置帮教社会工作的民办非企业单位,是上海预防和减少犯罪工作体系、创新社会治理的重要组成部分。总站设有理事会、监事会和执行干事,到2010年底,在全市13个区设立工作站,在相关街镇设立社工点,聘有社会工作者520余人,其中80%以上具备社会工作师、心理咨询师等专业资质。业务主管单位为上海市司法局。

总站业务范围是:社区矫正和安置帮教社会工作,对社区服刑人员和刑满释放人员开展帮教服务、理论研究和实务探索;根据委托或授权的其他业务。

总站以"开创适合中国社会的社区矫正安置帮教社会工作,成为专业、卓越、有声望的社会组织,为缔造和谐社会而不懈努力"为愿景,引领全体社会工作者以专业能力建设为核心,从思想观念、认知行为、社会适应、家庭关系、社会交往、就业生计等需求入手,全方位地为社区服刑人员和刑满释放人员开展专业服务,打造服务品牌。总站社会工作者以"爱满新航"未成年子女关爱行动、"新航港湾"家庭服务成长计划、"爱启新航"临释人员回归教育服务项目等服务品牌为载体,增强社区服刑人员、刑满释放人员法制意识和道德观念,转变心理状态和行为习惯,修复家庭关系和社会支持系统,逐步解决实际困难,改善生活环境,为上海社会和谐、长治久安构筑。到2010年,总站先后荣获上海市先进民间组织、上海市社区矫正工作先进集体、上海市刑满释放人员安置帮教工作先进集体、上海市司法行政先进集体、首批全国社会工作服务示范单位、百强社会工作服务机构等荣誉。

### 【上海市社区文化服务中心】

上海市社区文化服务中心成立于2005年6月,是上海第一家从事社区文化服务的非营利性民办非企业单位法人。业务主管单位为上海市文化广播影视管理局。

中心业务范围是:指导社区文化设施建设;统筹社区文化设施管理;协调社区文化设施运行;开发社区文化服务功能。

中心主要开展以下方面工作:

内容推送。中心以"助力社区文化服务创新,推动公共文化服务发展"为己任,发挥服务整合功能,整合信息,为面向社区的文化机构、小型社区文化NPO服务,汇聚文化服务内容及相关信息,多渠道向社区推送。中心积极进行"信息苑项目"探索及功能开发,项目先后获得文化部第二届创新奖、首届国家文化创新工程、上海市网络文化特别贡献奖等荣誉。基于信息苑项目举办的"万名农民工绿色网上行"项目,获民政部"公益创新奖"应用一等奖。在社区文化活动方面,设计形成以"传统节日社区欢乐行""上海农民工假日免费电影专场"等活动品牌,取得积极的社会反响。在公共公益讲座上,配合市相关委办局精心策划开展"青年女性职业飞翔计划""东方讲坛·开业生涯系列活动""东方讲坛·职业生涯系列活动"等讲座,开发音像制品、书籍等产品,有效服务社会各类职业人群和社区居民。

功能开发。中心运用线上线下相结合方式开展公共文化需求调研,根据民意调研及在线文化地图信息反馈,帮助社区文化活动中心不断优化服务项目及功能,有针对性地引进专业机构,不断开发促进适合社区居民实际需求的服务项目,拓展社区文化服务功能,深化产品开发,并"以项目推进为基础,以产品落地为抓手,以有效传播为目标",实现公共文化产品化、品牌化,促进社区文化设施建设、设施运行管理及监督工作,提升社区文化服务民众功能。

### 【上海科技助老服务中心】

上海科技助老服务中心成立于 2009 年 11 月,是以科技助老、网络助老服务为主要形式的民办非企业单位法人。业务主管单位为上海市民政局。

中心业务范围是:举办培训班、讲座、研讨会,开展咨询服务,网络信息服务,承担公益活动和政府委托的项目。

中心致力于"扶老上网"和"科技助老",帮助老年人学习使用电脑网络和智能手机,为老年人搭建"展示风采、交友互助、发挥作用"的网络社区。到 2010 年底,"老小孩"网络社区聚集近 20 万老年网民,成为全国人气最旺、原创内容最多的老年网络社区。"老小孩"品牌已成为活力老人、网络老人的代名词,深受老年人的喜爱。

中心基于"老小孩"网络社区的价值定位,实施"互联网＋传统文化""互联网＋结伴养老""互联网＋为老服务""互联网＋公益传播"四大战略行动,在为老年人提供更多快捷有效公益服务的同时,发挥老年群体的作用,建立社群文化,打造"社交＋分享"的老年人网络社区群体。

### 【上海小笼包聋人协力事务所】

上海小笼包聋人协力事务所成立于 2010 年 8 月,是在政府主管部门和国内外机构支持下举办的民间非营利组织。事务所业务主管单位为上海市民政局。

事务所业务范围是:承办政府、公益组织、商业机构的品牌策划设计项目,开展针对残障人士的就业培训,残障人士领域各类活动的策划组织。

事务所坚持"让聋人回归社会,了解自身价值"宗旨,以项目为牵引开展工作。2010 年开始启动三大项目:Branding & Design 项目——通过聋健团队的协作,为政府、公益机构、企事业单位提供设计策划服务;无声课堂项目——通过与阿里巴巴、星展银行、黄奕聪基金会等相关单位的合作,开展针对听障人士的就业指导培训,帮助他们在完成培训后进入电商、设计行业工作;为梦想发声项目——通过影视、展览等平台,向公众传达听障人士的自信。

事务所成立后,得到政府、企业、基金会等方面的大力支持和社会的广泛赞誉。

## 二、名录

根据 1998 年国务院《民办非企业单位登记管理暂行条例》的界定,截至 2010 年底,在市社会团体管理局注册登记的市级民政领域民办非企业单位 21 家。

表 2 - 7 - 1　2010 年上海市市级民政领域民办非企业单位一览表

| 序号 | 单 位 名 称 | 业务主管单位 | 登记日期 | 办 公 地 址 |
| --- | --- | --- | --- | --- |
| 1 | 上海慈善物资管理中心 | 上海市民政局 | 2000 - 06 - 07 | 杨高中路 2795 号 101 室 |
| 2 | 上海市社会组织服务中心 | 上海市民政局 | 2000 - 08 - 22 | 普育西路 105 号 3 号楼辅楼 1 楼 |

(续表)

| 序号 | 单 位 名 称 | 业务主管单位 | 登记日期 | 办 公 地 址 |
|---|---|---|---|---|
| 3 | 上海殡葬文化研究所 | 上海市民政局 | 2000-08-23 | 文定路 80 弄 1 号 501 室 |
| 4 | 上海市婚姻服务中心 | 上海市民政局 | 2000-10-08 | 漕宝路 78 号 |
| 5 | 上海遗体防腐研究所 | 上海市民政局 | 2001-02-02 | 江浦路 2100 号 B 楼 301、302 室 |
| 6 | 上海好运婚姻介绍所 | 上海市民政局 | 2001-05-28 | 大田路 129 弄 1 号 21 层 A 室 |
| 7 | 上海市福利彩票服务中心 | 上海市民政局 | 2001-12-31 | 新骏环路 88 号 12 幢 301 室-01 室 |
| 8 | 上海市社会福利用品服务中心 | 上海市民政局 | 2002-08-09 | 宛平南路 465 号 |
| 9 | 上海 2007 特奥中心 | 上海市民政局 | 2002-12-06 | 宛平路 9 号 2 楼 |
| 10 | 上海上福婚姻介绍所 | 上海市民政局 | 2003-04-11 | 真北路 2500 号 903 室 |
| 11 | 上海乐龄文化艺术中心 | 上海市民政局 | 2003-09-01 | 中山南路 1088 号 310 室 |
| 12 | 上海市新航社区服务总站 | 上海市司法局 | 2004-01-20 | 汉中路 8 号 503 室 |
| 13 | 上海市社会福利评估事务所 | 上海市民政局 | 2004-08-19 | 普育西路 105 号 4 号楼 211 室 |
| 14 | 上海市社区文化服务中心 | 上海市文化广播影视管理局 | 2005-06-09 | 中山西路 1551 号振飞楼 301 室 |
| 15 | 上海东方家园社区事务推展中心 | 上海市民政局 | 2005-06-23 | 峨山路 679 弄 1 号 208B 室 |
| 16 | 上海益群居家养老服务指导中心 | 上海市民政局 | 2005-09-16 | 华山路 263 弄 7 号 3 号楼 2 楼 |
| 17 | 上海民政历史文化研究所 | 上海市民政局 | 2009-01-07 | 普育西路 105 号 1 号楼 |
| 18 | 上海科技助老服务中心 | 上海市民政局 | 2009-11-05 | 普育西路 105 号 5 号楼 201—202 室 |
| 19 | 上海彩虹桥公益社 | 上海市民政局 | 2010-08-24 | 九江路 663 号 1810 室 |
| 20 | 上海小笼包聋人协力事务所 | 上海市民政局 | 2010-08-24 | 普育西路 105 号 2 号楼 110 室 |
| 21 | 上海艺途无障碍工作室 | 上海市民政局 | 2010-08-24 | 普育西路 105 号 3 号楼 102 室 |

# 第八章　中介服务领域民办非企业单位

社会中介服务领域民办非企业单位，是指在企业和政府、企业和市场、企业和企业之间发挥着服务、沟通、协调、公证、监督等作用的社会组织，是依据一定的法律法规，针对当事人经济往来中所涉及的大量权利、义务关系来实施社会化的服务，在市场中处于独立地位的中介组织。上海的社会中介服务类民办非企业单位主要集中在青年服务、司法指导、民办评估咨询中心、信息咨询调查中心、人才交流中心和婚姻介绍所等服务领域。在公共服务日益基层化、社会化的形势下，社会中介服务领域民办非企业单位越来越凸显出在公共服务领域内的重要性。到2010年底，上海的市级社会中介服务领域民办非企业单位共登记有7家。

## 第一节　沿　　革

上海的社会中介服务领域民办非企业单位发展，是与上海社会组织参与城市公共治理等社会服务相联系的。从总体上说，上海社会组织参与社会治理，起步于2004年，并经历有几个不同的发展时期。2004年左右，是上海民间意义上的社会组织参与城市公共治理的起步期。当时社会组织普遍面临"生存难"的困境，没有场地，缺乏资金和项目来源，人员流动大，因此，参与城市公共治理的活动大多是零星的，主要依靠社会组织负责人的相关社会关系来获得机会，存在较大的偶然性。2005年，共青团上海市委主办第一次上海青年风尚节，邀请全市的青年社会组织参与，并于2006年成立青年家园民间组织服务中心，作为服务上海青年社会组织的新型平台和载体。2009年起，市民政局每年拿出1 000万元，用于支持服务型社会组织发展。同时，各区(县)也出台鼓励、帮助服务型社会组织发展的政策，社会中介服务类民办非企业单位开始注册成为正规组织，并从无序到有序发展。

上海社会中介服务领域民办非企业单位联系政府、企业并参与城市公共治理，主要有自发型、委托型、竞争型和联合型等形式。自发型，主要是依靠其负责人的个人威望和魅力所进行的人际关系性参与；委托型，是指其通过定向委托的方式承担政府转移的部分公共事务；竞争型，是指其具体参与某些以往由政府部门专属的领域和事务，从而形成双方之间互相促进的局面；联合型，是指多个民办非企业单位之间通过优势互补或集中力量等形式，进行相互合作，共同参与政府事务、企业发展和城市公共治理。由于国家关于中介组织相关法律法规的建设还不健全，一些重要领域尚属空白，相当部分的社会中介组织还游离在现行法律法规之外，再加上缺乏必要的、专业性的职业道德规范，社会中介服务领域民办非企业单位的发展还具有广泛的空间。

## 第二节　选介和名录

### 一、选介

**【上海市中小企业人才交流服务中心】**
上海市中小企业人才交流服务中心成立于2001年，是为中小企业提供人力资源服务的中介服务类民办非企业单位,业务主管单位为上海市经济和信息化委员会。

中心业务范围是:人才交流、人才咨询、人才培训、人才测评、劳务派遣。服务内容涵盖中小企业人才培训、专场招聘会、人才超市、网络招聘、猎头中介、人事外包、招聘信息及人才信息发布、人事政策咨询等各类中小企业人力资源项目。

中心自成立以来,充分发挥自身专业优势,结合中小企业转型发展需求,精心制定服务计划、认真落实活动成效,在中小企业委托招聘、现场招聘会、招聘网站、人才超市、招聘信息发布、职业技能培训、人事管理培训、人事政策法规咨询、就业援助指导等方面提供系列人力资源服务,致力于打造上海中小企业人才服务特色平台。中心作为上海中小企业招聘信息、人才信息集散地,已经逐步形成常态化、立体化、制度化、专业化的人才服务体系。

中心坚持以公益服务为主、适当收费服务为辅的服务方式,尽量减轻中小企业负担。对参加招聘会的中小企业采用会员制服务,降低中小企业人才招聘成本40%—60%;员工职业技能培训服务按成本收费,并面向中小企业提供人事管理和劳动法免费培训。对大中专毕业生和再就业困难人员提供100%免费公益服务。在为中小企业进行人才服务过程中,坚持探索创新,逐步形成完备的运行机制、合理的规章制度和专业高效的业务团队。2004年至2010年,连续被上海市人才服务协会评为"信得过人才中介机构"。

### 【上海产业评估中心】

上海产业评估中心成立于2004年8月,是参与上海产业发展规划与产业导向政策研究,负责市、区工业项目准入标准制定及其评估,参与全市土地利用总体规划及其专项规划编制的民办非企业单位。2010年,拥有硕士以上学历专业技术人员近50人,专业涵盖产业经济、城市规划、国土资源管理、技术经济、环境工程等;还聘请全职或兼职专家、教授组成专家顾问委员会,参与国家与市级课题研究;同时,整合全市工业行业协会、大学、科研院所有关专家建立了专家库,专家库拥有产业经济、土地利用、城市规划、建筑学、机械制造、电子信息、轻化工等相关行业的专家500多位。业务主管单位为上海市经济和信息化委员会。

中心业务范围是:产业项目准入评估、节能评估;产业政策研究与产业规划;产业用地评价与土地利用规划;国内外交流与合作。

中心成立以来,全面贯彻落实科学发展观,积极实践市委、市政府关于"二个坚持、二个优先"产业发展战略,在上海新一轮产业结构和布局调整的过程中,适应建设资源节约型城市和节约集约使用工业用地的要求,积极参与产业发展规划与产业导向政策的研究,开展市、区工业项目准入标准的制定及其评估,参与全市土地利用总体规划及其专项规划的编制,以及城市空间规划。

中心充分发挥土地利用规划、节能技术咨询等方面的资质优势,参与编制《上海工业产业导向及布局指南》《上海产业用地指南》《上海产业能效指南》《上海工业发展报告》《上海产业用地指南》《上海信息化发展报告》等导向性文件;并在市、区有关部门的支持下,组织建立全市产业评估体系。自2008年起,参与市、区有关产业布局规划和土地利用总体规划或专项规划编制,以及城市空间规划,完成课题与规划项目数百项。

### 【上海市中小企业技术人才引进服务中心】

上海市中小企业技术人才引进服务中心成立于2009年3月,是专业从事技术人才引进和贫困地区就业扶贫服务的民办非企业单位。业务主管单位为上海市经济和信息化委员会批准。

中心业务范围是：技术人才需求信息发布；技术人才引进和咨询服务；承办有关单位委托的事项。

中心作为上海专业从事贫困地区就业扶贫工作的市级社会组织，一直奋斗在就业扶贫第一线，并以此作为一项崇高的事业，融入国家扶贫开发战略和上海对口支援任务中，积极思考和勇于创新，聚焦贫困县，绑定帮困户，取得明显成效。中心大力推进与云南文山的劳务协作，聚合两地资源，整合多方力量，创新劳务对接交流形式，进行专业化管理，助力以建档立卡贫困户为重点的贫困群众在州内外实现上岗就业、脱贫增收，走出一条独具文山特色的精准帮扶之路。

中心员工长期深入云南文山所有县市、乡镇和通网通电条件具备的村寨，因地制宜开展就业信息化建设，应用互联网技术，贯通就业通道"最后一公里"，搭建文山州就业信息服务平台，形成"县—乡镇—村（校）"三级县域全覆盖网状格局，为文山贫困群众提供各类就业信息和相关就业服务。

### 【上海市现代时尚产业促进中心】

上海市现代时尚产业促进中心成立于 2010 年 3 月，是为现代时尚产业发展服务的民办非企业单位。业务主管单位为上海市商务委员会。

中心业务范围是：咨询策划；考察投资、规划研发；调研培训、刊物资讯；交流合作、会议展会、市场推广；知识产权维护、信息技术等服务。

2010 年，中心积极促进与推动上海国际时尚中心建设，在参与各种大型展览展会等活动的同时，谋划开展一系列业务活动。与杨浦区商业联合会合作，在五角场地区旅游购物节开幕式晚会上，组织演出"中国丝绸—海派旗袍秀"；承办由上海市商务委员会、江西省商务厅联手主办的大型政府级会展——江西地方特产（上海）展，展会取得销售 860 万元、商家对接签约达 2 亿元的佳绩；与市新闻出版局版权中心签署长期合作框架协议。中心开展国际间交流合作，接洽法国顶级时尚设计公司，为该公司技术和品牌落地上海服务。

## 二、名录

根据 1998 年国务院《民办非企业单位登记管理暂行条例》的界定，截至 2010 年底，在市社会团体管理局注册登记的市级中介服务领域民办非企业单位 7 家。

表 2 - 8 - 1　2010 年上海市市级中介服务领域民办非企业单位一览表

| 序号 | 单 位 名 称 | 业务主管单位 | 登记日期 | 办 公 地 址 |
|---|---|---|---|---|
| 1 | 上海市中小企业人才交流服务中心 | 上海市经济和信息化委员会 | 2001 - 10 - 14 | 大木桥路 108 号 303 室 |
| 2 | 上海市诚教人力资源服务中心 | 上海市经济和信息化委员会 | 2003 - 05 - 08 | 中山北一路 82 号 501 室 |
| 3 | 上海产业评估中心 | 上海市经济和信息化委员会 | 2004 - 08 - 11 | 建国中路 10 号 310 室 |
| 4 | 上海中小企业信用评价中心 | 上海市经济和信息化委员会 | 2005 - 03 - 09 | 大木桥路 108 号 318 室 |
| 5 | 上海市中小企业技术人才引进服务中心 | 上海市经济和信息化委员会 | 2009 - 03 - 12 | 长寿路 1118 号 A 幢 20A |

(续表)

| 序号 | 单 位 名 称 | 业务主管单位 | 登记日期 | 办 公 地 址 |
|---|---|---|---|---|
| 6 | 上海市现代时尚产业促进中心 | 上海市商务委员会 | 2010 - 03 - 15 | 中山南一路 999 号 903 室（荣科大厦） |
| 7 | 上海船艇商务服务中心 | 上海市商务委员会 | 2010 - 03 - 26 | 颛兴东路 1277 弄 41 号 5 楼 |

# 第九章　法律服务领域民办非企业单位

　　法律服务领域民办非企业单位,是指主要利用非国有资产举办,不以营利为目的,专门从事司法鉴定、调节等法律服务业务的民办非企业单位,是律师、非律师法律工作者、法律专业人士(包括法人内部在职人员、退、离休政法人员等)或相关机构以其法律知识和技能为法人或自然人实现其正当权益、提高经济效益、排除不法侵害、防范法律风险、维护自身合法权益而提供的专业活动。上海的法律服务领域民办非企业单位,主要是各类民办法律咨询援助中心,也包括新型民办社区调解机构和各类司法鉴定机构。上海大力促进以优化公共管理为目标、以社区为基本平台的民办非企业单位发展,这些社会组织的中立性、使命感、多样性、专业性、灵活性、开创性和低成本等特征,使其具有传统部门无法比拟的独特优势,在表达社情民意、协同社会管理、保障公民合法权益、促进社区和谐等方面发挥着不可替代的作用。

　　21世纪初,根据党的十六大及市第八次党代会提出的改进和加强社会管理的总体思路,市委政法委启动"通过引入社会组织,预防和减少高危人群违法犯罪"的专题调研并提交市委。2003年8月,上海在浦东新区、徐汇区、卢湾区和闸北区率先尝试,2003年9月,政府层面正式启动司法类社会组织的运作,并将"政府主导推动、社团自主运作、社会多方参与"确定为司法类社会组织建设发展的总体思路。随着上海司法类社会组织全面铺开,上海司法类社会组织在系统化、职业化和专业化等方面获得新发展。2010年,《关于建立禁毒、社区矫正、青少年事务社会工作者职业晋阶制度的实施细则(暂行)》和《关于建立禁毒、社区矫正、青少年事务社会工作者薪酬管理的实施细则(暂行)》发布,成为上海法律服务领域民办非企业单位职业化推进的重要标志。

## 第一节　沿　　革

　　上海的法律服务领域民办非企业单位的建设与发展,自21世纪初起步,大体经历三个发展阶段。

　　探索准备阶段。2002年7月至9月,市委根据党的十六大及市第八次党代会提出的改进和加强社会管理的总体思路,开展加强社会管理有关基础问题的社会调研,并形成《加强社会管理,维护社会稳定》的调研成果。2003年3月至6月,市委政法委着手转化市委调研成果,启动"通过引入社会组织,预防和减少高危人群违法犯罪"的专题调研。专题调研取得成果后,经向市有关职能部门、区(县)主要领导、基层从事具体工作人员和有关专家学者征询,并多次反复修改,最后由市委政法委例会讨论原则同意,于当年7月初形成《关于建立预防和减少犯罪专业社会组织的报告》,并提交市委。报告分析论证引入专业社会组织的重要性和紧迫性,初步提出司法类社会组织的系统架构和运行思路,并对相关保障措施的落实提出明确的工作建议。报告经市委常委会讨论原则通过。2003年7月14日,市委政法委将市委常委会讨论原则通过的报告印发各区(县)党委、党委政法委和市政法各部门,要求认真组织学习,深入开展调查研究,为全面推进做好准备。2003年8月,市委、市政府批准在市禁毒委员会下设上海市禁毒委员会办公室、在市司法局下设上海市社区矫正工作办公室、在团市委下设上海市社区青少年事务办公室等3个副局级专业管理常设机构,并核准每个办公室 20 个公务员编制,明确三个机构作为政府加强社会管理职能的重要部分,统筹全市的相应工作。与此同时,体系建设的试点工作于 2003 年 8 月在浦东新区、徐汇区、卢湾区和闸北区率先开展。四个区运用社会化管理思路,整合社会资源,大胆实践。2003 年 9 月 15 日,市委办公厅发布专门文件,从政府层面正式启动司法类社会组织的运作,并将"政府主导推动、社团自主运作、社会多方参与"确定为司法类社会组织建设发展的总体思路。文件对市、区(县)、街(镇)等政府不同层面管理的内容做了专门说明,提出政府在政策环境和资金支持方面加大扶持等要求,还对工作措施及法规建设、信息平台建设、配套设施建设、政府购买服务等作出安排。上海的法律服务类社会组织进入有序发展轨道。

夯实基础阶段。2003 年 10 月,市委政法委发布《关于组建禁毒、社区矫正、青少年事务社团的指导意见》,要求按照"政府主导推动、社团自主运作、社会多方参与"的思路在市级层面设立司法类社会组织。根据上海市预防和减少犯罪工作体系建设的有关文件,上海立即成立服务于药物滥用人员、社区矫正对象和社区青少年的 3 个司法类社会组织,并由政府购买其社会工作服务。市委政法委专门发布文件明确指出,区(县)禁毒办、司法局和团委是区(县)政府推进禁毒、社区矫正、刑释解教人员安置帮教和社区青少年事务工作的职能机构。街道(镇)为社工开展工作提供必要的社区资源保障,协调辖区内公安、司法、劳动保障、民政等部门为社工开展工作提供支持,协助考核评估社工工作。在社会服务系统内部建设上,禁毒和社区矫正按 1∶50 比例、刑释解教和青少年事务按照 1∶150 比例配置社会工作者,全市迅速建立起 1 300 多人的专职社会工作者队伍。同时,司法类社会组织在区(县)分别设立社工站,在街道(镇)设立社工点,负责对社会工作者的考核、监督和日常管理。3 个司法类社会组织积极提供专业服务,并通过服务促进上海社会工作稳步发展。为帮助机构工作人员和行政人员了解社会工作的基本内涵、价值伦理、工作方法、一般过程、实务领域等方面的专业知识,市委政法委组织高校社会工作学科的资深教师,开展普及性的大型培训,以及服务观摩、交流讨论、反思领悟等。培训和考察工作的顺利开展,为社会工作者开展一线服务提供专业保障。

发展成长阶段。随着上海司法类社会组织从最初试点到随后铺开,针对高危人群的社会工作得到越来越多人的认可,并因此成为境内外社会工作界关注的重要内容。经过社会各方的积极互动和专业交流,司法类社会组织在系统化、职业化和专业化等方面获得新发展。2007 年 7 月 3 日,浦东新区注册成立上海中致社区服务社,服务社作为为社区服刑、刑释解教、药物滥用人员以及社区青少年提供服务的民办非企业性质的区域综合型社会组织,开拓了上海法律服务类民办非企业单位新模式。2010 年,市社区青少年事务办公室和阳光中心基于对上海预防犯罪工作的研究思考,以及阳光中心业务拓展的现实需要,谋划成立分支机构。2010 年 5 月,民办非企业性质的上海阳光青少年网络矫治社工师事务所在杨浦区正式成立。事务所针对过度使用网络的青少年及其家庭,开展引导、教育、管理和服务,同时承接各类社区公益项目。随着服务的不断推进,社会工作者的薪酬、考核、奖惩晋升等有关事项也不断规范。2007 年 2 月,浦东、卢湾、闵行三个区开始社工职业晋阶和薪酬保障制度试点工作。2009 年 3 月,市综治办、市禁毒办、市矫正办联合发布《关于建立禁毒、社区矫正、青少年事务社会工作者职业晋阶制度的实施细则(暂行)》和《关于建立禁毒、社区矫正、青少年事务社会工作者薪酬管理的实施细则(暂行)》,成为上海法律服务领域民办非企业单位职业化推进的重要标志。

上海除了在构建全市预防和减少犯罪工作体系中登记注册三大司法类社工机构外,各区也发起成立一些相关的法律服务领域民办非企业单位。在有关部门支持下,静安区社会帮教志愿者协会建立"就业指导中心""帮困援助中心""心理疏导中心",做好服刑教育矫正、回归人员的安置就业、帮困援助、心理咨询等工作,形成一支社会各界人士组成的、300余人的社会帮教志愿者队伍,取得良好社会效果;上海公益社工师事务所受浦东新区政府委托,开展化解信访突出矛盾的"知心妈妈"项目,以第三方形象和专业素养,介入矛盾化解工作;浦东新区有多个社区成立"老娘舅调解工作室",由社区内具有调解经验、百姓公认的"明星老娘舅"坐镇免费调解,调解成功率达98%以上;上海江净法律援助与调解工作室组建有一支专职的公益律师队伍,每年为超过400人次的农民工等提供法律援助,在化解群体性农民工讨薪案件方面做出积极贡献。

# 第二节　选介和名录

## 一、选介

### 【上海中法公证法律交流培训中心】

上海中法公证法律交流培训中心成立于2001年2月,是为加强中法双方在公证领域交流合作、推动双方公证事业发展,在双方政府有关部门大力支持下、由法国公证人协会高等理事会和中国公证员协会及上海市公证员协会联合建立的民办非企业单位,中心设立董事会,董事长由中法双方轮流担任,还设立双方主任,负责中心日常工作。业务主管单位为上海市司法局。

中心业务范围是:举办法律讲座、相关法律培训及学术研讨和交流;开展中法大学间法律教育和研究合作;参与培训项目的建立和进行。

中心为促进中法两国在法律方面的交流,丰富两国公证员的专业知识,建立中心网站,选派中国学者赴法国讲学、留学和研究,到2010年底,已成功组织13批200多名公证员和公证管理人员赴法国培训;中心在中国举办"法国公证法律专题讲座",介绍法国的公证理念、制度和实践,到2010年底,已举办17期,听众超过1 800多人次。中心还积极邀请法国公证人协会资深公证人和法律专家来中国开办公证法律专题讲座和讨论会,组织和接待法国留学生、公证员来中国实习、培训,宣传介绍中国的传统文化和法制精神,当好中国人民对外交往的友好使者。2010年,中心共有从业人员共6人,其中专职人员(含退休返聘)4人。当年收入53.7万元。中心卓有成效地开展活动,在中国司法界以及新闻界引起积极反响。

### 【上海公信扬知识产权司法鉴定所】

上海公信扬知识产权司法鉴定所成立于2004年2月,是上海首家专门从事知识产权司法鉴定的司法鉴定民办非企业单位。到2010年,鉴定所拥有专职鉴定人员23人,其中绝大多数是长期从事专利、商标、版权等知识产权工作的资深专家,既具有知识产权法律方面较深的理论功底,又有较丰富处理知识产权实务问题的实践经验;还建有兼职专家库,专家遍及各个门类,可以为确保司法鉴定的科学性和准确性提供支持和保证。业务主管单位为上海市司法局。

鉴定所业务范围是:接受司法机关或者仲裁机构的委托,运用必要的检测、化验、分析手段,对涉及专利、商标、著作权、计算机软件和商业秘密等知识产权争议案件中的相关内容进行鉴定,并最终作出客观而准确的鉴定意见,为司法机关或者仲裁机构办案提供事实依据;同时,也为其他组织和个人就专利、商标、著作权、非专利技术秘密、技术转让等有关知识产权问题提供鉴定和咨询服务。

鉴定所成立以来,拥有23位具有司法鉴定人资质的专职鉴定人。其中绝大多数是长期从事专利、商标、版权等知识产权工作的资深专家,既具有知识产权法律方面较深的理论功底,又具有处理知识产权实务较丰富的实践经验,足以面向社会提供可信赖的服务,受到服务对象好评。

**【上海东方计算机司法鉴定所】**

上海东方计算机司法鉴定所成立于2005年3月,是从事计算机相关司法鉴定的民办非企业单位,有专职鉴定人员17人,全部是长期从事计算机领域技术工作和知识产权工作的专业人员,并具有教授、研究员、高级工程师等高级职称,还聘请计算机领域知名专家为特聘专家。业务主管单位为上海市司法局。

鉴定所业务范围是:计算机相关司法鉴定。

鉴定所充分发挥特定的专业知识和工作技能优势,接受国家司法机关、律师事务所、企事业单位、个人以及其他委托人的委托,为依法行政、公正司法、维护市场秩序等提供有关的技术认定、技术判断、技术分析、技术审定等司法鉴定服务。到2010年,已受理包括电子邮件鉴定、网络游戏服务鉴定、外挂软件鉴定、电子商务系统鉴定、工业测试系统鉴定、嵌入式系统鉴定、网络系统与网络产品鉴定、ERP系统测试与鉴定、电脑及数字化产品鉴定等多件计算机司法鉴定案件。为人民法院、公安机关、仲裁机构办案提供客观公正的鉴定意见,受到人民法院、公安机关等相关机构以及委托人的高度赞誉。

## 二、名录

根据1998年国务院《民办非企业单位登记管理暂行条例》的界定,截至2010年底,在市社团管理局注册登记的市级法律服务领域民办非企业单位7家。

表2-9-1　2010年上海市市级法律服务领域民办非企业单位一览表

| 序号 | 单 位 名 称 | 业务主管单位 | 登记日期 | 办 公 地 址 |
|---|---|---|---|---|
| 1 | 上海中法公证法律交流培训中心 | 上海市司法局 | 2001-11-09 | 衡山路692号 |
| 2 | 上海公信扬知识产权司法鉴定所 | 上海市司法局 | 2004-02-09 | 长宁路988号12楼C座 |
| 3 | 上海博星法医物证司法鉴定所 | 上海市司法局 | 2004-02-23 | 临虹路128弄2号楼2楼 |
| 4 | 上海华医司法鉴定所 | 上海市司法局 | 2004-03-19 | 定西路1277号201室 |
| 5 | 上海东方计算机司法鉴定所 | 上海市司法局 | 2005-04-12 | 常德路812弄德安大厦3号602室 |
| 6 | 上海蓝海中小企业法律服务中心 | 上海市中小企业发展服务中心 | 2005-06-09 | 大木桥路108号 |
| 7 | 上海经贸商事调解中心 | 上海市商务委员会 | 2010-12-28 | 北海路8号10楼1003室 |

# 第十章 其他领域民办非企业单位

其他领域民办非企业单位,是指除教育、卫生、科技、文化、体育、劳动、民政、社会中介服务、法律服务等九类民办非企业单位以外的从事各种社会事业的民办社会服务机构。伴随着上海经济社会发展,上海的各类民办非企业单位迅速成长,在经济、科技、文化社会发展以及对外交往中发挥着越来越广泛的积极作用。上海的教育、卫生、科技、文化、体育、劳动、民政、社会中介服务、法律服务等类型之外民办非企业单位,也长足发展。截至2010年底,全市登记注册的其他领域民办非企业单位551家,其中市级登记注册的75家。

## 第一节 沿 革

进入21世纪,随着民办非企业单位的迅速发展,上海的一些民办非企业单位在不断探索和寻找自身社会定位过程中,逐步形成通过适应市场经济发展和社会发展来推动自身发展壮大的理念,其他事业类民办非企业单位应运而生。

在市级其他领域民办非企业单位中,有31家单位的业务主管部门均为上海市经济和信息化委员会。这些单位紧紧围绕市委、市政府的中心工作,充分发挥桥梁纽带作用,承接政府转移职能,与体制机制改革创新相结合,发挥智力、经验等方面的独特优势,在为政府提供决策咨询、服务企业创新发展、集成各种生产要素、创新信息化手段、履行社会责任、促进国际交流与合作等方面发挥积极作用,积极为上海经济建设,科技创新和社会发展做贡献。如,成立于2005年的上海市企业信息化促进中心,通过开展企业调研、举行宣传巡讲、组织国际交流、开办培训讲座、创立沙龙论坛、实施扶助体验和发起"双十佳"评选等多种形式,努力为传统企业加强信息化建设铺设便捷通道,搭建政府、信息化第三方服务机构和IT企业、传统企业之间的有效沟通桥梁,配合政府相关部门推动企业信息化市场环境的规范和社会化服务体系的完善,有针对性地开展与企业信息化相关的咨询评价、项目推荐和政策咨询等服务,深入推动企业信息化建设。上海现代服务业促进中心通过聚合社会各类资源,以多形式、多渠道的项目投资与合作方式,打造上海首个专注于为服务业提供综合服务的平台——上海现代服务业综合服务平台,以及为中国中小制造企业提供外包服务的——上海服务外包交易网,发起创立的"创业公社",挖掘孵化7个明星级移动互联网项目,总产值超过3亿元人民币,同时创造近200个就业岗位,推动现代服务业的产业功能提升。

上海在其他领域民办非企业单位发展过程中,枢纽型民办非企业单位的发展成果也十分显著。2006年10月,上海青年家园民间组织服务中心正式登记注册成立。作为专门联系、服务、凝聚、引领青年组织及青年群体的新型载体和平台,中心不断探索独立自主运营模式并以枢纽式服务平台建设为契机,助推青年自组织与团组织的良性互动。到2010年底,上海青年家园民间组织服务中心联系和服务的青年社会组织已达480家,涵盖网络社团、兴趣类组织、社会服务类组织、高校自发组织、社区组织甚至国际组织等诸多类型。上海还运用枢纽型民办非企业单位模式,促进预防和减少犯罪方面民办非企业单位的发展。上海自强社会服务总社、上海新航社区服务总站、上海市阳光社区青少年事务中心等单位的成立,都是这一管理运作模式的成果。

上海的其他领域民办非企业单位通过采取"政府推动,购买服务,部门指导,以块为主,社会参与,社团运作,依托社区,长效管理,网络支撑,资源共享"等工作思路和运作方式,提供门类广泛、形式多样的专业化、社会化服务,配合政府相关部门落实经济发展政策、发布经济信息、协调解决企业发展中的问题;组织、配合开展企业招商工作,推进企业、园区(基地)功能及规范化运作;搭建上海软件和信息服务业"一带一路"合作服务平台,积极帮助企业开拓"一带一路"海外市场;从事城市产业发展规划、土地利用规划和城市空间规划,推进上海创意产业园区建设,推动上海创意产业发展,培育创意产业产品和企业品牌等等,在服务经济、社会发展中发挥着重要作用。

# 第二节　选介和名录

## 一、选介

### 【上海商业咨询服务中心】

上海商业咨询服务中心成立于2001年9月,原名上海商业咨询培训中心,2010年4月更名为上海商业咨询服务中心,是为商业企业提供咨询、培训等服务的民办非企业单位。2010年,中心共有从业人员共5人,其中专职人员(含退休返聘)3人。业务主管单位为上海市商务委员会。

中心业务范围是:商业企业的咨询、培训、规划、策划等。

中心主要开展以下几方面工作:

百货商业调研。中心与上海质量事务所合作,开展对上海大型百货商店顾客满意度的测评工作。组织人员上门分发问卷、资料,上门或电话询问顾客,客观记录顾客对企业的感受,对收集资料进行数据处理,供企业及有关单位作为第三方的评价。

推进商店电子化。中心与科技公司合作,为商店客流统计的电子化工作进行指导和服务,促进商店管理现代化、信息化。先后服务曹杨百货商场、成泰百货公司等商店。

承办百强评审。中心与《上海商业》杂志社合作,承办"上海商业百强"评审活动,主持实地调研,起草有关文件等,促进上海商业企业形象宣传。

### 【上海市国际信息研究中心】

上海市国际信息研究中心成立于2001年10月,是提供国际经贸、科技情报信息咨询、研究等服务的民办非企业单位。业务主管单位为上海市商务委员会。

中心业务范围是:国际经贸、科技情报信息研究、学术交流与咨询服务,国际工商企业投资登记信息咨询服务,计算机软件研发与服务。

中心主要开展以下几方面工作:

国际信息研究服务。中心为政府有关部门、大型国有企业提供国际政治、外交、经济、贸易、科技信息研究服务,如美国对华政策、台海动态及两岸经贸投资情况分析研究;全球金融、经济危机及对我国经济的冲击与影响情况分析与研究等。同时,对有关国家或地区的投资环境、吸纳外资的主要优惠政策、美欧对华贸易政策、特别是有关国家对我国出口产品采取反倾销措施的主要做法及有关动态进行跟踪,还对国际并购市场发展趋势,国际金融证券市场动态,国际石油、钢铁、矿产品市场情况进行综合性分析研究。2010年,为各有关单位提供各类信息研究分析材料达3 000多份。

外商在我国投资经营研究。中心积极研究对外商在我国内的投资经营情况,跟踪台港澳地区的动态性情况,以及海外对我国内政治经济形势的看法,还加强对大中华地区未来发展趋势的综合分析和跟踪研究,为政府和企业决策提供参考。

## 【上海外滩俱乐部】

上海外滩俱乐部成立于 2002 年 1 月,是服务对外文化交流等工作的民办非企业单位。业务主管单位为上海市对外文化交流协会。

俱乐部业务范围是:会务、咨询、联谊、培训、文化交流。

俱乐部主要开展以下几方面工作:

会务服务。俱乐部参与举办高层国际会议,提升平台的社会影响力。与上海国际金融研究中心、浦东新区归国留学人员联合会等单位合作,举办"2010 上海国际金融投资博览会",博览会以"国际新形势下的投资与战略"为主题,分高端经济论坛、地方政府推介会和海外投资路演三个板块,来自美、英、日、韩等国家的 150 余位经济学家和金融高管参加会议,会议深入探讨"金融危机后的中国经济""2010 国际资本流动对中国经济的影响""能源矿产海外收购""中国新兴产业发展策略"等热点问题。俱乐部将会议研讨成果编辑汇总,提供给政府有关部门决策参考。

对外交流。俱乐部积极参与各种学术交流和外事接待活动,进一步拓展外联渠道。上海世博会期间,俱乐部以"上海世博"为抓手,积极参加各类学术交流与外事接待活动,先后参加"芬兰之夜世博联谊会""第五届中国留学人员回国创业与发展论坛""全球金融监管改革的最新动态主题论坛"等一系列活动,与欧美同学会、美国南加州华人专业协会、洛杉矶姊妹会等机构开展交流。通过活动,进一步拓展对外联络渠道,为更好地开展对外交流工作积累资源。

## 【上海太平洋能源中心】

上海太平洋能源中心成立于 2002 年 2 月,是顺应国家环保节能的大环境背景成立的市级民办非企业单位。中心拥有一支高水平的专家队伍,主要提供建筑节能、绿色环保和工业企业能源技术的咨询服务。业务主管单位为上海市经济和信息化委员会。

中心业务范围是:新能源和节能技术推广、相关政策规范研究、信息交流服务、能源技术咨询、节能改造技术培训。

中心主要开展以下几方面工作:

课题研究。中心自成立以来,坚持开展节能环保和绿色建筑相关的科研课题和标准研究,积极承担科技部、上海市科委、上海市建交委及上海市经信委等政府部门的委托课题。到 2010 年底,完成《上海市公共建筑节能设计标准》《城区高楼中风光储多能源综合利用的研究与示范》《多重灾害下密集高层建筑群绿色能源开发及安全解决方案》《既有建筑的绿色化改造》《公共建筑节能运行管理规程》《既有民用建筑能效评估标准》等课题。

节能咨询。中心发挥专业人才优势,开展工业建筑和公共建筑节能环保和绿色建筑相关的咨询服务,进行建筑综合节能优化分析,包括建筑全年能耗动态模拟、风环境和光环境模拟、空调系统优化等;中心开展绿色建筑认证,包括美国 LEED 认证和中国三星认证,服务客户包括耐克体育、强生集团、比尔盖茨基金会、招商局集团、绿地集团等企业,受到业主广泛赞誉。

节能推广。中心积极开展绿色节能推广宣传工作,依托理事会各方在能源领域的综合优势,以及与同济大学、美国劳伦斯伯克利国家实验室能源与环境研究所及美国太平洋能源中心技术合作的优势,开展研究咨询工作,服务上海和全国,推动能源技术不断进步,促进经济和社会可持续发展。中心开展绿色节能推广培训,与上海旅游饭店协会一起举办饭店节能研讨会,受上海市建交委委托开展公共建筑节能设备标准宣贯,与上海市绿色建筑协会举办绿色建筑设备设施论坛,推动节能环保与绿色建筑的发展。

### 【上海市现代上海研究中心】

上海市现代上海研究中心成立于 2002 年 7 月,是服务现代上海相关研究的民办非企业单位。业务主管单位为中共上海市委党史研究室。

中心业务范围是:现代上海发展研究的资料征编、宣传教育及学术交流、人才培养。

中心主要开展以下几方面工作:

组织交流。中心整合社会资源,组织或参与相关纪念座谈、合作出版、学术讲座等活动。2010年与中央文献研究室第三编研部、陈云纪念馆合作举办"学习陈云同志崇高风范,努力建设马克思主义学习型政党——纪念陈云同志诞辰 105 周年座谈会";与锦绣文章出版社合作出版上海世博会轨迹画册,并邀请相关研究人员举办"世博学视界下的中国参博历史"专题讲座。

史料征编。中心积极推进品牌项目——"口述上海系列丛书"的组织编撰工作,开展口述政法、统战、教育、新四军、小三线、浦东等专题工作;与市委组织部、市延安精神研究会合作《口述上海——信仰的力量》课题;按照市委要求和市委党史研究室工作计划进行中心老同志史料征集工作,并录制和制作部分被采访老同志的影像资料;对历年留存的一批较珍贵视频影像资料进行数字化,集中加以归档整理;举办"迎接建党 90 周年——上海市优秀共产党员采访活动"启动仪式。

媒体合作。中心开拓电视、网站等媒体功能,与上海广播电视台合作拍摄 3 集电视片《世博之光》,在上海电视台新闻综合频道与东方卫视播出后受到社会广泛好评;与陈云纪念馆合作拍摄《陈云与上海》(3 集),并承担选题、内容撰写与组织、协调等工作。

### 【上海市自强社会服务总社】

上海市自强社会服务总社成立于 2003 年 12 月,成立时名为"626 社会服务社",2004 年 1 月 16日,更名为"上海市自强社会服务总社",是对包括戒毒人员在内的社会特殊人群提供帮教服务的民办非企业单位,也是中国内地首家专业从事禁毒社会工作的民办非企业单位。到 2010 年,总社在全市 13 个区设立工作站,在 154 个街道(镇)设立社工点,有社工 768 名,平均年龄 34 岁,本科以上学历占 80%,大专学历占 20%;持有社工师、心理咨询师等专业资质的社工占 74%,评聘中级社工师职称 248 名,占 32%。业务主管单位为上海市禁毒委员会办公室。

总社业务范围是:为社区戒毒和社区康复人员提供戒毒帮教服务;禁毒预防宣传教育;戒毒工作情况调研以及其他与禁毒相关的专业社会服务工作。

总社始终坚持以人为本原则和"关爱、乐助、自强"服务理念,运用社会工作的专业方法与技巧,以个案工作为基础,以小组工作为重点,整合社会资源,积极为戒毒人员提供以社区戒毒康复为主要内容的帮教服务,帮助他们戒断毒瘾,自强自立,重新融入社会,促进家庭和谐,维护社会稳定。总社通过在实践中不断探索创新,形成心桥工程、同伴教育、优势拓展、家庭后续照管等四个戒毒康复服务品牌项目。

总社实行戒毒康复帮教服务项目化运作,加强与相关部门和机构的沟通联系,积极承接与戒毒康复有关联的公益服务项目,其中"涅槃重生同伴教育辅导计划"荣获民政部"首届优秀社工项目一等奖";"海洛因依赖者心理行为干预模式的建立及其应用"项目获得上海市人民政府颁发的"上海市科学技术二等奖";"毒来不再独往—上海吸戒毒人员危机干预"项目荣获民政部"突出表现项目奖";"上海吸戒毒家庭危机干预"项目被市社工协会评为"上海市社工优秀项目"。

总社积极组织开展理论研究,在"全国社区戒毒社区康复优秀教案评比活动",荣获一、二等奖各3篇,三等奖4篇,优秀、入围奖共11篇,总社连续两年荣获优秀组织奖;在"上海禁毒理论与实践研究"征文活动中,自强社工多次获奖,总社也连续荣获优秀组织奖。

总社始终高度重视社工队伍建设,组织各类培训,制定规范管理制度,开展规范社工行为的专题教育和培育社工价值理念的学习实践活动,不断提高社工整体素质和能力水平,培养一支具有一定实务工作经验和专业服务技能的职业化、专业化的禁毒社工队伍,涌现一批敬业爱岗、无私奉献、勤奋进取、专业过硬的优秀禁毒社会工作者,赢得社会各界广泛赞誉,荣获全国民间组织、全国社会工作服务示范单位;全国艾滋病防治工作先进集体;5A级社会组织;上海市禁毒工作先进集体等荣誉称号。

### 【上海市阳光社区青少年事务中心】

上海市阳光社区青少年事务中心成立于2004年1月,是承担政府委托的社区青少年教育、管理及服务事务的民办非企业单位。中心实行理事会领导下的总干事负责制,到2010年底,中心在全市设立有14个工作站、148个社工点,有社工393名。业务主管单位为共青团上海市委员会。

中心业务范围是:社区青少年教育、管理和服务工作。

中心自成立以来,坚持以职业化、专业化推进社工队伍建设,以项目化、信息化推进工作开展,以品牌化、社会化拓展服务内容。随着服务对象需求多元化及预防青少年犯罪重点的转移,中心服务群体从原定义的16周岁到25周岁未进一步就学就业的青少年,扩展到常住人口的14周岁到25周岁中没有稳定工作且未进一步就学就业的青少年。通过项目拓展,覆盖包括涉罪未成年人维权帮教、驻看守所及拘留所、联校、来沪青少年、商企,以及特殊人员子女等多个领域,服务人群、服务范围、服务内容进一步增加。

中心注重实践与理论相结合,积极探索"艺术疗法""体育疗法""游戏疗法""星空乐园""冒险治疗"等本土特色的青少年社会工作服务方法。到2010年,有60个工作站、点完成标准化建设,初步实现"以固定的服务阵地服务流动青少年"的工作布局。98篇优秀研究成果参与政府相关部门研究及评奖,并结集出版《探寻北斗星》系列、《阳光点亮心灵》案例汇编、《青少年社工实务论坛获奖作品选编》《上海市青少年事务社工优秀研究成果汇编》等书籍。

### 【上海设计创意中心】

上海设计创意中心成立于2004年7月,是为设计创意服务的民办非企业单位。业务主管单位为上海市经济和信息化委员会。

中心业务范围是:上海设计之都公共服务体系和重大项目建设;创意设计产业国际交流合作;创意设计业服务中介、培训交流、展示推广。

中心主要开展以下几方面工作:

服务政府。中心大力推进"创意城市、设计之都"建设工作,协助编制《上海加快设计产业发展三年行动计划》,从产品设计、建筑设计、广告包装设计、动漫软件设计、时尚设计、设计咨询管理等六大重点设计行业领域,围绕城市功能定位和发展目标,从推进设计产业发展的总体思路、主要目标、重点专项工作及保障措施等方面提出具体行动计划。承接政府《上海创意设计人才现状及政策研究》课题任务,会同有关学院开展调研,收集整理各相关资料,完成课题计划。

专业交流。中心与院校、设计企业联合,推进产学研一体化。参与建立"上海内衣设计实验中心",在上海内衣时尚款式发展中发挥引领作用;积极组织开展各类设计创新大赛,与中国五金制品协会联合举办"2010年中国卫浴五金(水龙头)设计创新大赛";联合上海电气集团中央研究院共同举办第九届上海"电气杯"设计大奖赛、"三维设计"大奖赛以及"低碳产品"创新设计大奖赛等,促进上海设计创意发展。

人才培育。中心注重人才培育,积极参与"上海青年高端创意人才促进计划",2010年4名设计人才荣获"十大上海青年高端创意人才"称号,1人获"2010年度上海青年高端创意人才入围奖"。

### 【上海旅游纪念品产业发展中心】

上海旅游纪念品产业发展中心成立于2004年9月,是以为旅游产业产业链提供设计、研发等技术服务的民办非企业单位,由上海工艺美术行业协会、黄浦区商业网点管理办公室、上海工艺美术总公司和上海申豪投资有限公司共同出资成立。业务主管单位为上海市经济和信息化委员会。

中心业务范围是:构建设计研发平台,推进产业发展和技术进步,开展各类公共服务性活动。

中心主要开展以下几方面工作:

研发服务。中心坚持科技创新,全力推动产业技术进步和能级提升,为广大企业提供先进的技术支持,承接上海和外省市旅游纪念品、工艺品等研发服务,如永隆礼品公司生肖牛、汤兆基艺术工作室四景锡制茶叶罐、老凤祥戒指首饰饰品、上海美钻天安门华表等。到2010年底,中心研究开发34种创新产品,在为企业带来可观经济效益的同时,也提高了中心的社会声誉。

展示交流。中心吸收国内外先进设计理念和技术工艺,建立符合广大企业自身不断发展、产品设计研发、形象展示交流、市场逐步发展等实际需要的综合性公共技术服务平台,举办展览会,为企业提供新产品展示和交流的机会。到2010年,先后举办上海工艺美术大师精品展、上海旅游纪念品展、景德镇中青年陶艺家作品拍卖展等活动,为企业拓展市场提供良好平台。

组织培训。中心收集整合产业信息,开展产业课题调研、分析论证和对外交流等公共服务性活动,自建立以来,为企业设计部门、大学生、设计机构等举办培训,并在寒暑假期间,应大学生设计爱好者要求,实施"假期优惠培训",为大学生提供专业设计学习培训机会,受到大学师生广泛赞誉。

知识产权管理。中心组织筹划有利于推动产业发展的专利保护,积极指导企业开展专利工作,免费举办包括专利维权、专利开发、专利购买、专利技术合作开发、侵权处理等专利应用工作讲座。到2010年,深入60余家企业进行知识产权和专利知识宣传;为区域内相关企业旅游纪念品、工艺品申请专利300余项,受到企业欢迎。

### 【上海市数字内容产业促进中心】

上海市数字内容产业促进中心成立于2004年10月,是提供数字内容产业服务的民办非企业单位。业务主管单位为上海市经济和信息化委员会。

中心业务范围是:组织提供产业研究、交流活动;标准制定、人才培训;技术研发、评估评测;应用推广、金融信息和园区基地等服务;接受政府委托项目。

中心主要开展以下几方面工作:

行业人才服务。中心在上海市经济和信息化委员会、上海市人力资源和社会保障局联合推进下,牵头建设"上海市网络视听高技能人才培养基地",以满足网络视听及其他数字内容产业人才及技能提升需求,组织网络视听高技能人才培养、"四新"经济人才实训、职业教育和职业培训教师实习等,常年开设短视频影视制作实训班、音频特效制作培训班和多媒体软件制作培训班。

产业促进服务。中心围绕上海建设"科创中心"及发展"四新"经济的要求,以满足产业发展需要、园区发展需要及企业发展需要为目标,聚海内外资源,搭建具有全球影响力的产业服务交流平台。如组织举办中国移动互联网视听产业"金桥汇",活动主题涵盖数字内容生成制作、技术驱动、渠道分发、终端产品等产业链上下游核心环节,通过高峰论坛、展览展示、商务考察、项目对接、赛程赛事等多种形式,为中国移动互联网视听企业提供互动交流、合作共赢的平台;组织举办"全球虚拟现实大会(GVRC)",在全球范围内有效建立与推动 AI/VR/AR/MR 等新技术的产业应用与融合,聚集全球在该领域最具影响力的企业家、创新者与产业领袖共同学习,了解技术趋势,推动产业应用。

研究咨询服务。中心以数字内容,尤其是网络视听及虚拟现实两大领域为重点,围绕区域产业集群发展需要,持续提供研究咨询服务,先后完成《上海网络视听发展白皮书》《上海数字内容产业发展白皮书》《中国动漫产业发展研究报告》《金桥数字内容产业基地建设研究》等多部产业报告和规划,在提供常规行业性组织服务基础上,聚焦行业发展核心问题,创新服务方向,寻求服务特色,提升产业服务水平。

## 【上海数字娱乐中心】

上海数字娱乐中心成立于 2004 年 11 月,是提供数字娱乐产业咨询、培训、交流等服务的民办非企业单位,由上海市互联网协会和徐汇软件基地共同发起成立。业务主管单位为上海市通信管理局。

中心业务范围是:数字娱乐产业的行业自律、服务、协调、咨询、交流和培训。

平台建设。中心与徐汇软件园、"杨妈妈"品牌、上海互联网协会等联合,建设"大众创业、万众创新"公共服务平台,积极发挥中心的企业孵化和对外合作优势,帮助初创企业降低人力与商务成本,有效促进全市科创产业的蓬勃发展。中心确定"立足徐汇,面向上海,辐射全国"发展战略,连接杨浦、青浦、奉贤、浦东张江等区域,搭建无边界无围墙园区,为企业创造政府资源、企业资源互为"借力"、合作共赢的发展平台。

品牌建设。中心依托全国科技园区知名管理品牌"杨妈妈"的品牌优势、资源优势、技术优势,倡导"妈妈式"服务理念,盘活政府资源、园区资源、市场渠道资源、创业导师资源、志愿者资源以及信息化平台资源,通过政府推动和业内合作,加强创新创业产业服务支撑体系,打造创新创业氛围,提升产业能级,为构建活跃的创业氛围、高精尖技术、规范的商业模式、发展和谐创新创业产业作贡献。

公益活动。中心积极开展公益服务,组织协调各类社会组织联合行动,加强行业互动交流,将行业内的企业与企业家资源凝聚起来,降低沟通成本,打破行业壁垒,拆掉企业与企业、企业与市场、企业与资本的无形围墙,提高区域产业整体竞争力,跨围墙地凸显集群效应,推动产业技术创新、模式创新,提升经济效益和社会效益。

## 【上海绿洲生态保护交流中心】

上海绿洲生态保护交流中心成立于 2004 年 11 月,原名上海绿洲野生动物保护交流中心,2009年 4 月更名为上海绿洲生态保护交流中心,是为社区生态保护和社会发展提供服务的民办非企业单位。业务主管单位为上海市城乡建设交通委员会。

中心业务范围是:承接生态保护、社区发展相关科研管理项目;承接生态保护、社区发展相关宣传教育项目;从事生态保护、社区发展相关咨询实践项目。

中心自成立以来,以项目为抓手,开展生态保护和社区发展服务。

自然教育项目。自然教育是中心的主打项目,主要包括与孩子共享自然、公众自然体验、专业自然教育调研与研讨会和"小青蛙"自然讲解员培训等4个部分5个子项目。到2010年底,中心在农民工子弟学校定期开展自然体验课程、在岑卜自然学校开展绿天使计划,探索乡村自然教育的模式;通过开展自然缺失症调研和自然教育研讨会、沙龙,提高专业性发展能力和水平。"共享自然"作为中心面向在沪外来工子女提供自然及环境教育体验的公益项目,通过与孩子们共建校园生态角、花园,共同绘制校园绿色地图,开展各学科融入的课外自然及环境体验课程,提高孩子们的自信心、观察能力、领导力、城市归属感、团队协作及环境保护意识等,形成中心独具特色的"一园一图一营一课"课程体系。

生物保护项目。中心倡导"我是湿地观察者,我是湿地守护者"理念,组织企业白领、中小学生利用夜间在科技馆湿地进行自然观察体验活动,导赏生态、打捞菹草、清理外来物等,做自然观察笔记。

可持续性城市活化社区营造项目。中心向社区中老年居民介绍适合家庭种植的绿色观赏类植物等种植方法,培养中老年居民的种植兴趣,丰富业余生活,逐渐将绿色种植推广到社区、街道,改善空气质量,营造绿色环境。

余量食物分享项目。余量食物分享,是用安全有效的"余量食物"帮助因重大变故家庭经济拮据且有未成年人子女需要抚养困难家庭,是当今世界流行的减少食物浪费和垃圾产生量的新型公益模式。中心获得中央财政支持,以普陀区长寿路街道、浦东新区塘桥街道两个社区为试点,开展余量食物分享项目,面向社区困难家庭及其他有需求的家庭提供无偿的、安全的余量食物,一方面减轻困难家庭的生活压力,另一方面减少食物的浪费,同时倡导节约环保的健康理念。中心注重员工培训,提高员工综合素质和服务社区民众的水平。

### 【上海创意产业中心】

上海创意产业中心成立于2005年2月,是为上海创意产业发展提供服务的民办非企业单位。业务主管单位为上海市经济和信息化委员会。

中心主要职能是:协调政府各部委和职能部门,为政府制订相关产业规划、政策扶持、发展报告等工作;协助市、区两级政府建立创意产业发展推进机制,建立健全创意产业集聚区的评估和统计工作;搭建上海创意产业公共服务平台,建立以市场为导向、企业为主体的综合服务体系;促进社会资源整合,实现社会资源优化,提升上海创意产业的品牌合力;组织开展上海创意产业相关展览和学术交流活动,协助个人及企业进行产品展示;做好创意产业的宣传工作,为吸引更多社会力量参与创意产业发展贡献自己的力量;创建学术研究机构,加强国际交流与合作,实现国际相关机构的互动考察;研究分析创意人才结构、从事创意相关的人才培训服务,构建人力资源开发及人才就业机制;做好知识产权保护工作,通过产权评估为产权交易搭建中介服务功能;建立产业咨询体系,为相关政府、企业、机构、个人等做好创意产业相关咨询服务。

中心主要开展如下几方面工作:

理论研究。中心在借鉴发达国家创意产业发展思路的基础上,进行上海创意产业发展研究,寻找上海创意产业的分类、重点领域、切入口和操作性，参与编制《上海创意产业"十一五"规划》《上海文化创意产业"十二五"规划》等重要文件；在国家现行统计指标体系框架下，形成能够比较客观反映上海创意产业现状的统计指标体系，发布《上海创意产业发展重点指南》《上海城市创意产业指数》等；自 2005 年起，编辑出版《上海创意产业发展报告》（年度），还出版《上海创意产业的实践与探索》《上海创意产业集聚区》《创意上海》《创意都市》《创意之旅》《上海设计力量》等书籍。

活动策划。中心凭借自身丰富的行业资源和社会影响力，组织丰富多彩的活动，积极探寻传统行业的创意化之路。与中国国际自行车展览会联合举办首届"中国国际自行车设计大赛"，活动历时 3 年，开创工业产品设计大赛从纸稿、模型，到交易、量产的新模式，改变了传统设计比赛只停留在纸稿阶段，企业参与热情不高、转化率低的现象。中心积极借助优秀媒体资源，向全社会宣传创意理念，普及创新意识，征集创意作品，嘉奖杰出创意人才和项目。联合 SMG 艺术人文频道共同推出国内第一个面向创意产业的电视谈话及竞赛类综合节目——《创意天下》，介绍国内外最新的创意思想、创意人物、创意产品等，吸引更多人关注和推进创意发展。与《上海商报》联合举办"创意盛典"公众评选活动，以表彰对上海创意产业发展做出卓越贡献或具有先锋作用的创意企业、创意园区以及创意人物，树立上海创意产业优秀品牌。

考察交流。中心为进一步了解国外创意产业最新发展趋势、了解创意企业成功运作的商业模式、学习国外工业遗产利用改造以及知识产权保护的先进经验等，每年组织 3—4 批次国外考察活动。到 2010 年，已组织前往美国、加拿大、英国、荷兰、丹麦、德国、法国、韩国、中国台湾及香港等 20 多个创意产业发达的国家和地区参观考察学习。同时，中心为国际创意产业机构了解上海架设桥梁，到 2010 年，已接待来自美国、英国、法国、德国、意大利、澳大利亚、加拿大、荷兰、瑞士、瑞典、丹麦、日本、韩国、新加坡、奥地利、泰国、印度、巴西、中国台湾及香港等 30 多个国家和地区的机构、社团、创意企业以及相关组织的代表 780 多批次来上海考察，并达成一定的合作意向，为推动上海创意产业国际间交流合作奠定良好基础。

人才培训。中心注重创意产业人才成长。2007 年，联合上海交通大学海外教育学院并加拿大洋基创意学院，率先在国内引进"产业创意领袖 EMFA 课程班"项目，面向传统产业企业经营者与决策者，通过大量真实案例与现场演绎，帮助他们了解创意思维模式，提升开发创意赢利模式的能力。到 2010 年，已成功举办 3 期。

## 【上海工业旅游促进中心】

上海工业旅游促进中心成立于 2005 年 5 月，是为开发整合上海工业旅游资源提供服务的民办非企业单位，由上海市开发区协会、上海旅游高等专科学校、上海新天地置业有限公司、上海工业旅游发展有限公司联合发起成立。业务主管单位为上海市经济和信息化委员会。

中心业务范围是：开展交流、整合资源、培养人才、营销策划、会展会务、培育品牌、开拓市场。

服务政府。中心参与编制上海市工业旅游"十一五"发展规划，提出上海工业旅游各个发展阶段的方向定位，纳入上海市产业发展规划及旅游发展规划；制定全国首个工业旅游地方标准《上海市工业旅游景点服务质量要求》，并参与评定 62 家上海市工业旅游景点服务质量优秀单位和达标单位；受国家旅游局规划财务司委托，完成编制国家级《工业旅游示范区建设运营规范》课题研究。

整合资源。中心整合上海 300 余家工业旅游资源，推出并形成"沧桑"上海——中国百年工业探访之旅、"极速"上海——中国交通工业奔驰之旅、"起航"上海——中国船舶工业前进之旅等上海工业旅游 75 条系列旅游线路；针对学生、老年、商务三个客源市场，举办"上海老人看发展，百年工业回眸""展现都市风貌,弘扬洋山精神"以及"留忆江南、见证世博"摄影大赛、"杨浦百年工业"探究实践等丰富多彩主题活动;与中国国际工业博览会合作,搭建"5+360"服务平台,整合工业考察资源,推出"体验交通工业的梦幻""创意产业动感时尚""走进世界船坞"等16条主题线路,为参展商和观展客提供延伸服务。中心还编辑出版全国第一本集使用价值、收藏价值、观赏价值于一体的《2007/2008/2009上海工业旅游年票》。

培训宣传。自2008年起,中心坚持举办"上海工业旅游景点总经理岗位职务培训班",对上海工业旅游景点及区旅游局负责人进行培训。到2010年底,共举办工业旅游管理人才、讲解人员、中高级导游培训班13个,培训人数超过1 000人次,一批工业旅游专业人才迅速成长。中心创办全国首个工业旅游专业网站,宣传上海工业旅游发展。向来自北京、天津、广东、重庆等兄弟省市旅游和工业主管部门人员介绍上海工业旅游发展的运作理念和基本做法,推动上海工业旅游发展。

### 【上海市企业信息化促进中心】

上海市企业信息化促进中心成立于2005年7月,是提供企业信息化公益服务的民办非企业单位,由上海交通大学、复旦大学、同济大学、上海社会科学院等单位共同发起举办。业务主管单位为上海市经济和信息化委员会。

中心业务范围是:开展企业信息化测评咨询、培训体验、建设监理、案例分析、宣传推广、培训教程研究。

中心主要开展以下几方面工作:

课题研究。中心以"服务于企业信息化推进,服务于信息技术改造,提升传统产业"为宗旨,开展课题研究。到2010年,完成市政府相关委办下达的《国有企业信息化水平评估和风险预测系统》《嵌入式软件统计研究》《信息技术提升改造传统产业推进策略研究》等课题;配合市经济和信息化委员会完成全市年度信息服务业基地申报和评审工作;编写完成《上海智慧东滩数据产业园建设规划》,上海智慧东滩数据产业园建设已列入国家软件发展重点,成为全市重点发展任务之一;承担全市范围的信息技术服务标准验证与应用试点组织工作,并完成11个单位标准验证工作。

论坛交流。中心密切关注行业特点,了解区域特性,分析整理企业共性需求,通过研讨、交流等多种方式,举办以"计算机集成资质调整""商务协同"等为主题的论坛活动,邀请国内外专家学者、相关企业主管、工程技术人员参加;与国内外著名IT企业联合举办技术讲座、交流会、企业家沙龙等,在全市交通、金融、商贸、电子政务等领域推进信息服务业标准应用,以《信息技术应用系列培训教材》为基础,组织企业专业技术人员进行"两化融合"专题交流,为企业信息技术改造、提升服务。

服务企业。中心帮助中小企业招商引资,在完成市重点课题《信息服务业招商引资推进》的基础上,积极进行上海信息服务业产业基地和园区发展情况调查,深入全市IT行业工业园区了解企业状况,提出全市软件和信息服务业产业布局建议;在上海商报《数字商情》专版宣传优秀企业的经验和成果,编制年度《软件和信息服务业招商服务手册》和《信息服务业投资上海服务指南》,树立先进典型,支持园区对外宣传,帮助企业拓展招商引资渠道。

### 【上海产业合作促进中心】

上海产业合作促进中心成立于2005年8月,是为上海域外"飞地"产业发展提供服务的民办非企业单位。业务主管单位为上海市经济和信息化委员会。

中心业务范围是:研究产业合作的相关政策措施;开展产业合作项目的投资评估与前期论证;

组织与外省市之间的产业合作活动,配合政府、开发区及企业做好地区间产业合作的各项推进工作;组织开展交流与合作。

中心建立有"六大平台":

合作交流平台。中心组织开展国内外产业园区合作交流活动,搭建网络交流平台,供产业园区、企业进行产业规划、基础设施、投资政策、企业情况、发展规划等招商与投资条件的展示与宣传,每年举办大型产业园区与企业的对接活动。

金融服务平台。中心整合各类金融机构、中介机构等资源,为产业园区及企业提供股权投资、融资担保、银行贷款、直接债务融资、科技保险等多层次金融服务,助力企业创新、创业发展。

资产管理平台。中心积极为产业园区及企业提供资产重组、整合、置换、运营等服务,有效盘活存量资产、优化资产结构、实现资产利用效率最大化。

上市服务平台。中心积极为企业在全球多层次资本市场上市、挂牌及融资提供法人治理结构完善、财务税务规范、法律咨询等专业服务,促进企业利用资本市场的丰富资源实现跨越式发展。

园区服务平台。中心倡导和组织进行"四新产业园区"创建与发展工作,为企业提供各类创业孵化、政策扶持、项目申报等全方位服务。

技术成果转化对接平台。中心提供项目咨询、项目包装、项目落地、资金申请、技术转让、企业策划等服务。为企业、专家、科技技术经纪人等搭建具有法律保护、专业评审、实时沟通的项目对接平台,促进科技技术成果转化。

### 【上海中小企业研发外包服务中心】

上海中小企业研发外包服务中心成立于 2005 年 8 月,是为研发外包企业开展研发外包业务的项目对接和公共服务提供平台服务的民办非企业单位。业务主管单位为上海市经济和信息化委员会。

中心业务范围是:开展研发外包中介、协调、鉴证;按信息技术外包、商务流程外包等关联企业的需求,促进研发中心组建及推进产学研合作;组织国内外技术培训、交流与合作。

中心主要开展以下几方面工作:

整合研发资源。中心利用专业优势,积极整合研发资源。与上海高校、院所、学会以及服务中介机构建立研发、服务、合作关系,集聚研发力量。到 2010 年,已与 4 所部属高校、12 所市属高校、6 家所院所、4 家市级学会、7 家服务机构达成长期合作协议,聚集 600 余位行业专家,并有针对性地为中小企业和科研机构研发服务,提高中小企业和科研机构拓展研发市场的能级。

编制行业标准。中心以推进研发外包服务行业规范、健康、高效发展为己任,为规范研发外包服务业务程序,促进研发外包服务行业健康、快速发展,积极组织编制研发外包服务行业标准,规范行业服务体系和服务机制,为企业拓展 IT、环保、生物医药等领域的研发外包业务提供全方位、多层次的专业服务,以加强区域经济技术交流与合作,促进上海技术创新能力提升。

推动产学研融合。中心倡导和组织企业设立研发合作联盟,联合研发外包接包企业、发包企业、教育机构、研究机构、应用机构等单位,遵循平等、合作、互助、互惠原则,共闯市场,共享人才,共同发展,打造区域研发外包高地。通过组织重大市场交流活动,方便企业及时掌握市场信息和了解先进技术,寻求更多合作伙伴,促进企业发展。

### 【上海东方互联网络交换中心】

上海东方互联网络交换中心成立于 2005 年 9 月,是提供互联网络软硬件服务的民办非企业单位。业务主管单位为上海市经济和信息化委员会。

中心业务范围是：互联网络的交换和网间结算及监控；Internet 宽带接入；IDC 主机托管；域名注册、网页制作；Internet/Intranet 网络工程；互联网信息和流量发布；计算机系统的集成开发和应用及维护服务、计算机软、硬件的代理和服务；信息技术领域内相关咨询、培训、转让、代理等服务。

中心主要开展以下几方面工作：

交换平台建设。中心承担上海互联网网络交换平台建设、管理及维护等工作，坚持第三方"中立、公正"服务宗旨，严格按照国际标准架构设计，历经"九五""十五""十一五"三个阶段的建设和发展，基本实现上海地区互联网运营商网络的互联互通，有力发挥上海功能性信息化基础设施在各网之间的信息交换枢纽作用。

广泛开展服务。中心长期为非经营性 ISP 提供免费的本地信息交换服务，并对参与本地交换的中小 ISP 减免年费；参与制定上海市网络与信息安全事件专项应急预案，向上海互联网络交换平台工作协调小组提出《上海互联网络交换平台中长远发展规划》；为市公安局网络安全保卫总队提供公安专用光缆接入服务，为社会企业提供安全可靠的互联网服务；无偿支持上海市信息安全协会举办信息安全竞赛；主动承担社会责任，救助弱势群体，利用自身优势服务社区居民或社会公众。

### 【上海空港物流产业发展中心】

上海空港物流产业发展中心成立于 2005 年 9 月，是专门从事与空港物流产业相关的各项社会服务活动的市级民办非企业单位。业务主管单位为上海市商务委员会。

中心业务范围是：对空港物流产业进行功能定位总体研究；对现代物流产业，包括空港物流产业的发展趋势的行业研究；引导物流企业进行科学化、标准化管理；组织开展国内外物流行业的研讨与合作；为空港物流园区发展提供服务。

中心紧紧抓住上海"两个中心"建设以及上海综合保税区"三港三区联动"的契机，参与上海浦东机场综合保税区管委会、上海浦东机场海关、上海浦东现代产业开发有限公司等单位共同组成的顾问单位，对浦东机场运作的功能政策、通关流程等进行调研梳理，从客户需求出发，找出政策关节点，节约客户成本，促进浦东机场综合保税区更好地拓展功能和更加高效地运作。中心不断完善服务区域企业的功能，深入企业座谈调研，介入企业实际运作流程，了解企业对海关政策的理解和执行状况以及瓶颈障碍，提高企业运作效率。中心注意对潜在客户进行政策宣传等工作，使其了解综合保税区的实际操作模式，拓展客户入区渠道，为综合保税区可持续发展提供保障。中心开展产业相关专题交流研讨，会同行业协会、各大物流企业不定期召开空港物流产业政策研讨会、企业咨询会、功能突出交流会等，学习理解海关运作政策，研讨解决企业运作中的实际问题。

### 【上海总部经济促进中心】

上海总部经济促进中心成立于 2006 年 4 月，是为企业总部建设提供服务、积极推动上海总部经济发展的非营利性质民办非企业单位，由上海市对外服务有限公司与上海银行、陆家嘴金融贸易区等单位共同发起设立。业务主管单位为上海市经济和信息化委员会。

中心业务范围是：组织企业总部招商，推进总部园区建设，落实总部经济政策，发布信息，协调问题，开展调研，提供政策建议。

中心主要开展以下几方面工作：

搭建信息平台。中心积极收集中外企业总部信息，既组织收集国内国有大企业、跨国公司和民营大企业以及上市公司的基本资料信息,又加大对世界 500 强、国外相关行业知名企业的跟踪力度,及时掌握国外大企业发展动态。到 2010 年,中心直接联系的各类总部企业超过 1 200 家,其中跨国公司和港澳台地区企业超过 180 家,中心与各类商会、驻沪办、协会等组织联系超过 80 家,与金融、法律、人力资源等中介服务业联系超过 100 家,为今后引进更多优秀总部企业入驻上海提供了良好的平台。

举办系列论坛。中心在市经(信)委以及长宁、普陀、闸北、杨浦、青浦等区政府的大力支持下,策划组织承办系列化的上海总部经济论坛,包括:"2007 首届上海总部经济论坛——总部经济与长三角经济转型""2008 上海总部经济论坛——总部经济与现代服务业发展""2009 上海总部经济论坛——全球经济背景下的上海总部经济发展""2010 上海总部经济论坛——后世博与上海总部经济发展",论坛既有中海运、中化国际等国有央企负责人以及来自英特尔、联合利华、西门子、麦德龙、瑞士银行等外资企业代表出席,也有一批民营企业家参加,为上海发展总部经济聚集智慧。

助力招商宣传。中心积极服务总部经济载体规划、建设、招商,为了全面掌握上海企业总部的建设情况,先后走访长宁虹桥国际商务花园、浦东新区金桥 office park 和民营企业上海总部基地、普陀长风现代服务业集聚区、闸北区东方环球企业中心和市北高新技术园区、奉贤区南桥中小企业总部基地、嘉定区江桥生产性服务业集聚区、南翔银翔智地、闵行区浦江智谷、宝山区美兰湖总部基地、国家家居总部基地、智力产业园、青浦淀山湖总部基地、西虹桥总部基地、浦东张江总部园、松江区大业领地企业总部花园等 20 多个具有企业总部载体功能的园区(楼宇);进一步引导上海总部经济载体建设,规范总部经济发展环境,中心绘制和发布国内首张总部经济地图,并积极配合媒体宣传,通过与解放日报、第一财经日报、中华工商时报、世博杂志、21 世纪经济报道、中国企业家、新沪商等媒体合作,报道上海总部经济发展成就,为各总部经济载体的发展营造良好氛围。

组织交流活动。中心积极组织参加国内外总部经济交流活动,策划组织总部园区代表等赴北京总部基地考察;与相关社会组织联手,邀请思捷环球、时富投资、丽新集团、先施百货和万顺昌集团等香港著名企业高层领导到上海考察投资环境和投资项目,与相关区(县)政府领导交流;联合中华工商时报等单位举办高新区与总部经济论坛;联合中国企业家杂志社举办"中国企业领袖年会——上海论坛",研讨新形势下推动高新区、总部经济的发展方略。

协助规划建设。中心积极协助总部经济载体的规划建设,推进企业总部楼宇、园区(基地)功能定位及规范化运作,协助上海纺发智力产业总部园进行项目的前期论证;协助南翔民营企业总部园进行项目的战略定位研究;积极推介上海各方面载体的资源,帮助采埃孚等世界 500 强企业、光大证券等金融类企业、维维豆奶等国内民营企业找到合适的总部园区。组织上海交通大学、上海大学、上海理工大学、清科集团研究中心等社会研究机构,共同推动上海总部经济发展的课题研究,协调解决企业总部发展难问题,为政府有关部门提供决策建议。

## 【上海市执业经纪人资格考试中心】

上海市执业经纪人资格考试中心成立于 2006 年 7 月,是为执业经纪人提供专业服务的民办非企业单位,由上海市执业经纪人协会和上海市工商行政管理局干部学校共同出资成立。业务主管单位为上海市工商行政管理局。

中心业务范围是:接受委托实施经纪人资格考核;开展执业资格公共科目和执业经纪人业务教学培训及咨询、服务(填业务范围,须与登记证书载明的业务范围保持一致)。

中心主要开展以下几方面工作:

规范考试工作。中心认真履行职责,在工商等行政部门的指导下,严格规范经纪执业资格考试工作,在广泛调研、听取意见基础上,制订《上海市经纪执业资格考核管理办法》,推进经纪人执业资格考试工作更加规范有序;坚持内部管理制度建设,先后制定《监考人员职责》《考场(校方)考务工作具体要求和监考人员职责》《经纪执业资格考试监考程序(按时间节点操作)》《经纪执业资格考试报名工作方案》《经纪执业资格考试报名和考务工作实施意见》《经纪执业资格考试考务重点工作分工表》《监考人员工作规则》《经纪执业资格考试报名信息统计表》《考场租赁协议书》等15项配套制度和措施。

拓展考试门类。中心积极贯彻落实国务院《关于推进上海市加快发展现代服务业和先进制造业建设国际金融中心和国际航运中心的意见》,配合上海"两个中心"建设,培育发展新兴经济门类经纪人。在市工商局、市商务委、市交港局具体指导下,组织开展航运经纪人、融资租赁经纪人资格考试,与市航运国际研究中心、市融资行业协会密切协同,在编写教材、制定考试大纲、组织报名、培训考试和颁证仪式等工作中相互配合,到2010年,为上海航运、融资租赁经纪行业提供高端人员720名。同时,经纪人执业资格考试门类也增加到14个,为上海的经纪服务业发展壮大做出努力。

健全内部管理。中心注重内部管理,在政府有关部门指导下,拟定经纪人执业资格考试年度计划,通过相关网站及时向社会公告考试信息、查分须知、考场规则、颁证事项等,保证执业资格考试的公平、规范和透明,为参加经纪执业资格考试人员提供便利。中心认真做好考试的有关报名、票据、数据上报、试卷保密等工作,对考试中可能出现的问题进行梳理预案,保证考试工作顺利圆满。

### 【上海市信息服务外包发展中心】

上海市信息服务外包发展中心成立于2006年12月,是为服务外包对内提供公共服务、对外提供业务中介的民办非企业单位。业务主管单位为上海市经济和信息化委员会。

中心业务范围是:开展外包行业标准和规范研究;行业统计分析;业务中介服务;外包人才服务及国际合作交流等。

中心主要开展以下几方面工作:

行业研究。中心组建服务外包专家库,积极开展相关政策文件的调研宣传和行业现状及趋势分析工作,撰写行业发展报告;行业统计体系研究,起草相关文件;撰写各类专题调查、企业咨询报告等。先后完成《上海信息服务外包产业发展研究》《服务外包统计指标体系研究》《提升上海信息技术服务外包产业能级的策略研究》《服务外包社区研究》《上海市软件和信息服务业"一带一路"现状调研与分析研究》以及《上海市软件和信息服务业参与中国"一带一路"建设研究报告》等行业研究报告;完成涉及金融、教育、物流和教育业四大垂直领域的《上海软件和信息服务业垂直行业发展系列报告》,促进软件和信息服务业国际业务交易流程体系及交易标准体系的建立;还完成全国第一部地方标准《信息服务外包企业技术与管理规范》。

平台建设。中心加强平台建设及推广,丰富平台功能,发挥集聚各类人才以及金融、市场、政策等服务资源的作用;利用现代网络条件,采用线上线下相结合的方式,组织开展服务外包网上交易,同步进行线下对接会,提高企业对接交易效率;举办上海软件和信息服务业国际贸易会议(SIIT)以及上海软件贸易发展论坛分会场活动等;规范企业业务操作国际化流程,应用全球500强企业CIO认可的国际业务交易流程,建立与ITU、英国Strathclyde大学商学院等海外机构合作联系,承接国际项目订单,提升上海整体软件和信息服务业国际业务交易水平和质量。

市场开拓。中心助力企业开拓"一带一路"市场,以扩大上海与"一带一路"沿线国家在软件和信息服务业方面的合作;走访上海企业,了解企业重点产品、未来发展方向、行业发展趋势以及企业需求等,帮助企业寻找开拓海外市场的着力点;与"一带一路"沿线国家驻沪领事馆建立合作关系,通过举办各类专项活动,让企业深入了解和开拓"一带一路"市场;与海外知名咨询机构、ICT产业相关联盟组织等密切合作,助力企业安全高效地进行市场拓展。

**【上海青年家园民间组织服务中心】**

上海青年家园民间组织服务中心成立于 2006 年 10 月,是面向全市青年社会组织和各类青年群体提供服务的民办非企业单位。业务主管单位为共青团上海市委员会。

中心业务范围是:青年组织与人才培养,青年项目策划、运营及咨询,社会组织培训,社会组织规范化建设及项目评估,承办政府公共服务事项。

中心坚持"纯公益"原则,发挥"四个中心"功能,即:社团服务中心,提供注册落地服务、财务托管服务、人才举荐服务、交流平台服务;项目合作中心,提供公益定制服务、项目推介服务、项目评估服务、项目展示服务;资源整合中心,依托区(县)公益服务支持青年家园实现政府购买、公益招投标相关咨询、企业合作事务、媒体合作事务;社区发展中心,开展社区需求调研、对接社区项目、助推社区融合、引入社会资源。到 2010 年,中心联系和服务的社会组织超过 1 200 个。

中心不但根据服务对象的切实需求提供切合实际的方案,而且积极组织开展服务青年社会组织的活动。自 2005 年起,坚持每年举办"上海青年风尚节",搭建倡导新时期青年文化、展示青年社会组织风采、促进青年相互交流的平台,每届都有 1 000 余个各类青年社会组织参加;自 2006 年起,组织上海青年社会组织负责人定期举行不同主题的沙龙活动、论坛、峰会,为"青年领袖"搭建交流思想、项目合作平台;组织"青年影响社会"上海十大公益项目评选,通过海选征集、专家评审、网络投票等环节,从数百个参选项目中选拔产生年度十大"最具影响力"公益项目和十大"最具潜力"公益项目;根据政府有关部门、企业、街道(镇)的不同需求,量身定制各种公益活动,倡导社会正能量,在社会产生广泛积极影响。

**【上海市电子废弃物资源化推广中心】**

上海市电子废弃物资源化推广中心成立于 2007 年 1 月,是专业提供循环经济资源化服务的市级民办非企业单位。业务主管单位为上海市经济和信息化委员会。

中心业务范围是:参与产业评估与年度报告,参与市场规范与渠道建设,绿色组织标准研发与推广推介,国际合作与技术交流,培训与咨询。

中心主要开展以下几方面的工作:

服务政府。中心协助政府有关部门对固体废弃物企业的监管,规避监管过程中的跑、冒、漏,配合政府对废弃物处置利用企业的政策扶植与聚焦,促进对废弃物处理新技术、新发明、新流程的推广应用;参与政府有关部门调研废弃物污染与防治情况,为制定法律法规提供决策依据;研究协调完善废弃物交投回收运营管理体系,建立健全生产者责任延伸制度;研究完善固体废弃物的处理工艺和标准,推进构建电子废弃物资源化示范工程。

打造平台。中心主导建立上海市固体废物资源化推广交易公共服务平台,打造国内首创固废处置交易可循环、可推广、可追溯第三方居间专业化公共服务系统,通过信息公开、推广公正、公平交易,实现全产业链无缝对接,建立市场有序、公开透明、企业受惠、社会满意、政府放心的市场化新型节能环保服务业态,营造流程阳光、过程监管、全程无忧的政府、企业、社会共同监管服务体系,推动整个资源综合利用产业健康发展;主导建立先进的信息管理推广平台,优化和规范业务流程,全面提升固体废弃物上、下游企业运营效率,实现产废方与处置方、企业内外部供应链的信息化集成管理,促进环境保护效益提升。

开展公益。中心积极参与各项社会公益活动,致力于为环保公益事业出力,与华侨基金会合作,开展"再生电脑公益行"活动,回收各类废弃电器电子产品;与新闻晨报、中国移动合作,开展"让旧手机资源再生活动";与上海电子废弃物交投中心有限公司合作开展以废含汞灯管、废手机和手机电池等电子废物回收切入点,以建设绿色环保战略联盟为创新点,通过原有的交投站点和垃圾中转站的建设和推广,实现覆盖全市的荧光灯管和废旧手机、电池等安全回收,促进群众安全放心、绿色节能环保、生活健康的现代生态文明绿色家园建设。

### 【上海市小水果研究所】

上海市小水果研究所成立于 2007 年 3 月,是提供研究并推广小水果先进技术服务的民办非企业单位,由上海市林业总站、上海市南汇桃子研究所共同发起成立。业务主管单位为上海市林业局。

研究所业务范围是:引种生产、筛选试验、技术研究、咨询服务、组织培训,示范推广。

研究所主要开展以下几方面工作:

服务果农。研究所坚持"为农服务"宗旨,配合上海市林业总站、上海市农技中心、奉贤区农民教育培训中心、奉贤区残联等,为全市特色果农种植提供技术服务,包括举办农民培训、发布果树农事信息、提供入户技术指导等。

课题研究。研究所发挥技术优势、资源优势、人才优势、区域优势,与上海市农科院林果所、上海交通大学农业与生物学院、上海市林业总站、上海市农技中心保持良好合作关系,聘请科研院所专家、教授担任技术顾问等形式,开展课题研究。到 2010 年底,先后完成《上海果业产业技术体系梨树省力化栽培专项》《蚯蚓有机液肥在果树上的示范应用》《绿皮梨》等专项研究课题 4 项。

公益服务。研究所与区残联、区农校、上海市其他果树研究所合作,免费为果农提供技术服务、培训服务;受市农委、市绿化市容局委托,进行果树产业调研,分析上海小水果产业现状,及时上通下达,积极建言献策。

### 【上海市桃研究所】

上海市桃研究所成立于 2007 年 3 月,是提供研究并推广桃种植先进技术服务的民办非企业单位,由上海市林业总站、上海市南汇桃子研究所共同发起成立。业务主管单位为上海市林业局。

研究所业务范围是:新品种的引进、筛选、繁育、示范及推广,标准化技术规程制定、培训,贮藏保鲜技术研究、咨询服务。

研究所主要开展以下几方面工作:

服务果农。研究所坚持"为农服务"宗旨,积极为全市桃种植户提供技术服务,与市林业总站、浦东农技中心、浦东农校联合,举办桃种植科技入户培训、专业农民培训、引导性农民培训、新型职业农民培训等各类培训和观摩活动,及时发布桃树农事信息。到 2010 年底,共培训果农 8 000 余人次,培养桃科技示范户 728 户;同时,积极引导示范基地标准化建设和种植技术提升,建成科技示范基地 12 个,推广主导品种 5 个,推广创新技术 6 项,直接受益及辐射面积达 16 283 亩。

课题研究。研究所与上海市农科院、上海交通大学农业与生物学院、上海市林业总站、浦东农技中心保持良好合作关系,聘请科研院所专家、教授担任技术顾问,借助区域优势和工作特点,合作开展课题研究。截至 2010 年底,先后完成《影响桃果实品质的若干关键技术研究》《上海果树产业发展的技术障碍因子及增效技术研究》等市科技攻关课题，《上海果树产业发展的技术障碍因子及增效技术研究》获农业部"农牧渔业丰收奖三等奖"；主持制定《地理标志产品—南汇水蜜桃》产品要求和栽培技术规程的地方标准，是上海首部桃树种植地方标准，已成为浦东水蜜桃品牌合作联社判断入社基地种植是否达标的依据；主持"上海市水蜜桃标准化示范区建设"项目，培训技术骨干 370人次，累计推广面积 4 800 亩，普及反光膜和地布应用、专用套袋、简易修剪等 5 项新型技术，平均亩增收 35.8%，推动全市水蜜桃标准化生产，并对全市桃产业生产可持续发展起到示范作用。

**【上海市梨研究所】**

上海市梨研究所成立于 2007 年 3 月，是提供研究并推广梨种植先进技术服务的民办非企业单位，由上海市林业总站和上海仓桥水晶梨发展有限公司共同设立。业务主管单位为上海市林业局。

研究所业务范围是：引种生产、筛选试验，技术研究、咨询服务，组织培训、示范推广。

研究所拥有上海及长三角地区梨果研究的专业团队。基地占地 80 亩，上海梨文化博物馆是上海市科普教育基地，拥有室内展厅面积 370 平方米，82 个固定展件，温室栽培 3 万平方米，平棚架设施栽培 6 万平方米。基地集科技宣传、科普培训、试验应用、科普展览等，是国家梨果标准化示范区、国家地理标志产品保护示范区、松江区果树产业综合试验站、上海郊区农民现代化远程教育基地。主要用于梨树资源领域的研究开发，优质早熟品种的产业化栽培及绿色食品技术研究，为郊区果农提供技术咨询、技术培训，梨树栽培承包、转让及中介等服务，同时兼营自身开发的产品，与全国各有关科研单位、高等院校合作建立与开发绿色食品鲜、有机梨等网络工作，接待来自上海农林职业技术学院等院校学生参与学农实践。研究所充分利用黄浦江涵养林优势资源，将基地建设成为无公害和绿色食品生产示范基地和上海梨树育种中心、科研中心、技术推广中心和生产销售中心。

研究所与上海农科院林木果树研究所、浙江大学果树研究所、南京农大果树所、郑州果树所等单位建立科研成果转化合作关系，加快科研成果的转化。先后引进"早生新水""翠冠""翠绿""金二十世纪""新高""黄冠""雪青""圆黄""玉冠""南水"等优良品种。到 2010 年底，基地内落户的梨树品种达 65 个；培育的梨苗不仅销往闵行、金山、青浦、宝山、崇明等区，还远销浙江温岭、嘉善、东阳，江苏常熟，江苏宜兴，福建赤水，广西桂林，安徽砀山等外省市，为新农村建设做贡献。

**【上海燃料电池汽车商业化促进中心】**

上海燃料电池汽车商业化促进中心成立于 2007 年 7 月，是为加速燃料电池汽车及氢能源商业化服务的民办非企业单位，由同济大学、通用汽车（中国）投资有限公司、上海汽车集团股份有限公司、壳牌（中国）有限公司、大众汽车（中国）投资有限公司、上海华谊（集团）公司共同发起举办。业务主管单位为上海市经济和信息化委员会。

中心业务范围是：组织推动、帮助、加速燃料电池汽车商业化的活动和国内外交流合作；研究政策法规，提供建议；提供咨询和资讯。

中心主要开展以下几方面工作：

推进行业活动。中心始终致力于加速燃料电池汽车及氢能源的商业化进程，利用成员强大的行业资源和号召力，不断吸纳行业新兴力量，打造燃料电池汽车产业链闭环联盟，积极组织燃料电池汽车行业内的各项活动，营造良好的产业发展环境，推动氢燃料电池汽车产业政策的制订，协同政府部门加强对氢燃料电池汽车产业的支持力度，促进我国氢燃料电池汽车产业又好又快的发展，为中国燃料电池事业添砖加瓦。

推进资源共享。中心以节能、环保和安全"三大主题"为宗旨,联合政府、企业、高等院校、科研机构等多方资源,探索有效的产学研相结合的技术创新机制,加速对氢燃料电池汽车科技成果的转化;积极倡导会员企业间的资源共享、人才互补,以及技术、资金和产品的合作,促进成员企业在生产、流通、销售等环节的协同发展;创立新的商业模式,降低氢燃料电池及汽车的制造成本,加快氢燃料电池汽车整车和零部件产业的整合,实现产业化、规模化的联合发展。

推进研究交流。中心联合开展氢燃料电池汽车市场调研与政策研究,协调各方资源,获取市场信息,积极协助政府规划和政策的落实;加强宣传、科普和对外合作,积极利用新媒体、互联网等渠道做好推广和传播,回应社会关切,提升上海氢燃料电池汽车技术和产品的品牌,树立优良的上海市氢燃料电池汽车发展的示范形象;承接"中德汽车职业教育(SGAVE)新能源汽车项目""拜耳—同济"新能源汽车人才培养项目等诸多中外和合作项目和交流活动,搜集、整理和定期发布最新燃料电池相关技术和项目新闻热点,推进资料信息的交流与共享。

### 【上海时代经济发展研究院】

上海时代经济发展研究院成立于 2007 年 10 月,是专业智库式的民办非企业单位,由上海市政府发展研究中心牵头指导、众多专家学者和民营企业共同发起创办。业务主管单位为上海市政府发展研究中心。

研究院业务范围是:课题研究、咨询服务、举办讲座、合作交流等。

研究院主要开展以下几方面工作:

专业研讨。研究院以促进上海及长三角,乃至全国地区经济协调发展为宗旨,以创建民间一流智库为目标,承接政府、企业和机构委托的专题研究,积极开展中国宏观经济研究、欧美及东亚经济研究、金融及资本市场研究、产业经济研究、上海自由贸易区及长三角经济研究、军事战略及对外政策研究、文化发展研究等,到 2010 年底,先后举办"世界及中国经济形势研讨会""经济形势专题研讨会""中国及世界经济走势及对策研讨会""美国大选及中美关系走势研讨会""中国和平发展环境及经济形势研讨会""南海及东北亚局势分析及政策建议研讨会""香港经济现状及发展前景分析研讨会""绿色金融研讨会"等活动,研讨会取得成果也被政府采纳。

决策咨询。研究院参与国家重大决策咨询研究,提供高质量的专业咨询服务。研究院关于《清费降税、降低企业负担,促进经济可持续发展》的政策建议报告,以及《关于防范系统性金融风险,完善顶层设计,成立国家金融改革领导小组》的建议报告,均获中央有关部门的高度重视和肯定。研究院积极承接专业咨询项目,承接上海东豪房地产发展有限公司有关房地产行业政策以及市场分析的项目;与复旦大学环境经济研究中心等单位合作开展"企业环境信息披露指数(CEDI)"的编制等。研究院创办的《时代简报》,对经济形势、金融、城市建设等热点问题进行深入、透彻的分析,为政府、研究机构、媒体等相关部门提供咨询参考。

支持公益。研究院积极参与和支持公益事业,先后与上海图书馆合办"中华诗词当代创作价值及其发展研讨会";资助《抽天开象——许德民抽象艺术三十年》北京、上海巡展;与中华艺术宫合办有关艺术方面的专题研讨会;资助《正大气象——纪念书法家胡问遂先生诞辰 100 周年活动》胡问遂书法艺术纪录片的制作和拍摄工作等。

### 【上海市老年产业服务中心】

上海市老年产业服务中心成立于 2008 年 1 月,是为老年产业及其相关企业提供服务的民办非企业单位,由上海市退休职工活动中心和上海工业旅游促进中心共同出资创办。业务主管单位为上海市经济和信息化委员会。

中心业务范围是:为老年产业及其相关企业提供需求信息、政策咨询、项目对接、产品展示、合作交流和人才培训等服务。

中心主要开展以下几方面工作:

项目服务。中心加强爱心企业与涉老项目链接,承接老年文体活动项目,承办老年摄影展、书画展、舞蹈大赛等老年人喜闻乐见的文体活动;积极与爱心企业联系,选择资质齐全、热心公益的企业一起参与项目,扩大优质产品宣传推介,得到参与者和社会各界欢迎和肯定;开展"银发无忧"实事工程,广泛宣传、动员,不断扩大退休人员覆盖面和受益面,为更多需要帮助的退休人员构筑一道安全屏障。

平台建设。中心加强敬老服务平台的建设和拓展,高度重视退休老人多样化、多层次需求,通过打造老年产业链、编织老年产业服务网做好老年产业服务;建立老年产业数字技术支持载体,动员更多社会力量参与老年事业,调动和保护社会资本投入老龄事业的积极性,创新社会敬老养老服务供给,形成共建、共创、共享、多赢的和谐模式。

### 【上海长江流域产权交易共同市场促进中心】

上海长江流域产权交易共同市场促进中心成立于2009年7月,是服务长江流域产权交易共同市场的民办非企业单位。业务主管单位为上海市国有资产监督管理委员会。

中心业务范围是:理论研讨、合作交流、提供信息、业务标准建设、市场规范、成果利益协调和成果推广等。

中心主要开展以下几方面工作:

搭建交流平台。中心以上海为龙头,围绕上海国际金融中心建设目标,推动各成员单位根据当地经济发展需求,加强机构间合作与引导,推动机构间交流,在"环境能源交易""农村产权交易"以及"文化产权交易""矿权交易""股权质押融资"等多种权益性融资领域开展业务创新探索,鼓励已开展相关权益性融资业务的机构发挥"先行先试"示范带动效应,形成联合发展优势,注重产权金融化创新,开展信托收益权、不良债权及资产转让流转业务探索,扩大创新发展成果。

服务并购重组。中心在为国有企业并购重组服务的同时,充分利用区域资源配置的经验和优势,积极探索发展非公产权市场,走市场多元化发展之路,为地方经济发展服务,为国有企业兼并重组提供更多的市场资源。

开展理论研究。中心积极推动产权市场基础理论研究和业务创新研究,以研究成果推进服务长三角地区非上市公众公司股份转让,在市场架构、制度设计、业务模式和政策沟通上加强探讨。2010年,组织协调上海联合产权交易所、江苏省产权交易所、浙江省产权交易所、江西省产权交易所、福建省产权交易中心等5家交易机构组成联合调研组,围绕"泛长三角地区中小企业融资创新工作"课题展开调研,了解各地非上市公司股权登记托管、股权质押融资、股权交易的探索成果,进一步拓展泛长三角地区中小企业融资创新途径。

### 【上海市水上旅游促进中心】

上海市水上旅游促进中心成立于2009年12月,是为促进水上旅游发展服务的民办非企业单位,由上海吴淞口开发有限公司、上海工业旅游促进中心、上海水上旅游研究所共同发起举办。业务主管单位为上海市交通运输和港口管理局。

中心业务范围是：开展与水上旅游相关的研讨会、论坛，业务培训，咨询服务，编辑相关刊物等。

研讨交流。中心利用各种渠道，组织开展多种旨在促进水上旅游发展的创新、创意活动，为政府部门、社会组织和港、航、旅游企业搭建研讨交流与沟通的平台，2009年，以"水上旅游与城市生活"为主题，举办首届上海水上旅游论坛；2010年，举办以"合作、创新、发展"为主题促进长江旅游的第二届中国上海水上旅游发展论坛；与高校、院所合作，完成《上海航务(地方海事)行政处罚自由裁量标准研究报告》《上海水上旅游资源普查与研究报告》等10多项课题研究报告。

促进发展。中心努力促进浦江游览健康发展，以沙龙、会展等多种形式，宣传推广浦江游览项目，引导水上旅游业集思广益、推陈出新、互动交流，提升产品的创意水平，自2009年起，每年围绕一个主题，举办一届"水上旅游企业家沙龙"活动；与上海市戏剧家协会、上海市非物质文化遗产保护中心、上海市宝山区文化广播影视管理局合作，共同组织"乡音绕浦江——上海市民间沪剧'浦江之星'评选活动"；组织编写《上海水上旅游手册》，从"上海水上旅游概览""黄浦江""苏州河""上海的水乡古镇""上海的海滨""上海的海岛"和"上海的邮轮旅游"等7个方面，宣传推介上海水上旅游产品，展示上海水上旅游的魅力；联合上海浦江游览联合票务公司、黄浦江游览企业、苏州河游览公司、朱家角旅游企业等多家沪上知名水上旅游企业，组团参加上海世界旅游资源博览会，推介黄浦江黄金旅游线、苏州河文化旅游线、杭州湾北岸滨海旅游带、水乡古镇休闲度假旅游带、山水休闲度假旅游带和江海"三岛"旅游胜地等沪上知名旅游景点，激发人们对上海水上旅游资源关注和体验的热情。

### 【上海现代服务业促进中心】

上海现代服务业促进中心成立于2009年12月，是为现代服务业提供专业服务的民办非企业单位，由上海现代服务业联合会出资举办。业务主管单位为上海市商务委员会。

中心业务范围是：为企业发展提供信息、中介、咨询、培训、考察、研究、商务、项目引资、文化宣传、广告宣传等服务。

中心主要开展以下几方面工作：

服务社会。中心积极开展服务企业活动，举办企业信息公示专题培训沙龙、"香港管理咨询行业及人才服务行业"专场沙龙、"红房子企业家沙龙"以及中小微企业实务性专题指导讲座等；协助上海市家庭服务业行业协会、上海市人口早期发展协会联合举办以"敬业奉献、传递爱心为主题的'姆爱杯'寻找申城最美月嫂"大型公益活动，通过活动宣传，弘扬月嫂"爱心、敬业、专业"职业精神，影响、鼓励、引导更多月嫂和家政服务人员树立良好职业道德，同时引导更多母婴服务机构通过规范经营管理，推动母婴服务市场健康、有序、可持续发展；受有关部门委托，开展立项课题研究，其中"互联网智能裂变技术系统"项目已申请国家五项发明专利。

服务政府。中心牵头会同上海现代服务业联合会"'互联网＋'科创"服务专委会协办上海创意产业博览会，展示中国电子制造业发展成果；与徐汇区商务委合作共同举办"上海现代服务业发展报告""上海现代服务业景气指数"发布活动。同时，推荐优质企业注册落户徐汇，助推徐汇区招商引资工作向纵深发展；承办上海物流指数发布和《上海物流年鉴》发布。

搭建平台。中心积极服务区域合作，为合作区企业家搭建平台，提供有效服务，并通过"走出去，请进来"方式，组织上海企业家赴宁波杭州湾新区、平湖市、武汉市、恩施州、亳州市、永州市、潍坊市、南昌市、鄂尔多斯市、云南省、马鞍山等地进行考察学习交流,与南京综保区、无锡市、南昌市、鄂尔多斯市签署《现代服务业发展合作框架协议》;接待新疆建设兵团、嘉兴、平湖、太仓、常熟、南京、台湾开放平台协会、海宁、河南省、成都等地来访考察交流。中心与上海开放大学建立教育培训合作交流机制;与上海工业技术大学等合作成立冷链研究院和冷链产业联盟;与上海市中小微企业政策性融资担保基金管理中心合作签署战略合作协议。中心创新服务模式、提升服务层次、拓宽服务领域,全心全意地为创业者及创业服务机构服务。

## 二、名录

根据 1998 年国务院《民办非企业单位登记管理暂行条例》的界定,截至 2010 年底,在市社会团体管理局注册登记的市级其他领域民办非企业单位 75 家。

表 2－10－1　2010 年上海市市级其他领域民办非企业单位一览表

| 序号 | 单 位 名 称 | 业务主管单位 | 登记日期 | 办 公 地 址 |
|---|---|---|---|---|
| 1 | 上海商业咨询服务中心 | 上海市商务委员会 | 2001－09－14 | 大田路 129 弄 1 号 |
| 2 | 上海市国际信息研究中心 | 上海市商务委员会 | 2001－10－11 | 高桥大同路 305 号 |
| 3 | 上海市人口信息技术中心 | 上海市卫生和计划生育委员会 | 2001－12－04 | 莘北路 181 号 2 号楼 2116 室 |
| 4 | 上海外滩俱乐部 | 上海市对外文化交流协会 | 2002－01－31 | 新华路 543 号 1 号楼 |
| 5 | 上海太平洋能源中心 | 上海市经济和信息化委员会 | 2002－02－06 | 北京东路 666 号 |
| 6 | 上海公共事务咨询中心 | 中共上海市委统战部 | 2002－05－31 | 虹桥路 1440 号 8 号楼 |
| 7 | 上海市现代上海研究中心 | 中共上海市委党史研究室 | 2002－07－12 | 康平路 141 号 401 室 |
| 8 | 上海连锁经营研究所 | 上海市商务委员会 | 2002－10－11 | 虹桥路 808 号 A8 座 |
| 9 | 上海市文化工贸市场服务中心 | 上海市文化广播影视管理局 | 2002－10－11 | 丽水路 1 号 6 楼 K 座 |
| 10 | 上海市关心下一代研究中心 | 中国福利会 | 2002－10－15 | 五原路 300 号 |
| 11 | 上海产业园区中小企业服务中心 | 上海市中小企业发展服务中心 | 2003－06－05 | 大木桥路 108 号 306 室 |
| 12 | 上海市环境科学信息技术交流中心 | 上海市环境保护局 | 2003－06－26 | 中山西路 1525 号 1009 室 |
| 13 | 上海东方石材研究所 | 上海市商务委员会 | 2003－06－26 | 浦电路 389 号 5020 室 |
| 14 | 上海市自强社会服务总社 | 上海市禁毒委员会办公室 | 2003－12－25 | 汉中路 158 号 |
| 15 | 上海市阳光社区青少年事务中心 | 共青团上海市委员会 | 2004－01－16 | 汉中路 188 号 |
| 16 | 上海能效中心 | 上海市经济和信息化委员会 | 2007－09－20 | 制造局路 27 号 8 楼 |
| 17 | 上海市爱之家服务中心 | 上海市卫生和计划生育委员会 | 2004－07－02 | 陕西南路 122 号 502 室 |
| 18 | 上海设计创意中心 | 上海市经济和信息化委员会 | 2004－07－09 | 国通路 127 号 |

(续表)

| 序号 | 单 位 名 称 | 业务主管单位 | 登记日期 | 办 公 地 址 |
|---|---|---|---|---|
| 19 | 上海东方无店铺行销发展研究中心 | 上海市商务委员会 | 2004 - 08 - 19 | 宁夏路 201 号 |
| 20 | 上海旅游纪念品产业发展中心 | 上海市经济和信息化委员会 | 2004 - 09 - 30 | 漕溪路 258 弄 26 号 |
| 21 | 上海市数字内容产业促进中心 | 上海市经济和信息化委员会 | 2004 - 10 - 11 | 新金桥路 28 号 26 楼 2607/08 室 |
| 22 | 上海民营经济发展促进中心 | 上海市经济和信息化委员会 | 2004 - 10 - 11 | 沪太路 4361 号 8 号楼 108 室 |
| 23 | 上海数字娱乐中心 | 上海市通信管理局 | 2004 - 11 - 08 | 虹桥路 628 号 1 楼 |
| 24 | 上海绿洲生态保护交流中心 | 上海市城乡建设和管理委员会 | 2004 - 11 - 08 | 峨山路 679 弄 1 号 208A |
| 25 | 上海市轮椅发展中心 | 上海市残疾人联合会 | 2005 - 01 - 31 | 永嘉路 692 号 2 幢 |
| 26 | 上海市输配电产业发展中心 | 上海市经济和信息化委员会 | 2005 - 01 - 31 | 南桥镇沿江路 1 号 |
| 27 | 上海创意产业中心 | 上海市经济和信息化委员会 | 2005 - 02 - 08 | 长江路 258 号 |
| 28 | 上海稀土产业促进中心 | 上海市经济和信息化委员会 | 2005 - 04 - 21 | 桂林路 100 号 8 号楼 |
| 29 | 上海工业旅游促进中心 | 上海市经济和信息化委员会 | 2005 - 05 - 11 | 建国中路 10 号 |
| 30 | 上海市葡萄研究所 | 上海市林业局 | 2005 - 05 - 25 | 马陆镇大治路 27 号 |
| 31 | 上海市光仪电产业发展中心 | 上海市经济和信息化委员会 | 2005 - 05 - 25 | 奉浦大道 111 号 |
| 32 | 上海市企业信息化促进中心 | 上海市经济和信息化委员会 | 2005 - 07 - 06 | 严家桥 1 号 3 号楼 306 室 |
| 33 | 上海产业合作促进中心 | 上海市经济和信息化委员会 | 2005 - 08 - 09 | 泰虹路 268 弄 2 号 907 室 |
| 34 | 上海中小企业研发外包服务中心 | 上海市经济和信息化委员会 | 2005 - 08 - 24 | 国定路 335 号 7001 室 |
| 35 | 上海东方互联网络交换中心 | 上海市经济和信息化委员会 | 2005 - 09 - 13 | 宜山路 888 号 5 楼 |
| 36 | 上海市珍珠产业研究发展中心 | 上海市经济和信息化委员会 | 2005 - 09 - 13 | 临港新城沪城环路 999 号 |
| 37 | 上海空港物流产业发展中心 | 上海市商务委员会 | 2005 - 09 - 27 | 川沙路 5278 号 |
| 38 | 上海品牌促进中心 | 上海市商务委员会 | 2005 - 09 - 29 | 威海路 48 号 23 楼 |
| 39 | 上海精细化工产业发展促进中心 | 上海市经济和信息化委员会 | 2005 - 10 - 19 | 金山卫镇学府路 501 号 |
| 40 | 上海中小企业信息服务中心 | 上海市中小企业发展服务中心 | 2006 - 02 - 07 | 大木桥路 108 号 616A 室 |
| 41 | 上海总部经济促进中心 | 上海市经济和信息化委员会 | 2006 - 04 - 05 | 真华路 926 弄 |
| 42 | 上海世代企业发展促进中心 | 上海市经济和信息化委员会 | 2006 - 07 - 04 | 岳阳路 58 号 |
| 43 | 上海文体产业发展中心 | 上海市经济和信息化委员会 | 2006 - 07 - 23 | 朱枫公路 201 号 |
| 44 | 上海市执业经纪人资格考试中心 | 上海市工商行政管理局 | 2006 - 07 - 27 | 威宁路 393 号 |

（续表）

| 序号 | 单位名称 | 业务主管单位 | 登记日期 | 办公地址 |
|---|---|---|---|---|
| 45 | 上海中小企业品牌促进中心 | 上海市中小企业发展服务中心 | 2006-07-27 | 肇嘉浜路 333 号 1502 室 |
| 46 | 上海市现代商务促进中心 | 上海市商务委员会 | 2006-07-27 | 共和新路 4727 号 |
| 47 | 上海市信息服务外包发展中心 | 上海市经济和信息化委员会 | 2006-09-19 | 淮海中路 1 号 1503A 室 |
| 48 | 上海青年家园民间组织服务中心 | 共青团上海市委员会 | 2006-10-18 | 东湖路 17 号老楼 202 室 |
| 49 | 上海市游艇产业发展中心 | 上海市经济和信息化委员会 | 2006-10-18 | 南桥路 246 号 301、302、303 室 |
| 50 | 上海市中小企业理财促进中心 | 上海市中小企业发展服务中心 | 2007-01-05 | 肇嘉浜路 333 号 1502 室 |
| 51 | 上海市聚氨酯产业发展促进中心 | 上海市经济和信息化委员会 | 2007-01-12 | 合展路 88 号 A212 室 |
| 52 | 上海市电子废弃物资源化推广中心 | 上海市经济和信息化委员会 | 2007-01-05 | 蕴川路 2828 号 |
| 53 | 上海市柑桔研究所 | 上海市林业局 | 2007-03-01 | 长兴岛前卫农场 |
| 54 | 上海市小水果研究所 | 上海市林业局 | 2007-03-01 | 南桥镇南亭公路 929 号 |
| 55 | 上海市桃研究所 | 上海市林业局 | 2007-03-01 | 老港镇建港村 897 号 |
| 56 | 上海市梨研究所 | 上海市林业局 | 2007-03-01 | 富永路 2000 号 |
| 57 | 上海时尚产业发展中心 | 上海市经济和信息化委员会 | 2007-07-12 | 黄陂南路 700 号 |
| 58 | 上海市数字健康信息中心 | 上海市经济和信息化委员会 | 2007-07-12 | 衡山路 922 号 3610 室 |
| 59 | 上海燃料电池汽车商业化促进中心 | 上海市经济和信息化委员会 | 2007-07-12 | 安亭镇博园路 7575 号上海汽车会展中心 |
| 60 | 上海产业发展服务中心 | 上海市经济和信息化委员会 | 2007-09-20 | 安亭镇墨玉路 185 号 201 室 |
| 61 | 上海时代经济发展研究院 | 上海市人民政府发展研究中心 | 2007-10-10 | 肇嘉浜路 798 号 807 室 |
| 62 | 上海工业静电技术研发服务中心 | 上海市经济和信息化委员会 | 2007-10-25 | 凉城路 717 号 201 室 |
| 63 | 上海上菱安全技术培训中心 | 上海市安全生产监督管理局 | 2007-12-28 | 峨山路 638 号 |
| 64 | 上海市老年产业服务中心 | 上海市经济和信息化委员会 | 2008-01-29 | 北京西路 1068 号 9 楼 |
| 65 | 上海云和特种作业安全培训中心 | 上海市安全生产监督管理局 | 2008-02-25 | 浦东大道 2330 号 6 号楼 2、3 层 |
| 66 | 上海现代农业产业发展中心 | 上海市经济和信息化委员会 | 2009-04-22 | 康定路 1039 号 1 层 |
| 67 | 上海电子信息产品再利用促进中心 | 上海市经济和信息化委员会 | 2009-07-02 | 兴顺路 358 号 A309 室 |
| 68 | 世博会上海企业联合馆管理中心 | 上海市国有资产监督管理委员会 | 2009-07-02 | 兴国路 78 号 |

(续表)

| 序号 | 单 位 名 称 | 业务主管单位 | 登记日期 | 办 公 地 址 |
|---|---|---|---|---|
| 69 | 上海长江流域产权交易共同市场促进中心 | 上海市国有资产监督管理委员会 | 2009 - 07 - 31 | 云岭东路 689 号 1 号楼 4 楼 |
| 70 | 上海市水上旅游促进中心 | 上海市交通运输和港口管理局 | 2009 - 11 - 10 | 化成路 251 号 |
| 71 | 上海交通运输和物流研究中心 | 上海市城乡建设和管理委员会 | 2009 - 11 - 05 | 塘沽路 309 号 14C 室 |
| 72 | 上海现代服务业促进中心 | 上海市商务委员会 | 2009 - 12 - 17 | 北海路 8 号 10 楼 |
| 73 | 上海国有资本运营研究院 | 上海市国有资产监督管理委员会 | 2010 - 05 - 20 | 沪青平公路 1362 号 1 幢 1 层 B 区 108 室 |
| 74 | 上海市女性社会组织发展中心 | 上海市妇女联合会 | 2010 - 07 - 02 | 天平路 245 号 |
| 75 | 上海世纪后世博成果与发展研究中心 | 上海市社会科学界联合会 | 2010 - 11 - 19 | 华山路 600 号 3 楼 |

# 第三篇
## 基金会

基金会，是指利用自然人、法人或者其他组织捐赠的财产，以从事公益事业为目的而成立的非营利性法人。基金会有三个基本要素与特征，即"财产""公益""非营利性法人"。1988年9月9日，国务院举行第21次常务会议，通过《基金会管理办法》。2000年开始，民政部和国务院法制办启动修订《基金会管理办法》工作。2004年3月8日，国务院正式颁布《基金会管理条例》。

上海的基金会管理工作大致分为两个阶段：

第一阶段，2004年到2005年初，以基金会换证登记工作为主。按照条例规定和民政部统一部署，为了规范基金会的组织和活动，上海首先开展对原有59个基金会换发登记证书工作，并以此为契机，对原有基金会进行系统梳理，更好地维护基金会、捐赠人、受益人的合法权益，促进规范化发展。经半年多努力，上海圆满完成基金会的换证工作。到2004年底，全市准予登记的各类基金会63家，其中依据《基金会管理办法》登记注册的基金会59个，依据《基金会管理条例》登记新成立的基金会4家。此外，还有1家民政部委托上海日常管理的全国性基金会。

第二阶段，2005年下半年换证工作完成后，上海基金会迈入规范发展阶段。2005年9月，市社团管理局进行内设机构调整，新设立基金会管理处。市委、市政府高度重视包括基金会在内的社会组织发展与管理工作，把社会组织发展与管理纳入上海经济社会发展的总体规划。上海的基金会呈现出稳步健康发展态势。发展速度稳步增长；资产规模不断扩大；分布领域逐步拓展；活动形式多种多样；受助人群逐年增多；社会影响日益显现。

进入21世纪，上海基金会的领域已从传统的安老、扶幼、助学、济困、助医、助残、救灾等慈善领域，逐步拓展到科技、教育、文化、环境保护、拥军优属、法律援助、心理辅导、司法矫治、城市遗产保护、政策研究、行业支持等公益领域，初步形成较为完整的公益生态链，上游有支持型和研究型的基金会，中游有募集型的基金会，下游有运作型的基金会。并且，在社会保障体系中，上海的基金会通过吸纳社会资源，扩大公共服务，发挥拾遗补缺的重要作用，尤其是对边缘困难群众的帮扶，作用更为明显，成为政府的得力助手。上海阮仪三城市遗产保护基金会，在澳大利亚、加拿大和我国台湾等地进行"中国遗产保护巡展"，有力推动中国民间遗产保护工作在世界范围内的影响力；上海市华侨事业发展基金会积极开展民间外交，连续多年开展中美杰出青年培训交流，项目被纳入教育部"中美人才交流机制"的总体框架；上海宋庆龄基金会自2006年发起儿童文化公益服务项目——"宋庆龄爱心书库"，始终秉承"让阅读伴随成长，用爱心点亮希望"的服务宗旨，先后为云南、湖南、贵州、海南、安徽等边远山乡师生举办讲座培训和夏令营，到2010年受益师生达29万人次；上海市教育发展基金成立以来，资助各级各类教育项目，有力地支持上海教育事业发展；上海大学生科技创业基金会，资助大学生创业创新，带动一大批人员就业，到2010年资助总额达上亿元；上海文化发展基金会设立"基金会文化艺术资助项目"，专门资助文学、影视剧、舞台艺术、音乐、美术等领域构思新颖、紧扣时代脉搏、关注现实生活的项目，为繁荣上海乃至全国的文化艺术做出较大贡献；上海科普教育发展基金会积极开展科普项目，将流动科技馆开到社区、学校、郊区农村，推动上海科普教育事业发展等。

# 第一章　公募基金会

公募基金会是指可以向公众募集资金的基金会。公募基金会通常具有以下基本特征：在登记原则上，公募基金会实行分级登记管理的原则，按照募捐的地域范围，分为全国性公募基金会和地方性公募基金会，全国性公募基金会由民政部登记和管理，地方性公募基金会由地方民政部门负责登记和管理；在设立门槛上，公募基金会设立门槛较高，成立全国性公募基金会的原始基金为800万元，地方性公募基金会的原始基金为400万元；在资金来源上，公募基金会资金来自主动的募捐和社会的捐赠；在公益事业支出比例上，公募基金会每年公益事业支出不得低于上一年总收入的70%；在基金会名称规定上，全国性公募基金会应当在名称中使用"中国""中华""全国""国家"等字样，地方性公募基金会应当冠以所在地的县级或县级以上行政区划名称，其中冠以省级以下行政区划名称的，可以同时冠以所在省、自治区、直辖市的名称，冠以市辖区名称的应当同时冠以市的名称；公募基金会的名称可以不使用字号，如果使用字号，则字号应由两个以上的字组成，且不得以姓氏、县或县以上行政区划名称作为字号，不得使用自然人姓名、法人或者其他组织的名称或者字号；在理事会及法定代表人任职条件上，公募基金会不允许有近亲属关系者同时在基金会理事会任职，并且公募基金会的法定代表人应当由内地居民担任。冠以上海市名称的公募基金会，如上海市慈善基金会、上海市老年基金会、上海市拥军优属基金会、上海市华侨事业发展基金会、上海文化发展基金会等，都属于在上海登记的地方性公募基金会。

## 第一节　沿　　革

基金会是从事慈善事业的一种组织形式，从一定意义上说，现代基金会的发展壮大标志着人类社会的文明进步。我国基金会真正意义上的发展，是与改革开放相联系的。在我国实行计划经济时期，社会公共产品全部由政府提供。救助弱势群体和发展科学、文化、教育、体育、卫生等公益事业作为公共产品的一部分，被认为完全是政府的职能，个人或政府以外的其他组织无法独立承担或参与。改革开放后，随着市场经济的发展，要求政府对社会管理的职能由微观向宏观转变，大部分公共产品都可以也应当主要由政府以外的其他组织提供，特别是促进科教文卫体、扶困济贫等公益事业发展的公共产品。并且，基金会等公益组织应当成为承担这些任务的主要力量。因此，基金会的发展成为社会的紧迫需要。1978年以后，中国相继进行经济与政治体制改革，转变政府职能，改变国家与市场、国家与社会的关系，重新分化和定位不同种类社会组织的功能，为基金会提供产生和发展的空间。

1981年7月28日，中国儿童少年基金会成立，这是新中国成立后的第一个基金会，标志着基金会这种社会组织开始在中国社会中成长起来。之后，我国基金会逐步规范发展。据1987年9月的不完全统计，在1988年《基金会管理办法》出台以前，全国已建立各种相对规范的基金会214个，其中全国性的基金会33家，地方性的基金会181家。此外，各地还利用救灾扶贫款建立起一大批也称为基金会的救灾扶贫基金组织。据民政部1986年8月的一项统计，当时全国此类基金会已达6275家，其中乡（镇）政府设立的就有5888家。这些基金会组织，由于资金来源上既有社会捐赠，又有国家拨款，还有会员出资，没有充分体现公益性特征，没有充分发挥基金会的功能和作用。

　　上海公募基金会的发展历史,最早可以追溯到 1988 年 9 月《基金会管理办法》颁布之前。随着改革开放带来上海经济、社会的发展,上海的公益、慈善、救济等事业也逐渐发展起来,面向社会、面向老百姓的募捐活动日益增多,一些基金组织应运而生。《基金会管理办法》是改革开放后国务院制定的第一部专门规范民间组织登记管理的行政法规。办法主要规定基金会的定义、设立条件、审批体制、资金筹集规则、资金使用保值规则、资助协议和行政费用的规范以及监管规范等,尽管内容较为简单,对基金会的定义也不准确,但办法对促进我国基金会的成立、发展,尤其是促进公募基金会的发展,发挥着重要作用。

　　改革开放以后上海的基金会,大部分是由各级政府部门或归口管理部门批准成立的。《基金会管理办法》将基金会定位为社会团体的一部分,并规定建立基金会由其归口管理部门报经人民银行审查批准、民政部门登记注册发给许可证、具有法人资格后方可进行业务活动。根据《基金会管理办法》,以及中国人民银行总行 1989 年下发的《关于进一步清理整顿基金会的通知》精神、1991 年中共中央办公厅、国务院办公厅下发的《关于严格审批和整顿基金会的通知》精神,对上海各类基金会进行清理。1991 年 7 月 24 日,市政府办公厅转发市计委、中国人民银行上海分行关于清理全市各类基金会情况及进一步整改的意见,在全市部署基金会清理整顿工作。在清理整顿过程中,市民政局积极会同、配合中国人民银行上海分行开展工作,推进基金会依法规范发展,促进基金会清理整顿工作圆满顺利完成。19 个基金会通过市民政局的注册登记。

　　上海的基金会在经济社会发展及改革开放政策的推动下,发展一直保持持续稳步增长态势。许多基金会凭借自身独特的优势,以缓解社会矛盾、促进社会公平、倡导社会公益和弘扬慈善价值观等为宗旨,以扶老、助残、济困、抚幼资助各类困难群众等民生公益慈善服务为工作范围,与政府密切合作,其在社会保障体系中的补充作用、在城市社会管理中的承接作用、在社会事业发展中的助推作用等日趋凸显。据 1991 年清理整顿时统计,当时上海有各类基金会 156 家,其中市级基金会 37 家,区(县)级基金会 45 个,街道(乡镇)级基金会 74 家。这些基金会,按照宗旨和基金使用性质大致划分为三种类型:第一类投资型基金会,资金来源主要是财政拨款和盈利收入;第二类社会保险型基金会,资金来源有自筹资金以及按企业在册人数摊派及收取会费;第三类对捐赠资金进行管理的基金会,主要又可以分为文化事业、教育奖励、残疾人事业、社会福利等类别。这些基金会对上海各项社会事业发展起到一定积极作用,但因种种原因,在管理上仍存在这样那样一些问题,如部分基金会名称与从事的业务内容不符,有从事金融保险业务和商业活动的,也有以财政资金、集资款为主要资金来源,承担全市专项建设任务的;部分基金会的管理制度不完备,有的内部管理薄弱,基金运用缺乏计划性,决策简单,账目混乱,有的未配备专职财会人员,没有固定办公场所;部分基金会业务活动偏离甚至违背其宗旨,有的以盈利为目的,经商办企业,有的擅自摊派、吸收存款,自行出借资金,非法从事金融活动;基金会负责人中党政领导兼职情况突出等。

　　1999 年 9 月 17 日,中国人民银行和民政部联合发出《关于做好社团基金会监管职责交接工作的通知》,将基金会的审批和监管职责全部移交民政部门。上海积极贯彻通知精神,市民政局与中国人民银行上海分行反复协商研究方案、下发通知,做好宣传,使这项工作在上海很快完成。交接后的基金会管理,全部按照业务归口重新确定业务主管单位,市民政局仍然为登记管理机关。

　　为了规范基金会的组织和活动,维护基金会、捐赠人和受益人的合法权益,促进社会力量参与公益事业,2004 年 3 月,在总结我国过去 16 年来基金会管理实践经验,吸收和借鉴世界非营利性组织管理立法经验的基础上,国务院制定和颁布《基金会管理条例》。条例第一次系统地对基金会登记、组织机构、财产使用和管理、监督管理等进行规范,同时,第一次以法律的形式将基金会划分为公募基金会和非公募基金会。条例第一章第三条明确:"基金会分为面向公众募捐的基金会(简称公募基金会)和不得面向公众募捐的基金会(简称非公募基金会)。公募基金会按照募捐的地域范围,分为全国性公募基金会和地方性公募基金会。"条例以其鲜明的民族特色,在世界非营利性组织管理制度中占据自己独特的地位。《基金会管理条例》出台之前,尽管有《基金会管理办法》,但并没有对基金会进行分类,所有的基金会无论是在中央登记的,还是在地方登记的,都执行一个标准,即只要是基金会,包括以个人名字和企业名称命名的基金会,都可以向社会、向老百姓广泛公开募捐。因此,从形式上说,2004年之前的基金会,都可以称其为公募基金会。这些基金会基本上是由政府部门或与政府关系密切的组织或个人发起,行政色彩浓厚,与政府部门联系紧密,往往依靠行政力量获得资助,同时也根据政府部门的需要使用募捐资金。2004年《基金会管理条例》颁布,条例根据基金会发展的实际情况和管理需要,参照国外一些通行做法,将在我国成立登记的基金会分为公募基金会和非公募基金会两大类,以是否可以面向社会募集资金为本质区别,为上海加强基金会管理提供了法律依据和准绳。对基金会进行分类管理,目的在于通过分类提高管理的针对性,鼓励社会力量通过设立基金会参与社会公益事业。同时,也在一定程度上限制公募基金会的设立,规范募捐秩序,提高发展质量。由于公募基金会可以面向社会公众开展募捐活动,涉及面广,影响大,因此必须加强监管,使募捐活动规范、有序,避免出现乱摊派、乱集资等违规违法行为,维护正常的社会秩序和稳定。同时,也有利于保护社会爱心资源,减轻公众负担。

《基金会管理条例》颁布后,上海的基金会发展进入一个新的阶段。在国家法规的规范和指引下,上海的公募基金会得到长足发展。2004年底,全市准予登记的各类基金会63家,其中,依据《基金会管理办法》登记注册的基金会59个。到2006年12月31日,全市登记的基金会共有76家,其中,公募基金会45家,新成立的基金会基本上都是公募基金会。随后,上海对公募基金会进行调整,严控数量,强化质量,公募基金会增长速度逐渐放缓。到2010年底,上海共有基金会115家,其中公募基金会48家,2010年参加年度检查的基金会资产总和达72.24亿元,净资产达到67.74亿元。

上海的公募基金会在服务社会中,由于其资金是通过公开方式、面向社会和广大公众广泛募集,资金量充足,且大多有政府背景,相比较于非公募基金会而言,其资金多元,不仅来源于企业、个人和其他组织,还有来自政府拨款者,因此,实力相对雄厚,在大灾大难等范围广、持续时间长、资金量大的项目上,发挥着明显的优势和强大的作用。实践也证明,当发生重大灾害时,许多公募基金会总能第一时间响应政府号召,第一时间回应灾情呼唤,募集钱款,支援灾区,开展慈善活动。

随着上海经济、社会的快速发展,在市委、市政府积极倡导、推动和示范带动下,上海市民参与支持社会公益事业的热情日益高涨,公募基金会在构建社会主义和谐社会中做出突出成绩,尤其是在扶贫帮困、助老助残、科学普及、赈灾救灾、助医助学等领域做出巨大贡献,先后创建"蓝天下的至爱""上海市科技精英奖""生育关怀行动""儿童先心病手术帮困专项基金项目""九九关爱小剧场""流动科技馆""再生电脑公益行""梦想中心"等一大批深入人心的慈善项目和公益品牌。

# 第二节　选介和名录

## 一、选介

### 【上海市儿童基金会】

上海市儿童基金会成立于1981年5月,是上海首家面向社会公开募集资金的公募基金会。原名上海市儿童少年活动基金会，2005年3月，更名为上海市儿童基金会，同时，上海市世界儿童基金会合并至上海市儿童基金会。业务主管单位为上海市妇女联合会。

基金会业务范围是：募集善款，接受捐赠；资助有利于促进儿童健康成长的活动和相关研究等。

基金会主要开展工作：

捐赠管理。基金会成立时就得到市政府20万元拨款，主要接受来自国内外各界社会团体和爱心人士的捐赠。1999年1月开展了慰问贫困病残儿童捐赠活动，接受理事单位及个人捐款36万余元，电脑22台，以及一批科普仪器、科普书籍、文具等儿童物品，同时向100名自强好少年颁发助学金。2008年开展了"上海母亲关爱行动"系列灾区援助活动，共募集捐款1 300余万元和价值571余万元的物资，及时将款物资送往四川、甘肃等灾区，同时向安置在上海12家医院的灾区213名伤员及其家属发送慰问金10万余元。2009年筹资200余万元，开展了资助都江堰地区中小学生心理健康教育和地震受灾孩子"爱心包裹"项目。

促进教育。基金会坚持资助"优生、优育、优教"等家庭教育普及项目，1983年，资助建立全国第一个野外教育活动基地——"上海市少年儿童佘山活动营地"；1987年资助10万元参与创办上海市少年儿童浏河活动营地；1990年资助132万元建造了长风公园大型"地下少先队群雕"；1991年资助部分区（县）建立少年宫、少科站和伤残儿童托儿所；1992年资助100万元在崇明东平林场建造少年儿童活动营地；2001年在市区延中绿地（H1地块）资助建立全国第一个"亲子广场"，并获得上海市地名办公室正式命名；2003年捐赠上海市科技馆儿童馆10台盲童电脑，建成全国第一个"盲童网吧"。在上海市儿童和少年工作协调委员会领导下，1988年发起设立儿童工作"白玉兰奖"和"六一"育苗奖，表彰和慰问暑期、街道、校外教育工作先进集体和个人，参与举办上海市"儿童工作白玉兰奖"表彰大会和"上海市家庭教育工作表彰大会"。

帮困助学。基金会资助开展困境儿童关爱行动，1998年开展"99希望工程春蕾计划大行动——上海百万母亲奉献世纪爱心"活动；1999年举行"放送新年的爱——慰问上海贫困儿童捐赠活动"；2003年在卢湾区辅读学校举行"爱心献特教"捐赠仪式中，向全市12所辅读学校捐赠款物，卢湾区辅读学校168名学生穿上捐赠的统一校服；自2004年开始，启动以"助贫、助困"为内容的"帮一帮""爱心助学"行动，共资助53 331人次3 341万元；帮助家庭困难高中生、大学生顺利完成学业，资助电脑等各类学习用品14 620件。自2006年起，利用新年开展特殊儿童帮扶行动，帮扶了2 500余名特殊儿童。

医疗救助。基金会设立"阳光基金"，为重病患儿"雪中送炭"。1998年，在市儿童医院等三家医院建立了"阳光小屋"；2000年开展了"用爱心点亮白血病患儿的生命之光"资助白血病患儿骨髓因子相配治疗活动；2006年资助上海市第一聋校筹建了"听力言语矫治康复训练中心"，并为上海市第四聋校购置耳膜制作设备、纯音测听仪和发声诱导仪等设备；2007年资助崇明横沙中心校设立了儿童心理健康咨询室。

救助灾害。基金会积极参与抗震救灾、为灾区孩子奉献爱心。2008年汶川地震后，发起了"上海母亲关爱行动"，呼吁"关爱震区孤儿，上海母亲再献一份爱心"，向社会公布基金会账号和捐赠热线，在社区设立"关爱震区孤儿捐款箱"，共募集救灾款1 000余万元，给地震中失去双亲的孩子送去母爱和温暖。

公益活动。基金会自1994年以来，先后开展了"全国家庭优生、优育、优教知识大赛""东方新苗""家庭导读""我和爸爸妈妈去寻根"等活动，传播科学育儿知识；资助举办各类少儿活动，丰富儿童业余文化生活,引导少年儿童参与社会,促进少年儿童全面发展;资助儿童电视短片邀请展播,借助社会力量为丰富儿童电视节目开拓新路,为自强少年夏令营提供活动经费;2003年启动实施了上海市"百万家庭网上行"实事项目;2005年会同市妇女联合会开展了"校园安全直通车运动伤害知识宣传"活动,活动覆盖248所中小幼,4万多名少年儿童参与获益;2006年会同市妇联等共同承办了上海"数字妈妈"评选活动,来自全市19个区(县)、377个培训点的5万名选手和59名社会报名选手参加评选,最后通过电视展示赛决出了10名上海"数字妈妈";2009年举行了"放送新年的爱"大型公益活动,表彰了百名上海优秀"小义工"。

### 【上海市老年基金会】

上海市老年基金会成立于1984年12月,是面向社会公开募集资金的公募基金会,下设代表机构18个。业务主管单位为上海市民政局。

基金会业务范围是:按照"拾遗补缺、聚焦重点、直接受益"的办会宗旨,开展尊老敬老宣传;募集、管理和使用基金,资助和兴办老年事业。

基金会主要开展以下几方面工作:

捐赠管理。基金会将基金募集工作作为基金会运行、发展的基础和基金会工作的重中之重,积极拓展募集思路,努力建立募集工作长效机制,保证基金会募集总量逐步提升。到2010年底,累计募集资金14 566万余元;规范基金募集管理,根据基金募集工作发展需要,及时制定《关于加强捐赠收入和资金使用管理的实施意见》《关于资助社会公益项目管理办法》,切实规范基金募集管理;建立基金募集长效机制,在着力确保基金保值增值、积极提升基金会社会公信力的同时,不断调整募集工作思路和实施路径,把巩固原有募集渠道与发展新的募集对象、面向社会募集与扩大定向捐赠、运用常规方式与拓展项目引领有机地结合起来,形成市、区(县)、爱心企业等不同层面的基金募集机制,保障上海老年公益事业持续健康发展;扩大爱心企业捐赠,注重发挥集体智慧和协调能力,不断加强与爱心企业的联系与沟通,大力弘扬爱心企业的社会责任意识和敬老爱老情怀,使更多的爱心企业积极投身上海老年公益事业。到2010年底,共有70多家爱心企业累计捐赠近3亿元,其中,上海置业集团有限公司2008年至2010年捐赠4 108万元;上海烟草集团2008年至2010年捐赠2 800万元;绿地集团2010年捐赠805万元。

为老服务。基金会坚持以推进上海老年公益事业发展为主线,从上海地区的特点、申城老人的需求出发,与各区(县)代表机构联手,不断丰富为老公益服务品牌内涵,切实提升为老公益服务质量,打造一批具有社会影响力的敬老助老服务品牌,实现基金使用的最大化、最优化,到2010年底,累计为老公益活动支出18 479万余元。基金会扶老帮困,自2008年起,为社区低保、因病致贫或遇突发事件导致生活困难的老人设立"急难帮困"公益项目,积极发挥"雪中送炭"作用。到2010年底,累计资助特困老人3万多人次,累计资助1 400多万元;自2008年起,为社区老年助餐点资助"助老送餐车"公益项目,到2010年底,为各区(县)社区老年助餐点选型、配置和发放"助老送餐车"1 000多辆,累计投入资金537万元,及时化解老人用餐的"燃眉之急",4万多老人受益;为解决老年白内障患者看病难、看病贵的问题,联手上海新视界眼科医院开展"光明快车"公益项目,"光明快车"开进社区、农村和海岛,为社区老人提供免费眼病筛查和眼病防治宣传服务,并向特困老年患者提供治疗费用资助,到2010年底,累计投入资金1 059万余元,受到老年患者普遍欢迎和赞许。基金会积极履行社会责任,不断创新为老服务项目,助力推动上海老年公益事业发展。到2010年底,先后组织实施近千项助老帮困项目,受到老年群体热情赞誉,产生良好社会反响。

图 3-1-1　上海老年基金会的 LOGO

公益活动。基金会设立"申城老人浦江游"公益项目,采取"1+1"模式,以浦江游为 1 个主项,外加申城 1 个新景点为附项,项目不仅在老年群体中享有良好口碑,还得到社会各界广泛认可,到 2010 年底,累计投入资金 284 万元,受惠老人 2 万多人次;2008 年起,与上海屋里厢社区服务中心联合实施"老来客会馆"公益项目,在家门口开设"老来客会馆",为社区老人搭建集休闲娱乐、互助学习和融入社交为一体的服务平台。到 2010 年底,已成功复制 3 个分馆,累计投入资金 50 万元。此外,还举办"九九关爱敬老节全天电视大放送""九九关爱小剧场""九九关爱金色广场""九九关爱重阳歌会"、助医卡、"互助睦邻点""精彩老朋友"等公益活动,项目得到广电部、市民政局肯定和表彰。

### 【上海宋庆龄基金会】

上海宋庆龄基金会成立于 1986 年 5 月,是面向社会公开募集资金的公募基金会。业务主管单位是中国福利会。

业务范围是:募集、增值与管理基金,接受捐赠,开发、实施、支持和资助与妇女、儿童等群体相关的公益项目。

基金会主要开展以下几方面工作。

捐赠管理。自 1986 年成立,到 2010 年底,基金会捐款收入合计 167 688 943.52 元,募捐工作主要分成两个阶段:

第一阶段:1986 年至 1998 年,基金会挂靠在中国福利会联络处,筹募工作以接受捐赠为主:1986 年,李炳之、谢达侃夫妇的女儿获悉基金会开始筹备,按父母遗愿,向基金会捐赠储存 33 年的 2.2 万元。上海工商爱国人士陈元钦,委托其女儿捐赠人民币 2 万元。香港工商界知名人士唐翔千及夫人捐赠 2 万元。1989 年 1 月宋庆龄诞辰纪念日播放了一部反映宋庆龄战斗一生的电视连续剧《洒向人间都是爱》,基金会理事、著名电影表演艺术家白杨女士筹集捐款近 50 万元,其中 10 万元是基金会理事任百尊先生代表锦江集团捐赠的。1994 年,基金会理事香港兴利集团董事长张曾基先生和夫人捐资 180 万元;同时,率团访问香港的上海政协委员和沪港经济协会友好人士也募捐 50 余万元。

第二阶段:自 1999 年起,基金会正式与中国福利会联络处脱离,成立了基金会办公室,把筹募资金、壮大基金会的实力作为"重中之重"。2000 年,基金会发动海内外理事及理事单位共捐款 1 466 687.22 元。2001 年 5 月,上海亚龙企业有限公司向基金会捐赠 4 500 万元,支持基金会兴办学前教育事业。2006 年,以庆祝基金会成立 20 周年为契机,开展系列筹款活动,募得善款 305.11 万元。

推动妇女儿童事业发展。1989 年,与中国福利会、联合国儿童基金会联合召开"保护儿童权益研讨会",邀请美国、苏联幼教专家介绍国外幼儿教育现状和发展趋势。1991 年 12 月至 1992 年 1 月,与台湾财团法人国语日报社、台湾财团法人金车教育基金会联合主办"我们都是好朋友""温暖的相会"海峡两岸少年儿童文化交流联谊活动。1991 年,基金会获得了日本政府为中国福利会国际和平妇幼保健院无偿援助的价值1.57亿日元(折合人民币608万元)的29类74部(套)医疗仪器设备。同年,孙中山孙女孙穗华女士、孙女婿张家恭先生捐赠价值2.5万美元的胎儿监护仪。其后,马来西亚实业家郭鹤年先生共捐赠3 000万元,作为新建中国福利会国际和平妇幼保健院的补充资金。1994年起,参与举办了1994年、1997年和2000年、2004年的上海国际少儿文化艺术节。1995年,资助中国福利会组织妇幼保健、少年儿童文化教育综合服务团赴大别山革命老区安徽省金寨县开展文化扶贫活动。1996年、1998年,再次与中国福利会一起组织综合服务团共99名医生、教师和儿童剧演员,先后赴内蒙古自治区呼伦贝尔盟大草原和宋庆龄的祖籍海南省文昌县建立综合服务点。

2001年,重点推进母婴平安项目。发起时名为"生命工程"、2005年底更名为"母婴平安"的项目,先后在20个省区开展工作。促进我国西部贫困地区妇幼保健事业,切实降低孕产妇和围产期幼儿的死亡率,在贵州、云南、内蒙古、海南等贫困地区援建106个妇幼保健站,添置医疗仪器设备;资助贵州、海南医务人员来沪培训;资助当地1 380名孕妇免费入院分娩;向当地捐赠200多辆救护车,免费发放上万册《母婴平安保健手册》和《母婴平安医护人员手册》;选派国际和平妇幼保健院专家赴海南、贵州、重庆、内蒙古、新疆培训当地医护人员,同时面向牧区妇女儿童开展免费普查和医疗咨询活动。自2005年起,坚持每年举办四期西部妇幼保健院长培训班,提高西部地区妇幼保健院长的管理能力和工作水准。2008年,"母婴平安"项目被授予慈善项目奖。

促进教育事业发展。1994年,与儿童时代社在上海联合发起"捐一本书,献一片爱心"活动,把募集到的上万册图书送到山东省沂蒙山区,帮助山区小学建立图书馆。同年,资助中国福利会幼托单位在上海举办三期老少边穷地区幼托师资培训班,提高中国边远地区幼儿教师的业务水平,来自云南、黑龙江、宁夏、山东沂蒙山区等边远地区的180名幼儿园园长和老师参加了培训班。1996年,基金会与宋庆龄生前好友、保盟中央委员邓文钊的长子、全国政协委员邓广殷签订为期10年的协议,每年出资2万元,在安徽省金寨县设立幼儿园和小学教师奖励金。1998年,再次与邓广殷签订为期10年的协议,每年出资2万元,在海南省文昌市设立幼儿园和中小学教师奖励金。

为大力弘扬宋庆龄精神,树立身边的榜样,向全社会传递正能量,树立了宋庆龄奖学金和宋庆龄樟树奖两个品牌项目,每年坚持举办颁奖礼,组织获奖代表赴青岛夏令营、开展与学林出版社联合出版《成长的榜样——宋庆龄奖学金获奖者风采录》等活动。此外,还有以关注贫困地区和农民工子女教育问题为主题的"宋庆龄流动少年宫"项目。多年来选派少年宫教师深入湖南湘西、四川都江堰、江苏常州,以及上海奉贤、南汇、宝山、闵行的20多所民工子弟学校,为当地少年儿童提供校外教育服务,组织丰富多彩的夏令营活动。

灾区援建。1996年3月,云南丽江发生地震,斯维卡眼镜林捐赠人民币20万元,建造永胜县光华乡眼镜林希望小学。2008年的5·12汶川大地震发生后,基金会开通捐助热线,接受社会各界的捐款,并设立"母婴平安　重建家园"专项基金,所得善款全部用于支持受灾地区的妇女儿童教育和医疗卫生等福利事业,帮助灾区人民共渡难关。在四川地震灾区恢复重建的关键时期,基金会先后组成三批服务团赶赴地震灾区都江堰,在都江堰市每一所中小学配备"宋庆龄爱心书库",共计60个书库,开展校外教育、学前教育和儿童文化等领域的综合服务。同时,还邀请四川灾区的孩子来上海参加"沪川小伙伴心连心夏令营"活动。2009、2010两年中组织少年儿童文化教育综合服务团赴四川开展培训教师、儿童剧巡演、爱心导读活动;资助四川什邡两所小学购买教学设备,为青海玉树卡囊学校捐赠课桌椅等文体用品,援建都江堰驾虹学校电子阅览室;携四川灾区少年儿童赴台湾文化交流等。

图 3 - 1 - 2 　1986 年,上海宋庆龄基金会成立,办公地址为五原路 314 号。

**【上海文化发展基金会】**

上海文化发展基金会成立于 1986 年 11 月,是面向社会公开募集资金的公募基金会,国内首家地区性(市级)文化类基金会。业务主管单位是中共上海市委宣传部。

基金会的宗旨是:筹措文化发展资金,资助公益文化,扶植文化人才,推动文化创新,促进文化交流,致力于上海文化事业的繁荣发展。

基金会主要开展以下几方面工作:

促进文化交流。基金会成立后,组织和策划诸多面向社会的文化活动,促进文化事业的发展,丰富人民群众的文化生活。1997 年,基金会主办第一届上海艺术博览会(每年一届),到 2010 年已成功举办 14 届。艺博会秉承"促进中外艺术交流,繁荣发展艺术市场"的办展宗旨,参展规模日趋壮大、品牌效应日益提升,成为亚洲规模最大、最具影响力的艺术品展示和交易平台之一。1999 年起,基金会创办"上海亚洲音乐节",并作为常设项目。上海亚洲音乐节在培养扶持亚洲歌坛新人、繁荣发展音乐文化市场、推动中国原创歌曲创作、促进各国音乐文化交流方面发挥了积极的作用。

扶持文艺人才。在市委宣传部领导下,基金会参与组织并资助全市性的一些文化艺术大奖,"上海文学艺术奖"是上海市政府批准设立的上海文学艺术界最高荣誉奖,旨在表彰和奖励为促进、繁荣上海文学艺术事业作出突出贡献的个人及作品,以鼓励坚持"二为"方向、献身于文学艺术事业、创作出无愧于我们伟大民族和伟大时代的文学艺术作品的文艺工作者。1998 年,"上海文学艺术奖"已举办四届,巴金、王元化、朱践耳、程十发、吴贻弓等艺术大师荣膺此奖项。"上海白玉兰戏剧表演艺术奖"的设立,为全国各地在上海演出过剧目的演员提供了一个施展才华、提高知名度和获得荣誉的舞台,对繁荣和振兴上海乃至全国的戏剧事业作出了贡献。至今,"上海白玉兰戏剧表演艺术奖"仍是中国戏剧领域主要评奖活动之一。"中、长篇小说优秀作品大奖"的设立,在当时中、长篇小说创作和出版不景气的状况下,起到了鼓励作家创作更多更好的优秀作品的作用。

资助公益文化。2004 年起,作为上海市资助文化事业和文化产业的重要平台,基金会受市委宣传部和市财政局委托面向全市开展对文艺创作和公益文化项目的资助评审,根据"公开、公平、公正"的原则组织专家对申报项目进行评审,并对资助项目实施监管。至 2010 年,基金会共资助文艺创作和公益文化项目 2 000 多项,资助金额近 6 亿元。

募集社会资金。为了积极筹措社会资金,汇聚社会力量支持上海文化的繁荣和发展,基金会面向全社会开展专项基金的募集工作,并为社会募集专项基金提供义务的管理服务。基金会下设的专项基金现有几种类型:有的以艺术家命名,著名歌唱家周小燕和廖昌永、著名小提琴家俞丽拿、"梅派大青衣"史依弘等都有了相应的专项基金;有的由区政府部门集资设立,金山农民画专项基金、上海闵行春申文化传媒专项基金等;此外,还有由出资企业或个人进行定向捐赠资助的专项基金。

## 【上海市嘉定区教育奖励基金会】

上海市嘉定区教育奖励基金会成立于 1987 年 6 月,是面向社会公开募集资金的公募基金会,原名上海市嘉定县教育奖励基金会,1992 年 3 月由市社会团体管理局正式登记注册,1993 年更名为上海市嘉定区教育奖励基金会。业务主管单位为上海市教育委员会。

基金会业务范围是:募集、管理基金,奖励优秀教育工作者,促进本区教育事业的发展。

基金会主要开展以下几方面工作:

捐赠管理。基金会主要以捐赠收入、各类投资收益、基金利息来用于当年的公益性项目支出,到 2010 年底,共有各类基金 2 000 多万元。嘉定区的定向捐赠一直较为活跃,继马陆地区的"木兰基金""嘉一中正飞教育奖励基金""嘉二中荣威教育奖励基金""桃李园雷诺尔教育奖励基金"后,安亭地区的"西上海教育奖励基金""民办教育奖励基金""光彩教育奖励基金""鹏欣幼儿教育基金""佛教十方教育奖励基金"和"民盟嘉定企业家联谊会嘉一中奖励基金"等相继加盟上海市嘉定区教育奖励基金会。定向基金的管理,以服务为主,充分尊重捐赠者的意愿,妥善做好定向捐赠资金的管理。同时,注重过程性捐赠奖励项目资料的积累和台账记载,为定向基金召开董事会议提供总结汇报、决策审议的基础性资料,促进定向基金健康发展。

人才激励。基金会着力促进教育事业发展,自成立起,就将切实做好各类教育奖励项目的申报立项、报批审议和事前指导、事中监督、事后反馈列为重要工作内容,重视基础性资料的积累,工作做实做细,为领导决策提供依据;教育奖励项目,涵盖教育领域各个方面,从奖励优秀教师到褒奖基层干部、后勤人员、学生以及退休人员中的佼佼者,从基础教育到特殊教育,从学前教育到终身教育,从资助出版学术专刊到助力开展社会实践和红色考察活动,从奖赏先进个人到激励先进集体,充分体现奖励的广泛性、激励性和持续性。区域性的"十佳"评选表彰活动,包括"十佳师德标兵""十佳班主任""十佳青年教师""十佳青年岗位能手""十佳校园长""十佳党务工作者""十佳学生""十佳家长"等,已成为基金会组织开展的特色传统项目。据统计,基金会 1991 年至 2010 年用于各类教育公益性资助、奖励费用共 692 万元,462 个各类教育先进集体、8 148 人次教师或教育工作者得到奖励;奖励各类教育竞赛获奖集体 55 个、教职工及学生 2 869 人次。基金会自觉融入嘉定教育改革和发展中,促进嘉定教育持续发展创新。

典型宣传。基金会不断拓展激励效能,组织开展区域教育领域先进人物事迹宣传,提升激励先进的典型性和示范性。以电视专题片为媒体,以独特的视角和电视语言,介绍先进人物的感人事迹,在教职员工中树立各个时期、各个层面的学习榜样。组织摄制电视专题片《老校长》,记录优秀老校长的感人事迹;摄制专题片《长青的生命树》《嘉定教苑半边天》《颜底红英十万株》《长青的水杉树》,汇集展示优秀模范教师们辛勤耕耘的足迹和风采;摄制专题片《嘉定青年教师风采》,讲述嘉定教育战线新人辈出的英姿。基金会将评选表彰的先进事迹进行汇集和提炼,组建优秀教师先进事迹宣传团,赴各校巡回演讲,广泛宣传优秀教师的师德风范和奉献精神,形成持续的教育效益。

### 【上海市黄浦区教育基金会】

上海市黄浦区教育基金会成立于 1987 年 11 月,原名上海市黄浦区中小幼儿教师奖励基金会,1992 年 5 月更名为上海市黄浦区教育基金会,是面向社会公开募集资金的公募基金会。业务主管单位为上海市教育委员会。

基金会业务范围是:募集、管理基金,奖励优秀教师和学生、提高教师素质,资助、兴办教育事业。

基金会主要开展以下几方面工作:

捐赠管理。基金会接受企事业单位和个人捐赠,包括上海新世界股份有限公司、上海新黄埔集团有限公司、上海大东海股份公司、上海第一百货商店、上海市黄浦区工商联、上海市黄浦区科协等企事业单位和区机关党员等个人。1993 年,澳门兴南发展有限公司董事长金寿南先生捐赠 50 万美元,设立"兴南奖励基金",用于奖励上海市黄浦区第一中心小学优秀教师和学生;1995 年,香港企业家曹光彪先生捐赠 100 万美元,其中 50 万美元设立"曹光彪教育奖励基金",用于奖励上海市黄浦区曹光彪小学学习优秀、进步显著的学生和为学校发展做出贡献的教师;1993 年至 1996 年,华生化工公司董事长李隆铭先生先后捐 55 万元,设立"华生杯科技奖";香港东方石油公司董事长刘先清及夫人孔爱菊捐款 100 万港元,扩建黄浦区音乐幼儿园;香港先施公司董事局主席马景华先生捐款 100 万元,设立黄浦区"先施职教奖";香港远东集团董事长邱德根先生及夫人裘锦兰女士捐 80 万元,用于改建黄浦区裘锦秋实验学校。

促进教育。基金会依据章程开展了教育办实事、奖励优秀校长优秀教师、奖学助学、敬老助老等项目。在为教育办实事中,为市、区教师教学评比,市、区见习教师教学评比,市、区科研成果评比获奖项目等提供奖励,到 2010 年,奖励先进个人 2 万多人次,先进集体 300 多个。为推动教育科研工作,1997 年用 200 万元设立科研基金、10 万元设立德育基金、100 万元设立师训基金;1999 年起,用 500 万元建立名师工程基金,帮助提高教师整体素质;为区幼儿教育的"万名宝宝进早教""青苹果工作坊""学前教育结对带教""学前教育幼儿发展研究"等项目提供资助,同时资助阳光学校、文庙路幼儿园学前特教班开展特殊教育;协助区教育局、区教育工会开展市、区"园丁奖"和先进教师评选工作,编印出版《枫叶似火》《秋高气爽》《樟叶流香》等 10 种书籍和画册,拍摄《无悔奉献》《叶绿情深》等 12 部录像片,宣传优秀教师先进思想和先进经验,树立教师光辉形象。在奖学助学项目中,依据"曹光彪教育奖励金实施条例",对学习优秀、进步显著的学生和为学校发展作出贡献的教师进行奖励,"曹光彪教育奖励金"颁发典礼已成为区曹光彪小学校园文化的传统盛会;"兴南奖励基金"遵循公开、公平、公正原则,坚持规范管理,设立以来,每年对 200 至 300 人次进行奖励,引领教师爱岗敬业、勇挑重担、团结合作,促进学生健康、全面、快乐成长,充分发挥激励、导向作用。

助老济困。基金会开展敬老助老工作,在"冬送温暖、夏送清凉"活动中,慰问退休劳模、退休单身教职工、老年教育工作者;为全区孤老教师维修水电设备,为退休教工"阳光体育""健康康乐行"等活动提供资助。关注基本设施建设,为区内幼儿园添置午睡小床,为部分硬件薄弱的学校添置多媒体教学设备等;关心在职教师生活,每年拿出专项资金为困难教师提供医疗补助等。

## 【上海市虹口区教育基金会】

上海市虹口教育基金会成立于 1988 年 8 月，是面向社会公开募集资金的公募基金会。业务主管单位为上海市教育委员会。

基金会业务范围是：筹集、管理和使用奖励基金；制定奖励条例，确定奖励优秀教师项目和名额，定期奖励优秀教师，宣传优秀教师的先进事迹；表彰、奖励、宣传为发展教育事业、开展教育科研，在尊师重教方面作出突出贡献的先进集体和个人；举办各种奖励优秀教师的活动和各种有利提高教师社会地位和待遇的事业；开展与台湾同胞、港澳同胞、海外华侨、国内外友好团体和人士及国际教育组织的友好往来和相互合作；加强和虹口区各街道（社区）的联络，推进社区教育工作。

基金会主要开展几方面工作：

捐赠管理。基金会得到企事业单位、社会团体、社会自然人等的积极捐赠，到 2010 年，接受莘盛发展公司、上海银行、八一电影机械厂、四平开发公司、虹口区党校等单位及个人捐赠约 820 万元；此外，接受金光纸业（中国）投资有限公司捐赠 100 万元、仲盛集团华元房地产开发有限公司捐赠 30 万元。所有捐赠基金，都用于奖励优秀的教育工作者，帮扶生活困难师生和贫困地区孩子接受教育，完善艺术教育基地建设等。

促进教育。基金会积极配合"上海市园丁奖"评选活动，实施三年一次"虹口区园丁"奖评选奖励活动；资助开展历届庆祝教师节主题系列活动，宣传弘扬优秀教育工作者的先进事迹；资助区教育系统开展"文明班组"的创建活动，评选"虹教先锋号""文明班组""五型班组"称号的班组，发挥优秀先进班组在教育系统的示范引领作用；资助区教育系统开展"师爱绘彩虹"为主题的师德小故事征集活动，大力弘扬教书育人、为人师表、无私奉献的高尚师德，向民众展示虹口教师的精神风貌和良好素质；资助"振兴中华读书"系列活动，会同区教育局共同承办"'感受世博情怀，品味彩虹人生'——虹口教育读书活动百校巡展"活动，推进区教育系统教职工素质工程与和谐校园的建设；资助区未成年人保护办公室开展"年度未成年人保护工作表彰评选活动"，奖励先进工作者和先进集体，推进虹口区未成年人保护工作的开展；资助区语言工作委员会办公室开展优秀语言文字工作者的评选活动，推动区教育系统语言文字规范化的实行；资助特殊教育工作先进的评选活动，表彰特殊教育工作成绩显著的先进个人；携手区教育局进行"二法"目标责任制执行有效的先进单位和个人的表彰奖励活动，推动《教育法》《义务教育法》在虹口教育系统全面贯彻落实；携手区教育局表彰虹口区教育系统校务公开工作先进的学校单位，促进学校（单位）民主管理建设；组织表彰区教育系统赴云南、新疆、上海郊县农村等地的对口支援工作的优秀支教教师，激励支教教师的工作热情；会同区教育局、共青团虹口区委开展"上海市优秀少先队辅导员"评选工作表彰优秀工作者，激励广大少先队辅导员立足岗位做奉献；会同区教师进修学院开展万名班主任国家级远程培训优秀学员活动。

扶贫帮困。基金会坚持每年慰问区教育系统患病、残疾、独居等生活有难的在职、离退休老师；积极支持和参与"千人助学工程"，以"帮助一个孩子，救助一个家庭"为宗旨，发挥基金会功能，鼓励受助学生奋发进取；资助虹口区密云学校开展"阳光之家"活动，资助添置和改善智障少年儿童的教育、发展、康复及娱乐设施，为特殊学生奉献爱心；联合区政协、民进虹口区委援建四川德阳市罗江县白玉兰希望小学，该学校于 2009 年 11 月底竣工；2010 年，又向四川德阳教育局捐赠人民币 21 万元，资助罗江县白玉兰希望小学的校园建设和教学设备添置，为灾区教育重建和振兴贡献力量；2010 年，与金光纸业（中国）投资有限公司签订协议，出资 100 万元设立"云南文山富宁助学金"，资助云南省文山州富宁县山瑶族学生接受教育，并对山瑶族学生开展"温暖工程"，为住校山瑶族学生添置棉被;向云南文山州伤残儿童专项资助资金捐赠 15 万元,用于当地学校伤残儿童治疗和康复等,推动贫困地区教育事业持续健康发展,

公益活动。基金会参与举办由市教委主办、市教师学研究会、区教育局联合承办的"党魂铸师魂,书写绘彩虹"上海市中小学教师"三笔字"(粉笔字、钢笔字、毛笔字)邀请赛,促进教师对写字基本功的重视;参与区教育局组织的"'世博励志·讲台建功'虹口区中小幼教师课堂教学单项技能评比与展示"活动,营造"教育为世博添光彩,世博让教育更精彩"和谐氛围;资助表彰区教育系统校本研修先进个人,奖励"十一五"校本研修推进阶段中创造特色鲜明、亮点突出课程的教师,调动教师再学习再创造的激情;资助继光高级中学有关古籍藏本的修复及保护开发工作,"让百年校史说话",提升虹口校园文化品位;资助"中学生研究成果展示研讨会""促进小学教师发展提高教学有效性专题研讨月"和"虹口区青年教师发展性培养的实践研究项目研讨会"等活动,协力推动虹口区中小学教学工作发展;组织开展幼儿园教师绘画大赛、幼儿园教师专业技能擂台赛、幼儿园教师舞蹈、律动编排大赛等,促进区幼儿教师专业技能和艺术素养提升。

## 【上海科技发展基金会】

上海科技发展基金会成立于 1988 年 9 月,是面向社会公开募集资金的公募基金会。原名上海市科协奖励基金会,1993 年 6 月,由中国人民银行上海市分行批复,更名为上海科技发展基金会。业务主管单位原为中国人民银行上海市分行,1999 年 12 月,变更为上海市科学技术协会。

基金会业务范围是:依法募捐或开展公益性活动等筹集资金;在国家政策法律许可的范围内进行基金增值;设立专项基金,资助科技团体开展科技和表彰活动;表彰、奖励在科技活动中有突出成就的科技工作者;支持开展域内外学术活动、科普活动及青少年科技活动。

基金会主要开展以下几方面工作:

接受捐赠。基金会接受企业、个人等社会捐赠,21 世纪以来的捐赠主要有:2003 年 3 月,上海科事发房地产有限公司捐赠人民币 12 万元;同年 6 月,东方发明公司捐赠人民币 2.5 万元;2004 年 8 月,上海航天技术研究院捐赠人民币 5 万元;同年 12 月,基金会举办科技精英、科技英才座谈会暨捐赠仪式,仪式上中科院上海硅酸盐所捐款人民币 10 万元、李芳兰女士捐赠人民币 2 万元、连纪平先生《天地一色》国画 1 幅;2006 年,大众保险公司、太阳能公司、香港胡宝琳女士共捐赠人民币 32 万元,同时,基金会与大众保险公司签订捐赠协议,由大众保险公司资助基金会主办 5 届"大众科学奖",奖金 75 万元;2008 年,共接受社会捐赠 62 万元。

公益活动。基金会积极促进上海科研事业发展,1989 年 9 月主持设立"上海市科技精英奖",表彰奖励 55 周岁以下在推动上海科技进步和社会、经济发展中作出突出贡献的中、青年科技工作者。当年首届评选出"上海市科技精英"10 名,"上海市科技精英提名奖"30 名。1995 年 10 月,基金会在上海市科学技术协会主持和领导下,与大众保险股份有限公司联合设立"上海市大众科学奖",表彰奖励长期从事科学技术普及事业并有突出贡献的人士,推进全市科学普及工作,当年首届评出"大众科学奖"2 名,"大众科学奖"提名奖 7 名。2002 年 7 月,会同上海市科学技术协会联合主办首届"上海青年科技英才"评选,以表彰奖励为促进上海市科技进步和经济社会发展做出突出贡献的、年龄在 40 岁以下的青年科技人才。2003 年 3 月,会同上海市科学技术协会联合推出的"上海市科协青年科技人才飞翔计划"开始运作,计划以鼓励优秀青年科技人员出境参加国际性学术会议为载体,提升上海青年科技人员的国际知名度。2006 年,基金会共资助项目 46 个,资助人民币 282.6 万元;2007 年,基金会共资助项目 41 个,资助人民币 285.1 万元;2008 年,基金会资助项目 71 个,资

助人民币 631 万元;2009 年,基金会共资助项目 58 个,资助人民币 498 万元。

救助灾害。基金会积极开展救助灾害活动,2008 年汶川地震后,基金会迅速举行公募活动,各协会、区(县)科协、事业单位及科技精英等科技人员踊跃捐款,募集的 52 万元善款全部捐赠灾区,帮助都江堰市在临时安置点建造 8 个青少年科技活动室,受到灾区民众欢迎和好评。

### 【上海市长宁区教育基金会】

上海市长宁区教育基金会成立于 1988 年 9 月,是面向社会公开募集资金的公募基金会。业务主管单位为上海市教育委员会。

基金会业务范围是:加强校长和教师队伍建设,围绕教育中心工作,做好评选、奖励、宣传优秀教师和其他先进的工作;举办各种实事好事,为教育、教师服务;开展各项弘扬尊师重教的活动;助学帮困,资助本区家境困难品学兼优中小学生;依法筹集、管理、使用奖励基金。

基金会主要开展以下几方面工作:

捐赠管理。基金会积极传播慈善理念、传递社会关爱、集社会之力,积极募集资金,支持教育事业,成为政府职能的有力补充,为促进社会和谐、公平发挥独特作用。到 2010 年底,接受捐赠共计 1 500 万元。

服务教育。基金会坚持为教育和教师服务的方向,结合区教育系统三年一次"长教杯""希望杯"教育科研评优活动,提供奖励资金,奖励以"为了每一个学生更好地成长"为主题的论文与案例,以及区教育科研先进集体、先进个人;资助编印《长宁区科研成果集》《长宁区学校教育科研经验汇编》《长宁区学校教育科研制度汇编》和《"研究学生——学习方式的转变"教育论坛征文汇编》,积极为区教育发展做贡献。基金会利用上海举办世博会契机,会同区教育系统党政工团,加强学校精神文明和师德师风建设。评选奖励区教育系统"师德先进集体""十大师德标兵""百名师德先进个人";奖励在"和谐校园迎世博,文明长宁更精彩"主题校园文化建设推广活动中的十佳作品及优秀中小学组织;资助奖励在区教育系统机关工委组织的"理解、参与、服务、感悟世博"主题活动中荣获世博知识竞赛、《感悟世博》征文等获奖项目;奖励在"七色世博、精彩长宁"主题教育活动中获"优秀组织奖"的学校和在"长宁区第四届青年教师看世博讲故事比赛"获奖的教师;奖励在"世博剧坛——长宁区少儿戏剧系列活动"中荣获少儿歌舞剧、校园剧/课本剧、诗歌朗诵/戏曲(小戏)的指导教师和在争当"世博风尚好少年"评选活动中取得优异成果的学校等。

### 【上海市人口福利基金会】

上海市人口福利基金会成立于 1989 年 1 月,是面向社会公开募集资金的公募基金会。1987 年 10 月 28 日,经市政府侨务办公室批复同意,泰国姚氏宗亲总会名誉会长、泰籍华人姚宗侠夫妇捐赠泰铢 50 万(约合港币 15 万元),由当时的市计划生育委员会接受;1988 年 8 月 5 日,中国人民银行上海市分行向上海市计划生育委员会发出《关于同意成立上海市人口福利基金会的函》;1989 年 1 月,上海市人口福利基金正式成立。业务主管单位为上海市人口和计划生育委员会。

基金会业务范围是:筹集、管理基金,支持、资助人口福利事业的发展;开展与人口福利相关的公益捐赠和募捐活动,扶贫帮困,提高人口素质;资助人口福利推广活动,奖励对人口事业作出重大贡献者。

基金主要开展以下几方面工作:

捐赠管理。基金会的首笔捐款来自泰籍华人姚宗侠夫妇。基金会成立后,募集的资金主要来自企事业单位和社会爱心人士的捐款,部分是政府拨款,还有少量外国公益机构的捐款等。2005年以后,由于部分大型企业和慈善组织给予捐款,基金会接受捐款的数量较快增加,捐赠者包括:上海建工房产、康居置业、骏德实业、新风城房产、英国救助儿童会、旭辉集团、玉佛禅寺等,以及其他企事业单位和个人。到2006年底,基金会原始基金已达到600万。2006年起,基金会将部分资金交由申银万国代为定向资产管理,获得一定收益。2006年7月,基金会与"2006'上海国际服装文化节"组委会合作,在上海市第一八佰伴举行义卖,募集资金近26万元。到2010年底,基金会净资产达800余万元。

扶贫济困。基金会关注计划生育特殊困难家庭和提高人口素质等问题,并将帮扶的重点对象定位在偏远郊区。2003年至2008年,基金会资助金山、奉贤、南汇、青浦和崇明等区(县)16周岁以上独生子女死亡家庭共1 192户次,金额119.2万元。2006年10月25日,在金山区召开市"生育关怀行动"启动仪式,并组织10位专家进行义诊,打造出"生育关怀行动"品牌公益项目;2007年,与人寿保险公司上海分公司签订《上海市独生子女"灿烂阳光"保障计划合作框架协议》,并与有关企业合作向崇明县部分计划生育困难家庭捐赠彩色电视机、棉被及自行车等物品;2008年,筹资成立全市"扶助独生子女困难家庭专项资金",同时实施"人福阳光创业辅助项目",向崇明县计生困难家庭提供5年周期的10万元无息创业资金,帮助部分计生困难家庭通过劳动脱贫。到2010年,"人福阳光创业辅助项目"已实施3批次,收到良好效果。

公益救助。基金会积极开展公益救助活动,2007年起,组织举办"人口素质论坛",邀请国内知名专家学者和政府机构、媒体机构等参加,围绕独生子女教育、外来民工子女健康、提高人口道德素质、城市现代化与市民素质等专题开展研讨,并通过媒体宣传报道,提高社会对自身素质、人口道德、儿童健康等问题关注度;2008年以来,与英国救助儿童会上海联络处合作,在来沪务工人员相对集中的社区开展"'春伢健康促进行动'——外来民工子女儿童健康卫生促进试点项目",在上海医科大学学者专家的参与和指导下,选择上海闵行、松江等地8所外来务工子女集中的学校,对师生、家长开展健康、卫生、安全、营养等知识普及,开发多种健康教育产品。到2010年,该项目共投入资金达数百万元。

## 【上海市儿童健康基金会】

上海市儿童健康基金会成立于1989年8月,是面向社会公开募集资金的公募基金会。原名上海市少年儿童营养基金会,业务主管单位为中国人民银行上海市分行;1999年12月30日,更名为上海市儿童健康基金会,业务主管单位变更为上海市卫生局。

基金会业务范围是:筹集管理基金;开展科普宣传;资助调查研究;表彰奖励先进;加强交流合作;参与社会救助。

基金会主要开展以下几方面工作:

捐赠管理。基金会自1989年成立,到2010年底,共接受来自社会各方面捐赠款物折合人民币359万多元。上海味好美食品有限公司全球支援部的30个供应链成员单位联合捐款帮助徐汇区、闵行区特困家庭儿童缴纳少儿住院互助基金的一年费用;英特尔营养乳品公司捐赠奶粉2 200箱,价值100余万元。捐款主要用于特困家庭患病孩子医疗救助、促进儿童健康项目研究、人员培训和开展健康教育活动等。基金会对每项捐赠资金都设立专门项目或专项基金。到2010年,设立的专项基金有:儿童先心病手术帮困专项基金、儿童肾衰竭帮困专项基金、早产儿救治帮困专项基金、儿童先天性畸形帮困专项基金、儿童原发性免疫缺陷病专项帮困基金、儿童糖尿病帮困专项基金等。

扶贫帮困。基金会积极开展公益慈善活动,利用募集善款帮助包括困难家庭、偏远农村地区、少数民族和城市流动儿童在内的困难儿童。在龙华寺举行"庚寅新春感恩祈福义拍会"上,光明乳业集团通过龙华寺向基金会捐赠 200 万元的奶粉,作为在松江、宝山、杨浦等区民工子弟幼儿园孩子们的营养补充;在东方绿舟举办"植树节"点燃患儿信心活动中,从每份植树套餐价格中提取 50 元作为善款,用于基金会下属的"早产儿童心帮助基金";在全国第十五届"爱眼日"上,与上海市眼病防治中心联合举办"关爱外来务工子弟眼健康"活动,为 1 500 名学生进行视力、沙眼筛查,并对视力低下的儿童进行扩瞳验光、免费药物治疗和配镜,并定期随访。此外,基金会推进儿童福利示范项目,深入河南、四川、山西、新疆和云南等省自治区的 120 个村,改善贫困地区孩子生活。

医疗救助。基金会设立"儿童先心病手术帮困专项基金"项目,坚持为上海的特困家庭儿童以及云南和贵州边远山区的患儿提供救助,项目连续开展 16 年,平均每年资助 40 余名患病儿童,到 2010 年,受益儿童超过 650 名;与复旦大学附属儿科医院联合建立"儿童肾衰竭帮困专项基金",帮助特困家庭肾衰儿童腹膜透析、肾移植手术及术后排异等有关费用;2002 年 10 月,举办"促进儿童健康公益义拍",受到社会各界关心,200 余位捐赠与义拍人士济济一堂,国内知名人士王文娟、曹鹏、金采凤等和法国、澳大利亚、美国以及中国香港地区等的海外友人参加义拍,来自海内外的众多书画家捐赠佳作和工艺品 160 余件;与上海市儿童医院合作建立"早产儿救治帮困专项基金",帮助家庭经济特别困难的早产儿及时获得救治,促进患儿早日恢复健康;与上海市儿童医院联合成立"儿童脑性瘫痪救治帮困专项基金""儿童肾病综合症救治帮困专项基金",帮助家庭经济特别困难的脑瘫患儿、肾病综合症治疗儿童及时获得救治;与新华医院、儿童医学中心合作成立"儿童先天性畸形帮困专项基金",帮助特困家庭先天性畸形患儿提供必要的手术治疗;与儿科医院合作成立"儿童原发性免疫缺陷病专项帮困基金",让参加上海少儿住院基金 0 岁至 18 岁患有原发性免疫缺陷病的特困家庭儿童,经医院诊断需要治疗者可享受该基金的帮助;与儿科医院联合成立"儿童糖尿病帮困专项基金",帮助特困家庭糖尿病患儿进行必要的和维持合理的治疗,减少并发症发生。此外,基金会还举办"'呵护肾脏从儿童做起'——上海市儿童慢性肾脏病双重筛查""'放眼看世界'——上海市困难家庭儿童斜视免费手术公益"等活动,到 2010 年连续举办 9 届慈善嘉年华活动,传递对特困儿童的关爱。

慈善公益。基金会积极开展慈善公益活动,2008 年汶川地震后,设立专项基金,为四川灾区来沪就读的 1 500 多名中小学生缴纳参加上海少儿住院医疗互助基金的费用;与上海香山画院等单位联合举办书画展公募活动,所得款项均用于地震灾区儿童救助;组织 7 个国家 50 多名国际友人赶制 5 000 多个书包,赠送给四川地震灾区学校。基金会坚持每年"六一"儿童节组织儿童营养、儿童心理、儿童早期发育、儿童保健等方面专家到社区、公园、广场,为大众举办公益咨询活动,每次都接待 2 000 多人次咨询;积极争取媒体的宣传支持,与"东方移动电视"合作举办"为了孩子"栏目,与上海电视台"外语频道""纪实频道"合作播放基金会帮困助医典型事例,弘扬"奉献一片爱心,促进儿童健康"宗旨,推动全社会关心和支持儿童健康公益事业。

### 【上海文学发展基金会】

上海文学发展基金会成立于 1991 年 1 月,是面向社会公开募集资金的公募基金会,下设陈伯吹儿童文学基金专业委员会、儿童读物发展基金专业委员会等 2 个分支机构。业务主管单位为上海市作家协会。

基金会业务范围是:筹集、管理资金;奖励文学作品;举办文学活动展览;赞助有价值作品;资助困难作家。

基金会主要开展以下几方面工作：

捐赠管理。基金会资金的募集，主要是接受海内外爱国团体和友好人士捐赠。基金会成立初期，募集到的捐赠极少。到 2004 年，基金会的资金达到 400 万元。由于原始基金量太少，仅靠银行存款利息和少量的企业或个人捐助很难按照章程规定的业务范围开展慈善工作。因此，理事会决议，在做好风险防范的同时，制订相关的制度，指定专人负责，努力做好基金会基金的增值保值工作。经过投资理财，到 2010 年底，基金会净资产增加到 1 789 万元。

文学活动。基金会根据章程规定，遵照"拾遗补缺，雪中送炭"精神，在力所能及的情况下努力开展公益慈善活动，促进文化事业发展。一是资助或举办会议，资助巴金国际学术研讨会和"纪念巴金先生诞辰 105 周年暨第 9 届巴金国际学术研讨会"；二是资助或组织活动，如汶川地震后组织上海作家到都江堰考察创作活动；组织为已故作家李肇正新出版的《李肇正中篇小说集》举行集体签名售书活动；组织开展"海上文学大家百年诞辰纪念系列"活动；组织为著名作家巴金、于伶、柯灵、陈伯吹、贺宜、包蕾等举办纪念活动；举办"巴金在上海大型图片展览""巴金冰心世纪友情"图片实物展览；举办"夏衍著作版本文献展览会""著名诗人王辛笛创作生涯 70 周年文献展览""王元化《清园书屋笔札展》""王元化文学生涯 65 周年展览""中国作家风采摄影展"；举办 2006 年著名儿童文学家陈伯吹先生诞辰 100 周年纪念活动；资助"新概念作文大赛"；资助青年作家创作等。三是资助出版作品，资助出版已故诗人沙金《故乡情》诗集、曹禺纪念集《倾听雷雨》、王元化《清园书屋笔札》和《樊发稼三十年儿童文学文论精选》等；并资助出版《百年陈伯吹》纪念册等；资助《收获》《上海文学》《略知一二》等纯文学杂志。此外，为把《上海文学》和《上海作家》介绍给世界，资助《〈上海文学〉作品集》的翻译出版等。四是编辑出版文库，2001 年，编辑出版《世纪的回响》丛书三辑共 30 卷，介绍 20 世纪我国和西方十大思想家杜威、白璧德、尼采、泰戈尔、克鲁洛特金、弗罗伊德、易卜生、达尔文、托尔斯泰等；与上海市作家协会联合主持策划编纂文学大系《海上文学百家文库》，精选 19 世纪初期至 20 世纪中叶在上海地区出现的 230 多位作家富有鲜明时代特征和艺术特色的代表作品，汇编 131 卷约 6 000 万字，2010 年 8 月由上海文艺出版社出版。文库荟萃"海上百家"，包容不同艺术观念、风格、流派，近现代文学史上出现的南社、文学研究会、创造社、太阳社、新月社、左联、论语派、现代派、新感觉派、鸳鸯蝴蝶派、七月派、九叶派等，都可以从文库中见到其历史风貌；文库涉及上海和整个中国的社会变迁、政治风云、文化思潮、官场现形、战争革命、城市风情、农村风貌、市井坊间、妇女儿童、婚姻爱情、侦探侠客、风花雪月等，反映着中国社会和上海城市变化的广度和深度，从原生态视角全方位、系列化、多侧面地展现上海文学的深厚底蕴和辉煌成果，具有重要和深远的文献意义。此外，基金会下设的陈伯吹儿童文学基金专业委员会坚持举办"陈伯吹儿童文学奖"，到 2010 年底，已举办二十三届；下设的儿童读物发展基金专业委员会坚持举办"上海市作家协会幼儿文学奖"，到 2010 年底，已举办七届。

公益活动。基金会积极开展扶贫、济困、助残、恤病等公益活动，从 2004 年起，资助大病、残疾和生活困难作家，资助力度和人次逐年增长。到 2010 年底，共资助大病、残疾和生活困难作家，以及春节慰问 85 岁以上老作家等，共计 384 人次，年均约 55 人次。

### 【上海市静安区教育基金会】

上海市静安区教育基金会成立于 1992 年 4 月，是面向社会公开募集资金的公募基金会。业务主管单位为上海市教育委员会。

基金会业务范围是：筹集管理和使用教育基金；促进本区教育事业发展，投资各类教育，推动教育改革和教科研活动，提高教育质量；奖励本区各级各类学校优秀教师，宣传优秀教师的事迹，举办各种有利于提高教师社会地位和创导社会尊师重教风尚的活动。

基金会主要开展以下几方面工作：

捐赠管理。基金会遵照相关法律和本会章程，依法合规接受社会各界公益捐赠和基金保值增值工作。到2010年底，基金会在顺利完成历年开展公益活动支出后，拥有资金达1939.5万元。

公益慈善。基金会开拓创新，大力扶植学校打造、建设教育品牌，促进学校教育创新发展，会同区教育局、区未成年人保护办公室等部门，开展多项奖励活动，包括"园丁奖""优秀班主任""暑期工作先进""未成年人保护工作先进""学校德育工作先进"等评选，促进教书育人、敬业爱生、为人师表在校园蔚成风气；立足长远，热情服务教师队伍建设，先后会同和参与区教育局、区教育工会、区教育团工委、区青年教师联谊会、小学及幼教党总支等多部门，多渠道、多形式开展帮助教师专业素质提升的各类公益活动，并资助区内优秀校长、书记和教师出版专著，传播先进的教育理念和模范事迹。

### 【上海市体育发展基金会】

上海市体育发展基金会成立于1992年7月，是面向社会公开募集资金的公募基金会。原名上海市振兴体育事业基金会，2007年4月，更名为上海市体育发展基金会。业务主管单位为上海市体育局。

基金会业务范围是：筹集资金；资助公益体育、扶植体育人才、促进体育界和基金会间交流；办理政府委托的相关事宜。

基金会主要开展以下几方面工作：

捐赠管理。基金会通过慈善拍卖、企业捐赠、设立专项基金等多种形式筹集基金，动员社会各界积极投入体育公益事业。到2010年底，基金会累计接受捐赠9152万元。

资助体育。基金会围绕中心、服务大局，积极开展竞技体育项目资助活动。2008年北京奥运会，为66名上海籍奥运健儿提供人均1000万元保额，总计6.6亿元的综合保险；2009年第十一届全运会期间，组织赛前慰问以及参赛运动员、教练员意外保险服务工作，全力以赴为上海选手争创佳绩保驾护航；资助举办武术国际博览会、科技京城社区网球赛、"溜得快"扑克大奖赛、新闻媒体网球赛、"活力杯"羽毛球赛、市退休职工棋牌比赛、老年体育健身等23项群众体育项目，推动全民健身运动开展；围绕"扶植体育人才，发展体育事业"宗旨，对62名参加职业技能培训并获得证书的优秀运动员颁发奖学金，到2010年，累计发放奖学金4.96万元；开展运动员、教练员医疗资助与帮困活动，到2010年，累计为110名体育工作者资助62.53万元；主持推动非奥运动项目普及和发展，2007年至2009年，为非奥运项目破超创世界纪录以及在世界大赛中获前三名的非奥运动员、教练员资助奖励167.6万元。

### 【上海市闵行区教育发展基金会】

上海市闵行区教育发展基金会成立于1992年10月，是面向社会公开募集资金的公募基金会。业务主管单位为上海市教育委员会。

基金会业务范围是：筹集、管理基金；宣传优秀教师事迹，表彰奖励优秀教师和优秀教育工作者；为教师办好事、实事。

基金会主要开展以下几方面工作：

捐赠管理。基金会加强基金的募集和管理，年度资金总量总体不断增长。到 2010 年底，共接受捐赠 815 万元。基金会积极拓展基金增值保值途径，通过对房地产公司投资及银行利息，保证理财回报和资金安全。

促进教育。基金会积极开展教师教科研优秀成果奖评选；出资奖励获得市、区教学竞赛奖的优秀教师；设立优秀班主任、德育工作者奖；组织获得市、区"园丁奖"的教师荣誉休假；为优秀教师著书提供出版经费。此外，坚持每年开展各项公益慈善活动，受到社会广泛好评。

### 【上海汽车工业教育基金会】

上海汽车工业教育基金会成立于 1993 年 1 月，是面向社会公开募集资金的公募基金会，下设专家评审委员会和秘书处等 2 个工作机构，建有 45 家企业和高校组成的联络员工作网络。业务主管单位为上海市经济和信息化委员会。

基金会业务范围是：搭建产学研合作交流平台，开展符合重点支持内容的公益活动；服务高等教育事业和汽车产业；开展资助奖励教材、专著、研究课题和大学生的科技创新。

基金会主要开展以下几方面工作：

自身建设。基金会大力支持教育事业，专家评审委员会由高校教材和企业培训教材两个专家评审委员会组成，评委专家均为清华、复旦、交大、同济、吉林大学、国家会计学院和市社科院等高等院所知名专家学者，评委会坚持公开、透明、专业、规范原则开展项目和教材评审工作，并对评审通过的资助、奖励项目严格实行异议期制度，通过网站和会讯公告，保证基金会的社会公信度。到 2010 年，资助的高校和培训机构发展到 23 家。坚持联络员会议制度，每年组织召开 2 次联络员会议，发挥联络员网络对于基金会了解需求、交流信息、开展业务的平台作用。

公益活动。基金会积极促进科学事业发展，加强产学研交流，通过开展研究类课题和校企合作课题，不断强化校企合作的深度和紧密度，打造更广泛的产学研合作平台；从 1998 年起，分别与上海市教委、共青团上海市委合作，资助"上汽教育杯"上海市大学生科技创新作品展示评优活动和上海大学生代表团参加全国"挑战杯"大学生课外学术科技作品竞赛活动，资助上海市老干部大学的教学活动；资助上海汽车产业相关的经营管理、发展战略、人力资源、技术管理、法律法规等方面的软课题研究；资助相关高校教师（特别是青年教师）专著、教材的编写和出版；奖励相关高校教师（特别是青年教师）编写和出版专著、教材；奖励企业优秀员工培训教材；协助上汽集团培训中心（党校）组织高层次培训项目和专题讲座。到 2010 年底，累计奖励、资助高校和企业金额 2 188 万元，其中，奖励金额 270 万元，资助金额 1 918 万元；奖励优秀著作 419 项，奖励优秀企业培训教材 322 项，资助教材出版 372 项；资助课题及案例研究 492 项，研究类招标课题 104 项，校企合作课题研究 21 项；资助培训办班、聘请外籍专家讲学 86 项；连续 12 年资助上海市老干部大学教学活动等。

### 【上海市教育发展基金会】

上海市教育发展基金会成立于 1993 年 9 月，是面向社会公开募集资金的公募基金会。基金会原始基金数额为 14 400 万元，到 2010 年底，基金会有理事 24 人，监事 3 人。业务主管单位是上海市教育委员会。

业务范围是：接受捐赠，筹集、管理、使用资金资助教育，服务、促进上海市教育事业的发展。基金会致力于教育与经济、社会发展相结合，促进上海市的教育事业发展。向国内外社会团体、企事业单位和个人筹集资金,接受捐赠;管理和使用募集的资金和物资;资助符合上海市教育发展规划和目标的有关教学、科研项目及国际教育交流与合作等。

基金会主要开展以下几方面工作:

接受捐赠。自1993年9月成立,至2010年底,基金会募集资金(含实物折算)累计共4.52亿元(其中包括设立专项基金41项,募集资金达2.08亿元),累计增值收入为3.17亿元,资助总额为4.92亿元。1993年9月,基金会成立后收到的第一笔十元捐款来自退休教师方善忠老人。1993年9月11日,"希望在我心——为了下一代社会捐资大点播"活动在福州路外滩、国际购物中心和上海电视台大演播厅拉开帷幕,广大企事业单位和个人纷纷解囊助教,此次活动共募集资金1400多万元。中国工商银行上海分行、中国农业银行上海分行、中国建设银行上海分行支持开展"上海市教育发展基金募捐活动",共募集资金2000余万元。

公益活动。基金会的主要资助项目有"曙光计划""阳光计划""晨光计划""星光计划""联盟计划"和"普光计划"等,支持了上海教育事业的发展。1995年,基金会倡议设立并与上海市教委共同实施了"上海高校跨世纪人才培养基金"(即"曙光计划"),主要资助高校40岁以下,高素质、高学历、高职称的教师。1995年,基金会出资400万设立"学校德育基金",与上海学生德育研究中心共同开展德育工作咨询课题研究。2009年,在"德育基金"的基础上,基金会追加投入,设立"上海市高校思想政治教育优秀青年教师培养基金"(即"阳光计划"),旨在培养和造就一批党建工作和大学生思想政治教育工作骨干人才,形成一批高质量的党建和思想政治教育工作研究成果,不断提高党建、宣传思想文化和思政工作科学文化水平。2007年开始,基金会每年投入500万元左右,设立高校优秀青年教师培养基金(即"晨光计划"),用于资助30周岁以下,具有硕士及以上学位、副教授及以下职称的高校青年教师。2004年,基金会倡议并与市教委、市人力资源和社会保障局共同出资设立了"上海市中等职业学校高技术人才培养基金"(即"星光计划"),举办了中等职业学校学生技能比赛和优秀学生奖学金评选活动。2004年起,基金会与上海科技成果转化促进会开始联合实施《联盟计划—难题招标专项活动》。2009年,为进一步推进"联盟计划"的健康发展,与上海科技成果转化促进会、上海市促进科技成果转化基金会联合设立了"上海产学研合作优秀项目奖"。1996年,按照荣智健先生的捐赠意向,基金会出资800万元资助上海外国语大学建设高标准的"东方外语培训中心",主要用于培训外贸、金融、法律、行政管理等中高级外语紧缺人才。同年启动普教科研基金(即"绿叶计划"),主要资助全市第一线中青年教师的教育科研项目,成为上海基础教育科研工作的助推器。90年代紧缺人才培训基金,为加快上海市紧缺人才的培养,基金会出资684万元设立该基金,共资助了全市10个紧缺人才培训中心的教材建设工作,以及为10个培训中心建设10个计算机实验室和10个语音实验室。2002年,由中国工程院院长、党组书记徐匡迪院士及其伉俪连续三年共捐资6万元。基金会出资1000万元,在上海市久隆模范中学设立"自强奖励基金",该基金主要奖励优秀学生和教师,以激励家境贫寒、学业优良的学子树立奋发向上、自强不息的精神,激励教师爱岗敬业、奉献教育。2007年起,基金会每年出资5万元,资助学生每年暑假开展"走万里路,读万卷书"的"红色之旅"活动。2009年,向社会各界倡议开展"同在蓝天下,关爱助成长"的募捐活动,用所募资金设立"农民工子弟学校教育基金",资助全市教师节主题活动、"上海市教书人楷模""教育功臣""育才奖"的评选奖励等。

## 【上海浦东新区社会发展基金会】

上海市浦东新区社会发展基金会成立于1994年4月,是面向社会公开募集资金的公募基金会。业务主管单位为上海市民政局。

基金会业务范围是：募集、管理、使用基金；开展各种有利于推进浦东新区社会发展事业的公益活动；对民间社会公益机构或民办非营利性机构、社会团体的设施、设备和场馆进行资助；奖励优秀社会事业工作者和对社会事业有突出贡献的各界人士；开展与港澳台同胞、海外侨胞、国内外友好团体、基金会在社会事业方面的合作、交流；资助教育、卫生、文化、体育、社区建设、扶贫帮困、助老助学助残。

基金会主要开展以下几方面工作：

捐赠管理。基金会抓住浦东开发开放经济形势所提供的集资机遇，汇集浦东3万多企事业单位130多万浦东人民发展社会事业的共同愿望，把行政导向的募集和政策导向的集资结合起来，向区属企事业单位募资与向在浦东注册的市属、外省和部属企事业单位募资结合起来，把国内的募集和海外的捐赠结合起来，通过每年开展的慈善联合捐形式，以及项目定向捐形式，接受来自社会的爱心捐赠。到2010年，累计接受捐赠13 100万元。

公益活动。基金会遵循"急社会之需、解群众之难、补政府之缺"原则，按照基金会宗旨和尊重捐款人（单位）意愿，在教育、卫生、文化、体育、科技等领域，在新区所属社区以及老、少、边、穷等地区，开展帮老、扶贫、解困、助残等公益慈善活动，形成具有自身特色和一定社会影响的公益项目。到2010年，用于资助促进社会事业发展和扶贫、帮困、助老、助学、助残、救灾等方面项目293个，资金共1.16亿元。1995年，在新区政府支持下，投资100多万元，建立"罗山会馆"，成为上海最早的市民活动中心；根据浦东地域广的状况，为新区资助流动医疗车、流动图书馆、流动献血车，建造移动舞台，购置音响，添置"体能检测车"；投资并与有关街道联合建立"南码头街道图书馆""崂山街道社区服务中心""洋泾街道服务中心"等社区服务中心阅览室、健身房、电脑房设施，都受到市民赞誉；根据新区的需要，分别输送一批中学校长、高级教师、医院院长、主任医生出国培训3—6月；针对新区外语成绩不够理想的状况，资助聘请外籍教师，分别到40多所学校任教，在共同教学中中国教师也得到提高，新区外语成绩在全市各区中由原来14—15位提升到5—6位；支持新区教育、卫生事业发展，分批输送中学校长、高级教师、医院院长、主任医生出国进行3—6个月的培训，并资助聘请外籍教师，到辖区40多所学校任教，促进新区学校提升外语教学水平；加大源头上资助社区力度，举办培训班，培养服务社会公益事业的各种人才，并资助编写出版《社会工作者实训案例教材》；资助上海儿童医学中心与美国拯救儿童基金会、美国辛辛那提儿童医院脊椎医疗代表团合作，开展技术难度极高、费用昂贵的"直立人生"医疗项目，治疗脊椎畸形儿童13名，350名儿骨科医护人员聆听中、美专家的病例讲座。"直立人生"成为基金会的慈善医疗品牌；培养和资助华夏社区创办义工协会，到2007年，协会注册会员561人，会员单位10个，8 819人次参加义工服务，被服务对象77 832人次；资助新区妇联建立"阳光温馨驿站"，维护妇女正当权益；与复旦大学合作，连续9年资助出版《浦东新区社会发展报告》，记录浦东发展历程；与新区有关部门合作，支持老、少、边、穷地区教育、医疗卫生等人才培训，主要涉及宁夏西宁、甘肃庆阳、江西奉新和万年、青海、海南等地。

### 【上海市慈善基金会】

上海市慈善基金会成立于1994年5月，是面向社会公开募集资金的公募基金会，下设浦东、黄浦、卢湾、静安、徐汇、长宁、普陀、闸北、虹口、杨浦、宝山、闵行、嘉定、金山、松江、青浦、奉贤、崇明等18个代表机构。业务主管单位为上海市民政局。

　　基金会业务范围是：募集、管理基金,资助和筹办慈善公益项目。

　　基金会主要开展以下几方面工作：

　　搭建平台。基金会积极搭建公益慈善平台,努力拓展慈善资源,依靠社会办慈善,引导各界参与慈善。连续举办17届"蓝天下的至爱"慈善活动,期间开展"新年慈善音乐会""千店义卖""爱心全天大放送""点亮心愿"慈善义拍、"温暖送三岛""孤残儿童联欢会""万人上街慈善募捐""春节万户助困"等形式多样的募捐及资助活动,为全市各行各业献爱心提供重要的慈善平台;及时关注社会热点,畅通各种捐赠渠道,深入开展慈善合作,不断创新募捐形式,在巩固发展与大额捐赠企业长期慈善合作的基础上,深化与各行各业的携手合作,开拓各种募捐渠道,与上海市体育总会等单位联合,主办慈善慢跑全民健身筹款活动;加强义工队伍建设,拓展志愿服务资源,上海慈善基金会义工总队已成立包括各区(县)、教育、文化、文艺、医疗、高校、企业等各类义工队伍,2005年开始,组织医务、文艺等专业义工队伍为上海的老年人提供义诊、医疗咨询、文艺演出等各类服务。

　　项目管理。基金会丰富慈善救助形式,实施慈善资助项目,呼应百姓需求,衔接政府救助,项目根据市民政救助对象的实际需求、发挥政府救助政策补充作用设立,实施过程与政府救助保持"一口上下","慈善医疗卡""爱心午餐"项目、"农村合作医疗救助""先心病儿童救助""贫困妇女健康检查"等项目,借助政府渠道,确保慈善项目的效率和效果;注重项目品牌打造及完善,对传统救助项目进行分析、梳理,进行整合、提升,推出"点亮心愿""放飞希望""多彩晚霞"等慈善品牌项目。2010年上海世博会前后,以"世博牵手你我慈善连接万家"为主题,开展40余个慈善与世博相结合的活动,共出资800余万元,使包括白内障复明老人、贫困老人、盲童、孤残儿童、贫困学生、残疾人、癌症患者、农民工子弟、四川汶川地震灾区师生、青海玉树地震灾区师生、江西老区师生、新疆乌鲁木齐市优秀贫困师生和非洲孤残儿童等近4万人直接受益;2008年开始,基金会逐步建立公益项目创投、公益项目资助申请等机制,逐年加大对各类公益组织和公益项目的资助力度,进一步扩大慈善服务的领域,提高项目服务的专业化水平。到2010年底,基金会按照市政府统一部署,先后援助2005年"东南亚海啸"受灾地区3 500万余元;抗击"非典"1 700万余元;2008年雪灾受灾地区950万余元;"5·12"汶川地震灾区52 400万余元;莫拉克台风(台湾水灾)受灾地区1 500万余元;青海玉树地震灾区11 600万余元;甘肃(舟曲)泥石流受灾地区1 200万余元;2010年海地地震受灾地区79万余元;2010年云南旱灾受灾地区590万余元等。

　　慈善宣传。基金会注重慈善宣传工作,传播慈善公益文化,坚持扶贫济困与净化心灵并重,以弘扬慈善精神、传播慈善文化为使命,广泛开展宣传文化和理论研究活动,为传递慈善正能量做出积极贡献;依托主流媒体,完善与媒体沟通的制度,加大宣传力度,在《解放日报》《新民晚报》开办"蓝天下的至爱"专版,与上海广播电视台合作举办《大家帮侬忙》《情义东方》等节目和专栏,定期深度报道慈善工作;积极探索与新媒体的合作,利用短信、微博、移动电视等平台开展慈善宣传工作,加强门户网站建设,建立代表机构网络宣传员队伍和慈善信息的报送机制,同时办好中英文《至爱》杂志;自2003起,与上海市文明办等单位联合,举办上海市"慈善之星"评选活动,表彰为上海市慈善事业作出突出贡献的单位和个人,充分发挥先进典型的示范作用,彰显乐善好施、承担社会责任的奉献精神。到2010年底,已成功举办4届,共选出"慈善之星"个人112名、单位70名及6个特别奖;每年举办上海"慈善论坛",编印研究文集和调研报告等形式,加强对慈善公益领域热点、难点问题的研究,及时发布研究成果,促进慈善组织相互交流等。

　　自身建设。基金会加强自身建设,提高社会公信力,注重发挥监事会的监督检查作用,充分发

图3-1-3 2004年5月12日，在上海市慈善基金会成立10周年之际，由上海市慈善基金会、上海画报出版社联合主办的第一本慈善杂志——《至爱》首发。市委副书记殷一璀寄语《至爱》，希望《至爱》杂志成为社会各界宣传慈善事业的重要舆论阵地和窗口，成为培育上海城市精神的一个载体。《至爱》杂志每年向慈善基金会捐赠固定比例的销售收入，用于发展上海慈善事业。

挥监事会在完善基金会内控制度、监督资金增值、监管公益项目、健全物资监管体系、推进信息化建设等方面的作用；加强代表机构建设，夯实基层基础，各代表机构从所在地区实际出发，不断完善街镇工作站及村居基层工作网络，全面加强制度建设，参与社区治理，不断增强工作规范性和专业性；加强资产管理，扩大资产规模，加强对年度审计和内审中发现问题的整改等措施；积极开拓增值渠道，严格管控金融风险，通过委托贷款、信托、购买理财产品等方式，稳妥做好资产增值工作，财务管理水平得到提高，获得上海市A类财务会计信用等级证书。加强机构建设，2000年6月8日，上海市慈善基金会物资中心揭牌，首批14个募捐工作站正式启动，同时开通上海市慈善捐赠网站；2003年5月18日，上海市慈善基金会首家慈善超市在镇宁路揭牌；2004年5月15日，在纪念上海市慈善基金会成立十周年庆祝大会上，上海慈善事业发展研究中心揭牌；2005年1月29日，上海市慈善基金会"上海市志愿者协会慈善服务总队"正式成立，同时成立由各委员会牵头组织的直属专业义工分队；2010年1月17日，"上海慈善网"正式开通。到2010年底，基金会累计总收入54.42亿元，总支出39.62亿元，通过各类救助项目实施，惠及困难人群达350万余人次。

## 【上海市青少年发展基金会】

上海市青少年发展基金会成立于1994年10月，属于公募基金会。基金会原始基金数额为人民币500万元，业务主管单位是共青团上海市委员会。

业务范围是：动员社会各方面力量捐资，援建希望小学，救助失学儿童，促进教育事业发展。

基金会主要开展以下几方面工作：

服务革命老区、贫困地区、对口帮扶地区。1995年为配合上海援藏工作，开展希望小学援建计划；1998年，为落实"一片真情为帮扶"的指示，开展为云南援建"一村一小"活动；1999年开展"希望书、西部情"活动，为西部的希望小学赠送希望书库；2000年基金会牵头，联合市协作办、市文明办、市教委等部委办合作建设"白玉兰远程网"，实施远程教育扶贫；2001年根据中宣部、团中央等12个部门联合发出的"广泛深入持久地开展'三下乡'活动"，会同有关出版单位开展"希望书、西部情"活动；2002年，联合团市委、文新报业集团、上海电视台，开展"爱心希望之旅——八一天安江西行"活动，为江西革命老区募集了366万元教育扶贫资金；2003年，在抗击非典斗争中，设立"上海市青年医务人员防非典爱心基金"500万元，第一时间向白衣天使发送慰问金；2004年，基金会成立10周年之际，推出"上海希望工程助学进城计划"，重点开展对全市困难农民工子女的助学工作；2005

年,基金会党支部全体党员向全市党团员发出"援建百所希望小学"的倡议书,受到各级领导的高度重视,得到了广大党团员和市民的积极响应,仅3个月,筹资达到了千万元;2006年启动"共同关注,圆梦大学"活动,帮助大一新生解决从家门到校门的困难;2007年参与发起开展"在红军长征路上援建红军希望小学"活动,向全市党团员发出在红军长征路上建红军希望小学的倡议,受到了许多离退休老干部和党团员的响应。得到上海市委书记习近平同志的高度评价,并在上海"希望工程简讯"上作出重要批示:"上海市的希望工程工作十数年如一日,聚沙成塔,集腋成裘,成效明显,赢得了社会各界的赞誉,树立了上海服务全国的良好形象。近期开展的'捐建希望工程红军'小学工作已有一个好的开端,望继续努力,把实事做实,好事办好。"2008年"5·12"汶川特大地震发生后,基金会深入灾区,直面需求,迅速配置资源,以"抗震希望小学""上海都江堰爱心助学基金"为社会各界紧急救助灾区青少年搭建公益平台,为灾区青少年提供直接有效服务。截至2008年12月,基金会落实完成42间抗震希望教室的建设,立项新建永久性希望小学有13所,结对都江堰困难学生380人,累计资助金额达到1 240余万元,希望小学遍及都江堰、绵阳、广汉、雅安等地区。在上海对口都江堰领导小组的统一协调下,基金会对口支援都江堰市的永久性公共项目——上海都江堰希望电影城在经历51天的紧张施工后于8月19日建成开业。这是上海对口都江堰灾区援建项目中第一个完成的永久性项目,也是都江堰灾区震后第一个完成的新建公共设施。希望电影城总投资达450万元,得到了国家广电总局的充分肯定,被中共上海市委、上海市人民政府评为"上海市对口支援都江堰市灾区重建突出贡献集体"。2009年,台风"莫拉克"骤袭我国台湾地区,基金会迅速捐赠100万人民币,在台湾重灾区援建一所小学。2010年上海世博会举办期间,基金会联合文汇报等单位,开展"全国千名希望小学来沪看世博"大行动,共组织对口地区、西部地区、革命老区、地震灾区以及红军小学1 200余名优秀师生代表参观世博会。同年,联合文汇报发起"为新疆援建希望卫生室"大行动,动员社会力量捐资600余万元,为新疆喀什地区援建希望卫生室277所。

服务青少年、服务困难群体。1999年2月,基金会推出"爱心助学"活动。新民晚报定期在报纸上刊登助学名单,供市民参与助学。2000年7月,基金会和市文明办、市协作办、市教委、团市委、市慈善基金会等6家单位合作,联合启动"上海希望工程西部万名教师培训行动"。来自宁夏的朱美先老师在上广990千赫《市民与社会》的直播节目中,发表对教师培训工作的感想:"情系民族教育,惠泽西部儿童。这正是上海市人民伟大精神所在。几年来,他们不但在物质上给予我们很大的支持——西部的孩子们不会忘记你们,塞上江南的回族儿女更不会忘记申城人民的深情厚谊"。

截至2010年,基金会已接受680万人次的捐资,捐款总计达7.2亿元。为全国援建希望小学2 000余所、救助失学儿童13万人次,培训希望小学教师18 000余名、捐赠希望书库、三辰影库3 500套。

## 【上海市拥军优属基金会】

上海市拥军优属基金会成立于1995年4月,是面向社会公开募集资金的公募基金会,实行两级基金(市、区或县)、三级(市、区或县、街镇)管理,并在18个区(县)设立联络处。业务主管单位为上海市民政局。

基金会业务范围是:接收社会各界的拥军优属捐赠,按捐赠人的意愿和基金会的《章程》,举办和资助各项拥军优属活动,是对政府拥军优属事业经费的补充;通过资助拥军优属工作的开展,为部队特殊困难的家属,为残疾军人、烈属、因公牺牲、病故军人的遗属和现役军人家属提供除国家规定以外的资助,资助驻沪部队文化建设,为退役军人的创业、培训、特殊困难提供资助,支持市范围内的拥军优属活动和国防教育;遵照《章程》的规定,按照捐赠人或单位的捐赠意愿,实施各项拥军优属计划。

基金会主要开展以下几方面工作:

捐赠管理。基金会依托社会支持,向企业、社会广泛募集资金。到 2010 年 12 月,向市属大型企业募集资金 1590 万元;在全市开展多项专题募集活动,其中,百家企业捐赠活动募集资金 740 万元、"爱心献功臣"活动募集资金 1 550 万元、"爱心固长城"活动募集资金 12 700 万元。15 年来,共募集资金 49 000 万元,其中,市、区(县)两级共筹集 31 000 万元,街道、镇(乡)募集 18 000 万元。基金会按照国家法律、法规允许范围多渠道、多层面开展理财增值管理,1999 年得到国家证监会批准进入证券市场,到 2010 年底,共增值入账金额 54 000 万元。基金会对基金募集、使用和安全管理逐步形成一套有效的规章制度,基金的使用严格遵循管理条例规定。实行年度审计,接受政府和社会监督。

拥军优属。基金会按照"服务国防,维护稳定"宗旨,落实市委、市政府双拥工作要求,努力开展社会化拥军优属活动,到 2010 年,用于拥军优属工作共计支出 22 700 万元(不包括乡镇街道基层拥军优属保障基金支出),受益人数达 10 万余人次。基金会开展智力拥军工程,帮助驻沪部队官兵及军官家属提高文化素质和技能。自 1996 年起,资助驻军开办电视中专军人学校,举办军官、士官大专、本科、硕士等学历教育班和研究生班,促进军营文化教育由补习型向学历型转变,还开展军官家属岗前技能培训工作。到 2010 年底,资助驻沪陆海空军和武警部队 5 万余名战士完成"入伍即入学,退伍即毕业"中专学历教育,资助 5 000 多名士官、军官完成高等学历教育,受到驻军领导机关和官兵欢迎和好评,并得到中央军委、总政治部、南京军区等领导高度评价。基金会开展特殊保障工程,每逢重大节日、纪念日,都出资对重点优抚对象实行特殊保障。如,纪念中国人民解放军建军 70 周年,在优抚对象中开展帮助 100 名革命烈士、病故军人、现役军人的子女上学,给 100 名革命烈士家属、100 名革命伤残军人解困送温暖,慰问 100 名军队离退休干部的"四个一百"活动;纪念长征胜利 60 周年、70 周年时,慰问健在的老红军和红军烈士遗属;纪念抗日战争胜利 50 周年、60 周年时,组织慰问抗日老战士。自 2003 年起,每年新年春节期间对全市重点优抚对象进行帮困活动;自 2006 年起,出资对烈士子女从小学至大学、因公牺牲军人子女从高中至大学、病故军人子女上大学等"三属"子女就学进行助学,到 2010 年,先后资助 250 名,其中,大学生 175 名,高中生 54 名,小学生 21 名。上海世博会期间,全额出资与民政部、上海市民政局共同组织全国百名著名烈属看世博活动,著名革命烈士杨开慧、刘胡兰、于庆阳等的家属参加活动,在全国产生积极反响。基金会还为驻军遭遇突发困难的官兵和遇到严重困难的优抚对象提供经济援助;帮助驻军改善营区文化设施,资助部队文工团开展文艺演出宣传活动;支持部队开展体育活动,资助体育比赛等。

公益活动。基金会积极开展社会公益工程,通过组织系列大型活动广泛宣传,推动国防教育和拥军优属工作深入开展。1995 年 4 月,与市双拥办联合主办"双拥"知识电视竞赛;纪念长征胜利 60、70 周年,分别举办老红军与军地英模人物座谈会;资助出版《长征鼓角》大型画册;举办"长征——世纪丰碑"大型文艺演出;资助南京军区拍摄电视片《孟良崮》;资助总政治部电视宣传中心拍摄大型纪实片《我们的队伍向太阳》;资助总政治部在上海举办军旅画家创作精品展;与新民晚报共同举办百名将军书法展;组织邀请战友文工团《木棉红·芦花白》剧组、前线话剧团《霓虹灯下的哨兵》剧组、总政歌舞团《一个士兵的日记》剧组、空政歌舞团《红梅赞》剧组等军队文艺团体来上海演出。从 2008 年开始,与《新民晚报》创办军界瞭望专版;组织开展纪念上海解放 60 周年和新中国成立 60 周年系列活动等。基金会积极开展支持革命老区活动,资助江西兴国县建立优抚基金、江西省革命纪念馆修缮、江西吉安市双拥活动基地建设,资助四川巴中将帅碑林和刘伯坚烈士纪念碑修建等。

### 【上海科普教育发展基金会】

上海科普教育发展基金会成立于2001年10月,是面向社会公开募集资金的公募基金会,原名上海科技馆基金会,2005年更名为上海科普教育发展基金会。业务主管单位为上海市科学技术委员会。

基金会业务范围是:募集、管理资金,资助、奖励和举办科普活动等。

基金会主要开展以下几个方面工作:

捐赠管理。基金会受到社会各方关注和支持,先后给予捐赠的有中信泰富、上汽集团、交大昂立、爱建股份等一批大型企业,以及IBM公司、飞利浦、柯达公司等跨国公司,还有各国驻沪领事配偶、肯尼斯·贝林先生等一些外国友人;社会众多热心个人慷慨解囊、积极捐款捐物,给予上海科普教育事业有力支持,特别是从国外募集价值超过1500万美元的世界珍稀野生动物标本,填补了上海乃至国内自然博物馆收藏空白。到2010年底,资金总计达8880余万元。

科普展览。基金会精心组织科学普及展览,设置航天实物展:为庆贺我国航天事业的飞速发展,2005年起,为"神舟五号""神舟六号""神舟七号"航天探月圆满成功举办航天实物展,展示返回舱、降落伞、运载火箭等实物、模型,还邀请上海航天专家举办"溯梦神州,再创辉煌"航天科普知识传播活动;设置世界动物展:继成功引进"蜘蛛展""鳄鱼展"和标本数量达100多种的"食草动物展"之后,与世界轮椅基金会合作,展出捐赠的来自世界五大洲110种、186件精美珍稀动物标本(总价值超过1500万美元),得到国内同行和外国专家充分肯定,受到全国观众深切喜爱。到2010年,3年时间内吸引超过100多万人次的全国观众。设置健康生态展:2003年,为展示全国人民抗击"非典"过程众志成城、抗击病魔的感人事迹,告诫人们养成科学、文明、健康行为习惯,当年7月,主办"科学与健康同行——SARS的启示"系列科普展示活动,吸引14万人次参观;2005年5月和2007年9月,主办"建设资源节约型、环境友好型城市"科普展览,吸引全国近50万人次观众;2009年,配合上海科技活动周组织"赛复流动科技馆""科普拓展培育基地""青少年明日科技之星评选"等活动,以崭新面貌赢得观众一致好评。设置国宝精品展:2007年7月,为促进我国东西部文化交流,与科技馆联手举办"消失的恐龙王国——自贡恐龙化石国宝精品展",28件珍贵的恐龙化石、8具巨无霸的恐龙骨架和18件恐龙典型标本,吸引数十万观众,使参观者感受到沧海桑田的自然变化和深厚的西部文化底蕴。

科普教育。基金会坚持用爱传递科学火种,播撒真情阳光,相继开展形式多样、影响广泛的科普教育活动,创立一系列科普活动品牌。搭建流动科技馆:"流动科技馆"于2003年创立,包含"智慧之光""人与健康""生态文明""节能减排"4大板块,凸显光学、电磁学、力学、数学、计算机仿真技术、人与健康、趣味测试等7大主题;"流动科技馆"进社区、下学校(包括聋哑特殊学校)、入军营、上海岛(崇明)、到农村,足迹遍布全市18个区(县),举办活动200多场,70多万观众从中受益。开创盲人科普之旅:关注社会弱势人群,2003年8月,与上海市盲人协会联合开通"盲人科普之旅"(前身为"盲人网吧"),每月2次组织各区(县)盲人和视力残障者走进上海科技馆,沐浴科普阳光,到2010年,全市18个区(县)几百个街道近万名盲人和视力残障者参加活动。开办手拉手科普夏令营:2003年起,面向外来务工者子女开办科普夏令营,鼓励外来务工者子女勤奋学习,增长对科普的兴趣、乐趣和志趣,到2010年,有2000多名同学走进科技馆和高科技企业,与科技工作者交流讨论,领略现代高科技的风采。铺设慈善科普路:为了给贫困家庭老人和受助学生这一对特殊社会群体,向他们提供经济和精神上双重援助,向他们提供参与科普活动的机会,2005 年 9 月,正式开通"慈善科普之路",4 年来,贫困家庭老人和受助学生近千人成为"播撒蓝天至爱,同享科普阳光——科普慈善之路"的受益者。

公益活动。基金会始终紧贴形势,力求以不断更新的活动推动社会经济发展。2007 年,主办"迎奥运、迎特奥,为健康城市加油"系列活动,包括特奥运动员等社会各界人士 2 000 多人参加的健身跑、来自全市 18 个区(县)、4 万多名平均年龄 60 岁中老年市民参加的健身操比赛、超过 10 万观众参与的"健康、生态"科普知识问答、全市 24 所实验性示范高中参加的"生态上海、绿色家园"中学生辩论邀请赛等;2008 年,举办"迎世博,生态上海、健康上海"大型科普教育系列活动 34 场次,受益达 120 多万人次,还举办"亲子娃娃运动会",将科普活动的受益对象扩大到 0—3 岁娃娃;2009 年,与长江论坛、世界自然基金会、上海科技馆合作举办网络摄影竞赛"生命之河——长江生态摄影大赛",并资助设立专项奖"赛复科普摄影奖",全国各地摄影工作者的近千幅佳作参赛;同年,在市科学技术委员会的支持下,与上海科技馆合作,举办科普大讲坛,到 2010 年,已举行 5 场,有 12 位两院院士和教授、博士在讲坛发表演讲,为市民、专业工作者和科研人员搭建良好平台;与世界自然基金会合作,协办 15 个国家和地区 300 名师生参加的第二届(2008 年)上海国际青少年科技博览会,让基金会举办的科普活动走向世界;2009 年起,推出未来系列项目,包括"明日科技之星——开放式论坛""明日科技之星——上海市科普拓展基地"和"青少年科技创新基金"等,并参加 2009 年上海科技活动周,受到一致好评;与上海市科教系统妇女工作委员会和上海市女科学家联谊会等联合,共同推出全市性青少年科技创新实践项目——"科普拓展基地",为全市科技特色学校、实验性示范中学与国家重点实验室之间搭起一座桥梁,让优秀中学生有机会走进国家重点实验室体验科技创新魅力,首批启动 10 家中学对接 10 所实验室;2009 年,与市科学技术委员会、市教育委员会共同发起青少年科技创新活动,搭建"开放式论坛"。

救助灾害。基金会积极参与灾害救助活动,2008 年 5 月 13 日,汶川地震灾后第二天,基金会向灾区捐赠 20 万元,并转赠 15 万元;2009 年 5 月,汶川地震一周年之际,"流动科技馆"随上海科技代表团一行首次走出上海,赴都江堰慰问重建家园的灾民,宣传科学思想、科学知识,弘扬科学精神,帮助都江堰人民坚定信心,并向灾区人民捐赠价值 30 万元的科普互动展品、教具、书籍、轮椅等。

## 【上海市民帮困互助基金会】

上海市民帮困互助基金会成立于 2003 年 12 月,是由市财政福利彩票公益金资助和开展募捐、接受社会捐赠的公募基金会。业务主管单位为上海市民政局。

基金会业务范围是:募集、管理基金,帮扶特殊困难群众,资助社会公益项目。

基金会主要开展以下几方面工作:

开展综合帮扶。基金会积极推进"社区市民综合帮扶"项目试点工作,自 2006 年 11 月起,根据《上海市民政局关于开展社区市民综合帮扶试点工作的通知》(沪民救发[2006]89 号)要求,按照"政府牵头、部门配合、社会参与、社团运作、依托社区、综合帮扶"原则,坚持实行街道(镇)"一口上下"运行机制,充分调动社会积极因素,有效整合各种帮扶资源,根据辖区群众实际情况,以不同形式、不同途径,因地制宜开展工作,缓解社区市民突出的生活困难;制定《关于资助社区开展市民综合帮扶试点工作的意见》(沪帮[2006]12 号),与杨浦、黄浦、青浦、闸北等四个试点区签订资金资助协议书,明确办理资金资助的程序、管理方式和工作经费使用比例,建立一套申请评估审批回访制度,保证资金使用的公开、公平和公正。

推进组织建设。基金会积极推进区县综合帮扶组织建设,形成全市三级帮扶网络,到 2010 年 8 月,全市 19 个区、县(包括市农场局)先后成立具有独立法人资格的民间综合帮扶组织,街道(镇)也逐步成立民间帮扶工作室(站),全市形成"1(基金会)+18(区县帮扶服务社)+X(街镇帮扶组织)"三级综合帮扶网络,为开展综合帮扶工作奠定组织基础;与区(县)综合帮扶组织签订资助协议书,并撬动区(县)资助资金的投入,按照区(县)不同经济状况,以每个街道(镇)资助 5—10 万元额度,与 19 个区(县)签订资助协议书,明确甲乙双方责任和义务、资助金额和违约责任。到 2010 年底,全市用于综合帮扶资金共计 17 565 万余元,其中,福利彩票金资助 8 200 万元,社会捐赠 5 107 万余元,撬动各区(县)资助资金投入 4 258 万元。

综合帮扶管理。基金会制定综合帮扶管理规章制度,规范综合帮扶日常运作,自 2007 年起,先后制定《上海市民帮困互助基金会基金管理办法》《上海市民帮困互助基金会财务管理制度》《上海市民帮困互助基金会关于印发"社区市民综合帮扶"资金资助试行办法》等,从制度上规范综合帮扶的运作;建立检查指导和第三方审计制度,保证资金的合理使用,自 2009 年起,出资委托第三方专业审计事务所对 19 个区、县(含农场局)实施延伸审计,进一步保障资助资金的规范使用和安全;建立"社区市民综合帮扶信息化平台",保障各类数据完整统一,通过综合帮扶信息平台对每位帮扶对象建档立卡,提高信息统计准确率和工作效率。基金会以及各区(县)充分发挥综合帮扶服务社作用,按照"以个案帮扶为主,项目帮扶为辅"原则,广泛有效开展社区市民综合帮扶工作,开展的项目帮扶主要有:2005 年开始的"社区开展扶贫济困送温暖"项目、服务全市经济较为困难且家中不具备冬季沐浴条件 3 万余名老年人的"冬季为老助浴"项目、资助上海市职工保障互助会 1 000 万元的"退休职工住院补充医疗互助保障计划"项目、资助市老年事业发展中心开展对 9 万人次困难老人参保的"银发无忧老年人身意外伤害保障"项目、资助生活困难且患有各种慢性疾病市民的"医疗帮困一卡通"项目以及 2009 年启动的"社会福利机构住养困难老人帮扶"项目等,2010 年元旦春节期间,对 120 783 户家庭进行一次性节日帮扶,帮扶总金额达 3 791 万余元,在缝补政府阶段性救助政策缝隙、发挥拾遗补缺作用中取得较好成效。到 2010 年,全市个案帮扶共 45 219 人次,使用资金 9 843 万余元,人均帮扶 2 176 元;项目帮扶共 177 159 人次,使用资金 7 721 万余元,较好地缓解特殊困难对象的经济状况。

### 【上海市科普基金会】

上海市科普基金会成立于 2005 年 2 月,是面向社会公开募集资金的公募基金会。业务主管单位为上海市科学技术协会。

基金会业务范围是:组织募捐,接受社会捐赠;科普宣传、咨询、展示;境内外科普合作。

基金会主要开展以下几方面工作:

捐赠管理。基金会坚持"合法、安全、有效"原则,积极组织社会募捐和各类社会捐赠活动,实现基金保值增值目标。2005 年至 2009 年期间,共接收企事业单位、社会组织和海外团体科普公益捐赠资金 473 万余元;按捐赠方意愿,定向资助、扶持公益性科普活动与基础设施支出资金 379 万余元。基金会积极宣传科普优惠政策,鼓励民间资本投资,根据国家和上海市有关规定,向境内外社会组织、企事业单位及个人宣传科普捐赠优惠政策,鼓励和引导民间资本投资科普事业,2007 年基金会享受免税政策后,通过信息发布、企业定向走访、制作宣传网页、发放宣传册等多种形式,架起与企业联系交流和投资合作桥梁,加大企业对基层科普教育基地、电子科普画廊、上海科普日(节)

大型活动和全国科普惠农新村建设表彰的资助面,进一步提高企事业单位和社会组织参与科普工作积极性。基金会积极开展基金保值增值活动,截至 2009 年底,净资产总计 504 万元。

公益活动。基金会坚持"引导全社会共同参与发展科普事业,为全市科普社会化提供一个资金平台"理念,利用上海市科学技术协会系统组织网络、活动品牌、国际合作等资源优势,激发和调动全市机关、企事业单位、社会组织和海外团体捐赠科普事业发展的积极性,吸收和扩大科普资金的社会投入,着力推动科普资源开发共享,搭建科普社会化资金平台,逐步形成科普财力资源建设社会化的工作局面。在《上海市实施〈全民科学素质行动计划纲要〉工作方案》指导下,利用科协组织网络主动加强与市科协所属市级学会、企业科协和区(县)科协的信息沟通、业务推广和社会宣传,组织公益募捐活动,共谋科普合作项目,不断拓展基金投入的服务规模。2006 年,与闵行区政府、江川街道和区科协合作,实施科普公益项目定向劝募,为上海第一家社区科技馆——闵行江川科学健康生活馆建设向 30 多家民营科技企业筹措近 200 万元建馆经费,社区科技馆成为社区群众欢迎的上海市科普教育基地之一。2009 年,又针对展馆设备更新,组织专家论证,按企业捐赠意愿,定向资助 20 万元改造费,进一步提高展品的趣味性和有效性;以捐资方式参与主办 2005 上海国际科学与艺术展,吸引国内外 16 万余人次观众和相关媒体 100 多次报道。2007 年,与中国福利会、市教育发展基金会、市体育局、市妇女联合会携手合作,资助第 22 届上海市青少年科技创新大赛。2009 年,组织上海青少年科学素质竞赛活动,推进"品牌"活动项目开展。

服务企业。基金会创新公益服务方式,引导企业捐助科普。2006 年,接受卢湾区"新思南企业机构"10 万元捐资,并按企业意愿在上海交通大学媒体与设计学院设立"甲秀奖学金""新思南奖教金",资助该院为企业培养优秀创意设计人才;为企业专利技术二次开发提供技术咨询和支持,为企业参与国际学术交流、展会、技术转让等提供渠道;开展企业文化研究,发挥科普载体功能,就科普与企业文化关系专门立项调研,调动企业、特别是大型国企支持科普工作积极性,研究形成《科普与企业文化》分析报告,促进建立企业支持科普工作的社会化共赢机制。

国际合作。基金会密切同国际科普组织和相关科普基金会联系和合作,充分利用科普国际资源,开拓海外捐赠渠道。2005 年上海科技节期间,邀请英国爱丁堡科技节有限公司专家在黄浦、卢湾、长宁、普陀、闵行和徐汇等区中小学举办"push-off 力奇之旅"英国科学表演,给中小学生带来体验教育和艺术快乐;2008 年起,为开拓海外捐赠渠道,与英国皇家北方音乐学院合作建立青少年音乐人才培育基金,受捐 25 万人民币用于每年组织上海和四川灾区青少年到英国皇家北方音乐学院留学和培训,并引进国际级钢琴和小提琴考级竞赛;与新加坡星贝科教服务(上海)有限公司合作,开展"快乐宝宝领取小鸭"幼儿科普活动,引导社会正确进行幼儿早期教育;与英国约克大学合作,专项开展科技传播人才远程教育和培训工作。

## 【上海市九段沙湿地自然保护基金会】

上海市九段沙湿地保护基金会成立于 2005 年 3 月,是面向社会公开募集资金的公募基金会。业务主管单位为上海市环境保护局。

基金会业务范围是:筹集、管理、使用基金,资助九段沙湿地及其他湿地生态保护和建设。

基金会主要开展以下几方面工作:

捐赠管理。基金会积极募集湿地保护资金。2008 年 11 月 28 日,在浦东世纪公园举行的"湿地·生态"主题捐赠仪式上,欧姆龙(中国)有限公司董事长兼总经理山下利夫先生代表欧姆龙株式会社捐赠一千万日元;在成功开展大型捐赠活动同时,也开展有针对性的劝募活动,日本岛津公司、上海通用汽车、上海施贵宝制药等跨国公司和国内企业积极捐赠。到2010年底,获得各类捐赠资金200多万元。

环保宣传。基金会坚持环境保护宣传,促进九段沙湿地保护理念深入人心,与水产大学等高校环保志愿组织紧密合作,资助环保志愿者开展保护九段沙湿地生态的宣传工作。2007年世界湿地日,在浦东正大广场举行特色文艺表演,通过采取制作纸模型鱼、小游戏以及有奖问答等方式,向市民宣传湿地保护知识,通过展示九段沙风光照片,分发宣传海报,提高公众对湿地的认识,提高九段沙湿地知名度,激发公众特别是青少年保护湿地热情;资助编写中学生生态教辅课本,为加深青少年对九段沙湿地保护重要性、必要性认识做贡献;资助支持九段沙管理署、复旦大学环境保护协会、复旦大学环科系团学联、复旦大学生命学社联合主办"九段沙湿地保护志愿者行动启动仪式",开展环保宣讲、宣传册制作、摄影作品展示等一系列活动,激发社会公众、特别是大学生志愿者的环保热情,带领社会大众去共同了解湿地、感受湿地、热爱湿地,让湿地保护深入人心。

生态保护。基金会依据现行法律法规,促进湿地生态系统良性循环,探索开展有针对性的生态补偿工作。购买当地鱼苗投放保护区,用以修复保护区水生资源现状,在九段沙大潮沟水域,开展九段沙生态补偿放流活动,投放长江鮰鱼、鲫鱼等各类鱼苗共3.6吨,以渔业资源修复补偿方式促进人与自然和谐共处、和谐共存。

## 【上海市华侨事业发展基金会】

上海市华侨事业发展基金会成立于2006年5月,是面向社会公开募集资金的公募基金会,是以继承和发扬侨胞热爱祖国和家乡公益事业优良传统,支持华侨事业和鼓励海内外侨界人士及社会各界关心和资助文化、艺术、教育、科技、卫生、体育、环保、福利、慈善等各项社会公益事业发展,竭诚为海内外广大侨胞服务,扶助社会弱势群体,开展国际间合作交流,构建和谐社会为宗旨的并对海内外捐赠资金进行管理的民间非营利性机构。业务主管单位为上海市归国华侨联合会。

基金会业务范围是:募集、管理、使用基金,兴办、资助、实施各项有助于华侨事业发展的项目。

基金会主要开展以下几方面工作:

捐赠管理。基金会积极组织开展捐赠活动,2006年至2010年各年度捐赠收入情况是:2006年度捐赠总收入13 927 981.75元,其中,原始基金10 000 000元;2007年度捐赠总收入2 257 771.5元;2008年度捐赠总收入10 954 323.42元;2009年度捐赠总收入5 625 078.07元;2010年度捐赠总收入13 026 060.11元。到2010年底,基金会已累计组织开展侨爱心休养中心项目、老归侨"三节"送温暖项目、早期归侨健康保障项目、侨爱心学校资助项目、朗天乡村教师吉祥之旅项目等16个公开募捐项目活动。

慈善济困。基金会"坚持老侨、新侨工作并重"精神,积极探索创建"老侨、新侨感情相融、资源互助、工作并重"载体,与上海市宋庆龄基金会联手共同建立"上海市侨爱心休养中心",2009年至2010年共接待98批次、近2 000名侨界老归侨、老教师、老劳模、老专家、老侨务工作者;对全市近600名80岁以上老归侨开展"三节"(生日、端午节、中秋节)送温暖活动,给老归侨发放慰问金;对全市近30名农村无业老归侨发放生活补助金,对一些生活有特殊困难的老归侨和患病侨眷发放慰问金。为早期归侨子女提供助学金;与上海市慈善总会联合,为全市患大病重病的早期老归侨发放慈善医疗帮困卡,为他们就医提供资助,为患白内障的早期老归侨复明手术提供救助金等;开展"侨爱心休养中心"项目,在做好老归侨"经济上帮困、生活上排忧"同时,关注他们精神生活,组织侨界80

岁以上的"五老"(老归侨、老教师、老劳模、老专家、老侨务工作者)代表前往"侨爱心休养中心"休养;开展"早期归侨健康保障"项目,资助各区(县)侨联每年组织区域内早期归侨参加健康体检,及时发现身体可能潜在的隐患,提升老归侨晚年生活质量。

救助灾害。基金会积极组织抗震救灾募捐活动,并注重赈灾筹款工作的规范化运作和管理工作。四川汶川大地震发生后,上海市华侨事业发展基金会第一时间与《上海侨报》联合发起"震灾无情侨有情,全球华人抗震救灾募捐行动";与上海大可堂普洱会所联合主办"众志成城,抗震救灾——为地震灾区捐献义拍"活动;配合上海市侨联举行侨界抗震救灾捐赠仪式等。共筹集赈灾善款361.41万元。

资助教育。基金会积极响应中国侨联建议,为援建"北川中学"开展专项募捐行动,共计募得善款133.5万元,并设立"北川中学悦朋奖学金";积极开展贫困助学行动,在湖北省襄樊和宜昌、云南大理和丽江等地,资助援建多功能综合教学楼、学生宿舍楼等教育教学设备建筑,向云南省昆明市东川区红土地镇中心学校捐赠人民币10万元,用于资助当地55名学生三个学年的学习和生活;策划组织"2010年朗天乡村教师吉祥之旅",为来自云南的50名乡村教师开展为期10天的体验式培训;设立"侨爱心"学校资助项目,在云南省大理州捐赠援建金华镇禄桑完学校,在云南省丽江市捐赠援建培德心学校,改善孩子们的学习环境。

公益活动。基金会设立"再生电脑公益行"项目,项目坚持"公益、环保、循环经济"的绿色公益宗旨,接收单位和个人捐赠旧电脑,经过再生利用,再捐送给需要的单位。到2010年底,共接受200余家单位和200余户家庭个人捐赠的旧电脑及周边电子产品15 000多台,再生维护后,送给华东师范大学慈善爱心屋、上海侨爱心休养中心、SOE中国和上海的11所农民工子弟学校,以及云南、安徽、福建偏远乡村小学等机构、学校,累计产生经济效益63万余元,并形成良好的社会公益反响。"再生电脑公益行"项目被评为2010年上海十大最具潜力公益项目。基金会配合2010年上海世博会举办大型庆典公益音乐舞台剧,集中展示和演绎"天人合一"的思想渊源及现代意义,为海内外华裔青少年搭建沟通交流平台;与上海市世博会事务协调局、上海市对外文化交流协会、浙江省奉化市人民政府等单位联合,发起铸造2010年上海世博会"和谐世界大钟";基金会所属陈香梅文化教育专项基金向上海市世博会事务协调局捐赠100万元。

## 【上海市大学生科技创业基金会】

上海市大学生科技创业基金会成立于2006年8月,是由上海市政府发起的国内首家传播创业文化、支持创业实践的公益机构,属于公募基金会。业务主管单位为上海市科学技术委员会。

基金会业务范围是:管理、募集资金,资助大学生科技创业项目,举办大学生科技创业有关的公益性活动。

基金会主要开展以下几方面工作:

平台建设。基金会积极探索促进大学生科技创业的基本规律,逐步形成"文化倡导——创业教育——项目资助——接力服务"创业生态服务链,形成全球创业周中国站、创业训练营、雏鹰和雄鹰计划、接力基金等一系列核心品牌;建立12个基金工作网络,面向全国大学生创业者提供创业启动资金,资助400多家创业企业,创造近3 000个就业岗位;注重积累总结支持和鼓励大学生创新创业的实践经验,在组织体系、法律制度、操作流程等方面形成标准化、可操作的管理模式,通过"建标准、通渠道、汇资源"的方式,整合社会资源,搭建"聚天下智,铸创业力"平台,让政府、高校、企业家、创业者等各在其位、各献其智,各得其所。自2007年开始,每年组织开展全球创业周中国站活动,邀请全国高校校长出席高校创新创业教育研讨会,就高校创业教育和创新创业等议题各抒己见;汇聚政府、高校、孵化器、风险投资商、银行、大型企业等,形成有力、长效的管理协调机制,集成统一平台,建成"中国创业实验室"。

人才建设。基金会努力培养专业化公益人才团队,建立人才激励和可持续发展机制,把员工个人职业生涯发展同基金会长期目标有机统一,把组织目标分解成员工的工作职责与计划;建立学习型组织和坦诚和谐的工作氛围;把基金会的创新发展转化为员工的学习发展目标;建立各类长效激励机制,激励优秀员工,确保专业化团队稳定。

### 【上海市水资源保护基金会】

上海市水资源保护基金会成立于 2007 年 12 月,是中国第一个以水为主题的环保公募基金会。业务主管单位为上海市水务局。

基金会业务范围是:对社会公众积极开展"爱水、护水、节水"的宣传教育以及提高公众监督的意识;引进与推广国内外领先的节水、水处理及相关环境技术;开展国际合作交流,资助水资源保护政策和科学研究;奖励对水资源保护做出杰出贡献的机构和个人;投资水处理项目,资助水源地保护、水生态修复和水环境整治工程;为缺水或水污染受害者提供救济和援助。

基金会着力于保护和改善生态环境,2008 年 3 月 22 日世界水日,东方卫视播出基金会的特别节目;2008 年汶川地震,基金会向灾区捐赠 600 毫升瓶装水一万箱共 15 万瓶;2009 年,与同济大学联手在甘肃庆阳环县革命老区设立上海绿洲和甘肃省水科学与工程研究院 2 个公益项目,共同探讨解决土地干旱荒漠化的途径;2010 年 11 月,接待美国"环境与水资源"代表团,并达成交流项目。

### 【上海真爱梦想公益基金会】

上海真爱梦想公益基金会成立于 2008 年 8 月,到 2010 年底,基金会共接受捐赠 2 696 万余元,建成梦想中心 169 个。业务主管单位为上海市民政局。

基金会业务范围是:贫困资助,资助改善教育设施(包括民工子弟学校),面对弱势群体的素质和心理培训,面对弱势群体的就业协助。

基金会主要开展以下几方面工作:

促进教育事业。基金会的主要业务目标是提升乡村基础教育阶段(一至九年级)的素质教育水平,核心公益产品是分布于各学校的标准化多媒体教室网络——"梦想中心",项目以标准化模式为乡村学校建设风格独特的电脑、图书、多媒体互动教室,让孩子们在充满现代感和活跃气氛的环境中不仅能够开阔视野,更可以产生对知识的尊重,享受学习的乐趣;与华东师范大学课程与教学研究所合作开发以"创新、多元、宽容"为价值诉求的"梦想课程",并围绕课程系统,对乡村教师开展系列专业培训;为"梦想中心"引入"知识连锁店"系统教育产品,为乡村基础教育提供更广泛的内容选择;设立"梦想领路人"专项奖励基金,奖励优秀乡村教师;设立面向乡村学生的多层次奖励计划,包括为获奖学生组织各种主题夏令营;举办"梦想中心美化大赛""奥列伞彩绘节""梦想中心博客大赛""我是梦想小编辑"等主题活动,先后有 46 所学校 2 000 多名师生参与,有 26 名教师和 50 名学生获得奖励。推动送志愿者下乡的"梦想灯塔教练计划",2010 年组织 128 名大学生、教师和企业志愿者分赴四川、重庆、贵州、甘肃、广东等省市 42 个区域点,以互动游戏和探究性研修方式为 126 个"梦想中心"学校、2 424 名乡村教师进行"梦想课程"理念和操作培训。2010 年,基金会投入 170 余万元用于"梦想中心"运营。

救助自然灾害。基金会积极参与救助自然灾害活动,2008年汶川地震发生后,基金会组织上海、深圳、四川近100名志愿者召开赈灾筹款工作,共募集赈灾款物258万余元,其中,现金169万余元,物资70余吨。灾后第一周,基金会送到灾区的帐篷10 198顶,占全国总量的3.67%;睡袋棉被6 960条,接近全国总量的1%。

图3-1-4　2007年,上海真爱梦想公益基金会在四川省阿坝州马尔康县第二初级中学建成第一所梦想中心,开始素质教育公益的探索。

### 【上海公益事业发展基金会】

上海公益事业发展基金会成立于2009年12月,是一家致力于支持和资助民间公益组织的公募基金会。业务主管单位为上海市民政局。

基金会业务范围是:资助公益机构提供孵化服务及专业化社区服务,资助公益机构提供能力建设及对国内社会组织发展现状进行研究。

基金会主要开展以下几方面工作:

公益活动。基金会积极开展公益活动,2010年5月,联合北京蓝色光标管理有限公司举办农工党成立80周年系列书画活动项目;6月,投入福彩公益金1 000万元承办上海公益社区创投大赛,支持扶老,助残,济困和青少年领域公益项目实施;11月,为企业年会推出专属定制的公益拍卖项目;12月2日,承办"'大美西部,和谐生态'——淡水河谷"中国西部生态保护创新公众参与项目;12月18日,携手Levi's(r)全新兄弟品牌dENiZEN(tm)在上海外国语大学松江校区和同济大学联合发起"一件真情"校园二手牛仔裤募捐活动。

专项管理。基金会为具备自主筹款能力的民间公益组织设立专项基金,并为他们提供与企业

CSR 项目对接和宣传推广的支持。2010 年 8 月 8 日,第一个专项基金——海惠专项基金成立。到 2010 年底,共成立 3 个专项基金。发起众多活动培养公募群众基础,2010 年 10 月推出开放日概念,每月发起一个话题,让热心公益的人都能参与讨论,发表见解。2010 年 12 月 18 日,联合 8 家民间助学、扶贫机构发起"一个鸡蛋"筹款活动,聚焦相关地区儿童营养健康问题。

## 二、名录

根据 1989 年、1998 年国务院《社会团体登记管理条例》和 2004 年《基金会管理条例》的界定,截至 2010 年底,市社会团体管理局注册登记的公募基金会 48 家。

表 3 - 1 - 1    2010 年上海市公募基金会一览表

| 序号 | 单 位 名 称 | 业务主管单位 | 登记日期 | 办 公 地 址 |
|---|---|---|---|---|
| 1 | 上海文学发展基金会 | 上海市作家协会 | 1991 - 01 - 02 | 巨鹿路 675 号 |
| 2 | 上海市南汇区教师奖励基金会 | 上海市教育委员会 | 1992 - 01 - 21 | 惠南镇东城花苑二村 114 号 6 楼 |
| 3 | 上海科技发展基金会 | 上海市科学技术协会 | 1992 - 01 - 30 | 南昌路 59 号 1609 室 |
| 4 | 上海市嘉定区教育奖励基金会 | 上海市教育委员会 | 1992 - 03 - 12 | 嘉定镇梅园路 226 号 |
| 5 | 上海市人口福利基金会 | 上海市卫生和计划生育委员会 | 1992 - 03 - 18 | 陕西南路 122 号 |
| 6 | 上海市徐汇区教育基金会 | 上海市教育委员会 | 1992 - 03 - 18 | 永嘉路 354 号 304 室 |
| 7 | 上海市虹口区教育基金会 | 上海市教育委员会 | 1992 - 03 - 18 | 四平路幸福村 285 号 404 室 |
| 8 | 上海市静安区教育基金会 | 上海市教育委员会 | 1992 - 04 - 30 | 南阳路 215 号 |
| 9 | 上海市黄浦区教育基金会 | 上海市教育委员会 | 1992 - 05 - 28 | 福州路 384 弄 4 号 3 楼 |
| 10 | 上海市长宁区教育基金会 | 上海市教育委员会 | 1992 - 05 - 28 | 愚园路 1088 弄号 51 号 |
| 11 | 上海市浦东新区教育发展基金会 | 上海市教育委员会 | 1992 - 06 - 06 | 新川路 171 号 |
| 12 | 上海市宝山区教育发展基金会 | 上海市教育委员会 | 1992 - 06 - 19 | 宝林支路 28 号 |
| 13 | 上海市卢湾区教育基金会 | 上海市教育委员会 | 1992 - 06 - 19 | 马当路 357 弄 3 号 |
| 14 | 上海市儿童健康基金会 | 上海市卫生和计划生育委员会 | 1992 - 07 - 07 | 长寿路 433 弄 1 号 15D 室 |
| 15 | 上海市职工帮困基金会 | 上海市总工会 | 1992 - 07 - 16 | 中山东一路 14 号 315 室 |
| 16 | 上海市体育发展基金会 | 上海市体育局 | 1992 - 07 - 21 | 龙吴路 51 号 1 号楼 510 室 |
| 17 | 上海市青少年发展基金会 | 共青团上海市委员会 | 1992 - 08 - 10 | 进贤路 219 号 |
| 18 | 上海文化发展基金会 | 中共上海市委宣传部 | 1992 - 08 - 10 | 番禺路 396 号二楼 |
| 19 | 上海市普陀区教育奖励基金会 | 上海市教育委员会 | 1992 - 10 - 19 | 枣阳路 108 号 |

（续表）

| 序号 | 单 位 名 称 | 业务主管单位 | 登记日期 | 办 公 地 址 |
|---|---|---|---|---|
| 20 | 上海市闵行区教育发展基金会 | 上海市教育委员会 | 1992 - 10 - 28 | 七莘路 400 号一号楼 203 室 |
| 21 | 上海市儿童基金会 | 上海市妇女联合会 | 1992 - 10 - 28 | 天平路 245 号 |
| 22 | 上海新世纪社会发展基金会 | 上海市对外文化交流协会 | 1992 - 11 - 07 | 安亭路 20 号 |
| 23 | 上海市老年基金会 | 上海市民政局 | 1992 - 11 - 28 | 定西路 1310 弄 1 号 |
| 24 | 上海市残疾人福利基金会 | 上海市残疾人联合会 | 1993 - 01 - 04 | 汉口路 50 号 |
| 25 | 上海汽车工业教育基金会 | 上海市经济和信息化委员会 | 1993 - 01 - 08 | 同嘉路 79 号 1 号楼 309—310 室 |
| 26 | 上海发展研究基金会 | 上海市人民政府发展研究中心 | 1993 - 08 - 13 | 新闸路 831 号 23 楼 M 室 |
| 27 | 上海宋庆龄基金会 | 中国福利会 | 1993 - 12 - 08 | 五原路 314 号 |
| 28 | 上海市教育发展基金会 | 上海市教育委员会 | 1994 - 02 - 08 | 斜土路 2084 弄 7 号 3 楼 |
| 29 | 上海国际经济交流基金会 | 上海市人力资源和社会保障局 | 1994 - 03 - 21 | 淮海中路 622 弄 7 号社科大楼 462 室 |
| 30 | 上海浦东新区社会发展基金会 | 上海市民政局 | 1994 - 04 - 01 | 茂兴路 90 号 21D |
| 31 | 上海市慈善基金会 | 上海市民政局 | 1994 - 05 - 06 | 制造局路 88 号 |
| 32 | 上海市拥军优属基金会 | 上海市民政局 | 1995 - 04 - 07 | 新华路 272 弄公信苑 10 号 |
| 33 | 上海市闸北区教育基金会 | 上海市教育委员会 | 1995 - 10 - 25 | 延长中路 451 弄 19 号 307 室 |
| 34 | 上海科普教育发展基金会 | 上海市科学技术委员会 | 2001 - 10 - 23 | 世纪大道 2000 号上海科技馆 |
| 35 | 上海市中小学幼儿教师奖励基金会 | 上海市教育委员会 | 2003 - 04 - 07 | 陕西北路 500 号 |
| 36 | 上海市杨浦区教育奖励基金会 | 上海市教育委员会 | 2003 - 07 - 02 | 宁国路 486 号 |
| 37 | 上海市帮困互助基金会 | 上海市民政局 | 2003 - 12 - 25 | 江西中路 215 号中楼 |
| 38 | 上海市科普基金会 | 上海市科学技术协会 | 2005 - 01 - 01 | 南昌路 59 号 |
| 39 | 上海市爱心帮教基金会 | 上海市司法局 | 2005 - 01 - 27 | 江宁路 958 号 301 室 |
| 40 | 上海市九段沙湿地自然保护基金会 | 上海市环境保护局 | 2005 - 03 - 17 | 博山东路 383 号 202 室 |
| 41 | 上海市华侨事业发展基金会 | 上海市归国华侨联合会 | 2006 - 05 - 17 | 延安西路 129 号 1003 室 |
| 42 | 上海市大学生科技创业基金会 | 上海市科学技术委员会 | 2006 - 08 - 15 | 淞沪路 234 号创智天地 1 号楼 5 楼 |
| 43 | 上海市青浦区教育基金会 | 上海市教育委员会 | 2007 - 06 - 08 | 公园东路 1155 号 105 室 |
| 44 | 上海水资源保护基金会 | 上海市水务局（上海市海洋局） | 2007 - 12 - 28 | 瑞金南路 500 号 6 号楼底层 |

（续表）

| 序号 | 单 位 名 称 | 业务主管单位 | 登记日期 | 办 公 地 址 |
|---|---|---|---|---|
| 45 | 上海真爱梦想公益基金会 | 上海市民政局 | 2008-08-14 | 碧波路572弄115号3幢2层 |
| 46 | 上海联劝公益基金会 | 上海市民政局 | 2009-12-17 | 峨山路613号A楼二层 |
| 47 | 上海市青年创业就业基金会 | 共青团上海市委员会 | 2010-02-02 | 汉中路158号306室 |
| 48 | 上海公安金盾基金会 | 上海市公安局 | 2010-07-30 | 武宁南路128号B区806、807室 |

# 第二章　非公募基金会

非公募基金会是指不得面向公众募集资金的基金会,其所拥有的基金应该全部来源于特定个人或组织的捐赠。对于非公募基金会,2004年国务院颁布的《基金会登记管理条例》以及其他法律法规都秉持扶持和鼓励政策,在名称、原始基金数额、公益支出比例、理事会构成、负责人条件、业务主管单位等方面都作出与公募基金会不同的规定。

《基金会登记管理条例》颁布后,上海积极鼓励和推进非公募基金会发展,涌现出像上海阁宝航社会公益基金会、上海工商界爱国建设特种基金会、上海交通大学教育发展基金会、上海民生公益基金会、上海颜德馨中医药基金会、上海阮仪三城市遗产保护基金会、上海复旦大学教育发展基金会、上海同济大学教育发展基金会、上海唐君远教育基金会、上海市促进科技成果转化基金会、上海市安济医疗救助基金会等一大批非公募基金会。

## 第一节　沿　革

上海的非公募基金会的发展,是与我国有关基金会管理法规的建设紧密联系的。1988年国务院颁发的《基金会管理办法》,由于是改革开放后的第一部基金会管理法规,因此对基金会没有进行分类,所有的基金会,无论是中央的,还是地方登记的;无论是公募基金会,还是非公募基金会,都执行统一的标准,只要是基金会,包括以个人名字和企业名称命名的基金会,都可以公开募捐。对基金会进行笼统定位,是由我国当时的经济发展和社会背景决定的。由于我国当时经济发展水平较低,无论是个人还是企业的财力都十分有限,再加上个人和企业的公益意识比较淡薄,政府对非公募基金会的支持力度也不够,从而形成非公募基金会非常罕见的局面。然而,从基金会的发展历史看,世界上最早的基金会是作为某一笔公益信托财产的委托人存在的,是以个人名义设立的基金会,如诺贝尔基金会、福特基金会等,并不向公众募捐,因此是典型的非公募基金会。

2004年,国务院颁布《基金会登记管理条例》,首次将我国的基金会分为可以面向公众募集资金的基金会(即公募基金会)和不得面向公众募集资金的基金会(即非公募基金会)两大类型,提出对两类基金会实行分类管理。非公募基金会概念的提出和两类基金会的分类管理,顺应我国社会发展趋势,是对《基金会管理办法》的重大突破。条例明确,严格管理面向公众开展的募捐活动,维护募捐秩序,减轻公众负担,维护社会稳定;与此同时,国家鼓励和支持发展非公募基金会,放开政策,允许个人、企业等设立非公募基金会,让他们能更自主地实现捐赠意愿,将为社会公益做贡献与为自身带来良好社会效益统一起来。

非公募基金会属于独立基金型的基金会,主要依靠自有资金的运作、增值以及发起人自身或者亲友的捐助而获得从事公益性活动的资金。非公募基金会是引导个人和组织的财产流向社会、特别是救助弱势人群的一种非常好的组织形式,是社会财富实现再分配的一种比较好的手段。随着我国经济的发展和社会的进步,大力发展非公募基金会的条件逐步成熟。一些富裕起来的企业和个人愿意而且有能力拿钱投入公益事业,国家采取相应对策,帮助他们参与公益事业,为社会资本以社会组织形式进入公益领域打开通道,将社会富余资金引导到公益事业上来,既有助于促进公益事业,又有助于维护社会稳定,同时也有利于在社会上树立良好的道德风气。由于非公募基金会是由个人、企业或者其他组织捐款设立的,不得面向社会公众进行募捐,其理事会也主要是由基金会的发起者和捐赠者组成。因此,对这类基金会采取较为宽松的政策,如允许其以自然人的姓名、法人或者其他组织的名称命名。有助于削弱贫富差别,维护社会稳定。个人或企业捐赠财产,建立非公募基金会,在为社会公益事业做贡献的同时,也可以为自身带来良好的社会效益,促进自身的发展。

上海以促进基金会发展为前提、以基金会基本建设为核心、以实现基金会与经济社会协调发展为目标、以培育和监管为基本手段,充分发挥基金会的积极作用,加强对非公募基金会的引导和培育。2004年6月1日,《基金会管理条例》正式施行当日,上海在全国率先举行首批非公募基金会成立颁证仪式,向首批获准成立的上海复旦大学教育发展基金会、上海吴孟超医学科技基金会等4家非公募基金会颁发法人证书。2005年11月4日,民政部发文明确:省级政府民政部门可以委托对口的地(市)、县(市)政府对口部门承担基金会的业务主管职责。上海在基金会业务管理的实际工作中,登记管理机关大力支持非公募基金会发展,并推出将登记管理职责和业务主管职责合二为一、对非公募基金会业务主管单位不要求层级对应等扶持政策,加大培育力度,推进规范化建设,着力发展非公募基金会,并重点发展慈善、教育、社会福利、科技、文化、卫生等领域的非公募基金会,成为上海基金会发展的主要趋势。

在上海市政府的倡导、支持下,在社会慈善环境不断改善的大背景下,上海的非公募基金会绝大多数将关注贫困问题、从事扶弱济困慈善事业作为宗旨和业务范围。同时,非公募基金会的迅速发展,不仅体现企业和个人的社会责任感,也为困难群体分享我国经济社会发展成果开辟新途径。到2008年,上海共批准成立43家基金会,其中非公募基金会37家,占新批准成立基金会的86%;在这些非公募基金会中,扶贫帮困等民政领域占近60%。到2010年底,在市社团管理局登记成立的基金会共115家,其中非公募基金会67家,非公募基金会数量上大大超过公募基金会。一些有影响力的企业,特别是有些民营企业家,基于企业社会责任意识提高和慈善法人化,纷纷成立非公募基金会,从原来捐赠人角色转变为基金会法人。非公募基金会在充分调动社会资源,倡导公开透明运作模式,项目高效运作创新等方面,都取得可喜成绩,尤其是在公益慈善方面很好地发挥政府的补充作用。

## 第二节 选介和名录

### 一、选介

**【上海唐君远教育基金会】**

上海唐君远教育基金会成立于1987年,是个人和单位捐资设立的非公募基金会,发祥于唐君远先生在上海大同中学创设的"唐君远奖学金",1992年扩展为"唐氏教育基金会",1999年5月登记注册,定名为上海唐氏教育基金会,2005年更名为上海唐君远教育基金会。业务主管单位为上海市委统战部。

基金会业务范围是:奖励优秀学生、教师;支助贫困学生;捐赠教学设施;按照捐赠人旨意捐助有关教育及人才培养方面的项目。

基金会主要开展以下几方面工作:

促进教育。基金会坚持"爱国重教,培育英才"的宗旨,多方面关心支持教育事业,先后在上海

39 所学校(单位)设奖学金和奖教金,激励学生刻苦学习,奖励教师为国育才。1990 年,还出资 19.3 万美元,在中国纺织大学(后更名为东华大学)设立唐翔千留学奖学金;自 1992 年起,设立大学生君远奖(大学生跟踪奖),奖励复旦大学、上海交通大学、同济大学、清华大学、北京大学等大学的优秀学生;从 2009 年起,设立西藏、新疆少数民族优秀学生君远奖,奖励在上海 8 所中学以及华东师范大学和上海师范大学就学的西藏、新疆少数民族优秀师范生;同年,设立上海农村学校教师君远奖,并与上海市学生德育发展中心、中小学德育研究协会、教师学研究会等社会组织联合举办评选活动,奖励上海 9 个区县农村学校的班主任和单科教师;2010 年,捐赠 8 000 万元参与国家卓越工程师教育培养计划,与上海大学联合创办翔英学院,与江南大学联合创办君远学院,促进教育改革,为国家培养卓越工程师等应用型人才。

帮困助学。基金会坚持资助学校改善办学条件,1994 年至 2005 年,在政府办学经费还相当紧缺时,资助上海一些中学改善学校运动场地,建设视听教室、计算机房,购买图书等,共捐赠 500 多万元;开展帮困助学活动,自 2002 年起,先后在上海杨浦高级中学等 8 所中学和无锡市 6 所职业学校设立"君远班"助学奖,资助奖励家庭贫困的优秀学生,帮助贫困学生完成学业;到 2010 年,基金会教育公益投入经费 1 亿多元,奖励大、中学生 6 万余人次,奖励教师 7 000 余人次,支持教育项目 60 多个,逐步形成资助教育和帮困学生的系列特色项目。

### 【上海钟笑炉集邮基金会】

上海钟笑炉集邮基金会成立于 1988 年 5 月,是由钟笑炉先生家属向上海市集邮协会所捐赠私人集邮藏品而设立的非公募基金会,1992 年 3 月由市民政局注册登记。业务主管单位为上海市经济和信息化委员会。

基金会宗旨:纪念钟笑炉先生对上海集邮事业的历史贡献;奖励在集邮活动中取得显著成绩和为开展集邮活动作出贡献的集邮爱好者、邮学研究者、集邮工作者和集邮组织;进一步发展上海集邮文化事业,推动上海集邮事业发展。

基金会主要开展以下几方面工作:

捐赠管理。基金会主要由上海知名集邮家钟笑炉先生捐赠的邮票等邮品拍卖、出售为主筹集资金,到 2010 年底,通过拍卖、出售邮票等收入 60 余万元。基金会秘书处开展的日常工作主要是:整理、出售钟笑炉先生的集邮藏品,所得款项充实基金;对基金进行管理,并使基金保值增值;实施基金会年度公益活动计划;弘扬高尚的邮德、邮风,促进集邮事业健康发展等。

公益活动。基金会配合上海市集邮展览、上海集邮节举办颁奖等活动,扩大基金会和集邮活动的影响力,参与的活动主要有:"纪念抗战胜利集邮展览""2008'奥运会集邮展览""'上海集邮节'集邮展览"等;表彰和奖励在集邮活动中取得显著成绩或为开展集邮活动作出较大贡献的上海市各级集邮组织及个人,奖励范围和对象包括:在市级邮展、全国邮展、亚洲邮展和世界邮展中获得较高奖级的邮集作者;在邮学研究中有显著成果、即发表或出版被全国集邮联评为优秀的集邮学术论文或集邮著作的作者;在开展集邮活动中为上海集邮事业的发展作出突出贡献、被全国集邮联授予"全国青少年集邮活动示范基地""全国先进集邮组织"和"全国先进集邮个人"等荣誉称号者等。到 2010 年,基金会共举办 12 次重点奖励活动,奖励邮集 60 余部,奖励金额累计达 24 万元。

学术研究。基金会于 2001 年至 2003 年编撰钟笑炉先生一生研究集邮的文稿《钟笑炉集邮文存》出版发行,并在全国集邮展览上获奖。邮学研究有力地推动上海集邮学术研究和集邮活动的深入开展。

**【上海市卫生系统青年人才奖励基金会】**

上海市卫生系统青年人才奖励基金会成立于1988年,1992年12月注册登记,是接受单位捐赠的非公募基金会。业务主管单位为上海市卫生局。

基金会业务范围是:表彰、奖励卫生系统优秀青年人才,开展对卫生系统青年的培训培养工作。

基金会主要开展以下几方面工作:

捐赠管理。基金会到2010年底共接受捐赠5 585 200元;通过基金管理,获得投资收益336 271.41元,获得利息收益150 728.21元。

人才激励。基金会积极组织开展卫生系统优秀人才激励活动,在市卫生局、市卫计委指导和帮助下,于1989年4月设立"银蛇奖",奖励全市卫生系统的杰出医务青年。"银蛇奖"坚持定位高端标准,瞄准医学前沿,确保获奖者的领先水平;把握结构,既导向在临床一线做出突出成就,又兼顾在医学科研领域取得创新成果的优秀青年;扶植新兴学科,在保持优势专业基础上,关注重视政府和百姓期望大力发展的学科。"银蛇奖"每两年评选、表彰一次,获奖优秀青年由市卫生局党政通报表彰,并授予铜质镀银奖章一枚,颁发荣誉证书及奖金,同时授予上海市卫生局先进工作者称号,行政记大功一次,35岁以下青年还由团市委授予"上海市新长征突击手"称号。到2010年,共组织进行12届"银蛇奖"评选工作,有178位杰出医务青年获"银蛇奖",205位获"银蛇奖"提名奖,另有16名获奖者的导师获得特别荣誉奖。"银蛇奖"已成为上海医务青年的最高荣誉,这些德才兼备的医务青年已成为上海医疗卫生队伍中一支重要的中坚力量,在获奖者中,已产生7名院士和一大批享誉全市、全国乃至国际的优秀学科带头人和名医名家。

学术交流。基金会积极组织专业论坛,开展学术交流,不断提升获奖者专业素养和业务水平。2006年,组织部分"银蛇奖"获得者赴新加坡参加短期学习培训;举办"银蛇奖论坛",论坛围绕成果介绍、青年医务工作者成才之路、建设社会主义新农村、如何提高下一代生命质量、慢性病防治及长远公共卫生问题、实施"健康中国2020"战略、提高全民健康水平、卫生改革动态与进展等主题,展开讨论,形成共识。到2010年底,共组织举办5届"银蛇奖论坛",为推动上海卫生事业发展发挥积极作用。2009年,成立"银蛇奖之家",积极搭建平台,为"银蛇奖"获得者提供形式多样、内容丰富的服务;2010年,举办健康进社区活动,组织专家深入黄浦、卢湾、徐汇、长宁等区的街道社区,为市民作健康讲座,开展义务医疗咨询,进一步发挥上海医务青年人才服务社区居民的作用。

恤病帮困。基金会组织"银蛇奖"获得者以回报社会为主题,赴中西部开展义诊活动。2009年,组织9位医学专家赴青海举办义诊,为西部群众送医,并为当地医疗专业人员举办心血管病、妇产科疾病、肿瘤疾病等专题讲座;2010年,组织5位医学专家赴西藏日喀则地区人民医院开展义诊、教学查房、手术示范和专业授课等活动,得到良好社会反响。

**【上海阎宝航社会公益基金会】**

上海阎宝航社会公益基金会成立于1991年4月,是由个人捐赠设立的非公募基金,下设志优助学及志愿服务专项基金和关爱渐冻人"常青基金"。业务主管单位为上海市商务委员会。

基金会业务范围是:救助贫残儿童;资助文化、影视制作、教育、卫生医疗、老年福利事业等公益事业项目;宣传慈善文化,开展慈善咨询,开发非营利公益项目。

基金会主要开展以下几方面工作:

捐赠管理。基金会自成立起,不断得到个人和单位捐赠,1991年至2005年,捐赠收入4 552 186.98

元;2006年,捐赠收入 2 714 100 元;2007 年,捐赠收入 2 463 258.02 元;2008 年,捐赠收入 3 050 273.53 元;2009年,捐赠收入 5 190 740.58 元;2010年,捐赠收入 6 525 758.03 元。

助学济困。基金会积极开展助学活动,2000 年至 2003 年,每年向徐汇区教育系统家庭困难和患病学生发放奖学助学金 100 余万元;2000 年,向广西马山县捐助 11 万元修建校舍,向海城市望台中学捐赠 30 万元购置电化教学等设备;2001 年至 2002 年,向无锡泰德国际学校 52 名家庭生活困难学生发放助学金以及向优秀老师、优秀学生发放奖金共计 50 万元,并捐助 60 万元完善学校理、化、生实验室;2007 年,与香港万都集团联手向在上海的生活困难民工、患白血病的空中服务员、晚期癌症患者、神经肌肉疾病患者提供资助达 84 万余元;2009 年,启动广西助学"五年计划",资助广西河池地区 6 000 名高中生;2010 年,用于资助贫困人群资金 1 075 042 元,资助卫生事业资金 1 130 877 元。

灾害救助。基金会积极参与抗击公共卫生事件和救助自然灾害活动。2006 年,投资 200 万元建设无锡宝航学校,在广西南宁市开展大型捐赠活动,捐赠 250 万元抗艾滋病药品及设备;2008 年汶川地震,募集 57 087 元全部捐赠灾区,与美国高通公司、四川联通公司在地震灾区共同实施"无线关爱计划",在四川灾区 8 所学校建成 10 所计算机 3G 网络教育教室,惠及 12 000 多名中小学生;2008 年,向辽宁省建昌县疾控中心捐赠价值 200 万元的增强艾滋病患者免疫力的超级抗原 BM 口服液。

公益活动。基金会积极参与其他公益活动。1996 年,为"武汉市妇女儿童服务中心"大楼落成捐资 10 万元;1999 年,向广西慈善总会捐款 10 万元;2008 年,与常青基金联手开展渐动人电动轮椅足球赛,为常青基金募集捐款 20 余万元;同年,首次组织举办圣诞慈善晚宴,募集善款 442 085 元人民币和 11 977 美元。

## 【上海工商界爱国建设特种基金会】

上海工商界爱国建设特种基金会成立于 1992 年 9 月,原名上海工商界爱国建设特种基金,1993 年 1 月 8 日登记注册。2005 年 4 月,更名为上海工商界爱国建设特种基金会。业务主管单位为上海市商务委员会。

基金会业务范围是:规范地做好基金资产的保值增值;履行投资者职责,支持投资企业的健康发展;资助民营企业培训现代化经营管理人才;对教育、社会福利和上海社会老龄事业等其他社会公益事业进行资助;加强与境内外原上海市工商界爱国建设公司认款人和主创同仁的联系,做好相关服务工作。

基金会主要开展以下几方面工作:

公益活动。基金会从 2000 年开始,承担 500 名特困老人的终身助养,每逢节庆上门看望,为老人们送去慰问金;对 517 名特困老人进行医疗资助,改善老人们的医疗保健需要,2000 年基金会荣获"爱心助老特色基地"称号;为上海金惠老年康复医院扩建工程捐资 250 万元,缓解社会老年康复医疗紧张状况;在上海 6 所高校设立奖教金、奖学金,加强对贫困学生的资助;支持九三学社上海医学服务中心"爱心工程""再就业工程";与上海市老年基金会合作,共同进行"复明工程",捐助 20 万元帮助患白内障老人做复明手术,使 1 000 余位老人通过手术得以复明;资助九三学社上海医学服务中心的"爱心工程"5 万元;向上海市老年基金会帮困基金捐赠 20 万元;积极参与救灾活动,资助四川汶川地震、云南普洱地区地震共计捐赠 220 万元;支持社会力量办学,向浙江平湖新华爱心中学捐赠 30 万元,帮助贫困学生就学;支持上海市教育发展基金会设立的"上海市老年护理人员培训基金"，捐赠资助 300 万元用于老年护理人员培训。到 2010 年底，各类社会公益捐款达 4 041.56 万元。

服务老同志。基金会将关心和照顾为爱国建设事业和爱建特种基金会发展作出贡献的老同志作为工作任务和传统特色，设立为老年同志服务的专门机构，专人负责，通过尽心、周到的服务，努力为老同志营造健康、快乐的环境。每年组织老同志及家属进行一次健康体检，并不断增加个性化的专家保健咨询，提高老同志晚年生活质量；对体弱多病的老同志和家属组织上门服务，把春节慰问和平时住院访问结合起来；与上海阳光助老服务中心合作，为老同志安装"电话式呼叫器"，提供医疗、家政、报警急呼叫三项服务；根据老同志实际情况和要求，每年组织学习、考察、访问等活动；每年向老同志送生日贺卡和慰问品，自 2005 年起，为 80 岁以上老同志举行集体祝寿活动。

## 【上海市建国社会公益基金会】

上海市建国社会公益基金会成立于 1993 年 6 月，是由单位捐资的非公募基金会。业务主管单位为上海市民政局。

基金会业务范围是：帮助弱势群体，支持养老事业设施建设，支持人居环境的科研，奖励有贡献的单位与个人。

基金会主要开展以下几方面工作：

慈善公益。基金会积极开展扶老、恤病、救孤活动，1993 年，捐资 50 万元用于支持原上海市川沙县孙桥镇桥弄村公益事业，对当地 80 岁以上农村户口老人每月发放 100 元的"建国老人生活补贴"，设立专项"帮困基金"，为 28 户特困家庭每月提供 150 元资助；1994 年，为浦东新区内 100 名特困老人提供"建国老人生活补贴"，并举行"百位建国老人生活补贴"首批发放仪式，到 2010 年底，累计资助贫困老人生活费 311.96 万元；1997 年，向浦东新区残疾人联合会提供活动津贴；1998 年，资助上海知名画家赴加拿大进行文化交流，"中国人眼中的加拿大"系列作品在上海、北京等地相继展出，中加两国领导人出席北京画展开幕式并给予极高评价；2000 年，与中华慈善总会等组织共同承办在上海市浦东新区召开的"公司与社会公益研讨会"；向上海市浦东新区福利院捐资 50 万元设立优秀护理员奖励基金，激励优秀护理人员，并向福利院捐赠电脑房，为福利院老人进行电脑培训；2006 年，向上海市慈善基金会浦东新区分会捐赠价值 65.40 万元的净水设备，用于全市 60 家养老机构；2010 年，主办"'倾听心灵，美丽之声'感恩慈善音乐会""'世界因爱而美丽'白血病儿童新年晚会暨 2009 年度慈善感恩筹款派对活动"，活动现场举行拍卖募捐，募捐收入全部用于家庭贫困白血病儿童，并设立"白血病儿童身心康复专项基金"；捐资上海市慈善基金会，帮助抚养孤儿等。

帮困助学。基金会积极开展帮困助学活动。1995 年，向浙江省开化县黄谷乡小学捐资 20 万元，用于重建校舍，完善教学设施，巴金为学校题写"建国希望学校"校名；1996 年，在浙江省舟山成立建国基金会，与舟山市开发海洋振兴舟山促进会一起，共同资助舟山籍大、中、小学生 500 多名；1998 年，捐资 30 万元在浙江嵊泗县花鸟岛建造花鸟岛小学，为周围地区 300 多名孩子提供入学机会；为北京大学、人民大学、浙江大学等高等院校成绩优异的贫困学生提供助学津贴。

科研资助。基金会积极支持科学事业发展，2004 年，出资 200 万元设立上海市自然与健康基金会，用于支持有关自然与人居健康的课题研究、科学实验及相关项目，表彰奖励对自然与人居健康有贡献的单位与个人。

灾害救助。基金会积极参与自然灾害的救助活动，2008 年汶川地震，基金会积极组织募集善款的爱心活动，并通过上海市民政局向四川灾区捐赠现金 100 万元，以支持灾区重建工作。

## 【上海交通大学教育发展基金会】

上海交通大学教育发展基金会成立于 2001 年 4 月，是个人和单位捐资设立的非公募基金会。业务主管单位为上海市教育委员会。

基金会业务范围是：接受社会捐赠，运作管理资金；设立资助项目；开展教育、培训及咨询活动。

基金会主要开展以下几方面工作：

捐赠资金管理。基金会在广大校友和社会贤达、公益慈善机构与企业的大力支持下，积极筹措募集款项，至 2010 年底，累计募集资金折合人民币突破 9 亿元，沉淀资金由注册时的 1 000 万元增加到 2010 年的 5.69 亿元，位列上海市慈善组织第三位、非公募基金会第一位，其中，2010 年海外筹集资金 4 671 万元，列上海市第二位。开展资助项目 500 多个，其中上海交通大学校内资学助困项目 230 余个，累计支出 3.12 亿元，受益 1.5 亿人次。此外，面向港澳台、日本及东南亚等地区的筹资力度加大，境外捐赠稳步增长，2010 年当年接受境外捐赠 4 671 万元，列居上海市基金会第二位。自 2006 年起，开始资金保值增值工作，在校友及社会友好人士的牵线搭桥、集思广益下，始终以风险控制、谨慎投资为宗旨，完善运作制度，搭建决策程序，组建由学校领导、高端校友及社会友好中的专业人士组成的投资顾问组、投资决策组，实现保值增值前期的风险评估，规避产品投资风险和管理公司的信用风险，高效快速地促进保值增值工作稳步推进，基本实现沉淀资金的市场化运作，提高资金使用、投资决策和投资划转的效率，实现不同类别、不同周期的产品配置，投资产品覆盖证券、信托、基金等多类产品，投资资金比例达 85％，有效地保证沉淀资金的保值增值。

促进教育事业。基金会作为高校基金组织，一直把公信力建设和资助成效视为建设与发展的首要任务，在立足服务国家高等教育事业、服务学校中心工作需要的同时，着力践行"饮水思源、爱国荣校"，承担和履行更多社会责任，充分发掘和调动社会力量支持办学，在各类项目实施过程中，坚持服务育人、管理育人工作理念，携手捐赠方与受助方，为培养社会主义合格建设者与可靠接班人提供有力保障；成立主要由受助学生和致力于公益的青年学子组成的学生志愿者服务部，加深学生、校友与基金会之间的交流、合作，将感恩情怀、社会责任公益慈善教育寓于服务之中。

扶贫济困助学。基金会受学校委托对社会各界在学校设立的奖教、奖（助）学金统一归口管理，最大限度满足捐赠者捐资意愿，每年组织选拔、评审、发放、颁发奖（助）学金等 100 项左右，投入金额 1 100 余万元，年均受益人次 3 000 余名；坚持以"全面覆盖"为原则，确保每一个贫困生不因经济贫困而退学，资助力度、资助金额位于全国高校前列；项目实施中注重体现社会公益形象塑造和学生慈善意识培养，鼓励和支持"思源公益""西部阳光""研究生支教团""思源社"等学生慈善团体发展，支教、扶贫工作遍布全国各地，学生参与人数始终保持在 2 000 人以上，在服务上海交通大学发展基础上，着眼于更深远的社会责任，传递捐赠者的关爱情怀，培养受助者的感恩和责任意识，让慈善意识在年轻一代心中扎根。

## 【上海市应昌期围棋教育基金会】

上海市应昌期围棋教育基金会成立于 2002 年 1 月，属于非公募基金会。基金会原始基金数额为人民币 250 万元，来源于应氏集团捐赠。到 2010 年底，基金会有理事 7 人，监事 2 人。业务主管单位是上海市体育局。

基金会宗旨：推动全民围棋教育，提高棋艺水准，促进国际围棋交流，推行计点制规则。业务范围：普及围棋教育，举办围棋比赛，促进围棋事业发展。

基金会主要开展以下几方面工作：

公益活动。基金会资助举办"倡棋杯"中国职业围棋锦标赛；"应氏杯"全国大学生围棋赛；全国少年儿童围棋锦标赛；"小应氏杯"上海市少年儿童围棋锦标赛；上海市幼儿围棋锦标赛；举办两岸青少年围棋交流；支持复旦大学、交通大学、格致中学、应昌期围棋学校等开展围棋活动；举办世界大学生围棋锦标赛、"陈毅杯"围棋系列活动、设立"陈毅围棋教室"为边远地区及农村学校建立"爱心围棋教室"等活动等。

教育发展。基金会在上海和台北两个应昌期围棋教育基金会的穿针引线下，推动台湾、上海两地青少年围棋互访交流，切磋棋艺，增进友谊，加深了解；与上海市应昌期围棋学校共同举办"学校围棋教育文化论坛"，围绕"围棋与教育、围棋与文化"的专题，论述对学校围棋的思考研究。

事业发展。自 2003 年起，基金会每年举办一届"倡棋杯"中国职业围棋锦标赛，吸引了 1 000 多人次的职业棋手参加了近千盘的高水平对局，帮助年轻国手在世界大赛的竞技舞台上创造佳绩；联合中国围棋协会、中国棋院先后在中国上海、北京，日本，韩国，美国西雅图等国家及地区共同举办"国际围棋规则研讨会"；在上海世博会举办期间，与中国棋院联合举办"陈毅杯"围棋世博行系列活动：一是围棋工作者缅怀新中国围棋事业奠基人陈毅元帅大型座谈会，二是围棋世博行少年儿童围棋夏令营暨少年儿童与新四军老干部围棋联谊赛，三是全国围棋甲级联赛中国移动上海围棋队主场对贵州围棋队的比赛，四是陈毅杯中国围棋混双联谊赛。

## 【上海吴孟超医学科技基金会】

上海吴孟超医学科技基金会成立于 2004 年 5 月，是吴孟超个人及海内外团体捐资设立的非公募基金会。业务主管单位为上海市卫生局。

基金会业务范围是：设立和管理医学基金资助奖励项目；资助临床医学基础与应用研究；资助贫困地区学生助学、绿色医院建设技术研究、贫困地区基层医院培训、贫困家庭儿童重大疾病治疗；组织医学公益活动、开展医疗慈善事业；医学学术出版、国际学术合作与交流等。

基金会秉持"勇闯禁区，勇于创新，勇往直前，勇攀高峰"精神，以推动中国医学科技事业不断进步为己任，积极开展公益活动；设立"吴孟超医学科技奖""吴孟超医学青年基金奖"，奖励在临床医学和基础研究领域做出突出贡献的人才；积极为医学科技发展搭建平台，做好服务工作，共同打造健康公益事业。

## 【上海市自然与健康基金会】

上海市自然与健康基金会成立于 2004 年 5 月，是由上海市建国社会公益基金会出资设立的非公募基金会。业务主管单位为上海市环境保护局。

基金会业务范围是：支持有关自然与人居健康的课题研究、科学实验及相关项目，表彰奖励对自然与人居健康有贡献的单位与个人。

基金会主要开展以下几方面工作：

接受捐赠。基金会接受个人和单位捐资，到 2010 年底，累计接受捐赠 698 万多元。

公益活动。基金会积极开展各项公益活动，组织举办全国高校市政工程学科优秀工学博士论文评选活动，激励青年学者脚踏实地、大胆创新；向上海养老院和一些学校捐赠饮水设施，帮助养老院老人和在校学生喝上健康、安全的净水。

## 【上海市复旦大学教育发展基金会】

上海复旦大学教育发展基金会成立于 2004 年 6 月,是以社会各界给予复旦大学的捐赠为基础设立的非公募基金会。为《基金会管理条例》实施第一天上海民政部门注册登记成立的首批非公募基金会,登记证为第 0001 号。业务主管单位为上海市教育委员会。

基金会业务范围是:接受捐赠,管理使用基金,资助与高等教育发展有关的各项公益事业。

基金会主要开展以下几方面工作:

捐赠管理。基金会的主要职责是接受和管理社会各界给予复旦大学的捐赠,用于更新教学、科研、图书及信息设施,延揽中外名师,扶植重点学科、重点实验室,奖励作出突出贡献的优秀教职工,奖助品学兼优的学生及家庭困难的学生,资助优秀师生出国深造、参与国际学术交流,以及一切有利于促进复旦大学教育事业发展的项目。基金会一方面和学校有关院系、部门建立良好合作关系,另一方面加强与捐赠企业、个人联络,在捐赠者和受益者之间搭建有效沟通机制。到 2010 年底,累计捐赠收入 25 922.20 万元。资金使用坚持公开透明原则,尊重捐赠人意愿,服务于大学办学宗旨。到 2010 年底,基金会管理 9 大类、18 小类近 200 个捐赠项目,其中已完成项目 36 个,正在执行项目 156 个;到 2010 年底,累计公益支出 14 692.20 万元。

教育促进。基金会始终紧密围绕学校发展战略制定计划和开展工作,围绕学校重点需要发展的项目设计筹款项目,力争把所筹得的资金用到学校最需要发展的地方,以服务学校教育为出发点,积极促进捐赠工作健康发展,捐赠支出中 85% 以上用于支持复旦大学教育事业,且每年支出不断增长,从 2005 年 724 万元,增长到 2009 年 4 208 万元,在支持教育事业上发挥着越来越重要的作用;在继续推进奖学金、助学金、奖教金等项目的同时,加大在人才培养和学科建设等方面的支持,逐渐成为服务学校发展改革、落实复旦办学理念、宣传教育公益的开放平台。

灾害救助。基金会始终心系社会公益事业,积极参与重大灾难救援工作,2007 年,为云南地震灾区捐款,并连续 4 年开展乌江复旦学校教师培训项目;2010 年,启动宁夏西吉支教中学教师培训项目等社会公益项目,用于资助教师培训等软件建设;同年,首次在校友范围内开展"汝沐春phone"电话运动,尝试小额捐赠,拓展捐赠和救助渠道,收到良好成效。

## 【上海华杰仁爱基金会】

上海市上海华杰仁爱基金会成立于 2005 年 4 月,是由上海众鑫城建发展有限公司出资设立的非公募基金会。业务主管单位为上海市民政局。

基金会业务范围是:关心帮助贫困家庭,开展慈善活动;捐助残疾人家庭困难学生;资助社会公益性项目;实现基金的保值增值;支持希望工程,捐助建设希望小学。

基金会主要开展以下几方面工作:

捐赠管理。基金会定向接受众鑫城建发展有限公司、众鑫建筑设计研究院有限公司、进鑫绿化工程有限公司、励城投资发展有限公司、新型材料有限公司、宝钢彩钢建设有限公司等单位捐资,截至 2010 年底,累计共接受捐款 654.3 万元。

助学帮困。基金会积极开展帮困助学工作,促进教育事业发展。2005 年,资助同济大学 6 名赴德优秀贫困学子共 30 万元,捐助上海希望工程 25 万元用于建立安徽凤阳希望小学,捐助上海复兴高级中学 5 万元用于学校设立奖学金、奖教金、助学金;在此基础上,2006 年,又与陕西省政府及延安市有关部门联系兴建子长县瓦窑堡希望小学,在上海市复兴中学、曹扬二中、市北中学、光明中学、比乐中学、行知中学、杨浦高中、市四中学、北郊中学、上师大附中等 10 所高中设立专项奖学金,用于定向资助高一学生中品学兼优且家庭贫寒的优秀学生,每人每年2 500元;出资10万元给虹口区民政局,用于捐助区内贫困家庭学生;2007年起,连续3年在山东临沂11所高中和湖南2所高中共计捐助130名品学兼优的家庭贫困学生,每人每年2 000元,帮助他们顺利完成高中学业;出资25万元捐建山东鱼台希望小学;2008年,援建广西钦州希望小学,向四川汶川地震灾区捐款10万元;2009年,组织举办"经典成就未来——中华人民共和国成立六十周年"校园巡回讲堂;2010年,继续为上海10所中学100名学生提供每人2 500元的学习资助,4月为建成的广西钦州希望小学捐献一批学习用具,12月启动山东临沂第二轮110名高中新生三年资助项目等。

**【复旦管理学奖励基金会】**

复旦管理学奖励基金会成立于2005年9月,是由复旦校友、原中共中央政治局常委、国务院副总理李岚清发起并捐赠个人200万元稿费成立的、中国人自己设立的管理学界第一个非公募奖励基金会。业务主管单位为上海市教育委员会。

基金会业务范围是:奖励我国管理学领域内的杰出工作者。

基金会主要开展以下几方面工作:

捐赠管理。基金会以李岚清捐赠的个人稿费200万元为原始基金,并积极管理捐赠工作,到2010年底,共收到捐赠10 271.17万元,其中,100万元以上捐赠6笔,500万元以上捐赠9笔,1 000万元以上捐赠2笔;最大一笔捐赠为3 200万元。

褒奖活动。基金会坚持"奖励我国在管理学领域作出杰出贡献的工作者"宗旨,倡导管理学理论符合中国国情,并密切与实践相结合,推动我国管理学长远发展,促进我国管理学人才成长,提高我国管理学在国际上的学术地位和影响力。面向全国设立"复旦管理学杰出贡献奖",自2006年起,每年依次循环在管理学三个子领域"管理科学与工程""工商管理"和"公共管理"进行评奖,经过实践摸索,形成一套包括同行提名、组织申报、同行通讯评审、会议评审、专家委员会评审5大环节流程,1 200余位专家参与完成同行提名环节,在此基础上形成相对稳定的200余位专家组成的核心评审队伍,负责完成通讯评审和会议评审环节,各级专家履行职责,严格把关,保证学术水准;奖项每年最多奖励3人,到2010年底,共奖励15位我国管理学领域杰出工作者,奖项在中国管理学界获得良好声誉。基金会自2006年起每年举办"复旦管理学国际论坛",邀请专家学者、业界领袖、政府官员,结合中国改革开放实践,对中国和全球管理学领域热点问题展开深入研讨,到2010年,论坛先后以"经济社会可持续发展和管理科学""工商管理与企业成长""公共管理:改革与发展""超越危机:管理科学发展在中国""可持续视角下的中国管理"为主题,邀请86位海内外的知名院士、教授、企业领袖、政府官员发表主题演讲,近800位知名学者、政府官员和企业家作为嘉宾参加研讨,逾7 500人次观众现场参会,国家领导人及各部委省委领导曾出席论坛开幕式或发表演讲;"复旦管理学国际论坛"已成长为国内管理学界有影响力的学术交流平台,并促进中国管理学者与世界管理学者的交流。基金会从2010年起设立"评奖基础与创新研究"资助项目,项目包括对中国管理学发展现状的跟踪研究、对管理学界年度大事的梳理、对获奖者学术成果的宣传推广等。到2010年底,已完成"中国管理学术发展史"和"改革开放30年中国管理学理论与实践的发展进展"两个研究项目的全国招标,并进入中期评估阶段。此外,《中国管理研究与实践—复旦管理学杰出贡献奖获奖人成果集(2006—2008卷)》《中国管理研究与实践—复旦管理学杰出贡献奖获奖人成果集(2009卷)》《中国管理研究与实践—复旦管理学杰出贡献奖获奖人成果集(2010卷)》已进入出版流程,有力推动中国特色管理学理论的累积和创新。

### 【上海同济大学教育发展基金会】

上海同济大学教育发展基金会成立于 2006 年 3 月,是统一管理同济大学校内外个人和单位(含港、澳、台有关团体、海外华侨团体、国外友好团体)捐赠的非公募基金会。业务主管单位为上海市教育委员会。

基金会业务范围是:接受捐赠;规范运作基金,使其保值增值;合理使用基金,改善办学条件,扶植重点学科,奖励优秀师生。

基金会主要开展以下几方面工作:

捐资管理。基金会试行基金的校院两级管理,制定《上海同济大学教育发展基金会学院基金管理办法》、编制《学院基金工作指南》,升级基金会数据查询和项目管理系统,实现每个捐赠项目单独立项、单独管理的功能,增强基金项目的查询、分析、反馈信息功能,优化基金使用流程,提高基金管理水平,增强学院基金建设自主性;充分利用建校 100 周年历史契机,基金会策划了"校友林"开园仪式、"爱心同济,和谐校园"慈善文化系列活动、百年校庆捐赠点启用仪式、"慈善爱心屋"揭幕仪式、中银同济认同卡发行仪式、校董会成立大会等多个大型主题活动,深刻挖掘了"同舟共济"的精神内涵,有效推动了筹资工作的全面开展;积极筹备校友年度捐赠,为方便更多校友进行小额捐赠,支持母校发展,2010 年 5 月启动校友年度捐赠活动,制定详细的年度捐赠说明,网站增设"年度捐赠"版块,开通网上在线捐赠、银行汇款、银行卡委托扣款等多种便捷捐赠渠道,设立"同济之舟校友年度捐赠基金",将校友的年度捐赠纳入该基金统一管理,由校基金会理事会商议决定具体用途,每一笔支出明细都在网站和《同济人》刊物上公布,确保信息透明。到 2010 年底,共签署捐赠协议 270 余项,共募集捐赠资金 1.88 亿元,净资产达 1.03 亿元。

促进教育。基金会围绕学校教育改革中心工作,在广泛筹措社会资金的基础上,进行分类整合,最终确定发展基金、学院基金、学生培养、师资建设、校园建设、学科发展、国际交流、校友活动等八大系列项目,全方位覆盖学校发展建设各种需求;2009 年,台湾光华教育基金会捐赠设立"光华同济大学土木工程学院基金",助力土木学科发展;深圳校友会进行"同济之友合伙企业收益权"捐赠,开创一种新的捐赠形式;2010 年,为推进学校"卓越人才培养计划",设计"同济大学追求卓越奖励基金",奖励在各学科领域有着卓越成就、做出卓越贡献的教师、学生和校友,首期筹集 1000 万元资金,成为目前基金会下规模最大的留本基金;将上海房地产商会捐赠的 1000 万元作为专项助学金,是目前基金会下规模最大的助学金,为学校帮困助学提供一定的物质支撑;结合学校发展建设,积极扩大资助范围,在原有资助项目基础上,扩大对师生奖励金范围、增大对家庭经济困难学生助学力度,同时,增设研究生环境论坛基金、《中外创新政策研究丛书》出版基金、校友活动基金等多个新资助项目,到 2010 年底,总资助金额达 9000 余万元;重视对外沟通交流,先后拜访新鸿基地产郭氏基金等多家重大捐赠单位和上海旭博装饰工程有限公司等校友企业,与天津大学等兄弟院校进行工作交流,并参加"中国高等教育学会教育基金工作研究分会学术年会",通过沟通交流,巩固与捐赠单位和校友企业的合作关系,借鉴国内外优秀基金会先进管理经验,提高自身筹资能力与管理水平,同时也有效扩大基金会的宣传效果与社会影响。

### 【上海市安济医疗救助基金会】

上海市安济医疗救助基金会成立于 2006 年 3 月,是单位捐资设立的非公募基金会。业务主管单位为上海市卫生和计划生育委员会。

基金会业务范围是:接受社会捐赠,对弱势人群基本医疗保障的社会公益事业进行救助。

基金会主要开展以下几方面工作:

捐赠管理。基金会接受单位和个人捐赠,2006年至2010年捐赠收入共计29 492 402.15元,其中,现金收入15 211 523.54元,非现金收入折合14 280 878.61元。

恤病助残。基金会积极开展恤病助残工作,自2007年起,开展"'安济手牵手'——特殊儿童彩虹关爱"项目,为残障儿童提供免费医疗服务,包括免费体检建立档案、医疗援助定期派驻机制、捐赠常用药品、医疗器械和设备等,到2010年底,共资助金额747 392.46元;2008年起,开展"残疾人员居家养护"项目,创建上海首个针对残疾人员的养护服务体系,服务内容包括残疾人居家养护需求评定、养护标准制定等。到2010年底,共资助金额568 100元。

扶贫济困。基金会开展扶贫济困,自2006年起,设立安济助医项目——安济慈善医疗卡,对符合条件的特困人员发放"安济慈善医疗卡",持卡人可在指定医院支付医疗检查费用和购买药品,到2010年底,共计资助金额6 274 912.54元;自2006年起,设立"安济健康直通车",在贫困地区及边远山区开展免费义诊活动,赠送常用药品,并帮助改善当地医疗设施和健全当地医疗体系,到2010年底,共计资助金额3 754 711.23元;自2006年起,建立外来人口助医基金,搭建外来人口慈善医疗服务网络,向外来人口提供免费医疗救助,改善外来人口就医环境,到2010年底,共计资助金额1 211 971.10元;推进"外来务工人员子女全面健康计划",为外来务工人员子弟建立医疗保健健康档案,对外来务工人员子弟每年进行一次免费健康检查,并进行健康卫生科普教育,包括日常卫生健康、牙齿护理、常见疾病预防、青春期生理卫生以及急救知识等,2006年至2009年,共资助金额242 562元;2007年,设立"谭淑云基金",用于流动儿童及贫困地区教育,2007年和2008年共资助金额102 130元。

助医助老。基金会2007年设立"红丝带爱心基金",用于农民工艾滋病综合干预项目,促进浦东新区艾滋病防治工作开展;2008年设立"普安助老基金",为就医困难的独居老人、空巢家庭老人和其他高龄无保障老人开展医疗关爱活动,到2010年底,基金共资助金额96 410元。

## 【上海市甬协公益基金会】

上海市甬协公益基金会成立于2006年4月,是单位和个人捐资设立的非公募基金会。业务主管单位为上海市民政局。

基金会业务范围是:资助家庭暂时经济困难的学生,兴办其他公益事业。

基金会主要开展以下几方面工作:

捐赠管理。基金会接受个人和单位捐赠,截至2010年底,累计接受各类捐款523.65万元,其中,个人和集体助学捐款475.00万元;结对助学捐款45.6万元;赈灾捐款3.05万元;上海市慈善基金会等其他基金会转助款391.1万元;委托管理捐赠款196.1万元。

助学济困。基金会依据章程规定的业务范围,资助品学兼优、家庭经济困难、宁波籍上海学生和宁波来沪就学学生,学校包括:复旦大学、上海交通大学、同济大学、上海华东师范大学、上海大学等18所高校和复旦中学、市西中学、市北中学、卢湾中学、延安中学等13所中学;重视宣传和实践公益慈善理念,传扬中华民族扶危济困、乐善好施的优良传统,以及宁波人扶贫济困、诚信友爱、兴教助学、互帮互助、奉献爱心的良好风尚,为改善民生、构建和谐社会尽社会责任。到2010年,公益性支出累计达503.52万元,其中,助学494.87万元,帮困306万元。

灾害救助。基金会积极参与救助自然灾害活动,2008年,汶川地震赈灾活动中,组织同乡书画院62名画师捐赠书画143幅进行义卖,并将义卖所得55万元全部捐给四川灾区;2010年,组织同乡书画院开展"庆世博、庆宁波同乡会成立百年爱心助学捐赠书画"活动,85位画师捐赠141幅作品,并将义卖所得50万元全部用于公益助学。

### 【上海理工大学教育发展基金会】

上海理工大学教育发展基金会成立于2006年5月,是统一管理大学校内外个人和单位捐赠的非公募基金会。业务主管单位为上海市教育委员会。

基金会业务范围是:支持教学科研;奖励优秀师生;资助学术交流与合作。

基金会主要开展以下几方面工作:

捐赠管理。基金会始终坚守"汇八方涓流、襄教育伟业"的使命,积极筹募资源,汇聚广大校友对母校的片片赤诚,聚集社会各界人士对教育事业的无私关爱,除接受企业捐赠外,还接受海内外校友和各界知名人士捐赠;老校友杨霖先生继2002年向学校捐款100万人民币后,2008年又捐款100万港币增加奖学基金;自主创业校友周荣辉、柴昭一分别捐赠100万元人民币用于奖励教师和优秀学生;社会人士蔡仁敏、谢丽夫妇捐款设立"得赢帮困基金",帮助在校贫困学生完成学业;著名画家张迪平女士及先生黄建泽捐款设立"惠华奖助学金",用于奖励和资助贫困学生等;接受田家炳基金会资助300万元。基金会推出捐赠资金项目化管理制度,根据捐赠人意愿将捐赠资金划入指定项目或者自设项目中,实行捐赠项目专人管理和负责,并定期向捐赠人反馈捐赠资金使用情况,有效地提高资金使用透明度和基金会公信力。

公益活动。基金会主动对接学校办学需要,积极拓展募集渠道,设立专项基金,奖励优秀教师,资助鼓励优秀学生,全面助力学校建设与发展。设立专项奖学金、助学金,用于促进学校及各学院教学、科研、新学科建设和发展,奖励教师及学生的创新实践活动;投入40万元设立"大学生创新创业基金",支持学生创新创业活动;开设"上海巴士印刷设计创新人才培养基金""'美的中央空调杯'优秀毕业设计(论文)奖励基金""微创励志创新基金""曼恒基金"等,培养学生创新意识和实践能力,为各类大学生创新创业活动提供资金支持和便利服务;组织社会专业培训机构开展学生创业培训班,组织学生开展职业教练营、参加大型创业咨询广播电台现场直播等活动,拓宽和增加大学生知识面;资助学校创业教育教师参加师资培训,培养学校自己的创业教育师资力量;扩大基金辐射的效应,自2008年起在大学附属学校设立"上理之星"奖学金,每年向上理附中捐赠5万元、向上理附小捐赠3万元,用于中、小学生学习能力、思考能力、实践能力和创新能力培养和提高,到2010年,累计有253名学生获得奖励和资助。2006年至2010年底,基金会累计运行项目60余个,涵盖各类奖学金、帮困助学金、奖教金、大学生创新创业活动、校园文化建设等各方面。

### 【上海市木兰教育基金会】

上海木兰教育基金会成立于2006年11月,是由杰出企业家、慈善家赵锡成博士捐资设立的非公募基金会。业务主管单位为上海市教委。

基金会业务范围是:奖励上海及其他地区有志从事航运事业的优秀学生和教师;支持、鼓励和协助上海及其他地区航运教育事业的发展;奖励、资助其他普通大学教育以及赵锡成博士家乡的教育和慈善单位。

基金会主要开展以下几方面工作:

捐赠管理。基金会2008年接受捐赠86.34万元;2009年接受捐赠38万元;2010年接受捐赠38万元。

促进科研。基金会 2007 年为上海海事大学"木兰航运仿真纪念中心"捐资 100 万美元,以建设集科学研究、模拟仿真、技术开发与人才培养为一体的大型开放性综合实验中心,实现以海洋运输、港口设备、电气与自动控制系统以及物流管理、港口管理、船队组织、航运企业营运为仿真对象的综合实验,模拟全天候的各种航海环境、各种海事事故现场,并能对重大航运工程、港口、桥梁进行预评估和跟踪研究。

促进教育。基金会从 1984 年开始设立"木兰奖学金",奖励航海专业院校优秀学生,后陆续设立"木兰助学金"和"木兰奖教金",到 2010 年,"木兰奖学金、助学金、奖教金"已经覆盖大连海事大学、上海海事大学、集美大学和武汉理工大学等航海院校;此外,在上海市嘉定区中小学校设立"木兰奖学金、助学金、奖教金",奖励优秀学生和老师,每年用于奖励的金额 20 多万元。

公益活动。基金会 2008 年为上海交通大学木兰船建大楼捐资 500 万美金,同时,在木兰船建大楼设立"木兰纪念馆",以纪念赵锡城先生的夫人赵朱木兰女士用一生所诠释的"博爱、乐观、坚毅、进取"的木兰精神。

### 【上海市防癌抗癌事业发展基金会】

上海市防癌抗癌事业发展基金会成立于 2007 年 1 月,是单位和个人捐赠设立的非公募基金会。业务主管单位为上海市科学技术委员会。

基金会业务范围是:资助奖励科学研究人员进行学术交流及防癌抗癌教育,资助贫困患者,接受捐赠和基金保值增值。

基金会主要开展以下几方面工作:

捐赠管理。基金会到 2010 年底,共接受捐赠 3 640 131.14 元。

公益活动。基金会积极开展防癌抗癌活动,每年 10 月是乳腺癌防治月,为更好地普及乳腺健康知识、提高广大市民对乳腺健康的重视。自 2007 年 10 月起,与复旦大学附属肿瘤医院联合举办"乳腺癌预防和早诊早治"公益活动,组织专家现场与观众互动交流,宣传乳腺癌筛查与防治等乳腺健康相关知识;2008 年,为配合推广"粉红丝带乳腺癌防治运动",让乳腺癌防治意识深入每位女性心中,组织志愿者派发粉红丝带及乳腺癌防治信息卡,以及乳腺健康信息宣传册;2009 年 10 月,携手复旦大学附属肿瘤医院举办"粉红丝带暨预防乳腺癌"公益讲座;2010 年 9 月,组织举办"关爱女性"乳腺癌筛查大型公益讲座活动,专家们通过医学案例,宣传乳腺癌早期检查发现、早期治愈的知识,并现场免费发放乳腺癌防治宣传资料及倡议书,产生良好社会影响。

### 【上海巴斯德健康研究基金会】

上海巴斯德健康研究基金会成立于 2007 年 3 月,是由中国科学院、上海市政府和法国巴斯德研究所三方合作设立的非公募基金会。业务主管单位为上海市科学技术委员会。

基金会业务范围是:募集捐赠,管理资金;支持传染性疾病及相关领域的研究、培训、科研活动以及传统中药的研发;支持和促进研究成果的应用。

基金会主要开展以下几方面工作:

人才队伍建设。基金会作为三方合作建立的社会组织,成立伊始就关注健康研究的人才队伍建设。2004 年 1 月 27 日,中法两国政府签署《关于预防和控制传染性疾病政府间合作备忘录》,该合作框架的重要内容之一,就是建设中国科学院上海巴斯德研究所(以下简称上海巴斯德所)。上海巴斯德所是由中国科学院、上海市政府和法国巴斯德研究所三方合作建设的一个健康研究机构,也是中国科学院首次以"中—中—外"三方合作模式建立的研究机构。借鉴法国巴斯德研究所"政府支持、社会募捐和自主知识产权收益"的三结合发展模式,共建三方成立"上海巴斯德健康研究基金会",并于2007年初在上海登记注册,基金会理事会由中国科学院、上海巴斯德所和法国巴斯德所三方代表组成。基金会制定的工作总目标是:即瞄准我国在重大传染病预防与控制上的战略需求和国际科技的发展趋势,借鉴法国巴斯德研究所先进的管理理念和运行机制,资助上海巴斯德所,对重大和新发传染病开展从致病机理、快速诊断、新型疫苗和发现新药靶等方面进行系统的创新研究和成果转化,建立和完善核心关键技术研发平台,吸引、培养和造就领军人物和组织高效的科研团队。在多方支持下,基金会在科研、人才队伍建设、管理等方面已进入发展快车道,在病毒学、免疫学和疫苗学等领域建立起一支高素质的研究队伍,并产出阶段性成果。

促进卫生事业。基金会根据国家战略需求,加强传染病应急能力建设,着重于传染病的检测、诊断和防治技术研发,在国家"十一五"科技重大专项"艾滋病及病毒性肝炎等重要传染病防治"计划中,承担5个项目,其中在2个项目出任首席科学家单位。2009年,作为流感疫苗技术创新联盟首批牵头单位之一,加入中国流感疫苗技术创新联盟,在国家传染病科技重大专项中发挥着积极作用。到2010年底,共承担各类科研项目70项,其中包括国家"十一五"传染病科技重大专项5项(担任首席2项);"973"计划课题5项;国家自然科学基金项目14项;上海市各类项目13项;中国科学院各类项目14项;中科院上海生命科学研究院项目6项;国际合作项目10项;其他合作项目3项。基金会加强基本建设投入,到2010年,已建成18个高标准实验室,完成P2+实验室构建,建成先进的教学中心;完善研究生及教学队伍,引进16个国际一流的科学家,组建16个研究组,构建包括流行病学、疫苗学、分子病毒学、结构病毒学等16个研究单元。截至2010年12月,上海巴斯德研究所共有研究人员119名,在国际专业学术期刊上共发表SCI论文53篇,申请国内专利5项,国际专利2项。

## 【上海市能近公益基金会】

上海市能近公益基金会成立于2007年4月,是由个人捐资设立的非公募基金会。业务主管单位为上海市民政局。

基金会业务范围是:以上海地区为主,开展扶贫帮困;资助群众文化、青少年教育、科技普及等社会工作;资助国学研究,弘扬传统文化。

基金会主要开展以下几方面工作:

捐赠管理。基金会设立后,受到社会各界关注,给予多种形式支持,从2007年8月份接受第一笔3 200元捐款起,到2010年底,共收到捐赠款73笔,累计捐款金额2 134 970.30元。

恤病助医。基金会积极开展恤病助医,成立以来的第一个项目——参与青海省"爱心救助青海省先心病患儿"慈善公益活动,资助青海省先心病患儿手术,救助贫困地区儿童及家庭解除病魔困扰,2007年11月起,与青海省红十字会、青海省心血管病专科医院合作,为青海省先天性心脏病患儿实施治疗手术,首批捐款165 500.00元,捐助来自青海省东部地区互助、平安、乐都3县汉族、回族、土家族、蒙古族的10名患儿,年龄最大17岁,最小8岁,术后恢复良好。到2010年底,累计资助111名先心病患儿治疗手术费用,捐款1 829 000.00元。这些患儿年龄最大19岁,最小只有1岁零5个月;不少来自少数民族家庭。所有患儿实施手术后,全部恢复健康,取得良好社会效益。

促进文化。基金会2009年与华东师范大学中国现代文学资料与研究中心合作,资助该中心主办《现代中文学刊》,学刊立足当代中国文学和中国文化研究实际,侧重中国近、现、当代文学史和文化史研究,发扬学科优势,提倡学术创新,鼓励中国语言文学学科内部各专业贯通,鼓励中文学科与其他人文社会科学学科交融。到 2010 年底,累计捐助 100 000.00 元;累计资助中国文化研究 156 657.53 元。

社会公益。基金会开展扶老助孤活动,2007 年,响应国家四部委主办"蓝天图书室和夕阳红图书室"援建活动号召,通过西藏民政厅、西藏慈善总会捐赠 1 万元,帮助西藏拉萨、日喀则地区,及部分偏远儿福院、四所老年院购买一定数量的图书;参与救助自然灾害活动,2008 年,通过上海市民政局向四川省汶川地震灾区捐赠款 5 万元,通过广西红十字会向广西龙胜县冰雪灾区捐赠款项 5 万元。到 2010 年底,公益性捐款累计 2 195 657.53 元。

## 【上海慈源爱心基金会】

上海慈源爱心基金会成立于 2007 年 12 月,是个人捐资设立的非公募基金会。业务主管单位为上海市民政局。

基金会业务范围是:帮助经济困难家庭;资助社区公益活动;扶贫,济困;助学,扶老,救孤,恤病,助残,优抚。

基金会积极开展公益活动,2008 年汶川地震后,捐赠 20 万元用于地震灾区重建工作;恤病助医,向上海市抗癌协会捐赠 5 万元;捐赠 16 万元帮助奉贤地区贫困人群;2010 年,向上海世博会捐赠价值 600 万元的"世博金鼎",表达基金会"一言九鼎"的慈善事业精神。

## 【上海市华东师范大学教育发展基金会】

上海市华东师范大学教育发展基金会成立于 2007 年 12 月,是华东师范大学捐资设立的非公募基金会。业务主管单位为上海市教育委员会。

基金会业务范围是:支持教学科研,奖励优秀师生,资助贫困学生,资助学术交流与合作。

基金会主要开展以下几方面工作:

捐赠资金管理。基金会 2010 年度捐赠收入总额为 80 889 507.70 元,其中捐赠现金收入 70 796 780.09 元,实物捐赠 200 000 元。本着合法、安全、有效的原则,上海市华东师范大学教育发展基金会主要以银行定期存款方式进行资金增值保值。

促进教育事业。2008 年,为纪念王元化先生并对他的学术开展研究,基金会设立了王元化学术研究基金,并制定了"王元化学术研究基金管理办法"。著名经济学家吴敬琏先生、基金会罗国振理事和陆晓光等 13 名中文系师生等纷纷捐款,历史系许纪霖教授等通过多种渠道为该专项基金筹集资金。

2008 年,5·12 汶川大地震发生后,远在大洋彼岸的美国的校友心系母校灾区学生,在一周之内自发筹集了相当于 20 万人民币的捐款,并在基金会设立了捐助川籍受灾学生的专项基金,先后有 80 名学生接受助助。钱晓征校友在基金会成立仪式上向学校捐赠价值 100 万的书籍。香港校友蔺常志通过基金会在山东捐建常溪萍希望小学,促进了当地教育事业的发展。分众传媒总裁兼首席执行官江南春校友、香港世海国际有限公司董事长洪波校友、上海兆基实业有限公司董事长李国平校友等,通过各种形式捐赠支持学校事业的发展。

2009 年 8 月,在徐能先生(香港上海国际商会副会长、能达投资有限公司董事局主席)倡导下,设立"能达专项基金",用于资助学校优秀教师及贫困学生。该基金秉承"汇小溪成江河"的理念,把社会各界的爱心聚在一起,这一募集模式在形式上和内容上都有所创新,其成效也非常显著。

　　2010 年,结合特色学科发展,设立"陈彪如国际金融学术基金"和"历史学教学与研究"专项基金,金融校友分会和陈彪如先生的弟子、历史系沈志华教授等通过多种渠道募集资金,分别获得了 261 万元和 230 万元的捐赠和资助,这为再创金融学科辉煌和开展历史学研究提供了支持。

　　为引导和鼓励社会向高校捐赠,促进高等教育事业发展,从 2009 年起,中央财政设立配比资金,对中央高校接受的捐赠收入实行奖励。2009 年获得配比资金为 282.99 万元,2010 年,获得配比资金 2 565 万元。配比资金属于中央对高校的预算追加,供学校统筹使用,且优先用于资助家庭经济困难学生、支持毕业生就业、开展教学科研活动等支出。

　　奖优济困助学金。2008 年,分众传媒总裁兼首席执行官江南春校友设立分众帮困助学基金、香港世海国际有限公司董事长洪波校友设立"中融奖(助)学金"、上海兆基实业有限公司董事长李国平校友设立"淑卿助学金"。2009 年,奥盛集团总裁汤亮校友向母校捐赠 300 万元设立"奥盛奖学金";上海道杰资本有限公司创始合伙人张宇鑫校友向华师大捐赠 100 万元,与商学院共建"创业实践研究中心";上海伊藤忠商事有限公司向我校教育发展基金会提供 10 万元的奖励金,设立"伊藤忠环境保护科学奖";中韩两国一衣带水,文化交融源远流长,通过韩国艺术文化 CEO ACADEMY 研修班及奖学金,培养了师大学子与韩国友人超越国界的友谊。2010 年新设"能达奖教金、奖助学金""德广教育基金""唐君远新疆、西藏少数民族优秀师范生奖助学金"等 13 项。其中,我校 60 级校友、原上海师范大学校长杨德广教授向上海市慈善基金会捐赠 100 万元,设立"德广教育基金",用于资助我校品学兼优的贫困学生。97 岁高龄的华师大离休干部桑绮云向学校捐赠 25 万元,设立研究生奖学金。卡西欧(上海)贸易有限公司捐赠 50 万元,在华师大外语学院捐资设立"卡西欧教育奖励基金"。

## 【上海东方爱心基金会】

　　上海东方爱心基金会成立于 2008 年 3 月,是由爱心人士李景女士、陈金霞女士共同发起并与近百名志愿者一起捐资设立的非公募基金会。业务主管单位为上海市民政局。

　　基金会业务范围是:资助困难儿童,资助贫困育龄妇女和军嫂,资助贫困高龄老人。

　　基金会主要开展以下几方面工作:

　　捐赠管理。基金会 2008 年至 2010 年接受各种捐赠折合人民币 4 084 941.4 元,其中,捐赠现金 2 793 093.40 元;捐赠物资折合人民币 1 287 848 元。

　　灾害救助。基金会积极参与救助自然灾害工作,2008 年汶川地震后,筹集救灾物资和招募志愿者奔赴灾区,为灾区中、小学生和爱心志愿者架起一座爱心桥梁,并援建广济东方爱心学校,在灾区建立起剑南新村东方爱心家园,组织绵竹地区汉旺学校 30 名孩子及部分家长和老师到北京,参加为期 10 天的夏令营活动,亲身体会祖国首都文化,帮助孩子们走出地震带来的阴影;2009 年 3 月 18 日,组织上海工作人员与四川站爱心辅导员就如何开展对灾区学生帮扶活动召开网络会议,要求在物质上帮助灾区孩子的同时,更从心理上给予孩子最大关爱;2010 年青海省玉树地震后,募集资金援助灾区学校重建。

　　扶贫助学。基金会积极开展扶贫助学活动,为边远地区送爱心。2009 年 8 月,参与上海市民政局、西藏自治区区直机关青年联合会在西藏拉萨联合举行"有爱,就有奇迹——为了西藏更加美好的明天"启动仪式,向家境贫困的优秀高中生提供助学金,支持他们完成高中阶段学业;每年派遣优秀教师志愿者进藏,对西藏的初中和小学教师进行培训,同时为西藏边远地区中小学建立电脑教室和图书馆;在北京市西城区教委和西藏区直工委、拉萨市教委、普兰县委的支持和帮助下,组织西藏中小学教师到北京培训,与北京教师志愿者共同研讨教学理念、共同备课、互相点评公开课等;资助拉萨中学、拉萨北京中学、拉萨江苏中学、山南地区一高、山南地区二高、拉萨那曲中学、林芝地区一高、昌都地区一高、日喀则地区一高等学校 100 名贫困学生,每人每年 1 000 元。

敬老扶老。基金会积极开展敬老扶老活动,2010 年,参与对上海市普陀区社会福利院、南汇大团敬老院、南汇航头敬老院 3 家敬老院内独居、高龄、贫难老人的春节帮困送温暖活动,每位老人送上 2 000 元慰问金及暖宝宝一个,并与其中高龄、多病的独居老人"一对一结对"关爱。

## 【上海市促进科技成果转化基金会】

上海市促进科技成果转化基金会成立于 2008 年 5 月,是由单位和个人捐资设立的非公募基金会。业务主管单位为上海市政协办公厅。

基金会业务范围是:筹集、管理、使用基金,为科技成果转化项目提供资助,奖励促进科技成果转化成绩显著的集体和个人。

基金会主要开展以下几方面工作:

捐赠管理。基金会接受单位和个人捐赠,到 2010 年,共接受捐赠 1 650 万元,其中企业集团捐赠 1 600 万元,个人捐赠 50 万元。

促进科技。基金会积极促进科技成果转化与发展,作为主办方参与《联盟计划——难题招标专项》活动,联合高校科研院所产学研合作,服务平台开展公益性活动,将高校科技成果向企业转化和产业化转化,帮助中小企业解决在发展过程中遇到的技术难题,先后帮助上海理工大学与裕胜生物公司、上海师范大学与简大自动化公司、同济大学与上海宏艺材料科技公司等多家校企合作配对,助推高校科研技术与成果向企业转化,并成为服务科技型中小企业的主要品牌。

公益活动。基金会发挥专家队伍和建言献策职能优势,开展课题研究,2009—2010 年,在听取多方意见基础上,结合上海中心工作和基金会工作实际,确定 13 个课题及调研方面,内容包括"产学研合作联盟在科技创新中的多种合作模式""科技创新政策在中小企业落实情况"等;自 2009 年起,与上海市教育发展基金会和上海科技成果转化促进会共同设立并承办"上海产学研合作优秀项目奖评选活动",对全市通过产学研合作取得优异成绩项目进行评选、表彰,每年举办一次,评选活动调动企业、高校和科研院所参与产学研合作的积极性,产生较大影响。

## 【上海浦发公益基金会】

上海浦发公益基金会成立于 2008 年 5 月,是由上海浦东发展集团财务有限责任公司捐助设立的非公募基金会。业务主管单位为上海市民政局。

基金会业务范围是:筹集、管理、使用基金;实施慈善救助,扶助弱势群体,开展公益援助活动。

基金会主要开展以下几方面工作:

捐赠管理。基金会积极募集资金,到 2010 年底,18 家注册于浦东新区的企业共捐赠资金 502.8 万元,为基金会开展公益救助活动、奉献爱心提供资金保障。

公益活动。基金会积极开展公益慈善救助活动,2008 年,与上海浦东发展集团财务公司团委、供销社工会和国资公司工会合作,组织实施"年度励志助学计划",捐助 61 万元,受助人数达 3 375 人;2009 年,组织开展帮困、助学、敬老等公益项目 13 项次,合计捐赠 368.28 万元,受助 2.5 万余人;2010 年,围绕上海世博盛会,开展各类社会公益活动,年度各类公益事业支出总额达 242 万元,其中,开展帮困、助学和其他公益活动 11 项(含上海世博会专项公益活动 5 项),受助对象包括浦发集团贫困人员和家庭，浦东部分街道乡镇贫困家庭、外来务工人员、残疾人员和社会老龄人员等，累计受益人数超过 2.6 万人，收到良好社会效果。

### 【上海夏征农民族文化教育发展基金会】

上海夏征农民族文化教育发展基金会成立于 2008 年 5 月，是由原中共中央顾问委员会委员、中共上海市委原书记夏征农个人捐赠及其他社会捐赠创立、以夏征农名字命名的非公募基金会。业务主管单位为中共上海市委宣传部。

基金会业务范围是：接受海内外捐赠，资助民族民俗文化教育项目和贫困教育工作者、贫困学生，支持革命老区文化教育事业等。

基金会主要开展以下几方面工作：

捐赠管理。基金会接受相关捐赠，到 2010 年底，累计捐赠收入 5 683 891.14 元，在开展各类公益慈善活动支出后，净资产 2 105 029.75 元；基金增值率约 5%。

公益活动。基金会积极开展公益慈善活动，2008 年，参与举办"'情系汶川，大爱无疆'——上海文化名人义捐义演文艺晚会""'海纳百川，丝路重光'甘肃书画名家展""'革命老区教育关爱行动'——2008 江西支教捐赠活动""2008 上海民族民俗民间文化博览会"等；2009 年，参与和举办"2009 中华元素创意大赛""'中华智慧的文化符号'——《大三国志展》归国汇报展""2009 上海文化论坛""2009 上海民族民俗民间文化博览会""'建国 60 周年献礼'——大型历史话剧《甲申记》""'永恒的旋律，难忘的歌声'——上海演唱会""2009 首届上海(国际)青少年汉字艺术交流展""'和谐创新基金'——中医药助学项目"等；2010 年，组织和参与举办"韩国民间工艺品展""'梵籁　世博之约'——朱晓光书法艺术展"、《释江南丛书》新书发布会、"'革命老区教育关爱行动'2010 江西支教捐赠活动""'和谐创新基金'泰凌中医药助学金项目""教育改革与教育发展——夏征农教育思想理论暨华中抗日根据地研讨会""2010 第二届上海(国际)青少年汉字艺术交流展"等。

### 【上海特殊关爱基金会】

上海特殊关爱基金会成立于 2008 年 7 月，是由 2007 年国际特奥会董事姚明、容德根等社会知名人士和热心公益事业的相关企业共同发起成立的非公募基金会。业务主管单位为上海市民政局。

基金会业务范围是：筹募善款、慈善救助、公益援助、宣传与研究、交流与合作。

基金会主要开展以下几方面工作：

捐赠管理。基金会接受社会各界慈善捐赠，到 2010 年底，累计捐赠收入 11 793 132 元。基金会开展多项慈善捐助和公益活动，捐助支出共计 2 264 558.03 元。

促进教育。基金会积极促进教育事业发展，为改变西部地区特殊教育资源匮乏、大部分残疾儿童不能适时接受康复教育的现状，2009 年 5 月 30 日，经甘肃省团省委牵线搭桥，基金会与甘肃省青少年发展基金会、酒泉市肃州区人民政府签署协议，共同投资 700 万元在甘肃省酒泉市建设一所示范性特殊教育学校，其中，上海特殊关爱基金会和下属"姚基金"共同投资 250 万元，学校命名为"酒泉纳什—姚基金特殊教育学校"，2010 年 11 月 15 日，姚明和基金会理事参加学校落成典礼。酒泉纳什—姚基金特殊教育学校既承担酒泉市残疾儿童的基础教育任务，又指导和规范各类学校中轻微残疾儿童就近随班接受教育，为酒泉地区 1 700 多名残疾儿童提供就学机会，填补酒泉地区特殊教育的空白，推动甘肃省特殊教育事业发展。

促进体育。基金会关爱智障人士身心健康,注重改变智障人士社会环境,2009年11月6日至11日,与上海市特奥委员会共同举办"2009上海特奥阳光融合跑城际邀请赛",特奥阳光融合跑是为智障人士与融合伙伴"量身定制"的一项活动,项目要求上场的10名队员腿部相互捆绑,共同完成距离为30米的跑步运动,其中特奥运动员人数不少于总人数的50%,其余队员为融合伙伴(志愿者);邀请赛共有北京、上海、哈尔滨、广州、厦门、台北、澳门以及韩国首尔、美国博依西等9个城市的10个特奥代表团200多名特奥运动员、教练、伙伴参加。城际邀请赛让不同城市的智障人士、伙伴间进行交流,通过比赛和活动增进彼此友谊,为特奥活动开展拓宽思路,树立新的模式。中国特奥会顾问王智钧,东亚区特奥会执行总监陈许娜娜、上海市残联党组书记叶兴华、上海市残联理事长金放等相关领导出席开幕仪式。SMG五星体育全程赞助报道本次活动。比赛取得圆满成功,增强智障人士的自信心与社会适应能力,促进更多社会人士参与特奥运动,增进社会对智障人士的理解和关爱,活动受到各方人士盛赞。

公益活动。基金会积极开展公益活动,与上海市慈善基金会等多家基金会和单位合作,共同筹措专项基金,开展援助江西省瑞金市医疗卫生保健项目;与徐汇区教育局、文化局、体育局及区残联一起发起并组织开展"春暖康健校园"活动;组织联络姚明参与本土动画电影《马兰花》配音工作,并接受姚明捐赠的配音全部收入;与上海世博会上海企业联合馆携手举行大型慈善晚宴,汇聚各界爱心人士力量,为智障人士送上关爱和祝福,为上海世博添彩;向重庆市黔江区、甘肃省会宁县等地区贫困学生提供助学援助。

## 【上海师范大学教育发展基金会】

上海师范大学教育发展基金会成立于2008年10月,是校友及社会各界爱心人士捐赠设立的非公募基金会。业务主管单位为上海市教育委员会。

基金会业务范围是:奖励优秀师范生并资助其参与国际交流;资助贫困学生;基础学科、重点课题、教学研究、学校建设和设施完善等。

基金会主要开展以下几方面工作:

捐赠管理。基金会接受单位和个人各类捐赠,到2010年底,累计接受各类捐赠5 073 333.42元,其中,2008年至2009年共接受单位捐赠3 254 749.15元,个人捐赠203 209.07元,捐赠实物折合人民币336 379.20元;2009年至2010年共接受单位捐赠872 736.00元,个人捐赠170 510.00元,捐赠实物折合人民币235 750.00元。基金会以保证捐赠人意愿为基础、以发挥善款最大功效为目标,积极拓展筹资渠道,履行服务教育和公益慈善事业使命。

促进学校教育。基金会积极拓宽渠道,致力学生培养,2009年5月22日,协助学校85级外语系校友、新航道国际教育集团总裁胡敏捐资人民币30万元设立"胡敏英语励志奖学金",奖学金每年投入金额10万元,鼓励在校学生勤奋学习、刻苦钻研,到2010年3月,共有34名学生获得首届"上海师范大学胡敏英语励志奖学金";2009年,协助上海市浙江商会捐赠150万元设立"新浙商大学生创业基金",培育技术创新人才,拓宽大学生就业渠道,支持上海师范大学学生创业;协助上海宏泉有限公司捐赠50万元设立"双十佳奖"项目,每年投入10万元奖励10位"十佳优秀辅导员"和10位"十佳优秀学生"。

支援西部教育。基金会为推进对西藏、新疆地区少数民族优秀师范生的教育和培养,促进师范教育发展,在上海唐君远教育基金会的支持下,设立西藏、新疆地区少数民族优秀师范生"君远奖学金",奖学金金额每年5万元,2010年首届"君远奖学金",共有21位来自教育、旅游、人文与传播、生命与环境科学、数理学院的少数民族师范生获奖;为提高西部教师素质,在上海市教委和伊顿(中国)有限公司大力支持下,设立"西部教师来沪培训基金",为贫困地区教师来上海培训提供资助,2010年8月,首批24位来自云南的中小学教师到上海师范大学参加为期2周的培训。

助力学科发展。基金会协助学校79级中文系校友李大伟先生捐资设立"人文大师讲坛",每年捐款10万元,用于支持人文与传播学院文学讲座,并资助邀请文学领域著名专家学者来学校授课或短期访问;协助上海中房置业股份有限公司捐赠10万元设立"法政学院专业建设基金",用于奖励法政学院优秀师生并资助重点课题、教学研究、学院建设和设施完善等;与歌德曼(太仓)机械有限公司达成协议,捐赠5万元用于支持信息与机电工程学院大学生组队参加"2010年本田中国节能大赛",为学生创作准备发动机以外的参赛车架和车身等创造良好条件;协助上海宝豪实业有限公司捐赠10万元设立"大学生科技创新成果奖励基金",用于奖励上海师范大学学生科技创新成果;2010年12月,联合上海市伦理协会、上海师范大学经济伦理研究中心共同主办"21世纪中国慈善事业和慈善伦理"研讨会。

助学扶贫帮困。基金会开展助学扶贫帮困工作,2008年,协助美籍华人Anthony先生捐赠10万元设立"博爱基金",用于资助贫困地区中小学生,"博爱基金"自设立以来,资助的学生逐年递增,2008年资助云南普洱市竹塘乡10名品学兼优学生,2009年资助云南普洱市西盟县和孟连县40名少数民族贫困学生,2010年,资助110名特殊学校学生,项目扎实严谨的落实,赢得捐赠人高度信任;2010年9月,与上海韩哲一教育扶贫基金会举行"情牵西部教育,曙明点亮未来"共建仪式,启动"曙明计划",资助上海师范大学"中国青年志愿者扶贫接力计划""上海市大学生志愿服务西部计划"的学生志愿者,以开展"千元计划"的形式,资助支教志愿者在当地策划公益活动项目,为贫困山区孩子提供实现梦想的平台;此外,还资助上海师范大学学生赴贫困地区短期支教项目。

### 【上海财经大学教育发展基金会】

上海市上海财经大学教育发展基金会成立于2008年10月,是由校友和社会各界捐赠设立的非公募基金会。业务主管单位为上海市教育委员会。

基金会业务范围是:接受社会捐助,管理运作基金;设立基金项目,资助教育事业发展;开展捐赠者、受益者联谊活动。

基金会主要开展以下几方面工作:

捐赠管理。基金会接受各类捐赠,精心设计捐赠项目,增强基金会筹款能力。捐赠项目无论是捐赠者自行提出,还是学校根据发展确立,基金募集项目化激发广大师生、校友爱校荣校之情,一定程度上扩大资金来源,并使基金使用落到实处。2009年,接受捐赠100.67万元,其中,社会各界捐赠40余万元,校友及校友企业捐赠40余万元,其他基金会捐赠20余万元;2010年,接受捐赠76.29万元,其中,社会各界捐赠28万余元,校友及校友企业捐赠32万余元,其他基金会捐赠16万余元。基金会加强基金使用管理,2009年,支出资金47万元,其中,资助退休教师活动1万余元,颁发奖学金、助学金43万余元,资助学生活动3万余元;2010年,支出资金45万元,其中,资助退休教师活动2万余元,颁发奖学金、助学金25万余元,资助校友及学生活动7万余元。

公益活动。基金会积极开展公益慈善活动,2009年,资助开展4项公益项目,包括易方达教育基金助学金、助老敬老专项活动、"手拉手"项目等,受助650人,活动支出46.89万元;2010年,资助开展12项公益活动,包括评选花旗集团金融信息科技优秀奖学金、申银万国奖学金、申银万国助学金、PERROTECCHINA本科生奖学金、PERROTECCHINA研究生奖学金、PERROTECCHINA

助学金、太平洋寿险卓越奖学金、有利银行奖学金、杭州商业银行奖学金、上海商业储蓄银行奖学金,以及资助校友活动等,受助人数428人,活动支出44.02万元。

运作管理。基金会重视制度建设,制定《上海财经大学教育发展基金会内部制度建设材料》《上海财经大学教育发展基金会捐赠筹资管理办法(试行)》《上海财经大学教育发展基金会配比资金管理办法(试行)》等规章,完善基金会工作小组及各项规章制度流程,对捐赠进行归口管理,并按条块确定理事长、副理事长负责制,有序开展各类奖学金、助学金的发放和各专项基金的使用;为每一项捐赠建宗立档,对每一笔基金的使用定期汇总并形成报告通知捐赠人,举办捐赠者和受益者互动活动;按照教育部财政部要求,积极做好中央级普通高校捐赠收入配比资金的申报工作;积极参加沪上高校举办的基金会工作交流研讨会,参加专项培训,通过理论学习、案例解析、专家授课及学员交流等形式,充实基金会管理知识、提高对基金会工作的认识,为更好地开展工作奠定扎实基础。

### 【上海世华民族艺术瑰宝回归基金会】

上海世华民族艺术瑰宝回归基金会成立于2009年7月,是由个人和单位捐资设立的非公募基金会,下设世华艺术馆。业务主管单位为上海市文化广播影视管理局。

基金会业务范围是:征集、回购、收购艺术珍品,开展对艺术珍品的收藏、鉴赏、保护知识的宣传和培训等。

基金会积极开展公益活动,2009年,在世华艺术馆举办《百壶珍藏特展》,展览浓缩从新石器时期到南宋长达4000多年的中国古陶瓷壶发展史,丰富与稀有、鉴赏与普及并存,代表中国古陶瓷各个时期风格面貌和艺术特点,观众可以从中了解到陶瓷千百年来的历史传承和文化内涵,弘扬中国古陶瓷文化,为古陶瓷研究起到积极促进作用;2010年,为迎接上海世博会,与景德镇考古研究所、复旦大学文博系共同主办"皇帝的瓷器"特展,展出的152件明朝永乐、宣德、成化三代官窑瓷器,均由景德镇考古所从近千件藏品中精选出来,其中40%的器物属于稀世遗珍,为专家学者、收藏家学习断代、鉴赏明代瓷器提供权威的实物参照,也让观众分享中国古陶瓷的伟大成就,特展期间专家们精彩的讲座,更是为观众提供学习古陶瓷知识的得天独厚机会,为上海世博会增光添彩。特展结束后,编辑出版《宣帝的瓷器——永乐卷》《宣帝的瓷器——宣德、成化卷》图书二册,《壶中明》图书一册。

### 【上海民建扶帮公益基金会】

上海民建扶帮公益基金会成立于2009年7月,是由民建上海会员企业家捐资设立的非公募基金会,前身为上海民建互帮基金管理委员会设立、1998年1月正式启动的"民建互帮基金";2008年3月,为更好地发挥"民建互帮基金"的公益作用,经民建上海市委决定,成立由民建会员企业家捐助发起的非公募基金会——上海民建扶帮公益基金会。业务主管单位为上海市民政局。

基金会业务范围是:帮助困难家庭,按捐赠者意愿帮困助学,支持上海民政的公益事业,资助国家鼓励的公益项目。

基金会主要开展以下几方面工作:

捐赠管理。基金会的前身"民建互帮基金",积极开展基金募集活动,到2008年底,累计接受1800余人次捐款,共募集基金490.46万元,增值及利息收入154.39万元;与此同时,帮困助学支出298.46万元,直接受助4171人次,基金结余337.39万元。基金会成立后,发扬上海民建扶贫济困和奉献爱心的优良传统,坚持按照"收到捐赠→开具收据→颁发证书→上网公布"的操作流程规范运行,接受捐赠和做好保值增值工作。到 2010 年底,共接受捐赠 546.91 万元,其中,2009 年 9—12 月,捐赠收入 202.74 万元;2010 年,捐赠收入 344.17 万元。基金会坚持"安全第一、积极稳健、统筹兼顾"理财思路,委托专业理财,2009 年 9—12 月,增值收入 4.25 万元;2010 年增值收入为 39.53 万元。到 2010 年底,净资产总额 725.97 万元。

公益活动。基金会坚持"治理规范性、财务合法性、项目有效性、团队专业性、信息透明度、社会公信力、机构创新性、发展可持续"的工作总目标,按照《上海民建扶帮公益基金会章程》和《上海民建扶帮公益基金会资助暂行规定》开展公益慈善活动,积极帮困助学,日常资助的项目有:春节送温暖、暑期送清凉、特困会员定期补助、困难会员临时补助等,其中专项社会助学慈善活动项目主要有:崇明民本中学助学、民建南江助学、创办广西田阳上海民建扬帆班等,到 2010 年底,公益资助项目支出 56.23 万元,直接受益 1 247 人次;积极参与救助自然灾害活动,2010 年 4 月,响应国家号召,向广西革命老区百色地区捐款 30 万元用于建造 100 口小水窖,支援西南地区抗旱工作;积极开展扶老工作,2010 年 5 月和 9 月,应民建上海市委要求,开展上海养老事业专项调研,走访市发改委、市规划局、市民政局、市社会团体管理局、市老龄科研中心,实地考察多家养老护理机构,撰写养老专题调研报告,报送中共市委统战部和市民政局等部门,受到有关部门肯定与重视。

### 【上海外国语大学教育发展基金会】

上海外国语大学教育发展基金会成立于 2009 年 12 月,是由单位和个人捐资设立的非公募基金会。业务主管单位为上海市教育委员会。

基金会业务范围是:接受捐赠,管理基金;资助学校教育事业;奖励优秀教师与学生;支持其他公益事业发展。具体包括:资助能够提高教学质量的学术活动;资助品学兼优的贫困学生完成学业;资助教师的研究成果和学术专著的出版;资助学校教育设施的改善和有利于学校发展的其他项目;奖励为教学做出贡献的优秀教职员工和优秀学生;支持教育培训及咨询;开展捐赠者、受益者联谊等活动。

基金会主要开展以下几方面工作:

捐赠管理。基金会自成立以来,得到社会企业、校友、支持教育事业发展的社会贤达的大力支持,基金会严格遵守《上海外国语大学教育发展基金会章程》,到 2010 年底,接受紫江集团、海富通基金有限公司、卡西欧上海有限公司、李观仪夫妇、邵一兵校友、张卫东先生等企业及个人捐赠总计 3 199 497.37 元。所有捐赠款项主要用于设立教育奖励基金、更新教学科研的图书及信息设施、聘请中外名师、扶植重点学科和重点科研项目、奖励对教学科研工作有突出贡献的优秀教师、资助优秀师生出国深造和参与国际学术交流,以及其他一切有利于促进上海外国语大学教育事业发展的项目。到 2010 年底,共向校内师生颁发各类奖学金、助学金、奖励金等共计 523 400.00 元。

公益活动。基金会积极促进教育事业发展,2010 年 5 月,接受紫江集团捐赠 100 万元,用于支持上海外国语大学教学、科研工作;接受海富通基金管理有限公司捐赠 20 万元,设立"海富通奖",资助出版上海外国语大学教师的优秀专著,奖励优秀科研成果等;接受上海外国语大学退休教师李观仪先生编写教材所得版权费 102 万余元,设立"林芯奖"教育基金,资助上海外国语大学英语学院贫困学生和学生社会实践活动;2010 年 11 月,接受校友邵一兵先生捐赠 10 万元,设立"邵一兵奖",用于上海外国语大学奖励优秀学生与资助贫困生;2010 年 12 月,接受卡西欧(上海)贸易有限公司捐赠 10 万元,用于上海外国语大学奖励日语专业优秀学生,以及与日语专业相关的专著、论文等科研成果;接受江苏中金环保集团创始人张卫东先生捐赠 50 万元,设立"张卫东奖",用于资助上海外国语大学本科阶段品学兼优的家庭贫困学生。

## 二、名录

根据 1989 年、1998 年国务院《社会团体登记管理条例》和 2004 年《基金会管理条例》的界定,截至 2010 年底,在市社会团体管理局注册登记的非公募基金会 67 家。

表 3 - 2 - 1 2010 年上海市非公募基金会一览表

| 序号 | 单 位 名 称 | 业务主管单位 | 登记日期 | 办 公 地 址 |
|---|---|---|---|---|
| 1 | 上海阎宝航社会公益基金会 | 上海市商务委员会 | 1991 - 04 - 01 | 浦东南路 855 号世界广场 28 楼 H 座 |
| 2 | 上海钟笑炉集邮基金会 | 上海市经济和信息化委员会 | 1992 - 03 - 30 | 静安区南京西路 694 号 |
| 3 | 上海交响乐团文化发展基金会 | 上海市文化广播影视管理局 | 1992 - 06 - 19 | 湖南路 105 号 |
| 4 | 上海发展昆剧基金会 | 上海市文化广播影视管理局 | 1992 - 07 - 07 | 绍兴路 9 号 |
| 5 | 上海市卫生系统青年人才奖励基金会 | 上海市卫生和计划生育委员会 | 1992 - 12 - 21 | 北京西路 1477 号 1006 室 |
| 6 | 上海工商界爱国建设特种基金会 | 上海市商务委员会 | 1993 - 01 - 08 | 零陵路 585 号 11 - H |
| 7 | 上海市建国社会公益基金会 | 上海市民政局 | 1993 - 06 - 18 | 川沙路 5533 号 |
| 8 | 上海汽车工业科技发展基金会 | 上海市经济和信息化委员会 | 1996 - 02 - 14 | 威海路 489 号 2301、2312 室 |
| 9 | 上海唐君远教育基金会 | 中共上海市委统战部 | 1999 - 05 - 27 | 长乐路 339 弄甲支弄 9 号 |
| 10 | 上海新泰高新技术研究与发展基金会 | 上海市科学技术委员会 | 2001 - 02 - 09 | 长宁路 865 号 1 号楼二楼 |
| 11 | 上海联和新泰战略研究与发展基金会 | 上海市科学技术协会 | 2001 - 02 - 12 | 高邮路 19 号 |
| 12 | 上海市应昌期围棋教育基金会 | 上海市体育局 | 2002 - 01 - 10 | 天津路 180 号 |
| 13 | 上海同济高廷耀环保科技发展基金会 | 上海市科学技术委员会 | 2003 - 10 - 31 | 密云路 588 号 |
| 14 | 上海吴孟超医学科技基金会 | 上海市科学技术委员会 | 2004 - 05 - 26 | 长海路 225 号 2 号楼 16 楼 |
| 15 | 上海市自然与健康基金会 | 上海市环境保护局 | 2004 - 05 - 28 | 东方路 1826 号 |
| 16 | 上海复旦大学教育发展基金会 | 上海市教育委员会 | 2004 - 06 - 01 | 邯郸路 220 号复旦大学 |
| 17 | 上海交通大学教育发展基金会 | 上海市教育委员会 | 2005 - 01 - 27 | 华山路 1954 号 |
| 18 | 上海中欧国际工商学院教育发展基金会 | 上海市教育委员会 | 2005 - 03 - 28 | 红枫路 699 号 |

(续表)

| 序号 | 单 位 名 称 | 业务主管单位 | 登记日期 | 办 公 地 址 |
|---|---|---|---|---|
| 19 | 上海华杰仁爱基金会 | 上海市民政局 | 2005-04-04 | 玉田路 195 号 |
| 20 | 上海颜德馨中医药基金会 | 上海市卫生和计划生育委员会 | 2005-04-14 | 四平路 1239 号同济大学内 |
| 21 | 上海市奉贤建设工程科学技术发展基金会 | 上海市城乡建设和管理委员会 | 2005-04-18 | 南桥镇城乡路 333 号 511 室 |
| 22 | 复旦管理学奖励基金会 | 上海市教育委员会 | 2005-09-22 | 邯郸路 220 号 |
| 23 | 上海同济大学教育发展基金会 | 上海市教育委员会 | 2006-03-26 | 四平路 1239 号同济大学逸夫楼 104、106 室 |
| 24 | 上海市安济医疗救助基金会 | 上海市卫生和计划生育委员会 | 2006-03-29 | 建平路 15 号 |
| 25 | 上海市甬协公益基金会 | 上海市民政局 | 2006-04-27 | 南汇路 69 号 505 室 |
| 26 | 上海阮仪三城市遗产保护基金会 | 上海市规划和国土资源管理局 | 2006-05-26 | 中山北二路 1111 号同济规划大厦 911 室 |
| 27 | 上海理工大学教育发展基金会 | 上海市教育委员会 | 2006-05-26 | 军工路 516 号大礼堂一楼 116 室 |
| 28 | 上海兴华教育扶贫基金会 | 上海市民政局 | 2006-09-05 | 虹桥路 977 号中山广场第二座 36 楼 B 座 |
| 29 | 上海长江出版交流基金会 | 上海市新闻出版局 | 2006-09-27 | 淮海中路 1110 号东湖别墅 F 座 |
| 30 | 上海木兰教育基金会 | 上海市教育委员会 | 2006-11-09 | 浦东大道 1550 号上海海事大学教学楼 309 室 |
| 31 | 上海市防癌抗癌事业发展基金会 | 上海市科学技术委员会 | 2007-01-12 | 零陵路 399 号二号楼 501 室 |
| 32 | 上海巴斯德健康研究基金会 | 上海市科学技术委员会 | 2007-03-14 | 瑞金南路 1 号 20D |
| 33 | 上海能近公益基金会 | 上海市民政局 | 2007-04-17 | 斜土路 2669 号英雄大厦 2206 室 |
| 34 | 上海中华职业教育温暖工程基金会 | 中共上海市委统战部 | 2007-09-20 | 雁荡路 80 号 408 室 |
| 35 | 上海慈源爱心基金会 | 上海市民政局 | 2007-12-28 | 沧州路 138 号 101 室 |
| 36 | 上海市华东师范大学教育发展基金会 | 上海市教育委员会 | 2007-12-28 | 中山北路 3663 号办公楼 213 室 |
| 37 | 上海东方爱心基金会 | 上海市民政局 | 2008-03-20 | 桃林路 18 号环球广场 A 楼 707 室 |
| 38 | 上海亲和宇宙老龄事业发展基金会 | 上海市民政局 | 2008-04-09 | 秀沿路 2999 号 |
| 39 | 上海市促进科技成果转化基金会 | 上海市政协办公厅 | 2008-05-07 | 北京西路 860 号综合楼 508 室 |

| 序号 | 单 位 名 称 | 业务主管单位 | 登记日期 | 办 公 地 址 |
|---|---|---|---|---|
| 40 | 上海浦发公益基金会 | 上海市民政局 | 2008 - 05 - 07 | 浦东南路 256 号华夏银行大厦 34 楼 3401 室 |
| 41 | 上海增爱基金会 | 上海市民政局 | 2008 - 05 - 07 | 东体育会路 390 号行政楼 802 室 |
| 42 | 上海夏征农民族文化教育发展基金会 | 中共上海市委宣传部 | 2008 - 05 - 30 | 幸福路 66 号 |
| 43 | 上海特殊关爱基金会 | 上海市民政局 | 2008 - 07 - 31 | 兴国路 78 号兴国宾馆 9 号楼 |
| 44 | 上海音乐学院艺术教育发展基金会 | 上海市教育委员会 | 2008 - 09 - 23 | 汾阳路 20 号办公楼 201 室 |
| 45 | 上海沪利历史建筑和都市改造基金会 | 上海市规划和国土资源管理局 | 2008 - 10 - 09 | 南丹东路 25 号 2 号楼 314 室 |
| 46 | 上海师范大学教育发展基金会 | 上海市教育委员会 | 2008 - 10 - 09 | 桂林路 100 号上海师范大学会议中心 206 室 |
| 47 | 上海李连杰壹基金公益基金会 | 上海市民政局 | 2008 - 10 - 09 | 肇嘉浜路 789 号 1 层 D0 部分 |
| 48 | 上海百马慈善基金会 | 上海市民政局 | 2008 - 10 - 22 | 澳门路 519 弄 1 号华生大厦 1 号楼 11 楼 1104 室 |
| 49 | 上海财经大学教育发展基金会 | 上海市教育委员会 | 2008 - 10 - 31 | 国定路 777 号教辅楼 201 室 |
| 50 | 上海汉庭社会公益基金会 | 上海市民政局 | 2009 - 01 - 07 | 虹漕路 461 号 57 幢 4 楼 |
| 51 | 上海东方文化艺术基金会 | 中共上海市委宣传部 | 2009 - 05 - 14 | 石龙路 395 号 |
| 52 | 上海曙光中医药研究发展基金会 | 上海市卫生和计划生育委员会 | 2009 - 05 - 20 | 张衡路 528 号特需楼 203 室 |
| 53 | 上海世华艺术基金会 | 上海市文化广播影视管理局 | 2009 - 07 - 02 | 嘉善路 98 号 418A 室 |
| 54 | 上海民建扶帮公益基金会 | 上海市民政局 | 2009 - 07 - 31 | 陕西北路 128 号 1208 室 |
| 55 | 上海外国语大学教育发展基金会 | 上海市教育委员会 | 2009 - 12 - 17 | 大连西路 550 号 5 号楼 501 室 |
| 56 | 上海天下文化发展基金会 | 中共上海市委宣传部 | 2009 - 12 - 17 | 漕溪北路 88 号 2709 室 |
| 57 | 上海金山卫镇社区发展公益基金会 | 上海市民政局 | 2010 - 02 - 09 | 金山卫镇古城路 319 号 207 室 |
| 58 | 上海汇添富公益基金会 | 上海市民政局 | 2010 - 02 - 09 | 富城路 99 号震旦国际大厦 21 层 02 |
| 59 | 上海民生公益基金会 | 上海市民政局 | 2010 - 02 - 09 | 宜山路 801 号 G 座 2 楼 |
| 60 | 上海电力学院教育发展基金会 | 上海市教育委员会 | 2010 - 02 - 12 | 平凉路 2103 号（上海电力学院）小白楼 201 室 |
| 61 | 上海韩哲一教育扶贫基金会 | 上海市教育委员会 | 2010 - 03 - 08 | 宛平路 11 号 1 号楼一层 |
| 62 | 上海有爱公益基金会 | 上海市民政局 | 2010 - 06 - 28 | 浦东南路 256 号华夏银行大厦 2206 室 |

（续表）

| 序号 | 单 位 名 称 | 业务主管单位 | 登记日期 | 办 公 地 址 |
|---|---|---|---|---|
| 63 | 上海恩德公益基金会 | 上海市民政局 | 2010-08-24 | 江桥镇沙河路 337 号 302-3 室 |
| 64 | 上海郑桓公文化研究基金会 | 上海市文化广播影视管理局 | 2010-08-26 | 虎丘路 27 号 318 室 |
| 65 | 上海刘浩清公益基金会 | 上海市民政局 | 2010-08-26 | 中山北路 2000 号中期大厦 2 楼东 |
| 66 | 上海东华大学教育发展基金会 | 上海市教育委员会 | 2010-09-21 | 人民北路 2999 号行政楼 407 室 |
| 67 | 上海民生艺术基金会 | 上海市文化广播影视管理局 | 2010-09-21 | 淮海西路 570 号 F 座 106 室 |

# 第四篇
## 涉外社会组织

涉外社会组织是指在沪的外商企业和外国人出于联谊、合作交流、服务以及维护自身利益等需要,在经济、教育、科技、文化、卫生、体育、环保、公益慈善等领域举办的非营利性社会组织,其发起人或法定代表人主要为境外人士,或者开办资金主要来自境外。涉外社会组织在服务上海经济社会发展、优化营商环境、传播中国传统文化、参与慈善公益活动等方面发挥了积极作用。

　　涉外社会组织管理处于1999年8月随市社会团体管理局一同成立,始称外国人社团管理处,成立之后,开展对本市涉外社会组织的摸底调研和立法调研,同时探索相应的登记管理办法,逐步将涉外社会组织纳入依法管理的轨道,使涉外社会组织不仅规范发展并且在服务上海经济与社会发展方面发挥了积极的作用。

　　2003年2月,国务院颁布《中华人民共和国中外合作办学条例》;同年8月,上海蒙妮坦职业培训学校完成注册,成为上海第一家按照《中外合作办学条例》设立的中外合作办学机构。2004年2月起,经民政部授权和市政府同意,市民政局依据《民办非企业单位登记管理暂行条例》,率先在全国对部分涉外民办非企业单位开展试点登记工作,试点登记了上海日本商工俱乐部和上海根与芽青少年活动中心。2005年11月,根据《中华人民共和国台湾同胞投资保护法实施细则》,上海台商子女学校登记成立,也是上海唯一一家台商子女学校。2007年4月,结合市教委要求及外籍人员子女学校管理办法,在市政府统筹协调下,市民政局将外籍人员子女学校纳入涉外民办非企业单位登记范围,陆续登记成立了8家外籍人员子女学校。

　　为同步做好涉外社会组织管理,2003年12月,市社团管理局制定《上海市涉外民办非企业单位登记试点方案》,探索适应涉外民办非企业单位特点的新的管理方法;2004年10月,制定《关于加强本市涉外民办非企业单位登记管理工作办法》,规定了涉外民办非企业单位管理的实地勘察核实制度、相关负责人谈话等制度。

　　截至2010年底,上海涉外社会组织登记的类型主要是民办非企业单位,数量共有34家。按具体的业务活动领域划分:教育类32家,包括中外合作办学机构23家、外籍人员子女学校8家、台商子女学校1家;其他类2家。上述34家涉外社会组织中,由境外组织、个人举办或由境外人士担任法定代表人的有14家,涉及11个国家和地区,分属3个业务主管单位,地域分布在全市10个区(县)。

# 第一章　试点登记涉外社会组织

试点登记涉外社会组织,由市民政局根据民政部授权、经市委市政府同意,依据《民办非企业单位登记管理暂行条例》进行登记。通过以涉外民办非企业单位的形式对涉外社会组织进行登记,赋予其法人地位,解决其银行账户、签订合同、购房购车等系列问题,取得了良好社会反响。涉外社会组织在搞好业务活动的同时,积极开展环保、助学、助残、救灾、救助等公益活动,彰显了涉外社会组织的社会责任和公益情怀。

上海涉外民办非企业单位登记试点的首批对象,确定为3家单位,即上海日本商工俱乐部、上海根与芽青少年环保工作俱乐部(暂定名)以及上海美国企业中心(暂定名)。2004年3月25日,上海首家经济领域涉外民办非企业单位——上海日本商工俱乐部登记成立;11月18日,上海首家公益领域涉外民办非企业单位——上海根与芽青少年活动中心登记成立。上海美国企业中心因名称问题,自行主动要求暂缓登记。

上海日本商工俱乐部由上海伊藤忠商事有限公司等在沪日资企业发起成立,主要以日本在沪投资企业和个人为服务对象,通过为其成员在中国开展贸易、投资及其他经济交流活动提供方便,促进成员事业活动顺利进行,从而促进中日经济交流发展和中日人民友好,法定代表人由日本人担任。上海根与芽青少年活动中心是根据世界著名灵长类动物学家、联合国和平使者珍·古道尔博士(英国)倡导而成立的一个针对青少年全球生态环境保护、促进人类和平发展的公益组织,法定代表人由美国人陶瑞琳担任。两家试点单位正式注册登记后,迅速开展活动,发挥了示范带动作用,并为加强涉外民办非企业单位管理积累了经验。

## 第一节　沿　　革

改革开放以来,随着上海经济发展和城市国际化水平不断提高,在沪的外商企业和外国人越来越多,出于工作、生活服务需要,成立涉外社会组织的要求日益迫切,加强对涉外社会组织的管理已经提到上海社会组织管理工作的重要议事日程。

1999年,上海市社会团体管理局成立时,专门设立外国人社团管理处,负责涉外社会组织的相关管理工作。由于长期以来我国对涉外社会组织登记管理的立法一直滞后,管理方式一直比较模糊,为了改变这种情况,以适应上海形势发展的需要,市社团管理局一成立,便开展涉外社会组织管理的系列工作。具体有以下方面:

组织"过渡期"调查研究形成应对措施。在摸清涉外社会组织基本情况的基础上,针对涉外社会组织的一些特殊情况,2000年底,市社团管理局提出"如何在从多头管理到归口管理的'过渡时期'加强对上海涉外社会组织管理"的课题;2001年一季度,市社团管理局与相关部门组织召开"'过渡时期'如何加强对涉外社会组织管理座谈会";同年3月底到4月中旬,市社团管理局连续上报《当前上海涉外社会组织现状及加强管理的建议》等多份专报,得到上海市委、市政府领导和民政部的高度重视,为规范有序管理涉外社会组织打下良好的基础。

建立联席会议制度整合工作机制。根据市领导的有关批示,2001年4月下旬,市有关部门主持召开各相关单位分管领导和部门负责人会议,就全市加强涉外社会组织管理问题统一思想、提高认识、研究对策。同年 5 月中旬,由市有关职能部门牵头,召开 10 个相关委、办、局处室负责人参加的联席会议,宣布上海市涉外社会组织管理联席会议正式成立,成员由 11 个市级有关委、办、局组成。建立联席会议制度,不仅在"过渡时期"为加强上海的涉外社会组织管理工作发挥重要作用,而且为涉外社会组织法规出台后在上海的实施,在进一步加强协调、理顺关系、完善涉外社会组织管理等方面发挥重大作用。

加强工作研究形成宣传口径。市社团管理局一方面多次组织《在华外国民间组织登记管理暂行条例(送审稿)》的学习研究,结合全市涉外社会组织调研情况,从总体把握和具体条款两个方面,对条例送审稿提出修改意见和建议,专报民政部,得到民政部领导重视。另一方面,探索开展涉外社会组织咨询接待工作。2000 年,接待 22 个要求成立"涉外社团"或要求成立"境外 NGO"驻沪办事机构的咨询;2001 年,又接待 52 个要求成立涉外社团的来电来访咨询。通过接待和宣传工作,不仅使咨询者了解我国政策的制订进程,也使政府相关部门为开展涉外社会组织管理工作积累了资料。

上海对涉外社会组织管理的探索,得到市政府和民政部的全力支持。根据上级有关文件精神,市社团管理局先后向市政府和民政部请示,拟依据《民办非企业单位登记管理暂行条例》,对外国人和港澳台人士举办的民办非企业单位进行登记管理。2003 年 12 月 31 日,民政部下达《关于对上海开展涉外民办非企业单位登记试点工作请示的批复》,正式同意上海开展涉外民办非企业单位登记试点工作。2004 年 1 月 29 日,市政府便致函市民政局,正式同意市民政局开展涉外民办非企业单位登记试点工作。自此,全市涉外民办非企业单位登记试点工作正式开展。

2004 年 10 月,市社团局制定了《关于加强本市涉外民办非企业单位登记管理工作办法》,规定了对涉外民办非企业单位进行实地勘查和负责人谈话等制度。2005 年,市社团管理局机构调整,外国人社团管理处更名为涉外社会组织管理处,与市社团管理局综合处合署办公,涉外社会组织登记管理工作逐步迈上轨道。

# 第二节　选介和名录

## 一、选介

### 【上海日本商工俱乐部】

上海日本商工俱乐部于 2004 年 3 月办理涉外民办非企业单位注册登记,是由在沪日资企业、日方在沪机构和具有日本国籍的人员等自愿组成的跨国、跨行业的外国商会性质的社会组织。俱乐部成立之初,就依据俱乐部的活动内容设 11 个委员会等 23 个分支机构,并依据会员企业的行业种类下设 12 个部会。俱乐部业务主管单位为上海市商务委员会。

俱乐部业务范围是:为在沪日资企业的贸易、投资及其他经济交流活动提供帮助和便利等。

俱乐部主要开展以下几方面工作:

服务会员。俱乐部开展信息服务,每季度出版《上海明天》,为会员企业提供俱乐部的主要活动信息动态,及时反映会员企业的诉求;每日更新俱乐部门户网站,及时向会员发送电子邮件、活动通知等信息,通过网页为会员企业出具会员证明书,为企业申请赴日签证提供便利服务;定期为会员企业召开免费法律咨询会,帮助会员企业解决各种商务活动中发生的问题;向政府机构及时提交企业方的意见建议,组织中国日本商会和各地日本人协会交流,举办各类说明会、研讨会、交流会等,为企业搭建产业信息、技术交流、政策说明和行业间联系的平台,帮助日资企业及时、准确掌握政府相关外资政策,全面提升中小企业的商务活动能力。

产业推进。俱乐部联系政府部门,服务企业发展,在市商务委和市外国投资促进中心支持下,搭建外商服务平台,解决日资企业来华、来沪投资遇到的困难和问题;通过其他日方服务平台及时反映日企诉求,解决企业发展实际困难;开展产业动向研究,积极建言献策,配合中国日本商会和其他日方研究机构就日资企业在华运行情况、趋势预判和政策建议等课题进行研究,编撰《中国经济与日本企业年度白皮书》,供政府有关部门、研究机构和企业参考;拓展对外合作交流渠道,建立与各地方政府间的交流联系,组织会员企业国内外考察,扩大会员企业的视野,争取更大的在华发展机遇和空间。

人才培育。俱乐部资助上海市对外服务有限公司每年举办两期市政府"公务员日语培训班",每年资助上海教育国际交流协会与日本京都外国语大学共同举办"上海市大学生日语演讲比赛",促进市内各大学日语专业学生日语水平提升。

社会公益。俱乐部积极参与社会公益活动,参加大型自然灾害、安徽省希望工程小学建设、安徽省贫困地区一对一帮困助学、上海市希望工程爱心助学、上海市民帮困互助基金会帮困救助、宝山区外来务工人员子弟学校大病保险、上海市儿童健康基金会贫困儿童医疗帮扶等方面的捐助。

运作管理。俱乐部强化规范化运作和管理,完善民主办会规程,严格章程规定,强化内部规范,在政府有关部门的指导下实行规范化运作。

图 4-1-1　2004 年 3 月,上海日本商工俱乐部成立。

**【上海根与芽青少年活动中心】**

上海根与芽青少年活动中心成立于 2004 年 11 月,举办人为长期居住上海的美籍友人 Tori Zwisler(陶瑞琳),其兼任中心法定代表人及理事长。是一家以青少年为服务对象的非营利性社会服务民办非企业单位,中心业务主管单位为上海市精神文明建设委员会办公室。

中心业务范围是:组织公益活动、国际交流,举办讲座及培训,接受捐赠,内刊制作、宣传。

中心主要开展以下几方面工作:

环境保护。中心根据素质教育的要求,开发"绿色青年行动""有机小农场""绿色课堂"等一系列寓教于乐的特色环境教育课程,培训一批志愿者老师,在全市各级各类学校利用拓展课的契机教授保护环境的知识,鼓励学生们发挥主观能动性,从身边做起,共同爱护环境,建设绿水青山美丽家园;积极响应节能减排号召,依靠环保教育资源优势,在社区和办公楼里开展"垃圾分类回收""办公楼低碳减排"等丰富多彩的宣传教育活动,让更多人将绿色出行、资源回收再利用等环保理念贯彻到生活和工作中;参与防风固沙、植树造林活动,自2007年以来,在内蒙古通辽、宁夏灵武等地区开展植树造林,累计植树200多万棵,造林面积超过1 500公顷,为当地生态建设和荒漠化治理做出重要贡献。

扶贫济困。中心以罹患结直肠癌、间质瘤和慢性粒细胞白血病的患者为服务对象,通过联合医院、药房等相关单位,向患者提供包括疾病知识科普、药品援助项目申请咨询、心理辅导等多种服务,满足患者迫切了解病情、寻求最佳治疗方案、排解负面情绪等需求,并通过微信平台及时了解患者诉求,为患者排忧解难。帮助外来务工人员及其子女更好地适应上海生活、融入上海,中心设立"乐苗计划",为外来务工人员子弟学校无偿提供个人卫生和健康教育服务,并向学生常年捐赠课间营养点心、个人卫生用品等,免费配眼镜、补牙,为家庭经济条件特别困难的学生设立奖学金,帮助他们顺利完成学业。到2010年,中心已与6所民办外来务工人员子弟学校建立长期服务联系。中心积极参与"公益慈展会""公益伙伴日"等各级政府主办的公益慈善活动,并与企业、学校等合作伙伴联动,设计新颖别致的活动,为发展公益事业助力。

对外交流。中心结合自身优势,在开展系列公益项目中,加强与世界各国各界人士的交流。2010年,中心成为欧盟—比利时世博官方合作公益机构,接受联合国志愿者协会及特奥会委员会委托协助志愿者招募、培训工作。此外,中心组织发起上海青年志愿者节能减排项目,并参加联合国发展署全球青少年沃尔沃环保挑战赛,获得第四名。

图4-1-2　2004年11月,上海根与芽青少年活动中心领证。

志愿服务。中心利用自身优势,围绕机构定位和自创项目,不断改进志愿者管理模式,在完成项目活动之外,注重志愿者团队的能力建设和氛围营造,针对志愿者年龄、职业等不同特点,组织相应的能力建设培训,开设项目管理、沟通技巧、英语技能、户外拓展、文化交流、创意挑战赛等不同类型的主题课程,不断加强志愿者管理的专业化和规范化,吸引更多人参与到形式多样、内容丰富的志愿者活动中。

运作管理。中心根据相关法律法规要求,强化内部管理规范,明确机构和项目发展方向,制定相应的量化指标,积极组织相关人员培训,保证项目质量稳步提升;积极探索党建工作,结合中心服务特点,拓宽思路,与时俱进,不断开创中心工作新局面。

## 二、名录

根据 1998 年国务院《民办非企业单位登记管理暂行条例》的界定,截至 2010 年底,在市社会团体管理局注册登记的试点涉外社会组织 2 家。

表 4 - 1 - 1　2010 年上海市市级试点涉外社会组织一览表

| 序号 | 单 位 名 称 | 业务主管单位 | 登记日期 | 住 所 地 址 |
|---|---|---|---|---|
| 1 | 上海日本商工俱乐部 | 上海市商务委员会 | 2004 - 03 - 25 | 延安西路 2201 号 2702 室 |
| 2 | 上海根与芽青少年活动中心 | 上海市精神文明建设委员会办公室 | 2004 - 11 - 18 | 福州路 666 号 7 层 E 单元 |

# 第二章　教育领域涉外社会组织

教育领域涉外社会组织,目前主要包括中外合作办学机构、台商子女学校和外籍人员子女学校。

中外合作办学机构,一般是指外国教育机构同中国教育机构在中国境内合作举办的以中国公民为主要招生对象的教育机构。台商子女学校,一般是指台商、台资在中国内地依法开办的以台胞子女为招生对象的学校。台商子女学校采用台湾教育教学模式,使用台湾教材,学历中国内地和中国台湾共同承认。外籍人员子女学校,一般是指在中国境内合法设立的外国机构、外资企业、国际组织的驻华机构和合法居留的外国人,依法开办的以中国境内持有居留证件的外籍人员子女为招生对象的学校。外籍人员子女学校采用外国教育教学模式,可实施学前教育和普通中小学教学,不得招收境内中国公民的子女入学。

中外合作办学机构、台商子女学校和外籍人员子女学校是中国教育事业的组成部分。其办学活动必须遵守中国法律,符合中国的公共道德,不得损害中国的国家主权、安全和社会公共利益。其合法权益,受中国法律保护,依法自主开展教育教学活动。

## 第一节　沿　　革

随着改革开放的深入和教育思想的解放,我国的民办教育事业已经有较大的发展,多元兴办教育事业的积极性空前高涨,涉外办学的需求不断涌现。为应对新形势下教育发展需要,满足不同人群教育需求,国家相继开放部分教育市场,鼓励国外优质的教育资源来华开办特定教育机构。在上海,市教委国际交流处专门负责此类机构的登记管理。

中外合作办学机构纳入登记范围。为加强教育对外交流与合作,2003 年 2 月,国务院颁布《中华人民共和国中外合作办学条例》,允许外国教育机构同中国教育机构在中国境内开展中外合作办学,要求取得中外合作办学许可证的中外合作办学机构进行民办非企业单位登记,23 家中外合作办学机构相继纳入登记范围。2003 年 7 月,民政部下达《对上海市关于中外合作办学机构登记问题的答复》,同意上海对中外合作办学机构通过涉外民办非企业单位进行登记。同年 8 月,上海蒙妮坦职业培训学校完成注册,成为上海第一家按照《中外合作办学条例》设立的中外合作办学机构。

规范外籍人员子女学校登记管理。为方便外籍人员子女在中国境内接受教育,1995 年 4 月,国家教育部颁布《关于开办外籍人员子女学校的暂行管理办法》。一些境外教育集团以及个人经所在地教育部门批准,相继出资设立了一批外籍人员子女学校。2006 年,教育部组织开展外籍人员子女学校教育质量认证工作,并将法人登记作为认证标准之一,北京、天津等兄弟省市的外籍人员子女学校陆续进行了法人登记,上海的外籍人员子女学校在申报认证中也要求进行法人登记。2007 年初,市教委与市民政局协商,提出外籍人员子女学校涉外民办非企业单位登记事宜。同年 4 月,市社会团体管理局涉外社会组织管理处、登记处与市教委国际交流处就外籍人员子女学校涉外民办非企业单位登记事宜召开专题会议,并签署三方会议纪要,同意将经市教委批准同意,办学比较规范的;已经税务部门登记,对依法纳税没有异议的;向教育部申请教育质量认证并向市社团管理局提出登记申请的外籍人员子女学校,列入登记试点范畴。为进一步规范对外籍人员子女学校的登记管理,2008 年 7 月和 11 月,市社会团体管理局涉外社会组织管理处、登记处与市教委国际交流处联合磋商,对外籍人员子女学校的开办资金、法定代表人、章程等内容进行明确,并再次以三方会议纪要的形式进行确定。上海外籍人员子女学校登记试点工作自此有序、顺利开展。

登记成立台商子女学校。为了保护和鼓励台湾同胞投资,促进海峡两岸的经济发展,1999 年 12 月,国务院颁布《中华人民共和国台湾同胞投资保护法实施细则》,明确"台湾同胞投资者或者台湾同胞投资企业协会在台湾同胞投资集中的地区,可以按照国家有关规定申请设立台湾同胞子女学校。经批准设立的台湾同胞子女学校应当接受教育行政部门的监督"。2005 年 11 月,张培方、周建国等 13 位台商自筹资金在上海闵行区华漕镇发起成立了上海台商子女学校,招收在沪及周边地区台湾人员子女,提供与台湾相同的教育,使台商子女如需返台读书,能够与台湾教育实现无缝衔接。上海台商子女学校参照外籍人员子女学校进行管理。

# 第二节 选 介 和 名 录

## 一、选介

### 【上海市闵行区维多利亚幼儿园】

上海市闵行区维多利亚幼儿园于 2001 年 10 月办理涉外民办非企业单位注册登记,是一家由闵行区水清路幼儿园(原闵行区机关幼儿园)和香港兴顺投资有限公司共同举办的中外合作办学幼儿园。到 2010 年,设有 10 个班级,在园幼儿 260 余人;在职教工 51 人,都具备相应的岗位专业技术证书。幼儿园业务主管单位为上海市教育委员会。

幼儿园业务范围是:学前教育,为 3—6 岁的幼儿提供全方位的教育教学服务。

幼儿园主要开展以下几方面工作:

幼儿教育。幼儿园注重课程构建,将 IB - PYP 课程与二期课改有机结合,形成本土化幼儿教育课程;课程以"主题"为前提,展开单元探究活动,以"整合"理念为指导,展开"超学科的学习模式",以有效的评估政策为基点,让评估融于课程;同时,课程以"探究"为基本实施方法,用"行动"将课程知识付诸实践。幼儿园注重环境创设,秉承国际化办园理念,创设良好的物质环境、人文环境、安全环境,力求特色,确保整洁明亮,促进幼儿自主建构,打造国际化的中国式幼儿园。幼儿园致力提升教职工教育服务的新观念,加强师德学习,更新观念,提高服务意识,使幼儿园人员的专业发展逐渐走向自主、互助的道路。

家长服务。幼儿园邀请家长参与管理和监督学校一切运作,运用家委会的桥梁作用,与家长肩并肩担当孩子教育重任;积极听取家长对学校工作的建议和指正,通过家长座谈和家长问卷,了解家长对本园的满意度;开展各类育儿讲座,共同探讨教育大计,举办丰富多彩的亲子活动,增进亲情,组织爱心公益,为社会播撒正能量。

运作管理。幼儿园秉承"致力建设优良的教与学环境,凝聚专业力量,让幼儿在一个充满关心、信任,尊重和宽容的氛围中充分发挥他们的多元潜能"的办学使命,建立与完善各项管理制度、岗位职责与激励机制,营造以关爱为核心、"学习型教工"和"团队合作"的校园文化;明确党政工职权,发挥各自共同功能,齐心合力,共同服务于幼儿园发展。

## 【上海市浦东新区海富幼儿园】

上海市浦东新区海富幼儿园于 2002 年 6 月办理涉外民办非企业单位登记,是一家由上海浦东新区协和教育中心和法国 BIZANET 国际学校合作举办的幼儿园。到 2010 年底,共有 10 个班级,2—6 岁幼儿 180 余名,外籍幼儿占 50%;教职员工 48 名,所有教师都达到大专及大专以上学历,三大员持证上岗率 100%。幼儿园业务主管单位为上海市教育委员会。

幼儿园业务范围是:学前教育。

幼儿园主要开展以下几方面工作:

日常教学。幼儿园确立以幼儿发展为本的理念,尊重幼儿对安全、健康、关爱、尊重的基本需求,提供平等的学习发展机会;注重幼儿自主探究的兴趣,鼓励并支持幼儿积极学习,促进幼儿解决问题能力、创造能力与社会适应能力的发展;尊重幼儿个体发展差异与个性化特质,在开放、关爱、宽容的氛围中促进每个幼儿的发展;倡导家园共育,宣导现代育儿理念,积极整合家庭与社区资源形成优质教育平台;实施学科性课程、发展性课程和特色课程相结合的多元课程模式,坚持以上海市二期课改新课程为主导,整合多元文化融合的教育特质,注重课程结构的合理性、均衡性;鼓励中外教师合作教学,关注立足教学实践的中外教师专业发展,强化课程实施的适宜性。

自治管理。幼儿园实施"资源策略",积极调动非政府资源,实行协和教育中心领导下的园长负责制,实施校本管理模式;调动非经济资源,依靠教师、家长和社区开展工作,并吸纳与幼儿园有关的人士为学校决策提供信息,促进校董事会决策科学化;成立家长老师联谊会(PTA),使之成为家园之间沟通与合作的重要桥梁;推行家长义工制度,鼓励家长作为志愿者义务来园参与教学和保育活动;建立及时回馈机制,设立学生卡,使老师、园长、幼生、家长之间通过互动共同参与教育教学活动。

## 【上海布里斯班教育培训中心】

上海布里斯班教育培训中心成立于 2002 年 6 月,是一所由上海华成外语专修学校和澳大利亚罗素学校合作举办的办学机构,下设杨浦区复旦附中进修学校教学点。中心业务主管单位为上海市教育委员会。

中心业务范围是:初级英语培训、中级英语培训、雅思课程培训、英语教师培训,酒店旅游预科课程和专科课程。

中心主要开展以下几方面工作:

强化品牌课程培训。中心凭借丰富的海外学校教学资源、严谨的教学研讨精神和科学的管理,在英语培训方面积累丰富的经验,结合上海二期课改课程大纲和各区(县)优秀学校的自选教材,有针对性的建立适合不同年级、不同英语能力水平的教材体系;凭借优良的教学质量和规范的教学管理,在多项政府采购项目中脱颖而出,多年来一直与长宁区教育局合作开展"外教进课堂"项目;在英语培训教学的基础上,逐渐细化以单项技能强化为目标的训练课程,在课程编排、教材选择和中外师资配比上,注重学生实际语言应用能力提升的需要,保证卓越教学质量。

搭建国际交流平台。中心大力弘扬中国传统文化,搭建多维国际交流平台,利用丰富的海外院校合作资源,致力于培养具有国际化视野的青年人才,推动学生"走出去"参与国际交流;同时,与海内外知名学府紧密联系,组织海外学生走进上海,学习和体验中国文化。2010 年,在海外教育机构的支持下,创意策划、组织实施并承办由上海市世博局、复旦大学主办的以"名校欢聚世博,音乐励志成才"为主题的"年轻的世博——世界名校大联欢"活动,让世界顶尖名校学生、中国的优秀艺术家和国内优秀的海归企业家汇聚一堂,畅谈心得,展示才艺,为中国文化走向世界提供优质的平台,赢得哈佛、牛津、清华、北大、复旦、交大等中外高校学生的一致好评。

**【上海泰尔弗国际商务培训中心】**

上海泰尔弗国际商务培训中心成立于 2003 年 12 月,是一家由上海应用技术学院与加拿大戴尔特商学院合作举办的办学机构。中心业务主管单位为上海市教育委员会。

中心业务范围是:普通英语、商务英语、西方财务会计、商务电脑应用、工商管理预科、工商管理研修课程等。

中心主要开展以下几方面工作:

教学服务。中心实行国际教育标准和管理模式,所有专业课程全部聘请外籍专家和教师授课,并全部采用小班化、互动式、全英语教学,对中国学生快速掌握英语交流能力和国际化专业知识提供良好的学习环境和教学保障;为学生设立奖学金和最佳进步奖、优秀学生会干部奖等各类专项奖,激励学生进步;致力于国际化应用型人才培养,积极开展国际院校间的课程合作与项目开发,为学生继续留学深造提供(2+2、3+1)国际本科或(1+1、3+1+1)国际硕士等学习模式。到 2010 年,与中心建立项目合作的有英国、美国、澳大利亚、新西兰、意大利等国的 30 多所世界著名大学。中心专设留学服务部,为学生提供安全、经济、便捷、优质的留学服务。

就业服务。中心在培养学生掌握国际化专业知识的同时,注重学生正确人生观、价值观的教育培养,积极引导学生提高自我激励和自我管理能力;专设职业规划服务部,为学生未来的职业生涯和发展规划提供课程教学和技能培训,为毕业学生国内就业推荐提供保障性服务。作为致力于培养国际化商科类管理人才的专科院校,中心不断探索创新,积极推进培养适应国内外大中型企业发展需要并具高端职业能力的人才计划,到 2010 年,与国内 50 多家著名企业或中外合资企业建立良好的互动合作关系,毕业学生国内就业率一直保持在 95% 以上,受到用人单位欢迎和好评。

运作管理。中外双方定期召开理事会,共同商讨任务目标和发展事宜,确保学院办学取得预期成效;始终秉持规范办学、合法办学的原则,严格制定各项规章制度,不断进行改进完善;指派专职人员严格按照国家外事管理条例,认真做好外籍教师的引进和签证申报等工作,积极为外籍教师在校工作期间的生活、安全提供完善的管理和服务;重视员工合法权益的维护和劳动保障,努力为员工提供良好的福利待遇和舒心的工作环境。

**【上海锦江国际理诺士酒店管理专修学院】**

上海锦江国际理诺士酒店管理专修学院成立于 2004 年 9 月,是由中国上海锦江国际管理专修学院与瑞士盖茨酒店股份有限公司理诺士酒店管理学院(Gesthotel-Les Roches School of the Hotel Management)共同投资创办的办学机构,学院设在上海师范大学奉贤校区,有教室 30 间,教学楼内设有约 800 平方米的餐饮实践实习基地以及约 600 平方米的餐厅服务实习基地。到 2010 年底,累计招收中国学生 1 176 名,国际学生 105 名。学院业务主管单位为上海市教育委员会。

学院业务范围是:酒店和旅游职业技能培训、管理培训、外语培训;信息咨询服务;技术支持。

学院主要开展以下几方面工作:

教学活动。学院为更好适应国际化酒店管理和服务需要,采用全英语教学,所有老师都具备用英语授课能力,同时,在课堂和校园内为学生创造用英语沟通的环境;注重在教学中培养学生的实践技能,打造实践教学特色,以酒店的概念设计和布局,营造酒店教学的情景,强调师生的仪容仪表及行为规范,形成浓郁的酒店氛围;通过在模拟客房、前台、实践餐厅和厨房的实践课程,让学生熟悉酒店工作环境,加深对酒店服务的认知和体验,培养学生实践运作的能力。

国际交流。学院注意多元文化交融,拓展学生国际化理念和视野,拥有一支来自中国及瑞士、美国、比利时、俄罗斯、澳大利亚、菲律宾、韩国等多个国家的国际化师资队伍,国际化的师资带来国际先进的教学理念、教学手段和行业发展信息;招收不同国家和地区的国际留学生,中外学生同校生活、同堂听课、优势互补、同场竞技,为学院成为一所国际化的酒店管理学院增色;为丰富学生生活,促进多元文化互相融合,学院刊发月度学生杂志,经常举办多样化的学生活动,让学生感受不同国家和地域的文化,促进中外学生间的友谊。

服务行业。学院注重与酒店行业的融合,主动为行业和社会服务,邀请集团及下属酒店的高管、专家、大师来学院担任 B2B 项目(企业培训)的教学任务,先后承担三期酒店中高层培训班和三期酒店高管出国培训前预备班;不断拓展与各品牌酒店的合作关系,开展以中国区域内为主的就业推荐,邀请国际品牌酒店或集团的高管来校作报告,为本地酒店业提供人才储备;邀请各合作伙伴在教学楼内设置教学展示板,为学生提供行业最前沿的知识,美化学院环境,凯悦、万豪、希尔顿等国际著名酒店管理集团相继在学院命名教室,彰显学院与行业的紧密合作。

## 【上海台商子女学校】

上海台商子女学校成立于 2005 年 11 月,是为台商子女提供教育服务的民办非企业单位,由 13 位热心教育的台商投资创办。学校实行从小学到高中的 12 年"一贯制",内设幼儿园。到 2010 年底,学校师生总人数 500 余人。学校业务主管单位为上海市教育委员会。

学校业务范围是:台商子女教育。

学校招收具有台胞证的台籍学生,学生均为居住上海及外地的台商子女。学校设有教职员宿舍和学生宿舍,拥有接送学生的通勤校车,聘请的教师以台籍老师为主,部分艺能科教师则聘请陆籍老师。因学校全部是台籍学生,使用的教材基本上与台湾岛内教材同步,教学所用的也都是繁体字。学校学生的中考和高考,同时拥有选择大陆学校和台湾学校的双重待遇。学校发展稳定,探索推行多元教育模式。学校注重师资队伍建设,鼓励教师专业进修,提高自身水平与修养,获取相关专业证书。2005 年成立时,学校特别从台湾邀请王仁宏先生到上海担任校长,王校长从事教育工作 30 余年,担任校长一职 20 多年,具有丰富办学经验,多次获得优秀校长称号,对学校的办学有独特见解,家长好评如潮。

## 【上海西华国际学校】

上海西华国际学校成立于 2006 年 1 月,是为外籍人员子女提供教育服务的民办非企业单位,由个人出资创办。学校实行从学前班至高中的 12 年级教育。学校业务主管单位为上海市教育委员会。

学校业务范围是:为在沪就业的外籍人员子女以及港澳台同胞子女提供国际文凭课程。

学校主要开展以下几方面工作:

教育活动。学校为国际文凭组织(IBO)正式成员学校,使用国际文凭组织(IBO)的国际大学预科文凭课程,包括国际大学预科课程小学课程(PYP)、国际大学预备课程中学课程(MYP)、高中文凭课程(DP)和职业相关课程(CP),是中国唯一一所提供 IB 组织 4 个课程一贯制的外籍人员子女学校;着力汇聚东西方传统和习俗的最佳元素,学生学习中国语文和文化,融合跨文化思维和开放的态度;开展多学科拓展教育,在音乐、舞蹈、体育、美术等特色教育课程方面有较大投入,开设张天爱芭蕾舞课程;与英国斯托克城俱乐部联合开办西华国际斯托克城足球学校;邀请国家队运动员担任游泳教练;聘请格莱美奖、艾美奖得主、著名音乐家、作曲家 John Altman 先生在学校开设音乐工作室等。

社区服务。学校加强学生的社区服务教育、环保意识教育,将课堂教育和课外教育相融合,组织系列户外教学和高年级同学教学旅行,在丰富学生视野的同时强化学生的社会公民意识和环保理念;开设周末课堂,为学校周边的农民工子弟学校、社区,开展语言培训;组织公益互助、联谊、募捐、义务劳动等形式多样的公益活动;在柬埔寨的 Kampong Thkov Village,Siem Reap 地区捐助建设学校和齿科诊所,与当地"联合对抗贫穷协会"组织(PAPA-Partnering Against Poverty Association)合作,向当地孩子捐赠书包、牙具、笔记本等。

### 【上海德威英国国际学校】

上海德威英国国际学校于 2008 年 12 月办理涉外民非注册登记,是一家由德全教育咨询(上海)有限公司投资创办的外籍人员子女学校,设幼儿园、小学部、中学部,拥有 14 000 平方米的橄榄球场和 16 500 平方米的足球场。学校业务主管单位为上海市教育委员会。

学校业务范围是:招收中国境内持居留证证件的外籍人员子女和港澳台同胞及华侨子女。

学校教育学生成为全面发展、有特点的个人,通过所需的知识和个人技能,在当代世界体现自己的价值。学校坚持课堂课程教学与广泛的课外活动相结合,开展内涵广泛的课外活动,为学生提供参与体育、音乐、戏剧、户外探险、社会服务等形式多样的活动机会,学生充分利用这些机会,发展个性,了解社会,为自己取得的成就自豪。

### 【上海美丘第一幼儿园】

上海美丘第一幼儿园 2008 年 12 月办理涉外民非注册登记,是一家由日本株式会社前进会出资成立的外籍人员子女幼儿园。设浦东、浦西两个校区,其中浦西校区设 5 个日语班、3 个英语班,浦东校区设 4 个日本班;面向持外国护照、父母在上海工作的外籍人员子女(2—5 岁)招生。到 2010 年底,学生共 290 人,教职员工 45 人,教师主要来自日本、美国、英国、中国,均具有本科及本科以上学历。学校业务主管单位为上海市教育委员会。

学校业务范围是:幼儿园儿童教育。

学校主要开展以下几方面工作:

教学活动。学校以"蒙特梭利教育"为教学特色,园长、副园长都获得蒙氏教育国际认证,教育以"适合儿童成长的环境刺激的重要性"和"教育不是灌输,而是帮助幼小的心灵自己成长"2 个基本知识为支撑,提倡培养儿童"自己的事情自己做""自信自律""关爱他人"的品格。

文化导入。学校在教学中积极导入中文教育,让儿童认识生活在上海国际大都市学习和体会中国文化、培养对中国感情的重要性;开展"中国文化进校园""唐诗朗诵"等活动,培养学生们对中国文化的兴趣。

运作管理。学校实行理事会制,理事会负责学校的经营管理,每年召开理事会,拟定年度财务预算,协调人事,幼儿园运营策略等;邀请家长加入监事会,监督学校的日常营运。

## 【上海长宁国际学校】

上海长宁国际学校于2009年3月办理注册登记,是一家经教育部和上海市教委批准、最早在上海创办的、以美式教学为主的外籍人员子女学校,由学校3位董事投资成立。设浦东、浦西两个校区。学校地址:浦西校区在虹桥路1161号,浦东校区在横桥路198号。到2010年底,在校学生总数1 704人,其中浦西校区1 256人,浦东校区448人。业务主管单位为上海市教育委员会。

学校业务范围是:提供幼儿园、小学、中学文化教育,招收中国境内持居留证的外籍人员子女和港澳台同胞及华侨子女。

学校主要开展以下几方面工作:

教学活动。学校设有招生部门,聘请专业优秀的教师团队,外籍教师大都来自美国、英国、加拿大、澳大利亚等国家,师生配比合理,最大化发挥小班教学优势;课程安排来源于国外,以美国为主,同时吸收加拿大、英国、澳大利亚等国经验;日常教学环节建立在美国教育体制基础上,年级编制、校历以及上课时间安排均与美国学校保持一致;教材主要采用美国教材,从幼儿园到高中阶段,分年龄段引入PYP、MYP、IBDP的IB课程体系;添置先进的教学仪器设备,为学生提供有品质的教学服务;构建多维立体的学习交流环境,鼓励学生在艺术、体育竞技及社会等方面获得成就感,提高学生自信心和创造力;注重中国文化融入,从幼儿园到高中分不同年龄段安排中文课程,每年安排初中以上学生在中国内地旅行,体味中国风土民情;关注学生身心健康成长,设有心理咨询站,配备专业咨询老师,引导学生们学会解决心理问题。

运营管理。学校将教学、行政分为两条线管理,高层管理人员教育管理经验丰富,按规办事;基层服务人员资质老,工作积极性高,团队稳定;行政后勤管理团队素质高,安全、消防、校车、卫生、食品等保障体系健全,为师生提供高效的后勤服务。

## 【上海骏台日本人补习中心】

上海骏台日本人补习中心于2009年4月办理注册登记,是为日本籍人员子女提供课外补习辅导服务的民办非企业单位,由日本学校法人骏河台学园投资和经营管理。设浦西和浦东两个教学点。中心业务主管单位为上海市教育委员会。

中心业务范围是:为日本籍人员子女提供课外补习辅导活动,为学生回国参加升学考试打好基础。

中心实行理事会制,校长执行理事会决议并负责管理教学及日常工作。中心按照中国法规建立财务、会计及资产管理制度。到2010年,有教室20个、自修室2个、面谈室2个、实验室2个、自有校车12辆、互联网+学习管理+家校联系系统2套。中心任课教师由日本总部派遣,教材从日本引进;开设日本国语、数学、物理、化学、英语等课程;以班级形式集体授课,并采取一对一、一对二个别辅导等,充实低年级的课外辅导,竭尽全力提高教学质量,加大个别辅导力度,满足学生课外补习需求;每学期举行家长会、日本国内升学咨询指导说明会。

中心提供高品质、多元化的教育,并通过网站构建庞大的升学考试信息,给予学生准确的指导咨询,帮助学生通过招生考试考入日本著名的私立和公立大学;每年升学考试之前,组织学生参加东京集训,师生同吃同住,共同努力,极大地提高考生的学习和应试水平。

## 二、名录

根据 1998 年国务院《民办非企业单位登记管理暂行条例》的界定,截至 2010 年底,在市社会团体管理局注册登记的教育领域涉外社会组织 32 家。

表 4 - 2 - 1　2010 年上海市教育领域涉外社会组织一览表

| 序号 | 单 位 名 称 | 业务主管单位 | 登记日期 | 住 所 地 址 |
|---|---|---|---|---|
| 1 | 上海阶梯进修学校 | 上海市教育委员会 | 2001 - 05 - 08 | 天钥桥路 1 号 12F |
| 2 | 上海港大—复旦专业继续教育学院 | 上海市教育委员会 | 2001 - 09 - 11 | 淮海中路 381 号 38 层 |
| 3 | 上海凯恩英语培训中心 | 上海市教育委员会 | 2001 - 09 - 17 | 浙江中路 398 号 14 楼 |
| 4 | 上海市闵行区维多利亚幼儿园 | 上海市教育委员会 | 2001 - 10 - 13 | 宝城路 155 弄 15 号 |
| 5 | 上海长乐—霍尔姆斯职业学校 | 上海市教育委员会 | 2002 - 04 - 26 | 鲁班路 411 号 |
| 6 | 上海市浦东新区海富幼儿园 | 上海市教育委员会 | 2002 - 06 - 06 | 东方路 1361 号 |
| 7 | 上海英辅语言培训中心 | 上海市教育委员会 | 2002 - 06 - 17 | 太原路 167 号 |
| 8 | 上海贝尔语言学校 | 上海市教育委员会 | 2002 - 06 - 17 | 金桥路 555 号 |
| 9 | 上海布里斯班教育培训中心 | 上海市教育委员会 | 2002 - 06 - 17 | 中山南二路 988 弄 15 号 |
| 10 | 上海加州进修学院 | 上海市教育委员会 | 2002 - 06 - 21 | 肇嘉浜路 608 号 1F |
| 11 | 上海市杨浦阶梯双语幼稚园 | 上海市教育委员会 | 2002 - 06 - 28 | 国顺东路浣沙三村 34 号 |
| 12 | 上海中野日语专修学校 | 上海市教育委员会 | 2002 - 09 - 29 | 茅台路 455 弄 8 号 2 楼 |
| 13 | 上海闵行区三之三幼儿园 | 上海市教育委员会 | 2003 - 07 - 01 | 吴中路 511 弄 28 号 |
| 14 | 上海市黄浦区长颈鹿幼儿园 | 上海市教育委员会 | 2003 - 07 - 28 | 金陵西路 40 号 |
| 15 | 上海蒙妮坦职业培训学校 | 上海市人力资源和社会保障局 | 2003 - 08 - 21 | 沪青平公路 1686 号 |
| 16 | 上海英华美精文专修学院 | 上海市教育委员会 | 2003 - 11 - 05 | 吴淞路 297 号 4 楼 |
| 17 | 上海泰尔弗国际商务培训中心 | 上海市教育委员会 | 2003 - 12 - 07 | 漕宝路 121 号 |
| 18 | 上海世纪昂立培训中心 | 上海市教育委员会 | 2004 - 03 - 15 | 番禺路 870 号 |
| 19 | 上海国际银行金融专修学院 | 上海市教育委员会 | 2004 - 04 - 01 | 武东路 198 号上海财经大学科技园 1210 室 |
| 20 | 上海锦江国际理诺士酒店管理专修学院 | 上海市教育委员会 | 2004 - 09 - 02 | 奉贤区海思路 100 号 |
| 21 | 上海澳宝经济商务进修学院 | 上海市教育委员会 | 2004 - 09 - 15 | 永乐路 737 号 |
| 22 | 上海法语培训中心 | 上海市教育委员会 | 2004 - 11 - 30 | 吴淞路 297 号 |
| 23 | 上海台商子女学校 | 上海市教育委员会 | 2005 - 11 - 10 | 华漕镇金辉路 888 号 |
| 24 | 上海西华国际学校 | 上海市教育委员会 | 2006 - 01 - 03 | 徐泾镇联民路 555 号 |
| 25 | 上海一麦日本人补习中心 | 上海市教育委员会 | 2008 - 08 - 19 | 锦延路 168 号 2 楼 2 室 |

(续表)

| 序号 | 单 位 名 称 | 业务主管单位 | 登记日期 | 住 所 地 址 |
|---|---|---|---|---|
| 26 | 上海英威教育培训中心 | 上海市教育委员会 | 2008 - 12 - 01 | 徐家汇路 550 号 402B 室 |
| 27 | 上海德威英国国际学校 | 上海市教育委员会 | 2008 - 12 - 03 | 蓝桉路 266 号 |
| 28 | 上海美丘第一幼儿园 | 上海市教育委员会 | 2008 - 12 - 03 | 虹许路 788 号 |
| 29 | 上海长宁国际学校 | 上海市教育委员会 | 2009 - 03 - 10 | 虹桥路 1161 弄 18 号 |
| 30 | 上海骏台日本人补习中心 | 上海市教育委员会 | 2009 - 04 - 10 | 延安西路 2633 号 B308 室 |
| 31 | 上海新大一韩国人补习中心 | 上海市教育委员会 | 2009 - 05 - 05 | 荣华东道 96 号 C 座 3 楼 |
| 32 | 上海耀中国际学校 | 上海市教育委员会 | 2010 - 04 - 09 | 水城路 11—15 号 |

# 第五篇
机构与管理

建立和健全社会组织管理机构,完善社会组织登记注册和监督管理体制机制,是促进上海社会组织健康发展的重要制度保障。上海的社会组织管理机构重建,以及对社会组织恢复管理,以1989年10月国务院颁布《社会团体登记管理条例》为标志。1990年2月,上海在市民政局设立社会团体管理处,对外称上海市社会团体管理处,并在各区(县)民政局内设社会团体管理科,对外称社会团体管理办公室,同时开展对全市社会团体依法实施登记管理工作。之后随着《民办非企业单位登记管理暂行条例》《基金会管理条例》出台,相继明确对民办非企业单位、基金会进行依法统一登记、归口管理。1999年,上海对社会组织管理机构进行调整提升,成立在全国第一家以"社会团体"命名的社会组织管理机构——上海市社会团体管理局。随后,各区(县)也相继成立社会团体管理局。2000年,上海市、区(县)两级社会团体、民办非企业单位登记管理机构逐步建立,上海市社会团体和民办非企业单位的分级登记管理体制逐步清晰,形成两级登记管理网络。2001年,上海市社会团体监察总队正式挂牌成立。上海的社会组织管理逐步进入全面依法登记管理和执法监察的轨道。2005年上海市社会团体管理局调整内设机构,撤销执法监督处,执法监察职能统一归口上海市社会团体监察总队。

　　上海社会组织的日常管理坚持改革发展与依法监管并重,1992年启动社会团体年度检查工作,2002年探索社会团体、民办非企业单位"网上年检",1999年市委组织部、市民政局、市社会团体管理局下发《关于在社团中切实加强党的工作的若干意见(试行)》,要求在全市性社会团体(宗教团体除外)中多形式地建立起党组织,有条件的区(县)级社团也要积极建立党组织;2003年将社会组织自律诚信纳入全市诚信体系,2005年开展民办非企业单位自律和诚信建设活动,市民政局等获得民政部先进工作表彰;2006年探索社会组织"枢纽式管理",逐步形成与社区治理相结合的社会组织合作共治机制;2007年在全国率先开展社会组织规范化建设评估,制定社会组织规范化评估标准,推动社会组织发展规范化;结合日常登记管理,严把社会组织党建工作"准入关"和"年检关",促进社会组织健康、规范、有序发展;2008年全面实行"网上填写、网上报送",提高了社会组织年度检查工作效率。

　　上海依托国际性大都市的区位优势,在社会组织管理中,以发展为"前提",以建设为"核心",强化积极作用发挥。1998年,在全国率先提出"社团进社区"理念,引导社会组织参与社区治理;1999年上海市社会团体管理局成立后,适应新形势、新任务要求,大胆改革创新,不断推出培育发展的新政策、新举措;2002年,在全国率先出台首部省(市)级促进行业协会发展的地方性法规,组建了一批新型行业协会;2007年、2008年,主导推动建立社会组织年金制度和工资基金管理制度,推进社会工作专业化、职业化进程;2009年,探索建立社会组织发展支持体系,建成上海首个公益组织孵化基地,并在全市范围内开展社区公益服务项目招投标工作;同年,积极推进社会组织参政议政工作,协调落实在党代会、人代会、政协委员中增加社会组织代表或委员的比例。2010年,建成上海社会组织信息化管理"一库""两网"和"五个平台",实现信息化管理,此外上海已经建立起较为完善的社会组织执法监察体系和监管机制,执法监察力量由市级向区级层面有效延伸,执法监察队伍素质不断提高,基本实现具备社会组织执法资质的工作人员全覆盖。同时,市社会团体管理局通过发起上海社会组织参与各类研讨会、交流会、招聘会等重大活动,搭建上海社会组织交流合作平台,推动上海社会组织健康发展、不断壮大。

# 第一章 机 构

上海社会组织管理机构的建立与建设,与上海社会组织的发展一样,有着悠久的历史和广泛的社会基础。但是,与法治化管理相伴随的社会组织管理机构的建立和建设,是在改革开放以后逐步步入轨道的,并大体分为三个阶段:第一阶段,1989年10月以前,无独立的管理机构,全市社会团体(包括基金会)的审批和管理均由业务主管部门或归口部门负责。第二阶段,设立社会团体管理处。1989年10月,国务院颁布《社会团体登记管理条例》,上海落实中央精神,1990年2月在市民政局内设立社会团体管理处(对外称"上海市社会团体管理处"),依法统一登记和归口管理全市社会团体(包括基金会)。第三阶段,成立上海市社会团体管理局。1999年8月,上海在全国率先成立副局级的社会团体管理局,列入市政府部门序列;并于2000年11月成立隶属于市社团管理局的上海市社会团体监察总队。按照全市社会组织登记管理工作的统一要求和部署,到2002年,上海所有区(县)均成立了社会团体管理局(管理办公室)。

## 第一节 市级登记管理机构

1949年5月27日上海解放后,上海社会团体的相关工作由市民政局登记管理。1955"肃反运动"和1957年"整风反右"开始后,社会团体登记管理工作中断。市民政局机关体制调整,撤销负责社会团体管理的民政处。"文化大革命"期间,上海各种社会团体大都停止了正常活动,社会团体管理工作也基本上处于停顿状态。

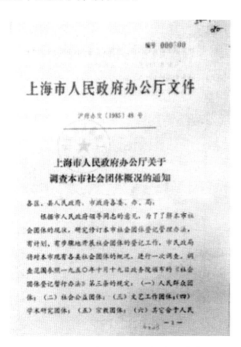

图5-1-1 1985年2月,上海市政府办公厅下发关于调查上海市社会团体概况的通知(原件)。

1978年改革开放后，社会团体实行分散管理方式，社会团体的审批和管理均由业务主管部门或归口部门负责，新建社会团体只要经过业务主管部门或上级社会团体批准，即可成立，没有统一的、严格的登记管理制度。1985年2月，根据国务院有关精神和市政府安排，由市民政局民政处牵头，开始进行有关社会团体的调查统计等摸底工作，为社会团体依法登记管理工作奠定基础。

1989年10月25日，国务院颁布《社会团体登记管理条例》后，市民政局根据《条例》规定，具体负责社会团体的成立、变更、注销登记和年度检查，并对社会团体日常活动进行监督管理的工作要求，着手开始对社会团体履行依法登记的准备工作。

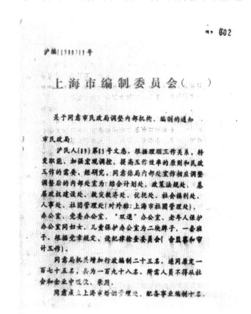

图5-1-2　1990年2月7日，上海市编制委员会关于设立上海市社团管理处的批文（原件）。

1990年2月7日，市编制委员会批准市民政局设立社会团体管理处，对外称上海市社会团体管理处，配置编制12名。

1990年3月14日，为确保全市社会团体登记业务正常进行，市民政局专门向市政府报送《关于解决社会团体管理机构和编制的请示》，提出依据国务院批准的民政部社团管理司机构设置三定方案和参照兄弟省市社会团体管理机构经验的三点意见：1. 在各区、县民政局内设社会团体管理科或股，对外可称社会团体管理办公室。2. 区民政局增配社会团体管理干部编制5—7名，县增配3—5名。其中2名由市编委带编制下达，其余由区县内部调剂解决。3. 市社会团体管理处编制要求至少增至21名。

1990年6月4日，根据市政府和市编制委员会的回复精神，市民政局给各区、县人民政府，市委、市政府各部、委、办，以及无部、委、办归口的局，下发《上海市民政局关于尽快设立社会团体管理机构的函》，要求各相关部门根据《上海市人民政府关于贯彻实施〈社会团体登记管理条例〉的通知》精神和市编委《关于给各区、县民政部门增加编制的通知》的工作要求，在各区、县民政局内设"社会团体管理科"（对外称社会团体管理办公室），在市编委下达的编制数（区3个、县2个）的基础上，根据本地区社会团体管理的工作量补充不足部分，并尽快配备干部。自此，各区、县民政局纷纷设立社会团体管理机构（对内称社会团体管理科，对外称社会团体管理办公室）。从此，上海市民政部门对全市的社会团体依法全面实施登记管理工作，上海的社会组织管理开始进入依法登记的轨道。

表5-1-1　1978—2010年上海市民政局局长人员情况一览表

| 职　　务 | 姓　　名 | 任　职　时　间 |
|---|---|---|
| 上海市民政局革命委员会主任 | 张　祺 | 1977.10—1978.10 |
| 上海市民政局局长 | 张竹天 | 1978.08—1984.03 |
| | 曹匡人 | 1984.02—1988.07 |
| | 孙金富 | 1988.07—1995.11 |
| | 施德容 | 1995.11—2003.03 |

（续表）

| 职　　务 | 姓　　名 | 任 职 时 间 |
|---|---|---|
| 上海市民政局局长 | 徐　麟 | 2003.03—2007.02 |
| | 王　伟 | 2007.02—2008.02 |
| | 马伊里（女） | 2008.02— |

资料来源：上海市民政局组织人事处。

1998 年 10 月 25 日，国务院颁布《民办非企业单位登记管理暂行条例》后，市民政局在社会团体登记管理任务的基础上，又增加了民办非企业单位的登记管理任务。

1999 年 6 月 16 日，市委、市政府正式同意成立上海市社会团体管理局，机构级别定位副局级，列入市政府部门序列，由上海市民政局领导，局长由市民政局副局长兼任。市民政局副局长谢玲丽同志担任了第一任上海市社会团体管理局局长。6 月 28 日，市编制委员会正式发文，同意市社会团体管理局内设 5 个处，即：综合处、社团管理处、民办非企业单位管理处、外国人社团管理处和执法监督处；行政编制定为 50 名，其中 15 名由市民政局机关划转。

1999 年 8 月 24 日，上海市社会团体管理局正式挂牌成立。鉴于这是全国第一家以"社会团体"命名的社会团体管理机构，是市民政局领导的、负责全市社会团体和民办非企业单位登记管理的行政机构，市委、市政府高度重视，市委副书记孟建柱，市委常委、组织部长罗世谦，副市长冯国勤出席了揭牌仪式并讲话。随后，上海市各区（县）民政部门纷纷参照市民政局的模式，也由区编制委员会发文，确定行政编制，成立各区（县）的社会团体管理局。1999 年 11 月 26 日，上海市长宁区社会团体管理局正式成立，成为第一家挂牌成立的区（县）社会团体管理机构。到 2002 年，上海所有区、县均成立了社会团体管理局（管理办公室）。

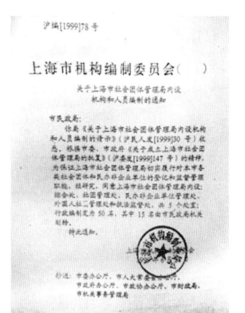

图 5 - 1 - 3　1999 年 6 月 16 日，上海市机构编制委员会关于上海市社会团体管理局成立的批文（原件）。

2000 年 11 月 6 日，根据市领导意见，市编制委员会发文批准建立隶属于市社会团体管理局的上海市社会团体监察总队，加大对上海社会团体执法监察工作的力度。监察总队的性质定为行政事务执行机构，暂定行政事务编制 30 名。2001 年 7 月 19 日，上海市社会团体监察总队正式挂牌成立。

2002 年 1 月 11 日，上海市行业协会发展署挂牌成立，主要负责上海市行业协会的发展规划、布局调整、政策制订和协调管理。

2004 年 7 月，市委、市政府决定在原上海市行业协会发展署的基础上成立上海市社会服务局，承担管理行业协会的工作。

2005 年 8 月，为解决上海在社会组织登记管理过程中长期存在的"重登记、轻管理"的问题，为优化工作机制，经市编制委员会同意，市社会团体管理局对内设机构进行调整，建立登记处和基金会管理处；撤销外国人社团管理处，将外国人社团管理处的职能并入综合处；撤销执法监督处，将执法监督处的职能归口监察总队。这次机构调整，形成了由登记处负责三类社会组织的登记把关，由

图 5‑1‑4　1999 年,上海市社会团体管理局成立,全体工作人员合影。

社会团体、基金会、民办非企业单位等三个管理处分别负责三类社会组织的日常管理,由监察总队负责对违法、违规社会组织进行查处,由综合处负责综合协调的分工协同格局,进一步明晰了登记把关、日常管理、执法监察的权力和责任。

2008 年 10 月,市委、市政府决定,撤销上海市社会服务局,将其管理行业协会的职责划归市社会团体管理局。

2009 年 5 月,市政府办公厅印发通知,调整市社会团体管理局主要职责内设机构和人员编制,将原市社会服务局承担的对行业协会的综合协调和监管服务的职责和行业协会的协会业务管理的职责,一并划入市社会团体管理局。同时,增设社会组织服务处,将涉外社会组织管理处并入社会组织服务处。调整后的市社会团体管理局,有综合处、登记处、社会团体管理处、基金会管理处、民办非企业单位管理处、社会组织服务处、监察总队等 7 个业务部门,机关行政编制仍为 50 名。

表 5‑1‑2　1978—2010 年上海市社会团体管理局局长、副局长人员情况一览表

| 职　　　务 | 姓　　名 | 任 职 时 间 |
|---|---|---|
| 上海市社会团体管理局局长 | 谢玲丽(女) | 1999.07—2003.04 |
| | 方国平 | 2003.07—2011.05 |
| 上海市社会团体管理局副局长 | 徐乃平 | 1999.08—2014.12 |
| | 陈扬奇 | 1999.08—2001.03 |
| | 姚　凯 | 1999.11—2009.01 |
| | 单　杰 | 2002.01— |

资料来源:上海市民政局组织人事处。

# 第二节　区(县)级登记管理机构

## 一、概况

上海的区(县)级社会组织登记管理机构的建立与发展,是从 1990 年开始的。1990 年 2 月 7 日,上海市编制委员会批准市民政局设立社会团体管理处,对外称上海市社会团体管理处,配置编制 12 名。与此同时,各区、县建立社会组织管理机构的任务被提上议事日程。

1990 年 3 月 14 日,市民政局专门向市政府报送了《关于解决社会团体管理机构和编制的请示》,提出依据国务院批准的民政部社团管理司的机构设置三定方案和参照兄弟省市社团管理机构经验,在各区、县民政局内设社会团体管理科或股,对外可称社会团体管理办公室。同时,根据当时社会团体发展实际,提出在区民政局增配社会团体管理干部编制事宜。

1990 年 6 月 4 日,市民政局给各区、县政府,市委、市政府各部、委、办,以及无部、委、办归口的局,下发《上海市民政局关于尽快设立社会团体管理机构的函》,要求各相关部门根据《上海市人民政府关于贯彻实施〈社会团体登记管理条例〉的通知》精神和市编委《关于给各区、县民政部门增加编制的通知》工作要求,在各区、县民政局内设"社会团体管理科"(对外称社会团体管理办公室),在市编委下达的编制数(区 3 个、县 2 个)的基础上,根据本地区社会团体管理的工作量补充不足部门,并尽快配备干部。自此,上海市社会组织管理机构基本形成一个完整体系。

1999 年,上海市社会团体管理局正式挂牌成立。随后,各区、县民政部门纷纷参照市民政局的模式,由区、县编委发文,确定行政编制,成立各区、县的社会团体管理局。1999 年 11 月 26 日,长宁区社会团体管理局正式挂牌成立,成为全市第一家挂牌成立的区(县)级社团管理机构。自此,各区、县民政局纷纷设立社会团体管理机构,对内称社会团体管理科,对外称社会团体管理办公室。到 2002 年,全市所有区、县都成立了区、县的社会团体管理局(社会团体管理办公室),为上海建立健全统一登记、各司其职、协调配合、分级负责、依法监管的社会组织管理体制提供了坚实的机构保障。市、区、县社会组织管理机构对全市的社会组织依法实施全面的登记管理,上海的社会组织管理由此进入依法登记管理的轨道。

## 二、简介

### 【浦东新区社会团体管理机构】

浦东新区社会团体管理机构的发展,是与新区的改革发展历程相伴随、相适应的。

1989 年,川沙县民政局开始对全县的协会、学会、联合会、研究会、基金会、联谊会等不以营利为目的的各类社会团体开展调查登记工作,全县 226 个社会团体中,县级 86 个、乡级 140 个。

1990 年,县成立社会团体清理整顿领导小组,县民政局增设社会团体登记管理科(对外称川沙县社会团体管理办公室),配 2 名专职人员,主管县社会团体的登记、管理等日常工作。按照市民政局的统一部署,完成了 227 个社会团体的清理整顿、资格审查和发证准备工作。

1992 年 10 月 11 日,国务院批复设立上海市浦东新区,撤销川沙县。1993 年 1 月,浦东新区正式成立。1993 年 5 月,浦东新区管理委员会批复成立上海市浦东新区社会团体登记咨询服务所,事业单位,编制 5 人,主要职责为接受登记咨询、受理社会团体的登记、变更、注销及对所登记社会团体的年检与管理等工作,审批机关为浦东新区社会发展局。浦东新区社会团体登记咨询服务所成立之初,试行社会团体无业务主管单位管理模式,登记无须业务主管单位批复。1997年11月起,服务所开展社会团体清理整顿工作,对辖区内符合条件的79家社会团体予以登记保留。

1998年,浦东新区社会团体登记咨询服务所更名为浦东新区社会团体管理办公室,编制5人,仍为事业单位。2000年10月,浦东新区人民政府批复,在浦东新区社会发展局增挂浦东新区社会团体管理办公室牌子,并增设社会团体管理处,公务员编制6人,主要职责为社会团体的登记、管理和执法。原作为事业单位的新区社会团体管理办公室予以注销。

2001年,根据国务院颁布的《民办非企业单位登记管理暂行条例》的规定,根据全市的统一部署,浦东新区社会团体管理办公室启动了民办非企业单位的归口登记工作,对147家存量的民办非企业单位开展复查登记。

2003年7月,浦东新区将民政管理职能整体划转到浦东新区劳动和社会保障局,在劳动和社会保障局增挂浦东新区社会团体管理办公室牌子,并下设社会团体管理处,公务员编制6人。

2007年4月,浦东新区政府出台《关于着力转变政府职能建立新型政社合作关系的指导意见》,首次提出了社会组织和政府部门的六分开;提出浦东新区试点登记行业协会,实行无业务主管单位管理模式。

2009年5月,浦东新区与南汇区合并后,成立浦东新区民政局,增挂浦东新区社会团体管理局的牌子,下设社会团体管理处,公务员编制8人。

至2010年底,全区登记的社会团体339个,其中专业性社会团体186个、学术性社会团体42个、联合性社会团体92个、行业性社会团体19个。登记的民办非企业单位991个。

**【徐汇区社会团体管理机构】**

2001年12月21日,经徐汇区人民政府批准,印发《上海市徐汇区人民政府关于徐汇区民政局职能配置、内设机构和人员编制规定的通知》,设置上海市徐汇区社会团体管理局,并在区民政局挂上海市徐汇区社会团体管理局牌子。区社团局局长由区民政局分管副局长兼任,区民政局设民间组织管理科,定编3名。

徐汇区社会团体管理局负责徐汇区社会组织成立、变更和注销登记审批;徐汇区社会组织年度检查、信息公开及专项检查等监督管理;指导徐汇区社会组织建立健全各项管理制度,开展社会组织规范化建设和信用体系建设;组织指导徐汇区社会组织培训;负责对徐汇区行业协会负责人的教育培训;协助开展徐汇区社会组织中党组织的建设;监督管理徐汇区社会组织的活动,查处违法行为,实施行政处罚;依法对非法社会组织实施查处和取缔。

至2010年底,全区登记的社会团体107个,其中专业性社会团体64个、学术性社会团体10个、联合性社会团体33个。登记的民办非企业单位390个。

**【长宁区社会团体管理机构】**

1999年11月26日,上海市长宁区社会团体管理局正式成立,成为上海市第一家挂牌成立的区(县)社会团体管理机构。

2001年,根据《中共上海市委、上海市人民政府关于长宁区机构改革方案的通知》的规定,按照区政府"三定"方案,长宁区社会团体管理局由原区民政局的二级局调整为区民政局的挂牌机构,履行对社会团体和民办非企业单位登记管理职能。2001年11月30日,区民政局将《关于上海市长宁区民政局、长宁区社会团体管理局职能配置、内设机构和人员编制方案的请示》上报区政府。2001年12月30日,经区人民政府批准,印发《上海市长宁区人民政府办公室关于印发上海市长宁区民政局、长宁区社会团体管理局职能配置、内设机构和人员编制规定的通知》,下设登记管理科、综合执法科2个科室,公务员编制8名。

长宁区社会团体管理局是主管全区社会团体和民办非企业单位登记管理的行政机构。社会团体管理局局长由区民政局分管社团的副局长兼任,下设登记管理科和综合执法科。其中,登记管理科主要负责社会团体、民办非企业单位筹备、成立审批、年检以及日常管理工作;综合执法科负责综合信息、业务文书档案、内部管理和民间组织预警监管、查处违法行为、打击取缔非法组织。

至2010年底,全区登记的社会团体95个,其中专业性社会团体70个、学术性社会团体11个、联合性社会团体14个。登记的民办非企业单位222个。

### 【普陀区社会团体管理机构】

1985年,根据市民政局提出开展社会团体情况调查的要求,区有关部门对全区社会团体进行摸底调查。1989年5月,又开展第二次调查。1990年5月,区设立了社会团体管理办公室,隶属区民政局,至此,普陀区社会团体的管理进入有序状态。

根据市民政局、市社会团体管理局的要求及市编制委员会有关会议精神,区民政局于2000年5月22日向区机构编制委员会请示,拟成立上海市普陀区社会团体管理局。区机构编制委员会于2000年5月29日回复《关于同意成立普陀区社会团体管理局的批复》,决定成立上海市普陀区社会团体管理局,在区民政局增挂上海市普陀区社会团体管理局牌子。区社会团体管理局的主要职能是:负责全区社会团体和民办非企业单位的登记、管理和监督。所需编制、职数等在政府机构改革时视编制精简和社会团体管理的实际情况予以核定,所需人员在机关内部调剂。

2000年9月18日,区民政局下发《关于普陀区社会团体管理局内设机构及人员调整的通知》,指出经普陀区民政局局长办公会议研究决定:普陀区社会团体管理局内设综合科(正科级机构),原普陀区民政局社会团体管理科撤销。

至2010年底,普陀全区登记的社会团体105个,其中专业性社会团体29个、学术性社会团体27个、联合性社会团体49个。登记的民办非企业单位222个。

### 【闸北区社会团体管理机构】

1994年,闸北区已经有了社会团体管理的专门机构社会团体登记科,设在区民政局内,作为区民政局6个职能科室之一。1997年至1999年,闸北区社会团体管理工作主要以清理整顿为重点,理顺管理体制,将社会团体管理工作逐步纳入规范化、法制化轨道。

2000年3月,区民政局增挂上海市闸北区社会团体管理局牌子,负责辖区内的社会团体、民办非企业单位的登记、管理、监督等工作。2002年,闸北区社会团体管理局明确社会团体和民办非企业单位的业务主管单位及其管理职责,落实"双重负责"管理体制。2003年,深化闸北区社会组织的自律和预警工作,会同区综合治理办公室编制区三级预警网络方案,初步建立起区、街道、居委会为主干的三级预警网络,并举办首期闸北区社会组织财务人员岗位培训班。2004年,组织闸北区内78家社会团体秘书长进行岗位培训。

至2010年底,全区登记的社会团体125个,其中专业性社会团体77个、学术性社会团体31个、联合性社会团体17个。登记的民办非企业单位276个。

### 【虹口区社会团体管理机构】

1994年，虹口区民政局设立了管理社会团体的机构社会团体管理科，作为民政局8个职能科室之一。

2000年1月，成立上海市虹口区社会团体管理局，在区民政局挂上海市虹口区社会团体管理局牌子，下设社会团体管理科。

虹口区社会团体管理局主要负责虹口区社会团体和民办非企业单位的筹备审批和成立、变更、注销登记以及年度检查；指导虹口区社会团体和民办非企业单位建立、健全各项管理制度，核定虹口区社会团体和民办非企业单位的人员额度；协助有关部门加强虹口区社会团体和民办非企业单位的党组织建设；监督管理社会团体和民办非企业单位的活动，查处违法行为，实施行政处罚。

至2010年底，全区登记的社会团体142个，其中专业性社会团体73个、学术性社会团体23个、联合性社会团体46个。登记的民办非企业单位213个。

### 【杨浦区社会团体管理机构】

1990年，杨浦区民政局成立社会团体管理办公室。

2000年6月，设立上海市杨浦区社会团体管理局，机构级别为副处级，隶属区民政局领导。杨浦区社会团体管理局负责杨浦区社会组织的筹备审批，社会组织的成立、变更和注销登记审批；负责杨浦区社会组织的年度检查和各类专项检查；负责指导杨浦区社会组织各项管理制度建设；开展杨浦区社会组织规范化建设、工资基金核定、年金报备工作，组织指导社会组织培训工作，协助开展杨浦区社会组织中党组织的建设，指导开展群众活动团队备案工作；负责对杨浦区社会组织活动的监督管理，依法查处违法行为实施行政处罚，依法对非法社会组织实施查处和取缔。

2008年，民办非企业单位性质的街镇社会组织服务中心在全区12个街镇实现全覆盖。

2010年1月，区成立事业单位性质的上海市杨浦区社会组织服务中心。

至2010年底，全区登记的社会团体120个，其中专业性社会团体67个、学术性社会团体21个、联合性社会团体32个。登记的民办非企业单位437个。

### 【黄浦区社会团体管理机构】

黄浦区社会团体管理机构，可以追溯到"撤二建一"前的黄浦区和南市区。2000年，黄浦区与南市区"撤二建一"，根据《关于"撤二建一"后黄浦区区级机构设置的通知》，设立黄浦区民政局，同时挂黄浦区社会团体管理局牌子。随后，区编制委员会发文，在区民政局内设立社会团体管理科。

2009年，根据《黄浦区人民政府办公室关于上海市黄浦区民政局主要职责内设机构和人员编制规定的通知》，设立上海市黄浦区社会团体管理局，同时，在上海市黄浦区民政局挂上海市社会团体管理局牌子，并设立社会团体管理科。区民政局总编制人数34人，未明确社会团体管理科工作人员人数，实际工作人员4人。

黄浦区社会团体管理局负责黄浦区社会组织管理工作；负责黄浦区社会组织的成立、变更和注销登记审批；负责黄浦区社会组织的年度检查、信息公开、财务审计及专项检查等监督管理工作；牵头培育扶持社会组织，组织指导社会组织培训工作；指导黄浦区社会组织建立健全各项管理制度，开展社会组织规范化建设和信用体系建设；监督管理黄浦区社会组织的活动，依法查处违法行为和非法社会组织；指导开展黄浦区群众活动团队备案工作。

至2010年底，全区登记的社会团体200个，其中专业性社会团体83个、学术性社会团体31

个、联合性社会团体 86 个。登记的民办非企业单位 450 个。

### 【卢湾区社会团体管理机构】

根据市关于在区(县)成立社会团体管理机构的统一部署,2000 年,卢湾区成立上海市卢湾区社会团体管理局。在机构设置同时,进一步完善职能配置、人员编制等工作。2002 年,根据《卢湾区人民政府办公室关于印发卢湾区民政局职能配置、内设机构和人员编制规定的通知》,区民政局设立社团综合管理科,办理区内社会团体和民办非企业单位的登记、变更、撤销手续,监督社团依法开展活动,查处非法团体。

### 【静安区社会团体管理机构】

1993 年至 1999 年,静安区由区民政部门对全区社会团体实行统一登记和监督管理。1997 年11 月起,区开展社会团体清理整顿工作,对符合条件的 109 个社会团体进行登记保留。

2000 年 1 月,上海市静安社会团体管理局成立,隶属于区民政。区社会团体管理局开展对全区社会组织的统一登记和监督管理,同时开展民办非企业单位复查登记工作。

2010 年,区社会团体管理局制订《静安区社会组织信息管理办法》,加强全区社会组织管理信息化建设。静安区社会团体管理局负责静安社会组织登记管理工作;拟订静安区社会组织发展规划和政策规定;负责静安区社会团体和民办非企业单位的筹备审批、成立审批和年度检查;监督管理静安区社会团体和民办非企业单位的活动,查处违法行为,实施行政处罚;协助开展静安区社会团体和民办非企业单位中党组织的建设;做好有关社会组织业务主管单位的联系与协调工作,指导静安区社会团体和民办非企业单位建立、健全各项规章制度。

至 2010 年底,全区登记的社会团体 134 个,其中专业性社会团体 82 个、学术性社会团体 17个、联合性社会团体 35 个。登记的民办非企业单位 258 个。

### 【宝山区社会团体管理机构】

宝山区的社团管理及其机构建设,可以追溯到宝山县时期。1985 年之前,宝山县没有专门的社会团体管理机构,对社会团体的管理都散落在各委办局等。1985 年,根据市民政局提出开展社团情况调查的要求,县有关部门组织对全县社会团体进行摸底调查。1988 年,宝山县与吴淞区合并为宝山区。1990 年 5 月,区设立社会团体管理办公室,隶属区民政局,负责全区社会团体的管理工作,行使辖区的社会团体、民办非企业单位的登记、管理和监督等职责。

2000 年初,根据市民政局、市社会团体管理局要求以及市编制委员会有关会议精神,区民政局向区机构编制委员会请示,拟成立上海市宝山区社会团体管理局。区机构编制委员会 2000 年 3 月20 日给出《上海市宝山机构编制委员会关于建立上海市宝山区社会团体管理局的批复》,决定:撤销上海市宝山区社会团体管理办公室,设立上海市宝山区社会团体管理局,机构级别副处级,核定机关行政编制 8 名,与区民政局合署办公,由区民政局统一管理。

2000 年 7 月 27 日,区民政局提交《宝山区民政局关于区社会团体管理局内设工作机构的请示》,区机构编制委员会于 2000 年 8 月 3 日作出《上海市宝山区机构编制委员会关于同意区社会团体管理局内部工作机构设置的批复》,同意区社会团体管理局设置"登记管理科"和"综合执法科"2个内部工作机构,人员编制按规定配备。2000 年 3 月 20 日,上海市宝山区社会团体管理局正式成立,下设综合执法科、登记管理科等 2 个科室,公务员编制 8 名。

2001年11月,依照《关于印发宝山区民政局职能配置、内设机构和人员编制规定的通知》,区社团局明确定编,并开始区内社会团体、民办非企业单位的登记、管理和监督检查工作。

至2010年底,全区登记社会团体139家,其中专业性36家,联合性78家,学术性25家。民办非企业单位311家,共计450家。

**【闵行区社会团体管理机构】**

闵行区社会团体统一管理,始于20世纪80年代中期。1985年,根据市民政局提出开展社团情况调查的要求,区有关部门组织对全区社会团体进行摸底调查。1989年5月,开展了第二次调查。1990年5月,原闵行区、原上海县分别在区、县民政局内设社会团体管理科,对外称社会团体管理办公室,至此,全区社会团体的管理进入有序状态。

1993年5月,原闵行区民政局与原上海县民政局合并,成立闵行区民政局,内设社会团体管理科,对外称闵行区社会团体管理办公室,负责全区社会团体的登记和管理工作。1999年,成立闵行区民间组织管理工作协调小组,负责全区社会组织建设与管理的组织领导和协调工作。

2000年,根据市民政局、市社会团体管理局的要求以及市编制委员会有关会议精神,区民政局分别于2000年4月13日、6月19日向区人民政府办公室、区机构编制委员会请示,拟成立上海市闵行区社会团体管理局。2000年7月24日,区机构编制委员会给出《关于同意建立"闵行区社会团体管理局"的通知》,同意建立上海市闵行区社会团体管理局,并明确区社团局的主要工作职责是:宣传、贯彻党和国家有关加强社会团体和民办非企业单位登记管理的政策;依法受理各类社会团体和民办非企业单位的成立、变更、注销登记;承办对核准登记的社会团体和民办非企业单位的发证、公告等工作;监督社会团体和民办非企业单位遵守宪法、法律和有关政策规定,履行各种登记手续,按照章程开展活动;会同有关部门依法对违法社会团体和民办非企业单位进行查处和取缔。与此同时,闵行区民政局社团管理科撤销。

2006年3月,区民政局、区社团局成立上海市闵行区民间组织登记中心,为财政全额拨款正科级事业单位,编制3人,主要工作职责是:负责区级社会团体及其分支(代表)机构、民办非企业单位的咨询、设立、变更、注销登记等工作。

至2010年底,全区登记的社会团体146个,其中专业性社会团体75个、学术性社会团体21个、联合性社会团体50个。登记的民办非企业单位365个。

**【嘉定区社会团体管理机构】**

嘉定区的社团管理及其机构建设,始于嘉定县时期。根据市民政局提出开展社团情况调查的要求,1985年、1989年,嘉定县对全县社会团体进行二次摸底调查。1990年5月,嘉定县民政局成立了社会团体管理办公室(股)。1992年底,撤销嘉定县,建立嘉定区,区民政局继续设立社会团体管理办公室。1993年6月,区民政局将基层政权建设科与社会团体管理办公室合署办公,成立基政社团科。1997年11月,区民政局重新设立社团管理科。至此,社会团体的管理进入有序状态。

2000年,根据市民政局、市社会团体管理局的要求以及市编制委员会有关会议精神,区民政局于2000年1月6日向区机构编制委员会请示拟成立上海市嘉定区社会团体管理局。区机构编制委员会于2000年1月25日给出《关于同意成立上海市嘉定区社会团体管理局的批复》。2000年1月,正式成立上海市嘉定区社会团体管理局,副处级机构,区民政局同时挂上海市嘉定区社会团体管理局牌子,内设社团登记管理科。区社团局主要职责是:负责各类社会团体和民办非企业单位的成立、变更、注销登记,以及票据、财务等管理工作;协助开展社会团体和民办非企业单位的党建工作;协助开展社会组织对外交流与合作;综合执法科的主要职责为:负责对非法社会团体、民办非企业单位的查处和取缔;组织案件的听证、复议和应诉工作;负责维护社会团体、民办非企业单位的合法权益;负责社会组织规范化建设和信用体系建设;负责对社区公益服务项目进行招投标、监督、评估。所需编制、职数等在政府机构改革时视编制精简和社会团体管理的实际情况予以核定,所需人员在机关内部调剂。

2001年12月,区社团局下设登记管理科、综合执法科等2个科室,公务员编制4名。

至2010年底,嘉定区登记的社会团体109个,其中专业性社会团体64个、学术性社会团体15个、联合性社会团体30个。登记的民办非企业单位294个。

### 【金山区社会团体管理机构】

金山区的社团管理及其机构建设,始于金山县时期。1990年,金山县民政局成立社团管理股,除市编委下拨2名行政编制,县政府另增加事业编制工作人员3名。具体分工为:股长1人、登记注册1人、管理指导2人、档案及财务统计1人。

1995年9月,经县编制办公室同意,原县民政局社团管理股更名为社团科。社团科的主要工作职责是:开展社团登记、变更、注销登记工作;完成全县核准登记社团的《社团简介》编写工作;清理整核社团的遗留问题等工作。1997年5月,金山撤县建区。

2000年4月,经区机构编制委员会决定,成立上海市金山区社会团体管理局,副处级机构,内设社会团体登记管理科、民办非企业登记管理科、综合执法科,各科分别确定为副科级建制。同时,撤销原设的社会管理科行政建制。金山区社会团体管理局负责贯彻执行社会组织工作的政策法规,研究、制定金山区社会组织的发展规划和政策措施;指导和推进金山区、镇(街道)两级社会组织服务中心建设,健全金山区枢纽型社会组织体系机制;负责金山区社会组织信用体系、信息化及规范化建设,负责金山区社会组织的成立、变更、注销登记和日常监管、年度检查等工作;协助业务主管单位做好对社会组织的培育、发展、服务和党建工作。

2001年11月,区社团局下设机构调整为社团登记管理科、社团综合执法科等2个科室,科室拟定编制4人。

至2010年底,全区登记的社会团体113个,其中专业性社会团体67个、学术性社会团体21个、联合性社会团体16个。登记的民办非企业单位132个。

### 【松江区社会团体管理机构】

松江区的社团管理及其机构建设,始于松江县时期。1985年,根据市民政局提出开展社团情况调查的要求,松江县有关部门对全县社会团体进行摸底调查。1990年6月,县民政局成立社团管理办公室(股),落实社团管理工作人员编制,社会团体开始统一管理。

1998年2月,经国务院批准,松江县撤县设区。随着改革开放的深入和社会发展,松江区各类社会组织也迅速发展。依据《社会团体登记管理条例》《民办非企业单位登记管理暂行条例》等规章,区民政局作为区政府职能部门行使辖区的社会团体、民办非企业单位的登记、管理和监督等职责。

2000年7月17日,区机构编制委员会批准建立上海市松江区社会团体管理局,归口区民政局领导,行政级别副处级,核定4名行政编制,下设社团科、民非科和执法科。撤销原松江区社会团体管理办公室和松江区民政局社会团体登记管理科。

2009年5月22日,经过区机构编制委员会批准,区社团局行政级别调整为正处级,局长由区民政局局长兼任,副局长由区民政局副局长兼任。科室调整为登记科和管理科,公务员编制4名。区社会团体管理局的主要职责是:贯彻执行有关社会组织(社会团体、民办非企业单位)工作的法律、法规、规章和方针、政策;负责区内社会组织管理的综合协调,研究区社会组织发展的全局性、方向性问题,提出社会组织发展的专项规划和政策建议,做好规划和政策落实的协调、服务工作;负责社会组织的成立、变更和注销登记审批,负责社会组织的年度检查、信息公开及专项检查等监督管理工作;指导社会组织建立健全各项管理制度,开展社会组织规范化建设和信用体系建设;组织指导社会组织培训工作,协助开展社会组织中党组织的建设;指导开展群众活动团队备案工作;协助指导本区社会组织对外交流与合作;会同有关部门建立健全综合监管体系,加强社会组织监督管理和执法监察,查处违法行为,实施行政处罚;依法对非法社会组织实施查处和取缔;协调有关部门整合和利用各方资源,建立信息共享机制,为社会组织提供政策咨询、信息发布、人才开发、合作交流等服务;承办区政府交办的其他事项。

至2010年底,全区登记的社会团体117个,其中专业性社会团体65个、学术性社会团体20个、联合性社会团体32个。登记的民办非企业单位234个。

### 【青浦区社会团体管理机构】

青浦区的社团管理机构及管理工作,可以追溯到青浦县时期。上海解放初期,青浦县人民政府设立了民政科,其中一个重要职责,就是负责全县的社会团体管理工作,调查、统计、监督、核准以及对非法团体的解散、取缔等。1958年后,社会团体实行分散到有关业务单位管理,县民政部门淡出了对社会团体的管理。1987年,根据市有关部门的指示,县民政局开始对全县社会团体有关情况进行调查。

1990年初,市编制委员会批准县民政局设立社会团体管理科,对外称社会团体管理办公室,配备行政干部3人。

1999年9月,经国务院批准,撤销青浦县建制,建立青浦区。2000年5月,根据市政府办公厅和市民政局的要求,区社会团体管理科改称上海市青浦区社会团体管理局,主要职责是:贯彻执行有关社会团体和民办非企业单位工作的方针、政策和法律、法规、规章;结合上海实际,研究起草有关法规、规章草案,研究拟定青浦区社会团体和民办非企业单位的发展规划和政策;负责青浦区社会团体和民办非企业单位的筹备审批、成立审批、年度检查;指导青浦区社会团体和民办非企业单位建立、健全各项管理制度,核定社会团体和民办非企业单位的人员额度;协助开展青浦区社会团体和民办非企业单位中党组织的建设;监督管理青浦区社会团体和民办非企业单位的活动,查处违法行为,实施行政处罚。

至2010年底,全区登记的社会团体97个,其中专业性社会团体73个、学术性社会团体18个、联合性社会团体6个。登记的民办非企业单位153个。

### 【奉贤区社会团体管理机构】

奉贤区的社团管理机构及管理工作,可以追溯到奉贤县时期。1985年,根据市民政局关于开展社团情况调查的要求,县有关部门组织对全县社会团体进行摸底调查。1990年9月,县编制办公室发文设立社会团体管理科,为正股级,隶属县民政局。1997年11月,县政府下发《关于县民政局职能配置,内设机构和人员编制方案》,设立县社团管理科。全县社会团体纳入统一管理。

2000年,根据市民政局、市社会团体管理局的要求,以及市编制委员会有关会议精神,2000年2月17日县编制办公室下发同意建立上海市奉贤县社会团体管理局的文件,机构级别为正科级,人员编制为4名。2000年5月10日,县政府发文决定成立上海市奉贤县社会团体管理局,机构级别为正科级。2000年7月6日,召开上海市奉贤县社团管理局成立大会。

2001年初,奉贤县撤县设区。2002年4月,区政府发布《奉贤区民政局职能配置、内设机构和人员编制方案》,区民政局增挂上海市奉贤区社会团体管理局牌子,内设社会组织登记管理科、民办非企业单位登记管理科2个科室。

至2010年底,全区登记的社会团体139个,其中专业性社会团体39个、学术性社会团体28个、联合性社会团体72个。登记的民办非企业单位191个。

**【崇明县社会团体管理机构】**

1990年7月,崇明县成立社会团体管理办公室,设在县民政局,负责全县社会团体和民办非企业单位登记管理工作。

2002年,县民政局增挂上海市崇明县社会团体管理局牌子,社会组织管理的具体工作,由县民政局内设的社会团体管理科承担。崇明县社会团体管理局的主要职责是:办理崇明县社会团体和民办非企业单位的审批、登记、年检工作;指导崇明县社会组织建立健全自律机制,检查监督崇明县社会团体和民办非企业单位的日常活动,查处违法行为,实施行政处罚;开展崇明县社会组织预警网络建设和社区群众活动团队的备案管理。崇明县民政局行政编制为29名,未具体划分崇明县社会团体管理局的行政编制数。

至2010年底,全区登记的社会团体101个,其中专业性社会团体36个、学术性社会团体24个、联合性社会团体41个。登记的民办非企业单位201个。

**【南汇区社会团体管理机构】**

南汇区社团管理机构,是由南汇县转制而来的。1986年,南汇县民政局根据民政事业发展,内设机构由原3个组改设为"一室五股",即办公室、政工股、接收安置股、优抚股、民政股、社会福利股,民政股除负责政权建设、行政区划、城镇社会救济、农村救灾扶贫、婚姻登记外,还负责社会团体等工作。

1990年初,按照市统一部署,县民政局建立社团管理股,落实社团管理工作人员编制。根据《国务院办公厅转发民政部关于清理整顿社会团体请示的通知》精神,1990年8月,建立了南汇县清理整顿社会团体工作领导小组,对全县社会团体进行清理整顿和复查登记。县清理整顿社会团体领导小组不设办公室,日常协调工作由县民政局负责。1991年1月,县机构编制委员会同意县民政局建立南汇县社会团体管理办公室,与社团管理股合署办公,实行两块牌子、一套班子,对内称社团管理股,对外称南汇县社团管理办公室。

改革开放的不断深入,带来社会组织的迅猛发展。鉴于当时对全县各类社会组织完成清理整顿的现状和登记管理的紧迫性、复杂性,县民政局社团管理股已不相适应形势的发展。根据市民政局、市社会团体管理局的要求,以及市编制委员会有关会议精神,县机构编制委员会于2000年2月发文,同意成立南汇县社会团体管理局,行政上隶属于县民政局,行政级别为正科级,归口县民政局领导。同时撤销原社团管理机构。南汇县社会团体管理局设局长1名,由民政局副局长兼任,设副局长 2 名,内部不再设科室,实行综合办公,编制 5 名。

2001 年,南汇撤县建区,中共上海市委、上海市人民政府下发《关于南汇区机构改革方案的通知》,规定,设置上海市南汇区民政局,同时,在上海市南汇区民政局挂上海市南汇区社会团体管理局牌子。并且,由上海市南汇区社会团体管理局负责全区社会团体和民办非企业单位登记管理工作。

2008 年,南汇区民政局机构调整,内设有办公室、社团局(二级局)、社会事务科、老龄科、基政科、救灾救济科等。

2009 年 5 月,浦东新区与南汇区合并,成立浦东新区民政局,同时在浦东新区民政局增挂浦东新区社会团体管理局牌子,下设社会团体管理处,公务员编制 8 人。

# 第二章 登记管理

登记管理是对社会组织最基本、最基础的管理。上海市社会组织登记管理工作随着政策法规的建立和健全而不断发展。根据中共中央办公厅、国务院办公厅相关文件精神，以及国务院颁布的《社会团体登记管理条例》《民办非企业单位登记管理暂行条例》《基金会管理条例》的规定，全市社会团体、民办非企业单位、基金会实行登记管理机关与业务主管单位共同负责的双重管理体制，社会团体、民办非企业单位实行市、区（县）两级民政部门分级登记，基金会实行市社会团体管理局统一登记的管理体制。随着上海国际大都市的建设和发展，社区群众活动团队蓬勃兴起。2002年，市委办公厅、市政府办公厅下发文件，在上海市探索建立社区群众活动团队备案制度。2008年，市民政局、市社会团体管理局印发《关于开展本市社区群众活动团队备案工作的意见》，进一步规范上海市社区群众活动团队备案工作，社区群众活动团队管理规范、有序发展。

## 第一节 登记管理体制

### 一、双重管理

1989年、1998年国务院先后两次颁布《社会团体登记管理条例》，确定了社会团体实行登记管理机关与业务主管单位共同负责的双重管理体制。即申请成立社会团体，应当经过有关业务主管单位审查同意后，再向登记管理机关申请登记。业务主管单位是指国务院有关部门和县级以上地方各级人民政府有关部门、国务院或者县级以上地方各级人民政府授权的组织；登记管理机关是指国务院民政部门和县级以上地方各级人民政府的民政部门。该《条例》规定业务主管单位负责社会团体筹备申请、成立登记、变更登记、注销登记前的审查；监督、指导社会团体遵守宪法、法律、法规和国家政策，依据其章程开展活动；负责社会团体年度检查的初审；协助登记管理机关和其他有关部门查处社会团体的违法行为；会同有关机关指导社会团体的清算事宜。登记管理机关负责社会团体的成立、变更、注销的登记或者备案；对社会团体实施年度检查；对社会团体违反条例的问题进行监督检查，对社会团体违反条例的行为给予行政处罚。

1996年8月，中办、国办下发通知，明确社会团体和民办非企业单位的管理，实行业务主管单位与登记管理机关双重负责的管理体制。规定业务主管单位对所属社会团体和民办非企业单位的申请登记、思想政治工作、党的建设、财务活动、人事管理、召开研讨会、对外交往和接受资助等负责；登记管理机关主要负责社会团体和民办非企业单位的登记审批、活动指导和检查监督，依法查处违法行为。

1998年国务院颁布的《民办非企业单位登记管理暂行条例》，确定了民办非企业单位实行登记管理机关与业务主管单位共同负责的双重管理体制。业务主管单位是指国务院有关部门和县级以上地方各级人民政府有关部门、国务院或者县级以上地方各级人民政府授权的组织；登记管理机关是指国务院民政部门和县级以上地方各级人民政府的民政部门。规定民办非企业单位的业务主管单位负责民办非企业单位成立登记、变更登记、注销登记前的审查；监督、指导民办非企业单位遵守宪法、法律、法规和国家政策,依据其章程开展活动;负责民办非企业单位年度检查的初审;协助登记管理机关和其他有关部门查处民办非企业单位的违法行为;会同有关部门指导民办非企业单位的清算事宜。登记管理机关负责民办非企业单位的成立、变更、注销登记;对民办非企业单位实施年度检查;对民办非企业单位违反条例的问题进行监督检查,对民办非企业单位违反条例的行为给予行政处罚。

2004年国务院颁布的《基金会管理条例》,确定了基金会应同时接受业务主管单位和登记管理机关的监督管理,基金会实行双重管理体制。明确了省、自治区、直辖市人民政府的民政部门是基金会的登记管理机关;省、自治区、直辖市人民政府有关部门或者省、自治区、直辖市人民政府授权的组织是基金会的业务主管单位。规定了基金会业务主管单位的职责是:负责基金会成立登记、变更登记、注销登记前的审查;监督、指导基金会遵守宪法、法律、法规和国家政策,依据其章程开展业务活动;在基金会的思想政治工作、党的建设、财务活动、人事管理、召开研讨会和对外交往等重要活动安排、接受资助等事项方面负有领导责任;负责基金会年度检查的初审;协助登记管理机关和其他有关部门查处基金会的违法行为;会同有关机关指导基金会的清算事宜等。基金会登记管理机关的职责是:负责基金会的成立、变更、注销的登记;负责对基金会实施年度检查;负责对基金会进行监督检查并对其违法行为实施行政处罚。

1991年5月27日,上海市委办公厅、上海市人民政府办公厅转发了上海市民政局《关于认定全市性社会团体的业务主管部门的若干意见》,认定了首批37个部门为全市性社会团体的业务主管部门。分别是:中共上海市委组织部、中共上海市委宣传部、中共上海市委统战部、上海市计划委员会、上海市经济委员会、上海市农业委员会、上海市建设委员会、上海市对外经济贸易委员会、上海市科学技术委员会、上海市体育运动委员会、上海市编制委员会、上海市民族事务委员会、上海市劳动工资委员会、上海市人民政府协作办公室、上海市人民政府交通办公室、上海市人民政府教育卫生办公室、上海市人民政府财贸办公室、上海市人民政府外事办公室、上海市人民政府法制办公室、上海市人民政府侨务办公室、上海市人民政府台湾事务办公室、上海市人民政府防空办公室、上海市经济体制改革办公室、上海市人事局、上海市旅游事业管理局、上海市民政局、上海市司法局、上海市公安局、上海市国家安全局、上海市文化局、上海市电影局、上海市新闻出版局、上海市广播电视局、上海市宗教事务局、上海市物价局、上海市统计局、中国人民银行上海市分行。《若干意见》同时指出,各区(县)社会团体的业务主管部门的确定,根据各区(县)的实际认定。

2000年10月22日,根据民政部《关于重新确认社会团体业务主管单位的通知》要求,上海市民政局、上海市社会团体管理局印发《关于对上海市社会团体和民办非企业单位实行双重负责管理的若干意见(试行)》,明确上海市社会团体和民办非企业单位实行登记管理机关和业务主管单位双重负责管理的三项基本原则:一是对全市社会团体和民办非企业单位的登记管理,实行由登记管理机关和业务主管单位双重负责的管理体制;二是上海市民政局所属的上海市社会团体管理局和区(县)民政部门所属的社会团体和民办非企业单位的管理机关,是本级人民政府的社会团体民办非企业单位的登记管理机关;三是市委、市政府的有关部门和区(县)党委、政府的有关部门,市委、市政府或者区(县)党委、政府授权的组织,是市或区(县)有关社会团体和民办非企业单位的业务主管单位。

2000年12月31日,市委办公厅、市政府办公厅转发上海市民政局、社会团体管理局《关于确认上海市社会团体和民办非企业单位的业务主管单位的若干意见》,进一步明确了社会团体和民办非企业单位的业务主管单位及其管理职责。上海市社会团体和民办非企业单位的业务主管单位是指：市委各工作部门及区(县)党委的相应部门;市政府的组成部门、市政府的直属机构及区(县)人民政府的相应部门和机构;经市委、市政府或区(县)党委、区(县)政府授权作为社会团体和民办非企业单位的业务主管单位的组织。被授权作为社会团体和民办非企业单位的业务主管单位的组织,需要同时具备四个条件:一是能够全面履行社会团体和民办非企业单位的业务主管单位职责的组织;二是市或区(县)编制管理机关"定职能、定机构、定编制"的组织;三是有具体机构或人员从事社会团体和民办非企业单位管理工作的组织;四是经市委、市政府或区(县)党委、区(县)政府履行过授权程序的组织。对少数社会团体和民办非企业单位,其业务在上海市国家机关无相应部门管理的,上海市民政局可商中央国家机关在上海市的分支机构、派出机构,由其作为这些社会团体和民办非企业单位的业务主管单位,并报上海市政府备案。《若干意见》同时授权上海市总工会、共青团上海市委、上海市妇女联合会、上海市科学技术协会、上海市社会科学界联合会、上海市文学艺术界联合会、上海市作家协会、上海市残疾人联合会、上海市政府发展研究中心为全市性社会团体和民办非企业单位的业务主管单位。区(县)党委和政府可参照对符合条件的组织予以授权。对社区中规模较小、专业性不强的民间组织,区(县)党委和政府也可授权街道党工委、办事处履行业务主管单位的职责。经授权成为业务主管单位的组织,不得再授权或委托。

2009年3月20日,经市委、市政府同意,上海市民政局对部分社会组织的业务主管单位进行了调整:新认定,上海市经济和信息化委员会、上海市商务委员会、上海市人力资源和社会保障局、上海市城乡建设和交通委员会、上海市交通运输和港口管理局、上海市住房保障和房屋管理局、上海市规划和国土资源管理局、上海市绿化和市容管理局、上海市口岸服务办公室、上海市旅游局等为社会组织的业务主管单位。确认上海市社会服务局等12家单位不再作为社会组织的业务主管单位。

2009年5月27日,民政部民间组织管理局发函各省市自治区民政部门,通报国务院授权全国工商联作为全国性社会团体的业务主管单位的情况,并要求各地按照实际情况,自行决定是否授权地方工商联作为社会团体业务主管单位。2010年8月30日,经市政府同意,上海市民政局授权上海市工商联作为全市性社会团体业务主管单位。同时强调,市工商联作为社会团体业务主管单位审核社会团体登记时,涉及相关行业主管部门职能的,应事先充分征求有关部门意见。

## 二、分级登记

国务院《社会团体登记管理条例》规定:"全国性的社会团体,由国务院的登记管理机关负责登记管理;地方性的社会团体,由所在地人民政府的登记管理机关负责登记管理。"确定了我国对社会团体分级登记管理。

《民办非企业单位登记管理暂行条例》规定:"登记管理机关负责同级业务主管单位审查同意的民办非企业单位的登记管理。"确定了我国对民办非企业单位分级登记管理。

《基金会管理条例》规定:"国务院民政部门和省、自治区、直辖市人民政府民政部门是基金会的登记管理机关。"确定了我国对基金会统一到省、自治区、直辖市人民政府的民政部门登记管理。

2000年,上海市、区(县)两级社会团体、民办非企业单位登记管理机构逐步建立,上海市社会团体和民办非企业单位的分级登记体制逐步清晰,形成两级登记网络。全市性社会团体和民办非企业单位,由上海市民政局负责登记并核准其章程,具体工作由市社会团体管理局承担;区(县)以下的社会团体和民办非企业单位,由区(县)民政局负责登记并核准其章程,具体工作由区(县)社团局承担。市和区(县)社团局负责审核各自登记的社会团体和民办非企业单位的章程。

对于一些业务宽泛、不易界定的社会团体和民办非企业单位,区(县)社团局应先征求市社会团体管理局的意见,经同意后方可审批。为防止名称重复,区(县)社团局在审批民办非企业单位以前,应先报市社会团体管理局进行核名,经市社会团体管理局核定可以使用该名称后,方可进行审批。

# 第二节 社会团体登记

## 一、沿革

十一届三中全会以后,原有的各级各类社会团体迅速恢复,大量新的社会团体纷纷涌现,社会团体数量成倍增长,社会团体工作进入到一个快速发展时期。据统计,1981年,上海市各类社会团体仅有633个。然而,由于当时社会团体的审批和管理均由业务主管部门负责,缺乏统一的审批、登记机构和相应的规章制度,社会团体的登记管理存在着层层设置、重复设置和分类过细等诸多问题。有的研究会,不仅设有全市性组织,而且22个区县、38个街道、7个委办、41个局以及114个基层企事业单位都设有同类组织。有的社会团体按地域和部门交叉设置,形成重复叠加的网状结构,派生出近千个分支团体,使一些企事业单位层层交会费,负担加重;有的联谊会、校友会,以联谊为名拉赞助,向企业收取高额会费,或是搞横向经济联营;还有的社会团体经费收取、管理、使用非常混乱,账外有账、出借账户、外汇私存等现象时有发生;有的社会团体负责人政治上发生偏差,误导社团发展方向;甚至还有的社会团体打着老同志的旗号,私刻印章,伪造文件,以团体名义招摇撞骗,牟取私利等。这些问题,迫切通过规范管理加以解决。

1984年11月,中共中央、国务院下发《关于严格控制成立全国性组织的通知》,文件对有些单位和个人不经审批,随意成立全国性组织提出批评。根据该《通知》精神,1985年2月4日,上海市政府布置了全市社会团体登记工作。同年7月17日,根据市领导意见,上海市民政局在中断了社会团体管理工作近30年后,重新恢复了对上海市社会团体的管理工作。

1985年8月,市政府办公厅转发上海市民政局关于调查社会团体情况的通知后,上海市对社会团体开展了一次全面调查摸底工作。经过调查汇总,上海市共有各类社团2 256个。按照社会团体性质分,学术研究团体759个,占33.6%;人民群众团体705个,占31.3%;社会经济团体209个,占9.3%;体育工作团体254个,占11.3%;社会公益团体127个,占5.6%;文艺工作团体89个,占3.9%;宗教团体41个,占1.8%;其他如基金会、校友会、联谊会等团体72个,占3.2%;全国性社会团体设在上海市并委托有关单位代管的18个。按照社会团体级别分,市级团体498个,占22.1%;区、县级团体921个,占40.8%;街道、乡、镇团体819个,占36.3%。按社会团体地域分,12个区及石化地区共有社团959个,10个郊县共有社团781个。按会员属性分,实行个人会员制的1 947个,占86.3%;团体会员制的49个,占2.17%;团体会员和个人会员相结合的有99个,占4.4%。社会团体中团体会员近万个,个人会员183万余人。按照经费来源状况分,经费全部由国家或归口单位开支的382个,占17%;由国家或归口单位补贴的902个,占40%;全部自筹的972个,占43%。有会费收入的团体751个,占33.3%;有业务(咨询、服务、培训)收入的352个,占15.6%。按照审批情况分,经各级党政领导机关批准的558个,占24%;由上级团体批准的1 166个,占51.7%;无审批单位或审批情况不明的135个,占6%。按照成立时间分,1949年前成立的5

个,占0.02%;1949年到1981年成立的628个,占27.8%;1982年到1984年成立的964个,占42.8%;1985年成立的572个,占25.4%;情况不明的87个,占3.9%。社会团体中团体会员近万个,个人会员183万余人。社会团体共有固定工作人员948人,其中正式列入编制的268人,无编制的680人;有1977个团体没有专职工作人员。这一时期上海市社会团体管理存在的问题主要有:(1)社会团体民间组织性质不够明确。许多社会团体要求政府正式定编;有些社会团体摊子铺得很大,工作方法、人员分工有机关化倾向,行政干预严重。(2)社会团体专职人员不稳定,有的把不懂业务又不肯干事的人塞进社会团体,使社会团体专职人员素质下降,年龄老化,影响社会团体活动的开展。(3)社会团体开支浪费大,有的在经济上还出了问题。(4)社会团体机构设置太多、太细。(5)存在有相当数量无归口单位的社会团体。针对社会团体存在的问题,上海市有关部门提出了加强和改进的意见。

1985年9月25日,中共中央办公厅、国务院办公厅转发国家体改委《〈关于成立全国性组织的若干规定〉的通知》。根据该《通知》精神,上海市有关领导迅速召集市有关部门负责同志会议,专题研究社会团体管理问题。

1989年4月,经市政府同意,上海市民政局又一次对上海市各类社会团体分布情况进行全面调查,上海市的协会、学会、研究会、联合会、基金会、联谊会等不以营利为目的的社会团体,均属调查范围。据调查结果统计,截至1989年,上海市社会团体总数已达4290个,其中,全市性社会团体907家,占21.1%;区、县社会团体1601家,占37.3%;街道、乡镇社会团体1670家,占40.2%;在沪全国性社会团体62家,占1.4%。在这些社会团体中,学术研究团体1348家,占31.4%;人民群众团体831家,占19.4%;社会经济团体317家,占7.4%;社会公益团体380家,占8.9%;文艺工作团体313家,占7.3%;体育工作团体477家,占11.1%;宗教团体50家,占1.2%;其他团体574家,占13.3%。调查结果表明,与1985年相比,上海市社会团体在数量上翻了近一番,平均以每天一个半的惊人速度发展。这一时期上海市社会团体呈现出如下特点:(1)社会团体向系统化、网络化发展。如个体劳动者协会,随着政府管理的需要,以及个体劳动者自身利益的需要,个体劳动者协会组织迅速在市、区、县、街道、乡镇等各层次发展起来。再如红十字会,不仅历史悠久,影响面广,而且各个层次的组织相当健全,形成了一定的系统和网络。(2)行业性社会团体大幅度增加。随着改革开放和经济建设的发展,以及行政性公司的撤销,行业协会的发展尤为迅速,至1989年已发展到近80家。这些行业协会,有明确的归口挂靠单位指导,有本行业各局、公司、厂抽调或聘用一定人员开展日常工作。(3)联谊会层出不穷。1985年,全市联谊会不到30家,到1989年已发展到几百家。联谊会的层次高低错落,名称各式各样,如上海市海外联谊会、上海市侨界知识分子联谊会,以及女企业家、女劳模、女律师联谊会,还有诸如党委书记联谊会、销售科长联谊会、好家长联谊会、红娘联谊会等。(4)学术性团体发展很快。学术性团体快速发展的原因:一是有重要课题需要进一步提到科学高度加以探索;二是不少新学科需要组织力量研究,如行政管理、投资、公关等学会、研究会;三是一些大门类的学科越分越细,也增加了许多学会,如医学伦理学会、针灸学会等;四是学术研究的范围越来越广,从政治、经济、科技、文化、教育,到日常生活中的问题,都进入团体研究的视域,如蔬菜经济研究会、食用菌研究会等。(5)兴趣性团体越来越多。原有的兴趣性社会团体,大都是信鸽、摄影、集邮等,随着人们生活观念的变化,兴趣性团体已发展到钓鱼、养花、养鸟、养金鱼、交谊舞、京剧、越剧、民族音乐、书画、影视评论等方面和领域。

1989年9月6日,上海市领导听取上海市民政局关于社会团体工作情况的汇报,并就上海市开展社会团体管理工作提出了"依法管理""摸清情况""组织准备"三点要求。上海市民政局高度重视,依据市领导指示,明确由一位副局长专门分管社会团体登记管理工作,并陆续调集专职人员成立社会团体登记管理筹备组;还制定了具体工作计划:一是认真开展对上海市社会团体情况的调查;二是进一步落实组织构架;三是着手起草制定有关法规。

1989年10月25日,国务院颁布《社会团体登记管理条例》,规定民政部门重新承担起对社会团体的登记管理职责,具体负责社会团体的成立登记、变更登记、注销登记,并对社会团体日常活动进行监督管理。1990年2月,上海市编制委员会批准,在上海市民政局设立社会团体管理处(对外称上海市社会团体管理处),配备行政编制12名。各区县也陆续成立社会团体管理科(对外称社会团体管理办公室)。上海市民政部门依法正式对上海市社会团体进行登记管理。

截至1989年底,上海社会团体总数已达到4 300家,其中学术性团体1 348家,人民群众团体831家,经济类团体317家,社会公益团体380家,文艺团体313家,体育类团体477家,宗教团体50家,其他团体584家。

1990年初,国务院办公厅转发民政部《关于清理整顿社会团体请示的通知》,提出对社会团体进行清理整顿的任务。根据该《通知》精神,同年5月25日,上海市成立清理整顿社会团体领导小组,并召开第一次全体会议,研究上海市社会团体清理整顿工作方案,下发《上海市关于开展清理整顿社会团体试点工作的通知》。为了贯彻中央提出的"积极、稳妥"方针,同年7月,上海市先选择科技、建设、宣传等3个系统的市科委、市建委、市文化局、市文联、市社联下属的700多家社会团体,开展清理整顿工作的试点。与此同时,各区、县也在1 300多家社会团体中开展了试点工作。在试点的基础上,同年11月20日,上海市召开"上海市清理整顿社会团体动员及试点工作交流会",上海市清理整顿社会团体工作全面铺开。各区、县、各部、委、办、局相继成立了62个社会团体清理整顿领导小组;市民政部门开始对经业务主管单位资格审查予以登记的社会团体进行复查,对符合《社会团体登记管理条例》规定的社会团体办理登记手续。清理整顿的重点对象,是在《社会团体登记管理条例》颁布施行之前成立、且未经民政部门登记的社会团体,包括:经各级政府部门、党的工作部门批准成立的;经上级社会团体批准成立的;民间自行组织成立的;以协会、学会、联合会、研究会、基金会、联谊会、促进会、商会等命名的;由一定数量的公民或法人,依照法律,遵循一定的宗旨,自愿结成的不以营利为目的的社会组织和冠以其他名称的、具有结社性的社会组织。同时,根据《社会团体登记管理条例》规定,有些组织不在清理整顿、登记范围之内。包括:各级工会组织(不包括工会批准的社会团体组织);由国家拨款建立的资助科学研究的基金会和其他各种专项基金管理组织;工商联;具有独立法人资格的机关、学校、企、事业单位的内部结社组织(即人员组织、活动内容、活动范围均在本单位内部,并且没有以团体会员身份加入其他社会团体)。截至1992年12月15日,除共青团、妇联、总工会、青联、工商联、科协、台联、侨联等8个人民团体外,上海市核准登记的社会团体共计2 673家,其中,全市性团体692家,占总数25%;区县性团体1 981家,占75%。以团体性质分,学术性团体807家,占30%;专业性社团1 192家,占44%;行业性团体85家,占3%;联合性团体323家,占12%;新成立的社会团体266家。在清理登记中,有1 800个社会团体未予核准登记。对这些社会团体分别采取了如下措施:有的自行解散;有的被民政部门命令解散;有的与其他社会团体合并;有的则归为社会团体或企事业单位的内部组织。1993年1月16日,上海市社会团体清理整顿工作宣布结束。

1994年9月16日,上海市人民政府发布《上海市社会团体管理规定》。根据《规定》,上海市的社会团体是指中国境内的中国公民或者法人在上海市行政区域内依法组建,并经上海市民政部门核准登记的各种协会、学会、研究会、基金会、联合会、联谊会、促进会、商会等组织。上海市民政局主管上海市社会团体的管理工作,各区(县)民政局具体负责本区域内社会团体的管理工作。社会团体的活动,应当同时接受有关业务主管部门的领导或者指导。成立全市性的社会团体或跨区(县)的社会团体,应当经市级有关业务主管部门审查同意后,向上海市民政局申请登记。成立区(县)性的社会团体,应当经区(县)级有关业务主管部门审查同意后,向其所在地的区(县)民政局申请登记。

1997年6月23日,上海市委办公厅、市政府办公厅根据国务院有关文件提出的分期、分批对社会团体普遍进行一次检查、清理、整顿的工作要求,决定对上海市社会团体再次进行清理整顿。这是时隔5年后对社会团体进行的第二次清理整顿,上海市1997年6月30日前成立的3 421家社会团体全部列入清理整顿范围。这次社会团体清理整顿工作,主要是为了提高已登记社会团体的内在质量,清除那些不符合条件的、内部矛盾众多的、名不符实的以及存在种种问题的社会团体,从而推动社会团体的健康发展。清理整顿工作的指导思想是:以邓小平建设中国特色社会主义理论和党的基本路线为指针,认真贯彻党的十四届六中全会精神,按照党中央、国务院的要求,清理非法社会团体、查处违法违纪社会团体,规范社会团体行为,加强社会团体管理,确保社会团体在我国的改革开放、经济建设和社会发展中发挥积极作用。清理整顿的重点是:近几年社会团体在政治方向、业务活动、财务状况、内部管理、遵纪守法等方面的情况。清理整顿的具体内容是:社会团体贯彻执行党的路线、方针、政策和国家、上海市的法律、法规、规章的情况;社会团体的重大业务活动;与国外交流的有关情况;财务活动和向社会集资等情况;内部管理的情况。清理整顿的具体措施是:对不符合继续保留条件的;长时间不开展活动或业务活动超越章程规定的范围的;内部管理不善,组织机构不健全,矛盾、严重的;财务管理混乱,经费收支存在问题的;对创办的实体疏于管理,造成严重后果的;基金会违反国家规定,经营企业或进行变相集资、贷款和拆借资金等活动的;清理整顿中隐瞒事实真相,弄虚作假的,责令其整改。对危害国家安全和社会公共利益的;严重违法违纪,造成严重后果或恶劣影响的;在规定的时间内达不到整改要求的;在规定的时间内拒绝参加清理整顿的,予以撤销登记。对清理整顿合格予以保留的社会团体,换发由民政部统一印制的登记证书。上海社会团体第二次清理整顿工作分三个阶段进行:第一阶段,社会团体自查。在自查阶段,要求社会团体先进行财务审计,检验经济上是否有问题,并填报《社会团体清理整顿报告书》,准备其他有关材料;第二阶段,业务主管单位审查。在审查阶段,要求各业务主管单位根据市委文件精神,对本系统的社会团体进行审查,提出保留、整改、合并、撤销的具体意见;第三阶段,民政部门审定核发证书。民政部门结合业务主管单位审查意见,对照党中央、国务院和市委、市政府文件精神,对相关社会团体作出最后结论。符合条件的,清理整顿通过;不符合条件的,或通知纠正,或责令整改;整改后仍不符合条件的,予以撤销登记;对存在严重问题无法保留的,或要求其注销登记,或予以撤销登记。上海社会团体第二次清理整顿,从1997年7月开始,至1999年底结束,完成了对2 680个社团的清理整段工作任务,达到了"控制总量、提高质量"的预期目标。

国务院1989年颁布《社会团体登记管理条例》后,对于恢复和加强社会团体的登记管理,起了重要作用。但是,随着形势的发展,又出现了一些新情况、新问题。为此,1996年8月,中共中央办公厅、国务院办公厅通知,要求对1989年发布的《社会团体登记管理条例》进行修订。1998年10月25日,国务院第250号令发布施行了修订后的《社会团体登记管理条例》。1989年10月25日国务院发布的《社会团体登记管理条例》同时废止。

2001年11月13日,市民政局、市社会团体管理局印发《全市性社会团体分支机构、代表机构复查登记工作方案》的通知,要求各全市性社会团体业务主管单位,各区(县)民政局、社团局按照《方案》，召集本单位主管的全市性社会团体，部署全市性社会团体分支机构、代表机构复查登记工作；各区（县）民政局、社团局参照《方案》，结合实际制定本区（县）社会团体分支机构、代表机构复查登记工作方案，做好社会团体分支机构、代表机构的复查登记工作。

2001年12月1日至2002年12月1日，市民政局、市社会团体管理局对2001年11月30日之前成立并在市社会团体管理局备案或已经业务主管单位审查同意的全市性社会团体所属分支机构、代表机构，进行全面复查。对符合条件的社会团体分支机构、代表机构发给其《社会团体分支机构登记证书》《社会团体代表机构登记证书》。

据统计，截至2010年底，全市共登记社会团体3 560家。其中，在市社会团体管理局登记的社会团体1 095家，在区（县）社会团体管理局登记的社会团体2 465家。

## 二、相关法规

根据1989年国务院颁布的《社会团体登记管理条例》有关规定，凡是在中华人民共和国境内组织的协会、学会、联合会、研究会、基金会、联谊会、促进会、商会等社会团体，都要按照规定申请登记。所有的社会团体经过核准登记后，才可以进行活动。社会团体的登记管理机关是中华人民共和国民政部和县级以上各级民政部门，而社会团体的业务活动受有关业务主管部门的指导。社会团体分为具备法人资格的和不具有法人资格两类。社会团体具备法人条件的，经核准登记后，取得法人资格，由登记管理机关发给其社会团体法人登记证，并由登记管理机关在报刊上公告。社会团体不具备法人条件的，经核准登记后，由登记管理机关发给其社会团体登记证。社会团体登记工作包括成立登记、变更登记与注销登记。

1989年《社会团体登记管理条例》施行后，民政部又陆续对各地民政部门在社会团体登记工作中遇到的具体情况、具体问题进行了说明，为开展社会团体登记管理工作提供了依据。一是关于社会团体的分类。社会团体的种类可根据社会团体的性质和任务区分为学术性、行业性、专业性和联合性等。学术性社会团体一般以学会、研究会命名。行业性社会团体一般以协会（包括工业协会、行业协会、商会、同业公会等）命名。具体社会团体的设立可依照国家《国民经济行业分类和代码》的中类标准确定，特殊需要按大类或小类设立者必须经过充分论证。专业性社会团体一般以协会、基金会命名。这类社会团体一般是非经济类的，主要是由专业人员组成或以专业技术、专门资金为从事某项事业而成立的团体。联合性社会团体一般以联合会、联谊会、促进会命名。这类社会团体主要是人群的联合体或学术性、行业性、专业性团体的联合体。二是关于工会、共青团、妇联等社会团体的登记问题。工会可以按照工会法办理，其他所有社会团体都应进行登记。但共青团、妇联、科协、文联、侨联、作协等社会团体可简化登记手续，即不必提交业务主管部门的审查意见，直接向社会团体登记管理机关申请登记。三是关于跨行政区域社会团体的登记申请问题。成立跨省、自治区、直辖市行政区域的社会团体，须经过中央有关业务部门审查同意后，再向民政部申请登记。地方成立跨行政区域社会团体时照此原则办理。四是关于社会团体法人和非法人区分的问题。社会团体法人是指按照《中华人民共和国民法通则》规定，具有民事义务的社会组织，并应具备四项法人条件：第一，依法成立；第二，有必要的财产或者经费；第三，有自己的名称、组织机构和场所；第四，能够独立承担民事责任。对于不完全具备法人条件的，例如没有固定的办公场所或者没有必要的财产或者经费的团体，可视为非法人团体。五是关于"相同"或"相似"社会团体问题。"相同"是指社会团体的名称、性质、宗旨、任务等相同或基本相同，"中国青年摄影家协会"与"中华青年摄影家协会"即属于"相同"的社会团体;"相似"是指社会团体名称虽有不同,人员构成也有差别,但实际业务活动属于同一业务领域的,"民间文学研究会""通俗文学研究会"和"大众文学研究会"即属于"相似"的社会团体。六是关于社会团体设立分支机构问题。全国性社会团体可以下设办事部门和专业委员会,但不能设二级学会、协会、研究会等独立性社会团体机构。全国性社会团体在省、自治区、直辖市一般也不得设立分会。省、自治区和直辖市成立的同类社会团体,可以以团体会员的身份加入全国性社会团体。地方性社会团体也应照此原则办理。七是关于工商业联合会等的登记问题。依据1952年8月16日政务院公布施行的《工商业联合会组织通则》,中华全国工商业联合会及其各级组织,可以不须再向民政部门申请登记。而各地已经建立和正在筹建的同业公会,则应按照《社会团体登记管理条例》的规定,到相应的民政部门办理登记手续。

1998年10月国务院发布新修订的《社会团体登记管理条例》,对成立社会团体的条件做了修订。成立社会团体应当具备法人条件,并且同时具备以下六个条件:一是有50个以上的个人会员或者30个以上的单位会员;个人会员、单位会员混合组成的,会员总是不得少于50个;二是有规范的名称和相应的组织机构;三是有固定的住所;四是有与其业务活动相适应的专职工作人员;五是有合法的资产和经费来源,全国性的社会团体有10万元以上活动资金,地方性的社会团体和跨行政区域的社会团体有3万元以上活动资金;六是有独立承担民事责任的能力。申请成立社会团体,应当经业务主管单位审查同意后,由发起人向登记管理机关申请筹备。参加中国人民政治协商会议的人民团体,由国务院机构编制管理机关核定并经国务院批准免于登记的团体,以及机关、团体、企业事业单位内部经本单位批准成立、在本单位内部活动的团体不属于条例规定登记的范围。

新修订的《社会团体登记管理条例》还规定了社会团体登记的其他事项:社会团体成立后拟设立分支机构、代表机构的申请登记事项。社会团体的登记事项需要变更的,应当自业务主管单位审查同意之日起30日内,向登记管理机关申请变更登记。社会团体修改章程核准事项、社会团体注销登记事项、社会团体撤销其所属分支机构(代表机构)的,经业务主管单位审查同意后,办理注销手续。社会团体注销的,其所属分支机构、代表机构同时注销。社会团体成立、注销或者变更名称、住所、法定代表人,由登记管理机关予以公告。

2000年12月5日,民政部发布通知,分别对部分社会团体免予社会团体登记。其中,部分社会团体免予社会团体登记的是:中国文联所属的11个文艺家协会——中国戏曲家协会、中国电影家协会、中国音乐家协会、中国美术家协会、中国曲艺家协会、中国舞蹈家协会、中国民间文艺家协会、中国摄影家协会、中国书法家协会、中国杂技家协会、中国电视家协会;以及省、自治区、直辖市文联、作协。部分团体免于社会团体登记的有两种情况:第一,参加中国人民政治协商会议的人民团体,不进行社会团体登记,具体有:中华全国总工会、中国共产主义青年团、中华全国妇女联合会、中国科学技术协会、中华全国归国华侨联合会、中华全国台湾同胞联谊会、中华全国青年联合会、中华全国工商业联合会。第二,经国务院批准可以免予登记的社会团体,具体有:中国文学艺术界联合会、中国作家协会、中华全国新闻工作者协会、中国人民对外友好协会、中国人民外交学会、中国国际贸易促进会、中国残疾人联合会、宋庆龄基金会、中国法学会、中国红十字总会、中国职工思想政治工作研究会、欧美同学会、黄埔军校同学会、中华职业教育社。除此之外,其他全国性社会团体和省级及其以下地方性社会团体,都应该按照规定履行登记手续。

2001年7月30日,为规范分支机构和代表机构的登记,民政部印发《社会团体分支机构、代表机构登记办法》,对社会团体的分支机构、代表机构作了界定。根据《办法》,社会团体的分支机构,是指社会团体根据开展活动的需要,依据业务范围的划分或者会员组成的特点,设立的专门从事该社会团体某项业务活动的机构,可以称分会、专业委员会、工作委员会、专项基金管理委员会等;社会团体的代表机构,是指社会团体在住所地以外属于其活动区域内设置的代表该社会团体开展活动、承办该社会团体交办事项的机构,可以称代表处、办事处、联络处等。社会团体分支机构、代表机构经登记管理机关登记后,方可开展活动。

为了更好地贯彻落实国务院《社会团体登记管理条例》和民政部关于社会团体管理的相关通知和文件的精神,加强对社会团体的登记管理工作,上海市自1990年起,依据《条例》,结合实际,下发了一系列政策法规文件,为上海市社会团体管理奠定坚实基础。

1991年1月10日,市民政局、中国人民银行上海市分行联合转发《关于社会团体开立银行账户有关问题的通知》,就社会团体账户的申请程序、使用规则提出了具体意见。

1990年1月16日,市政府办公厅下发了《上海市人民政府办公厅转发市财政局等三部门关于社团收费和开支问题的几点意见的通知》。同年12月30日,市民政局、市财政局、市税务局、市物价局联合下发《关于社会团体经费的暂行规定》,对社会团体的个人、团体会费收取的标准作了规定;对行政收入、事业性收入、"四技"服务收入、捐助收入、有关拨款收入等也作了具体规定,并提出,会费收据一律使用"上海市社会团体统一收据";社会团体开办的各种实体一律使用由市税务局统一监制管理的"上海市社会团体统一发票",规范了社会团体的经费管理。

1991年1月26日,市民政局、市公安局联合转发了民政部、公安部《关于印发〈社会团体印章管理的暂行规定〉的通知》,规范了社会团体的印章管理。1994年6月,民政部、公安部颁布《社会团体印章管理的规定》,对各类社会团体印章的尺寸、样式等重新作出规定。上海市严格落实民政部、公安部的规定,在社会团体中建立了印章管理制度。

1991年3月6日,市民政局下发《关于转发上海市技术监督局〈关于分配代码区段的函〉的通知》。根据民政部的有关规定,在市技术监督局指导下,对经过核准登记的社会团体颁发了在全国范围内唯一的永久法定代码标识。统一代码标识制度,为对社会团体实现计算机自动化管理奠定了基础。

1991年12月,依据国家有关财务规定,从社会团体实际出发,市民政局与市财政局共同制定《上海市社会团体财务管理若干规定》和《上海市社会团体会计核算办法》,就社会团体的财务机构、人员的设置及职责任务、财务收支标准、成本核算、税收和银行账户以及会计科目、会计凭证、会计账簿、会计报表等,作出了相应规定,以规范社团的财务管理。1994年10月,根据实践情况,市民政局和市财政局重新制定和发布了《上海市社会团体财务制度》和《上海市社会团体会计制度》,原《规定》和《办法》废止。

1992年12月,市民政局下发《关于社会团体年度检查的通知》,建立社会团体年度检查制度。

1993年1月,市民政局和市档案局制订《上海市社会团体档案管理暂行办法》,提出,社会团体登记管理材料由各级民政部门保管;社会团体的文书材料由各社会团体自行保管;社会团体档案管理受市档案局、市民政局监督和指导;社会团体注销登记后,该社会团体的全部档案应及时向其业务主管部门档案室移交。

1994年7月,市民政局制定《社会团体换届审计制度》,规定各类社会团体法人一律实行换届审计,包括社团所属的经济实体的审计。

1994年9月16日,市政府发布《上海市社会团体管理规定》。《规定》对社会团体的主管部门、管理原则、成立登记、变更登记、注销登记、活动原则、财产管理、印章管理、档案管理、年度检查以及民政部门的处罚、单位和个人的法律责任、复议和诉讼等作了系统、全面、具体的规定。

1996 年 12 月,市民政局依照国家相关法规、政策及管理工作要求,制定并颁布了《上海市社会团体组织通则》,对社会团体的内部组织方式及组织行为的基本依据和准则进行规范,内容包括社会团体的名称、性质、宗旨、业务范围、入会和退会的原则和手续、组织原则、组织机构及其负责人的职权和产生罢免的程序、终止程序等。这些地方性法规文件,从外部管理到内部运行机制建设等方面,对社会团体作了规范,使社会团体法规政策体系进一步完善。

2003 年 1 月 27 日,民政部根据部分省市异地商会登记工作试点情况,提出了异地商会的登记办法,即坚持"登记在省,试点先行"原则,稳妥进行。上海根据民政部意见,开始了省、自治区、直辖市异地商会的登记试点工作。

2003 年 9 月 24 日,市社会团体管理局印发《关于做好社会团体分支(代表)机构登记工作若干意见的通知》,明确经上海市民政部门登记注册的社会团体,根据工作需要和社会团体章程的规定,可以向登记管理机关申请设立分支机构、代表机构。社会团体分支机构、代表机构的名称、住所、业务范围、活动地域、负责人等登记事项发生变化,应当向登记管理机关申请变更。社会团体决定注销其分支机构、代表机构的,应当经业务主管单位审查同意后,向登记管理机关申请注销。

2004 年 6 月 17 日,市社会团体管理局、市组织机构代码管理中心联合下发《关于本市社会团体分支机构、代表机构申请办理组织机构代码等有关事项的通知》,规定社会团体的分支机构、代表机构一般不予赋码,但一些对外业务往来较多确有需要建立银行基本存款账户的分支机构、代表机构,经申请审查同意后可赋码。

这些举措的相继出台,使社会团体登记管理工作逐步规范。上海市社会团体登记管理工作认真贯彻落实这些规定,社会团体的发展由最初的数量增长阶段,逐步进入质量提升阶段。

## 第三节　民办非企业单位登记

### 一、沿革

1978 年改革开放以后,特别是 20 世纪 90 年代末,各类社会组织大量涌现。其中,一类由企业事业单位、社会团体和其他社会力量以及公民个人利用非国有资产举办的,从事非营利性社会服务活动的社会组织也随之产生,它们具有公益性、志愿性和非营利性等特点,可以把政府发展公共服务的规划、企事业单位对公共服务的支持、人们的公益心等转化为社会公益行为,满足人民群众多元化需求,优化公共服务质量。但在 1996 年之前,此类机构一直没有实现统一归口登记管理,由各个挂靠单位和业务主管单位自行审批,管理较为混乱。

1996 年 8 月,中办、国办下发通知,明确要求理顺民办非企业单位的管理体制,建立挂靠单位和业务主管部门与登记管理机关双重负责的领导体制,实行分级管理。通知强调,要尽快制定法律、法规,明确民办非企业单位的地位作用、权利义务、必备条件以及对民办非企业单位的管理体制,进一步纳入法制化、规范化的轨道,并且第一次将这类组织称为"民办非企业单位"。

1998 年 10 月,国务院发布《民办非企业单位登记管理暂行条例》,明确民办非企业单位交由民政部门依法统一登记、归口管理。1999 年 8 月,上海市在新成立的社会团体管理局内设立民办非企业单位管理处,负责全市性民办非企业单位的登记管理。同时,设立了外国人社团管理处,负责涉外社会团体的登记管理。

1999 年 12 月,民政部下发《关于开展民办非企业单位复查登记工作意见》,决定从 2000 年 1 月起,用两年时间,对在此之前成立的民办非企业单位进行复查登记。这一次复查登记的对象是《民办非企业单位登记管理暂行条例》下发之前,已经经有关部门批准或登记的民办非企业单位,主要包括三类:第一类,各级政府的职能部门依照有关法律法规审批成立的;第二类,有关部门自行批准成立的;第三类,未经任何部门审批,但经机构编制、工商行政管理部门登记的。复查登记的范围,主要包括教育事业、卫生事业、文化事业、科技事业、体育事业、劳动事业、民政事业、社会中介服务业、法律服务业以及其他等十个行(事)业中的各类民办机构。未经任何部门审批或登记,自行成立的民办非企业单位,不属于复查登记的范围,其中需要成立的,应当按规定向民政部门申请成立登记。

2000年4月,市民政局、市社会团体管理局为贯彻落实民政部《意见》,印发《关于开展对上海市民办非企业单位复查登记工作的实施意见》,决定自2000年4月至2001年12月,对全市民办非企业单位普遍进行一次复查登记。复查登记的对象是在《民办非企业单位登记管理暂行条例》下发之前已经经上海市有关部门批准或登记的民办非企业单位,主要是各级政府的职能部门依照有关法律法规审批成立的,以及有关部门自行批准成立的,未经编制部门或工商行政管理机关登记注册的单位。复查登记的范围,主要包括教育、卫生、科技、文化、体育、司法、劳动、民政、社会中介服务等行(事)业中的各类民办非企业单位。复查后,凡是从事法律、行政法规和国家政策明确规定不得以营利为目的的行业事业活动的民办单位,应当作为民办非企业单位登记;从事其他行业事业活动,自愿承诺并在章程中载明不以营利为目的的民办单位,也应作为民办非企业单位登记。但国家有关政策明确规定参照事业单位管理的民办单位,暂不列入登记范围,村民委员会筹集资金举办的幼儿园、中小学校和农民文化技术学校、村办医疗站、卫生所等。由境外组织、个人在中国境内举办或与内地民间力量合作举办的非营利机构,暂不纳入民办非企业单位登记范围。

为做好民办非企业单位的复查登记工作,2000年2月,上海首先对全市的民办非企业单位进行了调查摸清统计。根据市社会团体管理局对全市16个区县3 166家民办非企业单位进行的抽样调查结果,全市民办非企业单位地域分布不平衡,各区县所占比重分别为:黄浦7.64%,南市4.11%,卢湾4.26%,徐汇9.19%,杨浦6.16%,虹口9.95%,闸北4.49%,普陀8.75%,静安4.64%,长宁6.25%,崇明6.63%,嘉定7.77%,浦东13.27%,金山2.72%,奉贤2.02%,闵行2.15%。从社会领域中分布情况看,教育46.81%,卫生14.85%,科技0.57%,文化0.69%,体育1.90%,劳动7.52%,民政10.80%,社会中介服务3.47%,法律服务8.18%,其他5.21%。为解决上海民办非企业单位在复查登记工作中涉及的有关具体问题,市民政局、市社会团体管理局与市教委联合下发《关于上海市民办院校进行民办非企业单位登记有关事项的通知》,与上海市企事业社团统一代码标识办公室联合下发《关于上海市民办非企业单位申领组织机构代码有关事项的通知》,与市劳动和社会保障局联合下发《关于上海市民办技工学校和社会培训机构进行民办非企业单位登记有关事项的通知》,与市卫生局联合下发《关于转发民政部、卫生部〈关于城镇非营利性医疗机构进行民办非企业单位登记有关问题的通知〉的通知》,与市文化广播影视管理局联合转发《文化类民办非企业单位登记审查管理暂行办法》,与市体育局联合下发《关于对全市青少年体育俱乐部进行注册登记的通知》,对上海市民办院校、技工学校、社会培训机构、城镇非营利性医疗机构和文化类民办非企业单位进行民办非企业单位登记、申领组织机构代码等事项提出明确要求。

2001年12月,上海市民办非企业单位复查登记工作圆满结束。经市民政局、市社会团体管理局审查,上海新世纪改革发展研究所和上海慈善捐赠救助物资服务中心成为上海第一批完成复查登记的民办非企业单位。上海市19个区(县)民办非企业单位复查登记工作全部通过评估验收,共完成登记民办非企业单位2 136家,其中市级51家,区县级2 085家。

2002年后,按照"培育发展与监督管理并重"的方针,上海市先后制定了《关于上海市社会团体和民办非企业单位票据及税收管理问题的通知》《关于上海市社会团体和民办非企业单位专职人员社会保险问题的通知》《关于在上海市民间组织中实施工资基金管理工作的通知》《关于在上海市社会团体、基金会、民办非企业单位中建立年金制度若干问题的通知》等文件,解决了民办非企业单位在票据使用、专职工作人员养老保险待遇及专职人员工资审核管理等问题。

2003年12月31日,民政部发函同意上海市开展涉外民办非企业单位登记试点工作。2004年1月29日,市政府发函同意上海市民政局开展涉外民办非企业单位登记试点工作。同年3月25日,上海市首家经济类涉外民办非企业单位——上海市日本商工俱乐部登记成立。上海市通过开展涉外民办非企业单位登记试点工作,逐步将涉外社会组织纳入依法登记、依法管理的轨道。截至2010年底,上海市社会团体管理局登记涉外民办非企业单位34家。

上海市重视培育公益性、服务性民办非企业单位,尤其是重点抓好居家生活料理、慈善救助、捐助服务、促进就业、帮教矫治、戒毒等方面的民办非企业单位。为推进上海市为老服务社会化的进程,提升健康老龄化的程度,上海以政府购买服务为依托,整合社区资源,注重吸纳民间资本,大力培育居家养老的服务机构。截至2004年,上海共培育居家养老服务机构200多家,成立了全国首家养老评估机构——上海市社会福利评估所;在收容遣送制度废止后,探索以民办非企业单位为组织载体,改进对流浪乞讨人员的救助管理方式,在浦东和静安等区试点成立慈善救助服务社,并逐步在上海市推广;为改进和加强社会管理,构建预防和减少犯罪工作体系,上海民政部门配合市、区(县)有关部门成立了禁毒、社区矫正和青少年管理等方面的民办非企业单位。

2006年12月27日,根据《中华人民共和国民办教育促进法》第九条"民办学校应当具备法人条件"的规定和民政部《关于民办学校民事主体资格变更有关问题的通知》,市民政局、市社会团体管理局下发《关于开展上海市民办学校民事主体资格变更登记工作的通知》,指导非法人主体的民办学校办理变更登记。

2007年1月1日至2007年6月30日,上海开展民办学校民事主体资格变更登记工作。这次变更登记的对象是:上海市在《中华人民共和国民办教育促进法》施行前,依据《民办非企业单位登记管理暂行条例》登记为合伙、个体形式的民办学校,包括经教育部门许可设立的民办教育机构和经劳动和社会保障部门许可设立的民办职业培训机构。对符合民办非企业单位(法人)登记条件的民办学校,登记管理机关依申请发给民办非企业单位(法人)登记证书并进行公告。对不符合变更为法人主体资格条件的民办学校,登记管理机关依申请注销登记并公告。

2009年起,上海市大力推进社会组织孵化基地建设和公益创投招投标工作,上海市许多民办非企业单位积极参与,各区层面也纷纷探索以各种形式购买服务;此外,还探索搭建跨界合作与政社互动平台,开通"空中一门式直通990"节目,举办"公益伙伴日"活动,公益服务月、公益文化周、公益服务项目展示等活动在区县迅速兴起。

## 二、相关法规

根据1998年国务院颁布的《民办非企业单位登记管理暂行条例》,民办非企业单位是指企业事业单位、社会团体和其他社会力量以及公民个人利用非国有资产举办的、从事非营利性社会服务活动的社会组织。成立民办非企业单位,应当经其业务主管单位审查同意后,向同级民政部门申请登记。申请登记民办非企业单位,需要同时具备五项条件:第一,经业务主管单位审查同意;第二,有规范的名称、必要的组织机构;第三,有与其业务活动相适应的从业人员;第四,有与其业务活动相适应的合法财产;第五,有必要的场所。申请民办非企业单位登记,举办者需要向登记管理机关提交六个文件:第一,登记申请书;第二,业务主管单位的批准文件;第三,场所使用权证明;第四,验资报告;第五,拟任负责人的基本情况、身份证明;第六,章程草案。登记管理机关应当自收到成立登记申请的全部有效文件后,作出准予登记或者不准予登记的决定。准予登记的民办非企业单位,由登记管理机关登记民办非企业单位的名称、住所、宗旨和业务范围、法定代表人或者负责人、开办资金、业务主管单位,并根据其依法承担民事责任的不同方式,分别发给《民办非企业单位(法人)登记证书》《民办非企业单位(合伙)登记证书》《民办非企业单位(个体)登记证书》。民办非企业单位的登记事项需要变更的,经业务主管单位审查同意后,向登记管理机关申请变更登记。民办非企业单位修改章程,经业务主管单位审查同意后,报登记管理机关核准。民办非企业单位自行解散的,分立、合并的,或者由于其他原因需要注销登记的,应当向登记管理机关办理注销登记。

1999年12月28日,民政部下发《民办非企业单位名称管理暂行规定》,明确民办非企业单位的登记管理机关负责其名称的核准登记,并监督其名称的使用;经登记管理机关核准登记的民办非企业单位名称受法律保护。同时,明确了民办非企业单位名称的组成依次为字号、行(事)业或业务领域、组织形式;民办非企业单位名称应当冠以其所在地省(自治区、直辖市)、市(地、州)、县(县级市、市辖区)行政区划名称或地名。

2000年12月4日,文化部与民政部联合制定并印发《文化类民办非企业单位登记审查管理暂行办法》。《暂行办法》明确,文化类民办非企业单位是指企业、事业单位、社会团体和其他社会力量以及公民个人利用非国有资产举办的,从事非营利性文化服务活动的社会组织。文化类民办非企业单位根据其依法承担民事责任的不同方式,分为民办非企业单位(法人)、民办非企业单位(合伙)和民办非企业单位(个体)三种。文化类民办非企业单位按其所从事的业务范围,划分为十大类型:从事舞台艺术创作、演出和传统艺术整理、加工和保护的民办艺术表演团(队);从事艺术人才培养和教育的民办艺术院(校);从事老年文化活动、辅导、培训的老年文化大学;从事文化艺术辅导及丰富群众文化生活业务的民办文化馆或活动中心(站);从事图书、资料、文献情报借阅及社会教育工作的民办图书馆(室);从事文物宣传、保护、展览等活动的民办博物馆(院);从事艺术收藏、展览及交流的民办美术馆(室)、书画雕塑(室)、名人纪念馆、名人故居纪念馆、收藏馆(室);从事艺术发掘、整理、研究、咨询及艺术科技开发的民办艺术研究院(所);从事文化传播、交流的文化网络中心(站);从事文化艺术活动的其他民办非企业单位等。

2001年10月19日,民政部与教育部联合制定了《教育类民办非企业单位登记办法》(试行),明确教育类民办非企业单位必须按照《社会力量办学条例》的规定审批设立,由县级以上地方人民政府教育行政部门发给《社会力量办学许可证》后,到同级民政部门进行登记。其中,教育类民办非企业单位主要是指:经县级以上地方人民政府或县级以上地方人民政府教育行政部门审批设立的,由企业事业单位、社会团体及其他社会组织和公民个人,利用非国家财政性教育经费,面向社会举办的学校及其他教育机构。试行办法同时规定,此前已经取得《社会力量办学许可证》的教育类民办非企业单位,应当在2001年12月31日前进行民办非企业单位复查登记,对经审查不符合登记条件的,或未按规定的限期办理复查登记手续的单位,民政部门不予登记。

2004年10月18日,中办、国办就加强民办社会科学研究机构的管理工作也专门提出意见,明确申请登记民办社会科学研究机构,必须经业务主管单位审查同意后,到民政部门办理登记手续,工商行政部门不再负责民办社会科学研究机构的登记和管理。

为了更好地贯彻落实国务院《民办非企业单位登记管理暂行条例》和民政部关于民办非企业单位管理的相关文件精神,加强对民办非企业单位的登记管理,上海市自2000年起,结合上海实际,下发了一系列政策法规文件,为上海市民办非企业单位管理奠定坚实基础。

2000年3月21日,市民政局印发《上海市民办非企业单位登记实施意见》(2000年4月1日起施行),对上海市民办非企业单位的登记程序、条件与事项等内容作出了规定。《实施意见》共分32条,由登记程序、登记对象、登记的条件与事项、变更注销登记,公告、证书和年度检查等部分组成。《实施意见》明确了上海市民办非企业单位的登记原则、登记流程、登记标准,以及法律法规要求的其他内容。《实施意见》对申请单位的名称规范,开办资金的限额,以及登记申请文书都做了详细的说明,并对上海市民办非企业单位在法定时间向登记管理机关办理年度检查,提交工作报告明确了规定。《实施意见》明确,上海市民办非企业单位登记对象分为十大类,分别是:教育事业,如民办幼儿园、民办学校、学院、大学,民办专修(进修)学校或学院,民办培训(补习)学校或中心等;卫生事业,如民办门诊部(所)、医院,民办康复、保健、卫生、疗养院(所)等;文化事业,如,民办艺术表演团体、文化馆(活动中心)、图书馆(室)、博物馆(院)、美术馆、画院、名人纪念馆、收藏馆、艺术研究院(所)等;科技事业,如,民办科学研究院(所、中心)、民办科技传播或普及中心、民办科技服务中心、民办技术评估所(中心)等;体育事业,如,民办体育俱乐部、民办体育场、馆、院、社、学校等;劳动事业,如,民办职业培训学校或中心、民办职业介绍所等;民政事业,如,民办福利院、敬老院、托老所、老年公寓,民办婚姻介绍所,民办社区服务中心(站)等;社会中介服务业,如,民办注册会计师事务所、审计事务所,民办评估咨询服务中心(所),民办信息咨询调查中心(所),民办人才交流中心等;法律服务业,如,合作、合伙律师事务所,民办法律咨询事务所或中心等。《实施意见》的发布,为上海市民办非企业单位登记管理工作,奠定了坚实的基础。

2003年12月30日,市民政局结合上海市社会科学类民办非企业单位的现状,就做好相关民办非企业单位审批把关工作制定相关意见,明确对申请举办政治、经济、哲学、法学、历史、人口、民族、文化等社会科学类研究活动的民办非企业单位,应重点把关,严格审批。同时,确定了分级审批权限:市级社会科学类民办非企业单位由市级业务主管单位前置审批,市民政局审核登记;区(县)级社会科学类民办非企业单位由所在区业务主管单位前置审批,区(县)民政局审核登记,区(县)民政局在同意受理前,应将有关情况及时报市社会团体管理局备案。

2006年6月2日,针对上海市区域内经常出现民办非企业单位跨区域住所变更,导致原登记事项发生变化的情况,市民政局、市社会团体管理局经与有关部门商议,结合上海市实际,下发了《关于办理民办非企业单位迁出迁入变更登记有关问题的通知》,提出简化登记手续的意见,符合条件的民办非企业单位无须先在原登记管理机关注销登记后,再到新登记管理机关申请成立登记,只需先在原登记管理机关办理迁出手续,再到新登记管理机关办理迁入手续。变更登记期间,对民办非企业单位的运作没有影响。

这些政策文件的相继出台,不仅规范了上海市民办非企业单位的登记管理,也为上海市民办非企业单位的快速发展奠定了良好基础。至2010年底,上海市登记注册的民办非企业单位有6 225家。行业涉及教育事业类、卫生事业类、文化事业类、科技事业类、体育事业类、劳动事业类、民政事业类、社会中介服务业类、法律服务业类、其他类等领域,在促进社会事业发展、推动政府职能转变、创造就业岗位、满足人民群众多样化需求等方面的积极作用。其中,在市社会团体管理局登记注册的民办非企业单位 355 家(包括 34 家涉外民办非企业单位),在区(县)社会团体管理局登记注册的民办非企业单位 5 870 家。

# 第四节　基金会登记

## 一、沿革

上海市基金会的登记工作经历了由分散管理到集中登记的过程。1988 年以前,上海市的基金会大部分是由各级政府部门或归口管理部门批准成立。

1988 年 9 月 27 日,国务院颁布《基金会管理办法》,明确基金会是指对国内外社会团体和其他组织以及个人自愿捐赠资金进行管理的民间非营利性组织,是社会团体法人;基金会的活动宗旨是通过资金资助推进科学研究、文化教育、社会福利和其他公益事业的发展。《办法》规定,建立基金会,由其归口管理的部门报经人民银行审查批准,民政部门登记注册发给许可证。据此,上海市的基金会,需报中国人民银行上海市分行审查批准后,向上海市民政局申请登记注册,再向上海市政府备案。此外,基金会改变名称、合并或者撤销,必须按照申请成立的程序办理。

1988 年至 1989 年,根据中国人民银行《关于对基金会进行清查的通知》,全国各地对基金会进行了清查。清查发现,全国各地的基金会存在审批制度混乱等问题,有的未经人民银行审批就擅自成立,有的成为部门或单位的附属机构。

1989 年,国务院颁布《社会团体登记管理条例》。同年 12 月 16 日,中国人民银行印发《关于进一步清理整顿基金会的通知》,决定自 1989 年底至 1990 年 3 月,对基金会进行清理整顿。该《通知》强调,基金会是对国内外社会团体和其他组织以及个人自愿捐赠资金进行管理的民间非营利性组织,是独立的社会团体法人,不得将基金会办成任何部门或单位的附属机构。该《通知》规定,有以下七种情况之一的基金会,应当予以撤销:第一,《办法》下达后,未经中国人民银行审批,擅自成立的基金会;第二,以经营存、贷款,拆借等金融业务为主的基金会;第三,经营管理混乱,利用基金会名义搞倒买倒卖等违法活动的基金会;第四,成立时间已满一年,但未开展任何资助、奖励等活动的基金会;第五,注册基金没有达到规定要求,资金来源不合理的基金会;第六,基金主要来源于财政拨款、银行贷款和会员会费的基金会;第七,基金会的分支机构。对于同一地区或同一部门宗旨、任务相同的基金会,应当予以合并。《通知》明确,《办法》下达前,由政府或有关部门批准的基金会,应当按照《办法》进行认真清理整顿。其中确实属于社会需要,而且办得好的基金会,应当按照《办法》的规定向中国人民银行和民政部门补办审批手续和登记注册。成立基金会或办理补批手续,一律由人民银行省分行会同民政厅(局)审查提出意见后,报人民银行总行审批。

1990 年 2 月 26 日,中国人民银行上海市分行、上海市民政局联合转发中国人民银行《关于进一步清理整顿基金会的通知》。清理整顿的对象是市、区(县)、街道(乡镇)以及各部门、各单位设立的各类基金会(包括基金)。清理整顿的内容为基金会的成立情况,以及成立之后到 1989 年 12 月 31 日间的业务开展情况和财务管理情况。清理整顿的时间从 1990 年 3 月 1 日开始,到 1990 年 3 月 20 日结束。据统计,当时上海市共有各类基金会 156 家,绝大部分是由各级政府部门或归口管理部门批准成立的。其中:市级基金会 36 家,区(县)级基金会 45 家,街道(乡镇)级基金会 75 家;文化事业性基金会 22 家,教育奖励性基金会 26 家,残疾人福利基金会 11 家,社会福利基金会 46 家,其他基金会 12 家。经查,156 家基金会中的 105 家大致符合规定。清理整顿工作结束后,各基金会凭人民银行清理整顿意见书,在民政部门办理社会团体法人登记手续。

1995 年 4 月 7 日,中国人民银行印发《关于进一步加强基金会管理的通知》,强调申请设立的基金会,资助领域必须是对国家、对社会具有较大影响、国内外各界热心给予捐赠的科学研究、文教卫生、社会公益等方面的事业和项目;基金会的基金主要来自个人及国外捐赠,国内提供捐赠的企事业必须是盈利的,且其捐赠资金不得进入成本;成立基金会,除要具备最低 10 万元人民币(或等值外汇)注册资金外,还必须有 200 万元人民币(或等值外汇)的活动基金;同一区域内,不应重复设立宗旨相同或相近的基金会。

1995 年 7 月 6 日,中办、国办就规范以人名命名基金会的问题发出通知。通知强调,所有基金会一律不得以党和国家领导人以及政治活动家的名字命名。以人名命名基金会只限于确实需要的科学技术、文化、教育、艺术领域。以其姓名命名基金会的人必须是在该领域内对我国和世界做出巨大贡献、在国内国际享有盛誉的杰出人物。以其姓名命名基金会的人如已故,必须有其遗产作为基金会的注册基金;如在世,除必须有本人的捐赠作为基金会注册基金会的主要来源外,还必须有本人签字表示同意的文件。

1999 年 9 月,中国人民银行和民政部联合下发《关于做好社团基金会监管职责交接工作的通知》,将基金会的审批和监管职责全部移交民政部门。自 2000 年开始,民政部根据国务院的立法计划,开始着手对《基金会管理办法》进行修订,并起草《基金会管理条例》。

2004 年 3 月,国务院发布《基金会管理条例》(2004 年 6 月 1 日起施行),将基金会从社会团体中分离出来,作为单独的一类非营利性法人;《基金会管理条例》将基金会分为公募基金会和非公募基金会;明确基金会的登记工作包括基金会成立登记、变更登记、注销登记以及基金会分支、代表机构的设立登记、变更登记、注销登记 6 类;规定了基金会登记的条件、要求和需提交材料等。明确了1988 年国务院发布的《基金会管理办法》同时废止。

《基金会管理条例》颁布后,上海市的基金会登记工作分为两个阶段:

第一阶段从 2004 年至 2005 年,以基金会换证登记工作为主。在此阶段,对 59 家原有基金会进行换发登记证书工作,并以此为契机,对原有基金会情况进行梳理,促进其规范化发展,同时引导培育非公募基金会。2004 年 5 月 28 日,上海市召开了贯彻实施《基金会管理条例》新闻发布会;6月 1 日,上海市举行首批非公募基金会成立颁证仪式,复旦大学教育发展基金会等 4 家非公募基金会成立;6 月 7 日,市政府常务会议听取关于贯彻实施《基金会管理条例》工作的汇报;6 月 10 日,市民政局、市社会团体管理局下发《上海市基金会换发证书的实施意见》,印制《〈基金会管理条例〉培训资料汇编》。截至 2004 年底,完成准予登记的 63 家各类基金会的换证工作,其中依据原《基金会管理办法》登记注册的基金会 59 家,依据 2004 年 6 月 1 日起实施的《基金会管理条例》登记的新成立非公募基金会 4 家。此外,还有民政部委托上海市日常管理的全国性基金会 1 家。

第二阶段为 2005 年换证工作完成后的规范发展阶段。2005 年 9 月,市社会团体管理局进行内设机构调整,新设立基金会管理处。2006 年 10 月 17 日,市社会团体管理局印发《上海市基金会秘书长会议制度》,要求基金会每年召开两次秘书长会议,通过大会交流和小组讨论的形式,加强和密切基金会之间以及市社会团体管理局与基金会的交流合作关系,共同应对发展中的新情况、新问题。2007 年 8 月 16 日,市民政局、市社会团体管理局印发《上海市基金会信息公布实施办法》,要求基金会必须主动将年检内容按照民政部要求的格式摘要,将年度工作报告、公募基金会组织募捐活动的信息、基金会开展公益资助项目信息在市级以上各大报刊杂志上披露。2008 年 1 月 7 日,市民政局、市劳动和社会保障局、市社会团体管理局制定《关于在上海市社会团体、基金会和民办非企业单位中建立年金制度若干问题的通知》,规定社会组织实行年金制度后,有条件的社会组织及其工作人员可以缴纳补充养老保险,在规定比例内的缴费,可享受国家有关免税政策。2008 年 8 月 29 日,市社会团体管理局转发市财政局《关于本市财政票据全面启用全国财政票据监制章的通知》,规范上海市基金会财政票据的使用。2010 年 10 月 18 日,市财政局、市国家税务局、市地方税务局、市民政局转发《财政部、国家税务总局、民政部〈关于公益性捐赠税前扣除有关问题的补充通知〉》和上海市实施意见的通知,结合上海实际,进一步明确了免税资格的申请流程,规范了免税资格管理。

《基金会管理条例》颁布前,上海市大部分区按照 1998 年国务院颁布的《基金会管理办法》,由区教育局作为业务主管单位,成立了区教育基金会。《基金会管理条例》颁布后,上海市对教育基金会的登记进行了调整,将全市的区教育基金会的业务主管单位由区教育局变更为上海市教育委员会,并于 2005 年对全市已经建立的 14 家区教育基金会完成换证登记工作。

## 二、相关法规

根据 1988 年国务院《基金会管理办法》,基金会是社会团体法人,是资金来源于国内外社会团体和其他组织以及个人自愿捐赠,活动宗旨是通过资金资助推进科学研究、文化教育、社会福利和其他公益事业的发展,是民间非营利性组织。建立基金会,除了需要满足上述性质、宗旨和资金来源外,还需要具备人民币 10 万元(或等值的外汇)以上的注册资金、基金会章程、管理机构和必要的财务人员、固定的工作场所等条件。建立基金会,由其归口管理的部门报经人民银行审查批准,民政部门登记注册发给许可证,具有法人资格后,方可进行业务活动。地方性的基金会,报中国人民银行的省、自治区、直辖市分行审查批准,向省、自治区、直辖市人民政府的民政部门申请登记注册,并向省、自治区、直辖市人民政府备案。基金会改变名称、合并或者撤销,按照申请成立的程序办理。

1989 年起,基金会按照国务院发布的《社会团体登记管理条例》有关规定申请登记。申请成立基金会,应当经过有关业务主管部门审查同意后,向登记管理机关申请登记。向登记管理机关申请时,应当提交负责人签署的登记申请书,有关业务主管部门的审查文件,基金会的章程,办事机构地址或者联络地址,负责人的姓名、年龄、住址、职业及简历,成员数额。其中,章程应当载明基金会的名称、宗旨、经费来源、组织机构、负责人产生的程序和职权范围、章程的修改程序、基金会的终止程序,以及其他必要事项。登记管理机关在受理申请后 30 日内,以书面形式作出核准登记或者不予登记的答复。对于经核准登记的基金会,登记管理机关发给社会团体登记证书:对具备法人条件的,发给社会团体法人登记证;对不具备法人条件的,发给社会团体登记证。对于经核准登记的社会团体法人,登记管理机关在报刊上公告。基金会的变更或者注销,应当经过有关业务主管部门审查同意后,向登记管理机关申请登记。基金会改变名称、法定代表人或者负责人、办事机构地址或者联络地址,应当在改变后的 10 日内向原登记管理机关办理变更登记。基金会自行解散的,应当向原登记管理机关申请注销登记。办理注销登记须提交法定代表人或者负责人签署的注销登记申请书,有关业务主管部门的审查文件和清理债务完结的证明。登记管理机关核准后,收缴基金会的登记证书和印章。

1994 年 9 月,上海市政府颁布《上海市社会团体管理规定》,明确基金会的建立和登记管理,按照《基金会管理办法》和国家金融主管部门的有关规定执行。

1995 年 4 月 7 日,中国人民银行下发《关于进一步加强基金会管理的通知》,明确申请设立的基金会,资助领域必须是对国家、对社会具有较大影响、国内外各界热心给予捐赠的科学研究、文教卫生、社会公益等方面的事业和项目;基金会的基金主要来自个人及国外捐赠,国内提供捐赠的企事业必须是盈利的,且其捐赠资金不得进入成本;成立基金会,除要具备最低 10 万元人民币(或等值外汇)注册资金外,还必须有 200 万元人民币(或等值外汇)的活动基金;同一区域内,不应重复设立宗旨相同或相近的基金会。

1995 年 7 月 6 日,中办、国办就规范以人名命名基金会问题下发通知,规定,所有基金会一律不得以党和国家领导人以及政治活动家的名字命名。以人名命名基金会只限于确实需要的科学技术、文化、教育、艺术领域。以其姓名命名基金会的人必须是在该领域内对我国和世界做出巨大贡献、在国内国际享有盛誉的杰出人物。以其姓名命名基金会的人如已故,必须有其遗产作为基金会的注册基金;如在世,除必须有本人的捐赠作为基金会注册基金会的主要来源外,还必须有本人签字表示同意的文件。

2004 年 6 月 1 日国务院《基金会管理条例》正式施行后,基金会的登记管理依据《条例》进行。根据《条例》,基金会是指利用自然人、法人或者其他组织捐赠的财产,以从事公益事业为目的,按照规定成立的非营利性法人。同时,将基金会分为面向公众募捐的基金会(简称公募基金会)和不得面向公众募捐的基金会(简称非公募基金会)。规定,设立基金会需要同时具备五个条件:第一,为特定的公益目的而设立;第二,全国性公募基金会的原始基金不低于 800 万元人民币,地方性公募基金会的原始基金不低于 400 万元人民币,全国性的非公募基金会的原始基金会不低于 2 000 万元人民币,地方性非公募基金会的原始资金,原始基金必须为到账货币资金;第三,有规范的名称、章程、组织机构以及与其开展活动相适应的专职工作人员;第四,有固定的住所;第五,能够独立承担民事责任。申请设立基金会,申请人需要向登记管理机关提交五个文件:第一,申请书;第二,章程草案;第三,验资证明和住所证明;第四,理事名单、身份证明以及拟任理事长、副理事长、秘书长简历;第五,业务主管单位审查同意设立的文件。登记管理机关收到申请人提交的全部有效文件后,作出准予登记或者不准予登记的决定。准予登记的,发给《基金会法人登记证书》。基金会设立登记的事项包括基金会的名称、住所、类型、宗旨、公益活动的业务范围、原始基金数额和法定代表人。不准予登记的,登记管理机关向申请人书面说明理由。基金会修改章程,应当经业务主管单位审查同意后,报登记管理机关核准。当基金会按照章程规定终止的,或者无法按照章程规定的宗旨继续从事公益活动的,或者由于其他原因需要终止的,基金会应当向登记管理机关申请注销登记。基金会拟设立分支机构、代表机构的,需要向原登记管理机关提出登记申请,并提交拟设立的分支机构、代表机构的名称、住所和负责人情况等文件。登记管理机关收到基金会提交的全部有效文件后,作出准予登记或者不准予登记的决定。准予登记的,发给《基金会分支(代表)机构登记证书》。基金会分支机构、代表机构设立登记的事项包括基金会分支机构、代表机构的名称、住所、公益活动的业务范围和负责人。基金会分支机构、代表机构在基金会授权范围内开展活动,不具有法人资格。基金会、基金会分支机构、基金会代表机构登记事项需要变更的,应当由基金会向登记管理机关申请变更登记申请。基金会注销的,基金会的分支机构、代表机构同时注销。基金会撤销其分支机构、代表机构的,应当向登记管理机关申请办理分支机构、代表机构的注销登记。《条例》明确,国务院民政部门和省、自治区、直辖市人民政府民政部门是基金会的登记管理机关,省、自治区、直辖市人民政府民政部门负责本行政区域内地方性公募基金会和非公募基金会的登记管理工作;省、自治区、直辖市人民政府有关部门或者省、自治区、直辖市人民政府授权的组织,是省、自治区、直辖市人民政府民政部门登记的基金会的业务主管单位。同时明确,省、自治区、直辖市人民政府有关部门或者省、自治区、直辖市人民政府授权的组织，是省、自治区、直辖市人民政府民政部门登记的基金会的业务主管单位。

2004 年 6 月民政部下发《基金会名称管理规定》，明确基金会的名称应当使用符合国家规范的汉字，不得含有有损于国家、社会公共利益的，可能对公众造成欺骗或者引起公众误解的，有迷信色彩的，外国国家（地区）名称、国际组织名称、政党名称、国家机关名称及部队番号，其他基金会的名称，外国文字、汉语拼音字母、数字，以及其他法律、行政法规规定禁止的内容和文字。不得使用已被登记管理机关撤销登记，自撤销登记之日起未满 3 年的基金会的名称；已注销登记，自注销登记之日起未满 3 年的基金会的名称；已变更名称，自变更登记之日起未满 1 年的基金会的原名称。《基金会名称管理规定》明确，上海市民政局登记的基金会名称依次为上海市（市）、字号、公益活动的业务范围、基金会。其中，公募基金会可以不使用字号，如使用字号的，不得使用自然人姓名、法人或者其他组织的名称或者字号；非公募基金会的字号应当由 2 个以上的字组成，且不得使用姓氏、县或县以上行政区划名称作为字号。对于非公募基金会使用自然人姓名、法人或其他组织的名称或者字号作为基金会字号的，需经该自然人、法人或其他组织同意，不得使用曾因犯罪被判处剥夺政治权利的自然人的姓名，一般不使用党和国家领导人、老一辈革命家的姓名。如基金会使用已故名人的姓名作为字号，该名人必须是在相关公益领域内有重大贡献、在国际国内享有盛誉的杰出人物。基金会的分支机构、代表机构的名称应当冠以其所从属的基金会名称。

《基金会管理条例》正式施行后，上海市基金会的登记管理逐步规范，截至 2010 年底，上海市共批准成立基金会 115 家，其中公募基金会 48 家，非公募基金会 67 家。

# 第五节　社区群众活动团队备案

随着我国社会主义市场经济的不断繁荣和发展，社会正在经历整体性、多层面的现代化转型，全面的社会化发育使城市社会产生深刻变化，社区在城市改革、发展、稳定大局中处于越来越重要的地位。上海市的城市建设和发展，重心已从基本建设向整体性功能开发转变，在以社区建设与管理为核心的城市基层社会变迁过程中，培育和催生了一大批社区组织，既有传统党政部门组建或脱钩形成的社区组织，如社区精神文明建设委员会、社区劳动就业服务所等，也有一些新兴的社区自治组织，如业主委员会、志愿者服务队等，其中数量最大、分布最广的，是满足社区群众不同需求而组成的各类自发的活动团队，即社区群众活动团队。这些团队，是群众自发形成的，组织形式松散，数量规模不一，主要在社区内开展各类健身、娱乐、休闲、公益服务等活动，活动形式异彩纷呈。这些具有地域性、民间性和自治性特征的社区群众活动团队，不仅在培养社区成员的社区依存意识、社区归属意识和社区参与意识方面发挥着作用，而且在参与社区民主自治、加强社区精神文明建设、促进和谐社区建设等方面发挥着积极作用。

2002 年，上海市委办公厅、市政府办公厅下发《关于进一步推进上海市民间组织参与社区建设和管理的意见》，提出要"探索社区群众活动团队备案工作"。

2004 年起，市社会团体管理局按照市委、市政府"探索社区群众活动团队备案工作"的要求，开始探索社区群众活动团队备案制度。2004 年 10 月 13 日，市民政局、市社会团体管理局印发《关于在全市开展群众活动团队调查统计工作的通知》，明确本次调查统计的对象是全市范围内的群众活动团队，即在上海社区内居民自发形成，自愿参加，经常开展各类健身、娱乐、公益等活动的松散型社会组织。具体范围应界定为有具体的活动内容，有相对固定的队员、活动周期和活动场所的群众活动团队。

这次全市性的群众活动团队调查统计工作从 2004 年 10 月 19 日起至 12 月 31 日止,经调查统计,截至 2004 年底,上海市共有各类群众活动团队 16 355 个,参加人数 438 695 人,拥有群众活动团队最多的三个区依次是闵行区(1 962 个)、徐汇区(1 854 个)和浦东新区(1 673 个),最少的三个区(县)依次是奉贤区(111 个)、青浦区(136 个)和崇明县(160 个)。同 2000 年上海对部分区的群众活动团队调查数据相比,上海的群众活动团队增长迅猛,如静安区的群众活动团队从 452 个增长到 755 个,增长了 67%;宝山区从 194 个增长到 1 358 个,增长了 6 倍;南汇区也从 50 余个增长到 368 个。通过调查发现,上海群众活动团队的管理存在着两方面问题:一是多头“审批”,既有体育部门同意成立的各种体育活动团队,也有文化部门同意成立的文化活动团队,还有街道、镇等部门同意成立的其他团队。二是自发组织自行成立现象普遍,社区活跃着大批没有任何部门同意、自行成立并自发活动的群众团队。这些群众活动团队往往因经费不足、活动场地匮乏、组成人员素质参差不齐等原因,制约了群众活动团队的发展,也成为矛盾的焦点。简单地套用社会团体的管理模式,是不合时宜的。“谁来管”“怎样管”已成为群众活动团队管理中亟待解决的问题。

2006 年 4 月,国务院下发《关于加强和改进社区服务工作的意见》,明确指出“要大力培育社区生活服务类民间组织。支持和鼓励社区居民成立形式多样的慈善组织、群众性文体组织、科普组织和为老年人、残疾人、困难群众提供生活服务的组织,使社区居民在参与各种活动中,实现自我服务、自我完善和自我提高”。加强社区群众活动团队的服务和管理,已经成为上海需要着力研究和解决的问题。

2006 年,市社会团体管理局选择在虹口、金山、闵行等三个区探索开展社区群众活动团队备案工作试点。虹口区在开展社区群众活动团队备案试点工作中,以市委“枢纽式管理”试点工作为抓手,通过建立相关部门参加的联席会议制度和备案工作小组,使社区综合党委、组织科、宣传科、社区管理科各司其职,分工明确,积极推进社区群众活动团队备案工作。金山区在开展社区群众活动团队备案试点工作中,在对全区九个镇、一个街道、一个工业区进行全面调查的基础上,确定了社区群众活动团队备案的工作思路、计划安排、实施方案、具体措施等,紧紧依托区、街道(镇)、居(村)委会三级民间组织管理网络,形成“服务、协调、管理、预警”四位一体的工作机制。闵行区在开展社区群众活动团队备案试点工作中,在对全区群众活动团队的基本现状和特点进行研究分析的基础上,通过对 12 个镇(街道)和 1 个工业区开展调研和分析,并针对本区的实际情况,确定以一镇(华漕镇)一街道(龙柏街道)为先行试点区域,并通过民间组织预警网络工作小组具体开展工作。

2008 年 8 月,在前期试点和调研的基础上,市民政局、市社会团体管理局印发《关于开展上海市社区群众活动团队备案工作的意见》,明确社区群众团队备案工作的指导思想和基本原则,对备案范围、备案条件、备案部门及备案事项等作出具体规定。明确社区群众活动团队,是指以社区群众为主体,以社区地域为活动范围,以满足社区居民多元化需求为目的,由社区成员自主成立、资源参与,尚不具备法人登记条件的社会组织。组建社区群众活动团队必须具备下列五个条件:第一,有 10 人或以上相对固定得成员;第二,有 1 名或以上相对固定的召集人或联系人;第三,有具体的活动内容;第四,有相对固定的活动时间和活动地点;第五,有相对规范的名称。明确社区群众活动团队备案工作应当遵循三大原则:一是自愿,社区群众活动团队可以备案,备案后也可以撤回;二是扶持,备案是为了更好地鼓励和推动社区群众活动团队健康发展;三是规范,加强社区群众活动团队自律机制建设,使其走上自我管理、自我教育、自我约束和自我发展的道路,同时防止出现有害功法类、邪教类、特定群体类等违反国家法律、法规规定的组织。

政局、社会团体管理局,并负责统筹、协调和汇总等工作。具体备案事宜可以由街道办事处、乡(镇)人民政府的民政部门受理,也可以向社区民间组织服务中心、社区民间组织指导站等社会组织购买服务,请他们受理备案。在备案手续上,社区群众活动团队申请备案,可以到所在街道、乡(镇)的受理机构领取和填写备案表格,符合备案条件的,由街道、乡(镇)受理机构发给备案证书。社区群众活动团队撤回备案,可以向街道、乡(镇)的受理机构递交书面声明,并由街道、乡(镇)的受理机构收回备案证书。对于已经备案或者撤回备案的社区群众活动团队,受理机构应当采取有效方式在社区公告。意见要求,鼓励已经备案的社区群众活动团队主动接受居民委员会或者村民委员会的指导和管理。政府和社会应扶持已经备案的社区群众活动团队,优先为他们提供场地、物质、资金等方面的资助,帮助他们提高活动的质量和水平,总结他们好的经验和做法,对他们中间涌现出的先进事迹和优秀人物,及时予以表彰。政府部门除了视情给予适当资金支持外,还可以通过为群众活动团队提供信息,推荐其参加社会上的演出或企业活动等,使他们得到一定的收入回报;也可通过政府购买服务的方式,请群众活动团队为社区群众服务,以增加其经费来源,调动群众活动团队的积极性。针对群众活动团队数量庞大、参与人数众多的特点,积极引导群众活动团队建立临时党支部,条件不具备的可设立党建联络员,为在群众活动团队中开展党建工作提供有力的组织保证。同时要积极开展工作,以加强党对群众活动团队的领导和宣传,使其在健康有序的轨道上运行。

据统计,截至2008年底,本市共有各类社区群众活动团队18 711个,参加人数464 888人,其中党员有87 610人。按照活动内容分,体育健身类共有7 821个,其中功法类有830个,武术类有1 044个,健身操类有4 286个,其他体育类1 661个;文化艺术类共有6 583个,其中文化学习类有1 791个,书法绘画类有465个,舞蹈类有1 501个,音乐戏曲类有2 826个;公益服务类共有2 354个,其中志愿者服务类1 678个,其他公益类有676个;休闲爱好类共有1 577个;其他类有409个。社区群众活动团队不仅密切了党和人民群众的联系,还成为整合社区资源的有效形式可以更好地承接社区内大量的社会性事务,提供多元化、多层次的社会公共服务,推动了社区的建设与发展。

# 第三章　日　常　管　理

日常管理,是指社会组织管理机构对社会组织的常态化管理。依据国务院《社会团体登记管理条例》《民办非企业单位登记管理暂行条例》《基金会管理条例》规定,社会组织业务主管单位负责社会组织成立登记、变更登记、注销登记前审查;监督、指导社会组织遵守宪法、法律、法规和国家政策,依据其章程开展活动;负责社会组织年度检查的初审;协助登记管理机关和其他有关部门查处社会组织的违法行为;会同有关机关指导社会组织的清算事宜。登记管理机关负责社会组织成立、变更、注销登记;对社会组织实施年度检查;对社会组织违反条例的问题进行监督检查,对社会组织违反条例的行为给予行政处罚。

按照国务院相关法律、法规和民政部相关政策、文件,以及上海市委、市政府关于全市社会组织发展与管理的相关文件要求,上海社会组织的日常管理坚持改革发展与依法监管并重,1992年启动社会团体年度检查工作,2002年探索社会团体、民办非企业单位"网上年检",2008年全面实行"网上填写、网上报送",提高了社会组织年度检查工作效率;2003年将社会组织自律诚信纳入全市诚信体系,2005年开展民办非企业单位自律和诚信建设活动,市民政局、浦东新区社会团体管理办公室、闵行区社会团体管理局和12家民办非企业单位获得民政部先进工作表彰;2006年探索社会组织"枢纽式管理",逐步形成与社区治理相结合的社会组织合作共治机制;2007年在全国率先开展社会组织规范化建设评估,制定社会组织规范化评估标准,推动社会组织发展规范化;结合日常登记管理,严把社会组织党建工作"准入关"和"年检关",推进社会组织党的建设工作落实,保证社会组织发展的政治方向,促进社会组织健康、规范、有序发展。

## 第一节　年　度　检　查

上海开展社会团体、民办非企业单位、基金会年度检查,是依据国务院《社会团体登记管理条例》《民办非企业单位登记管理暂行条例》《基金会管理条例》赋予的职责,实施对社会团体、民办非企业单位、基金会开展年度工作检查的一项常规工作。

1989年10月,国务院颁布《社会团体登记管理条例》。1992年12月,市民政局下发《关于社会团体年度检查的通知》,要求凡在1992年6月30日之前经市、区(县)民政部门依法核准登记的社会团体(包括基金会),均应参加1992年度检查,向登记管理机关提交上一年度的年检报告和有关材料。

1993年,市民政局对上海2200多家社会团体首次进行年度检查,对社会团体的业务活动、制度建设、财务管理、遵纪守法等情况进行检查,查处违法乱纪行为。

1994年,上海参加年度检查的社会团体达到99.6%,年检合格率为96.9%。社会团体办公地址或法人代表(负责人)改变后,未按规定办理变更登记手续以及设立分支机构未经业务主管单位审查同意,未报社会团体登记管理机关备案等问题,都在年检中得到纠正。

1996年5月,民政部制定《社会团体年度检查暂行办法》,对社会团体(包括基金会)年检的内容、程序、应提交的材料以及年检合格或不合格的标准作出规定,完善了年度检查办法。根据民政部《社会团体年度检查暂行办法》的规定,市民政局、市社会团体管理局每年年初下发《关于社会团体年度检查的通知》,要求每年 3 月 31 日前,社会团体按照年检要求如实填报《社会团体年度检查报告书》,报送业务主管单位初审;5 月 31 日前,各业务主管单位完成初审,提出初审意见后报送登记管理机关复审;6 月 30 日前,登记管理机关对社会团体作出年检合格或年检不合格的结论。规定了社会团体年度检查的具体内容:一是遵守法律法规和有关政策情况;二是登记事项变更及依法履行登记手续情况;三是按章程开展业务活动情况;四是办事机构和分支机构设置情况;五是财务情况、资金来源和使用情况;六是负责人和从业人员情况;七是其他需要检查的情况。

1998 年 10 月,国务院颁布《民办非企业单位登记管理暂行条例》,规定登记管理机关履行对民办非企业单位实施年度检查的监督管理职责。1999 年 12 月,民政部印发《关于开展民办非企业单位复查登记工作意见》。依据《民办非企业单位登记管理暂行条例》和《关于开展民办非企业单位复查登记工作意见》,上海从 2000 年 1 月开始对民办非企业单位进行复查登记,至 2001 年 12 月,圆满完成民办非企业单位复查登记工作,共准予登记民办非企业单位 2 136 个。

2002 年度起,上海为适应信息化管理的要求,探索社会团体(包括基金会)、民办非企业单位"网上年检",对社会团体、民办非企业单位实行新旧手段并用、网上网下结合的年检方式。

2004 年国务院颁布《基金会管理条例》,将基金会从社会团体类型中分离出来,基金会开始以独立社会组织的类型,由民政部门实施年度检查。

2005 年 4 月,民政部下发《民办非企业单位年度检查办法》,按照《办法》要求,上海规范对民办非企业单位的年度检查工作。

2005 年度起,上海对社会团体、民办非企业单位、基金会等社会组织全部实行网上填写并下载《年检报告书》、按程序报送的年度检查方式。

2006 年 1 月,民政部下发《基金会年度检查办法》,上海按照《办法》要求,完善基金会年度检查的处理原则和方法,每年对基金会的年检工作进行总结和分析。根据民政部《基金会 2010 年度审计报告(示范文本)》要求,结合上海实际,市社会团体管理局制订了《上海市基金会年度审计报告建议格式文本(试行版)》,印发给基金会参照执行。

2008 年起,上海对社会团体、民办非企业单位、基金会等三类社会组织全面实行"网上填写、网上报送"的年检方式,提高了社会组织登记管理机关和业务主管单位年检工作效率。

2009 年 4 月,市社会团体管理局印发《上海市社会团体管理局关于做好市级社会组织年检工作的若干意见》,进一步规范社会组织年检工作,对社会组织年度检查通知的送达,年检基本合格、不合格社会组织的处理,未在规定时间内参加年检的社会组织的处理,以及年检中发现的社会组织突出问题的处理等作出具体明确的规定。年检工作流程包括:

发布年检公告和通知。每年 12 月 31 日之前,市登记管理机关通过新闻媒体及政务网站发布年度检查公告,明确参加年度检查的社会团体、民办非企业单位、基金会范围,年度检查工作的截止时间,需要提交的材料,年度检查的主要内容,以及不参加年度检查的法律后果等。明确凡上年度 6 月 30 日之前登记的社会团体、民办非企业单位、基金会均应参加本年度年度检查。随后,登记管理机关通过召开年度检查工作会议、委托业务主管单位、直接邮寄送达等多种方式,将年度检查通知送达各社会组织。随着市政务信息化手段的不断发展,自 2009 年,登记管理机关有关管理部门已开始使用网络通信等方式,通知社会团体、民办非企业单位、基金会参加年度检查。

按要求报送材料。随着市政务信息化建设的深入,原来各社会团体、民办非企业单位、基金会采用的纸质报送年检材料、手工检录方式,已被无纸化流转的网上年检方式取代,各社会组织在线填报年检报告书,经加盖电子签章后,从网上提交业务主管单位初审。

业务主管单位初审。社会组织各业务主管单位于每年 5 月 31 日之前完成所属社会团体、民办非企业单位、基金会年度检查材料的初审，提出审查意见，并加盖电子签章后，从网上传送到市登记管理机关有关管理部门。业务主管单位在初审中发现所属社会团体、民办非企业单位、基金会年度检查报告中的任何问题，可以直接退回该社会组织重新填报。

登记管理机关对年检材料进行审查。市登记管理机关有关管理部门每年 6 月 30 日之前根据各社会组织年度检查报告书及相关审计报告所反映的情况，对照年度检查工作要求，对各社会组织的年度检查材料进行审查，作出年检结论，并加盖年检印章。

公告年度检查结果。每年 6 月 30 日以后，市登记管理机关通过新闻媒体、政务网站等，发布社会组织年度检查结果公告。各社会团体、民办非企业单位、基金会在 7 月 31 日前，可携带《社会团体法人登记证书》《民办非企业单位法人登记证书》《基金会法人登记证书》副本，到市登记管理机关社会团体、民办非企业单位、基金会的管理部门，加盖年度检查结果印章。

年检后续工作。年度检查工作结束后，市登记管理机关按《社会团体登记管理条例》《民办非企业单位登记管理暂行条例》《基金会管理条例》的相关规定，对年度检查"基本合格"和"不合格"的社会团体、民办非企业单位、基金会发出责令整改通知书；对拒不整改的社会团体、民办非企业单位、基金会，依法移送上海市社会团体监察总队予以处罚。市登记管理机关对年度检查"基本合格"和"不合格"的社会团体、民办非企业单位、基金会通过媒体予以公告。

# 第二节　规范化建设

## 一、概况

2007 年 5 月，国务院办公厅发布《关于加快推进行业协会商会改革和发展的若干意见》，明确提出：积极推进行业协会的重组和改造，加快建立评估机制和优胜劣汰的退出机制，建立行业协会综合评价体系，定期跟踪评估。8 月，民政部发布《关于推进民间组织评估工作的指导意见》，《意见》从指导思想、主要原则、评估内容、评估机构、评估程序、评估等级等六个方面提出开展民间组织评估工作的基本要求。

2007 年 6 月，上海市被民政部列为全国民间组织评估体系试点城市。6 月 22 日，市民政局、市社会团体管理局印发《关于在本市民间组织中开展规范化建设评估试点工作的通知》，明确评估试点工作的指导思想，要求结合上海实际，引导民间组织规范发展，发挥民间组织在社会主义和谐社会建设中的积极作用；提出以促进民间组织有序发展为目标，引导民间组织健全以章程为核心的内部管理制度，强化法人治理机构，优化民间组织功能；加强班子建设，建立一支懂专业、高素质的职业管理队伍，增强民间组织自主发展、自我管理能力；推进民间组织自律建设，完善以诚信为重点的信息披露制度，提高民间组织的透明度和公信力；加强和改进对民间组织的监管，探索建立科学合理的评估指标体系、评估制度和评估工作机制；决定从 6 月起在全市部分民间组织中开展规范化建设评估试点工作。

2007 年 7 月 5 日，市社会团体管理局召开"全市民非单位规范化建设评估试点工作部署"会议，具体部署全市民办非企业单位规范化建设评估试点工作。7 月 30 日，市社会团体管理局、市社会服务局印发《关于在本市行业协会中开展规范化建设评估试点工作的通知》，决定从 2007 年 8 月起，在全市行业协会中开展社会团体（行业性）规范化建设评估试点工作。为帮助社会组织加强内部制度建设,建立科学合理的评估指标体系,市社会团体管理局先后制订了《上海市社会团体(行业性)规范化建设评估标准》《上海市民办非企业单位规范化建设评估标准》《上海市公募基金会规范化建设评估标准(试行)》和《上海市非公募基金会规范化建设评估标准(试行)》。

2007年9月14日,市民政局、市社会团体管理局发布《上海市民间组织规范化建设评估办法(试行)》,明确评估原则、组织管理、评估等级和应用、评估方法和程序;市、区(县)民间组织登记管理机关分别牵头设立"民间组织规范化建设评估委员会",分别负责本级民间组织规范化建设评估工作的实施,委员会办公室设在本级登记管理机关;民间组织评估委员会成员由政府有关部门、研究机构和社会组织推荐,民政部门聘任。

2007年开始,我国正式用"社会组织"概念代替"民间组织"概念,对传统的非政府组织、非营利组织、第三部门或者民间组织等称谓进行改造,形成符合中国特色的社会组织定义,纠正社会上对社会组织尤其是非政府组织、非营利组织、第三部门或者民间组织等存在的片面认识,形成社会各方重视和支持社会组织的共识。

2008年3月,经市领导同意,市民政局、市社会团体管理局印发《关于成立上海市社会组织规范化建设评估委员会的通知》,明确了评估委员会的职责:负责全市社会组织规范化建设评估工作的宏观指导,负责市级社会组织规范化建设评估和区(县)申报的4A、5A级社会组织的评定。委员会由市委组织部、市精神文明办、市社会服务局、市社会团体管理局、市外办、市财政局、市审计局、市公安局、市经委、市社科院社会发展研究院、华东理工大学(上海华夏社会发展研究院)等部门和单位组成,办公室设在市社会团体管理局,并下设社会团体、基金会和民办非企业单位三个评估指导小组,具体负责评估工作的组织实施。评估结束后,登记管理机关通过报纸、网站向社会公示评估结果,接受社会评价和监督。

2008年7月4日,上海市召开"社会组织规范化建设评估试点工作总结推进会",民政部民间组织管理局局长孙伟林、市民政局局长马伊里到会并讲话,孙伟林局长对上海市开展社会组织规范化建设评估试点工作给予充分肯定,试点达到了试体系、试办法、试机制的目的,试点工作取得了圆满成功。

上海在推进社会组织规范化建设评估试点工作始终坚持和贯彻三条原则:一是先建后评、以评促建、评建结合、重在建设。市社会团体管理局作为上海社会组织评估工作的组织者和责任主体,在评估工作实践中,始终强调社会组织评估不是为评而评,必须坚持"先建后评、以评促建、评建结合、重在建设",把不断促进社会组织规范化建设放在至关重要的位置。社会组织申报评估等级,必须经过3至6个月的规范化建设过程,对照评估标准自检自查,抓整改、抓完善、抓提高。二是第三方评估与政府购买审计监督相结合。为了保证社会组织评估工作的公平、公正、权威,市社会团体管理局依托各级社会组织服务中心和部分具有资质且专业能力强的第三方评估机构实施评估工作,登记管理机关重在领导、组织、监督、指导、把关,严格保证评估程序公正、结果权威。同时,购买优质会计师事务所的审计服务,对申请4A、5A等高等级社会组织的财务审计进行抽查,以确保评估结果的科学、客观、公正。三是评估结果的运用与政府购买和奖励相结合。登记管理机关明确,评估等级在3A及以上的社会组织,享有政府购买服务优先权;在评选先进社会组织时,向高等级社会组织倾斜。部分区(县)登记管理机关和枢纽组织还出台与社会组织评估等级相结合的奖励措施,调动社会组织参评的积极性。

上海社会组织规范化建设评估试点等级评估情况:2008年6月30日,市民政局、市社会团体管理局发布《关于上海市社会组织规范化建设第一批试点单位等级评估的决定》,确定39家社会组织规范化建设评估等级,其中,5A级7家、4A级25家、3A级7家。2009年7月8日,上海市社会组织规范化建设评估委员会召开第二批社会组织规范化建设评估试点评审会,对参加此次试点评估的85家社会组织的评估等级进行审核。8月22日,市民政局、市社会团体管理局发布《关于上海市社会组织规范化建设第二批试点单位等级评估的决定》,确定85个社会组织规范化建设评估等级。2009年12月20日,上海市社会组织规范化建设评估委员会对参加评估试点的13家体育类社会组织的评估等级进行审核。2010年3月8日,市民政局、市社会团体管理局发布《关于上海市社会组织规范化建设试点单位等级评估的决定》,确定13家社会组织规范化建设评估等级。2010年7月,上海市社会组织规范化建设评估委员会对参加评估试点的3家社会组织的评估等级进行审核。8月13日,市民政局、市社会团体管理局发布《关于上海市社会组织规范化建设评估试点单位等级评估的决定》,确定3家社会组织规范化建设评估等级。

图5-3-1 2008年7月4日上海市社会组织规范化建设评估试点工作总结
推进会在锦江小礼堂召开,图为5A级社会组织授牌仪式。

2010年12月27日,民政部正式发布《社会组织评估管理办法》,对社会组织的评估工作随即在全国全面开展,上海社会组织规范化建设评估试点工作结束。

## 二、社会团体规范化建设

2007年7月30日,市社会团体管理局、市社会服务局印发《关于在本市行业协会中开展规范化建设评估试点工作的通知》,明确市社会团体第一批评估试点选择在行业协会中进行。同时,明确了评估的指导思想、目标任务和基本原则、时间安排、试点步骤。为帮助各行业协会更好地开展社会团体规范化建设评估工作,市社会团体管理局制定《上海市社会团体(行业性)规范化建设评估标准(试行)》。

2008年6月,经各行业协会业务主管单位先行审查、上海市社会组织规范化建设评估委员会最终评定:上海市市政公路工程行业协会被评为5A级社会组织;上海市信息服务业行业协会、上海市建筑材料行业协会、上海人才中介行协会、上海市保险同业公会、上海市生物医药行业协会、上海交电家电商业行业协会等6个行业协会被评为4A级社会组织;上海市饲料行业协会评为3A级社会组织。

2009年7月8日，开始第二批社会组织规范化建设评估试点工作。8月，第二批试点单位评估等级确定：上海市质量协会被评为5A级社会组织；上海市交通工程学会、上海市统一战线理论研究会、上海连锁经营协会、上海市微型电脑应用学会、上海市预防医学会、上海市高等教育学会等6个社会团体被评为4A级社会组织；上海市新四军暨华中抗日根据地历史研究会、上海市集体经济研究会、上海市纺织工程学会、上海市生物物理学会等4个社会团体被评为3A级社会组织。

2010年3月，第三批社会组织规范化建设评估试点工作结束，确定评估等级是：上海市木兰拳协会、上海市武术协会、上海市老年人体育协会、上海市高尔夫球协会、上海市汽车摩托车运动协会、上海市台球协会6个社会团体被评为4A级社会组织；上海市航海模型协会、上海市乒乓球协会、上海市极限运动协会、上海市风筝协会、上海市练功十八法协会、上海市游泳救生协会、上海市围棋协会等7个社会团体被评为3A级社会组织。

为帮助各行业协会更好地开展社会团体规范化建设评估工作，市社会团体管理局制定《上海市社会团体（行业性）规范化建设评估标准（试行）》（见下表）。

表5-3-1　上海市社会团体（行业性）规范化建设评估标准（试行）一览表

| 评估指标（共计1 000分） | | | | 四级指标满分 | 自评计分栏 | 评估机构计分栏 |
|---|---|---|---|---|---|---|
| 一级指标 | 二级指标 | 三级指标 | 四级指标 | | | |
| 基础条件（130分） | 法人资格（50分） | 活动资金（10分） | 活动资金达到3万元的最低要求 | 10 | | |
| | | 法定代表人（10分） | 法定代表人/负责人按章程规定产生 | 5 | | |
| | | | 不兼任其他社团的法定代表人 | 5 | | |
| | | 名称（10分） | 名称规范 | 4 | | |
| | | | 包含地域名 | 2 | | |
| | | | 正确表述业务范围 | 2 | | |
| | | | 反映协会性质 | 2 | | |
| | | 办公条件（10分） | 有不小于20平方米的独立办公用房 | 5 | | |
| | | | 配备办公自动化系统 | 5 | | |
| | | 行业覆盖率（5分） | 行业覆盖率达到70%以上 | 5 | | |
| | | 专职工作人员（5分） | 至少配备3名以上协会专职工作人员 | 5 | | |
| | 章程（20分） | 章程的合法性（20分） | 通过章程的会议符合民主程序 | 10 | | |
| | | | 章程宗旨和业务范围体现了行业协会的特点 | 5 | | |
| | | | 章程经过登记管理机关的核准 | 5 | | |
| | 登记和备案（20分） | 按规定成立登记（5分） | 筹备期工作符合规定，递交材料有效 | 1 | | |
| | | | 资金来源合法 | 2 | | |
| | | | 成立大会符合民主程序和章程规定 | 2 | | |
| | | 按规定变更登记（5分） | 变更程序符合章程规定和登记管理机关要求 | 3 | | |
| | | | 递交材料有效及时 | 2 | | |

| 评估指标(共计1 000分) | | | | 四级指标满分 | 自评计分栏 | 评估机构计分栏 |
|---|---|---|---|---|---|---|
| 一级指标 | 二级指标 | 三级指标 | 四 级 指 标 | | | |
| 基础条件（130分） | 遵纪守法（40分） | 按规定注销登记分支机构和代表机构（5分） | 递交材料有效及时 | 2 | | |
| | | | 注销程序符合章程规定和登记管理机关要求 | 3 | | |
| | | 按规定备案登记（5分） | 具备备案登记的条件 | 2 | | |
| | | | 备案程序符合章程规定和登记管理机关要求 | 3 | | |
| | | 年度检查（15分） | 按时递交有效合格材料参加年检 | 5 | | |
| | | | 年检合格 | 10 | | |
| | | 守法（10分） | 遵守国家法律、法规和政策，无违规现象 | 10 | | |
| | | 重大事项报告（15分） | 召开会员（会员代表）大会、理事会等重要会议及时上报 | 4 | | |
| | | | 召开大型研讨会、承接重要课题研究、接受捐赠、举办展览会、展销会等活动及时上报 | 4 | | |
| | | | 涉及重大政治、经济、理论等方面跨组织、跨领域的活动，召开涉外研讨会、组团出国出境、与境外民间组织交流交往、接受境外捐款等涉外活动及时上报 | 4 | | |
| | | | 开展评比、表彰、比赛活动及时上报 | 3 | | |
| 组织建设（320分） | 组织机构（80分） | 权力机构（20分） | 会员（代表）大会按民主程序产生 | 10 | | |
| | | | 健全并履行其职能 | 10 | | |
| | | 执行机构（20分） | （常务）理事会按民主程序产生 | 10 | | |
| | | | 健全并履行其职能 | 10 | | |
| | | 监督机构（20分） | 监督机构按民主程序产生 | 10 | | |
| | | | 健全并履行其职能 | 10 | | |
| | | 办事机构（10分） | 秘书处等按民主程序产生 | 5 | | |
| | | | 具备办公自动化系统 | 5 | | |
| | | 党组织的建立制度（10分） | 建立党建联络员以上形式的党组织 | 5 | | |
| | | | 党组织任务明确，活动正常，工作有效 | 5 | | |
| | 人力资源管理（60分） | 制定相关制度（20分） | 有与业务开展相适应的工作人员及相关制度 | 10 | | |
| | | | 有与业务开展相适应的志愿者队伍及相关制度 | 10 | | |
| | | 岗位管理（20分） | 针对工作人员和志愿者的培训计划 | 10 | | |
| | | | 明确的考核和任用制度 | 10 | | |
| | | 工资管理（10分） | 落实工作人员薪酬 | 5 | | |
| | | | 落实工作人员的社会保险政策 | 5 | | |
| | | 会员管理（10分） | 随时了解会员的实际情况，及时提供所需服务 | 10 | | |

(续表)

| 评估指标(共计 1 000 分) | | | | 四级指标满分 | 自评计分栏 | 评估机构计分栏 |
|---|---|---|---|---|---|---|
| 一级指标 | 二级指标 | 三级指标 | 四 级 指 标 | | | |
| 组织建设(320 分) | 财务资产管理(80 分) | 账户管理(20 分) | 有独立账户 | 10 | | |
| | | | 账目清楚、经费来源合法、使用合理 | 10 | | |
| | | 会费管理(10 分) | 制定明确的会费标准 | 5 | | |
| | | | 按规定收取会费 | 5 | | |
| | | 财务人员管理(20 分) | 按规定配备专门的财务工作人员 | 10 | | |
| | | | 财务工作人员定期接受登记管理机关的财务培训 | 10 | | |
| | | 制度管理(20 分) | 遵守《民间非营利组织会计制度》及国家相关规定 | 5 | | |
| | | | 公布年度财务报告,主动接受社会监督 | 5 | | |
| | | | 按规定进行财务审计 | 5 | | |
| | | | 进行税务登记并规范使用各种票据 | 5 | | |
| | | 资产管理(10 分) | 协会资产造册管理,内容清楚 | 5 | | |
| | | | 资产的使用合理、合法 | 5 | | |
| | 档案、证章管理(30 分) | 档案管理(10 分) | 有专门的场所保管档案 | 5 | | |
| | | | 有专职人员管理档案 | 5 | | |
| | | 证书管理(10 分) | 证书有专人保管 | 5 | | |
| | | | 证书应挂在固定位置展示 | 5 | | |
| | | 印章管理(10 分) | 有专人保管印章 | 5 | | |
| | | | 有明确的印章使用制度 | 5 | | |
| | 管理技能(30 分) | 外部活动(15 分) | 积极参加由登记管理机关和业务主管单位组织的有关协会的各类业务培训和研讨活动 | 10 | | |
| | | | 加强国内外合作交流 | 5 | | |
| | | 内部建设(15 分) | 制定协会人力资源、财务、印章、档案、资产、外事、会议、党建、业务活动、民主决策、重大活动报告和战略管理等 12 项内部制度 | 10 | | |
| | | | 提升行业影响力,提高行业公信力 | 5 | | |
| | 协会文化(40 分) | 从业人员年轻化、专业化,整体实力较强(20 分) | 从业人员中 50 岁以下人员占 50％以上 | 10 | | |
| | | | 从业人员中大专以上学历者占 50％以上 | 10 | | |
| | | 从业人员及会员了解并认同本协会的宗旨,凝聚力强(20 分) | 突出文化建设的时代性、先进性、市场性和主体性 | 10 | | |
| | | | 让从业人员及会员了解并认同本协会的宗旨,形成团队精神,显现凝聚力 | 10 | | |

（续表）

| 评估指标（共计 1 000 分） | | | | 四级指标满分 | 自评计分栏 | 评估机构计分栏 |
|---|---|---|---|---|---|---|
| 一级指标 | 二级指标 | 三 级 指 标 | 四 级 指 标 | | | |
| 业务活动（420 分） | 活动情况（120 分） | 日常工作（40 分） | 协会做好自身的发展规划，如工作预案和工作总结 | 20 | | |
| | | | 社团活动开支超过每年社团经费收入的30％ | 20 | | |
| | | 长期工作（40 分） | 协会每年制订具体的工作计划，如三年或五年计划 | 40 | | |
| | | 开拓创新（20 分） | 提出有关行业发展建设性的意见并予以实践且社会效果明显 | 10 | | |
| | | | 开展行业技术、管理创新项目，创建行业协会品牌 | 10 | | |
| | | 参与公益事业（20 分） | 积极参与社会慈善公益活动，每年达到或超过 3 次 | 20 | | |
| | 服务绩效（150 分） | 充当桥梁纽带（50 分） | 充当政府和企业间的桥梁纽带，搞好行业管理 | 25 | | |
| | | | 沟通企业与政府、社会的关系，促进行业发展 | 25 | | |
| | | 会员服务（60 分） | 为企业在市场经济中的正常运作和公平竞争提供信息和保护 | 10 | | |
| | | | 为企业提供政策咨询 | 20 | | |
| | | | 为会员提供技术和管理培训 | 15 | | |
| | | | 为会员提供应对贸易诉讼服务 | 15 | | |
| | | 行业服务（40 分） | 代表维护行业、会员合法权益和共同经济利益 | 20 | | |
| | | | 代表行企业参与国际交流，应对国际贸易争端 | 20 | | |
| | 承担政府转移职能（100 分） | 行业管理职能（60 分） | 规范行业行为，加强行业自律 | 20 | | |
| | | | 制定行业标准 | 20 | | |
| | | | 承担评估、论证和技能、资质考核 | 20 | | |
| | | 行业发展规划职能（40 分） | 开展行业调查、统计、规划，发表行业信息 | 20 | | |
| | | | 组织行业展览、展销 | 20 | | |
| | 信息公开（50 分） | 财务公开（30 分） | 向会员和相关单位公开财务报告 | 20 | | |
| | | | 向会员和相关单位年度报告 | 10 | | |
| | | 重大事项公开（20 分） | 会员大会或会员代表大会 | 2 | | |
| | | | 修改章程 | 2 | | |
| | | | 创办经济实体 | 2 | | |

（续表）

| 评估指标（共计1 000分） | | | | 四级指标满分 | 自评计分栏 | 评估机构计分栏 |
|---|---|---|---|---|---|---|
| 一级指标 | 二级指标 | 三级指标 | 四 级 指 标 | | | |
| 业务活动（420分） | 信息公开（50分） | 重大事项公开（20分） | 创办内部刊物 | 2 | | |
| | | | 接受社会五万元以上的捐赠或赞助 | 2 | | |
| | | | 大型的展览展销活动 | 2 | | |
| | | | 对本行业有重大影响的诉讼活动 | 2 | | |
| | | | 评优评先表彰活动 | 2 | | |
| | | | 出国交流活动 | 2 | | |
| | | | 与境外非政府组织共同开展活动 | 2 | | |
| 社会影响（130分） | 社会效应（50分） | 会员参与活动情况（30分） | 入会率≥30% | 10 | | |
| | | | 每年参加至少一次以上协会活动的会员比例≥80% | 10 | | |
| | | | 会费收缴率≥75% | 10 | | |
| | | 开展活动所产生的社会效果（20分） | 近三年内会员的平均逐年增长率≥5% | 10 | | |
| | | | 行业有较高的社会知名度 | 10 | | |
| | 社会认可度（80分） | 公众评价（40分） | 公众包括会员和捐赠人对协会的非营利性、诚信、公共服务性、创新性等方面的综合评价与认可≥60% | 20 | | |
| | | | 行业内其他组织和媒体是否有褒扬记录 | 20 | | |
| | | 有关部门评价（40分） | 登记管理机关是否有表扬或奖励 | 15 | | |
| | | | 业务主管单位是否有表扬或奖励 | 15 | | |
| | | | 税务部门、财务部门和审计部门是否有表扬或奖励 | 10 | | |

## 三、民办非企业单位规范化建设

2007年7月，上海启动民办非企业单位规范化建设评估试点工作，探索建立民办非企业单位评估指标体系和评估机制。在宣传发动、自愿报名基础上，确定市经信委、市教委、市社联、市民政局等四个系统，以及浦东新区、普陀区、闵行区、静安区等四个区，为民办非企业单位规范化建设评估试点区域。按照市民政局、市社会团体管理局制定的《上海市民间组织规范化建设评估办法（试行）》，市社会团体管理局研究制定《上海市民办非企业单位规范化建设评估标准（试行）》。

上海民办非企业单位规范化建设评估工作，按照分级评估、分类评定、客观公正、循序渐进、便利可行的原则展开，并分六个步骤上门实地评估。

一是"告"——宣布纪律、告知流程。为确保规范化建设评估工作的客观、公正，市社团管理局专门完善评估工作纪律，在评估前予以宣布；同时告知评估步骤和注意事项。

二是"听"——听取汇报。各评估单位对照评估标准,介绍开展规范化建设活动以及自评的具体情况。

三是"阅"——查阅资料。对照评估指标,翻阅档案资料,逐项对照检查。

四是"察"——实地察看。对办公场所、信息公开、证书上墙(法人登记证书、执业许可证、税务登记证等)、档案建设、财务管理等情况进行实地察看。

五是"问"——调查了解。通过发放调查问卷、召开座谈会等形式,了解服务对象和内部工作人员对于被评估单位的评价及建议。

六是"馈"——汇总反馈。评估情况初步汇总后,向被评估单位进行反馈,及时指出发现的问题,要求整改。

2008年6月,市级民办非企业单位第一批试点评估等级确定:上海杉达学院等3个民办非企业单位被评为5A级社会组织;上海华夏社会发展研究院等15个民办非企业单位被评为4A级社会组织;上海管理科学研究院等3个民办非企业单位被评为3A级社会组织。

2009年8月,市级民办非企业单位完成第二批试点评估工作,上海中冶职工医院等14个民办非企业单位荣获5A级社会组织;上海市企业信息化促进中心等19个民办非企业单位被评为4A级社会组织;上海市银行博物馆等2个民办非企业单位被评为3A级社会组织。

市社会团体管理局在组织开展民办非企业单位规范化建设评估工作中,对民办非企业单位评估指标体系也进行探索,研究制定出《上海市民办非企业单位规范化建设评估标准(试行)》(见下表)。

表5-3-2　上海市民办非企业单位规范化建设评估标准(试行)一览表

| 评估指标(1 000分) | | | | 四级指标满分 | 自评分 | 评估机构评分 |
|---|---|---|---|---|---|---|
| 一级指标 | 二级指标 | 三级指标 | 四级指标 | | | |
| 基础条件(160分) | 法人资格(65分) | 法定代表人(10分) | 按照章程规定产生 | 10 | | |
| | | 活动资金(20分) | 净资产不低于登记的注册资金数 | 10 | | |
| | | | 有独立的银行账号 | 10 | | |
| | | 名称(5分) | 悬挂民办非企业单位名称牌匾 | 5 | | |
| | | 办公条件(30分) | 有独立固定办公用房 | 10 | | |
| | | | 具备相应的场所规模(其中人均10—14平方米,得5分;15平方米以上,得10分) | 10 | | |
| | | | 具备相应的办公设备 | 10 | | |
| | 章程(20分) | 制定程序(10分) | 章程经理(董)事会表决通过 | 10 | | |
| | | 章程核准(10分) | 章程制定或修改在规定期限内报登记管理机关核准 | 10 | | |
| | 登记和备案(45分) | 变更登记(30分) | 名称、业务范围、住所、注册资金、法定代表人、业务主管单位等变更,按规定办理变更登记手续 | 30 | | |
| | | 备案(15分) | 办事机构、印章、银行账号等按规定办理备案手续 | 15 | | |
| | 年度检查(30分) | 参加年检(10分) | 按规定参加年检 | 10 | | |
| | | 年检结论(20分) | 年检合格 | 20 | | |

（续表）

| 评估指标(1 000分) | | | | 四级指标满分 | 自评分 | 评估机构评分 |
|---|---|---|---|---|---|---|
| 一级指标 | 二级指标 | 三级指标 | 四 级 指 标 | | | |
| 内部治理(365分) | 发展规划(10分) | 发展规划(10分) | 制定中长期发展规划,有效落实规划 | 5 | | |
| | | | 制定年度工作计划 | 5 | | |
| | 组织机构(110分) | 员工(代表)大会(10分) | 设有员工(代表)大会,有完善的员工(代表)大会召集管理制度 | 5 | | |
| | | | 定期召开员工(代表)大会,大会决议落实良好 | 5 | | |
| | | 理(董)事会(40分) | 理(董)事按规定的条件和程序产生、罢免 | 10 | | |
| | | | 按期换届,理(董)事会召开次数符合章程规定 | 5 | | |
| | | | 民主办民非,决策机构重大事项由无记名投票决定 | 5 | | |
| | | | 理(董)事中有职工代表的 | 10 | | |
| | | | 理(董)事中有与本单位无利益关系的社会公众人士 | 10 | | |
| | | 监督机构(20分) | 设监事会得10分,设监事的得5分 | 10 | | |
| | | | 按时召开会议,且有会议记录,履行职责,发挥作用 | 10 | | |
| | | 办事机构(20分) | 设置合理、职责明确 | 6 | | |
| | | | 有健全的规章制度 | 7 | | |
| | | | 有与机构相适应的专职工作人员 | 7 | | |
| | | 党组织(20分) | 按规定建立独立党组织的得10分,建立联合党支部、党小组、党建联络员的得5分(有条件建立党组织而未建的不能参加评估) | 10 | | |
| | | | 党组织活动正常且有记录 | 10 | | |
| | 人力资源(85分) | 定岗聘员(10分) | 专职人员占工作人员总数50%以上 | 4 | | |
| | | | 与专职工作人员签订劳动合同 | 3 | | |
| | | | 建立工作人员聘用和管理制度 | 3 | | |
| | | 考核任用培训(15分) | 建立奖惩制度并有效实施 | 5 | | |
| | | | 对员工定期开展业务培训 | 5 | | |
| | | | 参加社会组织管理知识培训 | 5 | | |
| | | 工资福利(30分) | 建立合理的薪酬管理制度 | 10 | | |
| | | | 为员工交纳国家规定的各项社会保险 | 10 | | |
| | | | 建立年金制度的 | 10 | | |
| | | 工作人员学历职称(10分) | 工作人员本科以上学历占30%以上 | 5 | | |
| | | | 工作人员初级以上职称占30%以上 | 5 | | |

（续表）

| 评估指标（1 000分） | | | | 四级指标满分 | 自评分 | 评估机构评分 |
|---|---|---|---|---|---|---|
| 一级指标 | 二级指标 | 三级指标 | 四　级　指　标 | | | |
| 内部治理（365分） | 人力资源（85分） | 领导班子建设（20分） | 按章程规定的程序选举产生并履行职责 | 5 | | |
| | | | 行政负责人专职，公开聘任或按章程选举产生 | 5 | | |
| | | | 对行政负责人进行年度绩效考核 | 5 | | |
| | | | 行政负责人在行业内有影响力的 | 5 | | |
| | 财务资产（125分） | 财务人员配备（10分） | 配备具有从业资格证书的并符合相关规范的专职会计人员 | 5 | | |
| | | | 会计机构负责人（或会计主管人员）具有中级以上技术职称 | 5 | | |
| | | 执行《民间非营利组织会计制度》（30分） | 执行《民间非营利组织会计制度》 | 10 | | |
| | | | 账务处理准确及时 | 10 | | |
| | | | 核算合规 | 5 | | |
| | | | 实行会计电算化管理 | 5 | | |
| | | 财务管理（35分） | 经费来源和资金使用符合政策法规和章程规定 | 10 | | |
| | | | 制定符合《内部会计控制规范》的财务会计管理制度并有效执行 | 10 | | |
| | | | 财务各项支出审批符合规定的程序 | 5 | | |
| | | | 依法进行资产管理 | 5 | | |
| | | | 依法计提专项费用 | 5 | | |
| | | 资金运作（20分） | 业务活动收入增长率大于5% | 10 | | |
| | | | 年均费用总额低于年均收入总额 | 10 | | |
| | | 税务及票据管理（10分） | 依法进行税务登记，按期进行纳税申报 | 5 | | |
| | | | 各种票据使用、管理规范 | 5 | | |
| | | 财务监督（20分） | 按规定进行年度审计、法人离任或换届审计 | 10 | | |
| | | | 年度财务报告向理（董）事会报告，并主动接受监督 | 10 | | |
| | 档案证章管理（35分） | 档案管理（10分） | 建立档案管理制度 | 5 | | |
| | | | 档案资料齐全，整理有序，交接手续完备 | 5 | | |
| | | 证书管理（15分） | 有效执行证书使用管理规定 | 5 | | |
| | | | 各种证书均在有效期内 | 5 | | |
| | | | 办公场所悬挂登记证书正本 | 5 | | |
| | | 印章管理（10分） | 建立印章保管和使用制度 | 5 | | |
| | | | 印章保管有专人负责 | 5 | | |

（续表）

| 评估指标(1 000 分) | | | | 四级指标满分 | 自评分 | 评估机构评分 |
|---|---|---|---|---|---|---|
| 一级指标 | 二级指标 | 三级指标 | 四级指标 | | | |
| 业务活动与诚信建设(295分) | 业务活动(90分) | 业务执行(10分) | 有规范的项目检查制度并能有效落实 | 5 | | |
| | | | 有项目执行总结 | 5 | | |
| | | 业务效果(30分) | 年度业务项目按计划完成 | 10 | | |
| | | | 超额完成年初计划的 | 10 | | |
| | | | 社会影响力较好的 | 10 | | |
| | | 公益活动(30分) | 制定中长期公益活动规划 | 5 | | |
| | | | 制定本年度公益活动计划 | 5 | | |
| | | | 参加政府或行业协会等组织的公益活动 | 5 | | |
| | | | 公益活动支出占上年度单位结余10%以上 | 5 | | |
| | | | 自行开展公益活动 | 10 | | |
| | | 接受捐赠(15分) | 按照规定接受捐赠、资助 | 5 | | |
| | | | 按照相关法律法规规定及合同约定使用接受的捐赠、资助 | 5 | | |
| | | | 向业务主管部门报告接受、使用捐赠、资助的有关情况 | 5 | | |
| | | 国际合作(5分) | 参与国际合作项目,具有较好的社会效益 | 5 | | |
| | 提供服务(85分) | 承诺服务(25分) | 建立承诺服务制度 | 10 | | |
| | | | 开展承诺服务,效果显著 | 15 | | |
| | | 服务政府(30分) | 参与制定相关法律法规 | 10 | | |
| | | | 向政府提出政策建议 | 10 | | |
| | | | 接受政府委托项目和购买服务 | 10 | | |
| | | 服务社会(30分) | 主动承担社会责任,救助弱势群体 | 10 | | |
| | | | 利用自身优势服务社区居民或社会公众 | 10 | | |
| | | | 围绕地方中心工作发挥作用 | 10 | | |
| | 信息公开(120分) | 信息披露制度(20分) | 建立完善的信息披露制度 | 10 | | |
| | | | 信息披露执行情况良好 | 10 | | |
| | | 公开内容(70分) | 单位基本信息 | 10 | | |
| | | | 收费项目及标准 | 10 | | |
| | | | 重大事项活动 | 10 | | |
| | | | 接受、使用捐赠、资助情况 | 10 | | |
| | | | 资产、财务状况 | 10 | | |
| | | | 年度审计报告 | 10 | | |
| | | | 公开内容真实、准确 | 10 | | |

（续表）

| 评估指标（1 000 分） | | | | 四级指标满分 | 自评分 | 评估机构评分 |
|---|---|---|---|---|---|---|
| 一级指标 | 二级指标 | 三 级 指 标 | 四 级 指 标 | | | |
| 业务活动与诚信建设（295分） | 信息公开（120分） | 公开方式（30分） | 公开内容上墙 | 10 | | |
| | | | 网站上公开 | 10 | | |
| | | | 报刊上公开 | 10 | | |
| 社会评价（180分） | 内部评价（70分） | 理事评价（20分） | 对其民主管理评价良好 | 7 | | |
| | | | 对其服务性、非营利性、诚信度评价良好 | 7 | | |
| | | | 对其创新性、凝聚力和发挥作用评价良好 | 6 | | |
| | | 工作人员评价（30分） | 对单位领导班子的评价良好 | 10 | | |
| | | | 对单位工作环境和福利待遇的评价良好 | 10 | | |
| | | | 对单位发展理念的认同 | 10 | | |
| | | 监事评价（20） | 对单位规范化管理评价良好 | 20 | | |
| | 外部评价（110分） | 登记管理机关（30分） | 对其规范性、公益性、公信力评价良好 | 10 | | |
| | | | 对其发挥作用评价良好 | 10 | | |
| | | | 获得登记管理机关表彰或表扬 | 10 | | |
| | | 业务主管单位（30分） | 对其规范性、公益性、公信力评价良好 | 10 | | |
| | | | 对其发挥作用评价良好 | 10 | | |
| | | | 获得业务主管单位表彰或表扬 | 10 | | |
| | | 公众评价（20分） | 对其服务质量、服务态度和收费标准评价良好 | 20 | | |
| | | 社会影响力评价（30分） | 受到政府其他有关部门表彰或表扬 | 10 | | |
| | | | 受到有关社会组织表彰或表扬 | 10 | | |
| | | | 受到媒体正面宣传报道 | 10 | | |
| 自评分合计 | | | 申报等级 | | | |
| 评估机构评分合计 | | | 拟定等级 | | | |

## 四、基金会规范化建设

2007 年 11 月 13 日,上海市基金会规范化建设评估试点工作指导小组召开会议,研究部署全市基金会规范化建设的评估试点工作。按照市民政局、市社会团体管理局制定的《上海市民间组织规范化建设评估办法(试行)》,市社会团体管理局制定《上海市公募基金会规范化建设评估标准(试行)》和《上海市非公募基金会规范化建设评估标准(试行)》,基金会规范化建设评估试点工作分四个阶段进行:

一是自评阶段。11 月底前,各试点基金会按照有关规定和要求,对照评估具体指标,进行自我检查、自我评价,并形成自评材料上报。

二是初审阶段。12 月初,基金会规范化建设评估试点工作指导小组根据试点基金会报送的自评材料,依据评估标准进行初步审查。

三是实地检查阶段。12月中旬,基金会规范化建设评估试点工作指导小组组织人员到试点基金会进行实地核查,提出初步评估意见。

四是终评阶段。12月底前,基金会规范化建设评估试点工作指导小组将初评材料及初评意见上报市民间组织评估委员会,由委员会对初评材料进行审核,作出最终评估等级结论。

在基金会规范化建设试点评估过程中,市社会团体管理局分别前往上海市甬协公益基金会、上海市慈善基金会、上海市交通大学教育发展基金会等,实地调研基金会规范化建设试点评估工作进展情况及遇到的问题,具体指导规范化建设评估试点工作。

2008年6月,经试点单位自评、专家组实地考评、评估委员会审定、媒体公示,参与首批试点的基金会规范化建设评估单位等级确定:上海市慈善基金会、上海市教育发展基金会等2个基金会被评为5A级社会组织;上海市老年基金会、上海市中小学幼儿教师奖励基金会、上海交通大学教育发展基金会、上海复旦大学教育发展基金会等4个基金会被评为4A级社会组织;上海市黄浦区教育基金会、上海市拥军优属基金会、上海市甬协公益基金会等3个基金会被评为3A级社会组织。

2009年8月20日,市民政局、市社会团体管理局公布《关于上海市社会组织规范化建设第二批试点单位等级评估的决定》,其中,上海科普教育发展基金会、上海市青少年发展基金会等2个基金会获评为5A级社会组织;上海浦东新区社会发展基金会、上海颜德馨中医药基金会等2个基金会被评为4A级社会组织;上海市应昌期围棋教育基金会被评为3A级社会组织。

市社会团体管理局为指导基金会规范化建设评估工作,研究制定出《上海市公募基金会规范化建设评估标准(试行)》和《上海市非公募基金会规范化建设评估标准(试行)》(见下表)。

表5-3-3  上海市公募基金会规范化建设评估标准(试行)一览表

| 评估指标(1 000分) | | | | 四级指标满分 | 自评分 | 评估机构评分 |
|---|---|---|---|---|---|---|
| 一级指标 | 二级指标 | 三 级 指 标 | 四 级 指 标 | | | |
| 基础条件(130分) | 法人资格(50分) | 原始基金(10分) | 资金结余符合公募基金会原始基金数额最低限额要求 | 10 | | |
| | | 法定代表人(10分) | 按照章程规定程序选举产生 | 3 | | |
| | | | 未兼任其他组织的法定代表人 | 3 | | |
| | | | 年龄符合章程规定的要求 | 3 | | |
| | | | 应当报批的对象按规定经过报批 | 1 | | |
| | | 名称(10分) | 使用规范 | 4 | | |
| | | | 挂单位牌匾 | 4 | | |
| | | | 名称与印章相符 | 2 | | |
| | | 办公条件(10分) | 有独立、固定的办公住所 | 4 | | |
| | | | 拥有产权 | 2 | | |
| | | | 有电脑、打印机 | 2 | | |
| | | | 有传真机、复印机 | 2 | | |
| | | 证书有效和变更情况(10分) | 证书有效 | 5 | | |
| | | | 按时变更登记 | 5 | | |

（续表）

| 评估指标(1 000 分) | | | | 四级指标满分 | 自评分 | 评估机构评分 |
|---|---|---|---|---|---|---|
| 一级指标 | 二级指标 | 三级指标 | 四 级 指 标 | | | |
| 基础条件(130 分) | 章 程（20分） | 宗旨和业务范围体现公益性特点(8分) | 按《基金会章程示范文本》制定章程 | 4 | | |
| | | | 宗旨和业务范围体现公益特点 | 4 | | |
| | | 章程经民主程序通过(6分) | 有理事签名 | 3 | | |
| | | | 有会议纪要 | 3 | | |
| | | 章程经管理机关核准(6分) | 有业务主管单位审查盖章 | 3 | | |
| | | | 有登记管理机关核准盖章 | 3 | | |
| | 登记和备案(20分) | 按规定登记（10分） | 名称 | 1 | | |
| | | | 住所 | 3 | | |
| | | | 类型 | 1 | | |
| | | | 宗旨 | 1 | | |
| | | | 公益活动范围 | 1 | | |
| | | | 原始基金数额 | 1 | | |
| | | | 法定代表人 | 2 | | |
| | | 按规定注销登记(2分) | 分支机构、代表机构注销 | 2 | | |
| | | 按规定备案(8分) | 组织机构代码证 | 2 | | |
| | | | 税务登记证书 | 2 | | |
| | | | 印章式样 | 2 | | |
| | | | 银行开户证明 | 2 | | |
| | 遵纪守法(40分) | 年度检查(15分) | 按时参加年检 | 5 | | |
| | | | 连续 3 年合格 | 10 | | |
| | | 无违反国家法律法规和政策行为(5分) | 遵守国家法律法规和政策 | 5 | | |
| | | 重大事项报告(20分) | 建立重大事项报告制度 | 4 | | |
| | | | 按规定时间向业务主管单位、登记管理机关报告、备案 | 8 | | |
| | | | 应当报批的重大活动严格执行报批手续 | 8 | | |
| 基础条件合计 | | | | 130 | | |
| 组织建设(270 分) | 组织机构(80分) | 权力机构(18分) | 理事会人数符合有关规定 | 4.5 | | |
| | | | 理事长、副理事长、秘书长中没有现职国家人员兼任情况,任职年龄符合章程规定要求 | 4.5 | | |

(续表)

| 评估指标(1 000分) | | | | 四级指标满分 | 自评分 | 评估机构评分 |
|---|---|---|---|---|---|---|
| 一级指标 | 二级指标 | 三级指标 | 四 级 指 标 | | | |
| 组织建设(270分) | 组织机构(80分) | 权力机构(18分) | 受薪理事比例以及亲属人数符合有关规定 | 4.5 | | |
| | | | 产生、罢免程序符合有关规定(选举、换届改选、罢免、增补) | 4.5 | | |
| | | 执行机构(18分) | 理事会议召开情况符合有关规定程序 | 4.5 | | |
| | | | 按章程规定每年召开2次以上理事会议 | 4.5 | | |
| | | | 重要事项决议经出席理事表决 | 4.5 | | |
| | | | 有理事会议记录和与会理事签名 | 4.5 | | |
| | | 监督机构(18分) | 监事任职符合《条例》规定,财务人员、理事或理事亲属没有交叉任职 | 4.5 | | |
| | | | 监事不在基金会领取报酬 | 4.5 | | |
| | | | 按时列席理事会议 | 4.5 | | |
| | | | 履行监督职能好(检查基金会财务和会计资料,审查年度工作报告,敢于提出质询和建议) | 4.5 | | |
| | | 办事机构(10分) | 依照章程设立与业务活动相适应的内设机构 | 3 | | |
| | | | 机构有明确的职责 | 3 | | |
| | | | 认真履行了职责 | 4 | | |
| | | 党组织(16分) | 党组织建立情况 | 6 | | |
| | | | 党组织开展活动情况 | 10 | | |
| | 人力资源管理(60分) | 有与业务开展相适应的工作人员及制度(10分) | 工作人员配置是否合理 | 5 | | |
| | | | 有与业务开展相适应的相关制度 | 5 | | |
| | | 有与业务开展相适应的志愿者队伍及制度(10分) | 志愿者配置是否合理 | 5 | | |
| | | | 有与业务开展相适应的相关制度 | 5 | | |
| | | 工作人员和志愿者的培训、任用和考核(15分) | 培训(定期培训、年培训次数) | 5 | | |
| | | | 考核(招聘、任用、考察、奖惩、管理) | 5 | | |
| | | | 发挥了积极作用 | 5 | | |
| | | 按规定落实工作人员薪酬和社会保险政策(10分) | 已落实工作人员薪酬 | 5 | | |
| | | | 已落实社会保险政策 | 5 | | |
| | | 负责人尽职尽责、团结协作(15分) | 遵纪守法 | 3 | | |
| | | | 廉洁奉公 | 3 | | |
| | | | 办事公道 | 3 | | |
| | | | 团结协作 | 3 | | |
| | | | 尽职尽责 | 3 | | |

（续表）

| 评估指标（1 000分） | | | | 四级指标满分 | 自评分 | 评估机构评分 |
|---|---|---|---|---|---|---|
| 一级指标 | 二级指标 | 三级指标 | 四　级　指　标 | | | |
| 组织建设（270分） | 财务、资产管理（100分） | 有独立账户（10分） | 开设的账户名与登记的基金会名称一致 | 10 | | |
| | | 按规定配备财务人员（10分） | 会计、出纳分设 | 5 | | |
| | | | 会计有资格证 | 5 | | |
| | | 财务管理符合《民间非营利组织会计制度》及国家相关规定和制度（10分） | 无违反财务管理规定现象 | 10 | | |
| | | 财务公开透明（20分） | 主动接受理事、监事和捐款人检查、监督 | 10 | | |
| | | | 定期向理事会报告 | 10 | | |
| | | 按规定进行财务审计（20分） | 每年按时进行财务审计 | 20 | | |
| | | 进行税务登记并规范使用各种票据（10分） | 依法进行税务登记 | 5 | | |
| | | | 各种票据使用、管理规范 | 5 | | |
| | | 资产管理（20分） | 有明确的管理制度，资金来源合法，产权明确，使用合法 | 5 | | |
| | | | 有充足的资产金额，在原始基金基础上，公募基金会每增加100万元得3分，以此类推，加满15分为止 | 15 | | |
| | 档案、证章管理（30分） | 档案管理（15分） | 有档案管理规定 | 5 | | |
| | | | 有专人负责 | 5 | | |
| | | | 管理规范，资料齐全，交接手续完备 | 5 | | |
| | | 证书管理（5分） | 有专人管理，交接手续完备，在办公场所悬挂登记证书正本 | 5 | | |
| | | 印章管理（10分） | 有印章管理使用规定 | 5 | | |
| | | | 交接手续完备，无私存、遗失等现象发生 | 5 | | |
| 组织建设合计 | | | | 270 | | |
| 工作绩效（450分） | 公益活动规模和效益（120分） | 公益事业支出金额（10分） | 近三年平均达100万元及以上得10分；80—99万元得8分；60—79万元得6分；40—59万元得4分；20—39万元得2分；10—19万元得1分；达不到10万元不得分 | 10 | | |
| | | 公益事业支出比例（30分） | 近三年来，公益活动支出占上一年总收入的70％以上得30分，70％以下65％以上得25分，65％以下60％以上得20分，60％以下55％以上得15分，55％以下50％以上得10分，50％以下40％以上得5分，不到40％不得分 | 30 | | |

(续表)

| 评估指标(1 000 分) | | | | 四级指标满分 | 自评分 | 评估机构评分 |
|---|---|---|---|---|---|---|
| 一级指标 | 二级指标 | 三级指标 | 四级指标 | | | |
| 工作绩效(450 分) | 公益活动规模和效益(120 分) | 公益活动参与人数(10 分) | 近三年共有 50 人参与得 10 分;40 人参与得 8 分;30 人参与得 6 分;20 人参与得 4 分;10 人参与得 2 分 | 10 | | |
| | | 公益活动受益人数(20 分) | 近三年来共有 100 人受益得 20 分;80 人受益得 16 分;60 人受益得 12 分;40 人受益得 8 分;20 人受益得 4 分 | 20 | | |
| | | 年公益活动成本费用支出占公益事业总支出比例(30 分) | 近三年来公益活动成本费用支出占公益事业总支出的 10%以下得 30 分;15%得 24 分;20%得 18 分;25%得 12 分;30%得 6 分;35%以上不得分 | 30 | | |
| | | 年管理费用占总支出的比例(20 分) | 近三年工作人员福利和行政办公支出占总支出的 10%以下得 20 分;15%得 15 分;20%得 10 分;25%得 5 分;25%以上不得分 | 20 | | |
| | 项目开发与运作(170 分) | 项目符合章程规定的业务范围(30 分) | 有一项不符合都不得分 | 30 | | |
| | | 年均开展项目数量(30 分) | 近三年年均达 2 次以上得 30 分;1 次得 15 分;平均不到 1 次的不得分 | 30 | | |
| | | 项目平均资金规模(50 分) | 近三年来公益项目开发与运作资金规模平均 100 万元以上得 50 分;90 万元得 45 分;80 万元得 40 分;70 万元得 35 分;60 万元得 30 分;50 万元得 25 分;40 万元得 20 分;30 万元得 15 分;20 万元得 10 分;10 万元得 5 分;达不到 10 万元不得分 | 50 | | |
| | | 项目运作规范性(30 分) | 事先有论证和计划,并经有关部门同意或审批 | 10 | | |
| | | | 对项目进行管理,事中有监督和反馈,事后有总结和评估 | 10 | | |
| | | | 无债权债务 | 10 | | |
| | | 项目创新性和可持续性(30 分) | 形成自主品牌 | 10 | | |
| | | | 有创意和可推广性 | 10 | | |
| | | | 形成可持续性 | 10 | | |
| | 社会捐赠、募集、政府资助和政府购买服务(80 分) | 年人均接受社会捐赠额(50 分) | 年人均接受社会捐赠 1 万元得 5 分,2 万元得 10 分,以此类推,加满 50 分为止 | 50 | | |
| | | 年人均向社会募集资金(25 分) | 年人均募款 1 万元得 5 分,2 万元得 10 分,以此类推,加满 25 分为止 | 25 | | |
| | | 年接受政府资助额(5 分) | 接受政府资助金额 50 万元得 1 分,100 万元得 2 分,以此类推,加满 5 分为止 | 5 | | |

（续表）

| 评估指标（1 000 分） | | | | 四级指标满分 | 自评分 | 评估机构评分 |
|---|---|---|---|---|---|---|
| 一级指标 | 二级指标 | 三级指标 | 四　级　指　标 | | | |
| 工作绩效（450分） | 信息公开与宣传（80分） | 公开接受、使用社会捐赠情况（20分） | 是否进行年检公告 | 15 | | |
| | | | 是否进行项目公告 | 5 | | |
| | | 有自己的网站、网页或刊物（60分） | 每年在自有的网站、网页上宣传和公开 | 20 | | |
| | | | 每年在自办的刊物上宣传和公开 | 20 | | |
| | | | 每年在官方网站或报纸上宣传和公开 | 20 | | |
| 工作绩效合计 | | | | 450 | | |
| 社会评价（150分） | 内部评价（20分） | 理事评价（5分） | 整体评价好得5分；整体评价较好得4分；整体评价一般得3分；整体评价差的不得分 | 5 | | |
| | | 工作人员评价（5分） | 整体评价好得5分；整体评价较好得4分；整体评价一般得3分；整体评价差的不得分 | 5 | | |
| | | 监事评价（10分） | 整体评价好得10分；整体评价较好得7分；整体评价一般得4分；整体评价差的不得分 | 10 | | |
| | 公众评价（40分） | 捐赠人评价（10分） | 整体评价好得10分；整体评价较好得7分；整体评价一般得4分；整体评价差的不得分 | 10 | | |
| | | 受益人评价（10分） | 整体评价好得10分；整体评价较好得7分；整体评价一般得4分；整体评价差的不得分 | 10 | | |
| | | 志愿者评价（10分） | 整体评价好得10分；整体评价较好得7分；整体评价一般得4分；整体评价差的不得分 | 10 | | |
| | | 新闻媒体评价（10分） | 整体评价好得10分；整体评价较好得7分；整体评价一般得4分；整体评价差的不得分 | 10 | | |
| | 管理部门评价（90分） | 业务主管单位评价（40分） | 整体评价好得40分；整体评价较好得30分；整体评价一般得20分；整体评价差的不得分 | 40 | | |
| | | 登记管理机关评价（40分） | 整体评价好得40分；整体评价较好得30分；整体评价一般得20分；整体评价差的不得分 | 40 | | |
| | | 其他相关管理部门评价（10分） | 整体评价好得10分；整体评价较好得7分；整体评价一般得4分；整体评价差的不得分 | 10 | | |
| 社会评价合计 | | | | 150 | | |
| 总　计 | | | | 1 000 | | |

表5-3-4　上海市非公募基金会规范化建设评估标准（试行）

| 评估指标（1 000 分） | | | | 四级指标满分 | 自评分 | 评估机构评分 |
|---|---|---|---|---|---|---|
| 一级指标 | 二级指标 | 三级指标 | 四　级　指　标 | | | |
| 基础条件（130分） | 法人资格（50分） | 原始基金（10分） | 资金结余符合非公募基金会原始基金数额最低限额要求 | 10 | | |
| | | 法定代表人（10分） | 按照章程规定程序选举产生 | 3 | | |
| | | | 未兼任其他组织的法定代表人 | 3 | | |

（续表）

| 评估指标(1 000分) | | | | 四级指标满分 | 自评分 | 评估机构评分 |
|---|---|---|---|---|---|---|
| 一级指标 | 二级指标 | 三级指标 | 四　级　指　标 | | | |
| 基础条件(130分) | 法人资格(50分) | 法定代表人(10分) | 年龄符合章程规定的要求 | 3 | | |
| | | | 应当报批的对象按规定经过报批 | 1 | | |
| | | 名称(10分) | 使用规范 | 4 | | |
| | | | 挂单位牌匾 | 4 | | |
| | | | 名称与印章相符 | 2 | | |
| | | 办公条件(10分) | 有独立、固定的办公住所 | 4 | | |
| | | | 拥有产权 | 2 | | |
| | | | 有电脑、打印机 | 2 | | |
| | | | 有传真机、复印机 | 2 | | |
| | | 证书有效和变更情况(10分) | 证书有效 | 5 | | |
| | | | 按时变更登记 | 5 | | |
| | 章程(20分) | 宗旨和业务范围体现公益性特点(8分) | 按《基金会章程示范文本》制定章程 | 4 | | |
| | | | 宗旨和业务范围体现公益特点 | 4 | | |
| | | 章程经民主程序通过(6分) | 有理事签名 | 3 | | |
| | | | 有会议纪要 | 3 | | |
| | | 章程经管理机关核准(6分) | 有业务主管单位审查盖章 | 3 | | |
| | | | 有登记管理机关核准盖章 | 3 | | |
| | 登记和备案(20分) | 按规定登记(10分) | 名称 | 1 | | |
| | | | 住所 | 3 | | |
| | | | 类型 | 1 | | |
| | | | 宗旨 | 1 | | |
| | | | 公益活动范围 | 1 | | |
| | | | 原始基金数额 | 1 | | |
| | | | 法定代表人 | 2 | | |
| | | 按规定注销登记(2分) | 分支机构、代表机构注销 | 2 | | |
| | | 按规定备案(8分) | 组织机构代码证 | 2 | | |
| | | | 税务登记证书 | 2 | | |
| | | | 印章式样 | 2 | | |
| | | | 银行开户证明 | 2 | | |

（续表）

| 评估指标(1 000 分) | | | | 四级指标满分 | 自评分 | 评估机构评分 |
|---|---|---|---|---|---|---|
| 一级指标 | 二级指标 | 三 级 指 标 | 四 级 指 标 | | | |
| 基础条件(130 分) | 遵纪守法(40 分) | 年度检查(15 分) | 按时参加年检 | 5 | | |
| | | | 连续 3 年合格 | 10 | | |
| | | 无违反国家法律法规和政策的行为(5 分) | 遵守国家法律法规和政策 | 5 | | |
| | | 重大事项报告(20 分) | 建立重大事项报告制度 | 4 | | |
| | | | 按规定时间向业务主管单位、登记管理机关报告、备案 | 8 | | |
| | | | 应当报批的重大活动严格执行报批手续 | 8 | | |
| 基础条件合计 | | | | 130 | | |
| 组织建设(270 分) | 组织机构(80 分) | 权力机构(18 分) | 理事会人数符合有关规定 | 4.5 | | |
| | | | 理事长、副理事长、秘书长中没有现职国家人员兼任情况,任职年龄符合章程规定的要求 | 4.5 | | |
| | | | 受薪理事比例以及亲属人数符合有关规定 | 4.5 | | |
| | | | 产生、罢免程序符合有关规定(选举、换届改选、罢免、增补) | 4.5 | | |
| | | 执行机构(18 分) | 理事会议召开情况符合有关规定程序 | 4.5 | | |
| | | | 按章程规定每年召开 2 次以上理事会议 | 4.5 | | |
| | | | 重要事项决议经出席理事表决 | 4.5 | | |
| | | | 有理事会议记录和与会理事签名 | 4.5 | | |
| | | 监督机构(18 分) | 监事任职符合《条例》规定,财务人员、理事或理事亲属没有交叉任职 | 4.5 | | |
| | | | 监事不在基金会领取报酬 | 4.5 | | |
| | | | 按时列席理事会议 | 4.5 | | |
| | | | 履行监督职能好(检查基金会财务和会计资料,审查年度工作报告,敢于提出质询和建议) | 4.5 | | |
| | | 办事机构(10 分) | 依照章程设立与业务活动相适应的内设机构 | 3 | | |
| | | | 机构有明确的职责 | 3 | | |
| | | | 认真履行了职责 | 4 | | |
| | | 党组织(16 分) | 党组织建立情况 | 6 | | |
| | | | 党组织开展活动情况 | 10 | | |

（续表）

| 评估指标（1 000分） | | | | 四级指标满分 | 自评分 | 评估机构评分 |
|---|---|---|---|---|---|---|
| 一级指标 | 二级指标 | 三级指标 | 四 级 指 标 | | | |
| 组织建设（270分） | 人力资源管理（60分） | 有与业务开展相适应的工作人员及制度（10分） | 工作人员配置是否合理 | 5 | | |
| | | | 有与业务开展相适应的相关制度 | 5 | | |
| | | 有与业务开展相适应的志愿者队伍及制度（10分） | 志愿者配置是否合理 | 5 | | |
| | | | 有与业务开展相适应的相关制度 | 5 | | |
| | | 工作人员和志愿者的培训、任用和考核（15分） | 培训（定期培训、年培训次数） | 5 | | |
| | | | 考核（招聘、任用、考察、奖惩、管理） | 5 | | |
| | | | 发挥了积极作用 | 5 | | |
| | | 按规定落实工作人员薪酬和社会保险政策（10分） | 已落实工作人员薪酬 | 5 | | |
| | | | 已落实社会保险政策 | 5 | | |
| | | 负责人尽职尽责、团结协作（15分） | 遵纪守法 | 3 | | |
| | | | 廉洁奉公 | 3 | | |
| | | | 办事公道 | 3 | | |
| | | | 团结协作 | 3 | | |
| | | | 尽职尽责 | 3 | | |
| | 财务、资产管理（100分） | 有独立账户（10分） | 开设的账户名与登记的基金会名称一致 | 10 | | |
| | | 按规定配备财务人员（10分） | 会计、出纳分设 | 5 | | |
| | | | 会计有资格证 | 5 | | |
| | | 财务管理符合《民间非营利组织会计制度》及国家相关规定和制度（10分） | 无违反财务管理规定现象 | 10 | | |
| | | 财务公开透明（20分） | 主动接受理事、监事和捐款人检查、监督 | 10 | | |
| | | | 定期向理事会报告 | 10 | | |
| | | 按规定进行财务审计（20分） | 每年按时进行财务审计 | 20 | | |
| | | 进行税务登记并规范使用各种票据（10分） | 依法进行税务登记 | 5 | | |
| | | | 各种票据使用、管理规范 | 5 | | |
| | | 资产管理（20分） | 有明确的管理制度，资金来源合法，产权明确，使用合法 | 5 | | |
| | | | 有充足的资产金额，在原始基金基础上，非公募基金会每增加50万元，得3分，以此类推，加满15分为止 | 15 | | |

548

（续表）

| 评估指标(1 000分) | | | | 四级指标满分 | 自评分 | 评估机构评分 |
|---|---|---|---|---|---|---|
| 一级指标 | 二级指标 | 三 级 指 标 | 四 级 指 标 | | | |
| 组织建设(270分) | 档案、证章管理(30分) | 档案管理(15分) | 有档案管理规定 | 5 | | |
| | | | 有专人负责 | 5 | | |
| | | | 管理规范,资料齐全,交接手续完备 | 5 | | |
| | | 证书管理(5分) | 有专人管理,交接手续完备,在办公场所悬挂登记证书正本 | 5 | | |
| | | 印章管理(10分) | 有印章管理使用规定 | 5 | | |
| | | | 交接手续完备,无私存、遗失等现象发生 | 5 | | |
| 组织建设合计 | | | | 270 | | |
| 工作绩效(450分) | 公益活动规模和效益(120分) | 公益事业支出金额(10分) | 近三年平均达100万元及以上得10分;80—99万元得8分;60—79万元得6分;40—59万元得4分;20—39万元得2分;10—19万元得1分;达不到10万元不得分 | 10 | | |
| | | 公益事业支出比例(30分) | 近三年来用于符合章程规定的年公益事业支出占上一年基金余额的比例有3年不低于8%的得30分,2年不低于8%的得20分,1年不低于8%的得10分,其他不得分 | 30 | | |
| | | 公益活动参与人数(10分) | 近三年共有50人参与得10分;40人参与得8分;30人参与得6分;20人参与得4分;10人参与得2分 | 10 | | |
| | | 公益活动受益人数(20分) | 近三年来共有100人受益得20分;80人受益得16分;60人受益得12分;40人受益得8分;20人受益得4分 | 20 | | |
| | | 年公益活动成本费用占公益事业总支出比例(30分) | 近三年来公益活动成本费用支出占公益事业总支出的10%以下得30分;15%得24分;20%得18分;25%得12分;30%得6分;35%以上不得分 | 30 | | |
| | | 年管理费用占总支出比例(20分) | 近三年来工作人员工资福利和行政办公支出占总支出的比例有3年低于10%的得20分,2年低于10%的得15分,1年低于10%的得10分,其他不得分 | 20 | | |
| | 项目开发与运作(170分) | 项目符合章程规定的业务范围(30分) | 有一项不符合都不得分 | 30 | | |
| | | 年均开展项目数量(30分) | 近三年年均达2次以上得30分;1次得15分;平均不到1次的不得分 | 30 | | |

（续表）

| 评估指标（1 000 分） | | | | 四级指标满分 | 自评分 | 评估机构评分 |
|---|---|---|---|---|---|---|
| 一级指标 | 二级指标 | 三级指标 | 四 级 指 标 | | | |
| 工作绩效（450分） | 项目开发与运作（170分） | 项目平均资金规模（50分） | 近三年来公益项目开发与运作资金规模平均100万元以上得50分；90万元得45分；80万元得40分；70万元得35分；60万元得30分；50万元得25分；40万元得20分；30万元得15分；20万元得10分；10万元得5分；达不到10万元不得分 | 50 | | |
| | | 项目运作规范性（30分） | 事先有论证和计划，并经有关部门同意或审批 | 10 | | |
| | | | 对项目进行管理，事中有监督和反馈，事后有总结和评估 | 10 | | |
| | | | 无债权债务 | 10 | | |
| | | 项目创新性和可持续性（30分） | 形成自主品牌 | 10 | | |
| | | | 有创意和可推广性 | 10 | | |
| | | | 形成可持续性 | 10 | | |
| | 社会捐赠、政府资助（含政府购买服务）（80分） | 年人均接受社会捐赠额（75分） | 年人均接受社会捐赠1万元得7.5分，2万元得15分，以此类推，加满75分为止 | 75 | | |
| | | 年接受政府资助额（5分） | 接受政府资助金额50万元得1分，100万元得2分，以此类推，加满5分为止 | 5 | | |
| | 信息公开与宣传（80分） | 公开接受、使用社会捐赠情况（20分） | 是否进行年检公告 | 10 | | |
| | | | 是否进行项目公告 | 10 | | |
| | | 有自己的网站、网页或刊物（60分） | 每年在自有的网站、网页上宣传和公开 | 20 | | |
| | | | 每年在自办的刊物上宣传和公开 | 20 | | |
| | | | 每年在官方网站或报纸上宣传和公开 | 20 | | |
| 工作绩效合计 | | | | 450 | | |
| 社会评价（150分） | 内部评价（20分） | 理事评价（5分） | 整体评价好得5分；整体评价较好得4分；整体评价一般得3分；整体评价差的不得分 | 5 | | |
| | | 工作人员评价（5分） | 整体评价好得5分；整体评价较好得4分；整体评价一般得3分；整体评价差的不得分 | 5 | | |
| | | 监事评价（10分） | 整体评价好得10分；整体评价较好得7分；整体评价一般得4分；整体评价差的不得分 | 10 | | |
| | 公众评价（40分） | 捐赠人评价（10分） | 整体评价好得10分；整体评价较好得7分；整体评价一般得4分；整体评价差的不得分 | 10 | | |
| | | 受益人评价（10分） | 整体评价好得10分；整体评价较好得7分；整体评价一般得4分；整体评价差的不得分 | 10 | | |

| 评估指标（1 000 分） | | | | 四级指标满分 | 自评分 | 评估机构评分 |
|---|---|---|---|---|---|---|
| 一级指标 | 二级指标 | 三级指标 | 四　级　指　标 | | | |
| 社会评价（150 分） | 公众评价（40 分） | 志愿者评价（10 分） | 整体评价好得 10 分；整体评价较好得 7 分；整体评价一般得 4 分；整体评价差的不得分 | 10 | | |
| | | 新闻媒体评价（10 分） | 整体评价好得 10 分；整体评价较好得 7 分；整体评价一般得 4 分；整体评价差的不得分 | 10 | | |
| | 管理部门评价（90 分） | 业务主管单位评价（40 分） | 整体评价好得 40 分；整体评价较好得 30 分；整体评价一般得 20 分；整体评价差的不得分 | 40 | | |
| | | 登记管理机关评价（40 分） | 整体评价好得 40 分；整体评价较好得 30 分；整体评价一般得 20 分；整体评价差的不得分 | 40 | | |
| | | 其他相关管理部门评价（10 分） | 整体评价好得 10 分；整体评价较好得 7 分；整体评价一般得 4 分；整体评价差的不得分 | 10 | | |
| 社会评价合计 | | | | 150 | | |
| 总　计 | | | | 1 000 | | |

# 第三节　诚 信 建 设

## 一、概况

1999 年，在上海市委、市政府的领导和国家有关部门的指导下，上海开始进行个人征信的试点。2000 年 7 月，作为当年市政府实事项目的个人信用联合征信系统建成开通，面向社会提供个人信用报告。2001 年 10 月，个人信用联合征信系统向企业信用建设延伸，进入拓展阶段。2002 年 3 月，企业信用联合征信服务系统开通试运行；行业信用管理和社会诚信活动也获得较大进展。

2003 年，上海市人民政府印发《关于加强本市社会诚信体系建设的意见》《上海市 2003 年—2005 年社会诚信体系建设三年行动计划》的通知，提出行业信用管理是社会诚信体系的重要支撑；明确推动信用中介服务机构按照自愿的原则，发起成立信用服务行业协会，开展行业服务、行业自律、产品和服务标准制订等工作；要求各行业协会和社团组织要把信用管理和服务等各类社会诚信活动渗透到行业自律、行业服务和社会活动中，加强行业、社团内的信用管理，积极支持和参与社会诚信体系建设；社会组织诚信建设纳入市诚信体系建设之中。

2007 年 3 月，上海市社会诚信体系建设联席会议办公室出台《上海市社会诚信体系建设三年行动计划（2006 年—2008 年）》，进一步明确：充分发挥行业协会的自律作用，加强行业信用制度建设和管理；指导推动行业协会加强信用信息的记录、共享和信用产品使用，形成行政、市场、社会联动的信用奖惩机制；要求各行业协会结合实际制定守信受益、失信惩戒的措施，加强行业信用自律；推动具有信用交易特征的行业协会组织会员企业开展信用制度建设创新；通过政府指导，充分发挥行业协会的作用，建立行业自律机制，为行业的健康发展提供保障。由此，上海社会组织诚信建设进入新阶段。

## 二、举措

上海社会组织诚信自律建设活动,重点在民办非企业单位展开。2005年2月25日,民政部在北京召开"民办非企业单位自律与诚信建设活动"新闻发布会。当天,市社会团体管理局召开"关于本市开展民办非企业单位自律与诚信建设活动"的专题会议,发布《关于开展民办非企业单位自律与诚信建设活动的响应书》,正式下发到全市4 158家民办非企业单位;会议还下发《上海市社会团体管理局关于开展民办非企业单位自律和诚信建设活动的实施意见》。

2005年3月31日,市社会团体管理局召开部分市级业务主管单位会议,要求各业务主管单位根据不同行业事业的特点,结合上海先进民办非企业单位评选表彰工作,创造性地开展民办非企业单位自律和诚信建设活动。同时要求按照分级管理的原则,19个区(县)社团登记管理部门根据各自实际,有序推进此项工作。会议决定,将2005年作为"上海市民办非企业单位自律与诚信建设活动年",引导民办非企业单位围绕"共铸诚信民非,构建和谐社会"主题,积极开展"以自律练好内功、以诚信外塑形象、以真情回报社会"的系列活动。活动内容主要包括:规范民办非企业单位章程;建立公开、透明的信息披露制度;提供优质服务,真情回报社会;建立健全民办非企业单位财务制度;坚决查处民办非企业单位的违法行为等五方面内容。要求全市民办非企业单位做到:严格按照国家法律法规、政策和单位章程开展业务活动,坚守非营利性原则,提供优质诚信服务,树立良好社会形象;建立健全财务和捐赠管理、考核奖惩、银行账户和印章管理、重大事项报告和信息公开等规章制度,逐步形成自我约束、自我管理、自我教育和自我服务的自律机制,不断提高民办非企业单位的社会公信力。7月,市社会团体管理局决定,对全市19个区(县)社团登记管理机关组织开展民办非企业单位自律与诚信建设活动进行考评,以检验活动成效,进一步推动全市民办非企业单位的自律与诚信建设。

2005年12月27日,市民政局、市社会团体管理局召开"上海市民办非企业单位自律与诚信建设活动总结会",市民政局局长、市社会团体管理局党组书记徐麟到会讲话。会议下发《关于开展民办非企业单位自律与诚信建设活动的实施意见》,明确上海民办非企业单位诚信建设着重抓好四个方面:一是规范章程,要求注册登记的民办非企业单位按照章程范本进行修订。二是披露信息,要求民办非企业单位将注册登记证书、收费项目和标准以及工作制度等相关信息向社会公开。三是回报社会,引导民办非企业单位开展公益活动,塑造良好社会形象。四是健全财务制度,对民办非企业单位的法定代表人(负责人)和财会人员进行民间非营利组织会计制度的培训;决定授予浦东新区社会团体管理办公室、闵行区社会团体管理局、嘉定区社会团体管理局、普陀区社会团体管理局、闸北区社会团体管理局、长宁区社会团体管理局、松江区社会团体管理局、杨浦区社会团体管理局"上海市民办非企业单位自律与诚信建设活动优秀组织奖";决定推荐上海2007特奥中心等12个民办非企业单位作为全国民办非企业单位自律与诚信建设先进单位;推荐上海市浦东新区社会团体管理办公室等2个单位作为全国民办非企业单位自律与诚信建设活动组织奖单位。

2006年2月,根据民政部《关于进一步深入开展民办非企业单位自律与诚信建设活动的通知》精神,2月22日,市社会团体管理局下发《上海市社会团体管理局关于进一步深入开展民办非企业单位自律与诚信建设活动的实施意见》,决定在"上海市民办非企业单位自律与诚信建设活动年"的基础上,围绕建立健全民办非企业单位内部规章制度、完善信息披露制度、开展多种形式的主题公益活动、完善服务承诺制、做好有关宣传工作、加强执法监督及查处违法行为等六方面工作内容,进一步在全市深入开展自律与诚信建设活动,进一步提高民办非企业单位的自身素质,建立自律与诚信建设长效机制。

2006年2月9日,民政部召开全国民办非企业单位自律与诚信建设活动表彰会,上海市民政局、浦东新区社会团体管理办公室、闵行区社会团体管理局等3家单位荣获"全国民办非企业单位自律与诚信建设活动最佳组织奖",上海市普陀区曹杨新村街道民间组织服务中心、上海2007特奥中心、上海安达医院、上海国际金融研究中心、上海海粟美术设计专修学院、上海勤劳劳动保障事务服务中心、上海市长宁区华阳路街道群众团队活动指导站、上海市嘉定区嘉定镇街道夕阳红俱乐部、上海市闵行上锅职业技能培训中心、上海市闸北区临汾路街道社区事务工作站、上海市震旦进修学院、上海松江区朝日进修学校等12家民非荣获"全国民办非企业单位自律与诚信建设先进单位"。

2008年,市社会团体管理局作为上海市"知荣辱、讲文明、迎世博、建诚信"系列活动指导单位,与上海市"知荣辱、讲文明、迎世博、建诚信"活动组委会互动合作,共同为深入推进上海市社会诚信体系建设、构建社会主义和谐社会作出贡献。2010年,市社会团体管理局成为上海市"企业诚信创建"活动指导单位。

## 三、案例选介

### 【上海市震旦进修学院诚信建设】

上海市震旦进修学院自2001年12月成立以来,严格遵循学院章程,规范学校管理,加强自律与诚信建设,培养20多万名各级各类人才,获得多项国家和市级荣誉。

树立自律意识,坚持诚信办学。学院始终坚持合法办学,不办"黑班";诚信办学,广告真实;优师优教,保证质量;不乱收费,合理退费;安全保障,服务到位;取信于民,回报社会。将诚信办学理念落到办学全过程中,公开办学条件、办学层次、办学类型和毕业证书性质,公开所有收费项目和收费标准,不发布虚假广告。尊重学生自主选择学习专业和培训科目的权利,严格执行有关退费规定,在学习、饮食、住宿、医疗、推荐就业等方面让学生满意、家长放心。

规范教育行为,自觉接受监督。学院坚持党的领导,坚持社会主义办学方向,模范遵守国家的法律、法规和有关政策,全面接受上级主管机构的指导和监督。健全内部组织机构,加强各项制度建设,不断完善教学管理机制,用制度和机制保证规范诚信办学行为,全面提升综合管理水平。2005年,学院成为"上海市卢湾区民办非学历教育示范合同"试点院校。

积极服务社区,参加公益活动。学院加强与社区沟通,支持和协助社区各种培训活动,为街道居民服务。响应市政府"百万家庭网上行"号召,组织社会培训2 000多人次;免费举办淮海街道"红色网吧"培训项目;为区残联开设多期电脑操作员培训班。学院积极参与社区帮困扶贫献爱心活动,为淮海敬老院、第五届残疾人运动会、盲人柔道竞委会、"希望工程"、癌症康复等活动捐款;给困难学生实施优惠政策,减免学费;与宁夏同心县韦州女子小学结对帮困助学,捐献衣物、书包和钱款。

严守财务法规,接受审计监督。学院认真贯彻落实国家财经法规和政策,严格遵守财经制度和纪律,制定和完善学院财务管理制度,建立规范的总账和分类账册,并按规定接受审计。坚持利国利民办学目的,将收益大部分用于教学场地、设备更新改造,形成可持续发展后劲。

## 【上海勤劳劳动保障事务服务中心诚信建设】

上海勤劳劳动保障事务服务中心成立于 2003 年 4 月。自成立以来，中心坚持为社区下岗人员、为有创业愿望的失业人员、为各类企业和事业单位，提供劳动保障事务服务，并围绕劳动保障事务服务加强诚信建设。

服务企事业单位政策保障。中心坚持深入企业和社区，采取面对面直接交流方式宣传劳动保障政策，帮助企业修订和规范规章制度，为新改制企业制订和完善劳动用工规章制度，提供规范的劳动用工合同和劳动保障事务服务，指导改制企业妥善处理员工劳动关系，减少和避免劳动纠纷，支持企业发展，并通过各种途径为下岗失业人员义务进行求职指导，维护社会稳定。

服务企业劳动人事代理。针对区内中小型企业、服务型企业和民营企业强烈的劳动人事代理需求，中心为企业代理劳动保障事务工作，通过规范诚信的服务，为企业做好劳动人事"高参"，免除企业后顾之忧，受到广泛欢迎和赞誉。

坚持严格依法办事。中心严格按照国家法律法规办事，恪守服务宗旨，坚持制订的文件规章符合法律法规，服务的每一件事都规范操作，不但自身遵守法律法规，对个别客户提出的"打擦边球"要求一概婉言拒绝。中心工作人员还积极参与各种社会活动，服务社区，服务民众。

## 【上海市嘉定区嘉定镇街道夕阳红俱乐部诚信建设】

上海市嘉定区嘉定镇街道夕阳红俱乐部成立于 2003 年 6 月，是在街道探索社区为老年人服务机制过程中成立的。

机制科学。俱乐部实行理事会领导下秘书长负责制与街道委派政治指导员监督指导相结合的工作体制，理事会为民主决策机构。俱乐部内部制度齐全，组织网络清晰，凡事有章可循，有据可依，以规章约束人，以制度管理人。遇有不明确或重大事项，主动请示街道和区社团管理局，确保俱乐部的非营利性以及为老年人做好事办实事的宗旨落实。

信息透明。俱乐部建立公开透明的信息披露制度，财务报表每月上报街道、每季度上报区社团管理局，重大事项和年度工作总结在上报街道和区社团管理局的同时，通过街道上网公布，并在街道召开的社区工作会议上公开汇报，使社区干部群众了解俱乐部运行状况，支持和参与俱乐部各项工作。

服务多样。俱乐部在开展为老年人服务中，坚持无偿服务或只收成本的低偿服务原则，对一些群众性广泛的服务活动，如戏曲沙龙、老年舞会、老年维权法律咨询，以及"日托"老年人的理发、洗澡等，全部实行免费；对一些孤独、病残等老人，除按政策提供免费服务外，还定期联系，为他们提供生活照料、护理和精神慰藉；对一些需要其他服务的老人，俱乐部派专人上门评估，让老年人享受低价优质服务。形式多样、热情周到的服务，让社区老人感受到俱乐部的"诚"与"信"。

## 【上海市普陀区曹杨新村街道民间组织服务中心诚信建设】

上海市普陀区曹杨新村街道民间组织服务中心成立于 2003 年 7 月。中心围绕"加强党的建设、服务民间组织、服务社区居民、人力资源管理、承担政府委托和监督预警"等六大功能，开展自律与诚信建设，深受社区居民和民间组织好评。

融入社区，树立自律诚信形象。中心通过发展公共事务管理、公共福利、社区居民生活三大领域服务项目，培育服务载体，让辖区内的民间组织资源为社区居民提供助老、助困、助残、助学、助医等多方面、多层次服务。

依托载体,构筑自律诚信平台。中心在服务民间组织的工作中,建立一系列工作制度,规范服务流程,保证服务质量。协助政府在民办非企业单位申请成立登记的前期调查评估,上门调查核实申办单位的从业人员情况、办公场所的房产权属、办公设备设施的配置、主要业务范围等,并帮助其建立健全财务管理、考核奖惩、银行账户和印章管理、重大事项报告和信息公开等制度,督促服务内容、项目、收费、电话、程序等公开,形成自我约束、自我管理、自我教育和自我服务的自律机制。

挖掘资源,打造自律诚信队伍。中心为辖区内民间组织搭建爱心平台,建立义工队伍,开办"衣被银行""慈善超市""救助服务""居家养老"等,为社区居民提供各种形式的服务,收到良好社会效益。2005年,"衣被银行"累计收到衣物5 314件,发放给本社区困难居民2 241件,援助外社区3 073件,送往灾区共17卡车达52吨;截至2010年底,"救助服务"受益达1 298人次,享受"居家养老"服务的老人550名。

监督预警,建立自律诚信机制。中心协助政府建立预警网络机制,对辖区内的民间组织建立和完善重大活动报告制度、联络员和信息员例会制度等,发现社会问题及时报告,把不稳定因素消灭在萌芽中。中心坚持严格自律,遵守国家法律法规和相关政策,严格按照章程开展活动,建立健全组织机构,完善内部制度,建立诚信服务记录体系,包括督导评估和表彰奖励等,形成诚信建设长效机制。

### 【上海海粟美术设计专修学院诚信建设】

上海海粟美术设计专修学院自2004年2月创办以来,依法办学,加强自律与诚信建设,规范化管理,注重社会效益和办学特色,培养3 000多名美术设计专业人才,并获得多项全国和市级荣誉称号。其基本做法:

加强党政班子建设,提高学院凝聚力。学院重视领导班子建设,较早建立社会力量办学独立党支部,把握学院的发展方向;领导班子有较高的政治思想水平和法制观念,牢牢把握社会主义办学方向,深刻领悟和贯彻党的教育方针;严格学院章程规定,党政主要负责人各司其职,和谐、团结、务实,为学院发展打下良好基础。

坚持依法规范办学,突出社会效益。学院严格遵守国家法律、法规和政策,自觉接受社团管理机关和市、区教育行政部门的指导和监督管理;坚持依法办学,规范管理,紧密结合学院的实际,健全管理制度,增强管理意识,突出管理职能,提升管理水平;制定教师岗位责任制、学籍管理、财务管理、档案管理、印章管理等制度,落实安全防范等措施,自觉把社会力量办学纳入法制化、规范化、有序化发展轨道。做到行政管理有制度保证,教学管理趋向完善,学籍管理逐步健全,档案管理有序规范,财务财产管理保管到位;推进院务公开,公开办学层次、办学类型以及所有收费项目和收费标准,严格按照物价部门退费规定执行,接受院内外监督;注重教育的公益性,重视每一个教育环节,保证教学质量,积极为国家和社会培养优秀人才。

坚持诚信办学理念,深化办学特色。学院改革教学内容,积极创新教学方法,使用专门编写的新教纲和教材。如,在总结传统透视学的基础上,建立新的定理、原则、准则,开设新的课程,使学生通过学习很快掌握学科技能,并结合专业做出汽车、轮船、海洋钻探平台以及家电产品等立体效果图;学院开设城市绿化与景观设计以及会展方向,毕业生设计的世博相关作品被上海世博会选用。学院还组织毕业生作品到浙江、江苏、福建、新疆、山东、广西等地巡回展出,受到专家和社会各界广泛赞誉。

**【上海市闸北区临汾路街道社区事务工作站诚信建设】**

上海市闸北区临汾路街道社区事务工作站成立于 2004 年 7 月，是协助政府承担事务性工作、公益性服务的民办非企业单位。工作站成立以来，协助社区创新管理和公共服务，促进民办公益事业，发挥积极作用。

遵纪守法，规范管理。工作站建立健全以章程为核心的各项规章制度，如学习制度、工作制度、会议制度、联系居民制度、财务管理制度、服务考评制度、资料归档制度等。

加强自律，诚实守信。工作站坚持"以民为本，服务群众"宗旨，以"诚信与自律"为工作操守，深入社区为群众提供公益性服务。如，民政社工冬送暖、夏送凉，为各类优抚对象、关心对象送上党和政府的关爱和温暖；文教社工为满足群众需求，为社区居民开办英语学习班，当义务小老师；群团社工与"自强"少年结成知心朋友。

搭建平台，推进自治。工作站积极帮助居委会承担政府事务工作职能，为居委会日常工作提供服务，促进居委会组织、发动居民群众开展自治活动，为社区自治建言献策。

# 第四节　枢纽式管理

## 一、概况

2005 年 5 月和 8 月，在市委召开的关于社会组织专题会议和常委会上，市领导提出了"以民管民""以非对非"的思想，要求探索并形成一个按照中央精神、符合上海实际、具有特大型城市特色的非政府组织管理"平台"和办法。当年，由市社会团体管理局牵头，市社会服务局等有关部门参与的工作调研组经过深入调研，在吸收了传统枢纽组织——市社联、市科协等实践经验的基础上，于 2006 年提出"枢纽式管理"工作思路。所谓"枢纽式管理"，就是在政府管理部门和社会组织之间设立一个组织载体，通过该载体服务和管理某一个系统、一个领域的社会组织，行使党和政府授权或委托的一部分职能，并把社会组织的需求、意见和建议向政府管理部门反馈，使其成为"加强党建工作的支撑、完善双重管理的依托、凝聚团体会员的载体和实现合作共治的平台"。为了论证这一管理方式的可行性，市领导专门征求了各民主党派的意见，召开了部分省市社会组织发展与管理工作研讨会，组织开展了"枢纽式管理"试点，对"枢纽"的功能、运行机制及保障措施进行实践与检验。

2006 年，市民政局、市社会团体管理局选择上海市工业经济联合会、上海市商业联合会和静安、普陀两个区进行在"枢纽式管理"试点。2006 年 8 月，作为首批枢纽式管理试点单位，普陀区委下发《民间组织枢纽式管理试点工作的意见》，提出：依托区和街道（镇）两级民间组织服务中心建立管理枢纽，按照分散组织由所在的街道（社区）、镇进行属地管理、特殊组织由区民间组织服务中心进行统一管理的原则，300 家社会组织（主要是民办非企业单位）由街道（镇）民间组织服务中心进行属地管理，46 家（主要是社会团体）由区民间组织服务中心进行归口管理。2007 年，静安区成立静安区社会组织联合会，之后又相继成立 5 个社区（街道）和劳动、文化、教育（系统）的社会组织联合会，初步形成"1＋5＋X"枢纽模式，把同性质、同类别、同领域的社会组织联合起来，实行枢纽式管理。

上海通过社会组织"枢纽式管理"试点，逐步探索形成了四类枢纽型社会组织：第一类，市级层面和区、街（镇）层面的行业性联合会和社会（民间）组织服务中心、社会组织联合会。这类枢纽型社会组织是适应各类行业协会和社区群众活动团队等新型社会组织的大量涌现而产生的。第二类，社会组织孵化基地。2004 年，上海开始陆续出现一批致力于促进社会组织能力建设、倡导公益合作的支持性组织;2009年,浦东新区民政局创设由企业提供场地、政府出资租赁、社会组织免费使用并自主管理的浦东新区公益服务园,数十家公益组织入园集聚孵化。第三类,各种行业协会。浦东新区社会工作协会将浦东新区25家社会工作者机构纳为团体会员,并提供项目联系和运作、人员培训、组织协调团体会员间活动等多种服务。第四类,部分人民团体,主要是共青团和妇女联合会。共青团上海市委是较早主动探索开展青年社会组织枢纽式服务管理的人民团体之一;上海市妇联则在2010年成立由其业务主管的市女性社会组织服务中心,面向全市女性社会组织,通过搭建思想引领、工作引导、对外交流、宣传推广、反映诉求等方面平台,协助政府管理部门开展对女性社会组织登记初审和年检、为女性社会组织提供业务培训和项目承接、开展女性社会组织政策研究等方面的枢纽式服务管理。

上海社会组织"枢纽式管理"试点取得了可喜的成绩。上海最早探索"枢纽式管理"的普陀区长寿路街道民间组织服务中心2004年被民政部表彰为"全国先进民间组织";普陀区长寿路街道"社区民间组织管理体制改革"项目2008年获得"第四届中国地方政府创新奖"的优胜奖;静安区社会组织联合会党总支2009年被评为区"两新"组织"五好"基层党组织,2010年被民政部表彰为"全国先进社会组织"。

## 二、枢纽功能

通过开展枢纽式管理试点,上海市工业经济联合会、上海市商业联合会等已成为本领域行业协会和经济组织不可或缺的参谋和助手,逐步实现了三方面管理枢纽功能:一是党建功能。建立管理枢纽党组织,对上接受归口党委领导,对下领导所属社会组织党的工作。二是业务指导功能。根据管理枢纽建设和发展情况,可以接受政府委托,协助业务主管单位履行对社会组织的部分日常管理和指导职能。三是协调服务功能。加强所属社会组织自身建设,反映诉求,提供服务,维护社会组织合法利益。

在实践运行过程中,管理枢纽的功能各有侧重。普陀区民间组织服务中心的功能主要有服务、管理、协调、预警等四个方面;静安区社会组织联合会的业务范围包括调查研究、指导咨询、交流合作、反映诉求、管理协调。

通过枢纽式管理试点,上海的枢纽组织弥补了政府行政管理力量不足的问题,提高了管理的社会组织执行政策法规的自觉性,有效解决日常管理问题;通过政府授权,枢纽组织对本系统或本领域社会组织发展进行规范、引领,促进社会组织自治;发挥枢纽组织整体合力,积极反映诉求、参与政府决策、协调利益关系,促进政府与社会组织和不同社会组织的交流合作,提供了公众参与和监督的渠道,实现了社会共治。

## 三、案例选介

**【上海市静安区社会组织联合会】**

上海市静安区社会组织联合会,是在推进"枢纽式管理"过程中建立的枢纽组织,其在枢纽式管理实践中发挥着如下作用:

加强党建工作。管理枢纽及时组织学习传达各级会议精神,把党的路线方针和政府的管理要求转化为社会组织的自觉行动。同时,创新活动载体,寓党建于社会组织文化之中,提升党建有效性。如,静安区社会组织联合会2008年开展"社会组织回报社会"大型展示活动,2009年开展"迎世博静安区社会组织志愿者行动计划",举办"迎世博静安区首届社会组织艺术节"活动,2010年举办静安区社会组织首届运动会和静安区社区公益节暨公益论坛,通过这些活动,凝聚会员、服务会员,发挥社会组织党员先锋模范作用,增强党组织和政府的影响力和号召力。

提高业务素质。静安区"1+5+X"管理枢纽成立以来,联手组织以能力建设为核心的培训,同时,与区社团管理局联手建立"静安区社会组织能力建设培训卡",使培训工作走向常态化、制度化。区社会组织联合会还积极推动所属社会组织参加上海市公益招投标,组织有关专家进行具体指导,搭建交流平台,大大提高中标率。2009年,全区有15个单位参与市公益招投标,一次性全部中标,中签率为100%。

促进政府职能转变。管理枢纽积极发挥桥梁纽带作用,一方面,帮助有项目、有能力的社会组织争取政府购买服务资金,解决政府向谁购买和谁有能力购买的问题;另一方面,帮助政府选择最优秀、最合适的社会组织来购买服务,并帮助政府解决服务监督和资金使用绩效评估问题。静安区社会组织联合会配合政府有关部门制订《政府购买社会组织公共服务项目合同示范文本》《承接政府购买公共服务的资质标准》等规范文件,协调成立社会组织评估事务服务中心,使政府购买社会组织服务做到事前有资质评估、事中有监督管理、事后有绩效评估。2010年与2007年相比,静安区购买社会组织服务资金成数倍增长,新增就业岗位近800人。

畅通利益诉求渠道。如,静安区建立"1+5+X"枢纽模式后,区社会组织联合会通过区领导情况专报制度、区民政局联席会议制度、社会组织服务网站和热线电话,以及每季度党建负责人和会长的例会制度、联系基层社会组织制度、新注册社会组织访问联系制度等,将社会组织在发展过程中遇到的困难和问题及时向有关部门建议、反映,许多建议和意见得到区委、区政府和有关部门的重视和采纳,及时化解社会组织成长、发育、发展过程中的难题。

促进社会组织发展。枢纽式管理,一方面,促进会员之间的合作互动,同一枢纽的会员单位,以章程为纽带,增强互信,实现资源整合、共享;另一方面,管理枢纽之间信息交流,使原本没有业务关联的社会组织找到相互交流合作的平台,形成跨枢纽合作,降低机构运作成本,促进社会组织健康有序发展。

# 第五节　党　建　工　作

## 一、概况

社会组织党组织是党在社会团体中的战斗堡垒,发挥政治核心作用。党的十一届三中全会以来,随着经济的发展和社会的进步,各类社会团体不断增多,为加强社会团体党的工作,促进社会团体健康发展,1998年,中共中央组织部、民政部印发《关于在社会团体中建立党组织有关问题的通知》,要求经社会团体登记管理机关核准登记的社会团体,其常设办事机构专职人员中凡是有正式党员3人以上的,应建立党的基层组织;社会团体建立党组织,由其业务主管部门或挂靠单位的党组织审批;社会团体在筹备过程中就应考虑建立党组织问题;业务主管部门或挂靠单位对应当建立党的基层组织而没有建立的,要帮助其尽快建立;社会团体党组织必须自觉接受批准其成立的业务主管部门或挂靠单位党组织的领导;社会团体业务主管部门或挂靠单位党组织要重视社会团体党组织工作,把指导加强社会团体党组织建设作为党组织工作的组成部分。

　　1999年9月,根据市委、市政府领导的要求,市社会团体管理局对471家全市性社会团体的党建工作状况进行抽样调查。在充分调研和广泛听取意见的基础上,市委组织部、市民政局、市社会团体管理局下发《关于在社团中切实加强党的工作的若干意见(试行)》,明确要求在全市性社会团体(宗教团体除外)中多形式地建立起党组织,有条件的区(县)级社团也要积极建立党组织。同时提出:站在巩固党的执政地位和基层政权的政治高度,充分认识加强社会团体党的工作的重要意义;多形式地在社会团体中建立健全党的基层组织,努力消除空白点;多渠道地在社会团体中开展党的工作,增强党的影响力和渗透力;切实加强对社会团体党建工作的领导。

　　2000年8月,市委召开加强社会组织党建工作座谈会,明确提出4点要求:一是进一步统一思想,提高认识;二是进一步解放思想,鼓励探索;三是进一步提高社会组织党建工作实效性;四是进一步加强领导,从组织上保证社会组织党建工作的顺利进行。8月30日,上海成立上海市社会团体党建工作指导小组,负责协调、指导全市社会团体党的工作。组长由市委组织部负责人担任,副组长由市社会团体管理局负责人担任,各委办局共同参与,指导小组在市社会团体管理局设办公室。12月20日,市委、市政府召开加强社团党建和管理工作会议,市委副书记孟建柱、副市长冯国勤出席会议并讲话,市委常委、组织部部长罗世谦主持会议。孟建柱要求,各级党政组织要充分认识新形势下加强社团党建和社团管理工作的重要性,促进社团依法有序健康发展,保证社团正确的发展方向;进一步明确业务主管单位党组织和社团登记管理机关双重负责和分级管理的社团党建工作新体制,形成责任明确、各司其职、相互配合的工作局面;多渠道地开展党的工作,不断消除空白点,扩大覆盖面,增强有效性,不断提高社团党建和管理工作水平。

　　2002年1月11日,上海市行业协会发展署成立,作为行业协会业务主管部门;同日,市委组织部批复同意建立中共上海市行业协会发展署委员会,明确市体改办党组指导发展署党委日常工作,以加强行业协会的管理和党的工作。

　　2003年8月,上海在党政机构改革中,同步设立中共上海市社会工作委员会,作为市委的派出机构,并授权负责全市社会团体、非公经济组织、民办非企业单位党的工作,以及相关的社区党建工作的指导、协调、研究和督查;此后,又在市行业协会发展署、市市场中介发展署的基础上成立市社会服务局,与市社会工作党委合署,进一步加强上海对社会团体管理和党建工作。

## 二、举措

　　上海社会组织党建工作实行以业务主管单位为主、登记管理机关配合的双重领导体制,业务主管单位党组织在社会组织党建工作上负有主要责任,是社会组织党建工作领导主体和直接责任者。

　　按照中央和上海市委、市政府对社会组织党建工作的要求,市社会团体管理局在抓好上海社会组织党建工作方面,通过多年的实践逐步明确了严把"两关"的党建工作思路:一是准入关,凡新成立的社会组织,核准登记和党建工作落实要同步进行;二是年检关,在对社会组织进行年检时,检查其党建工作情况,如具备条件未建党组织的,督促其尽快建立。

　　在推进社会组织党建工作中,上海根据社会组织实际,在"双重管理"基础上进一步探索分级和分类的管理模式。在党建工作分级管理方面,市级业务主管单位和登记管理机关负责市级社团党建工作;区(县)主管单位和登记管理机关负责区县社团党建工作,同时对设在区(县)的市级社团及其分支机构、代表机构的党建工作情况加强了解,及时报告;街道党工委则把社会组织党的工作纳入社区党建工作范围,建立起与市、区(县)两级社会团体管理局、业务主管单位双向沟通机制。在党建工作分类管理方面,根据不同类型社会组织采用有所区别的管理模式,社团主要以业务主管单位为主,民办非企业单位主要是条块结合、以块(社区)为主,群众自发性活动团队则主要以街道、居民区管理为主。针对一些大的社团下面还有许多会员团体的情况,在这些大的社团中建立层次较高的党组织,负责会员团体的党建工作;如在市经济团体联合会(工业经济联合会)层面建立联合会党委,负责市一级工业系统社会组织的党建工作;在市商业联合会层面建立党总支,负责商业系统社会组织党建工作。

## 三、创先争优活动

根据中共中央办公厅转发中共中央组织部、宣传部《关于在党的基层组织和党员中深入开展创先争优活动的意见》和市委组织部统一安排,2010年9月开始,市民政局、市社会团体管理局以"强基础,强能力,强服务"为目标,指导全市社会组织深入开展创先争优活动。先后开展了"世博先锋行动""迎接建党90周年""联系服务群众、践行社会责任"等主题实践活动,加强了社会组织的党组织建设和党建工作,优化了社会组织的发展环境,增强了社会组织参与社会治理的能力,促进了社会组织作用发挥。

建立创先争优领导机制。为了推进全市社会组织创先争优活动有效开展,市社会工作党委、市民政局等单位联合组成上海市社会组织创先争优活动指导小组,市民政局、市社会团体管理局主要领导担任指导小组组长,同时,在市社会团体管理局成立联络办公室,安排专职人员负责具体工作,根据不同类型的社会组织和创先争优的不同阶段,制定分类指导意见、工作要点和工作方案,做到目标、任务、要求和责任"四明确";召开动员会和推进会,开展社会组织党建情况专题调查,建立创先争优活动联系点,加强督促检查和具体指导。

推进社会组织党的建设。以创先争优活动为抓手,开展社会组织党建工作调研,按照"应建必建"要求,着力提升社会组织党建工作和党组织覆盖率,并坚持"两个结合":一是创先争优与规范化建设有机结合,把党建工作纳入评估"一票否决",把创先争优活动纳入考评内容,引导社会组织积极主动加强和改进党建工作;二是创先争优活动与能力建设相结合,下发《创先争优活动的分类指导意见》,分类指导社会组织加强能力建设,如社会团体强化"三个能力",即:服务会员、民主办会、健康发展的能力;民办非企业单位强化"三化能力",即:专业化服务、项目化管理、市场化运作的能力;基金会强化"三钱能力",即:筹钱、生钱、花钱的能力。

推动社会组织参与社会治理。市社会团体管理局结合社会组织创先争优活动,下发《联系服务群众,践行社会责任的实施意见》,引导社会组织联系服务群众,参与化解矛盾,创新社会管理,发挥积极作用。利用反面案例,染色馒头、"郭美美"等事件,举办研讨会,引导和指导社会组织防微杜渐,提升参与社会治理的能力。加强先进典型宣传,充分发挥上海基层党建网、上海社会组织网、《上海社会组织》杂志等媒体的作用,大力宣扬社会组织党组织和党员开展创先争优活动的进展、做法经验和先进事迹。

2010年,市民政局、市社会团体管理局会同各业务主管单位,在指导全市社会组织开展深入学习实践科学发展观活动中,积极督促符合建立条件、但尚未建立党组织的285家社会组织,按照要求建立党组织。2010年,市民政局、杨浦区民政局、虹口区民政局被民政部评为"社会组织深入学习实践科学发展观活动指导工作先进单位",上海市信息服务业行业协会、上海市拥军优属基金会、普陀区长寿路街道民间组织服务中心被评为"社会组织深入学习实践科学发展观活动先进单位"。

# 第四章　培　育　发　展

　　上海依托国际性大都市的区位优势,在社会组织管理中,以发展为"前提",以建设为"核心",强化积极作用发挥。1999年上海市社会团体管理局成立后,适应新形势、新任务要求,大胆改革创新,不断推出培育发展的新政策、新举措。1998年,在全国率先提出"社团进社区"理念,引导社会组织参与社区治理;2002年,在全国率先出台首部省(市)级促进行业协会发展的地方性法规,组建了一批新型行业协会;2007年、2008年,市社会团体管理局主导推动建立社会组织年金制度和工资基金管理制度,推进社会工作专业化、职业化进程;2009年,探索建立社会组织发展支持体系,建成上海首个公益组织孵化基地,并在全市范围内开展社区公益服务项目招投标工作;同年,积极推进社会组织参政议政工作,协调落实在党代会、人代会、政协委员中增加社会组织代表或委员的比例。2010年,建成上海社会组织信息化管理"一库""两网"和"五个平台",实现信息化管理。同时,市社会团体管理局通过发起上海社会组织参与各类研讨会、交流会、招聘会等重大活动,搭建上海社会组织交流合作平台,推动上海社会组织健康发展、不断壮大。

## 第一节　培育发展类型

### 一、行业协会

　　上海行业协会的发展有着深厚的历史渊源。到1949年上海解放,上海各类同业公会(行业协会)已发展到400多家,覆盖整个上海的工商业。随着我国社会主义三大改造的完成,同业公会被撤销,政府对企业实行"归口管理",工商联成为党对私营企业家的统战组织,行政性公司包办了同业公会的职责。此后很长一段时间内,行业协会基本上销声匿迹。

　　2001年,我国加入世界贸易组织(WTO),标志着我国开始进入世界自由贸易体系,走向全方位对外开放、与国际经济接轨的新时期。在WTO框架下,行业协会作为行业利益的代言人,在国际贸易争端的诉讼和谈判中成为重要的对话主体,具有维护会员企业、整个行业乃至国家利益的职能。企业在日益激烈的国际竞争中,更加迫切地需要一个强大、健全的行业协会代表自身的利益与国际上的商业对手进行谈判和竞争。因此,培育发展对市场经济建设和社会发展具有重要促进作用的行业协会,已引起市委、市政府的高度重视与关注,也逐步成为业界和学界的共识。

　　2001年2月5日,市政府决定,成立由市政府体制改革办公室牵头,市政府法制办公室、市政府发展研究中心、市社会团体管理局等有关部门参加的行业协会改革和发展方案工作小组及行业协会立法调研工作小组。4月和9月,市领导两次专门听取关于行业协会改革发展的情况汇报,并作出具体指示。10月23日和29日,市政府分别召开会议,决定筹建上海市行业协会发展署和上海市市场中介发展署。2002年1月11日,市政府召开行业协会工作会议及上海市行业协会发展署和上海市市场中介发展署成立揭牌仪式,随即下发《上海市行业协会暂行办法》《关于本市促进行业协会发展的指导意见》和《关于本市经济鉴证类社会中介机构规范管理的若干意见》等3个文件,为行业协会改革发展提供了法律保障和规范要求。上海在全国率先掀起行业协会改革发展高潮。

《上海市行业协会暂行办法》以政府令的方式明确,上海市行业协会发展署是协会业务主管部门,主要负责上海市行业协会的发展规划、布局调整、政策制订和协调管理。市政府有关委、办、局是全市相关行业业务的主管部门,负责对行业协会涉及的产业发展、行业规范等有关事务进行业务指导和监督管理。行业协会管理体制从双重管理体制过渡为"双重管理,三方负责"的管理体制。2002年10月,市政府办公厅转发市体制改革办公室、市民政局《关于本市行业协会业务主管部门管理职责划分和相关工作衔接的意见》,进一步明确业务主管单位划分为协会业务主管单位和行业业务主管单位,并明确各自的管理职责。

2002年10月,上海市人大常委会通过了上海历史上第一部关于促进行业协会发展的地方性法规——《上海市促进行业协会发展规定》,对行业协会的职能定位、办会原则、政会分开、购买服务等方面作出规定。

2002年,在"双重管理,三方负责"管理体制下,上海行业协会改革发展工作进入一个新的时期,新组建10家亟须发展的行业协会,同时推动一些行业现有的协会规范调整工作。协会业务主管单位注重探索建立合理的行业协会组织运行工作机制,既组建一批新型行业协会,又对已经成立的132家行业协会实行改革调整,倡导政会分开,推动完善内部治理,扩大协会覆盖面、代表性、权威性和影响力。通过政府的推动,行业协会的代表性逐步增强,并与政府建立了良好的合作关系,在社会体系中呈现出新型的行业协会群体形象。其间,按照新的体制成立了会展、人才中介、通信、电子商务、汽车配件流通、蔬菜加工与出口、多媒体、皮革、建设工程检测和电子制造等10家新的行业协会,对6家传统行业协会基本完成改造工作。截至2002年底,全市共有行业协会147家。

2004年7月,上海市委、市政府决定在原上海市行业协会发展署的基础上,成立上海市社会服务局,承担管理行业协会的工作。

2008年10月,为进一步深化上海市行政审批制度改革,根据调整优化上海政府部门组织结构的方案,上海市委、市政府决定,撤销上海市社会服务局,将其管理行业协会的职责划归上海市社会团体管理局。

2010年7月,上海市人大常委会通过修改的《上海市促进行业协会发展规定》,自2010年11月1日起施行。这次修订,是在保持原有框架结构和表述方式基本不变的基础上,针对上海市行业协会发展中的新情况、新问题,采取修正案的形式作相应的增删和修改,主要涉及登记制度、政社分开、政府购买行业协会服务、专职工作人员职业化及加强行业协会指导、监管、退出等相关内容,简化了审批程序,同时明确申请设立行业协会应当向社团登记管理部门提出。

截至2010年底,上海共有行业协会222家,其中市级207家,浦东新区15家。

## 二、社会组织服务中心

为适应政府职能转变和广大社会组织的服务需求,推动社会组织参与社区建设,自2000年起,在市、区、街道(镇)推动建立三级社会组织服务中心。2000年8月,上海市社会组织服务中心的前身——上海市民间组织服务中心成立(2002年6月更名为上海市民间组织发展中心,2004年4月变更为原名,2008年12月更名为上海市社会组织服务中心)。随后,各区(县)积极探索社会组织服务管理,先后成立一批区(县)和街道(镇)层面的社会组织服务中心(亦称"民间组织服务中心")。2001年5月,普陀区民间组织服务中心在全市区(县)级层面率先成立。2002年9月,全市第一个社区民间组织服务中心——普陀区长寿路街道民间组织服务中心成立。2002年12月,市委办公厅、市政府办公厅印发《关于进一步推进本市民间组织参与社区建设和管理的意见》,要求各区(县)建立民办非企业单位性质的民间组织服务中心,街道(乡镇)也要建立同样性质的社区民间组织服务中心,为本社区各级各类民间组织服务,并探索自我管理、自我服务的管理、服务新形式。2003年,市民政局出台《关于在本市街道(乡镇)组建社区民间组织服务中心的实施意见》,明确社区民间组织服务中心服务民间组织、党的建设、人力资源管理、监督预警、承担政府委托或转移职能、服务社区居民的六大功能定位。

截至2010年底,全市共成立各类社会组织服务中心103家,其中市级社会组织服务中心1家、区级社会组织服务中心8家、街道(乡镇)社会组织服务中心91家、其他社会组织服务中心3家。初步形成了以社会组织服务中心为主干,集"服务、管理、协调、预警"于一体的社会组织三级服务网络,为社会组织参与社区建设发挥作用。

### (一) 选介
### 【上海市社会组织服务中心】

上海市社会组织服务中心成立于2000年8月,原名上海市民间组织服务中心,2002年6月更名为上海市民间组织发展中心,2004年4月变更为原名,市民政局局长徐麟为中心揭牌,2008年12月再次更名为上海市社会组织服务中心,是一家全市性从事社会组织服务的非营利民办非企业单位法人。业务主管单位为上海市民政局。

中心实行理事会领导下的主任负责制,由中心主任负责日常工作,下设综合开发部、咨询服务部、培训评估部、信息宣传部、财务部等5个办事部门,分别承担中心各项具体工作事务;设有监事会,负责对理事会、行政负责人遵守法律、法规和章程以及财务状况等进行监督。

中心的业务范围是:为全市社会组织提供咨询、评估、培训、合作交流、指导和服务,承担政府委托办理事务性、服务性工作。

中心成立以来,履行"服务社会组织、服务政府部门、服务社会公众"的宗旨,在实践中不断探索、创新和发展,发挥政府相关部门的"参谋"和"助手"作用。

窗口咨询接待、登记事务代理服务。协助市社团管理局承担综合事务大厅的窗口咨询接待和登记材料代为受理等业务,主要业务包括:社会组织登记前后的业务咨询、登记事务的相关政策咨询以及各类登记事项材料的受理等工作。

档案管理和档案电子化工作。承担市社团管理局的社会组织档案室管理和社会组织档案电子化工作。主要业务包括:接受移交的市级社会组织档案,对档案进行整理、装订、归档,接待对档案的查询咨询等工作;承担对纸质档案实施电子化的工作业务。

搭建社会组织培训平台。为社会组织业务培训工作搭建较为完善的各类业务培训平台,从全市范围内精选培训讲师。到2010年,中心先后组织社会组织专职人员上岗培训、法人治理结构和内部治理运作规范培训、秘书长能力建设培训、财会人员岗位培训、规范化建设培训、自律诚信和信用建设培训、公益创投和公益招投标培训等各类培训班210多期,共培训4万多人次。

编印《上海社会组织》期刊。《上海社会组织》是由市社会团体管理局指导、中心负责编辑出版的展示社会组织业务活动的重要宣传刊物。中心自2005年接受编辑任务以来,坚持围绕上海社会组织的中心工作任务,突出重点,大力宣传全市社会组织各类先进典型和发展成果,探讨研究社会组织工作,成为了引导全市社会组织发展的可读性、指导性都比较强的刊物。截至2010年底,共出版36期。

探索社会组织规范化建设评估工作。受市社会团体管理局委托,组织实施上海社会组织规范化建设评估指标的修订工作,并配合市社团管理局,从评估试点开始,参与对相关社会组织的规范化建设评估工作。

图5-4-1 2006年1月,上海市社团局主办、上海社会组织服务中心承办的《上海民间组织》(双月刊)创刊。2008年10月,《上海民间组织》更名为《上海社会组织》。

### 【上海市普陀区民间组织服务中心】

上海市普陀区民间组织服务中心成立于2001年5月,业务主管单位为上海市普陀区民政局。

中心的业务范围是:对社会组织实施枢纽式管理;参与社区治理,开展社区公益服务;建立预警机制;社会组织党建;社会组织人力资源管理;提供专业支持,促进合作与交流,开展咨询、研究、培训、评估等事务。

2002年8月,普陀区长寿路街道创建全市第一个社区民间组织服务中心。2003年,全区实现社会组织服务中心全覆盖。中心作为区级社会组织服务中心,主要承接政府转移的相关服务,包括登记指导、监督预警、规范化建设评估、培育支持、工资基金管理、指导街道(镇)社会组织服务中心等政府委托事项。

提供登记指导服务。为办理各类登记的社会组织提供告知单,就办理流程和所需提交材料进行细化讲解,加强与登记管理机关的联系,了解业务主管单位的要求,解读和消化有关政策,为社会组织提供便捷、高效的服务,提高办理效率;按照社会组织开展网上年度检查工作的时间节点,分批分次组织街道(镇)民间组织服务中心的工作人员、区管社团联络员和业务主管单位联络员进行年检动员,开展网上实务操作细化培训。

推进规范化建设与评估。按照"先建后评、以评促建、评建结合、重在建设"的原则,积极参与规范化建设评估工作,通过各街道(镇)社会组织服务中心的宣传,把基础条件好、自身要求高的社会组织组织起来,举办社会组织规范化建设评估培训班。

加强专业人员队伍建设。定期举办社会组织财务人员培训班、中心主任(负责人)培训班;信息宣传工作和特约通讯员培训班;建立中心主任(负责人)月工作例会制度;积极开展预警网络建设、社会组织规范化建设评估。

指导和参与预警网络建设。健全完善区、街道(镇)和居委会三级社会组织预警网络,做好做实预警网络的"服务、协调、管理、预警"四位一体功能,承接预警工作的具体事务性工作与基础检查;积极开展组织一次全区走访检查、开展一次信息员业务培训、落实一次集中性的宣传活动、进行一次收集信息的梳理分析的"四个一"活动;实时了解和掌握区域管辖的社会组织,全面梳理名存实亡的社会组织,促进社会和谐稳定。

### 【上海普陀区长寿路街道民间组织服务中心】

上海普陀区长寿路街道民间组织服务中心成立于 2002 年 9 月,是全市首家街镇层面的民间组织服务中心。业务主管单位为上海市普陀区长寿路街道办事处。

中心自成立以来,不断加强组织建设,完善内部运作机制,按照"党建全覆盖、管理全过程、服务全方位"的工作要求,服务辖区内的各类社会组织。

中心的业务范围是:对社会组织实施枢纽式管理;参与社会治理,开展社区公益服务;建立预警机制;社会组织党建;社会组织人力资源管理;提供专业支持,促进合作与交流,开展咨询、研究、培训、评估等事务。

中心主要开展以下几方面工作:

发挥枢纽作用,引导社会组织健康有序发展。中心以党建引领为切入点,扩大党的工作覆盖面,创新党建组织形式,2003 年,率先建立全市第一家社区民间组织党总支,并打破传统的组织形式和管理方法,实现党建全覆盖;根据社会组织的不同特点,采取属地、属业相结合的原则,积极组织社区社会组织参加党组织的活动;充分发挥党支部及信息员作用,把预警工作融于党建之中,将"服务、协调、管理、预警"融为一体,充分发挥枢纽组织的基层党组织功能、业务主管功能、协调服务功能等三大功能。

承接政府职能,探索政社合作新机制。中心通过设立窗口式接待、菜单式服务为所辖街道提供服务,主要承接的项目有:民非单位、家庭收养调查评估工作;预警网络工作;群众团队备案登记工作;经常性捐助接受点和慈善超市工作;社区义工管理工作;流浪乞讨人员救助管理工作;市民综合帮扶工作等;探索群众活动团队长效管理机制,制定了《长寿社区群众活动团队备案管理实施意见》,对符合条件的 142 支群众活动团队颁发备案证书,同时成立群众活动团队联合会党总支和下属的团队党支部,把党的建设功能、业务指导功能、登记备案功能和预警网络功能融于一体,探索一条群众活动团队党建和团队管理的新模式。建立社区义工服务总站,完善和规范义工队伍的管理,建立了义工的招募登记、管理服务、评估考核、激励措施等运作机制和规章制度。到 2010 年,共有6 700 多人次到慈善超市做义工,服务时间 2 万多小时,相当于 2 500 多个工作日,共有 13 个单位和15 名个人被授予普陀区"慈善之星"荣誉称号,慈善超市被授予普陀区"志愿者服务基地"和"优秀义工服务点"荣誉称号。

凸显孵化功能,培育社会组织参与民生服务。培育孵化慈善超市,2004 年 2 月,中心接受街道委托,创建全市第一个社区慈善超市,积极探索民间组织参与扶贫帮困工作新途径;按照"政府推动,民间运作,社会参与,百姓受益"的模式,逐步建立一整套社区慈善超市的长效运作机制和对社区特困群众的慈善救助体系,得到中央、市、区各级领导的充分肯定。到 2010 年,长寿社区通过慈善超市平台共募集善款 600 多万元,救助社区困难群众 5 万多人次,救助金额达 500 多万元,上海慈善物资管理中心上交衣被 15 万多件。培育孵化市民综合帮扶服务社,2008 年 2 月起,中心接受区民政局和街道的委托,建立长寿关爱帮扶服务社,重点解决社区内低保、重残无业、低收入市民因患大病重病或突发灾害造成生活特别困难、而现行政府救助政策覆盖不到的、或者虽经政府救助之后生活仍非常困难的市民,以缓解这部分特困人员的生活困难。到 2010 年,已帮扶 1 116 名特困市民,共发放帮扶金额 115.68 万元。培育孵化公益性社会组织,街道以社区需求为导向,积极培育孵化公益性、服务性、慈善类社会组织,帮助初创时期的公益组织解决挂靠业务主管单位、落实注册资金和办公场地等方面遇到的困难。

中心 2004 年评为"全国先进民间组织";2008 年评为"中国 5A 级社会组织",并被授予"第四届中国地方政府创新奖";2009 年荣获"首届上海慈善奖""上海市优秀基层党建创新成果奖"。

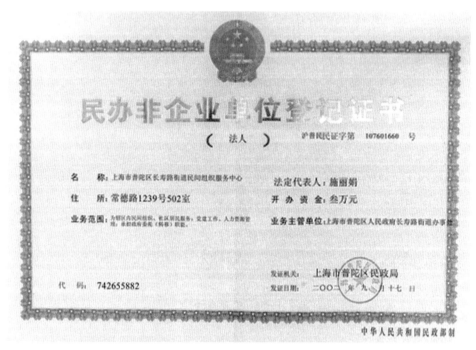

图 5-4-2 　2002 年 9 月 16 日,普陀区长寿路街道民间组织服务中心登记成立,这是上海首家社区民间组织服务中心,图为长寿路街道社会组织服务中心登记证书。

### 【上海普陀区长风新村街道民间组织服务中心】

上海普陀区长风新村街道民间组织服务中心成立于 2003 年 6 月,业务主管单位为上海市普陀区长风新村街道办事处。

中心的业务范围是:对社会组织实施枢纽式管理;参与社区治理,开展社区公益服务;建立预警机制;社会组织党建;社会组织人力资源管理;提供专业支持,促进合作与交流,开展咨询、研究、培训、评估等事务;承担政府委托(转移)的职能。

中心主要开展以下几方面工作:

服务政府。成立街道预警网络领导小组,先后制定《街道预警网络联席会议工作制度》《居委会预警网络小组例会制度》《信息员工作制度》《信息报送奖励制度和重大事项应急处置制度》等,明确职责任务和工作流程;组织开展预警网络评比,明确预警网络信息工作的职责范围和工作要求,使信息员了解工作的目标要求,掌握工作的方式方法,有力推动预警网络建设工作的健康有序开展。

服务社会组织。培育孵化社会组织,与华师大科技园区建立战略合作伙伴关系,把大量优秀社区治理服务类社会组织倾向性引导落户华师大科技园区;以区公益性社会组织培育扶持政策为基础,结合街道实际,对新成立的或者符合参与基层治理服务的公益性社会组织提供全方位服务;以中心党总支为核心,按照属地化就近管理原则,依托现有社区党建同心圆组织架构,将社会组织全部一一对应落地到相应的居民区党组织中,让落户长风的社会组织能够在第一时间了解、熟悉居民区的相关工作,为其参与基层治理服务打下坚实的基础,凝聚多方的智慧和力量做好社会组织参与基层治理服务的对接工作;聚集社会组织人才,定期组织各类培训,建立社会组织人才队伍基础信息库,将其纳入各类社区共治平台,积极推荐"两代表一委员"的候选人;积极推进社会组织规范化评估建设,实施资源对接、能力建设培训、项目业务指导、财务指导服务、品牌项目建设、登记服务指导、政策法规宣传和引导自治等服务。

服务社区。中心组织、鼓励社会组织、群众活动团队开展各类公益服务,并给予场地、人员及经费方面的支持;积极参与社区治理,通过久龄家园"自家饭堂"助餐项目方案、各类引导居民区自治案例、异地自杀危机干预案例、参与社区治理案例等服务社区;积极参与街道的各类政策课题与规划调研,引导社会组织、企业和居民间形成友好公益伙伴关系;发挥平台优势,整合资源,形成"社区搭台、多方唱戏、百姓受益"的格局,创建凝聚正能量的社会公益生态圈,引导更多爱心单位作为慈善主体参与社区治理;组建社会组织"心联盟"志愿者团队,积极推动居民参与公益社区建设和管理。

### 【上海普陀区甘泉路街道民间组织服务中心】

上海普陀区甘泉路街道民间组织服务中心成立于2003年7月,业务主管单位为上海市普陀区人民政府甘泉路街道办事处。到2010年,辖区内共有社会组织45个,群众活动团队116个。

中心的业务范围是:为辖区内的民间组织、社区居民服务;党建工作、人力资源管理;承担政府委托(转移)职能。

中心主要开展以下几方面工作:

加强党的领导,提升党建水平。发挥中心党总支对社会组织党建工作的指导作用,将社会组织党建工作下移到居民区,建立一支能打硬仗的党建联络员队伍,不断增强党组织的渗透力、凝聚力、战斗力,通过深入细致地开展党的工作,及时、准确地了解社会组织发展状况,确保社会组织各项工作始终不偏离方向。

完善中心功能,增强服务能力。中心落实区社团管理局关于《做好社会团体、民办非企业单位年度检查、信息公开和承诺服务活动》的工作要求,坚持对辖区内社会组织进行"家访",进行工作指导,认真排摸问题,一旦发现,及时纠正,维护和提升街道社会组织的良好社会形象。

丰富活动载体,参与社区建设。中心激发社会组织参与公益活动的热情,扩大社会组织的影响力,组织开展"诚实守信、真情献社会"为民服务活动,免费为社区居民提供精神慰藉、法律援助、医疗咨询、家电维修等服务;组织开展"献上一份爱心,伴你一生幸福"的助困活动,积极为社会组织参与和谐社区建设搭建平台;组织社会组织参与帮困助学结对活动;中心义工活动总站广泛发动社会组织参与义工队伍建设,组建护村队、流浪乞讨巡逻队、排堵保畅服务队等,开展各类社区管理服务。

加强预警网络,促进健康发展。预警工作注重"四个有效结合":将预警工作与社会组织党建工作有效结合、与"社团进社区、服务为人民"有效结合、与群众团队的培育和发展有效结合、与打击社会组织违法、非法行为有效结合;制定社会组织预警考核制度,定期召开街道预警网络党建联络员、信息联络员、信息员培训会议,以会代训,加强业务学习和指导。

强化服务意识,创新发展思路。中心做好深入细致管理工作,做到团队数量清,人员状况清,党员人次清,更好地发挥群众团队在社区建设和管理中的作用;实行网格化管理,按照居委会所处的地理位置,将群众团队归口划分为五大块,并分别指派党建联络员入驻;到团队活动相对集中的场所实地走访,了解每个团队的动向,及时、准确掌握情况。

### 【上海闵行古美社区民间组织服务中心】

上海闵行古美社区民间组织服务中心成立于2004年12月,是为古美路街道辖区内社会组织提供服务的民非单位,业务主管单位为上海市闵行区古美路街道办事处。到2010年,街道有社会组织19个。

中心的业务范围是:为地区内的社会组织和群众活动团队提供服务;整合社区资源,搭建合作平台;做好社区组织的预警工作。

中心主要开展以下几方面工作:

培育孵化。中心先后培育和引进多家社会组织,各家社会组织独具特点,有以社区老年人服务、残疾人服务、困难青少年服务等为内容的,还有以社区内基层干部队伍建设、物业管理调节、法律咨询等为内容的,中心引导和指导社区社会组织积极开展各种活动,服务社区民生,促进社区建设。

特色服务。中心以需求为导向,在社区开展民生需求调查,了解需求变化,确定服务内容和形式;召开街道职能部门、社会组织共同参与的报告解读会,为社会组织与政府职能部门搭建桥梁;倡导建立社会组织和社区居委会联席会议机制,形成社会组织融入社区、促进互动的快速通道;积极发挥枢纽型平台的公益集聚效应,探索与基金会、企业、高校等方面的跨界合作,社会组织与社区各类资源之间形成良性互动。

工作创新。中心积极整合社会资源,吸引社会力量参与社区治理创新,吸引社区志愿者和驻街单位广泛开展服务项目;鼓励社会组织积极承担居委会的社区服务工作,促进居委会提升居民自治水平,开展"风从古美来""月圆古美"等群众性文化活动;举办广场舞大赛、旗袍表演、亲子文艺演出等专项文化活动;服务弱势群体,缓解社区矛盾,以"助老、助残、帮困、扶幼"为重点,通过公益招投标,使弱势群体感受到来自政府和社会的关爱。

### 【上海徐汇区湖南社区民间组织服务中心】

上海徐汇区湖南社区民间组织服务中心成立于2007年8月,业务主管单位为上海市徐汇区人民政府湖南路街道办事处。

中心的业务范围是:为社区内各类民间组织提供活动指导、业务咨询、培训、协调等相关服务。

中心主要开展以下几方面工作:

培育和推动发展。中心先后参与协助培育成立上海市徐汇区湖南社区文化团队协会、上海市徐汇区湖南街道弄堂管理协会等社团组织;引导社会组织广泛参与社区帮困类、便民类、维权类、社区管理类、文化生活类、公益宣传类服务;指导社会组织承接小区管理、文化活动组织、慈善救助、为老服务等社区管理和服务项目,有效承接部分政府职能,在扩大公共服务、协助政府管理、动员社会参与、满足社会公众多样化需求等方面发挥积极作用。

　　加强规范化建设。中心将规范化建设与诚信自律建设活动相结合,加强自身建设,提升综合能力;建立健全以章程为核心的各项规章制度,健全组织机构,推进民主选举、民主决策、民主管理和民主监督;增强法制意识,自觉遵守各项法律法规和规章制度,主动接受业务主管单位和登记管理机关的指导与监督;建立信息公开制度,主动将重大活动和财务状况等信息向社区公布,不断提高社会公信力。

　　承接政府职能转移。中心结合实际,及时将市、区有关社会组织的各项政策和文件精神传达给街道下属社会组织;整合辖区资源,积极投身服务社会的公益项目,组织策划和承办公益活动,举办专场便民服务活动,为社区居民提供各类公益服务,2010 年 3 月在社区首映无障碍电影公益创投项目。

　　做好预警工作。中心对社区群众团队实行备案登记,探索群众团队长效管理机制,建立预警网络,及时反馈信息;加强民间组织预警网络建设,及时调整充实联络员、信息员,完善信息员队伍;定期做好四级预警网络联络员和信息员的培训工作。

### 【上海浦东新区洋泾社会组织服务中心】

　　上海浦东新区洋泾社会组织服务中心于 2008 年 12 月成立,业务主管单位为上海浦东新区人民政府洋泾街道办事处。到 2010 年,社区有注册登记社会组织 108 个,有备案群众活动团队 251 个。

　　中心的业务范围是:为所属地区的各类社会组织提供服务,接受政府委托,承担本社区的社会组织管理;做好社会组织预警网络工作,开展信息培训,做好社区群众活动团队的备案工作,承接所在地区社会组织成立登记的现场勘察事务。

　　中心主要开展以下几项工作:

　　加强孵化培育。中心积极培育和发展社区内各类社会组织,先后培育 7 家社会组织参与社区建设和服务;丰富社区社会组织资源,制定“增能计划”,邀请复旦大学社会工作学院的教授及大学生志愿者共同参与,采用培训、讲座、论坛、拓展训练形式等,对社会组织开展能力建设,增强社会组织在社区服务中的使命感,提高项目开发管理能力,提升社区志愿服务能力,推动整体发展,街道老年协会通过“增能计划”培训,使命意识进一步增强,在中心的指导与协助下,参与上海市社区公益服务项目招投标,开发出“爱暖银龄”社区独居老人综合服务项目并成功中标。

　　强化管理指导。中心加强社会组织预警网络建设,召开预警信息员工作会议,制定预警应急处置流程,确保预警网络及时捕捉和上报社会组织涉嫌违规、违法行为信息;定期对辖区内社会组织进行梳理和登记备案,及时掌握变化情况,按时做好街道业务主管社会组织的年检指导和初审工作;通过召开社会组织工作会议、实地调研、来访咨询等方式,了解辖区内各社会组织的发展情况、遇到的问题,及时提供相应服务。

　　组织公益服务。中心以“服务社会组织,促进公益发展”为目标,调动辖区内社会组织参与公益活动的热情,围绕助老、扶幼、助残、环保、慈善捐赠和义卖、便民服务、社区融合等各方面,积极推动公益活动与公益文化扎根社区,为和谐社区、和谐社会的建设贡献力量;策划并参与浦东新区“公益活动月”活动,以社区需求为导向,发动社区社会组织组建项目团队,推动社区公益服务项目开展;受政府部门委托,管理运作洋泾社会组织公益服务园,搭建政府与社会组织的公益服务项目供需对接平台,促进社会组织间项目合作、资源共享,与各类公益性社会组织共同发展,提升公益事业的影响力。

加强党建工作。中心加强党组织建设,认真开展组织生活,做好党组织关系的接转,积极发展新党员;对于无党员的社会组织,支部委派一名党员担任其机构的党建联络员,负责党建工作;成立社会组织党员志愿者服务队,积极参与社区为老服务、社区单身公益青年交友活动等多元化民生公益服务。

### 【上海浦东新区金杨社会组织服务中心】

上海浦东新区金杨社会组织服务中心成立于2009年9月,业务主管单位为上海市浦东新区金杨新村街道办事处。

中心的业务范围是:为所属地区各类社会组织提供服务;接受政府委托,承担本社区的社会组织管理;做好社会组织预警网络工作,开展信息员培训;做好社区群众活动团队的备案工作;承接所在地区社会组织成立登记的现场勘察事务;承担街道、社区社会组织的孵化、培育、服务、资源提供、培训、公益活动开展等。

中心主要开展以下几方面工作:

孵化培育服务。中心先后孵化培育一批社会组织,从注册协助、场地支持、能力培训、资源对接、信息共享等方面,对园区社会组织及辖区社会组织提供服务,成为服务社区的重要力量;为区域内社会组织提供咨询、能力建设培训,促进社会组织服务能力和人员素质不断提升;建立健全社会组织培育、服务与管理制度,加强社会组织实地勘察,监督社会组织按时完成年度检查工作,鼓励社会组织积极参加"社会组织规范化建设评估"等,确保社会组织管理工作规范、长效发展;健全完善社会组织预警网络领导小组和信息员队伍,定期组织居村委预警信息员培训,积极收集群众活动团队动态资料,配合对提供的社会组织基本信息进行筛查检录,并对重大事项预警信息及时报街道和新区社团管理局;负责辖区内群众活动团队的备案工作,排摸社区群众活动团队变化情况。

公益项目管理。中心积极搭建项目对接平台,推动社会组织购买服务工作有序开展;组织社区公益招投标项目的立项需求调研、社会组织对接、监管评估等,引导社会组织深入社区各个领域承接公益服务项目,推进项目策划、项目运作、项目对接、项目评估、项目资料整理、项目报告撰写等工作落实;组织专业评估机构对项目进行全程跟踪,确保项目的有效开展,让广大社区居民参与受益。

规范运作管理。中心完善内部管理规范,制定《重大事项报告制度》等管理制度,以及周例会制度等工作机制;加强信息宣传工作,定期采集、编写和上传信息,编辑工作简报,将辖区内社会组织信息进行收集整理,走访辖区内社会组织,加强了解和沟通;定期组织党员学习,召开民主生活会,邀请专家、老党员上党课,开展慰问走访困难党员活动;对入驻金杨益天地的社会组织开展党的组织覆盖和工作覆盖,对没有条件建立党支部的社会组织,派遣党员兼职开展党建服务工作。

### 【上海浦东新区塘桥社会组织服务中心】

上海浦东新区塘桥社会组织服务中心成立于2009年11月,业务主管单位为上海市浦东新区人民政府塘桥街道办事处。

中心的业务范围是:为本区域内的各类社会组织提供服务;接受政府委托,承担社区社会组织的管理;做好社会组织的预警工作,开展信息员培训;做好社区群众活动团队的备案制管理工作;承接所在地区社会组织成立登记的现场勘察事务。

中心主要开展以下几方面工作:

　　党建工作。中心党支部在塘桥街道党工委领导下做好社区社会组织党建引领工作,为新成立社会组织委派党建工作指导员,将社会组织中的业务骨干培育发展成为入党积极分子;对于尚不具备成立党组织的社会组织中的党员,其组织关系转入中心联合党支部;引领党员开展先锋公益行动计划,积极服务于社会建设。

　　服务发展。中心为辖区内的社会组织提供政策与运营咨询服务、公益项目服务、登记事项服务、能力建设培训等,引导、扶持、培育各类社区社会组织的健康发展;设计“社区公益项目集成模块”,聚集社区社会组织力量,将成熟的公益服务项目编制成公益服务菜单,组织社区社会组织服务集群,以组团方式为街道和城市社区提供公益定制服务。

　　服务政府。中心为街道办事处分散采购服务类项目提供相适应的过程服务,包括采购文本设计、组织项目评审,提供合格供方信息等;协助政府做好社会组织预警网络建设及街道、居委的信息员队伍的培训,做好区域内社会组织和社区群众活动团队基本信息动态统计,准确捕捉和上报非法社会组织和社会组织违法活动;协助政府做好社区群众活动团队的备案制管理,做到“上海社会组织综合管理服务信息平台信息、中心管理台账、村(居)委社区群众活动团队台账”三者相一致;协助浦东新区民政局和街道办事处做好社会组织年检工作的宣讲、指导;为辖区社会组织规范化建设等级评估工作进行宣传动员、培训与指导,以及与第三方评估机构的联络服务;受政府委托,对区域内拟注册登记社会组织的注册地址进行现场勘查,核实房屋租赁合同(或房屋使用证明)及房产使用性质等。

　　促进社区治理。服务社区民生需求,成为“温馨社区、宜居家园”目标的重要实践者;为社区社会治理提供议事规则、参与式方法、需求调研、项目设计与管理的培训与指导等;为社会组织参与社区社会治理,驻区单位履行企业社会责任等提供平台支持;组织进行社区公益需求调研,组织策划社区公益服务项目,促进社区慈善公益组织和慈善公益事业发展,关注社区弱势群体。

### (二) 名录

　　以2000年8月上海市民间组织发展中心成立为起始,截至2010年底,全市成立各类社会组织服务中心103家。

表 5 - 4 - 1　2010 年上海市社会组织服务中心一览表

| 序号 | 单 位 名 称 | 业务主管单位 | 登记日期 |
|---|---|---|---|
| 1 | 上海市社会组织服务中心 | 上海市民政局 | 2000 - 08 - 23 |
| 2 | 上海市普陀区民间组织服务中心 | 上海市普陀区民政局 | 2001 - 05 - 23 |
| 3 | 上海闵行区社会组织服务中心 | 上海市闵行区民政局 | 2001 - 12 - 14 |
| 4 | 上海静安区民间组织服务中心 | 上海市静安区人民政府社会建设办公室 | 2002 - 08 - 12 |
| 5 | 上海普陀区长寿路街道民间组织服务中心 | 上海市普陀区人民政府长寿路街道办事处 | 2002 - 09 - 16 |
| 6 | 上海市松江区民间组织服务中心 | 上海市松江区民政局 | 2003 - 03 - 10 |
| 7 | 上海徐汇区田林社区民间组织服务中心 | 上海市徐汇区人民政府田林街道办事处 | 2003 - 04 - 07 |
| 8 | 上海市普陀区石泉路街道民间组织服务中心 | 上海市普陀区人民政府石泉路街道办事处 | 2003 - 05 - 19 |
| 9 | 上海市普陀区真如镇街道民间组织服务中心 | 上海市普陀区人民政府真如镇街道办事处 | 2003 - 05 - 26 |
| 10 | 上海松江区中山街道民间组织服务中心 | 上海市松江区人民政府中山街道办事处 | 2003 - 05 - 29 |

(续表)

| 序号 | 单 位 名 称 | 业务主管单位 | 登记日期 |
|---|---|---|---|
| 11 | 上海市普陀区宜川路街道民间组织服务中心 | 上海市普陀区人民政府宜川路街道办事处 | 2003 - 06 - 05 |
| 12 | 上海市普陀区长征镇民间组织服务中心 | 上海市普陀区长征镇人民政府 | 2003 - 06 - 05 |
| 13 | 上海市普陀区长风新村街道民间组织服务中心 | 上海市普陀区人民政府长风新村街道办事处 | 2003 - 06 - 19 |
| 14 | 上海静安区彭浦新村街道社区民间组织服务中心 | 上海市闸北区彭浦新村街道办事处 | 2003 - 06 - 28 |
| 15 | 上海市普陀区曹杨新村街道民间组织服务中心 | 上海市普陀区人民政府曹杨新村街道办事处 | 2003 - 07 - 01 |
| 16 | 上海市普陀区甘泉路街道民间组织服务中心 | 上海市普陀区人民政府甘泉路街道办事处 | 2003 - 07 - 14 |
| 17 | 上海市普陀区桃浦镇民间组织服务中心 | 上海市普陀区桃浦镇人民政府 | 2003 - 08 - 04 |
| 18 | 上海松江区岳阳街道民间组织服务中心 | 上海市松江区人民政府岳阳街道办事处 | 2003 - 08 - 22 |
| 19 | 上海市静安区宝山路街道社区民间组织服务中心 | 上海市闸北区宝山路街道办事处 | 2003 - 09 - 18 |
| 20 | 上海浦东新区社会组织服务中心 | 上海市浦东新区民政局 | 2003 - 11 - 13 |
| 21 | 上海闵行区江川社区民间组织服务中心 | 上海市闵行区江川路街道办事处 | 2003 - 11 - 14 |
| 22 | 上海市闵行区颛桥民间组织服务中心 | 上海市闵行区颛桥镇人民政府 | 2003 - 11 - 14 |
| 23 | 上海市静安区临汾路街道社区民间组织服务中心 | 上海市静安区临汾路街道办事处 | 2003 - 11 - 28 |
| 24 | 上海市黄浦区外滩街道民间组织服务中心 | 上海市黄浦区外滩街道办事处 | 2004 - 01 - 11 |
| 25 | 上海市徐汇区长桥社区民间组织服务中心 | 上海市徐汇区人民政府长桥街道办事处 | 2004 - 04 - 30 |
| 26 | 上海静安区南西社区民间组织服务中心 | 上海市静安区南京西路街道办事处 | 2004 - 07 - 13 |
| 27 | 上海华阳社区民间组织指导服务中心 | 上海市长宁区华阳路街道办事处 | 2004 - 08 - 09 |
| 28 | 上海静安区曹家渡社区民间组织服务中心 | 上海市静安区曹家渡街道办事处 | 2004 - 09 - 28 |
| 29 | 上海静安区石二街道社区民间组织服务中心 | 上海市静安区石门二路街道办事处 | 2004 - 09 - 28 |
| 30 | 上海静安区静安寺社区民间组织服务中心 | 上海市静安区静安寺街道办事处 | 2004 - 11 - 15 |
| 31 | 上海市闵行古美社区民间组织服务中心 | 上海市闵行区人民政府古美路街道办事处 | 2004 - 12 - 23 |
| 32 | 上海市闵行莘庄民间组织服务中心 | 上海市闵行区莘庄镇人民政府 | 2005 - 01 - 06 |
| 33 | 上海徐汇区虹梅路街道社区民间组织服务中心 | 上海市徐汇区人民政府虹梅路街道办事处 | 2005 - 06 - 27 |
| 34 | 上海静安区江宁社区民间组织服务中心 | 上海市静安区江宁路街道办事处 | 2005 - 11 - 04 |
| 35 | 上海杨浦区大桥街道民间组织服务中心 | 上海市杨浦区人民政府大桥街道办事处 | 2005 - 11 - 14 |
| 36 | 上海市长宁仙霞社会组织发展服务中心 | 上海市长宁区仙霞新村街道办事处 | 2005 - 11 - 30 |
| 37 | 上海莘庄工业区民间事务服务中心 | 上海市莘庄工业区管理委员会 | 2005 - 12 - 07 |
| 38 | 上海静安区大宁路街道社区民间组织服务中心 | 上海市闸北区大宁路街道办事处 | 2005 - 12 - 15 |

（续表）

| 序号 | 单　位　名　称 | 业务主管单位 | 登记日期 |
|---|---|---|---|
| 39 | 上海闵行区梅陇镇民间事务服务中心 | 上海市闵行区梅陇镇人民政府 | 2005－12－31 |
| 40 | 上海闵行区浦江镇民间事务服务中心 | 上海市闵行区浦江镇人民政府 | 2006－01－09 |
| 41 | 上海闵行区华漕镇民间事务服务中心 | 上海市闵行区华漕镇人民政府 | 2006－01－11 |
| 42 | 上海仁和社会组织发展服务社 | 上海市长宁区江苏路街道办事处 | 2006－03－07 |
| 43 | 上海松江区永丰街道民间组织服务中心 | 上海市松江区人民政府永丰街道办事处 | 2006－04－14 |
| 44 | 上海黄浦区豫园街道民间组织服务中心 | 上海市黄浦区豫园街道办事处 | 2006－04－30 |
| 45 | 上海闵行区新虹街道社会组织服务中心 | 上海市闵行区新虹街道办事处 | 2006－07－10 |
| 46 | 上海闵行区七宝镇社会组织服务中心 | 上海市闵行区七宝镇人民政府 | 2006－07－26 |
| 47 | 上海市嘉定社会组织服务中心 | 上海市嘉定区民政局 | 2006－08－17 |
| 48 | 上海杨浦区殷行街道社区民间组织指导服务中心 | 上海市杨浦区人民政府殷行街道办事处 | 2006－11－14 |
| 49 | 上海松江九亭镇民间组织服务中心 | 上海市松江区九亭镇人民政府 | 2007－03－22 |
| 50 | 上海嘉定区嘉定镇街道民间组织服务中心 | 上海市嘉定区人民政府嘉定镇街道办事处 | 2007－06－13 |
| 51 | 上海徐汇区天平社区民间组织服务中心 | 上海市徐汇区人民政府天平路街道办事处 | 2007－06－27 |
| 52 | 上海徐汇区康健社区民间组织服务中心 | 上海市徐汇区人民政府康健新村街道办事处 | 2007－07－23 |
| 53 | 上海市静安区彭浦镇社区民间组织服务中心 | 上海市静安区彭浦镇人民政府 | 2007－08－14 |
| 54 | 上海徐汇区凌云社区民间组织服务中心 | 上海市徐汇区人民政府凌云路街道办事处 | 2007－08－21 |
| 55 | 上海徐汇区龙华社区民间组织服务中心 | 上海市徐汇区人民政府龙华街道办事处 | 2007－08－23 |
| 56 | 上海徐汇区湖南社区民间组织服务中心 | 上海市徐汇区人民政府湖南路街道办事处 | 2007－08－27 |
| 57 | 上海市嘉定真新街道社区工作指导服务中心 | 上海市嘉定区人民政府真新街道办事处 | 2007－08－27 |
| 58 | 上海闸北区共和新路街道社区民间组织服务中心 | 上海市闸北区共和新路街道办事处 | 2007－09－11 |
| 59 | 上海徐汇区枫林社区民间组织服务中心 | 上海市徐汇区人民政府枫林路街道办事处 | 2007－09－17 |
| 60 | 上海徐汇区徐家汇社区民间组织服务中心 | 上海市徐汇区人民政府徐家汇街道办事处 | 2007－09－17 |
| 61 | 上海徐汇区漕河泾社区民间组织服务中心 | 上海市徐汇区人民政府漕河泾街道办事处 | 2007－09－17 |
| 62 | 上海静安区芷江西路街道社区民间组织服务中心 | 上海市静安区芷江西路街道办事处 | 2007－09－25 |
| 63 | 上海市静安区天目西路街道社区民间组织服务中心 | 上海市静安区天目西路街道办事处 | 2007－11－09 |
| 64 | 上海静安区北站街道社区民间组织服务中心 | 上海市闸北区北站街道办事处 | 2007－11－20 |
| 65 | 上海嘉定区菊园新区民间组织服务中心 | 上海市嘉定区菊园新区管理委员会 | 2007－12－06 |
| 66 | 上海徐汇区斜土社区民间组织服务中心 | 上海市徐汇区人民政府斜土路街道办事处 | 2007－12－26 |
| 67 | 上海徐汇区华泾社区民间组织服务中心 | 上海市徐汇区华泾镇人民政府 | 2007－12－29 |

(续表)

| 序号 | 单 位 名 称 | 业务主管单位 | 登记日期 |
|---|---|---|---|
| 68 | 上海市嘉定新成路街道民间组织服务中心 | 上海市嘉定区人民政府新成路街道办事处 | 2008 - 02 - 18 |
| 69 | 上海浦东新区北蔡新社会组织服务社 | 上海市浦东新区北蔡镇人民政府 | 2008 - 05 - 27 |
| 70 | 上海金山区社会组织服务中心 | 上海市金山区民政局 | 2008 - 05 - 27 |
| 71 | 上海浦东新区潍坊社会组织服务中心 | 上海市浦东新区人民政府潍坊新村街道办事处 | 2008 - 05 - 28 |
| 72 | 上海杨浦区五角场街道社会组织服务中心 | 上海市杨浦区人民政府五角场街道办事处 | 2008 - 06 - 05 |
| 73 | 上海杨浦区平凉路街道社会组织服务中心 | 上海市杨浦区人民政府平凉路街道办事处 | 2008 - 08 - 11 |
| 74 | 上海杨浦区延吉新村街道社会组织服务中心 | 上海市杨浦区人民政府延吉新村街道办事处 | 2008 - 09 - 18 |
| 75 | 上海杨浦区五角场镇社会组织服务中心 | 上海市杨浦区五角场镇镇政府 | 2008 - 11 - 04 |
| 76 | 上海杨浦区新江湾城街道社会组织服务中心 | 上海市杨浦区人民政府新江湾城街道办事处 | 2008 - 11 - 04 |
| 77 | 上海杨浦区四平路街道社会组织服务中心 | 上海市杨浦区人民政府四平路街道办事处 | 2008 - 11 - 14 |
| 78 | 上海市嘉定南翔镇民间组织服务中心 | 上海市嘉定区南翔镇人民政府 | 2008 - 11 - 20 |
| 79 | 上海杨浦区长白新村街道社会组织服务中心 | 上海市杨浦区人民政府长白新村街道办事处 | 2008 - 12 - 02 |
| 80 | 上海杨浦区定海路街道社会组织服务中心 | 上海市杨浦区人民政府定海路街道办事处 | 2008 - 12 - 15 |
| 81 | 上海浦东新区东明社会组织服务中心 | 上海市浦东新区人民政府东明路街道办事处 | 2008 - 12 - 18 |
| 82 | 上海浦东新区上钢社会组织服务中心 | 上海市浦东新区人民政府上钢新村街道办事处 | 2008 - 12 - 18 |
| 83 | 上海杨浦区控江路街道社会组织服务中心 | 上海市杨浦区人民政府控江路街道办事处 | 2008 - 12 - 31 |
| 84 | 上海杨浦区江浦路街道社会组织服务中心 | 上海市杨浦区人民政府江浦路街道办事处 | 2008 - 12 - 31 |
| 85 | 上海浦东新区浦兴社会组织服务中心 | 上海市浦东新区人民政府浦兴路街道办事处 | 2008 - 12 - 31 |
| 86 | 上海浦东新区金桥社会组织服务社 | 上海市浦东新区金桥镇人民政府 | 2008 - 12 - 31 |
| 87 | 上海浦东新区陆家嘴社会组织服务中心 | 上海市浦东新区人民政府陆家嘴街道办事处 | 2008 - 12 - 31 |
| 88 | 上海浦东新区洋泾社会组织服务中心 | 上海市浦东新区人民政府洋泾街道办事处 | 2008 - 12 - 31 |
| 89 | 上海青浦区社会组织登记服务中心 | 上海市青浦区民政局 | 2009 - 06 - 01 |
| 90 | 上海天山志愿组织培育中心 | 上海市长宁区天山路街道办事处 | 2009 - 06 - 18 |
| 91 | 上海浦东新区金杨社会组织服务中心 | 上海市浦东新区人民政府金杨新村街道办事处 | 2009 - 09 - 17 |
| 92 | 上海卢湾区打浦社区社会组织服务中心 | 上海市卢湾区打浦桥街道办事处 | 2009 - 09 - 22 |
| 93 | 上海浦东新区南码头社会组织服务中心 | 上海市浦东新区人民政府南码头路街道办事处 | 2009 - 09 - 28 |

| 序号 | 单 位 名 称 | 业务主管单位 | 登记日期 |
|---|---|---|---|
| 94 | 上海松江青年家园社会组织服务中心 | 中国共产主义青年团上海市松江区委员会 | 2009 - 10 - 09 |
| 95 | 上海浦东新区高桥社会组织服务中心 | 上海市浦东新区高桥镇人民政府 | 2009 - 10 - 16 |
| 96 | 上海卢湾区淮海社区社会组织服务中心 | 上海市卢湾区淮海中路街道办事处 | 2009 - 11 - 10 |
| 97 | 上海浦东新区合庆社会组织服务中心 | 上海市浦东新区合庆镇人民政府 | 2009 - 11 - 16 |
| 98 | 上海浦东新区塘桥社会组织服务中心 | 上海市浦东新区人民政府塘桥街道办事处 | 2009 - 11 - 27 |
| 99 | 上海卢湾区五里桥社区社会组织服务中心 | 上海市卢湾区五里桥街道办事处 | 2010 - 01 - 05 |
| 100 | 上海浦东新区高东社会组织服务中心 | 上海市浦东新区高东镇人民政府 | 2010 - 02 - 08 |
| 101 | 上海嘉定工业区社会组织服务中心 | 上海嘉定工业区管理委员会 | 2010 - 03 - 15 |
| 102 | 上海浦东新区沪东社会组织服务中心 | 上海市浦东新区人民政府沪东新村街道办事处 | 2010 - 04 - 13 |
| 103 | 上海卢湾区瑞金二路街道社会组织服务中心 | 上海市卢湾区瑞金二路街道办事处 | 2010 - 04 - 29 |

## 三、社会组织孵化基地

社会组织孵化基地的诞生与发展，其源头在于"社会组织孵化器"这一概念的产生及传播。社会组织孵化器，是借用企业孵化器的理念而建立，旨在为初创期和中小社会组织提供服务场所、寻求资金项目等全方位的支持。社会组织孵化一般由专业团队运营，支持和服务的具体内容一般包括办公场所、办公设备、能力建设、政策辅导、注册协助等，通过一系列措施，促进优秀的社会组织和公益项目尽快成长、发挥作用。社会组织孵化基本运作模式是，"政府支持、专业团队管理、政府和公众监督、民间组织受益"。党的十七届五中全会通过的《关于制定国民经济和社会发展第十二个五年规划的建议》中指出，要"培育扶持和依法管理社会组织，支持、引导其参与社会管理和服务"。社会组织孵化基地的创立，正是对符合这一要求的新型培育机制的探索和创新。

2009 年 12 月 15 日，上海市首个公益服务园区——浦东公益服务园在原上海东星手帕厂区（峨山路 613 号）正式揭牌。这是沪上首个旨在扶持公益性社会组织的公益服务园区，是上海在培育社会组织、推进社会建设的最新实践。园区总建筑面积 3 200 平方米，其中设有 600 平方米的公共活动共享空间和 2 600 平方米的办公场所。由原上海东星手帕厂区改造而来的"浦东公益服务园"，把在浦东新区具有一定代表性的公益性社会组织汇聚到一起，加大政府对社会组织孵化培育力度，提供整合服务，实现资源共享，促进社会组织参与社会管理和公共服务。浦东新区民政局制定了入驻标准和补贴政策，选择枢纽型、支持型、专业型、孵化型四类具有代表性的社会组织入驻，入驻的公益性组织均可享受政府提供的办公补贴和运营补贴，并享受财会代理、法律咨询等服务。按照"企业提供办公用房和物业服务、政府提供财政补贴和入驻标准、社会组织自我管理和服务"的运作思路，浦东公益服务园初步搭建形成了"1 个平台""6 大运作机制"："1 个平台"，即搭建政社、社社合作平台，打造政社合作新模式；"6 大运作机制"，即专业孵化机制、规范引领机制、人才输送机制、自我服务机制、项目发展机制、供需对接机制。并且，由最先入驻浦东公益服务园的 10 家社会组织发起成立的新型联合性社会组织——浦东新区公益组织项目合作促进会，全权代理浦东公益服务园的公共服务,代表园内机构与政府部门进行良性互动,为浦东新区公益组织进一步提供合作交流平台。

2010年7月5日,全国首家由政府、社会组织和社会企业合作互动,以培育社会组织、解决社会问题、促进社会进步为宗旨的社会创新园区——上海市社会创新孵化园于丽园路501号正式开园。园区由市民政局立项,福利彩票公益金提供资金支持,园区使用的场地是市民政局通过租赁方式取得,并以招标方式选择浦东非营利组织发展中心作为孵化园项目的委托管理方,全面负责整个园区的项目筛选和运营管理。孵化园以解决残疾人就业这一现实社会问题为案例,以社会组织为主体,以现代服务业为依托,以政府、社会组织和社会企业三方跨界合作互动为保障,重点在创意设计、电脑编程、话务咨询、会务保障、工艺制作、餐饮服务、保健按摩等现代服务业领域,对有能力的残疾人进行培训和就业实训,并形成设计、策划、推广、批量制作和销售的网络化运作平台。孵化园设有展览区、会议室和多功能厅,面向社会开放,为展览、沙龙、论坛、会议等活动提供场地,其中"公益心体验"项目,还可以为企业开展各种体验活动提供服务。

孵化园开园第一年,就策划并开展近百场公益研讨会和论坛,以及各类"公益心体验"项目;组织和接待来自政府、企业及各类社会团体和大专院校等各行各业上万人次的参观访问;近2万名市民享受到孵化园带来的公益体验,同时,通过公益活动和媒体宣传,间接影响到百万人次。孵化园还促成近50家爱心企业与园区公益机构达成各种形式的合作。

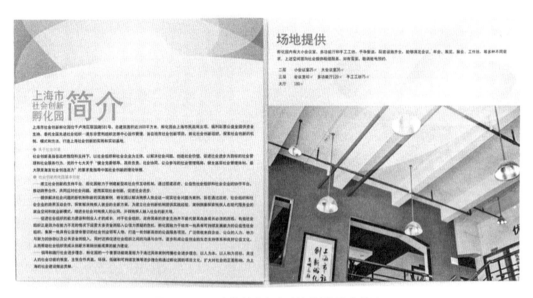

图5-4-3 上海社会组织创新孵化园宣传册

## 四、农村专业经济协会

农村专业经济协会是农民自发成立、自我服务的新型社会组织。改革开放以来,我国农村实行联产承包的经营体制,农民获得了生产经营的自主权,激发了生产积极性。但是,随着市场经济体制的逐步建立,我国农村这种千家万户分散的小生产方式,与竞争激烈的大市场的矛盾日益突出,农户由于各自分散经营,规模小、技术落后、信息不灵、抵御风险能力薄弱,在市场竞争中处于劣势。小生产的生产经营方式成为农业发展、农民增收的最大障碍。面对这种情况,一些地方从事同类产品生产经营的农户自愿联合组织起来,成立专业经济协会,以增加成员收入为目的,在技术、信息、购销、加工、储运等环节实行自我管理、自我服务、自我发展。通过科技信息传递,提高农产品质量和产量;通过销售服务,提高农产品价值;通过加工服务,提高农产品的附加值。实践证明,农村专业经济协会使分散的生产经营者结成一个整体进入市场,参与竞争,降低了生产成本,实现了规模效益,提高了竞争力,解决了一家一户想办而办不成、办不好的事情。农村专业经济协会民办、民管、民受益,其作用是任何行政手段不能代替,是对农村社会组织和生产关系的创新,是真正属于农民自己的组织。

上海的农村专业经济协会,随着改革开放的深入,也得到长足发展。特别是农村专业经济协会发展较好的崇明县,协会的发展为农业产业结构调整发挥了很好的作用。

崇明农业协会产生于20世纪90年代,截至2005年底,崇明县先后成立19家涉农民间组织,占崇明注册社团总数的24.9%,其注册数和比率均居上海各区(县)之首。到2010年,崇明农业协会共有单位会员198个、个人会员1 036多名,覆盖所有14个乡镇和30%的村级组织,50%以上种植业、养殖业大户,60%以上的农产品营销大户,80%以上的农业企业和95%以上的农业技术人员。

崇明农业协会主要开展以下几方面工作:

促进农业产业结构的调整。协会根据市场变化,充分利用技术优势、信息优势及其影响力,引导农民进行农业产业结构调整,将传统型农业转为经济型、都市型农业,使低效农业向高效农业发展。2000年前岛内外养蟹面积仅为16万亩,崇明河蟹协会成立后,养蟹面积发展达106多万亩,其中岛外95万亩,河蟹养殖已成为崇明农业的支柱产业。

推动农业产业化经营。协会创新"协会+公司+农户模式",到2010年,已有上百家种养业、农产品加工和农产品营销等企业,成为崇明农业经济的龙头。"协会+公司+农户模式"得到市有关部门的充分肯定,崇明农副产品运销协会被评为上海市"十佳"农产品营销组织。

推进农业市场化进程。协会上连市场、下连农户,把千家万户的生产与千变万化的市场对接起来,使更多的农产品迅速转化为商品;组织和参与在市区以及山东、北京等地的农产品信息发布会和推介会、展销会等,为农产品走出海岛、走进市场发挥作用,农副产品运销协会成立后,在全国设立营销网点;花菜协会在当地设立12个简易交易市场;河蟹协会走向境外,打开了香港和澳门的市场;2003年,仅绿华农副产品营销服务中心中介营销的农副产品交易额达3 000多万元。

提高农村组织化程度。河蟹协会为了把岛外蟹农组织起来,分别在江苏洪泽湖、安徽安庆、湖北咸宁等地区设立了分会;花菜协会为了提高组织化程度,培育了高学德花菜合作社。

加快农民增收步伐。农副产品运销协会、花菜协会、绿华农副产品营销服务中心等将岛内外数百户农产品运销户组织起来,把岛内农产品源源不断销往岛外;河蟹协会组织协调河蟹养殖业,每年给当地农民带来近亿元收入;在农村专业经济协会的组织下,到2010年,花菜、花卉、苗木发展超10万亩,茭白达5 000余亩,每亩平均增收300—1 000元。

## 第二节　培育发展措施

### 一、宣传表彰先进典型

**【全国性先进民间组织评选推荐】**
2004年8月,民政部下发《关于开展全国先进民间组织评选表彰活动的通知》,首次在全国范围内开展全国先进民间组织评比表彰活动。评选范围为民政部门登记的社会团体、民办非企业单位和基金会,评选标准:一是模范遵纪守法,自觉执行宪法、法律、法规和国家有关政策,严格按照章程开展工作,自觉接受业务主管单位和登记管理机关的指导和监督。二是组织机构健全,内部制度完善,运作程序规范,领导班子团结,党团组织发挥作用,事业不断发展壮大。三是社会责任感强,积极参加社会活动,圆满完成政府交办事项,在社会公益活动中贡献突出。四是关注会员利益,努力为会员服务,有很强的凝聚力,会员参与度和满意度高。五是决策民主公开,社会公信度高,严格自律,坚持非营利组织性质,在社会上有良好的信誉。

根据民政部通知要求,上海积极组织发动全市社会组织申报,最终14家社会组织进入全国先进民间组织候选对象。2004年12月,民政部下发《关于表彰全国先进民间组织的决定》,表彰500个全国性先进民间组织。上海市慈善基金会、上海市造船工程学会、上海市信息服务业行业协会等14个先进民间组织受到表彰。

2009年,民政部下发《关于开展全国先进社会组织评选表彰活动的通知》,决定在新中国成立六十周年之际,在全国范围内开展第二次全国先进社会组织表彰活动。2010年2月4日,《民政部关于表彰全国先进社会组织的决定》,授予中国企业联合会等595家社会团体、民办非企业单位和基金会"全国先进社会组织"称号。上海市宇航学会、上海市工业经济联合会、上海市市政公路工程行业协会等16家社会组织获得全国先进社会组织荣誉称号。

到2010年,上海共30家社会组织获得"全国先进社会组织"称号。

### 【上海市先进社会组织评选表彰】

2004年12月,全国先进民间组织表彰活动后,上海也与其他省市自治区一样,开展相关先进社会组织评选表彰活动,以总结经验,表彰先进,树立典型,促进和引导各类民间组织诚信自律、良性发展,充分发挥其提供服务、反映诉求、规范行为的作用。

截至2004年底,全市注册登记的各类民间组织已发展到7 029家,他们在社会生活的各个领域发挥自身优势,积极开展工作,已成为党和政府联系人民群众的桥梁和纽带,成为促进社会稳定和进步的重要力量。2005年3月,上海市民政局向市政府行文请示,拟与市人事局联合启动上海先进民间组织评选表彰工作。经市政府同意,2005年6月9日,上海市民政局、上海市人事局、上海市社会服务局、上海市社会团体管理局联合下发《关于开展上海市先进民间组织评选表彰活动的通知》,开展上海市第一届先进民间组织评选表彰活动。并由市民政局、市人事局、市社会服务局、市社会团体管理局联合组成评选表彰工作领导小组。市民政局党委书记、局长,市社团管理局党组书记徐麟任组长。

为确保评选表彰的先进性、广泛性、科学性和公平性,评选范围特别明确:已被民政部评为全国先进民间组织的单位,不参与本次评选表彰活动;2000年以来未按时参加年检或年检不合格的单位不得参与评选;因违法违规活动被有关部门查处的单位不得参与评选。同时提出七条评选标准:第一,政治上与以胡锦涛同志为总书记的党中央保持高度一致,坚决贯彻落实市委的各项决策部署,重视发挥党团组织作用;第二,模范遵守并自觉执行国家宪法、法律、法规和有关政策,自觉接受登记管理机关和业务主管单位的指导和监督;第三,严格按照章程开展活动,组织机构健全,内部制度完善,运作程序规范,领导班子团结,开展活动正常,组织成员参与度和满意度高;第四,全面贯彻落实科学发展观,在深入推进实施科教兴市主战略、促进经济发展、推动社会进步、维护社会稳定和建设和谐社会等方面取得突出成绩,事业不断发展壮大;第五,积极参加社会活动,主动协助政府从事社会管理和公共服务,为党和政府密切联系群众起到了很好的桥梁和纽带作用,受到群众的广泛好评;第六,认真贯彻落实国家财经法规、政策,严格执行财经纪律、财务制度,主动向社会公布重大活动和财务状况等重要信息,接受社会的查询、监督,社会公信度高;第七,严格执行重大事项和涉外活动的报告制度。通过广泛宣传、层层推荐、严格评审、媒体公示和反复听取各方面意见,共评出上海老新闻工作者协会等198家社会团体、基金会和民办非企业单位为"上海市先进民间组织"。2006年11月,上海市民政局、上海市人事局、上海市社会服务局、上海市社会团体管理局下发表彰决定,对获得"上海市先进民间组织"的社会组织进行表彰。

## 二、公益招投标

2008年,按照上海市委、市政府的总体部署和统一安排,上海市民政局紧紧围绕"坚持科学发展,建设现代民政"这一主题,紧紧抓住改善民生、服务社会这一主线,以社区服务中与老百姓"最关心、最直接、最现实"的急、愁、难问题为突破口,以努力破解瓶颈问题、建立长效机制为目标,确立了"关于建立和完善社区民生公益服务项目招投标运行机制"的调研选题,经过集思广益,问计于专家、问计于同行、问计于基层,形成《关于建立和完善社区民生公益服务项目招投上海市创新公益服务投入模式的实践探索标机制的调查报告》。报告认为,社区公益服务项目的招投标已经渐渐成为创新社会服务模式的重要内容,在社会服务中,除了主要应该由政府直接提供必需的公共服务产品外,另外一部分既可由政府、也可由社会或者市场提供社会服务的公益项目与产品,在充分保证社会公益宗旨的前提下,可采用公益招投标的运作途径,创新社会服务运行机制,拓展社会公益宗旨的实现形式,大力引导各种社会组织参与到社区民生项目公益招投标的运行机制中。

自2009年起,上海市民政局以彩票公益金为依托,在全市范围开展社区公益服务项目招投标工作。公益招投标主要是将彩票公益金"改拨为招",委托第三方上海市社区服务中心按照"立项→招标→投标→评审→公示→审批→实施→监督→评估→公告"的操作流程,先后委托第三方上海浦东非营利组织发展中心和上海公益事业发展基金会按照"申报初审→评审公示→监督实施→评估推选"的操作流程,对社区"安老、济困、扶幼、助残"等领域的公益服务项目进行专项资助和管理。

2009年6月,上海市民政局正式启动第一次公益招投标工作,于2010年5月完成该项工作。根据《上海市民政局关于委托实施上海市福利彩票公益金资助项目招投标工作的通知》规定,2009年实施招投标的资助资金总金额为4 000万元,其中包括用于对老年人、残疾人、孤儿、革命伤残人员等特殊困难群体开展生活照料、精神慰藉等服务的3 200万元;用于其他扶弱济困以及公众关注的有利于弘扬社会主义精神文明的社区公益服务项目的800万元。在实际执行中,2009年公益招投标工作的合同总资金3 983.57万元(其中市级福利彩票公益金和区县配套资金各一半),资助项目127个,63.04万人次受益。

为保障公益招投标的顺利开展,上海市民政局采取五项措施:一是制定管理制度,先后下发了《关于福利彩票公益金资助项目实施公益招投标的意见》《关于规范上海社区公益招投标(创投)项目财务核算管理的通知》及《评审专家管理规则》等文件。二是强化服务指导,坚持"资金投入+技术管理支持"的公益理念,将社会公益组织的能力建设贯穿各个环节,有针对性地开展能力建设培训。三是搭建两个平台,通过公益招投标工作平台和公益创投工作平台,发布、遴选、监管公益招投标项目。四是实施信息公开和监管,实行公益创投和招投标项目全过程公开,设立投诉监督电话,引入第三方项目评估机制,并自觉接受市财政、市审计、市人大等各方监督。五是整合外部资源,与《第一财经》合作,播出公益创投大赛情况,扩大社会组织影响,引导上海市慈善基金会、上海市老年基金会等社会资金和项目加入招投标。

公益招投标工作的顺利开展,产生一系列积极效果:一是扩大了福利彩票公益金的受益面;二是提高了资金使用效率;三是适应了社区服务多样化需求;四是打造了社区公益服务品牌;五是形成了一套可复制和操作的政府购买服务机制。公益招投标来源于社区需求,符合实际需要,可行性强,扶持了一批有能力、讲诚信的公益性社会组织,推出了一批深受社区群众欢迎的品牌公益服务项目。上海首创公益招投标后,江苏、广东、北京等兄弟省市纷纷学习借鉴,在全国产生了良好的示范效应。

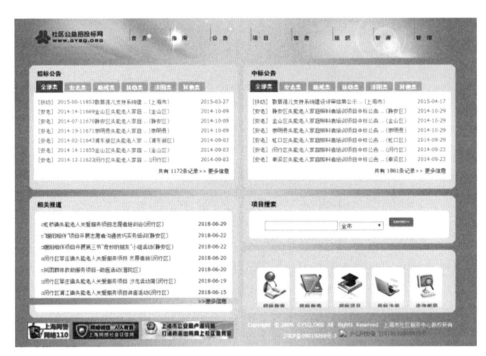

图5-4-4　2009年6月,上海市民政局启动了上海社区公益招投标(创投)活动,
图为上海社区公益招投标网站和数据。

### 三、引导参政议政

参政议政,是社会组织建设的重要内容。随着改革开放的深入,上海社会组织逐步以崭新的姿态积极融入政府协商议事之中,发挥积极作用。

2009年11月,上海召开社会建设大会,出台扶持社会组织发展的相关政策,明确社会组织工作的总体思路。市社会团体管理局积极推动落实大会明确的具体任务,推动建立社会组织工作协调机制,协调落实在党代会、人代会、政协委员中增加社会组织代表或委员的比例,将社会组织及其专职工作人员纳入各级党委、政府和工青妇的表彰范围。积极推进社会组织参政议政,在上海"两会"上,社会组织代表和委员提出许多高质量的建议和提案,为市委、市政府科学决策提供重要参考。

上海市委、市政府十分重视社会组织参政议政工作。上海市经济工作会议邀请社会组织代表参加,市民政局成立专门领导小组和工作小组,召开专题会,主动到市委组织部和统战部等相关部门研商沟通。为实现政府与社会组织的及时沟通、良性互动,创造出了市民中心、民间组织服务中心和街道社会组织联合会等政府与社会组织沟通合作的新型工作平台。静安区在区、街道两级成立社会组织联合会,建立"1+5+X"政社合作平台:"1"是指在区层面、"5"是指在5个街道、"X"是指在教育、劳动保障等系统分别成立社会组织联合会。街道内的社会组织都是社会组织联合会的会员,基层的社情民意通过社会组织联合会传递给政府,政府的方针政策通过社会组织联合会传达到基层群众。新型政社合作平台的建立,为促进政府与社会组织合作、交流,充分发挥社会组织的服务功能,创新公共服务和社会管理模式创造了更为便利的条件。各区(县)民政局结合自身实际,把推进社会组织参政议政作为一项重点工作来抓,摸清现有社会组织"两代表一委员"情况,提出落实方案,主动走访相关部门,积极推动工作落实。

## 四、工资基金管理与年金制度

### 【工资基金管理】

2005年,上海选择13家民办非企业单位试点工资基金管理。2006年8月,经市领导研究,参照国务院有关规定,批准市编制委员会《关于明确民间组织工资基金核定管理部门的意见》,明确市社会团体管理局和各区(县)社会团体管理局(办)为全市社会组织工资基金管理的职能部门。

2007年1月10日,市民政局与市社会团体管理局、中国人民银行上海分行联合发出《关于在本市民间组织中实施工资基金管理工作的通知》,规定社会组织发给专职、兼职工作人员的劳动报酬、津贴、补贴等,属于国家规定的工资总额组成部分的,均纳入工资基金管理范围。社会组织一经登记,即可办理申报《工资基金管理手册》事宜。市、区两级登记机关每年定期(一季度受理申报,二季度核定,四季度调整)审核社会组织工资基金,并依据其年检结论、相关年报、社会同类人员工资标准、行业或单位劳务费用比例情况进行核定,税务部门复核后,按规定处理税前列支。2007年至2009年,上海市全面推广社会组织的工资基金管理,经市社会团体管理局与市税务部门商定,三年共为参加工资基金管理的社会组织减免3亿多所得税。

工资基金管理,有利于减轻社会组织的税收负担,有利于加强社会组织的规范运作,有利于推动社会组织的健康发展。上海社会组织工资基金管理,作为一项制度创新,得到相关部门的有力支持和紧密协作。区(县)登记机关成立相应工作小组,确保落实到位。全市近半数社会组织参与改革,涌现出闵行区"先预约后申报再审核"、杨浦区申报单位全覆盖等工作典型。

### 【年金制度】

2008年1月7日,市民政局、市社会团体管理局以及市劳动和社会保障局联合下发通知,决定参照企业年金的相关试行办法,自当年起,在全市社会组织(包括社会团体、基金会和民办非企业单位)中建立年金制度。制度规定,经上海各级民政部门核准登记的社会组织,已经依法参加上海市城镇基本养老保险,并按时足额缴纳基本养老保险费的,均可自主建立本单位年金制度,以提高工作人员退休后的保障水平。同年3月18日,劳动和社会保障部、民政部联合下发《关于社会组织专职工作人员参加养老保险有关问题的通知》,要求各级劳动和社会保障部门、民政部门切实做好社

图5-4-5　2008年10月，上海在全国率先试点社会组织新型补充养老金"年金制度"，提升社会组织从业人员养老保障水平。

会组织专职工作人员参加养老保险工作，并明确鼓励有条件的社会组织按照有关规定为专职工作人员建立年金制度，以提高工作人员退休后的保障水平。

根据国家以及上海市有关社会组织建立年金制度的要求，上海市拥军优属基金会、复旦大学上海视觉艺术学院等首批27家社会组织，分别与专业年金运作机构签署了《年金受托管理合同》，正式开启了年金制度在上海社会组织中的推广工作。这项工作的推行，意味着上海社会组织员工的退休福利待遇在新型补充养老保险方面取得实质性进展，极大地调动了专职工作人员从事社会组织事业的积极性。

社会组织年金制度是政府采取税收优惠等经济手段，鼓励社会组织自愿改善从业人员养老待遇的新型保障机制，也是人才队伍建设和人事制度改革的重要体现，为破解社会组织在激励人才、稳定队伍方面的难题做出了有益尝试。截至2010年底，上海共有125家社会组织建立了年金制度。

## 第三节　重大活动

### 一、社会组织国际研讨会

2002年11月8日至9日，由民政部主办，市民政局、市社会团体管理局具体承办的"民间组织发展与管理"上海国际研讨会在上海国际会议中心举行。研讨会的召开是为了适应我国加入世贸组织、转移政府职能、推进社会进步和经济建设的需要，以借鉴和吸取国际经验，进一步做好新形势下的民间组织发展与管理工作。

上海"民间组织发展与管理"国际研讨会，是第一次在中国举办的高层次民间组织发展与管理国际会议。民政部副部长姜力，市委常委、副市长冯国勤，副市长周太彤出席会议并讲话；民政部民间组织管理局局长李本公、上海市社会团体管理局局长谢玲丽分别作题为《精心培育　规范管理促进民间组织的健康发展》《畅想新时期上海民间组织工作主旋律——国际化、现代化和规范化》的主题报告，两个主题报告从宏观到微观、从整体到局部，分别介绍了中国和上海民间组织发展与管理的新成果和新思路。研讨会上9位中外专家进行了大会发言，4个小组会上23位代表进行了分组交流，内容涉及民间组织法律、民间组织自律和他律、行业协会发展、民间组织制度创新等诸多方面。会议期间，还举办了上海市优秀民间组织成果展览，展览通过图片、文字等形式，充分展示了上海民间组织的风采。

上海"民间组织发展与管理"国际研讨会与会代表广泛，国务院有关部委、各省市民间组织管理部门、上海市有关委办局和区（县）负责人以及海内外从事民间组织管理和研究的专家学者共计240余人参加会议。会议探讨、讨论国际社会在民间组织发展和管理方面的困难和问题，交流最新理论成果、做法和经验，达到了与国际社会进行双向交流和对话的目的。

研讨会共收到来自美国、日本、澳大利亚、中国香港等国家和地区和中国内地应征论文133篇，内容涉及民间组织法规政策、民间组织自律机制、行业协会发展、民间组织制度创新等方面；会后由上海社会科学院从中选取52篇论文，出版了《NGO在中国——2002年民间组织发展与管理上海国际研讨会论文集》。

这是在中国首次举办的高层次的、有众多海内外从事民间组织管理和研究的专家学者参加的、民间组织发展与管理方面的国际会议。会议的成功举办，对了解国内外民间组织的发展现状，探讨符合中国国情的民间组织发展与管理的新途径，产生了积极影响。

## 二、长三角民间组织合作交流论坛

2004年8月，经上海市社会团体管理局与浙江省民间组织管理局研究，正式提出举办"长三角民间组织合作交流论坛"，以推动长三角民间组织的合作交流，促进区域经济发展。同年9月，市社会团体管理局与上海市行业协会发展署联合向全市行业协会发出《关于筹备举办"长三角民间组织合作交流论坛"有关事项的通知》，全市22家行业协会提供了参与长三角合作交流活动的书面材料。

2005年1月，论坛筹备组起草首届"长三角民间组织合作交流论坛"实施方案；3月，市社会团体管理局先后两次召开行业协会座谈会和部分行业协会业务主管单位座谈会，分别听取行业协会有关长三角合作交流工作的做法与经验介绍，并就举办论坛工作进行深入讨论；5月，市社会团体管理局与苏、浙两省民间组织管理局负责人在上海开会，共同对首届论坛的主题、内容、形式、出席范围和筹备工作进行深入研究和讨论，拟定了论坛实施方案，明确下一步工作要求和具体安排；6月，市社会团体管理局会同市社会服务局，与苏浙两省民间组织管理局商定，共同举办"长三角民间组织合作交流论坛"。论坛的主旨是：响应三地民间组织合作交流的行动和呼声，充分调动、利用和发挥民间组织的积极作用，提供交流平台，加强三地民间组织紧密联系，在更高层面、更深层次、更广范围促进合作共赢，进一步推动长三角经济繁荣和持续发展。

2005年8月30日，市社会团体管理局会同市社会服务局与江苏、浙江两省民间组织管理局在上海国际会议中心举办首届"长三角民间组织——行业协会与区域经济发展合作交流论坛"。上海

图5-4-6　2005年8月，市社会团体管理局会同市社会服务局与江苏、浙江两省民间组织管理局在上海国际会议中心举办"长三角民间组织合作交流论坛"。

市副市长周太彤、市政府副秘书长柴俊勇，民政部民间组织管理局副局长杨岳，苏、浙、沪三地的民政部门和民间组织管理部门领导、有关业务主管单位领导、行业协会负责人，山东、江西、安徽的民间组织管理部门领导和行业协会负责人，来自北京、上海、南京、杭州的专家学者、美日韩等国在沪企业代表以及有关新闻媒体等 200 多人出席了本届论坛。

本次论坛签署了"长三角行业协会合作交流倡议书"，发起筹建"长三角非织造行业协会"，编印首届《长三角民间组织合作交流论坛论文汇编》，建立"长三角民间组织合作交流论坛联席会议"机制，由苏、浙、沪三地轮流举办，并逐步向华东地区乃至全国的民间组织开放，把论坛办成宣传民间组织合作交流的重要平台。

截至 2010 年，长三角地区共有省市级行业协会 559 家，其中上海 183 家，已参与长三角地区交流合作的有 27 家，内容涉及信息交流、市场分析、对策研讨、成果推介等多个方面，并取得显著成效。上海纺织协会利用对外交流的机会，为长三角纺织企业开拓海外市场牵线搭桥；长三角地区交通行业积极协调规划，推动区域交通一体化的发展；长三角地区纸业协会联合整顿、规范纸业市场，确保生活用纸质量；长三角地区水产协会联合实行区域行业自律，有效地制止了水产品使用甲醛等问题。

### 三、社会组织万人招聘会

2009 年初，市社会团体管理局专门发出《关于认真做好本市社会组织专场招聘会前期调查摸底工作的通知》，号召全市社会团体、民办非企业单位、基金会等社会组织，积极挖掘内部潜力、开发就业岗位，促进大学生就业，同时改善人才结构，加强人才储备。市社会团体管理局筹备社会组织专场招聘会，是在受金融危机冲击、社会就业特别是大学生就业困难的形势下，为响应市委、市政府"四个确保"要求，组织社会组织面向特定对象举办的一场就业招聘会。目的是挖掘社会组织就业潜力，吸纳大学生就业，缓解社会就业压力；吸引人才、改善人才结构，为社会组织提供可持续发展的新生力量；营造良好社会氛围，推动社会转变就业观念，引导更多的大学生到社会组织就业。

2009 年 2 月 24 日，市社会团体管理局召开由 15 家民办非企业单位和 11 家社会团体负责人参加的社会组织吸纳大学生就业问题座谈会，动员社会组织积极为政府分忧、为百姓解愁，同时听取相关意见和建议。此后，市社会团体管理局领导赴上海人才服务行业协会调研，就如何发动社会组织积极促进大学生就业工作进行深入探讨。各区（县）民政局、社团局也积极响应，迅速行动起来。虹口、奉贤专门发出通知，号召社会组织将招聘大学生作为承担社会责任、改善社会组织结构的良好契机；静安区出台扶持政策，积极鼓励大学生到社会组织创业、就业、实习，并建立静安区社会组织孵化基地，为创业者提供场地、设备、能力建设、注册协助、小额补贴等支持和帮助；长宁区市社会团体管理局积极与区劳动和社会保障局沟通，落实民办非企业单位享受区出台的七项扶持政策；杨浦区向大学毕业生推出 1 000 个公共服务见习岗位，见习期满符合有关条件的可优先录用为社区、事业单位专职干事；普陀区市社会团体管理局与劳动和社会保障局联手，为社会组织吸引大学生就业开辟"绿色通道"。全市广大社会组织积极响应号召，以各种方式积极投身到促进大学生就业、保持社会稳定的行动中。为确保招聘会成功举办，根据市民政局党委的具体部署和要求，市社会团体管理局成立了组织领导小组和工作小组。

2009 年 3 月 28 日，由市民政局、市社会团体管理局主办，上海人才服务行业协会承办，上海市社会组织服务中心协办的上海市社会组织促进大学生就业招聘会在上海八万人体育场举行。市、区两级 170 家社会组织到现场招聘，其中民办非企业单位 107 家、社会团体 56 家、基金会 7 家；面向大学生提供 250 个类别、1 800 多个岗位，包括教师、医生、护士、行政管理、金融服务、心理咨询、康复治疗、网络管理、三维设计、财务管理、项目主管、科研主管、科技开发、业务开发、市场推广、旅游服务、排练演出、社区服务、营销策划、家电维修、社区联络、健康管理师、食堂厨师、设计策划、法律顾问、财务人员、审计人员、客户经理等，部分岗位月薪达 5 000 元。招聘对象主要针对全市应届、历届(近两年内毕业的)高校毕业生，学历要求大专以上。据统计，招聘会共吸引 4.5 万名高校毕业生前来应聘，收到应聘简历 8 954 份，现场达成初步录用意向约 1 038 人次。

2009 年 5 月 15 日，市民政局、市发展改革委、市教委、市财政局、市人力资源社会保障局、市地税局、市社会团体管理局等 7 部门联合下发《关于鼓励本市社会组织吸纳大学生就业的指导意见》，对社会组织吸纳大学生就业和提供见习培训等，以及大学生或者社会力量以招聘大学生就业为主创办社会组织的，可以享受十项优惠措施，即：大学生自主创办，或者社会力量以招聘大学生就业为主创办民办非企业单位的，由登记管理机关指定专人提供咨询指导和全程服务；大学生自主创办科技、创意类等社会组织，给予大学生科技创业基金和创业前小额贷款担保支持；大学生自主创办，或者社会力量以招聘大学生就业为主创办的社会组织在批准登记后的三年内，符合国家规定的，可免收管理类、登记类和证照类等有关行政事业性收费，以及网上年检电子印章代办费；创办公共服务类民办非企业单位，涉及公用事业性收费的，享受同类公办机构同等待遇；鼓励社区(街道)和有关部门、单位，将闲置的房屋、场地、设施等存量资源，以无偿或低偿的方式，优先、优惠提供给社会组织的创办主体，减轻创办者的前期投入和成本负担；对创办期的社会组织按规定吸纳上海大学生就业的，可给予一定期限的房租减免等等。

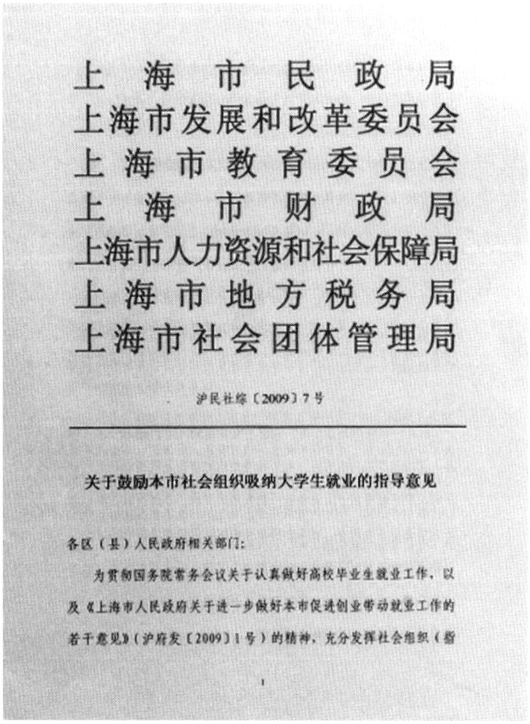
上 海 市 民 政 局
上海市发展和改革委员会
上 海 市 教 育 委 员 会
上 海 市 财 政 局
上海市人力资源和社会保障局
上 海 市 地 方 税 务 局
上海市社会团体管理局

沪民社综〔2009〕7 号

关于鼓励本市社会组织吸纳大学生就业的指导意见

各区（县）人民政府相关部门：

为贯彻国务院常务会议关于认真做好高校毕业生就业工作，以及《上海市人民政府关于进一步做好本市促进创业带动就业工作的若干意见》（沪府发〔2009〕1 号）的精神，充分发挥社会组织（籍

1

**图 5-4-7　2009 年 5 月，市民政局、市发改委、市教委、市财政局、市人力资源社会保障局、市地税局、市社会团体管理局等 7 部门联合发文鼓励本市社会组织吸纳大学生就业。**

## 四、社会建设大会

2009 年 11 月，上海市在上海展览中心举行社会建设推进大会，中共中央政治局委员、上海市委书记俞正声出席并讲话，指出，加强社会建设是关系改革发展稳定大局、促进社会长治久安的一项重大而紧迫的任务，上海推进社会建设，必须按照中央要求，坚持党的领导、人民当家作主和依法治国的有机统一，立足自身发展实际，针对瓶颈难题，拿出实实在在、能够解决实际问题的办法和举措，使社会建设水平在原有基础上有一个明显的提高。上海市委副书记、市长韩正主持会议，上海市人大常委会主任刘云耕、上海市政协主席冯国勤出席会议。

党的十七大提出加强“社会组织建设”任务，上海市第九次党代会提出“重视社会组织在参与社会管理中的重要作用"等要求,上海社会建设推进大会旨在推进党的十七大和市第九次党代会精神的贯彻落实。大会下发市委、市政府办公厅《关于进一步加强本市社会组织建设的指导意见》和市政府办公厅《关于鼓励本市公益性社会组织参与社区民生服务的指导意见》两个专题文件。

市委、市政府办公厅下发的《关于进一步加强本市社会组织建设的指导意见》,紧紧围绕加强"社会组织建设",从贯彻落实科学发展观、推动社会主义和谐社会建设、巩固党的执政基础和增强党的执政能力的高度,阐述加强社会组织建设的重要性和紧迫性、社会组织建设的指导思想和总体目标、加强分类指导、加大扶持力度、完善管理机制、加强组织领导等六大方面内容。文件从上海实际出发,总结吸收基层的探索成果,学习借鉴兄弟省市的实践经验,提出一些新的工作思路和具体举措,主要有:一是针对目前社会组织分类粗放,建设与管理针对性不强的问题,把社会组织进一步细分为经济类、公共服务类、慈善事业类、学术类、社区群众活动、学生社团等六类,指明了建设的目标和管理重点,有利于分类指导建设和实行科学管理。二是结合行政管理体制改革的实际,提出各政府部门对现有职能进行梳理,明确应当转移的具体职能,要求政府分离或新增社会服务职能优先考虑发挥社会组织作用。三是针对社会组织活动经费紧张的问题,明确提出建立政府购买服务机制,鼓励区县通过制定优惠政策、建立发展基金、开展公益招标和公益创投等形式,引导企事业单位和个人购买社会组织服务,对社会组织发展给予支持。四是鼓励社会组织积极参政议政,明确提出在党代会、人代会中增加社会组织的代表比例,在政协中增加社会组织的功能界别,政府进行重大决策过程中要认真听取相关社会组织的意见和建议。五是针对社会组织双重管理体制存在的不足,提出分别建立以市民政局、市外办为牵头单位的社会组织对内、对外活动管理两大协调机制,统筹协调社会组织建设与管理工作,弥补管理缝隙,提高整体合力。

上海市委、市政府办公厅《关于进一步加强本市社会组织建设的指导意见》和市政府办公厅《关于鼓励本市公益性社会组织参与社区民生服务的指导意见》两个文件的出台,被评为 2009 年全国社会组织十件大事之一。

# 第四节　信息化建设

## 一、概况

加强社会组织管理信息化建设,是新形势下政府加强社会组织管理、社会组织提升能力的重要举措。2003 年起,市社团管理局按照上海市政府提出的"两高一少"(行政效率最高、行政透明度最高、行政收费最少)电子政务建设要求,秉持"以民为本、协同高效"的理念,不断深化应用、完善服务、保障安全,推进信息化建设。

到 2010 年,上海社会组织管理已经建成"一库""两网"和"五个平台",初步实现"四大功能"。"一库",即上海社会组织法人信息库。"两网",即内外两个网络;内网,即上海市社会组织业务管理系统;外网,即上海社会组织网。"五个平台",即社会组织网上办事跨部门协同办公平台、群众活动团队备案平台、信息采集发布平台、基金会信息披露平台、募捐信息服务平台。通过信息化建设,基本实现网上办事、信息共享、辅助决策、社会监督"四大功能"。

上海社会组织管理信息化系统建设,带来广泛的社会效益。

对于登记管理机关和业务主管单位的效益:一是实现了部门协同,提高了工作效能。市、区(县)18 个社团管理局和 924 家业务主管单位实现并联审批后,审批效率大大提高。如,2005 年起,全市推行网上年检;2009年起,采用电子签章技术,基本实现社会组织年检全过程无纸化,降低了行政成本。二是加强了信息共享,完善了监管信息。按照上海社会组织法人库建设要求,相关部门共享社会组织法人基础数据,同时通过法人库获取社会组织税务、质检等信息,进一步完善了社会组织监管信息。三是加强了统计分析,提供了决策支持。一方面,系统实时采集上海社会组织基本信息,并以表格、图表等形式直观展现;另一方面,系统还对每次年检数据进行统计,便于纵向比较分析,为决策咨询提供参考。

对于各社会组织的效益:一是得到了便捷服务。行政审批事项采取网上办事后,不仅减少了社会组织的往返奔波,而且在审批过程中通过网上告知和短信提醒等方式,为社会组织提供"双重反馈"。二是规范了自身活动。如,各基金会的信息,通过基金会信息披露平台和募捐信息服务平台及时发布,使基金会和募捐组织的基本情况、年检报告书摘要、财务审计报告以及募捐组织的公募活动等信息公开、透明,接受社会各界的监督,进一步推动了社会组织诚信自律。三是扩大了社会影响。全市社会组织都可以通过信息采集平台报送信息,同时还可以由登记管理机关审核后在上海市门户网站发布,大大提高了社会组织的社会影响力。据统计,2010年共向中国上海门户网站推送信息1 672条,采用率达87%。

对于社会广大公众的效益:一是保障了知情权。公众可以通过信息系统获得全市社会组织电子地图,在线查询社会组织的基本信息,了解相关情况。二是保障了监督权。上海社会组织外网设立有局长信箱、网上投诉等频道,设立有公众对社会组织及其提供服务进行评议打分的渠道,并将公众点评意见作为社会组织管理的重要参考。三是保障了参与权。上海社会组织外网设立有网上征询和网上调查频道,指定专人专岗负责网站公众建言献策的答复工作,做到公众意见建议"实时响应、一个工作日内回复"。

为确保社会组织管理信息系统安全健康运行,上海先后制定《电子政务建设规范》《技术管理规范》等安全制度规定,定期开展安全检查;与相关工作人员签订保密协定,开展安全业务和技能培训;配置和适时更新安全设备,确保系统安全,有力促进社会组织的建设和管理工作。

## 二、信息管理系统

### 【上海社会组织网站】

2003年,市社会团体管理局启动"上海社会组织"网站建设。2003年9月,"上海社会组织"网站开通,向用户提供"中文简体版""中文繁体版"两个版本。2006年2月,"上海社会组织"网站改版,由以发布信息为主的模式,改进为信息公开、网上办事、交流互动等相结合的模式。2007年3月,"上海社会组织"网站开通网上办事大厅,市社会团体管理局已公开的审批类事项16项、其他办事类事项4项全部网上办理,并覆盖全市1万多个社会组织和900多个市、区二级委办局。

2008年11月,"上海社会组织"网站推出新版,在原有"中文简体版""中文繁体版"两个版本基础上,增加"英文版"和"手机移动版"两个版本。2008年12月,市社会团体管理局向全市近1万多家市、区两级社会组织、900多家市、区两级委办局发放1万余枚电子签章,实现全市社会组织、市、区两级委办局相关业务全部通过电子签章完成网上申报和并联审批。2009年2月,"上海社会组织"网站群正式开通,网站群包括18个区(县)社团管理局子网站以及社会团体、民办非企业单位、基金会3个专题网站。

"上海社会组织"网站按照"公开为原则、不公开为例外"的总体目标,在网站首页醒目位置开设政府"信息公开"专栏,内设"政府信息公开指南""政府信息公开目录""依申请公开""办事指南""发展规划"等 12 个子频道,按业务类别分社会团体管理、民办非企业单位管理、基金会管理,提供政策法规规章、办事指南、行政许可、年检(年度验审)、行政处罚等政务信息。同时,信息公开栏目与市社会团体管理局办公自动化信息平台实现内外网联通及数据实时交换,市社会团体管理局网站上的政府通知公告、行政许可公告和政府信息公开目录等信息,都可以于信息产生的第一时间在"上海社会组织"网实时发布。市社会团体管理局的审批类事项和其他办事类事项都实现了"一点受理、抄告相关、并联审批、实时反馈"在线办理模式。提高了工作透明度,节约了行政运作成本。

市社会团体管理局加强网站建设管理,健全工作机制,成立专门的网站编辑部,负责网站日常更新和维护,并形成局分管领导负责,综合处统筹协调,各处室(部门)分工负责的工作体系;完善工作制度,先后制定《网站建设规范》《网站技术管理规范》《网站信息获取和发布管理实施办法》等,编制《计算机系统安全工作规范》《信息内容安全工作规范》《网络与信息安全事件应急预案》等安全制度,并严格检查落实;强化安全保障,购置防火墙、防病毒防篡改、入侵检测、漏洞扫描和异地备份等设备,加强机房人员管理,明确责任到人;加强子网站管理,明确子网站安全保障责任,为子网站提供技术支持,建立考评制度,确保网站群安全稳定开展服务;落实运维经费,市社会团体管理局设立专项运维经费,用于网站服务器硬件维护费,安全硬件维护费,托管机房及通讯专线年费,网站信息采集费,网站安全专项服务费,网站应用软件内容维护费等。

**【社会组织业务信息管理系统】**

2004 年 7 月,《上海市民间组织业务信息管理系统可行性研究报告》正式批准并立项,项目主要建设内容包括:民间组织业务信息管理系统、市社会团体管理局政务网站和民间组织服务网站、民间组织法人信息数据库、信息监督和决策支持系统。2005 年 6 月,上海市民间组织业务信息管理系统全面启动,2006 年基本完成。

上海市民间组织业务信息管理系统建设,主要包括两大板块:一是建设一个以市社会团体管理局为中心节点、各区(县)社团管理局为二级节点、统一的上海市民间组织业务信息管理广域网络系统;二是建设一个具备登记管理、年度检查管理、执法监督管理、涉外业务管理、网上服务与审批、综合分析和辅助决策系统、数据交换系统等功能于一体的业务信息应用管理系统。建成的上海市民间组织业务信息管理系统平台,按照业务特点分为"社团内网平台""民政三级网络""社团外网平台"三大部分,其中,社团内网平台是整个网络平台的中心;民政三级网络通过市民政网络与区(县)社团实现互联;社团外网平台是市社团管理局的门户网站,该网站作为"中国上海"门户网站的子网站,具有信息发布、部分网上办事(包括网上预先年检和网上登记表格下载)、信息交互、电子邮箱等功能。

上海市民间组织业务信息管理系统建成以后,基本构成市社会团体管理局三个系统平台和广域网网络,实现了民间组织管理对象数字动态化、业务流程规范高效化、资源整合共享化、决策科学化、外网办事联动化等功能。

**【功能性服务平台】**

市社会团体管理局在社会组织管理信息化建设中,形成了五个功能性服务平台,即社会组织网上办事跨部门协同办公平台、群众活动团队备案平台、信息采集发布平台、基金会信息披露平台与募捐信息服务平台。

社会组织网上跨部门协同办公平台。市社会团体管理局政务网站以"为民、便民、利民、高效"为目标,网上办事大厅与社会组织业务管理系统无缝衔接,行政许可审批和非审批事项全部实现"一点受理、抄告相关、并联审批、实时反馈、一办到底"。同时,网站主动提供多种查询反馈方式,方便社会组织在网上查询所办事项的办理状态及办理结果,为每个社会组织提供受理、审核、审批、领证各环节全覆盖的短信提醒功能,使行政审批更便捷、更透明。

群众活动团队备案平台。2004年11月,市社会团体管理局利用政务网站平台开发建设上海市社区群众活动团队信息管理系统。该系统以四级联动模式运行,即全市居(村)委会负责信息采集、街道(镇)负责信息汇总和填报、区(县)负责进行对区域内的填报监控和数据分析、市局负责对全市所有信息进行全面监控和数据分析,实现网上办事的全程信息化。到2010年,该系统实时掌握全市1.76万家群众活动团队的最新情况,涉及群众44.3万人。

信息采集发布平台。2006年,市社会团体管理局研究开发上海社会组织信息采集发布管理平台,通过该平台,全市所有社会组织、业务主管单位和登记管理机关都纳入网络管理,并向中国上海门户网站、中国民间组织网站进行信息推送,进一步提升登记管理机关工作效率,扩大上海社会组织的影响。

基金会信息披露平台与募捐信息服务平台。平台及时发布基金会和募捐组织的基本情况、年度工作报告摘要、财务审计报告等信息,以及募捐组织的公募活动信息,接受社会各界的监督、投诉和举报,回应社会对基金会透明度和募捐信息公开等方面的呼声,进一步推动基金会等社会组织诚信自律建设。

# 第五章 执法监察

社会组织执法监察工作，是一项政治性、政策性很强的行政管理工作。上海的社会组织执法监察工作紧随改革开放的步伐，紧贴上海社会组织发展实际，在体制机制创新中不断发展，逐渐步入了规范化管理的轨道，有力地维护了公民依法结社的权利和社会组织的正当权益，维护了社会稳定，为上海社会组织健康有序发展提供了坚强保障。

上海社会组织执法监察工作经历了三个发展阶段：一是起步建设阶段。1989年《社会团体登记管理条例》颁布后，上海社会组织执法监察力量相对较薄弱，但已经起步，有专职人员分工管理执法监察。这一时期的执法监察工作主要是依靠业务主管单位、公安机关等相关部门配合，重点打击和取缔非法社会团体。二是规范发展阶段。2000年上海在全国率先成立社会团体监察总队，各区社会团体管理局也相继内设综合执法科，使上海社会组织执法监察工作开始纳入规范化发展轨道。三是创新探索阶段。2005年上海市社会团体管理局调整内设机构，撤销执法监督处，执法监察职能统一归口上海市社会团体监察总队。2008年，上海社会组织执法监察不断完善工作机制，积极探索市、区两级联动执法，拓展执法信息渠道，提升执法人员素质，执法监察工作跨入新阶段。

## 第一节 机　　构

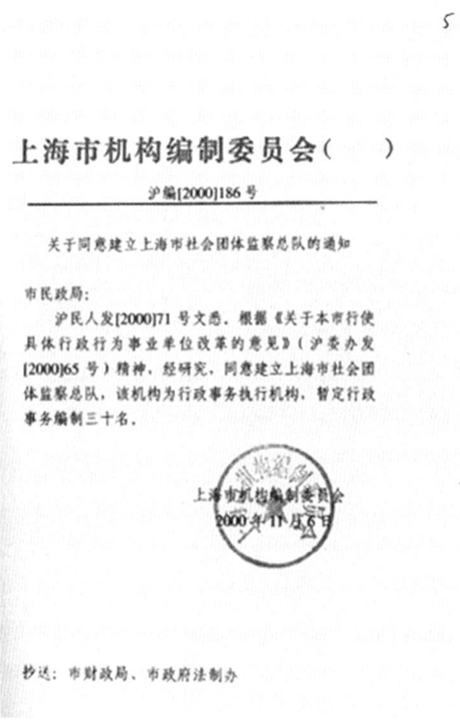
上海市机构编制委员会（　）

沪编[2000]186号

关于同意建立上海市社会团体监察总队的通知

市民政局：

沪民人发[2000]71号文悉。根据《关于本市行使具体行政行为事业单位改革的意见》（沪委办发[2000]65号）精神，经研究，同意建立上海市社会团体监察总队，该机构为行政事务执行机构，暂定行政事务编制三十名。

上海市机构编制委员会

2000年11月6日

抄送：市财政局、市政府法制办

图5-5-1 2000年11月，上海市社会团体监察总队成立的批文（原件）

改革开放以来，特别是随着社会主义市场经济体制的建立和完善，上海市各类社会组织不断涌现和蓬勃发展。社会组织作为党和政府联系群众的桥梁和纽带，在政治、经济、科技、文化、民生以及对外交往等方面，发挥着越来越广泛的积极作用。然而，由于社会组织分布领域广泛、参与成员庞杂、组织结构不完善、业务活动随意性大等状况，导致违法违规现象时有发生。此外，国内外敌对势力往往将社会组织作为他们渗透的重点对象，企图通过培植亲信和扶植代言人，借以达到颠覆中国共产党领导和社会主义制度的目的。1998年9月，国务院发布相关登记管理规定，国外的社会组织大量涌入，致使泥沙俱下、鱼龙混杂。上述因素叠加，迫切需要对社会组织实施执法监察管理。社会组织执法监察工作应运而生。

1999年8月，上海市社会团体管理局成立执法监督处，作为局内设机构。2000年11月，上海在全国率先成立独立的社会组织行政执法机构——上海市社会团体监察总队，同时，各区社会团体管理局相继内设综合执法科。2005年，市社会团体管理局调整内设机构，撤销执法监督处,将其执法监察职能统一归口上海市社会团体监察总队。2008 年,上海市社会团体监察总队列入参照《中华人民共和国公务员法》管理范围,内设综合科和三个支队。

上海市社会团体监察总队的主要职责是:贯彻执行国家和上海有关社会团体、民办非企业单位、基金会等社会组织管理的方针、政策和法律、法规、规章;负责对市级社会团体、民办非企业单位、基金会等社会组织实施监督检查和违法案件的查处;负责对区级社会团体、民办非企业单位等社会组织涉嫌重大、复杂或跨区域违法案件的查处;负责对全市非法的社会团体、民办非企业单位、基金会等社会组织实施查处和取缔;负责对全市社会团体、民办非企业单位、基金会等社会组织按章程自律和规范化建设实施监察;负责对各区社会团体、民办非企业单位、基金会等社会组织执法监察的工作进行指导和监督;承担市民政局交办的其他执法监察任务。

上海在执法监察工作中,严格按照国务院、民政部颁布的各项法律法规,依据《社会团体登记管理条例》《民办非企业单位登记管理暂行条例》《基金会管理条例》《取缔非法民间组织暂行办法》等依法行政,对上海社会组织违法行为依法查处,对非法社会组织依法予以取缔。到 2010 年,上海已经建立起较为完善的社会组织执法监察体系和监管机制,执法监察力量由市级向区级层面有效延伸,执法监察队伍素质不断提高,基本实现具备社会组织执法资质的工作人员全覆盖,为上海社会组织健康发展营造出优质的环境。

# 第二节　机　　制

## 一、社会组织四级预警网络机制

社会组织四级预警网络是上海在加强社会组织执法监察工作过程中,从城市特点和社会组织管理实际需求出发的创新成果。社会组织四级预警网络通过整合社会资源,创新执法监察体制机制,突出监管网络建设,健全社会化监督体系,积极探索在社区内培育发展和管理社会组织的新模式。市、区管理部门从搭建社会化工作平台入手,建立社会组织预警工作机制,形成与城市网格化管理相配套的社会组织网格化监管格局。

21 世纪初,随着改革开放的深入和观念的更新,个人结社的意愿和行动日趋显现,社会组织进入一个新的高速发展时期。市社团管理局以及时有效捕捉预警信息为立足点,从探索创新性、突出针对性、强化操作性着手,自 2001 年 4 月起,开始社会组织预警网络的创建工作。2003 年 12 月,社会组织四级预警网络基本建成。经过 2005 年至 2008 年的完善、巩固、提高,到 2010 年,社会组织四级预警网络的功能和效益全面凸显。

社会组织四级预警工作网络机制,在纵向上,包括市、区(县)、街道(乡镇)、居(村)委会四个层级;在横向上,即以登记管理机关为主、业务主管单位和相关部门协同配合、社会组织积极参与、层层沟通的互动网络。四级预警工作网络建设,于 2002 年正式启动,到 2003 年底全面建成。网络以强化"服务、协调、管理、预警"四大功能为切入点,整合社区管理资源,坚持因地制宜,形成从市、区(县),到街道(乡镇)、居(村)委会的预警信息网格化监管模式,为社会组织管理和执法监察提供有效的工作载体,同时,也为维护社会稳定开辟一条新途径。四级预警工作网络以维护社会稳定为主线,及时发现、查处非法社会组织和社会组织的违法活动,控制和消除了社区不稳定因素;以强化综合功能为切入点,整合社区管理资源,推进社区建设、社会稳定、社会组织党建及自身建设等工作的开展,尤其是将群众文化活动团队纳入管理视野;以拓展服务功能为立足点,为社区的各级各类社会组织提供交流合作平台;以建设完善网络为契机,扩大宣传覆盖面,提高社会组织社会认知度,优化了社会组织工作的社会环境。截至 2010 年底,全市通过预警网络上报的各类预警相关信息 4 000 余条,内容涉及非法社会组织活动、社会组织违规活动、有害功法类活动、宗教迷信活动以及影响社会稳定的集访信息等,为社区的和谐稳定作出了贡献。

上海加强社会组织四级预警网络的管理和维护,日常维护工作由市社团监察总队负责,通过制定"一年评估区(县)级、一年评估街(镇)"的评估模式,设立 56 项评估细则,全力推动预警网络向纵深发展,促进预警网络工作与和谐社区建设、社区党建工作、群团组织工作有机结合。各级政府及有关部门依托预警网络,发挥协调相关部门、搭建活动舞台等多种服务功能,积极引导社会组织参与社会管理和提供公共服务,进一步拓宽社会组织的发展空间。截至 2010 年底,全市约有 7 000 余名预警网络信息员活跃在全市 210 个街(镇)、5 355 个居(村)委会中,及时收集传递社会组织的各类活动信息,为保障全市社会组织正常健康有序发展,发挥着积极作用。

## 二、联合执法机制

上海在加大社会组织执法监察力度的同时,从强化组织协调入手,注重加强与纵向和横向部门的协作,建立联合执法机制,提升执法效果。

纵向联合执法。上海建立有市、区两级执法队伍,执法监察人员加强纵向联合,提高执法监察成效。首次办案和较重大案件,实行市、区两级联办,积极培养基层办案能手,确保重大案件依法查处、快速结案。当区遇到疑难案件向市监察总队求援时,总队第一时间前往,并在查处思路、取证方法、处理意见、执法人员等方面给予指导和协助;面对全市范围的查违打非突击任务,市监察总队根据案件的具体情况及活动区域,协调所在区配合查处。到 2010 年,通过市、区联合执法机制,有力查处"上海市金色年代国际商业会议联谊会""东方虹电话英语俱乐部""中华天地合一功专业委员会联络站"等案件。

跨部门协同执法。在社会组织执法监察中,对某些重大案件的查处,需要各方配合,协同作战。为此,由市社团管理局牵头,分别在市、区两级登记管理机关建立社会组织综合执法联席会议制度,约请公安、工商、教委、民宗委等相关部门参加,登记管理机关为责任单位。同时,市社团监察总队与市文化监察总队等职能部门建立定期联络制度,按照上级部门指示及时开展联合执法行动,根据部门的分工职责,为敏感、突发案件查处工作提供有效的法律服务和保障,进一步丰富和创新部门间的合作内容和形式。

# 第三节　执法监察办案

## 一、概况

上海在社会组织执法监察工作中,把握执法监察关键环节,严格执法办案程序,针对各类不同案件,分类处置。一方面,对于举报案件,实行举报一件,查处一件,做到"件件有着落、事事有说法";另一方面,对于移交案件,秉公办案,排除阻力,敢于硬碰,营造良好的执法氛围。到 2010 年,累计受理各类案件 763 件,平均结案率 80.4%。

执法监察办案,是社会组织执法监察工作的重要内容。上海的执法监察办案,从基础工作抓起,着力保证办案质量。市社团监察总队根据依法行政的要求,认真规范内外法律文书、执法流程和各项办案制度。制作包括《案件受理登记表》《案件调查终结审批表》等内部流转法律文书;严格按照《行政处罚法》的要求,编写《行政法律文书汇编》,规范对外法律文书;针对大量存在的够不上行政处罚的一般性调查案件的特点,制定《上海市社团监察总队办案流程》和《案件文书立卷归档管理办法》,明确各类案件执法工作程序,避免查办案件的随意性。同时,建立健全办案责任制和奖励制度,规定办案期限,提高办案效率。确立"以主承办员为核心、集体讨论为辅助手段"的办案模式,碰到疑难、复杂案件及时召开案情分析会,碰到行政处罚案件召开定性处理集体讨论会;贯彻行政执法责任制,按照分工相对专一、人员配备相对合理和有利于培养新人的原则,明确每位工作人员的职责,做到责任到人。实行执法案件网上登记和查询制度,推进执法工作信息化。

为了进一步提高办案质量,市社会团体监察总队加强执法监察队伍建设。针对"市、区两级执法不平衡,区域差异明显,执法人员兼职比例大,专业人员少"的结构性特点,采取多种途径和方式,促进执法监察人员素质能力提高。首先,加强学习培训力度。如,2004年,举办全市执法人员培训班,对市、区两级执法人员进行集中培训;2007年,针对区执法信息处理中暴露出的问题,组织开展内容具体、方式新颖的执法实务培训。其次,创新以会代训模式,按照区域情况相近、管理对象相似的原则,将当年19个区分成三个片会组,建立社会组织执法监察工作片会制度,定期了解区执法现状,进行面对面交流探讨,提高执法操作技能。再次,坚持以案说法。通过案情简介、查处过程、法理分析以及案件评析等环节,编制《行政执法案例集》《社会组织行政执法实务参考》等工具用书,以法析案,由案说法,提升执法人员法律素养和执法能力。如,2006年,市社团监察总队从历年累积的403起案件中,挑选12个典型案例,编成《行政执法案例集》,为查处同类案件提供范例。

## 二、案件查处流程

上海对社会组织违法案件的查处,严格依据国家法律法规和遵循相关法律法规程序进行。

轻微违法案件查处流程。社会组织轻微违法案件主要是指社会组织违法情形轻微,够不上行政处罚的案件,在实践中一般将其视为简易案件处理。查处流程一般为:受理、调查取证、调查终结、责令改正(或其他情形)、归档。

行政处罚案件查处流程。对行政处罚案件的查处是社会组织执法监察工作的重点,其执法流程需要严格遵循《行政处罚法》及社会组织相关法律法规的规定。社会组织行政处罚案件应遵循以下四个条件:1. 违法事实清楚,2. 证据确凿充分,3. 使用法律准确,4. 量罚合理相当。行政处罚有以下五个种类:1. 警告;2. 罚款;3. 没收违法经营额或违法所得;4. 限期停止活动;5. 撤销登记。查处流程一般为:立案、调查取证、调查终结、行政处罚告知、行政处罚决定审批、作出行政处罚决定、结案审批、归档。

非法社会组织的取缔流程。取缔非法社会组织是登记管理机关的法定职责之一,在目前的执法实践中将取缔行为归属于行政强制措施的范畴,主要依据为《取缔非法民间组织暂行办法》。取缔流程一般为:立案、调查取证、调查终结、取缔决定审批、作出取缔决定、取缔公告、归档。

## 三、打击非法社会组织

打击非法社会组织,是执法监察的重要内容和重要任务,按照民政部2000年4月6日发布的

《取缔非法民间组织暂行办法》界定,未经批准擅自开展社会团体筹备活动的组织、未经登记擅自以社会团体或者民办非企业单位名义进行活动的组织以及被撤销登记后继续以社会团体或者民办非企业单位名义进行活动的组织,都属于非法社会组织。非法社会组织存在的领域非常广泛,涉及教育科技、文化卫生、知识产权、食品健康、助老产业等。非法社会组织常见的活动形式有:非法开展评比表彰、培训认证、项目合作、会议会展等,大肆牟取经济利益。如不加强对非法社会组织的打击,不仅会破坏社会组织登记管理制度,对经济、社会秩序构成隐患,而且会导致社会不稳定,损害政府形象。

上海对社会组织执法监察始终保持高度的政治敏锐性和社会责任感,加大执法监督力度,尤其是对突发性、敏感性非法社会组织的查处和打击,始终保持高压态势,做到反应及时,处理迅速,除恶务尽。在做法上,一是创新机制,建立社会组织四级预警网络,为查证取缔、消除影响社会稳定的隐患争取时间,如经过预警网络发现取缔非法社会组织"中华天地合一功专业委员会联络站"。二是市区联动,属地与联手查案并举,打击取缔非法社会组织在贯彻属地管理管辖原则的基础上,结合上海基层社会组织执法人员存在"新、少、弱"的实际,采取市、区联手办案以属地为主的方式,既帮助基层培养办案能手,又达到了重大案件依法查处、快速结案的目的,如指导某区取缔"中国保健食品协会上海办事处"。三是注重效率,坚持依法从快打击,非法社会组织活动存在很大的危害性,多以隐蔽或公开的方式在社会上进行活动,有的借社会组织拉大旗作虎皮实则非法经营,有的视法律法规为儿戏明知故犯等等,市社团监察总队对于这些危害社会的非法社会组织坚持一条原则即发现一起查处一起,排除干扰一查到底,依法从快打击取缔,坚决将它们的活动制止在萌芽状态。

## 四、案例选介

### 【某省驻沪企业协会骗取变更登记案】

2005年3月,某省驻沪企业协会会长刘某,在只与秘书处几位工作人员商定后,将协会法定代表人由刘某本人变更为协会秘书长丁某。为了使法定代表人变更合法化,该协会在办理变更登记手续过程中,向业务主管单位和登记管理机关提供伪造的《会员代表大会决议》和《理事会决议》等虚假材料,骗取登记管理机关的变更登记。

登记管理机关执法监察部门接到举报后,随即对该协会会长刘某和秘书长丁某等人进行调查询问,两人对上述造假行为供认不讳。据此,该协会在法定代表人变更上存在以下违法事实:第一,按照该协会章程规定,"变更法定代表人必须经理事会讨论决定";而该协会则以秘书处商议替代理事会讨论。第二,按照该协会章程规定,"由会长担任法定代表人,如要变更秘书长为法定代表人,必须对协会章程进行修改,而修改章程必须经会员代表大会审议通过",而该协会秘书处则擅自对原章程进行修改,并未提交会员代表大会审议。第三,向业务主管单位和登记管理机关提供伪造的《理事会决议》和《会员代表大会决议》,蒙骗登记管理机关,涉嫌欺骗。

尽管该协会的种种行为都得到法律证据印证,违法事实清楚,但是,在监察执法部门拟对该协会作出行政处罚时,却遇到两个法律困境:一是关于能否撤销该协会变更登记的困境。因为,《社会团体登记管理条例》第三十二条规定:"社会团体在申请登记时弄虚作假,骗取登记的,或者自取得《社会团体登记证书》之日起1年未开展活动的,由登记管理机关予以撤销登记。"这里明确的撤销处罚,针对的是社会团体在成立登记时弄虚作假行为,而对社会团体在变更登记时弄虚作假、骗取变更登记的行为如何处置,却并未提及。二是能否对该协会骗取变更登记行为实施行政处罚的困境。根据《行政许可法》第七十九条规定,被许可人以欺骗、贿赂等不正当手段取得行政许可的,行政机关应当给予行政处罚,但是,该法是作为规范和监督行政机关自身执法行为的法律,无法依据该法对协会进行处罚;同时《社会团体登记管理条例》第三十三条第一款第四项中规定,对不按照规定办理变更登记的,可以予以处罚,但这里的"不按照规定办理变更登记",通常理解为社会团体登记事项发生变化却未到登记管理机关办理办更登记,能否理解和实用于社会团体弄虚作假、骗取变更登记行为,并未作出明确规定。

为了准确适用法律法规,维护行政执法的严肃性,市社会团体监察总队报请上海市民政局,就此案的法律适用问题向民政部进行请示。民政部认为,《社会团体登记管理条例》第三十三条第一款第四项"不按照规定办理变更登记"中的"规定",既包括法律法规的有关规定,也包括社会团体章程的有关规定,该协会有关负责人未按本协会章程规定召开理事会和会员大会,擅自伪造变更登记材料并骗取变更登记,属于上述"不按照规定办理变更登记"的情形,对此,登记管理机关应当撤销错误的变更登记,恢复原有登记,同时,对于该协会应当根据其违法情节及后果,给予相应行政处罚。

依据民政部的法规解释,市登记管理机关对该协会作出如下处理:其一,撤销该协会的变更登记。其二,对该协会作出予以警告的行政处罚。

该案件给监察执法工作的启示是:从登记管理机关角度看,当面对法律条文的适用面窄、操作困难的情形时,登记管理机关应该积极寻求法律支持,为合法合理行政执法奠定坚实的法律基础。从社会团体的角度看,社团章程是社会团体的重要法规,其规定着社团的名称、宗旨、业务范围、组织管理制度、负责人条件和产生及罢免程序等,一旦章程经登记管理机关批准,即具备法律效力,社团的任何活动应该在章程规定的范围内进行,任何超出、违反章程规定的活动,都是违法的,监察执法部门将据此对社团的这些行为进行查处。在该案中协会负责人无视章程规定,任意变更章程内容、未按章程规定的程序变更法定代表人,这些行为,不论出发点如何,都属违法,必定受到查处。

**【某摄影学会未按期换届被依法警告案】**

2001年,上海某摄影学会未按章程规定期限换届,且未通过年度检查。2002年、2003年,又连续两年未参加年度检查。对此,监察执法部门依法对其进行调查。调查中,案件承办人员发现,该学会不参加年检的原因,是其内部在换届人选问题上有分歧。

针对这一情况,监察执法部门研究认为,如果简单地依照《社会团体登记管理条例》的有关规定对其实施行政处罚,一则很难收到处罚的应有效果;二则对该学会今后的发展也没有促进。于是,监察执法部门严格按照法律程序,一方面对该学会换届选举矛盾双方进行法制宣传;另一方面,下发《责令整改通知书》,对其实施行政警告处罚。

该案件是一起有关社会组织年度检查的典型案例,具有广泛的普遍性。一些社会组织由于不能按照规定换届,导致年检不能通过;有些因此也干脆不参加年检。登记管理部门和监察执法部门如何视情况给予行政处罚,往往需要作一些权衡。因为,行政执法行为往往涉及自由裁量权的使用,也就是说,法律规范只对某种行政行为的内容、方式和程序作了一定范围和幅度的规定,允许行政主体在处理具体行政事项时,在法定的范围和幅度内,凭借自身的判断进行裁量。行政执法主体在行使自由裁量行政行为时,不仅存在合法性问题,而且往往存在合理性问题。该案执法对象某摄影学会,以违法事实判断,违反了《社会团体管理条例》第三十三条第三项"拒不接受或者不按照规定接受监督检查"的规定,可以被处以从警告到撤销登记不同惩戒等级的行政处罚。面对一定程度的自由裁量权,执法部门本着教育为主、处罚为辅和以监管促发展的工作思路,针对该学会日常工作和活动的实际情况,选择行政警告、责令改正这一申诫罚的处理决定,意在通过"外力"加快其内部矛盾的解决,同时也为必要时加重处罚作好情理上的铺垫。

在社会组织监察执法实践中,类似某摄影学会这样文化名人聚集的社会团体,在案件查处的工作中,必须做深入细致的调查研究,树立正确的执法理念,即行政处罚不是目的,而是通过处罚达到教育的目的;同时应根据具体情况,选择最适合执法对象改正问题的处罚种类和幅度。也就是说,既要坚持严格执法,又要讲究方式方法,做到晓之以理、动之以情;切忌因执法方法不当,使内部矛盾激化甚至转嫁于登记管理机关,从而影响执法行为的工作效果。

### 【欺诈婚介依法受处罚案】

2005年上半年,某新闻媒体披露:一家名为上海某婚姻介绍所家园分部的婚介机构,利用"婚托"违法从事婚姻介绍活动。登记管理机关执法监察部门顺此新闻线索立即展开调查。

调查发现,该婚介所在闸北区工商分局注册登记,旗下有6家分支机构,其中家园分部作为分支机构之一,经济上独立运作,但税收由总部统一缴纳,并按月上交总部一定数额的管理费用。调查同时发现,家园分部为攫取更多的婚介费,吸引更多的征婚者,对某超市女职工朱某进行"包装",虚构其年龄、职业等个人身份,以"应征女性"的面貌出现在媒体广告上。朱某在家园分部的安排下,自2005年4月至5月期间共约见征婚者10余人次,事后家园分部付给朱某一定费用。除朱某外,该机构还有其他男女婚托。为证实朱某的"婚托"身份,案件承办人员通过向公安机关、朱某工作单位以及朱某本人调查询问等方式,对朱某的真实身份进行调查;为证实家园分部的欺诈行为,案件承办人员通过询问相关征婚者获取证人证言,并在此基础上,分别对上海某婚姻介绍所和家园分部的负责人进行询问,由此形成完整的证据链,以证明家园分部存在应受行政处罚的违法行为。

查清案情后,办案人员在决定给予涉案对象处罚时,出现争议:分歧一,在执法主体的确定上,一种意见认为,该婚介所是工商部门登记注册的企业,其违法行为的查处主体应是工商执法部门。另一种意见则认为,民政部门作为婚姻介绍机构的行政主管部门,规范和整合婚介市场是基本职责,且该婚介所的行为已违反《上海市婚姻介绍机构管理办法》第十四条第二款"禁止从事欺诈性婚姻介绍服务活动"的规定,依据该办法第二十一条第三项规定,应给予相应的行政处罚。依据《上海市婚姻介绍机构管理办法》赋予民政部门的管辖权限,民政部门对此案具有行政执法管辖权。分歧二,在处罚对象的认定上,一种意见认为,本案的违法行为者是家园分部,其作为独立经营、独立核算的主体,应承担相应的法律责任;另一种意见则认为,家园分部在内部虽是独立经营、独立核算的主体,但作为上海某婚姻介绍所的分支机构,并不具有法律上的主体资格,其一切行为的法律后果都应由设立分支机构的法律主体来承担,因此,案件处罚对象应该是上海某婚姻介绍所。监察执法部门采纳了第二种意见。

在明晰执法主体、执法对象后,监察执法部门认定,上海某婚姻介绍所家园分部"利用婚托从事欺诈性婚姻介绍服务活动"的违法行为查证属实,且有相关书证、人证一一对应,该行为违反《上海市婚姻介绍机构管理办法》第十四条第二项的规定,根据该办法第二十一条第三项之规定,依法对上海某婚姻介绍所作出警告并处以一定数额罚款的行政处罚。同时,对此案调查过程中查证的上海某婚姻介绍所家园分部的异地经营、发布虚假广告的行为,因不属于民政部门执法范畴,移交工商行政部门依法予以处理。

**【名存实亡民非单位撤销登记案】**

崇明县某民办非企业单位,没有参加 2006 年年检,2007 年年度检查也未参加。于是,崇明县登记管理机关及业务主管单位到现场查实,结果发现该单位原登记住所已人去楼空,且已无法与该单位法定代表人取得联系。于是,崇明县登记管理机关将该民办非企业单位依法纳入执法监察视线。

本案查处对象某民办非企业单位,其违法事实是连续两年未参加年度检查。但是,对该民办非企业单位查处的难点是,登记住所人去楼空,无法联系。为了将客观事实转化为法律事实,登记管理机关与该民办非企业单位的业务主管单位取得联系,展开围绕该单位是否名存实亡的证据收集工作。与此同时,监察执法部门以挂号信方式分别向其发送《年检告知书》和《责令整改通知书》,并再次用电话形式与其法定代表人联系。结果,邮件被以"原址查无此人"为由退回;电话也无法联系。在此基础上,登记管理机关与业务主管单位联合到该民办非企业单位登记住所进行实地核查,核实人走楼空事实。在调查确认该单位已名存实亡且无法自行办理注销登记的情况下,登记管理机关决定,进入撤销登记行政处罚程序,依据《民办非企业单位登记管理暂行条例》第二十五条第一款第三项"拒不接受或者不按照规定接受监督检查的"规定,予以撤销登记。并且,根据已无法与该单位取得联系的情形,参照《民事诉讼法》关于送达的相关规定,决定采取媒体公告撤销登记方式送达《行政处罚听证告知书》《行政处罚决定书》,进行行政处罚。

撤销登记是法律赋予社会组织登记管理机关行政处罚种类中,对社会组织产生最严厉后果的行政处罚,而本案对某民办非企业单位的公告撤销登记,是在特定条件下采取的一种公告送达法律文书方式的执法手段。在采取该执法手段时,应注意以下两点:一是必须明确公告撤销登记的前提,即确认该社会组织已名存实亡,自身已无能力自行办理注销登记,只有通过登记管理机关行政职权的行使,采用撤销登记行政处罚方式,使其丧失活动资格,并且,确认该社会组织通过各种渠道已无法与其取得联系,才能采用公告送达方式实施撤销登记。二是必须把握公告撤销登记的关键和保证。公告撤销登记的关键是:收集证据证明该社会组织名存实亡,且无法与其取得联系;公告撤销登记的保证是:严格按照程序法和实体法的相关规定,做到实体公正、程序合法。在本案查处中,登记管理机关严格按照实体法《民办非企业单位登记管理暂行条例》和程序法《行政处罚法》的相关规定进行监察执法,从立案到调查终结,充分收集各类证据,以保证行政处罚的合法性和合理性。

本案对登记管理机关查处类似案件的启示是:第一,在年检中发现类似问题,必须先与业务主管单位及时进行沟通,并让其提出处理意见,既体现双重管理原则,又增加登记管理机关实施撤销登记的法律依据和证据材料。第二,社会组织的成立、发展直至消亡,都是事物发展正常轨迹,对于处于消亡阶段的社会组织,尤其是在其自身没有生存能力的状态下,登记管理机关应当依法行政,确保避免不作为和乱作为。

**【上海市某商会违法设立分支机构处置案】**

2007 年 6 月,上海市某区社会组织登记管理机关接到举报,反映某市场部分经营户在筹备成立"上海市某商会某分部"组织,公开在经营户中散发关于成立某商会某分部的《倡议书》,并拟定于当月 28 日召开成立大会。

区社会组织登记管理机关受理举报后,由于该案涉及市级社团管理机构,该区登记管理机关即与市登记管理机关取得联系,请求协助查处。市、区监察执法部门立即行动,开展调查取证工作。经查,筹备成立某分部,曾经征得上海市某商会同意,但并没有报商会的业务主管单位许可,更未经市登记管理机关登记,属于擅自活动。同时查实,该分部的筹备情况:一是组织机构已基本设立,办公机构已确定地址并对外挂牌;二是已私刻公章对外开展活动;三是已在某市场部分经营户中收取500—50 000元不等的会费,部分会费属于强行收取;四是组织内部下设分会等机构已经确定;五是召开成立大会的时间已经确定。调查掌握的证据证实,"上海市某商会某分部"已经具备社会组织的各种特征,即有组织机构、固定的办公场所、专职工作人员、私刻公章,并收取会费、对外开展活动等,在某市场经营户乃至社会中造成较大负面影响。

该案查处的关键,是对"上海市某商会某分部"组织身份的认定,具体来说,是认定其为合法组织的违法分支机构,还是非法组织。根据调查掌握的事实,"上海市某商会某分部"的母体上海市某商会是在市社会组织登记管理机关登记注册的合法社会团体,但其某分部并未在登记管理机关申请登记注册,据此可以认定,母体合法,但其分部作为未合法登记的分支机构,属于合法组织的违法分支机构。但是,由于分支机构并不是独立法人,因此,其法律责任的追究应该向其母体——上海市某商会追究。决定收缴上海市某商会某分部匾牌、印章,并对其实施依法取缔的行政处罚。

本案查处的启示是:第一,思想认识统一。该案所涉及的某综合市场,是集批发、零售各类商品、建材等为主要项目的大型综合经营市场,经营户来自全国各地,一旦成立某商会分部,其他各省市经营户也可能从本位考虑相继成立各自的团体,这样,势必造成经营割据局面,严重影响经营管理秩序,甚至产生不安定因素,因此,区、镇、村三级都认为,不合适建立这样的组织。第二,四级预警网络充分发挥作用。首先,该市场预警网络信息员的信息上报及时;其次,区相关部门经初步查实后,立即向市有关部门汇报并请求予以协助,把事件制止在召开成立大会之前,为快速处置赢得了时间;再次,上下联动,形成合力。在查处过程中,市区两级联动运作,配合紧密,保证案件妥善处置。第三,处置方式恰当。该案母体合法,但子体不合法,且法律责任又由其母体承担。在案件处置过程中,承办人员始终围绕其母体上海市某商会开展工作,收到良好效果。

### 【非法组织"全球汉语教学总会上海分会"依法取缔案】

2008年3月,市社会组织监察执法部门接到举报:某区某进修学校以"全球汉语教学总会上海分会"(以下简称"上海分会")的名义对外招生并开展活动,希望监察执法部门核查该组织身份的合法性,并对该学校的行为进行甄别。接到举报后,市社会组织监察执法部门会同该区社会组织登记管理机关联合执法,对该案展开调查。

经查,该进修学校是在某区登记的一家民办非企业单位,并且该区教育局为其业务主管单位,主要从事外语教学和教师资格培训等业务。为扩大招生,该进修学校以"上海分会"名义对外招生,开展师资培训工作,颁发境外教师资格证书。但是,其"上海分会"并没有在社会组织登记管理机关登记注册,涉嫌非法组织。另据调查,该进修学校校长石某亲自出任"上海分会"会长,并以此在校园网站上宣传该非法组织,可除石某之外,"上海分会"并无其他专职工作人员,也没有章程和印章等相关要素。案件涉及两个组织主体:一是某区某进修学校;一是"全球汉语教学总会上海分会"。前者,虽然是一家合法登记的民办非企业单位,但其颁发境外教师资格证书的行为,违反《民办教育促进法》第六十二条第四项关于"非法办理或者伪造学历证书、结业证书、培训证书、职业资格证书"的规定;而后者,作为未经登记管理机关登记的非法组织,其行为违反《社会团体登记管理条例》第三条的规定。

案件涉及主体的违法事实清楚,但对两个违法主体的违法行为应如何追究、案件的执法主体是否都属于社会组织登记管理机关管辖,成为案件处置的焦点。依据《民办教育促进法》第六十二条规定,对民办学校违法行为的法律责任追究,执法主体为其审批机关,在此案中,针对该进修学校颁发境外教师资格证的行为的执法主体,是该区教育局,并非社会组织登记管理机关;而依据《社会团体登记管理条例》第三十五条的规定,对未经登记擅自以社会团体名义进行活动的,由登记管理机关予以取缔,因此,对该学校未经登记擅自以"上海分会"名义开展活动的行为的执法主体,才是社会组织登记管理机关。不同的违法行为,追究其法律责任的执法主体是不同的。

在明晰该案违法事实、行政执法主体后,监察执法部门随即对该进修学校未经登记擅自以"全球汉语教学总会上海分会"开展活动的违法行为进行查处,当场收缴该非法组织的牌匾,责令该进修学校校长石某删除学校网站上关于该非法组织的相关内容,并要求其作出书面承诺,保证今后不得以任何非法组织名义对外开展活动。监察执法部门采取处罚与教育相结合的方式,通过批评教育和法规讲解,使本案当事人石某认识到违法行为的严重后果,积极配合执法人员的查处。

该案件的启示是:第一,面对两个或两个以上违法主体等较为复杂的法律关系时,要求案件承办人员必须厘清案件事实、明确违法主体与执法主体,正确履行登记管理机关以及监察执法部门的法定职责,做到既不缺位,又不越位;第二,在执法过程中,要善于运用市、区两级联动机制,开展联合执法,既有效打击违法行为,净化社会组织发展环境,又促使监察执法人员在办案中学习执法实战经验,提高办案能力和执法水平。

# 第六篇

## 人　物

本分志中人物篇设"人物传略""人物简介"和"人物名录","人物传略""人物简介"主要记述1978—2010年上海市民政局、上海市社会团体管理局历任局长的工作经历,按任职先后顺序排列,已故人物载入"人物传略",健在人物载入"人物简介"。"人物名录"主要记述2004—2010年全国、市级先进社会组织和个人,评估等级在3A以上社会组织规范化建设试点单位名单。

# 第一章 人物传略

张　祺（1910.10—1993.01）　曾用名张世迟、张范、张志杰、张文斌、张斌、王一民，浙江浦江人。1926 年春起，先后在浙江湖州美富绸厂、上海永新绸厂、南洋绸厂做临时工，1930 年底到上海美亚织绸厂第六分厂当织绸工。1933 年初加入中国左翼作家联盟，同年 3 月加入中国共产主义青年团，半年后任共青团美亚绸厂第六分厂支部书记。1934 年 3 月参与领导坚持 50 天的美亚绸厂 4 500 多名工人的同盟罢工。罢工失败后于 1934 年 7 月被派赴苏联列宁学院学习。学习期间列席在莫斯科召开的共产国际第七次代表大会，并作为中国代表先后参加少共国际和赤色职工国际代表大会。1936 年 1 月转为中国共产党党员。

1937 年 5 月回到上海，11 月任中共江苏省委上海工人运动委员会干事、委员，上海工人运动委员会委员兼宣传部部长、组织部部长。1940 年 10 月任中共江苏省工人运动委员会书记。1943 年 1 月任中共上海工人运动委员会书记。1947 年 9 月任中共上海市委委员、工委书记。上海解放后，历任上海总工会党组副书记、中共上海市委常委。1949 年 5 月任上海总工会筹备委员会副主任兼组织部部长。1950 年 2 月 3 日当选上海总工会（后改为上海市工会联合会、上海市总工会）副主席、监察委员会副主席。1961 年 4 月 25 日被选为上海市总工会主席。"文化大革命"中受到迫害，被隔离审查近 5 年。1972 年 10 月下放到上海市直属机关"五七"干校劳动。1973 年 9 月参加中共上海市静安区委领导工作。1977 年 10 月任上海市民政局革命委员会主任，组织民政系统干部职工揭批"四人帮"罪行，恢复民政业务工作。1978 年 10 月调任上海市总工会党组副书记。

张竹天（1914.12—1994.09）　山东博兴人。1939 年 3 月加入中国共产党。1935 年至 1938 年，在山东省博兴县任小学教员。1939 年 3 月至 1940 年 5 月，任中共山东省博兴县一、三两区联合区委书记，1939 年夏秋在山东省博兴县一、三两区秘密发动和组织抗日游击小组，八路军到达博兴后，并入八路军马千里部队。1940 年 5 月至 1952 年 2 月，历任山东省博兴县抗日民主区政府区长、博兴县县长、山东渤海区第五专署民政科科长、昌潍专员公署副专员等职。1952 年 2 月至 1952 年 7 月，先后在上海市盐业公司和贸易信托公司领导"三反"工作，任上海市江宁区"五反"委员会副主任。1952 年 7 月至 1966 年 12 月，历任上海市江宁区委副书记、区长，上海市静安区委书记、区长等职。"文化大革命"期间，遭受"四人帮"迫害，被隔离审查、下放劳动。1978 年 8 月任上海市民政局党组书记、局长，组织民政系统干部职工揭批"四人帮"罪行，恢复民政各项业务工作。1984 年 3 月离休。

曹匡人（1927.12—2017.01）　江苏涟水人。1944 年 8 月参加革命并加入中国共产党。1945 年 6 月至 1949 年 7 月，历任江苏涟水县六塘区青救会主任、区委秘书，东辛区委宣传委员、区工作队长，田楼区委宣传委员、组织委员，新安区委委员、区委副书记等职。解放战争期间，随中央团校参加天津接管工作,任天津市氧气厂接管组组长等职。1949 年 7 月至 1952 年 12 月,历任共青团上海浦东区团工委书记,市郊团工委副书记。1953 年 12 月起,历任洋泾区委书记兼区长,高桥区委书记,东郊区委第一书记、人民武装部政委。1958 年 8 月至 1970 年,历任浦东县委第二书记,川沙县委第二书记,奉贤县委书记,南汇县委副书记、书记、县长。在南汇工作期间组织开掘大治河,大力发展南汇经济。1980 年 1 月至 1984 年 2 月,任上海市农委副主任、党组成员。1984 年 2 月至 1988 年 7 月,任上海市民政局局长。1990 年 3 月离休。

# 第二章 人物简介

**孙金富（1945.07— ）** 江苏扬州人。1964年8月参加工作，1966年5月加入中国共产党。1964年8月至1980年8月，历任杨浦区税务局四所专管员、杨浦区税务局组织组工作人员、杨浦区团委筹建组工作人员、杨浦区团委副书记、吴淞镇街道党委副书记、杨浦区团委书记等职。1980年8月至1988年7月，历任杨浦区副区长，吴淞区委副书记、代理区长、区长等职。1988年7月至1995年10月，任上海市民政局党委书记、局长。1995年10月至1997年3月，任上海市民政局党委书记。1997年4月调任上海市委统战部副部长，上海市宗教事务局局长、党组书记。

**施德容（1948.11— ）** 浙江宁波人。1969年3月参加工作，1975年9月加入中国共产党。1969年3月至1974年9月，在江西省崇义县上堡公社插队。1974年10月至1982年8月，先后在卢湾区淮海街道南二服务站、卢湾区中心医院工作。1982年8月起，历任卢湾区团委副书记兼宣传部部长，上海市总工会卢湾区办事处党组书记、主任。1984年6月起历任卢湾区委组织部部长、区委副书记。1992年2月至2003年3月，历任上海市民政局副局长、副书记、局长、书记等职。2002年3月获"全国民政系统先进工作者"荣誉称号。2003年4月调任上海盛融投资有限公司党委书记、总裁。

**徐　麟（1963.06— ）** 上海市人。1982年10月参加工作，1982年9月加入中国共产党。1982年10月至1995年3月，历任南汇县周浦中学专职团干部、团委副书记、书记，南汇县团委副书记、书记，南汇县三墩乡党委书记，县政策研究室主任，县委常委、副县长等职。1995年3月至1998年7月，任嘉定区委副书记（其间，1995年5月至1998年5月援藏任中共西藏日喀则地区地委副书记、上海第一批援藏干部联络组组长）。1998年7月至2003年3月，历任上海市农工商（集团）总公司党委副书记、副董事长、总经理，党委书记、董事长、总经理等职。2003年3月至2007年2月，任上海市民政局党委书记、局长，上海市社会团体管理局党组书记。2007年2月调任上海市农业委员会主任、党组书记。

**王　伟（1954.09— ）** 浙江绍兴人。1970年12月参军入伍，1979年2月加入中国共产党。1970年12月至1975年3月，在中国人民解放军283部队服役。1975年3月至1980年5月，在上海电阻厂历任工人、车间副主任，厂办文书、负责人。1980年5月至1986年5月，历任上海市电器公司团委副书记、团委书记、党委副书记。1986年5月至1993年2月，历任上海市机电局保卫处副处长、处长，冶矿机械公司基层处副处长（正处级）、党委书记。1993年2月至1997年4月，任上海市机械工程成套总公司党委书记、总经理。1997年4月至2003年4月，任上海市民政局副局长。2003年4月至2006年8月，历任上海市农工商（集团）公司党委书记、董事长。2006年8月至2007年2月，任上海市政府办公厅副主任。2007年2月至2008年2月，任上海市民政局党委书记、局长，上海市社会团体管理局党组书记。2008年2月调任上海市政府副秘书长。

**马伊里（1954.10— ）** 女，江苏如皋人。1972年12月参加工作，1974年10月加入中国共产党。1972年12月至1979年2月，在安徽上海练江牧场电器厂工作，历任车间负责人、党支部副书记、副厂长。1979年10月至1984年4月，历任上海低压电器四厂车间负责人、厂办负责人。1984年4月至1993年1月，历任上海市民政局党委办组织科科员，上海市民政局组织人事处副主任科员、主任科员、副处长,上海市民政局办公室副主任(主持工作),上海市民政局社会团体管理处处长。1993年1月至2005年8月,历任浦东新区社会发展局副局长、党组成员,浦东新区城区工作委员会党委副书记,浦东新区社会发展局党委副书记(副局级)、局长,浦东新区劳动和社会保障局党组书记、局长等职。2005年8月至2008年2月,任上海市民政局副局长。2008年2月至2013年3月,任上海市民政局党委(2009年7月改为党组)书记、局长,上海市社会团体管理局党组书记。2013年1月至2014年10月,任政协上海市第十二届委员会常委、人口资源环境建设委员会主任。2016年4月退休。

**谢玲丽(1951.09—  )**  女,浙江绍兴人。1968年11月参加工作,1975年4月加入中国共产党。1968年11月至1985年7月,在上海无线电四厂工作,任行政科党支部副书记。1985年7月至1997年4月,调上海市委研究室工作,历任企业处主任科员,党群处副处长、处长等职。1997年4月任上海市民政局副局长,1999年7月兼任上海市社会团体管理局局长。2000年4日任上海市民政局副局长,上海市社会团体管理局党组书记、局长。2003年4月调任上海市人口和计划生育委员会党委书记、主任。

**方国平(1954.12—  )**  安徽合肥人。1972年12月参军入伍,1975年9月加入中国共产党。1972年12月至1983年12月,历任空军宜昌场站通信队战士、副分队长、分队长、副政治教导员等职。1983年12月至1995年8月,历任空军政治学院第十三学员大队12队副队长、院宣传处副处长、二大队政委、干部轮训队队长等职。1995年8月转业,历任上海市民政局优抚处副处长、龙华烈士陵园主任、上海市民政局办公室主任、信息研究中心主任等职。2003年7月任上海市民政局副局长、上海市社会团体管理局局长。2011年5月调任政协上海市委员会办公厅巡视员。

# 第三章　人 物 名 录

## 一、全国先进社会组织

### 2004 年民政部表彰全国先进民间组织
（排名不分先后）

上海市慈善基金会
上海市造船工程学会
上海市信息服务业行业协会
上海杉达学院
上海市房产经济学会
上海市生物医药行业协会
上海市青少年发展基金会
上海市建筑材料行业协会
上海市台湾同胞投资企业协会
上海市普陀区长寿路街道民间组织服务中心
上海卢湾区金色港湾老年公寓
上海对外经济贸易企业协会
上海计算机用户协会
上海市计划生育协会

### 2006 年民政部表彰全国民办非企业单位自律与诚信建设先进单位
（排名不分先后）

上海市普陀区曹杨新村街道民间组织服务中心
上海 2007 特奥中心
上海安达医院
上海国际金融研究中心
上海海粟美术设计专修学院
上海勤劳劳动保障事务服务中心
上海市长宁区华阳路街道群众团队活动指导站
上海市嘉定区嘉定镇街道夕阳红俱乐部
上海市闵行上锅职业技能培训中心
上海市闸北区临汾路街道社区事务工作站
上海市震旦进修学院
上海松江区朝日进修学校

### 2010 年民政部表彰全国先进社会组织

（排名不分先后）

上海市宇航学会

上海市工业经济联合会

上海市市政公路工程行业协会

上海市外商投资企业协会

上海人才服务行业协会

上海市静安区社会组织联合会

上海数字娱乐中心

上海慈善物资管理中心

上海杨思医院

上海市自强社会服务总社

上海乐群社工服务社

上海市老年基金会

上海科普教育发展基金会

上海市华侨事业发展基金会

上海市拥军优属基金会

上海浦东非营利组织发展中心

## 二、上海市先进社会组织和个人

### 2006 年第一届上海市先进民间组织名单

（排名不分先后）

**一、全市性民间组织**

（一）社会团体

1. 上海老新闻工作者协会

2. 上海市残疾人事业新闻宣传促进会

3. 上海邮电海外联谊会

4. 上海中青年知识分子联谊会

5. 上海市党的建设研究会

6. 上海市多媒体行业协会

7. 上海市软件行业协会

8. 上海市咨询业行业协会

9. 上海市建筑施工行业协会

10. 上海市装饰装修行业协会

11. 上海市市政工程行业协会

12. 上海市信息化培训协会

13. 上海市集成电路行业协会

14. 上海市外商投资企业协会

15. 上海国际商会

16. 上海市工业经济联合会

17. 上海市商业联合会

18. 上海市企业联合会

19. 上海市开发区协会

20. 上海市质量协会

21. 上海市化工行业协会

22. 上海交电家电商业行业协会

23. 上海医药行业协会

24. 上海市老年教育协会

25. 上海市社区教育协会

26. 上海教育国际交流协会

27. 上海市道教协会

28. 上海市价格学会(协会)

29. 上海生猪业行业协会

30. 上海市侨界知识分子联谊会

31. 上海市侨商会

32. 上海市福建商会(福建省在沪企业协会)

33. 上海市浙江商会(浙江省驻沪企业协会)

34. 上海市外事翻译工作者协会

35. 上海市注册会计师协会

36. 上海市退(离)休高级专家协会

37. 上海市出租汽车暨汽车租赁行业协会

38. 上海市城市规划行业协会

39. 上海市房地产经纪行业协会

40. 上海市私营企业协会

41. 上海市执业经纪人协会

42. 上海市印刷行业协会

43. 上海市互联网协会

44. 上海市企事业单位治安保卫工作协会

45. 上海市体育总会

46. 上海市老年人体育协会

47. 上海市乒乓球协会

48. 上海市足球协会

49. 上海市汽车摩托车运动协会

50. 上海市有害生物防制协会

51. 上海中华书画协会

52. 上海爱乐协会

53. 上海市有线电视协会

54. 上海计算机音乐协会

55. 上海市收藏协会

56. 上海市癌症康复俱乐部

57. 上海市工程设备监理行业协会

58. 上海市会展行业协会

59. 上海市劳动模范协会

60. 上海青年志愿者协会

61. 上海市女律师联谊会

62. 上海市通信学会

63. 上海市计算机学会

64. 上海市汽车工程学会

65. 上海市化学化工学会

66. 上海市土木工程学会

67. 上海市交通工程学会

68. 上海市公路学会

69. 上海市医学会

70. 上海市中共党史学会

71. 上海市思想政治工作研究会

72. 上海市经济学会

73. 上海市保险学会

74. 上海市台湾研究会

75. 上海市教育学会

76. 上海市家庭教育研究会

77. 上海市美术家协会

78. 上海电影家协会

79. 上海音乐家协会

80. 上海科技成果转化促进会

81. 上海海关学会

82. 上海市保险同业公会

83. 上海市卫生工作者协会

(二)基金会

84. 上海市教育发展基金会

85. 上海交通大学教育发展基金会

86. 上海市中小学幼儿教师奖励基金会

87. 上海市儿童健康基金会

88. 上海市拥军优属基金会

89. 上海宋庆龄基金会

(三)民办非企业单位

90. 上海市人口信息技术中心

91. 上海市新航社区服务总站

92. 上海 2007 特奥中心

93. 上海华夏社会发展研究院

94. 上海市自强社会服务总社

95. 上海国际金融研究中心

96. 上海小企业职业介绍所

二、区县民间组织

（一）黄浦区

97. 上海市黄浦区老西门街道老年协会

98. 上海市黄浦区私营企业协会

99. 上海市黄浦区科普工作协会

100. 上海市黄浦商业人才培训中心

101. 上海市育辛进修学院

102. 上海标准职业技能培训中心

103. 上海海粟美术设计专修学院

（二）卢湾区

104. 上海市卢湾区商业联合会

105. 上海市卢湾区文化市场联合会

106. 上海市卢湾区社区社会工作者协会

107. 上海特爱外语进修学院

108. 上海市震旦进修学院

（三）徐汇区

109. 上海市徐汇区计划生育协会

110. 上海市徐汇区红十字会

111. 上海市徐汇区广告协会

112. 上海市女子实验函授进修学院

113. 上海华东电脑进修学院

114. 上海徐汇区田林街道敬老院

115. 上海市民进自强进修学院

116. 上海友益拜仁职业技能培训学校

（四）长宁区

117. 上海市长宁区各地投资企业(机构)协会

118. 上海市长宁区癌症患者康复俱乐部

119. 上海市长宁海外联谊会

120. 上海市长宁区华阳路街道群众团队活动指导站

121. 上海市长宁科技进修学院

122. 上海惠禾科技职业技术培训中心

（五）静安区

123. 上海市静安区静安寺街道老年协会

124. 上海市静安区社会帮教志愿者协会

125. 上海市静安区退（离）休教育工作者协会

126. 上海李聪手风琴专修学校

127. 上海勤劳劳动保障事务服务中心

128. 上海市静安益师进修学校

（六）普陀区

129. 上海市普陀区计划生育协会

130. 上海市普陀区质量协会

131. 上海市普陀区长风新村街道老龄工作促进会

132. 上海市普陀区曹杨新村街道民间组织服务中心

133. 上海市民办侨华中学

134. 上海普陀区金海螺幼儿园

（七）闸北区

135. 上海市闸北区私营企业协会

136. 上海市闸北区大宁路街道老年协会

137. 上海市闸北区医学会

138. 上海市闸北区临汾路街道社区事务工作站

139. 上海市青少年文化培训学校

140. 上海行健职业技能培训中心

（八）虹口区

141. 上海市虹口区收藏学会

142. 上海市虹口区个体劳动者协会

143. 上海市虹口区医学会

144. 上海好事服务技能培训中心

145. 上海虹口区民建大铭敬老院

146. 上海市保卫干部培训中心

147. 上海万国外语培训中心

（九）杨浦区

148. 上海市杨浦区国内投资企业联合会

149. 上海市杨浦区思想政治工作研究会

150. 上海市杨浦区科技企业联合会

151. 上海市杨浦区商业联合会

152. 上海市杨浦区四平老龄事业发展促进会

153. 上海杨浦区新东方进修学校

154. 上海公交四平职业技术学校

（十）闵行区

155. 上海市闵行区计划生育协会

156. 上海市闵行区工业合作协会

157. 上海市闵行区财会培训中心

158. 上海市闵行上锅职业技能培训中心

（十一）宝山区

159. 上海市宝山区民间组织管理协会

160. 上海市宝山区餐饮卫生管理协会

161. 上海市宝山区私营企业协会

162. 上海市宝山区建筑企业协会

163. 上海市宝山区阳光科技进修学校

164. 上海宝山区月浦镇社区服务中心

（十二）嘉定区

165. 上海市嘉定区社会福利企业协会

166. 上海市嘉定区建筑业管理协会

167. 上海市嘉定区嘉定镇街道夕阳红俱乐部

168. 上海市民办桃李园实验学校

（十三）浦东新区

169. 上海市浦东新区私营企业协会

170. 上海市浦东新区旅游业协会

171. 上海市浦东新区乒乓球协会

172. 上海浦东新区罗山市民会馆

173. 上海市民办金苹果学校

174. 上海市广博进修学院

175. 上海市浦东沪东中华职业技能培训中心

176. 上海浦东阳光慈善救助服务社

（十四）南汇区

177. 上海市南汇区文化市场联合会

178. 上海市南汇区女带头人协会

179. 上海市南汇区癌症康复协会

180. 上海市南汇区惠南金秋苑

181. 上海市民办尚德实验学校

182. 上海南汇航头镇养老院

（十五）奉贤区

183. 上海市奉贤区水利工程学会

184. 上海市奉贤区建筑业联合会

185. 上海市奉贤华欣进修学校

（十六）松江区

186. 上海市松江区外商投资企业协会

187. 上海市松江区计划生育协会

188. 上海松江区朝日进修学校

189. 上海天佳科技专修学校

（十七）金山区

190. 上海市金山区海外联谊会

191. 上海市民办金盟中学

192. 上海石化工业学校职业技能培训中心

（十八）青浦区

193. 上海市青浦区工业合作协会

194. 上海青浦区财经进修学校

195. 上海青浦香格丽服装培训学校

（十九）崇明县

196. 上海市崇明县河蟹协会

197. 上海民办大通学校

198. 上海崇明县新河敬老院

## 2009—2010 年度上海市三八红旗集体

（排名不分先后）

上海市建筑材料行业协会

上海市应昌期围棋教育基金会"倡棋"围棋教室

上海市女企业家协会

上海市眼镜行业协会秘书处

## 2009—2010 年度上海市三八红旗手

（排名不分先后）

陈　薇　上海市奉贤区水产学会秘书长

王　英　上海市松江区心理咨询工作协会秘书长

周燕萍　上海徐汇燕萍京剧团团长、执行董事

孟　瑛　上海市安亭社会福利院党支部书记、院长

陈　婕　上海奇翔儿童发展中心主任

杨秋萍　上海数字娱乐中心主任

庄爱玲　上海印绿公益事业发展中心董事长

李　琴　上海李琴人民调解工作室

张琴英　上海好帮手社区服务发展中心主任

# 三、上海市社会组织规范化建设试点单位评估等级

## 2008 年上海市社会组织规范化建设试点单位评估等级

一、5A 级社会组织(7 家)

1. 上海市市政公路工程行业协会

2. 上海杉达学院

3. 上海市慈善基金会

4. 上海市教育发展基金会

5. 上海安达医院(浦东新区)

6. 上海市普陀区长寿路街道民间组织服务中心

7. 上海闵行区启英幼儿园

二、4A 级社会组织(25 家)

1. 上海市信息服务业行业协会

2. 上海市建筑材料行业协会

3. 上海人才中介行业协会

4. 上海市保险同业公会

5. 上海市生物医药行业协会

6. 上海交电家电商业行业协会

7. 上海慈善物资管理中心

8. 上海市福利彩票服务中心

9. 上海华夏社会发展研究院

10. 上海闵行区华漕镇敬老院

11. 上海市民办侨华中学(普陀区)

12. 上海浦东新区浦兴敬老院

13. 上海浦东阳光慈善救助服务社

14. 上海浦东新区慈爱公益服务社

15. 上海普陀区金海螺幼儿园

16. 上海市普陀区曹杨新村街道民间组织服务中心

17. 上海市闵行区民办第二精神病康复院

18. 上海市闵行上锅职业技能培训中心

19. 上海花季艺术进修学校(静安区)

20. 上海市慈善教育培训中心(静安区)

21. 上海市春申旅游进修学院(静安区)

22. 上海市老年基金会

23. 上海市中小学幼儿教师奖励基金会

24. 上海交通大学教育发展基金会

25. 上海复旦大学教育发展基金会

三、3A 级社会组织(7 家)

1. 上海市饲料行业协会

2. 上海工业旅游促进中心

3. 上海管理科学研究院

4. 上海市工业合作经济研究所

5. 上海市黄浦区教育基金会

6. 上海市拥军优属基金会

7. 上海市甬协公益基金会

## 2009 年上海市社会组织规范化建设试点单位评估等级

### 一、5A 级社会组织(共 18 家)

1. 上海市质量协会
2. 上海市宇航学会
3. 上海东方互联网络交换中心
4. 上海杨思医院
5. 上海中冶职工医院
6. 上海科普教育发展基金会
7. 上海市青少年发展基金会
8. 上海市浦东新区民办世纪星双语实验幼稚园(浦东新区)
9. 上海市广博进修学院(浦东新区)
10. 上海浦东非营利组织发展中心(浦东新区)
11. 上海中致社区服务社(浦东新区)
12. 上海儿童艺术进修学校(静安区)
13. 上海上视小荧星文化艺术培训学校(静安区)
14. 上海博世凯进修学院(虹口区)
15. 上海市虹口华一教育培训中心(虹口区)
16. 上海儿童世界杨浦幼儿园(杨浦区)
17. 上海外国语大学西外外国语学校(松江区)
18. 上海市民办师大实验中学(金山区)

### 二、4A 级社会组织(共 28 家)

1. 上海市交通工程学会
2. 上海市统一战线理论研究会
3. 上海连锁经营协会
4. 上海市微型电脑应用学会
5. 上海市预防医学会
6. 上海市高等教育学会
7. 上海市企业信息化促进中心
8. 上海市信息服务外包发展中心
9. 上海浦东新区社会发展基金会
10. 上海颜德馨中医药基金会
11. 上海市民办东方阶梯双语学校(浦东新区)
12. 上海浦东新区卓越通关培训中心(浦东新区)
13. 上海市浦东沪东中华职业技能培训中心(浦东新区)
14. 上海映绿公益事业发展中心(浦东新区)
15. 上海浦东新区居家养老评估和服务指导中心(浦东新区)
16. 上海乐群社工服务社(浦东新区)
17. 上海静安区华山业余美术学校(静安区)
18. 上海锦创教育培训中心(静安区)

19. 上海市劳动人力资源技术培训中心(静安区)

20. 上海化工职业培训中心(静安区)

21. 上海静安区残疾人康复服务指导中心(静安区)

22. 上海市乐宁进修学院(虹口区)

23. 上海虹口区凉城复馨敬老院(虹口区)

24. 上海金程国际金融专修学院(杨浦区)

25. 上海现代物流科技培训指导服务中心(杨浦区)

26. 上海天佳进修学院(松江区)

27. 上海松江区朝日进修学校(松江区)

28. 上海普陀区小丫丫幼儿园(普陀区)

**三、3A 级社会组织(共 7 家)**

1. 上海市新四军暨华中抗日根据地历史研究会

2. 上海市集体经济研究会

3. 上海市纺织工程学会

4. 上海市生物物理学会

5. 上海市银行博物馆

6. 上海工艺美术博物馆

7. 上海市应昌期围棋教育基金会

## 2010 年上海市社会组织规范化建设试点单位评估等级

**一、5A 级社会组织(共 1 家)**

1. 上海南西社区金钥匙服务业发展中心

**二、4A 级社会组织(共 8 家)**

1. 上海市木兰拳协会

2. 上海市武术协会

3. 上海市老年人体育协会

4. 上海市高尔夫球协会

5. 上海市汽车摩托车运动协会

6. 上海市台球协会

7. 上海洪智城市小区管理服务中心

8. 上海市育儿职业技能培训中心

**二、3A 级社会组织(共 7 家)**

1. 上海市航海模型协会

2. 上海市乒乓球协会

3. 上海市极限运动协会

4. 上海市风筝协会

5. 上海市练功十八法协会

6. 上海市游泳救生协会

7. 上海市围棋协会

专　记

# 一、清朝时期上海社会团体

早在清朝初年,上海就出现了诸如会馆、公所、善团、善堂等一类的社会团体。道光二十三年(1843年)上海开埠后,外地人口大量流入,同乡、同业团体进一步发展。19世纪末,面对世界列强瓜分中国所带来的空前民族危机,一些支持维新变法运动的社会团体相继在上海出现。清朝末年,近代中国最早出现的工商业资产阶级社会团体上海总商会成立。

## 一、沿革

清朝早期出现的一些社会团体,一般是在一定范围内人们为了互相帮助、保护某些行业的共同利益以及社会公益活动而建立的。维新运动期间,出现了追求变法革新的进步社团。戊戌变法失败后,进步社团继续发展,专业性社团也开始出现。

清朝初年,上海开埠前所出现的社会团体,主要有依凭乡谊相互援助而建立的同乡团体和为维护行业利益而建立的同业团体以及一些慈善团体。已查知的同乡团体有:清顺治年间(1644年至1661年)建立的关山东公所;乾隆初年(1737年左右)建立的浙绍公所,乾隆十九年(1754年)建立的徽宁会馆,乾隆二十二年(1757年)建立的泉漳会馆,乾隆二十四年(1759年)建立的潮州会馆。以后,又陆续建立有四明公所、建汀会馆、浙宁会馆、揭普丰会馆、潮惠会馆、山西会馆、江西会馆等。已查知的同业团体有:康熙初年(1662年以后)建立的布业公所,康熙五十四年(1715年)上海籍和崇明籍沙船商在上海县城东马厂(今南市区会馆街)建立的商船会馆;乾隆时期(1736年以后)建立的桂圆公所、京货帽业公所、沪帮猪业公所、钱业公所、布业公所等。此后,嘉庆时期和道光时期又建立了9个不同行业的公所。已查知的慈善团体有:乾隆十年(1745年)建立的"同善堂";道光二十二年(1842年)建立的"辅元堂"等。

道光二十三年(1843年)上海开埠后,外地人口大量流入,同乡同业团体进一步发展。从道光二十三年到宣统三年(1843年到1911年),先后建立同乡团体21个、同业团体81个,如湖南会馆、京江公所、三山会馆、山东公所、四明崇义公所、徽州会馆、楚北会馆等,相继建立。咸丰五年(1855年),同仁堂与辅元堂合并,更名为同仁辅元堂,成为当时上海规模最大的慈善团体。光绪九年(1883年),同仁辅元堂在南京路虹庙附近设文明局(后改名为中和局),举行施诊、给药、恤贫、恤嫠等慈善活动;光绪十四年(1888年),同仁辅元堂又举办了留婴局的仁济善堂等。

清朝年间的会馆、同业公所、慈善团体等,或者是以地域为纽带结盟的类似同乡会的组织,或者是以行业为纽带结盟的互帮互助的民间组织,或者是以扶危济困为目的的慈善组织。他们虽然大都没有明确的政治目的,但却有着明确的利益取向;虽然没有鲜明的立会(立社)宗旨,但其聚集与活动的形式已经具备了现代社会团体的主要特征,是现代社会团体的初始形态。

19世纪末,面对世界列强瓜分中国所带来的空前民族危机,新兴资产阶级的政治代言人康有为、梁启超发起了一场维新变法运动。维新变法运动前后,维新变法的思想在全国开始传播,也相应出现了一些宣传、支持维新变法的社会民间组织,反映了社会团体与社会生活、社会政治紧密相连的特征。光绪二十二年(1896年)成立了农学会,该会以为"兴天地自然之利,植国家富强之原"

为宗旨,并创办《农学报》。光绪二十三年(1897 年),以妇女为主体的女学会成立,该会创办中国女学会书塾,设中学、西学、医学、女红四门课,还办《女学报》,反对缠足,提倡女子解放。同年,梁启超、谭嗣同等人发起成立了不缠足会,总会设在上海。该会章程规定:"凡入会人所生女子不得缠足,所生之男子不得娶缠足女子,已缠足女子八岁以下者一律放足。"同年,中国最早研究儿童教育的团体蒙学公会成立,该会主张根据青少年的特点,实施教育。同年,还成立有译书公会,以翻译西方及日本等国各种书籍为使命。光绪二十五年(1899 年),唐才常等组织成立了正气会,主张"保全中国自立之权,创造新自立国"、废除清廷专制法律、建设文明政府。"正气会"后改名为"自立会"。

戊戌变法失败后,上海先后出现宣传革命的社会团体和一些专业性社会团体。光绪二十八年(1902 年),由蔡元培、章炳麟等人发起成立的中国教育会,以编订教科书,改良教育、提倡恢复国权基础为宗旨。光绪二十九年(1903 年),上海成立第一个学术研究团体——沪学会;光绪三十年(1904 年),成立了以研讨医理为宗旨的医学会;同年,中国红十字会的前身——对俄同志女会成立;光绪三十一年(1905 年),由地方绅商发起的自治运动研究团体——地方自治研究会和地方公益研究会成立;光绪三十二年(1906 年),由虞洽卿发起成立了华商体育会,等等。

随着工商资本的发展、西方列强的入侵,旧式行会组织已经不能适应社会变革新形势的需要,许多会馆、公所等逐步转变为新的社团组织。清朝末年,清政府逐步认识到工商业事务的重要性,设置了专门管理工商业事务的机构——商部,并倡导成立各地商会。光绪二十八年(1902 年),清朝大臣盛宣怀奉命到上海督办商务,饬令上海道袁树勋等人商议设立商会事宜,并将此视为"振兴商务"的"入手要端"。上海候选道严信厚随即在南京路五昌里租赁房屋,于当年正月十五日正式成立上海商业会议公所。1904 年,改名为上海商务总会。民国元年(1912 年)2 月,上海商务总会与上海商务公所合并,命名为上海总商会。这是近代中国最早出现的工商业资产阶级社会团体,在当时有"第一商会"之称。

## 二、选介

### 【商船会馆】

商船会馆是上海最早的一座会馆,也是上海最大的会馆之一,位于会馆街 38 号。康熙五十四年(1715 年),上海商船运输行业中的一些沙船业主为了"敦乡谊、辑同帮",集资成立了商船会馆。会馆设于马家厂(今南市会馆街),建筑占地约 20 亩,内有双合式大殿,正门像一座城门,门头上的大方砖上雕着立体的"商船会馆"字样。商船会馆是上海开埠前航运业发达的实证。

乾隆二十九年(1764 年),会馆重修大殿对面戏台,并添建了南北两厅。嘉庆十九年(1814 年),锡金船商为会馆铸造钟鼎,崇明船商为会馆建造两边看楼。道光二十四年(1844 年),众船商出资修建拜厅、钟鼓楼、后厅、内台等楼所。至此,会馆整个建筑蔚为壮观。同治元年(1862 年)后,外国军队及江南制造局的筹办处先后租居在会馆内,致使会馆的殿厅遭到不同程度的毁坏。同治七年(1868 年),众船商再次集资对会馆进行大修。光绪十六年(1890 年),飓风将会馆戏台头亭刮坏,造成渗漏,众船商集资再行修葺,至光绪十八年(1892 年),会馆方修缮恢复原貌。此次大修,立有"重修商船会馆碑记"。

商船会馆的日常事务,由众船商轮流管理。最初请石琢堂董事,其后由张兰亭、陆春晖、沈雏宜、吴沐庄、金侍香、同心宇、金梅岑、沈晓沧、江馨山、沈庆甫、郁正卿、朱佩韩、潘子栖等先后担任董事,主持馆务。会馆常年所用经费,由众船商抽缴庙捐,并以租息抵支。光绪二十年(1894 年),因为众船商保护漕运有功,朝廷颁"泽被东瀛"匾额嘉奖商船会馆。商船会馆附设有"承善堂",专门处理水手伤亡事务。光绪二十三年(1897年),会馆又开办了商船小学校。会馆加强为船商服务,在黄浦江东西两岸各置有沙泥荡地,供商船外出取沙泥压舱之用。民国十九年(1930年),依据国民政府《工商同业公会法》,商船会馆改组为沙船号业同业公会。

### 【上海潮州会馆】

潮州商人是中国近代三大商帮之一,潮州会馆泛指潮汕地区(潮州府)的潮汕人所建的会馆。上海潮州会馆是以工商业者、行帮为主体的同乡会馆,具有浓厚的工商色彩,目的是照应、保护同乡、同行的利益,以避免受到外界势力的欺凌。潮商在各方面支持会馆的兴建和管理,会馆也对旅外潮人、特别是潮州商人的需求和照护格外用心,同时,会馆在社会救助、慈善公益以及区域间文化交流上,也扮演了重要角色。

上海潮州会馆始建于乾隆二十四年(1759年),位于上海老城厢外围、黄浦江畔的十六铺码头附近。民国元年(1912年),国民政府以孙中山先生名义委派人员向上海潮州会馆商借经费。1923年,孙中山又致函上海潮州会馆,希望"协助筹饷"。这封由孙中山亲笔签署的公函,成为有关上海潮州会馆参与爱国活动最珍贵的证明。

### 【四明公所】

嘉庆二年(1797年),旅沪宁波人钱随、费元圭、潘凤古、王秉刚等,在同乡中发起日捐一文的募金倡议,集资购地,建置厂屋20多间,作为殡舍,用于寄放灵柩;又将多余的30余亩辟为冢地。嘉庆八年(1803年),又修建了生殿,以祭祀关帝。建筑规模逐步形成,人们将其称之为"四明公所"。因为,清廷时期宁波府管辖的会稽山,文脉连亘,其主峰上有四个穴,像窗户一样透着光线,被称为"四明山",于是,"四明"就成了宁波的别称,"四明公所"也被称作"宁波会馆"。

道光十一年(1831年),原有建筑经风雨洗礼逐渐破落,同时,在上海的宁波人日益增多,公所的殡舍渐渐狭隘。于是,董事谢绍心、方亨吟等发起募捐,共募得白银1.6万余两。自道光十四年(1834年)起,用了2年的时间,公所重修殿宇,扩大冢地,增建50楹殡舍,还组建了赊棺会。道光二十四年(1844年),定海人蓝蔚雯任上海知县时,四明公所请求他将公所地产编入官方图册,定位25保4图(今淮海东路)。翌年,会所建造后殿,供奉幽冥教主。咸丰三年(1853年),公所建筑遭到战事毁坏,镇海大商家方仁照弟兄捐巨资将其重修一新。光绪二十年(1894年),公所又在朱家桥置地34亩,建房舍30余间。光绪二十九年(1903年),公所又在日晖港购地30余亩,建造土地祠、办事室、寄柩所等共200余间。是年,一批主张革命、以实业救国为主旨的甬籍知识分子,还开设了"科学仪器馆",创办了《宁波白话报》。

光绪元年(1874年)和光绪二十四年(1898年),以妨碍筑路和有碍卫生为由,法国兵先后两次冲击四明公所,造成两次"四明公所血案"。事后,旅沪的宁波人感到仅依靠旧式会馆组织,不足以团结同乡人,也难以与外国势力抗争和维护同乡人的利益,于是,由宁波籍实业界巨头虞洽卿、朱葆三等发起,建立宁波同乡会,取代原有四明公所。宣统元年(1909年),在西藏路自建5层楼会所,成为当时上海实力最大的同乡会。

### 【上海同仁辅元堂】

上海同仁辅元堂,是上海最大的善堂,建立于咸丰五年(1855年)。同仁辅元堂,最初名叫同仁堂,位于小南门药局弄 95 号,嘉庆九年(1804 年)建立。早在嘉庆五年(1800 年),上海知县汤蓁计划购置城外北郊的土地,作为收埋无主尸骸的墓地,并设想取名"同仁",但没有成功。4 年之后,商界捐款购得城内乔家栅的房屋,建立了当时上海最大的善堂,名为同仁堂。

道光二十三年(1843 年),梅益奎等人募款设立了赊棺栈,并于道光二十六年(1846 年)购买同仁堂旁一处旧宅作为常设机构。咸丰五年(1855 年),同仁堂与赊棺栈合并,改名为同仁辅元堂。民国初年,根据上海县议会决议,同仁辅元堂与其他慈善机构联合组成上海慈善团,同仁辅元堂为上海慈善团总机关驻地。

# 二、民国时期上海社会团体

民国时期,除政治性社会团体外,商业、教育、文化、医疗、宗教、妇女各界等分别建有社团组织。自民国十八年(1929年)开始,民国上海市政府社会局对社会团体进行登记管理,其目的是利用政府御用的各种社会团体,严格控制和打击各种进步社会团体的活动。据民国上海市政府社会局民国三十八年(1949年)1月统计,除宗教、慈善团体外,上海的社会团体达到1 336个。

## 一、沿革

辛亥革命推翻了中国历史上最后一个封建王朝清王朝的统治,结束了长达数千年的君主专制制度,中国社会进入中华民国时期。根据《中华民国临时约法》规定,人民享有包括"言论、著作、刊行及集会、结社之自由",因此,建立社团成为广大民众的合法权利。

社会团体的存在和发展,总是与社会的政治纷争紧密相连,与社会的动荡变革息息相关。民国时期,上海作为中国重要的经济、政治、文化中心之一,全国各地的资本家、大地主、官僚政客纷纷在上海投资开业、投机钻营;大量手工业者涌入上海寻求发财之路;大批灾民、难民也流入上海谋生。与此同时,各个阶级、阶层、行业、地区的人们,怀着各自不同的宗旨和目的,组成各式各样的社会团体。民国时期上海社会团体庞杂纷争的状况,充分体现了社会团体总是与社会相激荡、与时代共进退的鲜明特征。统治者竭力想控制社会团体的活动,利用社团组织维护统治、扼杀革命力量;革命者则将社团组织作为追求真理、实现理想的重要舞台。从辛亥革命到五四运动,从"四一二"政变到日寇侵占上海,从反内战到上海解放,无论是反帝反封建的斗争、追求科学民主的运动,还是排除内忧外患的生死角逐,乃至争取民族解放的社会革命,上海进步社会团体在每一个需要的时刻、在每一处关键的地方,都发挥了巨大的作用,表现了难能可贵的力量。

民国十八年(1929年),国民政府公布《民法总则》。根据《民法总则》的有关规定,上海市政府社会局对各种社会团体进行登记立案。国民政府时期,与社会团体相关的法令,除了《人民团体组织法》外,还有工会法、农会法、渔会法、商会法、同业公会法、工业会法等单行法规。所有法令全由国民党中央社会部颁布,上海市政府没有另行颁布任何相关法令。

民国十九年(1930年)国民党中央执行委员会公布、1931年修订的《人民团体组织方案》,对社会团体的登记再行规定:"组织社会团体先要书面向当地国民党高级党部申请,经党部派员视察认为合格,才发许可证,并派员指导。""发起人领得许可证后组织筹备会,推定筹备员并报主管官署备案。"于是,原来在上海市社会局登记过的各种社会团体,又重新向市党部申请,申请同意后,再到市政府社会局备案。为了监督社会团体"遵纪守法",国民政府专门制订了《监督社会团体规则》。国民党中央执行委员会民国十九年(1930年)公布的《人民团体职员选举通则》还规定:各地人民团体职员之选举,须由当地高级党部指定人员出席指导,并由主管官署指定人员监选。

民国二十五年(1936年),国民党上海市党部公布《上海市特种社团组织规则》,《规则》把社会团体中的文化团体、自由职业团体、慈善团体、公益团体、宗教团体、救国团体均列入特种团体,并要求组建特种团体时,在向市党部申请后,由市党部派员视察,视察的内容包括:所呈理由是否正当及属实;宗旨是否纯正;分子是否忠实;有无相同之组织;有无组织之必要。

民国二十六年(1937年),八一三淞沪抗战后,上海沦陷,租界成为"孤岛",社会团体由上海市社会局控制和管理。民国三十年(1941年)12月8日,日军进入公共租界,在原公共租界设立的警察本部规定:凡在公共租界内活动的团体,须得警察本部审查合格方准登记,并由警察本部直接受理登记。此后,由教育局拟定伪市政府核准的《(伪)上海特别市办理学术团体登记暂行规则》规定,凡"违反国策""违背三民主义言论或行动""妨碍治安""败坏善良风俗""涉及迷信,有碍政府施政""干涉行政及办理其他一切学术范围以外之事""借端敛财""不合登记手续""不受主管机关指导监督"的团体,均不准登记或撤销其登记。民国三十二年(1943年)3月,伪市政府社会福利局成立后,全市社会团体由伪社会福利局管理,但原公共租界与法租界内的学术团体仍然由伪教育局管理。8月1日,汪伪政府颁布《(伪)上海特别市警察局社会团体登记暂行规则草案(修正本)》,规定:原在租界内活动的社团须限期向伪警察局特高处重新登记。第二年,伪上海市警察局又规定:新成立社会团体先呈业务主管官署核准后,向伪市警察局登记。

民国三十四年(1945年)8月,抗日战争胜利。9月,国民政府上海市社会局重新建立,社会团体仍由市社会局主管,具体事务由第四处(民众组织处)承担。该处以下设特种社团科、工人组织科、农商组织科。民国三十五年(1946年)9月,市社会局机构设置改为10科4室,工商团体与特种团体由第五科主管;工会、农会及自由职业团体由第六科主管;慈善团体由第九科主管;文化团体、宗教团体由第十科主管。

为了清理汪伪时期的社会团体,民国三十四年(1945年)9月,国民政府依照国民党中央社会部颁发的《收复地区人民团体总登记办法》,作出规定:凡敌伪指使组织的团体,一律解散;战前成立的社会团体,限期办理总登记后进行调整或重新组织。对团体负责人投敌或大多数成员投敌或团体久无活动,其成立的基本条件已不具备或团体投敌违反法令、妨碍公益或有破坏地方安宁秩序的,均予以解散;团体负责人部分投敌或团体被停止活动而组织尚有相当基础的、以及组织不健全或内部发生纠纷的,要加以整理;组织法令有变更或战时成立的团体有依法改组必要的,进行改组;组织健全、负责人任期已满的,要进行改选。各团体的调整,都由市社会局派员指导,依法调整。另外,对同业公会进行适当的合并,同一业类的同业公会以一个公会为限。如把花行业、花号业、纱花号业、火机轧花业4个同业公会合并成棉花商业同业公会;丝号业、丝茧业、丝棉业3个同业公会合并成丝商业同业公会。

民国三十六年(1947年),国民党当局制定所谓"戡乱动员纲要",国民政府上海市社会局根据此纲要对社会团体实施管制:社会局检查"反动"及未登记团体;已核准的团体由社会局造册送警察局查考,制止"非法"团体的活动;取缔未经登记成立的团体;对"反动"团体随时派员密查,并会同有关机关取缔。据国民上海市社会局统计室统计,到民国三十八年(1949年)1月,上海除慈善团体、宗教团体外,向市社会局登记的社会团体,含工会、同业公会、农会、渔会、教育会、自由职业团体、妇女团体等,共有1 336个,其中卫生、医药、文化、教育、自然科学、工程、法律、艺术界等社会团体422个;团体会员896个,个人会员1 009 864人。

事实上,中华人民共和国成立前夕上海的社会团体远远不止这些。因为国民政府上海市社会局对社会团体的登记处理,往往是以该团体与官僚统治和特务组织的关系来取舍的。要成立社团,必须有"要人"出面介绍,方可登记备案。有些社团,由于藐视当局的规定而不向社会局登记备案;而一些进步的社会团体,如学联、学生会等,由于国民党当局不可能予以承认,他们只能进行隐蔽的活动。此外,有不少社会团体政治情况复杂,事业范围广泛,组织内部宗派性、封建性严重。还有不少社会团体,或为国民党当局操纵,成为对人民群众进行经济剥削和政治欺骗的工具;或为官僚豪绅、流氓恶霸和封建帮会所把持,成为他们沽名钓誉、争权夺利的资本;或因财源枯竭,名存实亡。因此,社会局对于当时上海社会团体数量的统计,与实际情况存在较大差距,是不可避免的。

## 二、选介

### 【三山会馆】

三山会馆,是福建旅沪水果商人在上海修建的会馆。始建于宣统元年(1909年),1914年竣工,位于现南浦大桥桥堍中山南路1551号,是上海唯一保存完好的晚清会馆建筑。因福州城内有三座山:东南于山、西南乌石山(亦称道山)、北面越王山(亦称闽山),故会馆得名"三山"。会馆主体建筑占地1 000平方米,整幢建筑雕梁画栋、殿宇高大、别致秀丽,富有福建特色。会馆大殿中央原来供奉一尊湄州天后神女像,所以在入门处"三山会馆"的门额上方刻有"天后宫"的字样和图案。与大殿遥相对应的古戏台两边建有观楼。古戏台中央顶上有覆盂形的藻井,全木质结构,四周雕有上海老城墙城门的模型。古戏台前的两根青石柱上刻有对联一副:"集古今大观时事虽异,得管弦乐趣情文相生。"南面进门围墙为一青砖雕刻照壁,临一天井,坐北朝南巍然立起一座红砖建造的高大门楼。

三山会馆不仅是一幢工艺高超的古建筑,还是上海市唯一保存完好的上海工人三次武装起义遗址。1927年3月21日,上海工人在中国共产党的领导下举行了第三次武装起义,同封建军阀进行殊死斗争,谱写了中国工运史上光辉的一页。周恩来曾到会馆看望参加起义的工人同志们。1927年3月23日,工人纠察队南市总部在三山会馆举行成立大会,并将总部设在这里。从此,三山会馆成了南市工人纠察队的指挥部和南市党组织活动的场所。4月12日,蒋介石发动反革命政变,调派反动军警占领会馆并缴了工人纠察队的全部枪械,当时工人纠察队进行了激烈抵抗。

### 【上海银楼业同业公会】

上海银楼业同业公会,是民国二十九年(1930年)由同义组(大同行)改组成立,为上海历史上第一家行业协会。

1894年甲午战争爆发后,上海道奉命向各业商调借军饷,全市银楼业筹借到款银万两。后因时局变化,银两留存下来,上海道署又将借款拨还给银楼。银楼同业经商议决定,用这笔款项在大东门外花园街购地建筑银楼公所,旨在建立和规范上海滩银楼业行业信誉,发挥同业联络和协调作用。公所于1896年落成,取堂名"同义组"。这就是上海银楼业银楼公会的前身,是当时上海唯一的银楼团体。同义组,又称大同行,其骨干成员为当时上海"凤祥""杨庆和""裘天宝""方九霞""宝成""庆云""景福""费文元""庆福星"等九家设立于清代、信誉较好的银楼。同义组制订了上海滩银楼业服务规章,大大提高了银楼业的声誉,促进了金银工艺技术水平的提高。与此同时,同义组推行内部金银通兑的措施,促进了区域内贵金属的融通交易以及定价机制的完善,为当时上海成为中国乃至亚洲黄金交易和金融中心奠定了基础。

1930年,国民上海市政府依据同业公会法,要求全市所有银楼组织实行归并,统一到银楼同业公会,于是,同义组奉令改名为上海市银楼业同业公会。银楼业同业公会的成员,除了同义组初创时期的九大银楼外,还增加了上海天宝银楼等其他银楼。

**【浦东同乡会】**

上海开埠后,英、美、法等帝国主义者在上海开辟租界,形成"十里洋场"。尤为严重的是外国殖民势力对浦东的渗透。英、美、法等国在浦西建立租界后,即向浦东一侧抢占岸线,建立码头、仓库、工厂,中国民族资本在浦东沿江几无插足之地。鉴于当时清政府腐败无能,无力维护国家主权,更谈不上开展浦东的建设和为百姓谋利益,只有把浦东同乡组织起来,团结一致,合力自卫,才能维护主权和建设家乡。光绪三十一年(1905年),由李平书、黄炎培、叶惠钧、张志鹤、杨斯盛、顾兰洲等人发起成立浦东同人会,李平书被推选为董事长。

宣统三年(1911年)11月,李平书投身辛亥上海光复运动,其后担任民政总长。袁世凯篡权后,李被迫流亡日本,无暇顾及同人会会务。期间,浦东同人会由黄炎培、张志鹤等主持。民国十三年(1924年),浦东同乡会改选,黄炎培被选任董事长。自民国十七年(1928年)7月至民国二十一年(1932年)1月,浦东同人会先后改名为浦左同乡会、浦东旅沪同乡会、浦东同乡会。

民国二十年(1931年),浦东同乡会常务理事会决定进行一次大规模的征集会员活动,成立了征集会员总队,下设72个队。除上海县及租界地区、川沙县、宝山县、南汇县、金山县、奉贤县、松江县等1至7队队长由常务理事会指定外,其余警界、军界、党部、政界、市政、交通、船舶、银行、保险业、交易所、洋行、律师、新闻、新药、国医、慈善、教育、娱乐、营造等65个按行业划分队的队长,则均由行业中浦东籍代表人物担任。通过这次征集会员活动,共征集入会的会员19 196人。

同乡会发展迅猛,由于没有一个与其社会地位相匹配的会所,导致开展各项社会活动有诸多不便。民国二十五年(1936年),理事会决定建造同乡会大楼,建楼资金在浦东同乡的企业家中募集,在爱多亚路(今延安东路)成都路口购得地基3余亩。大楼由在上海公和洋行任职的浦东人奚福泉(德国达城工业大学特许建筑工程师、柏林工业大学建筑科博士)设计,新升记营造厂承建。楼高8层,为钢骨水泥的近代建筑。当年11月,同乡会新会所落成。至此,浦东同乡会进入鼎盛时期。1953年,浦东同乡会由中国人民救济总会上海分会接收,历时48个春秋的同乡会活动结束。

浦东同乡会不仅在捍卫浦东民众权益、开发浦东交通、农村改进上发挥有作用,而且在支持革命、支持抗日爱国运动、慈善救济和祖国统一上,作出了重要贡献。

**【上海欧美同学会】**

光绪三十一年(1905年)7月1日,时任复旦大学校长李登辉教授在上海创立寰球中国学生会,此为上海欧美同学会前身。民国八年(1919年)6月,上海市欧美同学会成立,会长即为李登辉。此后,归国学友们不定期地在上海市欧美同学会联谊聚会,大家把同学会亲切地称为"谊集"(Mayflower),并创作了以"奉献至亲至爱我邦"为主题的会歌。孙中山、宋庆龄等曾热心参加上海市欧美同学会活动,并在讲话中号召学友们"运用学识的威权,以再造中国"。同年8月,在上海还成立了中华欧美同学会,蔡元培为首任会长。上海欧美同学会的宗旨是担负中西文化交流的任务,同学会经常举办学术研讨活动。"文化大革命"期间,同学会一度停止活动。1984年9月3日,上海市欧美同学会宣布恢复活动。2007年12月,同学会增冠"上海市留学人员联合会"新会名。

**【上海市学生联合会】**

上海市学生联合会成立于民国八年(1919年)5月11日,是中国共产党领导下的上海高等学校和中等学校学生会、高等学校和科研教育机构研究生会等社团的联合组织,是中华全国学生联合会在上海的会员团体的地方联合组织。

民国八年(1919年)北京学生"五四"示威游行的消息传到上海后,5月6日,复旦大学学生举行集会,决定组织上海学生联合会。当晚,由南洋公学、圣约翰大学、复旦大学、大同学院、同济医工专门学校、省立第二师范、南洋商业专门学校、中华工业专门学校等学生团体以上海全体学生名义向北京政府通电抗议。这些学校和团体成为后来上海学生联合会的发起者和主要成员。5月8日下午,上海31所学校的81名学生代表在复旦大学开会,协商成立上海学生联合会成立事宜,当场起草并通过了联合会章程。9日,在复旦大学举行上海学生联合会成立筹备会,出席代表增加到了44所学校的96人。11日,举行上海学生联合会成立大会,通过章程与宣言,选举复旦大学学生何葆仁为会长兼管评议部,程天放负责执行部,李鼎年负责总务部。15日,选举出上海学生联合会主要职员:会长何葆仁(复旦)、副会长王遵轼(南洋),正会计吴长城(南洋)、副会计朱承洵(复旦),文牍长岑国彰(圣约翰)、文牍员曹德之(震旦)、钟震(东吴)、魏时珍(同济)、黄绍兰(博文)、瞿宣颖(复旦)、恽震(南洋)、殷永如(大同)、忻贤寿(沪江)、吴静波(南洋女师)、干事长舒志侠(神州女校)、干事员陈伦会(同济)、程孝福(博文)、杨逢源(澄衷)、丁国监(圣约翰)、王华英(爱国女校)、高时侠(青年会)、邬志陶(大同)、费公侠(寰球)、阮勤(省立商校)。上海学生联合会采用团体会员制。

上海学生联合会成立后,积极领导上海学生展开革命活动。各校相继建立分会,到6月底,已有84个学校建立了上海学生联合会分会。上海学生联合会作为一个统一的学生组织,受中华民国学生联合会总会领导。中国社会主义青年团上海地委及其以后的中国共产主义青年团上海地区组织,与国民党右派为争夺上海学生联合会的领导权,进行了相当艰苦的斗争。到民国十三年(1924年),上海学生联合会才真正为共青团组织领导。解放战争时期,上海学生运动开始在反内战、反饥饿、反迫害的共同目标下汇合。民国三十六年(1947年)6月19日,国民上海市政府宣布取缔上海学生联合会,上海市学生联合会被迫转入地下。

**【益友社】**

益友社,是抗日战争时期中共上海地下党领导下的店职员团体,由中共上海市委职委直接领导。1938年2月在上海正式成立,社址设于天津路福绥里13号。益友社设立名誉理事、理事和监事,担任这些职务的有社会名流、专家、教授、上海各行业同业公会的理事长等知名人士。益友社经历了抗日战争和解放战争两个时期,党通过在益友社的活动培养骨干、发展党员,在各行业建立党的组织,同时要求各行业的骨干深入各自所在行业,参照益友社的经验,把群众组织起来。党的组织在50多个行业发展了500多名党员,在抗日战争和爱国民主运动中发挥了积极作用,并培养和输送了大批骨干去抗日根据地和解放区。到1949年上海解放时,社员发展到15 000余人。

益友社高举爱国主义旗帜,广泛团结社会各界中上层人士,开展统一战线工作。据史料记载,中共中央和毛泽东很赞赏上海地下党通过组织公开合法的职业团体广泛团结各阶层人士的做法,认为这是在当时环境下党的群众工作的一个创造。益友社充分利用团体的合法性,面向社会,用群众喜闻乐见的组织形式进行革命活动,创办业余学校、图书馆、诊疗所和福利、文体组织,还经常举办时事形势报告会和学术讲座,帮助广大群众提高政治素质和业务素质,推动他们积极参加抗日救亡运动和爱国民主运动。益友社设立的社友部,是益友社组织活动的枢纽。

**【中国左翼作家联盟】**

中国左翼作家联盟,简称"左联",是中国共产党于20世纪30年代在上海领导创建的一个文学组织,目的是与中国国民党争取宣传阵地,吸引广大民众支持其思想。

中国左翼作家联盟成立大会于民国十九年(1930年)3月2日在上海中华艺术大学举行。到会的中国左翼作家联盟成员有：冯乃超、华汉(阳翰笙)、龚冰庐、孟超、莞尔、邱韵铎、沈端先(夏衍)、潘汉年、王尧山、周全平、洪灵菲、戴平万、钱杏邨(阿英)、鲁迅、画室(冯雪峰)、黄素、郑伯奇、田汉、蒋光慈、郁达夫、陶晶孙、李初梨、彭康、徐殷夫、朱镜我、柔石、林伯修(杜国庠)、王一榴、沈叶沉、冯宪章、许幸之等40余人。最初的盟员共50余人。大会通过了"左联"的理论纲领和行动纲领,选举沈端先、冯乃超、钱杏邨、鲁迅、田汉、郑伯奇、洪灵菲7人为常务委员,周全平、蒋光慈2人为候补委员。鲁迅在成立大会上发表了题为《对于左翼作家联盟的意见》的演说,第一次提出了文艺要为"工农大众"服务的方向,并且指出左翼文艺家一定要和实际的社会斗争接触。"左联"的领导机构,起初是常务委员会,后改称执行委员会(或两者同时并存),设中国左翼作家联盟作品秘书处,有行政书记负责日常工作。下设组织部、宣传部、编辑部、出版部、创作批评委员会、大众文艺委员会、国际联络委员会等。担任过"左联"领导工作的,除成立大会选出的常务委员之外,后来还有茅盾、冯雪峰、柔石、丁玲、胡风、以群、任白戈、夏征农、徐懋庸、何家槐、林淡秋等。在组织上,"左联"接受中共中央宣传部文化工作委员会的领导。

中国左翼作家联盟一成立,立即遭到国民党政府的破坏和镇压,取缔"左联"组织,通缉"左联"盟员,颁布各种法令条例,封闭书店,查禁刊物和书籍,检查稿件,拘捕刑讯,秘密杀戮革命文艺工作者等。民国二十年(1931年)2月7日,"'左联'五烈士"李伟森(李求实,左翼文化工作者,不是"左联"成员)、柔石、胡也频、殷夫、冯铿被秘密杀害于上海龙华国民党警备司令部。但"左联"盟员顽强战斗,除上海联盟总部外,还先后建立了北平"左联"(又称北方"左联")、东京分盟、天津支部,以及保定小组、广州小组、南京小组、武汉小组等地区组织。此外,在"左联"领导下,文学艺术界还成立了一些专业社团,如民国二十一年(1932年)9月成立于上海的中国诗歌会等。

民国二十五年(1936年)春,根据形势需要,为了建立文艺界抗日民族统一战线,"左联"自动解散。虽然"左联"的历史不过短短6年,但他以在当时的巨人作用以及对后世的深远影响,成为了中国革命文学史上的丰碑。

## 【中国社会科学家联盟】

中国社会科学家联盟,简称"社联",是中国共产党领导的传播马克思主义的文化理论团体,是第二次国内革命战争时期中国共产党领导的重要的革命文化团体之一。民国十九年(1930年)5月20日在上海建立,主要发起人有朱镜我、彭康、王学文等,设执行委员会,并设有党团组织。

民国十六年(1927年)第一次国共合作破裂后,在国民党统治区出现了一个翻译、研究、宣传和出版发行马克思主义理论与著作的社会科学运动热潮。为了加强对这一新兴运动的领导,中国共产党决定建立社会科学界的统一组织——中国社会科学家联盟。民国十九年(1930年)5月20日在上海举行的成立大会,讨论通过了《中国社会科学家联盟纲领》,宣布其任务为：以马克思主义理论促进中国革命;普及马克思主义理论;批驳一切非马克思主义思想;领导新兴社会科学运动沿着正确的方向发展;参加无产阶级解放运动的实际斗争。

中国社会科学家联盟除创办机关刊物《社会科学战线》外,先后创办了由会员柯柏年、王学文、许涤新、何干之等人分任主编的《研究》《新思潮》《社会现象》《时代论坛》等刊物。并由吴黎平、杨贤江、李一氓、艾思奇等人翻译出版和编写了恩格斯的《反杜林论》与《家庭私有制和国家的起源》《马克思论文选译》和《哲学讲话》(即后来出版的《大众哲学》)等著作。"社联"还开展书报评论,推荐优秀的社会科学著作,介绍正确的学习研究方法;撰文著书和利用大中学校、假期补习班等讲坛宣传马克思主义,批驳各种反马克思主义的错误理论。"社联"培养了大批有造诣的马克思主义社会科学工作者。

民国二十四年(1935 年)一二九运动后,"社联"大部分成员参加了各界救国会,从事抗日救亡活动。民国二十五年(1936 年)春,"社联"自动停止活动,宣布解散。

### 【中国航空协会】

中国航空协会,是由上海商会及各界人士共同组织建立的"航空救国会"改称而来,更名于民国二十二年(1933 年)。

民国二十年(1931 年)"九一八"事变,日本发动侵华战争,民族危机日益严重,发展航空事业抗击日寇迫在眉睫,航空救国的呼声不断高涨。国内各地民众及世界各地华侨基于爱国热情,纷纷创建提倡航空救国的爱国组织,航空社团不断涌现。民国二十一年(1932 年)4 月,上海各界人士发起组织航空建设协会;民国二十二年(1933 年)元旦,在国民政府的支持下,上海商会及各界人士共同组织航空救国会,后改称为中国航空协会。此后,协会陆续在江西、浙江、福建、湖南、江苏、河南等省成立分会,在上海创办中国飞行社。与此同时,国民政府为了捐款需要,民国二十二年(1933 年)5 月 20 日又在南京成立了中国航空建设协会。民国二十五年(1936 年)9 月 16 日,在国民政府的运作下,中国航空协会与中国航空建设协会合并。改组后的中国航空建设协会,蒋介石亲自出任会长,总干事为钱大钧。

民国时期的航空社团组织,在发行航空彩票、航空奖券、募集捐款等各类活动方面发挥了重要作用,所取得的成效也较为显著。

# 三、1949—1978 年期间上海社会团体

　　1949 年 5 月 27 日上海解放。5 月 28 日，上海市军管会财经接管委员会接管了国民政府上海市社会局。同年 8 月 24 日，上海市人民政府民政局成立，并明确，有关社会团体的相关工作由民政局行政处第二科主管。1950 年 5 月至 1957 年，民政处专门设立了社团科，主管全市社会团体的调查、统计、监督以及慈善团体募捐的核准、非法社会团体的取缔解散等事项。

　　1950 年 9 月，中央人民政府政务院颁布《社会团体登记暂行办法》。同年 11 月 9 日，上海市陈毅市长签署市政府令，提出"全市社会团体情况复杂，新的团体为数甚多，登记、调查、审核等工作，必须谨慎从事，要求市民政局遵照《社会团体登记暂行办法》，结合目前具体情况及已有的材料研究草拟计划，充分做好必要准备，俾俟中央内务部将实施细则颁发后能正确并有步骤地开展工作"。

　　1951 年 3 月 23 日，内务部颁布《社会团体登记暂行办法实施细则》。同年 4 月 4 日，陈毅市长签署市政府令，要求市民政局"与有关单位研究，并作积极准备，以便展开此一工作"。同年 4 月 30 日，陈毅市长再次指示市民政局："希积极准备展开全市的社团登记工作，并将进行情况随时上报。"根据上述指示，上海市民政局着手进行社会团体的调查和筹备登记工作。

　　1951 年 7 月，市民政局草拟《上海市社会团体登记计划（草案）》，对审批原则、实施步骤及时间提出了具体意见，其中，对社团登记工作的组织领导，提出：在市人民政府领导下，建立"社会团体登记审理委员会"，由有关的行政部门与进步的人民团体为主，吸收社会有关人士参加组成。同时提出：执行机构为"社会团体登记审理处"，设在市民政局，下设五个登记组：人民群众团体登记组，分设在市总工会、市农协、市民青联、市民主妇联、市工商联；社会公益团体登记组，设在市救济分会；文艺工作团体登记组，设在市文化局；学术研究团体登记组，设在市文联；宗教团体登记组，设在市宗教事务处或民政局。7 月 19 日，市民政局作出《社团登记工作计划若干问题的决议》，对部分社团登记与改造问题作出具体规定。

　　1951 年 11 月 13 日，市政府以(51)府办秘二(民)字第 3458 号公告，在报纸上公布了政务院和内务部分别制定的《社会团体登记暂行办法》和《社会团体登记暂行办法施行细则》，同时刊登了市民政局第 7675 号公告，规定，自即日起先实施工会团体登记备案工作。由于旧上海社会团体情况复杂，加之当时全国"反贪污、反浪费、反官僚主义"的"三反"运动已经开始，随后又提出暂缓办理登记工作。

　　1952 年起，市民政局社团工作转向以清理整顿为重点，首先着手审查整顿旧有公益团体。审查整顿贯彻"团结改造"的方针，根据"整顿机构，精简人事，整顿财产，开展新的救济福利业务"的原则，以政治面貌为主，结合其业务性质、组织条件、活动状况，以能否为社会办有益事情、对国家社会主义建设事业的作用为准绳，分别情况，予以批准、解散、取缔或从缓核准。在方法上，先进一步开展深入的调查，充实已有材料；接着组织救济福利界一般工作人员进行政策学习。在此基础上，选择有改造条件的四明公所、上海慈善团、德本善堂，作为整顿示范重点，帮助其解决存在的一些问题，同时给予必要的扶持。对名存实亡、假冒为善、对抗改造的个别公所组织，则召开群众大会，命令其结束活动。正反两类典型的示范，教育和触动了广大社团，为全面整顿旧社团打开了局面。

　　从 1952 年 9 月至 1954 年底，市民政局按照内务部"能为社会办有益事情者，予以登记，或经过

改造后予以登记;不能为社会办有益事情者,应分别情况予以合并或取消;对反动团体则由政府取缔"的指示精神,对拥有大量房地产而没有业务且对社会起不良影响的会馆、公所、山庄、同乡会等地域性封建组织,根据不同情况,结合社会需要,分别采取动员结束或联合开办业务的办法,整顿了223个旧社团,其中结束162个,取缔12个,参加联办业务的49个(共办有6个残老院、3个医疗机构、1个殡葬服务站)。与此同时,接收土地3 120亩(208公顷),大楼8座,楼房4 843幢,厂房26座,平房1 398间。在人事处理方面,在全部1 276人中,留用294人,协助改行转业567人,动员退休278人,其他处理137人。经过整顿,到1956年4月,旧社会团体保留303个。而中华人民共和国成立后建立的社会团体已发展到287个。此后,市民政局继续加强对旧社会团体的清理,除少数团体(如红十字会、中华医学会上海分会、中国药学会上海分会、精武体育会、上海中华武术会等)继续保留外,绝大多数旧社会团体均予以解散。

1956年4月3日,市民政局邀请宗教事务局、公安局、文化局、工商局、卫生局、教育局、体委、妇联、文联、建筑工程公司、第一轻工业局等12家单位进行座谈,研究加强社会团体管理工作,与会人员一致同意将社团按不同性质分别归口由各有关部门管理。1956年8月,上海市人民委员会同意将还没进行清理的旧社团和部分自发筹组的303个团体,按不同性质分别由各有关业务部门负责改造和处理。当时,归口宗教事务局的宗教团体146个;归口文化局的文艺团体22个;归口卫生局的卫生团体2个;归口妇联的妇女团体3个,归口工商局的工商团体16个;归口教育局的教育团体3个;归口建筑局的建筑团体1个;归口轻工业局的轻工团体1个;归口科联的团体2个;归口工商联的行业性团体83个;无法归口及与民政有关的团体有24个(后归口12个、解散8个,不作社团处理4个)。同年,结合市体育运动委员会对体育事业单位的改造,将精武体育会等91个体育团体移交该委一并归口改造。并且,还有69个行业性福利组织移交工商联归口处理。自从落实归口管理后,各归口单位和业务部门认真执行市人民委员会批复精神,并按内务部指示精神,对归口管理的旧社会团体进行了处理。

1956年8月5日,上海市人民委员会批复,同意市民政局《关于社会团体登记和旧社会团体处理工作意见的报告》。按照《报告》要求,市民政局对当时存在的590个社会团体,按不同情况予以处理;对中华人民共和国成立后经过党政领导批准的287个社会团体,照章办理登记手续;对旧上海遗留下来的和中华人民共和国成立后群众自发筹组的279个社会团体,分别归口各有关单位负责整顿改造或撤销;对暂时无口可归,或与民政业务有关的团体,由民政局负责酌情处理。

经过审查整顿,全市尚存社会团体590个,其中,287个为中华人民共和国成立后建立的社会团体,303个为旧上海遗留下来并经过整顿的社会团体和中华人民共和国成立后群众自发组建的社会团体。其中,宗教团体46个,文艺团体22个,工商团体16个,卫生团体2个,妇女团体3个,教育团体3个,科技团体4个,行业性社团83个等。这些社会团体,与有关部门的业务结合起来开展工作,对社会主义建设事业发挥着积极作用。

1957年,由于国际国内政治形势的变化,国内发生的反右斗争使得上海社会团体的发展受到严重影响。市民政局根据内务部办公厅"关于你市解放后新组织的人民团体的登记问题,在社会团体登记暂行办法未修改前,请仍按原办法执行"的指示,又重新草拟了《上海市社会团体登记工作方案(草案)》,提出要采取"逐步开展、分别审查、各个批准"的方法,有计划、有步骤地进行社团登记工作,具体审查工作以原归口的业务主管部门为主,经审查研究后提出初步意见,报请市人民委员会核批。经市人民委员会批准成立登记的,由市民政局发给登记证;批准备案或筹备登记的,由市民政局发给批复。凡经批准登记、备案或筹备登记的社团,由其业务主管部门负责经常掌握、领导;未经批准登记的社团,仍由原归口的主管部门进行整顿处理。《工作方案(草案)》原来设想于1957年第三季度在全市开始办理登记,但由于整风反右和肃反运动的深入开展而中辍。《工作方案(草案)》也没有能够正式上报市人民委员会。

1958年10月,市民政局机关体制进行调整,撤销了民政处的建制,原民政处业务划归社会处主管。社会处对于社团工作的管理,除处理过一些结束单位(如信鸽会、中华留日东京大学同学会等)的善后事宜外,没有再研究和开展社会团体的登记管理工作。此后,社会团体登记管理工作自行停止。因此,自1958年底开始,凡新组建社会团体,只要经业务主管部门或上级社团组织批准,即可开展活动,不用到民政部门登记。这一局面,一直持续至1989年恢复社会团体登记管理工作才告结束。

1966年5月到1976年10月的"文化大革命",对中国社会团体的建设带来严重影响,上海社团组织的建设与发展也呈现出停滞状态。

附 录

# 一、上海市地方性法规、规章

## 上海市行业协会暂行办法

沪府发[2002]2号

**第一条**（制定目的）

为了进一步促进本市行业协会的健康发展,发挥行业协会在社会主义市场经济中的积极作用,维护行业协会的合法权益,制定本办法。

**第二条**（定义）

本办法所称行业协会,是指由本市同业经济组织以及相关单位自愿组成的非营利性的以经济类为主的社团法人。

**第三条**（组织管理机构）

市行业协会发展署是经市人民政府授权的本市行业协会协会业务的主管部门,负责本市行业协会的发展规划、布局调整、政策制订和协调管理。

市政府有关委、办、局是本市相关行业业务的主管部门,负责对行业协会涉及的产业发展、行业规范等有关事务进行业务指导和监督管理。

市社团管理局是本市行业协会的登记管理机关,负责全市行业协会的设立、变更、注销的登记和备案,对行业协会实施年检和监督检查。

其他政府部门应当协同做好行业协会的促进和发展工作,依法对行业协会的相关活动进行指导和监督。

**第四条**（政府扶持和促进）

各级政府部门应当扶持和促进行业协会的发展,将行业协会的发展规划纳入本市社会团体的发展规划,将本应属于行业管理的职能转移给行业协会承担,同时保障行业协会独立开展工作。

**第五条**（设立原则）

行业协会按照国家现行行业或者产品分类标准设立,也可以按照经营方式、经营环节及服务功能设立。

对大类行业协会和经法律法规授权或者接受政府委托、具有一定行业管理职能的行业协会,实行"一业一会"。

同一行业或者产品,在本市范围内只设立一个行业协会。

对同业企业较集中、具有构成区域经济特色的行业或者产品,也可以由以区县区域内企业为主体发起组建市行业协会,经市社团管理局批准后,承担全市性行业协会的功能。

**第六条**（发起筹备的条件）

在本市发起筹备行业协会,应当具备以下条件:

（一）有10名以上的发起人,发起人为在本市取得营业执照、连续经营2年以上的企业、个体工商户或者其他经济组织;

（二）拟成立的行业协会应有行业代表性,发起人和其他参加会员应当达到或者承诺在2年内

达到本市同业组织数量的 20% 以上或者同业销售额的 50% 以上;

（三）具有符合任职条件的拟任法定代表人和 3 名以上与其业务开展相适应的专职工作人员。

**第七条**（行业协会拟任法定代表人的任职条件）

行业协会的拟任法定代表人应当符合下列条件:

（一）从事本行业事务 2 年以上,熟悉行业情况,具有专业知识;

（二）社会信用记录良好;

（三）由发起人共同推举;

（四）在国家机关无现任公职;

（五）无刑事处罚记录,但过失犯罪的除外。

**第八条**（名称）

行业协会的名称应当表明其所属行业,可以使用"行业协会"或者"同业公会"等名称,并冠以"上海"字样。

其他社会团体不得使用"行业协会""同业公会"等名称。

**第九条**（申请筹备）

需要筹备行业协会的,行业协会发起人应当向市行业协会发展署提出筹备申请,经审查同意筹备的,由行业协会发起人依照《社会团体登记管理条例》,持市行业协会发展署的批准文件和相关材料向市社团管理局申请筹备。

**第十条**（筹备的审查程序）

需要筹备行业协会的,行业协会发起人应当向市行业协会发展署提交以下材料:

（一）筹备申请书;

（二）行业协会章程草案;

（三）发起人的基本情况、身份证明和拟任法定代表人的基本情况、身份证明及个人信用报告;

（四）会员单位的基本情况;

（五）活动经费筹措渠道、办公场所使用权证明;

（六）专职工作人员的来源及基本情况。

市行业协会发展署应当自收到相关材料之日起 30 日内,对行业协会的筹备条件进行审查,并对其拟任法定代表人的任职资格进行审查。

对符合条件的,应当提出审查同意意见;对不符合条件的,应当书面说明理由。

市行业协会发展署进行审查意见时,应当听取行业业务主管部门的意见。行业业务主管部门应当在 15 日内作出答复。

**第十一条**（申请登记）

经批准筹备行业协会的,行业协会发起人应当依照《社会团体登记管理条例》的规定完成筹备工作,并向市社团管理局申请登记。

**第十二条**（章程审查及核准）

完成筹备工作的行业协会,应当将行业协会章程、行业协会法定代表人基本情况等报市行业协会发展署审查。

行业协会修改章程的,应当自市行业协会发展署审查同意之日起 30 日内,报市社团管理局核准。

**第十三条**（分支、代表机构的设立）

本市行业协会需要设立分支、代表机构的,应当经市行业协会发展署同意后,按照有关规定办理相关登记手续。

**第十四条**（变更、注销）

行业协会需变更登记、注销登记的，应当按审批程序报市行业协会发展署审查同意后，依照《社会团体登记管理条例》到市社团管理局申请办理相关手续。

**第十五条**（行业协会的职能）

行业协会以行业服务、行业自律、行业代表、行业协调为基本职能。

行业协会应当遵守法律、法规，贯彻党和政府的方针、政策，协助政府从事行业管理，保护会员的合法权益，提高行业协会整体素质，维护社会道德风尚。

行业协会可以结合本行业的具体情况，承担以下职责：

（一）组织行业培训、技术咨询、信息交流、会展招商以及产品推介等活动；

（二）参与有关行业发展、行业改革以及与行业利益相关的政府决策论证，提出有关经济政策和立法的建议，参加政府举办的有关听证会；

（三）代表行业企业进行反倾销、反垄断、反补贴等调查，或者向政府提出调查申请；

（四）依据协会章程或者行规行约，制定本行业质量规范、服务标准；

（五）参与地方或者国家有关行业产品标准的制定；

（六）通过法律法规授权、政府委托，开展行业统计、行业调查、发布行业信息、公信证明、价格协调、行业准入资格资质审核等工作；

（七）监督会员单位依法经营，对于违反协会章程和行规行约，达不到质量规范、服务标准、损害消费者合法权益、参与不正当竞争，致使行业集体形象受损的会员，行业协会可以采取警告、业内批评、通告批评、开除会员资格等惩戒措施，也可以建议有关行政机关依法对非会员单位的违法活动进行处理；

（八）协调会员与会员，会员与行业内非会员，会员与其他行业经营者、消费者及其他社会组织的关系；

（九）开展国内外经济技术交流和合作；

（十）承担法律法规授权、政府委托及章程规定的其他职能。

**第十六条**（行业协会的办会原则）

行业协会应当遵循自主办会的原则，实行自愿入会、自理会务、自筹经费。行业协会应依照协会章程和有关规定，健全内部组织机构、工作制度和监督机制，确保工作有序开展。

**第十七条**（行业协会的加入）

在本市取得营业执照的企业、个体工商户和其他经济组织可以申请加入相关的行业协会。与这一行业相关的本市高等院校、科研机构也可以申请加入行业协会。

兼营两种以上行业业务的企业，可以分别申请加入两个以上相关的行业协会。

在本市设有分支机构、连续营业 6 个月以上的非本市登记的企业、个体工商户或者其他经济组织，也可以申请加入本市行业协会。

**第十八条**（行业协会的组织机构）

行业协会实行会员制。会员大会或者会员代表大会为行业协会的最高权力机构。

行业协会的章程必须经会员大会或者会员代表大会审议通过，并符合法律、法规的规定。

行业协会的会长、副会长、常务理事、理事经选举产生。选举规则、任期和职权，理事会、常务理事会的职责由行业协会章程规定。

选举或者改选的行业协会的法定代表人,应当符合本办法第七条要求的任职条件。

**第十九条**(经费)

行业协会可以通过收取会费、接受捐赠、开展服务或者承办政府部门委托事项获得资助等途径,筹措活动经费。

行业协会的经费使用,应当执行行业协会章程的有关规定。

**第二十条**(适用例外)

本办法第十五条第三款第(七)项关于开除会员资格的惩戒措施、第十六条关于自愿入会的规定,不适用于经济鉴证类中介机构等实行当然会员制的行业协会。

**第二十一条**(过渡条款)

本市现有行业协会的改革调整,按照市人民政府具体组织实施方案,参照本办法的有关规定执行。

**第二十二条**(施行日期)

本办法自 2002 年 2 月 1 日起施行。

上海市人民政府

二〇〇二年一月十日

# 上海市促进行业协会发展规定

(2002 年 10 月 31 日上海市第十一届人民代表大会常务委员会第四十四次会议通过　根据 2010 年 7 月 30 日上海市第十三届人民代表大会常务委员会第二十次会议《关于修改〈上海市促进行业协会发展规定〉的决定》修正)

**第一条**　为了促进本市行业协会的发展,保障行业协会依法开展活动,规范行业协会的组织和行为,根据有关法律、行政法规,结合本市实际情况,制定本规定。

**第二条**　本规定所称的行业协会,是指由同业企业以及其他经济组织自愿组成、实行行业服务和自律管理的非营利性社会团体。

**第三条**　行业协会的宗旨是为会员提供服务,维护会员合法权益,保障行业公平竞争,沟通会员与政府、社会的联系,促进行业经济发展。

行业协会遵循自主办会的原则,实行会务自理,经费自筹。

行业协会的活动应当符合法律、法规以及行业的整体利益和要求,不损害社会公共利益。

行业协会的正常活动受法律保护,任何组织或者个人不得非法干涉。

**第四条**　各级人民政府应当促进、扶持行业协会的发展,支持行业协会自主办会,依法进行管理,保障行业协会独立开展工作。

市社团登记管理部门和市政府有关工作部门应当按照各自职责,做好促进行业协会发展的具体工作。

**第五条**　行业协会按照国家现行行业分类标准设立,也可以按照产品、经营方式、经营环节及服务功能设立。行业协会应当具有全市的行业代表性。

设立行业协会应当制定行业协会章程。行业协会的宗旨、业务范围、组织机构、活动规则以及会员的权利义务等,由行业协会章程规定。

申请设立行业协会的,应当向社团登记管理部门提出,并提交筹备申请书、章程草案等文件。社团登记管理部门在办理登记手续过程中,应当听取相关方面的意见。

**第六条**　行业协会应当对不同的区域、部门、所有制、经营规模的企业或者其他经济组织设定相同的入会标准,保证其平等的入会权利。

同业的企业或者其他经济组织自愿申请加入行业协会的,经行业协会批准,可以成为该行业协会的会员。

行业协会会员可以自愿退会。对严重违规违约的会员,行业协会也可以依据行业协会章程规定,取消其会员资格。

**第七条**　行业协会实行会员制。会员大会或者会员代表大会是行业协会的权力机构。行业协会设立理事会,作为会员大会或者会员代表大会的执行机构。行业协会设立秘书处,作为行业协会的办事机构。

行业协会会长、副会长和理事按照行业协会章程规定的方式选举产生。秘书长是行业协会的专职管理人员,由理事会聘任,也可以按照行业协会章程规定的其他方式产生。

**第八条**　政府有关工作部门的机构、人事和财务应当与行业协会分开,其工作机构不得与行业协会办事机构合署办公。

本市国家机关工作人员不得在行业协会中担任职务。

**第九条**　行业协会办事机构的专职工作人员应当逐步职业化。社团登记管理部门应当会同政府有关工作部门指导、帮助行业协会做好专职工作人员的教育培训、职业资格评定、社会保障等工作。

**第十条**　行业协会可以根据会员需求,组织市场拓展,发布市场信息,推介行业产品或者服务,开展行业培训,提供咨询服务。

**第十一条**　行业协会可以制订本行业的行规行约,可以向政府有关工作部门提出制订有关技术标准的建议或者参与有关技术标准的制订。

**第十二条**　行业协会可以对会员之间、会员与非会员之间或者会员与消费者之间就行业经营活动产生的争议事项进行协调,可以对本行业协会与其他行业协会或者其他组织的相关经营事宜进行协调,可以代表本行业参与行业性集体谈判,提出涉及行业利益的意见和建议。

**第十三条**　行业协会可以根据法律、行政法规的规定,代表行业内相关企业或者其他经济组织向政府有关工作部门提出反倾销调查、反补贴调查或者采取保障措施的申请,协助政府有关工作部门完成相关调查。

行业协会可以参与反倾销的应诉活动。

**第十四条**　行业协会可以代表本行业向有关国家机关反映涉及行业利益的事项,提出经济政策和立法方面的意见和建议。

**第十五条**　行业协会对违反行业协会章程或者行规行约、损害行业整体形象的会员,可以按照行业协会章程的规定,采取相应的行业自律措施,并可将有关行业自律措施告知政府有关工作部门。对行业内违法经营的企业或者其他经济组织,行业协会可以建议并协助政府有关工作部门予以查处。

行业协会可以根据需要,制订行业内争议处理的规则和程序。

**第十六条**　有关国家机关在制订涉及行业利益的地方性法规、规章、公共政策、行政措施、技术标准或者行业发展规划时,应当听取行业协会的意见;制订有关技术标准时,也可以委托行业协会起草。

第十七条　政府有关工作部门应当支持行业协会开展行业服务,并根据实际情况,将行业评估论证、技能资质考核、行业调查、行业统计等事项转移或者委托给行业协会承担。

政府有关工作部门将有关事项委托给行业协会承担的,应当通过订立合同等方式,建立政府购买服务机制。

第十八条　政府有关工作部门应当为行业协会提供行业信息和咨询,并向国家主管部门反映行业的要求。

政府有关工作部门或者社会组织应当支持行业协会参加反倾销、反补贴、反不正当竞争的有关活动。

第十九条　行业协会可以通过收取会费、接受捐赠、开展服务等途径,筹措活动经费。行业协会的会费标准,由行业协会会员大会或者会员代表大会表决确定。经费使用应当限于行业协会章程规定的范围,并接受会员及政府有关工作部门的监督。

第二十条　行业协会不得通过制订行业规则或者其他方式垄断市场,妨碍公平竞争,损害消费者、非会员企业或者其他经济组织的合法权益、社会公共利益;不得滥用权力,限制会员开展正当的经营活动或者参与其他社会活动;不得在会员之间实施歧视性待遇;不得利用组织优势开展与本行业经营业务相同的经营活动。

行业协会的任何会员不得利用其经营规模、市场份额等优势,限制其他会员在行业协会中发挥作用。

第二十一条　行业协会会员对行业协会实施行业规则、行业自律措施或者其他决定有异议的,可以提请行业协会进行复核,或者依法提请政府有关工作部门处理。

消费者、非会员企业或者其他经济组织认为行业协会的有关措施损害其利益的,可以要求行业协会调整或者变更有关措施,也可以依法提请政府有关工作部门处理或者向人民法院提起诉讼。

第二十二条　市社团登记管理部门应当建立和完善行业协会评估机制以及为行业协会服务的信息系统。

社团登记管理部门和政府有关工作部门应当加强与行业协会的信息沟通。

第二十三条　社团登记管理部门以及政府有关工作部门应当加强对行业协会的指导和服务,为行业协会创造公平、公正的发展环境,保障行业协会依照法律、法规、规章和章程开展活动,并发挥行业协会联合会的作用。

第二十四条　市社团登记管理部门以及市政府有关工作部门依法对行业协会的活动实施监督管理,完善、优化监管体系,规范、改进监管方式。

第二十五条　行业协会应当依照规定接受社团登记管理部门的年度检查。行业协会未依照规定接受年度检查的,由社团登记管理部门给予警告,责令其在规定的期限内接受年度检查;逾期未接受年度检查的,社团登记管理部门可以向社会公告,自公告之日起六个月内仍不接受年度检查的,社团登记管理部门可以予以撤销登记。

第二十六条　以企业为会员的协会、商会,由鉴证类市场中介机构组成的行业协会,法律、法规规定单位或者执业人员应当加入的行业协会,参照适用本规定。

第二十七条　本规定自 2003 年 2 月 1 日起施行。

# 二、上海市委市政府文件

## 关于本市促进行业协会发展的指导意见

沪府办发[2002]1 号

行业协会是市场经济发展的产物,它由同业经济组织自愿组成,是行业性、自律性的非营利社团组织。作为社会主义市场经济活动中的一个重要中间组织,行业协会具有协调市场主体利益、提高市场配置效率的功能。发展行业协会,是适应入世需要,规范市场经济秩序,转变政府职能的重要举措。目前,本市行业协会存在着数量少、行业代表性差、分布不合理、行政依附性强等问题,必须抓紧改革,以推动行业协会健康发展。为此,现制订本市促进行业协会发展的指导意见如下:

**一、明确行业协会发展的指导思想和工作方针**

发展改革行业协会,要以企业发展的需要为基点,把握新形势下行业协会工作的规律和要求,努力建立行业协会与产业发展的良性互动机制。通过政会分开,自主办会,营造有利于行业协会健康发展的市场环境,充分发挥行业协会的作用。

要坚持以发展为主线,以发展促调整,以新促老,通过发展新的行业协会,为现有行业协会的改革和调整提供经验和示范;要坚持行业协会自主办会和政府依法管理相结合,建立登记管理机关、行业业务主管部门、行业协会业务主管部门相配合的新型管理体制;要抓住时机,主动改革,积极试点,并区分不同情况,逐步推进。

**二、确立行业协会的发展目标**

争取用 3—5 年的时间,基本形成行业协会市场化生成发展机制;基本形成行业协会分布合理、覆盖广泛的布局结构;基本形成符合社会主义市场经济要求、与国际通行规则相衔接的运作机制;基本形成保障行业协会健康有序发展的法律规范;初步建立起与上海中心城市地位相适应、市场化运作、规范化管理的行业协会体系。

**三、扩大行业协会的社会覆盖面**

行业协会发展会员要打破部门、所有制界限。当前,要特别注意吸收行业内民营企业、外资企业等各类经济组织入会,进一步提高行业协会覆盖面。要适当放宽入会条件,允许与行业相关的本市高等院校、科研机构和符合条件的外地在沪同业经济组织入会,增强行业协会的代表性。

要创造良好的环境,积极吸引全国性的行业协会落户本市。本市具有产业、产品和市场优势的行业,可以试点组建全国性的行业协会。

**四、优化行业协会的布局和结构**

要根据市场发展的情况和市场需求,制定"十五"期间本市行业协会的发展规划,不断优化行业协会的布局和结构。鼓励和支持在优势行业、新兴产业和入世相关领域中,发展和培育一批行业协会,形成有利本市生产力发展和产业升级、符合国际惯例的行业协会群体。行业协会要按照国家现行行业分类标准设立,也可以根据社会经济发展的需要,按照产品、经营方式、经营环节及服务功能设立。允许不同行业协会的服务领域有所交叉。同一企业根据自身的需要,可以自愿参加不同的行业协会。对同一名称的行业协会,本市只设立一个。

### 五、发挥行业协会的职能

行业协会是会员的服务机构。要通过服务,增强行业协会的凝聚力,促进行业的发展。行业协会是会员的自律组织,通过法律法规、行规行约来约束企业的行为,督促企业依法经营。行业协会是会员的代表,有权代表会员提出涉及会员集体利益的意见,健全与政府协商的机制,维护会员的合法权益。行业协会也是行业的协调组织,开展与会员有关的商事和其他事务协调。

政府支持行业协会的发展,充分发挥行业协会在经济建设和社会发展中的作用。行业协会要成为企业与政府、企业与社会沟通的桥梁。支持行业协会协助政府从事行业管理。要把属于行业协会的服务标准的制定、技能资质的考核及行业自律等社会职能转移给行业协会;把适宜于行业协会承担的行业管理职能委托给行业协会行使,支持行业协会开展行业统计、行业调查、制定行业发展规划、价格协调和公信证明等工作。清理不适应行业协会发展的政策措施,进一步转变政府管理社会经济活动的方式和方法。

### 六、切实推进政会分开

要把推进政会分开作为发展、改革行业协会的重要切入点,从目前主要由政府发起组建行业协会,改为原则上由企业自发组建。政府有关职能部门要在机构、人事等方面与行业协会分开,行业协会办事机构不得与政府有关部门的工作机构合署。行业协会的领导经选举产生,一般由企业经营者担任。政府工作人员不得担任行业协会的领导职务。

### 七、支持行业协会自主办会

支持行业协会实行"自愿入会、自理会务、自筹经费"。行业协会要有广泛的会员基础,要以企业为依托,以服务会员为宗旨。行业协会章程是行业协会的基本规范,必须由会员大会或会员代表大会审议通过。要依照章程和有关规定,健全行业协会选举制度和内部组织制度,完善民主监督机制。鼓励行业协会走市场化、企业化的道路。行业协会经费应自理。政府有关部门委托行业协会承担有关行业管埋职责,应给予相应的经费;政府要求行业协会提供服务,应通过"购买服务"的方式进行。行业协会一般应按企业建立人事分配制度和社会保障制度,对由机关、事业单位流动进入行业协会的工作人员,按本市有关规定办理。

### 八、推动现有行业协会的改革和调整

要根据行业协会的实际情况,加大改革调整的力度。现有的行业协会要与原发起的单位实行分离。要面向全社会的同行业企业,扩大行业协会的覆盖面,注意吸收民营企业、外资企业等各类经济组织入会,增强行业协会的代表性,使同业入会或会员单位的营业额占同行业的比例达到一定的要求。

已兼任行业协会领导的政府现职工作人员,要按照《上海市行业协会暂行办法》的规定,辞去政府职务或逐步退出。行业协会办事机构与政府有关部门的工作机构合署的,要分立单设。

政府支持行业协会履行服务、自律、代表、协调职能。把应当属于行业协会的社会职能移交给行业协会,把适宜行业协会行使的行业管理职能委托给行业协会。要指导和协助行业协会明确工作定位和转变职能,健全民主决策和选举制度,完善内部组织体制和工作规章。

对一些行业覆盖面过大和行业特点不明确的行业协会,要经过梳理,进行细化。对一些不符合产业升级要求和行业日趋萎缩的行业协会,要进行归并、重组。争取用 2 年的时间,完成现有行业协会的调整改革任务,具体方案由行业协会业务主管部门会同各行业业务主管部门另行制定。

### 九、健全行业协会的退出机制

不能代表会员利益和缺乏行业代表性的行业协会,应自行解散,或由政府引导解散,并依法办

理注销登记。对一些长期不开展活动、内部管理混乱的行业协会,应予撤销登记。行业协会注销登记和撤销登记的,要依法清算。

**十、构建有利于行业协会规范发展的管理体制**

社团登记管理机关现有的法定职能不变,负责全市行业协会的设立、变更、注销的登记和备案,对行业协会实施年检和监督检查。成立上海市行业协会发展署,负责全市行业协会的总体规划、布局调整、政策制定、协调管理,以及行业协会的协会业务管理,并由所属的专职部门承担部分行业协会的组织、人事等管理事务。行业业务主管部门负责行业协会所涉及的产业发展、行业规范等事务的业务指导和监督,并承担所属行业协会的组织、人事等管理事务。现有的行业协会联合组织要逐步过渡,新的行业协会联合组织不再成立。政府相关部门和其他相关单位也要加强对行业协会的监督、指导,共同促进行业协会沿着正确、健康的方向发展。

上海市人民政府办公厅

二〇〇二年一月十日

# 关于本市行业协会业务主管部门管理<br>职责划分和相关工作衔接意见

沪府办发[2002]38 号

为进一步贯彻落实《上海市行业协会暂行办法》,现就本市行业协会业务主管部门管理职责划分和相关工作衔接提出如下意见。

**一、业务主管部门管理职责的划分**

根据《社会团体登记管理条例》和《上海市行业协会暂行办法》等规定,本市行业协会的行业业务主管部门和协会业务主管部门的职责划分为:

(一) 以市行业协会发展署为主,本市相关行业业务主管部门配合,负责本市行业协会(包括分支、代表机构)的筹备申请、成立登记、变更登记、注销登记前的审查;负责行业协会的财务管理、接受境外捐赠资助;负责行业协会的年度检查的初审;负责协助登记管理机关和其他有关部门查处行业协会的违法行为;会同有关部门指导行业协会的清算事宜。

(二) 以相关行业业务主管部门为主,市行业协会发展署配合,负责行业协会的研讨活动;负责监督、指导行业协会遵守宪法、法律、法规和国家政策,依据其章程开展活动。

(三) 以相关行业业务的主管部门为主,负责行业协会的思想政治工作、组织人事管理、对外交往。对跨部门组织人事关系挂靠在市行业协会发展署的行业协会,以上工作由市行业协会发展署为主负责。

**二、业务主管部门相关工作的衔接**

(一) 关于行业协会(包括分支、代表机构)的筹备申请、成立登记、变更登记、注销登记等工作。

1. 行业协会(包括分支、代表机构)的筹备申请、成立登记、变更登记、注销登记,由市社团管理局负责批准、登记手续。

行业协会在向市社团管理局提出以上事项前,由市行业协会发展署负责初审。市行业协会发展署初审同意后,将初审的批复抄告市社团管理局和相关行业业务主管部门。行业协会(或行业协会发起人)持市行业协会发展署的批复,向市社团管理局提出申请。市社团管理局依法完成批准、登记手续后,将有关批复抄告市行业协会发展署和行业业务主管部门。在审批程序完成后,市社团管理局和市行业协会发展署各自向对方抄送有关表式。

2. 市行业协会发展署在审查行业协会筹备申请、成立登记、变更登记、注销登记时,应发函听取相关行业业务主管部门的意见,相关行业业务主管部门在 15 日内将意见函复市行业协会发展署。

(二)关于行业协会的年检工作

行业协会的年检工作由市社团管理局负责,初审工作由市行业协会发展署负责。行业协会在向市行业协会发展署报送年检报告时,应同时抄送本市相关行业业务主管部门。市行业协会发展署在初审时,应听取相关行业主管部门意见。市社团管理局对行业协会的年检完成后,将审查意见抄送市行业协会发展署和本市相关行业业务主管部门。

(三)关于行业协会违法行为的查处工作

行业协会违法行为的查处工作,以市社团管理局为主,市行业协会发展署、相关行业业务主管部门协助。

(四)关于行业协会的清算工作

行业协会的清算工作,由市行业协会发展署会同市社团管理局和本市相关行业业务主管部门指导行业协会进行。

上海市人民政府办公厅
二〇〇二年十月十九日

## 关于本市支持行业协会发展改革若干意见的通知

沪府办发[2002]47 号

发展行业协会是应对入世、规范市场经济秩序、转变政府职能的重要举措,现提出本市支持行业协会发展改革的若干意见如下:

**一、对行业协会专职人员按"老人老办法,新人新办法"实行平稳过渡**

行业协会需要政治可靠、业务熟悉的同志从事日常工作,行业协会的专职工作人员包括秘书长、副秘书长和其他专职管理人员。为提高素质,保持队伍的相对稳定,对行业协会专职人员按"老人老办法,新人新办法"分类处理,实施平稳过渡,以保证行业协会工作不断、队伍不散。

(一)"老人"是指目前正在行业协会工作的专职人员,共分三种情况:

1. 原属机关编制的,如果男年满55周岁、女年满50周岁,继续从事行业协会工作,人员的编制、供给关系仍保留在机关额度内,并为其今后办理退休手续。如果男未满55周岁、女未满50周岁,继续从事行业协会工作,供给关系转到行业协会,在行业协会从事工作的待遇目前参照企业享受。供给关系转移时,本人工作年限满25年的,其退休时的养老金分段计算,两头相加。个别工龄在30年以上、长期在机关工作,且现本人编制、供给关系仍在机关的人员,经批准也可采取适当的办法予以过渡,具体过渡办法另定。

2. 原属事业编制的,如果过去长期在机关、事业单位工作,近两年为加强行业协会工作,从原机关或事业单位转到新的事业单位工作,其人员编制、供给关系仍保留在事业单位额度内的,退休时可按事业单位办法计算其养老待遇。其余人员在行业协会工作的待遇目前参照企业发给,供给关系转到行业协会时,本人工作年限满 25 年的,其退休时的养老金可分段计算,两头相加。

3. 属企业人员的,目前参照企业享受有关待遇。

(二)"新人"是指今后新从事行业协会工作的专职人员。有关待遇目前参照企业享受,并由行业协会为其办理补充养老保险,适当提高其将来的养老保险待遇。

(三)行业协会专职工作人员的职数,由市社团管理局在批准该行业协会成立时核定。对上述经批准实行"老人"过渡办法的人员,由市行业协会发展署、市市场中介发展署会同市社团管理局和有关部门核定,报市编办、市财政局、市劳动保障局备案。"老人"的数量按时间自然递减,直至最终解决这一问题。

**二、政府部门委托的事务办理采用购买服务的方式实现**

(一)政府部门根据行政职责,委托行业协会承办的有关事务,所需经费经财政部门审核,可纳入政府有关部门的年度预算予以解决。

(二)对经济鉴证类中介机构的协会和跨部门、综合性的行业协会,由市行业协会发展署、市市场中介发展署,根据市政府的要求,编制经费补贴预算,经财政部门审核后下达。

**三、加快培养职业化的行业协会工作人员**

行业协会专职工作人员应当逐步职业化。要加快建立一支储备充足、德才兼备、高素质,适应社会主义市场经济发展需要的职业化队伍。

(一)建立行业协会职业化工作人员的市场准入制度。行业协会专职工作人员要逐步走向职业化,逐步实行经考核后持证上岗。

(二)加大对现有行业协会工作人员的培训力度。对行业协会专职工作人员进行有计划的、多种形式和途径的培训,不断提高其政治和业务素质。

(三)筹建行业协会专职工作人员人才库。政府有关部门可从人才库中挑选合适人选向行业协会推荐,行业协会也可从人才库内选聘合适的人员。

上海市人民政府经济体制改革办公室

上海市社会团体管理局

上海市财政局

上海市机构编制委员会办公室

上海市劳动和社会保障局

二〇〇二年十一月二十九日

(此文于 2002 年 12 月 30 日由上海市人民政府办公厅转发)

# 关于进一步推进本市民间组织参与社区建设和管理的意见

沪委办[2002]16 号

改革开放以来,本市各类民间组织(社会团体和民办非企业单位的总称)迅速发展。这些组织围绕党和政府的中心工作,服务社会,融入社区,贴近百姓,已成为社区建设中一支不可或缺的重要力量。同时,这些组织集聚整合了民间人力、智力、物力、财力等资源,在促进经济建设、推进社会事业发展、维护政治和社会稳定方面发挥了积极作用。

为加快新时期本市社区建设步伐,现就进一步推进本市民间组织参与社区建设和管理提出如下意见。

**一、统一思想,充分认识民间组织参与社区建设和管理的重要意义**

在新时期,本市社区建设与民间组织发展密切相关、互为依托。一方面,社区建设面临着发展社区民主、推进社区工作专业化、整合社区资源、满足人民群众日益增长的物质文化需求等一系列课题;另一方面,民间组织是转型时期推进政府职能转变、发展社区和社会民主、促进社区精神文明建设、打破部门和区域界限、整合社区资源的重要载体。各级党委和政府要充分认识民间组织在促进社区建设中的意义和作用,切实加强领导,促进民间组织的健康有序发展。

在新形势下,民间组织参与社区建设和管理工作的指导思想是:加快"社团进社区"步伐,积极培育发展社区中的民间组织,并引导其更好地发挥在社区建设和管理中的作用。通过加强对社区中民间组织的服务和管理,确保党对民间组织的政治领导,确保民间组织发展的正确的政治方向;通过"社团进社区",充分调动民间组织在社区建设和管理中的主动性、积极性和创造性,使其成为党和政府联系群众的桥梁和纽带,从而为社会主义市场经济的进一步发展,社会事业的全面进步,民主与法制的不断完善作出积极贡献。

**二、理顺体制,进一步强化社区中民间组织的登记管理**

民间组织实行统一登记、双重负责的管理体制。市、区(县)社团管理局作为登记管理机关,依法对社区中的民间组织实行统一登记管理。业务主管单位对民间组织的申请登记、思想政治工作、党的建设、财务和人事管理、研讨活动、对外交往、接受捐赠、按章程开展活动等事项负有领导和管理责任。

登记管理机关和业务主管单位要各司其职、各负其责,密切配合、形成合力。要条块结合、分类指导,做到对民间组织的管理无一疏漏。各区(县)要加强民间组织管理干部队伍的建设。各街道(乡镇)党政组织要加强对各类社区民间组织的领导,指派职能部门,配备专职人员。各区(县)要建立民办非企业单位性质的民间组织服务中心,各街道(乡镇)也要建立同样性质的社区民间组织服务中心,为驻地在本社区的各级各类民间组织服务,理顺社区中民间组织与其他各类组织的关系,探索以自我管理、自我服务的形式管理、服务民间组织的新方法,寓监督管理于服务之中。对社区中已客观存在但不符合登记条件的群众团队,可探索成立街道(乡镇)群众团队活动指导站,或根据社区公益事业发展的需要,在居(村)委会、街道(乡镇)核准备案,并将其挂靠在街道(乡镇)建立的民间组织服务中心,实施有效管理。

**三、整合资源,大力培育发展社区公益性、服务性民间组织**

社区民间组织的发展是经济发展和社会进步的必然要求。各级党委和政府要把社区民间组织管理工作列入重要议事日程,特别是要落实街道(乡镇)的民间组织管理力量,并结合本地区实际,制定社区民间组织分类发展规划,形成民间组织发展管理与社区建设良性互动的新格局。

要积极培育发展社区公益性、服务性民间组织,并及时通报社区建设和社区服务及管理的需求信息。要通过奖励性、委托性、补贴性或购买性的投入方式,重点扶持为社区老年人、妇女、儿童、残疾人和失业人员等弱势群体服务的民间组织。要将民间组织作为社区建设的重要组织载体,把人民群众的利益放在首位,不断创新运作模式,把党和政府的温暖送到千家万户,使人民群众安居乐业。

要提高社区民间组织的社会化程度,拓展政府购买服务的新途径。对一部分社会急需发展但投入有限的社区教育、卫生、文化、科技、体育等社会事业,可通过政府购买服务等有效措施予以资助、补贴，以吸引更多的社会力量举办公益性、服务性民间组织。对一部分现由政府经营管理、经济效益差、财政负担重的单位，可采取资产折股、变卖等途径转让给民间组织，或以政府投资、资助等形式，通过市场公开招标，委托民间组织运作。

中共上海市委办公厅
二〇〇二年十二月三十一日

# 关于本市进一步支持行业协会商会加快改革和发展实施意见

沪府办发〔2008〕11 号

为贯彻《国务院办公厅关于加快推进行业协会商会改革和发展的若干意见》（国办发〔2007〕36号），结合实际，现就本市进一步支持行业协会商会（以下统称"行业协会"）加快改革和发展提出以下实施意见：

### 一、切实提高对加快行业协会改革发展重要性的认识

（一）充分认识行业协会的地位与重要作用。行业协会是由同业企业及其他经济组织等自愿组成，向会员单位提供服务及自律管理的社会团体，是市场经济体系的重要组成部分，也是实现整个经济社会有序管理的重要组织形式。行业协会在提高市场配置效率、协调行业利益关系、维护市场公平竞争、加强行业诚信自律、促进社会和谐等方面，发挥着重要作用。各有关部门要按照完善社会主义市场经济体制的总体要求和市场化方向，推进行业协会的改革发展，及时解决行业协会发展中遇到的困难和问题，提出支持行业协会发展的具体对策。

### 二、继续巩固本市行业协会改革发展成果

（二）坚持按照市场化原则推进行业协会发展。2002 年以来，市有关部门落实《上海市促进行业协会发展规定》《上海市行业协会暂行办法》和《关于本市促进行业协会发展的指导意见》等规章、政策，坚持按照市场化原则，切实推进政会分开，支持行业协会自主办会，履行服务、自律、代表、协调职能，初步形成了布局日趋合理、作用逐渐显现的行业协会工作新局面，形成了一支行业协会工作队伍，为全市行业协会加快改革和发展创造了良好条件。要继续坚持"政会分开、自主办会、有效监管"的方针，保障行业协会依法独立开展工作；继续支持行业协会围绕政府职能转变建立完善行业自律性管理约束机制；要继续保持对行业协会的支持措施，并不断创新形式。

### 三、推进政府职能转变，支持行业协会改革和发展

（三）进一步推进政府职能转变。各有关部门要加大对行业协会工作的支持力度，按照市场机制，进一步转变工作思路，认真研究、梳理其现有工作事务的范围、领域。对市场机制能够调节、行业能够自律管理、企业能够自主考虑的事项，要有计划、有步骤地完成相应的职能转变，并引导行业协会发挥其服务、自律功能。要按照各自工作职责范围，帮助行业协会落实行业统计、行业调查、标准制定、品牌建设、行业发展规划、新产品和新技术鉴定推广、组织技能考核认证、行业职业培训和事故认定等工作。财税部门要根据税制和行业协会改革进展情况，及时跟踪研究国家相关税收政策的制定情况，将行业协会受政府委托开展业务活动或提供服务所需资金纳入部门预算管理。

（四）进一步畅通政府与行业协会的沟通渠道。各有关部门要保障行业协会及时得到相关经济社会发展的政务公开信息。在研究、制定涉及行业发展的重大政策措施的过程中，要主动征询有关行业协会的意见和建议。鼓励行业协会对有关行业发展的问题进行调查研究，提出促进行业发

展、完善行业管理等方面的建议与诉求，并积极向有关部门反映，建立便捷的意见反映渠道。

（五）进一步支持企业按照经济社会发展战略和市场需求自发组建行业协会。优先在本市经济发展的战略支撑行业和政策导向行业，引导、扶持企业自发组建行业协会。支持行业协会按照市场机制，开展适度竞争，提高服务质量，实现优胜劣汰。着力在先进制造业、现代服务业、高新技术产业等领域，加快新建一批行业协会，为行业协会发展注入新的活力。

（六）进一步打破行业协会与政府的依从关系。各有关部门要研究、解决相关行业协会依附政府以及行政化倾向等问题，引导行业协会立足行业内的服务，通过提升服务功能，增强行业权威性、代表性。各有关部门要从职能、机构、工作人员、财务等方面，将行业协会与政府部门、企事业单位彻底分开，不得干涉行业协会依法独立自主地开展活动。

**四、积极鼓励和引导行业协会充分发挥自身职能**

（七）引导行业协会在行业可持续发展中发挥重要作用。围绕转变经济发展方式，推进产业优化升级，支持行业协会自主落实职能，切实为企业提供服务。运用行业协会平台整合行业资源，提高行业技术进步和管理创新水平；帮助企业提高劳动者素质，改善经营管理；推进落实节能减排，淘汰落后生产能力；积极促进银企合作，帮助解决中小企业融资困难；培育行业品牌，提高核心竞争能力；加强行业自律约束，确保产品质量和安全；收集掌握国内外行业发展动态和信息，为企业开拓市场创造条件。

（八）引导行业协会在维护国内产业利益和支持企业参与国际竞争等方面发挥重要作用。支持行业协会组织国内企业尤其是中小企业开拓国外市场；建设行业公共服务平台，联系相关国际组织，开展国内外经济技术交流与合作；指导、规范和监督会员企业的对外交往活动；探索依靠行业协会动员和组织进出口公平贸易案件应对的工作模式，建立行业损害预警机制，充分发挥行业协会在维护国内产业安全工作中的协调、组织、服务和代表作用。

（九）引导行业协会促进区域经济合作，在服务长三角、服务长江流域、服务全国中发挥重要作用。按照建立统一市场体系的要求，鼓励行业协会在区域合作中发挥协同作用，积极推动有条件的行业组建长三角等区域性行业协会。努力打破行政区划瓶颈，共同制定区域行业发展规划，探索区域各类市场资源的整合。创造条件，吸引全国性行业协会落户上海。

（十）引导行业协会在支持浦东综合配套改革中发挥重要作用。进一步支持行业协会与浦东新区有关部门开展多方位的合作。结合本市和浦东新区行政审批制度改革，加大创新探索，培育一批有能力的行业协会在推动改革、参与社会管理和公共服务中发挥作用。支持浦东新区制定促进行业协会发展的优惠政策。

**五、加强行业协会自身建设和规范管理**

（十一）发挥行业协会党组织的监督保障作用。紧密结合行业协会的业务工作，建立健全党的基层组织，创新工作方法和途径，带动和促进行业协会完善内部治理，倡导和引领企业履行社会责任，推动构建和谐行业，提高工作有效性。

（十二）加强行业协会人才队伍建设。加快培育职业化的行业协会专职人员队伍，积极创造条件，鼓励优秀人才到行业协会工作，鼓励和引导志愿者参与、协助行业协会工作，不断提高行业协会人才队伍素质。探索建立包括专职人员、志愿者和理论工作者在内的行业协会人才库。

（十三）加快行业协会信息化建设。积极帮助行业协会提高信息化应用能力和水平，整合行业信息资源，搭建行业信息平台。利用信息化手段，拓展服务领域、密切会员联系、提高工作效率。建立全市行业协会公共信息服务平台，集中展示行业协会窗口形象，延伸政府管理和服务，促进政府与行业协会、行业协会之间、行业协会与会员的信息交流与合作,实现更大范围的信息资源共享。

（十四）提高行业协会工作的透明化和公开化。加快行业协会的规范化建设,建立行业协会综合评价信用体系,形成政府部门和第三方评估相结合的行业协会信用等级评估制度和奖惩制度,扩大社会参与和监督,促进行业协会改进工作、提高诚信、自律运作、规范发展。切实加强行业协会内部治理,规范法人治理结构,健全内部管理制度,形成民主决策、民主管理、民主监督、规范有序的运行机制。物价部门要根据本市实际,进一步规范行业协会收费行为,行业协会举办展览会、交易会、研讨会、培训等活动实行有偿服务的收费应符合国家有关规定,并公开收费依据、标准和收支情况。

（十五）建立科学、规范、有效的行业协会监管体系。按照"注重服务、统筹协调、依法监管、有利发展"的原则,改进和规范行业协会管理。登记管理机关、业务主管单位和相关部门要加强沟通、密切配合,完善政策、规范管理,简化流程、提高效率,避免重复和脱节,为行业协会的发展创造有利环境。

（十六）落实行业协会工作人员的工资福利和社会保障待遇。行业协会专职人员实行劳动合同制度,按照国家和本市相关政策,办理养老、医疗、失业、工伤和生育等社会保险,履行缴费义务。市劳动保障局等部门要将行业协会专职人员纳入全市统一的劳动和社会保障体系,开设专门的工资、保险账户,建立工资指导价位,加强对行业协会的指导、监督和检查。

本《实施意见》也适用于本市行业特征明显的经济类社会团体,其认定由社团登记管理部门负责。

上海市发展和改革委员会

上海市社会服务局

上海市民政局

二〇〇八年三月二十三日

（此文于 2008 年 4 月 14 日由上海市人民政府办公厅转发）

# 关于鼓励本市公益性社会组织参与社区民生服务指导意见

沪府办发〔2009〕46 号

为加快以民生为重点的社会建设,鼓励本市公益性社会组织积极参与民生服务,满足不断增长的社区民生需求,根据《国务院关于加强和改进社区服务工作的意见》(国发〔2006〕14 号)以及《上海市人民政府关于完善社区服务促进社区建设实施意见》(沪府发〔2007〕19 号),现就鼓励本市公益性社会组织参与社区民生服务提出如下指导意见:

**一、指导思想**

以党的十七大精神为指导,深入落实科学发展观,贯彻国家积极促进就业的方针,以加大社区民生服务力度为目标,大力扶持发展公益性社会组织,充分发挥社会组织优势,形成与上海经济社会发展相适应的,多样化、多层次提供社会公共产品和公共服务的运作模式,不断满足社区居民多元化的民生需求,构建共建共享的社会主义和谐社区。

**二、基本原则**

（一）坚持以社区民生需求为导向。着眼于居民多层次、多样化的物质、文化、生活服务需求,特别是对居民最关心、最需要的供需突出问题,鼓励和扶持社会组织不断拓展民生服务的领域与项目,贴近社区百姓,提供个性化服务,满足基本民生需要。

(二)坚持公益性服务的宗旨。围绕社区居民基本生活服务需求,鼓励和引导社会组织以社区为基础,以公益性为宗旨,以非营利为目的,为社区居民提供质优价廉、无偿或低价的民生服务,为民排忧解难,促进和谐社区建设。

(三)坚持政府扶持和社会化运作相结合。以转变政府职能为重点,增加财政投入为支撑,动员社会参与为导向,落实政策措施为保障,鼓励社会组织参与社区民生服务,完善民生服务社会化运作机制,推进以民生为重点的社会建设发展,形成政府主导、社会参与、运作规范的民生服务格局。

### 三、扶持对象

参与民生服务的公益性社会组织,是指以社区居民为主要服务对象,以满足社会公众民生需求为目的,从事社区民生服务,参与社区公共事务管理,并具备以下条件的社会团体、民办非企业单位以及社区群众活动团队。

(一)依法履行社会团体、民办非企业单位登记手续,社区群众活动团队经街道、镇(乡)备案。

(二)受政府委托或协助政府参与社区公共事务管理和公共服务,或者针对社区民生需求,为促进社区建设而从事公益性服务。

(三)取得的收入除用于该组织的有关合理支出外,全部用于登记、备案核定或者章程规定的公益性或非营利性事业。

(四)资金投入人对投入该组织的财产不保留或者不享有任何财产权利。

(五)工作人员工资福利开支控制在规定的合理范围内,不变相分配该组织的财产。

(六)在政府以及社区居委会的指导、监督下,有序开展活动。

### 四、服务范围

(一)为居民提供就业政策咨询、技能培训、岗位开发和创业指导等社区就业服务。

(二)为孤、残、老、幼、妇和少数民族、归侨侨眷、优抚对象等提供生活照料、精神关怀和权益维护等社区社会保障服务。

(三)为贫困家庭、受灾居民、流浪乞讨人员等提供慈善救助、综合帮扶等社区救助服务。

(四)为居民提供疾病防治、健康干预、避孕节育、家庭计划、优生优育、婴幼儿早期启蒙等社区公共卫生和计划生育服务。

(五)为居民提供文化娱乐、体育健身、科普宣传、素质培训和兴趣培养等社区文化服务。

(六)为居民提供预防犯罪、禁毒、青少年帮教、矛盾纠纷调处和治安防范等社区安全服务。

(七)为居民提供环保知识普及、卫生保洁、绿化养护、污染控制、再生资源回收和公共设施维护等社区环境保护服务。

(八)为居民提供家政、配送餐、家电维修、物资捐赠和调剂、服务信息咨询等社区生活服务。

(九)协助政府部门为居民提供行政事务代理服务和专业化社会工作服务。

(十)为来沪务工人员提供与上述有关的各项民生服务。

### 五、扶持政策

(一)对申请设立从事社区民生服务的公益性社会组织,由登记部门提供咨询指导和全程服务;对获准成立的,其登记信息由登记管理机关直接在"上海社会组织"网站上免费公告,不再要求通过其他指定的媒体进行公告。

(二)对专门从事社区民生服务的公益性社会组织,其服务项目符合福利彩票公益金使用原则和范围的,通过公益招投标方式,由福利彩票公益金重点予以资助。

(三)街道(乡镇)和有关部门、单位要将闲置的房屋、场地、设施等存量资源,优先、优惠提供给公益性社会组织,并给予一定期限的房租补贴,减轻创办者的前期投入和成本负担。

(四)各级政府及其职能部门要对涉及社区民生管理和服务的事项进行全面梳理,将可以由公益性社会组织承接的事项,通过项目招标或转移的方式,向公益性社会组织购买服务。

(五)从事社区民生服务的公益性社会组织通过政府购买服务项目或在开展民生服务中取得的非营利收入,按照国家有关税收政策的规定,落实各项税收优惠政策。

(六)公益性社会组织开展日常服务活动发生的由城市管网供应的水、电、燃气、有线电视、有线网络及通讯费用,享有同类公办机构同等待遇;公益性社会组织因创办或者扩大服务规模,按照规定须承担公共设施建设配套费的,与同类公办机构享有同等待遇。

(七)鼓励、引导和支持公益性社会组织建立有利于吸引人才、稳定队伍的年金制度,提高专职工作人员在职期间的待遇和退休后的保障水平;业务主管单位和政府职能部门可根据其提供民生服务产生的社会效益等情况,通过各种有效途径给予帮助。

(八)政府购买服务中,对公益性社会组织中从事精神康复、社会救助等特殊服务的从业人员,除按照同类公办机构实行特殊岗位津贴外,还应为其提供相应的职业保险。

(九)设立公益性社会组织人才库,并根据上海市居住证管理相关规定,为引进人才办理上海市居住证或者户口迁移。

(十)加强对公益性社会组织骨干的选拔培养,鼓励社会优秀人才和合格的社会工作者投身公益性社会组织。鼓励公益性社会组织从业人员参加社会工作职业资质考试。完善公益性社会组织专业技术人员的职称评定等人事管理制度。

(十一)支持公益性社会组织开展国际交流活动,政府有关部门对其组织和成员参与对外交流、合作培训等,应提供必要的指导、服务和管理。

(十二)符合条件的公益性社会组织,可申请进入登记管理部门的公益性社会组织孵化基地,优先接受指导服务和享受减免租金等优惠扶持。

(十三)鼓励各区、县多渠道筹集资金设立公益性社会组织发展基金,用于公益性社会组织的培育发展,以及对社会贡献大、成绩突出的公益性社会组织和优秀人才的奖励。

### 六、具体要求

(一)加强组织领导。各级政府及其职能部门要把此项工作纳入社区建设的总体规划,纳入行政管理体制改革和建立服务型政府的通盘考虑;落实专门力量,负责公益性社会组织参与民生服务的统筹协调;从实际出发,细化政策措施,加大扶持力度。

(二)健全运作机制。各级政府及其职能部门要按照"政事、政社、管办"分离的原则,逐步建立和完善政府购买服务、公益项目招投标、第三方评估、社会化运作管理等工作制度,形成鼓励公益性社会组织参与社区民生服务的长效机制。

(三)强化监督管理。社会组织登记管理机关和业务主管单位要密切协同,加强对公益性社会组织的监督管理和规范引导,充分发挥财务审计、社会监督和行业自律等作用,及时防范和制止违反政策法规、违背公益宗旨和损害服务对象利益等现象。

上海市人民政府办公厅

二〇〇九年十月九日

# 三、上海市各委办局政策文件

## 上海市民办非企业单位名称管理暂行规定

沪民社非〔2000〕4 号

**第一条** 为了规范民办非企业单位名称管理,保护民办非企业单位的合法权益,根据《民办非企业单位登记管理暂行条例》(以下简称条例),制定本规定。

**第二条** 上海市社会团体管理局(以下简称登记管理机关)负责本市民办非企业单位名称的核准登记,监督管理其名称的使用,保护其名称权。区县民办非企业单位名称由区县社会团体管理部门受理后报上海市社会团体管理局核准。经登记管理机关核准登记的民办非企业单位名称受法律保护。

**第三条** 民办非企业单位名称应当由以下部分依次组成:地域名、任意名、行(事)业或业务领域、组织形式。

**第四条** 民办非企业单位名称不能单独冠以市辖区的名称或地名,应当与所在市的行政区划名称或地名连用。

**第五条** 民办非企业单位的任意名应当由两个以上的汉字组成。

**第六条** 民办非企业单位应当根据其业务,依照国家行(事)业分类标准划分的类别,在民办非企业单位名称中标明所属行(事)业或者业务特点。

**第七条** 民办非企业单位名称中所标明的组织形式必须明确易懂,一般称学校、学院、园、医院、中心、院、所、馆、站、社、公寓、俱乐部等。不得使用"总"字。

**第八条** 民办非企业单位名称应当符合法律、法规的规定,不得含有下列文字和内容:

(一)冠以"中国""全国""中华"等字样;

(二)有损于国家、社会公共利益的,违背社会道德风尚,带有封建迷信色彩的;

(三)可能对公众造成欺骗或者误解的;

(四)党政名称、党政军机关名称、人民团体名称、社会团体名称、企业名称及宗教界的寺、观、教堂(佛、道教的寺、观,伊斯兰教的清真寺,天主教、基督教的教堂)名称;

(五)已被撤销的民办非企业单位的名称;

(六)其他法律、行政法规规定禁止的。

**第九条** 民办非企业单位只准使用一个名称,在登记管理机关管辖范围内不得与已登记的同行(事)业单位名称相同。

**第十条** 两个以上民办非企业单位向同一登记管理机关申请相同的符合规定的民办非企业单位名称,登记管理机关依照申请在先原则登记。

**第十一条** 本规定自 2000 年 4 月 1 日起施行。

上海市民政局

二〇〇〇年三月八日

# 上海市民办非企业单位登记实施意见

沪民社非[2000]3 号

**第一条**　根据国务院《民办非企业单位登记管理暂行条例》(以下简称《条例》)的规定,结合本市民办非企业单位的实际情况,制定本实施意见。

**第二条**　民办非企业单位是指企业事业单位、社会团体和其他社会力量以及公民个人利用非国有资产举办的,从事非营利性社会服务活动的社会组织。

民办非企业单位应依法实行登记,申请办理民办非企业单位登记证书。

**第三条**　市、区(县)社会团体管理部门(以下简称登记管理机关)负责同级业务主管单位审查同意的民办非企业单位的登记管理工作。

### 登记的程序

**第四条**　登记管理机关审核民办非企业单位登记的程序是受理、审查、核准、发证、公告。

(一)受理。申请登记的举办者所提交的文件、证件和填报的登记申请表全部有效、齐全后,方可受理。

(二)审查。审查提交的文件、证件和填报的登记申请表的真实性、合法性、有效性,并核实有关登记事项和条件。

(三)核准。经审查和核实后,作出准予登记或者不予登记的决定,并及时通知申请登记的单位或个人。

(四)发证。对核准登记的民办非企业单位,分别颁发有关证书,并办理领证签字手续。

(五)公告。对核准登记的民办非企业单位,由登记管理机关在公开发行的市级报刊上发布公告。

### 登记的对象

**第五条**　举办民办非企业单位,应按照下列所属行(事)业申请登记:

(一)教育事业,如民办幼儿园,民办学校、学院、大学,民办专修(进修)学校或学院,民办培训(补习)学校或中心等;

(二)卫生事业,如民办门诊部(所)、医院,民办康复、保健、卫生、疗养院(所)等;

(三)文化事业,如民办艺术表演团体、文化馆(活动中心)、图书馆(室)、博物馆(院)、美术馆、画院、名人纪念馆、收藏馆、艺术研究院(所)等;

(四)科技事业,如民办科学研究院(所、中心)、民办科技传播或普及中心、民办科技服务中心、民办技术评估所(中心)等;

(五)体育事业,如民办体育俱乐部、民办体育场、馆、院、社、学校等;

(六)劳动事业,如民办职业培训学校或中心,民办职业介绍所等;

(七)民政事业,如民办福利院、敬老院、托老所、老年公寓,民办婚姻介绍所,民办社区服务中心(站)等;

(八)社会中介服务业,如民办注册会计师事务所、审计事务所,民办评估咨询服务中心(所),民办信息咨询调查中心(所),民办人才交流中心等;

(九)法律服务业,如合作、合伙律师事务所,民办法律咨询事务所或中心等;

(十)其他。

**登记的条件与事项**

**第六条** 申请登记民办非企业单位,应当具备《条例》第八条规定的条件。

民办非企业单位的名称,必须符合国务院民政部门制订的《民办非企业单位名称管理暂行规定》。

民办非企业单位必须拥有与其业务活动相适应的合法财产,其合法财产中的国有资产份额不得超过总财产的三分之一,但不包括国家资助或者社会捐赠资助的。开办资金必须达到本行(事)业所规定的最低限额。没有规定的,一般不得低于十万元。

**第七条** 申请民办非企业单位成立登记,举办者应当提交《条例》第九条规定的文件。

民办非企业单位的登记申请书应当包括:举办者单位名称或申请人姓名;拟任法定代表人或单位负责人的基本情况;住所情况;开办资金情况;申请登记理由等。

业务主管单位的批准文件,应当包括对举办者章程草案、资金情况、拟任法定代表人或单位负责人基本情况、从业人员资格、场所设备、组织机构及有关主管部门出具的执业许可证明文件等内容的审查结论。

民办非企业单位的住所或活动场所须有产权证明或一年期以上的使用权证明。

民办非企业单位的验资报告应由会计师事务所或其他有验资资格的机构出具。

拟任法定代表人或单位负责人的基本情况应当包括姓名、性别、民族、年龄、目前人事关系所在单位、有否受到剥夺政治权利的刑事处罚、个人简历等。拟任法定代表人或单位负责人的身份证明为身份证的复印件,登记管理机关认为必要时可验证身份证原件。

民办非企业单位的章程草案应当符合《条例》第十条的规定。合伙制的民办非企业单位的章程可为其合伙协议,合伙协议应当包括《条例》第十条第一、二、三、五、六、七、八款的内容。民办非企业单位须在其章程草案或合伙协议中载明该单位的增值部分不得分配,解体时财产不得私分。

**第八条** 民办非企业单位的登记事项为:名称、住所、宗旨和业务范围、法定代表人或者单位负责人、开办资金、业务主管单位。

住所是指民办非企业单位的办公场所,须按所在市、区(县)乡(镇)及街道门牌号码的详细地址登记。

宗旨和业务范围必须符合法律法规及政策规定。

开办资金应当与实有资金相一致。

业务主管单位应登记其全称。

**第九条** 登记管理机关应当自收到成立登记申请的全部有效文件,并发出登记受理通知书之日起60日内作出准予登记或者不予登记的决定。

**第十条** 经审核准予登记的,登记管理机关应当书面通知民办非企业单位,并根据其依法承担民事责任的不同方式,分别发给《民办非企业单位(法人)登记证书》《民办非企业单位(合伙)登记证书》或《民办非企业单位(个体)登记证书》。对不予登记的,登记管理机关应当书面通知申请单位或个人。

民办非企业单位可凭据登记证书依照有关规定办理组织机构代码和税务登记、刻制印章、开立银行账户,在核准的业务范围内开展活动。

**第十一条** 《条例》施行前已经成立的民办非企业单位,应当依照《条例》第十二条的规定简化登记手续。

**变更注销登记**

**第十二条** 民办非企业单位根据《条例》第十五条规定申请变更登记事项时,应向登记管理机关提交下列文件:

（一）法定代表人或单位负责人签署并加盖公章的变更登记申请书。申请书应载明变更的理由，并附决定变更时依照章程履行程序的原始纪要，法定代表人或单位负责人因故不能签署变更登记申请书的，申请单位还应提交不能签署的理由的文件；

（二）业务主管单位对变更登记事项审查同意文件；

（三）登记管理机关要求提交的其他文件。

**第十三条** 民办非企业单位的住所、业务范围、法定代表人或单位负责人、开办资金，除向登记管理机关提交第十二条规定的文件外，还须分别提交下列材料：变更后新住所的产权或使用权证明；变更后的业务范围；变更后法定代表人或单位负责人的身份证明，及第七条第六款涉及的其他材料；变更后的验资报告。

**第十四条** 登记管理机关核准变更登记的，民办非企业单位应交回民办非企业单位登记证书正副本，由登记管理机关换发新的登记证书。

**第十五条** 民办非企业单位修改章程或合伙协议的，应当报原登记管理机关核准。报请核准时，应提交下列文件：

（一）法定代表人或单位负责人签署并加盖公章的核准申请书；

（二）业务主管单位审查同意的文件；

（三）章程或合伙协议的修改说明及修改后的章程或合伙协议；

（四）有关的文件材料。

**第十六条** 登记管理机关应在收到民办非企业单位申请变更登记的全部有效文件之日起60日内，作出准予变更或不准予变更的决定，并书面通知民办非企业单位。

**第十七条** 民办非企业单位有下列情况之一的，必须申请注销登记：

（一）章程规定的解散事由出现；

（二）不再具备《条例》第八条规定条件的；

（三）宗旨发生根本变化的；

（四）由于其他变更原因，出现与原登记管理机关管辖范围不一致的；

（五）作为分立母体的民办非企业单位因分立而解散的；

（六）作为合并源的民办非企业单位因合并而解散的；

（七）有关行政管理机关根据法律、行政法规规定认为需要注销的；

（八）其他原因需要解散的。

**第十八条** 民办非企业单位根据《条例》第十六条的规定申请注销登记时，应向登记管理机关提交下列文件：

（一）法定代表人或单位负责人签署并加盖单位公章的注销登记申请书，法定代表人或单位负责人因故不能签署的，还应提交不能签署理由的文件；

（二）业务主管单位审查同意的文件；

（三）清算组织提出的清算报告；

（四）民办非企业单位登记证书（正、副本）；

（五）民办非企业单位的印章和财务凭证；

（六）登记管理机关认为需要提交的其他文件。

**第十九条** 登记管理机关应在收到民办非企业单位申请注销登记的全部有效文件之日起30日内，作出准予注销或不准予注销的决定，并书面通知民办非企业单位。

**公告、证书和年度检查**

**第二十条**　民办非企业单位登记公告分为成立登记公告、注销登记公告和变更登记公告。

登记管理机关发布的公告须刊登在公开发行的市级报刊上。

公告费用由民办非企业单位支付。

**第二十一条**　成立登记公告的内容包括：名称、住所、法定代表人或单位负责人、开办资金、宗旨和业务范围、业务主管单位、登记时间、登记证号。

**第二十二条**　变更登记公告的内容除变更事项外，还应包括名称、登记证号、变更时间。

**第二十三条**　注销登记公告的内容包括名称、住所、法定代表人或单位负责人、登记证号、业务主管单位、注销时间。

**第二十四条**　民办非企业单位登记证书分为正本和副本，正本和副本具有同等法律效力。

民办非企业单位登记证书的正本应当悬挂于民办非企业单位住所的醒目位置。

民办非企业单位登记证书有效期为 4 年。

**第二十五条**　民办非企业单位登记证书遗失的，应当及时在公开发行的报刊上声明作废，并到登记管理机关申请办理补发证书手续。

**第二十六条**　民办非企业单位申请补发登记证书，应当向登记管理机关提交下列文件：

（一）补发登记证书申请书；

（二）在报刊上刊登的原登记证书作废的声明。

**第二十七条**　民办非企业单位应在每年 1 月 1 日至 5 月 31 日按《条例》规定向原登记机关办理年度检查，提交年度工作报告、《民办非企业单位（法人）登记证书》、《民办非企业单位（合伙）登记证书》或《民办非企业单位（个体）登记证书》，经原登记机关核准验收后发还。年度检查不合格或不履行年度检查的民办非企业单位，按有关规定进行处理。

**其他**

**第二十八条**　经核准登记的民办非企业单位开立银行账户，应按照民政部、中国人民银行联合发布的《关于民办非企业单位开立银行账户有关问题的通知》的有关规定办理。

**第二十九条**　经核准登记的民办非企业单位刻制印章，应按照民政部、公安部联合发布的《民办非企业单位印章管理规定》的有关规定办理。

**第三十条**　民办非企业单位办理设立登记、变更登记，应当向登记机关交纳费用，具体标准按市财政局、市物价局核定的标准收费。

**第三十一条**　本实施意见的解释权在市民政局。

**第三十二条**　本实施意见自 2000 年 4 月 1 日起施行。

上海市民政局

二〇〇〇年三月二十一日

# 关于对本市社会团体和民办非企业单位
# 实行双重负责管理的若干意见（试行）

沪民社综【2000】6 号

为了进一步贯彻落实《中共上海市委办公厅、上海市人民政府办公厅关于切实加强本市民间组织管理工作的通知》(沪委办[2000]6号)的精神,规范本市社会团体和民办非企业单位的管理工作,明确登记管理机关和业务主管单位各自的职责,做到各司其职,各负其责,密切配合,保证社会团体和民办非企业单位登记管理工作的正常开展,根据《社会团体登记管理条例》和《民办非企业单位登记管理暂行条例》(以下简称《条例》),结合本市实际情况,现提出如下意见:

**一、双重负责管理的基本原则。**

(一)对本市社会团体和民办非企业单位的登记管理,实行由登记管理机关和业务主管单位双重负责的管理体制。

(二)上海市民政局所属的上海市社会团体管理局和区县民政部门所属的社会团体管理机关,是本级人民政府的社会团体和民办非企业单位的登记管理机关(以下简称登记管理机关)。

(三)市委、市政府的有关部门和区县党委、政府的有关部门,市委、市政府或者区县党委、政府授权的组织,是市或区县有关社会团体和民办非企业单位的业务主管单位(以下简称业务主管单位)。

业务主管单位应当确定负责社会团体和民办非企业单位的管理机构,指定一名负责同志分管这项工作,并配备专职管理人员。同时,可以结合各自特点制定本部门、本系统社会团体和民办非企业单位的管理规定。

(四)登记管理机关和业务主管单位因滥用职权、未履行或未正确履行各自职责而致使社会团体和民办非企业单位发生重大问题,造成恶劣影响的,要追究登记管理机关和业务主管单位的相关责任人直至领导责任。

**二、登记管理机关和业务主管单位要各司其职、密切协作,共同做好登记管理工作。**

(五)业务主管单位负责社会团体申请筹备和民办非企业单位申请登记前的审查工作,按照《条例》和有关文件的规定进行审查,并与登记管理机关协商一致后,对符合社会团体筹备和民办非企业单位登记条件的,向申请人出具同意向登记管理机关申请社会团体筹备和民办非企业单位登记的批文,并抄送登记管理机关;对不符合社会团体筹备和民办非企业单位登记条件的,予以退回。

登记管理机关负责社会团体和民办非企业单位成立登记的审批,对申请人提供的业务主管单位的批文和《条例》规定的其他材料进行审查,对符合社会团体筹备和民办非企业单位登记条件的,作出批准社会团体筹备和批准民办非企业单位登记的决定,给予批准社会团体筹备登记的批复和颁发民办非企业单位证书,并将批准社会团体筹备和批准民办非企业单位登记的决定抄送业务主管单位;对不予批准筹备的社会团体和不予批准登记的民办非企业单位,向申请人说明理由,并将不予批准筹备和不予批准登记的决定抄送业务主管单位。

业务主管单位对登记管理机关不予批准筹备的社会团体和不予批准登记的民办非企业单位,应撤销同意其筹备和同意其登记的批文,并抄送登记管理机关。

登记管理机关对完成筹备工作并按《条例》规定申请登记的社会团体进行审核,批准登记的,发给社会团体法人登记证书;不予批准登记的,向申请人说明理由并将不予批准登记的决定抄送业务主管单位。

业务主管单位对登记管理机关不予批准登记的社会团体,应撤销同意其筹备的批文,并抄送登记管理机关。

(六)业务主管单位负责对社会团体成立后拟设立的分支机构、代表机构进行审查,对符合条件的,出具同意设立的批文,并抄送登记管理机关,由社会团体向登记管理机关提交有关分支机构、代表机构的名称、业务范围、场所和主要负责人等情况的文件,申请登记;对不符合条件的,予以退回。

登记管理机关负责对社会团体的分支机构、代表机构的登记申请进行审批，对符合条件的，作出批准登记的决定和颁发分支机构、代表机构证书，并将批准登记的决定抄送业务主管单位；对不符合条件的，向申请的社会团体说明理由，并将不予批准登记的决定抄送业务主管单位。

业务主管单位对登记管理机关不予批准登记的社会团体的分支机构、代表机构，应撤销同意其登记的批文，并抄送登记管理机关。

（七）业务主管单位负责对社会团体和民办非企业单位的变更登记事项进行审查，对符合条件的，出具同意变更的批文，并抄送登记管理机关，由社会团体和民办非企业单位向登记管理机关申请变更登记。

登记管理机关负责对社会团体和民办非企业单位的变更登记事项进行审批，对符合条件的，作出批准变更登记的决定，换发社会团体和民办非企业单位证书，并将批准变更登记的决定抄送业务主管单位。

（八）社会团体和民办非企业单位申请注销的，业务主管单位负责对其审查，经审查同意后，出具同意社会团体和民办非企业单位注销登记的批文，并抄送登记管理机关。同时，业务主管单位应会同有关部门指导需要注销登记的社会团体和民办非企业单位成立清算组织，完成清算工作。清算工作结束后，由社会团体和民办非企业单位向登记管理机关申请注销登记。

登记管理机关负责对社会团体和民办非企业单位注销登记的申请进行审批，批准注销登记的，发给注销证明文书，收缴该社会团体和民办非企业单位的登记证书、印章和财务凭证，并将批准注销的证明文书抄送业务主管单位。

（九）社会团体撤销其分支机构、代表机构的，业务主管单位负责对其审查，经审查同意后，出具同意撤销的批文，并抄送登记管理机关，由社会团体向登记管理机关申请办理注销登记手续。

登记管理机关批准分支机构、代表机构注销登记的，作出批准注销的决定，并将决定抄送业务主管单位。

（十）社会团体和民办非企业单位成立、注销或者变更名称、住所、法定代表人的，由登记管理机关予以公告。

（十一）登记管理机关在批准上述各类登记时，如批准内容与业务主管单位原审查同意的内容有变化的，应事先征求业务主管单位的意见。

**三、业务主管单位要加强对社会团体和民办非企业单位的日常管理，登记管理机关应积极予以配合。**

（十二）根据市委组织部、市民政局、市社会团体管理局《印发〈关于在社会团体中切实加强党的工作的若干意见（试行）〉的通知》（沪委组〔1999〕570号）的精神，业务主管单位的党组织应负责社会团体和民办非企业单位党组织的组建和审批，掌握社会团体和民办非企业单位负责人及专职工作人员的思想动态，做好思想政治工作。

登记管理机关应结合办理社会团体和民办非企业单位登记、年度检查等工作，督促社会团体和民办非企业单位尽快建立党组织。

（十三）业务主管单位应定期审查社会团体和民办非企业单位的财务活动状况，督促社会团体和民办非企业单位遵守国家有关的财务法规、政策和制度，发现有违反财务法规、政策和制度的行为，及时予以纠正并通报登记管理机关和有关国家行政管理部门。

登记管理机关应制定社会团体和民办非企业单位的有关财务、会计、票据管理制度，制定换届审计制度，规范社会团体和民办非企业单位的财务行为。

（十四）业务主管单位应督促社会团体和民办非企业单位按章程规定调整负责人、专职工作人员及其他成员，认真审查其负责人、专职工作人员及其他成员的基本情况，加强对社会团体和民办非企业单位的人事管理工作。同时，业务主管单位应做好社会团体和民办非企业单位人员编制申请的审查工作，审查同意后，报登记管理机关严格审批。

（十五）业务主管单位应监督、指导社会团体和民办非企业单位遵守宪法、法律、法规和国家政策，并依据其章程开展活动，督促、指导社会团体和民办非企业单位建立和完善自律机制，建立、健全社会团体和民办非企业单位的内部规章制度。发现社会团体和民办非企业单位有违法违纪行为应及时向登记管理机关通报，并协同有关部门查处。

社会团体和民办非企业单位修改章程，业务主管单位应对其章程进行审查，经同意后，由社会团体和民办非企业单位报登记管理机关核准。

（十六）业务主管单位负责审批社会团体和民办非企业单位举办的涉及重大政治、经济、理论等方面的跨本组织的研讨会或学术活动；对涉及社会科学内容的，业务主管单位应征求宣传部门意见后审批。

社会团体和民办非企业单位举办涉外学术研讨会或其他涉外活动，业务主管单位应先征求外事部门意见，再按规定审批并通报有关部门。

社会团体和民办非企业单位承接境外组织提出的社会科学方面的研究课题或调查课题，业务主管单位负责审查，经同意后方可允许其进行。

社会团体和民办非企业单位接受境外的捐款资助，业务主管单位应进行审查，经同意后方可允许其接受。

**四、加大对社会团体和民办非企业单位监督管理的力度，严厉打击违法行为。**

（十七）业务主管单位应督促社会团体和民办非企业单位于每年 3 月 31 日前报送上一年度的工作报告，并对其进行初审，经审查同意后，由社会团体和民办非企业单位于每年 5 月 31 日前报送登记管理机关，接受年度检查。

（十八）社会团体有《社会团体登记管理条例》第三十三条、民办非企业单位有《民办非企业单位登记管理暂行条例》第二十五条规定的违法情形的，业务主管单位应协助登记管理机关和其他有关部门查处其违法行为，并由登记管理机关给予相应的行政处罚。

（十九）社会团体和民办非企业单位被责令限期停止活动的，由登记管理机关封存其登记证书、印章和财务凭证。

社会团体和民办非企业单位被撤销登记的，由登记管理机关收缴其登记证书、印章和有关票据。

被撤销登记的社会团体和民办非企业单位的善后工作，由业务主管单位负责。

（二十）未经批准、擅自开展社会团体筹备活动，或者未经登记、擅自以社会团体名义进行活动，或者被撤销登记的社会团体继续以社会团体名义进行活动的，由登记管理机关予以取缔，没收非法财产。

未经登记、擅自设立的社会团体分支机构、代表机构，或者被撤销登记的分支机构、代表机构继续以其名义活动的，由登记管理机关予以取缔，没收非法财产。对由于社会团体疏于管理造成上述情形的，登记管理机关可依据《条例》对社会团体予以处罚。

未经登记、擅自成立的民办非企业单位，由登记管理机关予以取缔，没收非法财产。

上述被取缔的非法组织，有批准单位的，登记管理机关应将取缔的决定抄送原批准单位，其善后工作由原批准单位负责。登记管理机关还应将有关情况通报原批准单位的上级机关。

（二十一）社会团体和民办非企业单位被取缔或者被撤销登记的，由登记管理机关予以公告。

上海市民政局

上海市社会团体管理局

二〇〇〇年十月二十二日

# 关于建立健全本市社会团体和民办非企业
# 单位分级管理体制的若干意见

*沪民社综【2000】6 号*

为进一步贯彻落实《中共上海市委办公厅、上海市人民政府办公厅关于切实加强本市民间组织管理工作的通知》（沪委办〔2000〕6 号）的精神，根据《社会团体登记管理条例》和《民办非企业单位登记管理暂行条例》（以下简称《条例》）的规定，现就建立健全本市社会团体和民办非企业单位分级管理体制提出以下若干意见：

**一、加强区县社会团体和民办非企业单位登记管理机构的建设。**

（一）区县还没有建立社会团体管理局（以下简称社团管理局）的应尽快建立社团管理局。区县社团管理局由隶属区县民政部门领导，业务工作接受市社团管理局指导。区县社团管理局内部机构应视情况设立登记、管理和综合执法 3 个科，或登记管理和综合执法 2 个科。

（二）区县要高度重视社团管理局的建设，确保必要的开办经费和正常的业务经费，核拨必要的办公经费和办案经费，配备现代化的办公设备和办案装备，为尽快建立社会团体和民办非企业单位管理的快速反应机制打下坚实的基础。

（三）区县社团管理局应配备政治素质好、文化水平高、业务能力强、作风正的优秀年轻干部，做到有职能、有岗位、有专人，切实履行管理职责。具体人员配备情况以及变动情况应及时上报市社团管理局。

**二、明确市和区县社团管理机构的职能，建立社会团体和民办非企业单位分级管理体制。**

（四）本市的全市性社会团体和民办非企业单位，由市民政局负责登记和管理，具体工作由市社团管理局承担；区县以下的社会团体和民办非企业单位，由区县民政局负责登记和管理，具体工作由区县社团管理局承担。

（五）对于一些业务宽泛、不易界定的社会团体和民办非企业单位，区县社团管理局要先征求市社团管理局的意见，经同意后方可审批。为防止名称的重复，区县社团管理局在审批民办非企业单位以前，应先报市社团管理局进行核名，经市社团管理局核定可以使用该名称后，方可进行审批。市和区县社团管理局应认真按照《条例》的规定把好社会团体和民办非企业单位的"准入关"，确保登记的社会团体和民办非企业单位的质量。

（六）市和区县社团管理局负责监督管理各自核准登记的社会团体和民办非企业单位。主要职责是严格审核社会团体和民办非企业单位的章程，监督其按照核准的章程和业务范围开展活动；监督检查社会团体和民办非企业单位建立健全以章程为主的民主决策制度、财务管理制度、考核奖惩制度、重大事项报告制度和接受捐赠公示制度；加强年度检查，建立举报制度，发挥新闻舆论的监督作用，使社会团体和民办非企业单位能够规范健康发展和发挥积极作用。

（七）市社团管理局应当研究制定本市社会团体和民办非企业单位管理的方针、政策、规章,并负责组织实施;指导区县开展社会团体和民办非企业单位的登记管理工作;协助市民政局承担区县社会团体和民办非企业单位提起的行政复议。区县社团管理局应当执行国家和本市关于社会团体和民办非企业单位的有关政策和规章,加强与市社团管理局的业务联系,接受业务指导。

（八）根据"分级管理"的要求,对经核准登记的社会团体和民办非企业单位违法活动的查处,应由其登记管理机关负责。其中,查处全市性社会团体和民办非企业单位的违法活动,由市社团管理局负责;查处区县社会团体和民办非企业单位的违法活动,由区县社团管理局负责。

（九）对非法社会团体和民办非企业单位的查处,要坚持属地管辖的原则。取缔非法社会团体和民办非企业单位,由违法行为发生地的社团管理局负责。涉及两个以上区县社团管理局的非法社会团体和民办非企业单位的取缔,由市社团管理局负责,或者由市社团管理局指定相关的区县社团管理局予以取缔。对非法社会团体和民办非企业单位,一经发现,其违法行为发生地或其主要活动地的区县社团管理局应当及时进行调查,并立即报告市社团管理局。涉及有关部门职能的,应当及时向有关部门通报。取缔情况应向同级人民政府和市社团管理局上报备案。

（十）在执法监督工作中,市和区县社团管理局要按照职责分工的原则,各司其职,各负其责,紧密配合,充分发挥整体打击的优势,维护社会政治稳定。

**三、建立健全制度,促进社会团体和民办非企业单位分级管理机制的形成。**

（十一）建立市和区县两级登记管理机关的快速反应机制是形成分级管理体制的基本条件。市和区县社团管理局应当根据所掌握的社会团体和民办非企业单位的动态信息,尤其是需立即处理的紧急情况,尽快做出反应,在第一时间采取相应的对策措施,妥善处理各种突发事件。快速反应机制要求市和区县社团管理局在进一步理顺职能关系的基础上,充分协调、配合,形成整体合力。当前,要结合贯彻落实市社区工作会议精神,努力把这种快速反应机制延伸到居(村)委会。在社区中,要发动居(村)委会干部、居(村)民参与依法取缔非法社会团体和民办非企业单位的有关工作,加强预警机制建设,发挥其超前性和前瞻性的作用。建立快速反应机制必须要有共享的信息资源、先进的办公手段、通畅的联系渠道、便捷的出行工具。因此,一方面要提高硬件配置,配备必要的电脑、通讯器材和交通工具,建设计算机信息网络等;另一方面,要提高人员素质,使其具备操作现代化办公设备、运用网络通信高效率地收集和传递信息的能力。

（十二）市和区县社团管理局要树立信息共享、综合运用的意识,做到信息情报及时上下沟通。市和区县社团登记管理局与街道(乡镇)、居(村)委会之间要建立信息传递快速通道,真正把不稳定因素解决在基层,化解在萌芽状态。市和区县社团管理局要安排专人负责信息的收集和报送工作。区县社团管理局对登记管理工作中发现的问题,以及有关社会团体和民办非企业单位的动态信息要及时上报,市社团管理局应当对区县社团管理局上报的信息及时作出反馈,提出具体的指导性意见,上下紧密联系、相互协调。对于各种可能影响政治稳定和社会秩序的异常情况,要确保做到早发现、早报告、早制止、早控制、早化解,防止事态的蔓延扩大。在执行报告制度上,决不允许出现信息滞后的现象,对出现信息断层而造成的工作被动要追查责任者,并视情况作出处理。

（十三）为使社会团体和民办非企业单位分级管理体制落到实处,应建立考评制度。一方面,无论是市社团管理局还是区县社团管理局都要建立内部考核制度,对各项业务工作的开展情况进行考核,总结经验,发现不足,改进工作;另一方面,还要建立市社团管理局对区县社团管理局业务工作的考核制度,以及区县社团管理局对市社团管理局指导区县工作的评估制度。为此,要细化、量化考评指标,使考评工作具有可操作性,充分反映市和区县社团管理局的工作水平。市社团管局对区县社团管理局的考核内容应当包括：区县社会团体和民办非企业单位的登记情况；对它们日常活动的监督管理情况；以及区县社团管理干部的个人政策水平和业务能力等。区县社团管理局对市社团管理局工作的评估内容主要有：市社团管理局对区县社会团体和民办非企业单位管理工作的了解程度；能否及时发掘和总结区县社团管理局在实践中创造出的好经验、好做法，以及工作中存在的不足；对区县社团管理局的工作指导是否得力等。

（十四）市社团管理局要定期对区县社团管理干部进行执法等业务培训。社团管理干部只有获得行政执法证后，方可上岗执法。区县社团管理局要对本部门的社团管理干部严格管理，按照"政务公开"的要求，严格依法行政，确保社会团体和民办非企业单位的登记管理工作规范运行。

上海市民政局

上海市社会团体管理局

二〇〇〇年十月二十二日

# 关于加强区县社团登记管理工作的意见

沪民社综【2001】5 号

各区县民政局、社团局，浦东新区社团处：

自 1999 年 8 月市社会团体管理局成立以来，经过近两年的努力，目前本市各区县已全部建立了社团登记管理机关，各项工作正在稳步推进。当前，区县机构改革在即，各区县民政局将面临政府职能转变，结构调整，编制精简，人员分流。为进一步贯彻落实《中共中央办公厅、国务院办公厅关于进一步加强民间组织管理工作的通知》（中办发〔1999〕34 号）和《中共上海市委办公厅、上海市人民政府办公厅关于切实加强本市民间组织管理工作的通知》（沪委办〔2000〕6 号）文件精神，根据国务院颁布的社团和民办非企业单位登记管理条例的规定，现就加强区县社团登记管理工作，提出如下意见：

**一、从讲政治的高度，充分认识加强区县社团登记管理工作的重要性和必要性。**

（一）各级领导高度重视社团管理工作。社团管理工作是一项政治性、政策性、群众性很强的工作，从中央到市委、市政府对这项工作一直相当重视。中办、国办曾连续下发了"中办发〔1996〕22 号"和"中办发〔1999〕34 号"两个文件，要求进一步加强民间组织管理工作，其中"中办发〔1996〕22 号"文件指出："各级党委、政府要充分认识加强社会团体和民办非企业单位的管理对促进改革开放、现代化建设和维护稳定的重要性，采取切实可行的措施，加强社会团体和民办非企业单位机关的机构建设，核定编制，充实人员，核拨必要的业务经费，强化工作手段。"而"中办发〔1999〕34 号"文件进一步强调："目前，要加强业务主管单位和登记管理机关的力量以适应民间组织管理工作的需要。各级党委和政府对此要予以足够重视。"

国务院于 1998 年 10 月 25 日颁布了《社会团体登记管理条例》和《民办非企业单位登记管理暂行条例》。在市级机构改革人员编制十分紧的情况下，1999 年 8 月，市委、市政府批准成立了上海市社会团体管理局，最近又批准挂牌成立了配备 30 名行政事务编制的上海市社会团体监察总队。今年以来，民政部和市委、市政府领导非常重视社团管理工作，先后 20 多次在市局上报的信息材料上作出重要批示。市委领导在有关社团管理会议上多次从讲政治的高度强调了社团管理工作的重要性，并指出区县社团登记管理机关"不管实行哪一种体制，社会团体的管理只能加强，不能削弱，这个指导思想是明确的。"

（二）区县社团和民办非企业单位是全市社团登记管理工作的重头。区县社团登记管理机关除了平时要承担大量的登记审批、政策实施、监督管理外，根据中办发〔1999〕34 号文件精神，它还要承担依法查处非法社团和已登记社团的违法违纪行为等多项职责。而且，对非法民间组织的打击和查处是按属地管辖的原则进行。根据最新统计，至今年 6 月底，全市共有 2 501 家社团，其中区县级社团就达 1 531 家，占到 61.2%；全市已发证书的民办非企业单位共有 1 234 家，其中区县就达 1 187 家，占到 96.2%。因此，大量的社团和民办非企业单位登记管理主要集中在区县。同时，随着涉外民间组织条例的即将出台，本市将要对较为敏感的外国人社团实施管理，其中区县社团登记管理机关面临的任务将更加繁重。

（三）区县社团登记管理机关是实施分级管理体制的重要一级。市、区县登记管理机关实行分级管理，市社会团体管理局指导区县开展社团和民办非企业单位的登记管理工作，区县应当执行市社会团体管理局制定的有关政策和规章，并接受其业务指导。区县社团登记管理机关机构建设的加强有利于分级管理体制的建立健全，有利于进一步理顺两者之间的职能关系，明晰职责，确保正确的发展方向，有利于提高管理水平，促进区县社团管理工作迈上新台阶，促进本市社会和政治稳定。

**二、按照市委、市政府关于区县机构改革要求，尽快完善机构建设。**

市社会团体管理局的成立并取得初步工作成效，是领导大力支持、各部门倾力配合的结果，尤其是市委、市政府领导的高度重视和关心才使得本市的民间组织管理工作得以顺利发展。7 月 19 日，上海市社会团体监察总队正式揭牌成立，标志着本市查处违法违规社团和民办非企业单位以及取缔非法民间组织的力度将大大增强。因此，为了进一步提高区县社团登记管理机关的权威性，推进依法行政，加大查处力度，适应区县社团和民办非企业单位迅速发展和加强管理的社会客观需要，各区县要在现有机构的基础上，进一步加强和完善区县社团登记管理机关的机构建设。

（一）区县民政局要高度重视社团登记管理机关的机构建设。根据中央有关文件精神，在机构改革中，区县民政局要积极争取区委、区政府领导对社团工作的重视和支持，特别要把加强社团登记管理机关的机构建设列入当前重要工作议事日程，积极向区县编委汇报当前社团管理工作的情况，充分把握区县机构改革机会，按照区委、区政府有关文件要求，以精简、统一、效能为原则，尽快兑现并解决人员编制，核拨必要的业务经费，尤其要保证办案经费，确保工作的连续性、稳定性、有效性，为区县社团管理工作的顺利开展提供良好的物质保证，创造优质的工作环境，奠定今后区县社团发展的坚实基础。

（二）原则上对口设立科室，配齐配强工作人员。区县登记管理机关由区县民政部门领导，业务工作接受市社会团体管理局的指导。其内部拟设立登记、管理和综合执法 3 个科，或登记管理和综合执法 2 个科。编制拟为 12～15 名，具体编制数可由区县编制部门根据本区县的社团和民办非企业单位的实际情况核定。

（三）加强社团管理队伍建设。在机构改革中，要加强民间组织管理力量，根据工作任务和性质核定编制，选派政治强、素质好、作风正的优秀干部充实到民间组织管理队伍，做到有职能、有岗位、有专人，切实履行管理职能。

**三、加强社团登记管理机关规范化、制度化建设。**

（一）完善市与区县两级登记管理机关的快速反应机制。区县社团登记管理机关应当根据所掌握的社团和民办非企业单位的动态信息，尤其是要立即处理的紧急情况，必须尽快做出反应，在第一时间采取相应的对策措施，妥善处理各种突发事件。要努力把这种快速反应机制延伸到街道

(镇)和居(村)委会,加强预警机制的建设,发挥其超前性和前瞻性的作用。建立快速反应机制必须要有共享的信息资源、先进的办公手段、通畅的联系渠道、便捷的出行工具。

(二)建立信息报送制度。区县社团登记管理机关要树立信息共享、综合运用的意识,充分发挥信息情报上下沟通的枢纽作用。要与街道(镇)、居(村)委会之间建立信息传递快速通道,把不稳定因素解决在基层,化解在萌芽状态。要安排专人负责信息的收集和报送工作,对登记管理工作中的动态信息和发现的问题要及时上报。对于各种可能影响政治稳定和社会稳定的异常情况,要确保做到早发现、早报告、早制止、早控制,从而将其抑制在萌芽状态。在执行报告制度上,决不允许出现信息滞后的现象,对出现信息断层而造成的工作被动要追查责任者,并视情况作出处理。

(三)建立考评制度。为了落实分级管理体制,接受市社会团体管理局的指导和考核,区县社团登记管理机关应建立内部考评制度,对于各项业务工作的开展情况进行考核,总结经验,发现不足,改进工作。为此,要制定细化、量化的考评指标,使考评工作具有可操作性,以进一步推动本市民间组织管理工作水平上一个新台阶。

上海市民政局

上海市社会团体管理局

二〇〇一年八月二日

# 关于本市当前新建行业协会的若干意见

沪府体改【2002】第 23 号

为了更好地促进本市行业协会的发展,发挥行业协会在应对入世挑战、转变政府职能和规范市场经济秩序中的积极作用,根据《社会团体登记管理条例》和《上海市行业协会暂行小法》,制定本意见。

**一、行业协会新建的指导方针**

1. 服务于产业发展的需要。行业协会的发展要适应并服务于本市的产业发展,将企业优势转化为产业的整体优势。根据本市产业发展规划,发展行业协会,调整行业协会结构。

2. 优先在"三个重要领域"发展行业协会。当前本市应重点在入世相关领域、新兴产业和本市优势行业发展行业协会,以形成行业协会发展与产业发展良性互动机制。

3. 以企业自主发起为基本形式。发展行业协会应以企业发展的需要为基本出发点,组建行业协会应由企业自主发起。政府应积极支持企业自主发起组建行业协会。

4. 加强统筹规划。政府应当加强对行业协会发展的统筹规划,指导行业协会发展,统筹协调行业协会发起组建工作。

**二、行业协会设立的原则**

1. 设立行业协会应以国家现行行业或产品分类标准为基础,也可以按经营方式、经营环节和服务功能设立。能够在市场上以独立的产品或服务存在、并有一定数量的企业以此为主营业务行业,经充分认证,可以设立行业协会。不能以独立的产品或服务在市场上进行交易的专业、经营活动、工艺,不能设立行业会。

2. 行业协会的设置跨度应以行业成熟度为依据。根据行业发展的不同阶段,确定行业协会设置的跨度。对尚处成长期、产业细化不明显的行业,行业协会的设置跨度可以大些;对处于发展和成熟期的行业,行业协会的设置应当细化;对进入衰退期的行业,相近的行业协会可以合并。

3. 根据行业的实际情况确定发起人。一个行业协会只能由一组发起人组建。当有几组发起人同时申请组建相同或相似的行业协会时，发起人应充分协商，政府有关部门应发挥协调作用，按行业的实际情况确定发起人。

4. 有条件的行业协会的分支机构可以申请组建行业协会。现有行业协会的分支机构，如果企业有意愿且市场发育达到一定程度，具备申请登记行业协会条件的，可以独立组建行业协会。

5. 不设区县行业协会。坚持"一市一会"原则，不设区域性的行业协会。对同业企业较为集中、具有区域经济特色的行业或产品，可以由区县区域内企业为主发起组建市行业协会。

6. 垄断性行业原则上不设立行业协会。行业协会应健全民主办会机制。不能保证行业协会自主办会、民主决策机制的行业，不宜组建行业协会。

7. 不同行业协会之间没有隶属关系。

**三、当前优先发展行业协会的领域**

符合《社会团体登记管理条例》《上海市行业协会暂行办法》《关于本市促进行业协会发展的指导意见》规定的行业，均可组建行业协会。当前本市应在如下领域优先发展行业协会：

1. 信息业。信息业是现代经济的主导产业和入世冲击较大的行业，行业协会应加快发展。当前信息业领域应着力发展更专业化的行业协会，以更好适应信息产业发展的需要。

2. 新兴制造业。新兴制造业是本市支柱产业的后续产业之一，是本市重点支持的产业领域。要加快发展包括高新技术产业、可持续发展产业等新兴制造产业领域的行业协会。

3. 金融业。金融业是本市的优势产业和功能产业，是受入世冲击较大、事关经济安全行业。当前金融业应发展一批专业化的行业协会。

4. 现代流通业。现代流通业是本市重要的功能性产业，也是受国外资本冲击较大的行业。要改变目前本市现代流通领域的行业协会较少的局面，发展一批新型业态的行业协会。

5. 现代服务业。现代服务业是事关本市中心城市功能建设的产业，是增长潜力最大的服务业和受入世冲击最大的行业之一。要加快现代服务业行业协会的发展。

6. 现代农业。现代农业是对本市社会经济生活影响较大的行业。要改变目前本市现代农业行业协会行业跨度过大、数量偏少的不足，重点发展都市型农业以及关系米袋子、菜篮子安全领域的行业协会。

7. 文化产业。文化产业面临着产业化和国际化的挑战。要加快发展文化产业的行业协会，以更好地适应文化产业的发展和行业自律的需要。

上海市人民政府经济体制改革办公室

上海市社会团体管理局

上海市行业协会发展署

二〇〇二年十月十九日

# 关于做好农村专业经济协会登记管理工作的意见（试行）

沪民社团【2005】15 号

各区（县）民政局、社团管理局：

为了贯彻落实党的十六届三中、四中全会精神，按照民政部《全国发展农村专业经济协会工作

会议》的要求,做好培育发展农村专业经济协会工作,现就本市农村专业经济协会的登记管理工作提出以下意见:

**一、充分认识做好农村专业经济协会登记管理工作的重要意义。**

农村专业经济协会是农村地区涉及农业、林业、牧业、渔业、水利、粮食、经贸、科技、供销等领域从事为农户、农业生产、农村经济发展服务的一种非营利性社会团体,是一种新型的民间组织形式,是农户、企业、合作经济组织之间与大市场连接的桥梁和纽带。发展农村专业经济协会,有利于农业结构调整和农业市场化、产业化的发展;有利于农业科技成果的示范推广和农产品、农业技术的对外交流;有利于引导农民合法经营、勤劳致富,提高农民的科技、文化素质;有利于提高农民进入市场的组织化程度,实现小生产与大市场的对接,提高经济效益,抵御市场风险;有利于加快农村城镇化进程和我国现代化建设步伐;有利于推动农村精神文明建设和维护农村社会稳定。民政部门作为社会团体登记管理机关,要充分认识农村专业经济协会的地位和作用,要把培育发展农村专业经济协会,作为民政工作直接为经济建设服务的落脚点。要按照民政部的部署,从统筹城乡经济社会发展的大局出发,紧紧围绕增加农民收入、促进农村经济发展这个中心环节,支持建立农村专业经济协会,推动农村专业经济协会健康有序发展。

**二、认真推动农村专业经济协会的发展。**

上海是一个城市化建设发展较快、农村经济较发达的地区,按照市委、市政府的要求,上海应在全国率先实现农业现代化,走出一条都市型现代化农业发展之路。因此,上海培育发展农村专业经济协会,一定要从上海的实际情况出发,要针对上海农村的特点,侧重在能够推动农业产业结构调整、农产品质量的提高、科技含量的增加、促进农业的出口创汇以及为城市的服务方面发展农村专业经济协会,使上海地区的农村专业经济协会能够与农村合作经济组织互为补充,共同推动农业现代化建设。

根据当前市委、市政府关注的农业发展方向,上海应当在市、郊区(县)和乡(镇)三个层面推动成立农村专业经济协会。首先,在市级层面,应当把发展农业经济类的行业协会放在首位,积极推动农业类行业协会的成立,发挥行业整体资源优势,做好行业服务、行业规范、行业自律,开展对外交往等各种农业发展需要的问题;其次,在郊区(县)层面,把重点放在发展郊区(县)的特色农副产品方面,推动成立各类涉农的农村专业经济协会,以帮助解决提供市场信息、提供科技信息、帮助企业拓展农产品市场的问题;第三,在乡(镇)层面,要建立农村专业经济协会,可在调查研究以后确定。

**三、切实履行登记管理机关职责,努力搞好服务。**

培育发展农村专业经济协会,登记管理机关应当负起牵头责任。要在坚持培育发展和监督管理并重的方针的同时,与时俱进、求实创新。登记管理机关应当按照民政部《关于印发〈关于加强农村专业经济协会培育发展和登记管理工作的指导意见〉的通知》(民发〔2003〕148号)的规定,搞好农村专业经济协会的登记管理工作。可以在注册资金、会员数量、办公场所、业务主管单位、专职工作人员标准等要求方面,适当予以放宽。可以探索减少批准筹备环节、减少公告环节、减少登记费等方面降低准入门槛,简化登记程序,为农村专业经济协会设立提供便利条件。

在登记管理中,对具备条件的要及时给予注册登记;对基本具备条件的要及时给予指导,尽早使它们获得法人主体资格;对暂时不具备条件,但确有较好发展前景的,可以探索实行"批准备案制",先将其纳入培育发展的范围,逐步规范,条件具备后再正式注册登记。对目前已经成立的农村专业经济协会,要本着有利于发展农村生产力的原则,进行合理调整,逐步达到农村专业经济协会结构科学、布局合理、发展有序。

发展农村专业经济协会是一项系统工程,任务繁重,涉及面广,综合性强,离不开各级党委、政府及有关部门的领导和支持。登记管理机关要发挥综合协调作用,主动争取本地区党委、政府的重视和支持,尤其要加强与农委、科委、科学技术协会等涉农业务主管单位的协调和配合,形成合力,共同研究制定本地区的农村专业经济协会的发展规划,做好指导和监督管理工作。要加强信息交流,及时研究解决工作中出现的矛盾和问题。要加强调查研究,及时总结经验。要强化登记管理机关的服务意识,寓管理于服务之中,深入基层,贴近农民,上门服务,为农村专业经济协会的发展出谋划策,维护其合法权益。总之,登记管理机关要把推动建立、广泛发展作为首要任务,努力为农村专业经济协会的健康发展提供必要条件和优质服务。

**四、加强农村专业经济协会自身建设,促进形成自律机制。**

农村专业经济协会在发展初期,难免有这样那样的问题,登记管理机关应当会同业务主管单位给予热情的帮助和引导。要按照《社会团体登记管理条例》的规定和有关政策,积极帮助农村专业经济协会建立健全以章程为核心的内部规章制度,完善协会内部运行机制。要指导农村专业经济协会开展规范化建设,使其逐步成为组织机构完备、自律机制健全、功能作用到位的独立的社会团体法人组织,并走上制度化、规范化的发展轨道。要定期培训农村专业经济协会的负责人,让他们学习社会工作方式,熟悉和了解国家有关社会团体管理的法律、法规和政策,提高管理能力,成为农村专业经济协会的骨干和带头人。要支持农村专业经济协会按照章程和业务范围开展活动,实行民主决策、民主管理、自我服务,努力为推动上海农村经济社会发展作出贡献。

上海市民政局

上海市社会团体管理局

二〇〇五年一月七日

# 关于进一步深入开展民办非企业单位
# 自律与诚信建设活动的实施意见

沪社非【2006】1 号

各市级业务主管单位、各区(县)社团局(办),各市级民办非企业单位:

自律与诚信建设,是解决民办非企业单位存在问题的重要措施,是进行长效管理的有效途径。2005 年,本市各级登记管理机关密切联系业务主管单位及有关部门,组织全市民办非企业单位围绕"共铸诚信民非,构建和谐社会"的主题,积极开展"以自律练好内功,以诚信外塑形象,真情回报社会"系列活动,取得了良好的社会效益。同时还培育和树立了一批先进典型,扩大了民办非企业单位的社会影响,提高了社会公信力,活动取得了明显成效。

为进一步提高民办非企业单位的自身素质,建立自律、诚信长效机制,根据民政部《关于进一步深入开展民办非企业单位自律与诚信建设活动的通知》(民函[2006]1 号)精神,上海市社会团体管理局决定在民办非企业单位自律与诚信建设活动年的基础上,进一步在全市深入开展自律与诚信建设活动。现就有关事项提出如下实施意见:

**一、指导思想**

继续深入贯彻落实党的十六大和十六届三中、四中、五中全会精神和市委八届八次全会精神,扎实工作,开拓进取,通过进一步深入开展民办非企业单位自律与诚信建设活动,全面提高民办非企业单位的素质,加强和改善民办非企业单位管理工作,推进民办非企业单位管理工作的制度创新,为推进上海的社会主义现代化建设事业做出更大的贡献。

二、工作内容

(一)建立健全民办非企业单位的内部规章制度

结合年度检查和日常管理工作,督促、检查民办非企业单位按照有关政策法规及其章程的要求,建立健全各种内部规章制度,包括理事会会议制度、财务制度、劳动用工制度、印章管理制度等。登记管理机关和业务主管单位要在年检时,认真检查民办非企业单位内部规章制度的建立情况。通过年检,促使每一家民办非企业单位都能建立和完善内部规章制度,从而提高民办非企业单位自身素质,从制度上促进民办非企业单位依法、按章程开展活动。民办非企业单位要充分认识建立和完善内部组织、规章制度、民主决策机制等制度建设的重要性,提升自我约束、自我管理、自我教育、自我服务的能力。

(二)完善信息披露制度

要制定有关制度,保证民办非企业单位成立、变更、注销和年度检查情况在市民政局、市社会团体管理局网站上随时可以查看到。今年市级民办非企业单位的基本情况、年度工作报告等重要信息将在市社会团体管理局网站上公布,向社会披露。各区县也要充分利用信息平台将民办非企业单位的年度工作报告、财务状况等重要信息向社会公布。有网站的民办非企业单位要结合本单位的实际情况,向社会披露筹资目的、资金使用方向和接受捐赠、资助财物的使用情况、项目进展情况等,增加民办非企业单位开展业务活动情况的透明度,接受社会的查询、监督。

(三)进一步开展多种形式的主题公益活动

根据各区(县)、各部门实际,认真组织民办非企业单位开展有规模、有影响的社会服务活动,积极为社会弱势群体及广大群众,免费(或以成本为最高收费标准)提供形式多样、内容丰富的各类服务,真情回报社会,树立民办非企业单位的公益形象。鼓励民办非企业单位将有关服务内容经常化、制度化。

(四)完善服务承诺制

要结合各区(县)、各部门的实际情况,特别是不同类别民办非企业单位的情况,制定措施和计划,进一步充实和完善对社会公布服务内容、服务方式、服务责任及收费标准等,从而增强透明度,提高服务质量,全面提升民办非企业单位的社会形象。

(五)认真做好有关宣传工作

各区(县)、各部门要努力探索、创造新经验,注意培育和树立自律与诚信建设活动的先进典型,并注意收集本次活动的照片、录像、计划、总结、数据等文字和图像资料,加强与电视、广播、报刊等新闻媒体合作,大力宣传在自律与诚信建设活动中涌现出来的先进典型、先进经验和登记管理的政策法规,特别是要注意宣传有关的大型主题公益活动。通过宣传工作,扩大民办非企业单位的影响,提升民政部门在民办非企业单位登记管理方面的权威和形象。

(六)加强执法监督,查处违法行为

在民办非企业单位苦练内功外塑形象的同时,区(县)登记管理机关应加大执法监督力度,严厉查处违法行为,取缔非法民办非企业单位,提高登记管理机关的权威,为民办非企业单位健康发展提供良好的社会环境。区(县)登记管理机关要向社会公布举报投诉电话和服务热线,进一步引进社会监督机制。对社会各界反映问题较多、行业信誉不好的民办非企业单位开展行政检查,对屡整不改的予以撤销登记。在执法过程中，可邀请新闻媒体记者进行现场采访、跟踪报道，起到应有的教育、警示和震慑作用。

三、工作要求

（一）充分认识深入开展这项活动对民办非企业单位规范管理的重要意义。深入开展自律与诚信建设活动，是逐步建立各类民间组织信用建设和管理机制的探索性工作。各区（县）登记管理机关要取得区（县）委、区（县）政府领导重视，在深化去年工作的基础上，着眼于规范化、制度化建设，采取有力措施，不断开拓创新，推动民办非企业单位以自律为发展之道，以诚信为立身之本，让自律与诚信建设活动深入开展，持之以恒，取得成效。

（二）加强协调，整体推进。登记管理机关要在党委和政府领导下，加强与业务主管单位、有关部门以及新闻媒体的联系，密切协作，形成合力。要加强指导和检查工作，及时总结、推广基层、群众创造的好的做法和先进经验，努力解决工作发展不平衡问题。同时，要注意打击非法活动、查处违法活动，把自律与诚信建设活动推向深入。

（三）狠抓落实，注重实效。各区（县）要根据实际情况，研究制定工作方案，落实必要工作经费。要加强与有关部门的联系、沟通，密切配合，继续组织民办非企业单位集中开展有规模、有影响的社会主题公益活动，也要引导民办非企业单位自己开展有关活动。

（四）认真总结，努力探索。本市民办非企业单位发展的历史不长，有许多问题需要深入探讨。登记管理机关和业务主管单位要开展调查研究，认真总结民办非企业单位发展的经验，提高对民办非企业单位发展与管理规律性的认识，努力探索民办非企业单位管理的长效机制，开展制度创新，进一步从整体上推进本市民办非企业单位管理工作。

各市级业务主管单位和区（县）登记管理机关，应在 2006 年 12 月 10 日前，将有关情况及《民办非企业单位自律与诚信建设活动情况统计表（一）、（二）》报上海市社会团体管理局。

上海市社会团体管理局

二〇〇六年二月二十二日

# 上海市社会团体分类规定（试行）

沪民社团【2006】1 号

**第一条** 为加强对本市社会团体（以下简称"社团"）科学、有效的管理，实现其组织结构的合理与优化，促进其健康、有序发展，根据《国民经济行业分类》《中华人民共和国学科分类国家标准》《社会团体登记管理条例》以及《上海市促进行业协会发展规定》，特制订本规定。

**第二条** 社团分类应当坚持实事求是、科学规范、注重质量、讲求实效的原则，确保社团分类工作的科学性和严肃性。严格实行归口管理，杜绝政出多门、多头管理，以促进社团规范、合理、有序发展。

**第三条** 按照社团的性质和任务，本市社团分为学术性、行业性、专业性、联合性社团四类。

（一）学术性社团主要是指专家、学者和科研工作者自愿加入，为促进哲学、社会科学和自然科学的繁荣和发展，促进科学的普及，促进人才的成长和进步，促进科学与经济社会发展相结合，维护自身合法权益而开展工作的社团组织。其主要功能是推动学科发展，促进原始性创新和科技成果的转化，造就专门人才和技术创新人才，开展咨询服务，推进科技产业和社会进步。

（二）行业性社团主要是指法人组织自愿加入，为密切会员单位与政府的联系，加强行业自律，推动行业和会员单位的健康发展，配合政府部门规范市场行为而开展工作的社团组织。其主要功能是为会员单位提供服务、反映需求，维护会员单位的合法权益；制定行业标准，进行行业统计，开展行业培训，加强行业协调，促进行业自律；承接政府转移的职能，协助政府部门加强行业管理。

（三）专业性社团主要是指单位会员和个人会员自愿加入，围绕相关领域的专业知识，开展活动，发挥专业人员、专业组织的专长为经济、社会服务的社团组织。其主要功能是为单位会员提供专业化的服务，提高个人会员在科学技术、教育、文化、艺术、卫生、体育等方面的能力和技巧。

（四）联合性社团主要是指相同或不同领域的法人组织或个人为了横向交流而自愿组成的联合体。其主要功能是对内联合法人组织或个人，研究产业政策，协调行业关系，促进相关产业、行业或个人的交流和合作；对外代表他们与其他会员组织进行协商，以维护其利益和实现其诉求。

**第四条** 社团设立的基本标准

（一）学术性社团原则上参照《中华人民共和国学科分类国家标准》二级学科设置。对符合学科标准的，一般以学会命名；对未达到学科标准的，则以研究会命名。

（二）行业性社团原则上参照《国民经济行业分类》中类标准设置，其分支（代表）机构的设立原则上按小类设立。同一行业在本市原则上只能设立一个行业协会。一般以行业协会、同业公会命名。

（三）专业性社团原则上参照《国民经济行业分类》小类标准设置，其分支（代表）机构的设立原则上按小类以下标准设立。一般以协会命名。对一些具有产业、产品和市场优势的经济类专业性社团，确有必要设立或更名为行业性社团的，经市社会团体管理局及有关部门充分论证后设立或更名。

（四）联合性社团分为联合类社团和联谊类社团两种。联合类社团根据相同或不同领域法人组织的需求设置，原则上参照《国民经济行业分类》门类标准设置，一般以联合会、促进会、商会命名；联谊类社团根据相同人群的需求设置，这类社团原则上应从严掌握。一般以联谊会命名。

**第五条** 对目前尚未列入《国民经济行业分类》，符合社会主义市场经济和上海国际化大都市发展需要的一些特殊的、边缘的、交叉的、跨行业的新型行业组织，经市社会团体管理局及有关部门充分论证后设立。

**第六条** 本规定用于指导和确定本市各类社团的登记、变更等事宜。

上海市民政局

上海市社会团体管理局

二〇〇六年十一月二十九日

# 关于大力培育和规范发展涉农民间组织的意见

沪民社团【2006】2号

各区（县）民政局、农业委员会、社团局（处）：

为进一步贯彻落实《中共中央国务院关于推进社会主义新农村建设的若干意见》（中发[2006]1号）和上海市委、市政府《关于推进社会主义新郊区新农村建设的决议》精神，现就培育和规范发展涉农民间组织、促进上海社会主义新农村建设提出以下意见：

### 一、充分认识涉农民间组织在建设新农村中的重要作用

涉农民间组织是指当前新形势下农村地区涉及农业、林业、牧业、渔业等领域从事为农户、农业生产、农村经济发展服务的社会团体和民办非企业单位,是政府、农户、企业、合作经济组织以及市场之间连接的桥梁和纽带。

发展涉农民间组织,是新阶段提高农民进入市场组织化程度的一种有效形式,有利于促进农业结构调整和农业市场化、产业化经营;有利于提高农业标准化水平,提高农产品质量;有利于农业科技成果的示范推广和农产品、农业技术的对外交流;有利于引导农民合法经营、勤劳致富,提高农民的科技、文化素质;有利于实现小生产与大市场的对接,抵御市场风险;有利于促进农民增收、维护农村社会稳定和构建农村和谐社会。

各级各部门要充分认识涉农民间组织在农业现代化与社会主义新农村建设中的地位和作用,从统筹城乡经济社会发展的大局出发,紧紧围绕增加农民收入、促进农村经济发展这个中心环节,要把培育发展和规范涉农民间组织,作为当前直接为农业和农村经济建设服务的落脚点,积极引导,加强指导,大力培育,逐步完善,使之健康发展。

### 二、积极推动涉农民间组织发展

上海发展涉农民间组织,要从郊区农村的实际情况出发,针对新农村建设的特点,侧重在能够推动农业产业结构调整、提高农产品质量、增加农业科技含量、提高农民收入等方面加以培育、发展涉农民间组织,使本市涉农民间组织真正起到桥梁与纽带的作用,更好地推进农业现代化建设。

(一) 发挥登记管理部门作用,做好涉农民间组织登记管理工作

各级社团登记管理机关,要充分发挥主导作用,按照民政部《关于印发〈关于加强涉农民间组织培育发展和登记管理工作的指导意见〉的通知》(民发[2003]148 号)的规定,搞好涉农民间组织的登记管理工作。

涉农民间组织的登记管理工作应本着与时俱进、求实创新的精神,根据《社会团体登记管理条例》和《民办非企业单位登记管理暂行条例》要求,适当放宽登记条件,简化登记程序。对具备条件的要及时给予注册登记;对基本具备条件的要及时给予指导,尽早使它们获得法人主体资格。对目前已经成立的涉农民间组织,要本着有利于发展农村生产力的原则,进行优化整合,逐步达到结构科学、布局合理、发展有序。

成立涉农民间组织,除必须具备规范的名称和相应的组织机构、独立承担民事责任的能力等条件外,对乡镇范围的专业经济协会可放宽对会员人数、办公场所、专职工作人员等条件。符合基本条件的涉农民间组织发起人,凭业务主管单位意见、《登记申请表》、章程草案、资金证明、固定办公场所使用权证明或说明、会员名单、发起人和主要负责人简历和身份证明,即可办理登记手续。

允许涉农社团设立分支机构和办事机构,允许涉农民间组织按照规定办企业或合作经济组织,开展为农服务。鼓励涉农民间组织开展合法活动或服务取得收入。

要加强涉农民间组织政策研究,尽快制定和完善关于涉农民间组织的税收、票据等相关政策,确保涉农民间组织发展管理有章可循。

(二) 发挥业务职能部门作用,加强对涉农民间组织的指导和管理

各级农业部门要加强对涉农民间组织的指导,切实履行规划、协调、服务、指导职能,努力为涉农民间组织发展营造良好的发展环境。

要积极培育农业行业协会,并推动其整合发展;积极培育发展区(县)特色农副产品方面的专业

经济协会、民办研究组织、专业服务机构和农村新组织联合会；各区县可根据需要，成立乡（镇）农村专业经济协会，并探索建立乡镇以下的农村专业经济协会。

按照"分级管理、差别政策"原则，对涉农民间组织实行支持鼓励政策，重点扶持农村新经济组织联合会和特色专业经济协会。要逐步改变农村服务的投入方式，通过奖励、委托、补贴和购买涉农民间组织服务的方式，予以资助和扶持。对涉农民间组织需要的技术开发或推广项目，要优先予以立项；各种农业项目的安排，也应向涉农民间组织倾斜。银行、农村信用社等金融机构，要积极提供信贷资金支持，为涉农民间组织提供便捷融资渠道。

积极创造条件，逐步把属于行业协会的社会职能通过授权、委托、转移等方式交给行业协会、联合会，使其职能真正到位。要指导各类涉农民间组织明确工作定位和转变职能，完善内部组织体制和工作规章。

鼓励各类科研人员和农技推广人员，到涉农民间组织任职、兼职或担任技术顾问，从事技术开发、技术承包、技术服务等，允许其按贡献大小取得相应报酬。

**三、切实加强对涉农民间组织的领导**

各级登记管理部门、业务职能部门是推进农村涉农民间组织建设的责任主体，要按照《社会团体登记管理条例》和《民办非企业单位登记管理暂行条例》的规定和有关政策，帮助和引导各类涉农民间组织建立健全以章程为核心的内部管理制度，完善涉农民间组织内部运行机制，逐步形成组织机构完备、自律机制健全、功能作用到位的社会组织，并走上制度化、规范化的发展轨道。支持涉农民间组织按照章程和业务范围开展活动，坚持民办、民管、民受益，使涉农民间组织真正成为农民自己的组织。要强化登记管理部门和业务职能部门的服务意识，寓管理于服务之中，深入基层，贴近农民，上门服务，为涉农民间组织的发展出谋划策。

发展涉农民间组织是一项系统工程，任务繁重，涉及面广，综合性强。各级政府有关部门，要把培育和规范涉农民间组织作为建设社会主义新农村、转变政府职能的具体行动，因势利导，形成合力，共同研究制定本地区涉农民间组织的发展规划，并做好指导和管理监督工作。要加强信息交流，及时研究解决工作中出现的问题。要加强调查研究，及时总结和推广经验，使农村各类涉农民间组织不断完善和发展。

上海市民政局
上海市农业委员会
上海市社会团体管理局
二〇〇六年十二月二十五日

# 上海市基金会信息公布实施办法
沪民社基【2007】1 号

## 第一章　总　　则

**第一条**　为了规范本市基金会信息公布活动，保护捐赠人及相关当事人的合法权益，促进公益事业发展，根据《基金会管理条例》（以下简称《条例》）和《基金会信息公布办法》（以下简称《办法》）的有关规定，结合本市实际情况，制定本办法。

**第二条**　本办法所称的信息公布,是指本市基金会按照《条例》、《办法》和本办法的规定,将其内部信息和业务活动信息通过媒体向社会公布的活动。

本市基金会是信息公布义务人。

**第三条**　信息公布义务人公布的信息资料应当真实、准确、完整,不得有虚假记载、误导性陈述或者重大遗漏。

信息公布义务人应当保证捐赠人和社会公众能够快捷、方便地查阅或者复制公布的信息资料。

## 第二章　公　布　内　容

**第四条**　信息公布义务人应当向社会公布的信息包括:

(一)本市基金会的年度工作报告;

(二)公募基金会组织募捐活动的信息;

(三)基金会开展公益资助项目的信息。

本市基金会在遵守本办法规定的基础上可以自行决定公布更多的信息。

**第五条**　信息公布义务人应当在每年 3 月 31 日前,向登记管理机关报送上一年度的年度工作报告。登记管理机关审查通过后 30 日内,信息公布义务人按照统一的格式要求,在登记管理机关指定的媒体上公布年度工作报告的全文和摘要。

信息公布义务人的财务会计报告必须按照《条例》和《民间非营利组织会计制度》等国家相关法律制度,经会计师事务所审计后对外公布。财务会计报告包括会计报表(资产负债表、业务活动表、现金流量表)、会计报表附注和财务情况说明书。

**第六条**　公募基金会组织募捐活动,应当公布募得资金后拟开展的公益活动和资金的详细使用计划。在募捐活动持续期间内,应当及时公布募捐活动所取得的收入和用于开展公益活动的成本支出情况。募捐活动结束后,应当公布募捐活动取得的总收入及其使用情况。

**第七条**　基金会开展公益资助项目,应当公布所开展的公益项目种类以及申请、评审程序。评审结束后,应当公布评审结果并通知申请人。公益资助项目完成后,应当公布有关的资金使用情况。事后对项目进行评估的,应当同时公布评估结果。

**第八条**　对于公共媒体上出现的对信息公布义务人造成或者可能造成不利影响的消息,信息公布义务人应当公开说明或者澄清。

## 第三章　公　布　方　式

**第九条**　《解放日报》《文汇报》《新民晚报》和《中国社会报》等市级以上报刊为基金会公布年度工作报告摘要的媒体,年度工作报告经登记管理机关审查通过后 30 日内,基金会应当将年度工作报告摘要在上述报刊中选择任一报刊公布(年度工作报告摘要格式请到上海市社会团体管理局政务网站下载),基金会年度工作报告全文必须在上海市社会团体管理局政务网站上公布。

**第十条**　除年度工作报告外,信息公布义务人公布信息时,可以选择报刊、广播、电视或者互联网作为公布信息的媒体。信息公布所使用的媒体应当能够覆盖信息公布义务人的活动地域。

**第十一条**　公布的信息内容中应当注明信息公布义务人的基本情况和联系咨询方式。

**第十二条**　信息公布义务人应当建立健全信息公布活动的内部管理制度,并指定专人负责处理信息公布活动的有关事务。对于已经公布的信息,应当制作信息公布档案,妥善保管。

**第十三条**　信息公布义务人公布有关活动或者项目的信息,应当持续至活动结束或者项目完成。

信息一经公布，信息公布义务人不得任意修改，确需修改的，应当严格履行内部管理制度的程序在修改后重新公布，并说明理由，声明原信息作废。

## 第四章 监 督 管 理

**第十四条** 信息公布义务人应当将信息公布活动的情况如实反映在年度工作报告中，接受登记管理机关监督检查。

**第十五条** 登记管理机关依法对信息公布活动进行监督管理，建立信息公布义务人诚信记录。

信息公布义务人不履行信息公布义务或者公布虚假信息的，由登记管理机关责令改正，并依据《条例》第四十二条规定给予行政处罚。

## 第五章 附 则

**第十六条** 本办法自 2007 年 9 月 20 日起施行，2006 年 9 月 7 日上海市民政局、上海市社会团体管理局印发的《上海市基金会信息公布实施意见》（沪民社基〔2006〕3 号）同时废止。

上海市民政局

上海市社会团体管理局

二〇〇七年八月十六日

# 上海市民间组织规范化建设评估办法（试行）

沪民社综【2007】5 号

## 第一章 总 则

**第一条** 为了规范民间组织规范化建设评估工作，加强民间组织规范化建设评估活动管理，促进民间组织健康有序发展，根据《民政部关于推进民间组织评估工作的指导意见》（民发〔2007〕127 号）要求，参照《全国性民间组织评估实施办法》（民函〔2007〕232 号），制定本办法。

**第二条** 本办法适用于对依法经民政部门登记的社会团体、基金会、民办非企业单位的规范化建设评估工作。

**第三条** 本办法所指民间组织规范化建设评估，是指依照一定的原则、程序、标准，对民间组织进行全面、综合的分析和评判。

**第四条** 民间组织规范化建设评估工作遵循政府指导、社会参与、分类评定、动态管理、客观公正的原则。

**第五条** 在民政部门登记一年以上的民间组织可以参加评估。

**第六条** 民间组织规范化建设评估每年（第四季度）进行一次，评估结果有效期为三年。

**第七条** 对民间组织实施评估工作所需经费由民间组织管理工作专项经费列支。

## 第二章 组 织 管 理

**第八条** 市、区（县）民间组织登记管理机关分别负责本级民间组织规范化建设评估的组织和管理,制定民间组织规范化建设评估的标准和规则,监督规范化建设评估的过程,指导评估工作的开展,采用评估认定的结果。

**第九条**　市、区(县)民间组织登记管理机关分别牵头设立"民间组织规范化建设评估委员会"(以下简称评估委员会),并负责对民间组织评估委员会的管理、监督工作。

**第十条**　民间组织评估委员会是民间组织评估工作期间的非常设机构,根据民政部门的授权,分别负责本级民间组织规范化建设评估工作的实施,办公室设在登记管理机关。

**第十一条**　民间组织评估委员会成员由政府有关部门、研究机构和社会组织推荐,民政部门聘任。民间组织评估委员会成员应当熟悉民间组织管理工作法律法规和方针政策,精通业务,在所从事的领域内有较高声誉。

**第十二条**　民间组织规范化建设评估的具体工作可由评估委员会委托相关社会评估机构承担。评估机构应当采用登记管理机关统一的评估标准,根据民间组织提供的资料,客观、公正、科学、合理地进行评估,并出具民间组织规范化建设评估报告。评估机构在评估工作中可以要求被评估单位提供必要的文件及证明材料,对被评估单位进行实地调查。被评估单位应该予以配合,如实提供有关情况和资料。

**第十三条**　评估委员会和评估机构在评估工作中,应严格遵照评估标准和本办法的规定,不得随意简化评审流程,不得弄虚作假、徇私舞弊。

## 第三章　评估等级和应用

**第十四条**　民间组织规范化建设评估结果分为五等,依次为★★★★★(五星级)、★★★★(四星级)、★★★(三星级)、★★(二星级)、★(一星级)。星级越高,表示民间组织规范化建设的水平越高。评估等级名称为"地域名(上海市)＋等级＋民间组织类别"。

**第十五条**　按照民间组织规范化建设评估标准,评估满分为1 000分。评估得分950分以上,为五星级民间组织;评估得分901分—950分,为四星级民间组织;评估得分851分—900分,为三星级民间组织;评估得分801分—850分,为二星级民间组织;评估得分700分—800分,为一星级民间组织。

**第十六条**　登记管理机关根据评估等级对民间组织实施分类管理,通过社会公布、宣传推介、优先推荐高星级民间组织参加各种评优、评先活动。政府相关部门可以根据评估结果,对星级民间组织予以重点扶持,给予相应的奖励或政策优惠。

**第十七条**　被评估单位在开展活动和对外宣传时,可以出示评估等级证书,作为本单位的信誉证明。被评估单位要将等级牌匾悬挂于服务场所或办公场所的显要位置,自觉接受社会监督。评估等级证书和牌匾由上海市民政局、上海市社会团体管理局统一制发。

## 第四章　评估方法和程序

**第十八条**　市评估委员会负责市级民间组织规范化建设评估和区(县)申报的四星、五星级民间组织的星级评定。各区(县)评估委员会负责本区(县)一星、二星、三星级民间组织的评定,以及本区(县)四星、五星级民间组织的初审和申报工作。

**第十九条**　规范化建设评估采取被评估单位自我评估与评估机构专业评估相结合、资料审查与实地检查相结合、定性分析与定量分析相结合的方法进行。

**第二十条**　民间组织规范化建设评估工作依照下列程序进行:

（一）民间组织登记管理机关下发评估通知；

（二）拟参加评估的民间组织按照评估标准进行自评；

（三）民间组织通过自评认为达到星级标准的，可在规定期限内向评估委员会办公室填报《民间组织规范化建设评估申请书》，申请星级评定；

（四）评估委员会收到民间组织的评估申请后，对申报单位的参评资格进行审查，符合评估条件的列入评估范围，不符合评估条件的发出不予受理的通知；

（五）评估委员会委托社会评估机构对符合评估条件的民间组织实施评估；

（六）社会评估机构将评估意见报评估委员会审核；

（七）评估委员会审核后将评估结果向社会公示；

（八）评估委员会根据评估公示情况作最后审定，向申报单位下发评估结果通知书；

（九）民间组织登记管理机关根据评估委员会的评估结果向社会公告，并向评估单位颁发相应的评估等级证书和牌匾；四星以上等级(含四星级)的民间组织评估结论报民政部备案。

# 第五章　附　　则

**第二十一条**　民间组织有下列情形之一的，不予评估：

（一）近三年内有违反法律、法规和规章记录的；

（二）近三年内不参加年检或有年检不合格记录的；

（三）自评结果达不到一星级的；

（四）评估委员会认为其他不符合评估条件的。

**第二十二条**　被评估单位违反本办法规定的，提供虚假情况和资料，或者串通作弊，致使评估结果失实的，民间组织登记管理机关可以宣布评估结果无效，对被评估单位进行通报、取消参加下一次评估的资格、降低或取消被评估单位的星级。

**第二十三条**　民间组织在获得评估等级有效期内，出现年检不合格记录或违纪违法行为的，登记管理机关将视情节轻重，降低或者取消其评估等级，并予以公告。

**第二十四条**　被降低评估等级的民间组织须在收到通知书之日起15日内将评估等级证书和牌匾退回民间组织登记管理机关，换发相应的评估等级证书和牌匾；被取消评估等级的民间组织须在收到通知书之日起10日内将证书和牌匾退回民间组织登记管理机关。拒不退回(换)的，公告作废。对于取消或降低评估等级的民间组织，可在新闻媒体上公告。

**第二十五条**　被评估民间组织对评估结果有异议的，可以自收到评估结果通知书之日起十五日内向民间组织登记管理机关申请复核。民间组织登记管理机关应当自收到复核申请之日起六十日内，给予书面答复。

**第二十六条**　本办法由上海市社会团体管理局负责解释。

**第二十七条**　本办法自发布之日起试行。

上海市民政局

上海市社会团体管理局

二〇〇七年九月十四日

# 关于开展本市社区群众活动团队备案工作的意见

沪民社团【2008】1 号

近年来,随着本市社区建设的深入发展,社区群众活动团队蓬勃兴起,他们在推进社区民主自治、参与社区事务管理、开展社区公共服务、丰富社区文化生活等方面发挥着日益重要的作用。为了进一步鼓励、扶持社区群众活动团队健康有序发展,充分发挥他们在社区建设中的积极作用,根据各区县开展社区群众活动团队备案试点工作的实际情况,决定在本市全面开展社区群众活动团队备案工作。

**一、指导思想和原则**

以党的十七大关于加强社会组织建设的精神为指导,按照市委、市政府关于加强社区建设的要求,通过开展备案工作,鼓励、扶持社区群众活动团队发展,整合社区资源,完善社区群众自我服务体系,加强社区党建,增强社区建设合力,促进和谐社区建设。

开展社区群众活动团队备案工作应当遵循以下原则:一是自愿,社区群众活动团队可以备案,备案后也可以撤回;二是扶持,备案是为了更好地鼓励和推动社区群众活动团队健康发展;三是规范,加强社区群众活动团队自律机制建设,使其走上自我管理、自我教育、自我约束和自我发展的道路,同时防止出现有害功法类、邪教类、特定群体类等违反国家法律、法规规定的组织。

**二、备案工作**

（一）备案对象

社区群众活动团队是指以社区群众为主体,以社区地域为活动范围,以满足社区居民多元化需求为目的,由社区成员自主成立、自愿参与,尚不具备法人登记条件的社会组织,并具备下列条件:

1. 有 10 人或以上相对固定的成员;

2. 有 1 名或以上相对固定的召集人或联系人;

3. 有具体的活动内容;

4. 有相对固定的活动时间和活动地点;

5. 有相对规范的名称。

（二）备案机构

社区群众活动团队备案工作的责任主体是区县民政局、社会团体管理局,并负责统筹、协调和汇总等工作。具体备案事宜可以由街道办事处、乡镇人民政府的民政部门受理,也可以向社区民间组织服务中心、社区民间组织指导站等社会组织购买服务,请他们受理备案。

（三）备案内容

社区群众活动团队备案内容包括:团队名称、召集人或联系人、活动内容、活动地点、活动人数、党建联络员等。鼓励条件成熟的社区群众活动团队制订活动守则或章程,一并备案。

各区县民政局、社会团体局可以根据本地实际,细化备案工作的具体内容。

（四）备案手续

社区群众活动团队申请备案,可以到所在街道、乡镇的受理机构领取和填写备案表格,符合备案条件的,由街道、乡镇受理机构发给备案证书。

社区群众活动团队撤回备案,可以向街道、乡镇的受理机构递交书面声明,并由街道、乡镇的受理机构收回备案证书。

对于已经备案或者撤回备案的社区群众活动团队，受理机构应当采取有效方式在社区公告。

备案过程中，备案机构不得收取任何费用。

（五）鼓励和扶持

鼓励已经备案的社区群众活动团队主动接受居民委员会或者村民委员会的指导和管理。政府和社会应扶持已经备案的社区群众活动团队，优先为他们提供场地、物质、资金等方面的资助，帮助他们提高活动的质量和水平，总结他们好的经验和做法，对他们中间涌现出的先进事迹和优秀人物，及时予以表彰。

三、工作要求

（一）提高认识，加强领导

开展社区群众活动团队备案是新时期加强社会组织建设与发展的一项创新性工作，各区县民政局、社会团体管理局要将此项工作列入重要议事日程，作为和谐社区建设的重要抓手，高度重视，认真组织。

（二）加强协作，整合资源

社区群众活动团队备案工作是一项系统工程，涉及面广，工作量大，各区县民政局、社会团体管理局在开展这项工作时，应充分发挥居委会、社区民间组织服务中心、社区民间组织指导站等的作用，建立有效的协作机制；要主动争取各政府职能部门向专业对口的社区群众活动团队提供业务指导和政策支持。

（三）加强指导，稳步推进

各区县民政局、社会团体管理局要强化服务意识，工作重心下移，深入街道、乡镇做好政策指导。要通过全市联网的社区群众活动团队备案数据系统，及时汇总、分析街道、乡镇上报的备案数据，全面掌握社区群众活动团队的动态和发展趋势，加强对社区群众活动团队发展规律的研究。

（四）完善制度，长效管理

各区县民政局、社会团体管理局要在摸清底数的基础上，努力探索社区群众活动团队的长效管理体制和机制。配合社区党组织做好社区群众活动团队的党建工作，引导社区群众活动团队落实党建联络员制度。通过制定和完善备案审核制度、日常管理制度、激励奖惩制度等，不断创新管理方法，提高管理水平，引导和促进社区群众活动团队健康发展。

上海市民政局

上海市社会团体管理局

二〇〇八年八月七日

# 关于鼓励本市社会组织吸纳大学生就业的指导意见

沪民社综【2009】7 号

各区（县）人民政府相关部门：

为贯彻国务院常务会议关于认真做好高校毕业生就业工作，以及《上海市人民政府关于进一步做好本市促进创业带动就业工作的若干意见》（沪府发〔2009〕1 号）的精神，充分发挥社会组织（指经本市各级民政部门登记的社会团体、民办非企业单位、基金会）在提供就业岗位、构建和谐社会等方面的积极作用，现就鼓励社会组织吸纳大学生就业提出以下意见：

### 一、充分认识社会组织吸纳大学生就业的重要意义

鼓励社会组织吸纳大学生,特别是上海高校应届毕业生,以及毕业后两年内仍未就业的历届高校毕业生就业,是贯彻落实国家应对国际金融危机和严峻就业形势的积极政策,保障和改善民生,维护社会稳定的重要措施。各级政府部门要以构建社会主义和谐社会的高度,从国家大局出发,深刻认识这项工作的重要性和紧迫性,切实做好大学生就业工作,并将此作为当前和今后一段时期的重要任务。

同时,当前的就业形势,为社会组织吸纳人才、培养人才、储备人才提供了有利的条件,也是社会组织把握历史机遇,聚集人才资源,提升服务能力,推动新一轮发展的契机。各相关部门要以促进大学生就业为抓手,切实加强社会组织的队伍建设和能力建设,以提升社会组织队伍素质和综合能力为目的,拓展就业领域,为有志于从事公益事业的人才提供施展才华的舞台,形成多渠道、多层次促进大学生充分就业的合力机制。

### 二、鼓励社会组织吸纳大学生就业的政策措施

社会组织吸纳大学生就业和提供见习培训等,以及大学生或者社会力量以招聘大学生就业为主创办社会组织的,可享受下列优惠:

(一)大学生自主创办,或者社会力量以招聘大学生就业为主创办民办非企业单位的,由登记管理部门指定专人提供咨询指导和全程服务;凡资料齐全、手续完备的,登记管理部门在10个工作日内作出审核决定;对获准成立的社会组织,可允许自成立之日起两年内缴足注册资金;并由登记机关在《上海社会组织》网站上公告,免收公告费;符合条件的,可优先给予公益创投项目评估,并可优先进入登记管理部门的公益性社会组织孵化基地,接受指导服务和享受减免租金等优惠扶持。

(二)大学生自主创办科技、创意类等社会组织,按照上海市教育委员会、上海市人力资源和社会保障局《关于做好2009年上海高校毕业生就业工作的通知》(沪教委学〔2009〕2号)精神,给予大学生科技创业基金和创业前小额贷款担保支持。在18个月的初创期内,符合条件的按本市有关规定给予有关创业场地房租补贴、社会保险费补贴、贷款担保及贴息的扶持。

(三)大学生自主创办,或者社会力量以招聘大学生就业为主创办的社会组织在批准登记后的三年内,符合国家规定的,可免收管理类、登记类和证照类等有关行政事业性收费,以及网上年检电子印章代办费;创办公共服务类民办非企业单位,涉及公用事业性收费的,享受同类公办机构同等待遇。

(四)鼓励社区(街道)和有关部门、单位,将闲置的房屋、场地、设施等存量资源,以无偿或低偿的方式,优先、优惠提供给社会组织的创办主体,减轻创办者的前期投入和成本负担。同时,对创办期的社会组织按规定吸纳本市大学生就业的,可给予一定期限的房租减免。

(五)能够提供社区公共管理服务且管理规范的社会组织经认定后可成为本市职业见习基地,纳入本市职业见习计划的,其大学生见习时间最长为12个月。见习期间每月由失业保险基金给予当年最低工资标准60%的生活费补贴,并由社会组织再给予一定的生活费补贴;行业协会等社会组织应组织具有职业技能培训资质的社会组织开展针对性培训,对参加培训的大学生,按照"沪教委学〔2009〕2号"文件规定,给予培训费补贴。

(六)对积极吸纳大学生就业,且符合税法规定条件的非营利社会组织,按照国家相关税收法律、法规的规定,由相关部门共同做好资格认定工作,确保各项税收优惠政策落到实处。

(七)政府部门将可以由社会组织承接的公共事务和公共服务项目,通过项目运作的方式,按照公开招标、公平竞争、适度倾斜的原则,优先向社会公信力强、吸纳大学生多、获得社会组织规范

化建设等级评估资质以及由大学生自主创办的社会组织购买服务。

(八)各级登记管理机关应会同业务主管单位,加强与高等院校及相关部门的协调,搭建便捷的信息服务平台,及时掌握社会组织的岗位需求信息,并通过各自的政府网站进行发布,举办专场招聘活动,主动为其吸纳大学生就业提供服务。社会组织走进院校、面向社会,举行专场招聘会的,登记和业务主管部门应给予人、财、物等方面的支持和帮助,确保招聘工作的顺利进行。同时,要加大对社会组织的宣传力度,引导和帮助大学生树立正确的择业观,增强社会公益意识,让更多的大学生了解并融入社会组织。

(九)鼓励、引导和支持社会组织建立有利于吸引人才、稳定队伍的分配制度和年金制度,提高专职工作人员在职期间的待遇和退休后的保障水平,为吸引大学生到社会组织就业营造良好的环境。业务主管单位可根据实际为社会组织建立年金制度给予资金支持,促进社会组织可持续健康发展。

(十)各区、县应充分认识社会组织吸纳大学生就业的现实意义,要在贯彻本意见的同时,结合本地区、本部门的实际,制定和细化各项政策措施,强化政策措施的可操作性,加大政府财力投入,构建促进大学生就业和推动社会组织发展的双赢格局。

上海市民政局

上海市发展和改革委员会

上海市教育委员会

上海市财政局

上海市人力资源和社会保障局

上海市地方税务局

上海市社会团体管理局

二○○九年五月十五日

# 索　引

729

(王彦祥、张若舒、刘子涵等　编制)

# 编 后 记

《上海市志·社会团体分志(1978—2010)》付梓出版了。

根据上海市地方志办公室的统一部署,《上海市志·社会团体分志(1978—2010)》由上海市民政局(上海市社会组织管理局)负责承编。2012年正式启动编纂工作,制定了编纂工作实施方案,并成立了编纂委员会,确定了编纂工作人员,开展了资料收集工作。在上海市民政局和上海市社会组织管理局党政领导的重视关心下,在《上海市志·社会团体分志(1978—2010)》编纂委员会的领导和上海市地方志办公室市志处的帮助指导下,在各参编单位的鼎力支持下,全体修志人员艰辛耕耘,锲而不舍,完成80余万字志稿。2018年10月,《上海市志·社会团体分志(1978—2010)》完成总纂合成。2019年6月,编纂委员会召开内部评审会审定通过志稿。同年7月和翌年4月,分别上报上海市地方志办公室进行评议和审定。《上海市志·社会团体分志(1978—2010)》经过多次修改完善,2020年12月,正式通过上海市地方志办公室的验收。

上海社会组织历史悠久,源远流长,以社会团体、基金会和民办非企业为主体组成的社会组织,是我国社会主义现代化建设的重要力量,在促进经济发展、繁荣社会事业、参与社会管理和公共服务、开展公益慈善活动和扩大对外交往等方面发挥着日益重要的作用。《上海市志·社会团体分志(1978—2010)》以改革、创新、发展为主基调,记载了改革开放30多年中上海社会组织有序发展和创新实践的轨迹和特点,凸显了上海社会组织发展制度体系不断完善、社会组织发展政策环境不断优化、社会组织登记制度不断改革创新、社会组织监督管理体系不断完善的辉煌历史,反映了上海社会组织工作主动适应新形势、新任务要求,不断创新发展理念,破解发展难题的精神风貌,总结了可借鉴、可复制、可推广的上海经验,真实地展现给今人,流传于后世,具有"存史、资治、教化"的重要作用。

本分志得以顺利出版,得到诸多领导、专家、学者的关心、支持和帮助。特别是上海市民政局、上海市社会团体管理局的老领导、老同志,以及正在从事社会组织工作的领导和同志,他们或提供历史资料,或详细回忆叙述,或认真审阅文稿,都提出许多真知灼见,为本分志力求真实、客观、公正、全面地记述1978年至2010年间上海市社会组织改革发展的光辉历程,反映上海市在社会组织改革发展、制度创新等方面的改变轨迹,作出了重要贡献。编撰工作得到市民政局领导的关心和指导;得到市各委办、各区县民政局、各社会组织、市民政局(市社会组织管理局)机关各处室领导的关心和全力支持。在本卷编纂过程中,始终得到市方志办领导的指导和帮助。在此,谨向所有参与本卷资料收集、编纂,以及所有给予我们支持及指导的单位和个人致以衷心的感谢!

《上海市志·社会团体分志(1978—2010)》的问世,是众手成志的产物,是集体智慧的结晶,是具有珍贵历史价值的可读性史料。然而,由于我们的专业知识、文字能力所限,加上《上海市志·社会团体分志(1978—2010)》涉及的地域范围大、时间跨度长,资料很难采集,因此遗漏、错误之处在所难免,敬祈读者赐教、指正。

《上海市志·社会团体分志(1978—2010)》编纂办公室

2020 年 12 月

**图书在版编目(CIP)数据**

上海市志.社会团体分志：1978—2010 / 上海市地
方志编纂委员会编. —上海：上海古籍出版社,2021.4
ISBN 978 - 7 - 5325 - 9909 - 7

Ⅰ.①上… Ⅱ.①上… Ⅲ.①上海—地方志②社会团
体—概况—上海—1978 - 2010 Ⅳ.①K295.1②C232.51

中国版本图书馆 CIP 数据核字(2021)第 047419 号


**责任编辑** 徐乐帅
**封面设计** 严克勤


**上海市志·社会团体分志(1978—2010)**

上海市地方志编纂委员会 编

**出版发行** 上海古籍出版社
　　　　　　(200020 上海瑞金二路 272 号)
**印　　刷** 上海中华商务联合印刷有限公司
**开　　本** 889×1194 1/16
**印　　张** 47.75
**插　　页** 14
**字　　数** 1,245,000
**版　　次** 2021 年 4 月第 1 版
**印　　次** 2021 年 4 月第 1 次印刷
ISBN 978-7-5325-9909-7/K • 2974
**定　　价** 298.00 元